TABLE DES MATIÈRES

INDEX DES ESSAIS

QUI EST QUI?

BENOIT CHARETTE COPROPRIÉTAIRE, RÉDACTEUR EN CHEF ET AUTEUR
C'est en janvier 1991 qu'il s'est officiellement lancé dans le métier de journaliste automobile grâce à la confiance de Daniel Héraud. Sa première collaboration au Carnet de route de Daniel, en 1992, a donné le coup d'envoi à une carrière d'auteur qui se poursuit. Depuis, le monde automobile s'est grandement amélioré, et l'évolution continue à grands pas, parfois trop rapides. L'électricité était encore une utopie à une certaine époque, et les préoccupations environnementales, inexistantes. L'automobile et la société vont de l'avant, l'homme aura toujours besoin de se déplacer. Benoit espère écrire pour ses lecteurs encore longtemps en étant le critique de ce monde fascinant.

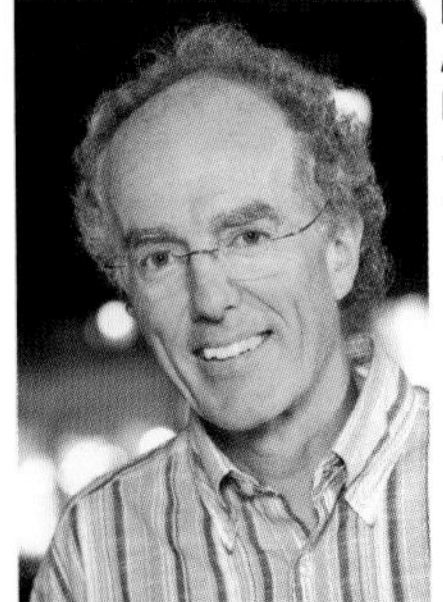

MICHEL CRÉPAULT COPROPRIÉTAIRE et AUTEUR
Pour lui, l'automobile est une façon comme une autre d'étudier ses semblables et de se livrer à une autoanalyse. Que de bonheurs et d'angoisses l'auto brasse-t-elle ? Avoir le souffle coupé par une silhouette renversante. Se laisser emporter par un 0 à 100 km/h ou considérer avant tout le budget familial ? Quelles options combleront mes besoins, réels ou imaginaires ? Quelle trouvaille extraordinaire ou débile cet ingénieur vient-il nous présenter ? Si ma voiture prolonge ma personnalité, qui suis-je ? Comme les réponses sont encore plus fascinantes que les questions, Michel a beaucoup de boulot.

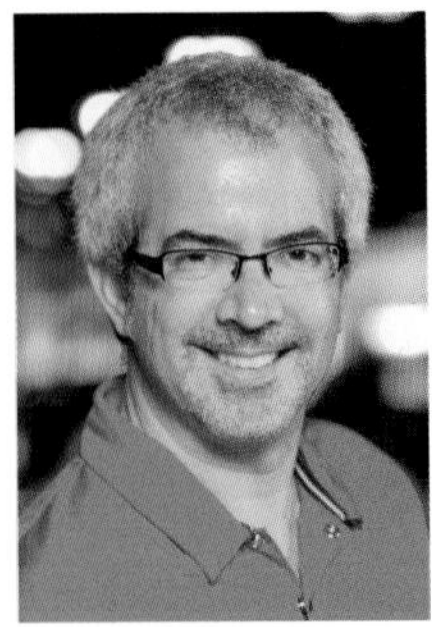

PHILIPPE LAGUË AUTEUR
Si quelqu'un au sein de l'industrie de l'automobile lui parle en utilisant la langue de bois, il le scalpe. Si une sportive commet le péché mortel d'être ennuyeuse, il la bassine au vitriol. Si le constructeur d'un véhicule, dit économique, essaie de prendre les consommateurs pour des valises, il organise une marche pour le brûler en effigie. Dans ses temps libres, l'unique Philippe Laguë dirige la chronique automobile du quotidien Le Devoir (depuis 2002), rédige des bulletins de nouvelle au réseau RDI (depuis 2003), signe des essais routiers sur Sympatico Autos (depuis 2010) et, surtout, fait partie de l'équipe de L'Annuel de l'automobile depuis le début !

FRÉDÉRIC MASSE AUTEUR
L'automobile, au sens large, le fascine depuis son plus jeune âge. Il se souvient jadis où il demandait à son père de rouler plus vite pour « rejoindre la Porsche là-bas ! ». Pour lui, l'auto, c'est comme la bouffe. Certains aiment, d'autres pas. Il n'y a rien de plus subjectif. Par contre, la fiabilité, la tenue de route, la qualité des matériaux, ça se note. Il essaie d'ailleurs de capter l'impression générale plutôt que les détails. Qu'un contrôle soit placé plus bas ou plus haut ne le dérange guère, on s'y habitue. Mais qu'une bagnole performante tangue ou qu'une camionnette ne puisse remorquer de lourdes charges, il faut le dire.

DANIEL RUFIANGE AUTEUR
Si Daniel est aujourd'hui un passionné d'automobiles, il le doit en partie à son défunt père. Né en 1919, ce dernier a partagé avec Daniel, non seulement sa passion pour l'automobile mais aussi son histoire. Il n'est donc pas surprenant d'apprendre que Daniel est aussi, aujourd'hui, professeur d'histoire à ses heures. Passionné d'écriture, de voitures, de course automobile, d'histoire et de relations humaines, il s'intéresse à tout. À travers tout cela, l'automobile occupe pour lui une place maîtresse, car elle représente le coeur même de ce que nous sommes, de ce que nous avons été et de ce que nous deviendrons.

FRANCIS BRIÈRE AUTEUR
Né à Montréal en 1968, Francis Brière a étudié quelques années avant de devenir auteur et journaliste. Comme son père changeait de voiture aux six mois, le goût de conduire de grosses bagnoles lui est venu très rapidement au cours de sa sixième année d'existence. Disponible et assidu, Daniel est curieux d'explorer les dessous de chaque véhicule et il n'est jamais avare de son temps. Fermement convaincu de la justesse de l'adage qui dit que les voyages forment la jeunesse, il a un plaisir fou à parcourir les rues de la planète pour voir ce que ses semblables conduisent Autour du monde, sa rubrique fétiche.

ALEXANDRE CRÉPAULT AUTEUR
À 4 ans, il identifiait les autos sur l'autoroute. À 14 ans, il extirpait des chevaux supplémentaires de sa mobylette. À 16 ans : première auto, première contravention, premier accident. À 18 ans : permis de moto et cours de Formule Ford. À 20 ans, il lance le premier magazine de tuning au Québec et, plus tard, la première série professionnelle de drifting. Aujourd'hui, à 29 ans, après tant d'octane brûlé, Alexandre constate avec un mélange d'effroi et de réalisme que la Honda Odyssey figure désormais parmi ses véhicules favoris et que la consommation de carburant lui importe autant que la puissance envoyée aux roues...

VINCENT AUBÉ AUTEUR
Autant vous le dire tout de suite, Vincent raffole des véhicules marginaux. Passionné d'automobile depuis sa tendre enfance, il n'a jamais cessé de s'intéresser à la chose, des modèles réduits aux jouets pleine grandeur qu'il gare dans son entrée de garage. Ayant acquis une formation universitaire en journalisme, il a décidé de joindre l'utile à l'agréable en 2007 alors qu'il faisait ses premiers pas à titre de chroniqueur automobile à temps partiel. Mais puisqu'il pratique le meilleur métier du monde, la passion a pris le dessus et il est aujourd'hui plus que jamais impliqué dans toutes les facettes de l'industrie.

LUC GAGNÉ AUTEUR
L'histoire raconte que les trois premiers mots prononcés par Luc Gagné ont été : maman, papa et... Volvo ! C'était à l'époque des vénérables PV544. Des circonstances inattendues l'amènent à une carrière dans la presse automobile où il dirigera successivement L'Auto Ancienne, le magazine bilingue Formula 2000, Le Monde de l'Auto, puis une variété de périodiques au sein du Groupe Auto Journal. Il passe ensuite à l'Internet, d'abord avec Auto123.com et, depuis un an, Sympatico.ca/Autos. Le revoici parmi l'équipe de L'Annuel de l'Automobile, ouvrage auquel il a collaboré de 2001 à 2007.

ANTOINE JOUBERT AUTEUR
Amateur de voitures depuis son tout jeune âge, Antoine Joubert s'efforce depuis maintenant plus de 10 ans à partager sa passion par l'entremise de son métier de chroniqueur. Véritable encyclopédie vivante, il ne cesse d'enrichir son savoir sur le sujet et affectionne tout ce qui possède quatre roues, de la plus insipide des Ford Escort jusqu'à la plus onéreuse des Ferrari. À la barre du site automobile de Sympatico.ca depuis août 2009, il effectue cette année, avec grand bonheur, un retour au sein de L'Annuel de l'automobile.

TOUJOURS LÀ **POUR VOUS SERVIR !**

Pour la première fois, vous avez pu tenir dans vos mains ce nouvel Annuel de l'automobile dès le début du mois d'août. Un tour de force ? Oh que oui !

Pour vous offrir l'opportunité de vous procurer *L'Annuel* au beau milieu de l'été, il a fallu travailler d'arrache-pied plusieurs mois à l'avance. Ça, c'est normal et ni le boulot ni son ampleur ne nous ont jamais fait peur.

Par contre, la difficulté des constructeurs à nous refiler l'information pertinente sur leurs modèles à venir nous a causé quelques maux de tête.

Vous n'avez pas idée des plaidoyers et parfois des ruses de Sioux qu'il nous a fallu déployer pour arracher des bribes de renseignements que plusieurs constructeurs protégeaient comme s'il s'agissait du cœur du frère André !

Et ce, quand le constructeur détenait l'info recherchée...

Difficile, en effet, de publier la fiche technique d'une nouveauté quand le fabricant ne l'a pas encore lui-même !

Mais, alors, pourquoi nous sommes-nous tant pressés à sortir *L'Annuel* ?

À cause des impitoyables lois du marché, mesdames et messieurs.

Bien que les nouveaux modèles continuent d'affluer à la rentrée automnale et au printemps, la réalité moderne veut que les dévoilements se produisent désormais à peu près à tous les mois de l'année.

Les livres sur l'automobile n'ont plus à se conformer à l'obligation d'être publié en septembre, voire en octobre, comme dans le bon vieux temps.

Et puis, entre vous et nous, la perspective que nous, les auteurs, puissions profiter du mois d'août pour la première fois en 11 ans nous a carrément galvanisés.

Nous vous confions donc notre dernier bébé plus tôt que d'habitude, en vous assurant que nous avons contourné tous les problèmes inhérents à une sortie estivale.

Par exemple, ce n'est pas parce qu'un modèle ne roule pas encore en Amérique du Nord qu'il ne circule pas ailleurs sur la planète. Nous avons donc fait appel à nos relations internationales afin que *L'Annuel de l'automobile* continue de multiplier les primeurs dans son contenu.

Notre souci du détail, une autre qualité propre à *L'Annuel de l'automobile*, a été préservé intact tout au long des 672 pages.

Bon, d'accord, nous avons dû menacer certains directeurs de relations publiques d'aller planter notre tente devant leur maison tant qu'ils ne nous fourniraient pas les informations manquantes.

On a bien ri (bien que certains ont surtout eu peur).

Bref, régalez-vous de ce onzième opus de *L'Annuel de l'automobile 2012*. Notre meilleur à date. Forcément.

Bonne lecture !

L'équipe de rédaction

MARQUE : *L'Annuel* a compilé les essais de toutes les marques d'automobiles disponibles chez nous !

1

MODÈLE : *L'Annuel* a analysé pour vous exactement 259 modèles. C'est ce qu'on appelle avoir l'embarras du choix.

NOUVEAUTÉ : Il s'agit d'un modèle tout nouveau en 2012. Cette édition de *L'Annuel* en contient pas moins de 42, la majorité ayant mérité 4 pages parce que nous ne nous sommes pas contentés de les regarder, nous les avons conduits !

2 **ÉVOLUTION :** Ici, on parle d'un modèle déjà connu en 2011 qui a subi quelques retouches pour 2012.

JUMEAU : Deux ou même trois modèles qui partagent plusieurs composantes identiques.

LA COTE VERTE : Une fiche dont nous sommes particulièrement fiers : à partir du moteur le plus économe du modèle, quelles
3 en sont les qualités (ou défauts) écologiques. Outre des informations utiles comme la quantité d'émissions polluantes (CO_2), vous y apprendrez le coût du carburant moyen par année.

FICHE D'IDENTITÉ : Données qui expliquent
4 a priori à quel genre de véhicule on a affaire.

AU QUOTIDIEN

ASSURANCE : Pour obtenir les primes d'assurance, nous nous sommes basés sur un cas type : **Sexe** homme ou femme **Âge** 25 ans, 40 ans et 60 ans **Ville** Montréal ou sa banlieue immédiate. L'utilisateur prend son véhicule pour aller au travail et parcourt entre 20 et 30 kilomètres par jour. Type de police Aucun accident dans les 5 dernières années / Franchise de 250 $ / Responsabilité civile de 1 000 000 $ / Aucun avenant ajouté à la prime de base. Les prix donnés dans L'Annuel comprennent les taxes.

PROCÉDURES POUR LES RAPPELS : Les rappels sont basés sur le registre de Transports
5 Canada et portent sur les cinq dernières années de production des véhicules (2007 à 2011).

ADRESSE POUR LES RAPPELS : wwwapps.tc.gc.ca

DÉPRÉCIATION : Valeur résiduelle d'un véhicule calculée sur trois ans (entre 2007 et 2010). Le chiffre indiqué représente le pourcentage de dépréciation : par exemple, « 43 % » signifie que le véhicule aura perdu 43 % de sa valeur au terme des 3 ans.

FIABILITÉ : L'équipe de *L'Annuel* s'est basée sur des données du CAA, du périodique *Consumer Reports* et du mensuel *Protégez-Vous*, de même que sur le nombre de rappels de véhicules au cours des cinq dernières années.

5/5 Excellente. Pas ou très peu de défauts.
4/5 Bonne. Peu de défauts.
3/5 Moyenne.
2/5 Inférieure à la moyenne. Plusieurs faiblesses, souvent récurrentes.
1/5 Très faible. Nombreux problèmes, véhicule mal assemblé.
NM nouveau modèle
ND non disponible

---

2 NOUVEAUTÉ $ 14 999 à 24 699 $

1 ELANTRA

HYUNDAI

3 **LA COTE VERTE** MOTEUR L4 DE 1,8 L
CONSOMMATION (100 KM) MAN. 5,9 L AUTO 5,9 L • ÉMISSIONS POLLUANTES CO_2 (KG/AN) MAN. 2714 AUTO. 2760 • INDICE D'OCTANE 87
COÛT DU CARBURANT MOYEN PAR ANNÉE MAN. 1534 $ AUTO. 1560 $ • NOMBRE DE LITRES PAR ANNÉE MAN. 1180 AUTO. 1200

FICHE D'IDENTITÉ 4
VERSIONS Berline L, GL, GLS, Limited Touring L, GL, GLS, GLS Sport
ROUES MOTRICES avant
PORTIÈRES 4, 5 NOMBRE DE PASSAGERS 5
PREMIÈRE GÉNÉRATION 1992
GÉNÉRATION ACTUELLE 2011 (berline)
CONSTRUCTION Berline Montgomery, Alabama, É.-U. Touring Ulsan, Corée du Sud
SACS GONFLABLES 6 (frontaux, latéraux avant, rideaux latéraux) Touring L 2 (frontaux)
CONCURRENCE Chevrolet Cruze, Ford Focus, Honda Civic, Kia Forte, Mazda3, Mitsubishi Lancer, Nissan Sentra, Subaru Impreza, Suzuki SX4, Toyota Corolla, Volkswagen Golf / Jetta

AU QUOTIDIEN 5
PRIME D'ASSURANCE
25 ANS 1800 à 2000 $
40 ANS 900 à 1100 $
60 ANS 700 à 900 $
COLLISION FRONTALE 5/5
COLLISION LATÉRALE 4/5
VENTES DU MODÈLE DE L'AN DERNIER
AU QUÉBEC 13 976 AU CANADA 34 556
DÉPRÉCIATION 53,3 %
RAPPELS (2006 à 2011) 2
COTE DE FIABILITÉ 5/5

GARANTIES... ET PLUS
GARANTIE GÉNÉRALE 5 ans/100 000 km
GARANTIE MOTOPROPULSEUR 5 ans/100 000 km
PERFORATION 5 ans/kilométrage illimité
ASSISTANCE ROUTIÈRE 3 ans/kilométrage illimité
NOMBRE DE CONCESSIONNAIRES
AU QUÉBEC 60 AU CANADA 200

NOUVEAUTÉS EN 2012
Aucun changement majeur

www.hyundaicanada.com

290

GUERRE DE COMPACTES À L'HORIZON

Michel Crépault

Les petites voitures sont importantes. Elles entraînent des premiers acheteurs dans le giron d'une marque qui s'évertue ensuite à les garder pour la vie. Hyundai a su s'y prendre au Québec avec sa sous-compacte Accent. Maintenant, le constructeur sud-coréen entend jouer les trouble-fêtes chez les compactes avec son Elantra de cinquième génération. La partie n'est pas gagnée d'avance puisque cette catégorie comporte des ténors comme la Toyota Corolla, la Honda Civic et la Mazda3, mais il faut admettre que Hyundai a multiplié les succès ces temps derniers. Alors, pourquoi pas un autre à sa feuille de route ?

CARROSSERIE Les stylistes du studio californien de Hyundai ont eu le crayon heureux et moderne. À vrai dire, quand on examine la récente Sonata ou le tout nouveau Veloster, quand on regarde le vent de jeunesse qui souffle chez le frère siamois Kia, on se rend compte que la marque ne veut plus rien savoir des silhouettes lisses et seulement respectables. La carrosserie de la nouvelle Elantra jongle avec des formes en relief qui lui confèrent une allure distinctive. Pas un seul centimètre de la coque n'a été abandonné à la morosité. Le soin apporté aux phares et aux feux arrière, par exemple, renforce la personnalité de la petite berline qui, à sa façon de ressembler à un nerveux coupé, me rappelle le stratagème visuel similaire adopté par la Classe CLS de Mercedes-Benz. Une fois séduit, le consommateur aura encore à choisir entre pas moins de quatre versions (L, GL, GLS et Limited).

HABITACLE L'espace y est plus spacieux. Je serai le chroniqueur le plus surpris du monde quand la remplaçante d'une petite voiture sera encore plus petite. Ça enverrait un message contradictoire aux clients. De fait, l'empattement de la nouvelle Elantra a gagné 5,1 centimètres, tandis que le volume de son coffre à bagages dispose de 18 litres supplémentaires. Pour ne rien vous cacher, l'auto reprend la plateforme et les mensurations de la Kia Forte, elle aussi une réussite au point de vue du design. Le tableau de bord allie en même temps un style dégagé et une ergonomie qui n'exigera pas qu'on gâche plusieurs soirées en tête-à-tête avec le manuel du proprio. La version Limited, à près de 25 000 $, comprend un système de navigation et une sono qui lit les iPod correctement. Des options étonnantes, comme des places chauffantes à l'arrière, figurent désormais au catalogue. Et si jamais vous voulez étonner la parenté, vous n'aurez qu'à leur pointer les piliers A (pare-brise) et B (portières) de votre nouvelle acquisition en leur déclamant, comme Charles Tisseyre à l'émission *Découverte*, « Eh bien, mes amis, l'apparence particulière du plastique qui recouvre ces montants, au demeurant fort nécessaires, est due au fait que sa composition incorpore des tissus fibreux à de la roche volcanique ». Et mettez ça dans votre pipe !

FORCES Silhouette bien tournée • Habitacle joliment présenté et sérieusement assemblé • Prestations intéressantes à la pompe

FAIBLESSES Le travail de la boîte automatique accuse une paresse relative • Moteur aux épisodes bruyants • Prix en hausse (par rapport à la valeur ajoutée)

MÉCANIQUE Les qualités premières d'une automobile sont d'abord communiquées par le moteur. Hyundai le sait et développe à l'interne des engins qui marient à la fois la performance et la frugalité. L'ancienne Elantra utilisait un 4-cylindres Beta de 2 litres alors que la nouvelle se contente d'une cylindrée de 1,8 litre. Cependant, les performances du nouveau moteur, fort à propos baptisé Nu (comme dans « new », c'est-à-dire « nouveau »), sont 7 % supérieures : 148 chevaux au lieu de 138. Ce n'est pas la seule magie des ingénieurs, puisque la nouvelle motorisation est également plus économe de carburant et pas à peu près comme le prouve une cote de consommation combinée ville/route de 5,9 litres aux 100 km/h, une statistique qui a le mérite d'être la meilleure du créneau. En jetant un coup d'œil à la fourchette de prix, vous vous rendrez compte que l'Elantra ne joue plus la carte du prix le plus bas. Mettons ça sur le compte d'une confiance en soi inédite et sur un équipement enrichi puisque, notamment, le contrôle de la stabilité est désormais de série pour la première fois à bord de l'Elantra. Pour être honnête, puisque tous les constructeurs d'automobiles auront l'obligation d'inclure cette aide électronique à compter de l'automne 2011, Hyundai a devancé l'échéance. Soulignons quand même que l'Elantra pousse le luxe jusqu'à offrir, en option, des sièges arrière chauffants, mais que les freins ABS sont standard. La boîte de vitesses manuelle à 6 rapports travaille comme un charme, mais ne devrait représenter que 15 % des ventes. Les gens se tourneront plutôt vers l'automatique, aussi à 6 rapports, offerte sur toutes les versions et de série sur la Limited.

Hyundai développe à l'interne des engins qui marient à la fois la performance et la frugalité.

COMPORTEMENT Le nouveau Nu fournit une puissance adéquate mais, de un, il aurait pu être moins grognon, surtout à l'accéléra-

ELANTRA

HISTORIQUE 6
C'est en octobre 1990 que Hyundai introduisit la compacte Elantra au monde entier en tant que modèle 1991. La Corée du Sud fit sa connaissance sous le nom d'Avante, alors que pour certains marchés, dont l'Australie, le constructeur utilisa le nom Lantra (à cause d'une dispute avec d'autres fabricants qui détenaient un nom trop similaire). En 2001, on uniformisa tout ça sous le patronyme Elantra, sauf en Corée et en Malaisie. Il persiste quand même des subtilités. Par exemple, la familiale au Canada se désigne Touring mais Hyundai i30cw ailleurs. Le tout premier moteur, un 4-cylindres 1,6L de 113 CV, avait été conçu par Mitsubishi.

HYUNDAI

291

Audi A6

EN CONCLUSION

NOS MENTIONS :

LA CLÉ D'OR DE SA CATÉGORIE :
Les auteurs de *L'Annuel* ont choisi le modèle comme le meilleur de sa catégorie.

LE CHOIX VERT :
Ce modèle se distingue grâce à ses vertus écologiques.

COUP DE COEUR :
Au diable la raison, c'est l'émotion pure qui nous guide ici !

9 **MODÈLE RECOMMANDÉ :**
Sans peut-être décrocher une palme spécifique, ce modèle représente un achat sûr.

NOTRE VERDICT

À l'aide d'un système de gradation éprouvé, nous résumons les aspects importants de n'importe quel véhicule.

HISTORIQUE :

Dès qu'il s'agit d'une nouveauté 2012 (étalée
6 sur quatre pages), l'équipe relate l'historique du véhicule en images ou met en relief un point technique qui caractérise le modèle.

2e OPINION :

7 À l'aide de quelques mots bien sentis, un second chroniqueur appuie ou contredit ce que son collègue vient tout juste d'exposer.

FICHE TECHNIQUE :

Données sur à peu près tout ce qui est mesurable dans un véhicule ! La consommation indiquée
8 dans la fiche est basée sur l'ÉnerGuide 2011. La puissance des moteurs repose sur une nouvelle charte de la SAE (*Society of Automotive Engineers*) et explique les différences à la baisse quant à la puissance de certains véhicules.

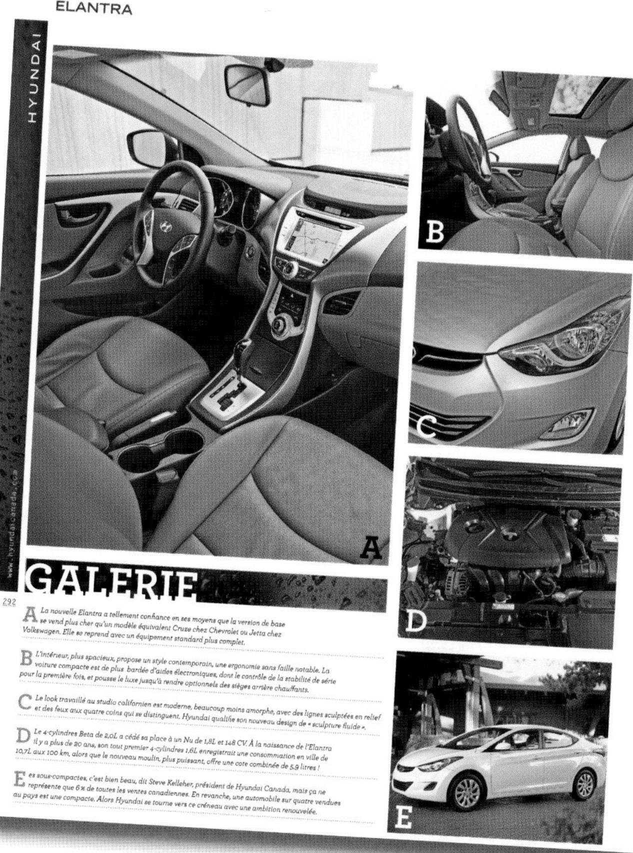

ELANTRA

HYUNDAI

A B C D E

GALERIE

A La nouvelle Elantra a tellement confiance en ses moyens que la version de base se vend plus cher qu'un modèle équivalent Cruze chez Chevrolet ou Jetta chez Volkswagen. Elle se reprend avec un équipement standard plus complet.

B L'intérieur, plus spacieux, propose un style contemporain, une ergonomie sans faille notable. La voiture compacte est de plus bardée d'aides électroniques, dont le contrôle de la stabilité de série pour la première fois, et pousse le luxe jusqu'à rendre optionnels des sièges arrière chauffants.

C Le look travaillé au studio californien est moderne, beaucoup moins amorphe, avec des lignes sculptées en relief et des feux aux quatre coins qui se distinguent. Hyundai qualifie son nouveau design de « sculpture fluide ».

D Le 4-cylindres Beta de 2,0L a cédé sa place à un Nu de 1,8L et 148 CV. À la naissance de l'Elantra il y a plus de 20 ans, son tout premier 4-cylindres 1,6L enregistrait une consommation en ville de 10,7L aux 100 km, alors que le nouveau moulin, plus puissant, offre une cote combinée de 5,9 litres !

E es sous-compactes, c'est bien beau, dit Steve Kelleher, président de Hyundai Canada, mais ça ne représente que 6 % de toutes les ventes canadiennes. En revanche, une automobile sur quatre vendues au pays est une compacte. Alors Hyundai se tourne vers ce créneau avec une ambition renouvelée.

292

min car on pourrait infuser à l'auto un dynamisme qui, je le répète, est pourtant annoncé d'emblée par une silhouette gagnante. Nous obtiendrions alors une compacte qui, en plus de peu consommer (quand c'est le temps), réussirait à plaquer un sourire sur le visage (quand c'est le temps).

tion et, de deux, Hyundai aurait dû le doter de l'injection directe de carburant. Quant aux boîtes de vitesses, elles parviennent tant bien que mal à restituer à la conduite la sportivité qu'inspire l'allure de l'auto. Le rayon de braquage large se révèle un autre bémol. Comme le châssis utilise une impressionnante quantité d'acier à haute résistance, on se retrouve tout de même au volant d'un véhicule dont la coque se montre rigide sans pour autant affliger l'auto d'un poids superflu. Soulignons que Hyundai peut bien profiter d'une expertise scintillante dans le domaine puisqu'elle est le seul constructeur à posséder sa propre usine de métallurgie. L'accroissement de la rigidité de 37 % élimine les bruits parasites et réduit à néant, ou presque, les menaces de tangage. La nouvelle Elantra confère une confiance derrière le volant que la précédente distillait de manière bien timide. Espérons maintenant que Hyundai ne s'arrêtera pas en si bon che-

CONCLUSION Il n'y a pas si longtemps, Hyundai se serait vantée de nous offrir la compacte la moins coûteuse du segment. Plus maintenant. Une Elantra L à boîte manuelle et sans air climatisé se vend désormais plus cher qu'une Chevrolet Cruze LS ou une Volkswagen Jetta de base. Les dirigeants de Hyundai ne veulent donc plus jouer la carte du prix nécessairement le plus bas. En revanche, en échange de quelques dollars supplémentaires, ils ont truffé leur nouvelle Elantra d'un équipement standard plus complet que celui de la génération précédente. On retient que la compacte sud-coréenne n'est pas la plus rapide ni la plus lente, mais elle épargnera des sous à la pompe; son allure extérieure est en nette progression, au point de faire tourner les têtes; sa cabine aérée et le confort de ses baquets inviteront aux longues balades; enfin, sa fourchette de prix, compte tenu de l'équipement offert, l'autorise à figurer sur une liste de magasinage sérieuse.

2e OPINION 7

« Hyundai s'impose sur le marché nord-américain avec des produits intéressants. L'Elantra a de quoi plaire avec ses nouvelles lignes, et les concessionnaires en vendront des tonnes et des tonnes. Lors du dévoilement de la nouvelle génération de la berline compacte, le président de Hyundai Canada, Steve Kelleher, demandait aux journalistes si l'Elantra possédait ce qu'il fallait pour devenir la voiture la plus vendue au pays dans sa catégorie. Les consommateurs auront le dernier mot. En revanche, même si le constructeur coréen a prodigieusement progressé depuis quelques années, les moteurs ne sont pas encore aussi raffinés que ceux de la concurrence japonaise. Pour le reste, l'Elantra est une voiture agréable, économique et jolie. Aucune crainte pour la fiabilité. Un bon achat ! » — Francis Brière

ELANTRA

FICHE TECHNIQUE 8

MOTEURS
(Berline)
L4 1,8 L DACT, 148 ch à 6500 tr/min
COUPLE 131 lb-pi à 4700 tr/min
BOÎTE DE VITESSES manuelle à 6 rapports, automatique à 6 rapports avec mode manuel (option, de série Limited)
0-100 KM/H 9,8 s
VITESSE MAXIMALE 190 km/h
(Touring)
L4 2,0 L DACT, 138 ch à 6000 tr/min
COUPLE 136 lb-pi à 4600 tr/min
BOÎTE DE VITESSES manuelle à 5 rapports, automatique à 4 rapports (option)
0-100 KM/H 10,2 s
VITESSE MAXIMALE 190 km/h
CONSOMMATION (100 KM) man. 7,7 L **auto.** 7,6 L
ÉMISSIONS DE CO_2 man. 3588 kg/an **auto.** 3542 kg/an
LITRES PAR ANNÉE man. 1560 **auto.** 1540
COÛT PAR AN man. 2028 $ **auto.** 2002 $

AUTRES COMPOSANTS
SÉCURITÉ ACTIVE freins ABS, assistance au freinage (berline), répartition électronique de la force de freinage, contrôle de la stabilité électronique, antipatinage (berline et touring GL, GLS, Limited)
SUSPENSION AVANT/ARRIÈRE
berline indépendante/essieu rigide **Touring** indépendante
FREINS AVANT/ARRIÈRE disques
DIRECTION à crémaillère, assistée
PNEUS berline L P195/65R15 **GL/GLS** P205/55R16 **Limited** P215/45R17
Touring L/GL/GLS P195/65R15 **GLS Sport** P215/45R17

DIMENSIONS
EMPATTEMENT 2700 mm
LONGUEUR berline 4530 mm **Touring** 4485mm
LARGEUR (sans les rétroviseurs) **berline** 1775 mm **Touring** 1765mm
HAUTEUR berline 1435 mm **Touring** 1520 mm
POIDS berline man. 1207 kg **auto.** 1225 kg
TOURING man. 1320 kg **auto.** 1335 kg
DIAMÈTRE DE BRAQUAGE berline 10,6 m **Touring** 10,4 m
COFFRE berline 420 L **Touring** 689 L, 1848 L (sièges abaissés)
RÉSERVOIR DE CARBURANT berline 48 L **Touring** 53 L

HYUNDAI

293

MENTIONS 9
RECOMMANDÉ

VERDICT
Plaisir au volant
Qualité de finition
Consommation
Rapport qualité / prix
Valeur de revente

VERS LE **VERT !**

Daniel Breton

Disons les choses crument. Les dernières données sur l'état de la planète sont alarmantes. Les scientifiques de partout dans le monde nous ont clairement dit que les émissions de gaz à effet de serre, celles qui contribuent au réchauffement de la planète, ne devaient pas dépasser 32 gigatonnes (milliards de tonnes), sinon le climat risque de se dérégler irrémédiablement.

Or, entre 2009 et 2010, elles ont augmenté de 5 % d'un coup, à 30,6 gigatonnes ! Du coup, nous devrions atteindre le niveau critique dès 2012, c'est-à-dire dès l'an prochain !

Une étude australienne récente a déterminé que les catastrophes climatiques qui devaient se produire une fois par siècle nous frapperont plutôt à tous les ans d'ici la fin du siècle au rythme où le climat change.

Vous sentez-vous impuissant face à une telle perspective ? Il ne faut pas.

Voici un palmarès des voitures écologiques pour vous aider à faire votre part. Vous pourriez même économiser de l'argent !

En fait, je me suis attaché à énumérer les véhicules dits verts qui conviennent le mieux à vos besoins, à votre engagement écologique et à votre budget. J'ai procédé par catégories : sous-compactes, compactes, intermédiaires, utilitaires de format standard, grands utilitaires, véhicules de luxe et enfichables (« branchables »).

Les voitures sport sont éliminées d'office car elles ne répondent à aucun besoin autre que celui de s'amuser. C'est parfaitement légal et correct, mais ça ne correspond malheureusement pas à un choix vert...

Et, bien entendu, il reste toujours aussi la possibilité de vous ouvrir, ne serait-ce que de temps à autres, à d'autres moyens de vous déplacer comme le vélo, la marche, le train et le covoiturage.

Daniel Breton
Président du Groupe
Maîtres chez nous - 21e siècle (MCN21)
www.mcn21.org

LE DÉFI 20-25 du groupe MCN21

Pour cette année, notre groupe lance un défi aux Québécois : lorsque viendra le temps, pour vous, de remplacer votre véhicule, allez voir sa consommation et faites le choix d'un modèle de remplacement qui consommera 20 % de moins. Ainsi, vous atteindrez l'objectif de réduction de CO2 que le Québec s'est donné pour 2020 ou, mieux encore, l'objectif que les scientifiques mondiaux nous demandent, qui est de moins 25 %.

C'est tout à fait faisable pour la majorité d'entre vous... sauf peut-être pour moi... Il se trouve, en effet, que ma Honda Insight 2001 affiche déjà une consommation combinée de 4,4 litres aux 100 kilomètres. Mais je vais quand même essayer de relever le défi !

ROULER ÉLECTRIQUE COÛTE PLUS CHER. VRAIMENT?

Selon le Canal Argent, rouler en voiture électrique coûterait plus cher qu'avec une voiture à carburant (voir article : http://argent.canoe.ca/lca/affaires/quebec/archives/2011/05/20110512-165049.html). Jetons donc un coup d'œil à leur analyse. D'abord, ils fixent le prix du litre de carburant à 1,30 $. Or, il est à peu près certain que le prix du litre sera beaucoup plus cher au cours des cinq prochaines années. Corrigeons donc cette prémisse, mais restons conservateurs. Fixons le litre à un prix moyen de 1,50 $, 1,75 $ et 2 $. Les cotes de consommation, elles, sont tirées du site du Département de l'énergie américain.

Prenons ensuite cinq véhicules :

HONDA FIT : environ 16 000 $ et consommation ville/route de 7,6 L/100 km

HONDA INSIGHT : environ 22 500 $ (après crédit de 1 500 $) et consommation ville/route de 5,7 L/100 km

TOYOTA PRIUS : environ 26 000 $ (après crédit de 1 500 $) et consommation ville/route de 4,7 L/100 km

NISSAN LEAF : environ 30 300 $ (après rabais de 8 000 $) et consommation ville/route en frais d'électricité/an de 200 $

HONDA ACCORD À 4 CYLINDRES : environ 26 000 $ et consommation ville/route de 8,7 L/100 km

APRÈS 100 000 KM	(par ordre de coût croissant)
COÛT EN ESSENCE (À 1,50 $/1,75 $/2 $)	**PRIX AUTO + ESSENCE**
FIT : 11 400 $/13 300 $/15 200 $	27 400 $/29 300 $/31 200 $
LEAF (ÉLECTRICITÉ) : moins de 1 000 $/1 000 $/plus de 1 000 $	31 000 $ à 31 500 $
INSIGHT : 8 550 $/9 975 $/11 400 $	31 050 $/32 475 $/33 900 $
PRIUS : 7 050 $/8 225 $/9 400 $	33 050 $/34 225 $/35 400 $
ACCORD : 13 050 $/15 225 $/17 400 $	39 050 $/41 225 $/43 400 $

La Honda Fit étant une sous-compacte, elle est donc plus petite que les autres. L'Insight est une compacte, et les deux autres, des intermédiaires. C'est pourquoi je comparerais plutôt la Leaf avec une Prius ou une Accord. À ce moment-là, pour le consommateur, les véhicules traditionnels à essence ou Diesel ne sont pas moins chers que les véhicules partiellement ou 100 % électriques.

* = SUBVENTIONS

Des véhicules sont admissibles au crédit d'impôt à l'achat de 1 500 $ du gouvernement du Québec jusqu'au 31 décembre 2011. Du 1er janvier 2012 au 31 décembre 2012, cet incitatif sera transformé en rabais de 1 000 $. Dans le cas d'une location, vous aurez droit à un pourcentage de ce montant lié au nombre de mois de votre contrat de location. Les véhicules admissibles dans ce palmarès sont annotés d'un astérisque (*).

NOTE AU SUJET DES COTES

J'utilise à regret les cotes de Transports Canada car je crois qu'elles sont obtenues dans un environnement qui ne tient pas compte de la réalité des conducteurs canadiens. On peut très souvent majorer ces chiffres de 2011. On s'approche ainsi des résultats américains, plus réalistes.

Par ailleurs, les émissions de CO_2 notées dans ce reportage ont été calculées à partir de la consommation combinée x 2,4 kilos par litre (essence) et 2,8 kilos par litre (diesel). Notez aussi que les cotes de consommation et les émissions de CO_2 notées le sont toujours à partir de la configuration moteur-boîte de vitesses la plus éconergétique pour chaque modèle.

LES SOUS-COMPACTES

Les sous-compactes conviennent pour une personne seule, un couple ou une petite famille qui se sert d'une voiture de façon parcimonieuse. N'oubliez pas que ces voitures ont toutes (sauf la smart) au moins quatre places. Mais, contrairement à ce qu'on pourrait croire, ce ne sont pas les plus petites voitures qui sont les plus vertes et qui consomment le moins, mais elles offrent tout de même une consommation raisonnable à un prix qui oscille entre modique et raisonnable. Ce prix se situe entre 12 000 et 26 000$.

1. SCION IQ *

En vente dès cet automne, cette microvoiture transporte trois adultes... et quelques sacs d'épicerie ou un chien ! Tour de force ergonomique et technologique, cette diminutive voiture lutte contre les smart de ce monde et les bat à plate couture en termes d'espace, de plaisir de conduire, de tenue de route et de consommation. Jetez un coup d'œil sur les cotes de consommation plus bas. Même en les majorant de 20 %, elles impressionnent. Ce score combiné de 6,1 litres aux 100 kilomètres triomphe de tous les véhicules non hybrides sur le marché. L'iQ, dotée d'un 4-cylindres de 1,3 litre de 94 chevaux et d'une boîte CVT très efficace (avec mode Sport) sera une petite citadine de premier ordre. Le prix de 16 760 $ me semble un tantinet élevé, mais les acheteurs sauront se consoler grâce à l'aide du gouvernement !

VILLE 5,5 L/100 km • **ROUTE** 4,6 L/100 km •
COMBINÉ 5,1 L/100 km (plus réaliste : 6,1 L/100 km) • **CO_2** 146 g/km

2. (EX-ÆQUO) FORD FIESTA ET HYUNDAI ACCENT

Alors que tous s'attendaient à ce que la nouvelle Fiat 500 détrône la Ford Fiesta au chapitre de la consommation de carburant et, donc, des émissions de CO_2, c'est en fait Hyundai, avec sa toute nouvelle Accent, qui a rattrapé Ford, car elle consomme légèrement moins. Ces deux voitures sont très intéressantes aussi bien au plan de la consommation, du côté pratique, du prix et du plaisir de conduire. Cela dit, je donne un léger avantage à Ford qui propose des versions très bien équipées. Ceci peut potentiellement convaincre des gens qui se seraient autrement tournés vers une plus grosse voiture pour y retrouver le luxe que s'efforce d'offrir la Fiesta.

FORD FIESTA : VILLE 8,1 L/100 km
ROUTE 6,2 L/100 km
COMBINÉ 7,1 L/100 km • **CO_2** 170 g/km

HYUNDAI ACCENT : VILLE 7,8 L/100 km
ROUTE 5,9 L/100 km
COMBINÉ 7,1 L/100 km • **CO_2** 170 g/km

3. MAZDA2

VILLE 8,1 L/100 km
ROUTE 6,7 L/100 km
COMBINÉ 7,4 L/100 km • **CO_2** : 178 g/km

Presque une copie de la Ford Fiesta, la Mazda*2* est dotée d'une chaîne plutôt que d'une courroie, ce qui la rend plus durable, mais elle consomme légèrement plus. Sa boîte de vitesses manuelle est supérieure à celle de la Fiesta.

4. HONDA FIT

Malgré sa consommation plus élevée, la Honda Fit est la « grande petite ». Pour ceux qui veulent une sous-compacte offrant beaucoup d'espace de chargement, elle est le premier choix et un choix vert pratico-pratique très intéressant.

VILLE 8,4 L/100 km
ROUTE 6,7 L/100 km
COMBINÉ 7,6 L/100 km • **CO_2** 182g/km

VILLE 7,1 L/100 km
ROUTE 5,7 L/100 km
COMBINÉ 6,5 L/100 km • **CO_2** 156 g/km

5. SMART FORTWO

Si la smart fortwo consomme moins encore que les précédentes, son absence de côté pratique et son horrible boîte de vitesses lui font perdre des points. Il serait plus que temps que Mercedes-Benz la modernise. Je ne m'attarde pas à la smart électrique puisqu'elle ne sera offerte qu'à une poignée de gens en Amérique du Nord.

Voici pourquoi d'autres modèles ont été écartés :

Chevrolet Sonic : information insuffisante à ce stade-ci pour juger de la remplaçante de la désuète Aveo.

Toyota Prius C : trop tôt pour apporter un jugement, mais si elle est à la hauteur des prétentions de Toyota, elle prendra la première place à tous les égards. À suivre...

Toyota Yaris : si certaines améliorations sont les bienvenues, notamment en matière de consommation, de finition et d'autres détails, elle n'a pas assez été améliorée pour se retrouver dans le top 5.

Scion xD : mauvais rapport qualité/prix, consommation trop élevée, qualité de finition très ordinaire.

Fiat 500 : trop petite pour une consommation trop grande, doutes sur la fiabilité à moyen et à long termes.

Kia Rio : cette voiture est totalement désuète (heureusement, une nouvelle s'en vient).

MINI : bien que jolie et sympathique, elle n'est ni pratique, ni vraiment économique, ni vraiment verte, mais elle est chère.

Nissan Versa : elle est pratique, mais elle consomme un peu trop et n'a pas la meilleure qualité de finition.

LES COMPACTES

La catégorie des compactes est très intéressante car elle offre un choix de voitures qui ont, pour la plupart, été modernisées récemment. Je reproche cependant à certains constructeurs de ne pas nous fournir les versions les plus éconergétiques de leurs modèles, alors qu'elles sont offertes aux États-Unis. Exemples : la Kia Forte ECO et la Honda Civic HF. Ce sont des véhicules idéaux pour un couple ou une petite famille. N'oubliez pas que la meilleure façon de penser écologiquement est de penser efficacité plutôt qu'habitabilité. Si, pendant deux semaines par an, vous avez besoin d'un plus grand véhicule pour les vacances, louez ce véhicule pour ces deux semaines. Vous éviterez ainsi de traîner une tonne de métal inutile pendant les 50 autres semaines. Leur prix se situe entre 15 000 et 30 000$.

1. HONDA CIVIC HYBRIDE *

La toute nouvelle Civic hybride 2012 est celle qui consomme le moins, émet le moins de CO_2 et pollue le moins de toutes les compactes. Pour vous donner une idée : la smart fortwo, la plus économique des sous-compactes, consomme et émet 23 % plus que la Civic hybride ! Ceci grâce à un nouveau système hybride avec pile au lithium-ion de toute dernière génération. Elle possède un autre grand avantage : son tableau de bord est de loin le mieux conçu sur le marché pour permettre d'adopter une conduite éconergétique.

VILLE 5,3 L/100 km • **ROUTE** 5,3 L/100 km • **COMBINÉ** 5,3 L/100 km • **CO_2** 127 g/km

2. HONDA INSIGHT *

Moins performante que la Civic hybride, l'Insight reste toutefois la deuxième plus verte des compactes et a un avantage indéniable : son hayon fait d'elle l'une des plus pratiques de cette catégorie. Pour quiconque cherche un véhicule vert, pratique et à prix raisonnable.

VILLE 5.9 L/100 km • **ROUTE** 5,5 L/100 km
COMBINÉ 5,7 L/100 km • **CO_2** 137 g/km

3. HYUNDAI ELANTRA*

Voiture refaite de A à Z, la Hyundai Elantra est très économique, très bien fabriquée, assez pratique et verte. Elle a un défaut cependant : il est à peu près impossible de pratiquer l'écoconduite de façon optimale en raison du manque d'information au tableau de bord.

VILLE 8,1 L/100 km • **ROUTE** 5,9 L/100 km
COMBINÉ 7,1 L/100 km • **CO_2** 170 g/km

4. CHEVROLET CRUZE ECO

Voiture bien née et relativement économique, La Chevrolet Cruze Eco combine un bon espace intérieur avec une qualité de construction à la hauteur. Son défaut ? La version ECO se vend presque aussi cher qu'une hybride tout en consommant 35 % de plus...

VILLE 8,4 L/100 km • **ROUTE** 5,6 L/100 km
COMBINÉ 7,1 L/100 km • **CO_2** 170 g/km

5. FORD FOCUS*

L'une des rares voitures compactes à hayon, la Ford Focus affiche une consommation raisonnable avec un côté pratique et un plaisir de conduire indéniables. De plus, elle a fait la preuve de sa qualité en Europe.

VILLE 8,4 L/100 km • **ROUTE** 6,2 L/100 km
COMBINÉ 7,6 L/100 km • **CO_2** : 182 g/km

Les véhicules éliminés, soit bons finalistes, soit... :

Honda Civic : bien qu'intéressante, elle l'est moins que les cinq citées plus haut, mais reste tout de même un très bon choix.

Kia Forte : si le constructeur avait offert la version ECO chez nous, elle aurait fait le top 5. Les autres versions offertes consomment un peu trop.

Nissan Sentra : les quelques retouches superficielles du modèle 2012 ne suffisent pas. Pour que Nissan prouve qu'elle tient à ce modèle, ce dernier devra faire l'objet d'une refonte complète.

Toyota Corolla : la vieille dame respectable de Toyota a besoin d'une modernisation.

Mazda3 : la version la plus éconergétique de la *3* est celle qui consomme le plus de cette catégorie. Imaginez alors avec le moteur de 2,5 litres! Tout simplement pas de taille, écologiquement parlant.

Volkswagen Jetta 2.0L à essence : un moteur antédiluvien qui consomme et pollue beaucoup trop.

Subaru Impreza : si sa transmission intégrale est intéressante, son moteur et sa boîte de vitesses doivent être dépoussiérés.

LES INTERMÉDIAIRES

Les intermédiaires sont des voitures idéales pour les familles de trois enfants ou moins, les représentants de commerce qui roulent beaucoup, les gens qui veulent un peu plus de confort ou qui sont habitués à une grosse voiture. Elles sont pensées en fonction de l'espace et d'un certain luxe. Leur prix se situe entre 22 000 et 40 000$.

1. TOYOTA PRIUS *

Indélogeable, la Toyota Prius demeure LA référence en matière de voiture verte, année après année. Spacieuse, économique et offerte à prix raisonnable, personne n'a encore réussi à la vaincre sur le terrain vert à moins de 30 000$. Toutefois, il ne faut pas oublier la nouvelle réalité des véhicules enfichables dont je parle un peu plus loin.

VILLE 4,6 L/100 km • **ROUTE** 4,9 L/100 km • Combiné 4,7 L/100 km • **CO_2** 113 g/km

2. KIA OPTIMA HYBRIDE

Offerte à prix raisonnable (30 595$), la Kia Optima hybride offre un système cousin de celui de la Sonata hybride, sauf que le calibrage des ingénieurs de Kia ridiculise en quelque sorte celui de Hyundai. Alors que j'ai peiné à l'accélération (de 0 à 40 km/h) et à gérer le système électrique de la Sonata, l'expérience a été beaucoup plus agréable et efficace avec l'Optima. J'ai obtenu une moyenne ville/route de 5,3 litres aux 100 kilomètres bien meilleure que la Sonata (près de 8 L/100 km). Comme première tentative dans le milieu des hybrides, c'est réussi.

VILLE 5,6 L/100 km • **ROUTE** 4,9 L/100 km
COMBINÉ 5,2 L/100 km (approx.) **CO_2** 147 g/km

3. FORD FUSION HYBRIDE*

La Ford Fusion hybride, qui en est à sa 3e année, semblait imbattable; cependant, face à la nouvelle Optima et aux modèles enfichables, la donne change. Bien équipée, économique, propre, elle souffre évidemment d'un espace de chargement handicapé par la batterie et qui empêche aussi de rabattre les dossiers arrière. Autre bémol : son prix de départ a augmenté à 34 199$. Un peu cher. Mais dites-vous que, avec son rabais gouvernemental de 1 000$ en 2012, elle sera vendue grosso modo le même prix que la Volt avec le sien.

VILLE 5,7 L/100 km • **ROUTE** 6,5 L/100 km
COMBINÉ 6 L/100 km • **CO_2** 144 g/km

4. VOLKSWAGEN JETTA TDI

La VW Jetta TDI a une grande qualité, son excellent moteur. Performant, agréable et assez économe, il rend l'expérience plus sportive qu'avec la plupart des hybrides. Cependant, il consomme plus que tous les autres véhicules cités plus haut, émet beaucoup plus de CO_2 et d'émissions polluantes. À un prix assez similaire à celui d'une Prius.

VILLE 7,8 L/100 km • **ROUTE** 5,6 L/100 km
COMBINÉ 6,9 L/100 km • **CO_2** 193 g/km

5. SUBARU LEGACY 2.5 PZEV

La Subaru Legacy 2.5 PZEV réussit l'exploit d'offrir une transmission intégrale et un moteur aux émissions polluantes parmi les plus basses sur le marché (PZEV : partial zero émission vehicle) tout en gardant sa consommation au même niveau que les meilleures non-hybrides de cette catégorie. Franchement impressionnant.

VILLE 10,2 L/100 km • **ROUTE** 7,6 L/100 km
COMBINÉ 9 L/100 km • **CO_2** 216 g/km

Et les autres... :

Toyota Camry hybride : la version 2012 à motorisation revampée (le 4-cylindres passe de 2,4 à 2,5 litres, et le cycle Atkinson présente une compression exceptionnelle de 10,5 à 1) ne fait pas le top 5 des intermédiaires parce que nous n'avons pas pu l'essayer à temps pour juger du progrès de son système hybride. Selon Toyota, il serait 39% plus efficace énergétiquement en ville. Si c'est le cas, bravo ! Mais nous allons attendre avant de coter.

Chevrolet Malibu : pas encore capable de rivaliser avec les plus efficaces, surtout après le flop de sa version hybride.

Buick Regal : excellente voiture, très bien construite, mais pas du tout axée vers l'économie.

Honda Accord : bien que ce soit une très bonne voiture, il est temps que Honda la modernise.

Nissan Altima : même argument. Son temps est écoulé.

Hyundai Sonata hybride : à prix presque égal, l'Optima la déclasse…

Suzuki Kizashi : trop petite, trop chère, pas assez économe.

LES UTILITAIRES

J'inclus dans cette catégorie des utilitaires tous les multi, mini, extra, sport et autres dénominations plus mêlantes les unes que les autres. Un véhicule qui se prétend utilitaire de quelque manière que ce soit se doit d'offrir de l'espace, de la fonctionnalité et de la polyvalence. Le reste n'est que du superflu. Je vais tout de même séparer cette catégorie en deux. Commençons par...

LES FORMATS RÉGULIERS 16 000$ OU PLUS

1. TOYOTA PRIUS V *

Enfin ! Depuis des années, les écolos attendaient un tel véhicule familial hybride capable de performances se rapprochant de la Prius. Voilà la Prius V (pour « versatile »), et elle ne déçoit pas. Plus lourd d'à peine 8 % que la Prius régulière, son espace de chargement est 120 % plus grand, ce qui donne amplement d'espace pour une famille et ses bagages. Bien conçu, ce véhicule ressemble à une Mazda*5* mais consomme grosso modo 50 % de moins que cette dernière. Parmi les retouches apportées à l'aménagement intérieur, il y en a un qui m'agace : l'indicateur de consommation instantané gradué a cédé sa place à un nombre simple. Stupide ! Cela rend l'écoconduite beaucoup moins facile. Pour le reste, avec toutes ses qualités dynamiques (la tenue de route est meilleure que celle de la Prius originale), son allure, son toit vitré (en plexi) et son espace, elle fera presque assurément un malheur au chapitre des ventes.

VILLE 4,3 L/100 km • **ROUTE** 4,8 L/100 km • **COMBINÉ** 4,6 L/100 km
CO_2 132 g/km (une extrapolation à partir de données US)

2. FORD ESCAPE HYBRIDE *

Eh oui, le Ford Escape hybride persiste et signe. Encore parmi les plus économiques et écologiques, il n'est maintenant détrôné que par la Prius V. C'est la preuve d'un travail bien effectué par Ford dans le domaine des hybrides. De plus, il est particulièrement fiable.

VILLE 6,9 L/100 km • **ROUTE** 7,6 L/100 km
COMBINÉ 7,4 L/100 km • CO_2 178 g/km

3. VW JETTA SPORTWAGEN TDI*

Équipée du même moteur que la Jetta TDI, la version Sportwagen offre l'espace requis pour toute personne qui cherche une familiale économique et raisonnablement écologique.

VILLE 8,1 L/100 km • **ROUTE** 6 L/100 km
COMBINÉ 7,1 L/100 km CO_2 199 g/km

4. NISSAN CUBE

Comme utilitaire urbain, on ne fait pas mieux chez les véhicules à moteur traditionnel que le Nissan Cube, et c'est grâce à sa boîte CVT. Son allure un peu étrange ne doit pas vous faire oublier son côté pratique et le peu d'espace qu'il prend en ville. Et après tout, y a-t-il forme plus rationnelle qu'un cube ?

VILLE 8,7 L/100 km • **ROUTE** 7,6 L/100 km
COMBINÉ 8,4 L/100 km • CO_2 202 g/km

5. CHEVROLET EQUINOX FWD

En version à 4 cylindres et à traction, le Chevrolet Equinox est le VUS compact le plus économique parmi les non-hybrides. Il est bien conçu, assez spacieux et devrait vous rendre de précieux services si vous ne le prenez pas pour un camion. Son prix est par ailleurs intéressant.

VILLE 10,7 L/100 km • **ROUTE** 7,4 L/100 km
COMBINÉ 9 L/100 km • CO_2 217 g/km

6 (EX-ÆQUO). MAZDA*5* ET SUBARU OUTBACK 2.5 PZEV

Pour ceux qui ont une famille et qui cherchent un utilitaire à prix raisonnable, la Mazda*5* est un incontournable. Bien finie, avec un moteur raisonnablement frugal, elle offre suffisamment d'espace pour la vie familiale au quotidien. Si vous êtes prêt à payer un peu plus et si recherchez une transmission intégrale, le choix des choix est la Subaru Outback 2.5 PZEV, un véhicule d'une agilité exceptionnelle et d'une frugalité raisonnable.

MAZDA*5* : VILLE 11,2 L/100 km • **ROUTE** 8,4 L/100 km
COMBINÉ 9,8 L/100 km • CO_2 : 235 g/km

SUBARU OUTBACK 2,5 PZEV : VILLE 10,7 L/100 km
ROUTE 8,1 L/100 km • **COMBINÉ** 9,8 L/100 km CO_2 235 g/km

LES GRANDS FORMATS

20 000$ ou plus, beaucoup plus

Pour songer à un utilitaire grand format, vous devez avoir vraiment besoin de beaucoup d'espace parce que vous trimballez une famille d'au moins trois enfants, parce que vous exploitez un commerce, parce que vous pratiquez des activités sportives ou un travail qui nécessitent beaucoup de volume utilitaire.

1. TOYOTA HIGHLANDER HYBRIDE 4WD

Équipé d'un nouveau système hybride depuis un an, le Toyota Highlander hybride accueille sept occupants et réussit à consommer de façon frugale tout en étant doté d'une transmission intégrale. Un excellent choix pour une grosse famille active. Un bémol : son prix de départ de 42 850 $. Pour ceux qui n'ont pas de problème de budget et veulent plus de luxe, il y a le Lexus RX 450h qui offre la même motorisation, en plus chic.

VILLE 8,4 L/100 km – **ROUTE** 8,4 L/100 km – **COMBINÉ** 8,4 L/100 km **CO_2** : 202 g/km

2. HONDA ODYSSEY

La Honda Odyssey réussit, avec un moteur V6, à consommer moins que les versions à 4 cylindres de la concurrence, rien que ça ! Elle est très spacieuse, très bien construite, bref, elle n'est rien de moins que la référence dans sa catégorie. Seul bémol : à un prix de départ de 29 990 $, elle est 10 000 $ plus chère qu'une Dodge Grand Caravan qui n'offre toutefois pas la même qualité.

3. TOYOTA SIENNA

La Toyota Sienna est une autre fourgonnette de très bonne qualité. Sa consommation est raisonnable bien que plus élevée que les deux modèles précédents. Elle est très pratique et polyvalente. Un choix à considérer.

4. KIA SEDONA

Plus traditionnelle que les trois autres, la Kia Sedona est très spacieuse et très bien équipée à prix raisonnable. De plus, en version de base, elle ne consomme pas plus que la Sienna. À considérer.

5. GMC YUKON 1500 HYBRID 4WD

Très gros, très spacieux, le GMC Yukon 1500 est capable d'une consommation somme toute raisonnable en version hybride. Encore faut-il avoir besoin d'aussi gros... car il n'est pas donné, loin de là.

LES VOITURES DE LUXE

Pour ceux et celles qui ont une conscience verte, mais qui ont aussi les moyens financiers de se gâter avec plus de luxe, de confort et de gadgets. Prix : 30 000$ ou plus

1. LEXUS CT 200H *

La Lexus CT 200h a presque tout pour elle : une belle gueule, une super consommation de carburant, un certain plaisir de conduire, une excellente tenue de route, une qualité de finition, un luxe et un confort indéniables et, enfin, un prix des plus raisonnables ! Que lui manque-t-il alors ? De l'espace, surtout pour les bagages. N'empêche qu'elle est la voiture de luxe la plus éconergétique sur le marché. Un choix de premier ordre. Pour 5 000 à 6 000$ de moins, la Honda CR-Z est aussi un choix intéressant, sauf qu'elle n'offre que deux places.

VILLE 5,5 L/100 km – **ROUTE** 5,9 L/100 km – **COMBINÉ** 5,6 L/100 km **CO_2** 134 g/km

2. LINCOLN MKZ HYBRIDE *

Équipée de la même motorisation très efficace que la Fusion hybride, la Lincoln MKZ est très confortable, d'une qualité de finition impeccable et d'une consommation qui n'est battue que par la Lexus CT 200h. Elle largue facilement les Audi, Mercedes-Benz et BMW à moteur Diesel d'un point de vue écologique pour un prix raisonnable. Seul bémol : son design intérieur banal.

VILLE 5,7 L/100 km – **ROUTE** 6,5 L/100 km
COMBINÉ 6 L/100 km **CO_2** 144 g/km

3. INFINITI M 35H *

Qui l'eût cru ? Une voiture aussi puissante et luxueuse que l'Infiniti M 35h se retrouve dans la cour des meilleures vertes de luxe. Elle n'est pas donnée, mais pour ceux et celles qui aiment une voiture très luxueuse tout en étant assez écolo, c'est un choix de premier ordre, si vous pouvez vivre avec un coffre réduit.

VILLE 8,7 L/100 km – **ROUTE** 7,4 L/100 km
COMBINÉ 8,1 L/100 km **CO_2** 194 g/km

4. BMW 335D

Voiture à moteur Diesel plutôt efficace et au plaisir au volant tout ce qu'il y a de plus BMW, la 333d saura combler votre recherche de passion tout en étant relativement frugale.

VILLE 10,2 L/100 km – **ROUTE** 6,5 L/100 km
COMBINÉ 8,7 L/100 km **CO2 : 244 G/KM**

5. MERCEDES-BENZ E350 BLUETEC

Autre voiture à moteur Diesel de grande qualité, la Mercedes-Benz E350 représente ce que les Allemands font de mieux, ce qui reste en deçà des meilleures hybrides. De plus, les vidanges d'huile et d'urée (à cause de la technologie BLUETEC de Mercedes-Benz) coûtent facilement plus de 600 $.

VILLE 10,7 L/100 km – **ROUTE** 7,1 L/100 km
COMBINÉ 9 L/100 km **CO_2** 252 g/km

Si d'autres véhicules de luxe sont équipés de systèmes hybrides ou Diesel, ils sont, pour la plupart, loin d'être verts. Trop puissants, trop inefficaces ou trop lourds, ils ne valent pas la peine d'être mentionnés, sauf pour illustrer à quel point ils sont à côté de la cible. Mon exemple préféré : le BMW X6 Activehybrid.

Catégorie spéciale

LES « ENFICHABLES » OU « RECHARGEABLES »

Les véhicules « enfichables » ou « rechargeables » sont en voie de révolutionner l'industrie de l'automobile. Si vous conduisez sur le mode électricité, vos déplacements au Québec vous coûteront à peu près le huitième de ce que cela vous coûte actuellement en essence (à 1,40 $ le litre). De plus, ce sera de l'argent qui restera au Québec, qui créera des emplois ici plutôt que d'enrichir les multinationales du pétrole.

Quatre modèles seront offerts dans la prochaine année : la Chevrolet Volt, la Toyota Prius enfichable, la Nissan Leaf et la Mitsubishi i-MiEV.

Aucun d'eux ne représente encore le véhicule idéal pout toutes les situations, mais chacun peut remplir des besoins précis. Voici pour lesquels de ces besoins je les recommande :

1. CHEVROLET VOLT

La Chevrolet Volt est une voiture à quatre places dotée d'une autonomie électrique de 40 à 80 kilomètres; elle est idéale pour la personne qui reste en banlieue et s'en sert pour venir travailler à la ville, spécialement si elle parcourt 50 kilomètres ou moins chaque jour ou peut la recharger au travail, auquel cas elle peut prolonger cette autonomie à 100 kilomètres sur le mode électricité. Le temps de recharge de la batterie d'une capacité de 16 kWh est de 10 heures dans une prise à 120 volts et de 4 heures dans une prise à 240 volts. Une fois la charge épuisée, son moteur à 4 cylindres de 1,4 litre de 85 chevaux permet de parcourir 500 kilomètres supplémentaires en faisant tourner une génératrice qui continue d'alimenter le moteur électrique. Une fois le moteur à essence en marche (pour aller à Québec, par exemple), vous obtiendrez une consommation d'environ 5 litres aux 100 kilomètres. La Volt est vraiment très agréable à conduire, assez pratique grâce à son hayon et dotée d'une technologie très impressionnante. Et que dire de la somme d'information technique qu'affiche le tableau de bord ! Je lui prédis un brillant avenir. À son prix de départ de 41 545 $, vous pourrez soustraire un rabais à compter du 1er janvier 2012 jusqu'au 31 décembre 2012 de 7 769 $, pour une facture finale de 33 776 $. Le système électrique est garanti pour 8 ans ou 160 000 kilomètres. Si vous conduisez principalement dans les conditions énumérées plus haut, avec des voyages hors de la ville durant les week-ends, elle est le meilleur choix.

2. TOYOTA PRIUS

La Toyota Prius enfichable est la voiture pour la personne qui fait souvent beaucoup de kilométrage dans une journée, mais qui pourra la brancher un peu partout. Pourquoi ? Parce que son autonomie sur le mode électricité n'est que de 20 kilomètres, ce qui peut être suffisant pour plusieurs. Une fois ces 20 kilomètres épuisés, son système hybride très efficace vous permettra d'aller à Québec à moins de 3,5 litres aux 100 kilomètres ! D'où l'intérêt accru de la Prius enfichable par comparaison avec la Volt pour les plus longues distances. De plus, le prix de départ devrait être au moins de 7 000 $ inférieur à celui de la Volt. Elle donne droit à un rabais du gouvernement du Québec de 5 100 $. Enfin, elle est la plus spacieuse des voitures décrites ici.

3. NISSAN LEAF

La Nissan Leaf est une excellente voiture pour les gens qui en possèdent déjà une. Avec une autonomie moyenne annoncée de 160 kilomètres et une vitesse de pointe de 140 km/h, la Leaf est idéale pour ceux qui se servent de façon quotidienne d'une voiture pour aller au travail et faire des courses aux alentours. Ainsi, vous pourrez vous servir de la Leaf toute la semaine et, pour aller à la campagne ou en voyage la fin de semaine, vous prendrez le véhicule à moteur thermique. Si vous ne possédez qu'une seule voiture mais ne faites que rarement de longs voyages, prenez le train ou louez un véhicule (de préférence hybride). Le temps de recharge de sa batterie est de 22 heures dans une prise à 120 volts (donc pas très pratique) ou de 8 heures dans une prise à 240 volts (recommandée). La batterie est garantie pour 8 ans ou 160 000 kilomètres. Voiture intermédiaire elle aussi très agréable à conduire, elle saura convaincre les plus sceptiques quant à ses performances. De plus, le service d'autopartage Communauto en offrira dans son parc dès cet automne. Vous pourrez soustraire un rabais de 8 000 $ du gouvernement du Québec dès le 1er janvier 2012 à son prix de départ de 38 395 $, pour un total de 30 395 $.

4. MITSUBISHI i-MiEV

Oubliez les gadgets hi-tech, les petits détails qui titillent les mordus de technologie et le luxe. Cette petite voiture 100% électrique est pensée pour être tout ce qu'il y a de plus spartiate. Pas de luxe, peu d'options, pas de petits plus, voilà, c'est ça. Programmés comme nous le sommes à considérer indispensable et absolument nécessaire ce qui ne l'était absolument pas il y a quelques années à peine, saurons-nous apprécier la simplicité volontaire ? Je l'espère car cette petite 4 places fait son travail tel un outil tout simple, mais efficace : parcourir environ 130 km sur une charge (ce que j'ai fait deux fois), atteindre, si besoin est, 130 km/h, être assez confortable et sans émission. Le tout, une fois le rabais du gouvernement du Québec soustrait, pour un prix de départ de 25 229 $. Considérant la somme de plus de 10 000 $ que vous allez sauver en carburant dès les premiers 100 000 km parcourus, cela est loin d'être négligeable. Son temps de recharge sur une prise de 120 volts est d'environ 20 heures et de 6 heures sur une prise de 240 volts. À découvrir.

SHELBY AMERICAN

La passion de la performance depuis 60 ans !

Antoine Joubert

Tout amateur de performances connaît inévitablement le nom Shelby. Mais pour les non- initiés, voici un brin d'histoire.

M. Shelby, Carroll de son prénom, est né au Texas en 1923. Passionné de voitures depuis son jeune âge, il a d'abord servi l'armée américaine à titre d'instructeur de vol durant la Seconde Guerre mondiale. Il est ensuite devenu pilote d'essai pour plusieurs équipes de course, notamment du côté d'Aston Martin et de Maserati. C'est toutefois au début des années 60 qu'il fonde son entreprise, la Shelby American, laquelle obtient un permis pour importer en Amérique un roadster d'AC Motors, une firme anglaise.

C'est en modifiant cette voiture pour en faire un véritable bolide de hautes performances que son nom devient vite célèbre. En effet, après seulement quelques années de production et de peaufinage, la voiture réussit à décrocher la première place aux 12 Heures de Sebring, devançant la stupéfiante Ferrari 250 GTO.

Puis, ont suivi ses implications avec Ford et Chrysler, ce qui a donné naissance à des voitures comme les Shelby GT350 et GT500 dans les années 60 ainsi qu'aux Dodge Charger et Daytona Shelby dans les années 80. Sa dernière implication avec Chrysler a également permis l'introduction, en 1989, de la légendaire Dodge Viper.

Après avoir créé la Shelby Series 1 en 1999 (seule voiture Shelby conçue à partir d'une planche à dessin), il s'associe de nouveau avec Ford en 2004 pour repousser les limites d'une nouvelle Ford Mustang alors sur le point de naître. Et depuis, Shelby American se consacre presque exclusivement à Ford.

Dans les faits, on dit presque car l'association entre Ford est Shelby est très importante pour l'entreprise. Néanmoins, Shelby fabrique également, en petites quantités, des modèles Cobra identiques aux modèles d'antan. Les rares clients qui voient en cette voiture un très bon investissement doivent toutefois en payer le prix et passer par toutes sortes de subterfuges pour finir avec une voiture complète et prête à rouler.

En effet, puisque la Shelby Cobra ne peut être homologuée comme une voiture neuve (puisqu'elle ne rencontre pas les normes

de sécurité des modèles d'aujourd'hui), il est impossible pour Shelby American de commercialiser la voiture comme modèle complet. Il faut donc avoir recours aux lois sur la construction de voitures artisanales et vendre une mule (une voiture sans motorisation).

Bien sûr, un petit réseau de concessionnaires chez nos voisins du sud (et un à Toronto) se chargent de vous vendre la voiture (techniquement sans mécanique), mais aussi de vous offrir la motorisation et son installation en surplus. Sur votre contrat d'achat serait stipulé le modèle de la voiture, motorisation à part.

Comme à l'époque, on produit diverses versions de la Shelby Cobra, qui se distinguent toutes par leur apparence et leur équipement. Un modèle CSX4000 de route, préparé pour recevoir un V8 de 7 litres (427 pouces cubes) aura, par exemple, les ailes élargies, contrairement aux versions CSX7000 et CSX8000, recevant un V8 de 4,7 litres (289 pouces cubes).

Il est évidemment possible de commander sa voiture sur mesure : sièges recouverts de vinyle ou de cuir, divers systèmes d'échappement et choix impressionnant d'accessoires. Mais soyez sans crainte, toutes ces pièces sont homologuées par Shelby.

Outre les versions, il existe trois façons de faire construire sa Shelby. La solution la moins chère consiste à opter pour une carrosserie de fibre de verre, laquelle commande un prix de 70 000 $ US. Vient ensuite la possibilité d'une carrosserie en aluminium moulé à 125 000 $ US, puis enfin, une carrosserie en aluminium faite à la main, à 150 000 $ US. Et n'oubliez pas, à ce prix, toujours pas de mécanique ! Il n'est donc pas surprenant que Shelby American écoule à peine plus de 100 exemplaires par année.

Même s'il est impressionnant de constater que Shelby American fabrique toujours la voiture qui a mis l'entreprise sur la carte, il n'en demeure pas moins que sa grande expansion tient au contrat qui la relie à Ford.

LA PASSION DES MUSTANG

Une seule voiture construite en série prend le chemin des ateliers de Shelby avant de se rendre chez le concessionnaire. Il s'agit, bien sûr, de la Shelby GT500, une Mustang de hautes performances vendue chez nous pour environ 65 000 $. Son moteur génère 550 chevaux (seulement...).

Toutes les autres versions des voitures Shelby (toutes sur base de Mustang) sont d'abord achetées par le client dans un concessionnaire pour être ensuite acheminées dans les ateliers de Shelby où la voiture pourra subir la transformation voulue. Et là, rien n'est impossible...

De la Shelby GTS à moteur V6 jusqu'à la plus puissante des GT500 Super Snake, il existe un ensemble Shelby pouvant convenir à chacune des Mustang. Cette année, la grande nouveauté consiste en l'ajout d'une nouvelle version GT350, sur la base de Mustang GT 5.0. Son traitement esthétique exclusif lui donne franchement fière allure, et les performances qui l'accompagnent sont hallucinantes. Ceci dit, rien n'est comparable à la surpuissante Shelby GT500 Super Snake, laquelle peut développer avec l'ajout de certaines options, jusqu'à 800 chevaux !

Voici donc une liste des ensembles offerts pour 2012 :

Modèle	Ensemble	Puissance	Coût/prép.
MUSTANG V6	Shelby GTS	305 chevaux	9 995 $ US
MUSTANG GT 5.0	Shelby GTS	412 chevaux	11 995 $ US
MUSTANG GT 5.0	Shelby GT350	525 chevaux	26 995 $ US
MUSTANG GT 5.0	Shelby GT350 (turbo)	624 chevaux	33 995 $ US
SHELBY GT500	Super Snake	750 chevaux	34 500 $ US

Évidemment, il nous était impossible de découvrir cette gamme de voitures sans vivre l'expérience derrière le volant. Nous avions déjà fait connaissance avec le modèle Shelby GT500, très puissant, mais il nous était difficile d'imaginer ce que 200 chevaux supplémentaires allaient engendrer comme force d'accélération.

C'est donc au volant d'une Shelby GT500 Super Snake toute neuve (et d'une rare beauté) que nous avons pu sillonner les routes de Las Vegas, en priant le ciel pour que les forces de l'ordre soient clémentes avec nous.

En fait, c'est bien sûr l'excitation de conduire un tel bolide qui nous forçait à vouloir constamment faire chanter le compresseur volumétrique du puissant V8 de cette brute et, donc, d'enfreindre les limites de vitesse permises. Mais à dire vrai, il n'est pas impensable de conduire cette voiture au quotidien. Bon, on vous l'accorde, conduire une Super Snake pour se rendre au boulot tous les jours, en pleine congestion, c'est frustrant. Qui plus est, cela risquerait de vous développer des mollets d'enfer, puisque la fermeté de l'embrayage est considérable. Mais cette voiture n'est pas aussi vicieuse ou indisciplinée qu'on pourrait le croire. Il s'agit simplement d'une Mustang offrant une conduite plus ferme, certes, mais qui propose un minimum de confort et une conduite agréable, même si l'accélérateur n'est pas collé au plancher.

Il faut aussi mentionner que chacune des modifications effectuées pour en faire une voiture Shelby sont faites avec le souci de qualité propre aux voitures Ford d'aujourd'hui. Ça n'a donc rien à voir avec les voitures Saleen, des Mustang qui étaient modifiées à la hâte, et dont les performances étaient franchement décevantes.

BONJOUR LA BOUCANE !

Naturellement, avant de remettre les clés à son propriétaire, nous avons pu laisser libre cours à nos tentations en effectuant quelques départs arrêtés, un peu comme on le ferait sur une piste d'accélération. On a donc eu le plaisir de noircir l'asphalte à outrance et d'emboucaner l'environnement, mais aussi le « privilège » de se payer quelques violentes secousses dorsales. D'ailleurs, au moment de conduire la voiture, l'auteur de ces lignes réalisait que cette Shelby constituait la voiture la plus puissante qu'il avait conduite à ce jour...

Si cet article vous convainc de vous procurer une Mustang pour ensuite la transformer en modèle Shelby, alors sachez qu'il vous faudra néanmoins faire le voyage jusqu'à Las Vegas. En effet, les bureaux et l'ensemble des installations du constructeur sont situés aux abords du Las Vegas Speedway, un endroit mythique pour tout amateur de Nascar.

À cet endroit, on sera en mesure de modifier votre voiture selon vos critères, et de vous remettre les certificats d'homologation. Il vous restera ensuite à ramener la voiture au pays et de profiter d'une voiture assurément unique et qui ne dévaluera presque pas. Au fait, sachez que Shelby American ne modifie qu'un nombre limité de voitures par an, ce qui signifie qu'il faut être préparé d'avance. Car la réponse à votre demande, même si votre chéquier est prêt, pourrait être négative.

UN P'TIT TOUR À VEGAS ?

Bon nombre de Québécois amateurs de voitures voyagent annuellement à Las Vegas sans savoir qu'on y trouve les installations de Shelby American. En réalité, en plus de l'usine, on trouve sur place un joli petit musée qui relate l'histoire de la marque et de son fondateur. On y retrouve non seulement une bonne quantité de voitures mais aussi plusieurs accessoires homologués. Notamment, vous pourrez y voir la toute première Shelby Cobra de l'histoire, pour laquelle Carroll Shelby aurait récemment refusé 23 millions de dollars...

De plus, à chaque jour, la maison offre gratuitement aux passants un tour guidé du musée, d'une durée d'environ une heure. Cela vous amène notamment à visiter les ateliers où sont construites les voitures, mais aussi à découvrir l'histoire de l'homme et de la plupart des voitures présentes sur place. Sachez toutefois qu'il est fort possible que vous vous laissiez ensuite tenter par quelques articles proposés à la boutique souvenir, laquelle offre un choix incroyable. Nous avons d'ailleurs succombé...

Shelby, c'est donc bien plus qu'une simple Mustang modifiée. C'est d'abord un homme, mais aussi une entreprise sexagénaire constituant un symbole de performances automobiles américaine qui n'a que peu de comparables...

AUTOUR DU MONDE 2012

Francis Brière

Chine

Chery Fulwin II

Chery est une firme chinoise qui mise davantage sur l'exportation pour augmenter ses chiffres de ventes. Des usines ont été édifiées au Magrheb et en Russie pour fournir de la marchandise dans ces pays. La Fulwin II devrait normalement remplacer la Cowin, mais ce modèle ne semble pas aussi populaire auprès des consommateurs. Elle est équipée d'un 4-cylindres de 1,5 litre produisant seulement 109 chevaux.

Allemagne

Wiesmann Spyder

La firme Wiesmann a été fondée en 1988 par les frères Martin et Friedhelm Wiesmann. Depuis lors, ce constructeur marginal a fabriqué un peu plus de 1 000 exemplaires de ses modèles sport pour puristes. Nous vous présentons la Spyder, une nouvelle création qui en est encore au stade expérimental. Cette voiture est puissante et légère. Son V8 de 430 chevaux la propulse de 0 à 100 km/h en moins de 4 secondes. Même s'il s'agit d'une étude de style, elle en vaut la peine !

Italie

Abarth Punto Evo

La firme italienne a rebaptisé l'engin (naguère appelée Punto Grande), mais il ne s'agit que d'un simple changement d'appellation. De fait, la petite voiture a changé de cavalerie : un nouveau bloc MultiAir de 165 chevaux ! Rappelons que de nombreuses pièces proviennent de l'autre marque italienne, Alfa Romeo. Le Manettino modifie les traits du moteur, de la direction et du freinage.

Italie

Alfa Romeo MiTo

Nous attendons avec impatience la venue de la marque italienne de ce côté-ci de l'Atlantique. La MiTo est le modèle d'entrée de gamme qui se distingue par les innombrables possibilités de personnalisation. Un client peut même choisir la couleur du contour des feux arrière. Du reste, comme c'est presque toujours le cas en Europe, Alfa Romeo offre la MiTo avec un choix de motorisations allant du petit bloc de 78 chevaux jusqu'au moteur MultiAir de 170 chevaux !

Allemagne

Audi RS3

Nous n'avons pas encore de confirmation pour la venue de cette voiture musclée à hayon. Les consommateurs européens ont la possibilité de rouler à bord d'un projectile à quatre roues motrices qui accélère de 0 à 100 km/h en 4,4 secondes. Elle emprunte le moteur de la TT RS, soit le 5-cylindres de 2,5 litres suralimenté produisant 340 chevaux. Seule problème en vue dans le cas d'une traversée de l'Atlantique : son prix.

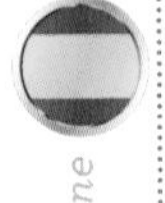

Espagne

GTA Spano

Cette supervoiture espagnole s'inspire d'une conception empruntée à Porsche et à Lamborghini. L'arrière de la voiture fait penser à la Carrera GT, tandis que l'avant rappelle les courbes d'une certaine Gallardo. Quoiqu'il en soit, ce bolide sera produit à seulement 99 exemplaires et ne fera pas que de la figuration. En effet, son V10 en position centrale produit 780 chevaux et propulse la Spano de 0 à 100 km/h en 2,9 secondes. Sa vitesse maximale atteint 350 km/h.

Allemagne

Ruf CTR3

Mi-constructeur, mi-préparateur, Ruf est une firme allemande qui s'occupe principalement de produits Porsche. Cette création a été présentée au Salon de Genève en 2011. Il s'agit vraisemblablement d'une plateforme de 911 Turbo, mais elle a été lourdement modifiée à l'arrière. En ce qui a trait à la mécanique, Ruf a mis le paquet : 6-cylindres de 3,8 litres biturbo produisant 700 chevaux. Pour accompagner cet attirail musclé, les ingénieurs ont prévu des freins en céramique et des panneaux de carrosserie en aluminium et en fibre de carbone.

Italie

De Tomaso De Auville

Assistons-nous enfin au retour de la firme De Tomaso ? Ici, une rivale aux BMW Série 5 GT et Mercedes-Benz Classe E : la De Auville. Présentée à Genève en 2011 sous la forme d'un prototype, cette voiture ne représente pas tout à fait ce que les puristes attendaient. Qu'à cela ne tienne, la De Auville sera offerte avec un V6 turbodiesel de 247 chevaux et un V8 de 542 chevaux.

Angleterre

Aston Martin V12 Zagato

La collaboration entre le constructeur britannique Aston Martin et la firme Zagato a donné cette créature hors de l'ordinaire. Présentée lors du prestigieux Concorso d'Eleganza Villa d'Este, cette voiture rend hommage à la version d'origine de la DB4GT Zagato. L'œuvre a mérité une mention honorable lors de cette exposition. Selon le grand patron d'Aston Martin, le Dr Ulrich Bez, il s'agit d'une voiture « unique et exaltante, à la fois puissante et magnifique ». Elle est équipée d'une cage de protection, d'une vitre en plastique du côté du pilote, d'une suspension de course ainsi que d'un aileron arrière.

Allemagne

Gumpert Tornante

Nous connaissons cette firme allemande pour sa supervoiture Apollo. C'est à Genève, en 2011, que Gumpert présente un autre modèle : la Tornante. Cette voiture est une GT ultra rapide équipée d'un bloc générant 700 chevaux. Au moment d'écrire ces lignes, le constructeur allemand prévoit le début de la production de son nouveau modèle pour 2012. Pourrions-nous voir défiler une Tornante sur nos routes ? La réponse est théoriquement oui, puisque Gumpert est en mesure de distribuer son produit aux États-Unis.

Italie

Fornasari RR99

Non seulement ce constructeur mélange-t-il les genres, mais il varie également l'origine des composants mécaniques de ce véhicule bizarre. Il s'agit d'un VUS coupé à quatre portes à la puissance d'une supervoiture. Équipé d'un moteur provenant de General Motors, (V8 de 6,2 litres développant 610 chevaux), ce véhicule emprunte des idées conceptuelles de Jaguar, d'Aston Martin et de Lamborghini. Son poids n'est pas négligeable : 1 850 kilos sur ses grosses roues de 23 pouces !

Suède

Koenigsegg Agera R

Dans *l'Annuel de l'automobile* édition 2011, nous avons présenté la nouvelle création de la firme suédoise Koenigsegg, l'Agera. Voici ce qui représente l'évolution de cette supervoiture, une version extrême de la grande sportive déjà hyper puissante. La livrée de base (pardonnez l'expression) revendique 910 chevaux extirpés d'un V8 biturbo de 4,7 litres. L'Agera R bénéficie d'une puissance de 1 115 chevaux, rien de moins. Chez Koenigsegg, on annonce une vitesse maximale de 419 km/h.

Pologne

Arrinera Venocara

Plusieurs peuvent se montrer sceptiques quand un constructeur polonais dévoile les plans d'une supervoiture capable de rivaliser avec les Lamborghini, Ferrari et autres machines de puissance semblable. Pourquoi réinventer la roue ? On retrouve le V8 LS9 de Chevrolet monté en position centrale et dont la puissance fait 638 chevaux. De plus, les ingénieurs ont mis le paquet avec un châssis tubulaire et des composants de carrosserie légers fabriqués en fibre aramide et en fibre de carbone. Cette voiture pourrait être vendue en Amérique du Nord, sait-on jamais.

Espagne

Seat IBx

Au moment d'écrire ces lignes, le groupe Volkswagen annonce officiellement la mise en production de ce nouveau VUS compact sous le nom du constructeur espagnol Seat. De fait, ce véhicule sera édifié sur la même plateforme que l'Audi Q3 et sera fabriqué au même endroit, à l'usine de Martorell, en Espagne. Il faut donc s'attendre à ce que les moteurs TSI et TDI se retrouvent sous le capot de ce nouveau modèle.

Japon

Suzuki Jimny

Voici un modèle qui n'en est pas à ses premières armes. Ces ancêtres ont vu le jour en 1968 et ont évolué jusqu'à la naissance du Jimny qui est produit dans le monde entier. GM en fabrique même une version destinée à l'Amérique latine. Il s'agit d'un petit 4 x 4 doté d'une généreuse surface vitrée. Le Jimny est offert avec une gamme de moteurs de petite cylindrée, à essence et Diesel.

Italie

Pagani Huayra

Horacio Pagani revient avec le modèle qui succède à la Zonda. Le créateur argentin nourrit des ambitions de distribuer cette supervoiture en Amérique du Nord. La voiture est fabriquée en alliage de carbone et de titane, ce qui en réduit considérablement le poids (1 350 kilos). Elle est équipée d'un V12 biturbo provenant de Mercedes-Benz, un bloc qui produit 700 chevaux. Seulement une vingtaine de Huayra seront produites annuellement pour la modique somme de 1,5 million de dollars l'exemplaire.

France

Citroën DS4

La version de luxe de la C4 arrive chez nos cousins français. Elle est offerte avec un moteur de 202 chevaux, le 1.6 THP. Primée pour la beauté de sa silhouette, la DS4 ne souffre pas de complexes. En revanche, elle possède un habitacle sobre et peu original.

Inde

Tata Vista

Le constructeur indien Tata propose ce modèle urbain, la Vista. Rien de bien révolutionnaire ici, outre le fait qu'un consommateur indien peut se l'offrir pour une chanson. Le choix de moteurs varie, à essence et Diesel, et la puissance joue entre 65 et 90 chevaux. Seront-elles offertes bientôt chez nous ? Ce n'est pas demain la veille...

Japon

Daihatsu Cuore

La firme japonaise (filiale de Toyota) offre la Cuore, une petite citadine qui laisse de côté les artifices. En effet, ce modèle propose un attirail rudimentaire. L'heureux propriétaire d'une Cuore doit se passer du télédéverrouillage des portes. Cette voiture se vend quand même 10 000 euros, mais il semble que le constructeur cessera la production pour l'Europe d'ici quelques années. Sous le capot, on retrouve un moteur à 3 cylindres de 69 chevaux.

Chine

FAW Hongqi HQ3

Toutes nos félicitations si vous arrivez à prononcer le nom de ce modèle ! Même les constructeurs chinois produisent des voitures de grand luxe. Cette HQ3 rivalise avec les grandes berlines allemandes. Vendue à un prix de 130 000 euros, elle ne fait pas fureur : seulement 193 exemplaires ont trouvé preneur en 2010. First Automotive Group est partenaire de Volkswagen, de Toyota et de Mazda.

Italie

Fiat Freemont

De quoi s'agit-il ? Eh oui, d'un Dodge Journey déguisé en Fiat ! Reste à voir si la marque italienne connaîtra plus de succès avec sa propre version de ce véhicule multisegment. La bonne nouvelle : Fiat propose une motorisation Diesel, le 2-litres MultiJet en versions à 140 et à 170 chevaux. Le V6 Pentastar de 3,6 litres de Chrysler complétera la gamme.

Chine

Geely TX4

Ce petit véhicule hideux est un taxi qui possède plusieurs atouts. Son rayon de braquage est semblable à celui d'une bicyclette, et le dégagement de son toit est élevé. De plus, il y a suffisamment d'espace pour y faire monter un fauteuil roulant, et le véhicule dispose d'un marchepied rétractable. Il n'est cependant pas donné : 33 900 euros en France !

Chine

Great Wall Florid

Voici une petite citadine qui semble copiée des tables à dessin de chez Toyota. Elle passerait probablement inaperçue en Europe ou en Amérique du Nord. En revanche, on ne risque pas d'en voir demain sur nos routes. L'Italie pourrait en recevoir quelques exemplaires. Il s'agit de l'un des rares pays occidentaux à importer des produits chinois. La Florid est équipée d'un moteur à 4 cylindres de 1,3 ou de 1,5 litre produisant respectivement 92 et 105 chevaux.

Australie

Holden Barina Spark

Difficile de cacher l'origine de cette voiture. Le partenaire australien de General Motors est en fait la seule marque locale produisant des véhicules de grande diffusion. Il s'agit ici d'une Chevrolet Spark harmonisée aux couleurs de Holden. Que pensez-vous de cette calandre ?

Europe

Hyundai ix20

Ce véhicule rivalise directement avec les Renault Modus et Citroën C3 Picasso. En revanche, il s'agit d'une Kia Venga. On se demande, par ailleurs, comment Hyundai peut revendiquer un prix plus élevé pour un modèle qui offre deux ans de moins de garantie. Son moteur est un 4-cylindres de 1,4 litre développant 90 chevaux.

Kia Cee'd

Europe

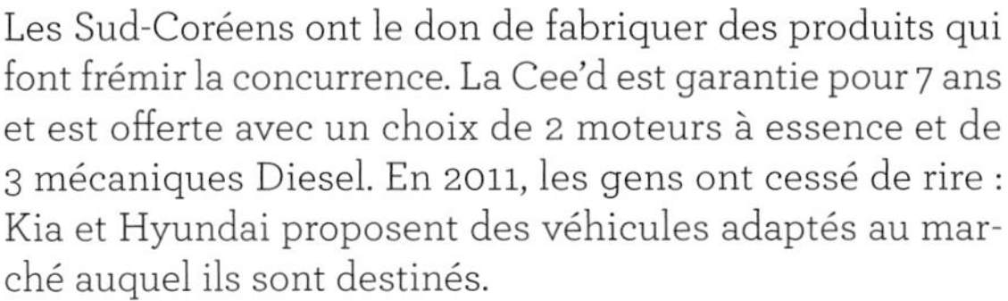

Les Sud-Coréens ont le don de fabriquer des produits qui font frémir la concurrence. La Cee'd est garantie pour 7 ans et est offerte avec un choix de 2 moteurs à essence et de 3 mécaniques Diesel. En 2011, les gens ont cessé de rire : Kia et Hyundai proposent des véhicules adaptés au marché auquel ils sont destinés.

Lada Kalina

Russie

La Kalina est un modèle offert en livrée à 4 ou à 5 portières et même en version familiale. Évidemment, il s'agit d'une voiture bon marché dont le prix varie entre 7 000 et 8 000 euros en France. Son comportement routier ne peut rivaliser avec celui des voitures européennes de même catégorie.

Lancia Ypsilon

Europe

Voici un nouveau produit maison pour Lancia. Cette voiture est livrée en version à 5 portières et partage les gènes de la Fiat Panda. Deux moteurs sont offerts : un 4-cylindres de 1,2 litre de 69 chevaux et un 4-cylindres MultiJet de 1,2 litre de 75 chevaux. Sa consommation de carburant moyenne est d'environ 4,4 litres aux 100 kilomètres !

Mitsubishi L200

Japon

Cette camionnette fait aussi office de VUS ou de véhicule d'activités sportives. On doute quand même de sa popularité en Europe, compte tenu de l'abondance des milieux urbains. En revanche, un véhicule de ce genre est idéal pour transporter la planche à voile ou les vélos. Notons son moteur Diesel à 4 cylindres de 2,5 litres produisant 136 chevaux.

Angleterre

Morgan Three-Wheeler

Qui a dit qu'une voiture devait avoir quatre roues ? Morgan revient en force avec ce véhicule à trois roues dont les performances et le rapport poids/puissance sont dignes d'une Porsche Cayman. La Three-Wheeler accélère de 0 à 100 km/h en 4,5 secondes ! Pourtant, son moteur n'est qu'un bicylindre de 1,8 litre provenant essentiellement de la firme Harley-Davidson.

Japon

Nissan Micra

La Nissan Micra possède un net avantage sur sa rivale, la Renault Clio : elle est environ 3 000 euros moins chère. De plus, ces deux modèles partagent la même plateforme ! La petite citadine est équipée d'un moteur de 1,2 litre produisant 80 chevaux. Elle est fabriquée à Madras, en Inde, ainsi qu'à Guangzhou, en Chine.

Allemagne

Opel Corsa

La voiture à hayon a subi de légères modifications esthétiques qui lui ont redonné une certaine popularité en Europe. Avec une consommation de 3,5 litres aux 100 kilomètres (moteur à 4 cylindres de 1,3 litre) et une tenue de route sûre, la Corsa possède des atouts importants pour séduire une clientèle dont les besoins diffèrent de ceux des Nord-Américains.

France

Peugeot Ion

L'Ion est le deuxième modèle issu d'une collaboration entre Peugeot et Mitsubishi. Il s'agit, de fait, d'une i-MiEV déguisée en petite citadine française fonctionnant à l'électricité. Pour les dirigeants de Peugeot, la motivation était évidente : avoir au catalogue une voiture entièrement électrique à moindre coût. Son prix : 35 000 euros !

France

Renault Wind

La Wind est un petit biplace équipé d'un toit rotatif, ce qui revêt l'avantage de ne pas pénaliser le volume de chargement. En revanche, les acheteurs européens semblent la bouder. Oublions le côté pratique; de plus, sa motorisation n'a pas de quoi soulever les passions. Deux blocs sont offerts : un 4-cylindres de 1,2 litre de 100 chevaux et un 4-cylindres de 1,6 litre de 133 chevaux.

Corée du Sud

Samsung QM5

Ce constructeur est né de l'association entre le géant de l'électronique Samsung et les firmes Renault et Nissan. De fait, le QM5 est un Koleos déguisé qui a été dessiné par des Français. Les acheteurs européens ne semblent pas friands de ce genre de véhicule. Même si la motorisation est frugale, les ventes du QM5 ont chuté de 50 % en moins de deux ans dans l'Hexagone.

République Tchèque

Skoda Fabia

Membre du Groupe Volkswagen, Skoda produit des voitures de grande diffusion. La Fabia est le modèle d'entrée de gamme qui représente environ 40 % des ventes totales. Elle se décline en plusieurs livrées et est offerte avec une gamme de moteurs allant du 3-cylindres à essence jusqu'au 1,6-litre TDI. La Fabia fait le bonheur des automobilistes avec sa livrée Combi.

Corée du Sud

Ssangyong Actyon Sport

Ssangyon doit sa survie au constructeur indien Mahindra qui détient plus de 70 % de ses parts. Les ventes sont timides, et les modèles sont chers. Ici, un Actyon Sport, une camionnette dérivée d'un VUS. Ce modèle n'a rien de bien original, et les dirigeants de Ssangyong ne lui ont pas encore trouvé de remplaçante. Il faut débourser environ 27 000 euros pour se la procurer.

Allemagne

Volkswagen Polo

La Polo est un modèle fort populaire en Europe. En livrée BlueMotion, elle ne consomme que 3,8 litres aux 100 kilomètres (consommation mixte) et n'émet que 87 grammes de CO_2 par kilomètre, ce qui est remarquable. Son moteur est un 3-cylindres TDI de 75 chevaux. Quand la verra-t-on chez nous ? Pas maintenant, puisque le marché n'est pas encore prêt à recevoir une petite voiture comme la Polo. C'est ce que racontent les dirigeants de Volkswagen...

LES PROTOTYPES

Les véhicules concepts attirent les masses, c'est connu. D'ailleurs, les divers salons de l'automobile essaient toujours d'en obtenir un maximum, simplement parce que les dirigeants savent que ces véhicules convaincront davantage des gens d'assister à leur événement. Bien sûr, les prototypes ne constituent pas que des études de style. On les conçoit dans le but de tester le marché et de connaître l'opinion de gens sur de nouvelles idées. On les utilise également pour appliquer des technologies en développement qui ne seraient pas nécessairement encore prêtes à se retrouver sur des véhicules de série. Voici donc un reportage qui résume ce que les constructeurs provenant des quatre coins du globe nous ont présenté au cours des douze derniers mois.

Antoine Joubert

1 Alfa Romeo 4C

Quelles lignes fabuleuses ! Il faut dire que les stylistes de la marque italienne ont toujours eu un joli coup de crayon. Par contre, cette fois, ça sort réellement de l'ordinaire. Et la bonne nouvelle, c'est que ce prototype pourrait bien devenir le premier modèle de la marque à signer le retour d'Alfa Romeo en sol nord-américain. Animé par un petit 4-cylindres de 200 chevaux, cette Alfa ne pèse que 850 kilos, soit à peine plus qu'une smart. Vous vous imaginez donc que les performances pourraient être exceptionnelles ! Alors rendez-vous l'an prochain pour en savoir plus...

2 Audi Quattro concept

Pour célébrer les 30 ans du désormais légendaire coupé Quattro, Audi a levé le voile au dernier salon de Paris sur ce magnifique prototype du même nom. Pour le moins réussi, l'exercice de style pourrait certainement inspirer un modèle qui irait en production. Quant à ce concept, il reprend plusieurs éléments mécaniques tirés du coupé RS5. En revanche, son rapport poids/puissance est comparable à celui d'une Audi R8 V10 et lui permet de livrer des performances carrément exotiques.

3 BMW Vision ConnectedDrive

Sous une robe pour le moins spectaculaire se cachent des technologies qui visent tout simplement à redéfinir la façon d'acheter un véhicule. En effet, grâce à des multiples applications offertes, ce véhicule peut tout simplement se doter de différentes options, selon les désirs et l'humeur du conducteur. Le tout serait initié par l'entremise du système iDrive si cher à BMW, dont l'utilisation se voudrait grandement simplifiée.

4 Buick Envision

Serez-vous étonné d'apprendre que Buick a présenté pour la première fois ce véhicule concept... à Shanghai ? Eh bien, sachez que le marché le plus important pour Buick n'est pas les États-Unis mais bien la Chine. Il était donc normal que GM fasse acte de présence là-bas et y dévoile ce véhicule à l'allure charmante. D'ailleurs, l'Envision a été développé par les bureaux de GM américains et chinois, de concert. À noter que ce véhicule concept fait appel à une motorisation électrique qui sera fortement inspirée de celle de la Chevrolet Volt.

5 Cadillac Urban Luxury Concept

Voici un véhicule pour le moins original qui propose, comme tous les produits de la marque, une surenchère de caractéristiques de luxe. Toutefois, sa petite motorisation fait de lui un véhicule ultra écologique. En effet, il fait appel à une motorisation composé d'un petit moteur à 3 cylindres turbocompressé de 1 litre et d'un moteur électrique. On parvient ainsi à ne consommer, selon GM, que 4,2 litres aux 100 kilomètres en ville et 3,6 litres sur la route.

Chevrolet Mi-Ray 6

Voici un magnifique roadster qui a été dévoilé au Salon de Seoul. Équipé de deux moteurs électriques, il fait aussi appel à un 4-cylindres de 1,5 litre turbocompressé qui permet d'obtenir des accélérations plus qu'intéressantes. La puissance, qui peut être acheminée soit aux roues avant ou arrière, selon les désirs du conducteur, est transmise par l'entremise d'une boîte de vitesses séquentielle à double embrayage. Enfin, sachez que les éléments de carrosserie de la Mi-Ray, pour la plupart, sont fait de fibre de carbone, ce qui améliore la rigidité tout en réduisant le poids.

7 Citroën Metropolis (DS9)

Assurément l'une des plus belles berlines européennes de grand luxe depuis fort longtemps. Il faut dire que le constructeur français déçoit rarement en matière de voiture concept. Dans le cas de la Metropolis, non seulement ses lignes impressionnent-elles, mais sa mécanique aussi. Elle utilise, en effet, un moteur V6 de 2 litres à essence en harmonie avec deux moteurs électriques; en combiné, cette motorisation génère une puissance maximale de 460 chevaux!

8 Fiat 500 Coupe Zagato

Outre sa carrosserie plus forte en caractère, cette Fiat 500 ne possède pas de caractéristiques spéciales visant à en faire un modèle véritablement performant. D'ailleurs, elle reprend le même moteur que le modèle de production vendu chez nous, lequel produit un peu plus de 100 chevaux. Tout de même, avouez qu'elle est belle!

9 Ford Vertrek Concept

C'est à Detroit que Ford dévoilait le concept Vertrek, un modèle donnant le ton à ce que deviendra d'ici peu le prochain VUS compact mondial de Ford. En effet, le Vertrek «de production», dont le nom demeure encore inconnu, viendrait à la fois remplacer l'actuel Escape et le Ford Kuga, vendu en Europe. En plus d'une apparence beaucoup plus contemporaine, ce véhicule devrait faire appel à une famille de moteurs à 4 cylindres. Une version à moteur EcoBoost (turbocompressé) viendrait donc prendre le relais du moteur V6, qui serait inévitablement plus gourmand.

GMC Sierra All-Terrain HD 10

Voici la réplique de GM à la Ford F-150 Raptor et à la Ram Runner. Toutefois, à l'inverse de la Ford, elle reprend le châssis du modèle Heavy Duty, lequel lui permet ainsi d'obtenir l'apport du V8 turbodiesel Duramax. Cette mécanique, qui développe une puissance de 397 chevaux et produit un couple de 765 livres-pieds, permettrait à ce monstre de franchir à peu près n'importe quel obstacle et de remorquer des masses de plus de 6 350 kilos. Très près de la réalité, ce concept pourrait voir le jour d'ici peu.

11 Hyundai Blue2 Fuel Cell Concept

Voici la première Hyundai faisant appel à une motorisation électrique à pile à combustible alimentée à l'hydrogène. Affichant des lignes qui rappellent celle de la récente Saab 9-5, cette voiture pourrait ne consommer que 2,8 litres aux 100 kilomètres. Sa puissance est estimée à 120 chevaux.

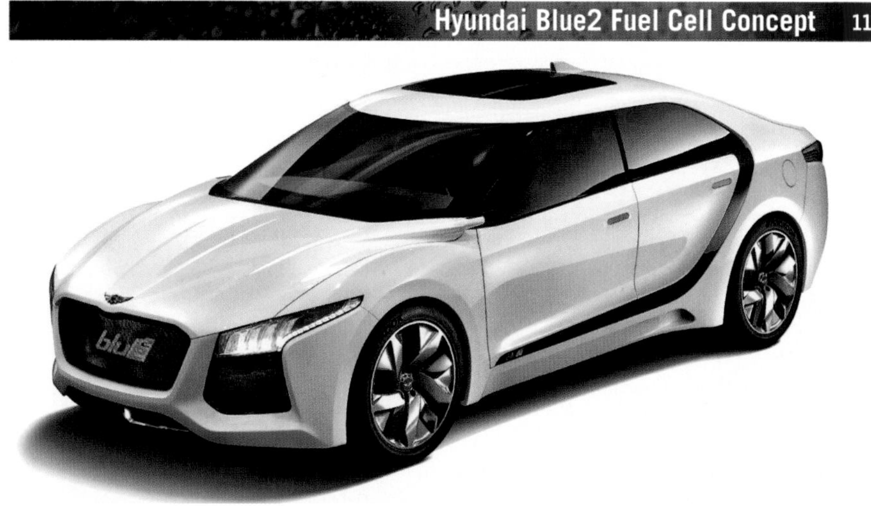

12 Hyundai Curb

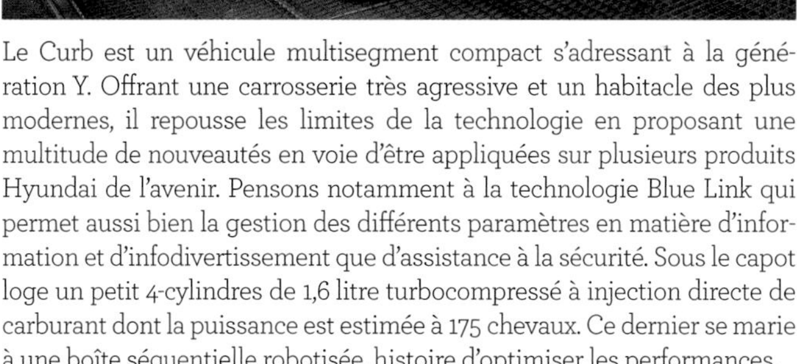

Le Curb est un véhicule multisegment compact s'adressant à la génération Y. Offrant une carrosserie très agressive et un habitacle des plus modernes, il repousse les limites de la technologie en proposant une multitude de nouveautés en voie d'être appliquées sur plusieurs produits Hyundai de l'avenir. Pensons notamment à la technologie Blue Link qui permet aussi bien la gestion des différents paramètres en matière d'information et d'infodivertissement que d'assistance à la sécurité. Sous le capot loge un petit 4-cylindres de 1,6 litre turbocompressé à injection directe de carburant dont la puissance est estimée à 175 chevaux. Ce dernier se marie à une boîte séquentielle robotisée, histoire d'optimiser les performances.

13 Infiniti Etheara

Voici la plus récente interprétation d'une voiture compacte de luxe, façon Infiniti. L'Etheara, qui reprend certains éléments esthétiques déjà appliqués à d'autres produits de la gamme, se démarque par une partie arrière très audacieuse, d'immenses arches de roues et des portes inversées à l'arrière, avec absence de pilier B. Pour attirer la faveur du public, Infiniti l'a dotée d'une motorisation hybride, soit un 4-cylindres de 2,5 litres jumelé à un moteur électrique, pour une puissance maximale combinée de 242 chevaux.

14 Jaguar Bertone B99

La firme de design italienne Bertone, qui fête ses 99 ans cette année (d'où le nom B99), a eu pour mandat de créer une voiture qui pourrait devenir la prochaine berline compacte de Jaguar. Pour le moins réussie, cette voiture nous ramène néanmoins plusieurs années en arrière, s'inspirant de plusieurs modèles d'antan. Tout de même, le résultat est magnifique et laisse croire à une voiture beaucoup plus imposante qu'elle ne l'est en réalité.

15 Jaguar C-X75

Pour fêter les 75 ans de la marque, les stylistes de Jaguar ont concocté ce magnifique coupé qui n'est pas sans rappeler le modèle XJ220 de 1994. Tout comme le concept Renault DeZir, la C-X75 se veut une voiture entièrement électrique qui a aussi été dévoilée au dernier salon de Paris. Cette Jaguar propose une puissance plus intéressante de 195 chevaux, pour une vitesse de pointe de 330 km/h. Comme quoi performance et électricité peuvent aller de pair...

Kia KV7 16

Sachant que le marché de la fourgonnette stagne, les stylistes de Kia ont voulu en quelque sorte ramener le genre à ce qu'il était dans les années 60 et 70, avec l'ère du Volkswagen Microbus. Évidemment, Kia en a fait sa propre interprétation est s'est chargée d'ajouter toutes les dernières technologies à bord de ce véhicule. D'ailleurs, en plus des nombreuses commandes tactiles, le KV7 reçoit une table centrale avec iPad intégré. Et pour l'ambiance, ajoutez à cela des sièges pivotant sur 360 degrés et un élégant plancher de bois franc.

17 Kia Naimo

Serait-ce en quelque sorte le futur Kia Soul? Probablement pas, mais la clientèle visée serait probablement la même. Toujours est-il que le Naimo, dévoilé au dernier Salon de Seoul, se veut un véhicule citadin branché offrant une panoplie de gadgets dernier cri. Équipé de portières à la façon des camionnettes à cabine allongée, il ne possède pas de pilier B, ce qui facilite l'accès à bord. Il est équipé d'un moteur électrique à aimant permanent qui développe une puissance maximale de 107 chevaux. Affichant une autonomie de 200 kilomètres, il peut récupérer 80 % de sa charge en seulement 25 minutes.

18 Lamborghini Sesto Elemento

Transmission intégrale et moteur V10 de 570 chevaux se retrouvent ici dans une voiture pesant 999 kilos. Avouez que, comme rapport poids/puissance, c'est incroyable ! D'ailleurs, le constructeur affirme que la voiture peut franchir le 0 à 100 km/h en 2,5 secondes, faisant d'elle la Lamborghini la plus rapide à ce jour. À l'étape de prototype lorsque dévoilée au salon de Paris, elle sera prochainement produite en très petite quantité et vendue au prix de 2,5 millions d'euros !

Lexus LF-Gh 19

En levant le voile sur cette berline lors d'une soirée d'avant-première dans le cadre du Salon de New York, Lexus allait démontrer son savoir-faire en matière de design. Il faut néanmoins savoir que cette étude de style donne le ton à la future berline GS. Mais il ne faut pas s'attendre à ce que les excentricités, comme la calandre proéminente et les imposants pare-chocs, soient aussi agressives. Curieusement, outre le design, Lexus n'a donné aucun détail sur cette voiture qui, comme son nom l'indique, doit à tout le moins s'équiper d'une motorisation hybride.

20 Lotus (a) Elite, (b) Elise, (c) Esprit et (d) Eterne

Jamais, en une seule année, Lotus n'avait osé présenter autant de prototypes. C'est donc un concept visant à relancer le modèle Elise que le constructeur nous a d'abord présenté, ainsi qu'un magnifique coupé-roadster qui ramène le nom Elite. L'Esprit effectuera aussi un retour sous une forme franchement extraordinaire et serait équipée d'un tout nouveau V8 suralimenté. Quant à l'Eterne, elle constituerait une première immersion dans le modèle de la berline sport, voulant rivaliser avec les Porsche Panamera et Maserati Quattroporte.

21 Mazda Shinari Concept

Dévoilée à Milan, cette berline donne non seulement le ton sur le design de la future Mazda RX-8, mais aussi sur la berline qui succèdera à l'actuelle Mazda6. Superbe sous tous les angles, la Shinari est l'œuvre d'un travail conjoint entre les principaux studios de design du constructeur, situés au Japon, en Allemagne et aux États-Unis.

22 Mercedes-Benz Classe A Concept

Histoire de recueillir des impressions, le constructeur allemand a profité du Salon de New York pour présenter ce joli véhicule concept, confirmant du même coup que la future Mercedes-Benz de Classe A serait commercialisée en Amérique du Nord. Ce coupé, dont les dimensions sont nettement plus généreuses que celles de l'actuelle Classe A, viserait à rivaliser contre les BMW de Série 1 et Audi A3. Aucune motorisation n'est confirmée en ce qui concerne le futur modèle de production, mais ce concept s'équipe pour sa part d'un 4-cylindres de 2 litres turbocompressé, développant 210 chevaux. À suivre...

23 Mercedes-Benz SLS AMG E-Cell

La plus extraordinaire voiture de production du constructeur allemand passe à l'électricité. En plus de se présenter sous un jaune pour le moins voyant, elle s'équipe d'un moteur électrique produisant 525 chevaux qui lui permet de franchir le 0 à 100 km/h en seulement 3,9 secondes. Mercedes-Benz ne prévoit pas mettre cette voiture en production, mais affirme en revanche vouloir appliquer cette technologie à plusieurs modèles dans un futur très proche.

Mini Rocketman 24

Plus petite que la MINI Cooper actuelle, la Rocketman se veut toutefois plus fidèle au modèle d'origine. Évidemment, la voiture fait appel aux dernières technologies, possédant même un écran central amovible avec logiciel intégré, afin que l'utilisateur puisse y apporter à son gré, plusieurs mises à jour. Légère, cette MINI afficherait également une consommation moyenne d'à peine 3 litres aux 100 kilomètres. Toutefois, aucun détail sur sa motorisation n'est dévoilé.

25 Nissan Ellure

Si cette voiture donne le ton aux prochaines berlines compactes et intermédiaires du constructeur, les changements seront pour le moins draconiens. Il faut dire que l'Ellure, sans vouloir faire de jeu de mots, à fière allure. Dévoilée au dernier Salon de Los Angeles, cette voiture partage les mêmes éléments mécaniques et structuraux que le concept Etheara d'Infiniti. Cela signifie donc qu'il s'agit d'une voiture à motorisation hybride à traction.

26 Nissan ESFLOW

Dans l'esprit de la Nissan Z, cette splendide sportive est équipée de deux moteurs électriques qui se chargent chacun de propulser une seule des roues arrière. On peut donc ainsi maximiser la puissance et le couple acheminé aux roues en fonction de la conduite afin d'améliorer la stabilité et la tenue de route en virage. En exploitant au maximum sa puissance, il serait, selon Nissan, possible de franchir le 0 à 100 km/h sous la barre des 5 secondes. Puis, si à l'inverse, on ménage ses transports, l'ESFLOW pourrait offrir jusqu'à 240 kilomètres d'autonomie, sans nécessiter de recharge.

Peugeot SR1 Concept 27

Fort élégant, ce coupé-roadster français pourrait devenir le futur porte-étendard de Peugeot. Sous certains angles, il n'est pas sans rappeler quelques roadsters bri-tan-niques. Toutefois, sa motorisation n'a rien de comparable avec ce que proposent Aston Martin et Jaguar. Cette voiture est en effet dotée d'un 6-cylindres turbodiesel et d'un moteur électrique qui génèrent 313 chevaux. Qui plus est, cette voiture s'équipe de la transmission intégrale.

28 Porsche 918 RSR

La 918 RSR se veut le fruit de la juxtaposition entre la splendide 918 Spyder et la 911 GT3 R Hybrid, une voiture qui a fait ses preuves dans plusieurs des plus prestigieuses séries de course du monde. La 918 RSR devient, par le fait même, un laboratoire roulant destiné à tracer la voie du futur en matière de course automobile, de par sa technologie hybride et son degré de performance élevé. Faisant appel à un moteur V8 à injection directe de carburant développant 563 chevaux, lequel fait équipe avec deux moteurs électriques produisant chacun 102 chevaux, cette voiture est donc en mesure de produire jusqu'à 767 chevaux.

Renault Captur 29

Inévitablement, on associe ce joli prototype au Nissan Juke, un véhicule qui fait d'ailleurs partie du même conglomérat à la suite de l'alliance entre Nissan et Renault. Néanmoins, les stylistes de la marque disent plutôt s'être inspirés d'un coureur de sprint en position de départ pour créer les lignes de ce véhicule. Voilà qui ne cadre pas vraiment avec les maigres 158 chevaux produits par son 4-cylindres turbodiesel.

MTL
AUTO
PRIX
.COM

30 Renault DeZir

Voici l'une des principales vedettes du dernier salon de l'auto de Paris. Une voiture qui montrerait supposément la direction que prendra l'entreprise en matière de design, pour ses futurs modèles. S'il est vrai que ses lignes sont pour le moins spectaculaires, ses portières à ouverture « façon Lamborghini » semblent moins faire l'unanimité. Il faut dire que du côté gauche, la portière s'ouvre vers l'avant, contrairement à celle de droite. Bonjour l'équilibre ! Au fait, sachez que cette voiture est uniquement animée par un moteur électrique générant 150 chevaux et produisant un couple de 166 livres-pieds. Elle ne serait donc pas aussi performante que son design le laisse croire.

31 Renault R-Space

Ce joli concept constitue un regard sur l'avenir en ce qui a trait aux futurs véhicules du type monospace de la famille Renault. Offrant une cabine très spacieuse grâce au concept de l'habitacle avancé, il peut aussi bien accueillir une famille que d'imposants objets, grâce à la modularité de ses sièges. Sous le capot se cache un petit moteur à 3 cylindres de 0,9 litre qui développe 110 chevaux, lequel pourrait permettre une consommation inférieure à 4 litres aux 100 kilomètres.

Rinspeed BamBoo 32

Le carrossier Rinspeed a accouché de ce concept plutôt bizarre, visant à en faire un véhicule de plage exceptionnel. Son design plutôt simple où l'on reconnaît certains éléments empruntés à d'autres constructeurs (comme les phares de MINI), n'est toutefois pas l'élément qui fait son charme. Il faut plutôt se rabattre sur les teintes utilisées dehors comme dedans, ainsi que sur les idées et l'aménagement passablement inusité de son habitacle. Équipé d'un petit moteur électrique produisant 72 chevaux, il afficherait une autonomie de 105 kilomètres.

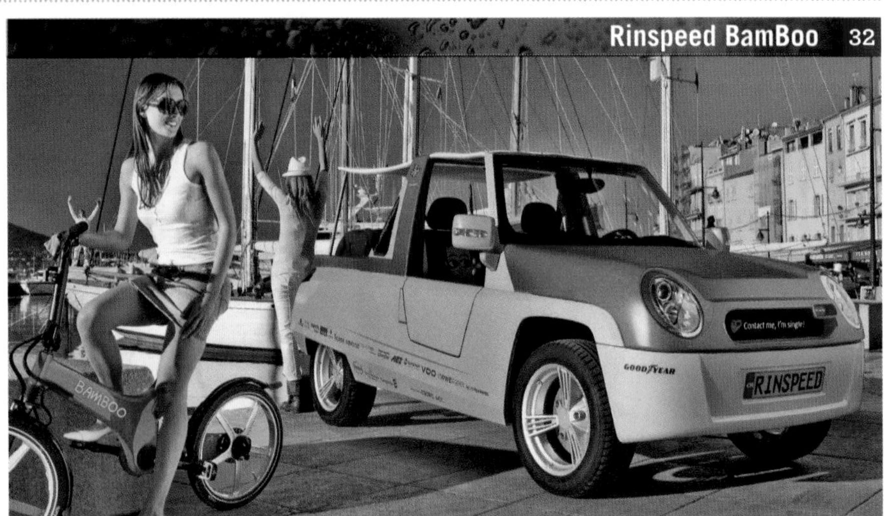

33 Saab Phoenix

Même si le fabricant est au bord du gouffre, cela ne l'empêche pas de produire de jolis concepts. Le Phoenix en est d'ailleurs l'exemple parfait. Présenté au Salon de Genève, ce véhicule au style ravageur est équipé d'un 4-cylindres de 1,6 litre générant 200 chevaux. Il n'est évidemment pas à l'étape de production, mais donne une idée de ce que pourrait offrir les futures voitures Saab en matière de technologie, si futures voitures il y a. D'ailleurs, le nom Phoenix s'appliquerait aussi à la nouvelle plateforme de la future 9-3, qui devrait voir le jour quelque part en 2012, comme modèle 2013.

34 Smart forSpeed

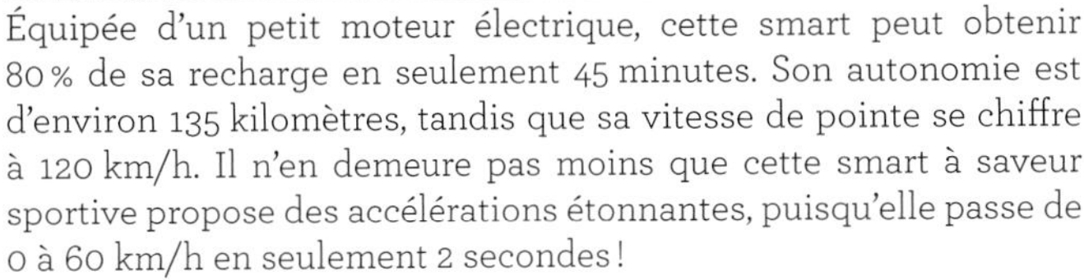

Équipée d'un petit moteur électrique, cette smart peut obtenir 80 % de sa recharge en seulement 45 minutes. Son autonomie est d'environ 135 kilomètres, tandis que sa vitesse de pointe se chiffre à 120 km/h. Il n'en demeure pas moins que cette smart à saveur sportive propose des accélérations étonnantes, puisqu'elle passe de 0 à 60 km/h en seulement 2 secondes !

35 Toyota Prius C Concept

Voulant maximiser la gamme Prius, le constructeur nippon s'apprêterait à dévoiler un modèle de production directement dérivé de ce concept montré au dernier Salon de Detroit. Visant davantage une clientèle citadine, cette jolie Prius pourrait devenir la Toyota à motorisation hybride affichant la plus faible consommation de carburant. Il s'agira également de la Prius la plus abordable. Elle pourrait donc afficher un prix comparable à celui de la Honda CR-Z.

36 Toyota Sienna Swagger Wagon

Allongée de 44 pouces, cette Sienna accueille plusieurs caractéristiques comme des fauteuils pivotants et vibro-massants, un bar, une chaîne audiovisuelle digne d'un cinéma-maison, un ordinateur avec écran tactile de 23 pouces comportant le système d'exploitation Windows 7, une console X-Box 360 et plus encore. La fourgonnette s'équipe également d'une sellerie de cuir de très haute qualité, d'un plancher de bois franc et d'un habitacle entièrement modulable. Cette Sienna repousse aussi les limites de la version Sport déjà existante avec l'ajout de jantes chromées de 20 pouces, d'un becquet arrière fabriqué sur mesure et d'un toit en acrylique de 8 pieds de longueur qui laisse pénétrer la lumière naturelle à bord.

37 Volkswagen Bulli

On comprend quel a été l'objectif des stylistes de Volkswagen avec ce véhicule. C'était clair, il fallait créer une interprétation moderne du célèbre Microbus. Très réussi et affichant une jolie teinte, il peut accueillir six occupants dans six sièges individuels. Côté motorisation, le Bulli reçoit un moteur électrique qui développe 114 chevaux et produit un couple de 199 livres-pieds. Toutefois, il serait aussi possible d'y intégrer un petit moteur à 4 cylindres advenant le cas où il passerait à l'étape de la production.

Volkswagen XL1 38

En proposant le meilleur coefficient de traînée de l'histoire puis en combinant l'énergie d'un moteur TDI à 2 cylindres et d'un moteur électrique, cette Volkswagen pourrait parvenir à ne consommer que 0,9 litre aux 100 kilomètres. Il ne s'agit évidemment pas du plus joli véhicule à être sorti des studios de design de ce constructeur allemand, mais pour atteindre ces objectifs, il fallait inévitablement produire une carrosserie affichant une très faible résistance à l'air.

39 Volvo Concept Universe

Nous savons pour l'instant que Volvo ne connaît pas de succès avec sa berline porte-étendard S80. Par contre, si cette dernière cède sa place à une voiture qui ressemble au concept Universe, les choses pourraient grandement changer. Car cette grande berline affiche un caractère beaucoup plus affirmé que celui des autres voitures de la marque, tout en conservant une identité très marquée.

BOULE DE CRISTAL

Comme c'est la tradition, L'Annuel de l'automobile se penche sur ce que nous réservera l'avenir sur la planète. Pressés, entre autres, par le gouvernement américain, les constructeurs font des pieds et des mains pour diminuer la consommation de carburant de leurs produits. La suralimentation et l'hybridation sont à l'honneur, et ce, dans tous les segments. La métamorphose est généralisée, une métamorphose historique aux accents verts. Agrémenté de photographies, ce voyage nous transporte vers ce que nous verrons et ce que nous conduirons. Charles René

Alfa Romeo 4C

Voilà une création qui est loin de laisser indifférent. Présentée en première au Salon de Genève de 2011, la 4C se veut une supervoiture compacte, selon Alfa Romeo, une manière de manipuler les perceptions. Sous cette appellation, qui ne veut finalement rien dire, se cache cependant une sportive remplie de promesses. Ultralégère (le poids visé est de 900 kilos) et reposant sur un châssis conçu de concert avec Dallara, cette petite bombe devrait miser sur une mécanique turbocompressée déposée en son centre à l'arrière. Son moteur, un 4-cylindres, pourrait friser les 200 chevaux en version de production. La haute direction de la marque fonde de grandes espérances sur ce biplace qui pourrait bien être offert d'ici 2013 en Amérique du Nord.

Audi quattro

Difficile de parler d'Audi sans aborder l'impressionnant palmarès du constructeur en rallye. Cette étroite relation avec le sport automobile a fait naître, en 1980, une voiture dont l'importance ne s'est jamais démentie, la quattro. Plus de 30 ans plus tard, une version rééditée de ce classique pourrait bien prendre le chemin des concessionnaires. En livrée prototype, cette quattro reprend des éléments mécaniques de la TT RS, à savoir un 5-cylindres turbo poussé à 408 chevaux. L'aluminium employé à outrance lui permet d'afficher un poids de 1 300 kilos et des accélérations dans les mêmes eaux que la R8. Bien entendu, un système de transmission intégrale est au menu, ainsi qu'une gueule qui rend un bel hommage à son ancêtre.

Audi A5 2013

Audi fait dans le conservatisme concernant son A5 pour l'année modèle 2013. Le coupé reçoit des retouches mineures à sa partie avant, un rafraîchissement qui la rapproche de l'A7, une proche parente disposant de deux portières supplémentaires. Pour ce qui est des moteurs, le coupé S5 perd le V8 de 4,2 litres au profit du V6 de 3 litres du cabriolet S5, doté d'un compresseur volumétrique qui lui permet de développer 333 chevaux. L'A5 de base disposera toujours du compétent 4-cylindres de 2 litres utilisé à toutes les sauces chez Audi et Volkswagen. Par ailleurs, on laissera tomber la servodirection hydraulique pour adopter un système complètement électrique qui améliorera légèrement le bilan de consommation. Bref, une mise à jour discrète pour cette GT à la polyvalence éclatante.

Bentley Continental GTC 2013

Vous deviez vous en douter, le modèle le plus populaire de l'histoire de Bentley n'allait pas laisser tomber sa déclinaison à toit rétractable pour son dernier cru. Des variantes de préproduction de la GTC ont été épiées en plein essai sur le mythique circuit du Nürburgring Nordschleife. Tout comme la GT (coupé), les acheteurs de la GTC auront le choix entre deux moteurs biturbos, un V8 de 4 litres d'une puissance estimée à 475 chevaux qui, logiquement, devrait être partagé avec l'Audi A8, et le prodigieux W12 de 6 litres (567 chevaux). Tout comme le coupé, le cabriolet devrait perdre quelques kilogrammes comparativement à son prédécesseur.

Aston Martin Zagato V12

Comment insuffler la grâce dans une automobile, susciter l'émotion par sa robe extérieure? Le carrossier italien Zagato s'est penché sur la chose et a élaboré son interprétation du beau avec comme base une Aston Martin Vantage V12. Le résultat est saisissant, c'est tout simplement l'une des plus belles voitures à avoir été esquissées par les stylistes de cette maison vieille de 92 ans. La Zagato V12 respire une pureté exceptionnelle. Cette beauté inhabituelle est complétée – tradition oblige – par un V12 de 6 litres (510 chevaux) qui fournit la trame sonore et les prestations dynamiques nécessaires. Pour les intéressés, l'œuvre sera proposée dès 2012 à un tirage très limité de 150 exemplaires.

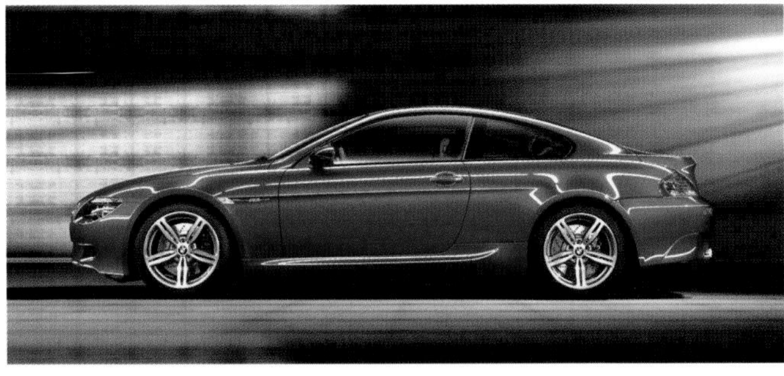

BMW M6

La BMW M5 est de retour cette année avec le tout premier moteur turbocompressé de la gamme. En parallèle, BMW s'affaire au développement d'une version M de la nouvelle Série 6. Les photos espions et la logique des choses suggèrent que cette M6 partagera avec sa grande sœur les mêmes organes mécaniques, en l'occurrence un V8 biturbo de 4,4 litres produisant 560 chevaux et couplé à une boîte de vitesses automatique à 7 rapports. Ce gain de puissance remarquable (160 chevaux) par rapport à la 650i s'accompagnera de la révision de quelques autres éléments mécaniques et stylistiques pour soutenir le tempérament bouillant de cette Série 6. Son arrivée est prévue pour 2012 comme année modèle 2013.

BMW Série 6 Gran Coupé

La mode est au coupé-berline, et les constructeurs allemands l'ont décelé rapidement. Lancée par Mercedes-Benz avec sa CLS, cette conjugaison des genres permet de retrouver dans une berline la qualité esthétique des traits d'un coupé. Le résultat est habituellement très intéressant, et la Gran Coupé ne fait pas exception. Le dessin ajoute des dimensions que la Série 5 n'atteint tout simplement pas. En termes de mécanique, cette nouvelle venue reposera sur la plateforme de la Série 6 et utilisera les mêmes motorisations. On aura donc le choix entre deux motorisations turbocompressées, un 6-cylindres en ligne et un V8. La Gran Coupé devrait être offerte dès 2012 pour garantir une concurrence aux Audi A7 et Mercedes-Benz CLS.

Bugatti Galibier

Opulence. C'est le terme qui nous vient directement à l'esprit quand on pense à Bugatti. Propriété du groupe Volkswagen, le constructeur fait dans le riche, très riche. Pour compléter le calepin et, surtout, assurer sa pérennité après le départ de la célébrissime Veyron, un nouveau modèle joindra la gamme, une berline. La Galibier, c'est le nom du véhicule concept qui a été dévoilé en 2007, sera tout simplement la berline la plus chère sur la planète. Avec le moteur W16 emprunté à la Veyron et gavé par quatre turbocompresseurs (800 chevaux) elle sera certainement l'une des plus rapides malgré son poids qui s'annonce éléphantesque. Certains avancent même qu'elle pourrait recevoir l'apport d'une motorisation hybride en option pour être en accord avec son temps. Une pièce d'histoire qui devrait se transiger dès 2013 pour plus de 1,5 million de dollars.

Chevrolet Malibu 2013

La prochaine génération de la Chevrolet Malibu marquera l'arrivée d'un concept de distribution qui a été, jusqu'à présent, très peu employé par GM. Cette cuvée 2013 deviendra la toute première intermédiaire produite par GM à bénéficier d'un rayonnement mondial, elle sera distribuée dans 100 pays. Cet audacieux coup de dés se fera à partir d'une voiture complètement révisée sans V6, un choix indéniablement contemporain. Pour l'instant un seul moteur est au programme, un 4-cylindres de la famille Ecotec de 2,5 litres (190 chevaux). Gageons cependant que le constructeur proposera un moteur turbocompressé éventuellement. Par ailleurs, la Malibu pourra être équipée, en option, de dix coussins gonflables, un atout qui n'est pas présent chez plusieurs voitures de grand luxe. L'assaut est programmé pour 2012.

Ford Taurus 2013

La nouvelle génération de Taurus vient à peine de poser ses roues que Ford annonce déjà un remodelage concentré de son faciès. L'allure plus agressive de la calandre masque cependant l'ajout à la liste d'options d'une mécanique plus discrète à la pompe question d'assurer une concurrence plus soutenue. Le 4-cylindres fait un retour sous le capot de la Taurus après 19 ans d'absence et fait équipe avec un turbocompresseur. Ce nouveau moteur de la famille EcoBoost délivrera 237 chevaux et sera également offert cette année dans les multisegments Edge et Explorer. Le V6 de 3,5 litres, proposé actuellement en équipement de série, verra se puissance grimper à 290 chevaux. Pour la livrée SHO, les chiffres resteront les mêmes; qui s'en plaindra, sauf lorsqu'il sera temps de payer à la pompe... Arrivée prévue pour le printemps 2012.

Fiat 500 Abarth

L'année 2011 a marqué le retour d'une icône italienne en territoire nord-américain, la Fiat 500. Cette citadine au charisme indiscutable se pointe le nez avec de grandes aspirations, i.e. espérer conquérir des contrées où les grandes berlines et les VUS jouissent d'une grande popularité. La version Abarth de la 500 risque d'ajouter un argument de vente intéressant qui ne figure pour l'instant pas dans le discours des vendeurs des concessions Fiat : la puissance. Dans la 500 Abarth, le 4-cylindres de 1,4 litre est suralimenté par turbocompresseur pour atteindre les 160 chevaux en livrée nord-américaine. Bien évidemment, comme c'est coutume, les éléments suspenseurs et le système de freinage sont révisés tout comme l'enrobage. Une combinaison qui risque d'attiser l'intérêt. Il faudra attendre 2012 pour en prendre le volant.

Ford C-Max 2013

Celui qui se révélait être, au départ, un rival direct des Mazda5 et Kia Rondo a pris une direction insoupçonnée. Le Ford C-Max aura toujours le mandat d'être un véhicule essentiellement familial, mais ne pourra être commandé qu'avec deux motorisations hybrides, l'une traditionnelle, l'autre, rechargeable. Ce pari le mettra aux prises avec la Toyota Prius V tout en inaugurant une nouvelle catégorie. Déployant une confiance extraordinaire envers le C-Max, Ford avance qu'il offrira un rendement énergétique en version hybride enfichable encore plus élevé que la Chevrolet Volt, le symbole du renouveau de GM aux dimensions plus réservées. Autre fait important, ce modèle ne pourra être acheté qu'en version à 5 places, contrairement au modèle européen qui compte 7 places. Néanmoins, cette intrépidité pourrait bien être payante si la facture se montre réaliste.

Ford Escape

Le Ford Escape a longtemps été montré du doigt pour sa consommation de carburant démesurée. Pour rénover l'image du VUS compact, la firme de Dearborn a décidé, en 2005, de proposer une version hybride de son protégé, une première pour la catégorie. La prochaine génération du modèle empruntera la même voie, celle de la frugalité en laissant de côté le V6, un élément qui le raccrochait au passé, aux premiers balbutiements du créneau. Fortement inspiré du prototype Vertrek, présenté au Salon de Detroit 2011, cet Escape nouveau genre adoptera un style empreint de modernisme pour suivre la cadence. L'hybride devrait inévitablement être en option ainsi qu'un modèle à moteur turbo. Le VUS devient un multisegment compact, un rafraîchissement incontournable.

Ford Fiesta ST

Ford est en voie de lancer une déclinaison de la Fiesta s'appuyant sur la vélocité pour attirer l'acheteur. La Fiesta ST, une version déjà présente en Europe, devrait traverser l'Atlantique afin d'augmenter le nombre de variantes. Son agilité, certes également présente chez plusieurs autres rivales, sera récompensée par un surcroît de puissance, un résultat qui pourrait flirter avec les 180 chevaux. Le moteur retenu pour la mission emploiera la turbocompression et devrait vraisemblablement avoir la même cylindrée que le 4-cylindres d'entrée de gamme de la mouture actuelle (1,6 litre). Sachant que cette Fiesta se classe dans les poids plume, nul besoin de dire que l'effet d'un tel gain sera certainement très intéressant même sur la facture de carburant. Un adversaire de la MINI Cooper S moins chère et plus spacieuse ? C'est à suivre...

Hyundai Veloster turbo

La Veloster, c'est en quelque sorte la riposte de Hyundai à la Honda CR-Z. Ce coupé à trois portières se présente comme une sportive à la conscience écologique grâce à son 4-cylindres de 1,6 litre à injection directe de carburant, par rapport à la motorisation hybride de l'antagoniste japonaise. La firme coréenne n'allait toutefois pas s'arrêter là. Une version turbo serait dans les plans pour faire extraire quelques 208 chevaux de ce même moteur, une manière de faire la barbe à Honda. Les photos espionnes suggèrent l'addition de plusieurs éléments distinctifs à la carrosserie de la Veloster. Malgré tout, ne comptez pas pour autant la CR-Z pour vaincue. La division anglaise de Mugen, un *tuner* étroitement lié à Honda, travaille sur une CR-Z vitaminée par compresseur volumétrique qui pourrait se frayer un chemin si l'engouement est présent. La guerre est ouverte !

Infiniti Etherea

L'Etherea a été présentée pour la première fois à l'édition 2011 du Salon de Genève. Cette étude de style est, si l'on veut, un ballon-sonde qui sert à préparer le terrain pour un nouveau modèle, une compacte qui joindra la gamme Infiniti d'ici trois ans. Les cibles avouées de cette voiture à cinq portières seront nulles autres que les Audi A3 et Lexus CT 200h. La plus accessible de la famille sera hybride afin de soutenir son tempérament sportif et aussi d'augmenter sa frugalité. À ce sujet, le groupe motopropulseur de l'Etherea, un 4-cylindres de 2,5 litres suralimenté par compresseur volumétrique secondé par un moteur électrique, libère 245 chevaux. Une boîte de vitesses à variation continue entraîne exclusivement les roues avant du prototype, un choix qui laisse croire au retour de l'architecture à traction dans l'étable du constructeur.

Infiniti JX 2013

La famille Infiniti couvre tout de même un large spectre de catégories de luxe. C'est toutefois au chapitre des multisegments de la marque qu'un vide était perceptible. Que faire si l'on veut posséder une Infiniti à 7 places sans être obligé d'engloutir des sommes démesurées en factures de carburant comme c'est le cas pour l'inesthétique QX56? La branche haut de gamme de Nissan pourra bientôt combler ce besoin avec le JX, un multisegment de bonne carrure lancé aux trousses des Audi Q7 et Acura MDX de ce monde. Au moment de mettre sous presse, aucun détail n'a été communiqué au sujet des moteurs employés. Il ne serait toutefois pas étonnant de retrouver sous son capot avant le V6 de 3,5 litres (VQ35) qui a largement été mis à profit depuis plus d'une dizaine d'années dans les produits Nissan et Infiniti. Lancement : printemps 2012.

Jaguar XE

Tata en a fait l'annonce en 2008 lors de l'acquisition de Jaguar, un roadster est dans les plans. Conséquemment, un nouveau félin est en préparation dans les ateliers de Coventry et se joindra à la meute. Cette espèce plus menue s'attaquera directement aux Porsche Boxster et BMW Z4. Les premiers clichés de véhicules d'essais supposent des lignes se rapprochant de la sublime XK dans un format plus mesuré. La ressemblance trop frappante laisse néanmoins présager un subterfuge pour tenter de faire fondre dans la masse la nouvelle plateforme. Différents 6-cylindres devraient nicher sous le capot avant de la XE lors du dévoilement officiel, dont certainement une déclinaison épaulée par un compresseur volumétrique. La production devrait débuter au début de 2013.

Jaguar C-X75

Jaguar s'est offert un fort beau cadeau pour ses 75 ans de vie fêtés au Salon de Paris de 2010. La C-X75 est cependant beaucoup plus que cela, beaucoup plus qu'une voiture bien roulée. C'est une démonstration qui met en surbrillance le mariage improbable entre l'ingénierie et l'art dans une harmonie peu commune. L'envoutement, même par photo, est immédiat. Si l'on tombe dans les spécifications techniques, on apprend qu'elle cache sous sa robe une mode de fonctionnement hybride à autonomie prolongée. Quatre moteurs électriques fournissent en couple les quatre roues pour produire 780 chevaux et un couple de 1 180 livres-pieds au cumulatif, assez pour voir l'aiguille de l'indicateur de vitesse se poser sur le chiffre 100 en 3,4 secondes. Deux turbines très sobres les alimentent en électricité. Seulement 250 exemplaires seront produits à fort prix. La nouvelle définition de la supervoiture.

Kia Cadenza

Difficile de ne pas se souvenir de la Kia Amanti, l'anachronisme sur roues, l'horreur qui a trop longtemps abîmé la rétine des piétons obnubilés par sa laideur. Disons que l'entrée en matière de Kia dans le créneau des intermédiaires de luxe a été plutôt manquée. Mieux préparée, la marque commercialisera bientôt un nouveau modèle dans le segment, la Cadenza. Légèrement moins opulente que la Hyundai Genesis, cette berline à traction misera sur un V6 d'une cylindrée de 3,5 litres générant 285 chevaux. Son design qui semble, à première vue, très réussi est le fruit du travail de l'Allemand Peter Schreyer, l'architecte du nouveau visage de Kia. Sa mise en marché pourrait se faire aussi tôt qu'au début de 2012.

La marque Lagonda

En dépit d'un semblant d'essoufflement, les véhicules utilitaires sport sont toujours aussi populaires, popularité décelable essentiellement du côté des créneaux de luxe. Les pays aux économies émergentes en sont très friands, ce qui pousse les fabricants à développer de nouveaux produits. Aston Martin a flairé la chose et décidé de lancer sa propre marque destinée à produire des VUS et des multisegments. Lagonda ouvrira un nouveau pan de marché en proposant des véhicules de grand luxe exigeant des déboursés substantiels se situant entre 150 000 et 500 000 $. Aucun modèle n'a pour l'instant été rendu public, mais le protocole de design de la gamme devrait sensiblement s'inspirer du prototype éponyme dévoilé en 2009.

Porsche 918 Spyder

À l'instar de Jaguar avec sa C-X75, Porsche s'aventure dans l'hybride pour son prochain vaisseau amiral. Résultat d'un heureux coup de crayon, la descendante de la Carrera GT recourra à une approche sensiblement différente en comparaison à la dame britannique. C'est le moteur thermique, un petit V8 médian de 3,4 litres pouvant chanter jusqu'à 9 200 tours par minute (500 chevaux), qui fait office de motorisation principale. Il fait équipe avec une paire de moteurs électriques déposés à l'avant et à l'arrière pouvant fournir 218 chevaux supplémentaires. Ces derniers peuvent également mouvoir seuls l'auto avec une autonomie limitée à 25 kilomètres. L'ensemble produit des performances surréalistes : le 0 à 100 km/h est bouclé en 3,2 secondes, et l'élan est stoppé à 320 km/h en pointe. Une auto laboratoire d'exception qui sera assemblée sur la chaîne de montage de Stuttgart-Zuffenhausen dès septembre 2013.

Mazda CX-5 2013

Au tour de Mazda de goûter aux joies de l'hyper segmentation. La marque introduira dans sa gamme le CX-5, un multisegment compact élaboré afin de combler le vide sous le CX-7. Il grossira les rangs en intégrant le nouveau code stylistique du fabricant baptisé *Kodo*. Son dessin est largement dérivé du concept Minagi, lui assurant une pertinence certaine. Cette petite bagnole haute sur roues incorporera différents éléments de la technologie SKYACTIV lui conférant une consommation de pétrole raffiné modérée. Le 4-cylindres de 2 litres, qui apparaît cette année sous le capot de la Mazda3, pourrait faire partie de l'équation. Une originalité et des dimensions qui pourraient assurément plaire.

Lotus Esprit

L'Esprit est certainement l'une des voitures les plus importantes de l'histoire moderne de l'automobile britannique. Sa carrière, qui s'est étirée de 1976 à 2004, a été marquée par une évolution constante tout en respectant le canevas d'origine. Le modèle fera un retour marqué en 2014 avec un arsenal plus moderne, plus puissant. Lotus travaillerait actuellement sur une mécanique maison, un V8 très compact de 4,8 litres qui pourrait déployer 570 chevaux en mouture d'entrée de gamme. Il sera inévitablement positionné au centre du châssis à l'arrière et lui permettrait de tutoyer les Ferrari 458 Italia et McLaren MP4-12C. Le fabricant d'Hethel veut pousser le développement de cette auto pour qu'elle puisse décrocher la couronne de la voiture anglaise la plus rapide.

Mitsubishi PX-Miev

Deuxième constructeur à embarquer dans la course électrique avec Nissan, Mitsubishi mettra en vente un multisegment hybride à autonomie prolongée. Le premier véhicule du genre à porter l'écusson aux trois losanges sera basé sur le PX-MiEV, un prototype dont le dévoilement remonte à 2009 à Tokyo. La combinaison repose sur un trio de moteurs. Le moteur à essence est un 4-cylindres (116 chevaux) qui joue le rôle de génératrice ainsi que de pourvoyeur de couple pour les roues avant. Les deux homologues électriques, logés aux deux extrémités du châssis, fournissent, quant à eux, une force motrice redistribuée aux quatre roues par l'entremise d'un système de transmission intégrale. Mitsubishi annonce une consommation estimée de 2 litres aux 100 kilomètres, en moyenne, pour le prototype.

Mercedes-Benz Classe A

Mercedes-Benz a profité de la tenue des salons de Shanghai et de New York pour faire parader un avant-goût de ce que sera le prochain cru de la Classe A. Le prototype à la silhouette truffée de nuances accrocheuses laisse présager une conclusion forte heureuse pour les yeux. Cette cuvée traversera l'Atlantique pour s'offrir une présence dans un segment en ébullition, celui des compactes de luxe. À l'avant, on découvre pour l'instant un outillage de choix, un bloc de 4-cylindres à injection directe de carburant et turbocompressé (2 litres) de 210 chevaux. Si l'on se fie au véhicule concept, plusieurs éléments de sécurité active seront proposés de série dans la plus pure tradition Mercedes-Benz. Un arrêt obligé pour la marque à l'étoile qui ne pouvait laisser un tel marché aussi prometteur se partager entre les concurrents.

Scion FR-S

L'engouement entourant la FR-S est indubitable. Cette sportive aux traits acérés rappelant la Lexus LF-A et édifiée sur une architecture à propulsion touche la fibre nostalgique des amateurs de l'ancienne Toyota, le constructeur prêt à prendre des risques, à proposer des produits empreints de dynamisme, d'originalité. Pour ne pas rater son coup, le géant a fait appel à Subaru pour mener conjointement la conception. Côté mécanique, on a déposé en proue un moteur à plat, un 4-cylindres Subaru de 2 litres, une sélection qui abaisse le centre de gravité. Certes ses 200 chevaux ne feront pas de ce coupé une descendante directe de la Supra, mais plutôt un véhicule de 1 300 kilos qui se veut très agile. On rêve déjà d'une version turbo !

LES DISPARUS

Francis Brière

Photo Erik Araujo / Stock.Xchng

Acura CSX

Les temps sont durs pour Acura. La filiale de Honda peine à vendre des exemplaires de ses modèles qui semblent plaire de moins en moins. Les concepteurs ont pris des décisions discutables, et les consommateurs se tournent vers d'autres options. En ce qui concerne la CSX, son existence était remise en cause depuis un moment. Il s'agit d'une Honda Civic à laquelle on a ajouté quelques fioritures de luxe. Un modèle vendu à fort prix et qui ne procure pas plus de confort aux occupants. Chose certaine, Acura devra revoir sa stratégie en Amérique du Nord pour être en mesure de rivaliser avec la concurrence. Le MDX et la TL connaissent un certain succès, mais d'autres ne se vendent tout simplement pas, comme la RL qui pourrait éventuellement subir le même sort que la CSX. Mais quand les spécialistes du marketing d'Acura présentent un modèle comme le ZDX, un VUS dont la production est estimée à environ 6 000 exemplaires pour l'Amérique du Nord, ce n'est rien pour renflouer les coffres de la filiale japonaise.

Buick Lucerne

Lors de présentations à la presse en 2010, les gens de General Motors affirmaient de façon claire leur désir de renouveler l'image de leurs marques. Les dirigeants de Buick ont manifesté cette intention avec véhémence, notamment en souhaitant séduire une clientèle plus jeune. Ceci explique pourquoi la Lucerne est reléguée aux oubliettes. Le bateau ou la « minoune » n'a plus sa place au sein de la gamme qui offre dorénavant un intérieur moderne, une conduite plus inspirante, sans toutefois compromettre le confort des occupants. La Lucerne est un modèle vieillot dont l'image rappelle ce que la marque de General Motors a déjà été. Il ne s'agit pas d'un mauvais produit, bien au contraire, mais il n'est plus d'actualité. Cette routière tranquille de 1 800 kilos était offerte avec un V6 ou un V8, et son prix variait entre 33 000 et 47 000 $. Est-il nécessaire de rappeler que d'autres modèles plus intéressants vous attendent chez les concessionnaires pour le même prix ?

Cadillac DTS

Donnez-moi des roses ! Si grand-papa pleure la disparition de la Cadillac DTS, il devra se contenter d'une autre limousine avant « d'accrocher » son permis de conduire. La population nord-américaine vieillit, mais cela n'empêche pas les constructeurs d'automobiles de renouveler leur image. Chez Cadillac, il faudra remédier au problème suivant : les ventes de véhicules se résument à deux modèles, soit les CTS et SRX. Les quelques dizaines d'exemplaires vendus annuellement de la DTS auront convaincu les dirigeants de la marque de luxe de General Motors d'en cesser la production. En revanche, n'allez pas croire que cette voiture ne mérite aucune considération. Au contraire, la DTS procure un confort princier, un luxe opulent et un équipement complet. Du reste, la promenade du dimanche et la valse d'autoroute ne sont plus d'actualité. De nouvelles plateformes verront le jour en production d'ici peu pour Cadillac qui proposera des produits dotés des dernières technologies.

Cadillac STS

En considérant le prix de vente d'une Cadillac STS, on se heurte à l'évidence : facile d'acheter ailleurs ! Le consommateur qui est prêt à débourser plus de 60 000 $ pour une voiture se retrouve devant un choix qui donne l'eau à la bouche. En 2011, ce marché appartient aux constructeurs allemands. La prospérité s'affichait autrefois avec le logo Cadillac, aujourd'hui, le vent a tourné. Du reste, c'est sans doute le positionnement du produit qui aura eu raison de la STS. Édifiée sur la même plateforme que la CTS, cette berline devait rivaliser avec de gros noms : BMW Série 5, Audi A6, Mercedes-Benz Classe E. La guerre n'était pas gagnée d'avance, même si cette Cadillac offre beaucoup, notamment du confort, du luxe et... du confort. Soyez sans crainte, la STS ne sera pas la seule de cette catégorie à baisser pavillon : Acura pourrait laisser tomber sa RL, et nous savons déjà que Lexus remplacera sa GS.

Chevrolet HHR

La mode rétro a connu ses heures de gloire. Cette année, la Chevrolet HHR met un terme à sa carrière qui aura duré seulement cinq ans. Chez Chrysler, la décision a été prise l'an dernier pour la PT Cruiser. Combien de HHR vendues en 2010 ? Moins de 3 000 d'un océan à l'autre. Cet argument suffit amplement à décourager les décideurs de General Motors, mais il faut savoir que d'autres produits arrivent progressivement pour combler les besoins des consommateurs. La Cruze vient remplacer la Cobalt, une Cobalt qui partageait sa plateforme avec la HHR. Sans oublier le Chevrolet Orlando, aussi édifié sur la nouvelle plateforme Delta II de GM, qui viendra servir les intérêts des automobilistes qui désirent transporter des objets ou des personnes. On regrettera sans aucun doute la livrée pas piquée des vers SS et son moteur de 260 chevaux. Pour le reste, la HHR demeure surtout une voiture de location et de parcs de véhicules.

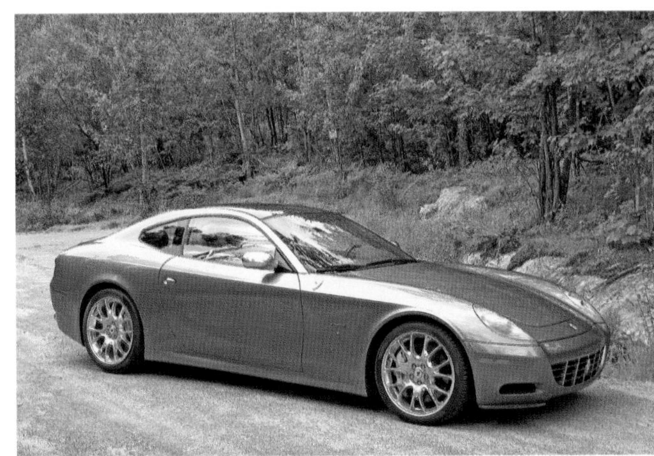

Ferrari 612 Scaglietti

Même la firme de Maranello a besoin de se renouveler. Eh oui, nous avons vu sa digne remplaçante au Salon de Genève 2011 : la FF. Comment oublier une voiture aussi prestigieuse, puissante, charismatique que la 612 Scaglietti ? Un V12 ronronnant de 532 chevaux, de la place pour quatre occupants, du style italien, du confort et des performances dignes de la marque. Reste que Ferrari innove encore avec un modèle dont la conception audacieuse provient de Pininfarina, comme d'habitude. La FF propose encore un habitacle 2+2, de la puissance, de l'espace et une transmission à quatre roues motrices développée par les ingénieurs de Ferrari ! Voilà une innovation pas bête du tout pour une voiture de grand tourisme. La 612 aura eu une courte existence puisqu'elle a vu le jour en 2004.

Ford Ranger

Un vétéran qui quitte la route et malgré nos blagues des dernières années à son sujet, c'est avec regret que nous nous séparons d'un des derniers camions de poche du marché. Son prix très abordable faisait oublier le côté vétuste du modèle qui rendait encore de précieux services. Mais vous pouvez déjà sécher vos larmes, Ford a déjà lancé une nouvelle génération, plus moderne de son Ranger en Australie, et il y a fort à parier que, dès l'an prochain, une nouvelle petite camionnette viendra combler le vise laissé par le départ temporaire d'un vieux de la vieille comme on le dit si bien.

Jeep Commander

Le véhicule d'allure militaire tire sa révérence après cinq années d'existence. Chrysler vendait une poignée de Jeep Commander au pays, ce qui suffit amplement pour convaincre la firme américaine de poursuivre son grand ménage en cessant de produire le véhicule. S'il s'agissait d'un modèle désuet et carré, mentionnons que le Commander possédait des qualités indéniables, surtout pour le comportement hors route. De plus, il était offert avec l'excellent moteur HEMI, un V8 de 5,7 litres produisant 357 chevaux. Gros, lourd et haut sur roues, ce Jeep ne pouvait répondre à tous les besoins et s'adressait à une clientèle à la recherche de qualités bien définies. Évidemment, la consommation de carburant de ce balourd atteignait des sommets, ce qui en faisait l'ennemi juré de la conduite urbaine. En revanche, nous aurions été ravis de l'équiper d'un moteur Diesel et d'un habitacle plus moderne.

Honda Element

La mode aux cubes ne durera guère plus longtemps que celle des modèles rétro. L'Element est le premier modèle à disparaître, mais il possédait de belles qualités. On l'appréciait pour sa faible consommation de carburant, sa polyvalence, sa fiabilité et son ergonomie. Chez Honda, on offre de bons produits, mais les prix font souvent reculer les acheteurs. De fait, il fallait débourser environ 30 000 $ pour se procurer un Element. La concurrence fait moins bien, mais la conception accroche l'œil (Kia Soul) et le confort est au rendez-vous (Nissan Cube). De plus, vous achetez ces deux véhicules avec 10 000 $ de moins ! Combien d'exemplaires vendus en 2010 ? Au Canada, 976 seulement ! Les ventes sont en chute libre depuis quelques années pour ce véhicule qui a vu le jour en 2003. Ce CR-V cubique n'aura vraisemblablement pas de successeur, malheureusement pour les amateurs de plein air, pour les bébé-boumeurs et les « snowbirds » !

Lotus Elise

Nous pourrions sans doute affirmer que l'ère de Colin Chapman est maintenant révolue. Les dignes représentantes du génie britannique et de la formule « light is right » seront remplacées d'ici quelques années. L'Elise est une voiture légère et maniable, un modèle qui se rapproche d'un bolide de course. Son châssis ultra léger et son petit moteur à 4 cylindres provenant de Toyota en font un bolide performant. Par contre, le constructeur japonais cesse justement la production de ce 4-cylindres de 1,8 litre. De plus, des règles de sécurité américaines auraient incité Lotus à laisser aller l'Elise, un modèle qui n'est évidemment pas donné à toutes les bourses. Rappelons que la Lotus Elise est offerte en deux livrées : l'Elise de base et l'Elise SC. La première profite d'un bloc produisant 189 chevaux, tandis que le moteur suralimenté de la livrée SC en produit 218.

Lotus Exige

Étant donné que l'Exige est aussi équipée du moteur Toyota, le constructeur britannique cesse sa production cette année pour le marché nord-américain. Cela signifie qu'il ne restera plus que l'Evora dans les salles d'exposition des concessionnaires Lotus de ce côté de l'Atlantique, du moins jusqu'en 2013. L'Elise sera encore vendue en Europe, une version équipée d'un nouveau moteur Toyota de 1,6 litre. Le renouveau se fera attendre durant plusieurs mois, mais de belles surprises se font attendre par les amateurs de la marque. C'est au salon de Paris en 2011 que Lotus a présenté pas moins de cinq modèles, des supervoitures munis de puissants moteurs produisant plus de 600 chevaux. Évidemment, ce ne sont que des prototypes, et la production de ces modèles pourrait être retardée pour diverses raisons. Une édition spéciale de l'Exige verra sans doute le jour en Amérique du Nord d'ici un an. Si la chose vous intéresse, cette voiture est encore offerte (édition 2011) en version S 240 ou S 260 avec un moteur de 1,8 litre suralimenté produisant respectivement 240 et 257 chevaux.

Mazda RX-8

Nous savions que les jours de la Mazda RX8 étaient comptés. En revanche, le constructeur japonais ne semble pas en mesure de définir quelle sera la remplaçante de cette voiture à la fois sportive, polyvalente et bien conçue. La tradition sera-t-elle respectée? Mazda ne devra pas négliger ses efforts pour offrir un bloc rotatif qui puisse fournir une puissance adéquate, sans brûler du pétrole à l'excès. Il semble que les ingénieurs planchent sur de nouvelles technologies qui pourraient produire assez de puissance et consommer du carburant de façon raisonnable. Espérons que le prochain modèle héritera des qualités de la RX8, en particulier son équilibre exemplaire et sa direction ultra précise. Bien des amateurs de conduite sportive auraient souhaité que Mazda délaisse le moteur rotatif pour un bloc plus performant et moins énergivore. Il est peu probable que cela se produise puisque tout semble indiquer que la lignée RX survivra. Le modèle successeur s'appellera-t-il RX-7 ou RX-9 ? Un dossier à suivre...

Mazda Tribute

Pendant que la Mazda3 se vendait comme des petits pains chauds au Québec, d'autres modèles n'intéressaient personne. C'est le cas notamment de la 6 qui, depuis sa refonte majeure, ne se vend tout simplement pas. En revanche, le Tribute se dirigeait doucement vers une retraite certaine. Depuis 2001, ce véhicule n'a guère changé. De fait, il s'agit d'un Ford Escape à saveur japonaise qui offre peu de confort, peu de tenue de route et une consommation de carburant détestable. Chez Ford, on propose une version hybride de l'Escape qui peut intéresser les acheteurs à la fibre environnementale sensible, mais ce véhicule sera également remplacé d'ici peu de temps par un nouveau modèle plus attrayant : le Vertrek. Nous savons maintenant que la collaboration entre Mazda et Ford est chose du passé, et il ne devrait pas y avoir de lendemain pour le Tribute. En revanche, le constructeur japonais a présenté un prototype intéressant au Salon de Genève en 2011 : le Minagi ou CX-5.

Mercedes-Benz Classe B

Mercedes-Benz a confirmé que la Classe B ne sera pas produite en 2012. Il y aura peut-être une suite en 2013, sait-on jamais. Ce véhicule d'entrée de gamme donnait l'occasion à un consommateur de s'immiscer dans la grande famille Mercedes-Benz pour moins de 30 000 $. Il faut se rendre à l'évidence : cette idée n'a pas vraiment plu, puisque les ventes stagnent. Moins de 3 000 exemplaires vendus au Canada en 2010, moins de 1 000 au Québec ! Ce n'est guère réjouissant pour le constructeur allemand, mais certaines idées risquent de faire boule de neige d'ici quelques années, comme celle de la Classe A. En revanche, un petit fourgon d'entrée de gamme pratique serait certainement pertinent sur le marché nord-américain. Encore faudrait-il qu'il procure un peu de plaisir au volant.

Mitsubishi Eclipse

Se rendre au concessionnaire Mitsubishi rappelle presque l'atmosphère qui règne dans un salon funéraire. Les représentants de la marque vous diront qu'ils attendent l'année 2013 avec impatience, mais que font-ils pendant ce temps ? Les ventes de Mitsubishi en Amérique du Nord se résument à peu de choses près à deux modèles : l'Outlander et la Lancer. En 2012, le constructeur japonais perd l'Eclipse après avoir perdu l'Endeavor. Celui qui nous intéresse ici revêt pourtant encore une robe attrayante. De plus, la livrée GT propose un V6 souple qui produit une puissante adéquate. Mais au volant, quel gâchis ! Mitsubishi devra raffiner la fabrication de ses nouveaux modèles pour suivre la cadence. L'Eclipse offre une finition horrible, un assemblage douteux et une tenue de route peu rassurante. Reste à voir ce que proposera le constructeur japonais pour attirer de nouveaux les acheteurs. Attendons 2013...

Ram Dakota

La Ram Dakota, cette camionnette de gabarit intermédiaire, présentait un avantage comparativement à ses rivales : elle était offerte avec un V8. En revanche, les consommateurs ont opté pour d'autres solutions pour combler leurs besoins, puisque Chrysler a vendu seulement 1 715 exemplaires de la Dakota l'an dernier. Un argument de poids quand vient le temps de reléguer un modèle aux oubliettes. En comparaison, les ventes de camionnettes pleine grandeur Ram ont atteint les 54 000 exemplaires en 2010, ce qui confirme que les acheteurs ont préféré un produit conçu pour les grosses besognes, malgré le prix du carburant qui ne cesse de grimper. Du reste, pourquoi acheter une camionnette de format intermédiaire quand on peut s'offrir une Ram 1500 à un prix comparable ? Peut-on affirmer que l'avenir de cette catégorie est remis en cause ? La concurrence ne semble pas trop s'en préoccuper pour l'instant...

Suzuki Swift+

En voici un autre constructeur moribond. C'est à se demander ce que pensent les stratèges de cette firme quand ils présentent un nouveau véhicule et le nomment Kizashi. Si Suzuki jouit d'un succès monstre au Japon, on ne peut en dire autant en ce qui concerne le marché nord-américain. La Swift+ devrait se vendre par dizaines de milliers d'exemplaires au Canada, mais les ventes n'ont pas atteint les 1 000 exemplaires en 2010. Il faut avouer que ce modèle n'a rien à voir avec ce qu'offre Suzuki en Europe. De fait, il s'agit d'un vestige de Daewoo, une plateforme désuète et peu recommandable. Un prochain modèle de voiture sous-compacte devrait être offert sous peu de ce côté de l'Atlantique. Nous verrons si Suzuki saura tirer son épingle du jeu dans ce marché très concurrentiel.

Volvo S40

La S40 de Volvo jouait un rôle bien défini au sein de l'alliance avec Ford : un modèle compact offrant un certain luxe tout en étant abordable. Mais il semble que cet adjectif ne revêt pas la même signification pour tout le monde. De fait, la S40 était une bonne voiture, mais son prix était injustifié. De plus, son positionnement ne lui a pas rendu justice. Trop peu à offrir pour rivaliser avec les berlines allemandes, trop chère pour se mesurer aux rivales américaines et coréennes. Du reste, Volvo n'offrait plus le moteur atmosphérique, ni la boîte manuelle. L'alternative de la V50 était une idée plaisante pour les consommateurs québécois, mais pour le reste de l'Amérique profonde... Souhaitons que les capitaux chinois puissent aider la firme suédoise à revenir en force et à offrir des produits intéressants. La S60 est un bon début, mais le prix en fait reculer plus d'un.

HUILE MOTEUR SYNTHÉTIQUE

VOUS AIMERIEZ CONNAÎTRE LA RÉALITÉ AU SUJET DES HUILES SYNTHÉTIQUES? VOICI TROIS IDÉES FAUSSES COURANTES ET LES RÉALITÉS QUI LES EXPLIQUENT:

MYTHE: Les coureurs de compétition utilisent des huiles de spécialité que les consommateurs ne peuvent pas acheter.

RÉALITÉ: Le champion 2010 de la série NASCAR Canadian Tire, DJ Kennington, emploie l'huile Castrol Edge en exclusivité dans ses voitures de course et dans ses voitures du quotidien. L'huile Castrol Edge protège le cœur de ses véhicules, le moteur, en offrant une protection supérieure contre l'usure en conditions exigeantes, sur piste et hors piste. En fait, l'huile Castrol EDGE offre une protection contre l'usure huit fois supérieure à celle qu'offre l'huile Mobil 1.

MYTHE: L'huile synthétique ne convient qu'aux voitures neuves.

RÉALITÉ: L'huile moteur synthétique de qualité peut être utilisée autant dans les voitures plus vieilles que dans les voitures neuves, et même dans les véhicules dans lesquels une huile traditionnelle était auparavant utilisée. Les huiles moteur synthétiques favorisent la santé, la durée de vie, la protection des éléments essentiels et le bon rendement des voitures neuves ou plus vieilles. L'huile Castrol EDGE présente une formule synthétique évoluée qui donne un rendement dans toutes les conditions, dont celles du remorquage, des températures basses et élevées, de l'accélération rapide et de la circulation discontinue.

MYTHE: Les huiles synthétiques n'en valent pas le coût additionnel?

RÉALITÉ: Une huile moteur synthétique vous offre une protection supérieure du moteur et favorise la santé, la durée de vie et la performance des voitures neuves ou plus vieilles. Les huiles synthétiques sont spécialement formulées non seulement en fonction des normes exigées dans l'industrie, mais aussi, dans bien des cas, comme celui de la Castrol Edge, pour dépasser les normes les plus rigoureuses dans l'industrie et des fabricants automobiles.

CASTROL EDGE

NOTRE MEILLEURE CASTROL À CE JOUR

- **PROTECTION ANTIUSURE INÉGALÉE**
- **PROTECTION CONTRE LES TEMPÉRATURES EXTRÊMES**
- **PROTECTION DE LA PUISSANCE**
- **DURÉE DE VIE – UNE HUILE DE LONGUE DURÉE**

$ 52 690 à 62 690 $ t&p 1895 $

LA COTE VERTE MOTEUR V6 DE 3,7 L source : EnerGuide

CONSOMMATION (100 KM) 11,4 L • **ÉMISSIONS POLLUANTES CO_2** 5336 KG/AN • **INDICE D'OCTANE** 91
COÛT DU CARBURANT MOYEN PAR ANNÉE 3248 $ • **NOMBRE DE LITRES PAR ANNÉE** 2320

FICHE D'IDENTITÉ

VERSIONS Base, Tech, Elite
ROUES MOTRICES 4
PORTIÈRES 5 **NOMBRE DE PASSAGERS** 7
PREMIÈRE GÉNÉRATION 2001
GÉNÉRATION ACTUELLE 2007
CONSTRUCTION Alliston, Ontario, Canada
COUSSINS GONFLABLES 6 (frontaux, latéraux, rideaux latéraux)
CONCURRENCE Audi Q7, BMW X5, Cadillac SRX, Infiniti FX, Land Rover LR3, Lexus RX, Mercedes-Benz Classe M, Volkswagen Touareg, Volvo XC90

AU QUOTIDIEN

PRIME D'ASSURANCE
25 ANS : 1600 à 1800 $
40 ANS : 1100 à 1300 $
60 ANS : 1000 à 1200 $
COLLISION FRONTALE 5/5
COLLISION LATÉRALE 5/5
VENTES DU MODÈLE DE L'AN DERNIER
AU QUÉBEC 1016 **AU CANADA** 5994
DÉPRÉCIATION 47,4 %
RAPPELS (2006 À 2011) 1
COTE DE FIABILITÉ 4/5

GARANTIES... ET PLUS

GARANTIE GÉNÉRALE 4 ans/80 000 km
GARANTIE MOTOPROPULSEUR 5 ans/100 000 km
PERFORATION 5 ans/kilométrage illimité
ASSISTANCE ROUTIÈRE 4 ans/kilométrage illimité
NOMBRE DE CONCESSIONNAIRES
AU QUÉBEC 12 **AU CANADA** 48

NOUVEAUTÉS EN 2012

Aucun changement majeur

PRESQUE **PARFAIT**

Michel Crépault

Mis à part le fait que je suis incapable de vous dire si le MDX doit être considéré comme un utilitaire ou un multisegment, je peux en revanche vous confirmer qu'il s'agit d'un excellent véhicule qui en met plein la vue pour gommer, par ailleurs, des lacunes flagrantes. Les qualités l'emportent sur les bévues, comme en font foi les ventes en santé.

CARROSSERIE Les stylistes d'Acura ont le don des entourloupettes esthétiques qui frisent l'ésotérisme. Particulièrement à l'avant du véhicule. Puisqu'il est important de créer un sentiment d'appartenance entre les membres d'une même famille, les produits Acura affichent le triangle et le chrome comme des totems. Souvent avec une exubérance mal contenue. C'est ainsi que les téméraires stylistes ont dû tempérer les extravagances commises sur la TL. Dans le cas du MDX, le nez pointu et les boucliers étincelants sont de la partie, mais ils ont la chance de se fondre dans une masse, au demeurant, imposante. Je n'affirme pas que l'allure du MDX séduira tout le monde, mais ses détracteurs sont moins nombreux que ses disciples.

HABITACLE Pour le prendre en défaut celui-là, il faut grogner contre l'orgie d'interrupteurs qui constellent le poste de pilotage. Au premier coup d'œil, ô maman! Au deuxième, pareil. Puis, lentement, on s'aperçoit que l'utilisation s'impose de manière quasiment intuitive. Vous verrez, c'est aussi simple que mémoriser la généalogie des rois et reines de France. On peut aussi reprocher aux incrustations de bois et d'aluminium de faire semblant. Mais l'ensemble est si bien dosé et assemblé qu'on a vraiment juste envie de profiter des trésors (dont quand même quelques-uns sont offerts en option) que recèle ce grandiose tableau de bord. Acura a toujours voué grand soin à la chaîne audio, et celle du MDX poursuit la tradition, un délice que se permet même de surpasser une sono facultative encore plus sophistiquée. Les places assises ont juste ce qu'il faut de moelleux, et le dégagement convient, quoique pos-

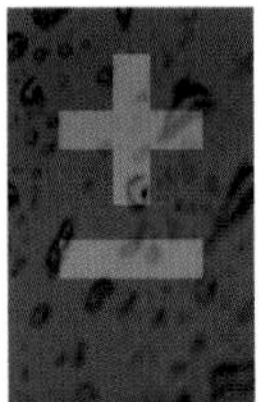

FORCES Tenue de route invitante • Conduite facile • Habitacle cossu • Transmission intégrale intelligente

FAIBLESSES Consommation • Tableau de bord encombré • Visibilité arrière limitée

siblement un peu juste pour les longues jambes à l'arrière. L'espace de chargement est l'un des meilleurs de sa catégorie, mais à la condition de ne pas utiliser les deux strapontins d'urgence dissimulés dans le plancher pour transporter deux enfants (les seuls assez souples pour s'y faufiler). Il est malheureux que la lunette du hayon ne jouisse pas d'une ouverture indépendante.

MÉCANIQUE Un seul moteur pour déplacer tout cet attirail de trouvailles électroniques, soit un V6 de 3,7 litres de 300 chevaux. Disons-le tout de go : à cause du poids qu'il trimballe, il n'est pas le plus frugal à la pompe, loin s'en faut. Où est la désactivation des cylindres en mode croisière? La technologie d'arrêt-démarrage? La version hybride? Des technologies, de surcroît, que Honda maîtrise. Au moins, ce V6, il roucoule. Il est secondé par une transmission automatique à 6 rapports SportShift tout aussi douce et, surtout, par une transmission intégrale SH-AWD (pour *Super Handling*) qui figure, à mon avis, comme l'une des plus efficaces de l'industrie. Elle « lit » la route avec acuité et sait transmettre individuellement à la bonne roue arrière le couple nécessaire pour conserver le cap.

COMPORTEMENT On ne le dirait peut-être pas à le regarder, tant il est gros, mais le MDX réussit le tour de force de se comporter presque comme une berline quand on le balade sans l'énerver. Son coup de volant est souple, et sa suspension transmet ce qu'il faut de liaison au sol et absorbe les irrégularités de la chaussée pour toujours nous garder en contrôle sans négliger l'aspect confort. La transmission intégrale intelligente s'impose quand nous outrepassons les lois de la physique dans les virages, secs ou mouillés. Du côté des moins bonnes notes, les épais piliers arrière gênent la visibilité (d'où l'utilité de la caméra de vision arrière).

CONCLUSION Utilitaire ou multisegment? Peu importe, le MDX cultive la compétence et, généreux, en refile des grands pans à son propriétaire. Ses capacités hors route ne sont pas réellement destinées à des sentiers mais bien pour veiller à notre sécurité dans la vie de tous les jours. Un quotidien égayé par un équipement luxueux mis en service dans un environnement somptueux. S'il était moins gourmand et moins porté sur l'esbroufe, le MDX frôlerait la perfection.

2e OPINION

« Même s'il commence à prendre de l'âge, le MDX demeure encore et toujours une référence dans sa catégorie. Doué en matière de conduite, raffiné en termes de présentation et de suspension et fiable comme pas un, il offre l'un des meilleurs rapports qualité/prix/luxe dans l'industrie. Acura devrait tenter de fabriquer tous ses véhicules à partir de cette base. Ce serait le succès garanti. Il faudra aussi éviter de le rendre moins joli que par le passé avec une calandre discutable. Pour le reste, le MDX propose tout ce qu'on peut souhaiter dans un véhicule de ce type : espace pour sept occupants, transmission intégrale hyper efficace, des gadgets intéressants, conduite équilibrée et prix convaincant. » — Frédéric Masse

FICHE TECHNIQUE

MOTEUR

V6 3,7 L SACT, 300 ch à 6300 tr/min
COUPLE 270 lb-pi à 4500 tr/min
BOÎTE DE VITESSES automatique à 6 rapports
0-100 KM/H 8,5 s
VITESSE MAXIMALE 200 km/h

AUTRES COMPOSANTS

SÉCURITÉ ACTIVE freins ABS, assistance au freinage, distribution électronique de force de freinage, antipatinage, contrôle de stabilité électronique
SUSPENSION AVANT/ARRIÈRE indépendante
FREINS AVANT/ARRIÈRE disques
DIRECTION à crémaillère, assistée
PNEUS MDX P255/55R18 option P255/50R19

DIMENSIONS

EMPATTEMENT 2750 mm
LONGUEUR 4867 mm
LARGEUR (sans rétro.) 1994 mm
HAUTEUR 1733 mm
POIDS 2069 kg Tech. 2076 kg Elite 2109 kg
DIAMÈTRE DE BRAQUAGE 11,4 m
COFFRE 425 L, 2364 L (sièges abaissés)
RÉSERVOIR DE CARBURANT 79,5 L
CAPACITÉ DE REMORQUAGE 2268 kg

MENTIONS

COUP DE CŒUR RECOMMANDÉ

VERDICT

Plaisir au volant
Qualité de finition
Consommation
Rapport qualité / prix
Valeur de revente

ACURA

www.acura.ca

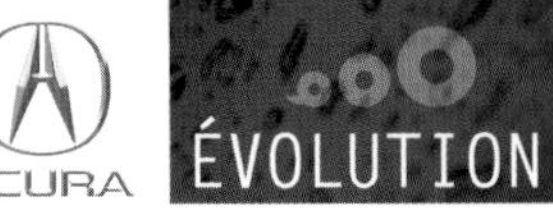

$ 40 490 à 42 490 $ t&p 1 895 $

LA COTE VERTE MOTEUR L4 DE 2,3 L TURBO source : EnerGuide
CONSOMMATION (100 KM) 10,2 L • **ÉMISSIONS POLLUANTES CO_2** 4738 KG/AN
INDICE D'OCTANE 91 • **COÛT DU CARBURANT MOYEN PAR ANNÉE** 2884 $ • **NOMBRE DE LITRES PAR ANNÉE** 2060

FICHE D'IDENTITÉ

VERSIONS Base, Tech.
ROUES MOTRICES 4
PORTIÈRES 5 **NOMBRE DE PASSAGERS** 5
PREMIÈRE GÉNÉRATION 2007
GÉNÉRATION ACTUELLE 2007
CONSTRUCTION Marysville, Ohio, É-U.
COUSSINS GONFLABLES 6 (frontaux, latéraux avant, rideaux latéraux)
CONCURRENCE Audi Q5, BMW X1/X3, Cadillac SRX, Land Rover LR2, Mercedes-Benz GLK, Saab 9-4x, Range Rover Evoque

AU QUOTIDIEN

PRIME D'ASSURANCE
25 ANS : 1600 à 1800 $
40 ANS : 1000 à 1150$
60 ANS : 900 à 1100 $
COLLISION FRONTALE 5/5
COLLISION LATÉRALE 5/5
VENTES DU MODÈLE DE L'AN DERNIER
AU QUÉBEC 599 **AU CANADA** 3163
DÉPRÉCIATION 35,7 %
RAPPELS (2006 À 2011) 1
COTE DE FIABILITÉ 4/5

GARANTIES... ET PLUS

GARANTIE GÉNÉRALE 4 ans/80 000 km
GARANTIE MOTOPROPULSEUR 5 ans/100 000 km
PERFORATION 5 ans/kilométrage illimité
ASSISTANCE ROUTIÈRE 4 ans/kilométrage illimité
NOMBRE DE CONCESSIONNAIRES
AU QUÉBEC 12 **AU CANADA** 48

NOUVEAUTÉS EN 2012

Aucun changement majeur

LE **NÉGLIGÉ**

Benoit Charette

Souvent oublié au profit de la concurrence allemande quand vient le moment de faire l'achat d'un petit utilitaire de luxe, le RDX mérite pourtant considération. Ses performances dynamiques et une fiabilité sans reproche ne sont que deux de ses qualités. Malheureusement, son style ne fait pas l'unanimité, et le poids des années commence à se faire sentir face à une concurrence jeune et novatrice.

CARROSSERIE Est-ce en raison de son bec de poule qui vient garnir la calandre du véhicule ou encore du fait que les gens n'avaient pas vraiment réalisé qu'il existait de petits utilitaires de luxe avant l'arrivée du X3, du Q5 ou du GLK de Mercedes-Benz? Chose certaine, après cinq ans sur le marché, le RDX n'a pas permis à Acura de respecter ses objectifs de ventes. Et même si les lignes générales n'affichent pas le panache de certains concurrents, il faut aller au-delà de la physionomie pour véritablement apprécier ce véhicule.

HABITACLE À l'image de son physique extérieur qui ne paye pas de mine, l'intérieur aussi manque de relief. L'ergonomie est excellente, le RDX propose tout un arsenal d'instrumentation technologique : système de navigation parmi les plus faciles à utiliser sur le marché, chaîne audio Acura/ELS de grande qualité jumelée à une interface iPod et une climatisation qui règle la température de l'habitacle avec le concours de capteurs solaires. C'est la présentation qui manque de vie. L'atmosphère générale est sans éclat. La qualité et l'exécution sont au rendez-vous, mais c'est le cachet qui n'y est pas.

MÉCANIQUE Le RDX demeure le seul produit Honda à utiliser un turbocompresseur. La mécanique à 4 cylindres de 2,3 litres demeure inchangée, et le turbo amène la puissance à 240 chevaux et le couple à 260 livres-pieds. La boîte de vitesses automatique à 5 rapports commence à trahir son âge avec des concurrents qui arrivent cette année avec des boîtes à 8 rapports beaucoup plus efficaces et économiques au chapitre de la consommation. Le système de trans-

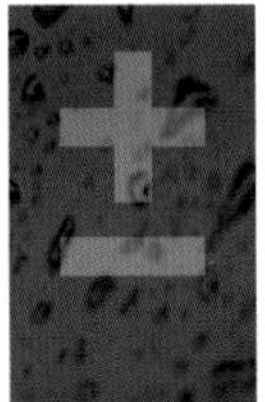

FORCES Tenue de route sportive • Performances toniques Équipement de série complet • Prix concurrentiel

FAIBLESSES Physique peu inspiré • Présentation intérieure sans vie • Boîte automatique vieillissante

concurrents à l'exception de l'Infiniti EX35 qui a besoin de ses 297 chevaux pour devancer de quelques poussières le RDX. Vous avez une décision de couple à prendre sur l'achat d'un véhicule? Retenez ceci : si votre conjointe privilégie le côté pratique et convivial d'un utilitaire, et si vous n'êtes pas prêt à abandonner la conduite d'une berline sport, le RDX est le véhicule tout indiqué pour vous.

mission intégrale SH-AWD demeure, pour sa part, irréprochable. Il est vif, incisif et ne perd jamais pied, un atout majeur au plaisir de conduire associé au RDX.

COMPORTEMENT C'est sur la route que le RDX brille de tous ses feux. Son moteur à 4 cylindres et son petit format en font un véhicule léger et très maniable. Sa transmission intégrale ajoute une touche de voiture sport. Il faut se pincer pour savoir qu'on se trouve au volant d'un utilitaire. La conduite est ferme mais jamais inconfortable, et la puissance du turbo, progressive, n'occasionne pas de mal de cou au passagers. Il vous faudra environ 7 secondes pour compléter un 0 à 100 km/h. Cela place le RDX devant presque tous ses

CONCLUSION Il n'y a finalement pas grand-chose à redire sur le RDX si ce n'est son manque de prestance et de prestige. Quand des automobilistes décident d'opter pour un véhicule haut de gamme, ce dernier se doit d'être à la hauteur. C'est précisément au chapitre de la présentation visuelle, tant à l'extérieur qu'à l'intérieur que le RDX manque de panache et perd sa notoriété face aux Allemands qui sont passés maître dans l'art de présenter un produit qui respire le luxe. Les Japonais ont encore beaucoup à apprendre à ce chapitre. Mais au-delà des considérations physiques et de quelques mises à jour techniques, le RDX est une superbe machine fiable et amusante à conduire à un prix abordable.

2e OPINION

«Le RDX promène deux personnalités qui ont la bonne idée de combler deux types de conducteurs. Imaginons un couple : un conjoint apprécie d'abord l'aspect pratique du petit utilitaire, sans pour autant dédaigner son penchant pour le luxe et le sentiment de confiance qu'inspire la transmission intégrale. Le RDX lui donne tout ça. L'autre conjoint ne déteste pas les balades sportives. Il se trouve que le RDX, grâce à son 2,3-litres turbocompressé et toujours grâce à son intégrale rehaussée du dispositif SH (Super Handling), enfile les virages serrés avec un aplomb qui manque aux rivaux. Autrement dit, cet Acura contente des conducteurs n'ayant pas nécessairement les mêmes aspirations derrière un volant. Reste la consommation décevante et le museau controversé, d'accord, mais n'empêche que ce RDX mérite un meilleur sort.» — Michel Crépault

FICHE TECHNIQUE

MOTEUR

L4 2,3 L turbo DACT, 240 ch à 6000 tr/min
COUPLE 260 lb-pi à 4500 tr/min
BOÎTE DE VITESSES automatique à 5 rapports avec mode manuel
0-100 KM/H 7,7 s
VITESSE MAXIMALE 210 km/h

AUTRES COMPOSANTS

SÉCURITÉ ACTIVE freins ABS, assistance au freinage, distribution électronique de force de freinage, antipatinage, contrôle de stabilité électronique
SUSPENSION AVANT/ARRIÈRE indépendante
FREINS AVANT/ARRIÈRE disques
DIRECTION à crémaillère, assistée
PNEUS P235/55R18

DIMENSIONS

EMPATTEMENT 2650 mm
LONGUEUR 4635 mm
LARGEUR 1870 mm
HAUTEUR 1655 mm
POIDS 1788 kg Tech. 1793 kg
DIAMÈTRE DE BRAQUAGE 11,9 m
COFFRE 787 L, 1716 L (sièges abaissés)
RÉSERVOIR DE CARBURANT 68 L
CAPACITÉ DE REMORQUAGE 680 kg

MENTIONS

RECOMMANDÉ

VERDICT

Plaisir au volant
Qualité de finition
Consommation
Rapport qualité / prix
Valeur de revente

$ 64 690 $ t&p 1 895 $

LA COTE VERTE MOTEUR V6 DE 3,7 L source : EnerGuide

CONSOMMATION (100KM) 10,2 L • ÉMISSIONS POLLUANTES CO_2 4784 KG/AN • INDICE D'OCTANE 91
COÛT DU CARBURANT MOYEN PAR ANNÉE 2912 $ • NOMBRE DE LITRES PAR ANNÉE 2080

FICHE D'IDENTITÉ

VERSIONS Elite
ROUES MOTRICES 4
PORTIÈRES 4 **NOMBRE DE PASSAGERS** 5
PREMIÈRE GÉNÉRATION 1987 (Legend)
GÉNÉRATION ACTUELLE 2009
CONSTRUCTION Sayama, Japon
COUSSINS GONFLABLES 6
(frontaux, latéraux avant, rideaux latéraux)
CONCURRENCE Audi A6, BMW Série 5, Jaguar XF, Lexus GS, Mercedes-Benz Classe E, Volvo S80

AU QUOTIDIEN

PRIME D'ASSURANCE
25 ANS : 2800 à 3000 $
40 ANS : 1400 à 1600 $
60 ANS: 1200 à 1400 $
COLLISION FRONTALE 5/5
COLLISION LATÉRALE 5/5
VENTES DU MODÈLE DE L'AN DERNIER
AU QUÉBEC 10 **AU CANADA** 64
DÉPRÉCIATION 48,7 %
RAPPELS (2006 À 2011) 2
COTE DE FIABILITÉ 4/5

GARANTIES... ET PLUS

GARANTIE GÉNÉRALE 4 ans/80 000 km
GARANTIE MOTOPROPULSEUR 5 ans/100 000 km
PERFORATION 5 ans/kilométrage illimité
ASSISTANCE ROUTIÈRE 4 ans/ kilométrage illimité
NOMBRE DE CONCESSIONNAIRES
AU QUÉBEC 12 **AU CANADA** 48

NOUVEAUTÉS EN 2012

NOUVELLE TRANSMISSION 6 vitesses

ÉTRANGE MARKETING

Par Michel Crépault

Nous nous demandons tous ce que Honda essaie de prouver avec la RL. Nous sommes en présence de la plus chère des Acura et, pourtant, ce genre d'atout plonge le modèle dans une zone ambiguë quand on le compare avec la concurrence et, même, avec les membres de sa propre famille.

CARROSSERIE Pour commencer, la RL accuse des dimensions très comparables à celles de sa sœur cadette, la TL (longueur totale de 497,3 centimètres contre 496,1). Ensuite, on ne peut pas dire que sa silhouette nous jette par terre, ni quand on la compare avec le reste de la gamme, ni quand on la mesure à d'autres intermédiaires de luxe. Pour être franc, ces lignes friseraient l'anonymat si ce n'était du bec argenté, celui qui orne (ou qui défigure, selon la personne avec qui vous en discutez) le faciès des Acura depuis quelques années. Outre cette partie avant controversée, le reste de la physionomie peut même être considéré comme désuet.

HABITACLE Alors que Lexus préconise les tableaux de bord épurés où pas un seul soupçon de chrome ne dépasse, Honda nous propose des consoles littéralement tapissées de boutons. L'ensemble communique un sentiment de richesse, mais jette aussi l'utilisateur dans un état de confusion. S'il y a un domaine où les ingénieurs d'Acura excellent, c'est celui des chaînes audio. La chaîne Bose de la TL est absolument superbe, utilisant ses 10 haut-parleurs et une sonorité ambiophonique de façon à transporter au 7e ciel des mélomanes de la trempe d'Edgard Fruitier. Les sièges tiennent davantage du fauteuil et se préoccupent assez peu du maintien latéral; à l'avant, ils bénéficient d'éléments calorifiques et rafraîchissants, tandis que la banquette est au moins chauffante.

MÉCANIQUE Ce V6 à 24 soupapes de 3,7 litres de 300 chevaux est bien répandu chez Acura (sous le capot du MDX et de la ZDX). Il engouffre aisément plus de 12 litres aux 100 kilomètres en ville, mais devient plus raisonnable une fois lancé sur l'autoroute. Une nouvelle boîte de vitesses auto-

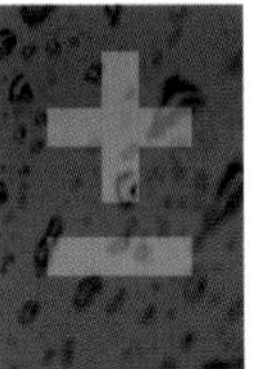

FORCES Finition intérieure exemplaire • Transmission intégrale sophistiquée • Confort à bord

FAIBLESSES Lignes anonymes, sinon controversées (avant) • Démarrage longuet • Manque d'atouts par rapport à une TL moins chère

matique à 6 rapports avec leviers de sélection au volant, la seule offerte, a succédé à la boîte à 5 rapports. La transmission intégrale SH-AWD est une merveille de technologie qui ramène la berline dans le droit chemin dès que les mille et un capteurs à son service détectent un écart de conduite qui pourrait se révéler problématique pour le conducteur et ses passagers.

COMPORTEMENT Le pire dans tout cela, c'est qu'elle est très agréable à conduire, cette RL. Son V6 se montre à la fois onctueux et fougueux, selon nos désirs, et la transmission intégrale performe à merveille. Il est vrai que le poids se fait sentir au moment de vaincre l'inertie, mais tout est bien qui finit bien. À la rigueur, trouverez-vous que la suspension calibrée pour la douceur regimbe quand le chemin ne coopère plus. L'équipement, de série ou facultatif, garantit des balades sécuritaires : les phares qui épousent les virages la nuit, le régulateur de vitesse qui respecte la distance de notre choix avec la voiture qui nous précède, les freins qui interviennent avant même l'imminence d'une collision. Alors, pourquoi la RL affiche-t-elle des chiffres de vente aussi timides ? Parce que, mis à part sa transmission intégrale très efficace, elle ne se démarque pas de la concurrence sérieuse, ni même de la TL qui, de surcroît, représente une aubaine. En attendant que quelqu'un chez Acura allume, vous pourriez vous consoler au volant de cette mystérieuse entité en caressant le volant mi-bois mi-cuir qui communique d'agréables sensations...

CONCLUSION Qu'attend Honda pour nous sortir de son chapeau de magicien une véritable limousine ? Un véhicule qui sortirait de l'ombre des autres Acura. Qui en imposerait avec des dimensions pas trop éloignées des Lexus LS 460 et Mercedes-Benz Classe S. Un véritable porte-étendard, sans doute animé par un V8 (hybride !) et proposant un coffre à bagages digne de ce nom, à la silhouette souveraine, et détenteur de quelques technologies avant-gardistes qui feraient l'envie de l'industrie. D'autres ont pourtant compris l'enjeu. Pensons aux Sud-Coréens et à la Hyundai Equus.

2e OPINION

« Les consommateurs nord-américains accordent beaucoup d'importance à l'allure de leurs voitures et je crois que c'est en partie la raison pour laquelle l'Acura RL est si peu populaire. Si les plus fins se contenteront de traiter ses lignes d'anodines, les plus frustrés, souvent des amateurs de la marque, pousseront un peu plus loin en se demandant quel genre de stock fument les gars et les filles dans les studios de design d'Acura. Surtout en regardant cette affreuse calandre avant. C'est dommage. Très dommage, car sous cette robe discutable la RL est un véritable joyaux. Vous voulez parler de confort. La RL est pour vous. Vous demandez de la puissance, la RL est pour vous. Il ne faut pas non plus oublier de souligner la fiabilité du modèle. Ce qui m'amène à recommander la RL, surtout sur le marché de l'usagé. » — Frédéric Masse

FICHE TECHNIQUE

MOTEUR

V6 3,7 L SACT, 300 ch à 6300 tr/min

COUPLE 271 lb-pi à 5000 tr/min

BOÎTE DE VITESSES automatique à 6 rapports avec mode manuel

0-100 KM/H 7,0 s

VITESSE MAXIMALE 235 km/h

AUTRES COMPOSANTS

SÉCURITÉ ACTIVE freins ABS, assistance au freinage, répartition électronique de force de freinage, contrôle de stabilité électronique, antipatinage

SUSPENSION AVANT/ARRIÈRE indépendante

FREINS AVANT/ARRIÈRE disques

DIRECTION à crémaillère, assistée

PNEUS P245/45R18

DIMENSIONS

EMPATTEMENT 2800 mm

LONGUEUR 4973 mm

LARGEUR 1847 mm

HAUTEUR 1455 mm

POIDS 1875 kg

DIAMÈTRE DE BRAQUAGE 11,8 m

COFFRE 391 L

RÉSERVOIR DE CARBURANT 73 L

MENTIONS

RECOMMANDÉ

VERDICT

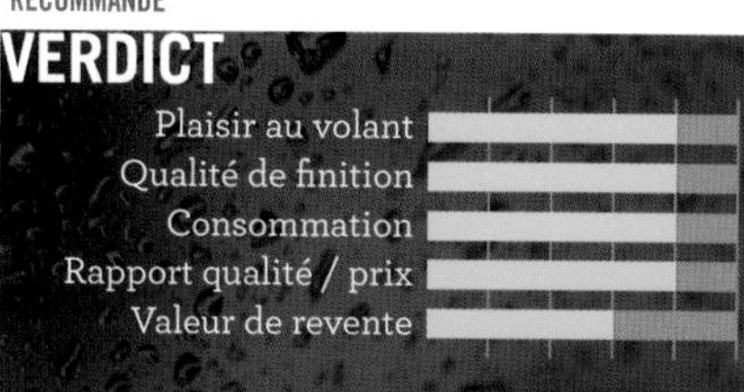

LA COTE VERTE MOTEUR V6 DE 3,5 L source : Acura

CONSOMMATION (100 KM) MAN. 8,6 L • ÉMISSIONS POLLUANTES CO_2 4464 KG/AN • INDICE D'OCTANE 91
COÛT DU CARBURANT MOYEN PAR ANNÉE 2716$ • NOMBRE DE LITRES PAR ANNÉE 1940

FICHE D'IDENTITÉ

VERSIONS TL, Tech, SH-AWD, SH-AWD Tech, SH-AWD Elite
ROUES MOTRICES avant/ 4
PORTIÈRES 4 **NOMBRE DE PASSAGERS** 5
PREMIÈRE GÉNÉRATION 1992 (Vigor) **GÉN. ACTUELLE** 2009
CONSTRUCTION Marysville, Ohio, É.-U.
COUSSINS GONFLABLES 6 (frontaux, latéraux avant et rideaux latéraux)
CONCURRENCE Audi A4, BMW Série 3, Cadillac CTS, Hyundai Genesis, Infiniti G37, Lexus IS/ES, Lincoln MKS, Mercedes-Benz Classe C, Nissan Maxima, Toyota Avalon, Volkswagen Passat

AU QUOTIDIEN

PRIME D'ASSURANCE
25 ANS : 1600 à 1800 $
40 ANS : 1100 à 1300 $
60 ANS : 900 à 1100 $
COLLISION FRONTALE 5/5
COLLISION LATÉRALE 4/5
VENTES DU MODÈLE DE L'AN DERNIER
AU QUÉBEC 721 **AU CANADA** 2895
DÉPRÉCIATION (3 ANS) 39,7 %
RAPPELS (2006 À 2011) 1
COTE DE FIABILITÉ 4/5

GARANTIES... ET PLUS

GARANTIE GÉNÉRALE 4 ans/80 000 km
GARANTIE MOTOPROPULSEUR 5 ans/100 000 km
PERFORATION 5 ans/kilométrage illimité
ASSISTANCE ROUTIÈRE 5 ans/ kilométrage illimité
NOMBRE DE CONCESSIONNAIRES
AU QUÉBEC 12 **AU CANADA** 48

NOUVEAUTÉS EN 2012

Redessinée, abandon de l'ensemble A-Spec, nouvelle boîte automatique 6 rapports

PRISE **DEUX**

Par Michel Crépault

L'Acura TL 2012 se veut nouvelle mais pas au point de graduer d'une génération. Après tout, la 4e ne date que de 2009. Sauf que l'accueil n'a pas été celui qu'on attendait. Mettez cela sur le compte d'un style de carrosserie loin de faire l'unanimité et sur une récession mondiale, à l'époque, qui rendait les portefeuilles frileux. Deux ans plus tard, Acura se retrousse les manches et soumet la TL à suffisamment de changements pour espérer améliorer le destin de cette berline de luxe, la plus sportive de la famille Acura, livrables avec deux (avant) ou quatre roues motrices (SH-AWD, pour Super Handling All-Wheel Drive).

CARROSSERIE L'ensemble de l'enveloppe a été retouché dans le but de simplifier une allure tout bonnement surchargée. Le capot semble plus long, le bouclier chromé a – Dieu merci ! – rétréci, des traits horizontaux procurent à l'auto une allure mieux campée au sol. Toutes les lumières (phares, feux, antibrouillards) ont gagné en modernité. À l'arrière, on a déménagé l'emplacement de la plaque d'immatriculation, et la garniture du coffre à bagages a été amincie. Ajoutez le fait que les poignées sont désormais de la couleur de la carrosserie et vous comprenez que la TL a été déchromée, allégée. Le bon goût enfin prédomine.

HABITACLE Comme l'extérieur, la présentation intérieure s'est tournée vers la sobriété. Le brillant a cédé sa place aux surfaces mates. Des contours richement texturés mettent en valeur une ergonomie et une finition absolument exemplaires. Les baquets sont merveilleux de confort, et la banquette arrière ne souffre pas d'exiguïté. Le chargement des bagages, par contre, doit toujours composer avec une embrasure tourmentée. L'ensemble Élite pour les acheteurs de SH-AWD, outre les grosses jantes de 19 pouces, inclut des sièges avant ventilés et un avertisseur d'angles morts. L'ensemble Technologie, pour sa part, comprend la navigation et une sono supérieure de 440 watts.

MÉCANIQUE Deux transmissions au menu appellent deux moteurs, soit un V6 de 3,5 litres de 280 chevaux pour les TL à

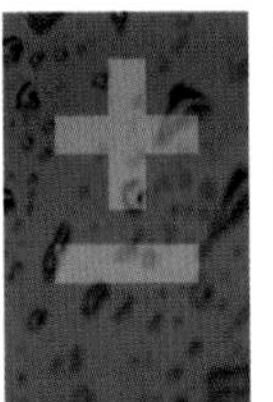

FORCES Moins de m'as-tu-vu, plus de bon goût • Système de transmission intégrale particulièrement avancé • Finition superbe

FAIBLESSES Angles et touches de design qui demeurent discutables • Suspension trop raide pour certains amateurs de luxe

traction et un V6 de 3,7 litres de 305 chevaux pour les versions à transmission intégrale. La boîte de vitesses automatique à 6 rapports (contre seulement 5 l'an dernier) avec leviers de sélection au volant est la boîte recommandée, mais la boîte manuelle est aussi offerte. L'atout numéro un de la TL est sans aucun doute sa technologie SH-AWD. Selon les conditions routières, elle peut envoyer jusqu'à 90 % du couple à l'avant ou 70 % à l'arrière. Ce qui est déjà bien. Mais elle va plus loin (d'où le qualificatif *Super Handling*) en accordant tout le couple à l'une ou à l'autre des roues arrière pour contrecarrer un dérapage anticipé.

COMPORTEMENT En gagnant un rapport, la boîte accomplit l'objectif universel d'augmenter la puissance tout en réduisant la consommation de carburant. Ainsi, quand le conducteur y va à fond la caisse, la boîte force la double rétrogradation pour autoriser, par exemple, le passage sans accroche du 5e au 3e rapport. Par ailleurs, pour sauver de précieuses gouttes de pétrole, le constructeur a multiplié les maniaqueries technologiques pour réduire le frottement des pièces mobiles des V6. Ces petites attentions font en sorte que la consommation moyenne ville/autoroute s'est améliorée de plus de 2 litres aux 100 kilomètres par rapport à l'ancien modèle. Cela dit, la TL SH-AWD est une berline sport. Et quand on la juge sur ce plan, on doit admettre qu'elle accomplit des merveilles ! Je ne peux taire l'événement organisé par Acura sur une piste de course de la Caroline du Sud. Au volant de TL manuelles et automatiques, notre travail de l'après-midi a consisté à pourchasser Al Unser Jr et Scott Goodyear, deux légendes du sport automobile, sur une piste détrempée et par une pluie diluvienne. Le système SH-AWD a passé son temps à corriger mes erreurs de pilotage, et je me dis que, s'il peut être aussi brillant sur un circuit, il rendra des services inestimables au quotidien.

CONCLUSION La TL a perdu son allure rococo en faveur d'une sophistication qui lui va comme un gant. Si sa nouvelle apparence vous séduit, sa conduite vous ravira. Quant à son prix, compte tenu de ce que coûtent les rivales germaniques équipées de manière similaire, il devrait achever de vous convaincre.

2e OPINION

« Mais qu'est-ce qu'on a fait à la TL ? Il y a quelques années, cette voiture était l'une des plus prisées dans le segment des voitures de luxe de moins de 50 000 $. Belle, généreusement équipée, bien construite, doté d'un intérieur superbe et fiable au possible. Elle avait tout pour plaire. Puis, on l'a redessiné. Un gâchis ! Tellement qu'Acura a apporté quelques correctifs au design, mais le mal a été fait. Si vous êtes capables d'outre passer son style douteux, la TL demeure un excellent choix. Si j'étais acheteur, j'opterais pour une version SH AWD. Chose certaine, Acura a de sérieux devoirs à faire pour retrouver la place de choix qu'elle a déjà occupée dans le cœur des amateurs. Malgré tout, ça demeure tout à fait recommandable. » — Daniel Rufiange

FICHE TECHNIQUE

MOTEURS

(TL) V6 3,5 L SACT 280 ch à 6200 tr/min
COUPLE 254 lb-pi à 5000 tr/min
BOÎTE DE VITESSES automatique à 6 rapports avec mode manuel
0-100 KM/H 6,3 s
VITESSE MAXIMALE 230 km/h

(SH-AWD) V6 3,7 L SACT 305 ch à 6300 tr/min
COUPLE 273 lb-pi à 5000 tr/min
TRANSMISSION manuelle à 6 rapports (avec SH-AWD Tech), automatique à 6 rapports avec mode manuel
0-100 KM/H 6,1 s
VITESSE MAXIMALE 230 km/h

AUTRES COMPOSANTS

SÉCURITÉ ACTIVE freins ABS, répartition électronique de force de freinage, assistance au freinage, antipatinage, contrôle de stabilité électronique
SUSPENSION AVANT/ARRIÈRE indépendante
FREINS AVANT/ARRIÈRE disques
DIRECTION à crémaillère, assistée
PNEUS TL P245/50R17 SH-AWD P245/45R18 P245/40R19 (option)

DIMENSIONS

EMPATTEMENT 2775 mm
LONGUEUR 4928 mm
LARGEUR 1880 mm (excluant rétroviseurs)
HAUTEUR 1452 mm
POIDS TL 1695 kg **SH-AWD man.** 1761 kg **SH -AWD auto.** 1811 kg
DIAMÈTRE DE BRAQUAGE 11,7 m
COFFRE 371 L
RÉSERVOIR DE CARBURANT 70 L

MENTIONS

RECOMMANDÉ

VERDICT

31 890 à 41 890 $ t&p 1895 $

LA COTE VERTE MOTEUR L4 DE 2,4 L source : EnerGuide

CONSOMMATION (100 KM) man. 8,4 L auto. 7,8 L • **ÉMISSIONS POLLUANTES CO_2** man. 3910 kg/an auto. 3634 kg/an • **INDICE D'OCTANE** 91
COÛT DU CARBURANT MOYEN PAR ANNÉE man. 2244 $ auto. 2086 $ • **NOMBRE DE LITRES PAR ANNÉE** man. 1700 L auto. 1580

FICHE D'IDENTITÉ

VERSIONS base, Premium, Tech, V6 Tech
ROUES MOTRICES avant
PORTIÈRES 4 **NOMBRE DE PASSAGERS** 5
PREMIÈRE GÉNÉRATION 2004
GÉNÉRATION ACTUELLE 2009
CONSTRUCTION Saitama, Japon
COUSSINS GONFLABLES 6
(frontaux, latéraux avant et rideaux latéraux)
CONCURRENCE Audi A4, BMW Série 3, Cadillac CTS, Infiniti G37, Lexus IS, Mercedes-Benz Classe C, Nissan Maxima, Saab 9-3, Toyota Avalon, Volkswagen Passat, Volvo S40

AU QUOTIDIEN

PRIME D'ASSURANCE
25 ANS : 1600 à 1800 $
40 ANS : 1100 à 1300 $
60 ANS : 800 à 1000 $
COLLISION FRONTALE 5/5
COLLISION LATÉRALE 5/5
VENTES DU MODÈLE DE L'AN DERNIER
AU QUÉBEC 592 **AU CANADA** 2297
DÉPRÉCIATION 36,7%
RAPPELS (2006 À 2011) aucun
COTE DE FIABILITÉ 5/5

GARANTIES... ET PLUS

GARANTIE GÉNÉRALE 4 ans/80 000 km
GARANTIE MOTOPROPULSEUR 5 ans/100 000 km
PERFORATION 5 ans/kilométrage illimité
ASSISTANCE ROUTIÈRE 5 ans/ kilométrage illimité
NOMBRE DE CONCESSIONNAIRES
AU QUÉBEC 12 **AU CANADA** 48

NOUVEAUTÉS EN 2012

Aucun changement majeur

MANQUE DE **CHARISME**

Frédéric Masse

La vie est parfois cruelle. La TSX se veut l'exemple le plus parfait. Elle a pourtant beaucoup pour elle : un rapport qualité/prix impressionnant, une direction bien calibrée, un habitacle invitant et une fiabilité vraiment enviable. Alors, pourquoi le fabricant japonais n'en vend-il pas plus ? Simplement parce que la concurrence offre, à prix comparable, des voitures plus charismatiques comme les Audi A4, BMW Série 3 ou Mercedes-Benz Classe C. C'est aussi simple que cela. Mais, vous le saviez déjà

CARROSSERIE Vous savez déjà que les stylistes d'Acura n'ont pas la main heureuse depuis un moment. Ils ont enlaidi le RDX. Fait de même avec la TL, pourtant si belle dans le passé. Qu'ont-ils fait de la TSX ? Ils ont poursuivi dans la même veine, la rendant anonyme en utilisant des éléments de design de la version européenne de la Honda Accord. Elle n'est ni belle, ni laide. Elle est sans trop de saveurs. Cela a donné une voiture relativement jolie, mais qui ne ressort pas du lot. La familiale ne fait guère mieux d'ailleurs. Du moins, pas assez pour faire sa place !

HABITACLE Pourtant quand on ouvre la portière d'une TSX, on se sent dans un tout autre univers. Les lumières, les cadrans, le rétroéclairage, tout y est absolument impeccable, même avec tous ces boutons, et terriblement séduisant. Il suffit d'appuyer l'une de ses fesses sur le siège, de toucher le cuir pour comprendre qu'elle fait partie des ligues majeures. L'équipement complet ajoute à cette notion de richesse, de technologies et de qualité dont Acura semble être la seule détentrice de la recette. L'espace, à l'avant, est enviable tandis que, à l'arrière, on réservera pour les enfants ou pour les petites promenades avec les plus grands. La visibilité, elle, est excellente sous tous les angles. Si les gens savaient

MÉCANIQUE Si les gens savaient que même avec l'économique petit 4-cylindres de 201 chevaux, la TSX est agréable à conduire. Qu'elle aime être brassée cette mécanique et qu'on atteint le paroxysme en la faisant monter au septième ciel (ceux qui n'aiment pas les criardes trouveront qu'elle

FORCES Fiabilité • Consommation de carburant • Comportement général • Habitacle techno

FAIBLESSES Manque de charisme • Place arrière restreinte

suspension relativement conciliante mais tout à fait adéquate pour la clientèle cible. Avec les roues de 18 pouces, la suspension réagit parfois de manière un peu plus sèche, mais c'est acceptable. On contrôle aussi la voiture grâce à une direction précise et bien assistée qui mélange les avantages de la légèreté à basse vitesse et la fermeté dès qu'on accélère. Comme dans les autres produits Acura, les ingénieurs n'ont visiblement pas perdu la main. Même son de cloche pour les freins, puissants et résistants. Vraiment, considérant les avantages et les désavantages d'une voiture à traction, la TSX parvient aisément à remporter ses lettres de noblesse.

émet toutefois un peu trop de bruits). Ils apprécieraient aussi la boîte de vitesses manuelle à 6 rapports, précise et facile à manier. Les plus difficiles demanderaient plus de puissance et l'obtiendraient avec le V6 de 3,5 litres de 280 chevaux. Ils se rendraient ainsi compte que l'effet de couple est contrôlé, et la boîte automatique, douce. Mais, les gens, ils ne vont pas toujours chez Acura, parce qu'il y a plus beau ailleurs. C'est si simple à comprendre.

COMPORTEMENT Si simple à comprendre, mais compliqué à la fois, car la TSX possède d'autres arguments de taille. Outre sa bonne mécanique, les modèles de base avec les roues de 17 pouces offrent un savant mélange entre le sport et le confort. Oui, Acura a été prudente en proposant une

CONCLUSION Mais, peu de gens savent ce qu'a à offrir la TSX. Souvent, ils désirent soit une propulsion, soit une transmission intégrale et, surtout plus de beauté, de prestance et de prestige Ça, ça ne lui est donné qu'en partie. Au milieu d'un stationnement ou en arrivant à une fête d'amis, on remarquera toujours plus la BMW ou la Mercedes-Benz qui sont pourtant offertes à prix très comparable. C'est triste, mais c'est la vie. C'est ça qu'on appelle le charisme. Ça ne s'invente pas. C'est ce qui sépare les grands des bons.

2e OPINION

« Comme plusieurs produits Honda et Acura, la TSX perd tranquillement la cote. Il s'agit pourtant d'une excellente voiture, fiable et agréable à conduire, mais son manque de caractère face à ses rivales commence à lui faire du tort. Et ce n'est certainement pas l'ajout récent d'un moteur V6 qui vient changer le résultat, puisque, à ce compte, le client optera pour une Acura TL. L'ajout de la version familiale commercialisée aux États-Unis pourrait permettre à la TSX de se démarquer et de rejoindre quelques clients supplémentaires. Mais dans ce créneau, c'est surtout la transmission intégrale qui est en demande. Et ça, on ne l'a pas, et on ne l'aura pas non plus. Sous cette forme, la TSX est donc en train de se peinturer dans un coin. Et pour qu'elle renaisse de façon marquée, il faudra bien plus qu'un changement évolutif, comme on l'a fait en 2009. » — Antoine Joubert

FICHE TECHNIQUE

MOTEURS

(Base, Premium, Tech) L4 2,4 L DACT, 201 ch à 7000 tr/min
COUPLE 172 lb-pi à 4300 tr/min (170 lb-pi à 4300 tr/min boîte auto.)
BOÎTES DE VITESES manuelle à 6 rapports, automatique à 5 rapports avec mode manuel (en option)
0-100 KM/H 7,8 s
VITESSE MAXIMALE 215 km/h

(V6 Tech) V6 3,5 L SACT, 280 ch à 6200 tr/min
COUPLE 254 lb-pi à 5000 tr/min
BOÎTE DE VITESSES automatique à 5 rapports avec mode manuel
0-100 KM/H 6,3 s
VITESSE MAXIMALE 230 km/h

CONSOMMATION (100 km) 8,9 L (octane 91)
ÉMISSIONS DE CO_2 4140 kg/an
LITRES PAR ANNÉE 1800
COÛT PAR AN 2376 $

AUTRES COMPOSANTS

SÉCURITÉ ACTIVE freins ABS, répartition électronique de force de freinage, assistance au freinage, antipatinage, contrôle de stabilité électronique
SUSPENSION avant/arrière indépendante
FREINS AVANT/ARRIÈRE disques
DIRECTION à crémaillère, assistée
PNEUS P225/50R17 **V6 Tech** P235/45R18

DIMENSIONS

EMPATTEMENT 2705 mm
LONGUEUR 4715 mm
LARGEUR 1840 mm
HAUTEUR 1440 mm
POIDS L4 man. 1542 kg, L4 auto. 1574 kg, V6 1672 kg
DIAMÈTRE DE BRAQUAGE L4 11,2 m, V6 11,6 m
COFFRE 396 L
RÉSERVOIR DE CARBURANT 70 L

MENTIONS

RECOMMANDÉ

VERDICT

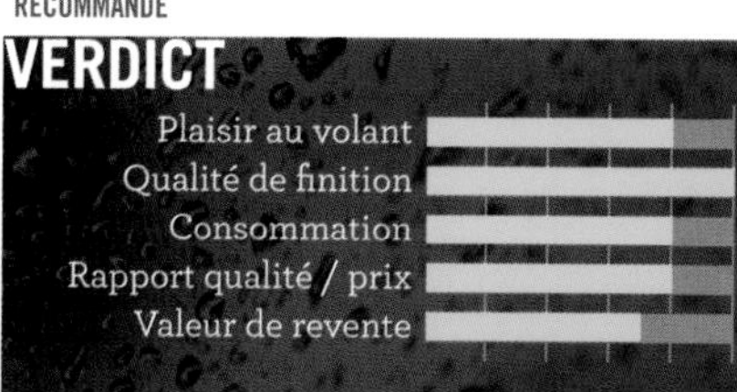

ÉVOLUTION $ 55 990$ à 59 590$ (2010) t&p 1895$

LA COTE VERTE MOTEUR V6 DE 3,7 L source : EnerGuide

CONSOMMATION 100 KM 10,8 L • ÉMISSIONS POLLUANTES CO_2 5014 kg/an • INDICE D'OCTANE 91

COÛT DU CARBURANT MOYEN PAR ANNÉE 3052$ • NOMBRE DE LITRES PAR ANNÉE 2180

FICHE D'IDENTITÉ

VERSIONS Base, Tech
ROUES MOTRICES 4
PORTIÈRES 5 **NOMBRE DE PASSAGERS** 5
PREMIÈRE GÉNÉRATION 2010
GÉNÉRATION ACTUELLE 2010
CONSTRUCTION Alliston, Ontario
COUSSINS GONFLABLES 6 (frontaux, latéraux avant, rideaux latéraux)
CONCURRENCE Audi Q7, BMW X6, Infiniti FX, Lexus RX, Volvo XC90

AU QUOTIDIEN

PRIME D'ASSURANCE
25 ANS : 1600 à 1800$
40 ANS : 1100 à 1300$
60 ANS : 1000 à 2100$
COLLISION FRONTALE 5/5
COLLISION LATÉRALE 5/5
VENTES DU MODÈLE DE L'AN DERNIER
AU QUÉBEC 204 **AU CANADA** 863
DÉPRÉCIATION 22,3% (1 an)
RAPPELS (2006 À 2011) 1
COTE DE FIABILITÉ nm

GARANTIES... ET PLUS

GARANTIE GÉNÉRALE 4 ans/80 000 km
GARANTIE MOTOPROPULSEUR 5 ans/100 000 km
PERFORATION 5 ans/kilométrage illimité
ASSISTANCE ROUTIÈRE 5 ans/kilométrage illimité
NOMBRE DE CONCESSIONNAIRES
AU QUÉBEC 12 **AU CANADA** 48

NOUVEAUTÉS EN 2012

Aucun changement majeur

EN QUÊTE D'EXCLUSIVITÉ

Alexandre Crépault

Le ZDX est une addition récente (2010) à la gamme d'Acura qui tente, tant bien que mal, de jouer la carte de l'émotion.

CARROSSERIE Contrairement à ce qu'on pourrait penser, le ZDX ne roule pas sur la plateforme de la Honda Crosstour. Il dérive, en fait, de l'Acura MDX. La Crosstour lui ressemble drôlement en termes de dimensions, mais sa plateforme provient d'une Honda Accord lourdement modifiée. Qu'on aime ou non l'allure du ZDX, on doit avouer qu'il arrive au moins à se démarquer dans la foule. Le point saillant est sans doute le toit panoramique en verre qui s'étire d'un bout à l'autre du véhicule. Vu de haut, l'effet est sensationnel. Sinon, en raison de la hauteur du ZDX, il est difficile d'apprécier ce grand morceau de verre teint en noir. Seuls les camionneurs auront ce privilège. La partie avant du véhicule est typique d'Acura, c'est-à-dire qu'elle affiche une calandre peu séduisante chromée en pointe de flèche. La partie arrière, elle, est moderne mais bizarre. Est-ce dû à la courbe des hanches, à la forme convexe prononcée de l'arrière ou aux embouts d'échappement qui incorporent les réflecteurs? Bref, il y a quelque chose qu'on digère mal.

HABITACLE Les véhicules Acura sont bien connus pour leur habitacle de très, très grande qualité. Le ZDX ne fait pas exception à la règle. Le cuir abonde, et le fini du tableau de bord et de la console centrale, exemplaire, se distingue par sa richesse. Comme dans tous les produits Honda/Acura, on trouve une foule de boutons. Par contre, on les utilise de façon relativement instinctive. Une fois qu'on est assis derrière le volant, on trouve une position de conduite excellente. Le dégagement pour la tête est acceptable pour les occupants avant, mais l'espace à l'arrière est restreint, surtout en hauteur. Les enfants y seront plus heureux que les adultes – et c'est ironique quand on pense que le ZDX a été conçu avant tout pour les bébé-boumeurs,

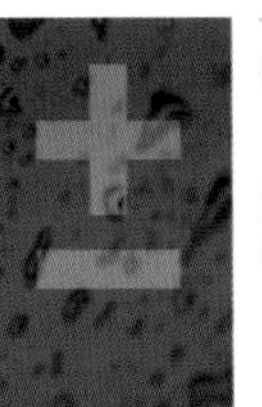

FORCES Conception et finition de l'habitacle • Tenue de route • Système SH-AWD

FAIBLESSES Espace intérieur qui souffre de la ligne du ZDX • Consommation qui peut rapidement faire peur • Pourquoi pas un MDX...

une génération sans enfants en bas âge, justement. Le coffre aussi souffre des lignes extraverties du ZDX.

MÉCANIQUE Le ZDX offre une seule combinaison mécanique, soit un V6 de 3,7 litres jumelé à une boîte de vitesses automatique à 6 rapports. Sa cote de consommation moyenne de 10,8 litres aux 100 kilomètres est presque raisonnable, surtout si on considère les 2 000 kilos et plus du véhicule. Un pied un peu trop lourd, cependant, augmentera rapidement la soif de carburant du bolide. À noter que le ZDX demande un carburant dont l'indice d'octane est de 91 ou plus.

COMPORTEMENT L'allure du ZDX sous-entend un comportement sportif. Je ne l'entends pas de cette façon, en ce qui me concerne. Le véhicule est lourd, et ça se ressent derrière le volant. L'accélération est ordinaire, la boîte n'agit pas toujours aussi vite qu'on le voudrait (malgré le mode Sport), et la direction n'est pas aussi vive qu'on l'aurait espéré. Attention toutefois de prendre le manque d'athlétisme du ZDX pour un mauvais comportement. Si les 300 chevaux ne se déchaînent pas, ils propulsent tout de même le ZDX avec la souplesse qu'on connaît à Honda/Acura. La direction assistée électroniquement est assez légère pour ne pas fatiguer le conducteur et demeure assez précise. La suspension, quant à elle, offre un bon compromis entre le confort et les performances, surtout sur un chemin dégradé. Enfin, le système SH-AWD est extrêmement performant et permet au ZDX de toujours réagir de façon neutre. Même en le poussant à ses limites, le ZDX conserve une tenue stable et prévisible... Et ses freins sont excellents !

CONCLUSION On achète un ZDX avant tout parce qu'on aime son style (sinon, dirigez-vous vers un MDX). On accepte alors ses quelques défauts de conception, comme le manque d'espace à l'arrière, et on apprécie l'exclusivité du modèle qui, de toute évidence, ne sera pas le plus grand succès d'Acura.

2e OPINION

« Vous croirez la rumeur selon laquelle Honda a conçu le ZDX pour les bébé-boumeurs dont les petits, devenus grands, ont quitté le nid familial, quand vous passerez l'une des portières arrière : paf ! sur le crâne ! Cette embrasure est tellement mal foutue qu'elle est la preuve que, malgré sa cabine censément pour cinq occupants, le ZDX est en réalité un biplace, un exercice de style réservé à des quinquagénaires recherchant un allure distincte sans sacrifier la sérénité qui accompagne d'habitude la griffe Acura. Une assurance ici décuplée par une transmission intégrale, un châssis rigide, 300 chevaux n'ayant aucune difficulté à vaincre la force d'inertie d'un véhicule lourd et un cocon hyper de luxe, genre cousu main, qu'on a toutefois cru bon tapisser partout de coussins gonflables, au cas où... » — Michel Crépault

FICHE TECHNIQUE

MOTEUR

V6 3,7 L SACT, 300 ch à 6300 tr/min
COUPLE 270 lb-pi à 4500 tr/min
BOÎTE DE VITESSES automatique à 6 rapports avec mode manuel
0-100 KM/H 8,2 s
VITESSE MAXIMALE 200 km/h

AUTRES COMPOSANTS

SÉCURITÉ ACTIVE freins ABS, distribution électronique de force de freinage, assistance au freinage, antipatinage, contrôle de stabilité électronique, aide au démarrage en côte, capteur antiretournement
SUSPENSION AVANT/ARRIÈRE indépendante
FREINS AVANT/ARRIÈRE disques
DIRECTION à crémaillère, assistée
PNEUS P255/50R19

DIMENSIONS

EMPATTEMENT 2750 mm
LONGUEUR 4887 mm
LARGEUR 2174 mm
HAUTEUR 1596 mm
POIDS BASE 2013 kg, **TECH** 2016 kg
DIAMÈTRE DE BRAQUAGE 11,7 m
COFFRE 745 L, 1580 L (sièges abaissés)
RÉSERVOIR DE CARBURANT 79,5 L
CAPACITÉ DE REMORQUAGE 680 kg

MENTIONS

RECOMMANDÉ

VERDICT

Plaisir au volant
Qualité de finition
Consommation
Rapport qualité / prix
Valeur de revente

$ 211 900$ à 232 200$ (Volante) t&p inclus

LA COTE VERTE MOTEUR V12 DE 6,0 L source : EnerGuide

CONSOMMATION (100 KM) MAN. 15,3 L AUTO. 13,2 L • **ÉMISSIONS POLLUANTES CO_2** MAN. 7222 KG/AN AUTO. 6210 KG/AN • **INDICE D'OCTANE** 91
COÛT DU CARBURANT MOYEN PAR ANNÉE MAN. 4396$ AUTO. 3780$ • **NOMBRE DE LITRES PAR ANNÉE** MAN. 3140 AUTO. 2700

FICHE D'IDENTITÉ

VERSIONS Coupé base/SE, Volante base/SE
ROUES MOTRICES arrière
PORTIÈRES 2 **NOMBRE DE PASSAGERS** 2+2
PREMIÈRE GÉNÉRATION 2004
GÉNÉRATION ACTUELLE 2004
CONSTRUCTION Gaydon, Angleterre
COUSSINS GONFLABLES 4 (frontaux, latéraux avant)
CONCURRENCE Chevrolet Corvette, Ferrari F458, Jaguar XK, Mercedes SLS AMG, Lamborghini Gallardo, Maserati GT, Mercedes-Benz Classe SL, Porsche 911

AU QUOTIDIEN

PRIME D'ASSURANCE
25 ANS : 7500 à 7800$
40 ANS : 5000 à 5400$
60 ANS : 4200 à 4400$
COLLISION FRONTALE nd
COLLISION LATÉRALE nd
VENTES DU MODÈLE DE L'AN DERNIER
AU QUÉBEC nd **AU CANADA** nd
DÉPRÉCIATION 40,6%
RAPPELS (2006 À 2011) 2
COTE DE FIABILITÉ 3/5

GARANTIES... ET PLUS

GARANTIE GÉNÉRALE 3 ans/kilométrage illimité
GARANTIE MOTOPROPULSEUR 3 ans/kilométrage ill.
PERFORATION 10 ans/kilométrage illimité
ASSISTANCE ROUTIÈRE 3 ans/kilométrage illimité
NOMBRE DE CONCESSIONNAIRES
AU QUÉBEC 1 **AU CANADA** 3

NOUVEAUTÉS EN 2012

Aucun changement majeur
Moteur plus puissant

SI C'EST **BON POUR JAMES...**

Michel Crépault

En 1947, David Brown (devenu Sir) acquérait Aston Martin et, peu de temps après, se faisait plaisir en lançant la série DB. En 1964, au tour de Sean Connery de prendre son pied au volant d'une DB5 dans* Goldfinger*, la 3e aventure cinématographique de 007. Aujourd'hui, deux DB9 nous gratifient de leur présence terrestre, soit un coupé 2+2 et une décapotable prénommée Volante.

CARROSSERIE Avant de déclarer «oui, je la veux» à une automobile, celle-ci doit nous faire vibrer. Vrai, des personnes se contentent d'un mariage de raison — celle-là ou une autre, pas grave, tant qu'elle m'amène à bon port — mais elles ne savent pas ce qu'elles manquent. Pour savoir à quel camp vous appartenez, regardez une Aston Martin DB9. Si elle vous laisse de glace, vous êtes maintenant libre de rouler en Skoda, et que Dieu vous pardonne. Pour les autres, admirateurs du char d'or, célébrons la calandre de squale et les yeux de serpent, le pavillon à l'arc idéal qui se prolonge dans un capot infini, les flancs athlétiques percés d'ouïes qui signalent que l'auto appartient à un club sélect. Résumons en disant que les formes de la DB9 sont à l'automobile ce que celles de Maria Sharapova sont au tennis.

HABITACLE Les cadrans à affichage par diodes électroluminescentes nous font immédiatement de l'œil. Le cuir court dans toutes les directions, rencontrant ici et là des incrustations de bambou (ou d'acajou ou que sais-je encore) et d'iridium. Tout dans la cabine respire l'exquise finition artisanale. Le souci de l'exclusivité est symbolisé par l'ECU (*Emotion Control Unit*) — la clef! — faite de verre et de métal, qu'on fiche dans la planche de bord. L'écran de navigation se repose, invisible; quand on réclame ses services, il se dresse hors de sa tanière, tout comme les tourelles de la sono Bang & Olufsen offerte en option. Les deux places arrière, bien qu'invitantes, sont en réalité un piège où vous confinerez l'ami qui ne vous a pas encore remboursé les 20$ que vous lui avez inconsciemment prêtés un jour. Il ne les aura pas plus quand il s'extirpera de sa prison en cuir, mais l'inconfort et la peur qui auront marqué sa balade vous dédommageront un peu. Pour tirer le maximum du

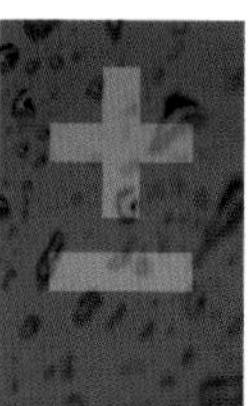

FORCES Grondement du V12 unique • La DB9 se meut comme une couleuvre imbibée de Red Bull • Sa silhouette est intemporelle

FAIBLESSES Absence de vraies places arrière • L'affichage des infos du iPod est encore primaire • Visibilité aléatoire à bord du cabrio

cockpit, hommage au modernisme luxueux trempé dans la tradition, procure un cocon qui nous rend autosuffisant, s'employant à dorloter tous nos sens. S'il vous vient l'idée de pousser ces sensations au bord du précipice, la DB9 transforme sa tenue de route posée en une charge athlétique grâce à la suspension maintenant calibrée sur le mode Sport. Un 0 à 100 km/h

coffre, surtout dans le cas du cabrio, mettez la main sur l'ensemble de valises faites sur mesure, *of course* !

MÉCANIQUE Les roues arrière de la DB9 sont propulsées par un V12 de 6 litres de 470 chevaux qui se laisse exploiter par une boîte de vitesses manuelle ou automatique à 6 rapports. Ne cherchez pas le sélecteur de la Touchtronic 2 : les positions P, R, N et D sont choisies en enfonçant pour chacune un rond bouton. Cette boîte offre, en prime, des leviers de sélection au volant. En jouer du bout des doigts nous fait moduler le chant du splendide V12 à la manière d'un hautboïste virtuose.

COMPORTEMENT La DB9 est d'abord et avant tout une GT, une auto conçue pour parcourir de longues distances sans vous torturer (sauf l'ami emprunteur). Le

sous les 5 secondes, une vitesse maxi de 306 km/h, un centre de gravité bas, une direction sur la coche et un V12 plein de scoutisme — toujours prêt — vous donneront amplement de raisons de vous amuser. Vous n'obtenez pas la sauvagerie contrôlée d'une Ferrari ou d'une Porsche, mais l'aplomb de l'Aston Martin arrive à combler un ou deux besoins primaires. La Volante incite moins aux folles cavalcades car l'amputation de son toit rend la plateforme tout aluminium moins assurée. Le toit en place, c'est ensuite la visibilité du conducteur qui souffre.

CONCLUSION La DB9 n'est pas la plus rapide des GT coûteuses. Il y a des autos dont l'appétit pour le macadam est plus féroce. Mais ce qu'elle fait, elle le fait bien, installant au passage son proprio dans une classe VIP.

2e OPINION

« La DB9, c'est la plus classique des Aston, celle qui offre le juste équilibre entre le sport et le classique et ne verse pas trop ni dans l'un, ni dans l'autre. Que vous optiez pour la version coupé ou cabriolet, le luxe, l'élégance et la sonorité envoûtante du V12 vous séduiront. L'arrivée de la Virage forcera les idéateurs de Gaydon à revoir la vocation de la DB9 qui prend un peu de recul face à sa sœur plus moderne. Mais avec près de 10 000 exemplaires vendus depuis son lancement en 2005, la DB9 est la plus populaire Aston de tous les temps. Une voiture qui représente bien la marque et qui mérite d'avoir une nouvelle vie probablement à compter de l'an prochain. » — Benoit Charette

FICHE TECHNIQUE

MOTEUR

V12 6,0 L DACT, 470 ch à 6000 tr/min
COUPLE 443 lb-pi à 5000 tr/min
BOÎTE DE VITESSES manuelle à 6 rapports, automatique à 6 rapports avec mode manuel (en option)
0-100 KM/H 4,8 s
VITESSE MAXIMALE 306 km/h

AUTRES COMPOSANTES

SÉCURITÉ ACTIVE freins ABS, assistance au freinage, répartition électronique de force de freinage, contrôle de stabilité électronique , antipatinage
SUSPENSION AVANT/ARRIÈRE indépendante
FREINS AVANT/ARRIÈRE disques
DIRECTION à crémaillère, assistée
PNEUS P235/40R19 (av.) P275/35R19 (arr.)

DIMENSIONS

EMPATTEMENT 2745 mm
LONGUEUR 4710 mm
LARGEUR 1875 mm
HAUTEUR 1270 mm
POIDS Coupé man. 1760 kg **Coupé auto.** 1800 kg **Volante man.** 1815 kg **Volante auto.** 1855 kg
DIAMÈTRE DE BRAQUAGE 11,5 m
COFFRE 186 L **Volante** 138 L
RÉSERVOIR DE CARBURANT 80 L

VERDICT

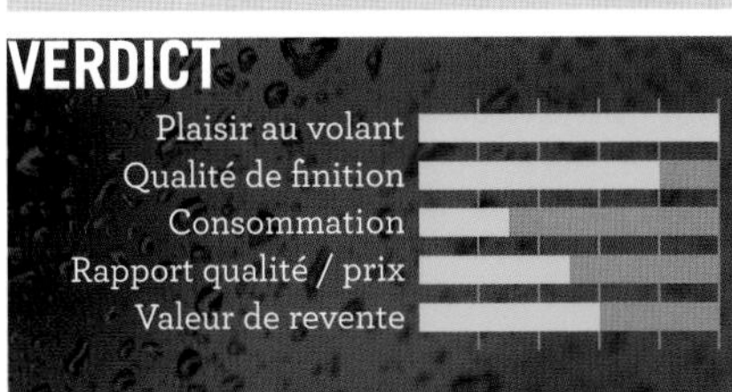

ÉVOLUTION $ 315 900 à 336 200$ t&p inclus

LA COTE VERTE MOTEUR V12 DE 6,0 L source : EnerGuide

CONSOMMATION (100 KM) man. 15,6 L auto. 14,7 L • **ÉMISSIONS POLLUANTES CO_2** man. 7314 KG/AN auto. 6854 KG/AN • **INDICE D'OCTANE** 91
COÛT DU CARBURANT MOYEN PAR ANNÉE man. 4452 $ auto. 4172 $ **NOMBRE DE LITRES PAR ANNÉE** man. 3180 auto. 2980

FICHE D'IDENTITÉ

VERSIONS Coupé, Coupé Carbon Black, Volante
ROUES MOTRICES arrière
PORTIÈRES 2 **NOMBRE DE PASSAGERS** 2 (2+2 option coupé, standard cabriolet)
PREMIÈRE GÉNÉRATION 2007
GÉNÉRATION ACTUELLE 2007
CONSTRUCTION Gaydon, Angleterre
COUSSINS GONFLABLES 4 (frontaux, latéraux avant)
CONCURRENCE Chevrolet Corvette ZR1, Ferrari 599, Jaguar XKR, Maserati GTS, Mercedes-Benz Classe SL AMG

AU QUOTIDIEN

PRIME D'ASSURANCE
25 ANS : 7500 à 7800 $
40 ANS : 5000 à 5400 $
60 ANS : 4200 à 4400 $
COLLISION FRONTALE nd
COLLISION LATÉRALE nd
VENTES DU MODÈLE DE L'AN DERNIER
AU QUÉBEC nd **AU CANADA** nd
DÉPRÉCIATION (2 ANS) 15,7 %
RAPPELS (2006 À 2011) 1
COTE DE FIABILITÉ 3/5

GARANTIES... ET PLUS

GARANTIE GÉNÉRALE 3 ans/kilométrage illimité
GARANTIE MOTOPROPULSEUR 3 ans/kilométrage illimité
PERFORATION 10 ans/kilométrage illimité
ASSISTANCE ROUTIÈRE 3 ans/kilométrage illimité
NOMBRE DE CONCESSIONNAIRES
AU QUÉBEC 1 **AU CANADA** 3

NOUVEAUTÉS EN 2012

Aucun changement majeur

FILER **À L'ANGLAISE**

Benoit Charette

Dans le monde très sélect des voitures exotiques, Aston Martin établit ses propres règles. Alors que les italiennes jouent du chronomètre avec les allemandes, les anglaises développent un état d'esprit qui fait appel aux muscles moteur d'une manière bien différente. C'est du sport extrême raffiné.

CARROSSERIE La DBS est le summum du sport chez Aston Martin, et, à ce strict point de vue, ce n'est pas une bête de piste. Le fabricant lui a bien mélangé certains gènes de DBR des 24 heures du Mans dans les quelques appendices supplémentaires qui lui permettent de se démarquer de la DB9 et lui confèrent un style plus agressif, mais son poids, son encombrement et sa taille limitent ses prouesses sur circuit. Toutefois, le V12 de 510 chevaux ne manque pas de souffle. Pas moins de cinq ouvertures dans le bouclier avant pour faire respirer le moteur et refroidir les freins. Son museau est le plus menaçant de la famille Aston Martin. Au final, ce sont les proportions équilibrées de la voiture qui la rendent aussi irrésistible. Elle est belle sous tous les angles.

HABITACLE Si les lignes extérieures laissent sans voix, l'intérieur est d'un luxe innommable. La clé de contact, en véritable cristal, vaut à elle seule 2 600 $. C'est pour cette raison que bien des propriétaires utilisent la clé valet jugeant la clé d'origine trop précieuse. Le reste de la voiture est à l'image de cette clé. Une profusion de cuir, de superbes baquets sans oublier l'épaisse moquette, l'aluminium et la fibre de carbone qui font bon ménage. Aston Martin a choisi le même fournisseur qu'Audi pour la chaîne audio, le danois Bang & Olufsen qui habille l'intérieur de 700 watts de bonheur auditif si la mélodie du V12 devient monotone sur l'autoroute. Si la position de conduite est sans faille, le ratio vitre/custode vous donne l'impression d'être assis au sous-sol. Pour ajouter à l'effet de sous-marin, le tunnel central est, lui aussi, assez haut, ce qui confine le conducteur à un espace plutôt limité.

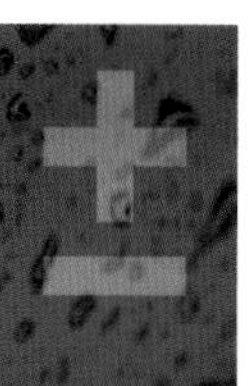

FORCES Style • Raffinement • Sonorité du moteur V12
FAIBLESSES Visibilité • Poids conséquent • Prix élevé

pneus qui ressemblent plus à des bandes de roulement, le confort est honnête, il devient aléatoire quand vous passez sur le mode sport. Mais peu importe le rythme, la direction demeure très communicative, malgré le poids de la voiture. Il ne faut pas confondre la DBS avec une exotique à moteur central, c'est une GT qui fait sentir son poids, mais demeure tout de même agile, sans être une virtuose. Le seul véritable bémol va à la visibilité périphérique sous la moyenne. Toutefois, si l'espace se dégage, cette fusée peut filer à 300 km/h et pas de problèmes au freinage. La DBS offre un ensemble carbone-céramique pour les disques ventilés et percés et des étriers fixes à 6 et à 4 pistons pour l'avant et l'arrière. Un détail intéressant, ceux qui veulent se faire plaisir sur des routes désertiques noteront avec plaisir qu'il est possible de désactiver complètement les aides à la conduite (ASR et ESP). Mais attention! Il vous faudra une sérieuse dose de courage pour jouer à la ballerine avec ce lutteur Sumo.

MÉCANIQUE Avec autant de prises d'air autour et devant la DBS, le moteur peut faire ses vocalises à voix haute. Le V12 de 510 chevaux laisse échapper une rutilante symphonie. Pour exploiter le plein potentiel de la bête, il faut faire chanter cette mécanique qui n'offre que 420 livres-pieds de couple, obligeant le conducteur à jouer dans les hauts régimes pour exploiter la puissance du V12. Heureusement, les leviers de sélection au volant réagissent rapidement et permettent un 0 à 100 km/h en 4,3 secondes. Mais c'est la sonorité qui vous transportera d'allégresse; puissante et gutturale, vous voudrez constamment rouler dans un tunnel en accélérant à fond, simplement pour entendre le moteur s'emballer. De purs moments de bonheur.

COMPORTEMENT La suspension est à la base la même que celle de la DB9 avec des ressorts et des barres antiroulis plus rigides de 50%. Là où la DBS fait bande à part, c'est au chapitre de la gestion électronique de la conduite. Le système d'amortissement permet cinq modes de réglage. Malgré les énormes

CONCLUSION Aston Martin a une manière bien à elle de faire les choses dans le monde des voitures GT. C'est un peu le côté sombre de la force. La DBS est en quelque sorte une DB9 extrême qui va chasser sur le terrain des Bentley et Ferrari dans le club sélect des 300 km/h. Les mots me manquent pour vous décrire avec précision l'émotion au volant. C'est un heureux mélange de luxe, de sport et de raffinement. Peu de voitures comme la DBS donnent cette impression de richesse.

FICHE TECHNIQUE

MOTEUR

V12 6,0 L DACT, 510 ch à 6500 tr/min
COUPLE 420 lb-pi à 5750 tr/min
BOÎTE DE VITESSES manuelle à 6 rapports, automatique à 6 rapports avec mode manuel (en option)
0-100 KM/H 4,3 s
VITESSE MAXIMALE man. 307 km/h auto. 295 km/h

AUTRES COMPOSANTS

SÉCURITÉ ACTIVE freins ABS, assistance au freinage, répartition électronique de force de freinage, contrôle de stabilité électronique, antipatinage
SUSPENSION AVANT/ARRIÈRE indépendante
FREINS AVANT/ARRIÈRE disques
DIRECTION À CRÉMAILLÈRE, assistée
PNEUS P245/35R20 (av.) P295/30R20 (arr.)

DIMENSIONS

EMPATTEMENT 2740 mm
LONGUEUR 4720 mm
LARGEUR (excluant rétro.) 1905 mm
HAUTEUR 1280 mm Volante 1289 mm
POIDS COUPÉ MAN. 1695 kg **COUPÉ AUTO.** 1740 kg
VOLANTE MAN. 1810 kg **VOLANTE AUTO.** 1850 kg
DIAMÈTRE DE BRAQUAGE 11,5 m
COFFRE nd
RÉSERVOIR DE CARBURANT 80 L

2e OPINION

«À moins d'être un collectionneur qui accumule tout ce qui roule, l'amateur de voitures rarissimes doit choisir : allemandes ? Italiennes ? Ou anglaises ? Il se trouve qu'Aston Martin détient une recette gagnante. Son succès passe d'abord par le design, l'ingrédient qui déclenche tout. À cet égard, la DBS est, comment dire, stupéfiante de beauté. Vous en connaissez beaucoup des tableaux de bord où le verre règne en maître ? Les récents changements extérieurs, pour la distinguer davantage de la DB9, ont élevé son degré de perfection. Une DBS (coupé de préférence ou cabrio) dans votre entrée de garage et vous pouvez mourir contenté. Mais ne partez pas pour le grand voyage avant d'avoir enfoncé le bouton Start ! Le chant du V12 a été mis en musique par des archanges qui passent leurs journées les mains dans le cambouis...» — Michel Crépault

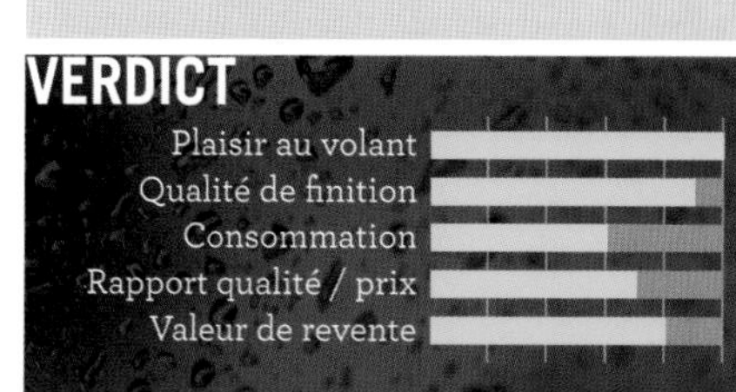

ÉVOLUTION $ 224 750 $ t&p inclus

LA COTE VERTE MOTEUR V12 DE 6,0 L source : EnerGuide

CONSOMMATION (100KM) 13,6 L • ÉMISSIONS POLLUANTES CO_2 6394 KG/AN • INDICE D'OCTANE 91
COÛT DU CARBURANT MOYEN PAR ANNÉE 3892 $ • NOMBRE DE LITRES PAR ANNÉE 2780

FICHE D'IDENTITÉ

VERSIONS base, Luxe
ROUES MOTRICES arrière
PORTIÈRES 4 **NOMBRE DE PASSAGERS** 4
PREMIÈRE GÉNÉRATION 2010
GÉNÉRATION ACTUELLE 2010
CONSTRUCTION Gaydon, Angleterre
COUSSINS GONFLABLES 6
(frontaux, latéraux avant, rideaux latéraux)
CONCURRENCE Jaguar XJ Supersport,
Porsche Panamera Turbo,
Maserati Quattroporte 4,7S, Mercedes-Benz S65 AMG

AU QUOTIDIEN

PRIME D'ASSURANCE
25 ANS : 7500 à 7800 $
40 ANS : 5000 à 5400 $
60 ANS : 4200 à 4400 $
COLLISION FRONTALE 5/5
COLLISION LATÉRALE 5/5
VENTES DU MODÈLE DE L'AN DERNIER
AU QUÉBEC nd **AU CANADA** nd
DÉPRÉCIATION nm
RAPPELS (2006 À 2011) Aucun à ce jour
COTE DE FIABILITÉ nm

GARANTIES... ET PLUS

GARANTIE GÉNÉRALE 3 ans/kilométrage illimité
GARANTIE MOTOPROPULSEUR 3 ans/kilométrage illimité
PERFORATION 10 ans/kilométrage illimité
ASSISTANCE ROUTIÈRE 3 ans/kilométrage illimité
NOMBRE DE CONCESSIONNAIRES
AU QUÉBEC 1 **AU CANADA** 3

NOUVEAUTÉS EN 2012

Aucun changement majeur

MAÎTRESSE **DE LUXE**

Benoit Charette

Peu d'entreprises ont atteint le statut de mythe, Aston Martin en fait partie. Tout ce qui sort de l'usine de Gaydon, y compris la Rapide qui est revenue à ses origines de fabrication cette année, a donc cet aura de vedette de cinéma. C'est sa troisième année sur le marché, et la firme anglaise nous prépare une version S pour aller mieux faire la lutte à la Maserati Quattroporte 4.7 S et, surtout, à la Porsche Panamera Turbo.

CARROSSERIE C'est donc pour suivre les grandes tendances du marché qu'Aston Martin est arrivée avec la Rapide en 2010, après quatre ans de cogitation. Construite sur un châssis de DB9 allongé de 15 centimètres pour permettre d'ajouter deux portières et un réel espace pour les passagers derrière, la Rapide a su conserver la beauté sans faille qui court dans la famille. Elle allie sport et élégance sans tomber dans l'ostentatoire. Une beauté pure et des lignes sensuelles. Sans doute l'une des plus belles voitures sur la route en ce moment. Aston Martin prépare une version S pour 2012. Elle gagnera des boucliers abaissés à l'avant intégrant des prises d'air élargies, alors que le rebord du coffre adopte un becquet plus prononcé. On ne veut pas briser ces lignes si pures.

HABITACLE Pour ceux qui se contentent uniquement de ce qu'il y a de mieux en ce bas monde, vous serez bien servis. Cette voiture transpire l'opulence. Les matériaux sont nobles et d'une qualité irréprochable. On a simplement envie d'enlever ses souliers quand on prend place à l'intérieur. Malgré la relative étroitesse des portes arrière, qui se surélèvent en s'ouvrant pour faciliter l'accès à bord, une fois installé dans les banquettes sculptées, on peut envisager d'asseoir quatre adultes à bord. Graduée jusqu'à 330 km/h, l'instrumentation est particulièrement claire, et la clé de cristal qui s'installe en plein centre du tableau de bord est la touche finale qui ajoute le prestige à l'exception. Il y a tout de même deux petits défauts qui m'ont agacé quand j'ai pris place à bord. Primo, le volant réglable est manuel,

FORCES Lignes exceptionnelles • V12 mélodieux • Finition sans reproche • Grand confort

FAIBLESSES Volant réglable manuellement • Accès aux places arrière difficile • Poids excessif • Bouton de coffre arrière trop petit

comme dans une Honda Fit, une vraie honte dans une voiture de 225 000 $; secundo, pour utiliser le coffre de bonnes dimensions avec les sièges arrière rabattables, il faut appuyer sur un minuscule bouton et pas de système de fermeture du coffre, là aussi on se serait attendu à plus pour le prix.

MÉCANIQUE Noblesse oblige, il faut un V12 sous le capot, et c'est ici qu'Aston Martin se distingue de la concurrence qui reçoit plus souvent un V8. Encore une fois, on fait appel au moteur de 6 litres de la DB9. Forte de ses 470 chevaux couplés à une boîte de vitesses à 6 rapports, la Rapide porte bien son nom si l'on tutoie l'accélérateur. Aristocrate jusqu'au bout des ailes, elle sait se tenir à bas régime. Une fois la mise en marche lancée, il est un peu déroutant de constater l'absence de sélecteur de vitesses, simplement des boutons placés dans le centre de la console (P, R, N et D) et des leviers de sélection au volant pour une conduite plus sportive. Devant la montée en puissance de la concurrence, le V12 de la DB9 sera remplacé par le V12 de la DBS, dans la version S, plus tard en 2012. Les 470 chevaux se transformeront en 510 chevaux, question de lutter à armes égales.

COMPORTEMENT Peu d'expériences sont aussi gratifiantes que de prendre le volant d'une voiture d'exception, et la Rapide ne déçoit pas. Surprenante de docilité à bas régime, le moteur s'éveille au-delà des 4 000 tours par minute pour laisser s'échapper la douce symphonie typique des moteurs V12. Si, un jour, le monde en vient à rouler seulement avec des 4-cylindres, cette sonorité me manquera cruellement. Les accélérations amènent à l'extase, et ce n'est pas tant la puissance que l'état d'esprit qui est difficile à décrire. Il y a tout de même un point à améliorer. La boîte à 6 rapports est lente, même si on place la voiture sur le mode sport et qu'on conduit comme un pilote de F1. Il est donc plus agréable de profiter de la voiture en plaçant la boîte sur le mode automatique. À 120 km/h sur l'autoroute, le régime moteur est sous les 2 000 tours, et le moteur dort. C'est avec les leviers de sélection que vous aurez du plaisir, et, même si la voiture frôle les 2 tonnes, on ressent peu le poids et la voiture est très facile à conduire.

CONCLUSION Exclusive, d'une beauté intemporelle, la Rapide est l'exception à l'exception. Si vous êtes prêt à allonger 225 000 $ et à vivre avec une consommation de plus de 20 litres aux 100 kilomètres, vous êtes à la bonne adresse.

2e OPINION

«La Rapide est la récente réponse d'Aston Martin à l'engouement croissant des coupés à quatre portières. Puisque l'intérêt majeur du modèle repose sur ses deux places arrière, examinons-les, puis constatons que les Britanniques doivent être des individus bien rabougris s'ils se satisfont de ce genre de dégagement pour voyager... Parlons plutôt d'une GT 2+2. Pour dépanner. Ou pour être parent sans rien perdre au volant de la griserie d'être célibataire. Pour le reste, les formes effilées et sculpturales, l'intérieur cousu à la main, le tableau de bord excentrique et le V12 qui claque comme un fouet ont tous été empruntés à la famille DB, ce qui est loin d'être une mauvaise nouvelle. Mais si c'est vraiment les places arrière qui comptent, il y a mieux ailleurs, notamment chez Porsche et Mercedes-Benz.» — Michel Crépault

FICHE TECHNIQUE

MOTEUR

V12 5,9 L DACT, 470 ch à 6000 tr/min
COUPLE 443 lb-pi à 5000 tr/min
BOÎTE DE VITESSES automatique à 6 rapports avec mode manuel
0-100 KM/H auto. 5,3 s
VITESSE MAXIMALE 296 km/h

AUTRES COMPOSANTS

SÉCURITÉ ACTIVE freins ABS, assistance au freinage, répartition électronique de force de freinage, contrôle de stabilité électronique, antipatinage
SUSPENSION AVANT/ARRIÈRE indépendante
FREINS AVANT/ARRIÈRE disques
DIRECTION à crémaillère, assistée
PNEUS P245/40R20 (av.) P295/35R20 (arr.)

DIMENSIONS

EMPATTEMENT 2989 mm
LONGUEUR 5019 mm
LARGEUR (sans rétro.) 1929 mm
HAUTEUR 1360 mm
POIDS 1990 kg
DIAMÈTRE DE BRAQUAGE nd
COFFRE 317 L, 886 L (sièges abaissés)
RÉSERVOIR DE CARBURANT 90,5 L

VERDICT

www.astonmartin.com

LA COTE VERTE MOTEUR V8 DE 4,7 L source : EnerGuide

CONSOMMATION (100 KM) man. 13,4 L robo. 12,7 L • **ÉMISSIONS POLLUANTES CO_2** man. 6256 kg/an robo. 5934 kg/an • **INDICE D'OCTANE** 91
COÛT DU CARBURANT MOYEN PAR ANNÉE man. 3808$ robo. 3612$ • **NOMBRE DE LITRES PAR ANNÉE** man. 2720 robo. 2580

FICHE D'IDENTITÉ

VERSION V8 coupé/cabriolet, N420 coupé/cabriolet, V8 S coupé/cabriolet, coupé V12, coupé V12 Carbon Black
ROUES MOTRICES arrière
PORTIÈRES 2 **NOMBRE DE PASSAGERS** 2
PREMIÈRE GÉNÉRATION 2006
GÉNÉRATION ACTUELLE 2006
CONSTRUCTION Gaydon, Angleterre
COUSSINS GONFLABLES 4 (frontaux, latéraux avant)
CONCURRENCE Chevrolet Corvette, Ferrari F458, Jaguar XK, Mercedes-Benz SLS AMG, Lamborghini Gallardo, Maserati GT, Mercedes-Benz Classe SL, Porsche 911

AU QUOTIDIEN

PRIME D'ASSURANCE
25 ANS : 6000 à 6200$
40 ANS : 4100 à 4300$
60 ANS : 3500 à 4000$
COLLISION FRONTALE ND
COLLISION LATÉRALE ND
VENTES DU MODÈLE L'AN DERNIER
AU QUÉBEC ND **AU CANADA** ND
DÉPRÉCIATION (2010) 46,3%
RAPPELS (2006 À 2011) 1
COTE DE FIABILITÉ ND

GARANTIES... ET PLUS

GARANTIE GÉNÉRALE 3 ans/kilométrage illimité
GARANTIE MOTOPROPULSEUR 3 ans/kilométrage illimité
PERFORATION 10 ans/kilométrage illimité
ASSISTANCE ROUTIÈRE 3 ans/kilométrage illimité
NOMBRE DE CONCESSIONNAIRES
AU QUÉBEC 1 **AU CANADA** 3

NOUVEAUTÉS EN 2012

Version Vantage S

AU DIABLE **LA RADIO**

Daniel Rufiange

Ne pénètre pas dans l'univers d'Aston Martin qui veut. Les bolides de la firme anglaise, en raison de leur facture stratosphérique, sont réservés à ceux qui ont les poches pleines. Cela a pour effet de garantir leur exclusivité. La question qu'on doit se poser, cependant, est la suivante : ces bolides sont-ils à ce point exceptionnels que le constructeur soit en droit d'en exiger un tel prix ?

CARROSSERIE Pour les initiés, chez nous, la Vantage est le modèle d'entrée de gamme d'Aston Martin — la Cygnet, un petit véhicule urbain, est commercialisée ailleurs —. En conséquence, il s'agit de la plus petite voiture du constructeur offerte ici. Celle-ci est proposée en versions roadster et coupé. Quand vient le temps de décrire ses lignes, c'est l'unanimité : elles sont anguleuses et à couper le souffle. Il n'y a pas une partie de cette voiture qui ne soit réussie. Le seul bémol, on peut le mettre sur le fait que tous les modèles de la marque se ressemblent un tantinet. Voilà qui peut être frustrant pour le propriétaire d'une DB9 qui a payé le double d'une Vantage. À noter que le fabricant propose une version S de la DB9, destinée à ceux qui trouvent la Vantage trop ordinaire.

HABITACLE Ici, la firme de Gaydon se démarque en offrant aux propriétaires une expérience sensorielle hors du commun. Comme elle est fabriquée et assemblée à la main, il suffit de toucher n'importe quelle surface pour réaliser la qualité du travail accompli et comprendre que les matériaux n'ont pas été choisis au hasard. Les cuirs, par exemple, proviennent certainement de vaches bichonnées au coton. L'équipement, on le devine, est passablement complet, mais on se désole en prenant conscience du nombre d'options qu'on peut sélectionner. À plus de 150 000$ l'exemplaire, laissez donc faire les options et équipez la voiture jusqu'au bouchon !

MÉCANIQUE La mémoire auditive n'est que de 12 secondes. Pourtant, quiconque a déjà pris le volant ou entendu une Aston Martin démarrer se rappelle une chose; la sonorité de la mécanique. La Vantage n'y échappe pas. Son moteur, un V8 de

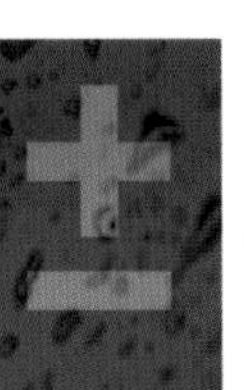

FORCES N'investissez pas un sou sur la chaîne audio; c'est le moteur que vous voulez entendre. • Une bête à maîtriser • Intérieur cossu • La carte cachée dont rêve tout célibataire

FAIBLESSES Fiabilité : toujours un point d'interrogation • On doit constamment se retenir au volant. • Nos routes : l'assurance qu'on va se retrouver au garage • Prix exorbitant • Options trop nombreuses et trop coûteuses

pas sur nos routes. Dans les faits, sur notre réseau routier, les balades sont plus frustrantes qu'autre chose; on a envie d'exploiter les capacités de la bagnole mais sans perdre son permis. Vivement une piste.

Encore là. Les versions S offrent un petit quelque chose de plus, pour ceux qui, justement, ont la chance d'exploiter à fond la voiture. La nouvelle boîte SportShift II offre des changements encore plus rapides, à condition de maîtriser son comportement capricieux qui demande une période d'apprentissage.

4,7 litres, aime révolutionner à haut régime, et c'est justement là qu'il dévoile tous ses charmes. Avec une musique pareille, pas besoin de chaîne audio. À cette mécanique, on peut jumeler l'une des trois boîtes de vitesses proposées. La Vantage reçoit une boîte manuelle à 6 rapports ou une boîte manuelle automatisée à 6 rapports (SportShift). Quant à la Vantage S, elle reçoit la dernière évolution de cette dernière boîte, soit la SportShift II à 7 rapports.

COMPORTEMENT Les attentes sont très élevées quand on se glisse à bord d'une Vantage pour en faire l'essai. Le design seul de la voiture laisse présager de très belles choses. On ne peut pas dire qu'on est déçu, mais il ne faut pas s'imaginer non plus que la Vantage est sans faille. Cette voiture a ses limites, limites qu'on n'atteint toutefois

CONCLUSION Bolide d'exception, la Vantage offre une expérience de conduite exceptionnelle, certes, mais c'est surtout son caractère exclusif qui rend sa possession si unique. Aussi discrète qu'une vulgaire Toyota Corolla aux yeux de néophytes, elle fait saliver l'amateur d'automobiles qui l'aperçoit sur la rue. Elle représente le rêve inaccessible et l'invincibilité, caractéristiques nul doute nées du fait qu'un certain James Bond en ait fait sa voiture de prédilection. Vaut-elle chaque dollar qu'on exige d'elle? Je ne le crois pas. Cependant, pour être certain d'être le seul dans le quartier à en posséder une, là, peut-être.

2e OPINION

«Après l'essai, il y a quelques années, de la petite Vantage V8 de 385 chevaux, j'étais comblé de trouver une alternative viable à une Porsche 911 et tout aussi agréable à conduire. Ma deuxième expérience à bord de la Vantage S plus puissante m'a laissé sur ma faim. Je ne remets pas en question la puissance de ses 420 chevaux ou la précision chirurgicale du train avant. Mais je dois admettre que le bruit de hot rod du moteur et la boîte robotisée à simple embrayage qui vous secoue, peu importe le régime, m'ont fait déchanter. Une Aston Martin qui gronde comme une Corvette et secoue comme une smart automatique n'a aucun sens. Vite une boîte à double embrayage et un peu de grâce sous le capot. Le sud des États-Unis n'a pas sa place dans les Midlands anglais.» — Benoit Charette

FICHE TECHNIQUE

MOTEURS

(COUPÉ V8, CABRIOLET V8) V8 4,7 L DACT, 420 ch à 7300 tr/min
COUPLE 346 lb-pi à 5750 tr/min N420 5000 tr/min
BOÎTES DE VITESSES manuelle à 6 rapports ou manuelle robotisée à 6 rapports
0-100 KM/H 4,9 s
VITESSE MAXIMALE 290 km/h

(COUPÉ V8 S, CABRIOLET V8 S) V8 4,7 L DACT, 430 ch à 7300 tr/min
COUPLE 361 lb-pi à 5000 tr/min
BOÎTE DE VITESSES manuelle robotisée à 7 rapports
0-100 KM/H ND
VITESSE MAXIMALE 305 km/h

CONSOMMATION (100 KM) 12,6 L (octane 91)
ÉMISSIONS DE CO_2 5934 kg/an
LITRES PAR ANNÉE 2580
COÛT PAR AN 3612 $

(COUPÉ V12) V12 6 L DACT, 510 ch à 6500 tr/min
COUPLE 420 lb-pi à 5750 tr/min
BOÎTE DE VITESSES manuelle à 6 rapports
0-100 KM/H 4,2 s
VITESSE MAXIMALE 305 km/h

CONSOMMATION (100 KM) 15,6 L (octane 91)
ÉMISSIONS DE CO_2 7314 kg/an
LITRES PAR ANNÉE 3180
COÛT PAR AN 4452 $

AUTRES COMPOSANTS

SÉCURITÉ ACTIVE freins ABS, assistance au freinage, répartition électronique de force de freinage, antipatinage, contrôle de stabilité électronique
SUSPENSION AVANT/ARRIÈRE indépendante
FREINS AVANT/ARRIÈRE disques
DIRECTION à crémaillère, assistée
PNEUS V8/N420 P235/40R19 (av.) P275/35Z19 (arr.) **V8 S** P245/40R19 (av.) P285/35R19 (arr.) **V12** P255/35ZR19 (av.) P295/30R19 (arr.)

DIMENSIONS

EMPATTEMENT 2600 mm
LONGUEUR 4382 mm **V12** 4385 mm
LARGEUR (RÉTROS NON COMPRIS) 1866 mm
HAUTEUR 1260 mm **V12** 1250 mm
POIDS V8 coupé/N420 1630 kg **V8 cabrio./N420** 1710 kg **V8 S coupé** 1610 kg **V8 S cabrio.** 1690 kg **coupé V12** 1680 kg
DIAMÈTRE DE BRAQUAGE V8/N420 11,1 m **V8 S** 11,4 m **V12** 11,8 m
COFFRE 300 L **cabrio.** 144 L
RÉSERVOIR DE CARBURANT 80 L

MENTIONS

COUP DE CŒUR

VERDICT

NOUVEAUTÉ $ 224 250$ à 244 500$ t&p inclus

LA COTE VERTE MOTEUR V12 DE 6 L source : Aston Martin

CONSOMMATION (100KM) 15,2 L • **ÉMISSIONS POLLUANTES CO_2** nd • **INDICE D'OCTANE** 91
COÛT DU CARBURANT MOYEN PAR ANNÉE nd • **NOMBRE DE LITRES PAR ANNÉE** nd

FICHE D'IDENTITÉ

VERSIONS Coupé, Volante
ROUES MOTRICES arrière
PORTIÈRES 2 **NOMBRE DE PASSAGERS** 2+2
PREMIÈRE GÉNÉRATION 2012
GÉNÉRATION ACTUELLE 2012
CONSTRUCTION Gaydon, Angleterre
COUSSINS GONFLABLES 4 (frontaux, latéraux avant)
CONCURRENCE Chevrolet Corvette, Ferrari F458, Jaguar XK, Mercedes SLS AMG, Lamborghini Gallardo, Maserati GT, Mercedes-Benz Classe SL, Porsche 911

AU QUOTIDIEN

PRIME D'ASSURANCE
25 ANS : 7500 à 7800 $
40 ANS : 5000 à 5400 $
60 ANS : 4200 à 4400 $
COLLISION FRONTALE nm
COLLISION LATÉRALE nm
VENTES DU MODÈLE DE L'AN DERNIER
AU QUÉBEC nm **AU CANADA** nm
DÉPRÉCIATION nm
RAPPELS (2006 À 2011) nm
COTE DE FIABILITÉ nm

GARANTIES... ET PLUS

GARANTIE GÉNÉRALE 3 ans/kilométrage illimité
GARANTIE MOTOPROPULSEUR 3 ans/kilométrage ill.
PERFORATION 10 ans/kilométrage illimité
ASSISTANCE ROUTIÈRE 3 ans/kilométrage illimité
NOMBRE DE CONCESSIONNAIRES
AU QUÉBEC 1 **AU CANADA** 3

NOUVEAUTÉS EN 2012

Nouveau modèle

JOINDRE L'INUTILE À **L'AGRÉABLE**

Benoit Charette

J'ai eu l'occasion, en 1993, de conduire la première génération d'Aston Martin Virage à l'usine de Newport Pagnell, en Angleterre, fabriquée à la main à partir de feuilles d'aluminium. Le peu de rigidité de sa caisse rendait sa conduite dangereuse, et le vieux V8 de 5,3 litres était bruyant et mal dégrossi. Le prince Charles en possédait deux. Je peux vous confirmer qu'il conduisait deux poubelles. C'est donc surprenant qu'Aston ait ramené une appellation si peu prestigieuse pour une nouvelle voiture. Ce qui est encore plus surprenant, c'est d'avoir pondu un modèle qui ressemble en tous points à la DB9. Pourquoi ?

CARROSSERIE Question de vous situer dans la hiérarchie Aston Martin, la Virage se situe entre la DB9 et la DBS. La Virage offre des traits un peu plus musclés que la DB9, mais il faut regarder à deux fois pour être capable de la distinguer d'une DB9. Si vous prenez le temps d'observer, vous remarquerez que sa calandre en acier inoxydable, ses prises d'air argentées et ses optiques bixénon lui sont exclusifs et orientent le style vers des lignes un brin plus agressives. Les magnifiques roues de 20 pouces, qui laissent paraître des freins en carbone-céramique, donnent la mesure des intentions de la voiture. Mais pour le commun des mortels, toutes les Aston Martin des dix dernières années sont les mêmes. On peut reprocher au patron d'Aston Martin, Ulrich Bez, de commencer à étirer la sauce.

HABITACLE On ne se lasse pas du chic et de la sophistication des produits Aston Martin. C'est une autre vision de l'exotisme plus somptueux et raffiné que les allemandes et avec une classe que même les italiennes n'arrivent pas tout à fait à imiter. La qualité des matériaux, le souci du travail fait à la main par des artisans dans les ateliers de fabrication transpirent partout dans l'habitacle. L'accent est mis aux sièges avant, les places arrière sont plus décoratives que pratiques. Pour continuer dans

FORCES Qualité de finition irréprochable • Conduite d'exception • Direction très précise • Performance

FAIBLESSES Lignes trop proches de la DB9 • Pertinence sur le marché • Prix

le chic de la marque, démarrer le véhicule relève presque de la cérémonie japonaise du thé. La clé qu'Aston Martin baptise ECU (*Emotional Control unit*) s'insère dans une fente aux allures de cristal mythique située tout en haut du tableau de bord.

MÉCANIQUE En enfonçant la clé tout en appuyant sur le frein on réveille le V12 de 490 chevaux d'une remarquable docilité. La Virage est livrée avec une unique boîte de vitesses automatique à 6 rapports, et ne cherchez pas le sélecteur de vitesses, il n'y en a pas. En lieu et place, vous avez quatre boutons au tableau de bord, P, R, N et D ainsi que deux leviers de sélection au volant pour des changements de rapports sur le mode manuel. En termes de précision, la boîte à double embrayage n'est pas aussi incisive que les meilleures boîtes allemandes, celles d'Audi, par exemple, mais considérant la vocation plus décontractée de la Virage, c'est acceptable.

COMPORTEMENT C'est probablement sur la route qu'on constate le plus de différences avec la DB9. Les 20 chevaux de plus lui confèrent un petit surplus d'énergie au décollage, et on la sent un brin plus athlétique. En contrepartie, la suspension est plus souple, un peu comme si vous aviez pris une DBS pour tremper la suspension dans la mélasse, elle absorbe mieux, sans perdre sa vivacité, une belle sensation au volant. Pour les amateurs de chiffres, le 0 à 100 km/h se règle en 4,6 secondes, et la vitesse maximale est de 300 km/h. Sur une base plus réaliste, lors de mon essai, j'ai roulé très agréablement à 120 km/h avec une mécanique qui tournait tout juste sous les 2 000 tours par minute. Il faut aussi la direction très précise qui vous donne l'impression de conduire un véhicule plus léger et plus petit. Un mot sur les freins indestructibles en carbone-céramique qui sont capables de relever tous vos défis et même ceux que vous n'oseriez tenter.

CONCLUSION En bout de piste, la Virage est une version 2,0 de la DB9. Mais est-ce que cela suffira à attirer une clientèle qui a déjà un véhicule fort semblable? Aston Martin a besoin d'une autre bonne idée. Ce style spectaculaire a déjà été utilisé à toutes les sauces.

2e OPINION

« Dans le segment des coupés GT, la clé du succès est souvent de proposer un choix multiple pour plaire à une majorité d'acheteurs. Aston Martin voulait proposer un juste milieu entre son coupé DB9 et la version extrême, la DBS. Voici donc la Virage, une DB9 plus aiguisée, mais qui demeure sous la DBS dans l'échelle du constructeur britannique. Les habitués de la marque ne seront pas dépaysés puisque la Virage est aussi sublime que les autres modèles, même si plusieurs éléments extérieurs sont différents, tandis que la sonorité du V12 est envoûtante au possible. La Virage est confortable, puissante et richement équipée, une parfaite GT pour les longues balades ! » — Vincent Aubé

FICHE TECHNIQUE

MOTEUR

V12 6,0 L DACT, 490 ch à 6500 tr/min
COUPLE 420 lb-pi à 5750 tr/min
BOÎTE DE VITESSES automatique à 6 rapports avec mode manuel
0-100 KM/H 4,6 s
VITESSE MAXIMALE 299 km/h

AUTRES COMPOSANTS

SÉCURITÉ ACTIVE freins ABS, assistance au freinage, répartition électronique de force de freinage, contrôle de stabilité électronique , antipatinage
SUSPENSION AVANT/ARRIÈRE indépendante
FREINS AVANT/ARRIÈRE disques
DIRECTION à crémaillère, assistée
PNEUS P245/35R20 (av.) P295/30R20 (arr.)

DIMENSIONS

EMPATTEMENT 2740 mm
LONGUEUR 4703 mm
LARGEUR (avec rétro.) 2061 mm
HAUTEUR Coupé 1282 mm **Volante** 1289 mm
POIDS Coupé 1785 kg **Volante** 1890 kg
DIAMÈTRE DE BRAQUAGE 11,6 m
COFFRE 184 L **Volante** 152 L
RÉSERVOIR DE CARBURANT 78 L

LA COTE VERTE MOTEUR L4 DE 2 L TDI source : EnerGuide

CONSOMMATION (100KM) 5,7 L • **ÉMISSIONS POLLUANTES CO_2** 3132 KG/AN • **INDICE D'OCTANE** 91
COÛT DU CARBURANT MOYEN PAR ANNÉE 1369$ • **NOMBRE DE LITRES PAR ANNÉE** 1160

FICHE D'IDENTITÉ

VERSIONS 2.0T, 2.0T Premium, 2.0 TDI, 2.0T quattro Premium, 2.0 TDI Premium, 2.0 quattro Premium
ROUES MOTRICES avant, 4
PORTIÈRES 5 **NOMBRE DE PASSAGERS** 4
PREMIÈRE GÉNÉRATION 2006
GÉNÉRATION ACTUELLE 2006
CONSTRUCTION Ingolstadt, Allemagne
COUSSINS GONFLABLES 6, frontaux, latéraux avant et rideaux latéraux
CONCURRENCE Mercedes-Benz Classe B, Subaru Impreza WRX, Volkswagen Golf, Volvo V50

AU QUOTIDIEN

PRIME D'ASSURANCE
25 ANS : 1500 à 1700$
40 ANS : 1300 à 1500$
60 ANS : 900 à 1100$
COLLISION FRONTALE 5/5
COLLISION LATÉRALE 5/5
VENTES DU MODÈLE DE L'AN DERNIER
AU QUÉBEC 434 **AU CANADA** 1332
DÉPRÉCIATION 35,3%
RAPPELS (2006 À 2011) 3
COTE DE FIABILITÉ 3,5/5

GARANTIES… ET PLUS

GARANTIE GÉNÉRALE 4 ans/80 000 km
GARANTIE MOTOPROPULSEUR 4 ans/80 000 km
PERFORATION 12 ans/kilométrage illimité
ASSISTANCE ROUTIÈRE 4 ans/kilométrage illimité
NOMBRE DE CONCESSIONNAIRES
AU QUÉBEC 7 **AU CANADA** 35

NOUVEAUTÉS EN 2012

Nouvelles couleurs

LA **DERNIÈRE** ANNÉE

Vincent Aubé

Bon an mal an, la petite Audi d'entrée de gamme en est déjà à sa sixième année sous cette forme. Et étant donné le dévoilement du concept A3 au Salon de Genève plus tôt cette année, il faut s'attendre à un renouvellement du modèle compact dès l'an prochain. En attendant cette relève, la plus accessible des Audi continue d'accueillir les nouveaux clients dans les salles d'exposition.

CARROSSERIE Il n'y a pas à dire, l'Audi A3 a besoin d'un rafraîchissement au chapitre du design extérieur. Pourtant, malgré son âge, cette compacte, qui utilise la même plateforme que la Volkswagen Golf, a très bien vieilli au fil des années, et les quelques retouches mineures de 2010 ont aidé à prolonger son cycle de vie. Les phares avant, qui sont ornés de feux de jour à diodes électroluminescentes (DEL) sont du plus bel effet, et c'est aussi convaincant à l'arrière. La calandre se prolonge jusqu'au bas du pare-chocs avant, une signature commune aux autres modèles tatoués des 4 anneaux; mais somme toute, l'A3 adopte des lignes plutôt classiques du côté de la caisse. Si vous voulez ajouter un peu de piquant à l'ensemble, l'ensemble Sport, qui comprend des jantes de 18 pouces et des sièges sport, est tout indiqué.

HABITACLE Fidèle aux autres créations d'Ingolstadt, l'A3 hérite d'un intérieur très bien ficelé, la qualité des matériaux étant au rendez-vous, idem pour l'assemblage. Pour ceux qui détestent les intérieurs noirs, il y a toujours la possibilité de cocher l'option Beige Luxor pour la sellerie et la partie inférieure de l'habitacle. Le dessin de la planche de bord commence lui aussi à dater, mais au moins, l'emplacement des diverses fonctions simplifie l'utilisation. La position de conduite est plutôt facile à trouver, tandis que l'assise est très confortable. Bien sûr, avec les sièges sport offerts en option, le plaisir de conduire croît avec l'usage! À l'arrière, c'est un peu plus juste pour les occupants, mais n'oublions pas qu'il s'agit ici d'une voiture compacte. En terminant, la vision latérale est sans reproche.

MÉCANIQUE Le constructeur allemand propose deux motorisations à 4 cylindres

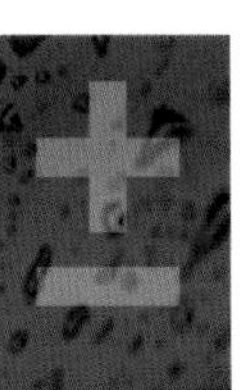

FORCES Style classique • Consommation de carburant • Avantage quattro

FAIBLESSES Options coûteuses • quattro pas offert sur toutes les versions • Coffre un peu juste

pour sa petite voiture, le premier étant un 4-cylindres de 2 litres turbocompressé à injection directe de carburant. Vous le connaissez bien puisque ce dernier est utilisé à toutes les sauces au sein du groupe Volkswagen, notamment dans l'excellente GTI et, même, dans une multitude de modèles Audi. La souplesse de ce moteur est toujours aussi étonnante à chaque accélération, mais ce qui étonne tout le monde, c'est la consommation de carburant enregistrée, que ce soit avec la boîte de vitesses manuelle à 6 rapports (traction seulement) ou la boîte S tronic à double embrayage livrable également sur l'édition quattro à transmission intégrale. Il est aussi possible de cocher l'option du moteur à 4 cylindres turbodiesel de 2 litres moins puissant, mais tout aussi amusant, surtout en raison du couple qui procure des reprises exemplaires sur la route. Bien entendu, cette motorisation TDI offre l'avantage de pouvoir espacer les visites à la station-service. Le seul bémol, c'est que l'A3 TDI ne peut être livrée avec le système quattro et, de plus, la seule boîte de vitesses au programme est l'automatique à double embrayage.

COMPORTEMENT Le châssis de la petite A3 est toujours aussi rigide, ce qui lui confère un comportement des plus sains quand une route sinueuse se présente devant son conducteur. Même la version TDI n'est pas vilaine pour une balade énergique, croyez-moi ! La suspension ferme jumelée aux jantes de 18 pouces ne contribue pas à améliorer le confort de cette petite, mais au moins, le « pilote » du dimanche en a pour son argent. Pour ce qui est de l'avantage du système quattro quand l'adhérence se détériore, une A3 2.0T équipée de l'ensemble S line peut créer une dépendance tellement il est plaisant de manipuler les leviers de sélection derrière le volant et de faire virevolter la voiture de travers.

CONCLUSION L'Audi A3 se vend bien, vieillit bien, et ce qui se trouve sous le capot fait beaucoup de sens. Il faut toutefois faire attention lors du choix des options qui peut rapidement faire gonfler la facture. Enfin, pour bonifier le tout, il ne manquerait plus qu'une version quattro à boîte manuelle, que ce soit avec l'un ou l'autre des moteurs. Audi réajustera peut-être le tir lors de la refonte.

2e OPINION

« L'Audi A3 est le modèle orphelin de la firme allemande en Amérique du Nord. Elle fait l'objet de peu de publicité, offre peu de modèles, et bien des gens la voient comme une Golf ennoblie. Ce petit modèle a pourtant beaucoup à offrir à commencer par une version à moteur Diesel très économe et fort agréable à conduire. Audi prépare une nouvelle gamme qui arrivera en 2012 comme année modèle 2013. On promet une version à 4 portes, un cabriolet, des modèles de haute performances et, même, une hybride, mais toujours dans le style de petites voitures raffinées qui ne versent pas dans le style ostentatoire. Un style classique qui évoluera, sans trop changer. Si vous aimez le luxe discret en format de poche, c'est une voiture pour vous. »
— Benoit Charette

FICHE TECHNIQUE

MOTEURS

(TDI) L4 2 L turbodiesel DACT 140 ch à 4200 tr/min
COUPLE 236 lb-pi entre 1750 et 2500 tr/min
TRANSMISSION manuelle robotisée à 6 rapports
0-100 KM/H 8,8 s
VITESSE MAXIMALE 209 km/h

(2.0T) L4 2 L turbo DACT 200 ch à 5100 tr/min
COUPLE 207 lb-pi à 1700 tr/min
TRANSMISSION manuelle à 6 rapports, manuelle robotisée à 6 rapports (option 2.0T, équipement standard sur version quattro)
0-100 KM/H 6,9 s **robo.** 6,8 s **Quattro** 6,7 s
CONSOMMATION (100 KM) 8,6 L **robo.** 8,2 L **Quattro** 8,6 L
VITESSE MAXIMALE 209 km/h (bridée)
ÉMISSIONS DE CO_2 4002 kg **robo.** 3818 kg **Quattro** 3956 kg
LITRES PAR ANNÉE 1740 **robo.** 1660 **Quattro** 1720 (Octane 91)
COÛT PAR AN 2297 $ **robo.** 2191 $ **Quattro** 2270 $

AUTRES COMPOSANTES

SÉCURITÉ ACTIVE freins ABS, répartition électronique de force de freinage, assistance au freinage, antipatinage, contrôle de stabilité électronique
SUSPENSION AVANT/ARRIÈRE indépendante
FREINS AVANT/ARRIÈRE disques
DIRECTION à crémaillère, assistée
PNEUS P225/45R17 **Option 2.0T** P225/40R18

DIMENSIONS

EMPATTEMENT 2578 mm
LONGUEUR 4292 mm
LARGEUR 1995 mm
HAUTEUR 1423 mm
POIDS 1460 kg à 1570 kg
DIAMÈTRE DE BRAQUAGE 10,7 m
COFFRE 370 L, 1120 L (sièges abaissés)
RÉSERVOIR DE CARBURANT 55 L Quattro 60 L

MENTIONS

RECOMMANDÉ

VERDICT

Plaisir au volant
Qualité de finition
Consommation
Rapport qualité / prix
Valeur de revente

AUDI

www.audi.ca

LA COTE VERTE MOTEUR L4 DE 2 L TURBO source : EnerGuide

CONSOMMATION (100 KM) BERLINE CVT 7,7 L • **ÉMISSIONS POLLUANTES CO_2** BERLINE CVT 3588 KG/AN • **INDICE D'OCTANE** 91 • **COÛT DU CARBURANT MOYEN PAR ANNÉE** BERLINE CVT 2184 $ • **NOMBRE DE LITRES PAR ANNÉE** BERLINE CVT 1560

FICHE D'IDENTITÉ

VERSIONS 2.0T, 2.0T quattro, 2.0T quattro Avant, S4
ROUES MOTRICES avant, 4
PORTIÈRES 4, 5 **NOMBRE DE PASSAGERS** 5
PREMIÈRE GÉNÉRATION 1996
GÉNÉRATION ACTUELLE 2009
CONSTRUCTION Ingolstadt, Allemagne
COUSSINS GONFLABLES 6 (frontaux, latéraux avant, rideaux latéraux) option 8 (frontaux, latéraux avant et arrière, rideaux latéraux)
CONCURRENCE Acura TSX, BMW Série 3, Cadillac CTS, Infiniti G, Lexus IS, Mercedes-Benz Classe C, Saab-9-3, Volkswagen CC

AU QUOTIDIEN

PRIME D'ASSURANCE
25 ANS : 1500 à 1700 $
40 ANS : 1400 à 1600 $
60 ANS : 1000 à 1200 $
COLLISION FRONTALE 5/5
COLLISION LATÉRALE 5/5
VENTES DU MODÈLE DE L'AN DERNIER
AU QUÉBEC 1505 **AU CANADA** 5211
DÉPRÉCIATION 38,1 %
RAPPELS (2006 À 2011) aucun à ce jour
COTE DE FIABILITÉ 3/5

GARANTIES... ET PLUS

GARANTIE GÉNÉRALE 4 ans/80 000 km
GARANTIE MOTOPROPULSEUR 4 ans/80 000 km
PERFORATION 12 ans/kilométrage illimité
ASSISTANCE ROUTIÈRE 4 ans/kilométrage illimité
NOMBRE DE CONCESSIONNAIRES
AU QUÉBEC 7 **AU CANADA** 35

NOUVEAUTÉS EN 2012

Nouvelles couleurs extérieures, système Bluetooth de série, interface Audi pour chaîne audio de série, système de contrôle de l'amortissement standard avec modèles Premium et Premium Plus avec groupe S line Sport Select

COUP DE **CŒUR**

Frédéric Masse

Il y a de ces bolides qu'on aime un peu, beaucoup, passionnément, à la folie. L'Audi A4, peu importe la version (la Frontrak non comprise, faut pas pousser tout de même), est pour moi l'une de ces voitures. Dans mon jargon, c'est une voiture coup de cœur. Dans la catégorie bondée des berlines de luxe compactes, elle fait figure de proue et peu de concurrentes peuvent l'égaler. Pour 2012, l'A4 devrait avoir droit à quelques retouches esthétiques qui lui redonneraient toute sa prestance pour répondre à la concurrence qui a rajeuni ou tout simplement renouvelé les voitures de cette catégorie. Mais, dans l'ensemble, comme le disent nos voisins du sud : « If ain't broke, don't fix it. »

CARROSSERIE Là encore, je suis dans l'obligation d'avouer mon faible. Je la trouve belle l'A4. Familiale, S4, même la version de base a de la gueule. Depuis la dernière refonte, je suis littéralement tombé sous le charme de cette foutue voiture. Les phares avec les perles de lumières à diodes électroluminescentes, la forme allongée mais pas trop, les attributs de la version S-Line, l'A4 est belle. Anguleuse, sportive et avec une calandre qui attire inévitablement les regards, disons qu'elle laisse sa marque et se fait remarquer aux côtés de ses concurrentes.

HABITACLE Audi est renommée depuis quelques années pour offrir des habitacles dignes de mention, et l'A4 n'y échappe pas. Encore une fois le fabricant a fait des merveilles avec l'A4. Seul le système MMI vient assombrir un peu le tableau puisqu'il demande encore trop d'attention pour contrôler des systèmes simples comme la climatisation et l'audio. Les sièges, quant à eux, sont d'un maintien et d'un confort démentiels. La qualité de la plupart des matériaux se situe dans le premier tiers de la catégorie. Les places arrière, on s'en doute, sont relativement restreintes mais confortables, et le coffre se veut généreux.

MÉCANIQUE L'A4 propose une seule mécanique, soit le 4-cylindres turbo de 2 litres de 211 chevaux. Sans dire qu'il est une puissance nucléaire, ce moteur effectue le tra-

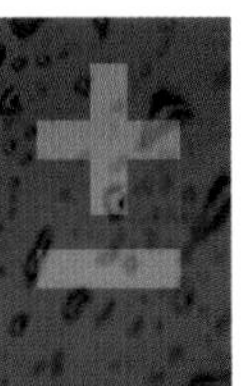

FORCES Maniabilité • Conduite dynamique • Consommation de carburant • Performances de la S4

FAIBLESSES Peu d'espace de rangement dans l'habitacle Système MMI encore complexe • Options coûteuses

COMPORTEMENT Solide, bien plantée grâce à sa transmission intégrale, direction quasi parfaite sont des qualificatifs qui me viennent en tête quand je pense aux duos A4/S4. L'une est évidemment davantage axée sur la performance, l'autre, sur le confort, mais les deux arrivent avec un châssis parfaitement bien bâti. Elles offrent ce que j'appelle un comportement équilibré. J'adore ce doux mélange qui

vail admirablement. Bonnes reprises, bonnes accélérations, il n'a pas le raffinement d'un 6-cylindres en ligne de BMW ni la puissance d'une Infiniti G37, mais son couple de 258 livres-pieds lui permet d'offrir des performances satisfaisantes. Depuis l'an dernier, le nombre de rapports de la boîte automatique est aussi passé de 6 à 8 lui donnant une longueur d'avance sur la concurrence. Si on en veut plus, on se tournera vers la S4, qui n'est pas une bombe comme une Mercedes-Benz C63 AMG ou une BMW M3, mais qui développe tout de même 333 chevaux et produit un couple de 325 livres-pieds grâce à son 6-cylindres turbocompressé. Elle ne vous brisera pas le cou en accélérant, mais elle vous donnera assez de plaisir pour l'adopter.

nous permet à la fois de rouler candidement ou d'avaler les courbes sans souci. Ajoutez à cela la transmission intégrale à un prix fort raisonnable et vous obtenez un véhicule tout-aller qui ne vous laissera jamais, par comparaison avec une propulsion, sur place dans la neige.

CONCLUSION L'A4 et la BMW Série 3 demeurent des figures de proue dans la catégorie. Outre l'Acura TL, l'Infiniti G37 et la Mercedes-Benz Classe C, peu de voitures arrivent à faire ombrage à la voiture d'Ingolstadt. Elle est agile, maniable, confortable et équilibrée. En plus, avouons-le, elle a une foutue belle gueule. En plus, depuis 2008, la fiabilité des A4 est presque un sans faute.

2e OPINION

« Les succès actuels d'Audi ont commencé quand les analystes ont été à court d'éloges pour l'A4. Cette voiture a marqué le début d'une longue série de coups de circuit qui se prolonge toujours. Avec l'A4, les bonzes d'Ingolstadt ont pu rattraper la Série 3 de BMW en la dotant d'une personnalité bien à elle. Son format d'abord est génial. Les récriminations au sujet du peu de dégagement à l'arrière se sont atténuées depuis la dernière refonte. Certains apprécient le petit quatre turbocompressé pour ce qu'il est, un moulin sérieux et frugal. La nouvelle transmission et les ensembles optionnels permettent graduellement de rehausser les qualités de l'auto. Au bout du spectre, la ligne S permet d'exploiter l'A4 comme elle le mérite aussi. La familiale, aux proportions splendides, n'est pas en reste. » — Michel Crépault

FICHE TECHNIQUE

MOTEURS

(2.0T, 2.0T AVANT) L4 2 L turbo DACT, 211 ch de 5300 à 6000 tr/min
COUPLE 258 lb-pi de 1500 à 4200 tr/min
BOÎTES DE VITESSES manuelle à 6 rapports, automatique à variation continue (de série sur berline 2RM), automatique à 8 rapports avec mode manuel (option, de série sur la Avant),
0-100 KM/H 2.0T CVT 7,4 s **quattro man.** 6,7 s **quattro auto.** 6,5 s
VITESSE MAXIMALE 209 km/h (bridée)
CONSOMMATION (100 km) Berline quattro man. 8 L **auto.** 8,5 L
ÉMISSIONS DE CO_2 Berline quattro man. 3726 kg/an **auto.** 4002 kg/an
LITRES PAR ANNÉE Berline quattro man. 1620 **auto.** 1740
COÛT PAR AN Berline quattro man. 2268 $ **auto.** 2436 $

(S4) V6 3 L suralimenté par compresseur volumétrique, DACT, 333 chevaux de 5300 à 6000 tr/min
COUPLE 325 lb-pi de 1500 à 4200 tr/min
BOÎTE DE VITESSES manuelle à 6 rapports, manuelle robotisée à 7 rapports (option)
0-100 KM/H 5,1 s
VITESSE MAXIMALE 250 km/h (bridée)
CONSOMMATION (100 KM) man. 10,2 L **robo.** 10 L (octane 91)
ÉMISSIONS DE CO_2 man. 4738 kg/an **robo.** 4692 kg/an
LITRES PAR ANNÉE man. 2060 **robo.** 2040
COÛT PAR AN man. 2884 $ **robo.** 2856 $

AUTRES COMPOSANTS

SÉCURITÉ ACTIVE freins ABS, assistance au freinage, répartition électronique de la force de freinage, contrôle de la stabilité électronique, antipatinage
SUSPENSION AVANT/ARRIÈRE indépendante
FREINS AVANT/ARRIÈRE disques
DIRECTION à crémaillère, assistée
PNEUS 2.0T/2.0T quattro P245/45R17 **option quattro/de série S4** P245/40R18 **option quattro avec groupe S Line/option S4** P255/35R19

DIMENSIONS

EMPATTEMENT 2808 mm
LONGUEUR 4703 mm **S4** 4717 mm
LARGEUR (sans les rétroviseurs) 1826 mm
HAUTEUR 2.0T 1427 mm **2.0T Avant** 1436 mm **S4** 1406 mm
POIDS 2.0T 2RM 1590 kg **2.0T quattro man.** 1640 kg **2.0T quattro auto.** 1680 kg **2.0T quattro Avant auto.** 1730 kg **S4 man.** 1745 kg **S4 robo.** 1780 kg
DIAMÈTRE DE BRAQUAGE 11,4 m **S4** 11,5 m
COFFRE ber. 352 L **Avant** 782 L
RÉSERVOIR DE CARBURANT 64 L

MENTIONS

COUP DE CŒUR RECOMMANDÉ

VERDICT

Plaisir au volant
Qualité de finition
Consommation
Rapport qualité / prix
Valeur de revente

LA COTE VERTE MOTEUR L4 DE 2,0 L TURBO source : EnerGuide

CONSOMMATION (100 KM) man. 8,0 L auto. 8,5 L • **ÉMISSIONS POLLUANTES CO_2** man. 3726 kg/an auto. 4002 kg/an • **INDICE D'OCTANE** 91
COÛT DU CARBURANT MOYEN PAR ANNÉE man. 2138$ auto. 2297$ • **NOMBRE DE LITRES PAR ANNÉE** man. 1620 L auto. 1740 L

FICHE D'IDENTITÉ

VERSIONS 2.0T coupé/cabriolet, S5 coupé/cabriolet, RS5
ROUES MOTRICES 4
PORTIÈRES 2 **NOMBRE DE PASSAGERS** 4
PREMIÈRE GÉNÉRATION 2008
GÉNÉRATION ACTUELLE 2008
CONSTRUCTION Ingolstadt, Allemagne
COUSSINS GONFLABLES 6 (frontaux, latéraux avant, rideaux latéraux) cabrio. 4 (frontaux, latéraux avant)
CONCURRENCE BMW Série 3 coupé, Infiniti G37, Mercedes-Benz Classe E coupé, Saab 9-3, Volvo C70

AU QUOTIDIEN

PRIME D'ASSURANCE
25 ANS : 3000 à 3200$
40 ANS : 2100 à 2300$
60 ANS : 1800 à 2000$
COLLISION FRONTALE 5/5
COLLISION LATÉRALE 5/5
VENTES DU MODÈLE DE L'AN DERNIER
AU QUÉBEC 724 **AU CANADA** 2309
DÉPRÉCIATION 30,6 %
RAPPELS (2006 À 2011) aucun à ce jour
COTE DE FIABILITÉ 3,5/5

GARANTIES... ET PLUS

GARANTIE GÉNÉRALE 4 ans/80 000 km
GARANTIE MOTOPROPULSEUR 4 ans/80 000 km
PERFORATION 12 ans/kilométrage illimité
ASSISTANCE ROUTIÈRE 4 ans/kilométrage illimité
NOMBRE DE CONCESSIONNAIRES
AU QUÉBEC 7 Au Canada 35

NOUVEAUTÉS EN 2012

Nouvelles couleurs, contrôle de l'amortissement avec groupe S line Sport Select

JOINDRE **LA BEAUTÉ À L'AGRÉMENT**

Francis Brière

Audi a le vent dans les voiles, et c'est pratiquement une litote. Vous souhaitez faire l'achat d'une rutilante A4, d'une A5 ou d'une S5 ? Vous devrez probablement vous montrer patient. Les usines d'assemblage fonctionnent à plein régime, et cela ne suffit pas. Avouons que les concepteurs d'Audi ont la main heureuse : leurs modèles plaisent, et la demande ne cesse de croître. Tant mieux ! L'A5 connaît du succès, nous comprenons pourquoi.

CARROSSERIE Voici l'aspect le plus déterminant d'un coupé : sa carcasse. Quel est l'intérêt de se procurer une voiture à deux portières? Son allure. L'A5, avouons-le et répétons-le, est l'une des plus belles « créatures » à sillonner nos routes. Sa partie avant est imposante, et la largeur de sa structure impose le respect. N'oublions pas qu'Audi offre une livrée décapotable fort intéressante pour les amateurs de conduite à ciel ouvert. Le toit souple se rétracte en quelques secondes et se révèle bien insonorisé quand il couvre l'habitacle. La concurrence allemande a fait le choix du toit rigide, ce qui cause une prise de poids non négligeable.

HABITACLE Les intérieurs confectionnés par Audi invitent au confort. Les occupants apprécient également la présentation, l'ergonomie, la qualité des matériaux et de la finition, etc. Il ne faut pas s'étonner du fait que les places arrière n'offrent pas autant d'espace que des adultes de bonne taille auraient souhaité, mais comme il s'agit d'un coupé, soyons indulgents ! Du reste, on utilise l'écran d'infodivertissement avec plaisir, que ce soit pour contrôler le climatiseur, les sièges chauffants ou encore la radio satellite. Évidemment, tout ce luxe a un prix, et Audi ne se gêne pas pour vendre chèrement toutes ces options.

MÉCANIQUE Depuis un certain temps, Audi a abandonné le V6 de 3,2 litres plus lourd et plus gourmand que le très réputé 4-cylindres utilisé à toutes les sauces par

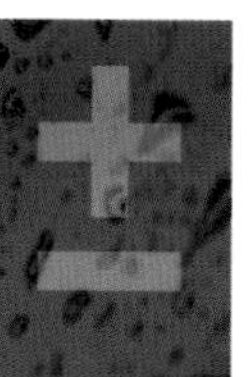

FORCES Modèle séduisant • Habitacle somptueux • Confort • Comportement irréprochable • Moteur 2,0T impeccable

FAIBLESSES Prix • Options coûteuses

entre tempérament sportif et confort sur route. Et ils ont réussi à l'obtenir : l'A5 procure du plaisir au volant sans que les occupants renoncent au confort et à la douceur de roulement. Vous disposez d'une voiture dont le châssis ultra rigide permet d'attaquer les virages avec véhémence, même avec la livrée décapotable. Les heureux propriétaires d'une RS5 découvriront un bolide plein d'allégresse équipé d'un moteur qui promet des performances hors de l'ordinaire. Oui, la voiture est lourde, mais la puissance de ce féroce V8 compense pour l'embonpoint. Le comportement adaptatif de la RS5 permettra au conducteur de s'adapter à la situation : un mode confort pour les balades du dimanche après-midi et le sport pour une incursion en piste ou sur une route de campagne déserte !

le Groupe Volkswagen. Un petit bloc de 2 litres suralimenté qui fournit une puissance et un couple appréciables et qui rend la belle A5 suffisamment véloce pour plaire aux amateurs de conduite sportive. Il ne faut pas s'attendre à des performances démentielles, mais ce moteur est nerveux et peu gourmand. La boîte de vitesses manuelle à 6 rapports est un charme à utiliser, mais vous pouvez aussi opter pour la boîte automatique à 8 rapports avec Tiptronic. Les livrées S5 et RS5 comptent sur un V8 à la sonorité ronflante de 354 et de 450 chevaux, respectivement. Même l'A5 de base est équipée du système quattro qui procure du mordant à revendre pour une conduite hivernale en toute sécurité.

COMPORTEMENT Les ingénieurs d'Audi ont travaillé d'arrache-pied à concevoir une voiture qui présente un parfait compromis

CONCLUSION Voilà, vous pouvez profiter de l'une des meilleures offres sur le marché. Évidemment, votre porte-monnaie devra vous le permettre, mais la superbe A5 intéresse davantage que la Classe E de Mercedes-Benz. Son comportement plus dynamique procure une sensation de conduite plus exaltante. Si vous regardez chez BMW, le coupé de Série 3 est bien, mais son habitacle déçoit. En plus de profiter d'une voiture à la silhouette attrayante, vous aurez la chance de ne pas trop brûler de carburant. À la bonne heure !

2e OPINION

« Rien ne semble freiner l'élan d'Audi. Chaque année marque l'arrivée d'un nouveau modèle, sans compter les variantes qui se greffent aux moutures déjà existantes. Dans le cas de l'A5, il faut remonter à 2008 pour assister à sa naissance. Il s'agit, sans contredit, du plus beau coupé sur le marché et de l'une des plus belles voitures de l'industrie. Avec ou sans couvre-chef, l'A5 se présente avec panache. À l'intérieur, la présentation visuelle n'a d'égal que la qualité des matériaux utilisés et la rigueur portée à leur assemblage. La conduite de l'A5 est d'abord axée sur le confort, mais suffit d'un peu de volonté et de billets verts pour se payer une RS5 et son moteur V8 de 4,2 litres de 450 chevaux. Là, c'est le nirvana. » — Damiel Rufiange

FICHE TECHNIQUE

MOTEURS

(2.0T) L4 2,0 L turbo DACT 211 ch de 5300 à 6000 tr/min
COUPLE 258 lb-pi de 1500 à 4200 tr/min
BOÎTES DE VITESSES manuelle à 6 rapports, automatique à 8 rapports avec mode manuel (option pour coupé, standard pour cabriolet)
0-100 KM/H MAN. 6,6 s **AUTO.** 6,6 s **CABRIO AUTO.** 6,9 s
VITESSE MAXIMALE 209 km/h (bridée)

(S5 CABRIOLET) V6 3,0 L suralimenté par compresseur volumétrique DACT, 333 chevaux de 5300 à 6000 tr/min
COUPLE 325 lb-pi de 1500 à 4200 tr/min
BOÎTE DE VITESSES manuelle robotisée à 7 rapports
0-100 KM/H 5,3 s **VITESSE MAXIMALE** 250 km/h (bridée)

CONSOMMATION (100 KM) 10,5 L (octane 91)
ÉMISSIONS DE CO_2 4922 kg/an
LITRES PAR ANNÉE 2140
COÛT PAR AN 2825 $

(S5 COUPÉ) V8 4,2 L DACT, 354 ch à 6800 tr/min
COUPLE 325 lb-pi à 3500 tr/min
BOÎTES DE VITESSES manuelle à 6 rapports, automatique à 6 rapports avec mode manuel
0-100 KM/H 5,1 s
VITESSE MAXIMALE 250 km/h (bridée)

CONSOMMATION (100 KM) MAN. 12,3 L **AUTO.** 10,9 L (octane 91)
ÉMISSIONS DE CO_2 MAN. 5796 kg/an, **AUTO.** 5106 kg/an
LITRES PAR ANNÉE MAN. 2520 **AUTO.** 2220
COÛT PAR AN MAN. 3326 $ **AUTO.** 2930 $

(RS5) V8 4,2 L DACT, 450 ch à 8250 tr/min
COUPLE 317 lb-pi de 4000 à 6000 tr/min
BOÎTE DE VITESSES manuelle robotisée à 7 rapports
0-100 KM/H 4,6 s **VITESSE MAXIMALE** 250 km/h (bridée)

CONSOMMATION (100 km) 10,8 L

AUTRES COMPOSANTS

SÉCURITÉ ACTIVE freins ABS, assistance au freinage, répartition électronique de la force de freinage, contrôle de la stabilité électronique, antipatinage
SUSPENSION AVANT/ARRIÈRE indépendante
FREINS AVANT/ARRIÈRE disques
DIRECTION à crémaillère, assistée
PNEUS P245/40R18 **OPTION** P255/35R19 RS5 P265/35R20 **OPTION** RS5 P275/30R20

DIMENSIONS

EMPATTEMENT 2751 mm
LONGUEUR 4625 mm **RS5** 4649 mm
LARGEUR COUPÉ 1981 mm **CABRIOLET** 2020 mm
HAUTEUR COUPÉ 1372 mm **CABRIOLET** 1383 mm **RS5** 1366 mm
POIDS 1625 kg à 1955 kg
DIAMÈTRE DE BRAQUAGE 11,4 m **S5 CABRIO.** 11,5 m **RS5** 11,6 m
COFFRE 346 L, 440 L **CABRIO.** 288 L
RÉSERVOIR DE CARBURANT 64 L

MENTIONS

COUP DE CŒUR

VERDICT

Plaisir au volant
Qualité de finition
Consommation
Rapport qualité / prix
Valeur de revente

www.audi.ca

LA COTE VERTE MOTEUR V6 DE 3,0 L SURALIMENTÉ source : Audi

CONSOMMATION (100KM) 10,7 L • **ÉMISSIONS POLLUANTES CO_2** 5 024 kg/an • **INDICE D'OCTANE** 91
COÛT DU CARBURANT MOYEN PAR ANNÉE 2996$ • **NOMBRE DE LITRES PAR ANNÉE** 2 140

FICHE D'IDENTITÉ

VERSIONS 3.0 L Premium, 3.0 L Premium Plus
ROUES MOTRICES 4
PORTIÈRES 4 **NOMBRE DE PASSAGERS** 5
PREMIÈRE GÉNÉRATION 1995
GÉNÉRATION ACTUELLE 2005
CONSTRUCTION Neckarsulm, Allemagne
COUSSINS GONFLABLES 8 (frontaux, latéraux avant, genoux conducteur et passager, rideaux latéraux) latéraux arrière en option
CONCURRENCE Acura RL, BMW Série 5, Jaguar XF, Lexus GS, Lincoln MKS, Mercedes-Benz Classe E, Volvo S80

AU QUOTIDIEN

PRIME D'ASSURANCE
25 ANS : 3000 à 3200$
40 ANS : 2100 à 2300$
60 ANS : 1800 à 2000$
COLLISION FRONTALE 5/5
COLLISION LATÉRALE 5/5
VENTES DU MODÈLE DE L'AN DERNIER
AU QUÉBEC 161 **AU CANADA** 596
DÉPRÉCIATION 45,6 %
RAPPELS (2006 À 2011) 1
COTE DE FIABILITÉ 3/5

GARANTIES... ET PLUS

GARANTIE GÉNÉRALE 4 ans/80 000 km
GARANTIE MOTOPROPULSEUR 4 ans/80 000 km
PERFORATION 12 ans/kilométrage illimité
ASSISTANCE ROUTIÈRE 4 ans/kilométrage illimité
NOMBRE DE CONCESSIONNAIRES
AU QUÉBEC 7 **AU CANADA** 35

NOUVEAUTÉS EN 2012

Redessinée, abandon du V8 de 4,2 litres et mise en veille de la livrée S6 et familiale, transmission automatique à 8 rapports

S'ATTAQUER AU **MAILLON FAIBLE**

Benoit Charette

Même si, l'an dernier, Audi a dépassé Lexus au chapitre des ventes canadiennes et occupe maintenant le quatrième rang des constructeurs de véhicules de luxe, c'est en grande partie grâce aux ventes du Q5 et de l'A4. L'intermédiaire A6, avec à peine 600 exemplaires vendus, représente le maillon faible de la chaîne Audi. Il était donc temps d'agir. Pour cette 7e génération, la firme allemande a choisi de jouer non seulement sur les lignes, qui évoluent en toute discrétion, mais aussi sur les émissions de CO_2 et la consommation de carburant qui affiche une baisse significative.

CARROSSERIE Pour gagner en consommation, il faut travailler l'aérodynamisme et, là encore, la nouvelle A6 est en progrès avec un coefficient de traînée (Cx) de 0,26. Cette grande finesse permet, à elle seule, de réduire la consommation de carburant de 0,6 litre aux 100 kilomètres à 130 km/h. Comme tout nouveau modèle qui se respecte, la nouvelle Audi A6 propose des proportions plus généreuses que l'ancienne; non seulement le constructeur a-t-il fait l'effort de contenir le poids, mais il l'a également diminué. Les concepteurs ont eu recours à l'aluminium pour confectionner le capot, les ailes avant, les portes et le couvercle du coffre de la voiture. Ils ont également repensé certains de leurs moteurs, le V6 TDI de 3 litres, par exemple, qui perd 25 kilos. Bilan final, la nouvelle A6 sera de 60 à 105 kilos (selon les versions) plus légère que sa devancière. En termes d'esthétique, l'A6 est proche de l'ancien modèle et aussi plus proche de l'A8. Elle affiche plus de sportivité grâce à une découpe de pavillon plus élancée. En adaptant la plateforme de l'A5, la dynamique du véhicule change avec un porte-à-faux plus long à l'avant. Autre distinction, des nervures qui se glissent sur la carrosserie ajoutent une touche de sportivité à l'ensemble.

HABITACLE Les Allemands sont les maîtres incontestés de la sophistication

FORCES Finition de grande qualité • Comportement efficace et confortable • Excellente boîte automatique • Habitabilité arrière en hausse

FAIBLESSES Suspension de base un peu sèche • Options nombreuses et coûteuses

automobile, et Audi fait montre de son savoir-faire en la matière dans la nouvelle A6. Sans faire le tour, disons simplement que le catalogue d'options fait six pages. Rien n'est trop beau ni trop cher pour assurer le bien-être et la sécurité des passagers. À titre d'exemple, le système de navigation, connecté à Google Earth, vous permet de visualiser l'itinéraire et d'avoir une véritable vue aérienne du paysage traversé. Un système qui ne sera pas offert au Canadiens en raison des bandes passantes qui n'ont pas la puissance voulue pour le faire fonctionner. Les optiques avant sont à diodes électroluminescentes. Leur intensité se règle automatiquement en fonction des circonstances : croisement d'un autre véhicule, franchissement d'un carrefour, zone de brouillard, etc. Vous pouvez également opter pour la vision de nuit, la détection de véhicules dans l'angle mort, le détecteur de franchissement de voies, le régulateur de vitesse intelligent, le système de précollision et bien d'autres. À l'intérieur, on retrouve la planche de bord de l'A7. Une approche plus osée qui confère à l'A6 une ambiance encore un peu plus luxueuse qu'auparavant. De nouveaux équipements apparaissent, comme le système de navigation à reconnaissance vocale et à écran tactile inauguré par l'A8 ainsi qu'un dispositif d'affichage à tête haute. Un module UMTS permettant d'avoir accès à Internet grâce à la technologie Wi-Fi sera également proposé. Le confort et le silence de roulement règnent toujours en maître dans ce véhicule qui se compare à une oasis dans le désert. Au final, l'habitacle est tout simplement irréprochable dans sa finition, les places arrière bénéficient du gain d'empattement avec un espace aux jambes proche de celui de l'A8 et un coffre toujours aussi logeable.

MÉCANIQUE Un seul moteur est proposé au lancement. Un V6 de 3 litres à compresseur mécanique développant 300 chevaux. Au cours des mois à venir, une version à moteur V6 de 3 litres turbodiesel de 245 chevaux sera également proposée. Durant la même période, il y aura aussi une version 2.0T de 211 chevaux suivie d'une version hybride qui proposera une motorisation combinant le même moteur 2.0T et un moteur électrique, issu directement du Q5 hybride, qui offrira 245 chevaux. Et pour l'année modèle 2013, une version S6 viendra compléter les rangs. Audi a fait une croix sur la version avant, faute d'acheteurs et aussi en raison de la nouvelle A7 qui exécute pratiquement les mêmes fonctions. Toutes les versions seront mues par une boîte de vitesses automatique à 8 rapports et la technologie d'arrêt-démarrage qui stoppe le moteur quand on immobilise la voiture.

Les optiques avant sont à diodes électroluminescentes. Leur intensité se règle automatiquement en fonction des circonstances : croisement d'un autre véhicule, franchissement d'un carrefour, zone de brouillard, etc.

COMPORTEMENT Lors du lancement en Sicile, nous avons eu l'occasion de conduire

HISTORIQUE

La première Audi à porter le nom d'A6 arrive en 1995. Offerte avec des motorisations 4 ou 5 cylindres, cette première génération est la descendante directe de l'Audi 100 qui fait ses premiers pas à la fin des années 60. Les lignes des premiers modèles ont fait place après plusieurs générations à des modèles plus statutaires.

1969

1979

1991

1991

1995

2004

2010

2012

A *Plusieurs versions de l'A6 viendront s'ajouter à la famille. Pour 2012, Audi va proposer une version hybride avec une motorisation combinant le moteur 4 cylindres 2.0T et un moteur électrique. Une architecture empruntée au Q5 hybride qui offrira 245 chevaux.*

B *Si les 245 chevaux d'une version hybride vous semble un peu trop coûteux, vous pouvez aussi avoir 245 chevaux sous forme de motorisation hybride qui arrive aussi en 2012. Le moteur V6 de 3,0, qui se trouve déjà dans le Q7 et le Touareg chez Volkswagen, offrira une économie d'essence très semblable au modèle hybride, mais sera plus abordable.*

C *Comme dans tous les modèles Audi, vous pouvez vous procurer parmi la très longue liste d'options, le système audio du danois Bang & Olufsen. Pour ceux qui ont le tympan symphonique, vous ne regretterez pas les dollars supplémentaires.*

D *Toujours à l'affût des dernières tendances technologiques, l'A6 offrent de nouveaux équipements, comme le système de navigation à reconnaissance vocale et à écran tactile inauguré par l'A8. Un module UMTS permettant d'avoir accès à Internet grâce à la technologie Wi-Fi est également proposé.*

E *Proposé en option, l'assistant de vision nocturne dispose d'une caméra thermique qui met en évidence les piétons situés entre 15 et 90 m devant votre véhicule et les affichent sur l'écran de l'ordinateur de bord. Si le système détecte un risque imminent de collision avec un piéton, l'image s'affiche en rouge et un signal sonore retentit. L'assistant de vision nocturne peut être activé ou désactivé par le biais d'un bouton situé sur la commande d'allumage des phares. Vous pouvez configurer la mise en évidence des piétons, le signal sonore et le contraste de l'image dans le menu Car du MMI.*

la version TFSi de 3 litres et la Turbodiesel. Les deux modèles étaient dotés de l'option de suspension adaptative qui associe ressorts pneumatiques et amortisseurs à tarage variable. Qu'il s'agisse de la tenue de route, très bienveillante, même dans les conditions difficiles de l'essai, ou du confort, l'A6 se révèle ainsi très efficace et agréable à vivre. L'A6 inaugure une direction à assistance électrique dont l'architecture permet d'éradiquer les phénomènes d'imprécision qui caractérisent souvent ce genre de dispositif. Le système quattro demeure d'une redoutable efficacité. La priorité est accordée au confort. À moins d'enfoncer la pédale au plancher, le moteur œuvre au régime le plus bas et le plus efficace possible. Il y a même, dans le menu de sélection des modes de conduite, un mode « Efficiency » qui optimise la consommation en changeant la cartographie moteur, les lois de passages de rapports avec les boîtes automatique et autres raffinements comme la gestion des flux thermiques. Ce mode « Efficiency » fait partie de l'Audi drive select de série. Ainsi, sans ménager la monture, nous avons réalisé une moyenne de 8,7 litres aux 100 kilomètres en version à essence et de 7 litres aux 100 kilomètres en version diesel. En matière de comportement, la voiture est remarquable de stabilité, même à haute vitesse. Malgré l'allongement de l'empattement, la voiture n'est pas moins dynamique. L'insonorisation est remarquable ; et peu importe que vous soyez au volant du modèle à essence ou diesel, la puissance est très présente, les reprises, énergiques (la version Turbodiesel fait un 0 à 100 km/h en 6,1 secondes), et nous avons largement dépassé les limites légales de 130 km/h sur l'autoroute sans jamais sentir de fatigue côté moteur et avec une réserve de puissance encore généreuse. Quelques options appréciées, comme le premier affichage à tête haute de la famille Audi, facilitent la vie au volant.

CONCLUSION On dit que les choses de qualité sont plus coûteuses ! L'Audi A6 est un exemple probant. Elle n'est certes pas économique, surtout si vous commencez à piger dans la liste des options, mais vous avez entre les mains ce que je considère comme la meilleure berline intermédiaire de luxe sur le marché en ce moment. Audi a su donner un souffle plus sportif à cette nouvelle mouture sans pour autant empiéter sur le confort que les propriétaires de berlines de luxe exigent. La finition demeure un exemple à suivre. Bref, un véhicule qui devient la nouvelle mesure étalon de sa catégorie.

FICHE TECHNIQUE

MOTEUR

V6 3 L suralimenté par compresseur volumétrique DACT, 310 ch de 5500 à 6500 tr/min

COUPLE 325 lb-pi de 2900 à 4500 tr/min

BOÎTE DE VITESSES automatique à 8 rapports avec mode manuel

0-100 KM/H 5,5 s

VITESSE MAXIMALE 210 km/h (bridée)

AUTRES COMPOSANTS

SÉCURITÉ active freins ABS, assistance au freinage, répartition électronique de la force de freinage, contrôle de la stabilité électronique, antipatinage

SUSPENSION AVANT/ARRIÈRE indépendante

FREINS AVANT/ARRIÈRE disques

DIRECTION à crémaillère, assistée

PNEUS PREMIUM P245/45R18 **OPTION PREMIUM/ DE SÉRIE PREMIUM PLUS** P255/40R19 **OPTION PREMIUM PLUS** P255/35R20

DIMENSIONS

EMPATTEMENT 2912 mm

LONGUEUR 4915 mm

LARGEUR 2085 mm

HAUTEUR 1455 mm

POIDS 1835 kg

DIAMÈTRE DE BRAQUAGE 11,9 m

COFFRE 530 L

RÉSERVOIR DE CARBURANT 75 L

MENTIONS

COUP DE CŒUR

VERDICT

Plaisir au volant
Qualité de finition
Consommation
Rapport qualité / prix
Valeur de revente

www.audi.ca

NOUVEAUTÉ $ 68 600 à 74 300 $ t&p nd

LA COTE VERTE MOTEUR V6 DE 3,0 L SURALIMENTÉ source : Audi

CONSOMMATION (100 KM) 10,7 l • **ÉMISSIONS POLLUANTES CO_2** 4692 kg/an • **INDICE D'OCTANE** 91
COÛT DU CARBURANT MOYEN PAR ANNÉE 2856 $ • **NOMBRE DE LITRES PAR ANNÉE** 2040

FICHE D'IDENTITÉ

VERSIONS Premium, Premium Plus
ROUES MOTRICES 4
PORTIÈRES 5
NOMBRE DE PASSAGERS 5
PREMIÈRE GÉNÉRATION 2012
GÉNÉRATION ACTUELLE 2012
CONSTRUCTION Neckarsulm, Allemagne
SACS GONFLABLES 6 (frontaux, latéraux avant, rideaux latéraux) latéraux arrière en option.
CONCURRENCE BMW Série 5 GT, Mercedes-Benz Classe CLS

AU QUOTIDIEN

PRIME D'ASSURANCE
25 ANS : 3000 $ à 3200 $
40 ANS : 2100 $ à 2300 $
60 ANS : 1800 $ à 2000 $
COLLISION FRONTALE nm
COLLISION LATÉRALE nm
VENTES DU MODÈLE DE L'AN DERNIER
AU QUÉBEC nm **AU CANADA** nm
DÉPRÉCIATION nm
RAPPELS (2006 À 2011) nm
COTE DE FIABILITÉ nm

GARANTIES... ET PLUS

GARANTIE GÉNÉRALE 4 ans/80 000 km
GARANTIE MOTOPROPULSEUR 4 ans/80 000 km
PERFORATION 12 ans/kilométrage illimité
ASSISTANCE ROUTIÈRE 4 ans/kilométrage illimité
NOMBRE DE CONCESSIONNAIRES
AU QUÉBEC 7 **AU CANADA** 35

NOUVEAUTÉS EN 2012

Nouveau modèle

LE CHAÎNON **MANQUANT**

Benoit Charette

Audi continue à élargir la gamme de ses produits, de la petite citadine A1 (qui ne viendra pas chez nous), à l'unique A2 qui a disparu (mais qu'Audi songe à ramener), jusqu'à la grande A8. Audi ajoute à son offre la nouvelle A7 qui se pose en concurrente à la CLS de Mercedes-Benz. Pour décrire cette longue berline surbaissée dotée d'une ligne de toit fuyante, les concepteurs n'hésitent pas à parler d'un coupé à 4 portes. Elle a aussi quelque chose d'une familiale. Ce n'est pas pour rien qu'Audi a annulé le retour de la l'A6 avant pour 2012. Il semble que la nouvelle A7 comble aussi ce créneau.

CARROSSERIE Elle possède 5 portes en comptant le hayon à ouverture électrique, ce qui la distingue de la CLS qui possède un coffre traditionnel. Longue de 4,97 mètres, l'A7 Sportback (17 centimètres de moins qu'une A8), repose sur une plateforme qui a servi de base au renouvellement de la nouvelle berline A6. Si, de face, elle offre le même regard qu'une A8, son profil ne laisse aucun doute sur sa silhouette unique en faux-fuyant. L'arrière est dominé par un hayon à large ouverture, offrant un coffre de 535 à 1 390 litres, selon la configuration des sièges arrière rabattables. Les phares à diodes électroluminescentes en mitraillette, devenu un élément distinctif des produits Audi, figurent sur la liste des options. Son style effilé reflète une grande classe. La dernière création d'Ingolstadt dispose d'une carrosserie allégée grâce à l'usage d'aluminium et d'acier à haute résistance. L'aluminium est utilisé pour confectionner son capot, ses ailes avant, ses portes et son hayon, ce qui a permis de réduire sa masse de 60 kilos par comparaison à une conception tout en acier. Grâce à sa longueur importante, sa hauteur limitée et une largeur de près de 2 mètres, l'A7 offre une présence imposante. Audi nous promet aussi une S7 pour bientôt. Son bouclier avant offre des entrées d'air agrandies, les jantes arborent déjà le dessin typique des variantes S, et la quadruple sortie d'échappement ajoute la parole au geste sportif.

HABITACLE Passée maître dans l'art d'aménager un habitacle, Audi a fait flèche de tout

FORCES Comportement agile et équilibré • Confort de la suspension royal • Finition sans égale

FAIBLESSES Longue et coûteuse liste d'options • Volant réglable manuellement

bois avec cette A7. Elle inaugure une nouvelle planche de bord offrant une finition en bois veiné qui imite les ponts de bateau, tout simplement splendide. Deux autres premières à souligner, un impressionnant système de navigation qui superpose l'itinéraire à suivre sur une image réelle du paysage en provenance de Google Earth. Vous voyez non seulement la route, mais le paysage et le relief, malheureusement ce dispositif n'est pas offert en Amérique du Nord. L'A7 a aussi le privilège d'étrenner un système d'affichage à tête haute, une première pour la marque. Parmi les autres innovations technologiques, il y a la vision nocturne, un système de stationnement automatique, un régulateur de vitesse avec radar intégré qui permet de conserver une distance fixe avec la voiture devant vous et un avertisseur de changement de voies. Parmi les quelques rares déceptions, un volant à réglage manuel difficile à manipuler, pour une voiture de ce prix, un réglage électrique serait de mise. Les sièges sont un modèle d'ergonomie, et toute la quincaillerie électronique provient directement de l'A8, y compris le système interactif MMI avec, en option, une zone tactile pour écrire lettres et chiffres avec ses doigts. Au chapitre des places assises, Audi a opté pour une 4-places plutôt que cinq. Ceci permet à cette A7 de ne pas entrer en concurrence trop directe avec l'A8. Sur la seconde rangée, l'espace est généreux, mais reste en deçà de celui offert par la Mercedes-Benz CLS.

MÉCANIQUE Alors que les Européens profitent de 4 moteurs, (deux diesel, deux à essence), seul le V6 de 3 litres avec compresseur volumétrique et 300 chevaux prend le chemin de l'Amérique. Ce moteur, qui se retrouve déjà dans l'A6, est jumelé à une boîte de vitesses séquentielle à double embrayage à 7 rapports. Le système quattro se charge de garder cette berline bien plantée au sol. Comme toutes les voitures haut de gamme qui se respectent, il y a une liste exhaustive d'options qui permettent améliorer l'expérience de conduite, de la suspension pneumatique au différentiel sport. Il y a aussi une version S line avec jantes exclusives de 20 pouces et des pneus plus performants. Si l'on se projette dans un futur très proche, Audi offrira la S7 avec le moteur V8 de 4,2 litres qui se trouve déjà dans la R8 et la nouvelle RS5. Fort de ses 450 chevaux, ce moteur sera associé à la même boîte à double embrayage S tronic à 7 rapports. On peut également s'attendre,

Parmi les autres innovations technologiques, il y a la vision nocturne, un système de stationnement automatique, un régulateur de vitesse avec radar intégré qui permet de conserver une distance fixe avec la voiture devant vous et un avertisseur de changement de voies.

au cours de l'année 2012, à un modèle RS7 qui viendra coiffer la gamme. Dotée du V10 de la R8, revu pour l'occasion, elle afficherait 580 chevaux. Une rivale de marque pour la Mercedes-Benz CLS AMG (557 chevaux). Pas de confirmation toutefois que cette RS7 traversera l'Atlantique.

HISTORIQUE

Avec l'A7, Audi nourrit le paradoxe. Elle est la version familiale de la A6 Avant qui n'existe plus chez nous. Mais elle offre une ligne d'un coupé. Pourtant, il y a un hayon comme une familiale à l'arrière. Une stratégie bien penser pour offrir le côté pratique de la familiale sans le «look». Et si vous regardez bien l'évolution des familiales, on peut y voir un lien de parenté avec l'A7.

1984

1989

1998

2001

2005

2009

2012

GALERIE

A L'éclairage d'ambiance, offert en option, permet de personnaliser l'intérieur de votre véhicule. La lumière est utilisée pour mettre en avant certaines zones spécifiques, comme les compartiments de rangement des portes, le seuil ou encore les poignées intérieures. Les éléments centraux sont eux aussi mis en valeur, pour un maniement plus aisé. Les diverses configurations lumineuses peuvent être sélectionnées via l'interface multimédia MMI.

B Autre point intéressant de l'A7 qui offre de l'espace plus que généreux pour les passagers arrière. Si l'espace n'est pas occupé, le vaste coffre à bagages offre un volume de 1 390 litres quand la banquette arrière est repliée. Deux ou trois personnes peuvent y prendre place.

C Parmi les innovations technologiques, il y a la vision nocturne, un système de stationnement automatique, un régulateur de vitesse avec radar intégré qui permet de conserver une distance fixe avec la voiture devant vous et an avertisseur de changement de voies. Les commandes des systèmes sont situées à gauche en bas du volant.

D Parfaitement camouflé lorsque le véhicule est à l'arrêt, un aileron discret se soulève au moment où la A7 atteint les 120 kilomètres pour pousser le véhicule au sol. Sous la barre des 80 km/h l'aileron se rétracte et se fond à nouveau dans le décor.

E Contrairement à la Mercedes-Benz CLS qui possède un coffre conventionnel, l'A7 offre un large hayon. L'ouverture offre de 535 à 1390 litres selon la configuration des sièges arrière rabattables. Le tout est contôlé par une ouverture électrique.

COMPORTEMENT Facile à conduire, précise, stable et solide à tous les régimes, cette Audi est un pur plaisir au volant. La transmission intégrale, qui envoie 60 % du couple sur le train arrière en condition normale amène une agréable sensation d'équilibre et de sécurité. Notre version S line était équipée de la suspension pneumatique qui offre quatre modes de conduite (normal, automatique, sport et individuel). Ce dernier permet de choisir une suspension plus légère, une direction plus rigide ou d'autres combinaisons selon vos propres préférences et non celles préréglées des autres modes. L'A7 profite également d'une nouvelle direction électrique qui devient plus ferme à mesure que la cadence augmente. Peu importe la configuration de la route, la voiture s'inscrit avec une grande précision en virage et fait preuve d'une agilité surprenante pour une voiture de ce gabarit et de ce poids. La boîte robotisée à 7 rapports tire le meilleur parti de la mécanique mélodieuse, et l'insonorisation de qualité supérieure assure un bien-être de tous les instants. En un mot, l'A7 Sportback nous a vraiment convaincu au chapitre routier, et il est difficile de trouver quoi que ce soit à redire. Seul l'amortissement à basse vitesse est légèrement entaché par des jantes un peu larges (20 pouces) de notre modèle d'essai.

CONCLUSION Comme tous les produits Audi, l'A7 tient ses promesses. Elle offre le caractère d'une voiture de luxe, assez de sportivité pour profiter d'un agrément de conduite non négligeable et le confort caractéristique des produits de la maison. Avec l'A7, Audi jouera dans les platebandes de Jaguar et de Mercedes-Benz au chapitre du luxe, mais conserve les atouts sportifs de la marque avec sa conduite axée sur le conducteur en offrant un style différent de la grande A8. Un exercice assez périlleux, mais Audi se sort très bien d'affaires, et le tarif n'est pas aussi salé qu'une A8, un excellent choix.

2e OPINION

« Depuis qu'Audi compte des nombres impairs dans sa gamme de modèles, elle fait des affaires d'or. Normal, étant donné que, il y a quelques années, le constructeur ne proposait que cinq modèles : A4, A6, A8, TT et allroad. Se sont ajoutés depuis les A3, A5, Q5 et Q7. Et voilà qu'un Q3 a été annoncé, et que l'A7 fait ses débuts chez nous cette année. Cette dernière propose une silhouette particulière ; on aime ou on n'aime pas. Chose certaine, on a droit à ce qu'Audi fait de mieux : un habitacle riche assemblé avec rigueur, une conduite inspirée et la toute dernière évolution de la transmission intégrale quattro; jamais le couple d'une Audi n'aura été distribué de façon aussi généreuse et rapide à l'avant comme à l'arrière, à droite comme à gauche. » — Daniel Rufiange

FICHE TECHNIQUE

MOTEUR

V6 3 L suralimenté par compresseur volumétrique DACT
310 ch de 5500 à 6500 tr/min
COUPLE 325 lb-pi de 2900 à 4500 tr/min
BOÎTE DE VITESSES automatique à 8 rapports avec mode manuel
0-100 KM/H 5,4 s
VITESSE MAXIMALE 210 km/h (bridée)

AUTRES COMPOSANTS

SÉCURITÉ ACTIVE freins ABS, assistance au freinage, distribution électronique de force de freinage, antipatinage, contrôle de stabilité électronique
SUSPENSION AVANT/ARRIÈRE indépendante
FREINS avant/arrière disques
DIRECTION à crémaillère, assistée
PNEUS P255/40R19 **OPTION** P265/35R20

DIMENSIONS

EMPATTEMENT 2419 mm
LONGUEUR 4969 mm
LARGEUR (avec rétro.) 2139 mm
HAUTEUR 1420 mm
POIDS 1910 kg
DIAMÈTRE DE BRAQUAGE 11,9 m
COFFRE 694 L (sièges relevés)
RÉSERVOIR DE CARBURANT 75 L

MENTIONS

RECOMMANDÉ

VERDICT

Plaisir au volant
Qualité de finition
Consommation
Rapport qualité / prix
Valeur de revente

ÉVOLUTION $ 99 700 à 172 000$ t&p 1995$

LA COTE VERTE MOTEUR V8 DE 4,2 L source : EnerGuide

CONSOMMATION (100KM) 10,2 L • **ÉMISSIONS POLLUANTES CO_2** 4784 KG/AN • **INDICE D'OCTANE** 91
COÛT DU CARBURANT MOYEN PAR ANNÉE 2746$ • **NOMBRE DE LITRES PAR ANNÉE** 2080

FICHE D'IDENTITÉ

VERSIONS A8 4.2 quattro/quattro Premium, **A8L** 4.2 quattro/quattro Premium, A8L 6.3
ROUES MOTRICES 4
PORTIÈRES 4
NOMBRE DE PASSAGERS 5
PREMIÈRE GÉNÉRATION 1995
GÉNÉRATION ACTUELLE 2011
CONSTRUCTION Neckarsulm, Allemagne
COUSSINS GONFLABLES 10 (frontaux, latéraux avant et arrière, genoux passager et conducteur, rideaux latéraux)
CONCURRENCE BMW Série 7, Jaguar XJ, Lexus LS, Mercedes-Benz Classe S

AU QUOTIDIEN

PRIME D'ASSURANCE
25 ANS : 4000 à 4200$
40 ANS : 3100 à 3300$
60 ANS : 2700 à 2900$
COLLISION FRONTALE 5/5
COLLISION LATÉRALE 5/5
VENTES DU MODÈLE DE L'AN DERNIER
AU QUÉBEC 33 **AU CANADA** 132
DÉPRÉCIATION 42,1 %
RAPPELS (2006 À 2011) 2
COTE DE FIABILITÉ 3,5/5

GARANTIES... ET PLUS

GARANTIE GÉNÉRALE 4 ans/80 000 km
GARANTIE MOTOPROPULSEUR 4 ans/80 000 km
PERFORATION 12 ans/kilométrage illimité
ASSISTANCE ROUTIÈRE 4 ans/kilométrage illimité
NOMBRE DE CONCESSIONNAIRES
AU QUÉBEC 7 **AU CANADA** 35

NOUVEAUTÉS EN 2012

Nouveau moteur W12 pour version allongée, assistance à l'angle mort de série

POUR **PACHAS** AVERTIS

Par Michel Crépault

Question de s'affirmer comme la plus complète des berlines de luxe appartenant à un univers où l'imperfection est bannie, l'A8 sort à peine d'une refonte plus triomphante que jamais.

CARROSSERIE Elle a beau être longue cette limo, on parle même de 10 centimètres de plus dans le cas de la version allongée, les stylistes ont modelé une auto qui n'a pas l'air balourde. La chute du pavillon à l'arrière exprime la sveltesse. Les flancs et les ailes ciselés projettent l'image d'un athlète. À l'avant, bien que je ne sois pas encore tout à fait vendu à cette large calandre fendue de lamelles horizontales, je dois admettre qu'elle confère une signature visuelle à l'ensemble de la famille Audi. Enfin, le chapelet de diodes électroluminescentes, qui souligne les yeux de prédateur, insinue un air d'anticonformisme à ce symbole entrepreneurial par excellence, comme le mascara d'Alice Cooper.

HABITACLE Puisqu'on vous bassine les oreilles dans *L'Annuel* avec le fait qu'Audi maîtrise la confection de ses intérieurs comme les Québécois, le sirop d'érable, vous ne serez pas surpris d'envisager l'habitacle de l'A8 comme un cénacle réservé à une élite financière, comme le sanctuaire du summum matérialiste que confère l'acte de se rendre chez le concessionnaire en poussant devant soi une brouette pleine de dollars, bruns de préférence. Il y a assez de sublime bois dans cette cabine pour mettre un ébéniste en transe. Les accents de cuir et de métal poli relèvent le décor comme des épices rares. La panoplie de gâteries électroniques ressemble à un catalogue de ce que l'industrie de l'automobile a pondu de plus raffiné jusqu'à présent, et c'est bien entendu dans le parloir de la version allongée que les passagers sont traités comme des pachas. Le nouveau gadget pour mieux apprivoiser les commandes réunies dans l'interface MMI consiste en un pavé tactile où vous pouvez tracer du bout du doigt les premières lettres du nom de la ville, par exemple, pour laquelle vous souhaitez l'intervention du système de navigation. À une époque où les campagnes de pub exhortent les conduc-

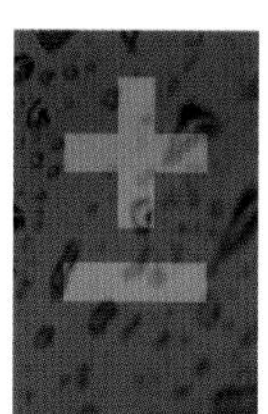

FORCES Ensemble dont la qualité excède celle de ses composants • Consommation raisonnable • Laboratoire roulant de l'industrie

FAIBLESSES Choix inexistant de moteurs, contrairement à l'Europe • Options qui défonceront probablement votre budget • Volume du coffre étonnamment humble

teurs à ne pas texter au volant, pas sûr que l'idée de me faire gribouiller l'alphabet soit bonne. Donnez-moi un dispositif de reconnaissance vocale avec lequel je peux jaser, sans toutefois avoir à structurer mes ordres par étapes enfantines, et ce sera le bonheur!

MÉCANIQUE Un seul moteur de ce côté-ci de l'Atlantique, le V8 de 4,2 litres de 372 chevaux à injection directe de carburant, alors que les Européens peuvent choisir entre un nombre effarant d'engins, y compris des turbodiesels et un W12. Cela dit, quand on gère ses déplacements intelligemment, le V8 s'en tire à quelque 10 litres aux 100 kilomètres. Pas si pire. Et on n'oublie pas de remercier la nouvelle boîte de vitesses automatique à 8 rapports.

COMPORTEMENT Tout d'abord, malgré son format XXL, cette auto se laisse conduire comme un charme. Le châssis en aluminium y est pour quelque chose. La finesse de la direction et la subtilité programmable de la suspension pneumatique concourent à ce qu'on ne force jamais, et que les imprévus de la route (comme les cratères du Québec) ne nous fassent jamais craindre le pire. L'A8 absorbe, encaisse, élimine les soucis. La transmission quattro renforce le sentiment de sécurité, comme des sentinelles faisant le guet. Il ne vous reste qu'à jouir des kilomètres qui défilent dans — c'est tout comme! — un autre espace temps. Cette impression de bulle est magnifiée à l'arrière avec les options du fauteuil qui s'étire et qui masse, les deux télés, le réfrigérateur, et j'en passe. Les jours où vous vous sentez d'humeur coquine, prêt à vérifier l'authenticité du 0 à 100 km/h en 6 secondes, vous pouvez compter sur la quattro qui expédiera jusqu'à 80 % du couple à l'arrière afin de faire appel à un maximum de sportivité.

CONCLUSION Audi n'est assurément pas le seul constructeur à marier avec un tel bonheur puissance et assurance, opulence et prestance. Sauf que la dernière génération de l'A8 démontre une maturité qui voisine la virtuosité.

2e OPINION

« Le monde des limousines de luxe est une patinoire à trois joueurs. BMW et Mercedes-Benz propose des berlines classiques, assez sévères et qui ne suscite pas trop d'émotion. Audi joue une carte plus sportive. La voiture est plus maniable, mieux finie avec une tenue de route imperturbable. Elle affiche aussi une étonnante discrétion, ce qui est plutôt une bonne chose par les temps qui courent. Dynamique, l'A8 est celle qui vous donne le goût de prendre le volant et non pas de prendre place à l'arrière. Si vous voulez vous faire remarquer, vous n'êtes pas à la bonne adresse, mais si vous désirez une voiture raffinée qui a beaucoup à offrir et la sagesse de ne pas le crier sur les toits, l'Audi A8 est pour vous. » — Benoit Charette

FICHE TECHNIQUE

MOTEURS

(4.2) V8 4,2 L DACT, 372 ch à 6800 tr/min
COUPLE 328 lb-pi à 3500 tr/min
BOÎTE DE VITESSES automatique à 8 rapports avec mode manuel
0-100 KM/H 5,7 s
VITESSE MAXIMALE 250 km/h (bridée)

(6.3) W12 6,3 L DACT, 500 ch à 6200 tr/min
COUPLE 463 lb-pi à 4750 tr/min
BOÎTE DE VITESSES automatique à 8 rapports avec mode manuel
0-100 KM/H 4,7 s
VITESSE MAXIMALE 250 km/h (bridée)

CONSOMMATION (100 KM) 12,7 L (octane 91)
ÉMISSIONS DE CO_2 5800 kg/an
LITRES PAR ANNÉE 2250
COÛT PAR AN 3150 $

AUTRES COMPOSANTES

SÉCURITÉ ACTIVE freins ABS, assistance au freinage, distribution électronique de la force de freinage, contrôle de la stabilité électronique, antipatinage
SUSPENSION AVANT/ARRIÈRE indépendante
FREINS AVANT/ARRIÈRE disques
DIRECTION à crémaillère, assistée
PNEUS 4.2 P235/55R18 **OPTION 4.2/DE SÉRIE 4.2 PREMIUM** P255/45R19 **OPTION PREMIUM/DE SÉRIE 6.3** P265/40R20

DIMENSIONS

EMPATTEMENT 2992 mm L 3122 mm
LONGUEUR 5137 mm L 5267 mm
LARGEUR 2111 mm
HAUTEUR 1460 mm L 1471 mm
POIDS 4.2 2000 kg 4.2 L 2019 kg 6.3 L 2165 kg
DIAMÈTRE DE BRAQUAGE 12,3 m L 12,7 m
COFFRE 510 L
RÉSERVOIR DE CARBURANT 90 L

MENTIONS

COUP DE CŒUR

RECOMMANDÉ

VERDICT

Plaisir au volant
Qualité de finition
Consommation
Rapport qualité / prix
Valeur de revente

LA COTE VERTE MOTEUR L4 DE 2 L TURBO source : ÉnerGuide

CONSOMMATION (100 KM) 9,2 L • **ÉMISSIONS POLLUANTES CO_2** 4278 KG/AN • **INDICE D'OCTANE** 91
COÛT DU CARBURANT MOYEN PAR ANNÉE 2604 $ • **NOMBRE DE LITRES PAR ANNÉE** 1860

FICHE D'IDENTITÉ

VERSIONS 2.0T Premium, 2.0T Premium Plus, 3.2, 3.2 Premium
ROUES MOTRICES 4
PORTIÈRES 5 **NOMBRE DE PASSAGERS** 5
PREMIÈRE GÉNÉRATION 2009
GÉNÉRATION ACTUELLE 2009
CONSTRUCTION Ingolstadt, Allemagne
COUSSINS GONFLABLES 8 (frontaux, latéraux avant et arrière, rideaux latéraux)
CONCURRENCE Acura RDX, BMW X3, Mercedes-Benz GLK, Volkswagen Tiguan, Volvo XC60, Infiniti EX35, Infiniti FX35

AU QUOTIDIEN

PRIME D'ASSURANCE
25 ANS : 1700 $ à 1900 $
40 ANS : 1400 $ à 1600 $
60 ANS : 1100 $ à 1300 $
COLLISION FRONTALE 5/5
COLLISION LATÉRALE 5/5
VENTES DU MODÈLE L'AN DERNIER
AU QUÉBEC 792 **AU CANADA** 3060
DÉPRÉCIATION (2 ANS) 21,6%
RAPPELS (2006 À 2011) 1
COTE DE FIABILITÉ nm

GARANTIES... ET PLUS

GARANTIE GÉNÉRALE 4 ans/80 000 km
GARANTIE MOTOPROPULSEUR 4 ans/80 000 km
PERFORATION 12 ans/kilométrage illimité
ASSISTANCE ROUTIÈRE 4 ans/kilométrage illimité
NOMBRE DE CONCESSIONNAIRES
AU QUÉBEC 7 **AU CANADA** 35

NOUVEAUTÉS EN 2012

Nouvelles couleurs, ensemble S line Sport Select permettant l'ajustement de l'amortissement en option

ÉLÈVE **DOUÉ**

Benoit Charette

C'est en 2009 qu'Audi a dévoilé, un peu tard, son premier véhicule utilitaire compact. Toutefois, la précision de sa conduite, la réussite au chapitre de l'approche visuelle et un confort plus que convaincant ont rapidement amené ce petit frère du Q7 au sommet des palmarès dans sa catégorie. L'ajout d'une version à 4 cylindres, l'an dernier, a fait progresser les ventes de plus de 50 %, ce qui a permis au Q5 de devancer le BMW X3 et l'a placé derrière le Mercedes-Benz GLK. Pour 2012, le Q5 offrira le premier véhicule hybride de la famille Audi. Les ventes seront modestes, mais Audi annonce ainsi son entrée dans la parade des hybrides et son intention de faire la lutte à armes égales avec Lexus et BMW, entre autres.

CARROSSERIE Comme tous les produits Audi, le Q5 attire l'œil avec sa grande calandre trapézoïdale. Ajoutez à cela une ligne de toit fuyante et des porte-à-faux courts, et vous verrez que le Q5 ne manque pas de charme. Le Q5 repose sur la même plateforme, donc le même empattement que l'A4. Malgré son apparence assez compacte, il mesure 4,63 mètres, soit 1 centimètre de moins seulement que la Mercedes-Benz ML ; et son coffre propose 540 litres de volume utile, très spacieux. Au-delà des monogrammes « hybrid » qui vendent rapidement la mèche, le Q5 hybride offre une peinture exclusive (argent polaire) et la calandre laquée noire. Les pneus 235/55R19 montés sur des jantes en aluminium coulé en forme d'aubes de turbine sont offerts de série. Sur demande, Audi fournit d'autres jantes de 19 et de 20 pouces, et un pare-chocs de l'ensemble S-line est proposé par la société quattro GmbH pour un style plus sportif.

HABITACLE La vie à bord est le propre d'Audi. La qualité perçue est irréprochable avec une liste d'équipement de série complète et de nombreuses options comme le toit vitré panoramique, une chaîne Bang & Olufsen et, comble du raffinement, un porte-gobelet climatisé. À bord de la version hybride, un afficheur de « puissance » remplace le compte-tours. Son aiguille

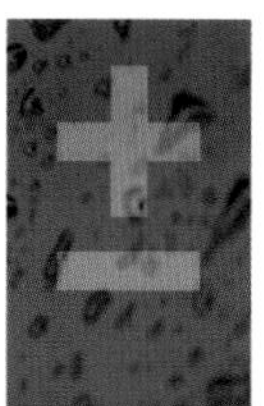

FORCES Agrément de conduite • Excellente motorisation
Consommation raisonnable • Qualité de fabrication exemplaire

FAIBLESSES Visibilité arrière restreinte • Banquette coulissante en option

indique en pourcentage la puissance totale du système sur une échelle de 0 à 100. Une deuxième échelle est divisée en segments de couleur - leurs sections vert et orange indiquent le mode de fonctionnement momentané du Q5 hybrid quattro - avec le moteur électrique ou avec le moteur à combustion. Un instrument supplémentaire montre l'état de charge de la batterie. Parallèlement, l'écran du système d'information du conducteur et le grand moniteur du système de navigation MMI+ présentent l'état de fonctionnement et les flux d'énergie dans le système hybride sous forme de graphiques d'aspect 3D. Le système de navigation MMI+ est de série sur le Q5 hybrid quattro et en option sur les autres versions.

MÉCANIQUE La puissance d'un V6 à essence avec la consommation de carburant d'un 4-cylindres Diesel, voici en gros comment Audi nous résume l'hybride. C'est le 4-cylindres turbo de 2 litres avec ses 211 chevaux qui sert de moteur thermique. Le moteur électrique est installé juste à côté du moteur à essence dans cette configuration hybride parallèle. Ils fournissent ensemble une puissance de 245 chevaux et un couple de 354 livres-pieds. Grâce à ce couple généreux, il ne vous faudra que 7,1 secondes pour passer de 0 à 100 km/h, et la vitesse de pointe est de 222 km/h. Sur le mode électrique (EV), grâce aux batteries lithium-ion, il est possible de rouler sur 3 kilomètres. Sur le mode mixte, Audi annonce une moyenne de 7 litres aux 100 kilomètres, une autonomie très proche de celle d'un véhicule Diesel. Le Q5 de base se présente toujours avec le moteur de 2 litres turbo de 211 chevaux, et le V6 de 3,2 litres se pointe à 270 chevaux.

COMPORTEMENT Le comportement dynamique du Q5 frôle la perfection. Les suspensions réalisent un habile compromis entre sport et confort. Je ne vous cacherai pas que la version de 3,2 litres est celle qui procure les plus belles sensations au volant, mais le 2.0T ne laisse pas indifférent. La boîte de vitesses à 8 rapports inédite joue un rôle crucial dans le fait que ce 4-cylindres soit si agréable. Le V6, plus généreux en couple, se contente d'une boîte à 6 rapports, mais la puissance compense le manque de rapports. Dans le cas de la version hybride, l'ensemble de batteries de 38 kilos occupe la place de la roue de secours à l'arrière et ne nuit en rien à la puissance.

CONCLUSION Audi continue de dévoiler des produits avec une qualité d'exécution et une conduite bien au-dessus de la moyenne. Il est vrai que vous aurez un prix à payer, mais il est largement justifié.

2e OPINION

« Le Q5 a d'abord le format pour lui. De la place pour cinq, c'est suffisant dans 98 % des cas. Qui a besoin des sept places du Q7 ? Et puis, pareil gabarit compact rend le Q5 agréable à piloter. Il faut admettre qu'il n'est pas le multisegment le plus mal loti de l'industrie puisqu'il roule sur une plateforme modulaire servant aussi les A4 et A5, des berlines dont, justement, l'équilibre en tout n'attire que des louanges. On trouve le Q5 beau sous toutes les coutures, intérieures et extérieures, et son élégant confort rime avec un comportement neutre grâce à la transmission quattro. Seul reproche : les deux motorisations Diesel offertes uniquement en Europe. Mais je pardonnerai si, comme prévu, la version hybride se pointe chez nous. » — Michel Crépault

FICHE TECHNIQUE

MOTEURS

(2.0T) L4 2 L turbo DACT, 211 ch à 4300 tr/min
COUPLE 258 lb-pi à 1500 tr/min
BOÎTE DE VITESSES automatique à 8 rapports avec mode manuel
0-100 KM/H 7,2 s
VITESSE MAXIMALE 209 km/h (bridée)

(3.2) V6 3,2 L DACT, 270 ch à 6500 tr/min
COUPLE 243 lb-pi de 3000 à 5000 tr/min
BOÎTE DE VITESSES automatique à 6 rapports avec mode manuel
0-100 KM/H 6,6 s
VITESSE MAXIMALE 209 km/h (bridée)

CONSOMMATION (100 KM) 10,3 L (octane 91)
ÉMISSIONS DE CO_2 4784 kg/an
LITRES PAR ANNÉE 2080
COÛT PAR AN 2912 $

AUTRES COMPOSANTS

SÉCURITÉ ACTIVE freins ABS, assistance au freinage, répartition électronique de la force de freinage, contrôle de la stabilité électronique, antipatinage
SUSPENSION AVANT/ARRIÈRE indépendante
FREINS AVANT/ARRIÈRE disques
DIRECTION à crémaillère, assisté
PNEUS P235/60R18, **OPTION 2.0T PREMIUM PLUS, 3.2 ET 3.2 PREMIUM** P235/55R19 **OPTION 2.0T PREMIUM PLUS ET 3.2 PREMIUM** P255/45 R20

DIMENSIONS

EMPATTEMENT 2807 mm
LONGUEUR 4629 mm
LARGEUR (SANS LES RÉTROVISEURS) 1898 mm
HAUTEUR 1653 mm
POIDS 2.0T 1855 kg **3.2** 1950 kg
DIAMÈTRE DE BRAQUAGE 11,6 m
COFFRE 540 L, 1560 L (sièges abaissés)
RÉSERVOIR DE CARBURANT 75 L
CAPACITÉ DE REMORQUAGE 2000 kg

MENTIONS

RECOMMANDÉ

VERDICT

Plaisir au volant
Qualité de finition
Consommation
Rapport qualité / prix
Valeur de revente

LA COTE VERTE MOTEUR V6 DE 3 L TURBODIESEL source : EnerGuide

CONSOMMATION (100 KM) 9,9 L • **ÉMISSIONS POLLUANTES CO_2** 5454 KG/AN • **INDICE D'OCTANE** DIESEL
COÛT DU CARBURANT MOYEN PAR ANNÉE 2424 $ • **NOMBRE DE LITRES PAR ANNÉE** 2020

FICHE D'IDENTITÉ

VERSIONS 3.0 L Premium, 3.0 L Premium Plus, 3.0 L Sport, 3.0 L TDI Premium. 3.0 L TDI Premium Plus
ROUES MOTRICES 4
PORTIÈRES 5 **NOMBRE DE PASSAGERS** 7
PREMIÈRE GÉNÉRATION 2007
GÉNÉRATION ACTUELLE 2007
CONSTRUCTION Bratislava, Slovaquie
COUSSINS GONFLABLES 6 (frontaux, latéraux avant, rideaux latéraux) latéraux arrière en option
CONCURRENCE Acura MDX, BMW X5, Cadillac SRX, Infiniti FX, Land Rover LR4, Lexus RX/GX, Mercedes-Benz ML, Porsche Cayenne,Volkswagen Touareg, Volvo XC90

AU QUOTIDIEN

PRIME D'ASSURANCE
25 ANS : 3000 à 3200 $
40 ANS : 2000 à 2200 $
60 ANS : 1400 à 1600 $
COLLISION FRONTALE 5/5
COLLISION LATÉRALE 5/5
VENTES DU MODÈLE DE L'AN DERNIER
AU QUÉBEC 255 **AU CANADA** 1247
DÉPRÉCIATION 36,7 %
RAPPELS (2006 À 2011) 1
COTE DE FIABILITÉ 3,5/5

GARANTIES... ET PLUS

GARANTIE GÉNÉRALE 4 ans/80 000 km
GARANTIE MOTOPROPULSEUR 4 ans/80 000 km
PERFORATION 12 ans/kilométrage illimité
ASSISTANCE ROUTIÈRE 4 ans/kilométrage illimité
NOMBRE DE CONCESSIONNAIRES
AU QUÉBEC 7 **AU CANADA** 35

NOUVEAUTÉS EN 2012

Nouvelle peinture métallique, système de navigation et d'infodivertissement de série sur les livrées 3.0 L et 3.0 L TDI Premium Plus ainsi que 3.0 L Sport

COCKTAIL **D'EXCELLENCE** ET **D'INTERROGATIONS**

Michel Crépault

Considérez-le comme un utilitaire ou un multisegment, peu importe, l'Audi Q7 dénombre plusieurs atouts dans son jeu. Pour nous compliquer la vie, il comporte aussi des agacements.

CARROSSERIE L'imposante calandre du Q7 me rappelle la gueule ouverte d'un brochet qui cherche désespérément à éviter l'asphyxie. Disons que l'effet me laisse songeur. Par contre, il faut admettre que les diodes électroluminescentes et les trappes d'air encadrent bien les barreaux de prison, et que l'ensemble finit par créer un faciès distinctif. Le reste de la silhouette ne porte pas autant à controverse et dégage une forte présence. Le Q7 n'est pas un malingre véhicule, et sa masse distille une harmonie qui nous rappelle que le constructeur ne se trompe plus souvent quand vient le temps de nous émoustiller les sens.

HABITACLE Pourquoi acheter un Q7 plutôt qu'un Q5 ? Ça devrait être essentiellement parce que le plus gros des deux peut transporter jusqu'à sept personnes. Mais quand on s'attarde à ces places du fond, on se rend compte que leur accès n'est guère aisé, et que leur confort laisse à désirer. S'il est vraiment important pour vous d'accueillir ces 6e et 7e passagers, vous devriez vous tourner du côté du Ford Flex ou de l'Acura MDX. Si ce n'est pas si grave que cela, revenez au Q5. Ainsi, vous ne vous priverez pas de la présentation élégante et de la superbe finition qui auréolent les intérieurs Audi. L'interface MMI a l'honneur d'être la mollette multifonction la plus conviviale parmi celles qui traumatisent le public. Malgré le gabarit du Q7, son volume de charge demeure humble quand on garde dressés les dossiers de la banquette. Abaissez-les, et la capacité est loin d'égaler celle d'un Cadillac Escalade. Il est surprenant, à bien y penser, qu'un véhicule de cette taille présente un espace intérieur aussi confiné. Les occupants de la banquette (40/20/40) centrale ont au moins le loisir de la faire

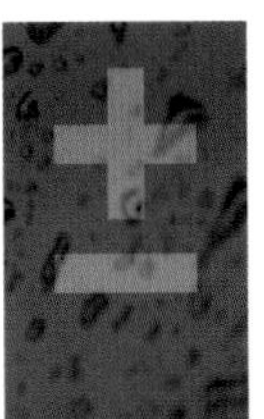

FORCES Bel éventail de V6 • TDI très convaincant • Habitacle inspirant

FAIBLESSES Places du fond exiguës • Volume de chargement décevant • Performances hors route limitées

telle machine sans se ruiner à la pompe, quelle aubaine! La boîte de vitesses Tiptronic comptant rien de moins que 8 rapports, et empruntée à l'A8, accomplit sa juste part pour la frugalité.

coulisser pour maximiser son dégagement. Autre bizarrerie : pas de lecteur de DVD ni de moniteurs ; faut se rabattre sur un installateur indépendant.

MÉCANIQUE Le V8 disparu, le choix gravite désormais autour de trois V6 d'une cylindrée de 3 litres. Deux d'entre eux emploient un compresseur pour gonfler leur puissance, alors que le 3e préfère la technologie turbodiesel à rampe commune. Ça nous donne une gamme de puissance de 240, de 272 et de 333 chevaux. Le choix des consommateurs ? La forte majorité se tourne vers le diesel. Le fait qu'il puisse réaliser le 0 à 100 km/h en quelque 8 secondes, que son couple soit généreux, et que sa vitesse maxi atteigne quand même 215 km/h (quand, la dernière fois, avez-vous roulé à cette vitesse ?) influe sans doute positivement sur la décision d'achat mais pas autant que la consommation moyenne estimée à 7,4 litres aux 100 kilomètres. Utiliser une

COMPORTEMENT Maintenant que vous voilà rassuré sur l'appétit de la bête, vous le serez encore plus en constatant son aplomb grâce à la réputée transmission intégrale quattro. La direction ne peut pas tout à fait gommer le sentiment de lourdeur qui accompagne les déplacements du Q7, mais l'emprise du dispositif à 4 roues motrices sur la chaussée, combinée à la suspension musclée qui encaisse sans broncher, nous procure une grande confiance au volant. S'il vous prend l'envie d'écraser le champignon, les dépassements se font avec une fougue réelle. Dans les virages, cependant, le léger tangage dû au centre de gravité élevé risque de tempérer vos ardeurs, à moins d'avoir opté pour la suspension pneumatique qui permet au conducteur de s'offrir une fermeté de calibrage plus appropriée.

CONCLUSION Gros sans être bouffi. Une cabine où il fait bon vivre, exception faite de la banquette du fond et de l'espace de chargement ordinaire. Une motricité qui se montre à la hauteur quand les conditions climatiques souhaitent la mettre à l'épreuve. Le Q7 est très recommandable si ses propres limites ne frustrent pas les vôtres.

2e OPINION

« Bienvenue dans la ligue majeure des utilitaires ! Un véhicule qui s'adresse à ceux qui recherchent à la fois puissance, élégance, raffinement et espace pour la famille. Confrontée à une décroissance progressive des ventes en raison de son format et de l'appétit sans fin de son V8, Audi offre maintenant un superbe V6 Diesel et deux versions du V6 de 3 litres biturbo (272 ou 333 chevaux). Si le ronronnement du moteur V6 n'est pas aussi convaincant que le V8, chaque passage à la pompe vous redonnera le sourire. Vous consommerez moins de 10 litres aux 100 kilomètres avec le moteur Diesel, même si vous avez le pied lourd, et environ 12 litres aux 100 kilomètres avec le V6 Turbo. Tout dans ce véhicule, de la conduite à la finition en passant par le choix des matériaux, respire le travail bien fait. À mettre sur votre liste dans cette catégorie. » — *Benoit Charette*

FICHE TECHNIQUE

MOTEURS

(3.0 TDI) V6 3 L turbodiesel, 225 ch à 3750 tr/min
Couple 406 lb-pi à 1750 tr/min
BOÎTE DE VITESSES automatique à 8 rapports avec mode manuel
0-100 KM/H 8,7 s
VITESSE MAXIMALE 209 km/h (bridée)

(3.0 Premium et Premium Plus) V6 3 L suralimenté par compresseur volumétrique DACT, 280 ch à 5100 tr/min
COUPLE 295 lb-pi à 2750 tr/min
BOÎTE DE VITESSES automatique à 8 rapports avec mode manuel
0-100 KM/H 7,6 s
VITESSE MAXIMALE 209 km/h (bridée)

CONSOMMATION (100 KM) 11,5 L (octane 91)
ÉMISSIONS DE CO_2 5336 kg/an
LITRES PAR ANNÉE 2320
COÛT PAR AN 3248 $

(3.0 Sport) V6 3 L suralimenté par compresseur volumétrique DACT, 333 ch à 5500 tr/min
COUPLE 325 lb-pi à 2900 tr/min
BOÎTE DE VITESSES automatique à 8 rapports avec mode manuel
0-100 KM/H 7,1 s
VITESSE MAXIMALE 209 km/h (bridée)

CONSOMMATION (100 KM) 11,5 L (octane 91)
ÉMISSIONS DE CO_2 5336 kg/an
LITRES PAR ANNÉE 2320
COÛT PAR AN 3248 $

AUTRES COMPOSANTS

SÉCURITÉ ACTIVE freins ABS, assistance au freinage, répartition électronique de la force de freinage, contrôle de stabilité électronique, antipatinage
SUSPENSION AVANT/ARRIÈRE indépendante
FREINS AVANT/ARRIÈRE disques
DIRECTION à crémaillère, assistée
PNEUS PREMIUM P255/55R18 **OPTION PREMIUM/ DE SÉRIE PREMIUM PLUS** P265/50R19 **OPTION PREMIUM, PREMIUM PLUS, SPORT** P275/45R20 **SPORT** P295/35R21

DIMENSIONS

EMPATTEMENT 3002 mm
LONGUEUR 5089 mm
LARGEUR (sans les rétroviseurs) 1983 mm
HAUTEUR 1737 mm
POIDS 3.0 Premium 2355 kg **3.0 Sport** 2455 kg **3.0 TDI** 2535 kg
DIAMÈTRE DE BRAQUAGE 12 m
COFFRE 308 L (derrière 3e rangée), 1189 L (derrière 2e rangée), 2053 L (sièges abaissés)
RÉSERVOIR DE CARBURANT 100 L
CAPACITÉ DE REMORQUAGE ND

MENTIONS

RECOMMANDÉ

VERDICT

Plaisir au volant
Qualité de finition
Consommation
Rapport qualité / prix
Valeur de revente

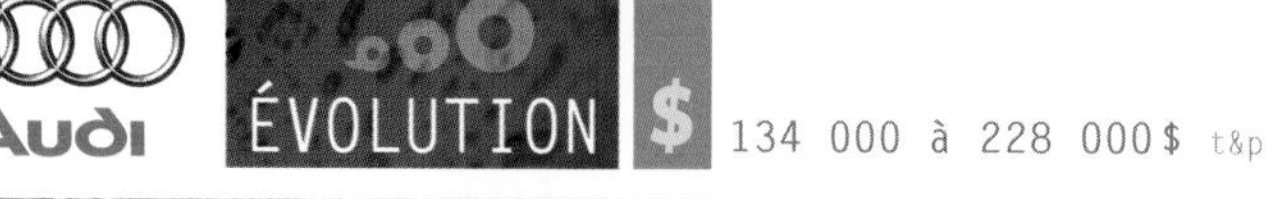

134 000 à 228 000$ t&p 2795$

LA COTE VERTE MOTEUR V8 DE 4.2 L source : EnerGuide

CONSOMMATION (100 KM) MAN. 13,3 L ROBO.15,2 L • ÉMISSIONS POLLUANTES CO_2 MAN. 6256 KG/AN ROBO.7176KG/AN • INDICE D'OCTANE 91
COÛT DU CARBURANT MOYEN PAR ANNÉE MAN. 3808$ ROBO. 4368$ • NOMBRE DE LITRES PAR ANNÉE MAN. 2720 ROBO. 3120

FICHE D'IDENTITÉ

VERSIONS 4.2 Coupé/Spyder, 5.2 Coupé/Spyder, GT (coupé)
ROUES MOTRICES 4
PORTIÈRES 2 **NOMBRE DE PASSAGERS** 2
PREMIÈRE GÉNÉRATION 2008
GÉNÉRATION ACTUELLE 2008
CONSTRUCTION Neckarsulm, Allemagne
COUSSINS GONFLABLES 4 (frontaux, latéraux avant)
CONCURRENCE Aston Martin V8 Vantage, Ferrari F458, Jaguar XKR-S, Lamborghini Gallardo, Maserati GT, Mercedes-Benz SL/SLS AMG, Porsche 911

AU QUOTIDIEN

PRIME D'ASSURANCE
25 ANS : 6900 $ à 7100 $
40 ANS : 4500 $ à 4700 $
60 ANS : 3900 $ à 4100 $
COLLISION FRONTALE 5/5
COLLISION LATÉRALE 5/5
VENTES DU MODÈLE DE L'AN DERNIER
AU QUÉBEC 38 **AU CANADA** 137
DÉPRÉCIATION 29, 1 %
RAPPELS (2006 À 2011) aucun à ce jour
COTE DE FIABILITÉ ND

GARANTIES... ET PLUS

GARANTIE GÉNÉRALE 4 ans/80 000 km
GARANTIE MOTOPROPULSEUR 4 ans/80 000 km
PERFORATION 12 ans/kilométrage illimité
ASSISTANCE ROUTIÈRE 4 ans/kilométrage illimité
NOMBRE DE CONCESSIONNAIRES
AU QUÉBEC 7 **AU CANADA** 35

NOUVEAUTÉS EN 2012

Arrivée de la version GT au Canada

COMME UN CHIEN DANS UN JEU DE QUILLES

Benoit Charette

Audi s'est invitée dans le monde sélect des voitures exotiques en 2008 en lançant la R8. Considérée comme arriviste à ses débuts en raison de ses origines plutôt modestes au sein de marques de prestige comme Ferrari ou Lamborghini, Audi a mis au point un V10 l'année suivante, ce qui a largement justifié sa place dans ce monde d'exception. Depuis peu, la rarissime R8 GT est venue ajouter encore un peu de prestige, et une version Spyder de cette GT est attendue pour 2012.

CARROSSERIE La version coupé se caractérise par une discrétion racée un peu gâchée par la présence d'un aileron qui jure sur la version GT. Le modèle Spyder est plus éclaté, particulièrement sans le toit qui lui confère un aspect plus déluré que le coupé. Le seul bémol que je mets sur la version décapotable est la disparition de la lunette qui montrait comme un trophée la mécanique du coupé; on l'a remplacée par un couvercle opaque. Outre les logos spécifiques, on peut différencier un modèle V8 d'un V10 aux prises d'air plus larges, au contour d'échappement ovale du V10 et aux jantes exclusives à chaque version.

HABITACLE Contrairement à bien des voitures exotiques, la R8 est facile à vivre, et on ne s'y sent pas à l'étroit. L'instrumentation est orientée vers le conducteur, et le volant plat donne juste ce qu'il faut d'espace supplémentaire pour régler le siège. Comme tous les produits Audi, la qualité des matériaux et la finition arrivent en tête de liste des priorités. L'ergonomie est sans faille, et l'instrumentation, d'utilisation intuitive. Si vous avez la fibre extrême, la R8 offre en option des sièges sculptés mis au point par quattro GmbH. Le dessin est spectaculaire, mais le confort est relatif et peu recommandable pour une personne qui compte utiliser la voiture sur la base quotidienne. Parmi les autres options, une chaîne audio Bang & Olufsen de 465 watts et à 12 haut-parleurs ainsi que le système de navigation couleur et à clavier MMI, sont les deux plus intéressantes.

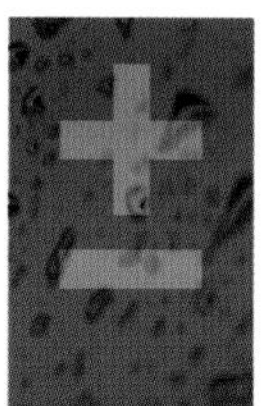

FORCES Lignes uniques • V10 envoûtant • Boîte manuelle
Rigidité sans faille • Facile à conduire

FAIBLESSES V10 caché dans la version Spyder
Consommation gênante • Options trop nombreuses

COMPORTEMENT C'est précisément pour l'incroyable expérience de conduite que les gens sont prêts à débourser plusieurs années de salaire d'une famille moyenne. Impossible de rester de glace devant une telle démonstration de puissance. Non seulement la R8 est-elle rapide, mais elle est d'une solidité inébranlable. Avec sa suspension *Magnetic Ride* et sa transmission quattro, les mouvements de caisse sont pratiquement inexistants. Facile à vivre et aussi facile à conduire; cette solidité exceptionnelle permet d'exploiter le plein potentiel du véhicule sans se faire peur au volant. En prime, la transmission intégrale laisse transparaître un caractère de voiture à propulsion avec quelques déhanchements si vous poussez un peu la mécanique. Sur le mode sport, vous avez beaucoup d'espace pour vous amuser avant que les « béquilles » électroniques n'interviennent. C'est sans doute la voiture exotique qui inspire le plus confiance au volant.

MÉCANIQUE La table est maintenant bien garnie pour la R8. L'offre débute avec un V8 de 4,2 litres de 420 chevaux qui est maintenant offert dans les versions coupé et décapotable. Cette offre se bonifie d'un V10 de 5,2 litres développé de concert avec Lamborghini. La puissance grimpe à 525 chevaux, et le V10 vous emplit les oreilles d'une musicalité envoûtante. Pour ceux qui ont un budget sans limite, il est possible de se procurer un coupé GT et une décapotable où loge le même V10 en position centrale; sa puissance atteint cependant 560 chevaux. La sonorité de ces mécaniques est un ravissement, et vous prendrez encore plus de plaisir sans le toit dans la version Spyder qui laisse le moteur s'exprimer pleinement. Vous avez le choix de la classique boîte de vitesses manuelle à 6 rapports ou de l'automatique à 6 rapports avec leviers de sélection au volant.

CONCLUSION La R8 est à placer dans la même catégorie que la Porsche 911 pour son utilisation très conviviale au quotidien et aussi dans la catégorie « si j'ai un vieil oncle millionnaire (plusieurs fois millionnaire) qui meurt et me couche sur son testament, je pourrais songer à en acheter une ».

2e OPINION

« La R8, c'est la quintessence de la voiture exotique « abordable ». En quelques mots, c'est une véritable merveille sur quatre roues. Qu'on choisisse le modèle V8 ou V10, coupé ou Spyder, on est certain de se faire autant remarquer qu'au volant d'une Ferrari ou d'une Lamborghini. Les gens ne savent tout simplement pas qu'elle coûte la moitié du prix ! Cerise sur le sundæ, dans son cas, l'habit fait aussi le moine. Elle n'a pas seulement l'air d'une exotique, elle propose des performances tout aussi enviables ; pas étonnant car elle emprunte le châssis de la Gallardo et partage le même V10. Dans le monde restreint des exotiques, la R8 a donc laissé sa marque. En plus, sa beauté ne s'est pas estompée avec l'âge, preuve que le design avait été bien fait et qu'elle mérite sa place dans la cour des grands. » — Frédéric Masse

FICHE TECHNIQUE

MOTEURS

(4.2 L) V8 4,2 L DACT, 430 ch à 7900 tr/min
COUPLE 316 lb-pi à 4500 à 6000 tr/min
BOÎTES DE VITESSES manuelle à 6 rapports, manuelle robotisée à 6 rapports (en option)
0-100 KM/H 4,6 s
VITESSE MAXIMALE 300 km/h (bridée)

(5,2 L) V10 5,2 L DACT 525 ch à 8000 tr/min
COUPLE 390 lb-pi à 6500 tr/min
BOÎTES DE VITESSES manuelle à 6 rapports, manuelle robotisée à 6 rapports (en option)
0-100 KM/H COUPÉ 3,9 s **SPYDER** 4,1 s
VITESSE MAXIMALE COUPÉ 316 km/h **SPYDER** 313 km/h

CONSOMMATION (100 KM) MAN. 16 L **ROBO.** 14,2 L (octane 91)
ÉMISSIONS DE CO_2 MAN. 7314 kg/an **ROBO.** 6670 kg/an
LITRES PAR ANNÉE MAN. 3180 **MAN ROBO.** 2900
COÛT PAR AN MAN. 4452 $ **ROBO.** 4060 $

(GT) V10 5,2 L DACT 560 ch à 8000 tr/min
COUPLE 398 lb-pi à 6500 tr/min
BOÎTE DE VITESSES manuelle robotisée à 6 rapports
0-100 KM/H 3,6 s
VITESSE MAXIMALE 320 km/h

CONSOMMATION (100 KM) 15,2 L (octane 91)
ÉMISSIONS DE CO_2 MAN. 6540 kg/an
LITRES PAR ANNÉE 3 000
COÛT PAR AN 4 200 $

AUTRES COMPOSANTS

SÉCURITÉ ACTIVE freins ABS, assistance au freinage, répartition électronique de la force de freinage, contrôle de la stabilité électronique, antipatinage
SUSPENSION AVANT/ARRIÈRE indépendante
FREINS AVANT/ARRIÈRE disques
DIRECTION à crémaillère, assistée
PNEUS P235/35R19 (av.) P295/30R19 (arr.) **OPTION/DE SÉRIE GT** P235/35R19 (av.) P305/30R19 (arr.)

DIMENSIONS

EMPATTEMENT 2650 mm
LONGUEUR COUPÉ/SPYDER 5.2 4434 mm **SPYDER 4.2** 4431 mm **GT** 4435 mm
LARGEUR COUPÉ 2029 mm
HAUTEUR COUPÉ 1252 mm **SPYDER** 1244 mm
POIDS 4.2 MAN 1635 kg **5.2 MAN** 1685 kg **5.2 SPYDER MAN** 1795 kg **GT** 1604 kg
DIAMÈTRE DE BRAQUAGE 11,8 m
COFFRE 100 L
RÉSERVOIR DE CARBURANT 90 L

MENTIONS

CLÉ D'OR

COUP DE CŒUR

RECOMMANDÉ

VERDICT

Plaisir au volant
Qualité de finition
Consommation
Rapport qualité / prix
Valeur de revente

ÉVOLUTION $ 48 400 à 67 600 $ t&p 1995 $

LA COTE VERTE MOTEUR L4 DE 2 L TURBO source : EnerGuide

CONSOMMATION (100 KM) 7,8 L • **ÉMISSIONS POLLUANTES CO_2** 3634 KG/AN • **INDICE D'OCTANE** 91
COÛT DU CARBURANT MOYEN PAR ANNÉE 2212 $ • **NOMBRE DE LITRES PAR ANNÉE** 1580

FICHE D'IDENTITÉ

VERSIONS TT Coupé/Roadster, TTS Coupé/Roadster, RS (coupé)
ROUES MOTRICES 4
PORTIÈRES 2 **NOMBRE DE PASSAGERS COUPÉ** 2+2 **CABRIO.** 2
PREMIÈRE GÉNÉRATION 2000
GÉNÉRATION ACTUELLE 2007
CONSTRUCTION Györ, Hongrie
COUSSINS GONFLABLES 4 (frontaux, latéraux avant)
CONCURRENCE BMW Z4, Infiniti G37 Coupé, Mercedes-Benz SLK, Nissan 370Z, Porsche Cayman

AU QUOTIDIEN

PRIME D'ASSURANCE
25 ANS : 2800 à 3000 $
40 ANS : 1400 à 1600 $
60 ANS : 1100 à 1300 $
COLLISION FRONTALE 5/5
COLLISION LATÉRALE 5/5
VENTES DU MODÈLE DE L'AN DERNIER
AU QUÉBEC 102 **AU CANADA** 319
DÉPRÉCIATION 33,9 %
RAPPELS (2006 À 2011) 3
COTE DE FIABILITÉ 3,5/5

GARANTIES… ET PLUS

GARANTIE GÉNÉRALE 4 ans/80 000 km
GARANTIE MOTOPROPULSEUR 4 ans/80 000 km
PERFORATION 12 ans/kilométrage illimité
ASSISTANCE ROUTIÈRE 4 ans/kilométrage illimité
NOMBRE DE CONCESSIONNAIRES
AU QUÉBEC 7 **AU CANADA** 35

NOUVEAUTÉS EN 2012

Version TT RS, jantes de 18 pouces de série pour TT, nouvelles couleurs extérieures et intérieures pour TTS

QUI NE RISQUE RIEN **N'A RIEN !**

Benoit Charette

Lorsqu'Audi a présenté sa première génération de TT, en 2000, la voiture semblait directement sortie d'une bande dessinée. Peu de gens ont pris au sérieux ce projet un peu fou. Pourtant, lors du renouvellement du modèle, en 2006, les amateurs étaient légion, et Audi peut se vanter aujourd'hui de vendre plus de TT que BMW et Mercedes-Benz ne vendent de Z4 et de SLK réunies. Et on attend beaucoup de la troisième génération l'an prochain.

CARROSSERIE L'an dernier Audi a procédé à un petit rafraîchissement général de la silhouette. Le bouclier avant est plus imposant, à l'image des autres produits de la famille Audi. On note aussi un diffuseur arrière plus large. Si vous suivez une TT sur la route, vous pourrez reconnaître les versions en regardant les pots d'échappement. Une sortie de chaque côté, c'est un 2-litres TFSI, deux de chaque côté, c'est une TTS, et les ovales, c'est réservé à la TT-RS. La TT-RS est aussi la seule à posséder un aileron fixe à l'arrière. Ce dernier peut être changé pour un aileron rétractable plus discret. C'est donc un dépoussiérage discret, on ne veut pas faire fuir la clientèle fidèle, mais on veut garder la voiture au goût du jour.

HABITACLE Le noir et l'aluminium se mélangent avec bonheur dans ce petit habitacle bien organisé. On retrouve des touches scintillantes d'alu en contour des buses d'aération, autour de l'écran de navigation et sur les boutons de commandes. Le cuir qui recouvre les sièges est d'excellente facture. Comme toutes les voitures sport, l'équipement est en fonction du modèle choisi. La version TT-RS profite de sièges de course en cuir et en alcantara perforé. Pour un peu plus de vie à l'intérieur, vous pouvez aussi opter pour des finitions aux couleurs brun nougat, gris titane et rouge grenat. La version coupé offre toujours un style 2+2, alors que la version décapotable réduit le nombre de places assises à deux, pas plus.

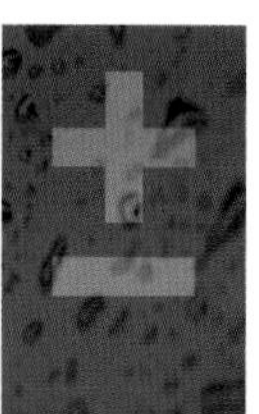

FORCES Moteurs brillants sur toutes les versions • Comportement rigoureux • Belle silhouette • Performances sidérantes de la TT-RS

FAIBLESSES Équipement d'origine chiche • Mode Sport du Magnetic Ride inconfortable • Arrière-train léger à haut régime (TT-RS)

boîte S Tronic à 7 rapports ou manuelle à 6 rapports. Et tous les modèles profitent de la transmission quattro.

MÉCANIQUE Peu importe votre choix, le plaisir est ici au rendez-vous. L'offre débute avec le 4-cylindres de 2 litres TFSI. Un petit moteur à injection directe de 211 chevaux capable de vous emmener à 100 km/h en 6 secondes à peine. Souple et plein à tous les régimes, il a aussi l'avantage de ne pas être trop gourmand. En retravaillant le turbo, le même moteur de 2 litres produit 265 chevaux dans la version S et baisse le 0 à 100 km/h en 5,4 secondes. Ceux qui veulent faire mordre la poussière à des voitures beaucoup plus chères peuvent regarder du côté de la TT-RS. Un 5-cylindres de 2,5 litres jumelé à un puissant turbo amène la puissance à 340 chevaux et vous catapulte à 100 km/h en 4,4 secondes sans la moindre appréhension. Les versions de base et S sont accouplées à une boîte de vitesses robotisée à 6 rapports avec changement de rapports au volant. La TT-RS offre une boîte S Tronic à 7 rapports ou manuelle à 6 rapports. Et tous les modèles profitent de la transmission quattro.

COMPORTEMENT C'est en circulant sur les autoroutes allemandes qu'on comprend pourquoi et pour qui ces voitures ont été conçues. Sur les parties de route non limitées, il n'est pas rare de rouler à plus de 200 km/h. À haut régime, la TT est sereine, en pleine possession de ses moyens et visiblement très à l'aise. J'ai roulé au volant d'une TT-RS à 245 km/h sous la pluie sans même être inquiété. Il est normal que certaines personnes puissent trouver la voiture un peu terne à 100 km/h. Ce n'est pas la faute de la voiture, elle n'est tout simplement pas dans son environnement. En ville, elle est confortable à une exception près. La suspension *Magnetic Ride* offerte en option cogne assez dur en mode sport, il faut vraiment rouler sur une table de billard pour profiter de la tenue de route supérieure. Autre privilège de la TT, elle est l'une des rares sportives à être réellement quatre saisons grâce à la transmission intégrale.

CONCLUSION J'ai encore un faible pour la Porsche Boxster dans cette catégorie, mais je dois admettre que la TT est très proche derrière. J'aurai peut-être changé d'idée l'an prochain.

2e OPINION

« Il faut avoir eu, comme moi, la chance de s'approcher d'une TT-RS, qui attendait calmement dans un garage allemand que je réveille ses 340 chevaux avant de partir à l'assaut des autobahns, pour sentir, à chaque pas qui me rapprochait de la bête, la griserie m'envahir. Avec sa robe bleu acier, ses jantes ciselées, son super aileron et sa silhouette taillée pour fendre l'air, elle m'a prévenu : « Que j'te vois m'emmener au supermarché ! » Pour paraphraser Diane Dufresne, elle voulait de l'espace, qu'on s'éclate ensemble. Quelle bagnole ! Sur l'autoroute ailée, la jolie bombe filait comme une locomotive sur rails grâce à la fabuleuse motricité quattro. Alors que les autres TT sont aussi de superbes roadsters toutes saisons, la RS défie carrément la suprématie d'une Boxster. » — Michel Crépault

FICHE TECHNIQUE

MOTEURS

(TT) L4 2 L turbo DACT, 211 ch de 4300 à 6000 tr/min
COUPLE 258 lb-pi de 1600 à 4200 tr/min
BOÎTE DE VITESSES automatique à 6 rapports avec mode manuel
0-100 KM/H COUPÉ 5,5 s **CABRIO.** 5,8 s
VITESSE MAXIMALE 209 km/h (bridée)

(TTS) L4 2 L turbo DACT 265 ch à 6000 tr/min
COUPLE 258 lb-pi de 2500 à 5000 tr/min
BOÎTE DE VITESSES manuelle robotisée à 6 rapports
0-100 KM/H COUPÉ 5,1 s **CABRIO.** 5,3 s
VITESSE MAXIMALE 250 km/h (bridée)

CONSOMMATION (100 km) 8,4 L (octane 91)
ÉMISSIONS DE CO_2 3 860 kg/an
LITRES PAR ANNÉE man. 1650
COÛT PAR AN 2310 $

(TT RS) L5 2,5 L turbo DACT, 360 ch de 5500 à 6700 tr/min
COUPLE 343 lb-pi de 1650 à 5400 tr/min
BOÎTE DE VITESSES manuelle à 6 rapports
0-100 KM/H 4,3 s
VITESSE MAXIMALE 280 km/h (bridée)

CONSOMMATION (100 KM) 10,2 L (octane 91)
ÉMISSIONS DE CO_2 4240 kg/an
LITRES PAR ANNÉE 1870
COÛT PAR AN 2618 $

AUTRES COMPOSANTS

SÉCURITÉ ACTIVE freins ABS, assistance au freinage, répartition électronique de la force de freinage, contrôle de la stabilité électronique, antipatinage
SUSPENSION AVANT/ARRIÈRE indépendante
FREINS AVANT/ARRIÈRE disques
DIRECTION à crémaillère, assistée
PNEUS TT/TTS P245/40R18
option TT et TTS/de série TT RS P255/35R19

DIMENSIONS

EMPATTEMENT 2468 mm
LONGUEUR 4178 mm **TTS/TT RS** 4198 mm
LARGEUR TT/TT RS 1842 mm **TTS** 1952 mm
HAUTEUR 1352 mm **TTS** 1345 mm **TT RS** 1342 mm
POIDS TT COUPÉ 1430 kg **TT CABRIO.** 1500 kg **TTS COUPÉ** 1460 kg **TTS CABRIO** 1540 kg **TT RS** 1450 kg
DIAMÈTRE DE BRAQUAGE 10,96 m
COFFRE 371 L **TTS** 290 L **TT RS** 292 L
RÉSERVOIR DE CARBURANT 60 L

MENTIONS

COUP DE CŒUR RECOMMANDÉ

www.audi.ca

ÉVOLUTION $ 354 595 $ t et p 3695 $

LA COTE VERTE MOTEUR V8 DE 6,75 L BITURBO source : EnerGuide

CONSOMMATION (100KM) 16,2 L • ÉMISSIONS POLLUANTES CO_2 : 7636 kg/an • INDICE D'OCTANE 91
COÛT DU CARBURANT MOYEN PAR ANNÉE 4648 $ • NOMBRE DE LITRES PAR ANNÉE 3320

FICHE D'IDENTITÉ

VERSIONS unique
ROUES MOTRICES arrière
PORTIÈRES 4 **NOMBRE DE PASSAGERS** 5
PREMIÈRE GÉNÉRATION 2011
GÉNÉRATION ACTUELLE 2011
CONSTRUCTION Crewe, Angleterre
COUSSINS GONFLABLES 6
(frontaux, latéraux avant et arrière)
CONCURRENCE Maybach 57/62, Rolls-Royce Phantom

AU QUOTIDIEN

PRIME D'ASSURANCE
25 ANS : 7700 à 8000 $
40 ANS : 5000 à 5400 $
60 ANS : 4000 à 4200 $
COLLISION FRONTALE nd
COLLISION LATÉRALE nd
VENTES DU MODÈLE DE L'AN DERNIER
AU QUÉBEC nd **AU CANADA** nd
DÉPRÉCIATION nd
RAPPELS (2006 À 2011) aucun à ce jour
COTE DE FIABILITÉ nm

GARANTIES... ET PLUS

GARANTIE GÉNÉRALE 3 ans/kilométrage illimité
GARANTIE MOTOPROPULSEUR 3 ans/kilométrage ill.
PERFORATION 3 ans/kilométrage illimité
ASSISTANCE ROUTIÈRE 3 ans/kilométrage illimité
NOMBRE DE CONCESSIONNAIRES
AU QUÉBEC 1 **AU CANADA** 3

NOUVEAUTÉS EN 2012

Aucun changement majeur

UN AUTRE MONDE

Benoit Charette

Pour vous dire à quel point la Mulsanne est rare, les concessionnaires Bentley n'en conservent pas en concession. Si vous en voulez une, vous la choisissez dans le catalogue, comme vous la voulez, on prend la commande, et, plusieurs semaines plus tard, vous recevrez votre voiture. Il n'y a pas deux Mulsanne vraiment identiques. Bienvenue dans un monde de grande exclusivité.

CARROSSERIE Le châssis de la Mulsanne est unique à ce modèle-phare de la gamme Bentley. Et malgré son poids éléphantesque de 2,6 tonnes, les panneaux de carrosserie font en grande partie appel à l'aluminium. Le couvercle du coffre est même fabriqué de matériaux composites pour limiter un peu le poids. À titre de super limousine de la famille (la Flying Spur étant ici la simple limousine) la Mulsanne représente bien la tradition dans son style élégant, imposant et sobre. Une allure qui impose le respect avec ses roues de 20 pouces à l'avant et de 21 pouces à l'arrière.

HABITACLE L'intérieur est d'une richesse sans mot, digne des Rolls-Royce, et mélange avec harmonie les assemblages d'une autre époque et les techniques modernes. Vous avez un intérieur bois et cuir fait à la main de très grande qualité avec un écran de navigation et un système à mains libres pour votre téléphone portable. Oubliez les A8, Série 7 ou Mercedes-Benz Classe S, vous aurez de la difficulté à trouver du plastique dans cette voiture, et tout ce qui se trouve à l'intérieur est unique à la Mulsanne. À ce prix, on s'attend à rien de moins. L'insonorisation est bonne mais pas impressionnante, et le coffre, qui offre un bon volume de chargement, n'est pas modulable. Inutile d'ajouter que, avec plus de 5,5 mètres de longueur, l'espace est généreux pour tous les occupants de la tête aux pieds. L'équipement est plus que complet, et la climatisation est offerte en 4 zones à l'avant et à l'arrière.

MÉCANIQUE Fidèle à une tradition séculaire, c'est le traditionnel moteur V8 de 6,75 litres qui se trouve sous le capot. Alors

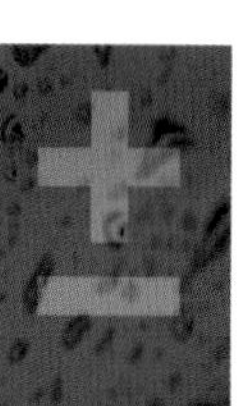

FORCES Voiture qui en impose • Performances impressionnantes • Surprenant agrément de conduite • Habitabilité hors norme • Finition et choix des matériaux sans reproche

FAIBLESSES Dimensions et poids • Toujours assoiffée • Coffre non modulable • Options très coûteuses

que Rolls-Royce et Bentley se contentaient de dire à une autre époque que la puissance était suffisante, nous savons aujourd'hui que ce moteur biturbo produit 505 chevaux à seulement 4200 tours par minute, un véritable train de bitume. Cette puissance passe par la plus récente boîte de vitesses automatique à 8 rapports de l'équipementier ZF. Vous pourrez faire un 0 à 100 km/h en 5,3 secondes sans jamais entendre le moteur se plaindre.

COMPORTEMENT Il est évident que des efforts particuliers ont été apportés à la suspension et au comportement routier pour que l'impression en tant que passager soit à la hauteur des attentes d'un modèle de cette classe. On se sent vraiment dans une limousine, mais pas dans le style douillet et trop mou d'une Rolls-Royce; c'est une limousine pour les propriétaires qui veulent prendre place au volant. Sa rigidité est surprenante, et elle ne dédaigne pas s'attaquer à un chemin sinueux avec un sourire en coin, malgré sa taille imposante. Les énormes freins ventilés offrent une endurance surprenante et, même, à haute vitesse, sa stabilité est imperturbable. Une bête de ce format capable de filer comme une sportive et de frôler les 300 km/h en vitesse de pointe a de quoi surprendre. Les 96 litres du réservoir de carburant sont trompeurs. Vous croyez faire un honnête rendement jusqu'au moment de faire le plein; à ce moment, vous aurez l'impression qu'il y a un trou dans le réservoir. En étant optimiste, vous pourrez peut-être faire 17 ou 18 litres aux 100 kilomètres.

CONCLUSION À bien des égards, cette Bentley est hors de prix, mais si vous la comparez avec une Rolls, c'est presque une aubaine. Elle offre tout le charme britannique avec un plaisir de conduire hérité de ses nouveaux parents allemands. Pour ceux qui veulent se déplacer dans le plus grand style sans sacrifier le plaisir de conduire, c'est votre premier choix.

FICHE TECHNIQUE

MOTEUR

V8 6,75 L biturbo, 505 ch à 4200 tr/min
COUPLE 752 lb-pi à 1750 tr/min
BOÎTE DE VITESSES automatique à 8 rapports avec mode manuel
0-100 KM/H 5,3 s
VITESSE MAXIMALE 296 km/h

AUTRES COMPOSANTS

SÉCURITÉ ACTIVE freins ABS, assistance au freinage, distribution électronique de la force de freinage, contrôle de stabilité électronique, antipatinage
SUSPENSION AVANT/ARRIÈRE indépendante
FREINS AVANT/ARRIÈRE disques
DIRECTION à crémaillère, assistée
PNEUS P265/45R20 **Option** P265/40R21

DIMENSIONS

EMPATTEMENT 3266 mm
LONGUEUR 5575 mm
LARGEUR 1926 mm
HAUTEUR 1521 mm
POIDS 2585 kg
DIAMÈTRE DE BRAQUAGE nd
COFFRE 443 L
RÉSERVOIR DE CARBURANT 96 L

www.bentleymotors.com

ÉVOLUTION $ 233 980$ t et p 3695$

LA COTE VERTE MOTEUR W12 DE 6,0 L BITURBO source : EnerGuide

CONSOMMATION (100KM) 16,5 L • ÉMISSIONS POLLUANTES CO_2 6 946 kg/an • INDICE D'OCTANE 91
COÛT DU CARBURANT MOYEN PAR ANNÉE 4 228$ • NOMBRE DE LITRES PAR ANNÉE 3 020

FICHE D'IDENTITÉ

VERSION GT
ROUES MOTRICES 4
PORTIÈRES 2 **NOMBRE DE PASSAGERS** 2+2
PREMIÈRE GÉNÉRATION 2004
GÉNÉRATION ACTUELLE 2012
CONSTRUCTION Crewe, Angleterre
COUSSINS GONFLABLES 9
(frontaux, latéraux avant et arrière, rideaux latéraux genoux conducteur)
CONCURRENCE Aston Martin DB9, Ferrari FF, Mercedes-Benz CL

AU QUOTIDIEN

PRIME D'ASSURANCE
25 ANS : 7700 à 8000$
40 ANS : 5000 à 5400$
60 ANS : 4000 à 4200$
COLLISION FRONTALE 5/5
COLLISION LATÉRALE 5/5
VENTES DU MODÈLE L'AN DERNIER
AU QUÉBEC nd **AU CANADA** nd
DÉPRÉCIATION nd
RAPPELS (2006 À 2011) 1
COTE DE FIABILITÉ 3/5

GARANTIES... ET PLUS

GARANTIE GÉNÉRALE 3 ans/kilométrage illimité
GARANTIE MOTOPROPULSEUR 3 ans/kilométrage illimité
PERFORATION 3 ans/kilométrage illimité
ASSISTANCE ROUTIÈRE 3 ans/kilométrage illimité
NOMBRE DE CONCESSIONNAIRES
AU QUÉBEC 1 **AU CANADA** 3

NOUVEAUTÉS EN 2012

Nouvelle génération,
moteur V8 de 4 litres disponible à la fin de 2011

CARROSSE DES DIEUX, PRISE DEUX!

Michel Crépault

Bentley aimerait nous convaincre que sa GT est nouvelle pour 2012. J'étais au salon de l'auto de Paris pour son dévoilement à l'automne dernier et, franchement, j'avais devant moi une auto qui ressemblait beaucoup à la précédente. En même temps, j'étais soulagé. La GT m'ayant toujours plu, j'aurais trouvé dommage qu'on charcute l'objet de mon désir.

CARROSSERIE D'un autre côté, la GT n'avait pas vraiment le choix de passer sous le bistouri car on ne peut pas naître en 2004 et espérer s'en tirer aussi longtemps sans finir par prendre rendez-vous avec l'esthéticienne. À mon avis, l'auto en est ressortie à peine changée car les formes balistiques de la GT vieillissent très bien; c'aurait été un crime de les défigurer. Les retouches subtiles concernent les phares de jour qui adoptent une signature à diodes électroluminescentes, de plus en plus inévitable depuis qu'Audi (même proprio que Bentley) exploite les diodes avec autant de doigté. Les flancs sont légèrement plus athlétiques, la séduisante croupe bombe plus, et les voies ont gagné en largeur. Les roues de 20 pouces continuent de scintiller, pendant que l'option des 21 pouces persiste.

HABITACLE Pas facile de dessiner l'intérieur d'une Bentley. D'une part, il y a la contrainte de la tradition; d'autre part, il y a ce besoin d'embrasser le modernisme. Avec cette « nouvelle » GT, l'équipe a poussé davantage vers le contemporain avec les risques que ça comporte. Ainsi, impossible d'échapper à l'écran tactile. Il est lié au disque dur de 30 gigaoctets qui seconde la chaîne Naim offerte en option pour y transférer sa discothèque; sinon, les 15 gigaoctets de série font quand même le travail. Le volant a perdu un rayon (trois désormais), les sièges ont été repensés. L'utilisation du métal poli saupoudre l'ambiance d'une touche techno sans tomber dans le clinquant (il y a trop de bois précieux pour cela). La GT accueille en principe deux passagers à l'arrière. Je leur souhaite d'être petits car

FORCES Lignes toujours aussi somptueuses • Moteur qui se laisse caresser ou fouetter, selon votre humeur • Intérieur qui nous transporte dans un autre monde

FAIBLESSES Places arrière qui tiennent davantage de la cuvette • Accessoires hélas offerts en option - Prix toujours prohibitif

l'espace est chichement compté, et pour les jambes et pour la nuque qui compose avec la courbe dramatique du pavillon. La maison pousse l'audace à exiger du *bidou* d'extra pour des bidules comme la caméra de vision arrière ou le régulateur de vitesse qui, compte tenu du prix d'entrée, devraient être de série.

MÉCANIQUE Le W12 biturbo a gagné 15 chevaux par rapport à la précédente version, à 567 chevaux. Je ne peux croire que des clients aient exigé la chose, mais ça fait toujours plaisir. Le fait que le couple de 516 livres-pieds explose dès 1 700 tours par minute retient surtout l'attention. Difficile de trouver catapulte plus efficace. La suspension a été allégée, et la boîte de vitesses automatique à 6 rapports, nouvelle aussi, abat du bon boulot. La transmission intégrale permanente achemine au départ 60 % du couple à l'arrière, ce qui sauvegarde la sportivité des balades.

COMPORTEMENT La Bentley GT est un tantinet plus agile. La direction laisse entrevoir que la machine n'a pas perdu 65 kilos pour rien. On la sent juste un poil plus nerveuse. La GT devrait quand même continuer à fréquenter le gym parce qu'elle n'a rien du poids plume. Ça se reflète d'ailleurs sur ses manières générales. L'impressionnant couple disponible sur-le-champ permet de tenter un décollage vers la lune, mais c'est exigeant pour l'auto, sans parler des dollars qui s'envolent en carburant brûlé. N'empêche, si vous y tenez, vous pouvez vous offrir des sueurs froides. Vos passagers arrière ne remarqueront sans doute rien, en partie grâce à la stabilité inhérente du véhicule et aussi parce qu'ils sont incapables de bouger dans leur donjon en cuir.

CONCLUSION Pourquoi choisir une Continental GT avant une Maserati, une Aston Martin ou une Mercedes-Benz CL ? Aucun de ces modèles ne court les rues, un gage d'exclusivité qui plaît toujours aux acheteurs visés. On revient alors aux goûts personnels. Quand j'aperçois l'une des trois autres, je la remarque, mais je ne la suis pas nécessairement des yeux. Par contre, à chaque fois qu'une GT défile, j'ai envie de me prosterner. Et la « nouvelle » améliore le concept sans le dénaturer.

2e OPINION

« Avec la puissance de son moteur V12 porté à 600 chevaux cette année, un seul toucher de l'accélérateur laisse deviner l'incroyable potentiel de la machine. Mais attention, toutes les Bentley ont appris les bonnes manières. Souplesse, confort, un véritable salon roulant qui fait honneur à la réputation des voitures anglaises. Vous pouvez mettre la fonction massage du siège du conducteur, placer la suspension réglable en 4 positions à la plus confortable et profiter d'un confort princier. Conduire une Bentley, n'importe laquelle, constitue un plaisir aussi rare qu'agréable. Elle surprend par sa puissance, son habileté, malgré son poids démesuré et un système 4 roues motrices difficile à prendre en défaut. Elle a peu de défaut si vous êtes millionnaire avec votre pompe à essence dans la cour. » — Benoit Charette

FICHE TECHNIQUE

MOTEURS

(GT, GTC) W12 6,0 L biturbo DACT, 567 ch à 6000 tr/min
COUPLE 516 lb-pi à 1700 tr/min
BOÎTE DE VITESSES automatique à 6 rapports avec mode manuel
0-100 KM/H 4,6 s
VITESSE MAXIMALE 318 km/h

AUTRES COMPOSANTS

SÉCURITÉ ACTIVE freins ABS, assistance au freinage, répartition électronique de la force de freinage, contrôle de la stabilité électronique, antipatinage
SUSPENSION AVANT/ARRIÈRE indépendante
FREINS AVANT/ARRIÈRE disques
DIRECTION à crémaillère, assistée
PNEUS P275/40R20 option P275/35R20

DIMENSIONS

EMPATTEMENT 2746 mm
LONGUEUR 4806 mm
LARGEUR (sans les rétroviseurs) 1944 mm
HAUTEUR 1404 mm
POIDS 2320 kg
DIAMÈTRE DE BRAQUAGE 11,3 m
COFFRE coupé 358 L
RÉSERVOIR DE CARBURANT 90 L

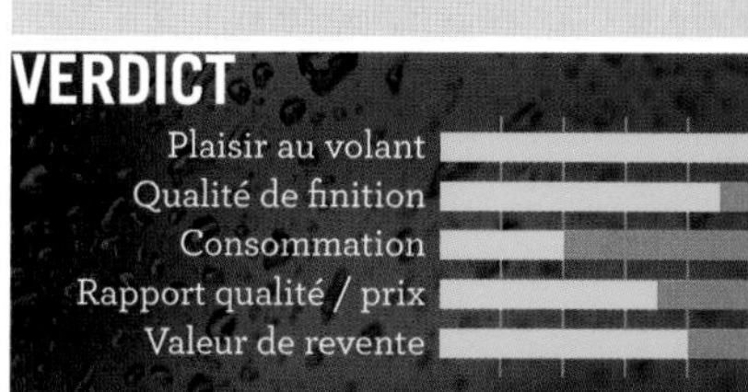

www.bentleymotors.com

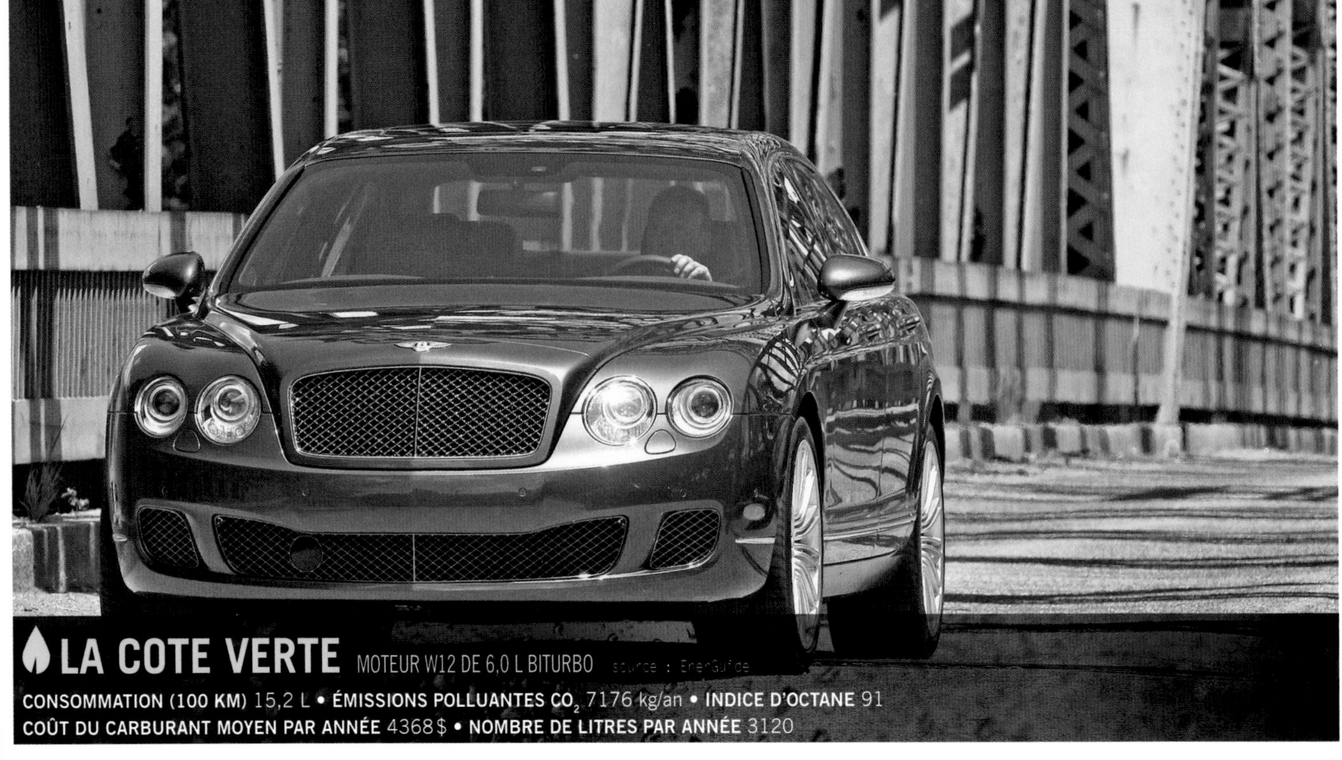

LA COTE VERTE MOTEUR W12 DE 6,0 L BITURBO source : ÉnerGuide

CONSOMMATION (100 KM) 15,2 L • **ÉMISSIONS POLLUANTES CO_2** 7176 kg/an • **INDICE D'OCTANE** 91
COÛT DU CARBURANT MOYEN PAR ANNÉE 4368 $ • **NOMBRE DE LITRES PAR ANNÉE** 3120

FICHE D'IDENTITÉ

VERSION Flying Spur, Series 51, Flying Spur Speed
ROUES MOTRICES 4
PORTIÈRES 4 **NOMBRE DE PASSAGERS** 4, 5
PREMIÈRE GÉNÉRATION 2005
GÉNÉRATION ACTUELLE 2005
CONSTRUCTION Crewe, Angleterre
COUSSINS GONFLABLES 8
(frontaux, latéraux avant et arrière, rideaux latéraux)
CONCURRENCE Jaguar XJ, Mercedes-Benz Classe S, Maserati Quattroporte

AU QUOTIDIEN

PRIME D'ASSURANCE
25 ANS : 7700 à 8000 $
40 ANS : 5000 à 5400 $
60 ANS : 4000 à 4200 $
COLLISION FRONTALE 5/5
COLLISION LATÉRALE 5/5
VENTES DU MODÈLE L'AN DERNIER
AU QUÉBEC nd **AU CANADA** nd
DÉPRÉCIATION nd
RAPPELS (2006 À 2011) 2
COTE DE FIABILITÉ 3/5

GARANTIES… ET PLUS

GARANTIE GÉNÉRALE 3 ans/kilométrage illimité
GARANTIE MOTOPROPULSEUR 3 ans/kilométrage illimité
PERFORATION 3 ans/kilométrage illimité
ASSISTANCE ROUTIÈRE 3 ans/kilométrage illimité
NOMBRE DE CONCESSIONNAIRES
AU QUÉBEC 1 **AU CANADA** 3

NOUVEAUTÉS EN 2012

Version 51 Series commémorant le 60e anniversaire du département de stylisme de Bentley

CLUB PRIVÉ SUR ROUES

Benoit Charette

Une question légitime se pose : à quoi peut bien servir une voiture capable de rouler à plus de 300 km/h et qui se vend près de 220 000 $? Bentley a vendu près de 10 000 voitures l'an dernier et devient la coqueluche des nouveaux riches des pays émergents. Et c'est Volkswagen, la voiture du peuple qui est propriétaire de cette marque d'un peuple disons… privilégié.

CARROSSERIE La base du modèle a peu changé depuis son introduction en 2005, quelques retouches de calandre plus droite et quelques rondeurs plus élégantes à l'arrière. Pour 2012, la Flying reçoit le traitement 51 Series en référence à 1951, année d'ouverture de la division de design chez Bentley. Dévoilé il y a deux ans sur les modèles GT et GTC, le catalogue d'options 51 Series proposent 14 options supplémentaires de configurations de couleurs extérieures, de finitions, de garnitures intérieures. Notons également que des teintes extérieures deux tons sont aussi offertes. Bentley a également créé une roue Series 51 sport 19 pouces à neuf rayons à finition graphite, tandis que les logos ailés Series 51, positionnés derrière les passages de roues avant, complètent l'esthétique personnalisée. Pour une touche sportive supplémentaire, toutes les Flying Spur 2012 peuvent recevoir, moyennant supplément, des étriers de freins bleus et des prises d'air sur les ailes avant.

HABITACLE J'ai déjà visité un appartement plus petit que cette Flying Spur au Japon. La voiture est immense et d'un chic à faire rougir la royauté. Volkswagen a su avec élégance apporter une rigueur toute germanique à cette richesse britannique. Dans la colonne des nouveautés pour 2012, les Bentley sont désormais équipées d'un nouveau système d'infodivertissement très sophistiqué qui fournit des images cartographiques et un disque dur embarqué de 30 gigaoctets. Au centre du tableau de bord, un écran de 8 pouces contient la chaîne audio, le téléphone, les paramètres de conduite et de confort ainsi qu'un système de navigation dernier cri qui utilise un disque dur et un lecteur de DVD embarqués pour accéder aux données des itinéraires. Il indique aussi les bouchons, loca-

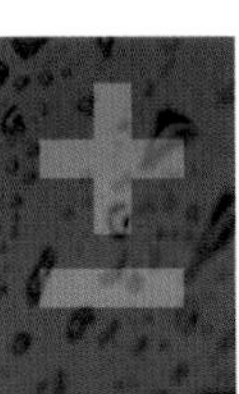

FORCES Confort sans nom • Puissance quasi illimitée • Réel plaisir de conduire

FAIBLESSES Une cure d'amaigrissement sera la bienvenue • Taille encombrante • Ne peut-être stationnée n'importe où

COMPORTEMENT L'insonorisation est élevée au rang de science dans la Flying Spur. Triple insonorisation partout. Une première couche en textile, une deuxième en plastique et une troisième hydrophobe (qui repousse l'eau). S'ajoute à cela le vitrage acoustique. Cela vous permet, entre autres, d'apprécier à sa juste valeur la chaîne Audio Naim de 1 100 watts et ses 15 haut-parleurs. Côté conduite, la voiture est beaucoup plus maniable que le laisse croire son imposante stature. Elle ne fait qu'une bouchée des routes en lacets et peut, au besoin, se transformer en fusée. La puissance arrive toujours de manière progressive, et, contrairement à ses concurrentes allemandes qui ont l'odomètre bloqué de série à 250 km/h, vous filerez sans efforts à plus de 300 dans la Flying Spur. Peu de grandes berlines procurent de véritables sensations de pilotage, celle-ci en fait partie.

lise avec Google Maps dans la plupart des marchés (mais pas au Canada). Ce système est dérivé de celui d'Audi, mais l'interface visuelle est en harmonie avec le décor, et les commandes se fondent très bien dans la philosophie du véhicule.

MÉCANIQUE Quand vous avez une bonne recette, il ne faut pas la changer. Bentley possède un magnifique moteur V12 biturbo qui dégage 552 chevaux. Même avec près de 2,5 tonnes, cela ne pose pas de problème, sauf si vous devez mettre de l'essence à chaque semaine; mais si vous êtes capable de vous payer une Bentley, l'essence est sans doute le dernier de vos soucis. La version Speed utilise la même mécanique, mais pousse la puissance à 600 chevaux. La seule boîte de vitesses est automatique à 6 rapports et le système à 4 roues motrices d'Audi s'occupe de tenir cette bête au sol dans toutes les circonstances.

CONCLUSION Certains critiquent l'influence allemande chez Bentley. On regrette l'authenticité britannique. Les gens oublient l'absence de fiabilité et la finition aléatoire de ses modèles des années 70 et 80 qui, en plus, étaient souvent un cauchemar à conduire. Bentley a maintenant une rigueur qui accompagne son prestige, et c'est très bien ainsi.

2e OPINION

« Pourquoi une grosse Bentley plutôt qu'une non moins grosse Rolls-Royce (j'exclus de l'équation pour le moment les Classe S et A8 : de superbes voitures, mais qui ne dégagent pas cette prestance patinée)? Parce que la Flying Spur affiche des rondeurs un peu boulottes qui l'humanisent. Après six ans, une refonte esthétique ne devrait tarder, mais, comme c'est le cas de la Continental GT, je m'attends à ce qu'on maintienne l'allure monarchique et qu'on modernise plutôt le tableau de bord, principalement du côté de l'infodivertissement, sans pour autant lui ôter son charme d'une autre époque. Ce jet privé sur quatre roues est aussi très plaisant à conduire. La Flying Spur étonne par sa rapidité, et sa suspension pneumatique réglable se rit des chaussées massacrées, même celles de Montréal, c'est vous dire ! » — Michel Crépault

FICHE TECHNIQUE

MOTEURS

W12 6,0 L biturbo DACT, 552 ch à 6100 tr/min
COUPLE 479 lb-pi de 1600 à 6100 tr/min
BOÎTE DE VITESSES automatique à 6 rapports avec mode manuel
0-100 KM/H 5,2 s
VITESSE MAXIMALE 312 km/h

(SPEED) W12 6,0 L biturbo DACT, 600 ch à 6000 tr/min
COUPLE 553 lb-pi de 1700 à 4600 tr/min
BOÎTE DE VITESSES automatique à 6 rapports avec mode manuel
0-100 KM/H 4,8 s

CONSOMMATION (100 KM) 18,5 L (octane 91)
ÉMISSIONS DE CO_2 9185 kg/an
LITRES PAR ANNÉE 3827
COÛT PAR AN 5357 $

AUTRES COMPOSANTS

SÉCURITÉ ACTIVE freins ABS, assistance au freinage, répartition électronique de la force de freinage, contrôle de la stabilité électronique, antipatinage
SUSPENSION AVANT/ARRIÈRE indépendante
FREINS AVANT/ARRIÈRE disques
DIRECTION à crémaillère, assistée
PNEUS P275/40R19 option/ de série Speed P275/35ZR20

DIMENSIONS

EMPATTEMENT 3065 mm
LONGUEUR 5290 mm
LARGEUR 1976 mm
HAUTEUR 1475 mm Speed 1465 mm
POIDS 2475 kg
DIAMÈTRE DE BRAQUAGE 11,8 m
COFFRE 475 L
RÉSERVOIR DE CARBURANT 90 L

VERDICT

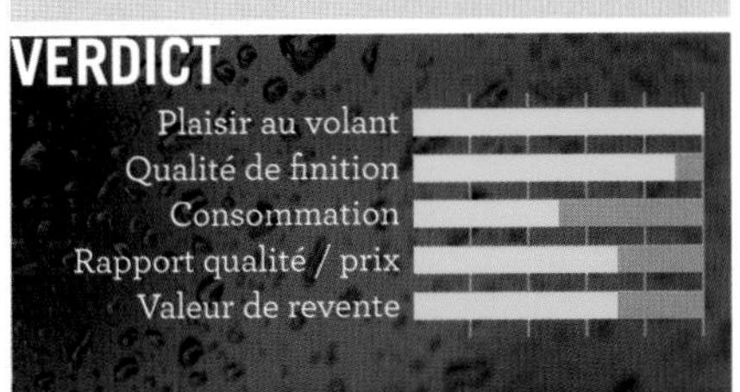

www.bentleymotors.com

36 000 à 53 700$ t&p 1995$

LA COTE VERTE MOTEUR L6 DE 3 L (COUPÉ) source : EnerGuide

CONSOMMATION (100KM) MAN 8,8 L AUTO. 8.9 L • **ÉMISSIONS POLLUANTES CO_2** MAN. 4140 KG/AN AUTO. 4186 KG/AN • **INDICE D'OCTANE** 91
COÛT DU CARBURANT MOYEN PAR ANNÉE MAN. 2520$ AUTO. 2548$ • **NOMBRE DE LITRES PAR ANNÉE** MAN. 1800 AUTO. 1820

FICHE D'IDENTITÉ

VERSIONS 128i coupé/cabriolet, 135i coupé/cabriolet, M
ROUES MOTRICES arrière
PORTIÈRES 2 **NOMBRE DE PASSAGERS** 4
PREMIÈRE GÉNÉRATION 2008
GÉNÉRATION ACTUELLE 2008
CONSTRUCTION Dingolfing, Allemagne
COUSSINS GONFLABLES
COUPÉ 6 (frontaux, latéraux avant, rideaux latéraux)
CABRIO. 6 (frontaux, latéraux avant, genoux conducteur et passager)
CONCURRENCE Audi A3, MINI Cooper S, Volvo C30

AU QUOTIDIEN

PRIME D'ASSURANCE
25 ANS : 3200 à 3400$
40 ANS : 2000 à 2200$
60 ANS : 1600 à 1800$
COLLISION FRONTALE 5/5
COLLISION LATÉRALE 5/5
VENTES DU MODÈLE L'AN DERNIER
AU QUÉBEC 613 **AU CANADA** 1764
DÉPRÉCIATION 33,6%
RAPPELS (2006 À 2011) 2
COTE DE FIABILITÉ 3/5

GARANTIES... ET PLUS

GARANTIE GÉNÉRALE 4 ans/80 000 km
GARANTIE MOTOPROPULSEUR 4 ans/80 000 km
PERFORATION 12 ans/kilométrage illimité
ASSISTANCE ROUTIÈRE 4 ans/kilométrage illimité
NOMBRE DE CONCESSIONNAIRES
AU QUÉBEC 9 **AU CANADA** 40

NOUVEAUTÉS EN 2012

Nouvelle livrée M de 335 chevaux (2011)

LUXE **DE POCHE**

Alexandre Crépault

La diminutive Série 1 de BMW est souvent perçue comme le modèle d'entrée de gamme du constructeur bavarois, ce qui est faux puisqu'une 323i s'offre à vous pour quelques milliers de dollars de moins. Mais comme le dicton le dit si bien : dans les petits pots, les bons onguents...

CARROSSERIE Depuis son introduction en Amérique du Nord, en 2008, la Série 1 arrive chez nous en formats coupé et cabriolet. Comme d'habitude, le manque d'engouement pour les voitures à hayon chez nos voisins du sud freine l'importation des modèles européens à 3 et à 5 portes au Canada. C'est en tout cas le triste destin de la génération actuelle. Si l'on se fie aux échos de l'industrie, il semblerait qu'il y ait de l'espoir pour la prochaine... En attendant que ces rumeurs se confirment ou pas, BMW a su nous consoler en nous expédiant une version M de la Série 1. Offerte en coupé seulement, cette M se distingue au premier coup d'œil par ses ailes élargies, une modification non seulement esthétiquement plaisante mais nécessaire pour accueillir les jantes de 19 pouces et leurs pneus 245/35ZR19 à l'avant et 265/35ZR19 à l'arrière. La M a aussi recours à un becquet unique qui a pour mission de canaliser l'air afin d'améliorer l'aérodynamisme du bolide.

HABITACLE Classe et sobriété dans une cabine compacte, voilà les mots-clefs à retenir. Bien que deux adultes trouvent le confort nécessaire à l'avant, les places arrière sont, pour ainsi dire, symboliques. Les chanceux qui se gâtent avec une M ont droit à des rehaussements d'équipements, dont des sièges munis d'un maintien latéral réglables électriquement et qui rapprochent le corps du nirvana.

MÉCANIQUE Le 6-cylindres atmosphérique de 3 litres de la 128i continue de rouler sa bosse. Avec ses 230 chevaux, son couple de 200 livres-pieds et une boîte de vitesses automatique Steptronic à 6 rapports, le coupé boucle le 0 à 100 km/h en 6,3 secondes, un temps très respectable. Une boîte manuelle est aussi offerte, mais coûte un dixième de seconde au chrono étalon. Quant au modèle 135i, son fidèle 6-cylindres en ligne biturbo (N54) a cédé sa place à une nouvelle

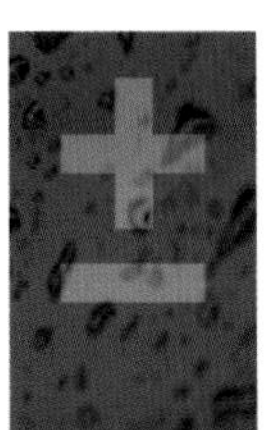

FORCES Moteur souple et puissant (135i et M) • Version cabriolet • Coupé M

FAIBLESSES Pas de diesel • Pas de version à hayon
Des places arrière à peu près inutiles

mouture qui n'utilise qu'un seul turbo (N55). Le niveau de puissance demeure le même, mais la consommation de carburant est avantagée. Cette mécanique accueille la manuelle à 6 rapports ou, en option, une boîte à double embrayage à 6 rapports. Ironiquement, la version M, elle, conserve l'usage des deux turbocompresseurs mais revus et corrigés comme sont capables de le faire les techniciens de l'explosive division de BMW. Le cocktail génère 335 chevaux et produit un couple de 332 livres-pieds, livrables dès les premiers tours par minute. Cette petite bombe est alors capable d'un sprint de 0 à 100 km/h en 4,9 secondes ! La version M profite aussi aux quatre coins de l'artillerie lourde de la M3, tant sur le plan de la suspension que des freins.

COMPORTEMENT Si la 128i permet de se balader au volant d'une authentique BMW, c'est aux commandes de la 135i qu'on se fait réellement plaisir. Sa souplesse civilisée convient aux besoins quotidiens, et il suffit de jouer du pied droit pour apprécier le gain en performance qu'autorise la suralimentation. La M, pour sa part, préfère qu'on ne la confonde pas avec une 335i qui aurait gobé des vitamines. Au démarrage, la sonorité rauque nous fait comprendre qu'on se frotte à une entité bien distincte. Comme la 135i, elle peut se montrer docile. Mais en ouvrant les soupapes, le compact coupé est catapulté, enfonçant nos organes dans le cuir du siège. En virage, la machine s'agrippe au pavé comme une sangsue. Les lois de la physique sont remises en question, du moins jusqu'à ce que l'arrière-train finisse par décrocher. Heureusement, les glissades se contrôlent avec l'accélérateur de manière télépathique. Bref, la M est un véritable petit bijou dont il est impossible de se lasser.

CONCLUSION La Série 1 m'est toujours apparue comme une excellente voiture, mais dont l'achat se justifie mal à cause de la Série 3 qui propose, à un prix similaire, un intérieur plus pratique. Ce frein à mon ardeur demeure vrai en ce qui concerne les 128i et 135i. Mais la M s'avère un tout autre animal. Je ne connais pas d'autres voitures qui en offrent autant pour une facture similaire. Mais faites vite ! Ce petit miracle du génie mécanique allemand ne sera pas offert indéfiniment.

2e OPINION

« La Série 1 était déjà une redoutable machine de guerre avec le 6-cylindres en ligne turbocompressé de 300 chevaux. Il ne manquait qu'un écusson M pour compléter la gamme, et c'est exactement ce que BMW a fait cette année avec l'addition du coupé 1 M dans la gamme. Beaucoup plus près des proportions de la première M3, ce coupé Série 1 M - à ne pas confondre avec la M1 d'origine - repousse encore les limites et propose une solution à tous ceux qui trouvaient que la M3 des années 2000 était devenue trop lourde avec le temps. Quant aux autres versions plus civilisées, elles n'ont rien à envier aux autres modèles de la marque au chapitre de la qualité d'exécution. » — Vincent Aubé

FICHE TECHNIQUE

MOTEURS

(128I) L6 3,0 L DACT, 230 ch à 6500 tr/min
COUPLE 200 lb-pi à 2750 tr/min
BOÎTE DE VITESSES manuelle à 6 rapports, automatique à 6 rapports avec mode manuel (en option)
0-100 KM/H man. 6,4 s **auto.** 7 s
Cabrio. man. 6,7s **auto.** 7,3s.
VITESSE MAXIMALE 210 km/h (bridée)

(135I) L6 3 L turbo DACT, 300 ch à 5800 tr/min
COUPLE 300 lb-pi de 1300 à 5000 tr/min
BOÎTE DE VITESSES manuelle à 6 rapports, manuelle robotisée à 7 rapports (en option)
0-100 KM/H man. 5,4 s **robo.** 5,3 s
Cabrio. man. 5,7s **Cabrio. robo.** 5,6 s
VITESSE MAXIMALE Coupé 240 km/h (bridée)
Cabrio. 210 km/h (bridée)

CONSOMMATION (100 km) **man.** 8,7 L **robo.** 9,7 L (octane 91)
ÉMISSIONS DE CO_2 man. 4048 kg/an **robo.** 4554 kg/an
LITRES PAR ANNÉE man. 1760 **robo.** 1980
COÛT PAR AN man : 2464 $ **robo.** 2772 $

(M) L6 3 L biturbo DACT, 335 ch à 5900 tr/min
COUPLE 332 lb-pi de 1500 à 4500 tr/min (369 lb-pi en mode overboost)
BOÎTE DE VITESSE manuelle à 6 rapports
0-100 KM/H 4,9 s
VITESSE MAXIMALE COUPÉ 250 km/h (bridée)

CONSOMMATION (100 KM) 9,8 L (octane 91)
ÉMISSIONS DE CO_2 4200 kg/an
LITRES PAR ANNÉE 1980
COÛT PAR AN man 2772 $

AUTRES COMPOSANTS

SÉCURITÉ ACTIVE freins ABS, assistance au freinage, répartition, électronique de force de freinage, contrôle de stabilité électronique, antipatinage
SUSPENSION AVANT/ARRIÈRE indépendante
FREINS AVANT/ARRIÈRE disques
DIRECTION À CRÉMAILLÈRE, assistée
PNEUS 128i P205/50R17 **option 128i** P205/50R17 (av.) P225/45R17 (arr.) **135i** P215/40R18 (av.) P245/35R18 (arr.) **M** P245/35R19 (av.) P265/35R19 (arr.)

DIMENSIONS

EMPATTEMENT 2660 mm
LONGUEUR 4373 mm **M** 4380 mm
LARGEUR 1748 mm **M** 1803 mm
HAUTEUR 128I 1423 mm **135I** 1408 mm
128I Cabrio. 1411 mm **135 I Cabrio.** 1392 mm **M** 1420 mm
POIDS ber. 128I man. 1475 kg , **128i auto.** 1510 kg, **128i cab. man.** 1585 kg, **128i cab. auto.** 1620 kg, **135i man.** 1530 kg, **135i auto.** 1560 kg, **135i cab. man.** 1650 kg, **135i cab. auto.** 1680 kg **M** 1495 kg
DIAMÈTRE DE BRAQUAGE 10,7 m **M** 11,5 m
COFFRE 370 L **Cabrio.** 305 L, 260 L (toit abaissé)
RÉSERVOIR DE CARBURANT 53 L

MENTIONS

COUP DE CŒUR

VERDICT

$ 34 900 à 82 300 $ t&p 1995 $

LA COTE VERTE MOTEUR L6 DE 3 L TURBODIESEL source : ÉnerGuide

CONSOMMATION (100 KM) 7,2 L • **ÉMISSIONS POLLUANTES CO_2** 3996 KG/AN • **INDICE D'OCTANE** DIESEL • **COÛT DU CARBURANT MOYEN PAR ANNÉE** 1850 $ • **NOMBRE DE LITRES PAR ANNÉE** 1480

FICHE D'IDENTITÉ

VERSIONS berl. : 323i, 328i, 328i xDrive, 335i, 335i xDrive, 335d, M3 coupé : 328i, 328i xDrive, 335i, 335i xDrive, 335is, M3 fam. : 328i xDrive cabrio : 328i, 335i, 335is, M3
ROUES MOTRICES arrière, 4
PORTIÈRES 2, 4, 5 **NOMBRE DE PASSAGERS** 5
PREMIÈRE GÉNÉRATION 1981
GÉNÉRATION ACTUELLE 2006
CONSTRUCTION Munich, Allemagne
COUSSINS GONFLABLES 6 (frontaux, latéraux avant, rideaux latéraux) **cabrio.** 6 (frontaux, latéraux avant (incluant tête), genoux conducteur et passager)
CONCURRENCE Acura TSX/TL, Audi A4, Cadillac CTS, Infiniti G, Lexus IS, Lincoln MKZ, Mercedes-Benz Classe C, Volvo S60/V70

AU QUOTIDIEN

PRIME D'ASSURANCE
25 ANS : 1500 à 1700 $
40 ANS : 1400 à 1600 $
60 ANS : 1000 à 1200 $
COLLISION FRONTALE 4/5
COLLISION LATÉRALE 5/5
VENTES DU MODÈLE L'AN DERNIER
AU QUÉBEC 3409 **AU CANADA** 14 009
DÉPRÉCIATION 35,1 %
RAPPELS (2006 À 2011) 5
COTE DE FIABILITÉ 4/5

GARANTIES... ET PLUS

GARANTIE GÉNÉRALE 4 ans/80 000 km
GARANTIE MOTOPROPULSEUR 4 ans/80 000 km
PERFORATION 12 ans/kilométrage illimité
ASSISTANCE ROUTIÈRE 4 ans/kilométrage illimité
NOMBRE DE CONCESSIONNAIRES
AU QUÉBEC 9 **AU CANADA** 40

NOUVEAUTÉS EN 2012

Aucun changement majeur

POUR LE **PLAISIR**, AVANT TOUT

Benoit Charrette

L'hédonisme est une doctrine philosophique grecque selon laquelle la recherche du plaisir et l'évitement du déplaisir constituent l'objectif de l'existence humaine. Alors, tous ceux qui pratiquent cette philosophie devraient conduire une BMW Série 3. Au moment d'écrire ses lignes, nous savions qu'une nouvelle BMW serait présentée au Salon de l'auto de Francfort. Le fabricant offrira même pour l'Europe des moteurs à 3 cylindres ainsi que d'autres motorisations à triple turbo; il proposera aussi le retour des hayons dans le style de la Série 5 GT, mais en moins laid, espérons-le.

CARROSSERIE La Série 3, c'est le pain et le beurre de l'entreprise bavaroise. Il est toujours facile de reconnaître une icône de l'automobile. Si vous avez besoin d'une loupe pour noter les changements d'une génération à l'autre, c'est habituellement que vous avez affaire à un mythe ; et on n'attaque pas un mythe à la hache, on peaufine gracieusement ses contours. C'est pour cette raison que la 3 a peu bougé depuis sa petite refonte de 2008. La face avant se fait légèrement plus agressive et prend un peu d'assurance, les bas de caisse évoluent également. L'éclairage diurne des coupés et cabriolets se fait désormais au moyen d'une lumière d'un blanc éclatant, mais rien de trop violent. On sait que la sixième génération présentée à Francfort évoluera en douceur.

HABITACLE L'une des raisons de la réussite de la Série 3, c'est qu'elle est en harmonie avec sa clientèle. Cette voiture, qui vise les professionnels branchés, a tout pour plaire. Comme elle est armée d'un système d'infodivertissement performant, vous pouvez littéralement transformer votre BMW en bureau mobile. Ce dernier est capable de réceptionner vos messages SMS, de vous les lire à voix haute, de télécharger le calendrier et vos musiques présentes sur votre téléphone. La connexion est également simplifiée. C'est comme d'avoir sa secrétaire

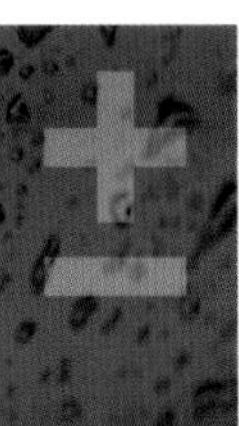

FORCES Tenue de route sans faille • Motorisation d'exception • Excellent confort • Système multimédia efficace une fois l'apprentissage effectué

FAIBLESSES Sièges de base un peu dur • Habitabilité arrière Longue liste d'options • Ambiance un brin austère

avec soi dans la voiture. Tout cela dans un environnement de cabinet de cadre supérieur. Certains trouvent que BMW fait un peu snobinard, mais ceux qui en ont conduit une comprennent pourquoi. Malgré un piètre record de fiabilité, les clients reviennent.

MÉCANIQUE C'est d'abord et avant tout pour ce qui se cache sous le capot que les gens feront en premier lieu l'essai d'une BMW. L'offre de base arrive toujours avec un 6-cylindres en ligne de 2,5 litres de 200 chevaux. Vous avez ensuite deux moteurs de 3 litres, le premier atmosphérique de 230 chevaux, et l'autre, turbo de 300 chevaux. La trop coûteuse mais très intéressante version 335 Diesel vous surprendra par ses prestations de sportive et son couple décoiffant qui allume comme peu de voitures les 265 chevaux du moteur. Et je me permets une parenthèse pour les vrais qui veulent de l'exotisme à prix réaliste. La M3, qui vit sa dernière année avec le magnifique V8 de 414 chevaux, m'a déjà fait verser une larme de bonheur sur le circuit du Mont-Tremblant. Si les plus de 80 000 $ vous semblent gros, après une heure au volant dans des conditions qui permettent de vivre le potentiel, vous voudrez en acheter une sur-le-champ.

COMPORTEMENT La BMW est celle par qui tout le monde veut apprendre. J'ai fait beaucoup de visite de constructeurs, de sièges sociaux, et, dans presque tous les endroits, il y a toujours quelques BMW qui ont été démantelées pour essayer de comprendre comment les sorciers de Munich arrivent à concentrer autant de plaisir au volant. On peut les imiter, mais jamais les égaler. Il n'y a que les voisins de Bavière, le fabricant aux anneaux, qui arrive à soutenir la comparaison. Et peu importe le modèle, le plaisir est toujours au rendez-vous. Agréable mélange d'équilibre, de tenue de route, de rigidité enveloppé dans un confort agréable, le plaisir croit aussi avec la puissance. Il est presque dommage d'être limité à nos basses vitesses d'autoroute dans une M3. Ce sont des voitures taillées sur mesure pour les autoroutes allemandes.

CONCLUSION La BMW Série 3 c'est beaucoup plus qu'un moyen de transport, c'est une expérience sensorielle. Puissance percutante, souplesse hallucinante, musique envoûtante : cette voiture vous donne tout cela. Elle se plaît à tous les régimes et fera de l'amateur de conduite une personne comblée.

2e OPINION

« On parle ici d'une icône sur roues. Je ne connais pas un chroniqueur automobile qui refuserait une Série 3 dans son garage. Pour étancher une soif de pilotage, elle offre une rigidité qui encaisse nos nids-de-poule sans broncher, une suspension et une direction musclées mais souples dont BMW a le secret, une pléiade de 6-cylindres en ligne (et un V8 dans la M3) qui sont tous hargneux sur demande, même le diesel, et, enfin, un format idéal pour s'amuser sur un chemin complice. On peut s'étendre sur la finition de l'habitacle, son sens aigu de l'ergonomie active, mais, vraiment, toute l'action se déroule de l'autre côté du pare-brise. Le constructeur l'a compris et décline la 3 en plus de configurations qu'il y a de zéro dans le compte en banque de Guy Laliberté. » — Michel Crépault

FICHE TECHNIQUE

MOTEURS

(335D) L6 3 L biturbo (turbodiesel) DACT, 265 ch à 4200 tr/min
COUPLE 425 lb-pi à 1750 tr/min
BOÎTE DE VITESSES automatique à 6 rapports avec mode manuel
0-100 KM/H 6,3 s **VITESSE MAXIMALE** 210 km/h (bridée)

(323I) L6 2,5 L DACT, 200 ch à 6000 tr/min
COUPLE 180 lb-pi à 4000 tr/min
BOÎTES DE VITESSES manuelle à 6 rapports, automatique à 6 rapports avec mode manuel (en option)
0-100 KM/H man. 7,4 s **auto.** 8,1 s
VITESSE MAXIMALE 210 km/h (bridée)
CONSOMMATION (100 KM) man. 9 L **auto.** 9 L (octane 91)
ÉMISSIONS DE CO_2 4232 kg/an
LITRES PAR ANNÉE 1840
COÛT PAR AN 2576 $

(328I, 328XI) L6 3 L DACT, 230 ch à 6500 tr/min
COUPLE 200 lb-pi à 2750 tr/min
BOÎTES DE VITESSES manuelle à 6 rapports, automatique à 6 rapports avec mode manuel (en option)
0-100 KM/H (man.) ber. 6,7 s **ber. xDrive** 7,2 s **coupé** 6,6 s **coupé xDrive** 7,1 s **fam. xDrive** 7,4 s
VITESSE MAXIMALE 210 km/h (bridée)
CONSOMMATION (100 KM) berl. man. 8,8 L **BERL. AUTO.** 8,9 L (octane 91)
ÉMISSIONS DE CO_2 berl. man. 4140 kg/an **berl. auto.** 4186 kg/an
LITRES PAR ANNÉE man. 1800 **auto.** 1820
COÛT PAR AN berl. man. 2520 $ **berl. auto.** 2548 $

(335I, 335I XDRIVE) L6 3 L turbo DACT, 300 ch à 5800 tr/min
COUPLE 300 lb-pi à 1200 tr/min
BOÎTE DE VITESSES manuelle à 6 rapports, automatique à 6 rapports avec mode manuel (en option)
0-100 KM/H (man.) ber. 5,7 s **ber. xDrive** 5,6 s **coupé xDrive** 5,5 s **cabrio** 5,8 s
VITESSE MAXIMALE 240 km/h (bridée)
CONSOMMATION (100 KM) berl. man. 9,1 L **berl. xDrive man.** 9,3 L (octane 91)
ÉMISSIONS DE CO_2 berl. man. 4278 kg/an **berl. xDrive man.** 4324 kg/an
LITRES PAR ANNÉE berl. man. 1860 **berl. xDrive man.** 1880
COÛT PAR AN berl. man. 2604 $ **berl. xDrive man.** 2632 $

(335IS) L6 3 L biturbo DACT, 320 ch à 5900 tr/min
COUPLE 332 lb-pi à 1500 tr/min
BOÎTE DE VITESSES manuelle à 6 rapports, manuelle robotisée à 7 rapports (en option)
0-100 KM/H (man.) berl. xDrive man. 5,4 s **berl. xDrive man.** 5,5 s
VITESSE MAXIMALE 240 km/h (bridée)
CONSOMMATION (100 KM) man. 9,9 L **robo.** 10,4 L (octane 91)
ÉMISSIONS DE CO_2 man. 4646 kg/an **robo.** 4830 kg/an
LITRES PAR ANNÉE man. 2020 **robo.** 2100
COÛT PAR AN man. 2828 $ **robo.** 2940 $

(M3) V8 4 L DACT, 414 ch à 8300 tr/min
COUPLE 295 lb-pi à 3900 tr/min
BOÎTES DE VITESSES manuelle à 6 rapports, manuelle robotisée à 7 rapports (en option)
0-100 KM/H coupé man. 4,9 s **coupé auto.** 4,7 s
VITESSE MAXIMALE 250 km/h (bridée)
CONSOMMATION (100 KM) man. 12,5 L **robo.** 12,7 L (octane 91)
ÉMISSIONS DE CO_2 man. 5888 kg/an **robo.** 5934 kg/an
LITRES PAR ANNÉE man. 2560 **robo.** 2580
COÛT PAR AN man. 3584 $ **robo.** 3612 $

AUTRES COMPOSANTS

SÉCURITÉ ACTIVE freins ABS, assistance au freinage, répartition électronique de la force de freinage, contrôle de la stabilité électronique, antipatinage
SUSPENSION AVANT/ARRIÈRE indépendante
FREINS AVANT/ARRIÈRE disques
DIRECTION à crémaillère, assistée
PNEUS 323 P205/55R16 **328i, 335i xDrive, 335d/option 323i** P225/45R17 **option 328i** P225/45R17 (av.) P255/40R17 (arr.) **335i, 335is/option 335i xDrive, 335d** P225/40R18 (av.) P255/35R18 (arr.) **M3** P245/40R18 (av.) P265/40R18 (arr.) **option 335is/M3** P245/35R19 (av.) P265/35R19 (arr.)

DIMENSIONS

EMPATTEMENT 2760 mm **M3** 2761 mm
LONGUEUR berl. 4531 mm **coupé** 4612 mm **fam.** 4527 mm **M3 coupé/cabrio.** 4618 mm **M3 berl.** 4583 mm
LARGEUR 1817 mm **coupé** 1782 mm **M3 coupé/cabrio** 1804 mm
HAUTEUR 1421 mm **fam./M3 coupé** 1418 mm **coupé** 1395 mm **cabrio.** 1384 mm **M3 cabrio** 1392 mm **M3 berl.** 1447 mm
POIDS berl : 323I man. 1500 kg **328i** 1555 kg **328i man.** 1525 kg **328i xDrive man./335i** 1635 kg **335i xDrive man.** 1730 kg **335d** 1735 kg **M3 man.** 1690 kg **coupé : 328i man.** 1525 kg **328i xDrive man.** 1625 kg **335i man.** 1615 kg **335i xDrive man.** 1695 kg **335is man.** 1620 kg **M3 berl.** 1690 kg **M3 coupé** 1680 kg **M3 cabrio.** 1880 kg. **fam.:328i xDrive man.** 1710 kg
DIAMÈTRE DE BRAQUAGE 11 m **berline xDrive** 11,8 m **M3** 11,7 m
COFFRE BERL. 450 L **CABRIO** 210 L, 350 L (toit en place) **COUPÉ 328I** 440 L **COUPÉ 335I, 335IS, M3** 430 L **FAM.** 460 L, 1385 L (sièges abaissés)
RÉSERVOIR DE CARBURANT 61 L M3 63 L

VERDICT

Plaisir au volant
Qualité de finition
Consommation
Rapport qualité / prix
Valeur de revente

$ 53 900 $ à 75 900 $ t&p 1 995 $

LA COTE VERTE MOTEUR L6 DE L6 DE 3 L source : EnerGuide

CONSOMMATION (100 KM) 7,9 L • **ÉMISSIONS POLLUANTES CO_2** 3726 kg/an • **INDICE D'OCTANE** 91
COÛT DU CARBURANT MOYEN PAR ANNÉE 2138 $ • **NOMBRE DE LITRES PAR ANNÉE** 1620 L

FICHE D'IDENTITÉ

VERSIONS 528i, 535i, 535i xDrive, 550i, 550i xDrive, M5
ROUES MOTRICES arrière, 4
PORTIÈRES 4 **NOMBRE DE PASSAGERS** 5
PREMIÈRE GÉNÉRATION 1972
GÉNÉRATION ACTUELLE 2011
CONSTRUCTION Dingolfing, Allemagne
SACS GONFLABLES 6 (frontaux, latéraux avant, rideaux latéraux)
CONCURRENCE Acura RL, Audi A6, Infiniti M, Jaguar XF, Lexus GS, Mercedes-Benz Classe E, Volvo S80

AU QUOTIDIEN

PRIME D'ASSURANCE
25 ANS 3000 à 3200 $
40 ANS 2100 à 2300 $
60 ANS 1800 à 2000 $
COLLISION FRONTALE 5/5
COLLISION LATÉRALE 5/5
VENTES DU MODÈLE l'an dernier
AU QUÉBEC 479 **AU CANADA** 2382
DÉPRÉCIATION 41,2 %
RAPPELS (2006 à 2011) 7
COTE DE FIABILITÉ nm

GARANTIES… ET PLUS

GARANTIE GÉNÉRALE 4 ans/80 000 km
GARANTIE MOTOPROPULSEUR 4 ans/80 000 km
PERFORATION 12 ans/kilométrage illimité
ASSISTANCE ROUTIÈRE 4 ans/kilométrage illimité
NOMBRE DE CONCESSIONNAIRES
AU QUÉBEC 9 **AU CANADA** 40

NOUVEAUTÉS EN 2012

Retour de la version M5 équipée d'un V8 biturbo

PERDRE SON **ÂME**

Philippe Laguë

Depuis son introduction, en 1972, la Série 5 a toujours été la mesure-étalon de son segment, ce qui est assurément un exploit. Renouvelée l'année dernière, elle a été précédée par une version multisegment, la mal nommée GT qui a recueilli des critiques pour le moins tièdes et se vend au compte-gouttes. Mais qu'en est-il des berlines de la Série 5 ?

CARROSSERIE La BMW Série 5 de sixième génération ressemble encore plus à la Série 3, au point où il faut un œil averti pour les distinguer. Sa grande sœur affiche la même élégance, la même classe. N'en déplaise aux propriétaires d'Acura, de Lexus et d'Infiniti, l'aura d'une « Béhème » n'a pas son égal du côté des marques de luxe asiatiques. Sur une note plus factuelle, la berline est désormais la seule configuration offerte. La familiale Touring a cédé sa place à la GT (voir le texte suivant).

HABITACLE Chez BMW, on fait dans l'épuré, façon mobilier scandinave. Mais toute la panoplie électronique y est : assistance au stationnement, caméra de vision arrière, avertisseur de collision, affichage à tête haute… Et tout ça a un prix : chez BMW comme chez les autres constructeurs allemands, les options sont aussi nombreuses que coûteuses, ce qui est injustifiable dans des voitures de ce prix.

La sixième génération est plus longue et plus large que la précédente, ce qui se traduit par des gains au chapitre de l'habitabilité, notamment pour la tête et les jambes, à l'arrière. Le coffre, lui, est vaste, profond et bien dégagé.

Les versions de la Série 5 n'ont pas le même équipement, ni les mêmes sièges. Ceux de la 550 n'ont rien à envier au Roche Bobois qui trône dans le salon de leur propriétaire : recouverts de cuir perforé, larges et savamment rembourrés, ils pèchent cependant par leur manque de maintien latéral. Dans une « Béhème », c'est plutôt surprenant (lire : décevant). Ceux des autres versions m'ont encore moins impressionné : leur confort est

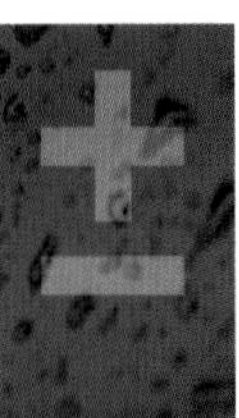

FORCES Classe et élégance • Habitacle spacieux • Superbes moteurs • Consommation (528 et 535) • Plus confortable que jamais

FAIBLESSES Innombrables options • Sièges quelconques • Consommation (550) • Direction désagréable • Agrément de conduite à la baisse • Fiabilité à la baisse

correct, sans plus, et leur maintien est déficient. Ce n'est pas à la hauteur d'une BMW, encore moins d'une Série 5.

MÉCANIQUE Les 6-cylindres de la marque bavaroise sont célébrés, que dis-je, vénérés, et pour cause : ils font partie de l'élite de la production automobile mondiale. On les retrouve avec bonheur dans les 528 et 535, en version atmosphérique dans la première et suralimentée dans la deuxième. Le 3-litres de la 528 génère 240 chevaux, ce qui me semble désormais un peu juste, vu le poids du modèle actuel. Grâce à l'ajout d'un turbocompresseur (pour la 535), la puissance grimpe à 300 chevaux, et ils ne sont pas de trop. Au sommet de la gamme, la 550 a droit, elle, à un V8 de 4,4 litres, suralimenté, cette fois, par deux turbos.

Même si elles sont plus puissantes, les Série 5 de sixième génération consomment moins grâce à l'injection directe de carburant ainsi qu'à la nouvelle boîte de vitesses automatique à 8 rapports. Et n'oublions pas le système Valvetronic de désactivation des cylindres. Une boîte manuelle à 6 rapports est également offerte, mais la 528 n'y a pas droit, ce qui est plutôt saugrenu, car c'est la moins puissante des trois.

COMPORTEMENT La 535 m'a fait penser à un joueur qui arrive au camp d'entraînement en piètre forme physique. Son châssis montre un réel potentiel, mais c'est le reste qui ne suit pas. Résultat : la 535 n'est pas plus excitante à conduire qu'une Lexus ou une Mercedes-Benz. Je me suis ennuyé derrière le volant, ce que je n'aurais jamais cru possible dans une Série 5.

Plus puissante, la 550 se montre aussi plus sportive. La suspension est plus ferme, la direction, aussi, et les gros pneus de 19 pouces ont plus de mordant. Le roulis disparaît complètement, et la Série 5 redevient une Série 5. N'empêche, quelques kilos en moins ne feraient pas de tort.

Outre le facteur poids, il y a cette direction à assistance électrique, une abomination qui gomme toute sensation de conduite, en plus de ne pas avoir la même rapidité d'exécution qu'une direction hydraulique.

CONCLUSION Si j'étais un propriétaire de BMW Série 5 depuis plusieurs années, je ne serais pas tenté, pour la première fois, de renouveler l'expérience, à moins que ce ne soit pour une 550. Le problème, c'est qu'il suffit de quelques options pour que son prix flirte avec celui d'une opulente Série 7. Comprenons-nous bien : la Série 5 est tout sauf une mauvaise voiture, mais elle a de moins en moins l'âme d'une BMW.

2e OPINION

« Il y a la nouvelle Audi A6, l'incontournable Mercedes-Benz de Classe E, puis il y a la BMW de Série 5. Tout le reste, c'est secondaire. Et on aura beau dire, beau faire, le trio allemand aura toujours une longueur d'avance sur la concurrence. Les choses ont cependant changé car, il n'y a pas si longtemps, on catégorisait facilement ces trois berlines : la Mercedes-Benz pour le confort, la BMW pour la conduite, et l'Audi pour l'entre-deux. Sauf que désormais, la Série 5 fait aussi bien que ses rivales en matière de confort, propose une transmission intégrale très efficace et continue d'impressionner avec un comportement dynamique et des motorisations carrément magnifiques. Il est seulement dommage qu'on ait coupé dans la qualité de la finition... » — Antoine Joubert

FICHE TECHNIQUE

MOTEURS

(528i)
L6 3 L DACT, 240 ch à 6600 tr/min
COUPLE 230 lb-pi de 2600 à 5000 tr/min
BOÎTE DE VTIESSES à 8 rapports avec mode manuel
0-100 KM/H 7,0 s
VITESSE MAXIMALE 210 km/h (bridée)

(535i)
L6 3 L turbo DACT, 300 ch à 5800 tr/min
COUPLE 300 lb-pi de 1200 à 5000 tr/min
BOÎTE DE VITESSES à 8 rapports avec mode manuel, manuelle à 6 rapports (en option sur 2RM)
0-100 KM/H 6,0 s
VITESSE MAXIMALE 210 km/h (bridée)
CONSOMMATION (100 km) **man.** 9,1 L **auto.** 8,3 L **auto. 4RM** 8,6 L (octane 91)
ÉMISSIONS DE CO_2 **man.** 4278 kg/an **auto.** 3910 kg/an **auto. 4RM** 4002 kg/an
LITRES PAR ANNÉE man. 1860 L **auto.** 1700 L auto. 4RM 1740 L
COÛT PAR AN man. 2455 $ **auto.** 2244 $ **auto. 4RM** 2297 $

(550i) V8 4,4l biturbo DACT, 400 ch de 5500 à 6400 tr/min
COUPLE 450 lb-pi à 1750 à 4500 tr/min
BOÎTE DE VITESSES à 8 rapports avec mode manuel, manuelle à 6 rapports (en option sur 2RM)
0-100 KM/H 5,3 s
VITESSE MAXIMALE 210 km/h (bridée)
CONSOMMATION (100 KM) man. 12,0 l **auto.** 10,3 L **auto. 4RM** 10,9 L (octane 91)
ÉMISSIONS DE CO_2 man. 5474 kg/an **auto.** 4830 kg/an **auto. 4RM** 5106 kg/an
LITRES PAR ANNÉE man. 2380 L **auto.** 2100 L **auto. 4RM** 2220 L
COÛT PAR AN man. 314+ $ **auto.** 2772 $ **auto. 4RM** 2930 $

(M5) V8 4,4L biturbo DACT, 560 ch de 6000 à 7000 tr/min
COUPLE 502 lb-pi à de 1500 à 5750 tr/min
BOÎTE DE VITESSES robotisée à 7 rapports
0-100 KM/H 4,4 s
VITESSE MAXIMALE 250 km/h (bridée)
CONSOMMATION (100 KM) 9,9 L (octane 91)
ÉMISSIONS DE CO_2 6762 kg/an
LITRES PAR ANNÉE 2940 l
COÛT PAR AN 4116 $

AUTRES COMPOSANTES

SÉCURITÉ ACTIVE freins ABS, assistance au freinage, répartition électronique de la force de freinage, contrôle de stabilité électronique, antipatinage
SUSPENSION AVANT/ARRIÈRE indépendante
FREINS AVANT/ARRIÈRE disques
DIRECTION à crémaillère, assistée
PNEUS 528i P225/55R17 **option 528i/535i** P245/45R18 **option 535i/de série 550i** P245/40R19 (av.) P275/35R19 (arr.) **M5** P265/40R19 (av.) P295/35R19 (arr.)

DIMENSIONS

EMPATTEMENT 2968 mm
LONGUEUR 4899 mm
LARGEUR 1860 mm
HAUTEUR 1464 mm
POIDS 528i 1730 kg **535i man.** 1840 kg **535i auto.** 1855 kg **535i xDrive** 1855 kg **550i man.** 1970 kg **550i auto./550i xDrive** 1985 kg **M5** 1945 kg
DIAMÈTRE DE BRAQUAGE 12,0 m **M5** 12,6 m
COFFRE 520 L
RÉSERVOIR DE CARBURANT 70 L **M5** 80 L

MENTIONS

CLÉ D'OR

COUP DE CŒUR

VERDICT

Plaisir au volant
Qualité de finition
Consommation
Rapport qualité / prix
Valeur de revente

$ 69 900 à 79 900 $ t&p 1995 $

LA COTE VERTE MOTEUR L6 DE 3,0 L TURBO source : EnerGuide

CONSOMMATION (100KM) 9,4 L • ÉMISSIONS POLLUANTES CO_2 4416 KG/AN • INDICE D'OCTANE 91
COÛT DU CARBURANT MOYEN PAR ANNÉE 2534 $ • NOMBRE DE LITRES PAR ANNÉE 1920

FICHE D'IDENTITÉ

VERSIONS 550i GT, 550i xDrive
ROUES MOTRICES 4
PORTIÈRES 5 **NOMBRE DE PASSAGERS** 5
PREMIÈRE GÉNÉRATION 2010
GÉNÉRATION ACTUELLE 2010
CONSTRUCTION Dingofling, Allemagne
COUSSINS GONFLABLES 6
(frontaux, latéraux avant, rideaux latéraux)
CONCURRENCE Audi A6 Avant,
Mercedes-Benz Classe E familiale

AU QUOTIDIEN

PRIME D'ASSURANCE
25 ANS : 3000 à 3200 $
40 ANS : 2100 à 2300 $
60 ANS : 1800 à 2000 $
COLLISION FRONTALE 5/5
COLLISION LATÉRALE 5/5
VENTES DU MODÈLE L'AN DERNIER
AU QUÉBEC 340 **AU CANADA** 1619
DÉPRÉCIATION nm
RAPPELS (2005 À 2010) 4 (Série 5)
COTE DE FIABILITÉ nm

GARANTIES... ET PLUS

GARANTIE GÉNÉRALE 4 ans/80 000 km
GARANTIE MOTOPROPULSEUR 4 ans/80 000 km
PERFORATION 12 ans/kilométrage illimité
ASSISTANCE ROUTIÈRE 4 ans/kilométrage illimité
NOMBRE DE CONCESSIONNAIRES
AU QUÉBEC 9 **AU CANADA** 40

NOUVEAUTÉS EN 2012

Aucun changement majeur

LA MASSE **D'INERTIE**

Francis Brière

En 2010, BMW retire du marché nord-américain son modèle de Série 5 Touring. Évidemment, la raison est simple : les ventes ne suffisent pas aux yeux du constructeur bavarois à justifier l'offre. Qu'à cela ne tienne ! Un modèle remplaçant est né en 2009 : la Série 5 GT. Les concepteurs de BMW ont cru bon dessiner un modèle qui serait plus susceptible de contenter la clientèle peu friande de familiales, mais qui en aurait marre des berlines. Ont-ils gagné leur pari ? Rien n'est moins certain.

CARROSSERIE La silhouette de la Série 5 Gran Turismo est charmeuse au premier abord. La voiture est plus haute sur roues, ce qui en fait un croisement entre le véhicule utilitaire sport et la familiale. C'est surtout le hayon ainsi que sa ceinture de caisse qui la distinguent d'une Série 5. De fait, cette portière s'ouvre de deux façons : partielle ou complète. Le mécanisme prévoit l'articulation d'une partie du hayon pour charger de petits objets, ou encore l'ouverture maximale de l'espace de chargement à la pression d'une deuxième poignée. Pour le reste, BMW a conservé le faciès typique des années 1970 avec la calandre légèrement inclinée et ses fentes caractéristiques. Mais c'est surtout la carte de la polyvalence que le constructeur a voulu jouer avec la Série 5 GT, en précisant qu'elle offre 1 700 litres d'espace de chargement.

HABITACLE Ce véhicule est massif, très massif. L'aménagement intérieur donne l'impression aux occupants qu'ils se trouvent à bord d'une Série 7 agrandie ! Les sièges immenses ne manquent pas de confort, et vous bénéficiez des dernières technologies avec le système iDrive. La planche de bord est digne de celle de la grande berline de BMW. Luxe, confort, prestige et ergonomie assurés. L'insonorisation est irréprochable.

MÉCANIQUE Deux moteurs sont offerts avec la Série 5 Gran Turismo, le fameux 6-cylindres turbo de 300 chevaux et le V8 de 450 chevaux. Les deux sont jumelés à une boîte de vitesses automatique à 8 rapports qui provient de la Série 7. Si vous optez pour la livrée 550i xDrive, vous ajoutez 150 kilos

FORCES Confort et luxe • Silhouette agréable • Habitacle princier

FAIBLESSES Poids important • Espace de chargement décevant • Prix • Modèle peu intéressant

la GT soit plus pataude qu'une Série 5. Sa garde au sol est plus haute, ce qui signifie que le centre de gravité l'est aussi. Cette voiture ne procure absolument pas la même sensation de conduite que la berline. BMW a mis l'accent sur le confort, et on le constate fort bien, qu'on soit derrière le volant ou simple passager. Par contre, le plaisir de conduire qu'on retrouve à bord d'une Série 5 fait malheureusement défaut

à l'avant. En revanche, vous bénéficiez d'un moteur majestueux dont la puissance et la souplesse sont incomparables. Dans les deux cas, le système xDrive est offert de série, et c'est tant mieux! En ce qui a trait à la suspension, la Série 5 GT dispose d'un système adaptatif perfectionné qui assure confort et tenue de route. N'oublions pas les quatre modes de conduite : Confort, Normal, Sport et Sport +. Pour les deux derniers, le huitième rapport de la boîte de vitesses est désactivé, question de mettre l'accent sur la performance.

COMPORTEMENT Avec un poids de 2 135 kilogrammes, ne soyez pas surpris que

avec la GT. Cet heureux amalgame de roulement princier et de comportement sportif a été relégué aux oubliettes. Il faut négocier les virages avec délicatesse et ne pas trop exiger de cette carcasse encombrante.

CONCLUSION Les dirigeants de BMW ont misé gros en proposant un modèle qui pourrait éventuellement plaire à une clientèle en quête de nouveautés. Le résultat ne semble pas concluant, puisque les Série 5 GT se font rares sur nos routes. À un prix de base de 70 000$, elle est destinée à des acheteurs bien nantis qui bénéficient d'un choix embarrassant : Mercedes-Benz de Classe E, Audi A6 ou, encore, BMW de Série 5!

2e OPINION

« Je l'avoue, j'ai un faible pour les produits BMW. Cependant, j'ai encore besoin qu'on m'explique la présence de cette Série 5 GT sur le marché. Je veux bien comprendre qu'on a voulu plaire aux Américains en amenant cette chose ici, mais qui veut d'un véhicule aux formes si bizarroïdes et qui n'offre, à l'instar du X6, que quatre places. Franchement, si Pontiac avait accouché d'un tel design, on aurait crucifié le styliste sur la place publique. En automobile, il n'y a pas que la beauté intérieure qui compte. Mais parce que c'est BMW... Toujours est-il que ça n'enlève rien au... véhicule (je ne sais trop comment l'appeler). Le degré de confort est divin; les performances enivrantes et la conduite d'une version xDrive donnent l'impression de piloter un char d'assaut. » — *Daniel Rufiange*

FICHE TECHNIQUE

MOTEURS

(535I GT) L6 3,0 L turbo DACT, 300 ch de 5800 à 6250 tr/min
COUPLE 300 lb-pi de 1200 à 5000 tr/min
BOÎTE DE VITESSES automatique à 8 rapports avec mode manuel
0-100 KM/H 6,1 s **VITESSE MAXIMALE** 240 km/h (bridée)

(550I GT) V8 4,4 l biturbo DACT, 400 ch de 5500 à 6400 tr/min
COUPLE 450 lb-pi de 1750 à 4500 tr/min
BOÎTE DE VITESSES automatique à 8 rapports avec mode manuel
0-100 KM/H 5,3 s **VITESSE MAXIMALE** 240 km/h (bridée)

CONSOMMATION (100 KM) 11,9 L
ÉMISSION DE CO_2 4416 kg/an
LITRES PAR ANNÉE 2420
COÛT PAR AN 3194 $

AUTRES COMPOSANTS

SÉCURITÉ ACTIVE freins ABS, assistance au freinage, répartition électronique de la force de freinage, contrôle de stabilité électronique, antipatinage
SUSPENSION AVANT/ARRIÈRE indépendante
FREINS AVANT/ARRIÈRE disques
DIRECTION à crémaillère, assistée
PNEUS 535i P245/50R18 **OPTION 535I/ DE SÉRIE 550I** P245/45R19 (av.) P275/40R19 (arr.) **OPTION 550I P245/40R20** (av.) P275/35R20

DIMENSIONS

EMPATTEMENT 3070 mm
LONGUEUR 5000 mm
LARGEUR 1901 mm
HAUTEUR 1559 mm
POIDS 535I 2135 kg **550I** 2295 kg
DIAMÈTRE DE BRAQUAGE 12,2 m
COFFRE GT 440 L, 1700 L (sièges abaissés)
RÉSERVOIR DE CARBURANT 70 L

VERDICT

Plaisir au volant
Qualité de finition
Consommation
Rapport qualité / prix
Valeur de revente

LA COTE VERTE MOTEUR V8 DE 4,4 L BITURBO source : BMW

CONSOMMATION (100 KM) MAN. 11,9 L AUTO. 11,1 L • **ÉMISSIONS POLLUANTES CO_2** ND • **INDICE D'OCTANE** 91
COÛT DU CARBURANT MOYEN PAR ANNÉE ND • **NOMBRE DE LITRES PAR ANNÉE** ND

FICHE D'IDENTITÉ

VERSIONS 650i xDrive, 650i Cabriolet, xDrive
ROUES MOTRICES arrière, 4
PORTIÈRES 2 **NOMBRE DE PASSAGERS** 4 (2 + 2)
PREMIÈRE GÉNÉRATION 2004
GÉNÉRATION ACTUELLE 2012
CONSTRUCTION Dingolfing, Allemagne
COUSSINS GONFLABLES 6 (frontaux, latéraux avant, rideaux latéraux)
CONCURRENCE Chevrolet Corvette, Jaguar XK, Maserati GT, Mercedes-Benz Classe SL, Porsche 911

AU QUOTIDIEN

PRIME D'ASSURANCE
25 ANS : 4000 à 4200$
40 ANS : 2500 à 2700$
60 ANS : 2000 à 2200$
COLLISION FRONTALE 5/5
COLLISION LATÉRALE 5/5
VENTES DU MODÈLE DE L'AN DERNIER
AU QUÉBEC 9 **AU CANADA** 61
DÉPRÉCIATION nm
RAPPELS (2006 À 2011) 6
COTE DE FIABILITÉ nm

GARANTIES... ET PLUS

GARANTIE GÉNÉRALE 4 ans/80 000 km
GARANTIE MOTOPROPULSEUR 4 ans/80 000 km
PERFORATION 12 ans/kilométrage illimité
ASSISTANCE ROUTIÈRE 4 ans/kilométrage illimité
NOMBRE DE CONCESSIONNAIRES
AU QUÉBEC 9 **AU CANADA** 40

NOUVEAUTÉS EN 2012

Nouvelle génération

PARESSE OU VITESSE, PROMESSE **D'ALLÉGRESSE!**

Michel Crépault

Les pérégrinations de la Série 6 à travers les ans n'ont jamais été simples. BMW l'a d'abord testée de 1977 à 1989, avant que la Série 8 ne s'amène, suffisamment pour marquer l'imaginaire des connaisseurs mais elle n'est pas assez populaire pour perdurer dans l'écurie (trop lourde et trop chère). Le constructeur a donc ramené le coupé 645Ci en 2004, réintroduit le cabriolet, fait subir des retouches au duo en 2007, puis lui a donné carrément congé pour l'année-modèle 2011, le temps de remettre aux ingénieurs munichois le budget et les outils pour nous concocter la 3e génération d'un coupé et d'un cabriolet 650i 2012 au goût du jour.

CARROSSERIE On a souvent considéré les formes de la 6 comme une variante à deux portières de la Série 5. Pour 2012, les dessinateurs se sont échinés sur une silhouette distincte, bien qu'elle partage encore la plateforme de l'autre série. La longueur, l'empattement et la largeur ont respectivement gagné 7,4, 7,5 et 3,9 centimètres par rapport à l'ancienne mouture. C'est d'ailleurs cette voie élargie, jumelée à la hauteur diminuée et aux jantes de 19 pouces mieux plantées au sol, qui confère aux nouvelles 6 une présence davantage athlétique, arrogante même. Les stylistes prétendent s'être inspirés d'un bateau qui fend l'eau pour les lignes. La proue, c'est-à-dire la calandre portant le fameux double rein plus pointu et les phares au xénon qui pivotent dans les courbes, ouvre le chemin pendant que sur les flancs ondulent des traits et des reliefs qui imitent les vagues. L'ensemble général, comme vous pouvez le constater, tient beaucoup plus de l'hydroplane que de la chaloupe. Le cabriolet propose une robuste capote qui n'est offerte qu'en noir. Avec ou sans, la décapotable se révèle un ravissement pour l'œil, alors que le coupé brandit sans équivoque sa nature bagarreuse.

HABITACLE Le cabriolet brille par une sélection de matériaux d'excellente qualité et assemblés avec minutie. Mais l'atmo-

FORCES Silhouette séduisante, à toit dur ou souple • V8 fougueux • Contrôle des turbulences à bord du cabrio

FAIBLESSES Banquette arrière symbolique • Visibilité pas toujours évidente • Beaucoup d'options malgré le prix corsé

sphère générale qui s'en dégage est plutôt sévère. On s'attend à plus de gaieté de la part d'une décapotable. Heureusement, BMW propose le programme Indivual à sa clientèle. Avec un chéquier bien garni, l'amateur peut décorer l'intérieur selon ses caprices. Ça vaut aussi pour l'équipement. Qu'il soit standard ou facultatif, pensez à un gadget contemporain, et la 650i le propose, de la caméra périphérique à l'aide au stationnement, en passant par le dispositif de vision nocturne à l'avertisseur d'angle mort. BMW insiste cette année sur sa nouvelle génération d'afficheur à tête haute qui projette désormais dans le pare-brise ses renseignements en couleurs et en 3D. Le système de commande iDrive est fidèle au poste pour contrôler un nombre impressionnant de fonctions. Les ingénieurs ne cessent d'en simplifier l'utilisation, ce qui revient presque à dédoubler les commandes : l'un qui passe par l'écran haute définition, l'autre qui s'en remet au bon vieux bouton. Le toit souple du cabriolet bénéficie de suffisamment de couches isolantes pour affronter nos hivers, si jamais l'idée de plonger une babiole de plus de 100 000 $ dans la gadoue vous passe par la tête, mais il est prouvé que les acheteurs de 650i possèdent plusieurs voitures; il y en a sûrement une dans le lot plus apte à endurer le calcium. Malgré les prétentions du constructeur, la 6 ne peut être qu'une 2+2. Si ce n'est des enfants particulièrement souples, je plains n'importe quel adulte obligé de voyager sur la banquette. Dans le cas du cabriolet, mieux vaut réserver cet espace aux bagages qui risquent de trouver insuffisants les 300 litres du coffre, le toit ouvert. Les décapotables sont toujours à court de miracle au chapitre du transport des valises. Du côté du coupé, cependant, on a droit à 460 litres.

MÉCANIQUE Le constructeur mise encore sur un V8 sauf que la cylindrée de 4,8 litres est passée à 4,4 litres; pour ce qui est de la puissance, on est passé de 360 à 400 chevaux grâce à deux turbocompresseurs. Il parvient à déplacer la 6 de 0 à 100 km/h en quelque 5 secondes. Pour la boîte de vitesses, vous avez le choix, sans déboursé supplémentaire, entre une manuelle à 6 rapports ou une séquentielle à 8 rapports munie de leviers de sélection au volant. L'option baptisée direction active intégrale affecte non seulement le travail de l'essieu avant mais aussi celui de l'arrière, selon les mouvements imprimés au volant, pour raccourcir ou allonger virtuellement l'empattement de l'auto afin d'obtenir une meilleure stabilité à grande vitesse et davantage de maniabilité dans un stationnement bondé. La suspension à commande électronique est également modifiable au goût du conducteur. Ce dernier, par exemple, peut choisir un réglage de châssis rigide, mais demander que les amortisseurs réagissent en souplesse pour contrecarrer les inégalités de la chaussée. L'informatique qui contrôle ces mouvements du châssis envoie des ordres toutes les 2,5 millisecondes !

COMPORTEMENT Puisque la 650i offre une allure d'enfer supportée par une mécanique ultra sophistiquée, il convient de refiler au conducteur un contrôle parfait de l'étalon. En cochant les bonnes options,

HISTORIQUE

Les origines de la Série 6 moderne remontent à 1976 alors que le châssis plus sécuritaire E 24 succéda aux coupés E9 (jetez un coup d'œil sur la magnifique 3.0CSi de 1968). Le modèle a ensuite connu des hauts et des bas jusqu'à ce que la Série 8 ne s'amène. Celle-ci n'ayant pas fait long feu, BMW a ramené le coupé 645Ci en 2004, puis le cabriolet. Le duo a pris une pause durant l'année-modèle 2011 et nous revient en 2012 sous les traits de la 650i. Mais le goût de BMW pour les coupés sportifs ne datent pas d'hier, comme en témoignent les 327/28 de 1937 et la 503 de 1956.

BMW 327/28 1937-41

BMW 327/28 1937-41

BMW 503 1956-59

BMW 3200 CS 1962-65

BMW 3.0 CSi 1968-75

BMW 635 CSi 1976-89

BMW Série 6 2007-11

BMW Série 6 2007-11

GALERIE

A Pour la boîte de vitesses, vous avez le choix, sans déboursé supplémentaire, entre une manuelle à 6 rapports ou une séquentielle à 8 rapports munie de leviers de sélection au volant. Juste à côté trône la commande iDrive qui est ni plus ni moins le quartier général de toutes les fonctions d'une 6. Si vous apprivoisez l'iDrive, vous domptez l'auto !

B Pour accéder aux baquets avant et à leur confort princier, rien de plus facile grâce aux très longues portières. Pour prendre place à l'arrière, il suffit de rabattre le dossier devant pour voir le fauteuil coulisser automatiquement hors du chemin. Ça ne garantit pas toutefois un dégagement extraordinaire à l'arrière étant donné qu'il faut davantage parler ici d'un 2+2.

C Les cabriolets présentent la majorité du temps l'agacement d'un coffre à bagages dont la capacité de chargement est handicapée par l'empiètement du toit amovible une fois celui-ci rangé dans sa cache. Le cabriolet de la Série 6 ne fait pas vraiment exception avec ses 300 L, malgré sa capote en toile ; le coupé le bat avec ses 460L.

D Le moteur de la 650i, un V8 à double turbo de 400 ch à injection directe de carburant, garantit un 0-100 km/h en presque 5 secondes malgré le poids à traîner de plus de deux tonnes.

E Les phares de la 6, en plus d'être beaux, s'avèrent efficaces à maints égards. Par exemple, ils passent d'eux-mêmes des « basses » aux « hautes » afin de ne pas aveugler l'autre automobiliste qui vient en sens inverse ; ils pivotent aussi selon le virage emprunté pour assurer un éclairage optimal. Même les antibrouillards sont dotés de la technologie des diodes DEL.

ce pilote est en mesure de programmer le débattement, le roulis, la direction, l'accélérateur, le passage des rapports et, même, le degré d'intervention des aides électroniques selon son humeur. Il souhaite se taper une balade dominicale au seuil de la contemplation? Confort garanti. Il désire plutôt défier chacune des courbes qu'il enfile? La machine devient alors une inépuisable source d'adrénaline. Le poids est là, de même que le gabarit, mais le cocktail mécanique et électronique de BMW vient à bout de ce luxe pour tout de même multiplier les sensations fortes à satiété. Sur une route perdue du Mexique, je confesse avoir roulé à une vitesse que je n'aurais jamais cru pouvoir atteindre avec une décapotable. De surcroît, sans perdre ma casquette, ce qui est un exploit et un témoignage de l'adresse avec laquelle les ingénieurs ont considéré le problème récurrent des turbulences éoliennes dans une décapotable qui tente de briser le mur du son. Pour y arriver, la lunette en verre dégivrante s'ouvre indépendamment de la capote. Quand on la laisse en place, derrière les sièges arrière, on fait d'une pierre deux coups : la capote sans sa lunette prend moins de place dans le coffre, ce qui en laisse davantage aux bagages (relativement), et, surtout, la lunette dressée à la verticale se transforme en coupe-vent. Si jamais c'est une averse soudaine qui menace alors qu'on roule à ciel ouvert, la capote nécessite 24 secondes pour se refermer (19 pour s'ouvrir) et les deux opérations peuvent se dérouler pendant que l'auto roule à une vitesse n'excédant pas 40 km/h.

CONCLUSION Quand le paysage est vraiment bucolique, que l'air n'empeste pas, que les cumulus se tiennent au sec, qu'on est suffisamment décontracté pour apprécier le temps qui nous glisse sur notre bulle, on apprécie vraiment les bons côtés d'un cabriolet. Quand on veut conduire vite et bien mais sans sacrifier son confort, on pense au coupé. Dans un cas comme dans l'autre, on élude les responsabilités familiales, comme de reconduire la tribu à la pratique de soccer. La 650i, dans ses deux configurations, symbolise la liberté. Qui se paye cher, malheureusement. Les rumeurs font état d'une 640i munie d'un 6-cylindres, d'une variante à transmission intégrale et, c'est officiel, de la préparation d'une M6. En attendant, pour afficher sa différence, pour projeter son insouciante énergie, les 650i ne s'embarrassent pas d'introvertis !

2e OPINION

« À une époque où les constructeurs, pour la plupart, se serrent la ceinture pour offrir des véhicules plus économiques, BMW va à contre-courant avec la nouvelle Série 6. Longue de 4,9 mètres et offerte en première livrée avec un V8 de 4,4 litres turbo de 400 chevaux, cette Série 6 ne fait pas dans la dentelle. Elle est lourde, peu pratique et n'arrive pas, malgré cet encombrement, à offrir quatre vraies places. Mais toutes ces imperfections disparaissent au moment de prendre la route. Quelle extraordinaire machine à piloter ! Son poids imposant ne nuit en rien à sa volonté de s'accrocher à la route, et son luxe en fait un palace roulant qui flatte l'ego. La magie de l'électronique rend ce pachyderme aussi gracieux qu'une ballerine sur la route, et sa boîte de vitesses à 8 rapports frise la perfection. L'un des meilleurs exemples d'une GT allemande. » — Benoit Charette

FICHE TECHNIQUE

MOTEUR

V8 4,4 L biturbo DACT 400 ch de 5500 à 6400 tr/min
COUPLE 450 lb-pi de 1750 à 4500 tr/min
BOÎTE DE VITESSES manuelle à 6 rapports, automatique à 8 rapports avec mode manuel
0-100 KM/H 5,1 s
VITESSE MAXIMALE 210 km/h (bridée)

AUTRES COMPOSANTS

SÉCURITÉ ACTIVE freins ABS, assistance au freinage, répartition électronique de force de freinage antipatinage, contrôle de stabilité électronique
SUSPENSION AVANT/ARRIÈRE indépendante
FREINS AVANT/ARRIÈRE disques
DIRECTION à crémaillère, assistée
PNEUS option P245/35R20 (av) P275/30R20 (arr.)

DIMENSIONS

EMPATTEMENT 2855 mm
LONGUEUR 4896 mm
LARGEUR (sans rétro.) 1894 mm
HAUTEUR coupé 1369 mm **cabrio.** 1365 mm
POIDS Cabriolet 2056 kg
DIAMÈTRE DE BRAQUAGE 12 m
COFFRE coupé 460 L **cabriolet** 350 L 300L (toit abaissé)
RÉSERVOIR DE CARBURANT 70 L

MENTIONS

COUP DE CŒUR

VERDICT

ÉVOLUTION $ 110 300 à 160 000 $ t&p 1995 $

LA COTE VERTE MOTEUR V8 DE 4,4 L HYBRIDE source : EnerGuide
CONSOMMATION (100 KM) 10,3 L • ÉMISSIONS POLLUANTES CO_2 4830 kg/an • INDICE D'OCTANE 91
COÛT DU CARBURANT MOYEN PAR ANNÉE 2772 $ • NOMBRE DE LITRES PAR ANNÉE 2100

FICHE D'IDENTITÉ

VERSIONS Activehybrid L, 750 i xDrive, 750 Li xDrive, 760Li, Alpina B7, Alpina B7L
ROUES MOTRICES arrière, 4
PORTIÈRES 4, **NOMBRES DE PASSAGERS** 5
PREMIÈRE GÉNÉRATION 1977
GÉNÉRATION ACTUELLE 2009
CONSTRUCTION Munich, Allemagne
COUSSINS GONFLABLES 8 (frontaux, latéraux avant, genoux conducteur et passager, rideaux latéraux)
CONCURRENCE Audi A8, Jaguar XJ, Lexus LS, Mercedes-Benz Classe S

AU QUOTIDIEN

PRIME D'ASSURANCE
25 ANS : 4000 à 4200 $
40 ANS : 3100 à 3300 $
60 ANS : 2700 à 2900 $
COLLISION FRONTALE 5/5
COLLISION LATÉRALE 5/5
VENTES DU MODÈLE DE L'AN DERNIER
AU QUÉBEC 146 **AU CANADA** 741
DÉPRÉCIATION 50,2%
RAPPELS (2006 À 2011) 4
COTE DE FIABILITÉ 2,5/5

GARANTIES... ET PLUS

GARANTIE GÉNÉRALE 4 ans/80 000 km
GARANTIE MOTOPROPULSEUR 4 ans/80 000 km
PERFORATION 12 ans/kilométrage illimité
ASSISTANCE ROUTIÈRE 4 ans/kilométrage illimité
NOMBRE DE CONCESSIONNAIRES
AU QUÉBEC 9 **AU CANADA** 40

NOUVEAUTÉS EN 2012

version Alpina B7

DAS **BOOT**

Daniel Rufiange

Chaque marque de prestige possède son navire amiral. Chez BMW, il s'agit de la Série 7, et ce, depuis 1977. Chaque année, la grande berline allemande garde la tête hors de l'eau et partage une bonne part du segment avec les Mercedes-Benz Classe S et Audi A8. Mais attention : la facture minimale exigée pour une Série 7 compte six chiffres. La question est de savoir si une voiture peut valoir autant. À cela, je réponds non... et oui.

CARROSSERIE Il y a des voitures qui en imposent par leur seule présence. La Série 7 est du lot. C'est de loin la plus réussie de BMW. Elle est belle sous tous les angles. Avec son long museau qui laisse entrevoir la présence de beaucoup de muscles à l'avant, elle prend des allures de coupé. En tout, on compte quatre variantes. À chacun sa préférée. Personnellement, la version hybride me séduit parce qu'elle offre une consommation de carburant raisonnable, de la place pour transporter une équipe de basketball et de la puissance à revendre. Quel charme !

HABITACLE Voilà le seul point où j'ai mis un bémol à la voiture. Qu'on s'entende : tout est de bonne facture, mais l'ensemble me laisse perplexe. Si je déboursais autant pour une bagnole, je voudrais être émerveillé par la présentation intérieure. Je ne le suis pas. On ne manque toutefois de rien, et ce qui ne fait pas partie de l'équipement de série se trouve dans le carnet d'options, moyennant quelques milliers de dollars supplémentaires. La voiture détecte même les piétons dans la pénombre grâce à un système de caméra infrarouge sophistiqué.

Sur une bonne note, notons le confort des sièges. Après 900 kilomètres parcourus lors d'un petit voyage de ski, je n'ai ressenti aucune fatigue. En arrivant à la maison, je voulais reprendre la route. Du côté des versions L, on a envie de prendre place à l'arrière tellement c'est accueillant. Bref, la grande classe.

MÉCANIQUE Là, nous en avons pour tous les goûts. Le moteur à 6 cylindres en ligne biturbo de 3 litres de la version 740 a tou-

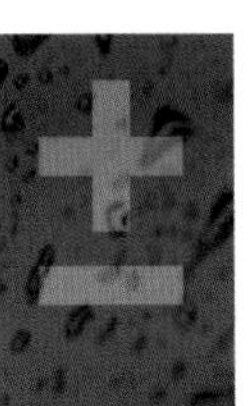

FORCES Confort désarmant • Puissance et souplesse • Versions L divines pour les passagers arrière • Modèle hybride intéressant Silhouette irrésistible • Prestige assuré

FAIBLESSES Prix • Prix des options • Frais d'entretien • Interface audio à améliorer • Présentation intérieure décevante

tefois été abandonné en cours de route. Sa puissance de 315 chevaux et son couple de 330 livres-pieds suffisaient pourtant à la tâche. La version de base devient donc la 750i, et son V8 biturbo de 4,4 litres propose 400 chevaux et un couple de 450 livres-pieds. Et ce n'est rien en comparaison de ce qu'offre le V12 de 6 litres de la 760Li. Un 0 à 100 km/h en 4,7 secondes avec un paquebot de la sorte, c'est renversant. Et la version hybride n'est pas en reste. Elle ne met que 5 secondes pour franchir la même distance et sans trop consommer de carburant. Doublement impressionnant.

L'an dernier, l'arrivée de la transmission intégrale est venue bonifier une offre déjà alléchante. Elle n'est offerte que sur les versions 750i et 750Li.

COMPORTEMENT Sur la route, la Série 7 émerveille. Elle est puissante, mais cette force s'exerce dans un tel élan de souplesse qu'on en reste bouche bée. Le degré de confort est impérial. On serait porté à croire que les politiciens québécois roulent en Série 7 ; on ne sent pas les bosses à bord de cette voiture ! Et si l'envie nous prend de pousser cette machine, la voiture répond admirablement bien. En prime, on peut régler la suspension du bout des doigts, et ce, même en conduisant. On passe du mode « confort », où la voiture flotte sur la route, au mode « Sport + » où toutes les aides à la conduite sont désactivées, et où la suspension est prête à répondre aux pires traitements. Fort amusant.

CONCLUSION Est-ce que tout cela vaut plus de 100 000 $? On répond d'emblée non à cette question. Cependant, si on la compare avec les autres voitures sur le marché, on comprend où est la différence de prix quand on pilote une Série 7. C'est simple, elle en offre plus que toutes les autres, et ce, à tous les chapitres. Ne manque qu'une version décapotable !

2e OPINION

« Difficile de demander meilleur comportement routier pour une limousine. La Série 7 se conduit pratiquement comme une sportive. Le contrôle dynamique du châssis permet de choisir entre les niveaux Confort, Normal, Sport et Sport +. Outre le contrôle de l'amortissement hydraulique et le contrôle dynamique de la stabilité (DSC), le réglage influe aussi sur la commande de la boîte de vitesses automatique, de l'accélérateur et de la direction. Le mode Sport + nous a permis d'emporter la 750Li sur les petites routes avec une vivacité digne d'une voiture sportive. Le V8 transcende les qualités du châssis. Sa puissance à la fois imposante et discrète vous cloue aux sièges. De plus, notre modèle d'essai bénéficiait de la direction active intégrale qui permet de faire braquer les roues arrière. À basse vitesse dans le sens opposé, elle permet de réduire le diamètre de braquage, tandis que, à grande vitesse, les roues arrière braquent dans le même sens. Toute une expérience de conduite. » — Benoit Charette

FICHE TECHNIQUE

MOTEURS

(750I, 750LI) V8 4,4 L biturbo DACT, 400 ch de 5500 à 6400 tr/min
COUPLE 450 lb-pi de 1750 à 4500 tr/min
BOÎTE DE VITESSES automatique à 6 rapports avec mode manuel
0-100 KM/H 5,3 s
VITESSE MAXIMALE 240 km/h (bridée)

CONSOMMATION (100 KM) 12,7 L (octane 91)
ÉMISSIONS DE CO_2 5980 kg/an
LITRES PAR ANNÉE 2600
COÛT PAR AN 3640 $

(760LI) V12 6,0 L biturbo DACT, 535 ch à 5250 à 6000 tr/min
COUPLE 550 lb-pi à 1500 à 5000 tr/min
BOÎTE DE VITESSES automatique à 8 rapports avec mode manuel
0-100 KM/H 4,7 s
VITESSE MAXIMALE 240 km/h (bridée)

CONSOMMATION (100 KM) 13,5 L (octane 91)
ÉMISSIONS DE CO_2 6394 kg/an
LITRES PAR ANNÉE 2780
COÛT PAR AN 3892 $

(ACTIVEHYBRID L) V8 4,4 L biturbo DACT + moteur électrique 455 chevaux de 5500 à 6000 tr/min
COUPLE 515 lb-pi de 2000 à 3000 tr/min
BOÎTE DE VITESSES automatique à 8 rapports avec mode manuel
0-100 KM/H 5,0 s
VITESSE MAXIMALE 240 km/h (limitée)

CONSOMMATION (100 KM) 10,3 L

AUTRES COMPOSANTS

SÉCURITÉ ACTIVE freins ABS, assistance au freinage, répartition électronique de la force de freinage, contrôle de la stabilité électronique, antipatinage
SUSPENSION AVANT/ARRIÈRE indépendante
FREINS AVANT/ARRIÈRE disques
DIRECTION À CRÉMAILLÈRE, assistée
PNEUS P245/50R18 **option 750i/de série ActiveHybrid** P245/45R19 (av.) P275/40R19 (arr.) **760Li/option 750Li** P245/40R20 (av.) P275/35R20 (arr.)

DIMENSIONS

EMPATTEMENT 750i 3070 mm
750Li/ActiveHybrid L/760Li 3210 mm
LONGUEUR 750I 5074 mm
750Li/ActiveHybrid L/760Li 5214 mm
LARGEUR 1902 mm
HAUTEUR 1478 mm
POIDS 750i 2140 kg, **750Li** 2205 kg, **Activehybrid L** 2195 kg **760Li** 2280 kg
DIAMÈTRE DE BRAQUAGE 750i 12,5 m **760Li** 12,7 m **750Li/Activehybrid** 13,0 m
COFFRE 500 L **ActiveHybrid** 460 L
RÉSERVOIR DE CARBURANT 82 L **ActiveHybrid** 80 L

MENTIONS

RECOMMANDÉ

VERDICT

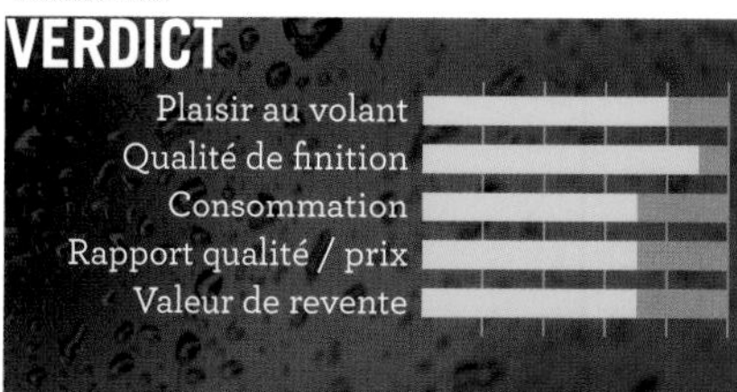

NOUVEAUTÉ $ 38 500 $ t&p ND

LA COTE VERTE MOTEUR L4 DE 2.0 L TURBO source : BMW

CONSOMMATION (100 KM) 7,9 L • **ÉMISSIONS POLLUANTES CO_2** 4380 kg/an • **INDICE D'OCTANE** 91
COÛT DU CARBURANT MOYEN PAR ANNÉE 2520 $ • **NOMBRE DE LITRES PAR ANNÉE** 1800

FICHE D'IDENTITÉ

VERSIONS xDrive28i
ROUES MOTRICES 4
PORTIÈRES 4 **NOMBRE DE PASSAGERS** 5
PREMIÈRE GÉNÉRATION 2012
GÉNÉRATION ACTUELLE 2012
CONSTRUCTION Leipzig, Allemagne
COUSSINS GONFLABLES 6
(frontaux, latéraux avant, rideaux latéraux)
CONCURRENCE La future Audi Q3, Acura RDX, la future Audi Q3, Infiniti EX35, VW Tiguan 4RM

AU QUOTIDIEN

PRIME D'ASSURANCE
25 ANS : 2000 à 2200 $
40 ANS : 1600 à 1800 $
60 ANS : 1300 à 1500 $
COLLISION FRONTALE nm
COLLISION LATÉRALE nm
VENTES DU MODÈLE L'AN DERNIER
AU QUÉBEC nm **AU CANADA** nm
DÉPRÉCIATION nm
RAPPELS (2006 À 2011) nm
COTE DE FIABILITÉ nm

GARANTIES... ET PLUS

GARANTIE GÉNÉRALE 4 ans/80 000 km
GARANTIE MOTOPROPULSEUR 4 ans/80 000 km
PERFORATION 12 ans/kilométrage illimité
ASSISTANCE ROUTIÈRE 4 ans/kilométrage illimité
NOMBRE DE CONCESSIONNAIRES
AU QUÉBEC 9 **AU CANADA** 40

NOUVEAUTÉS EN 2012

Nouveau modèle

BIENVENUE **JUNIOR** !

Luc Gagné

BMW ne pouvait tout de même pas laisser Mercedes-Benz, Audi, VW, Infiniti et tous les autres profiter seuls d'un nouveau créneau en devenir : celui des petits utilitaires de luxe à quatre roues motrices. Même Porsche aura son bébé-Cayenne dès 2013 ! Normal puisque certains acheteurs de véhicules de luxe sont devenus plus sensibles à la notion d'économie de carburant, de même qu'à une éventuelle explosion de son prix. D'où cet intérêt nouveau pour des véhicules plus petits qui devraient logiquement être moins énergivores. En lançant ce nouveau modèle, BMW complète un trio composé de Junior (X1), papa (X3) et le patriarche (X5), qui lui ouvre toutes les sphères d'un marché très lucratif. Et le X6 ? Lui c'est l'oncle Antoine, qui vient de redécouvrir le célibat !

CARROSSERIE Comme Mercedes-Benz l'a fait avec la smart, puis la Classe B, BMW a choisi de réserver le X1 au seul marché canadien. Pour commencer, du moins, car on souhaite étudier notre façon d'acheter ce véhicule qui est jugé petit selon les standards de nos voisins du Sud, adeptes du Bigger is Better ! Il faut admettre aussi que Junior ressemble beaucoup à papa. Mais dans le détail, on distingue l'un de l'autre. Vue des trois quarts arrière, sa silhouette élégante à garde au sol basse donne même l'illusion qu'il s'agit d'une voiture à hayon au profil élancé. De plus, Junior n'a rien d'un nain. Ajoutez-lui 18 centimètres de longueur, 8 en largeur et 5 à son empattement et vous obtiendrez un X3 !

D'ailleurs, les stylistes n'ont pas tenté de masquer sa filiation. Au premier coup d'œil, on reconnaît la calandre à doubles nasaux BMW, qu'on a flanquée d'antibrouillards encastrés juchés haut. Pour un style plus musclé. La ceinture de caisse légèrement ascendante mène le regard jusqu'au traditionnel « pli Hofmeister », du nom du dessinateur allemand Wilhelm Hofmeister qui a créé cette forme désormais caractéristique du montant de toit arrière des produits de la marque.

Comme les autres membres de la famille X, les porte-à-faux sont très courts, et l'empattement, long. Ses concepteurs ont d'ailleurs réussi à donner au X1 un centre de gravité bas et une répartition quasi par-

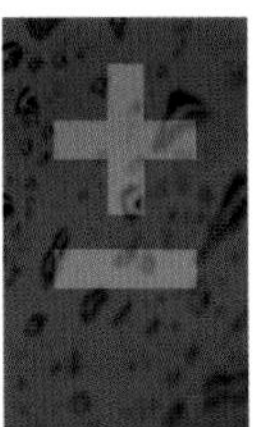

FORCES Comportement routier • Qualité de l'assemblage et des matériaux
Performances du moteur • Transmission intégrale efficace

FAIBLESSES Places arrière réduites • Visibilité arrière limitée • Faible volume du coffre

MÉCANIQUE Sous le capot loge un moteur particulier. Car, comme l'avait fait Honda pour animer son petit utilitaire de luxe, l'Acura RDX, BMW a choisi la formule de la suralimentation pour Junior. Ce n'est donc pas un vulgaire 4-cylindres qu'on lui a donné. Le moteur de 2 litres du X1 xDrive28i, seule version proposée actuellement, génère une puissance de 241 chevaux et produit un couple de 258 livres-pieds sur une plage de régime particulièrement étendue, de 1 250 à 4 800 tours par minute. Oui, Junior a du muscle ! Imaginez, en 2005, un BMW X3 équipé d'un 6-cylindres ne disposait que de 184 chevaux. Or, avec tant de puissance, Junior peut accélérer de 0 à 100 km/h prestement : 6,7 secondes suffisent. Vous avez compris : voilà encore une caractéristique propre à une automobile...

La recette pour tirer autant d'un si petit moteur est simple. Elle mise sur l'injection directe de carburant, le calage variable des soupapes et la suralimentation par turbocompresseur. Un système de suralimentation baptisé « TwinPower Turbo », pas parce qu'il a deux turbos, non, mais plutôt parce qu'il fait usage d'une seule turbine actionnée par deux flux d'échappement distincts.

Cette conception permet au conducteur de moduler l'action du turbo selon son inspiration. Elle contribue aussi à éviter la gourmandise caractéristique des moteurs à turbocompresseur, chose que démontre éloquemment l'Acura RDX. Or, dans le cas de Junior, la formule du TwinPower est l'un des éléments qui contribuent à éviter ce genre d'excès. L'autre, c'est sa boîte de vitesses automatique à 8 rapports ! Avec une boîte de vitesses pareille, exemple de souplesse, on croirait avoir une boîte à variation continue tant les changements de rapports sont imperceptibles.

faite de sa masse (49/51), qui, ensemble, contribuent à donner au conducteur cette conduite si inspirante.

HABITACLE Les places avant sont spacieuses, et l'aménagement du tableau de bord adopte cette efficacité propre à tous les produits BMW. Toutes les commandes sont à portée de la main, et, pour optimiser l'ergonomie, les stylistes du X1 ont même pris soin d'incurver légèrement le pan central du tableau de bord vers le conducteur. À l'arrière, par contre, la banquette conviendra plutôt à de jeunes enfants qu'à des adultes, puisque le dégagement est compté à la hauteur des genoux et des pieds. Là-dessus, on pourrait se croire à bord d'une berline de la Série 3. Et, curieusement, peu d'acheteurs s'en plaignent...

Le coffre est modulable, et, pour accroître sa polyvalence, la banquette arrière a été munie d'un dossier à triple section (40/20/40). L'utilisateur peut ainsi faire varier le volume utile du coffre de 420 à 1 350 litres (environ 100 litres de moins qu'un X3 et 200 de moins qu'un X5). Ces cotes placent Junior derrière plusieurs utilitaires rivaux que les stratèges de BMW Canada nous ont pointés : RAV4 V6, Tiguan, Q5, Rogue SL, etc. Néanmoins, ce volume suffirait à transporter les objets encombrants typiques de la clientèle visée : par exemple, quatre paires de skis, deux planches à neige ou encore deux sacs de golf compacts (de 46 pouces).

HISTORIQUE

Tout a débuté, comme c'est bien souvent le cas, par un prototype de 2008 qui laissait entrevoir la direction que prendrait BMW dans la commercialisation d'un utilitaire compact de prestige. Le constructeur se considérait comme mieux placé que quiconque pour motiver ses designers et ingénieurs puisqu'il se targue d'avoir défriché le segment en 1999, année du lancement du premier BMW X5. Bien que le véhicule concept, comme le X1 final qui a suivi, affiche des dimensions inférieures à celles des modèles X6, X5 et X3, l'étude démontrait dès le départ que le véhicule appartenait à la Série X grâce à la transposition réussie du langage visuel de cette catégorie. Par exemple, la position des phares et des antibrouillards reprend le visage « à trois yeux » existant sur les autres X.

Réalisation des esquisses

Modelage d'un modèle grandeur nature en glaise

Modelage d'un modèle grandeur nature en glaise

Réalisation d'un rendu 2D grandeur nature

Palette de couleurs

Construction du prototype

Touche finale sur le prototype

Prototype fini

BMW

www.bmw.ca

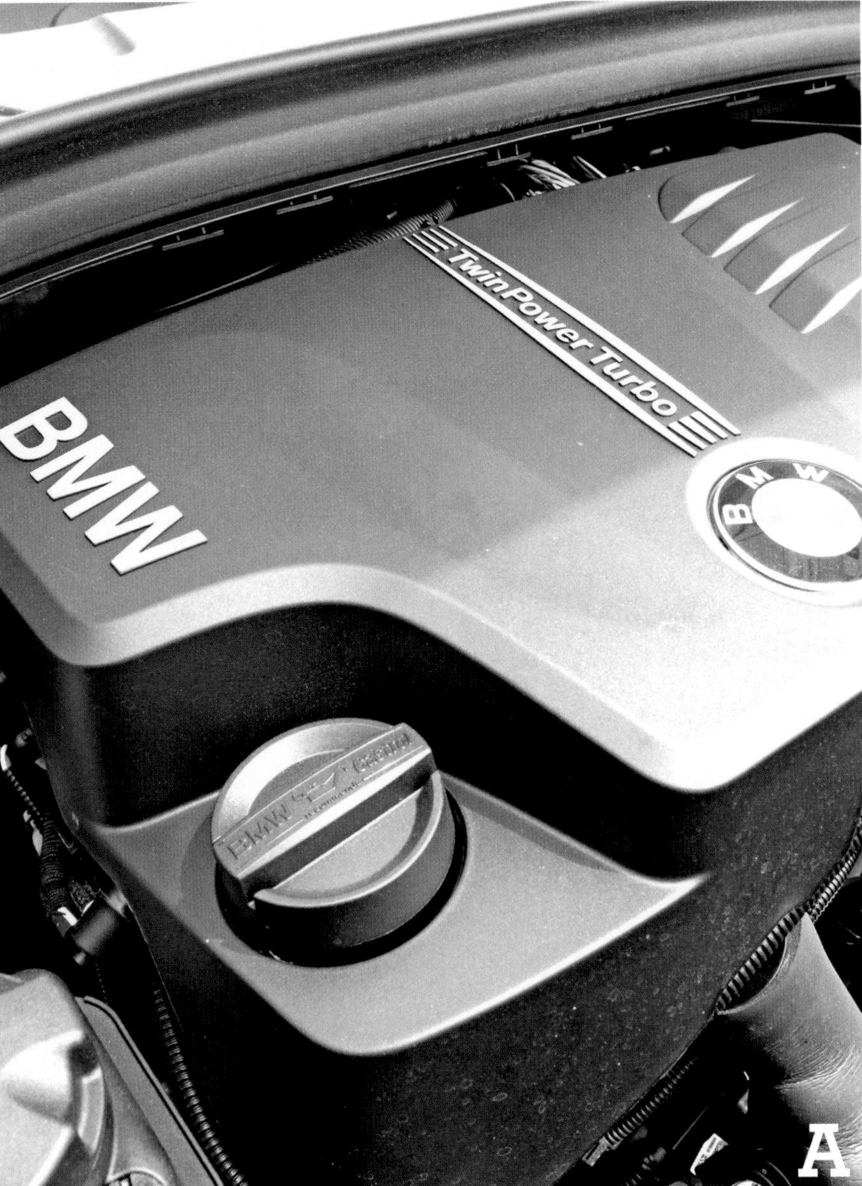

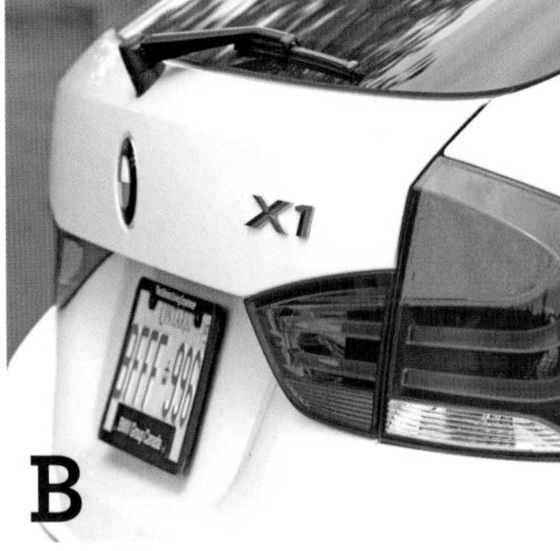

GALERIE

A L'unique moteur offert pour le X1 xDrive28i, le 4-cylindres TwinPower Turbo de 2 litres, développe 241 chevaux, atteint une vitesse maxi de 205 km/h, accélère de 0 à 100 km/h en 6,7 secondes et propose une consommation combinée de 8,5 L aux 100 km. Mais pourquoi 28i s'il s'agit d'un 2-L ? Parce que, selon BMW, le muscle fourni est l'équivalent d'une cylindrée de 2,8 L... Oui, les gens de marketing ont eu leur mot à dire !

B Les feux arrière adoptent la forme du L caractéristique des véhicules de la marque et se joignent à des traits horizontaux pour donner plus de caractère à la croupe.

C Calandre typique d'un produit BMW avec les doubles nasaux. Les antibrouillards sont placés haut. La portion inférieure du bouclier est faite d'un matériau plastique noir résistant aux chocs en prévision d'éventuelles escapades hors route.

D Avec ses 420 litres de chargement, le coffre est un peu juste. Heureusement, il est transformable grâce aux sections 40/20/40 rabattables de la banquette. Les dossiers sont également inclinables pour le confort des passagers.

E La boîte de vitesses automatique à 8 rapports Steptronic dispose d'un mode séquentiel et travaille de concert avec le contrôle dynamique de la traction (DTC) qui n'intervient que lorsque le patinage ou le dérapage risque de dépasser les bornes acceptables. En prime, la transmission intégrale xDrive veille au grain.

COMPORTEMENT Le X1 se comporte indéniablement comme une automobile... un peu plus haute sur roues. La servodirection offre la précision chirurgicale propre à tous les produits du fabricant de Munich. La suspension masque parfaitement les défauts du revêtement, sans imposer de rebonds excessifs ou de roulis désagréable. Enfin, le freinage, qui est assuré par des disques aux quatre roues, est à la mesure des performances dont le moteur est capable.

D'ailleurs, une de ces performances n'a rien à voir avec la vitesse, du moins pas directement. Il s'agit de la consommation de carburant de ce moteur. Grâce à la conception et à la gestion électronique efficace du groupe motopropulseur, avec une conduite raisonnable (ou raisonnée, c'est selon), il est possible de réaliser une moyenne de 9 litres aux 100 kilomètres. C'est la cote que nous avons relevée au terme d'un essai réalisé en mai 2011 dans la région de Toronto, à l'invitation de BMW Canada. Or, cette cote se révèle particulièrement attrayante compte tenu du type de moteur et des performances qu'il procure. De plus, il ne faut pas omettre le fait que Junior a une transmission intégrale en prise constante. Ce système ajuste de façon continuelle la répartition du couple. En conditions normales, 60 % du couple est transmis aux roues arrière. Toutefois, dès que les conditions climatiques et routières se détériorent, cette répartition peut changer selon les besoins du moment jusqu'à transmettre 100 % du couple aux roues avant ou arrière.

CONCLUSION Junior arrive à un moment opportun, c'est clair. La variété des modèles offerts dans son créneau va croissante. Alors, la famille des BMW X ne pourra que mieux répondre aux aspirations d'une clientèle qui risque d'être très diversifiée. Il y aura de jeunes familles aisées et des couples sans enfants, bien sûr, mais aussi des propriétaires de Toyota RAV4 V6 ou de Nissan Rogue SL payés 40 000 $ environ, qu'ils doivent maintenant remplacer. C'est sans oublier les acheteurs intéressés par le Tiguan ou le Q5, qui lorgneront désormais du côté de BMW, de même que ces autres consommateurs simplement intéressés à profiter d'une occasion pas trop chère pour s'offrir un véhicule pratique orné du prestigieux écusson circulaire bleu et blanc de BMW.

2e OPINION

« Avec l'arrivée du X1, BMW parvient à résoudre deux problèmes. Elle offre d'abord un véhicule familial déguisé en utilitaire à un public nord-américain qui n'est pas friand des véhicules familiaux traditionnels, et, du même coup, fait taire les pourfendeurs de véhicules utilitaires. Construit sur un châssis de Série 3 Touring, le nouveau X1, par rapport au X3, est plus court et plus bas de 12 centimètres. Résultat : vous êtes en mesure de vous fondre dans la foule sans trop vous faire remarquer tout en restant au volant d'un utilitaire. Le petit moteur à 4 cylindres de 2 litres turbo de 241 chevaux est non seulement sobre (moins de 9 litres aux 100 kilomètres), mais offre une puissance abondante à tous les régimes. Ce X1 n'est pas une aubaine à plus de 40 000 $, mais il n'est pas plus cher qu'un Toyota RAV4, un Chevrolet Equinox ou un Honda CR-V bien équipé, la touche BMW en plus. » — Benoit Charette

FICHE TECHNIQUE

MOTEUR

(XDRIVE28I) L4 2,0 L turbo DACT, 241 ch à 5500 tr/min
COUPLE 258 lb-pi de 1250 à 4800 tr/min
BOÎTE DE VITESSES automatique à 8 rapports avec mode manuel
0-100 KM/H 6,7 s
VITESSE MAXIMALE 240 km/h

AUTRES COMPOSANTS

SÉCURITÉ ACTIVE freins ABS, assistance au freinage, répartition électronique de force de freinage, antipatinage, contrôle de stabilité électronique
SUSPENSION AVANT/ARRIÈRE indépendante
FREINS AVANT/ARRIÈRE disques
DIRECTION à crémaillère, assistée
PNEUS (option) P225/45R18 (av.) P255/40R18 (arr.)

DIMENSIONS

EMPATTEMENT 2760 mm
LONGUEUR 4468 mm
LARGEUR (excluant retro.) 1798 mm
HAUTEUR 1545 mm
POIDS 1690 kg
DIAMÈTRE DE BRAQUAGE 11,8 m
COFFRE 420 L, 1350 L (sièges abaissés)
RÉSERVOIR DE CARBURANT 63 L
CAPACITÉ DE REMORQUAGE 2000 kg (remorque avec freins)

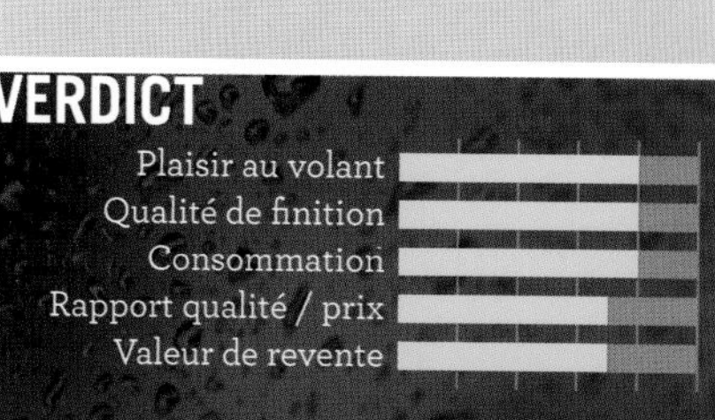

NOUVEAUTÉ

$ 41 900 à 46 900$ t&p 1995$

LA COTE VERTE MOTEUR L6 DE 3 L source : EnerGuide

CONSOMMATION (100KM) 9,4 L • ÉMISSIONS POLLUANTES CO_2 4416 KG/AN • INDICE D'OCTANE 91

COÛT DU CARBURANT MOYEN PAR ANNÉE 2534 $ • NOMBRE DE LITRES PAR ANNÉE 1920 L

FICHE D'IDENTITÉ

VERSIONS xDrive28i, xDrive35i
ROUES MOTRICES 4
PORTIÈRES 5 **NOMBRE DE PASSAGERS** 5
PREMIÈRE GÉNÉRATION 2000
GÉNÉRATION ACTUELLE 2011
CONSTRUCTION Spartanburg, Caroline du Sud, États-Unis
COUSSINS GONFLABLES 6
(frontaux, latéraux, rideaux latéraux)
CONCURRENCE Acura RDX, Infiniti EX35, Land Rover LR2, Mercedes-Benz GLK

AU QUOTIDIEN

PRIME D'ASSURANCE
25 ANS : 2000 à 2200 $
40 ANS : 1600 à 1800 $
60 ANS : 1300 à 1500 $
COLLISION FRONTALE nm
COLLISION LATÉRALE nm
VENTES DU MODÈLE L'AN DERNIER
AU QUÉBEC 671 **AU CANADA** 2840
DÉPRÉCIATION 40,4%
RAPPELS (2006 À 2011) 2
COTE DE FIABILITÉ nm

GARANTIES... ET PLUS

GARANTIE GÉNÉRALE 4 ans/80 000 km
GARANTIE MOTOPROPULSEUR 4 ans/80 000 km
PERFORATION 12 ans/kilométrage illimité
ASSISTANCE ROUTIÈRE 4 ans/kilométrage illimité
NOMBRE DE CONCESSIONNAIRES
AU QUÉBEC 9 **AU CANADA** 40

NOUVEAUTÉS EN 2012

Aucun changement majeur

DEUX FOIS SUR LE MÉTIER...

Michel Crépault

En 2004, sans jouer tout à fait le rôle de pionnier, le X3 avait quand même contribué à débroussailler le terrain de jeu des utilitaires intermédiaires. Et comme ça arrive souvent, le produit n'avait pas parfaitement réussi à atteindre sa cible. On lui a reproché son aspect trop dur-à-cuire de même que ses plastiques sombres. De l'extérieur, le premier X3 faisait un peu peur; de l'intérieur, il décevait. Pour la 2e génération, les gens de BMW ont donc complètement repensé leur VAS (Sport Active Vehicle). Remarquez qu'ils n'avaient guère le choix car, depuis la naissance du X3, les rivaux prolifèrent et menacent, particulièrement l'Audi Q5, le Mercedes-Benz GLK et le Volvo XC60. On ne se mesure pas à des véhicules de cette qualité avec un tire-pois.

CARROSSERIE BMW avait fait l'erreur de cibler les jeunes, d'où l'allure agressive du premier rejeton. De fait, les acheteurs imberbes ont levé les pouces en guise de satisfaction, mais, manque de pot, ils n'avaient pas les moyens de se procurer pareil engin. Petit problème. Que le fabricant a enfin résolu en embourgeoisant le véhicule. Désormais, c'est après les *soccer mom* qu'il court ! Voilà pourquoi les mensurations ont légèrement enflé (des millimètres ici et là). Pour tout dire, ce X3 affiche désormais les dimensions du premier X5, lequel a lui-même grandi de 18 centimètres depuis ses tout premiers débuts. Bien sûr, la tendance veut qu'on fasse toujours grossir une nouvelle mouture, mais une autre excellente raison motive ici le geste : l'arrivée du X1, avec lequel le X3 xDrive 28i et le X3 xDrive 35i doivent prendre leurs distances.

HABITACLE Il s'est endimanché. Par exemple, du bois, beaucoup de bois, et du vrai à part ça. Le 28i, lui, aime bien le plastique, mais satiné comme un produit Apple, ou alors le fini aluminium brossé. Les ingénieurs ont porté une attention particulière aux emplacements de rangement. Dans la précédente génération, ils étaient rares et peu pratiques. C'est simple, les Allemands ne les aiment pas. Si ça ne dépendait que d'eux, on n'aurait jamais inventé une hérésie

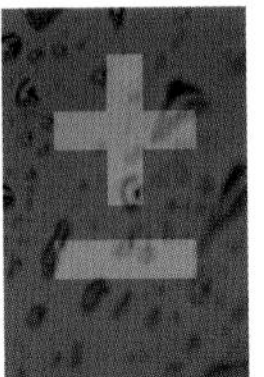

FORCES Reconnaître ses erreurs de jeunesse pour gagner en maturité • Solidité d'un coffre-fort et doigté d'un massage bien fait • Matériaux de qualité

FAIBLESSES Technologies qui n'ont pas traversé l'Atlantique • Modèle 35i superflu par rapport aux qualités du 28i • Toujours les options...

consommateurs la taxe de 6,1 % imposée sur les véhicules les importés de pays exclus du traité de libre-échange.

MÉCANIQUE Le 28i emploie un 6-cylindres en ligne de 3 litres, le plus léger de sa catégorie, qui fournit 240 chevaux, tandis que le 35i se fie au même moteur mais turbocompressé afin d'en extraire 300 chevaux. Comme dans les Séries 3 et 5. La vraie vedette est la boîte de vitesses automatique à 8 rapports qui supplante agréablement l'ancienne à 6 rapports. En revanche, inutile de chercher une boîte manuelle. BMW soutient qu'il n'y a pas suffisamment de clients intéressés pour justifier les coûts de développement. La transmission intégrale xDrive, elle, est de série, tout comme les freins à disque qui récupèrent désormais l'énergie cinétique.

comme le porte-gobelet. Une automobile, et à plus forte raison une BMW, ce n'est pas fait pour boire ou manger, c'est fait pour conduire. Et vite ! Mais, que voulez-vous, il y a aussi l'Amérique et sa race de conducteurs qui perçoivent leur auto comme une extension de la salle à manger. En conséquence, le nouveau X3 accepte désormais les contenants de diverses natures, notamment dans les portières. Le dossier de la banquette, plus généreuse, se rabat presque à plat. Des options ? Pouvez-vous imaginer un constructeur allemand nous vendre un véhicule sans nous titiller avec une liste d'options longue comme des remerciements à la soirée des Oscars ? Le système de navigation en fait partie, tout comme l'afficheur à tête haute (projetant dans le pare-brise non seulement la vitesse du véhicule mais aussi l'information concernant la navigation et la sono). Cela dit, le fabricant insiste sur le fait que des babioles jadis offertes en option sont devenues standard (coutures des sièges en cuir apparentes, garnitures de bois, Keyless Go, etc.), ce qui justifierait que le 28i se vende 2 000 $ plus cher que son prédécesseur mais contienne pour 5 525 $ d'accessoires ajoutés de série. Quant au 35i, il est 1 000 $ plus coûteux, mais compense avec une valeur ajoutée de 2 010 $. BMW n'insiste pas trop sur le fait que, en déménageant la production du X3 de l'Autriche à l'usine de Spartanburg, en Caroline du Nord, elle n'a plus besoin de refiler aux

COMPORTEMENT Les vertus dynamiques du X3 ont gagné du galon au chapitre du confort grâce à une voie élargie et une nouvelle suspension arrière à cinq bras. Ce qui ne signifie pas que l'amateur d'émotions fortes doive dorénavant se limiter à écouter du Yanni. Le dispositif *Dynamic Driving Control*, offert en option, permet toujours au conducteur de sélectionner les modes Normal, Sport et, même, Sport +. Le dispositif xDrive fait transiter jusqu'à 100 %

Pouvez-vous imaginer un constructeur allemand nous vendre un véhicule sans nous titiller avec une liste d'options longue comme des remerciements à la soirée des Oscars ?

HISTORIQUE

Suite au succès de son premier utilitaire, le X5, BMW présente en 2002, au salon de l'auto de Détroit le X-Activity concept qui allait devenir l'année suivante la première génération du X3. Pionnier sur le segment des VUS compact de luxe, le X3 profitera de quelques années sans réelle compétition avant que l'Audi Q5 et Mercedes GLK n'arrivent.. Cette deuxième génération plus massive laisse place au nouveau X1 qui devient le format de poche de la famille.

2002

2002

2005

2005

2005

2010

2012

GALERIE

A *Il y a de plus en plus de véhicules qui n'ont plus besoin de clé pour démarrer. Cette caractéristique autrefois réservée aux grandes limousines se démocratise et le X3 fait maintenant parti de l'offre. Mais attention de ne pas perdre votre trousseau de clés.*

B *Travaillez où vous voulez !. Il vous suffit pour cela de posséder un téléphone intelligent, l'interface Bluetooth BMW et le système de navigation Professional. Vos courriels, rendez-vous, tâches, SMS et autres sont ainsi transférés sans fil de votre téléphone sur l'écran de contrôle.*

C *Le X3 gagne 8,3 centimètres en longueur, 1,2 centimètre en hauteur et des poussières sur l'empattement, la garde au sol et la largeur des voies. Cette nouvelle taille profite aux passagers arrière qui ont plus d'espace pour les jambes et la tête.*

D *Les matériaux sont tous de bonne facture, et, chose nouvelle pour les Allemands, le côté pratique a maintenant sa place. On note des espaces de rangement plus généreux et deux porte-gobelet dans la console centrale, ainsi que dans les bas de portes.*

E *Pratiquement tout les modèles BMW offrent maintenant le Efficient Dynamics. Le principe est très simple : éviter les pertes et exploiter l'énergie au maximum grâce au système de récupération de l'énergie au freinage. Au freinage ou en décélération, la batterie est alimentée par l'énergie qui a auparavant servi à propulser la nouvelle BMW X3. Vous économisez du carburant sans faire de sacrifices sur la conduite.*

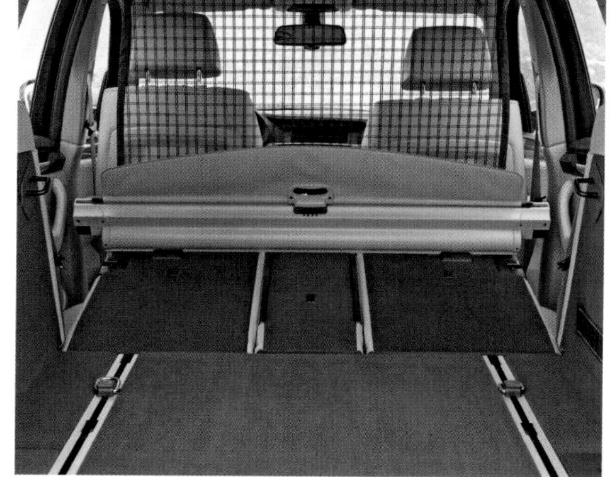

à l'avant, c'est comme rouler avec une vache attachée sur son capot! ». Avouez que l'image est savoureuse. Cela dit, le 28i peut atteindre 240 km/h et ne nécessite que 7,1 secondes pour boucler le 0 à 100 km/h; avec ses 300 chevaux, le 35i abaisse le chrono à 5,8 secondes, ce qui est aussi rapide que la berline 535i, tout en pratiquant la frugalité puisque le constructeur annonce une consommation

du couple vers l'un ou l'autre des essieux. D'ordinaire, les 4 x 4 se contentent d'un certain pourcentage. Par exemple, l'Audi Q5 quattro envoie jusqu'à 65 % du couple à l'avant ou alors 85 % à l'arrière. BMW a décidé de ne plus niaiser avec la puck : on envoie toute la gomme, ça fonctionnera mieux ! Je dois dire que j'ai été épaté, surtout quand la transmission intégrale fonctionne de pair avec toutes les aides électroniques du produit Autre lubie cultivée par la marque, celle de répartir la masse du véhicule équitablement entre l'avant et l'arrière. Ses ingénieurs sont trop contents de nous préciser que le GLK et le Q5 accusent respectivement 77 et 136 kilos excédentaires à l'avant, que le RDX en traîne 250 et que le XC60 les bat tous en étant 336 kilos plus lourd à l'avant qu'à l'arrière. Selon BMW, ce genre de déséquilibre augmente les risques de sous-virage. On a beau rétorquer que Volvo s'est taillé une réputation enviable en matière de sécurité, BMW répond « oui, mais de manière passive. Ces kilos en trop

combinée de 7,7 litres aux 100 kilomètres. En Europe, peut-être, mais pas chez nous, ne serait-ce que parce que BMW n'a pas cru bon équiper ses X3 nord-américains de la technologie d'arrêt-démarrage qui a fait ses preuves en matière de consommation de carburant.

CONCLUSION Bien que son apparence extérieure n'ait changé que de manière subtile, le nouveau X3 nous offre un habitacle et un comportement très modifiés. On se balade désormais à son bord comme un voyageur installé aux commandes d'une oasis de sérénité. Tout va bien, madame la marquise! Si l'idée vous vient d'écraser le champignon, vous ne serez pas déçu. Si c'est d'aller jouer dans les bois qui vous démange, les capacités hors route vous étonneront. Cela dit, à moins d'avoir des sous à jeter par la fenêtre ou un voisin à épater, je recommande de vous en tenir au 28i qui fournit tout ce qu'il faut à un prix plus raisonnable. De surcroît, il vous restera à vous sortir indemne de la liste des options.

2e OPINION

« BMW a rajusté le tir en présentant un véhicule de 2e génération plus mature, mieux fini et plus agréable à conduire. Dommage que la liste des options soit toujours aussi longue. BMW conserve l'essentiel de ce qui a fait le succès du véhicule et rend les proportions plus généreuses. Les 8 centimètres additionnels profitent aux passagers arrière qui ont plus d'espace pour les jambes et la tête. Les 240 chevaux du moteur de base suffisent, mais force est d'admettre que les 300 chevaux du X35i offrent beaucoup de satisfaction. Les plastiques durs et laids de la première génération font place à deux essences de bois ou à une finition en aluminium brossé. Un véhicule plus abouti qui luttera pour l'hégémonie de la catégorie avec Audi et Mercedes-Benz. » — Benoit Charette

FICHE TECHNIQUE

MOTEURS

(XDRIVE28I) L6 3,0 L DACT, 240 ch à 6600 tr/min
COUPLE 221 lb-pi de 2750 à 4000 tr/min
BOÎTE DE VITESSES automatique à 8 rapports avec mode manuel
0-100 KM/H 7,1 s
VITESSE MAXIMALE 210 km/h (bridée)

(XDRIVE35I) L6 3,0 L turbo DACT, 300 ch à 5800 tr/min
COUPLE 300 lb-pi de 1300 à 5000 tr/min
BOÎTE DE VITESSES automatique à 8 rapports avec mode manuel
0-100 KM/H 5,8 s
VITESSE MAXIMALE 210 km/h (bridée)

CONSOMMATION (100 KM) 9,4 L (octane 91)
ÉMISSIONS DE CO_2 4416 kg/an
LITRES PAR ANNÉE 1920 L
COÛT PAR AN 2534 $

AUTRES COMPOSANTS

SÉCURITÉ ACTIVE freins ABS, assistance au freinage, répartition électronique de la force de freinage, contrôle de la stabilité électronique, antipatinage
SUSPENSION AVANT/ARRIÈRE indépendante
FREINS AVANT/ARRIÈRE disques
DIRECTION à crémaillère, assistée
PNEUS P245/50R18 option xDrive35i P245/45R19

DIMENSIONS

EMPATTEMENT 2810 mm
LONGUEUR 4648 mm
LARGEUR 1881 mm
HAUTEUR 1661 mm
POIDS xDrive28i 1865 kg xDrive35i 1915 kg
DIAMÈTRE DE BRAQUAGE 11,9 m
COFFRE 782 l
RÉSERVOIR DE CARBURANT 67 l
CAPACITÉ DE REMORQUAGE 1360 kg

MENTIONS

RECOMMANDÉ

VERDICT

Plaisir au volant
Qualité de finition
Consommation
Rapport qualité / prix
Valeur de revente

61 800 $ à 98 300 $ t&p 1 995 $

LA COTE VERTE MOTEUR L6 DE 3 L TURBO source : ÉnerGuide

CONSOMMATION (100 KM) 9,3 L • ÉMISSIONS POLLUANTES CO_2 5076 kg/an • INDICE D'OCTANE DIESEL
COÛT DU CARBURANT MOYEN PAR ANNÉE 2218 $ • NOMBRE DE LITRES PAR ANNÉE 1880

FICHE D'IDENTITÉ

VERSIONS xDrive35i, xDrive35D, xDrive50i, X5 M
ROUES MOTRICES 4
PORTIÈRES 5 **NOMBRE DE PASSAGERS** 7
PREMIÈRE GÉNÉRATION 2000
GÉNÉRATION ACTUELLE 2007
CONSTRUCTION Spartanburg, Caroline du Sud, É.-U.
COUSSINS GONFLABLES 6 (frontaux, latéraux avant, rideaux latéraux)
CONCURRENCE Acura MDX, Audi Q7, Cadillac SRX, Infiniti FX, Land Rover LR4, Lexus RX, Mercedes-Benz Classe ML, Porsche Cayenne, Volkswagen Touareg, Volvo XC90

AU QUOTIDIEN

PRIME D'ASSURANCE
25 ANS : 3000 à 3200 $
40 ANS : 2000 à 2200 $
60 ANS : 1400 à 1600 $
COLLISION FRONTALE 4/5
COLLISION LATÉRALE 5/5
VENTES DU MODÈLE L'AN DERNIER
AU QUÉBEC 550 **AU CANADA** 4012
DÉPRÉCIATION 35,3 %
RAPPELS (2006 À 2011) 7
COTE DE FIABILITÉ 2,5/5

GARANTIES... ET PLUS

GARANTIE GÉNÉRALE 4 ans/80 000 km
GARANTIE MOTOPROPULSEUR 4 ans/80 000 km
PERFORATION 12 ans/kilométrage illimité
ASSISTANCE ROUTIÈRE 4 ans/kilométrage illimité
NOMBRE DE CONCESSIONNAIRES
AU QUÉBEC 9 **AU CANADA** 40

NOUVEAUTÉS EN 2012

Aucun changement majeur

AU SOMMET DE SON **ART**

Vincent Aubé

C'est fou comme le temps passe vite ! Le BMW X5 est parmi nous depuis l'an 2000, et il faut admettre que le VUS bavarois, maintenant à sa deuxième génération, impressionne non seulement par ses qualités routières mais aussi par ses résultats au chapitre des ventes. Avec les nombreuses révisions de mi-parcours de l'an dernier et le fait qu'il soit offert en quatre saveurs, il ne faut pas s'étonner du succès que remporte ce VUS germanique.

CARROSSERIE À l'extérieur, le X5 conserve ces lignes de familiale haute sur roues qui l'ont si bien servi depuis son lancement au début de la décennie, sauf qu'il est plus large que son prédécesseur. Le X5 est plutôt athlétique avec ces ailes élargies qui surmontent d'énormes roues dont la taille peut varier de 18 à 20 pouces. La fenestration très verticale ne plaira sûrement pas à tout le monde, mais ce sont les occupants qui en sont récompensés avec cet habitacle lumineux. Le postérieur du X5 a reçu la visite de la division de design l'an dernier, mais hormis le pare-chocs redessiné, il n'y a pas de quoi écrire à sa mère. À l'avant par contre, ce bouclier typiquement BMW accueille parfaitement la calandre imposante du constructeur qui surplombe le nouveau pare-chocs plus agressif installé en 2011. Quant à l'édition X5 M, vous la reconnaîtrez assez facilement grâce à ses caractéristiques exclusives.

HABITACLE Les habitués de la marque allemande ne seront pas dépaysés en entrant dans cet habitacle ultra bien ficelé. Le dessin de la planche de bord, tout en courbes, peut déplaire à certains, mais au moins, il faut avouer que l'ensemble des commandes se trouve à portée de la main; donc l'ergonomie est excellente. Il y a toujours le fameux système iDrive qui a été amélioré mais qui continue à donner des maux de tête à l'auteur de ces lignes. La position de conduite, quant à elle, se trouve très facilement, tandis que le confort est clairement au rendez-vous, tant à l'avant qu'à l'arrière. Enfin, le coffre, qui s'ouvre en deux parties, offre un volume juste dans la moyenne du segment.

FORCES Tenue de route de voiture • Confort au-dessus de la moyenne • Mécaniques envoûtantes

FAIBLESSES Prix des options • Consommation excessive de carburant dans le X5 M • Fiabilité

tique à 8 rapports, tandis que le X5 M et le xDrive35d font appel à des boîtes à 6 rapports seulement. Il y a aussi l'option X5 M pour tous ceux qui veulent jeter leur argent par les fenêtres. Avec un tel engin, non seulement pouvez-vous humilier quelques propriétaires de sportives sur une piste, mais vous devenez également un très bon ami des pétrolières de ce monde.

MÉCANIQUE Alors là, le consommateur a du choix! D'abord, l'édition xDrive35i équipée du 6-cylindres en ligne turbocompressé, qu'on retrouve sous plusieurs capots au sein de la gamme, ouvre le bal avec une puissance de 300 chevaux et un couple identique. Allongez quelques dollars supplémentaires et vous obtenez l'édition xDrive35d, le «d» signifiant que ce moteur carbure au diesel. Cette autre motorisation à 6 cylindres et turbocompressée génère 265 chevaux, mais se reprend outrageusement sur le plan du couple, coté à 425 livres-pieds disponibles presque aussitôt qu'on appuie sur l'accélérateur. Vous en voulez plus? Le xDrive50i reçoit un V8 de 4,4 litres biturbo qui développe 400 chevaux et produit un couple de 450 livres-pieds. La sonorité de cette dernière mécanique est celle qui se rapproche le plus des V8 des muscle cars américains. Un pur délice! Les motorisations à essence sont accouplées à une boîte de vitesses automa-

COMPORTEMENT Dans le segment des VUS pleine grandeur, il y a deux types de véhicules: ceux qui sont plaisants à conduire et les autres. Le X5 fait partie de la première catégorie. En fait, c'est ce VUS qui a lancé ce mouvement il y a douze ans. Bien sûr, à son volant, il ne faut jamais oublier les lois de la physique, mais l'agrément de conduite est vraiment l'un de ses points forts. La direction demeure précise, tandis que les suspensions fermes réussissent très bien à masquer les imperfections de notre réseau routier. Et la puissance des moteurs est adéquate dans toutes les versions.

CONCLUSION Le X5 est une belle histoire à succès puisque la famille X compte désormais trois autres membres (X1, X3 et X6); il ne faudrait pas s'étonner de voir apparaître d'autres variantes dans le futur. Quant au X5, il continue de rouler sa bosse en Amérique du Nord, son marché de prédilection.

2e OPINION

« On se souvient du scepticisme manifesté lors du lancement du X5. C'était en 2000. Depuis, les générations du char d'assaut allemand se sont succédé. Son succès n'a fait que croître. En fait, c'est toute la gamme des modèles X qui gagne en popularité chez BMW, au pays du moins. Les modèles X représentent 40 % de toutes les ventes du constructeur. Avec des moteurs à essence et une mécanique Diesel, le X5 en offre pour tous les goûts, mais pas pour toutes les bourses. La version de base n'est pas donnée à 61 800 $. Si on laisse les considérations financières de côté, le X5, qui se conduit comme une berline, demeure une référence dans le segment. Mon choix? La version Diesel, la seule qui ne subventionne pas à grands frais les pétrolières. » — Daniel Rufiange

FICHE TECHNIQUE

MOTEURS

(xDrive35i) L6 3,0 L turbo DACT, 300 ch de 5800 à 6250 tr/min
COUPLE 300 lb-pi de 1300 à 1500 tr/min
BOÎTE DE VITESSES automatique à 8 rapports avec mode manuel
0-100 KM/H 6,8 s
VITESSE MAXIMALE 210 km/h (bridée)
CONSOMMATION (100 KM) 10,8 L (Octane 91)
ÉMISSIONS POLLUANTES CO_2 5060 kg/an
LITRES PAR ANNÉE 2200
COÛT PAR AN 2904 $

(XDRIVE35D) L6 3 L biturbo (turbodiesel) DACT, 265 ch à 4200 tr/min
COUPLE 425 lb-pi de 1750 à 2250 tr/min
BOÎTE DE VITESSES automatique à 6 rapports avec mode manuel
0-100 km/h 7,4 s
Vitesse maximale 210 km/h

(XDRIVE50I) V8 4,4 L biturbo DACT, 400 ch de 5500 à 6400 tr/min
COUPLE 450 lb-pi de 1750 à 4500 tr/min
BOÎTE DE VITESSES automatique à 8 rapports avec mode manuel
0-100 KM/H 5,6 s
VITESSE MAXIMALE 210 km/h (bridée)
CONSOMMATION (100 KM) 12,5 L (octane 91)
ÉMISSIONS DE CO_2 5888 kg/an
LITRES PAR ANNÉE 2560
COÛT PAR AN 3379 $

(X5 M) V8 4,4 L biturbo DACT, 555 ch à 6000 tr/min
COUPLE 500 lb-pi de 1500 à 5650 tr/min
BOÎTE DE VITESSES automatique à 6 rapports avec mode manuel
0-100 KM/H 4,7 s
VITESSE MAXIMALE 250 km/h (bridée)
CONSOMMATION (100 KM) 14,5 L (octane 91)
ÉMISSIONS DE CO_2 6808 kg/an
LITRES PAR ANNÉE 2960
COÛT PAR AN 3907 $

AUTRES COMPOSANTS

SÉCURITÉ ACTIVE freins ABS, assistance au freinage, répartition électronique de la force de freinage, contrôle de la stabilité électronique, antipatinage
SUSPENSION AVANT/ARRIÈRE indépendante
FREINS AVANT/ARRIÈRE disques
DIRECTION à crémaillère, assistée
PNEUS 35i/35D/50i P255/55R18 option 35i P255/50R19 (av.) P285/45R19 (arr.) option 50i/ de série X5 M P275/40R20 (av.) P315/35R20 (arr.)

DIMENSIONS

EMPATTEMENT 2933 mm
LONGUEUR 4857 mm, X5 M 4851 mm
LARGEUR 1933 mm, X5 M 1994 mm
HAUTEUR 1776 mm, X5 M 1764 mm
POIDS 35i 2250 kg 35D 2355 kg 50i 2440 kg X5 M 2435 kg
DIAMÈTRE DE BRAQUAGE 12,8 m
COFFRE 620 L, 1750 L (sièges abaissés)
RÉSERVOIR DE CARBURANT 85 L
CAPACITÉ DE REMORQUAGE 2721 kg

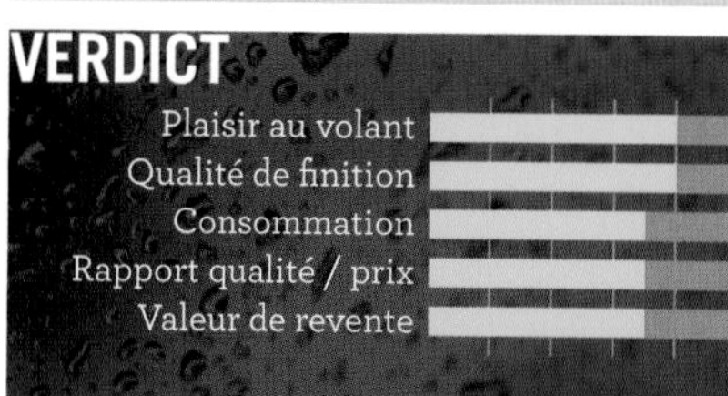

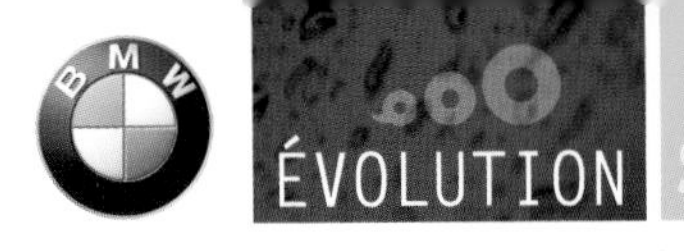

$ 66 650$ à 100 900$ t&p 1 995$

LA COTE VERTE MOTEUR L6 DE 3,0 L TURBO source : EnerGuide

CONSOMMATION (100 KM) 10,8 L • **ÉMISSIONS POLLUANTES CO_2** 5060 KG/AN • **INDICE D'OCTANE** 91
COÛT DU CARBURANT MOYEN PAR ANNÉE 3080$ • **NOMBRE DE LITRES PAR ANNÉE** 2200

FICHE D'IDENTITÉ

VERSIONS xDrive35i, xDrive50i, M
ROUES MOTRICES 4
PORTIÈRES 5 **NOMBRE DE PASSAGERS** 4, 5 (option)
PREMIÈRE GÉNÉRATION 2009
GÉNÉRATION ACTUELLE 2009
CONSTRUCTION Spartanburg, Caroline du Sud, É.-U.
COUSSINS GONFLABLES 6
(frontaux, latéraux avant, rideaux latéraux)
CONCURRENCE Acura MDX, Audi Q7, Cadillac SRX, Infiniti FX, Land Rover LR4, Lexus RX, Mercedes-Benz Classe M, Porsche Cayenne, Volkswagen Touareg, Volvo XC90

AU QUOTIDIEN

PRIME D'ASSURANCE
25 ANS : 3000 à 3200$
40 ANS : 2000 à 2200$
60 ANS : 1400 à 1600$
COLLISION FRONTALE 5/5
COLLISION LATÉRALE 5/5
VENTES DU MODÈLE DE L'AN DERNIER
AU QUÉBEC 215 **AU CANADA** 1017
DÉPRÉCIATION 34,4 %
RAPPELS (2006 À 2011) 3
COTE DE FIABILITÉ 2,5/5

GARANTIES... ET PLUS

GARANTIE GÉNÉRALE 4 ans/80 000 km
GARANTIE MOTOPROPULSEUR 4 ans/80 000 km
PERFORATION 12 ans/kilométrage illimité
ASSISTANCE ROUTIÈRE 4 ans/kilométrage illimité
NOMBRE DE CONCESSIONNAIRES
AU QUÉBEC 9 **AU CANADA** 40

NOUVEAUTÉS EN 2012

5e place optionnelle sans frais, abandon de la version ActiveHybrid après décembre 2011

LE RIDICULE NE TUE PAS, MAIS IL SE **VEND**

Daniel Rufiange

Il fut un temps où BMW se contentait de fabriquer des voitures. Puis, le constructeur bavarois s'est lancé dans la conception d'utilitaires. Jusque-là, ça va. BMW a suivi la mode, sans compter que les X3 et X5 sont des véhicules aussi intéressants que populaires. Puis, étonnamment, la firme, reconnue pour son bon goût, s'est lancée dans la conception de modèles comme la Série 5 GT et le X6, des véhicules dont la vocation est on ne peut plus nébuleuse. Ce n'est pas une question de qualité, mais de pertinence. Quelqu'un peut-il me dire à quoi ça sert, un X6 ?

CARROSSERIE Le X6 n'est pas un utilitaire : c'est un char d'assaut ! On n'a respecté aucune convention sur la planche à dessin. Tant mieux, diront certains, une honte, clameront d'autres. Chose certaine, le X6, qui se présente sous des allures de coupé, ne passe pas inaperçu. BMW le propose en quatre configurations, toutes aussi excessives les unes que les autres. En outre, la démesure atteint des proportions qui frisent le ridicule avec une version M; ne manque parmi les options qu'un abonnement à vie au complexe ICAR. Heureusement, une mouture hybride tente de mettre un peu d'ordre là-dedans, un exercice de bonne conscience du constructeur, nul doute.

HABITACLE À bord, on a droit au meilleur et au pire. Le meilleur, c'est que les matériaux respirent la qualité, que le confort des sièges est nickel, et que l'assemblage est au poil. Le pire, c'est que la présentation demeure un peu trop classique pour émouvoir qui que ce soit, qu'on ne voit strictement rien à bord de cette chose, et que le X6, malgré ses dimensions éléphantesques, ne compte que quatre places.

Et son aspect utilitaire ? Balivernes. L'espace qui se dégage une fois le hayon relevé à l'arrière n'a rien d'impressionnant. Un Honda CR-V en offre plus !

MÉCANIQUE Sous le capot, on peut greffer deux blocs-moteurs différents, le tout pour

FORCES Lignes audacieuses • Conduite intéressante • Puissance incroyable du X6M • Je l'aime, moi, la version hybride

FAIBLESSES Consommation • Visibilité atroce • Très peu pratique Quatre places seulement • Utilitaire? Mon œil!

de l'automobile nous a habitués à ce que des véhicules offrant plus de 500 chevaux soient... des voitures ! La version X6 M se moque des conventions et transforme ce brontosaure en gazelle. C'est tout aussi impressionnant qu'insultant pour tout militant environnementaliste. Ça consomme un X6, tellement qu'on ne gâchera pas le plaisir en parlant de la consommation moyenne de

obtenir quatre versions distinctes du X6. D'abord, un 6-cylindres en ligne turbo de 3 litres est proposé dans la version de base. Puis, le moteur V8 biturbo de 4,4 litres œuvre sur trois fronts; il mue la version 5.0, travaille en tandem avec le moteur électrique à bord de la mouture hybride et permet au propriétaire d'une version X6 M de péter de la broue grâce à une puissance de 555 chevaux et un couple de 500 livres-pieds. Cette dernière version jouit d'une boîte de vitesses automatique à 6 rapports. Les versions à moteur à essence partagent une boîte automatique comptant deux rapports supplémentaires. Quant à la version hybride, c'est une boîte à 7 rapports qui l'équipe.

COMPORTEMENT Produit démesuré, n'empêche, la conduite d'un X6 demeure une expérience inoubliable. C'est que l'histoire

16 ou de 17 litres aux 100 kilomètres. La version hybride est critiquée, car elle demeure un exercice de bonne conscience pour le constructeur. Néanmoins, je préfère la voir, elle, sur la route, plutôt que toute autre version. Sa consommation moyenne s'établit à 11,5 litres aux 100 kilomètres.

CONCLUSION À quoi ça sert un X6 ? À rien d'autre que de montrer à son voisinage qu'on a les moyens de se payer la démesure. On ne me fera pas croire qu'on achète ce véhicule parce qu'on a besoin de son côté pratique. Foutaise. Le X6 est bourré de qualité, mais les autres utilitaires de BMW aussi. À vouloir trop en faire – la série 5 GT s'inscrit dans cette mouvance –, le constructeur bavarois est en train de se caricaturer lui-même. Gare à la mégalomanie, ça fait parfois très mal dans le monde de l'automobile.

2e OPINION

« BMW est passée maître dans l'art d'élaborer de nouveaux types de carrosserie. Bien avant la venue de la Série 5 GT, le X6 était déjà un concept inusité pour notre réseau routier. Pourtant, ce VUS coupé a fait des petits – pensez à l'Acura ZDX – et il n'y a pas à dire, malgré le prix faramineux de ce X5 moins pratique, le X6 continue de bien se vendre. De plus, BMW n'a pas hésité à dédoubler son offre en offrant plusieurs types de motorisations (6-en ligne, V8 biturbo, V8 biturbo hybride et même une variante X6 M complètement folle). La question qui reste à poser : y aura-t-il des bébés X6 au sein de BMW dans un avenir rapproché ? Un X4 ou un X2 par exemple ? » — Vincent Aubé

FICHE TECHNIQUE

MOTEURS

(XDRIVE 3.5I) L6 3,0 L turbo DACT, 300 ch de 5800 à 6200 tr/min
COUPLE 300 lb-pi de 1300 à 5000 tr/min
BOÎTE DE VITESSES automatique à 8 rapports avec mode manuel
0-100 KM/H 6,7 s
VITESSE MAXIMALE 210 km/h (bridée)

(XDRIVE 5.0I) V8 4,4 L biturbo DACT, 400 ch de 5500 à 6400 tr/min
COUPLE 450 lb-pi de 1750 à 4500 tr/min
BOÎTE DE VITESSES automatique à 8 rapports avec mode manuel
0-100 KM/H 5,5 s
VITESSE MAXIMALE 210 km/h (bridée)

CONSOMMATION (100 KM) 12,5 L (octane 91)
ÉMISSIONS DE CO_2 5888 kg/an
LITRES PAR ANNÉE 2560
COÛT PAR AN 3584 $

(M) V8 4,4 l biturbo DACT, 555 ch à 6000 tr/min
COUPLE 500 lb-pi de 1500 à 5650 tr/min
BOÎTE DE VITESSES automatique à 6 rapports avec mode manuel
0-100 KM/H 4,7 s
VITESSE MAXIMALE 250 km/h (limité)

CONSOMMATION (100 KM) 14,5 L
ÉMISSIONS DE CO_2 6808 kg/an
LITRES PAR ANNÉE 2960
COÛT PAR AN 4144 $

AUTRES COMPOSANTS

SÉCURITÉ ACTIVE freins ABS, assistance au freinage, répartition électronique de force de freinage, contrôle de stabilité électronique, antipatinage
SUSPENSION AVANT/ARRIÈRE indépendante
FREINS AVANT/ARRIÈRE disques
DIRECTION à crémaillère, assistée
PNEUS P255/50R19 **OPTION 3.5I/ DE SÉRIE 5.0I ET M** 275/40R20 (av.) 315/35R20 (arr.)

DIMENSIONS

EMPATTEMENT 2933 mm
LONGUEUR 4877 mm
LARGEUR 1983 mm
HAUTEUR 1690 mm, **M** 1684 mm
POIDS XDRIVE3.5 2170 kg **XDRIVE5.0** 2370 kg **M** 2415 kg
DIAMÈTRE DE BRAQUAGE 12,8 m
COFFRE 570 L, 1450 L (sièges abaissés)
RÉSERVOIR DE CARBURANT 85 L
CAPACITÉ DE REMORQUAGE 2721 kg

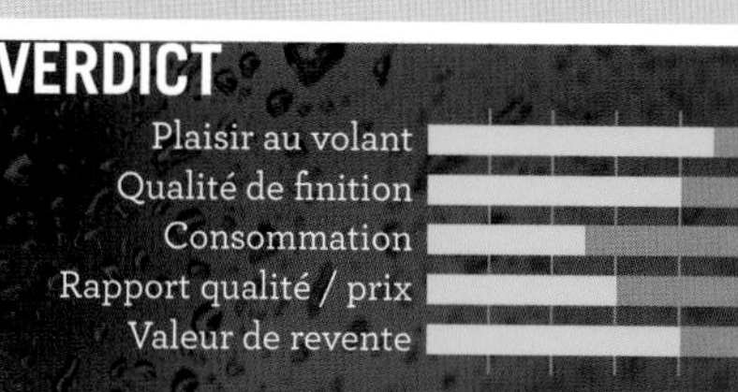

$ 54 300 À 77 900 $ t&p 1995 $

LA COTE VERTE MOTEUR L4 DE 2,0 L TURBO source : BMW

CONSOMMATION (100 KM) 8 L • **ÉMISSIONS POLLUANTES CO_2** ND • **INDICE D'OCTANE** 91
COÛT DU CARBURANT ND • **NOMBRE DE LITRES PAR ANNÉE** ND

FICHE D'IDENTITÉ

VERSIONS sDrive28i, sDrive35i, sDrive35is
ROUES MOTRICES arrière
PORTIÈRES 2 **NOMBRE DE PASSAGERS** 2
PREMIÈRE GÉNÉRATION 2003
GÉNÉRATION ACTUELLE 2010
CONSTRUCTION Regensburg, Allemagne
COUSSINS GONFLABLES 6 (frontaux, genoux conducteur et passager, latéraux avant)
CONCURRENCE Audi TT, Infiniti G37 coupé, Mercedes-Benz SLK, Nissan 370Z, Porsche Boxster/Cayman

AU QUOTIDIEN

PRIME D'ASSURANCE
25 ANS : 3000 à 3200 $
40 ANS : 1900 à 2100 $
60 ANS : 1400 à 1600 $
COLLISION FRONTALE 5/5
COLLISION LATÉRALE 5/5
VENTES DU MODÈLE L'AN DERNIER
AU QUÉBEC 85 **AU CANADA** 376
DÉPRÉCIATION 45,7 %
RAPPELS (2006 À 2011) 2
COTE DE FIABILITÉ 3/5

GARANTIES... ET PLUS

GARANTIE GÉNÉRALE 4 ans/80 000 km
GARANTIE MOTOPROPULSEUR 4 ans/80 000 km
PERFORATION 12 ans/kilométrage illimité
ASSISTANCE ROUTIÈRE 4 ans/kilométrage illimité
NOMBRE DE CONCESSIONNAIRES
AU QUÉBEC 9 **AU CANADA** 40

NOUVEAUTÉS EN 2012

Nouvelle version sDrive28i avec moteur de quatre-cylindres turbo remplaçant le L6 de 3,0 litres

À MANIPULER **AVEC SOIN**

Francis Brière

Comment définir la BMW Z4 ? Moins sportive qu'une Porsche Boxster, elle est, en revanche, moins pépère qu'une Mercedes-Benz SLK. Mais à 70 000 ou à 80 000 $ l'exemplaire, avez-vous envie de vous offrir un compromis ? Depuis que BMW a modifié la conception du modèle, il s'en vend une poignée annuellement. À croire que les acheteurs détestent le toit rigide !

CARROSSERIE C'est pour 2010 que BMW a redéfini la Z4. Julianne Blasi, jeune conceptrice allemande, a usé d'imagination pour dessiner ses courbes sensuelles tout en respectant la philosophie de Chris Bangle, une vision qui demeure même après son départ. Son toit rigide lui confère une allure spectaculaire, mais il alourdit considérablement le roadster qui pourrait bénéficier d'une carcasse passablement plus légère. Nous devons avouer que la Z4 est élégante, surtout avec son long nez, ses superbes roues et sa ligne de toit moderne. Le prototype Vision annonce le futur pas si lointain du roadster de BMW et confirme ses origines tirées de l'évolution de la Série Z.

HABITACLE L'intérieur de la Z4 a aussi été revu en 2010. On peut aimer ou pas, mais chose certaine, le luxe et le confort ne manquent pas. Les occupants profitent du système iDrive et d'un écran à cristaux liquides rétractable à même la planche de bord. Les sièges enveloppent l'anatomie à merveille; vous trouverez certainement une position de conduite idéale, peu importe votre gabarit. BMW propose un volant sport truffé de quelques boutons pratiques, mais sans plus. C'est bien fait, bien conçu, et la finition est irréprochable.

MÉCANIQUE Trois choix de moteurs s'offrent à vous. Le 6-cylindres en ligne de base est remplacé par un 4-cylindres turbo de 241 chevaux (au lieu de 255) qui se trouve aussi dans le X1. Puissant et linéaire, il est surprenant d'efficacité et très progressif avec sa boîte automatique à 8 rapports. Si vous en désirez davantage, optez pour la sDrive35i qui dispose du même bloc que les 135i, 335i, X3 xDrive35i et 535i.

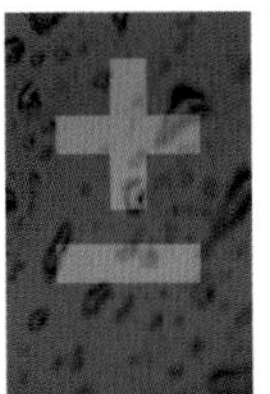

FORCES Allure sexy • Conduite agréable • Confort et luxe
FAIBLESSES Prix absurde • Équilibre fragile • Poids

C'est à en perdre son latin! Ce 6-cylindres suralimenté produit une puissance et un couple capables de faire fondre l'asphalte. Mais BMW en offre encore plus avec la livrée sDrive35is dont la puissance du moteur a été poussée à 335 chevaux, et le couple, à 332 livres-pieds. Ce bloc se retrouve également sous le capot de la petite Série 1M. Vous serez averti : c'est de la démesure. La poussée transmise aux roues arrière devient redoutable et, même, dangereuse si vous désactivez le dispositif électronique d'antipatinage à l'accélération. À ne pas mettre entre toutes les mains ! Cet attirail de muscles est jumelé, au choix, à une boîte de vitesses robotisée à 7 rapports ou à une boîte mécanique à 6 rapports dans le cas des deux premières livrées.

COMPORTEMENT La BMW Z4 devrait être perçue avant tout comme une voiture de grand tourisme. On se promène, on se balade, on négocie un virage serré, on apprécie la chaleur du soleil sur son visage. Non pas que ce roadster soit incapable de défier la route et la gravité, mais ce n'est pas le genre de caisse à battre sur un circuit. La Z4 a été conçue pour plaire à l'acheteur qui souhaite bénéficier d'un confort appréciable, de luxe, de prestige et de la conduite à ciel ouvert. Celui qui prendra place à bord de cette voiture pour délibérément la pousser à sa limite devra composer avec une partie avant trop lourde par rapport à l'arrière et à une tendance au sous-virage. Il faut donc se montrer délicat avec l'accélérateur en sortie de virage et manipuler le volant avec soin.

CONCLUSION Une dizaine d'acheteurs seulement ont manifesté de l'intérêt pour la Z4 l'an dernier au Québec. Et ce n'est certainement pas le climat qui a joué un rôle dissuasif. Que vous optiez pour une livrée de base ou encore pour la sDrive35is, vous débourserez grosso modo la même somme que pour une Porsche Boxster ou pour une Audi TT. Il se peut encore que vous tombiez amoureux de ses superbes lignes, et ce ne serait pas péché !

2e OPINION

« Avec son capot démesuré, son cul rebondi et son pavillon qui lui fait comme un casque de footballeur supersonique, la Z4 a fière allure. Voilà un roadster qui impressionne, peu importe la position de son toit rigide escamotable. Elle est lourde et, pourtant, BMW arrive à la garder rapide, surtout turbocompressée. On ne peut quand même s'empêcher d'imaginer ce qu'il en serait si la Z4 se farcissait une sévère diète. Le constructeur a volontairement choisi de créer un roadster qui marie le confort dodu à une vitalité de sprinter, comme le prouve les 0 à 100 km/h qui incendient l'asphalte, mais je sacrifierais volontiers quelques kilos en faveur d'une attitude davantage rebelle. D'un autre côté, possible alors que la Z4 n'offrirait plus le genre de force mesurée et soupesée qui plaît tant aux ingénieurs germaniques. » — Michel Crépault

FICHE TECHNIQUE

MOTEURS

(SDRIVE28I) L4 2,0 L turbo DACT, 241 ch à 5500 tr/min
COUPLE 258 lb-pi à 1250 tr/min
BOÎTE DE VITESSES automatique à 8 rapports avec mode manuel
0-100 KM/H 6,6 s
VITESSE MAXIMALE 240 km/h

(SDRIVE35I) L6 3,0 L biturbo DACT, 300 ch à 5800 tr/min
COUPLE 300 lb-pi à 1400 tr/min
BOÎTES DE VITESSES manuelle à 6 rapports, manuelle robotisée à 7 rapports (en option)
0-100 KM/H man. 5,4 s; **robo.** 5,3 s
VITESSE MAXIMALE 250 km/h (bridée)

CONSOMMATION (100 km) **man.** 9,4 L **robo.** 10,4 L (octane 91)
ÉMISSIONS DE CO_2 man. 4416 kg/an, **robo.** 4830 kg/an
LITRES PAR ANNÉE man. 1920 **robo.** 2100
COÛT PAR AN man. 2688 $, **robo.** 2940 $

(SDRIVE35IS) L6 3,0 L biturbo DACT, 335 ch à 5900 tr/min
COUPLE 332 lb-pi à 1500 tr/min
BOÎTE DE VITESSES manuelle robotisée à 7 rapports
0-100 KM/H man. 5,0 s
VITESSE MAXIMALE 250 km/h (bridée)

CONSOMMATION (100 KM) 10,4 L (octane 91)
ÉMISSIONS DE CO_2 4830 kg/an
LITRES PAR ANNÉE 2100
COÛT PAR AN man. 2940 $

AUTRES COMPOSANTS

SÉCURITÉ ACTIVE freins ABS, assistance au freinage, répartition électronique de la force de freinage, contrôle de la stabilité électronique, antipatinage
SUSPENSION AVANT/ARRIÈRE indépendante
FREINS AVANT/ARRIÈRE disques
DIRECTION à crémaillère, assistée
PNEUS sDrive28i ND **sDrive35i/sDrive35is** P225/40R18 (av.) P255/35R18 (arr.) **option sDrive35i/option sDrive35is** P225/35R19(av.) P255/30R19 (arr.)

DIMENSIONS

EMPATTEMENT 2496 mm
LONGUEUR 4239 mm **sDrive35is** 4244 mm
LARGEUR (excluant les rétroviseurs) 1790 mm
HAUTEUR 1291 mm **sDrive35is** 1284 mm
POIDS SDRIVE28I ND, **sDrive35i man.** 1590 kg, **sDrive35i robo. /sDrive35is** 1610 kg
DIAMÈTRE DE BRAQUAGE 10,7 m
COFFRE 310 L 180 L (toit abaissé)
RÉSERVOIR DE CARBURANT 55 L

MENTIONS

COUP DE CŒUR RECOMMANDÉ

VERDICT

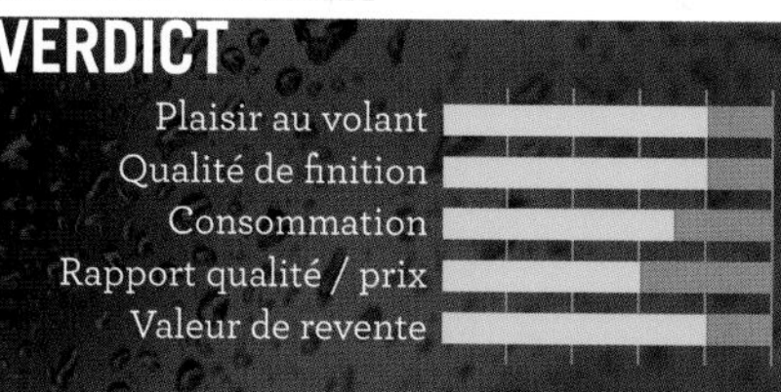

ÉVOLUTION $ 43 685$ à 52 710$ t&p 2045$

LA COTE VERTE MOTEUR V6 DE 3,6 L source : EnerGuide

CONSOMMATION (100KM) 2RM 10,6 L **4RM** 11,2 L • **ÉMISSIONS POLLUANTES CO_2 : 2RM** 4968 kg/an **4RM** 5244 kg/an • **INDICE D'OCTANE** 87
AUTRE MOTORISATION non • **COÛT DU CARBURANT MOYEN PAR ANNÉE 2RM** 2808$ **4RM** 2964$ • **NOMBRE DE LITRES PAR ANNÉE 2RM** 2160 **4RM** 2280

FICHE D'IDENTITÉ

VERSIONS CX, CXL
ROUES MOTRICES avant, 4
PORTIÈRES 5 **NOMBRE DE PASSAGERS** 7, 8
PREMIÈRE GÉNÉRATION 2008
GÉNÉRATION ACTUELLE 2008
CONSTRUCTION Lansing, Michigan, É.-U.
COUSSINS GONFLABLES 6 (frontaux, latéraux avant, rideaux latéraux)
CONCURRENCE Acura MDX, Audi Q7, Ford Flex, Honda Pilot, Hyundai Veracruz, Lexus RX350, Mazda CX-9, Nissan Murano, Toyota Highlander, Volvo XC90

AU QUOTIDIEN

PRIME D'ASSURANCE
25 ANS : 2400 à 2600$
40 ANS : 1400 à 1600$
60 ANS : 1200 à 1400$
COLLISION FRONTALE 5/5
COLLISION LATÉRALE 5/5
VENTES DU MODÈLE DE L'AN DERNIER
AU QUÉBEC 592 **AU CANADA** 4135
DÉPRÉCIATION 42,9%
RAPPELS (2006 À 2011) 5
COTE DE FIABILITÉ 3,5/5

GARANTIES... ET PLUS

GARANTIE GÉNÉRALE 4 ans/80 000 km
GARANTIE MOTOPROPULSEUR 5 ans/160 000 km
PERFORATION 6 ans/kilométrage illimité
ASSISTANCE ROUTIÈRE 5 ans/160 000 km
NOMBRE DE CONCESSIONNAIRES
AU QUÉBEC 84 **AU CANADA** 450

NOUVEAUTÉS EN 2012

Aucun changement majeur

LE JOUEUR DE **CENTRE**

Daniel Rufiange

Le Buick Enclave fait partie d'un trio de costauds chez GM. Avec le Chevrolet Traverse et le GMC Acadia, il est venu s'imposer comme le véhicule familial par excellence chez GM, et c'est d'autant plus vrai depuis l'abandon du segment des fourgonnettes par le constructeur. Depuis son lancement, en 2008, l'Enclave connaît du succès. C'est en partie étonnant si on considère l'important déboursé qu'exige l'achat ou la location de ce multisegment. En partie, dis-je bien, car les qualités de l'Enclave sont indéniables.

CARROSSERIE Buick travaille à rajeunir son image. Cependant, le constructeur tient à conserver intacte sa tradition. Ce n'est pas une mince tâche. Cela fait en sorte, et l'Enclave le démontre fort bien, qu'on se retrouve avec un design moderne, mais qui transporte avec lui certains vestiges du passé. Ainsi, la calandre en chute d'eau de Buick s'intègre, ma foi, relativement bien avec un faciès avant aux lignes modernes. Même les trois rainures latérales, signe distinctif des produits Buick, logent sur les flancs du capot.

L'Enclave est proposé en trois versions : CX, CXL1 et CXL2. Chacune est livrable avec la traction ou la transmission intégrale. Si l'équipement de série de la troisième est le plus intéressant, on ne peut en dire autant de son prix. C'est le hic à propos de l'Enclave; il n'est pas donné. La variante CX à traction affiche un prix de base de plus de 43 000$.

HABITACLE Par contre, à bord, le client en a pour son argent. La présentation est réussie, et l'environnement en est un où il fait bon vivre. Surtout, on apprécie tout l'espace mis à sa disposition. Il est possible d'opter pour une configuration à sept ou à huit places. La première est plus pratique, car elle se caractérise par une allée centrale dans la rangée médiane, ce qui facilite l'accès à la banquette la plus reculée. En matière d'équipement, la version de base comprend la connectivité Bluetooth et la climatisation automatique à trois zones, entre autres. Cependant, pour profiter de tous les agré-

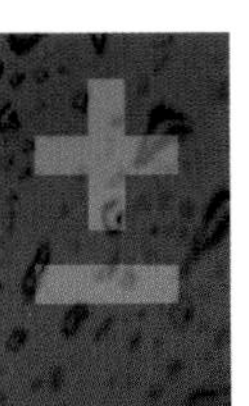

FORCES Il faut l'avouer, il a de la gueule • Confort et douceur de roulement • Accès facile à la troisième banquette (configuration à 7 occupants) • On ne peut plus pratique

FAIBLESSES Un plaisir à garer au centre-ville un vendredi soir • Son prix et encore son prix • Consommation encore trop élevée • Valeur de revente?

C'est que GM nous a habitués à ce que ses véhicules proposent un comportement routier mou et peu inspirant. L'Enclave a brisé cette triste tradition. Ce mastodonte est surprenant d'aplomb sans que son confort ait été sacrifié d'un seul iota. Il faut respecter les lois de la physique, certes, mais on éprouve un réel plaisir à le piloter.

ments possibles (sièges chauffants, caméra de vision arrière et volant télescopique) il faut piger dans son portefeuille.

MÉCANIQUE Un seul moteur repose à l'avant de l'Enclave. Il s'agit d'un V6 de 3,6 litres qui annonce une puissance de 288 chevaux. Bien qu'un V8 puisse mieux servir ce véhicule, le V6 se tire bien d'affaire et consomme un peu moins. Propriétaires de roulottes, sachez que l'Enclave peut tracter des charges allant jusqu'à 2 041 kilos, soit 4 500 livres. Quant à la boîte de vitesses, celle de l'Enclave compte 6 rapports et fonctionne sans anicroche.

COMPORTEMENT C'est une impression de surprise qui domine quand on prend le volant de l'Enclave pour la première fois.

Côté consommation, on ne s'en sort pas sous les 12,5 litres aux 100 kilomètres, et ce, dans les meilleures conditions possible. On aura beau faire tout ce qu'on veut, sans une motorisation Diesel ou l'aide d'un turbo, on ne fera pas de miracles avec un véhicule de ce gabarit. Maintenant que GM nous a démontré qu'elle était capable de produire des véhicules comme l'Enclave, la prochaine étape consiste à nous démontrer qu'elle peut les équiper de moteurs résolument modernes et qui consomment encore moins de carburant.

CONCLUSION À tous ceux qui me disent avoir l'Enclave sur leur liste d'achat, je leur dis de ne pas hésiter. Cependant, il faut être prêt à payer pour se l'offrir. La facture est salée. Une version CXL2 entièrement équipée : 67 520 $, avant taxes. Ouch !

2e OPINION

« GM, qui a changé beaucoup de ses mauvaises habitudes depuis deux ans, en a tout de même conservé quelques-unes dont celle d'envahir le marché de clones dont l'utilité est parfois discutable. Prenons le trio Enclave, Traverse et Acadia. Les différences entre les trois sont mineures. Même mécanique, qui boit du carburant à un rythme affolant, même châssis, même espace. L'Enclave est celui qui a les lignes les plus cossues et le prix le plus salé. Malgré ses 60 000 $, nous ne logeons pas à la même adresse que les allemandes. Nous avons l'impression d'être dans un Chevrolet Traverse avec un tapis de sol plus épais et un cuir plus fin. C'est trop cher payé pour ce que vous avez en retour; tenez-vous-en au modèle le plus économique, vous serez gagnant en bout de piste. » — Benoit Charette

FICHE TECHNIQUE

MOTEUR

(CX, CXL) V6 3,6 L DACT, 288 ch à 6300 tr/min
COUPLE 270 lb-pi à 3400 tr/min
BOÎTE DE VITESSES automatique à 6 rapports
0-100 KM/H 8,2 s
VITESSE MAXIMALE 210 km/h

AUTRES COMPOSANTS

SÉCURITÉ ACTIVE freins ABS, répartition électronique de force de freinage, assistance au freinage, dispositif antiroulis, antipatinage, contrôle de stabilité électronique
SUSPENSION AVANT/ARRIÈRE indépendante
FREINS AVANT/ARRIÈRE disques
DIRECTION à crémaillère, assistée
PNEUS CX / CXL P255/60R19
CXL2 P255/55R20, **OPTION CXL** P255/55R20

DIMENSIONS

EMPATTEMENT 3020 mm
LONGUEUR 5126 mm
LARGEUR 2007 mm
HAUTEUR 1846 mm
POIDS 2RM 2168 kg **4RM** 2261 kg
DIAMÈTRE DE BRAQUAGE 12,3 m
COFFRE 657 L, 3265 L (sièges abaissés)
RÉSERVOIR DE CARBURANT 83,3 L
CAPACITÉ DE REMORQUAGE 2041 kg

MENTIONS

RECOMMANDÉ

VERDICT

Plaisir au volant
Qualité de finition
Consommation
Rapport qualité / prix
Valeur de revente

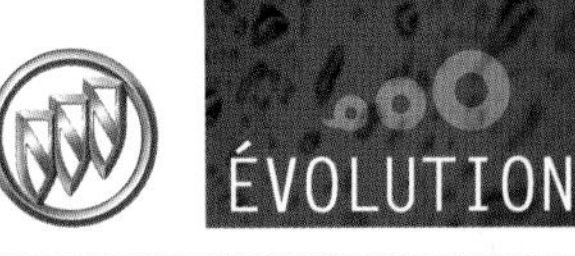

$ 31 760$ à 40 985$ t&p 2045$

LA COTE VERTE MOTEUR L4 DE 2,4 L HYBRIDE source : Buick

CONSOMMATION (100 KM) 6,7 L • ÉMISSIONS POLLUANTES CO_2 ND • INDICE D'OCTANE 87
COÛT DU CARBURANT MOYEN PAR ANNÉE ND • NOMBRES DE LITRES PAR ANNÉE ND

FICHE D'IDENTITÉ

VERSIONS CX , CXL, CXL 4RM, CXS, eAssist
ROUES MOTRICES avant, 4
PORTIÈRES 4 **NOMBRE DE PASSAGERS** 5
PREMIÈRE GÉNÉRATION 2005 (Allure)
GÉNÉRATION ACTUELLE 2010
CONSTRUCTION Kansas City, Kansas, États-Unis
COUSSINS GONFLABLES 8 (frontaux, latéraux avant et arrière, rideaux latéraux)
CONCURRENCE Chevrolet Malibu/Impala, Chrysler Sebring/300, Dodge Charger/Avenger, Ford Fusion/Taurus, Honda Accord, Hyundai Sonata, Kia Optima, Mazda6, Nissan Altima/Maxima, Toyota Camry, Volkswagen Passat

AU QUOTIDIEN

PRIME D'ASSURANCE
25 ANS : 1900 à 2100$
40 ANS : 1200 à 1400$
60 ANS : 1000 à 1200$
COLLISION FRONTALE 5/5
COLLISION LATÉRALE 5/5
VENTES DU MODÈLE DE L'AN DERNIER
AU QUÉBEC 963 **AU CANADA** 3947
DÉPRÉCIATION (1 AN) 17,2%
RAPPELS (2006 À 2011) 4
COTE DE FIABILITÉ 4/5

GARANTIES... ET PLUS

GARANTIE GÉNÉRALE 4 ans/80 000 km
GARANTIE MOTOPROPULSEUR 5 ans/160 000 km
PERFORATION 6 ans/kilométrage illimité
ASSISTANCE ROUTIÈRE 5 ans/160 000 km
NOMBRE DE CONCESSIONNAIRES
AU QUÉBEC 84 **AU CANADA** 450

NOUVEAUTÉS EN 2012

Abandon du V6 3 L
Nouvelle version eAssist (hybride)

L'ESSENCE D'UNE NOUVELLE ÈRE

Michel Crépault

Son moral à terre en Amérique, Buick a dû revoir toute sa gamme. La Lucerne, dernier vestige d'une ère révolue, vient de se tasser au profit de la Verano et, avant elle, l'Enclave, la Regal et la LaCrosse (d'abord connue chez nous sous le patronyme Allure) brandissent désormais la nouvelle âme de Buick.

CARROSSERIE Les membres d'une même famille se reconnaissent souvent à leur nez (aquilin, fin, etc.) et les véhicules copient le truc. Le museau des Buick promène toujours sa traditionnelle calandre à fanons chromés, un peu comme Lincoln. Le reste de la silhouette au goût du jour se développe selon la vocation de l'auto. Celle de la LaCrosse consiste à transporter cinq adultes dans un confort ouaté et spacieux, ce qui a toujours été la mission de Buick (Grand National mise de côté), mais la forme doit maintenant respirer le modernisme au lieu de se prendre pour un paquebot. La LaCrosse s'acquitte de cette tâche en n'ayant pas peur d'exhiber des courbes jusqu'ici inconnues chez Buick. Rien qu'à voir cette caisse haute et ce pavillon plongeant, on devine toutefois que la visibilité arrière ne sera pas jojo. Sinon, la hardiesse est au rendez-vous, ce qui surprend agréablement les Nord-Américains et contentent les Chinois, un marché amoureux de la marque.

HABITACLE L'état-major de GM cherche à rajeunir la clientèle sans chasser l'ancienne. Le tableau de bord promeut donc une élégante simplicité. À d'autres les iDrive, MMI et autres patentes diaboliques qui exigent un cours de trois heures pour allumer la radio. Cadrans et renseignements sont placés lisiblement au cœur d'un bel arc qui épouse les occupants, le tout avec un soupçon de plus de crémage que Lexus, une rivale avouée. L'ancienne bête noire de la GM d'avant la faillite, soit le choix de matériaux risibles combiné à une pauvreté d'exécution, a été exorcisée, bien que des acheteurs se plaignent de véhicules moins bien assemblés à l'usine de Kansas City. La nuit, la cabine baigne dans une luminosité

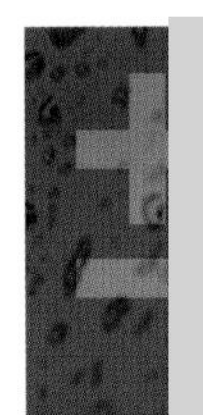

FORCES Impact visuel plaisant à l'extérieur comme à l'intérieur • Conduite agréable, digne du badge • Nouvelle version eAssist

FAIBLESSES Le toit bas cause des problèmes (visibilité et accès) • Coffre limité (pire avec eAssist) • Options coûteuses

bleutée planante. Les baquets sont confortables sans être seyants, la banquette officie adéquatement bien que la courbure du toit frôle de trop près les grandes personnes, et le coffre à bagages n'est pas aussi caverneux que les dimensions de la berline le laissent croire (le dossier rabattable 60/40 dépanne).

MÉCANIQUE Le 4-cylindres en ligne de 2,4 litres de 182 chevaux clamait déjà 6,6 litres aux 100 kilomètres sur l'autoroute, mais le constructeur promet mieux pour 2012 avec la version électrifiée eAssist : à l'Ecotec de 2,4 litres, ajoutez une batterie au lithium-ion, un moteur-alternateur électrique et une boîte de vitesses à 6 rapports retravaillée et vous devriez obtenir 5,4 litres aux 100 kilomètres (et 8 L/100 km en ville). D'autres clients continuent d'associer Buick à la puissance et se tourneront vers le V6 de 3,6 litres de 280 chevaux. La livrée CXL peut recevoir une transmission intégrale Haldex qui expédie jusqu'à 80 % du couple à l'essieu présentant la meilleure adhérence.

COMPORTEMENT On imagine feutrée, onctueuse et silencieuse la tenue de route d'une Buick, et cette LaCrosse ne déçoit pas, du moins avec le V6. Le 4-cylindres est bruyant et un peu juste vu les 1 800 kilos à traîner, mais si c'est l'économie d'essence qui vous pâme, vous conduirez plus calmement, c'est tout. La version eAssist utilise l'énergie emmagasinée dans la batterie pour fournir le jus supplémentaire qui optimise le fonctionnement du 2,4-litres et de la boîte. Au moment de l'accélération, par exemple, la batterie ajoute environ 15 chevaux. En décélération, le dispositif coupe au contraire l'alimentation en carburant. Le véhicule a aussi recours à la technologie d'arrêt-démarrage (le moteur s'éteint à chaque arrêt). Nous avions prédit une visibilité arrière problématique à cause du design de l'auto et, de fait, heureusement que le sonar de recul et la caméra de vision arrière figurent au menu. Ce toit si beau peut également mériter des contusions aux crânes trop pressés de s'engouffrer dans l'habitacle autrement invitant. Vigilance !

CONCLUSION La marche vers le futur est bel et bien entamée chez Buick et, à regarder défiler le convoi, force est d'admettre que les dirigeants ont l'air de savoir où ils s'en vont. Que des Québécois ne s'habituent pas à ce nom n'empêche pas la LaCrosse de connaître une belle carrière.

2e OPINION

« Buick tente tant bien que mal d'accroître ses parts de marché en Amérique du Nord, notamment en rajeunissant l'image de ses véhicules. L'exercice semble porter ses fruits, les ventes sont à la hausse partout chez Buick. L'Allure, rebaptisée LaCrosse en 2010, est un heureux mélange entre le passé et le futur de la marque. Le passé, on le retrouve dans l'expérience de conduite feutrée, surtout axée sur le confort. Le futur, c'est aussi cette expérience de conduite, plus dynamique que jamais pour une Buick, combinée à tout le modernisme qui caractérise les voitures d'aujourd'hui; radio satellite, connexion iPod, connectivité Bluetooth, etc. Cependant, un changement d'image demande du temps, et on devra être patient chez Buick. La LaCrosse séduit encore plusieurs détenteurs de cheveux gris. » — Daniel Rufiange

FICHE TECHNIQUE

MOTEURS

(CX, CXL) L4 2,4 L DACT, 182 ch à 6700 tr/min
COUPLE 172 lb-pi à 4900 tr/min
BOÎTE DE VITESSES automatique à 6 rapports avec mode manuel
0-100 KM/H 8,4 s
VITESSE MAXIMALE 190 km/h
CONSOMMATION (100 KM) 8,7 L
ÉMISSIONS POLLUANTES CO_2 4048 kg/an
LITRES PAR ANNÉE 1760 (Octane 87)
COÛT PAR AN 2288 $

(OPTION CX ET CXL, CXL 4RM, CXS) V6 3,6 L DACT, 280 ch à 6300 tr/min
COUPLE 259 lb-pi à 4800 tr/min
BOÎTE DE VITESSES automatique à 6 rapports avec mode manuel
0-100 KM/H 7,4 s
VITESSE MAXIMALE 210 km/h
CONSOMMATION (100 km) **2RM** 9,8 L , **4RM** 10,2 L (octane 91)
ÉMISSIONS DE CO_2 2RM 4600 kg/an, **4RM** 4830 kg/an
LITRES PAR ANNÉE 2RM 2000 L **4RM** 2100 L
COÛT PAR AN 2RM 2800 $ **4RM** 2940 $

(EASSIST) L4 2,4 L DACT, 182 ch. à 6700 tr/min = moteur électrique de 15 ch.
COUPLE 2,4 L 172 lb-pi à 4900 tr/min
MOTEUR ÉLECTRIQUE 79 lb-pi

AUTRES COMPOSANTS

SÉCURITÉ ACTIVE freins ABS, répartition électronique de la force de freinage, assistance au freinage, antipatinage, contrôle de stabilité électronique
SUSPENSION AVANT/ARRIÈRE indépendante
FREINS avant/arrière disques
DIRECTION à crémaillère, assistée
PNEUS CX, CXL L4 2RM P235/50R17 **CXL 2RM/CXL 4RM/CXS** P235/50R18 **OPTION CXS** P245/40R19

DIMENSIONS

EMPATTEMENT 2837 mm
LONGUEUR 5001 mm
LARGEUR 1857 mm
HAUTEUR 1496 mm
POIDS CX 1732 kg, **CXL 2RM** 1767 kg **CXL 4RM** 1877 kg **CXS** 1820 kg **eAssist** 1739 kg
DIAMÈTRE DE BRAQUAGE 11,75 m **eAssist** 307 L
COFFRE 377 L **CXS** 363 L
RÉSERVOIR DE CARBURANT 68 L **CXL 4RM** 72 L

VERDICT

Plaisir au volant
Qualité de finition
Consommation
Rapport qualité / prix
Valeur de revente

www.gm.ca

$ 31 990 à 34 990 $ t&p 1 450 $

LA COTE VERTE MOTEUR L4 DE 2,4 L HYBRIDE source : GM

CONSOMMATION (100 KM) 6,7 L • **ÉMISSIONS POLLUANTES CO_2** ND • **INDICE D'OCTANE** 87
COÛT DU CARBURANT MOYEN PAR ANNÉE auto. ND • **NOMBRE DE LITRES PAR ANNÉE** ND

FICHE D'IDENTITÉ

VERSIONS CXL , CXL Turbo, eAssist, GS
ROUES MOTRICES avant
PORTIÈRES 4 **NOMBRE DE PASSAGERS** 5
PREMIÈRE GÉNÉRATION 1973
GÉNÉRATION ACTUELLE 2011
CONSTRUCTION Oshawa, Ontario, Canada
COUSSINS GONFLABLES 8 (frontaux, latéraux, rideaux latéraux, thorax avant ; thorax arrière en option)
CONCURRENCE Acura TSX, Lincoln MKZ, Nissan Maxima, Saab 9-3, Volvo S40/S60, Volkswagen Passat CC

AU QUOTIDIEN

PRIME D'ASSURANCE
25 ANS : 1700 à 1900 $
40 ANS : 1200 à 1400 $
60 ANS : 1000 à 1200 $
COLLISION FRONTALE 5/5
COLLISION LATÉRALE 4/5
VENTES DU MODÈLE DE L'AN DERNIER
AU QUÉBEC 148 **AU CANADA** 820
DÉPRÉCIATION nm
RAPPELS (2006 À 2011) 1
COTE DE FIABILITÉ 4/5

GARANTIES... ET PLUS

GARANTIE GÉNÉRALE 4 ans/80 000 km
GARANTIE MOTOPROPULSEUR 5 ans/160 000 km
PERFORATION 6 ans/kilométrage illimité
ASSISTANCE ROUTIÈRE 5 ans/160 000 km
NOMBRE DE CONCESSIONNAIRES
AU QUÉBEC 84 **AU CANADA** 450

NOUVEAUTÉS EN 2012

Nouvelles version hybride (eAssist) et GS

L'EURO-BUICK

Philippe Laguë

Pour bon nombre de gens, Buick rime avec troisième âge. Rajeunir l'image de la marque (et ses acheteurs !) est un gros défi, mais une voiture comme la Regal semble avoir tous les outils requis.

CARROSSERIE Pour une fois (il était temps...), GM s'est tournée vers sa filiale allemande : dans les faits, la Buick Regal est une Opel Insignia. Outre de menus détails esthétiques, les deux carrosseries sont identiques et, disons-le, c'est franchement réussi de ce côté. Cette Buick ressemble à tout sauf à la Buick de votre père ou de votre grand-père, et c'est exactement ce que voulaient les dirigeants de la marque : une berline à l'allure européenne, capable de séduire les acheteurs de voitures de luxe importées.

HABITACLE Il n'y a rien à l'intérieur qui évoque General Motors, sauf l'écusson Buick au centre du volant. C'est franchement cossu et assemblé avec rigueur. Comme c'est la norme chez GM, la chaîne stéréo brille par sa qualité sonore. Les sièges méritent, eux aussi, des compliments, mais ils manquent de maintien latéral et de soutien lombaire. À l'arrière, le dégagement pour la tête et les jambes est correct, sans plus ; si vous mesurez moins de 1,80 mètre, ça ira. L'ergonomie ne montre pas de lacune, avec des commandes simples et d'utilisation intuitive, ainsi que des espaces de rangement aussi pratiques que nombreux. L'équipement de série de la version haut de gamme (CXL Turbo) est, par ailleurs, richement garni.

MÉCANIQUE Autre signe des temps, les deux moteurs offerts sont à 4 cylindres. L'un est atmosphérique, l'autre, suralimenté par un turbocompresseur, pour une cylindrée respective de 2,4 et de 2 litres. Le premier est sans l'ombre d'un doute le meilleur 4-cylindres à s'être retrouvé sous le capot d'un véhicule construit par GM. Il aura fallu plus de 30 ans à l'ex-numéro 1 mondial pour réussir à concevoir un 4-cylindres comparable à ceux des constructeurs européens et asiatiques... Mieux vaut tard que jamais.

Ce moteur a tout ce qu'il faut pour rassurer les fidèles de la marque : il tourne tout doucement, montre une belle souplesse

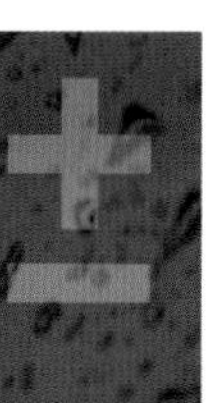

FORCES Réussite esthétique • Habitacle cossu • Mécanique raffinée • Moteurs qui consomment peu • Équilibre confort/comportement

FAIBLESSES Sièges qui manquent de maintien • Moteur qui manque de tonus (2,4-L) • Espace compté à l'arrière • Réaction de la direction • Image de la marque

et la Regal respecte en tous points la tradition de la marque, grâce au travail remarquable des trains roulants. Cette douceur de roulement se marie à une tenue de route tout à fait respectable. C'est le meilleur des deux mondes : le confort d'une berline de luxe conjugué à une conduite à l'européenne. Ce qui ne signifie pas que c'est sportif pour autant. Même si le roulis est bien maîtrisé, ça

tout en étant des plus discrets. Raffiné, et frugal, avec cela. Par contre, ça manque un peu de « oumph ». Les accélérations et les reprises sont parfois laborieuses ; s'il vous en faut plus, la suralimentation permet d'extirper 220 chevaux de l'autre motorisation offerte, soit le 4-cylindres de 2 litres. Il fait tout bien et consomme à peine plus que le 2,4-litres.

La boîte de vitesses automatique à 6 rapports brille, elle aussi, par sa grande douceur, en plus de contribuer à réduire la consommation. À Detroit, c'est GM qui fait les meilleures boîtes (je n'ai pas dit les plus fiables !) depuis quelques décennies, ce n'est donc pas étonnant.

COMPORTEMENT S'il y a un aspect où les origines européennes de la Regal ressortent le plus, c'est celui du comportement routier. Buick a toujours été synonyme de confort, penche tout de même un peu en virage, et l'amortissement reste assez souple. Et il y a cette direction, précise, bien dosée, qui répond rapidement mais devient ensuite inerte. Étrange.

CONCLUSION La Regal réussit un véritable tour de force, soit celui d'être capable de séduire à la fois les acheteurs traditionnels de Buick et ceux qui se tournent habituellement vers les marques importées. Toutefois, il reste l'autre moitié du chemin à faire, soit de convaincre ces derniers. De plus, on peut se demander si les consommateurs nord-américains sont prêts à payer plus de 35 000 $ pour une berline à 4 cylindres. C'est l'autre grande question, et le succès de la Regal dépend de la réponse. Une chose est certaine, GM a fait ses devoirs. S'il fallait une voiture pour changer la perception que les gens ont d'une Buick, ce serait celle-là.

2e OPINION

« On pourrait dire de la Regal qu'elle est une européenne déguisé en américaine. Directement reprise de l'Opel Insignia, la Regal n'a rien d'américain, tant au chapitre de la finition que de la conduite et de la tenue de route; et croyez-moi c'est une bonne chose. Buick veut prendre le chemin que Cadillac a pris il y a dix ans en présentant des produits plus jeunes pour abaisser l'âge moyen de sa clientèle. Si l'âge moyen d'un acheteur de Buick est de plus de 70 ans chez nous, il est actuellement de 32 ans en Chine. Buick veut convaincre les Nord-Américains qu'elle peut effectuer un retour en force. Avec la Regal, c'est un excellent point de départ. Une berline qui se compare bien aux japonaises, particulièrement la version turbo. » — Benoit Charette

FICHE TECHNIQUE

MOTEURS

(CXL) L4 2,4 L DACT, 182 ch à 6700 tr/min
COUPLE 172 lb-pi à 4900 tr/min
BOÎTE DE VITESSES automatique à 6 rapports avec mode manuel
0-100 KM/H 8,4 s **VITESSE MAXIMALE** 200 km/h

CONSOMMATION (100 KM) 8,7 L (octane 87)
ÉMISSIONS DE CO_2 4048 kg /an
LITRES PAR ANNÉE 1760
COÛT PAR AN 2200 $

(CXL TURBO) L4 2,0 l turbo DACT, 220 ch à 5300 tr/min
COUPLE 258 lb-pi à 2000 tr/min
BOÎTE DE VITESSES manuelle à 6 rapports, automatique à 6 rapports avec mode manuel
0-100 KM/H 7,6 s **VITESSE MAXIMALE** 242 km/h

CONSOMMATION (100 KM) man. (octane 91) 8,4 l man. (E85) 11,5 l auto. (octane 91) 9,3 l auto. (E85) 11,5 l
ÉMISSIONS DE CO_2 man. (octane 91) 3910 kg/an man. (E85) 3776 kg/an auto. (octane 91) 4370 kg/an auto. (E85) 4096 kg/an
LITRES PAR ANNÉE man. (octane 91) 1700, man. (E85) 2360, auto. (octane 91) 1900, auto. (E85) 2560
COÛT PAR AN man. 2244 $ auto. 2508 $

(eASSIST) L4 2,4 l DACT + moteur électrique, 182 ch à 6700 tr/min + 15 chevaux (moteur élect.)
COUPLE 172 lb-pi à 4900 tr/min + 79 lb-pi (moteur élect.)
BOÎTE DE VITESSES automatique à 6 rapports avec mode manuel
0-100 KM/H nd
VITESSE MAXIMALE nd

(GS) L4 2,0 L turbo DACT, 255 ch à 5300 tr/min
COUPLE 295 lb-pi de 2500 à 4000 tr/min
BOÎTES DE VITESSES manuelle à 6 rapports, automatique à 6 rapports avec mode manuel
0-100 KM/H nd
VITESSE MAXIMALE nd

CONSOMMATION (100 KM) man. 8,4 L auto. 9,3 L
ÉMISSIONS DE CO_2 ND
LITRES PAR ANNÉE ND
COÛT PAR AN ND
EMPREINTE ÉCOLOGIQUE ND

AUTRES COMPOSANTS

SÉCURITÉ ACTIVE freins ABS, antipatinage, contrôle de stabilité électronique
SUSPENSION AVANT/ARRIÈRE indépendante
FREINS AVANT/ARRIÈRE disques
DIRECTION à crémaillère, assistée
PNEUS P235/50R18 option CXL Turbo/base GS P245/40R19 option GS P255/35R20 eAssist P235/50R17

DIMENSIONS

EMPATTEMENT 2738 mm
LONGUEUR 4831 mm
LARGEUR 1857 mm
HAUTEUR 1483 mm
POIDS CXL 1633 kg eAssist nd GS 1683 kg
DIAMÈTRE DE BRAQUAGE 11,4 m
COFFRE 404 L eAssist 307 L
RÉSERVOIR DE CARBURANT 68 L eAssist 59,4 L GS 70 L

MENTIONS

RECOMMANDÉ

VERDICT

$ nd t&p : nd

LA COTE VERTE MOTEUR L4 DE 2,4 L source : GM

CONSOMMATION (100 KM) 7,9 L • ÉMISSIONS POLLUANTES CO_2 ND • INDICE D'OCTANE 87
COÛT DU CARBURANT MOYEN PAR ANNÉE ND • NOMBRE DE LITRES PAR ANNÉE ND

FICHE D'IDENTITÉ

VERSIONS ND
ROUES MOTRICES avant
PORTIÈRES 4 **NOMBRE DE PASSAGERS** 5
PREMIÈRE GÉNÉRATION 2012
GÉNÉRATION ACTUELLE 2012
CONSTRUCTION Orion Township, Michigan, États-Unis
COUSSINS GONFLABLES 10 (genoux, frontaux, latéraux avant et arrière, rideaux latéraux)
CONCURRENCE Audi A3, Acura TSX, Lexus HS 250h, Mercedes Classe B

AU QUOTIDIEN

PRIME D'ASSURANCE
25 ANS : ND
40 ANS : ND
60 ANS : ND
COLLISION FRONTALE nd **COLLISION LATÉRALE** ND
VENTES DU MODÈLE DE L'AN DERNIER
AU QUÉBEC NM **AU CANADA** NM
DÉPRÉCIATION NM
RAPPELS (2006 À 2011) NM
COTE DE FIABILITÉ NM

GARANTIES... ET PLUS

GARANTIE GÉNÉRALE 4 ans/80 000 km
GARANTIE MOTOPROPULSEUR 5 ans/160 000 km
PERFORATION 6 ans/kilométrage illimité
ASSISTANCE ROUTIÈRE 5 ans/160 000 km
NOMBRE DE CONCESSIONNAIRES
AU QUÉBEC 84 **AU CANADA** 450

NOUVEAUTÉS EN 2012

Nouveau modèle

UNE **CRUZE** EN HABIT DE NOCE

Benoit Charette

Avec la Buick Regal et la grande LaCrosse, il manquait à Buick une berline compacte pour couvrir un plus large spectre de marché. C'est maintenant chose faite avec la Verano qui pige dans le coffre d'outils de GM pour créer une nouvelle offre.

CARROSSERIE Elle se nomme Opel Astra en Europe, Buick Excelle en Chine, cette Verano repose en fait sur le même châssis que la Chevrolet Cruze. Première Buick compacte depuis l'horrible Skylark, en 1999, la Verano a le mérite d'être beaucoup plus jolie. À l'image de la Regal, on retrouve une calandre en cascade en chrome noir, des phares à éclairage translucide bleu, les prises d'air distinctives de Buick et la même ligne de toit voûtée qui se termine sur un pare-brise fortement incliné. Un bel exemple du style actuel des produits Buick.

HABITACLE Tout comme à l'extérieur, le lien stylistique reste cohérent avec les autres berlines de la marque, Regal et Lacrosse. Les appliques décoratives façon similibois ne plaisent pas à tous. C'est le côté un peu vieillot de Buick, vestige du passé qui persiste en quelques endroits. Pour le reste, les sièges sont confortables et bien galbés. Ils sont offerts en tissu, en similicuir et en véritable cuir dans les versions haut de gamme. Une colonne centrale intégrée au tableau de bord renferme l'écran du système d'info-divertissement ainsi que les commandes de la température et de la chaîne audio Bose. Vous avez un démarreur à bouton-poussoir et, sur la liste des options, des sièges et un volant chauffants qui peuvent être reliés à la télécommande du démarreur. Si la température est inférieure à 7 °C, le chauffage du volant et des sièges est activé automatiquement. La Verano adopte, bien entendu, le système OnStar dans sa dernière version, compatible avec l'application pour téléphone mobile qui permet, par exemple, de consulter à distance le kilométrage, le niveau de carburant et tout le reste.

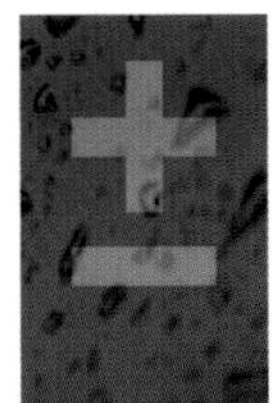

FORCES Lignes réussies • Bonne finition • Habitacle silencieux • Bonne tenue de route

FAIBLESSES Le similibois... pas sûr

MÉCANIQUE Question de se distinguer un peu plus de la Cruze, la Verano emprunte sa mécanique à la Regal. Un moteur à 4 cylindres de 2,4 litres Ecotec à double arbre à cames en tête qui développe une puissance de 177 chevaux. Il est couplé à une boîte de vitesses automatique à 6 rapports. Buick a laissé savoir que le moteur de 2 litres turbocompressé qu'elle offre également dans la Regal sera offert d'ici un an sous le capot de la Verano avec les mêmes 220 chevaux.

COMPORTEMENT Au moment d'aller sous presse, la Verano n'avait pas encore pris les routes d'assaut, mais quelques indices provenant d'autres modèles GM permettent de dire que la conduite est prometteuse. Avec le même châssis très sain de la Cruze, il n'y aura que très peu de roulis. Buick a également utilisé sa technologie *Quiet tuning* qui consiste à utiliser du verre feuilleté acoustique, des joints d'étanchéité triples aux portes et une dynamique de châssis raffinée pour réduire le bruit au minimum. Même les roues de 17 pouces spéciales en alliage forgé à rayons multiples, de série, réduisent au minimum le bruit de la route. La direction à assistance électrique est la même que celle de la Buick Regal, elle sera donc bien calibrée. Enfin, il faut s'attendre à des performances dans la bonne moyenne avec le moteur à 4 cylindres qui, selon les chiffres de Buick, amènera la Verano de 0 à 100 km/h en 8 secondes.

CONCLUSION Avec la Verano, Buick veut aller jouer dans la cour des berlines de luxe d'entrée de gamme chez Lexus, Acura et Infiniti. Elle offre tout l'équipement nécessaire, mais le prix sera un facteur déterminant. Pour ceux qui croient qu'elle ira jouer dans la cour des allemandes, Il ne faut pas rêver. Je ne connais pas un propriétaire de BMW qui ira frapper à la porte de Buick pour changer une Série 3 contre une Chevrolet Cruze endimanchée, à moins de souffrir d'une sévère dépression.

FICHE TECHNIQUE

MOTEUR

L4 2,4 L DACT, 177 ch à 6200 tr/min
COUPLE 170 lb-pi à 4800 tr/min
BOÎTE DE VITESSES automatique à 6 rapports
0-100 KM/H ND
VITESSE MAXIMALE ND

AUTRES COMPOSANTES

SÉCURITÉ ACTIVE freins ABS, répartition électronique de la force de freinage, assistance au freinage, antipatinage, contrôle électronique de la stabilité.
SUSPENSION AVANT/ARRIÈRE Indépendante / semi-indépendante
FREINS avant/arrière disques
DIRECTION à crémaillère, assistée
PNEUS P225/50R17option P235/45R18

DIMENSIONS

EMPATTEMENT 2685 mm
LONGUEUR 4671 mm
LARGEUR 1815 mm
HAUTEUR 1484 mm
POIDS LT Turbo 1497 kg
DIAMÈTRE de braquage 11 m
COFFRE 396 à 430 L (selon options d'équipement)
RÉSERVOIR DE CARBURANT 57 L
CAPACITÉ DE REMORQUAGE 454 kg

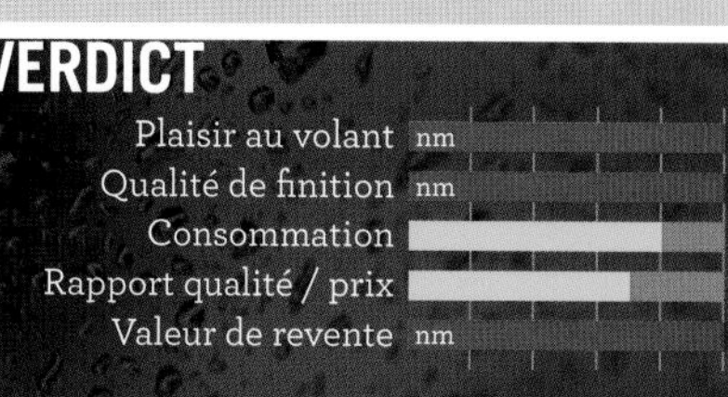

VERDICT

Plaisir au volant nm
Qualité de finition nm
Consommation
Rapport qualité / prix
Valeur de revente nm

ÉVOLUTION $ 40 610$ à 72 720$ t&p : 1550$

LA COTE VERTE AVEC MOTEUR V6 DE 3,6 L source : EnerGuide

CONSOMMATION (100KM) man.10, 5 l auto. 9,2 l 4RM 9,6 l • **ÉMISSIONS POLLUANTES CO_2** man. 4922 kg/an auto. 4324 kg/an 4RM. 4508 kg/an • **INDICE D'OCTANE** 87
COÛT DU CARBURANT MOYEN PAR ANNÉE man. 2675$ auto. 2350$ 4RM. 2450$ • Nombre de litres par année man. 2140 l auto. 1880 l 4RM 1960 l

FICHE D'IDENTITÉ

VERSIONS CTS, CTS Sport Wagon, CTS coupé, CTS-V (berline, familiale, coupé)
ROUES MOTRICES arrière, 4
PORTIÈRES 2/4/5 **NOMBRE DE PASSAGERS** 5
PREMIÈRE GÉNÉRATION 2003
GÉNÉRATION ACTUELLE 2008 (2011 coupé)
CONSTRUCTION Lansing, Michigan, É.-U.
COUSSINS GONFLABLES 6 (frontaux, latéraux, rideaux latéraux)
CONCURRENCE Acura TL, Audi A4/A5, BMW Série 3, Infiniti G37/G37 coupé, Lexus IS/ES, Lincoln MKS, Mercedes-Benz Classe C, Saab 9-3, Volvo S60/V70/C70

AU QUOTIDIEN

PRIME D'ASSURANCE
25 ANS : 2200 à 2400$
40 ANS : 1500 à 1700$
60 ANS : 1100 à 1300$
COLLISION FRONTALE 4/5
COLLISION LATÉRALE 4/5
VENTES DU MODÈLE DE L'AN DERNIER
AU QUÉBEC 671 **AU CANADA** 2974
DÉPRÉCIATION 50,3%
RAPPELS (2006 À 2011) 8
COTE DE FIABILITÉ 4/5

GARANTIES... ET PLUS

GARANTIE GÉNÉRALE 4 ans/80 000 km
GARANTIE MOTOPROPULSEUR 5 ans/160 000 km
PERFORATION 6 ans/kilométrage illimité
ASSISTANCE ROUTIÈRE 5 ans/160 000 km
NOMBRE DE CONCESSIONNAIRES
AU QUÉBEC 84 **AU CANADA** 450

NOUVEAUTÉS EN 2012

Aucun changement majeur

LA PLUS «ROCK'N'ROLL» DES CADDY

Par Michel Crépault

Autant la marque se cherchait, autant elle s'est trouvée en 2003 avec l'avènement de la CTS qui s'adressait pour la première fois à des conducteurs n'appartenant pas nécessairement à l'âge d'or.

CARROSSERIE On peut juger du succès d'un modèle par le nombre de déclinaisons. La CTS est donc un triomphe : berline, coupé et familiale, sans oublier les puissantes versions V acoquinées à chacune des configurations. Les arêtes pullulent, découpées très habilement car il se dégage de toutes les CTS une audace avant-gardiste. Le festival des angles a, depuis, été repris par d'autres membres de la famille avec intelligence, égrenant une génétique désormais familière. Le prix à payer, toutefois, pour ces silhouettes biscornues, c'est une ouverture du coffre à bagages étriquée et une visibilité arrière aléatoire. La caméra de vision arrière devient bénie.

HABITACLE On a beau moderniser Cadillac, on ne pouvait pas se débarrasser d'attributs indispensables à la pérennité de la marque comme le luxe et le confort. Le bois, le chrome et le cuir sont donc au rendez-vous, mais la manière de les étaler bénéficie maintenant d'un plan directeur. Les baquets sont dodus et carrément attachants du côté des modèles V (en cochant l'option Recaro). La générosité du dégagement dépend de nos attentes : pour une Cadillac, c'est peu ; pour les brutales V, c'est beaucoup. La console centrale empiète sur le pédalier pendant que, à l'arrière, les occupants endurent une banquette plutôt raide et un pavillon bas. Chose certaine, le style paquebot de grand chemin a pris le bord.

MÉCANIQUE À l'instar de la variété de modèles, la motorisation interpelle. Un V6 de base de 3 litres de 270 chevaux procure une CTS moins dérangeante. Une cylindrée de 3,6 litres et 304 chevaux la rend déjà

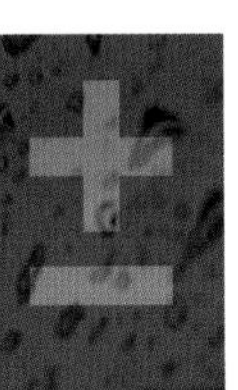

FORCES Gamme de livrées et de mécaniques impressionnante • Design qui fait école • Équipement de base adéquat

FAIBLESSES Suspension potentiellement hargneuse • Visibilité arrière compromise • Banquette et coffre à bagages limités

cru qu'une Cadillac puisse procurer autant de sensations ! Un châssis stoïque, malgré la torture de sévères virages, un grondement enivrant, une pédale d'accélérateur modulant la terrible puissance avec précision, un freinage colossal, une direction acérée et des pneus de 19 pouces en guise de ventouses. En prime, le panache du cockpit. Disons que le genre d'agressivité de

plus déterminée. Enfin, le V8 de 6,2 litres suralimenté de 556 chevaux des versions V, librement dérivé de la Corvette ZR1, permet de rivaliser avec de féroces européennes. Le choix s'étend aussi aux types de suspensions et aux boîtes de vitesses à 6 rapports, manuelle ou automatique (même pour les V). Si vous optez pour la facilité, vous voudrez peut-être la transmission intégrale plutôt que la propulsion.

COMPORTEMENT Une Cadillac trop ferme ? Impensable il y quelques années, c'est pourtant ce que des nostalgiques de la marque reprochent à la CTS. Si vous vous en tenez à la berline de base chaussée de pneus de 17 pouces et équipée d'une suspension sans surprises, le choc est drôlement atténué. Mais dès que vous épicez la CTS, sa tenue de route mettra vos vertèbres à l'épreuve. Mon galop d'essai avec un coupé CTS-V sur un circuit fermé m'a laissé pantois. Je n'aurais jamais

la CTS-V calque le caractère de sa nation : les Asiatiques foncent avec une économie de mouvements et beaucoup de fluidité. Les Allemandes dispensent l'adrénaline avec beaucoup d'assurance. Les Américaines, elle, à l'image de leur peuple encore jeune, s'exécutent avec exubérance. La conduite est rugueuse, alors que les autres privilégient la sophistication. Bref, la CTS est plus « rock'n'roll » que ses rivales. Et dire ça d'une Cadillac, c'est tout dire !

CONCLUSION Ce que GM a réussi pour Cadillac avec la CTS et l'impressionnante famille qui en a découlé, elle tente de l'émuler chez Buick. Si vous aspirez à du confort nouveau genre dans une caisse qui peut gronder jusqu'à arracher l'asphalte, cette génération de Caddy est faite pour vous. Mais attention, cette génération est mûre pour un rafraîchissement, alors que la concurrence ne chôme pas.

2e OPINION

« La CTS est une véritable antiallemande. La version berline propose un savant mélange de performances, de raffinement et beaucoup plus d'espace que les concurrentes indirectes que sont notamment la BMW Série 3 ou l'Audi A4. En plus, elle offre l'un des meilleurs rapports qualité/prix/luxe de l'industrie. En version familiale, elle met encore plus l'accent sur le volume et l'espace qui sont dans une catégorie à part, encore plus quand on parle des versions V-Series avec leur moteur de Corvette ZR-1 légèrement modifié. De vraies bombes. La version coupé, quant à elle, peut aussi jouir de la mécanique V8, mais même avec le V6, elle est tout aussi impressionnante. Cette dernière offre toutefois davantage une expérience plus près du grand tourisme que de la voiture sport. » — Frédéric Masse

FICHE TECHNIQUE

MOTEURS

(3.0) V6 3,0 L DACT, 270 ch à 7000 tr/min
COUPLE 223 lb-pi à 5700 tr/min
BOÎTES DE VITESSES manuelle à 6 rapports (de série berline), automatique à 6 rapports avec mode manuel (option berline, de série Sport Wagon)
0-100 KM/H 7,1 s
VITESSE MAXIMALE 230 km/h

CONSOMMATION (100 KM) man. 10,4 L, **auto.** 9,3 L **4RM** 9,8 L (octane 87)
ÉMISSIONS DE CO_2 man. 4922 kg/an, **auto.** 4370 kg/an, **4RM** 4600 kg/an
LITRES PAR ANNÉE man. 2140 **auto.** 1900 **4RM** 2000
COÛT PAR AN man. 2675 $, **auto.** 2375 $, **4RM** 2500 $

(3.6, OPTION FAMILIALE, OPTION BERLINE, STANDARD COUPÉ) V6 3,6 L DACT, 304 ch à 6400 tr/min
COUPLE 273 lb-pi à 5200 tr/min
BOÎTES DE VITESSES automatique à 6 rapports avec mode manuel, manuelle à 6 rapports (option berline et coupé)
0-100 KM/H 6,2 s
VITESSE MAXIMALE 250 km/h

(CTS-V) V8 6,2 L suralimenté par compresseur volumétrique ACC, 556 ch à 6100 tr/min
COUPLE 551 lb-pi à 3800 tr/min
BOÎTES DE VITESSES manuelle à 6 vitesses, automatique à 6 rapports avec mode manuel (en option)
0-100 KM/H 4,3 s
VITESSE MAXIMALE 307 km/h

CONSOMMATION (100 KM) man. 12,7 L, auto. 14,2 L (octane 91)
ÉMISSIONS DE CO_2 man. 5934 kg/an, **auto.** 6670 kg/an
LITRES PAR ANNÉE man. 2580 **auto.** 2900
COÛT PAR AN man. 3406 $ **auto.** 3828 $

AUTRES COMPOSANTS

SÉCURITÉ ACTIVE freins ABS, antipatinage, assistance au freinage, contrôle de stabilité électronique , répartition électronique de la force de freinage
SUSPENSION AVANT/ARRIÈRE indépendante
FREINS AVANT/ARRIÈRE disques
DIRECTION à crémaillère, assistée
PNEUS 3.0 P245/50R17 **option 3.0, standard 3.6 et coupé** P235/50R18 **option 3.6 2RM et coupé 2RM/4RM** P245/45R19 CTS-V P255/40R19 (av.), P285/35R19 (arr.)

DIMENSIONS

EMPATTEMENT 2880 mm
LONGUEUR 4866 mm , **fam** 4859 mm, **coupé** 4789 mm
LARGEUR 1842 mm, **coupé** 1883 mm
HAUTEUR 1472 mm, **fam** 1502 mm, **coupé** 1422 mm
POIDS CTS 1744 kg à 1955 kg
DIAMÈTRE DE BRAQUAGE berline/coupé 10,97 m **berline4RM/ coupé 4RM** 11,2 m **familiale** 11 m **CTS-V** 11,6 m
COFFRE berline 385 L **familiale** 736 L, 1 642 L (sièges abaissés) **coupé** 298 L
RÉSERVOIR DE CARBURANT 68 L

MENTIONS

RECOMMANDÉ

VERDICT

Plaisir au volant
Qualité de finition
Consommation
Rapport qualité / prix
Valeur de revente

LA COTE VERTE MOTEUR V8 DE 6,0 L HYBRIDE source : EnerGuide

CONSOMMATION (100 KM) 9,5 L • ÉMISSIONS POLLUANTES CO_2 4370 kg/an • INDICE D'OCTANE 87
COÛT DU CARBURANT MOYEN PAR ANNÉE 2470 $ • NOMBRE DE LITRES PAR ANNÉE 1900

FICHE D'IDENTITÉ

VERSIONS EXT, base, ESV, Hybrid
ROUES MOTRICES 4
PORTIÈRES 5 **NOMBRE DE PASSAGERS** 5 (EXT), 7,8
PREMIÈRE GÉNÉRATION 1999
GÉNÉRATION ACTUELLE 2007
CONSTRUCTION base/ESV/Hybrid Arlington, Texas, États-Unis ; EXT Silao, Mexique
COUSSINS GONFLABLES 6 (frontaux, latéraux avant, rideaux latéraux)
CONCURRENCE Infiniti QX56, Land Rover Range Rover, Lexus GX/LX, Lincoln Navigator, Mercedes-Benz Classe GL

AU QUOTIDIEN

PRIME D'ASSURANCE
25 ANS : 3200 à 3400 $
40 ANS : 1700 à 1900 $
60 ANS : 1300 à 1500 $
COLLISION FRONTALE 5/5
COLLISION LATÉRALE 5/5
VENTES DU MODÈLE DE L'AN DERNIER
AU QUÉBEC 158 **AU CANADA** 1181
DÉPRÉCIATION 50,0 %
RAPPELS (2006 À 2011) 6
COTE DE FIABILITÉ 2/5

GARANTIES... ET PLUS

GARANTIE GÉNÉRALE 4 ans/80 000 km
GARANTIE MOTOPROPULSEUR 5 ans/160 000 km
PERFORATION 6 ans/kilométrage illimité
ASSISTANCE ROUTIÈRE 5 ans/160 000 km
NOMBRE DE CONCESSIONNAIRES
AU QUÉBEC 84 **AU CANADA** 450

NOUVEAUTÉS EN 2012

Système de navigation plus complet

OPULENCE **AU CUBE**

Michel Crépault

Si le Lincoln Navigator aveugle les passants en plein soleil, le Cadillac Escalade pousse le* bling-bling *à un niveau que ne renierait pas Zsa Zsa Gabor (ou Donald Trump pour les plus jeunes ou Beyoncé pour les nouveau-nés). Le plus drôle, c'est que, en plus d'épater la galerie, ce monstre manucuré sait rendre des services. Voyons lesquels.

CARROSSERIE Depuis que Cadillac a trouvé des affinités avec une géométrie anguleuse, les membres de la tribu projettent des silhouettes plutôt réussies. Même l'ostensible luxe qu'affiche l'Escalade ne parvient pas à gâcher l'harmonie qui se dégage de ses formes massives. Les roues de 22 pouces de l'édition Platine provoquent l'orgasme chez les rappeurs. Au cas où l'Escalade vous paraîtrait courtaud, lorgnez le modèle ESV dont la longueur s'étire d'un demi-mètre. Les occupants des 2e et 3e rangées en profitent, mais aussi les bagages qui disposent d'une capacité de 1 297 litres. Rabattez les sièges du centre, ôtez ceux du fond et vous passez à près de 4 000 litres ! Il existe aussi une version EXT, cousin huppé du Chevrolet Avalanche, dont la caisse de camionnette est jointe à la cabine par une cloison amovible. Sans oublier l'Escalade hybride...

HABITACLE L'Escalade n'est pas le seul utilitaire géant à offrir un salon mobile conçu pour un clan de lutteurs sumo, mais Cadillac, tradition oblige, doit y déployer la perfection. Ce qui n'était pas le cas au début ; depuis, ça s'est nettement amélioré. Il peut asseoir jusqu'à huit personnes mais, dans la version à empattement régulier, il faut autant de volonté à atteindre la dernière banquette que pour s'en extraire. Les passagers sont dorlotés par des gâteries comme les porte-gobelet, le volant et les sièges chauffants (et rafraîchissants dans le cas des sièges), les sièges du centre escamotables électriquement et les deux écrans de 8 pouces intégrés aux appuie-tête avant.

MÉCANIQUE V8 Vortec de 6,2 litres de 403 chevaux lié à une boîte de vitesses automatique à 6 rapports et à une transmission intégrale. Comme chez son cousin l'Ava-

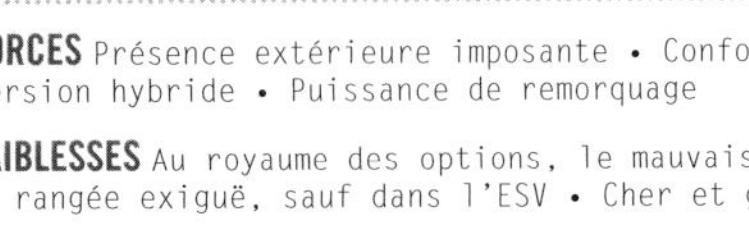

FORCES Présence extérieure imposante • Confort et aisance raffinés • Version hybride • Puissance de remorquage

FAIBLESSES Au royaume des options, le mauvais goût n'est jamais loin • 3e rangée exiguë, sauf dans l'ESV • Cher et gourmand – Une modernisation s'impose

COMPORTEMENT Vous pourriez ne pas avoir conduit un Escalade de votre vie et très bien en imaginer la conduite. Certes, il est massif, mais les ingénieurs se sont arrangés pour qu'un souffle sur le volant suffise à le mouvoir dans un espace restreint. Ils n'ont pas pu faire grand-chose avec le rayon de braquage qui commande de l'espace, mais ils nous ont concocté une suspension bénie des dieux. Enrobée des dispositifs StabiliTrak, du correcteur automatique d'assiette arrière et de la suspension magnétique (standard sur l'hybride, livrable sur les autres), l'Escalade procure un rendement tout en souplesse. Pour être sécuritaire, la marche arrière réclame la caméra de vision arrière.

lanche, l'engin bénéficie du calage variable des soupapes, accepte l'essence mélangée à l'éthanol (E85) et s'empresse de fermer la moitié de ses cylindres quand le gros utilitaire adopte un rythme de croisière mollo, le vent dans le dos. Tout cela pour épargner des sous à la pompe. Ça marche? Très peu, compte tenu du poids, de la masse et de la dorure, mais on peut faire un pas dans la bonne direction en optant pour la version hybride qui utilise un V8 de 6 litres de 332 chevaux assisté de deux moteurs électriques, le tout rattaché à une similiboîte CVT. Oui, le monstre peut avancer à l'électricité seulement mais juste pour contenter les écolos le temps d'une photo. GM affirme néanmoins qu'il consomme moins que la Fusion ou la Camry dotée d'un moteur V6. Bien sûr, si vous maximisez sans cesse la charge utile (719 kilos) et le remorquage (3 674 kilos), l'économie de carburant prend le bord.

CONCLUSION Personne n'associe le mot Cadillac avec mère Teresa. En fait, les gens derrière la marque passent leur vie à gonfler le prestige du nom, au point que ce dernier a acquis un sens générique dans le domaine du luxe. L'Escalade a gagné des qualités au fil des ans. Il est le concurrent le plus menaçant du Range Rover. Même si le Land Rover, lui, demeure de loin supérieur en situations extrêmes, le public visé par Cadillac s'en balance totalement.

2e OPINION

« J'ai évolué pendant 16 ans dans le milieu de l'éducation. Je me faisais régulièrement poser une question par les jeunes : Quand aurai-je un Cadillac Escalade en essai routier? Si un jeune de 13 ou 14 ans s'intéresse à ce véhicule, ce n'est pas pour sa conduite ou son incroyable conception; c'est uniquement une question d'image. Ça vous démontre à quel point elle est puissante. D'ailleurs, c'est exactement en projetant cette image forte, grandement véhiculée par tous les pseudo-rappeurs ébouriffés des États-Unis, que Cadillac a connu du succès avec ce véhicule. Bravo! Il faut avouer que l'Escalade livre ce qu'il promet, c'est-à-dire du luxe à la pelletée. Et, même s'il consomme comme un toxicomane, ses ventes ont progressé l'an dernier. »

— Daniel Rufiange

FICHE TECHNIQUE

MOTEURS

V8 6,2 L ACC, 403 ch à 5700 tr/min
COUPLE 417 lb-pi à 4300 tr/min
BOÎTE DE VITESSES automatique à 6 rapports
0-100 KM/H 7,3 s
VITESSE MAXIMALE 185 km/h

CONSOMMATION (100 KM) 12,7 L (octane 91)
ÉMISSIONS DE CO_2 5934 kg/an
LITRES PAR ANNÉE 2580
COÛT PAR AN 3612 $

(HYBRID) V8 6,0 L ACC 332 ch à 5100 tr/min + 2 moteurs électriques
COUPLE 367 lb-pi à 4100 tr/min
BOÎTE DE VITESSES automatique à variation continue
0-100 KM/H 8,8 s
VITESSE MAXIMALE 185 km/h

AUTRES COMPOSANTS

SÉCURITÉ ACTIVE freins ABS, distribution électronique de la force de freinage, contrôle électronique de la stabilité, antipatinage
SUSPENSION AVANT/ARRIÈRE indépendante
FREINS AVANT/ARRIÈRE disques
DIRECTION à crémaillère, assistée
PNEUS P265/65R18 **option/de série Hybrid** P285/45R22

DIMENSIONS

EMPATTEMENT base/Hybrid 2946 mm, **ESV/EXT** 3302 mm
LONGUEUR base/Hybrid 5143 mm **EXT** 5639 mm **ESV** 5660 mm
LARGEUR base/Hybrid 2007 mm **ESV/EXT** 2010 mm
HAUTEUR base 1927 mm **Hybrid** 1887 mm **EXT** 1892 mm **ESV** 1918 mm
POIDS base 2581 kg **Hybrid** 2776 kg **EXT/ESV** 2704 kg
DIAMÈTRE DE BRAQUAGE base/Hybrid 11,9 m **ESV/EXT** 13,1 m
COFFRE base/Hybrid 478 L, 3084 L (sièges abaissés) **EXT** 1289 L, 2859 L (cloison et sièges arrière abaissés) **ESV** 1298 L, 3891 L (sièges abaissés)
RÉSERVOIR DE CARBURANT base 98 L **ESV/EXT** 117 L **Hybride** 93 L
HYBRID 2540 kg **EXT** 3447 kg **ESV** 3492 kg

VERDICT

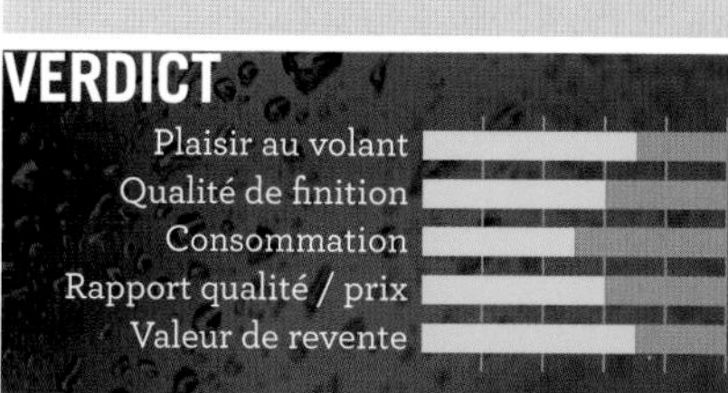

LA COTE VERTE MOTEUR V6 DE 3,6 L source : EnerGuide

CONSOMMATION (100 KM) AUTO. 10,5 L • **ÉMISSIONS POLLUANTES CO_2** 4RM. 4508 KG/AN • **INDICE D'OCTANE** 91
COÛT DU CARBURANT MOYEN PAR ANNÉE 2996 $ • **NOMBRE DE LITRES PAR ANNÉE** 2140

FICHE D'IDENTITÉ

VERSIONS 2RM, 4RM
ROUES MOTRICES avant, 4
PORTIÈRES 5 **NOMBRE DE PASSAGERS** 5
PREMIÈRE GÉNÉRATION 2004
GÉNÉRATION ACTUELLE 2010
CONSTRUCTION Ramos Arizpe, Mexique
COUSSINS GONFLABLES 6 (frontaux, latéraux avant, rideaux latéraux)
CONCURRENCE Acura MDX, Audi Q7, BMW X5, Infiniti, FXLexus RX, Mercedes-Benz Classe M, Volkswagen Touareg, Volvo XC90

AU QUOTIDIEN

PRIME D'ASSURANCE
25 ANS : 2400 à 2600 $
40 ANS : 1300 à 1500 $
60 ANS : 1100 à 1300 $
COLLISION FRONTALE 4/5
COLLISION LATÉRALE 5/5
VENTES DU MODÈLE DE L'AN DERNIER
AU QUÉBEC 674 **AU CANADA** 2918
DÉPRÉCIATION 50,3 %
RAPPELS (2006 À 2011) 7
COTE DE FIABILITÉ 2/5

GARANTIES… ET PLUS

GARANTIE GÉNÉRALE 4 ans/80 000 km
GARANTIE MOTOPROPULSEUR 5 ans/160 000 km
PERFORATION 6 ans/kilométrage illimité
ASSISTANCE ROUTIÈRE 5 ans/160 000 km
NOMBRE DE CONCESSIONNAIRES
AU QUÉBEC 84 **AU CANADA** 450

NOUVEAUTÉS EN 2012

Volant chauffant

C'EST **PRESQUE** ÇA !

Michel Crépault

Le SRX revisité en 2010 a frappé dans le mille en termes visuels grâce à des traits qui l'apparentent sans équivoque à la CTS, un autre succès de la division Cadillac de l'ère moderne. Mais comme on n'achète pas un véhicule uniquement à partir de son apparence (quoique…), allons au-delà des feuilles de métal.

CARROSSERIE J'aime particulièrement les flancs émaciés qui musclent les pourtours. Les feux en forme de boomerang accrochés à l'arrière encadrent une lunette dont les angles cornus riment avec ceux qui jazzent la balance de la fenestration et du capot. De modèle en modèle, les stylistes de Caddy ont de la suite dans les idées, et c'est tant mieux pour l'identité de la gamme.

HABITACLE Compact ou intermédiaire, ce SRX ? Celui de la première génération offrait une troisième rangée de sièges qui a disparu dans la deuxième mouture. L'empattement du SRX est au poil près celui du Q5 d'Audi et beaucoup plus proche du BMW X3 que du X5. Il voisine davantage l'empattement du Volvo XC60 que du XC90. Par contre, le produit GM vient brouiller les cartes au chapitre de la longueur et du poids (comment s'en étonner d'un américain, me direz-vous). Bref, confusion ici, propre d'ailleurs à cette catégorie dite des multisegments. Or, même en comparant avec un Lexus RX, pourtant plus petit, le japonais l'emporte sur l'habitabilité et l'ingéniosité. Question de détails et de finition. Ne perdons pas de vue, toutefois, que le RX est une référence, et que le SRX peut se vanter d'offrir un intérieur joliment tourné. L'écran du système de navigation jaillit du tableau de bord et, heureusement, il est moins complexe à saisir que les autres interrupteurs, fort nombreux. Les matériaux sont beaux, leur disposition respire la classe, et l'ergonomie n'est pas en reste. Un bémol viendra des personnes de grande taille qui se plaindront du panneau de toit panoramique qui gâche le dégagement pour la tête. L'espace de chargement souffre un peu du fait qu'on a préféré gâter les occupants mais, surprise, le plancher dissimule une cavité pratique, et l'ouverture automatique du hayon se programme pour ainsi respecter la hauteur de votre garage. Enfin, la liste des options est plus longue que la mine de Gilles Duceppe le soir des élections.

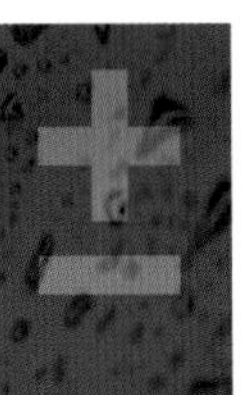

FORCES Intérieur qui fait honneur à Cadillac • Autre V6 en renfort • Direction rassurante - Silhouette aguichante

FAIBLESSES Suspension parfois rêche • Visibilité arrière restreinte • Banquette exiguë • Compétition mieux typée

tandis que le turbo nous obligeait à ouvrir tout grand le portefeuille. Le 3,6L au menu règle ce problème sans affecter la consommation d'essence. Comme c'est souvent l'habitude, la forme peu orthodoxe des glaces entraîne une visibilité aléatoire, surtout quand de larges piliers s'en mêlent. La direction travaille nettement, fournissant un coup de volant précis. La suspension accomplit de la bonne besogne tant que la chaussée coopère et, quand ce n'est plus le cas, on s'ennuie du jarret souple des équivalents européens et asiatiques. En termes de consommation, rien pour pavoiser, malgré l'injection directe de carburant; idem côté accélération en raison des kilos en trop. Un bon mot au sujet de la transmission intégrale active et permanente qui, en plus de redistribuer le couple entre les deux essieux, l'achemine aussi à celle des deux roues arrière qui présente la meilleure prise.

CONCLUSION Dans le segment en croissance des utilitaires compacts de luxe, les constructeurs mettent le paquet. Lexus n'est pas manchote avec son RX qui s'enorgueillit d'une version hybride, une stratégie qu'Audi adopte pour son très pertinent Q5. Le SRX est dans la bonne voie, mais, face aux meilleurs, cherche encore la recette parfaite.

MÉCANIQUE Pour 2012, Cadillac met de côté les V6 de 3 litres et de 2,8 litres turbocompressé pour s'en remettre uniquement aux 300 CV du V6 3,6L à injection directe également confié à la CTS. Il peut boire de l'essence, de l'éthanol E85 ou un mélange des deux. Une traction à la base, le SRX s'accommode aussi de la transmission intégrale avec différentiel arrière à glissement limité. Une boîte de vitesses automatique à 6 rapports avec commande manuelle sans embrayage est la seule offerte. Toutes les aides électroniques sont au rendez-vous, n'en doutez pas une seconde.

COMPORTEMENT De la huitaine de VUS et multisegments dont j'ai comparé les dimensions, seuls les gros XC90 et X5 sont plus lourds que le SRX. On risquait alors d'en souffrir quand on sélectionnait le 3,0L,

2e OPINION

« Il semble que General Motors ait compris le message avec la faillite de 2009. Terminée l'époque où un modèle qui ne se vendait pas beaucoup poursuivait sa carrière malgré tout. Le V6 de 3,6 litres offre la même puissance que l'ancien V6 de 2,8 litres turbo et fera rapidement oublier le V6 de 3 litres de la version de base. Le SRX est tout de même plaisant à conduire et offre un degré de luxe plus qu'acceptable pour la catégorie, mais il doit affronter les gros canons de la concurrence, et il faut avouer que cette carrosserie angulaire ne fait pas l'unanimité. À moins que vous ne recherchiez un véhicule original. » — Vincent Aubé

FICHE TECHNIQUE

MOTEUR

V6 3,6 L DACT, 300 ch à 6800 tr/min
COUPLE 260 lb-pi à 2400 tr/min
BOÎTE DE VITESSES automatique à 6 rapports avec mode manuel
0-100 KM/H 6,6 s
VITESSE MAXIMALE 240 km/h

AUTRES COMPOSANTS

SÉCURITÉ ACTIVE freins ABS, assistance au freinage, répartition électronique de la force de freinage, assistance au freinage, antipatinage, contrôle de la stabilité électronique
SUSPENSION AVANT/ARRIÈRE indépendante
FREINS AVANT/ARRIÈRE disques
DIRECTION à crémaillère, assistée
PNEUS P235/65R18 **OPTION** P235/55R20

DIMENSIONS

EMPATTEMENT 2807 mm
LONGUEUR 4834 mm
LARGEUR 1910 mm
HAUTEUR 1669 mm
POIDS 2RM 1907 kg **4RM** 1981 kg
DIAMÈTRE DE BRAQUAGE 12,2 m
COFFRE 839 L, 1733 L (sièges abaissés)
RÉSERVOIR DE CARBURANT 79,5 L
CAPACITÉ DE REMORQUAGE 1588 kg

gm.ca

MENTIONS

RECOMMANDÉ

VERDICT

Plaisir au volant
Qualité de finition
Consommation
Rapport qualité / prix
Valeur de revente

LA COTE VERTE MOTEUR V8 DE 5,3 L source : EnerGuide

CONSOMMATION (100KM) 12 L • **ÉMISSIONS POLLUANTES CO_2** 5612 kg/an • **INDICE D'OCTANE** 87
COÛT DU CARBURANT MOYEN PAR ANNÉE 3050$ **NOMBRE DE LITRES PAR ANNÉE** 2440

FICHE D'IDENTITÉ

VERSIONS LS, LT, LTZ
ROUES MOTRICES arrière, 4
PORTIÈRES 4 **NOMBRE DE PASSAGERS** 5/6
PREMIÈRE GÉNÉRATION 2002
GÉNÉRATION ACTUELLE 2007
CONSTRUCTION Silao, Mexique
COUSSINS GONFLABLES 6
(frontaux, latéraux avant, rideaux latéraux)
CONCURRENCE Chevrolet Silverado, Ram 1500, Ford F-150, GMC Sierra, Nissan Titan, Toyota Tundra

AU QUOTIDIEN

PRIME D'ASSURANCE
25 ANS : 1700 à 1900$
40 ANS : 1000 à 1100$
60 ANS : 700 à 900$
COLLISION FRONTALE 5/5
COLLISION LATÉRALE 5/5
VENTES DU MODÈLE DE L'AN DERNIER
AU QUÉBEC 470 **AU CANADA** 3670
DÉPRÉCIATION 51,8%
RAPPELS (2006 À 2011) 7
COTE DE FIABILITÉ 2,5/5

GARANTIES... ET PLUS

GARANTIE GÉNÉRALE 3 ans/60 000 km
GARANTIE MOTOPROPULSEUR 5 ans/160 000 km
PERFORATION 6 ans/160 000 km
ASSISTANCE ROUTIÈRE 5 ans/160 000 km
NOMBRE DE CONCESSIONNAIRES
AU QUÉBEC 84 **AU CANADA** 450

NOUVEAUTÉS EN 2012

Système audio en option comprenant un écran de 7 pouces et un disque dur de 80 Go

L'ADAPTABILITÉ **À SON MAX**

Par Michel Crépault

L'Avalanche ne ressemble pas à une camionnette traditionnelle et s'adresse justement à ceux et à celles qui ne détestent pas épicer leur quotidien d'un soupçon d'excentricité.

CARROSSERIE L'idée consiste à combiner les attributs d'un utilitaire sport à ceux d'une camionnette. Érigé sur le châssis pleine grandeur de GM (Suburban, Tahoe), l'Avalanche marie l'habitabilité et le confort d'un VUS à une section arrière mettant en vedette une caisse inédite. Son allure me rappelle les Tonka de mon enfance. Le constructeur joue d'ailleurs là-dessus en proposant une gamme d'accessoires qui permet aux grands bébés de décorer leur jouet comme si G.I. Joe allait prendre le volant. Outre la Camaro et le défunt Hummer, l'agence de casting des films hollywoodiens *Transformers* aurait pu se forcer pour dénicher un rôle à l'Avalanche. À sa façon, Honda a rendu hommage à Chevrolet en introduisant la Ridgeline, mais c'est encore GM qui a su le mieux s'auto-congratuler en créant l'Escalade EXT chez Cadillac.

HABITACLE Les camionnettes ont l'habitude d'étrenner des tableaux de bord francs. Malgré sa silhouette peu orthodoxe, l'Avalanche conserve la coutume grâce à des commandes ergonomiquement centralisées. Si votre budget est généreux, la cabine le sera aussi. Le luxe ruisselle facilement de ce véhicule pourtant capable d'accomplir des travaux salissants. On assoit confortablement cinq individus et, même, six quand on remplace les baquets avant par une banquette divisible (40/20/40). L'originalité suprême repose sur la paroi amovible qui sépare la cabine de la caisse. Appelée « Midgate » (clôture du milieu), elle permet de rabattre la section du bas (après les places arrière) pour ainsi prolonger la caisse dans l'habitacle, au point d'accepter des panneaux de contreplaqué de 4 x 8. Poussez plus loin l'expérience en vous débarrassant de la lunette en verre, et vous voilà avec une vraie camionnette. Ah non, pas tout à fait : il vous reste encore à ôter le couvercle de la boîte formé par trois pièces en composite rigide. Bien que l'Ava-

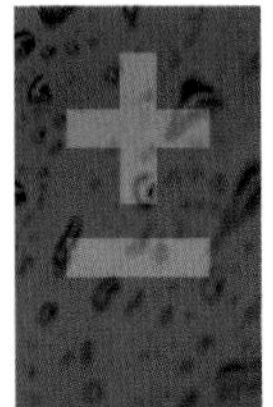

FORCES Concept ingénieux et original • Polyvalence • Confort étonnant • Se salit et force sans maugréer

FAIBLESSES Patience requise pour transformer les sections • Visibilité arrière compromise • V8 gourmand

lanche rende possible le remisage à bord de ces pièces, la chose est fastidieuse; je vous recommande d'abandonner ces pièces encombrantes dans votre garage avant de vous diriger là où vos travaux herculéens vous appellent.

MÉCANIQUE Le Vortex V8 de 5,3 litres de 320 chevaux ne se fait pas prier pour fournir des accélérations décentes. Il incorpore un système de gestion du carburant qui interrompt le travail de la moitié des cylindres quand le véhicule, pas trop chargé, glisse allègrement en mode croisière. Deux des 6 rapports de la boîte de vitesses automatique sont surmultipliées pour extirper le maximum de chaque goutte de carburant. Ce qui n'empêche pas la bête de deux tonnes et demie de réclamer quotidiennement une ration impressionnante (rien en bas de 13 litres d'essence ordinaire aux 100 kilomètres, pire si on choisit la version AWD). Par contre, ce V8 accepte le carburant à l'éthanol (E85). En prime, sa puissance passe alors à 326 chevaux, et son couple aussi se fortifie.

COMPORTEMENT La direction est plutôt précise pour un tel gabarit. Le confort demeure une priorité, surtout depuis la refonte de 2007. La suspension haute sur roues a été conditionnée pour s'exécuter comme celle d'une grosse berline. On peut se gâter avec la suspension AutoRide qui règle électroniquement le calibrage des amortisseurs et dont l'assiette arrière s'ajuste grâce à un correcteur pneumatique. L'Avalanche sert aussi à tracter : jusqu'à 3 629 kilos pour le 4RM correctement équipé. La caisse, qui se verrouille, est elle-même truffée de poignées et de points d'arrimage pour faciliter et sécuriser le chargement. Ce qui se déroule à l'arrière du conducteur devrait être confié à la vision panoramique de la caméra de vision arrière facultative car la paroi mitoyenne, le couvercle de la caisse et les flancs surélevés n'aident en rien la visibilité.

CONCLUSION Si on veut utiliser son Avalanche pour de gros travaux, GM nous donne l'occasion de l'endurcir et de le blinder. Si l'on veut profiter de sa double personnalité, selon ses besoins ponctuels, sa polyvalence enchante. Pour tout dire, c'est un sacré joujou que nous propose GM, suffisamment intéressant pour que l'émotion fasse fi de la raison.

2e OPINION

«Je ne suis a priori pas le genre de personne qui vivrait à l'année avec un camion. Je suis plus du genre berline sport. Alors mes rencontres avec les camions sont plus souvent pénibles qu'agréables. Mais il y a des exceptions à toutes les règles, et l'Avalanche est un bel exemple. Est-ce en raison de sa suspension plus souple qui rend la conduite plus confortable, de sa boîte modulable pratique ou les deux à la fois. Chose certaine, si vous avez besoin de l'espace pratique d'une camionnette mais pas d'une bête de travail extrême, tournez-vous vers l'Avalanche. Le comportement n'est pas parfait, on sent l'avant léger si on charge un peu trop, mais pour le confort et l'agrément de conduite, c'est franchement dur à battre. Rouler en Avalanche, c'est comme skier sur un tapis de poudreuse, on est à l'aise mais attention aux mouvements brusques, il faut le prendre en douceur... » — Benoit Charette

FICHE TECHNIQUE

MOTEUR

V8 5,3 L ACC, 310 ch à 5400 tr/min
COUPLE 335 lb-pi à 4000 tr/min
BOÎTE DE VITESSES automatique à 6 rapports
0-100 KM/H 11,6 s
VITESSE MAXIMALE 180 km/h

AUTRES COMPOSANTS

SÉCURITÉ ACTIVE Freins ABS, assistance au freinage, répartition électronique de la force de freinage, contrôle de la stabilité électronique, antipatinage
SUSPENSION AVANT/ARRIÈRE indépendante
FREINS AVANT/ARRIÈRE disques
DIRECTION à crémaillère, assistée
PNEUS LS/LT P265/70R17 option LT P265/65R18 option LT/ de série LTZ P275/55R20

DIMENSIONS

EMPATTEMENT 3302 mm
LONGUEUR 5621 mm
LARGEUR 2009 mm
HAUTEUR 1946 mm
POIDS 2RM 2485 kg 4RM 2560 kg
DIAMÈTRE DE BRAQUAGE 13,1 m
COFFRE 1537 l, 2859 l (sièges et cloison rabattus)
RÉSERVOIR DE CARBURANT 119 L
CAPACITÉ DE REMORQUAGE 2RM 3674 kg 4RM 3583 kg

MENTIONS

RECOMMANDÉ

VERDICT

Plaisir au volant
Qualité de finition
Consommation
Rapport qualité / prix
Valeur de revente

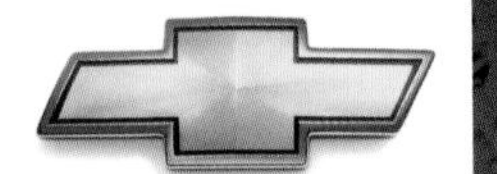

$ 26 995$ à 47 835$ t&p 1450$

LA COTE VERTE MOTEUR V6 DE 3,6 L source : ÉnerGuide

CONSOMMATION (100 KM) man. 9,8 L auto. 8,9 L • **ÉMISSIONS POLLUANTES CO_2** man. 4600 kg/an auto. 4186 kg/an • **INDICE D'OCTANE** 87
COÛT DU CARBURANT MOYEN PAR ANNÉE man. 2600$ auto. 2366$ • **NOMBRE DE LITRES PAR ANNÉE** man. 2000 auto. 1820

FICHE D'IDENTITÉ

VERSIONS coupé et cabriolet LS, LT et SS, coupé ZL1
ROUES MOTRICES arrière
PORTIÈRES 2 **NOMBRE DE PASSAGERS** 4
PREMIÈRE GÉNÉRATION 1967
GÉNÉRATION ACTUELLE 2010
CONSTRUCTION Oshawa, Ontario, Canada
COUSSINS GONFLABLES 6 frontaux, latéraux avant et arrière
CONCURRENCE Dodge Challenger, Ford Mustang, Hyundai Genesis Coupé, Nissan 370Z

AU QUOTIDIEN

PRIME D'ASSURANCE
25 ANS : 3300 à 3500$
40 ANS : 1700 à 1900$
60 ANS : 1200 à 1400$
COLLISION FRONTALE 5/5
COLLISION LATÉRALE 4/5
VENTES DU MODÈLE DE L'AN DERNIER
AU QUÉBEC 567 **AU CANADA** 4113
DÉPRÉCIATION (1 AN) 17%
RAPPELS (2006 À 2011) 1
COTE DE FIABILITÉ 3,5/5

GARANTIES... ET PLUS

GARANTIE GÉNÉRALE 3 ans/60 000 km
GARANTIE MOTOPROPULSEUR 5 ans/160 000 km
PERFORATION 6 ans/160 000 km
ASSISTANCE ROUTIÈRE 3 ans/60 000 km
NOMBRE DE CONCESSIONNAIRES
AU QUÉBEC 84 **AU CANADA** 450

NOUVEAUTÉS EN 2012

Version ZL1 de 550 chevaux, nouveaux volant et tableau de bord, nouveau 3,6 L plus puissant, édition 45e anniversaire

LA MULTIPLICATION DES «GINOS»!

Antoine Joubert

Les Québécois ont depuis dix ans une relation d'amour-haine avec l'iconique rivale de la Mustang. Bien sûr, les adeptes s'en amourachent toujours autant, mais la fermeture de l'usine de Boisbriand laisse encore aujourd'hui une cicatrice que certains ont toujours du mal à accepter. Ceci dit, c'est aujourd'hui au tour de nos voisins ontariens de donner vie à cette voiture qui, après sept ans d'absence, a effectué un véritable retour en force. En fait, la popularité de la Camaro est à ce point incroyable que Chevrolet a réussi à surpasser avec ce modèle les ventes de la Mustang aux États-Unis. Voilà qui impressionne, d'autant plus que la Camaro n'était, en 2010, pas offerte en version décapotable.

CARROSSERIE Oui, d'accord, le titre peut sembler péjoratif, mais il n'en demeure pas moins que, en considérant le nombre de nouvelles Camaro présentes sur nos routes, on assiste au retour d'un nouveau type d'automobiliste, qui ne pouvait plus depuis un certain temps, trouver chaussure à son pied. Et je vous avoue que c'est après avoir visité le fameux SEMA Show de Las Vegas (une immense exposition d'accessoiristes de voitures) que j'ai eu cette révélation. Des centaines de Camaro modifiées (pas toujours avec goût) y étaient présentes, volant littéralement le «show» à tout autre modèle. Il faut dire que la voiture a toute une gueule et représente avec brio l'interprétation moderne du modèle d'origine.

HABITACLE L'arrivée en 2011 du modèle cabriolet n'a malheureusement pas forcé les stylistes de l'habitacle à retourner à leur planche à dessin, histoire d'accoucher d'un habitacle plus invitant. En fait, ce n'est pas le design de la planche de bord ou des sièges qui est problématique mais bien plutôt les matériaux qui le constituent. Car il suffit de jeter un œil à l'habitacle pour constater que la présence de plastiques bon marché et de tissu de qualité douteuse n'a pas sa place dans une voiture aussi forte

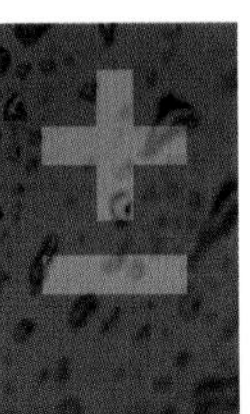

FORCES Gueule d'enfer • Cabriolet réussi • Qualité d'assemblage digne de mention • Performances sérieuses (SS)

FAIBLESSES Qualité de finition intérieure • Côté pratique inexistant • Visibilité dangereuse • Poids considérable

de 400 chevaux. Chevrolet n'entend toutefois pas en rester là, puisque Dodge et Ford proposent toutes deux une version de la Challenger et de la Mustang encore plus musclée. Voilà pourquoi on lancera officiellement au début de l'année la Camaro ZL1, équipée d'un V8 suralimenté de 6,2 litres qui produira 550 chevaux ! Ouch !

en caractère. Il faut d'ailleurs ajouter que la qualité ordinaire des matériaux n'a rien à voir avec celle de l'assemblage, pour sa part impeccable.

Évidemment, la Camaro n'a rien d'une voiture pratique. Les places arrière sont symboliques, tout comme le coffre, très peu logeable ! Ajoutons également que les espaces de rangement se font aussi rares, surtout si la voiture est équipée de l'ensemble d'options comportant les cadrans indicateurs logés à l'extrémité du levier de vitesses.

MÉCANIQUE Pour 2012, la Camaro reçoit un V6 un tantinet plus nerveux et avare à la pompe, et qui gagne quelques chevaux en puissance, tout ça grâce à l'adoption de l'injection directe de carburant. Ce V6 conserve hélas une sonorité qui n'a rien de musclé, laissant cette exclusivité au modèle SS. Ce dernier reçoit donc toujours le vrombissant V8 de 6 litres qui, selon qu'on le commande avec la boîte de vitesses manuelle ou automatique, produit respectivement une puissance de 426 ou

COMPORTEMENT Qu'il s'agisse du coupé ou du cabriolet, on s'étonne à chaque fois de son extraordinaire rigidité structurelle. À croire que la voiture est sculptée d'un seul morceau ! La voiture est donc exempte de craquements et de bruits de caisse, affichant plutôt une solidité très rassurante. Lourde, la Camaro n'est toutefois pas un modèle de maniabilité, constituant plutôt un excellent boulevard cruiser capable de bien se défendre sur des routes sinueuses. Mentionnons également que la Camaro, avec sa très faible surface vitrée, engendre une visibilité problématique, dangereuse, même, sous certains angles. Soyez-en avisé !

CONCLUSION Pour GM, dépasser les ventes de la Mustang signifie mission accomplie ! Et à voir l'enthousiasme des dirigeants de la marque face à ce modèle, il est clair qu'on persistera à faire de la Camaro l'histoire d'une réussite. Reste maintenant à voir si l'engouement pour cette voiture s'estompera avec le temps, mais mon petit doigt me dit qu'il n'en sera rien...

2e OPINION

« Autant la version coupé de la Camaro m'a laissé de glace en raison de sa boîte de vitesses paresseuse, son poids excessif et l'impression de prendre place dans un sous-marin, autant la version décapotable m'a plu car elle se débarrasse de toute cette lourdeur. En termes visuels, la version décapotable est plus réussie, et, même, le toit en tissu, une fois installé, offre des lignes générales proches du coupé. Le V8 trop feutré dans la version coupé vous remplit les tympans de belle manière avec le modèle décapotable. L'intérieur dans les deux versions demeure le point faible de la voiture. Je n'ai rien contre les intérieurs dépouillés, mais Chevrolet en a fait un peu trop ici pour nous ramener aux années 70. Je n'aime pas le coupé, mais un V8 décapotable, je ne dis pas non. » — *Benoit Charette*

FICHE TECHNIQUE

MOTEURS

(LS, LT) V6 3,6 L DACT, 312 ch à 6400 tr/min
COUPLE 278 lb-pi à 5200 tr/min
BOÎTES DE VITESSES manuelle à 6 rapports, automatique à 6 rapports avec mode manuel
0-100 KM/H 6,4 s
VITESSE MAXIMALE 225 km/h

(SS) V8 6,2LI ACC, 426 ch à 5900 tr/min
V8 6,2 L ACC, 400 ch à 5900 tr/min (automatique)
COUPLE 420 lb-pi à 4600 tr/min; 410 lb-pi à 4300 tr/min (automatique)
BOÎTES DE VITESSES manuelle à 6 rapports, automatique à 6 rapports avec mode manuel
0-100 KM/H 5,0s
VITESSE MAXIMALE 250 km/h

CONSOMMATION (100 KM) man. 10,7 L **auto.** 10,6 L (octane 91)
ÉMISSIONS DE CO_2 man. 5060 kg/an **auto.** 5014 kg/an
LITRES PAR ANNÉE man. 2200 **auto.** 2180
COÛT PAR AN man. 3080 $ **auto.** 3052 $

(ZL1) V8 6,2 L suralimenté par compresseur volumétrique ACC, 550 ch à 6100 tr/min
COUPLE 550 lb-pi à 3800 tr/min
BOÎTE DE VITESSES manuelle à 6 rapports
0-100 KM/H 4,4s
VITESSE MAXIMALE 290 km/h

CONSOMMATION (100 KM) 13,4 L
ÉMISSIONS DE CO_2 5934 kg/an
LITRES PAR ANNÉE 2755
COÛT PAR AN 3857 $

AUTRES COMPOSANTS

SÉCURITÉ ACTIVE freins ABS, répartition électronique de force de freinage, assistance au freinage, antipatinage, contrôle de stabilité électronique
SUSPENSION AVANT/ARRIÈRE indépendante
FREINS AVANT/ARRIÈRE disques
DIRECTION à crémaillère, assistée
PNEUS LS/LT P245/55R18 **option LT** P245/50R19
SS/ZL1 P245/45R20 (av.) P275/40R20 (arr.)

DIMENSIONS

EMPATTEMENT 2852 mm
LONGUEUR 4836 mm
LARGEUR 1918 mm
HAUTEUR 1376 mm cabriolet 1389 mm
POIDS LS man. 1718 kg, **LS auto.** 1713 kg, **LT cabrio man.** 1812 kg **SS man.** 1746 kg, **SS auto.** 1770 kg **SS cabrio. man.** 1867 kg
DIAMÈTRE DE BRAQUAGE 11,5 m
COFFRE 320 L **cabrio.** 290 L
RÉSERVOIR DE CARBURANT 71,9 L **cabrio.** 71,7 L

VERDICT

JUMEAU
$ 24 035 à 38 695$ t&p 2045$

LA COTE VERTE MOTEUR L4 DE 2,9 L

CONSOMMATION (100KM) 2RM man. 9,6 L 2RM auto. 9,7 L 4RM auto. 10,3 L • **ÉMISSIONS POLLUANTES CO_2** 2RM man. 4462 KG/AN 2RM auto. 4554 KG/AN 4RM auto. 4830 KG/AN • **INDICE D'OCTANE** 87 • **COÛT DU CARBURANT MOYEN PAR ANNÉE** 2RM man. 2425$ 2RM auto. 2500$ 4RM auto. 2625$ • **NOMBRE DE LITRES PAR ANNÉE** 2RM man. 1940 L 2RM auto. 1980 4RM auto. 2100

FICHE D'IDENTITÉ

VERSIONS 2RM/4RM Cabine classique, cabine allongée, cabine multiplace
ROUES MOTRICES arrière, 4
PORTIÈRES 2, 4 **NOMBRE DE PASSAGERS** 3 à 6
PREMIÈRE GÉNÉRATION 2004
GÉNÉRATION ACTUELLE 2004
CONSTRUCTION Shreveport, Louisiane, É.-U.
COUSSINS GONFLABLES 6 (frontaux, latéraux, rideaux latéraux)
CONCURRENCE Ford Ranger, Nissan Frontier, Toyota Tacoma

AU QUOTIDIEN

PRIME D'ASSURANCE
25 ANS : 1400 à 1600$
40 ANS : 1000 à 1100$
60 ANS : 700 à 900$
COLLISION FRONTALE 5/5
COLLISION LATÉRALE 4/5
VENTES DU MODÈLE DE L'AN DERNIER
COLORADO AU QUÉBEC 974 **AU CANADA** 3961
CANYON AU QUÉBEC 902 **AU CANADA** 3411
DÉPRÉCIATION 51,0%
RAPPELS (2006 À 2011) Colorado/Canyon 7
COTE DE FIABILITÉ 2/5

GARANTIES... ET PLUS

GARANTIE GÉNÉRALE 3 ans/60 000 km
GARANTIE MOTOPROPULSEUR 5 ans/160 000 km
PERFORATION 6 ans/160 000 km
ASSISTANCE ROUTIÈRE 5 ans/160 000 km
NOMBRE DE CONCESSIONNAIRES
AU QUÉBEC 84 **AU CANADA** 450

NOUVEAUTÉS EN 2012

Aucun changement majeur

BYE BYE FORD RANGER...

Antoine Joubert

Ah... enfin ! Les concessionnaires GM qui pestent depuis des années en raison de l'existence de la Ford Ranger pourront finalement respirer... disons pour quelques temps. En effet, Ford a mis fin à la production de sa camionnette compacte qui trouvait environ 20 000 preneurs par an au Canada. Pendant ce temps, GM ne parvenait même pas à écouler 30 % de ce nombre, avec le duo Colorado/Canyon.

Évidemment, c'est trop peu trop tard, car les camionnettes compactes de GM (les seules survivantes du marché) sont elles aussi plutôt vétustes. Et pour en écouler un certain nombre, il faudra reprendre la stratégie de Ford et les offrir à rabais. Sauf que l'exercice pour GM est un peu plus complexe car, comme on dit dans le jargon, c'est un produit un peu « bâtard ».

CARROSSERIE Commençons d'abord en mentionnant que le tandem Colorado/Canyon est le fruit d'une association avec le partenaire Isuzu qui commercialise ce véhicule sous son appellation japonaise sur plusieurs autres marchés. Vous avouerez d'ailleurs que le style très générique de cette camionnette fait plutôt asiatique, et qu'il a fallu que GM mette sa propre touche pour qu'on puisse les identifier comme des produits Chevrolet ou GMC. Elles ont au moins le mérite d'être proposées avec un choix de trois carrosseries (cabine simple, allongée ou double), ce dont la Ranger ne profitait pas.

HABITACLE Là aussi, c'est très ordinaire. En fait, le poste de conduite est d'une telle simplicité qu'on ne peut lui trouver d'autres qualités que celles d'être utilitaire. Plastiques moches, design générique, sièges pas vraiment confortables, tout à bord déçoit. Et on ne peut même pas parler d'un habitacle pratique, puisque les espaces de rangement se font aussi rares que difficiles à exploiter. À moins, bien sûr, d'opter pour des versions plus cossues qui vous offriront du rangement supplémentaire. Sauf que, dans ce cas, la facture est déjà très difficile à digérer...

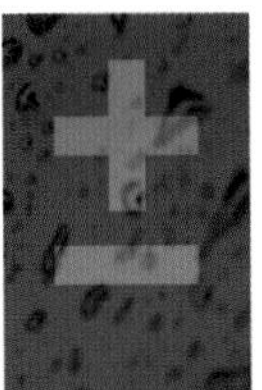

FORCES Trois choix de cabines • Moteur à 4 cylindres efficace • Modèle en fin de carrière = gros rabais

FAIBLESSES Fiabilité décevante • Habitacle bon marché • Prix de certaines versions ridicule • Moteur à 5 cylindres gourmand et grognon

COMPORTEMENT On n'achète évidemment pas une camionnette pour les sensations de conduite et pour sa tenue de route. Mais il faut, en revanche, que cette dernière transmette un sentiment de robustesse, histoire de rassurer celui qui l'utilisera au quotidien. Actuellement, les camionnettes intermédiaires proposées par Nissan et Toyota peuvent offrir ce sentiment aux acheteurs. Mais pas le tandem Colorado/Canyon. Dans les faits, si la camionnette Ranger était aussi appréciée des acheteurs, c'est justement parce qu'elle proposait robustesse et fiabilité, à prix plancher. Or, notre sujet n'a rien d'un véhicule fiable, coûte relativement cher à entretenir et ne possède absolument pas les capacités de ses rivaux nippons.

En réalité, en optant pour des versions plus cossues et quelques options, pourriez-vous croire qu'il est possible de faire grimper le prix de ce véhicule à plus de 40 000 $! Pas de farce ! J'ai personnellement configuré sur le Web une Colorado à 45 550 $, soit le prix d'une Silverado plus luxueuse et drôlement plus efficace ! Ouch !

MÉCANIQUE Sous le capot, la seule motorisation familière à GM consiste en ce V8 à culbuteurs de 5,3 litres qu'on a récemment ajouté à la gamme. Ce dernier permet évidemment d'obtenir des capacités de remorquage supérieures, mais à mon avis, ce n'est pas là le mandat d'une camionnette de ce gabarit. Autrement, on vous sert un choix de mécaniques nipponnes, soit un 4-cylindres de 2,9 litres (à mon avis le meilleur choix) ou un 5-cylindres de 3,7 litres, grognon et aussi gourmand qu'un gros V6. Le tout s'accompagne au choix d'une boîte de vitesses manuelle à 5 rapports, l'automatique à 4 rapports étant offerte en option.

CONCLUSION Pour l'heure, il s'agit néanmoins de la seule camionnette véritablement compacte du marché. Et si la grande majorité des acheteurs délaissent ce type de camionnette pour quelque chose de plus gros, certains ne veulent absolument pas s'encombrer d'un véhicule trop imposant. Le choix de la Colorado reste donc le seul possible. Et à ce moment, ma recommandation serait de vous diriger vers un modèle de base. À moins, bien sûr, que vous ne soyez capable de mettre la main sur l'une des dernières Ranger 2011...

2e OPINION

« Si l'on fait exception du modèle le moins cher, celui équipé du 4-cylindres, personne ne recommande sérieusement l'achat d'une Colorado ou de son clone, la GMC Canyon. Trop archaïque face à la concurrence, trop mélangée dans ses combinaisons qui, quand elles sont abordables, proposent des plastiques déprimants, ou qui, quand elles sont costaudes grâce au V8, débordent dans l'univers des camionnettes pleine grandeur sans en avoir les qualités. Vivement une décision par rapport à ce duo en sol américain. D'une part, avant de quitter GM, l'ineffable Bob Lutz avait confessé l'incertitude entourant les Colorado/Canyon ; d'autre part, en juin dernier, le constructeur a dévoilé un prototype Rally de ce qu'aurait l'air les nouvelles camionnettes destinées au marché sud-américain. Verdict : à moins de tomber sur une super aubaine, patientez ou, si ça presse, allez voir ailleurs. » — Michel Crépault

FICHE TECHNIQUE

MOTEURS

(DE SÉRIE AVEC CABINE CLASSIQUE, ALLONGÉE ET MULTI.)
L4 2,9 L DACT, 185 ch à 5600 tr/min
COUPLE 190 lb-pi à 2800 tr/min
BOÎTE DE VITESSES manuelle à 5 rapports, automatique à 4 rapports (option)
0-100 KM/H 9.1 s
VITESSE MAXIMALE 180 km/h

(OPTION AVEC CABINE CAB. CLASSIQUE, ALLONGÉE ET MULTI.)
L5 3,7 L DACT, 242 ch à 5600 tr/min
COUPLE 242 lb-pi à 4600 tr/min
BOÎTE DE VITESSES manuelle à 5 rapports, automatique à 4 rapports (option)
0-100 KM/H 8,5 s **VITESSE MAXIMALE** 185 km/h

CONSOMMATION (100 km) auto. 2RM 10,6 L auto. 4RM 11,0 L (octane 87)
ÉMISSIONS DE CO_2 2RM 4968 kg/an 4RM 5152 kg/an
LITRES PAR ANNÉE 2RM 2160 L 4RM 2240 L
COÛT PAR AN 2RM 2700 $ 4RM 2800 $

(OPTION AVEC CABINE CAB. ALL. ET MULTI.)
V8 5,3 L ACC, 300 ch à 5200 tr/min
COUPLE 320 lb-pi à 4000 tr/min
BOÎTE DE VITESSES automatique à 4 rapports
0-100 KM/H 8,0 s **VITESSE MAXIMALE** 190 km/h

CONSOMMATION (100 KM) 2RM 12,2 L (octane 87) 4RM 13,0 L (octane 87)
ÉMISSIONS DE CO_2 2RM 5704 kg/an 4RM 6026 kg/an
LITRES PAR ANNÉE 2RM 2480 L4RM 2620 L
COÛT PAR AN 2RM 3100 $ 4RM 3275 $

AUTRES COMPOSANTES

SÉCURITÉ ACTIVE freins ABS, répartition électronique de la force de freinage, système de contrôle de la stabilité, antipatinage
SUSPENSION AVANT/ARRIÈRE indépendante/pont rigide
FREINS AVANT/ARRIÈRE disques/tambours
DIRECTION à crémaillère, assistée
PNEUS 2RM P215/70R16 4RM P235/75R16 suspension Z71 P265/70R17 suspension ZQ8 P235/50R18

DIMENSIONS

EMPATTEMENT 2RM cab class. 2826 mm 4RM cab class. 2827 mm cab all./cab multi. 3200 mm
LONGUEUR cab. class. 4886 mm cab. all./cab. multi. 5260 mm
LARGEUR 2RM 1717 mm 4RM 1742 mm
HAUTEUR 2RM cab. class./cab. all. 1649 mm, 2RM cab. multi. 1656 mm 4RM cab. class./cab. all. 1718 mm 4RM cab. multi. 1723 mm
POIDS 1527 kg à 1913 kg
DIAMÈTRE DE BRAQUAGE 2RM emp. court 12 m, 4RM emp. court 12,4 m emp. long 13,5 m
COFFRE cab. rég. et all. 1245 L cab. double 1040 L
RÉSERVOIR DE CARBURANT 74 L
CAPACITÉ DE REMORQUAGE 862 à 2721 kg

VERDICT

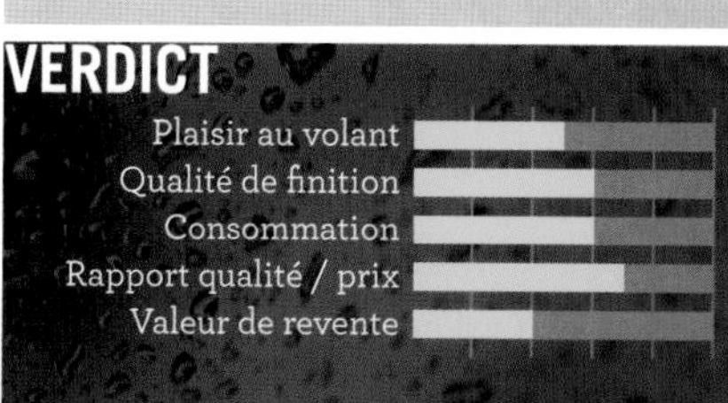

www.gm.ca

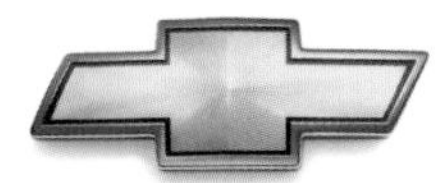

ÉVOLUTION $ 67 430 à 128 895 $ t&p 2145 $

LA COTE VERTE MOTEUR V8 DE 6,2 L source : EnerGuide

CONSOMMATION (100 KM) MAN. 10,3 L AUTO. 11,2 L • **ÉMISSIONS POLLUANTES CO_2** MAN. 4876 KG/AN AUTO. 5290 KG/AN • **INDICE D'OCTANE** 91
COÛT DU CARBURANT MOYEN PAR ANNÉE MAN. 2968 $ AUTO. 3220 $ • **NOMBRE DE LITRES PAR ANNÉE** MAN. 2120 AUTO. 2300

FICHE D'IDENTITÉ

VERSIONS coupé, cabriolet, coupé Grand Sport, cabriolet Grand Sport, Z06, Z06 Carbon, ZR1
ROUES MOTRICES arrière
PORTIÈRES 2 **NOMBRE DE PASSAGERS** 2
PREMIÈRE GÉNÉRATION 1953
GÉNÉRATION ACTUELLE 2005
CONSTRUCTION Bowling Green, Kentucky, É.-U.
COUSSINS GONFLABLES 4 (frontaux, latéraux)
CONCURRENCE BMW Série 6, Jaguar XK, Porsche 911

AU QUOTIDIEN

PRIME D'ASSURANCE
25 ANS : 4000 à 4200 $
40 ANS : 2300 à 2500 $
60 ANS : 1800 à 2000 $
COLLISION FRONTALE 5/5
COLLISION LATÉRALE 4/5
VENTES DU MODÈLE DE L'AN DERNIER
AU QUÉBEC 54 **AU CANADA** 364
DÉPRÉCIATION 46,9%
RAPPELS (2006 À 2011) 4
COTE DE FIABILITÉ 3,5/5

GARANTIES... ET PLUS

GARANTIE GÉNÉRALE 3 ans/60 000 km
GARANTIE MOTOPROPULSEUR 5 ans/160 000 km
PERFORATION 6 ans/160 000 km
ASSISTANCE ROUTIÈRE 3 ans/60 000 km
NOMBRE DE CONCESSIONNAIRES
AU QUÉBEC 84 **AU CANADA** 450

NOUVEAUTÉS EN 2012

Chevrolet édition du centenaire
Capot de carbone disponible sur Z06
Groupe haute performance ZR-1

À L'AUBE DE **CHANGEMENTS**

Benoit Charette

Ce n'est plus un secret pour personne ! GM prépare fébrilement la prochaine génération de Corvette. Le fabricant a investi plus de 131 millions de dollars dans la légendaire usine de Bowling Green, au Kentucky, pour accueillir la prochaine génération de Corvette en 2013. Il y a encore peu de détails sur cette 7e génération de Corvette. GM a confirmé qu'elle serait entièrement différente des voitures sport typiquement américaines qui l'ont précédée ! Aurons-nous droit à un moteur central, un V8 turbo de plus petite cylindrée, une touche de nostalgie dans les lignes, rien n'est moins certain. Il est fort possible que la voiture soit plus courte, plus ramassée. Des lignes plus jeunes pour se placer comme une concurrente sérieuse des Porsche, Ferrari et Lamborghini de ce monde. Il faudra attendre 2013 avant de savoir de quoi il retourne précisément.

CARROSSERIE Chevrolet qui a officiellement vu le jour le 3 novembre 1911, célébrait tout au cours de l'année le centenaire de sa fondation. Pour ce faire, plusieurs modèles arborent fièrement une tenue pour l'occasion. Du côté de la Corvette, sous des lignes qui demeurent les mêmes, certains modèles s'habillent du « Centennial Edition » au regard particulièrement agressif. Offert sur toutes les versions, l'ensemble « Centennial » propose une peinture noire « Carbon Flash Metallic », des jantes spécifiques en noir satiné contrasté par un liseré et des étriers de frein rouges ainsi que l'option « Magnetic Ride Control ». Des logos spécifiques liant un « 100 » et une image de Louis Chevrolet viennent garnir les montants B, le centre des jantes ainsi que le volant. Pour améliorer les performances, les Corvette Z06 et ZR1 peuvent désormais recevoir en option de nouveaux pneus Michelin Pilot Sport Cup Zero Pressure prévus pour la compétition. Ils collent comme pas un au bitume. On retrouve aussi en option sur les versions Z06 et ZR1 un aileron arrière et un capot en fibre de carbone.

HABITACLE Quelques petites retouches de rigueur à l'intérieur. GM offre des sièges au meilleur maintien, des accoudoirs

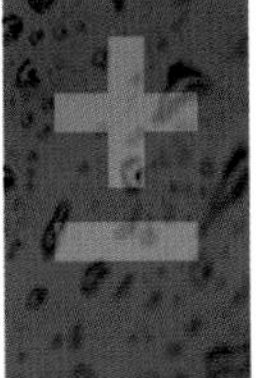

FORCES Rapport prix/performance • Confort qui permet une conduite au quotidien • Véritable plaisir à conduire

FAIBLESSES Boîte manuelle qui passe du 1er au 4e rapport en conduite de ville • Appliques d'aluminium qui manquent un peu de relief • Intérieur trop bas de gamme pour le prix

rembourrés et un nouveau système de GPS multimédia avec enceintes Bose, connectivité Bluetooth et affichage à tête haute amélioré. Pas besoin de clé pour mettre le moteur en marche, il suffit d'appuyer sur le bouton de démarrage dans la console; on fait de même pour l'arrêter. Nous ne sommes pas encore dans le confort germanique, mais depuis cette génération, le confort est correct. Les nouveaux sièges aident un peu la cause. Dans l'ensemble, la qualité générale est encore un peu sous la moyenne.

MÉCANIQUE Tout l'intérêt de cette voiture réside dans son offre moteur. Elle débute avec un V8 de 6,2 litres de 430 chevaux qui surprend par sa docilité et son couple disponible à tous les régimes. Après les versions coupé, cabriolet et Grand Sport arrive la version Z06 avec son moteur V8 atmosphérique de 7 litres de 505 chevaux, capable d'atteindre près de 320 km/h. Et pour les plus fortunés, la rarissime ZR1 avec le même V8 que la version de base mais gavé par un compresseur qui porte la puissance à 638 chevaux. Une véritable machine de guerre qui déclenche un tremblement de terre quand on appuie franchement sur l'accélérateur. Comme toutes les sportives qui se respectent, les trois modèles offrent une boîte de vitesses manuelle à 6 rapports, la seule proposée avec les Z06 et ZR1. Les versions coupé, cabriolet et Grand Sport offrent aussi une boîte automatique à 6 rapports en option.

COMPORTEMENT Qui a dit qu'il n'était pas possible d'apprendre à un vieux singe à faire des grimaces. Cette Corvette, qui célébrera en 2013 ses 60 ans, est encore capable de tenir la dragée haute à n'importe quelle sportive sur la planète, et ce, avec un vieux moteur à culbuteurs d'une autre époque. GM a réussi à faire des prouesses avec ce légendaire bloc-moteur compact qui donne un plaisir de conduire et des sensations qui réveillent le cerveau de reptile dans l'homme qui prend le volant. C'est un peu rustre, le confort n'est pas évident, mais les sensations au volant font naître une espèce d'euphorie qu'il faut vivre pour bien comprendre.

CONCLUSION J'ai bien hâte de voir dans quelle direction GM va nous amener pour les 60 ans de son modèle le plus emblématique. Une chose est certaine, la performance sera encore au rendez-vous.

2e OPINION

« *La Corvette demeure la preuve que les constructeurs américains peuvent accomplir de grandes choses en y mettant un peu de bonne volonté. Si vous êtes capable de passer l'éponge sur un intérieur encore un peu clinquant et bon marché face aux concurrentes allemandes, vous aurez peu de réprimandes à faire à la Corvette. Aucun véhicule, même au double de son prix de base n'arrive à approcher cette légende américaine au chapitre de la puissance brute et du plaisir de conduire. En prime, la Corvette est devenue facile et agréable à conduire au quotidien. Votre ambition d'aller vite n'a d'égal que le prix à mettre. De la version de base à la ZR1, c'est votre portefeuille et votre courage au volant qui décident.* » — *Philippe Laguë*

FICHE TECHNIQUE

MOTEURS

(COUPÉ, CABRIOLET, GRAND SPORT) V8 6,2 L ACC, 430 ch à 5900 tr/min (échappement option 436 ch)
COUPLE 424 lb-pi à 4600 tr/min (échappement option 428 lb-pi)
BOÎTES DE VITESSES manuelle à 6 rapports, automatique à 6 rapports avec mode manuel
0-100 KM/H 4,3 s
VITESSE MAXIMALE 305 km/h

(Z06) V8 7,0 L ACC, 505 ch à 6300 tr/min
COUPLE 470 lb-pi à 4800 tr/min
BOÎTE DE VITESSES manuelle à 6 rapports
0-100 KM/H 3,7 s
VITESSE MAXIMALE 319 km/h
CONSOMMATION (100 KM) 11,3 L (octane 91)
ÉMISSIONS DE CO_2 5336 kg/an
LITRES PAR ANNÉE 2320
COÛT PAR AN 3248 $

(ZR1) V8 6,2 L suralimenté par compresseur volumétrique ACC, 638 ch à 6500 tr/min
COUPLE 604 lb-pi à 3800 tr/min
BOÎTE DE VITESSES manuelle à 6 rapports
0-100 KM/H 3,3 s
VITESSE MAXIMALE 330 km/h
CONSOMMATION (100 KM) 12,9 L (octane 91)
ÉMISSIONS DE CO_2 6026 kg/an
LITRES PAR ANNÉE 2620
COÛT PAR AN 3668 $

AUTRES COMPOSANTS

SÉCURITÉ ACTIVE freins ABS, assistance au freinage, répartition électronique de la force de freinage, antipatinage, contrôle électronique de stabilité
SUSPENSION AVANT/ARRIÈRE indépendante
FREINS AVANT/ARRIÈRE disques
DIRECTION à crémaillère, assistée
PNEUS P245/40R18 (av.) P285/35R19 (arr.)
Z06/GS P275/35R18 (av.) P325/30R19 (arr.)
OPTION Z06/ZR1 P285/30R19 (av.) P335/25R20 (arr.)

DIMENSIONS

EMPATTEMENT 2685 mm
LONGUEUR 4435 mm **GS/Z06** 4460 mm **ZR1** 4476 mm
LARGEUR 1844 mm **GS/ Z06** 1928 mm **ZR1** 1929 mm
HAUTEUR 1244 mm **GS/Z06/ZR1** 1236 mm
POIDS Z06 COUPÉ 1455 kg
CABRIOLET 1461 kg **GS COUPÉ** 1502 kg
GS CABRIOLET 1492 kg **Z06** 1440 kg **ZR1** 1512 kg
DIAMÈTRE DE BRAQUAGE 12,0 m
COFFRE COUPÉ/GS COUPÉ/Z06/ZR1 634 L
CABRIOLET/GS CABRIOLET 295 L, 212 L (toit abaissé)
RÉSERVOIR DE CARBURANT 68,1 L

MENTIONS

COUP DE CŒUR RECOMMANDÉ

VERDICT

Plaisir au volant
Qualité de finition
Consommation
Rapport qualité / prix
Valeur de revente

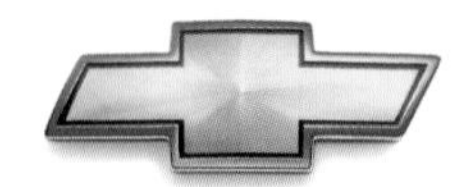

14 995 $ À 24 780 $ t&p 1450 $

LA COTE VERTE MOTEUR L4 DE 1,8 L source : EnerGuide

CONSOMMATION (100 KM) man. 6,6 L auto. 7,4 L • **ÉMISSIONS POLLUANTES CO_2** man. 3128 kg/an auto. 3496 kg/an • **INDICE D'OCTANE** 87
COÛT DU CARBURANT MOYEN PAR ANNÉE man. 1768 $ auto. 1976 $ • **NOMBRE DE LITRES PAR ANNÉE** man. 1360 auto. 1520

FICHE D'IDENTITÉ

VERSIONS LS, LT Turbo, Eco, LTZ Turbo
ROUES MOTRICES avant
PORTIÈRES 4 **NOMBRE DE PASSAGERS** 5
PREMIÈRE GÉNÉRATION 2011
GÉNÉRATION ACTUELLE 2011
CONSTRUCTION Lordstown, Ohio, É.-U.
COUSSINS GONFLABLES 10 (frontaux, latéraux avant et arrière, rideaux latéraux, genoux)
CONCURRENCE Dodge Caliber, Ford Focus, Honda Civic, Hyundai Elantra, Kia Forte, Mazda*3*, Mitsubishi Lancer, Nissan Sentra, Subaru Impreza, Suzuki SX4, Toyota Corolla, Volkswagen Golf

AU QUOTIDIEN

PRIME D'ASSURANCE
25 ANS : 1400 à 1600 $
40 ANS : 1000 à 1200 $
60 ANS : 700 à 900 $
COLLISION FRONTALE 5/5
COLLISION LATÉRALE 5/5
VENTES DU MODÈLE DE L'AN DERNIER
AU QUÉBEC 880 **AU CANADA** 3184
DÉPRÉCIATION ND
RAPPELS (2006 À 2011) aucun
COTE DE FIABILITÉ ND

GARANTIES... ET PLUS

GARANTIE GÉNÉRALE 3 ans/60 000 km
GARANTIE MOTOPROPULSEUR 5 ans/160 000 km
PERFORATION 6 ans/160 000 km
ASSISTANCE ROUTIÈRE 3 ans/60 000 km
NOMBRE DE CONCESSIONNAIRES
AU QUÉBEC 84 **AU CANADA** 450

NOUVEAUTÉS EN 2012

Aucun changement majeur

VALEUR **REFUGE**

Benoit Charette

Après des générations de voitures compactes insipides, Chevrolet a enfin conçu une voiture à vocation mondiale digne de ses ambitions. Pour la première fois de son histoire, GM peut se vanter d'avoir conçu une voiture compacte capable d'aller jouer dans la cour des japonaises sans rougir. Et dans cette période incertaine où le prix du carburant vole au gré des dictateurs déchus, Chevrolet veut faire de sa Cruze la championne de l'économie de carburant grâce à sa version Eco et un modèle à moteur Diesel pour l'an prochain.

CARROSSERIE La Cruze est un mélange de Chevrolet Malibu et de Buick Regal ; disons qu'elle vieillira bien. Il lui manque un brin de l'audace de la Hyundai Elantra. Bref, du pain blanc, mais du bon pain blanc. La version Eco a reçu plusieurs modifications aérodynamiques qui améliorent sa consommation de carburant. Soulignons une calandre supérieure qui propose davantage d'obturations contribuant à l'aérodynamisme du véhicule, une rallonge de déflecteur avant inférieure, un aileron arrière, une suspension abaissée et des panneaux sous la carrosserie qui permettent un passage plus facile de l'air sous le véhicule. Le modèle Eco est également doté d'un obturateur d'air situé plus bas sur la calandre; cet obturateur se ferme à haute vitesse pour accroître les caractéristiques aérodynamiques du véhicule et s'ouvre à basse vitesse pour optimiser le refroidissement du moteur. Des pneus Goodyear de 17 pouces à très faible résistance au roulement complètent le tout.

HABITACLE Nous avons ici un mélange de vieux et de neuf. Le tableau de bord s'inspire de celui du Chevrolet Equinox et offre des matériaux de bonne facture avec un choix de sièges en tissu ou en cuir et des couleurs contrastantes du plus bel effet. L'insonorisation a été particulièrement travaillée, ce qui nous donne l'impression de prendre place dans un véhicule plus haut de gamme. Les conducteurs de grande taille seront heureux d'apprendre que l'espace de pilotage est très généreux, et que le volant est réglable et télescopique. Voilà pour les bonnes nouvelles. À l'arrière, l'espace est compté

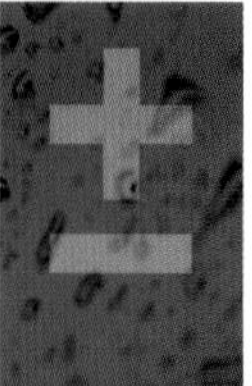

FORCES Excellente insonorisation • Finition à la hauteur • Places avant généreuses • Bonne position de conduite

FAIBLESSES Direction un peu légère • Freins à tambour sur version de base • Charnières de coffre mal conçues • Qualité de la chaîne audio perfectible

en raison de la relative étroitesse des portes et du peu d'espace pour les jambes. Il faut également souligner les imposantes charnières dans le coffre qui risquent de compromettre l'intégrité de certains bagages.

MÉCANIQUE GM a élaboré de nouveaux moteurs pour la Cruze. La version de base hérite d'un moteur à 4 cylindres de 1,8 litre Ecotec d'une puissance de 136 chevaux, alors que les versions LT et LTZ profitent d'un moteur de 1,4 litre turbocompressé de 138 chevaux. Les deux moteurs sont jumelés à une boîte de vitesses à 6 rapports optimisée pour la faible consommation de carburant. La version Eco équipée du moteur de 1,4 litre turbo profite d'une boîte de vitesses dont le ratio permet une consommation de carburant optimale. Outre les nombreuses modifications qui réduisent son poids et améliorent l'aérodynamisme, la version Eco offre une consommation moyenne sous la barre des 6 litres aux 100 kilomètres, si vous êtes gentil avec l'accélérateur.

COMPORTEMENT La Cruze vous offre le choix d'un châssis touring ou sport. Les versions LS et LT viennent avec un châssis touring, et les 2LT et LTZ, avec un châssis sport. Le châssis sport offre des ressorts plus rigides, des barres de suspension recalibrées et des freins à disque aux quatre roues. Les versions LS et LT proposent des freins à tambour à l'arrière. Même si la suspension arrière n'est pas à roues indépendantes, la Cruze offre une tenue de route honnête. Sans profiter du côté joueur d'une Mazda3 ou d'une Mitsubishi Lancer, la Cruze a beaucoup gagné en maturité. La Cruze mise plus sur le confort et offre une certaine souplesse dans sa conduite sans être molle. Il y a un moment d'hésitation avant que le turbo prenne vie, mais seulement en situation de fortes accélérations.

CONCLUSION La Cruze s'apprécie pour ceux qui conduisent en « bon père de famille ». Si vous cherchez dynamique de conduite et tenue de route acérée, vous n'êtes pas à la bonne adresse. Une Cruze se conduit avec modération, calmement et sans effort pour être appréciée à sa juste valeur.

2e OPINION

« Et dire qu'il n'y a pas si longtemps, Toyota osait se moquer de GM en vantant les mérites de sa Corolla. Euh... sans vouloir faire de jeux de mots, ne pensez-vous pas que, aujourd'hui, ces mêmes gens rient jaune ? Chose certaine, la Cruze se veut drôlement plus attrayante que ce que nous sert le réputé constructeur nippon. Plus amusante à conduire sans toutefois être très puissante, elle propose des lignes agréables, un habitacle esthétiquement très charmant ainsi qu'un degré d'équipement qui n'est pas à dédaigner. Et il ne faut pas non plus oublier la faible consommation de carburant, un atout réel par les temps qui courent. En revanche, la Cruze doit aussi composer avec des rivales comme les nouvelles Focus, Civic, Elantra et Jetta, des voitures qui, pour différentes raisons, sont aussi très populaires. Voilà donc une bataille qui n'est pas gagnée... » — Antoine Joubert

FICHE TECHNIQUE

MOTEURS

(LS) L4 1,8 L DACT, 136 ch à 6300 tr/min
COUPLE 123 lb-pi à 3800 tr/min
BOÎTES DE VITESSES manuelle à 6 rapports, automatique à 6 rapports avec mode manuel (en option)
0-100 KM/H 10 s
VITESSE MAXIMALE 200 km/h

(LT TURBO, LTZ TURBO, ECO) L4 1,4 L turbo DACT, 138 ch à 4900 tr/min
COUPLE 148 lb-pi à 1850 tr/min
BOÎTES DE VITESSES manuelle à 6 rapports, automatique à 6 rapports avec mode manuel (en option)
0-100 KM/H 9,4 s (man), 10 s (auto)
VITESSE MAXIMALE 205 km/h

CONSOMMATION (100 KM) auto. 7,0 L
ÉMISSIONS POLLUANTES CO_2 auto. 3312 kg/an
LITRES PAR ANNÉE 1440
COÛT DU CARBURANT MOYEN PAR ANNÉE 1872 $

AUTRES COMPOSANTS

SÉCURITÉ ACTIVE freins ABS, antipatinage, contrôle électronique de la stabilité
SUSPENSION AVANT/ARRIÈRE Indépendante/semi-indépendante
FREINS AVANT/ARRIÈRE disques/tambours **LTZ Turbo** disques
DIRECTION à crémaillère, assistée
PNEUS LS/LT Turbo P215/60R16 **Eco** P215/55R17 **Eco/LTZ** P225/50R17 **option LT Turbo et LTZ** P235/45R18

DIMENSIONS

EMPATTEMENT 2685 mm
LONGUEUR 4597 mm
LARGEUR 1796 mm
HAUTEUR 1479 mm
POIDS LS 1386 kg **Eco** 1365 kg **LT Turbo** 1427 kg **LTZ Turbo** 1441 kg
DIAMÈTRE DE BRAQUAGE 10,8 m
COFFRE 425 L **Eco** 436 L
RÉSERVOIR DE CARBURANT 59 L **Eco man.** 47,7 L
CAPACITÉ DE REMORQUAGE 454 kg (non recommandé pour Eco)

www.gm.ca

MENTIONS

RECOMMANDÉ

LA COTE VERTE MOTEUR L4 DE 2,4 L source : EnerGuide

CONSOMMATION (100 KM) 2RM 7,7 L 4RM 8,5 L • **ÉMISSIONS POLLUANTES CO_2** 2RM 3588 kg/an 4RM 4002 kg/an • **INDICE D'OCTANE** 87
COÛT DU CARBURANT MOYEN PAR ANNÉE 2RM 2028$ 4RM 2262$ • **NOMBRE DE LITRES PAR ANNÉE** 2RM 1560 4RM 1740

FICHE D'IDENTITÉ

VERSIONS LS, LT, LTZ
ROUES MOTRICES avant, 4
PORTIÈRES 5 **NOMBRE DE PASSAGERS** 5
PREMIÈRE GÉNÉRATION 2005
GÉNÉRATION ACTUELLE 2010
CONSTRUCTION Ingersoll, Ontario, Canada
COUSSINS GONFLABLES 6 (frontaux, latéraux avant, rideaux latéraux)
CONCURRENCE Ford Escape, Honda CR-V, Hyundai Tucson, Kia Sportage, Mazda CX-7, Mitsubishi Outlander, Nissan Rogue, Subaru Forester, Suzuki Grand Vitara, Toyota RAV4

AU QUOTIDIEN

PRIME D'ASSURANCE
25 ANS : 2000 à 2200$
40 ANS : 1300 à 1500$
60 ANS : 1000 à 1200$
COLLISION FRONTALE 5/5
COLLISION LATÉRALE 5/5
VENTES DU MODÈLE DE L'AN DERNIER
AU QUÉBEC 3877 **AU CANADA** 19 261
DÉPRÉCIATION 46,9 %
RAPPELS (2006 À 2011) 6
COTE DE FIABILITÉ 2/5

GARANTIES... ET PLUS

GARANTIE GÉNÉRALE 3 ans/60 000 km
GARANTIE MOTOPROPULSEUR 5 ans/160 000 km
PERFORATION 6 ans/160 000 km
ASSISTANCE ROUTIÈRE 3 ans/60 000 km
NOMBRE DE CONCESSIONNAIRES
AU QUÉBEC 84 **AU CANADA** 450

NOUVEAUTÉS EN 2012

Aucun changement majeur

CETTE FOIS, **C'EST LA BONNE!**

Philippe Laguë

Si les gros véhicules utilitaires sport n'ont plus la cote, il en va tout autrement des VUS compacts. Ce segment de marché est désormais incontournable pour un constructeur d'automobiles; ils y sont d'ailleurs tous, marques de luxe incluses. Or, GM avait un gros problème : avec des modèles comme le Chevrolet Equinox et son clone, le défunt Pontiac Torrent, l'ex-numéro 1 mondial n'était pas dans le coup. Un changement radical s'imposait, et radical il a été.

CARROSSERIE L'Equinox de 2e génération reprend le style anguleux en vogue chez GM, qu'on a d'abord vu sur les Cadillac, et intègre la calandre encastrée dans une partie frontale massive, nouvelle signature visuelle des Chevrolet. L'Equinox affiche d'ailleurs une allure costaude, très « camion », qui plaira à la clientèle visée même si, dans les faits, il s'agit d'une auto déguisée en VUS. Seule fausse note, la visibilité arrière, limitée par l'énorme pilier C.

HABITACLE Au premier coup d'œil, on remarque l'effort pour rendre la présentation intérieure moins fade, plus *jazzée*, que celle du modèle précédent, franchement déprimante. Un habillage bicolore, des coutures rouges sur les sièges et les portières, et hop, c'est déjà plus accrocheur. En y regardant de plus près, on constate que le plastique règne en maître, comme quoi la « nouvelle GM » n'a pas éliminé tous les défauts de l'ancienne.

Soyons beau joueur et saluons l'effort apporté à la décoration des lieux. L'aspect pratique n'a pas été négligé non plus, tout comme l'ergonomie. Les commandes sont simples, bien placées, et les espaces de rangement abondent. L'insonorisation de l'habitacle a fait l'objet d'un soin particulier, et le silence qui règne à bord permet d'apprécier le bon rendement de la chaîne stéréo, une constante chez GM.

À l'avant, les baquets sont bien rembourrés et procurent un bon maintien latéral ainsi qu'un soutien lombaire, celui-ci pouvant se régler. La banquette arrière est plus ferme, mais pas inconfortable pour autant, et, comme c'est souvent le cas dans ce type de véhicule, il y a beaucoup d'es-

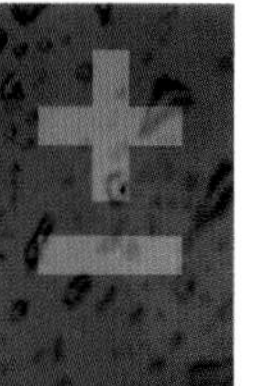

FORCES Design réussi à l'intérieur et à l'extérieur • Habitacle spacieux et confortable • Insonorisation
Moteurs raffinés • Consommation (4-cyl.) • Comportement sûr

FAIBLESSES Encore trop de plastique à l'intérieur • 4-cylindres peu vaillant
Direction molle • Boîte lente • Visibilité médiocre vers l'arrière

pace pour la tête et les jambes. La soute à bagages est elle aussi très logeable.

MÉCANIQUE GM prétend que l'Equinox est le moins gourmand de sa catégorie. Ce n'est pas de la frime : notre véhicule d'essai, mû par un 4-cylindres de 2,4 litres, a maintenu une consommation moyenne d'environ 8,5 litres aux 100 kilomètres, ce qui le place effectivement en tête du peloton. Sur l'autoroute, nous avons obtenu une moyenne de 7,7 litres aux 100 kilomètres tandis qu'en ville, nous avons descendu sans peine sous la barre des 10 litres aux 100 kilomètres. Impressionnant.

Pour obtenir de tels résultats, il faut une mécanique raffinée. Le 4-cylindres et l'autre motorisation offerte, un V6 de 3 litres, ont recours au calage variable des soupapes, à l'injection directe de carburant, et ils sont tous deux jumelés à une boîte de vitesses automatique à 6 rapports. Malgré une puissance annoncée de 182 chevaux, le 4-cylindres manque de vigueur. Il est mou à l'accélération, lors des reprises... Pour le secouer, il faut vraiment enfoncer l'accélérateur sinon, il réagit lentement. Il faut dire que la boîte automatique ne brille pas non plus par sa rapidité d'exécution. Les passages sont cependant très fluides, ce qui n'a rien d'étonnant car, à Detroit, c'est GM qui fabrique les meilleures boîtes automatiques.

On retrouve aussi une certaine lenteur dans la direction, qui ne brille pas non plus par sa précision. Cela dit, ce n'est rien de dramatique, d'autant plus que l'Equinox n'est pas une voiture sport. Une bonne note pour le freinage, prompt et puissant. Est-il endurant? *Zat is ze question*, il y a déjà eu des lacunes de ce côté chez GM.

COMPORTEMENT Spacieux et bien insonorisé, l'Equinox est un véhicule qui donne la priorité au confort de ses occupants. Le comportement n'a pas été sacrifié pour autant : la tenue de route est sûre, et le sous-virage, à peine perceptible. Quant au roulis, il est bien maîtrisé. Résultat : on a l'impression de conduire une confortable berline. Ce qui n'est pas loin de la vérité puisque l'Equinox est plus près d'une automobile que d'un VUS.

CONCLUSION Si l'on compare l'Equinox de deuxième génération à son prédécesseur, c'est le jour et la nuit, rien de moins. Autant l'ancien modèle se faisait laminer par ses concurrents, asiatiques comme américains, autant son remplaçant montre de belles qualités. Plus raffiné, plus silencieux, plus confortable, il est désormais mieux équipé pour faire face à des rivaux aguerris comme le Honda CR-V, le Toyota RAV4 ou le Ford Escape, pour ne nommer que ceux-là.

2e OPINION

« Lorsqu'on se rappellera comment GM est ressuscitée des morts au tournant de la décennie, il faudra se rappeler qu'un véhicule comme l'Equinox y a fortement contribué. Lors du lancement du modèle, les concessions peinaient à répondre à la demande. La raison en est fort simple. Pour environ 30 000$, les consommateurs ont droit à un véhicule relativement bien construit, agréable à conduire, très bien insonorisé et relativement frugal à la pompe. Je dis relativement, car il faut ici décrier la publicité du constructeur qui fait état d'une consommation moyenne de 6,1 litres aux 100 kilomètres sur l'autoroute. C'est de la frime. Au mieux, j'ai maintenu une médiane de 7,7 litres sur l'autoroute. Au combiné, il est très difficile de faire mieux que 8,5 litres aux 100 kilomètres l'été! Vous êtes averti! » — Daniel Rufiange

FICHE TECHNIQUE

MOTEURS

(LS, LT, LTZ) L4 2,4 L DACT, 182 ch à 6700 tr/min
COUPLE 172 lb-pi à 4900 tr/min
BOÎTE DE VITESSES automatique à 6 rapports avec mode manuel
0-100 KM/H 8,7 s
VITESSE MAXIMALE 185 km/h

(OPTION LT ET LTZ) V6 3,0 L DACT, 264 ch à 6950 tr/min
COUPLE 222 lb-pi à 5100 tr/min
BOÎTE DE VITESSES automatique à 6 rapports avec mode manuel
0-100 KM/H 8,1 s
VITESSE MAXIMALE 200 km/h

CONSOMMATION (100 KM) 2RM 10,3 (octane 87) L **4RM** 10,8 L
ÉMISSIONS DE CO_2 2RM 4830 kg/an **4RM** 5014 kg/an
LITRES PAR ANNÉE 2RM 2100 **4RM** 2180
COÛT PAR AN 2RM 2730 $ **4RM** 2834 $

AUTRES COMPOSANTS

SÉCURITÉ ACTIVE freins ABS, assistance au freinage, répartition électronique de la force de freinage, contrôle de la stabilité électronique, antipatinage
SUSPENSION AVANT/ARRIÈRE indépendante
FREINS AVANT/ARRIÈRE disques
DIRECTION à crémaillère, assistée
PNEUS P225/65R17 **OPTION LT ET LTZ** P235/55R18 **OPTION LTZ** P235/55R19

DIMENSIONS

EMPATTEMENT 2857 mm
LONGUEUR 4771 mm
LARGEUR 1842 mm
HAUTEUR 1684 mm
POIDS LS L4 2RM 1706 kg **LS L4 4RM** 1782 kg
DIAMÈTRE DE BRAQUAGE 12,2m (roues de 17, 18 po), 13,0 m (roues de 19 po)
COFFRE 872 L, 1803 L (sièges abaissés)
RÉSERVOIR DE CARBURANT L4 71,1 L **V6** 79,1 L
CAPACITÉ DE REMORQUAGE L4 680 kg **V6** 1588 kg

www.gm.ca

MENTIONS

RECOMMANDÉ

VERDICT

Plaisir au volant
Qualité de finition
Consommation
Rapport qualité / prix
Valeur de revente nm

LA COTE VERTE MOTEUR V6 DE 4,3 L source : EnerGuide

CONSOMMATION (100KM) 12,1 L • ÉMISSIONS POLLUANTES CO_2 5658 kg/an • INDICE D'OCTANE 87
COÛT DU CARBURANT MOYEN PAR ANNÉE 3198 $ • NOMBRE DE LITRES PAR ANNÉE 2460

FICHE D'IDENTITÉ

VERSIONS Express, LS, LT, Utilitaire
Savana, SL, SLE, Utilitaire
ROUES MOTRICES arrière, 4
PORTIÈRES 4 **NOMBRE DE PASSAGERS** 2 à 15
PREMIÈRE GÉNÉRATION 1971
GÉNÉRATION ACTUELLE 1996
CONSTRUCTION Wentzville, Missouri, É.-U.
COUSSINS GONFLABLES 4 (frontaux, rideaux latéraux) modèles 2500 et 3500 2 (frontaux)
CONCURRENCE Ford Série E, Mercedes Sprinter

AU QUOTIDIEN

PRIME D'ASSURANCE
25 ANS : 1600 à 1800 $
40 ANS : 900 à 1100 $
60 ANS : 700 à 900 $
COLLISION FRONTALE 5/5
COLLISION LATÉRALE 4/5
VENTES DU MODÈLE DE L'AN DERNIER
EXPRESS AU QUÉBEC 1264 **AU CANADA** 4422
SAVANA AU QUÉBEC 1704 **AU CANADA** 4649
DÉPRÉCIATION Express/Savana 52,3 %
RAPPELS (2006 À 2011) Express/Savana 12
COTE DE FIABILITÉ 3/5

GARANTIES... ET PLUS

GARANTIE GÉNÉRALE 3 ans/60 000 km
GARANTIE MOTOPROPULSEUR 5 ans/160 000 km
PERFORATION 6 ans/160 000 km
ASSISTANCE ROUTIÈRE 5 ans/160 000 km
NOMBRE DE CONCESSIONNAIRES
AU QUÉBEC 84 **AU CANADA** 450

NOUVEAUTÉS EN 2012

Aucun changement majeur

L'IMMOBILISME QUI RAPPORTE

Michel Crépault

À moins d'être les parents d'une douzaine d'enfants, d'exploiter une entreprise de transport adapté ou n'importe quel autre commerce requérant de transporter des outils et de la marchandise, on ne s'intéresse pas à des fourgons commerciaux. Heureusement pour GM, il y a encore des entrepreneurs et des couples fertiles.

CARROSSERIE Une longue boîte métallique, encore plus infinie dans sa version étirée; très peu de portières et de glaces ou, au contraire, tout plein d'embrasures et de verre; un nez et des roues sans imagination, mais qui n'ont pas honte de leur vocation utilitaire. Voilà le portrait-robot du duo Express/Savana. Leur physionomie est pétrifiée depuis des temps bientôt immémoriaux. Hilarant : sur le Web, je suis tombé sur des internautes qui s'engueulaient parce que GM ne laisse rien transpirer sur ses intentions de redessiner – ou pas – les deux fourgons. Mais pourquoi le constructeur se presserait-il ? Les acheteurs sont intéressés par leur aspect pratique, pas esthétique. Non pas qu'ils lèveraient le nez sur un design plus relevé mais pas au point de rendre encore plus coûteux des véhicules déjà pas donnés malgré leur silhouette passe-partout.

HABITACLE Si l'extérieur peut avoir l'air monolithique ou, alors, un peu plus civilisé, les mêmes extrêmes sont possibles à l'intérieur. Ou bien vous serez comblé avec seulement deux sièges à l'avant et, derrière, une soute assez vaste pour y organiser des combats de coqs, ou alors vous meublerez le volume avec suffisamment de sièges pour transporter 15 personnes. Entre les deux existe une multitude de combinaisons où les cloisons se disputent l'espace avec les étagères fournies par les concessionnaires ou installées sur mesure par des préparateurs spécialisés. Les cadrans et les boutons du tableau de bord sont d'une simplicité désarmante, pendant que les

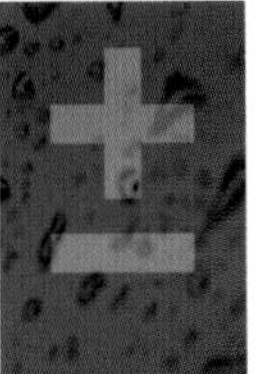

FORCES GM ne lésine pas sur le choix des versions et des moteurs • Plusieurs utilisations pratiques d'un même concept

FAIBLESSES Une refonte complète ne ferait pas de tort • Tenue de route variable • Position de conduite exiguë

plastiques sont à pleurer. Au fil des ans, mine de rien, l'équipement s'est enrichi de bidules de berlines comme la connectivité Bluetooth et une connexion USB.

MÉCANIQUE Ces fourgons se déclinent en un nombre effarant de versions : 1500, 2500 et 3500, utilitaire ou tourisme. Pour contenter cette armada, Chevrolet et GMC offrent une intéressante panoplie de moteurs: un V6 et quatre V8, dont un turbodiesel Duramax. Vous demanderez au concessionnaire lesquels vont avec lesquels – je me suis tapé le site de GM et j'en ai encore la tête qui tourne – ou consultez les spécifications techniques qui sont brillamment énumérées dans les tableaux qui encadrent ce texte non moins brillant. On a aussi le choix entre une propulsion ou une transmission intégrale et une boîte de vitesses automatique à 4 ou à 6 rapports, selon les engins. Dans le cas du Sprinter, rappelons que Mercedes-Benz n'offre qu'un seul moteur – Dieu merci ! – tandis que l'Econoline de Ford en propose deux, mais offre aussi le nouveau Transit Connect (plus petit). GM détient donc un avantage aux yeux de l'entrepreneur qui recherche de la puissance et de la variété. Mais au chapitre de l'agilité, l'Allemagne domine. Signe de vétusté: on freine avec des tambours à l'arrière.

COMPORTEMENT Il est dommage qu'un véhicule capable de transporter autant ne puisse accorder un dégagement plus décent pour les jambes du conducteur. Comme si les dessinateurs avaient accordé toute leur attention à la destination plutôt qu'au temps passé pour s'y rendre. À l'instar d'une camionnette, la tenue de route d'un fourgon, peu importe lequel, varie énormément selon son chargement. Vide, l'Express peut expressément vous mettre dans le champ si vous insultez les lois de la physique; dès que la soute se remplit, le comportement se stabilise. Vous seriez également tenté de dépenser beaucoup de sous pour améliorer l'insonorisation de ces véhicules, mais ça vous ruinerait : ces fourgons sont des caisses de résonance naturelles, aussi bien ne pas les contrarier. Dans cette soute, toujours par comparaison avec le Sprinter, la référence, on regrettera de ne pas pouvoir se mettre debout sans se chiffonner la permanente.

CONCLUSION GM finira par daigner renouveler d'un coup de crayon l'allure de l'Express et du Savana. L'arrivée du Nissan NV devrait réveiller les patrons. En attendant, le duo doit leur rapporter un joli magot puisque les matrices et le reste sont payés depuis belle lurette.

2e OPINION

« Le marché des fourgons en est un de niche, mais une niche gigantesque. Ces véhicules sont conçus pour être fonctionnels, d'abord et avant tout. C'est le cas de l'Express qui offre de l'espace pour la marchandise (version utilitaire) ou de la place pour accueillir une équipe de soccer (version tourisme). Cette année, un nouveau concurrent s'ajoute dans le segment, le Nissan NV. Si le Sprinter est souvent boudé en raison de son prix d'achat, le NV offre une solution de rechange intéressante car, en plus d'être utile, il se veut confortable. Cependant, les gens demeurent fidèles aux Chevrolet Express et Ford Série E pour quelques raisons, dont un prix concurrentiel et des frais d'entretien peu élevés. L'avantage de l'Express, ne l'oublions pas, demeure la transmission intégrale livrable en option. » — *Daniel Rufiange*

FICHE TECHNIQUE

MOTEURS

V6 4,3 L ACC, 195 ch à 4600 tr/min
COUPLE 260 lb-pi à 2800 tr/min
BOÎTE DE VITESSES automatique à 4 rapports
0-100 KM/H 12,5 s **VITESSE MAXIMALE** 180 km/h

V8 4,8 L ACC, 280 ch à 5200 tr/min
COUPLE 296 lb-pi à 4600 tr/min
BOÎTE DE VITESSES automatique à 6 rapports
0-100 KM/H 10,3 s **VITESSE MAXIMALE** 200 km/h

CONSOMMATION (100 KM) 15,6 L (octane 87)
ÉMISSIONS DE CO_2 7360 kg/an
LITRES PAR ANNÉE 3200 **COÛT PAR AN** 4160$

V8 5,3 L ACC, 310 ch à 5200 tr/min
COUPLE 334 lb-pi à 4500 tr/min
BOÎTE DE VITESSES automatique à 4 rapports
0-100 KM/H 9,1 s **VITESSE MAXIMALE** 220 km/h

CONSOMMATION (100 KM) 2RM 13,8 L **4RM** 14,3 L (octane 87)
ÉMISSIONS DE CO_2 2RM 5952 kg/an **4RM** 6670 kg/an
LITRES PAR ANNÉE 2RM 2820 **4RM** 2900
COÛT PAR AN 2RM 3666 $ **4RM** 3770 $

V8 6,0 L ACC, 323 ch à 4600 tr/min
COUPLE 373 lb-pi à 4400 tr/min
BOÎTE DE VITESSES automatique à 6 rapports
0-100 KM/H 8,5 s **VITESSE MAXIMALE** 220 km/h

CONSOMMATION (100 KM) 16,3 L (octane 87)
ÉMISSIONS DE CO_2 7652 kg/an
LITRES PAR ANNÉE 3340 **COÛT PAR AN** 4342 $

V8 6,6 L turbodiesel, ACC, 260 ch à 3100 tr/min
COUPLE 460 lb-pi à 1600 tr/min
BOÎTE DE VITESSES automatique à 6 rapports
0-100 KM/H 9,0 s **VITESSE MAXIMALE** 185 km/h

CONSOMMATION (100 KM) 11,4 L (diesel)
ÉMISSIONS DE CO_2 6156 kg/an
LITRES PAR ANNÉE 2280 **COÛT PAR AN** 2736 $

AUTRES COMPOSANTS

SÉCURITÉ ACTIVE freins ABS, répartition électronique de la force de freinage, contrôle électronique de la stabilité, antipatinageSuspension avant/ arrière indépendante /pont rigide
FREINS AVANT/ARRIÈRE disques
DIRECTION à crémaillère, assistée
PNEUS 1500 P245/70R17 **2500/3500** P245/75R16

DIMENSIONS

EMPATTEMENT 3429 mm emp. long 3937 mm
LONGUEUR 5691 mm **3500 emp. long** 6199 mm
LARGEUR 1500/2500 2007 mm **3500** 2017 mm
3500 emp. long 2012 mm
HAUTEUR 1500/2500 2072 mm, **3500** 2017 mm, **3500 emp. long** 2100 mm
POIDS 2329 à 2906 kg
DIAMÈTRE DE BRAQUAGE 1500 13,2 m
2500 et 3500 15,0 m **emp. long** 16,6 m
COFFRE Utilitaire 6787 L **emp. long** 8054 L
Tourisme 6122 L **emp. long** 7160 L
RÉSERVOIR DE CARBURANT 117 L
CAPACITÉ DE REMORQUAGE Utilitaire 3084 à 4538 kg
Tourisme 2812 à 4491 kg

VERDICT

Plaisir au volant
Qualité de finition
Consommation
Rapport qualité / prix
Valeur de revente

LA COTE VERTE MOTEUR V6 DE 3,6 L source : EnerGuide

CONSOMMATION (100 KM) AUTO. 10,5 L • ÉMISSIONS POLLUANTES CO_2 4508 KG/AN • INDICE D'OCTANE 87
COÛT DU CARBURANT MOYEN PAR ANNÉE 2782 $ • NOMBRE DE LITRES PAR ANNÉE 2140

FICHE D'IDENTITÉ

VERSIONS LS, LT, LTZ
ROUES MOTRICES avant
PORTIÈRES 4 **NOMBRE DE PASSAGERS** 5
PREMIÈRE GÉNÉRATION 1958
GÉNÉRATION ACTUELLE 2006
CONSTRUCTION Oshawa, Ontario, Canada
COUSSINS GONFLABLES 6
(frontaux, latéraux avant, rideaux latéraux)
CONCURRENCE Buick LaCrosse, Chrysler 200/300, Dodge Avenger/Charger, Ford Fusion/Taurus, Honda Accord, Hyundai Sonata, Kia Optima, Mazda 6, Nissan Altima,Toyota Camry, Volkswagen Passat

AU QUOTIDIEN

PRIME D'ASSURANCE
25 ANS : 1800 à 2000 $
40 ANS : 800 à 1000 $
60 ANS : 600 à 800 $
COLLISION FRONTALE 5/5
COLLISION LATÉRALE 4/5
VENTES DU MODÈLE DE L'AN DERNIER
AU QUÉBEC 1626 **AU CANADA** 11 434
DÉPRÉCIATION 54,5 %
RAPPELS (2006 À 2011) 4
COTE DE FIABILITÉ 3/5

GARANTIES… ET PLUS

GARANTIE GÉNÉRALE 3 ans/60 000 km
GARANTIE MOTOPROPULSEUR 5 ans/160 000 km
PERFORATION 6 ans/160 000 km
ASSISTANCE ROUTIÈRE 3 ans/60 000 km
NOMBRE DE CONCESSIONNAIRES
AU QUÉBEC 84 **AU CANADA** 450

NOUVEAUTÉS EN 2012

Nouveau V6 de 3,6 L de série, légèrement redessinée

DIRECTION **CAMPING**

Daniel Rufiange

L'Impala ne semble pas à sa place dans le paysage automobile. À une époque où les véhicules proposent des design plus distinctifs, des mécaniques plus frugales que jamais et une expérience au volant de plus en plus inspirante, l'Impala semble figée dans le temps. Pourtant, ses ventes sont demeurées stables l'année dernière. Il faut dire que, sans l'existence d'entreprises de location, des forces policières et de quelques retraités nostalgiques d'une autre époque, l'histoire serait tout autre. Au bout du rouleau, l'Impala ?

CARROSSERIE L'Impala arbore les mêmes lignes depuis 2005 et a peu changé depuis 1999. Si elle ne veut pas qu'elle devienne la Ford Ranger de l'automobile, GM doit lui injecter du sang neuf, et ce, rapidement. Aux dernières nouvelles, il faudra attendre encore une année ou deux avant de voir naître la dixième génération de ce bolide né en 1958.

Toutefois, pour qu'on cesse de la confondre avec les modèles des années antérieures, la carcasse de l'Impala subit quelques retouches cette année. Ainsi, une nouvelle calandre argentée pourra être admirée sur les versions LS et LT cependant que le modèle haut de gamme LTZ verra son faciès arborer des quadrillages noir mat et des phares antibrouillard. À l'arrière, la moulure chromée horizontale prendra désormais la couleur de la carrosserie, entre autres.

HABITACLE À bord, on effectue un petit retour en arrière, alors que la présentation manque de modernisme. Non, on ne retrouve pas une banquette du type sofa à l'avant, quand même ! Plutôt, deux gros baquets confortables moelleux pour les os sans trop de maintien latéral et réglables électriquement dorlotent les passagers. L'Impala propose de la place pour cinq, et, pour une fois, ce n'est pas de la frime ; les places arrière sont généreuses et accueillent, plus confortablement que la moyenne, trois adultes.

Malheureusement, c'est tout ce qu'il y a de bon à dire sur l'habitacle de l'Impala. Parmi la liste d'équipement, on cherche en vain des commodités comme la connectivité Bluetooth ou une connexion USB. De plus, en raison de sa conception vieillotte, l'habitacle

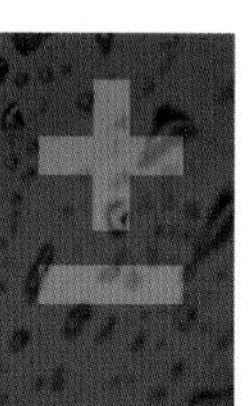

FORCES Espace intérieur • Confort sur la route
De la place pour huit sacs de golf • Une aubaine dans le marché de l'occasion • Nouveau moteur et nouvelle boîte de vitesses

FAIBLESSES Forte dépréciation • Conduite peu inspirante
Présentation intérieure plus qu'ordinaire • Lignes moches

agiles et porteuses de sensations frôleront la dépression au volant de cette berline. En contrepartie, ceux qui n'ont pas l'habitude de malmener leur monture, qui apprécient le confort d'une voiture sur l'autoroute et qui souhaitent une bagnole relativement fiable et peu coûteuse à entretenir se plairont avec l'Impala.

Ce qui est sûr, toutefois, c'est que GM peut et doit faire mieux. Un simple coup d'œil du côté de la concurrence a de quoi rendre les penseurs les plus optimistes de GM nerveux.

ne respire pas la qualité et figure désormais sous les nouveaux standards du constructeur.

MÉCANIQUE Sous le capot, on a quelque chose à se mettre sous la dent. GM fait table rase et élimine les deux moteurs V6 (de 3,5 et de 3,9 litres) qui équipaient son Impala pour les remplacer par une motorisation unique, un V6 de 3,6 litres à injection directe de carburant qui promet de meilleures performances et une meilleure consommation de carburant. La très bonne nouvelle est que la boîte de vitesses à 4 rapports prend le chemin du recyclage pour être remplacée par une boîte plus moderne à 6 rapports. Il n'était pas trop tôt !

COMPORTEMENT Il faut apprécier un certain type de conduite pour trouver l'expérience au volant d'une Impala intéressante. Ceux qui aiment les voitures nerveuses,

CONCLUSION Des modèles comme la Chevrolet Impala, l'industrie en a besoin. Que seraient nos balades en taxi ou menottés à l'arrière d'une voiture de police sans ces voitures intermédiaires spacieuses, confortables et logeables. Cependant, les constructeurs, pour la plupart, ont compris qu'il était possible de rendre ces voitures excitantes et attrayantes (ex. : les Chrysler 300 et Ford Taurus). Chez GM, on tarde, encore une fois, à livrer la marchandise. En même temps, qui suis-je pour juger? Il s'est vendu plus d'Impala l'an dernier que de Ford Taurus et de Chrysler 300 réunies !

En attendant, de nombreux *Snowbirds* se plaisent en se rendant à leur camping préféré en bonne vieille Impala.

2e OPINION

« Un nouveau V6 de 3,6 litres, ce n'est pas ce qui relancera l'Impala en 2012. Mais ça ne fera pas de tort ! Surtout qu'on arrive enfin avec une boîte de vitesses automatique à 6 rapports qui permet d'obtenir un rendement beaucoup plus... nouveau millénaire ! Ceci dit, l'Impala demeure une berline générique, pas du tout charmante, et qui excelle dans l'art de se faire oublier. Appréciée par les entreprises de location pour sa fiabilité, elle l'est aussi par sa clientèle, bien sûr, pour sa fiabilité et ses faibles frais d'entretien, mais aussi pour son confort et sa simplicité. Il faut toutefois savoir que l'Impala est l'une des voitures du marché dont la dépréciation est la plus élevée. Car sur le marché de l'occasion, l'offre est nettement supérieure à la demande... » — Antoine Joubert

FICHE TECHNIQUE

MOTEURS

(LS, LT) V6 3,6 L DACT, 300 ch à 6500 tr/min
COUPLE 262 lb-pi à 5300 tr/min
BOÎTE DE VITESSES automatique à 6 rapports
0-100 KM/H 6,6 s
VITESSE MAXIMALE 240 km/h

AUTRES COMPOSANTS

SÉCURITÉ ACTIVE freins ABS, assistance au freinage, répartition électronique de la force de freinage, contrôle de la stabilité électronique , antipatinage
SUSPENSION AVANT/ARRIÈRE indépendante
FREINS AVANT/ARRIÈRE disques
DIRECTION à crémaillère, assistée
PNEUS LS P225/60R16 **LT** P225/55R17 **LTZ** P235/50R18

DIMENSIONS

EMPATTEMENT 2807 mm
LONGUEUR 5090 mm
LARGEUR 1851 mm
HAUTEUR 1491 mm
POIDS LS/LT 1613 kg **LTZ** 1655 kg
DIAMÈTRE DE BRAQUAGE nd
COFFRE 527 L
RÉSERVOIR DE CARBURANT 64 L

VERDICT

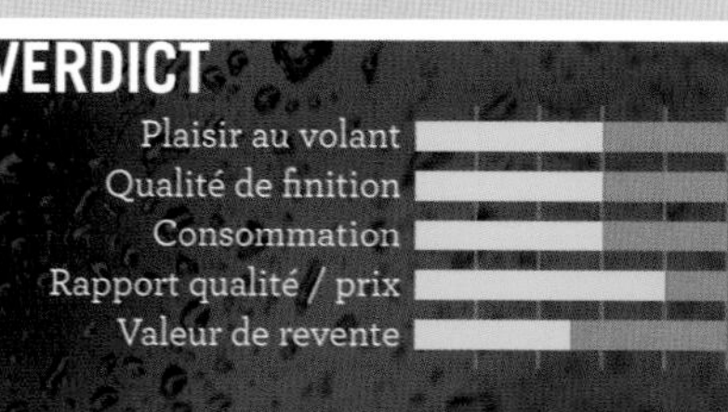

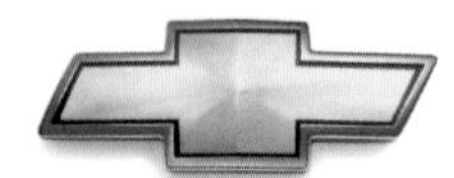

$ 23 995 à 32 995 $ t&p 2045 $

LA COTE VERTE MOTEUR L4 DE 2,4 L source : EnerGuide

CONSOMMATION (100KM) 7,7 L • **ÉMISSIONS POLLUANTES** CO_2 3588 KG/AN • **INDICE D'OCTANE** 87
COÛT DU CARBURANT MOYEN PAR ANNÉE 2028 $ • **NOMBRE DE LITRES PAR ANNÉE** 1560

FICHE D'IDENTITÉ

VERSIONS LS, LT, LTZ
ROUES MOTRICES avant
PORTIÈRES 4 **NOMBRE DE PASSAGERS** 5
PREMIÈRE GÉNÉRATION 1997
GÉNÉRATION ACTUELLE 2008
CONSTRUCTION Kansas City, Kansas, É.-U
COUSSINS GONFLABLES 6 (frontaux, rideaux latéraux)
CONCURRENCE Buick Regal/LaCrosse, Chrysler 200, Dodge Avenger, Ford Fusion, Honda Accord, Hyundai Sonata, Kia Optima, Mazda6, Nissan Altima, Subaru Legacy, Toyota Camry, Volkswagen Jetta/Passat

AU QUOTIDIEN

PRIME D'ASSURANCE
25 ANS : 1500 à 1700 $
40 ANS : 800 à 1000 $
60 ANS : 600 à 800 $
COLLISION FRONTALE 5/5
COLLISION LATÉRALE 5/5
VENTES DU MODÈLE DE L'AN DERNIER
AU QUÉBEC 3315 **AU CANADA** 13 092
DÉPRÉCIATION 55, 2%
RAPPELS (2006 À 2011) 2
COTE DE FIABILITÉ 3,5/5

GARANTIES... ET PLUS

GARANTIE GÉNÉRALE 3 ans/60 000 km
GARANTIE MOTOPROPULSEUR 5 ans/160 000 km
PERFORATION 6 ans/160 000 km
ASSISTANCE ROUTIÈRE 5 ans/160 000 km
NOMBRE DE CONCESSIONNAIRES
AU QUÉBEC 84 **AU CANADA** 450

NOUVEAUTÉS EN 2012

Nouvelles couleurs extérieures, toit ouvrant de série sur modèle LTZ

EN ATTENDANT **2013**

Daniel Rufiange

La Malibu de dernière génération est apparue à un moment opportun dans l'histoire de GM. Alors qu'un risque très probable de faillite planait au-dessus de la tête de l'entreprise comme une épée de Damoclès, la berline intermédiaire de GM s'est imposée comme l'une des pièces maîtresses de la relance du géant américain. Véhicule de qualité, qui a d'ailleurs remporté quelques palmes dès son année recrue, la Malibu continue d'être l'une des préférées chez GM. Cependant, c'est long, cinq années. Depuis son lancement, la Malibu a été rattrapée par la concurrence, et l'arrivée de la prochaine génération ne pourrait être trop hâtive. En attendant...

CARROSSERIE Quelques sketches de la prochaine génération de la voiture ont pu être aperçus sur le Net. Ça promet. En attendant, la Malibu revient sous la même allure pour son dernier tour de piste. La voiture est déclinable en quatre versions soit L, LT, LT Platine et LTZ. Vous avez souvenir d'une version hybride ? Oubliez cela; sa carrière (2009-2010) a été plus courte que celle de Michael Igniatief à la tête du Parti Libéral du Canada.

HABITACLE Au cours des décennies 1990 et 2000, GM nous a prouvé qu'il était possible de confectionner des habitacles de très mauvais goût, de mauvaise qualité et assemblés médiocrement. Ce n'était pas nécessaire. Heureusement, quelqu'un, quelque part, a allumé, et l'entreprise travaille depuis à améliorer le tout. Je me souviendrai toujours de la première fois que je me suis retrouvé à bord de la Malibu; j'avais été très agréablement surpris par la présentation intérieure et par la qualité de certains des matériaux utilisés. Le confort des sièges avait aussi provoqué l'étonnement. Bref, c'était et c'est toujours une agréable surprise. Cependant, un peu plus d'espace pour les passagers arrière serait de mise; la Malibu est une grosse bagnole qui semble plus petite de l'intérieur que de l'extérieur.

MÉCANIQUE Deux moteurs sont offerts pour équiper la Malibu. Vous l'aurez deviné,

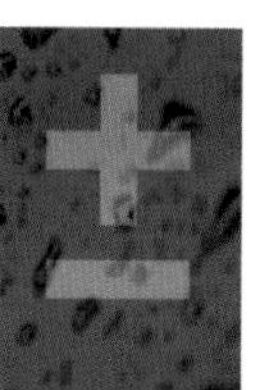

FORCES Confort • Solidité • Rapport qualité/prix intéressant (modèle de base) • Véhicule qui offre une présence

FAIBLESSES Certains plastiques toujours douteux • Embonpoint • Dépréciation

il y a un 4-cylindres et un V6 au menu. Le premier équipe de série toutes les versions, alors que les modèles LT Platine et LTZ peuvent recevoir le second. Bien franchement, c'est avec le moteur V6 que la Malibu se montre la plus intéressante, mais le prix d'une version plus élémentaire à moteur à 4 cylindres est de loin plus alléchant. Le problème avec les berlines intermédiaires, c'est qu'une fois qu'on les équipe, leur prix s'approche de ceux des berlines de luxe d'entrée de gamme.

Heureusement, qu'on opte pour un moteur ou pour l'autre, les deux sont accompagnés d'une boîte de vitesses à 6 rapports. En cochant l'option performance, les rapports de cette boîte peuvent être changés par les leviers de sélection au volant (moteur V6). Un avertissement toutefois. GM fait état d'une consommation moyenne de 5,9 litres sur la route avec les versions équipées du moteur à 4 cylindres. C'est de la frime. Je n'ai jamais réussi à même approcher cette moyenne.

COMPORTEMENT Les gens achètent une Malibu pour le confort qu'elle procure d'abord; et sur ce point, ils ne risquent pas d'être déçus. Les déplacements se font tout en douceur, et c'est ce qu'on apprécie de la voiture. Cependant, les bases sont solides. En virage, le roulis est limité cependant que la voiture montre un bel aplomb. Toutefois, la Malibu aurait avantage à perdre un peu de poids. On sent la mécanique à 4 cylindres y aller de vaillants efforts pour la déplacer, et ça ne se fait pas silencieusement. Quant à la direction, elle montre une belle précision, et le freinage demeure neutre; ça pourrait être mieux, ça pourrait être pire.

CONCLUSION À pareille date l'an prochain, nous serons fixés sur la prochaine génération de Malibu. Souvent, l'arrivée d'un nouveau modèle signifie un ralentissement des ventes, les gens préférant attendre la nouvelle génération. Dans le cas de la Malibu, cela ne devrait pas vous ralentir. L'édition actuelle est toujours intéressante. De plus, GM ira certainement d'offres intéressantes à l'approche de la prochaine mouture; soyez à l'affût.

2e OPINION

« Dans quelques années, on se souviendra que la Malibu aura grandement contribué à la renaissance de GM. Introduite juste avant la crise financière, la Malibu a su s'imposer malgré tout, car il s'agit tout simplement d'un bon véhicule. C'est la preuve que les Américains sont capables de concevoir des berlines jolies, agréables à conduire et bien assemblées. Et la Malibu demeure centrale dans la stratégie de GM. La prochaine génération, prévue pour l'an prochain, proposera un style encore plus agressif. En attendant, l'acheteur peut toujours profiter de cette voiture en configuration à 4 cylindres ou V6. En retour, il jouira d'une voiture spacieuse au comportement routier dont l'appréciation croît avec l'usage. » — *Daniel Rufiange*

FICHE TECHNIQUE

MOTEURS

(LS, LT, LTZ) L4 2,4 L DACT, 170 ch à 6200 tr/min
COUPLE 158 lb/-pi à 5200 tr/min
BOÎTE DE VITESSES automatique à 6 rapports avec mode manuel
0-100 KM/H 9,4 s
VITESSE MAXIMALE 180 km/h

(OPTION LT ET LTZ) V6 3,6 L DACT, 252 ch à 6300 tr/min
COUPLE 251 lb-pi à 3200 tr/min
BOÎTE DE VITESSES automatique à 6 rapports avec mode manuel
0-100 KM/H 7,7 s
VITESSE MAXIMALE 180 km/h

CONSOMMATION (100 KM) 10,0 L (octane 87)
ÉMISSIONS DE CO_2 4738 kg/an
LITRES PAR ANNÉE 2060
COÛT PAR AN 2678 $

AUTRES COMPOSANTS

SÉCURITÉ ACTIVE freins ABS, assistance au freinage, répartition électronique de la force de freinage, contrôle de la stabilité électronique, antipatinage
SUSPENSIONS AVANT/ARRIÈRE indépendantes
FREINS AVANT/ARRIÈRE disques
DIRECTION à crémaillère, assistée
PNEUS LS P225/50R17, **LT** P215/55R17, **option LT/ de série LTZ** P225/50R18

DIMENSIONS

EMPATTEMENT 2852 mm
LONGUEUR 4872 mm
LARGEUR 1785 mm
HAUTEUR 1451 mm
POIDS LS 1549 kg **LT** 1561 kg **LTZ** 1577 kg,
DIAMÈTRE DE BRAQUAGE 12,0 m
COFFRE 428 L
RÉSERVOIR DE CARBURANT 61 L

MENTIONS

RECOMMANDÉ

VERDICT

Plaisir au volant
Qualité de finition
Consommation
Rapport qualité / prix
Valeur de revente

www.gm.ca

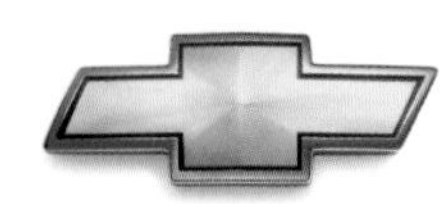

19 995$ à 29 735$ t&p 1350$

LA COTE VERTE MOTEUR L4 DE 2,4 L source : EnerGuide

CONSOMMATION (100 KM) 8,4 L • **ÉMISSIONS POLLUANTES CO_2** 4000 kg/an • **INDICE D'OCTANE** 87
COÛT DU CARBURANT MOYEN PAR ANNÉE 2380$ **NOMBRE DE LITRES PAR ANNÉE** 1700

FICHE D'IDENTITÉ

VERSIONS LS, LT, LTZ
ROUES MOTRICES avant
PORTIÈRES 5 **NOMBRE DE PASSAGERS** 7
PREMIÈRE GÉNÉRATION 2012
GÉNÉRATION ACTUELLE 2012
CONSTRUCTION Gunsan, Corée du Sud
COUSSINS GONFLABLES 6 (frontaux, latéraux avant, rideaux latéraux)
CONCURRENCE Dodge Journey, Kia Rondo, Mazda 5

AU QUOTIDIEN

PRIME D'ASSURANCE
25 ANS : 2000 à 2200$
40 ANS : 1300 à 1500$
60 ANS : 1000 à 1200$
COLLISION FRONTALE nm
COLLISION LATÉRALE nm
VENTES DU MODÈLE DE L'AN DERNIER
AU QUÉBEC nm **AU CANADA** nm
DÉPRÉCIATION nm
RAPPELS (2006 À 2011) nm
COTE DE FIABILITÉ nm

GARANTIES... ET PLUS

GARANTIE GÉNÉRALE 3 ans/60 000 km
GARANTIE MOTOPROPULSEUR 5 ans/160 000 km
PERFORATION 6 ans/160 000 km
ASSISTANCE ROUTIÈRE 3 ans/60 000 km
NOMBRE DE CONCESSIONNAIRES
AU QUÉBEC 84 **AU CANADA** 450

NOUVEAUTÉS EN 2012

Nouveau modèle

UN 7-PLACES COMPACT À PRIX SERRÉ

Gaétan Philippe

Difficile de distinguer, aujourd'hui, un modèle Chevrolet fait par GM en Amérique du Nord d'un modèle Chevrolet construit par Daewoo en Corée du Sud. Surtout que les stylistes entretiennent la confusion – à cause de la double calandre à barrettes Chevy... De toute façon, diront les plus factuels, le groupe coréen Daewoo appartient à GM depuis 2002 et a été rabaptisé Chevrolet en 2005. Au départ de carrosseries identiques (Spark, Aveo, Cruze, Captiva et Orlando), Chevrolet/Daewoo a décliné une gamme bicéphale selon que celle-ci est pensée pour répondre aux standards européens ou américains – qu'il s'agisse du choix des cylindrées ou de l'importance de l'offre Diesel. Chaque modèle constitue, dans sa propre catégorie, une offre d'accès à prix plancher. L'offensive produit de la branche asiatique de GM a ceci d'ambitieux qu'elle investit par la base les segments à gros volumes du marché. Ainsi, l'Orlando ne joue pas d'autre carte que celle du monospace accessible. Qu'il s'agisse de son fond d'habitacle ou du fond de nos poches.

CARROSSERIE Traditionnellement, les véhicules proposant 7/8 places étaient les fourgonnettes américaines les plus vendues (Dodge Caravan, Honda Odyssey, Toyota Sienna...) ou, à tout le moins, les grands monospaces européens ou asiatiques (Ford Galaxy, Mazda MPV, Renault Espace...). Les multisegments ont ensuite mis leur grain de sel en se donnant des formes plus carrées et un volume plus important (Dodge Journey...). Les Européens ont vu plus petit avec l'Opel Zafira et le Ford (Grand) C-Max (désormais également assemblé aux États-Unis). Le Chevrolet Orlando se présente comme une proposition originale – et intéressante – en ce sens qu'il se classe entre ces deux derniers types. C'est un concentré de Journey aménagé dans le style européen. Le toit bas de l'Orlando est complété par les arches de roues musclées et saillantes où logent des pneus de 16 ou de 18 pouces.

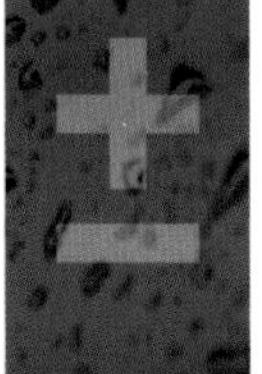

FORCES Gabarit idéal (ni trop grand, ni trop petit) • Rapport habitabilité/prix • Comportement dynamique et confortable

FAIBLESSES Moteur de 1,8 litre un peu juste pour le gabarit Visibilité aux 3/4 arrière • Finition légère par endroits Banquette de 2e rangée ni coulissante ni amovible

La carrosserie de l'Orlando habille une plateforme de berline Cruze sur un empattement augmenté de 7,5 centimètres. De quoi transporter 7 personnes dans un espace compté mais optimal. Déterminée par un coefficient de traînée (Cx) de 0,327 et une surface frontale de 2,55 mètres carrés, la traînée aérodynamique est plus celle d'un VUS (4 x 4 tout-terrain) que celle d'une minifourgonnette moderne... Ça lui donne l'air très américain même s'il est fabriqué en Corée. Pas très généreuses pour des raisons purement esthétiques, les vitres latérales de custode et la lunette limitent la visibilité aux trois quarts arrière. Les portes latérales arrière à battants ont été préférées aux coulissantes. Sans doute pour ne pas augmenter les coûts ni avoir à renforcer la coque outre-mesure. Sans être aussi spectaculaire que le prototype présenté au Mondial de l'auto à Paris en 2008, l'Orlando reste assez fidèle et original pour se tailler une place au soleil.

HABITACLE Exception faite du futur Ford C-Max et de la Mazda5, l'Orlando est sans doute le multisegment à 7 places le plus compact qui soit vendu en Amérique du Nord. Nous avons essayé multisegment de Chevrolet en avant-première sur les routes européennes où il fait déjà figure de fourgonnette, comparable en longueur à la Renault Espace qui demeure la référence de ce côté-là de l'Atlantique. C'est que le gras du marché est constitué de 7-places plus petits (Ford Grand C-Max, Opel Zafira, Renault Grand Scenic...). Cette position entre deux chaises nous conforte dans l'idée qu'on a bien là un compromis idéal entre l'encombrement extérieur et le volume intérieur exploitable.

L'accès aux deux strapontins de la 3e rangée est facilité par le basculement du dossier sur l'assise de la 2e rangée et le relèvement de ces deux éléments en portefeuille. Même si l'on peut toujours considérer les deux sièges du fond comme des places d'appoint destinées aux enfants, deux adultes s'y installent sans mal pour de courts trajets. La banquette centrale fractionnée ne s'ajuste pas en longueur; les assises sont courtes, les dossiers s'inclinent sur quatre positions, et les coussins manquent singulièrement de relief. Cette dernière remarque ne concerne pas l'avant où un bon maintien latéral et des cuisses est assuré. L'espace aux genoux et la garde au toit étonnent en bien. Volant (réglable et télescopique), planche de bord, commandes, instrumentation et installation multimédia (écran GPS) sont d'inspiration Opel/GM tant dans le style que dans la logique fonctionnelle. Le conducteur et ses passagers se sentiront, dans l'Orlando, plus dans une Chevrolet que dans une Daewoo. Vous retrouvez dans l'Orlando une foule de rangements typiques des véhicules familiaux. Par exemple, vu pour la première fois dans la voiture concept Orlando, le compartiment dissimulé derrière la façade de la radio et facilement accessible au conducteur et au passager avant. On l'ouvre en relevant la façade de la radio; les ingénieurs sont parvenus à intégrer à cet endroit un compartiment suffisamment grand pour accueillir des objets comme un lecteur MP3, des lunettes de soleil ou des portefeuilles. Dans les véhicules équipés en conséquence, on trouvera également une connexion USB, idéale pour utiliser ou recharger un lecteur MP3 ou un iPod sur la route.

HISTORIQUE

C'est le groupe GMDAT de Corée du Sud qui est le responsable des lignes de l'Orlando. Le responsable du style, Taewan Kim, indique que l'inspiration qui a abouti au Chevrolet Orlando est venue en constatant les designs trop conventionnels de tant de familiales sans relief. La plupart de ces derniers ont des formes peu inspirées qui semblent très fonctionnelles, mais pas vraiment jolies. Le Chevrolet Orlando a un design deux volumes, moitié SUV et moitié fourgonnette, qui transcende les catégories existantes et adopte une élégante silhouette de petit utilitaire que les Nord-Américains aimeront sans doute.

B

GALERIE

A Sur tous les niveaux de finition, sauf sur la version de base, le volant reçoit les commandes du système audio, de l'info-divertissement et du téléphone. Le soir, il y a aussi l'éclairage d'ambiance bleu diffusé depuis la console centrale, proposé sur les versions haut de gamme.

B Quand vient le temps de transporter des objets, l'Orlando se transforme rapidement pour offrir l'un des espaces utilitaires les plus volumineux de la catégorie avec 1594 litres de volume de chargement, si vous abaissez tous les sièges.

C La plateforme de l'Orlando est basée sur la berline Cruze. Le moteur quatre cylindres à injection directe de 2,4 L provient de l'Equinox. Il produit sous le capot de cette familiale une puissance de 178 ch.

D Le véhicule est polyvalent et offre beaucoup d'espaces de rangement. Une foule de compartiments de formes et de tailles diverses situés sur la console centrale, dans les portes avant et arrière, dans l'espace cargo et même sur le toit pourront avaler tous vos bagages.

E Malgré sa taille relativement modeste, GM a voulu faire de l'Orlando un véritable sept places avec trois rangées de sièges en gradin pour une meilleure visibilité.

MÉCANIQUE Une certitude : les deux moteurs proposés dans l'Orlando en Europe sont déjà connus dans la berline Cruze. Offert en deux puissances (130 et 163 chevaux) sur le MPV, le nouveau turbodiesel de 2 litres a été développé et est fabriqué dans l'usine coréenne de Kunsan. Le double arbre à cames de 1,8 litre à essence est très proche de celui qu'on retrouve sous certains capots d'Opel... En Amérique, GM savait que les automobilistes aiment les moteurs un peu plus musclés. Alors Chevrolet a passé outre l'offre moteur des Cruze pour s'alimenter avec un 4-cylindres à injection directe de carburant de 2,4 litres. Il partage ce moteur avec l'Equinox et offre une puissance de 178 chevaux. Sans connaître la consommation, la moyenne annoncée pour l'Equinox avec cette configuration avoisine les 8 litres aux 100 kilomètres. Le client aura le choix entre trois niveaux de finition : LS, LT et LTZ. L'équipement de série de tous les modèles comprend des glaces à commande électrique, le téléverrouillage électrique des portes, le système de stabilisation électronique StabiliTrak, six coussins de sécurité gonflables et une boîte de vitesses manuelle à 6 rapports, avec une boîte automatique à 6 rapports en option.

COMPORTEMENT L'Orlando étreint la route avec le châssis de la Cruze dont l'empattement et les voies ont été préalablement augmentés. Il s'agit d'une traction à moteur monté transversalement. La suspension avant utilise des jambes McPherson guidées par des bras inférieurs triangulaires, eux-mêmes ancrés sur un solide berceau auxiliaire, une barre antiroulis reliant le tout. L'essieu arrière est du type déformable. Les liaisons au sol du petit multisegment de Chevrolet ne s'éloignent donc pas des schémas les plus usités et les moins chers. Les résultats sont probants, tant en qualité d'amortissement et de filtrage – tout à fait avérée – qu'en termes d'équilibre de comportement. Les roues avant motrices de l'Orlando profitent d'un bon guidage garant d'une motricité tout à fait appréciable, d'autant plus que la direction est à l'abri des remontées de couple parasites. Et, enfin, ce qui ne gâche rien, sa conduite est loin d'être inintéressante. Même si, en manœuvres urbaines, son grand rayon de braquage de 11,3 mètres n'aide pas vraiment.

CONCLUSION L'Orlando et, dans son segment des multisegments à 7 places compacts, l'archétype du bon produit générique, ni dénué de personnalité ni trop chichement équipé. Au contraire, et hormis quelques détails de finition laissant à désirer, notre Chevy coréen en remontrerait à bien des rivaux plus chers.

FICHE TECHNIQUE

MOTEUR

L4 2,4 L DACT, 174 ch à 6500 tr/min
COUPLE 170 lb-pi à 4900 tr/min
BOÎTE DE VITESSES manuelle à 6 rapports, automatique à 6 rapports
0-100 KM/H 8,7 s
VITESSE MAXIMALE 185 km/h

AUTRES COMPOSANTS

SÉCURITÉ ACTIVE freins ABS, assistance au freinage, répartition électronique de la force de freinage, contrôle de la stabilité électronique , antipatinage
SUSPENSION AVANT/ARRIÈRE indépendante
FREINS AVANT/ARRIÈRE disques
DIRECTION à crémaillère, assistée
PNEUS P215/60R16 **option** P235/55R18.

DIMENSIONS

EMPATTEMENT 2670 mm
LONGUEUR 4665 mm
LARGEUR 1835 mm
HAUTEUR 1635 mm
POIDS nd
DIAMÈTRE DE BRAQUAGE ND
COFFRE 1594 L (sièges abaissés)
RÉSERVOIR DE CARBURANT 64 L
CAPACITÉ DE REMORQUAGE 454 kg

CHEVROLET

www.gm.ca

$ 26 395 à 56 740$ t&p 2045$

LA COTE VERTE MOTEUR V8 DE 6 L HYBRIDE source : EnerGuide

CONSOMMATION (100KM) 2RM 9,3 L 4RM 9,4 L • **ÉMISSIONS POLLUANTES CO_2** 2RM 4324 kg/an 4RM 4324 KG/AN • **INDICE D'OCTANE** 87
COÛT DU CARBURANT MOYEN PAR ANNÉE 2RM 2350$ 4RM 2350$ • **NOMBRE DE LITRES PAR ANNÉE** 2RM 1880 4RM 1880

FICHE D'IDENTITÉ

VERSIONS Silverado WT, LT, LTZ, XFE, Hybrid ; Sierra WT, SLE, SLT, Denali, Hybrid
ROUES MOTRICES arrière, 4
PORTIÈRES 2, 4 **NOMBRE DE PASSAGERS** 2 à 6
PREMIÈRE GÉNÉRATION 1936
GÉNÉRATION ACTUELLE 2007
CONSTRUCTION Flint, Michigan, États-Unis, Fort Wayne, Indiana, États-Unis
COUSSINS GONFLABLES 6 (frontaux, latéraux avant, rideaux latéraux)
CONCURRENCE Ford F-150, Nissan Titan, Ram 1500, Toyota Tundra

AU QUOTIDIEN

PRIME D'ASSURANCE
25 ANS : 1700 à 1900$
40 ANS : 1100 à 1300$
60 ANS : 800 à 1000$
COLLISION FRONTALE 5/5 **COLLISION LATÉRALE** ND
VENTES DU MODÈLE DE L'AN DERNIER
SILVERADO AU QUÉBEC 5242 **AU CANADA** 41 737
SIERRA AU QUÉBEC 6433 **AU CANADA** 45 457
DÉPRÉCIATION 53,4 %
RAPPELS (2006 À 2011) 9
COTE DE FIABILITÉ 2,5/5

GARANTIES... ET PLUS

GARANTIE GÉNÉRALE 3 ans/60 000 km
GARANTIE MOTOPROPULSEUR 5 ans/160 000 km
PERFORATION 6 ans/160 000 km
ASSISTANCE ROUTIÈRE 5 ans/160 000 km
NOMBRE DE CONCESSIONNAIRES
AU QUÉBEC 84 **AU CANADA** 450

NOUVEAUTÉS EN 2012

Système de navigation comprenant CD/DVD et port USB livrable en option, disque dur 80 Go, système Stabilitrak comprenant un dispositif d'anti-louvoiement, régulateur de vitesse de série

DE TOUT **POUR TOUS**

Par Michel Crépault

Êtes-vous prêt à pénétrer dans un univers où l'embarras du choix est plus complexe que la théorie de la relativité d'Einstein ? Bienvenue dans le monde des Sierra et Silverado, les camionnettes pleine grandeur de GM !

CARROSSERIE Pas le choix, faut que ça soit robuste. Cadre modulaire à trois pièces en acier de haute résistance renforcé aux endroits stratégiques. Pour les gros travaux, la famille Silverado comporte des membres capables d'en prendre davantage (1 500, 2 500 et 3 500). Extérieurement, les accessoires offerts e n option mis de côté, ces camionnettes se ressemblent toutes, sauf la version haut de gamme Denali chez GMC qui se veut plus coquette avec ses pare-chocs monochromes, sa calandre alvéolée et ses roues de 20 pouces (au lieu de 17 ou 18). Caisse courte de 176 centimètres (69,3 pouces), standard de 200,3 centimètres (78,9 pouces) ou longue de 247,9 centimètres (97,8 pouces) ?

HABITACLE Cabine classique (trois places à l'avant), allongée ou multiplace (banquette avant 40/20/40 ou baquets + banquette arrière 60/40) ? De prime abord, le tableau de bord est simpliste puis, à mesure qu'on coche des options, l'environnement immédiat s'encombre. Faut dire aussi que la vocation utilitaire de ces camionnettes donne l'impression que l'immense accoudoir central, percé de trois porte-gobelet, et les multiples espaces de rangement prennent toute la place ! Les peaux, les incrustations de bois et le volant multifonction chauffant mi-cuir, mi-bois dans le Denali transportent les occupants dans une dimension qui n'a plus rien à voir avec le *Heavy Duty* !

MÉCANIQUE Les moteurs mettent en valeur le calage variable des soupapes, le polycarburant (éthanol) et la gestion active qui consiste à fermer la moitié des cylindres quand la camionnette file à vitesse de croisière en sifflotant le dernier succès d'Isabelle Boulay. Ces engins sont le V6 de 4,3 litres de 195 chevaux, le V8 de 4,8 litres de 302 chevaux, le V8 de 5,3 litres de 326 chevaux et le V8 de 6,2 litres de 403 chevaux. Il y a aussi

FORCES Impressionnantes possibilités de combinaisons de cabines, de caisses, de moteurs, d'ensembles qui ne peuvent que combler vos besoins, réels ou imaginaires.

FAIBLESSES Allure qui gagnerait à se renouveler, manière Camaro ! Plastiques ennuyeux des modèles de base • Difficile de s'y retrouver sans un expert

le modèle hybride, baptisé bimode : batterie nickel-métal-hydrure (dissimulée sous la banquette arrière), deux moteurs électriques, une boîte de vitesses qui se révèle un croisement entre une boîte automatique traditionnelle à 4 rapports et une CVT, plus un système de récupération de l'énergie au freinage. La Silverado/Sierra Hybride est propulsée par la combinaison du V8 de 6 litres de 332 chevaux et de l'énergie électrique, ou par l'un ou l'autre. Quand ils travaillent ensemble, GM annonce une puissance de 379 chevaux. Les moteurs électriques peuvent permettre à la camionnette d'atteindre 48 km/h avant que le V8 n'intervienne, si vous traitez l'accélérateur comme s'il s'agissait d'une orchidée rare. En échange, il vous faut acquitter la surprime qu'exige GM pour sa technologie bimode. La complexité de l'offre ne s'arrête pas là : freins arrière à tambour ou à disque; direction assistée à crémaillère mais électrique dans l'hybride; boîte automatique à 4 rapports pour les V6 et V8 de 4,8 litres, deux rapports supplémentaires pour les autres; motricité à 2RM ou à 4RM. Les ensembles facultatifs : tout-terrain, remorquage, et, pour arrondir vos fins de mois, pourquoi pas l'ensemble chasse-neige ?

COMPORTEMENT Charges utiles pouvant aller jusqu'à 898 kilos (704 kilos pour l'hybride) et capacités de remorquage atteignant 4 854 kilos (2 767 kilos pour l'hybride), toujours avec l'équipement adéquat. En ville, les modèles hybrides consomment 10,1 litres aux 100 kilomètres, soit moins que les berlines Accord ou Fusion dotées d'un V6. Puisqu'une camionnette à la caisse vide peut induire des drôleries sur une chaussée glissante, GM a incorporé le StabiliTrak avec antiroulis et antipatinage, un système qui corrige la trajectoire quand il détecte une perte d'adhérence, l'ABS et la répartition dynamique du freinage à l'arrière.

CONCLUSION Pas de doute que GM a accompli un intéressant tour de force avec sa camionnette hybride. Mais elle coûte plus cher, elle ne permet pas d'économiser tant de carburant par rapport aux autres modèles et elle ne peut tracter autant. À moins d'utiliser sans cesse votre camionnette dans la circulation ou de ne transporter que de la luzerne, je vois mal l'intérêt. Pour toutes les autres Silverado et Sierra, je ne saurais trop recommander l'importance primo, d'identifier vos besoins exacts, et secundo, de vous asseoir avec un conseiller aux ventes qui connaît ses camions !

2e OPINION

« La Chevrolet Silverado, c'est la voisine tranquille qui habite chez nous. Elle ne fait pas d'éclat, elle est à son affaire et efficace. Par analogie, la Dodge Ram est la belle-sœur bruyante qui a tout vu et qui aime épater les autres. La F-150, c'est la star de la famille qui rassemble toutes les qualités et pour qui chaque membre de la famille éprouve un peu de jalousie sans l'avouer. Pour que notre voisine tranquille puisse prendre un peu de galon, il faudrait lui apprendre à avoir un peu plus de confiance en elle, remplacer sa garde-robe des années 70 et travailler un peu sa présentation. Les Anglais disent « a diamond in the rough ». La Silverado et la Sierra possèdent toutes les qualités voulues pour percer, le succès qu'elles connaissent en est une preuve. Mais pour passer à l'étape suivante, il faut innover, surprendre, être un peu bruyante comme la belle-sœur et avoir l'assurance de sa sœur qui a réussi dans la vie. » — *Benoit Charette*

FICHE TECHNIQUE

MOTEURS

V6 4,3 L ACC, 195 ch à 4600 tr/min
COUPLE 260 lb-pi à 2800 tr/min
BOÎTE DE VITESSES automatique à 4 rapports
0-100 KM/H 10,5 s **VITESSE MAXIMALE** 180 km/h
CONSOMMATION (100 KM) 2RM 12,1 L 4RM 14,0 L (octane 87)
ÉMISSIONS DE CO_2 2RM 5658 kg/an 4RM 6118 kg/an
LITRES PAR ANNÉE 2RM 2460 4RM 2660
COÛT PAR AN 2RM 3075 $ 4RM 3325 $

V8 4,8 l ACC, 302 ch à 5600 tr/min
COUPLE 305 lb-pi à 4600 tr/min
BOÎTE DE VITESSES automatique à 4 rapports
0-100 KM/H 9,5 s **VITESSE MAXIMALE** 180 km/h
CONSOMMATION (100 KM) 2RM 12,9 L 4RM 12,0 L (octane 87)
ÉMISSIONS DE CO_2 2RM 6026 kg/an 4RM 6394 kg/an (octane 87)
LITRES PAR ANNÉE 2RM 2620 4RM 2780 (octane 87)
COÛT PAR AN 2RM 3275 $ 4RM 3475 $

V8 5,3 l ACC, 315 ch à 5200 tr/min
COUPLE 335 lb-pi à 4400 tr/min
BOÎTE DE VITESSES automatique à 6 rapports
0-100 KM/H 9,2 s **VITESSE MAXIMALE** 185 km/h
CONSOMMATION (100 KM) 2RM 11,9 L 4RM 12,0 L (octane 87)
ÉMISSIONS DE CO_2 2RM 5566 kg/an 4RM 5612 kg/an (octane 87)
LITRES PAR ANNÉE 2RM 2420 4RM 2440 (octane 87)
COÛT PAR AN 2RM 3025 $ 4RM 3050 $

V8 6,2 L ACC, 403 ch à 5700 tr/min
COUPLE 417 lb-pi à 4300 tr/min
BOÎTE DE VITESSES automatique à 6 rapports
0-100 KM/H 9,5 s **VITESSE MAXIMALE** 200 km/h
CONSOMMATION (100 KM) 2RM 14,1 L 4RM 14,6 L (octane 91)
ÉMISSIONS DE CO_2 2RM 6578 kg/an 4RM 6854 kg/an (octane 91)
LITRES PAR ANNÉE 2RM 2860 4RM 2980 (octane 91)
COÛT PAR AN 2RM 3775 $ 4RM 3934 $ (octane 91)

(HYBRID) V8 6,0 l ACC + 2 moteurs électriques, 332 ch à 5100 tr/min
COUPLE 367 lb-pi à 4100 tr/min
BOÎTE DE VITESSES automatique à variation continue
0-100 KM/H 8,8 s **VITESSE MAXIMALE** 185 km/h

AUTRES COMPOSANTS

SÉCURITÉ ACTIVE freins ABS, répartition électronique de la force de freinage, contrôle de la stabilité électronique, antipatinage
SUSPENSION AVANT/ARRIÈRE indépendante/pont rigide
FREINS AVANT/ARRIÈRE disques/tambours V8 6,2 L disques
DIRECTION à crémaillère, assistée
PNEUS Silverado: WT et LT 2RM P245/70R17 WT et LT 4RM P265/70R17 LTZ et Hybrid P265/65R18, option LT et LTZ P275/55R20 ; Sierra: WT et SLE 2RM P245/70R17 WT et SLE 4RM P265/70R17 SLT et Hybrid P265/65R18, option SLE et SLT/de série Denali P275/55R20

DIMENSIONS

EMPATTEMENT 3023 à 4001 mm
LONGUEUR 5222 à 6325 mm
LARGEUR 2031 mm
HAUTEUR 1868 à 1876 mm
POIDS 2102 à 2499 kg
DIAMÈTRE DE BRAQUAGE 12,1 à 15,6 m
COFFRE ND
RÉSERVOIR DE CARBURANT boîte courte et régulière 98 L boîte allongée et longue 128 L
CAPACITÉ DE REMORQUAGE 4037 à 4808 kg

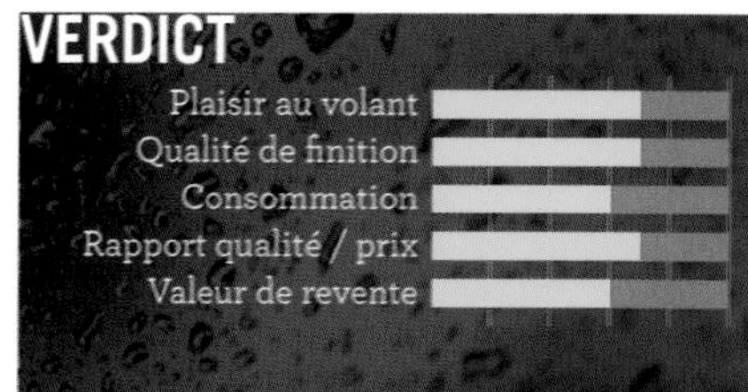

JUMEAU

$ 35 735 à 59 345 $ t&p 2045 $

LA COTE VERTE MOTEUR V8 DE 6,6 L TURBODIESEL source : EnerGuide

CONSOMMATION (100 KM) 2RM ND 4RM ND • **ÉMISSIONS POLLUANTES CO_2** 2RM ND 4RM ND • **INDICE D'OCTANE** Diesel
COÛT DU CARBURANT MOYEN PAR ANNÉE 2RM ND 4RM ND • **NOMBRE DE LITRES PAR ANNÉE** 2RM ND 4RM ND

FICHE D'IDENTITÉ

VERSIONS SILVERADO 2500/3500 WT, LT, LTZ
SIERRA WT, SLE, SLT, Denali
ROUES MOTRICES arrière, 4
PORTIÈRES 2, 4 **NOMBRE DE PASSAGERS** 2 à 6
PREMIÈRE GÉNÉRATION 1936
GÉNÉRATION ACTUELLE 2007
CONSTRUCTION Flint, Michigan, É.-U.
FORT WAYNE, Indiana, É.-U.
COUSSINS GONFLABLES 2 (frontaux)
CONCURRENCE Ford F-250/F-350, Ram 1500/2500

AU QUOTIDIEN

PRIME D'ASSURANCE
25 ANS : 1700 à 1900 $
40 ANS : 1100 à 1300 $
60 ANS : 800 à 1000 $
COLLISION FRONTALE 5/5 **COLLISION LATÉRALE** ND
VENTES DU MODÈLE DE L'AN DERNIER
(comprenant versions 1500)
SILVERADO AU QUÉBEC 5242 **AU CANADA** 41 737
SIERRA AU QUÉBEC 6433 **AU CANADA** 45 457
DÉPRÉCIATION 55,7 %
RAPPELS (2006 À 2011) 9
COTE DE FIABILITÉ 2,5/5

GARANTIES... ET PLUS

GARANTIE GÉNÉRALE 3 ans/60 000 km
GARANTIE MOTOPROPULSEUR 5 ans/160 000 km
PERFORATION 6 ans/160 000 km
ASSISTANCE ROUTIÈRE 5 ans/160 000 km
NOMBRE DE CONCESSIONNAIRES
AU QUÉBEC 84 **AU CANADA** 450

NOUVEAUTÉS EN 2012

SILVERADO moteur V8 6,0 compatible avec carburant E85, système de navigation livrable avec lecteur DVD/CD et port USB, rétroviseur à grand angle pour modèles 3500.

SIERRA calandres chromées sur modèles SLE et SLT, moteur V8 6,0 compatible avec carburant E85, système de navigation livrable avec lecteur DVD/CD et port USB, rétroviseur à grand angle pour modèles 3500.

LE CONTREMAÎTRE

Daniel Rufiange

Le segment des camionnettes ultra robustes est en affirmation. Autrefois, bien qu'il existât des différences entre les modèles de base (1500) et les versions plus robustes (2500 et 3500), les camionnettes étaient plus semblables. Maintenant, les constructeurs offrent des modèles ultra robustes qui n'ont pratiquement plus rien en commun avec les versions de base. C'est le cas des versions HD (pour Heavy Duty*) de la Chevrolet Silverado et de sa cousine, la GMC Sierra.*

CARROSSERIE À l'œil, on se sait en présence d'une camionnette HD, même si la ressemblance est très forte avec les camionnettes d'une demi-tonne. Sur la Silverado, on remarquera un capot différent et une calandre plus proéminente flanquée d'un immense sigle Chevrolet. L'apparence physique compte-t-elle dans ce segment ? Plus ou moins. Il faut que ça sente la testostérone et qu'on soit capable de se refaire une beauté dans le chrome de la calandre. La Silverado livre sur ces deux plans. Il faut comprendre que, dans ce segment, le taux de retour de la clientèle est de plus de 80 %. GM détient 45 % des parts de marché dans le segment des camionnettes 2500 et 28 % dans celui des camionnettes 3500.

HABITACLE Voilà la faiblesse des camionnettes proposées par GM. Si tout a été revu du côté du châssis, des motorisations et des suspensions, on a décidé qu'il n'était pas urgent de mettre à jour un intérieur qui se fait vieillot. On comprend la philosophie du fabricant. L'acheteur souhaite d'abord et avant tout une camionnette capable de remplir ses engagements. D'accord. Mais, en même temps, si la concurrence est capable d'offrir les deux, pourquoi pas GM ? Toujours est-il que c'est fonctionnel et que ça fait le travail.

À la limite, on se console en se disant que, si l'on endommage certains composants de moins bonne qualité, ça fait moins mal au cœur.

MÉCANIQUE C'est en réponse aux demandes des consommateurs que GM a sa gamme HD. Au menu du renouveau se trouvait un châssis repensé, un nouveau moteur Diesel

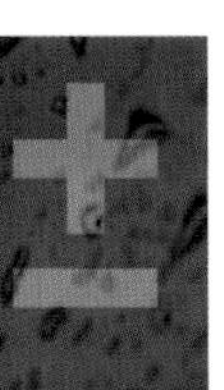

FORCES Bourreau de travail • Couple du moteur Diesel • Capacité de remorquage • Aides à la conduite vraiment utiles

FAIBLESSES Design • Habitacle à revoir • Prix des versions à moteur Diesel

HD de tracter des charges de 9 850 kilos.

COMPORTEMENT À vide, une camionnette HD n'est pas un exemple de confort. La suspension est tellement rigide qu'on sautille au moindre cahot. Cependant, une fois qu'elle est bien chargée ou qu'une remorque est attelée à l'arrière, la notion de confort prend un autre sens.

Duramax et des aides à la conduite qui rendent les gros travaux accessibles pour les nuls. Le châssis est cinq fois plus rigide que celui des modèles produits jusqu'en 2011; cependant, la suspension à l'avant est entièrement nouvelle et permet à tous les modèles HD la pose d'une pelle à neige.

De série, les camionnettes HD sont servies par un V8 de 6 litres qui développe une puissance de 360 chevaux et produit un couple de 380 livres-pieds. C'est toutefois le moteur Diesel qui fait saliver les amateurs qui ont les moyens de débourser les quelque 10 000 $ que cette option exige. Le Duramax est un V8 turbodiesel de 6,6 litres qui génère 397 chevaux, mais surtout, qui produit un couple exceptionnel de 765 livres-pieds à 1 600 tours par minute. En matière de chiffres, la combinaison de ce moteur et de la boîte de vitesses Allison à laquelle il est jumelé permet à la Silverado

On est surtout impressionné par la facilité avec laquelle on peut tirer de très lourdes charges. Au volant, on a l'impression qu'on pourrait remorquer un Airbus 380 sans effort. On apprécie grandement les fonctions d'aide en descente qui font que la boîte et le moteur réagissent et permettent à la camionnette de conserver une vitesse stable pendant que le conducteur n'a qu'à orienter le véhicule dans la bonne direction. Impressionnant.

CONCLUSION On n'achète pas une camionnette HD pour impressionner ses voisins, mais plutôt ses collègues de travail. La Silverado HD n'impressionne pas au premier abord, mais quand on la met à rude épreuve, elle nous démontre ce pour quoi elle a été conçue. Ça fait 90 ans que GM fabrique des camionnettes et, bien franchement, ça commence à sérieusement paraître.

2e OPINION

« Les lettres HD pour Heavy Duty ou « renforcé » en français signifient simplement que si vous avez à remorquer l'équivalent de votre maison sur une base régulière, allez plutôt faire l'achat d'une camionnette ordinaire. Chevrolet, qui commence à se bâtir une réputation avec ses moteurs Duramax, mais surtout sa boîte de vitesses Allison qui équipe les chars d'assaut de l'armée américaine, a encore quelques leçons à apprendre au chapitre de l'esthétique. En effet, la camionnette HD ne paye pas de mine et avec la finition intérieure la plus moche. Je sais que ces camionnettes à utilisation professionnelle sont plus utilitaires qu'esthétiques, mais Ford et Dodge ont réussi à marier l'utile et l'agréable, Chevrolet a encore un peu de chemin à faire à ce chapitre. » — Benoit Charette

FICHE TECHNIQUE

MOTEURS

V8 6,0 L ACC, 360 ch à 5400 tr/min
COUPLE 380 lb-pi à 4200 tr/min
BOÎTE DE VITESSES automatique à 6 rapports
0-100 KM/H 9.8 s
VITESSE MAXIMALE 180 km/h

CONSOMMATION (100 KM) 16.3 L (octane 87)
ÉMISSIONS DE CO_2 7774 kg/an
LITRES PAR ANNÉE 3380
COÛT PAR AN 4394 $

V8 6,6 L turbodiesel ACC, 397 ch à 3000 tr/min
COUPLE 765 lb-pi à 1600 tr/min
BOÎTE DE VITESSES automatique à 6 rapports
0-100 KM/H 9.0 s
VITESSE MAXIMALE 185 km/h

AUTRES COMPOSANTS

SÉCURITÉ ACTIVE freins ABS, assistance au freinage, répartition électronique de la force de freinage, contrôle de la stabilité électronique, antipatinage
SUSPENSION AVANT/ARRIÈRE indépendante/pont rigide
FREINS AVANT/ARRIÈRE disques
DIRECTION à crémaillère, assistée
PNEUS DE SÉRIE 2500 P245/75R17 **DE SÉRIE 3500** P235/80R17 **OPTION 2500** P265/70R17, P265/70R18, P265/60R20 **OPTION 3500** P265/70R18

DIMENSIONS

EMPATTEMENT 3395 à 4259 mm
LONGUEUR 5716 à 6580 mm
LARGEUR 2032 à 2436 mm
HAUTEUR 1958 à 1983 mm
POIDS 2616 à 3511 kg
DIAMÈTRE DE BRAQUAGE 13,7 à 16,9 m
COFFRE na
RÉSERVOIR DE CARBURANT 136 L
CAPACITÉ DE REMORQUAGE 4309 à 7711 kg

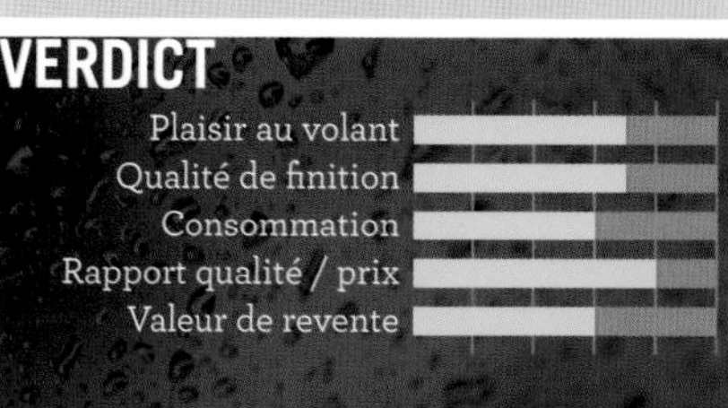

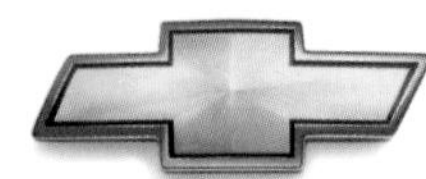

$ ND t et p ND

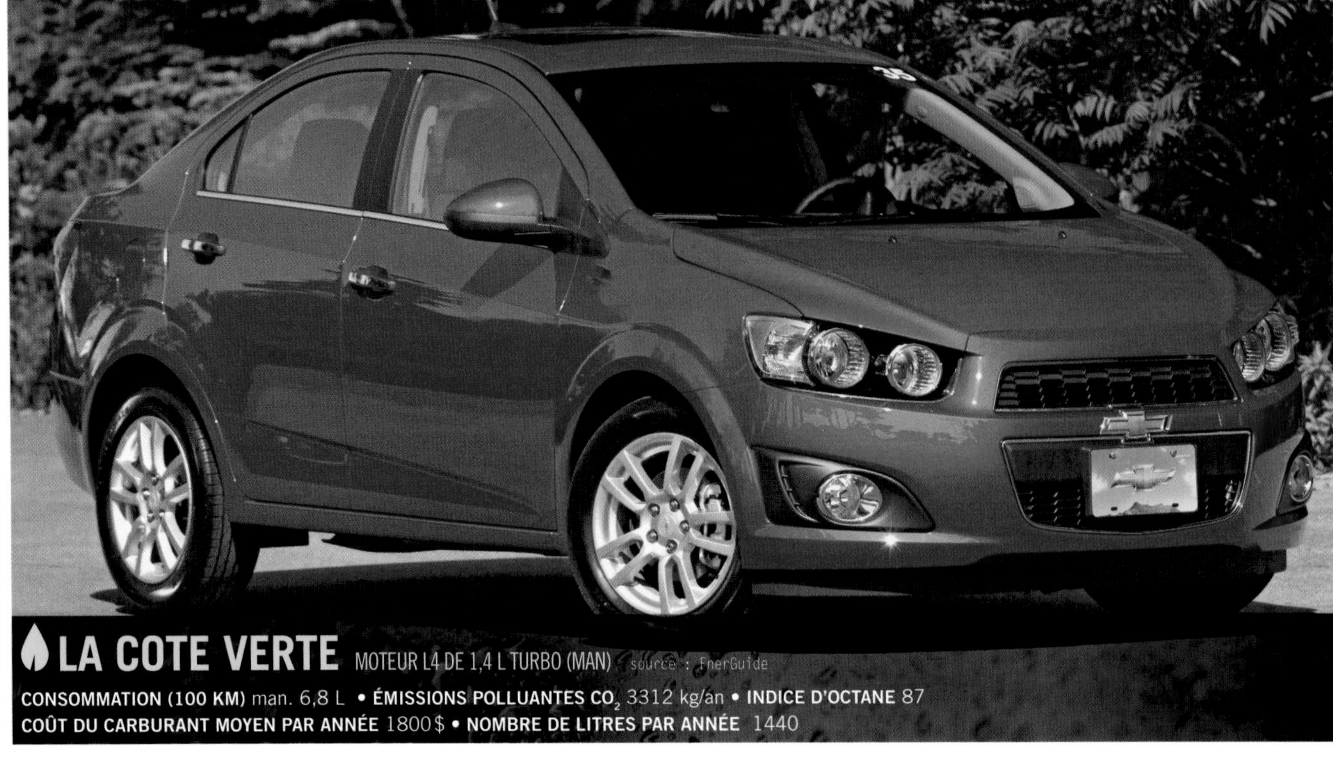

LA COTE VERTE MOTEUR L4 DE 1,4 L TURBO (MAN) source : EnerGuide

CONSOMMATION (100 KM) man. 6,8 L • **ÉMISSIONS POLLUANTES CO_2** 3312 kg/an • **INDICE D'OCTANE** 87
COÛT DU CARBURANT MOYEN PAR ANNÉE 1800 $ • **NOMBRE DE LITRES PAR ANNÉE** 1440

FICHE D'IDENTITÉ

VERSIONS 4 portes/5portes LS, LT, LTZ
ROUES MOTRICES avant
PORTIÈRES 4/5 **NOMBRE DE PASSAGERS** 5
PREMIÈRE GÉNÉRATION 2012
GÉNÉRATION ACTUELLE 2012
CONSTRUCTION Orion Township, Michigan, É.-U.
COUSSINS GONFLABLES 6
(frontaux, latéraux avant, rideaux latéraux)
CONCURRENCE Honda Fit, Ford Fiesta, Hyundai Accent, Kia Rio, Mazda*2*, Nissan Versa, Scion xD, Toyota Yaris

AU QUOTIDIEN

PRIME D'ASSURANCE
25 ANS : 1600 à 1800 $
40 ANS : 1100 à 1300 $
60 ANS : 800 à 1000 $
COLLISION FRONTALE ND
COLLISION LATÉRALE ND
VENTES DU MODÈLE DE L'AN DERNIER
AU QUÉBEC ND **AU CANADA** ND
DÉPRÉCIATION ND
RAPPELS (2006 À 2011) ND
COTE DE FIABILITÉ ND

GARANTIES... ET PLUS

GARANTIE GÉNÉRALE 3 ans/60 000 km
GARANTIE MOTOPROPULSEUR 5 ans/160 000 km
PERFORATION 6 ans/160 000 km
ASSISTANCE ROUTIÈRE 5 ans/160 000 km
NOMBRE DE CONCESSIONNAIRES
AU QUÉBEC 84 **AU CANADA** 450

NOUVEAUTÉS EN 2012

Nouveau modèle, remplaçante de l'Aveo

LA **RUPTURE...**

Olivier Maloteaux

Remplaçante de l'Aveo, la Chevrolet Sonic sera proposée sur le marché canadien à l'automne 2011. Le modèle sera assemblé dans l'usine de montage Orion de General Motors, au Michigan. Outre un style revigoré, en rupture avec celui de l'Aveo, la nouvelle venue se veut aussi sensiblement plus dynamique. Les ingénieurs de General Motors ont en effet développé spécialement pour elle une toute nouvelle plateforme plus rigide et mieux guidée que l'ancienne. Nous avons pu essayer le modèle en avant-première en Europe, au gré des routes suisses.

CARROSSERIE Tout comme l'Aveo, la Chevrolet Sonic sera offerte en deux variantes de carrosserie. La plus attirante est sans contexte la version à 5 portes, qui se pare d'une robe moderne et dynamique. Les stylistes n'ont en effet pas manqué d'inspiration, bien qu'ils aient repris à la Spark ses poignées de portes arrière dissimulées dans les montants. Cette version à 5 portes s'étire sur un peu plus de 4 mètres de longueur, soit 12 centimètres de plus que l'Aveo de même architecture. En version berline, la Sonic est sensiblement plus imposante et flirte avec la barre des 4,4 mètres de longueur (soit environ 9 centièmes de plus que la berline Aveo, mais tout de même 20 centimètres de moins que la Cruze ; l'honneur est sauf.)

Par contre, cette variante tricorps arbore des lignes bien plus sages que celle de sa sœur à 5 portes. Tout sera donc question de goût, mais on imagine que la berline touchera un public plus mûr que la version bicorps, qui sera, elle, plus apte à recueillir les suffrages de la jeune génération.

Un détour par le coffre avant de grimper à bord : ici aussi, les différences sont marquantes entre la version à 5 portes et la berline. Cette dernière nous présente une soute sensiblement plus imposante : 502 litres en configuration à 5 places, contre seulement 290 litres pour la 5-portes. La berline de papa conserve donc largement la tête en ce qui concerne les aspects pratiques...

HABITACLE Derrière le volant, qu'on parle de la Sonic à 4 ou à 5 portes, c'est du pareil au même. Le combiné d'instruments, qui évoque l'univers de la moto, est emprunté à la petite Spark. Seulement, ici, on trouve un gros compte-tours analogique et un

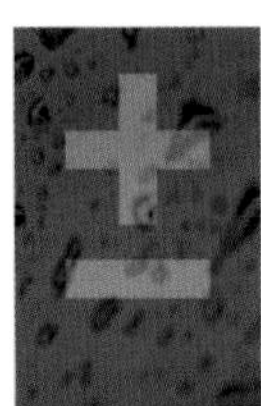

FORCES Rigidité, comportement routier • Style aguicheur (5-portes) • Coffre très volumineux (berline)

FAIBLESSES Quelques plastiques bon marché • Pas de boîte automatique sur le 1,4-litre turbo

petit pavé numérique pour l'affichage de la vitesse et des autres données de conduite. Dans la Spark, c'est l'inverse. Et c'est beaucoup moins lisible... En tournant les yeux vers la droite, on tombe sur une console centrale très fortement inspirée de celle de l'Opel Corsa européenne. De nombreuses commandes sont identiques à celles utilisées par la filiale européenne de General Motors : commande des clignotants, des phares, touches du volant multifonction, etc. Par contre, la finition générale de cette Chevrolet n'atteint pas les standards européens : les plastiques sont omniprésents et d'aspect peu engageant. C'est probablement l'un des plus gros défauts de cette voiture qui fait face à des concurrentes qui offrent mieux à ce chapitre. On se console avec une habitabilité généreuse, tant à l'avant qu'à l'arrière. La Sonic, en versions à 4 et à 5 portes, repose en effet sur un empattement généreux, plus long de 4,5 centimètres que celui de l'Aveo.

En termes d'équipements, on trouve une belle dotation sécuritaire comprenant jusqu'à 10 coussins de sécurité gonflables ; en option, la Sonic peut aussi s'offrir le système OnStar avec assistance automatique en cas d'impact. La connectivité est également soignée : il est possible d'opter pour le système OnStar avec abonnement de six mois au Service d'orientation pas à pas, mais aussi de s'offrir la radio par satellite XM, la connexion USB ou, encore, la connectivité Bluetooth. On note encore quelques gâteries comme le démarreur à distance, les sièges avant chauffants ou le toit ouvrant.

MÉCANIQUE Derrière la calandre béante, le programme des moteurs varie fortement entre l'Europe et le Canada. Tant mieux pour nous, car les versions essayées outre-Atlantique (1.2i, 1.4i et 1.6i, toutes atmosphériques) se sont montrées lymphatiques. Sur notre marché, la Sonic sera proposée avec des moteurs déjà connus de la Cruze. On retrouvera donc le 1,4-litre turbo de 138 chevaux et le bloc de 1,8 litre atmosphérique de 135 chevaux. Si la puissance est relativement proche, le couple plus généreux du moteur turbo assure un élan supplémentaire qui donne une plus forte impression de puissance au petit moteur de 1,4 litres qui, en prime, consomme moins que le 1,8-litre. Trois boîtes de vitesses sont livrables : le bloc de 1,8 litre laisse le choix entre une boîte manuelle à 5 rapports et une automatique à 6 rapports, tandis que le moteur de 1,4 litre turbo n'est proposé qu'avec la manuelle à 6 rapports.

De nombreuses commandes sont identiques à celles utilisées par la filiale européenne de General Motors : commande des clignotants, des phares, touches du volant multifonction, etc.

HISTORIQUE

La Chevrolet Sonic, également appelée Aveo HB5 sur le marché européen et Aveo en Asie, s'en vient justement remplacer l'Aveo chez nous. Cette dernière était construite en Corée du Sud et avait été conçue par une branche coréenne de General Motors connue sous le nom de GM Daewoo Auto & Technology Co. L'actuelle Aveo est également assemblée au Mexique pour les marchés d'Amérique du Sud. Notre Sonic sera fabriquée à l'usine d'Orion, en banlieue de Detroit. Cela fera de la Sonic la seule sous-compacte construite aux États-Unis.

www.gm.ca

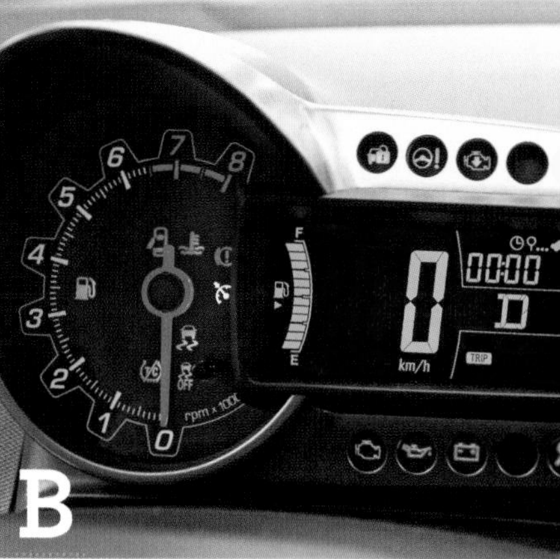

GALERIE

A *Au menu, deux moteurs déjà connus de la Cruze : un 1,4L turbo de 138 chevaux et un bloc de 1,8 litre atmosphérique de 135 CV. Le premier, bien que plus petit, est plus puissant (merci turbo!) et plus frugal que le second.*

B *Minimalistes mais efficaces, les cadrans de la Sonic évoquent l'univers de la moto, comme à bord de la Spark mais avec une différence : la Sonic affiche un gros compte-tours analogique et un petit pavé numérique pour l'affichage de la vitesse, alors que la Spark propose l'inverse. La console centrale, elle, est inspirée de celle de l'Opel Corsa européenne.*

C *Trois boîtes de vitesses sont livrables : le 4-cylindres de 1,8L laisse le choix entre une boîte manuelle à 5 rapports et une automatique à 6 rapports (sans mode séquentiel), tandis que le moteur turbocompressé de 1,4 litre n'est proposé qu'avec la manuelle à 6 rapports.*

D *La 5 portes mesure un peu plus de 4 mètres. En version berline, qui exhibe une silhouette équilibrée et élégante, la Sonic est légèrement plus imposante avec une longueur de 4,4 mètres, soit assez voisine de la berline Aveo. Elle reste toutefois plus petite que la Cruze. Chacune à sa place !*

E *Comme dans la Toyota Prius, on a droit à deux coffres à gants. Pratique ! En ce qui concerne la soute à bagages, la berline l'emporte : 502 litres contre seulement 290 litres pour le modèle à hayon.*

COMPORTEMENT « La nouvelle Sonic a été élaborée pour être plaisante à conduire tout en offrant des caractéristiques de tenue de route et de maniabilité inattendues dans ce segment. En fait, le calibrage de la tenue de route et de la maniabilité a été confié à l'équipe de la Corvette », nous a-t-on dit chez GM. Tout un programme! Techniquement, la Sonic adopte pourtant une architecture de châssis très classique : on trouve à l'avant des suspensions à jambes de force MacPherson avec ressorts hélicoïdaux et une barre stabilisatrice, tandis que l'essieu arrière se dote d'une suspension à roues semi-indépendantes à poutre de torsion soutenue par des amortisseurs à gaz. Le secret de l'efficacité de la Sonic réside, en fait, dans sa toute nouvelle plateforme, développée spécialement pour elle.

Cette nouvelle base a fait l'objet de grandes attentions en ce qui concerne la rigidité. Et cela se ressent immédiatement! En effet, dès les premiers virages, l'évolution est marquante par rapport à l'Aveo. La nouvelle petite Chevrolet taille les virages avec une plus grande netteté et une agilité non dissimulée. Bref, cette voiture se révèle très agréable à mener en toutes circonstances. Le contrôle de la stabilité (StabiliTrak), monté de série, n'a donc pas la vie dure. Par ailleurs, cette base rigide, associée à des tarages d'amortissement plutôt souples, assure un bon confort de marche. Au chapitre des qualités routières, les progrès sont donc indéniables par rapport à l'Aveo.

CONCLUSION La nouvelle Chevrolet Sonic atteint ses objectifs et ne trahira donc pas les attentes de son public. En version à 5 portes, cette voiture séduira la jeunesse à la recherche d'un véhicule stylé. Dans sa déclinaison berline, elle comblera un public plus classique et sensible aux aspects pratiques. Et dans tous les cas, le conducteur ne s'ennuiera pas au volant de cette petite Chevrolet en raison de son comportement enjoué, sensiblement plus précis que celui de l'Aveo.

FICHE TECHNIQUE

MOTEURS

(1.8) L4 1,8 L DACT, 135 ch à 6300 tr/min
COUPLE 125 lb-pi à 3800 tr/min
BOÎTES DE VITESSES manuelle à 5 rapports, automatique à 6 rapports (en option)
0-100 KM/H 9,5 s
VITESSE MAXIMALE 201 km/h
CONSOMMATION (100 KM) man. 8,3 L auto. 9,2 L
ÉMISSIONS POLLUANTES CO_2 man. 3128 kg/an auto. 3496 kg/an
LITRES PAR ANNÉE man. 1360 auto. 1520
COÛT DU CARBURANT MOYEN PAR ANNÉE man. 1700 $ auto. 1900 $

(1.4) L4 1,4 L turbo DACT, 138 ch à 4900 tr/min
COUPLE 148 lb-pi de 1850 à 4900 tr/min
BOÎTES DE VITESSES manuelle à 6 rapports, automatique à 6 rapports (en option)
0-100 KM/H 8,4 s
VITESSE MAXIMALE 204 km/h

AUTRES COMPOSANTES

SÉCURITÉ ACTIVE freins ABS, répartition électronique de la force de freinage, contrôle de la stabilité électronique, antipatinage
SUSPENSION AVANT/ARRIÈRE indépendante/essieu rigide
FREINS AVANT/ARRIÈRE disques/tambours
DIRECTION à crémaillère, assistée
PNEUS P195/65R15, P205/55R16, P205/50R17

DIMENSIONS

EMPATTEMENT 2525 mm
LONGUEUR 4 portes 4397 mm 5 portes 4039 mm
LARGEUR 1735 mm
HAUTEUR 1516 mm
POIDS 1200 kg
DIAMÈTRE DE BRAQUAGE 15 po/16 po 10,6 m 17 po 11 m
COFFRE 4 portes 396 L
5 portes 539 L, 869 L (sièges abaissés)
RÉSERVOIR DE CARBURANT 46 L

VERDICT

Plaisir au volant
Qualité de finition
Consommation
Rapport qualité / prix
Valeur de revente

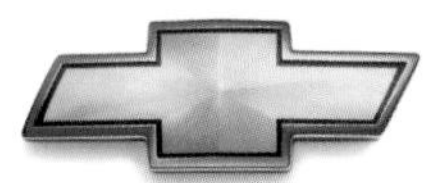

$ nd t&p : nd

LA COTE VERTE MOTEUR L4 DE 1 L source : Chevrolet

CONSOMMATION (100 KM) 5,4 L • ÉMISSIONS POLLUANTES CO_2 2380 • EMPREINTE ÉCOLOGIQUE 00 • INDICE D'OCTANE 87
COÛT DU CARBURANT MOYEN PAR ANNÉE 1400 $ • NOMBRE DE LITRES PAR ANNÉE 1000

FICHE D'IDENTITÉ

VERSIONS 1 L, 1.2 L
ROUES MOTRICES avant
PORTIÈRES 5 **NOMBRE DE PASSAGERS** 5
PREMIÈRE GÉNÉRATION 2012
GÉNÉRATION ACTUELLE 2012
CONSTRUCTION Changwon, Corée du Sud
COUSSINS GONFLABLES 6 (frontaux, latéraux avant, rideaux latéraux)
CONCURRENCE Fiat 500, Scion iQ, Smart FortTwo

AU QUOTIDIEN

PRIME D'ASSURANCE
25 ANS : 1300 à 1500 $
40 ANS : 800 à 1000 $
60 ANS : 500 à 700 $
COLLISION FRONTALE nm
COLLISION LATÉRALE nm
VENTES DU MODÈLE DE L'AN DERNIER
AU QUÉBEC nm **AU CANADA** nm
DÉPRÉCIATION nm
RAPPELS (2006 À 2011) nm
COTE DE FIABILITÉ nm

GARANTIES... ET PLUS

GARANTIE GÉNÉRALE 3 ans/60 000 km
GARANTIE MOTOPROPULSEUR 5 ans/160 000 km
PERFORATION 6 ans/160 000 km
ASSISTANCE ROUTIÈRE 3 ans/60 000 km
NOMBRE DE CONCESSIONNAIRES
AU QUÉBEC 84 **AU CANADA** 450

NOUVEAUTÉS EN 2012

Nouveau modèle

BABY *CHEVY*

Olivier Maloteaux

Derrière son blason américain, cette mini-Chevy cache des gènes coréens. Ce modèle n'est autre que la descendante de la Daewoo Matiz, la marque coréenne qui a été rachetée en 2002 par le groupe General Motors. Bien qu'elle reprenne la base technique de son aïeule, la nouvelle venue a toutefois sensiblement grandi et affiche surtout un style et un caractère plus modernes. Cette petite citadine pétillante débarquera sur notre marché à la fin de 2011, mais pour vous donner nos premières impressions dans cette édition de l'Annuel de l'automobile, nous avons pris le volant d'une version européenne du modèle. Découverte outre-Atlantique.

CARROSSERIE Au premier regard, il est assez difficile de croire que la Spark affiche un lien de parenté avec feu la Matiz... La nouvelle venue est en effet sensiblement plus aguichante. Aux rondeurs classiques de la Matiz, la Spark oppose des traits anguleux et modernes. On note même quelques effets de style finement étudiés. On pense notamment aux rails de toit. A l'arrière, on remarque également la haute ceinture de caisse et les poignées de portes dissimulées dans les montants, qui donnent à cette citadine l'allure d'une version à 3 portes.

La Spark n'est pourtant offerte qu'en modèle à 5 portes, et ses ouvrants arrière se déploient largement, ce qui contribue à assurer la fonctionnalité de cette petite puce des villes. Petite ? Tout est relatif. Par rapport à sa devancière, la Spark gagne en effet 14 centimètres en longueur (à 3,64 mètres), 10 centimètres en largeur (à 1,6 mètre) et 2 centimètres en hauteur (à 1,52 mètre). Le nouveau modèle repose aussi sur empattement allongé de 4 centimètres, tout profit pour l'habitabilité arrière, comme on le verra plus loin.

HABITACLE Il est temps de grimper à bord. Comme pour toutes les voitures de ce segment, les portes sont plutôt fines. Mais rassurez-vous, les passagers sont toutefois bien protégés. Le modèle peut en effet embarquer sept coussins de sécurité gonflables : des coussins frontaux, latéraux avant,

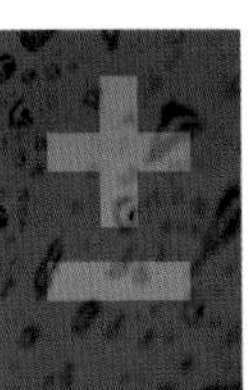

FORCES Style moderne et aguichant • Rapport encombrement/habitabilité
Moteurs sobres • Habitacle pratique (rangements nombreux)

FAIBLESSES Moteurs peu généreux en couple • Volume du coffre limité
Direction inconsistante • Boîte manuelle accrocheuse

des rideaux ainsi qu'un coussin protégeant les genoux du conducteur. Des genoux qui trouveront par ailleurs facilement leur place sous le volant : la Spark offre en effet un très bon rapport encombrement/habitabilité.

Quant à la présentation, si elle est globalement simple, elle présente néanmoins quelques touches d'originalité dont une instrumentation inspirée du monde de la moto. Celle-ci comprend un grand indicateur de vitesse et un compte-tours numérique. Par contre, la finition déçoit : le plastique est roi, et les matériaux sont peu aguichants, mais il faut bien avouer que c'est une remarque qui vaut pour la plupart des voitures de ce segment.

Un peu pingre en matière de qualité de finition, la Spark n'est en revanche pas avare d'espaces de rangement, du moins à l'avant. On apprécie le réceptacle central « fourre-tout », les bacs de portes pouvant accueillir chacun une bouteille de 1,5 litre ou, encore, les deux gros porte-gobelet situés devant le levier de vitesses. Après y avoir déposé son *mug* de café, le conducteur pourra aussi brancher son iPod ou autre lecteur MP3 dans la prise auxiliaire située dans la console centrale. À l'arrière, par contre, les passagers devront tenir leur cannette en mains, les rangements étant inexistants. Par contre, l'habitabilité est très correcte au second rang : certes, les places arrière sont étroites, mais trois enfants ou deux adultes (même imposants...) s'y logeront aisément. Il faudra toutefois faire un tri dans les bagages, car le volume du coffre est quelconque.

MÉCANIQUE Pas d'étincelles sous le capot de la Spark... mais un choix de moteurs raisonnables et sobres. Sur les versions européennes essayées, deux petits blocs à 4 cylindres à essence (couplés uniquement à une boîte de vitesses manuelle à 5 rapports) étaient proposés. D'une part, le 1litre dont la puissance fait 68 chevaux, et le couple, 68 livres-pieds, et, d'autre part, le 1,2litre de 81 chevaux, qui est plus costaud sans être plus gourmand. C'est donc ce dernier moteur que nous avons choisi. Un tour de clé et le petit moulin se met à tourner. En action, on doit composer avec une commande de boîte de vitesses accrocheuse. Les passages de rapports sont plutôt récalcitrants, et il importe donc de bien décomposer les mouvements.

Autre grief : le 1,2litre se voit bridé par un couple faiblard (82 livres-pieds) et haut perché (4 800 tours par minute). Les reprises n'ont donc rien d'étincelant. La Spark s'insère toutefois sans mal dans la circulation. Cette petit voiture urbaine se distingue surtout par une consommation contenue : à l'issue de notre essai, mené il est vrai à allure modérée, nous avons relevé une consommation réelle oscillant autour des 5,5 litres aux

La Spark n'est pourtant offerte qu'en modèle à 5 portes, et ses ouvrants arrière se déploient largement, ce qui contribue à assurer la fonctionnalité de cette petite puce des villes.

HISTORIQUE

Quatre Spark « créations » ont été exposées pendant le défilé Chevrolet Fashion Catwalk à Paris en septembre 2010. Puisant à diverses sources d'inspiration – monde animal, créatures mythiques ou culture surf californienne des années 50 – les Spark Art exploitent à fond le look branché de la nouvelle citadine de Chevrolet. Le Spark « Woody » a été créée pour rappeler le passé américain de la marque Chevrolet et son rapport toujours étroit avec la jeunesse et la culture pop. Un modèle très réussi

GALERIE

A *Daewoo continue de vivre à travers Chevrolet. Après l'Orlando, la Spark, mini-citadine, fera son entrée chez nous. Elle aussi issue des studios de Corée du Sud, elle offre un intérieur jeune et rafraîchissant.*

B *À l'intérieur, la Chevrolet Spark se distingue également. La planche de bord séduit avec son combiné d'instrumentation façon moto, mais sa lisibilité reste critiquable : l'écran qui jouxte le tachymètre analogique apparaît trop petit pour le nombre d'informations qu'il délivre. On regrette aussi l'absence d'indicateur de consommation moyenne.*

C *Les voitures à petit prix offrent leurs lots d'irritants. Pour accéder au coffre, il faut toujours utiliser la clef ou se faire ouvrir par le conducteur de l'intérieur (sur finition LS et LT). Une fois le hayon ouvert, la capacité de charge n'est que de 170 litres. La banquette, rabattable en 60-40 dès le premier niveau de finition, permet d'atteindre 568 litres sièges rabattus.*

D *La Chevrolet Spark est déjà vendue en Europe depuis décembre 2009. Elle a été dévoilée au salon de l'auto de Francfort la même année (notre photo). Elle arrivera au Canada au printemps 2012.*

E *Sous le capot, la Chevrolet Spark offre deux moteurs 4 cylindres en Europe. Un petit moteur de 1 L et 68 ch et autre de 1,2 L et 81 ch. Selon toute vraisemblance, c'est le plus puissant (façon de parler) qui prendra la route de l'Amérique.*

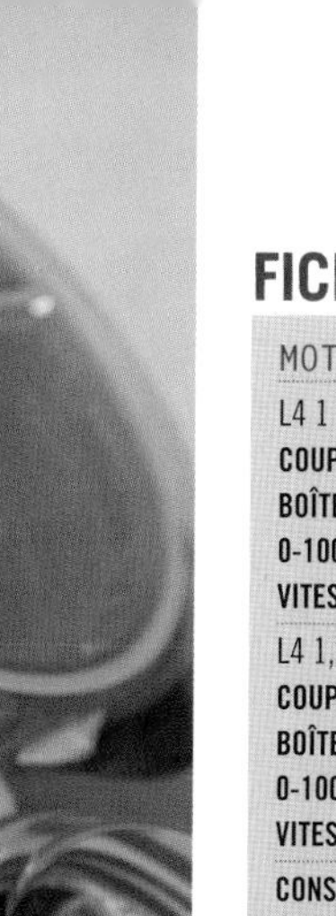

100 kilomètres. À ce rythme-là, le réservoir de 35 litres suffit amplement.

COMPORTEMENT Dès les premiers mètres, en tournant l'œil vers les cadrans, on se dit que, finalement, cette instrumentation « moto » n'est pas très facile à consulter... En revanche, on apprécie la maniabilité de la voiture en ville. Par contre, cette petite Chevrolet se montre moins à l'aise sur les grands axes où l'on déplore un volant inconsistant (direction imprécise et trop légère) et des sièges peu rembourrés et plutôt fermes. Cependant, l'insonorisation générale est relativement correcte pour une voiture de ce segment, et la tenue de route est saine. Ceci dit, la Spark n'incite pas à hausser la cadence. Comme le centre de gravité est haut perché, cette Chevrolet se dandine rapidement sur ses suspensions lorsque le rythme augmente. On notera que le contrôle de la stabilité (ESP) est proposé. Pas mal à ce niveau de gamme...

CONCLUSION La Chevrolet Spark se distingue de prime abord par un style enthousiasmant, qui a fait se retourner quelques têtes sur notre passage durant cet essai mené sur des routes européennes où le modèle existe pourtant depuis le début de 2010. Et derrière cette robe moderne se cache un habitacle spacieux et pratique (nombreux espaces de rangement et connexion MP3 offerte). La Spark brille par un très bon rapport encombrement/habitabilité, même si le coffre est limité. Cette petite Chevy s'annonce également économique, à l'achat comme à l'usage. Un usage qui se cantonnera toutefois essentiellement à la ville et à sa proche banlieue. Car, bien que la Spark puisse s'aventurer sur les grands axes, elle n'est pas vraiment taillée pour les longs voyages. On ne lui en demandait pas tant...

FICHE TECHNIQUE

MOTEURS

L4 1 L DACT, 68 ch à 6400 tr/min
COUPLE 69 lb-pi à 4800 tr/min
BOÎTE DE VITESSES manuelle à 5 rapports
0-100 KM/H 15,5 s
VITESSE MAXIMALE 154 km/h

L4 1,2 L DACT, 81 ch à 6400 tr/min
COUPLE 82 lb-pi à 4800 tr/min
BOÎTE DE VITESSES manuelle à 5 rapports
0-100 KM/H 12,1 s
VITESSE MAXIMALE 164 km/h

CONSOMMATION (100 KM) 5,4 L (octane 87)
ÉMISSIONS DE CO_2 2960 kg/an
LITRES PAR ANNÉE 1080 **COÛT PAR AN** 1512 $

AUTRES COMPOSANTS

SÉCURITÉ ACTIVE freins ABS, assistance au freinage, répartition électronique de la force de freinage, contrôle de la stabilité électronique, antipatinage
SUSPENSION AVANT/ARRIÈRE indépendante/essieu rigide
FREINS AVANT/ARRIÈRE disques
DIRECTION à crémaillère, assistée
PNEUS 1.0 P155/80R13 **OPTION 1.0/DE SÉRIE 1.2** P155/70R14 **OPTION 1.2** P165/60R15

DIMENSIONS

EMPATTEMENT 2375 mm
LONGUEUR 3640 mm
LARGEUR 1597 mm
HAUTEUR 1522 mm
POIDS 939 kg
DIAMÈTRE DE BRAQUAGE 10 m
COFFRE 170 L, 568 L (sièges abaissés)
RÉSERVOIR DE CARBURANT 35 L

VERDICT

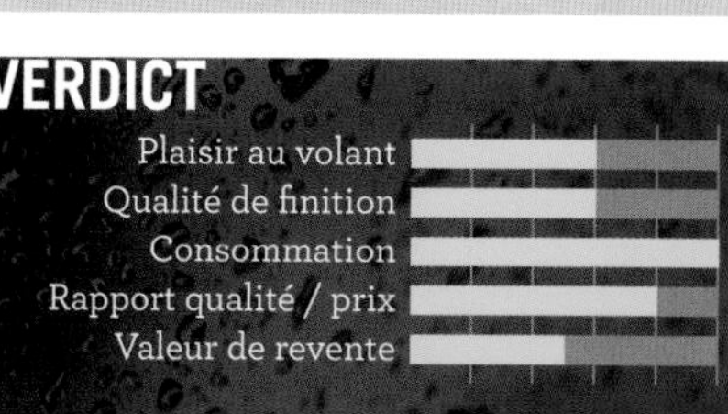

$ 49 555 à 80 490$ t&p 2045$

LA COTE VERTE MOTEUR V8 DE 6 L HYBRIDE source : EnerGuide

CONSOMMATION (100 KM) 2RM 9,3 L 4RM 9,4 L • **ÉMISSIONS POLLUANTES CO_2** 2RM 4324 KG/AN 4RM 4324 KG/AN • **INDICE D'OCTANE** 87
COÛT DU CARBURANT MOYEN PAR ANNÉE 2RM 2444$ 4RM 2444$ • **NOMBRE DE LITRES PAR ANNÉE** 2RM 1880 4RM 1880

FICHE D'IDENTITÉ

VERSIONS TAHOE/SUBURBAN LS, LT, LTZ, Hybrid (Tahoe)
YUKON/YUKON XL SLE, SLT, Denali, Denali Hybrid (Yukon)
ROUES MOTRICES arrière, 4
PORTIÈRES 4 **NOMBRE DE PASSAGERS** 5 à 9
PREMIÈRE GÉNÉRATION 1970
GÉNÉRATION ACTUELLE 2007
CONSTRUCTION Arlington, Texas, É.-U
COUSSINS GONFLABLES 6
(frontaux, latéraux avant, rideaux latéraux)
CONCURRENCE Ford Expedition, Nissan Armada, Toyota Sequoia

AU QUOTIDIEN

PRIME D'ASSURANCE
25 ANS : 2200 à 2400$
40 ANS : 1200 à 1400$
60 ANS : 1000 à 1200$
COLLISION FRONTALE 5/5
COLLISION LATÉRALE 5/5
VENTES DU MODÈLE DE L'AN DERNIER
TAHOE/SUBURBAN AU QUÉBEC 349 **AU CANADA** 3014
YUKON/YUKON XL AU QUÉBEC 272 **AU CANADA** 3002
DÉPRÉCIATION 55,3 %
RAPPELS (2005 À 2010) Tahoe 7 **Yukon** 7
COTE DE FIABILITÉ 2/5

GARANTIES... ET PLUS

GARANTIE GÉNÉRALE 3 ans/60 000 km
GARANTIE MOTOPROPULSEUR 5 ans/160 000 km
PERFORATION 6 ans/160 000 km
ASSISTANCE ROUTIÈRE 5 ans/160 000 km
NOMBRE DE CONCESSIONNAIRES
AU QUÉBEC 84 **AU CANADA** 450

NOUVEAUTÉS EN 2012

Nouveau système de navigation à écran tactile avec disque dur, dispositif anti-louvoiement, aide au démarrage en pente de série.

Tahoe/Suburban volant chauffant disponible en option

ILS NE **LÂCHENT PAS!**

Michel Crépault

Pour choisir un gros utilitaire chez GM sans tomber dans les prix du Cadillac Escalade, il faut regarder du côté des Chevrolet Tahoe et Suburban (un Tahoe allongé) et leurs vis-à-vis chez GMC, le Yukon ordinaire (classe 1500) et le XL à empattement étiré (2 500). Chaque marque a ses livrées distinctes, et on retrouve même des versions hybrides des Tahoe et Yukon courts.

CARROSSERIE L'architecture camionnette (pensez Silverado et Sierra) du Tahoe et du Suburban leur procure la faculté d'accomplir des tâches la où les mauviettes s'écroulent. Lors du renouvellement de 2007, les ingénieurs ont amélioré de beaucoup la rigidité de torsion. Ces chars d'assaut ne se comportent plus sur la route comme si l'avant était indépendant de l'arrière. Quand on roule, le silence règne.

HABITACLE On se méfie encore un peu quand on inspecte la finition des intérieurs signés GM. Que voulez-vous, le fabricant nous a tellement déçus à ce chapitre dans le passé. Mais c'est de l'histoire ancienne (enfin, on se le souhaite). Même avant la faillite, les divisions avaient commencé à resserrer la qualité des matériaux et de leur assemblage. Les cabines de ces mastodontes proposent des cadrans et des interrupteurs faciles à repérer et à comprendre dans un contexte resté traditionnel, ce qui évite la confusion des planches de bord qui s'enlisent dans l'avant-gardisme. Même le modèle de base du Tahoe/Yukon peut asseoir jusqu'à neuf personnes : outre la banquette médiane (60/40) et celle du fond (50/50), on passe de huit à neuf occupants en substituant à l'avant une 3e banquette aux deux baquets. Dans la livrée mitoyenne, on peut, au contraire, ramener la capacité à sept personnes en choisissant des fauteuils pour le centre. La moins bonne nouvelle : au lieu de faire disparaître les sièges du fond dans le plancher, il faut les retirer et les remiser.

MÉCANIQUE Le Tahoe, le Suburban 1500 à 4RM et le Yukon se satisfont du V8 de 5,3 litres de 320 chevaux associé à une boîte de vitesses automatique à 6 rapports. Ce moteur désactive la moitié de ses cylindres

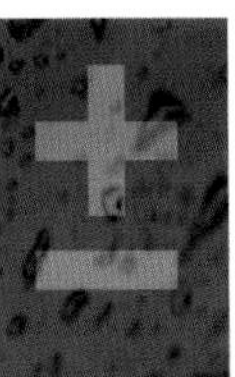

FORCES Dégagement et chargement optimaux • Confort et luxe réconfortants • L'effort d'une version hybride

FAIBLESSES Consommation • Prix • Surprenants rappels malgré la longévité des produits

constructeur dans les manières de ces titans de grand chemin. Qu'il s'agisse de tirer une remorque ou de transporter le président Obama dans ça d'épais de neige pour qu'il arrive à temps au récital de ses filles, la transmission intégrale livrable n'est pas de trop. Permettez cependant que j'émette des réserves par rapport aux performances trop timides du Tahoe bimode quand c'est possible et accepte le carburant à l'éthanol (E85). GMC en fait plus avec la version Denali, unique à la division, dotée du V8 Vortec de 6,2 litres de 403 chevaux. De leur côté, les Suburban 2500 et Yukon XL, capables de tirer et d'accepter de plus lourdes charges, s'accommodent mieux du V8 de 6 litres de 352 chevaux. Pour la version hybride (un Tahoe, deux Yukon - eh oui, un autre Denali, même vert), le V8 de 6 litres de 332 chevaux fait le travail en compagnie de deux moteurs électriques et d'une boîte qui croise une CVT à 4 rapports normaux. Dans le cas des modèles à transmission intégrale, le boîtier de transfert aura un ou deux rapports, selon la livrée.

COMPORTEMENT Malgré la taille des diplodocus - et peut-être même grâce à elle - les randonnées s'inscrivent sous le signe de la douceur. L'attrait majeur réside dans la grâce qu'a réussi à insuffler le étant donné son prix. Il peut rouler sur le mode électricité pure à basse vitesse, certes, mais si tel est votre but premier, d'autres véhicules à moteur à essence ou Diesel font mieux à moindre coût sans sacrifier trop côté capacité de chargement ou remorquage. Cela dit, GM joue à la pionnière.

CONCLUSION Si vous n'avez rien à tracter, pourquoi aller chercher quelque chose d'aussi puissant et, surtout, gourmand? Si ce sont des bébelles ou des humains que vous souhaitez enfourner, pourquoi ne pas vous tourner vers un multisegment ou une fourgonnette? En restant chez GM, tiens, on peut penser à l'excellent Traverse. La réponse : parce que les Tahoe, Suburban et Yukon donnent l'impression de piloter un char d'assaut en habit de gala. Rien de tel pour dominer le stress quotidien que d'en imposer un plus gros aux autres automobilistes. Qui veut la paix prend les moyens!

2e OPINION

«Les Américains ont inventé les utilitaires et ont peaufiné plusieurs générations de gros camions pour en faire des véhicules tout à fait agréables à utiliser. Il ne faut pas se méprendre, le Tahoe et son frère plus luxueux, le Yukon, sont gros, énergivores et ne sont pas des modèles de fiabilité. Mais le confort, l'espace et l'aménagement sont aussi bons que dans une fourgonnette. Le Suburban vous offre trois vraies banquettes et de l'espace pour huit avec des bagages, il n'y a pas beaucoup de véhicules qui peuvent faire cette affirmation. Ce trio d'utilitaires représente ce que GM fait de mieux dans ce domaine. Heureusement pour elle, elle a aussi appris récemment à faire des petites voitures. Pour continuer à voir ces paquebots sur la route, il faudra greffer une motorisation Diesel ou trouver un hybride efficace à petit prix.» — Benoit Charette

FICHE TECHNIQUE

MOTEURS

(TAHOE, SUBURBAN 1500, YUKON, YUKON XL 1500) V8 5,3 L ACC, 320 ch à 5400 tr/min
COUPLE 335 lb-pi à 4000 tr/min
BOÎTE DE VITESSES automatique à 6 rapports
0-100 KM/H 9,9 s **VITESSE MAXIMALE** 175 km/h
CONSOMMATION (100 KM) 12 L (octane 87)
ÉMISSIONS DE CO_2 5612 kg/an (octane 87)
LITRES PAR ANNÉE 2440 **COÛT PAR AN** 3172 $

(SUBURBAN 2500, YUKON XL 2500) V8 6,0 L ACC, 352 ch à 5400 tr/min
COUPLE 382 lb-pi à 4200 tr/min
BOÎTE DE VITESSES automatique à 6 rapports
0-100 KM/H 9,2 s **VITESSE MAXIMALE** 180 km/h
CONSOMMATION (100 KM) 16,9 L (octane 87)
ÉMISSIONS DE CO_2 7958 kg/an
LITRES PAR ANNÉE 3460 **COÛT PAR AN** 4498 $

(YUKON DENALI) V8 6,2 L ACC, 403 ch à 5700 tr/min
COUPLE 417 lb-pi à 4300 tr/min
BOÎTE DE VITESSES automatique à 6 rapports
0-100 KM/H 7,3 s **VITESSE MAXIMALE** 185 km/h
CONSOMMATION (100 KM) 12,7 L (octane 91)
ÉMISSIONS DE CO_2 5934 kg/an
LITRES PAR ANNÉE 2580 **COÛT PAR AN** 3354 $

(TAHOE HYBRIDE) V8 6,0 L ACC + 2 moteurs électriques, 332 ch à 5100 tr/min
COUPLE 367 lb-pi à 4100 tr/min
BOÎTE DE VITESSES automatique à variation continue
0-100 KM/H 8,8 s Vitesse maximale 185 km/h

AUTRES COMPOSANTS

SÉCURITÉ ACTIVE freins ABS, répartition électronique de la force de freinage, contrôle de la stabilité électronique, antipatinage
SUSPENSION AVANT/ARRIÈRE indépendante **2500** indépendante/pont rigide
FREINS AVANT/ARRIÈRE disques
DIRECTION à crémaillère, assistée
PNEUS TAHOE/SUBURBAN LS/LT P265/70R17 **LTZ** P275/55R20 **HYBRIDE** P265/65R18 **YUKON/YUKON XL SLE/SLT** P265/70R17 **DENALI** P275/55R20 **HYBRID** P265/65R18 **HYBRID DENALI** P285/45R22

DIMENSIONS

EMPATTEMENT TAHOE/YUKON 2946 mm **SUBURBAN/YUKON** XL 3302 mm
LONGUEUR TAHOE/YUKON 5130 mm **SUBURBAN/YUKON XL** 5648 mm
LARGEUR TAHOE/YUKON 2007 mm **SUBURBAN/YUKON XL** 2010 mm
HAUTEUR TAHOE/YUKON 1953 mm **SUBURBAN/YUKON XL** 1951 mm
POIDS TAHOE/YUKON 2RM 2388 kg **TAHOE/YUKON 4RM** 2505 kg **HYBRIDE 2RM** 2553 kg **HYBRIDE 4RM** 2664 kg **SUBURBAN/YUKON XL 1500 2RM** 2579 kg **SUBURBAN/YUKON XL 1500 4RM** 2647 kg **SUBURBAN/YUKON XL 2500 2RM** 2803 kg **SUBURBAN/YUKON XL 2500 4RM** 2924 kg
DIAMÈTRE DE BRAQUAGE TAHOE/YUKON 11,9 m **SUBURBAN/YUKON XL 1500** 13,1 m **SUBURBAN/YUKON XL 2500** 13,8 m
COFFRE TAHOE/YUKON 479 L, 3084 L (sièges abaissés) **SUBURBAN/YUKON XL** 1298 L, 3891 L (sièges abaissés)
RÉSERVOIR DE CARBURANT TAHOE/YUKON 98 L **SUBURBAN/YUKON XL 1500** 119 L **SUBURBAN/YUKON XL 2500** 148 L
CAPACITÉ DE REMORQUAGE 3855 à 4354 kg

MENTIONS

CLÉ D'OR RECOMMANDÉ

VERDICT

Plaisir au volant
Qualité de finition
Consommation
Rapport qualité / prix
Valeur de revente

JUMEAU

Traverse 35 845 à 47 670 $
Acadia 38 090 à 57 985 $ t&p 2045 $

LA COTE VERTE MOTEUR V6 DE 3,6 L source : EnerGuide

CONSOMMATION (100KM) 2RM 10,6 L 4RM 11,0 L • **ÉMISSIONS POLLUANTES CO_2** 2RM 4968 kg/an 4RM 5106 kg/an • **INDICE D'OCTANE** 87
COÛT DU CARBURANT MOYEN PAR ANNÉE 2RM 2808 $ 4RM 2886 $ • **NOMBRE DE LITRES PAR ANNÉE** 2RM 2160 4RM 2220

FICHE D'IDENTITÉ

VERSIONS Traverse LS, LT, LTZ/ Acadia SLE, SLT, Denali
ROUES MOTRICES avant, 4
PORTIÈRES 5 **NOMBRE DE PASSAGERS** 7 ou 8
PREMIÈRE GÉNÉRATION Acadia 2007 Traverse 2009
GÉNÉRATION ACTUELLE Acadia 2007 Traverse 2009
CONSTRUCTION Lansing, Michigan, É.-U.
COUSSINS GONFLABLES 6
(frontaux, latéraux avant, rideaux latéraux)
CONCURRENCE Acura MDX, Ford Flex, Honda Pilot, Hyundai Veracruz, Lexus RX, Mazda CX-9, Nissan Murano, Subaru Tribeca, Toyota Highlander, Volvo XC90

AU QUOTIDIEN

PRIME D'ASSURANCE
25 ANS : 2400 à 2600 $
40 ANS : 1400 à 1600 $
60 ANS : 1200 à 1400 $
COLLISION FRONTALE 5/5
COLLISION LATÉRALE 5/5
VENTES DU MODÈLE DE L'AN DERNIER
TRAVERSE AU QUÉBEC 1006 **AU CANADA** 6307
ACADIA AU QUÉBEC 654 **AU CANADA** 5047
DÉPRÉCIATION Traverse (2 ans) 35,0 % Acadia (3 ans) 50,4 %
RAPPELS (2006 À 2011) Traverse 5 Acadia 7
COTE DE FIABILITÉ 3/5

GARANTIES... ET PLUS

GARANTIE GÉNÉRALE 3 ans/60 000 km
GARANTIE MOTOPROPULSEUR 5 ans/160 000 km
PERFORATION 6 ans/160 000 km
ASSISTANCE ROUTIÈRE 5 ans/160 000 km
NOMBRE DE CONCESSIONNAIRES
AU QUÉBEC 84 **AU CANADA** 450

NOUVEAUTÉS EN 2012

Une nouvelle couleur extérieure, assistance de démarrage en pente de série, rétroviseur d'angles morts de série sur modèles SLT et Denali (Acadia)

MIEUX QU'UNE FOURGONNETTE, **VRAIMENT?**

Philippe Laguë

Les familiales sont « out », tout comme les fourgonnettes et les VUS. Ce qui est « in », maintenant, ce sont les multisegments, un croisement entre ces trois types de véhicules et la catégorie fourre-tout par excellence. Est-ce vraiment le véhicule familial par excellence ? Là est la question. En tout cas, GM, qui a élagué sa gamme de VUS et mis à mort ses fourgonnettes, semble croire que oui.

CARROSSERIE Chevrolet Traverse, GMC Acadia et Buick Enclave, c'est la même chose, à peu de choses près. Leur degré de luxe est en ordre croissant, le troisième étant le plus cossu du lot. Force est de constater que ce trio de multisegments ressemble étrangement à un VUS, mais leurs compétences hors route sont limitées, inexistantes même. Bref, ce sont de grosses familiales, avec ou sans transmission intégrale, capables de transporter 7 occupants.

HABITACLE L'habitacle réserve quelques surprises, bonnes et moins bonnes. Commençons par le positif : c'est vaste. Plus souvent qu'autrement, dans ce genre de véhicule, la troisième banquette est décorative; au mieux, elle peut accueillir des enfants en bas âge. Dans le Traverse, deux adultes pourront y prendre place. Sachez cependant que, une fois installée, cette banquette gruge la presque totalité de l'espace pour les bagages. De plus, la configuration 7 places commande un déboursé additionnel de 2 000 $. C'est cher pour une rangée de sièges supplémentaire... La liste d'options faisait d'ailleurs grimper le prix de notre véhicule à plus de 50 000 $ et à ce prix, il n'avait même pas la transmission intégrale... *Ouch* !

Cela dit, la configuration de l'habitacle montre une modularité exemplaire : si troisième rangée de sièges il y a, on y accède aisément, et les sièges se replient facilement. Et puisqu'il est question des sièges, ils sont bien rembourrés et procurent un confort appréciable, mais manquent de maintien latéral. L'assise est haute, ce qui plaira à ceux et à celles qui ne juraient que par les VUS pour cette raison.

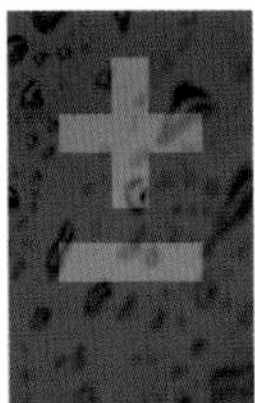

FORCES Design réussi • Habitacle vaste et modulable • Troisième rangée de sièges fonctionnelle • Confort de roulement • Comportement rassurant

FAIBLESSES Encombrement • Finition et insonorisation décevantes • Visibilité vers l'arrière • Puissance un peu juste • Boîte automatique hésitante • Consommation variable • Fiabilité perfectible • Options nombreuses et coûteuses

Une déception majeure, la surabondance de plastique, inacceptable dans un véhicule dont le prix de départ dépasse les 35 000$. Et il n'y a pas que la finition qui déçoit : le Traverse est moins bien insonorisé que l'Acadia et l'Enclave. Les bruits de roulement sont très présents dans l'habitacle.

MÉCANIQUE Jumelé à une boîte de vitesses automatique à 6 rapports, le V6 de 3,6 litres brille par sa souplesse et son silence de roulement. L'injection directe de carburant est aussi au menu, ce qui est non seulement un signe de raffinement, mais laisse entrevoir de belles promesses en matière de consommation; d'autant plus que notre véhicule d'essai n'avait pas de transmission intégrale. GM promet 12,7 litres aux 100 kilomètres en ville et 8,4 sur la route, pour une moyenne d'environ 10,5 litres aux 100 kilomètres. Or, même en respectant scrupuleusement les limites de vitesse, je n'ai pu descendre sous la barre des 12 litres de moyenne.

Les 288 chevaux ne sont pas de trop pour tirer cette lourde carcasse. La capacité de remorquage peut être augmentée avec un ensemble optionnel – évidemment – qui la fait passer à 2 359 kilos. N'empêche, cette puissance est un peu juste : on le constate dès qu'on conduit une version à transmission intégrale, en raison du surplus de poids. La consommation en prend, elle aussi, pour son rhume avec deux roues motrices supplémentaires.

COMPORTEMENT La longueur de l'empattement optimise le confort de roulement. Sur ce plan, le Traverse n'a rien à envier à une berline de luxe. Évidemment, le comportement n'a rien de sportif, mais sa conduite est rassurante : on le sent très stable dans les courbes, et le roulis est à peine perceptible. Il est bien servi par la direction, précise et bien dosée. Le court rayon de braquage facilite par ailleurs les manœuvres de stationnement, mais il faudra composer avec une visibilité très moyenne, malgré la grande surface vitrée.

CONCLUSION Le confort et l'habitabilité viennent en tête de la liste des qualités du Traverse. Bonne chose, puisque c'est exactement ce que recherche la clientèle cible. Toutefois, c'est le prix demandé qui est le plus difficile à digérer. Le Traverse et ses frères sont de très bons véhicules pour la famille, mais encore faut-il qu'elle ait les moyens de se payer un multisegment qui coûte aussi cher qu'une berline de luxe...

2e OPINION

«Après avoir lancé les Buick Enclave, GMC Acadia et Saturn Outlook, il fallait bien que GM «invente» un équivalent (ou clone, c'est selon) pour la gamme Chevrolet. Une décision sans doute essentielle compte tenu de la disparition inopinée du Saturn! Cet utilitaire (ou multisegment, si vous préférez) a tout de l'Enclave et de l'Acadia... sauf le fini. Même groupe motopropulseur convenant au tourisme familial et à des tâches moyennes de remorquage; même intérieur spacieux facilement modulable; mêmes dimensions gargantuesques, aussi. Personnellement, je déteste le sélecteur de vitesses au minuscule commutateur sur le côté du pommeau. Vraiment pas ergonomique! Les formes de la carrosserie, en revanche, sont plus dans le ton de la mode que celles du Ford Flex, son rival. Mais seul ce dernier offre un intérieur pour 7 adultes. Le Traverse, lui, est bon pour 5 adultes plus 2 petits enfants. Et l'Acadia? Disons qu'il a une silhouette plus équilibrée en prime!» — Luc Gagné

FICHE TECHNIQUE

MOTEUR

V6 3,6 L DACT, 288 ch à 6300 tr/min
(Traverse échappement simple 281 ch à 6300 tr/min)
COUPLE 270 lb-pi à 3400 tr/min
(Traverse échappement simple 266 lb-pi à 3400 tr/min)
BOÎTE DE VITESSES automatique à 6 rapports
0-100 KM/H 8,2 s
VITESSE MAXIMALE 210 km/h

AUTRES COMPOSANTS

SÉCURITÉ ACTIVE freins ABS, assistance au freinage, répartition électronique de la force de freinage, contrôle de la stabilité électronique, antipatinage
SUSPENSION AVANT/ARRIÈRE indépendante
FREINS AVANT/ARRIÈRE disques
DIRECTION à crémaillère, assistée
PNEUS TRAVERSE LS P245/70 R17 **LT** P255/65R18 **LTZ** P255/55R20
ACADIA SLE P255/65R18 **SLT** P255/60R19 **DENALI** P255/55R20

DIMENSIONS

EMPATTEMENT 3020 mm
LONGUEUR Traverse 5207 mm Acadia 5108 mm
LARGEUR Traverse 1991 mm Acadia 1986 mm
HAUTEUR 1846 mm (avec les rails de toit)
POIDS Traverse 2RM 2141 kg 4RM 2234 kg
Acadia 2RM 2112 kg 4RM 2203 kg
DIAMÈTRE DE BRAQUAGE 12,3 m
COFFRE Traverse 691 L (derrière la 3e rangée), 1948 L (derrière la 2e rangée), 3297 L (sièges abaissés)
Acadia 683 L (derrière la 3e rangée), 1945 L (derrière la 2e rangée), 3282 L (sièges abaissés)
RÉSERVOIR DE CARBURANT 83,3 L
CAPACITÉ DE REMORQUAGE 2359 kg

MENTIONS

RECOMMANDÉ

VERDICT

Plaisir au volant
Qualité de finition
Consommation
Rapport qualité / prix
Valeur de revente

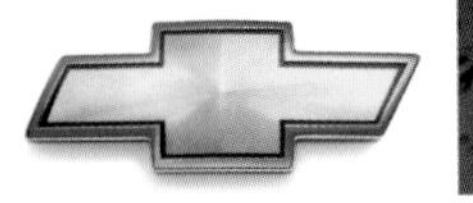

ÉVOLUTION $ Prix: 41 545 $ t&p 1450 $

LA COTE VERTE MOTEUR L4 DE 1,4 L source : GM

CONSOMMATION (100 KM) 2,5 L sur le mode électricité, 3,9 L lorsque les deux modes sont combinés, autonomie de 40 à 80 km sur le mode électricité (estimé) • **ÉMISSIONS POLLUANTES CO_2** selon l'usage de la génératrice **INDICE D'OCTANE** 91
COÛT DU CARBURANT MOYEN PAR ANNÉE selon l'usage de la génératrice • **NOMBRE DE LITRES PAR ANNÉE** variable

FICHE D'IDENTITÉ

VERSIONS base
ROUES MOTRICES avant
PORTIÈRES 5 **NOMBRE DE PASSAGERS** 4
PREMIÈRE GÉNÉRATION 2012
GÉNÉRATION ACTUELLE 2012
CONSTRUCTION Hamtramck, Michigan, États-Unis
COUSSINS GONFLABLES 8
(frontaux ; genoux avant ; latéraux ; rideaux latéraux)
CONCURRENCE Mitsubishi i-Miev et Nissan Leaf

AU QUOTIDIEN

PRIME D'ASSURANCE
25 ANS : ND
40 ANS : ND
60 ANS : ND
COLLISION FRONTALE 5/5
COLLISION LATÉRALE 5/5
VENTES DU MODÈLE DE L'AN DERNIER
AU QUÉBEC ND **AU CANADA** ND
DÉPRÉCIATION ND
RAPPELS (2006 À 2011) ND
COTE DE FIABILITÉ ND

GARANTIES... ET PLUS

GARANTIE GÉNÉRALE 3 ans/60 000 km
GARANTIE MOTOPROPULSEUR 5 ans/160 000 km (moteur à essence), 8 ans/160 000 km (batterie)
PERFORATION 6 ans/160 000 km
ASSISTANCE ROUTIÈRE 3 ans/60 000 km
NOMBRE DE CONCESSIONNAIRES
AU QUÉBEC 84 **AU CANADA** 450

NOUVEAUTÉS EN 2012

Nouveau modèle

L'ORIGINALE **SOLUTION**

Michel Crépault

On a tellement entendu parler de la Volt que j'ai l'impression que vous pourriez tout aussi bien m'apprendre des choses à son sujet, cher ami lecteur. Essayons quand même de résumer cette drôle de bibitte signée General Motors, au moins à l'intention des Terriens de retour d'un séjour prolongé sur Mars.

CARROSSERIE On ne s'étendra pas indûment sur le design de la Volt. Il évoque assurément une voiture moderne. Aurait-on dû le rendre encore plus original ? Au moins, grâce à cette coque relativement sage, la berline risque de bien vieillir.

HABITACLE À l'intérieur, on n'a d'abord d'yeux que pour la console centrale. Elle est inclinée comme une pente de ski à double losange et, surtout, elle exhibe une apparence soyeuse, un peu à la manière des beaux plastiques utilisés par Apple pour ses iPod. Le message est clair : bienvenue à bord d'un véhicule tendance ! Les différentes commandes dispersées sur le panneau ne sont identifiables qu'aux inscriptions gravées. Celles-ci ne sont pas toujours parfaitement visibles, mais dès qu'on a le doigt certain, on appuie, et la planche tactile s'active. Les cadrans ne sont pas en reste : graphiques colorés, statistiques édifiantes, on n'en finit pas d'apprendre des trucs sur le comportement de la Volt. On a envie de s'arrêter et de « lire » son auto (céder à la tentation quand l'auto bouge n'est pas une bonne idée...). Les baquets avant sont confortables, les places arrière ne sont que deux parce que le centre de la banquette est occupé par une console qui chevauche les 288 cellules de la batterie, et le hayon, grandement vitré, facilite le chargement dans un espace bien défini à défaut d'être spacieux.

MÉCANIQUE Nous entrons dans le vortex de la Volt. D'une part, une batterie et deux moteurs électriques ; d'autre part, un petit 4-cylindres de 1,4 litre. Jusqu'ici, ça sonne comme la motorisation de n'importe quel hybride, n'est-ce pas ? Faux. Le moteur à essence ne fait pas avancer la Volt. Pas

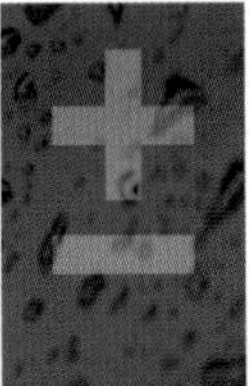

FORCES Alternative intéressante parmi les moyens de transport novateurs • Cabine au design futuriste • Comportement sain et silencieux

FAIBLESSES Autonomie sur le mode électricité encore trop dépendante des facteurs extérieurs comme le froid • Système de climatisation paresseux • Prix qui refroidit les ardeurs

directement. Il fait, en réalité, tourner une génératrice qui fournit l'électricité nécessaire au fonctionnement de la motorisation électrique. La Volt se situe quelque part entre une auto à 100 % électrique, comme la Nissan Leaf, et une hybride comme la Prius. Quand la batterie a épuisé les réserves que les ingénieurs de GM ont bien voulu allouer au mouvement tout électrique, le moteur atmosphérique prend la relève. Recharger la batterie chez nous prend quatre ou 10 heures, selon qu'on charge à 110 ou à 220 volts.

COMPORTEMENT Le concept derrière la Volt se traduit en théorie par une autonomie de 60 kilomètres avec la batterie et de quelque 500 kilomètres supplémentaires quand le 4-cylindres lance la génératrice. En pratique, l'autonomie purement électrique dépend énormément de la température extérieure et du type de randonnée. Conduisez la Volt à -20 °C et dans des pentes, et je serais étonné que vous excédiez 25 kilomètres avant que le moteur à essence n'intervienne. Autrement dit, si vous vivez à la campagne dans un climat nordique, la Volt actuelle n'est pas pour vous. Si vous évoluez dans un pays où la température est plus clémente, et que vos distances quotidiennes dépassent rarement 60 kilomètres, il est bien possible que vous n'ayez plus à dépendre du pétrole (si c'est le cas, l'auto vous demandera de démarrer l'engin question d'éviter qu'il s'encroûte). Pour le reste, balade plaisante, chauffage capricieux et freinage sensible.

CONCLUSION Je vous avoue que je n'y croyais plus tellement, à la Volt. Fidèle à une habitude corporative que je m'explique mal, General Motors nous en a rabattu les oreilles pendant des années avant de finalement nous la mettre entre les mains. Tout le contraire des Sud-Coréens, par exemple, qui, à peine six mois après le dévoilement d'un prototype, nous balance à la figure la version commerciale. Je craignais donc un pétard mouillé. Craintes envolées. La Volt est une très bonne idée. Elle le sera encore plus quand son prix chutera, quand son autonomie sur le mode électricité grandira et quand son moteur à essence sera encore plus frugal. Mais, je vous l'accorde, il faut bien commencer quelque part...

2e OPINION

« Avec la Volt, GM a vu juste. C'est la meilleure solution actuelle pour faire rouler une voiture à motorisation électrique sur une longue distance. La génératrice est utilisée comme groupe électrogène pour alimenter la mécanique électrique. Il permet d'éliminer l'anxiété de la panne sèche des modèles à 100 % électriques. Son autonomie annoncée de 60 kilomètres est plus près de 35 durant l'hiver, mais pour des gens qui ont seulement maison-boulot à parcourir, le jeu en vaut la chandelle, sinon vous payez trop cher pour une voiture qui vous donnera peu de kilométrage sur le mode électricité. En ce qui concerne la conduite, la Volt se comporte comme toutes bonnes berlines de sa catégorie. On sent le poids des batteries, mais pas assez pour déranger la conduite. Un premier pas intéressant vers une moins grande dépendance au pétrole. »
— Benoit Charette

FICHE TECHNIQUE

MOTEUR

Moteur électrique + L4 1,4 L DACT (génératrice) 149 ch
COUPLE 368 lb-pi
BOÎTE DE VITESSES CVT
0-96 KM/H 9 s
VITESSE MAXIMALE 160 km/h

AUTRES COMPOSANTS

SÉCURITÉ ACTIVE freins ABS, répartition électronique de la force de freinage, assistance au freinage, antipatinage, contrôle électronique de la stabilité, récupération de l'énergie au freinage
SUSPENSION AVANT/ARRIÈRE indépendante/essieu rigide
FREINS AVANT/ARRIÈRE disques
DIRECTION à crémaillère, assistée
PNEUS P215/55R17

DIMENSIONS

EMPATTEMENT 2685 mm
LONGUEUR 4498 mm
LARGEUR 1788 mm
HAUTEUR 1430 mm
POIDS 1715 kg
DIAMÈTRE DE BRAQUAGE 11 m
COFFRE 300 L
RÉSERVOIR de carburant 35,2 L

MENTIONS

CHOIX VERT

VERDICT

CHEVROLET

www.gm.ca

LA COTE VERTE MOTEUR L4 DE 2,4 L source : ÉnerGuide

CONSOMMATION (100 KM) auto. 4 RAPPORTS 8,3 L auto. 6 RAPPORTS 8,5 L • **ÉMISSIONS POLLUANTES CO2** auto. 4 RAPPORTS 3864 kg/an auto. 6 RAPPORTS 4002 kg/an • **INDICE D'OCTANE** 87 • **COÛT DU CARBURANT MOYEN PAR ANNÉE** auto. 4 RAPPORTS 2184$ auto. 6 RAPPORTS 2262$ **NOMBRE DE LITRES PAR ANNÉE** auto. 4 RAPPORTS 1680 auto. 6 RAPPORTS 1740

FICHE D'IDENTITÉ

VERSIONS berline : LX,Touring, Limited
cabriolet : LX, Touring, Limited, S
ROUES MOTRICES avant
PORTIÈRES 2, 4 **NOMBRE DE PASSAGERS** 4 ou 5
PREMIÈRE GÉNÉRATION 2011
GÉNÉRATION ACTUELLE 2011
CONSTRUCTION Sterling Heights, Michigan, É.-U.
COUSSINS GONFLABLES 6
(frontaux, latéraux avant, rideaux latéraux)
CONCURRENCE Chevrolet Malibu, Ford Fusion, Honda Accord, Hyundai Sonata, Kia Optima, Mazda*6*, Nissan Altima, Subaru Legacy, Toyota Camry

AU QUOTIDIEN

PRIME D'ASSURANCE
25 ANS : 1400 à 1600 $
40 ANS : 1000 à 1100 $
60 ANS : 800 à 1000 $
COLLISION FRONTALE ND
COLLISION LATÉRALE ND
VENTES DU MODÈLE DE L'AN DERNIER (SEBRING)
AU QUÉBEC 399 **AU CANADA** 3340
DÉPRÉCIATION ND
RAPPELS (2006 À 2011) ND
COTE DE FIABILITÉ ND

GARANTIES... ET PLUS

GARANTIE GÉNÉRALE 3 ans/60 000 km
GARANTIE MOTOPROPULSEUR 5 ans/100 000 km
PERFORATION 5 ans/160 000 km
ASSISTANCE ROUTIÈRE 5 ans/100 000 km
NOMBRE DE CONCESSIONNAIRES
AU QUÉBEC 94 **AU CANADA** 445

NOUVEAUTÉS EN 2012

Nouveau modèle, remplaçante de la Sebring

UN PANSEMENT SUR LA PLAIE OUVERTE

Benoit Charette

Chrysler s'est attaquée à une tâche monumentale en renouvelant à la vitesse de la lumière la quasi-totalité de sa gamme de véhicules. Certains modèles sont réussis, d'autres, moins. La 200 se retrouve dans cette seconde catégorie. Tenter d'améliorer une voiture en conservant la même mauvaise recette ne fonctionne pas; c'est simplement une mauvaise recette mieux habillée.

CARROSSERIE L'art de changer pour changer. On constate que la 200 est différente, mais le coup d'œil général est le même. Les concepteurs ont ajouté quelques nervures, retravaillé la calandre pour lui offrir un aspect plus haut de gamme et ajouté des phares à diodes électroluminescentes. Bref, Chrysler a emprunté quelques touches de la 300 pour les incorporer à la 200. Mais, malgré ce bel effort, il semble qu'on ait simplement voulu habiller cette 200 à la hâte. Même la version décapotable a conservé les mêmes choix de toit souple ou rigide et des lignes tout à fait semblables. La concurrence a rapidement évolué, pas Chrysler.

HABITACLE C'est à l'intérieur que Chrysler a fait le plus grand pas en avant dans la remise sur pied de tous ses modèles. Nouvelle planche de bord, matériaux de meilleure qualité, finition à la hausse et, surtout, des sièges immensément plus confortables que les bancs de parc de la précédente génération. Le seul bémol est le système centralisé d'information UConnect qui provient de l'ancien modèle, la 200 n'était pas prête pour la nouvelle génération. Ce système est un peu compliqué à utiliser.

MÉCANIQUE Pour des raisons de politique de prix, Chrysler a conservé dans sa version LX le moteur à 4 cylindres de 2,4 litres de 173 chevaux qu'on trouvait sous le capot de la Sebring. Rien n'a changé. Il manque toujours de couple, de raffinement et d'agrément. Je ne vois pas de raison valable d'opter pour cette mécanique, même avec la boîte de vitesses à 6 rapports offerte en option. Vous croyez qu'il est plus

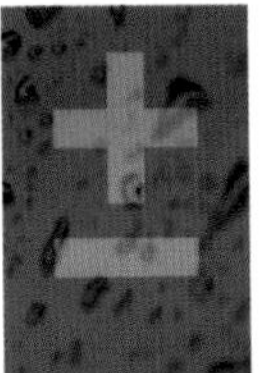

Forces Meilleur agrément de conduite • Excellent silence de roulement • Moteur V6 à la hauteur

Faiblesses Manque de maintien des sièges • Moteur à 4 cylindres à oublier Toit rigide inesthétique et encombrant sur le modèle décapotable

économique à conduire ? Il y à peine 1 litre aux 100 kilomètres de différence entre le 4-cylindres et le V6. Justement, la grande nouveauté est le moteur V6 de 3,6 litres, dit Pentastar, qui prend sa place dans presque tous les modèles de la marque. Sous le capot de la 200, il développe 283 chevaux. Il offre puissance, raffinement et plaisir de conduire bien au-delà du 3,5-litres qu'il remplace. Il n'est pas sportif, mais offre toute la puissance pour le profil de cette voiture.

COMPORTEMENT Tout comme l'intérieur, la conduite a fait un pas de géant. Chrysler a retravaillé la suspension pour offrir à la fois un meilleur confort et une tenue de route améliorée. Même approche pour la direction qui est moins ankylosée. Le confort de roulement est en hausse grâce à une insonorisation plus poussée. La 200 est vraiment à l'aise à rythme modéré pour les conducteurs qui prennent le temps de regarder pousser les roses. Oui, le moteur Pentastar lui donne une sérieuse dose supplémentaire de puissance, mais la 200 n'apprécie pas la vitesse, elle n'a ni le profil ni la vocation. C'est une voiture qui s'apprécie à régime modéré. Le surplus de puissance apporte un raffinement supplémen-taire, un prestige de bon aloi, mais pas de nouveaux gènes sportifs.

CONCLUSION Si l'on compare cette 200 avec la Sebring, il y a beaucoup d'améliorations tant au chapitre de la finition que de la conduite et de la mécanique V6. Malheureusement, si vous comparez cette 200 à la concurrence, elle est encore en queue de peloton. Améliorer une recette qui est mauvaise au départ ne peut pas donner de bons résultats. Si votre gâteau est mauvais, un nouveau crémage ne le rend pas meilleur, il faut changer le gâteau. On dit qu'Alfa Romeo fournira la prochaine génération de 200 pour 2013. Un conseil, attendez cette génération, cette 200 est déjà morte, mais elle ne le sait pas encore.

2e OPINION

« L'insipide Sebring est devenue la 200, et, pour être direct, la remplaçante est agréablement étonnante. Bien que le gabarit soit toujours celui d'une berline intermédiaire, et qu'on reconnaisse encore le fuselage de la Sebring, la 200 a beaucoup plus de gueule. Son nez pointu et agressif, les flancs athlétiques, les proportions harmonieuses se retrouvent même dans le cabriolet qui exhibe tout à coup une grâce européenne. En prime, la décapotable demeure stoïque, avare des craquements qui affligeaient l'autre. De plus, les beaux cabrios à prix raisonnable capables d'héberger confortablement quatre adultes ne sont pas légion. Le tableau de bord est enfin chic et éclipse l'ancien qui ne passait le test que parce qu'on le retrouvait dans des voitures de location. Enfin, la révision accordée à la suspension frôle le miracle. »
— Michel Crépault

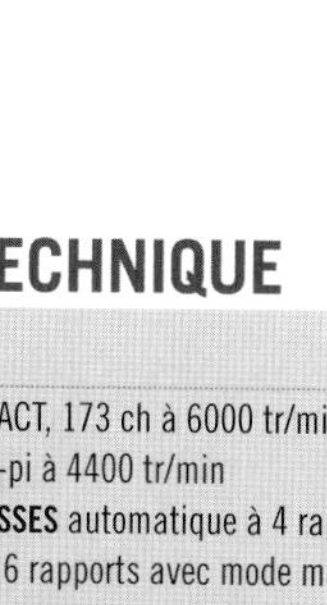

FICHE TECHNIQUE

MOTEURS

(LX) L4 2,4 L DACT, 173 ch à 6000 tr/min
COUPLE 166 lb-pi à 4400 tr/min
BOÎTES DE VITESSES automatique à 4 rapports, automatique à 6 rapports avec mode manuel (en option)
0-100 KM/H 9,8 s **VITESSE MAXIMALE** 180 km/h

(S, OPTION TOURING, LIMITED)
V6 3,6 L DACT, 283 ch à 6400 tr/min
COUPLE 260 lb-pi à 4400 tr/min
BOÎTE DE VITESSES automatique à 8 rapports avec mode manuel
0-100 KM/H 7 s **VITESSE MAXIMALE** 210 km/h

CONSOMMATION (100 KM) 8,9 L (octane 87) 12,4 L (éthanol)
ÉMISSIONS DE CO_2 4186 kg/an (octane 87) 4064 kg/an (éthanol)
LITRES PAR ANNÉE 1820 (octane 87), 2540 (éthanol)
COÛT PAR AN 2366 $

AUTRES COMPOSANTS

SÉCURITÉ ACTIVE freins ABS, assistance au freinage, antipatinage, contrôle de stabilité électronique (option sur LX)
SUSPENSION AVANT/ARRIÈRE indépendante
FREINS AVANT/ARRIÈRE disques
DIRECTION à crémaillère, assistée
PNEUS LX/Touring P225/55R17, option Touring/ standard Limited P225/50R18

DIMENSIONS

EMPATTEMENT 2765 mm
LONGUEUR 4870 mm, **cabrio.** 4947 mm
LARGEUR 1843 mm
HAUTEUR 1482 mm, **cabrio.** 1470 mm
POIDS berl. 4-cyl. 1537 kg **V6** 1614 kg **cabrio. 4 cyl.** 1733 kg **V6** 1804 kg
DIAMÈTRE DE BRAQUAGE roues 17 po 11,1 m roues 18 po 11,5 m
COFFRE 390 L, **cabrio.** 370 L, 190 L (toit replié)
RÉSERVOIR DE CARBURANT 64 L

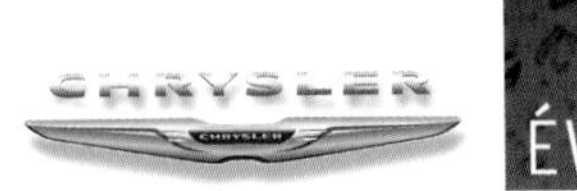

$ 32 745 à 41 995$ (R/T) t & p 1400$

LA COTE VERTE V6 DE 3,6 L (2RM) source : EnerGuide

CONSOMMATION (100 KM) 9,5 L (OCTANE 87) 13,6 L (ÉTHANOL) • **ÉMISSIONS POLLUANTES** CO_2 4462 kg/an (OCTANE 87) • 4448 kg/an (ÉTHANOL)
INDICE D'OCTANE 87 • **COÛT DU CARBURANT MOYEN PAR ANNÉE** 2522$ (OCTANE 87)
NOMBRE DE LITRES PAR ANNÉE 1940 L (OCTANE 87) 2780 (ÉTHANOL)

FICHE D'IDENTITÉ

VERSIONS Touring, Limited, S, C, SRT8
ROUES MOTRICES arrière, 4
PORTIÈRES 4 **NOMBRE DE PASSAGERS** 5
PREMIÈRE GÉNÉRATION 2005
GÉNÉRATION ACTUELLE 2011
CONSTRUCTION Brampton, Ontario, Canada
COUSSINS GONFLABLES 6 (frontaux et latéraux avant ; rideaux latéraux)
CONCURRENCE Acura TL, Buick LaCrosse/Lucerne, Chevrolet Impala, Dodge Charger, Ford Taurus, Hyundai Genesis, Nissan Maxima, Toyota Avalon

AU QUOTIDIEN

PRIME D'ASSURANCE
25 ANS : 1800 à 2000$
40 ANS : 1100 à 1300$
60 ANS : 800 à 1000$
COLLISION FRONTALE 5/5
COLLISION LATÉRALE 5/5
VENTES DU MODÈLE DE L'AN DERNIER
AU QUÉBEC 556 **AU CANADA** 4180
DÉPRÉCIATION 66,1 % (2010)
RAPPELS (2006 À 2011) 8
COTE DE FIABILITÉ 3,5/5

GARANTIES... ET PLUS

GARANTIE GÉNÉRALE 3 ans/60 000 km
GARANTIE MOTOPROPULSEUR 5 ans/100 000 km
PERFORATION 5 ans/160 000 km
ASSISTANCE ROUTIÈRE 5 ans/100 000 km
NOMBRE DE CONCESSIONNAIRES
AU QUÉBEC 94 **AU CANADA** 445

NOUVEAUTÉS EN 2012

Retouches extérieurs, moteurs plus puissants et nouvelle boîte à huit rapports (V6) et et 6 rapports (V8)

DETROIT **DU DIMANCHE...**

Antoine Joubert

Le phénomène 300 est encore aujourd'hui difficile à comprendre. Louangée à son arrivée en 2004, cette voiture est rapidement devenue un symbole américain, au point où certaines stars du Hip Hop et de la NBA délaissaient pour elle leur Hummer, leur Bentley ou leur Lamborghini ! Cette mode n'aura toutefois duré qu'un temps, si bien que, en peu de temps, la Chrysler 300 était presque reléguée aux oubliettes.

En 2011, Chrysler a toutefois levé le voile sur une nouvelle génération qui, sans créer l'effet de surprise du premier modèle, a démontré un degré de raffinement et d'élégance encore jamais vu chez ce constructeur.

CARROSSERIE Au premier coup d'œil, la 300 est facilement identifiable. Ses proportions sont à peu près les mêmes que celles du modèle précédent, les lignes étant toutefois plus homogènes. Remarquez notamment cette partie arrière drôlement plus inspirée que celle de sa devancière, ainsi que cette fenestration plus généreuse. Le museau façon Bentley demeure toutefois l'élément clé de son effet visuel, avec cette calandre proéminente et ces phares au regard félin, ceinturés de feux à diodes électroluminescentes. Il en résulte une berline carrément magnifique, positionnée dans une classe à part.

Lancée au cours de l'année 2011, la nouvelle 300 voit, après seulement quelques mois, sa famille agrandie. On note la venue de la version SRT8 de haute performance, mais aussi les deux variantes « S », à moteur V6 et V8. Ces dernières risquent sans doute d'attirer une clientèle plus jeune grâce à leur traitement esthétique spécifique qui consiste essentiellement à éliminer la présence de chrome au profit d'une allure monochrome. Croyez-moi, le résultat est étonnant !

HABITACLE La finition intérieure était sans contredit l'un des points faibles de la précédente 300. Rappelez-vous, entre autres, ces plastiques disgracieux et ces boiseries aussi véritables qu'un feu de foyer... télévisé ! Les gens de Chrysler étaient, bien sûr, conscients du problème et ont donc mis les bouchées doubles pour accoucher

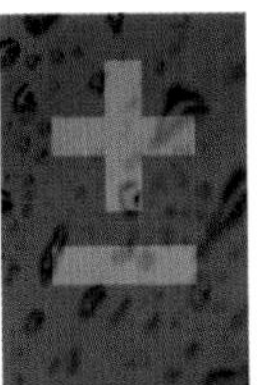

FORCES Très belles lignes • Habitacle cossu • Nouvelle boîte automatique efficace (V6) • Transmission intégrale enfin offerte avec V6 • Performances démoniaques (SRT8)

FAIBLESSES V8 très gourmand • Boîte à 5 rapports vieillissante (V8) • Visibilité améliorée, mais toujours imparfaite

d'un habitacle de haute facture. Le conducteur se retrouve donc désormais dans un environnement drôlement plus riche, esthétiquement plus chaleureux. Il faut aussi accorder de bons mots pour ces nouveaux sièges, plus confortables et enveloppants, qui peuvent, selon la version, recevoir des fonctions de chauffage et de ventilation.

MÉCANIQUE À peine quelques mois après l'introduction de la voiture, Chrysler annonçait enfin la venue d'une nouvelle boîte de vitesses automatique à 8 rapports, se jumelant au V6 Pentastar de 292 chevaux. Les bénéfices en matière de consommation de carburant comme de performance sont, bien sûr, notoires, mais il faut aussi mentionner que cette configuration mécanique peut finalement faire équipe avec la transmission intégrale, qui n'était pas offerte avec le V6 lors du lancement. Les deux moteurs V8, qu'il s'agisse du 5,7-litres ou du nouveau HEMI de 6,4 litres de la version SRT8, conservent, pour leur part, la boîte automatique à 5 rapports.

COMPORTEMENT Grâce à la nouvelle boîte à 8 rapports, les performances sont impressionnantes au point de se demander si l'option du moteur V8 est pertinente. Certes, les sensations ne sont pas les mêmes, mais le rendement de cette mécanique est si agréable qu'on ne ressent nullement le besoin d'obtenir plus de puissance. On s'est aussi attardé à retravailler la suspension, ce qui fait le plus grand bien. Désormais, on obtient un excellent équilibre entre confort et dynamisme de conduite, et ce, même sur chaussée dégradée. Seule la version SRT8 demeure plus sèche (quoique tout de même confortable) sur un pavé en piètre condition, ce qui s'explique par la fermeté de sa suspension et le diamètre hallucinant des barres stabilisatrices. En contrepartie, cette dernière propose des performances à couper le souffle et une sonorité à faire dresser le poil.

CONCLUSION La Chrysler 300 s'est donc bonifiée de toutes parts. Plus silencieuse, plus confortable, plus raffinée et drôlement plus élégante, dehors comme dedans, elle plaira à coup sûr à la clientèle cible qui appréciera aussi le fait de pouvoir bénéficier d'une mécanique plus moderne et moins énergivore. Et à ceux qui recherchent aussi de la performance, la version SRT8 ne vous aura jamais aussi bien servi. Sauf que là, oubliez l'économie de carburant!

2e OPINION

« Devenue légendaire sur les routes américaines, la 300 a atteint un statut d'icône en un temps record. Difficile donc de changer une légende. Il fallait tout de même faire quelque chose car la voiture avait peu bougé depuis son introduction en 2005. Sous des airs toujours menaçants, mais plus raffinés, la 300 nous revient avec un moteur V6 plus convaincant et un V8 encore plus mordant. L'autre bonne nouvelle réside dans la boîte de vitesses automatique du moteur V6, maintenant à 8 rapports. En plus d'être beaucoup plus souple, il permet une économie supplémentaire de carburant appréciable. Chrysler a également promis d'ajouter la transmission intégrale à ce même V6. Pour le moment les 4 roues motrices sont uniquement offertes avec le V8. Il y aurait même une hybride en 2013 pour les gangsters écolos. Une 300 revue, un habitacle remanié plus haut de gamme et une touche de haute technologie grâce à un nouvel écran pour l'interface d'infodivertissement. Le véritable luxe à l'américaine. » — Benoit Charette

FICHE TECHNIQUE

MOTEURS

(TOURING, TOURING 4RM, LIMITED, LIMITED 4RM, S V6)
V6 3,6 L DACT, 292 ch à 6350 tr/min
COUPLE 260 lb-pi à 4800 tr/min
BOÎTES DE VITESSES automatique à 8 rapports avec mode manuel, (Limited, S, option Touring) automatique à 8 rapports avec mode manuel
0-100 KM/H 7,4 s **4RM** 7,6 s
VITESSE MAXIMALE 210 km/h

(C, C 4RM) S V8, S V8 4RM V8 5,7 L ACC, 363 ch à 5200 tr/min
COUPLE 394 lb-pi à 4200 tr/min
BOÎTE DE VITESSES automatique à 6 rapports avec mode manuel
0-100 KM/H 6,3 s
VITESSE MAXIMALE 240 km/h

CONSOMMATION (100 KM) 2RM 10,8 L **4RM** 11,5 L
ÉMISSIONS DE CO_2 2RM 5106 kg/an **4RM** 5382 kg/an
LITRES PAR ANNÉE 2RM 2220 **4RM** 2340
COÛT PAR AN 2RM 2886 $ **4RM** 3042 $

(SRT8) V8 6,4 L ACC, 465 ch à 6000 tr/min
COUPLE 465 lb-pi à 4200 tr/min
BOÎTE DE VITESSES automatique à 6 rapports avec mode manuel
0-100 KM/H 5,2 s
VITESSE MAXIMALE 275 km/h

CONSOMMATION (100 KM) 14 L (octane 91)
ÉMISSIONS DE CO_2 6 300 kg/an
LITRES PAR ANNÉE 2 760
COÛT PAR AN 3864 $

AUTRES COMPOSANTS

SÉCURITÉ ACTIVE freins ABS, répartition électronique de la force de freinage, assistance au freinage, antipatinage, contrôle de stabilité électronique
SUSPENSION AVANT/ARRIÈRE indépendante
FREINS AVANT/ARRIÈRE disques
DIRECTION à crémaillère, assistée
PNEUS TOURING P215/65R17, **LIMITED/300C** P225/60R18, **300C 4RM** P235/55R19, **OPTION SRT8/ OPTION 300C/300C 4RM** P245/45R20

DIMENSIONS

EMPATTEMENT 3052 mm
LONGUEUR 5044 mm **SRT8** 5088 mm
LARGEUR 1902 mm **SRT8** 1886 mm
HAUTEUR 1484 mm; **LIMITED/300C** 1485 mm; **300C 4RM** 1504 mm **SRT8** 1480 mm
POIDS TOURING 1797 kg, **LIMITED** 1817 kg, **300C** 1937 kg, **300C 4RM** 2047 kg, **SRT8** 1980 kg
DIAMÈTRE DE BRAQUAGE ND
COFFRE 500 L
RÉSERVOIR DE CARBURANT 72,2 L

MENTIONS

CLÉ D'OR

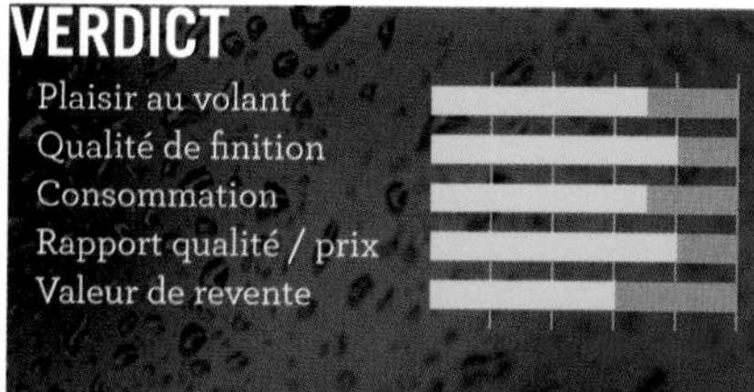

LA COTE VERTE MOTEUR L4 DE 2,4 L source : EnerGuide

CONSOMMATION (100 KM) auto 4 rapports 8,3 L auto 6 rapports 8,5 L • **ÉMISSIONS POLLUANTES CO_2** auto 4 rapports 3864 kg/an auto 6 rapports 4002 kg/an • **INDICE D'OCTANE** 87 **COÛT DU CARBURANT MOYEN PAR ANNÉE** auto 4 rapports 2100$ auto 6 rapports 2175$ • **NOMBRE DE LITRES PAR ANNÉE** auto 4 rapports 1680 L auto 6 rapports 1740 L

FICHE D'IDENTITÉ

VERSIONS SE, SXT, SXT Plus, R/T
ROUES MOTRICES avant
PORTIÈRES 4 **NOMBRE DE PASSAGERS** 5
PREMIÈRE GÉNÉRATION 1995
GÉNÉRATION ACTUELLE 2007
CONSTRUCTION Sterling Heights, Michigan, É.-U.
COUSSINS GONFLABLES 6 (frontaux, latéraux avant, rideaux latéraux)
CONCURRENCE Chevrolet Malibu, Ford Fusion, Honda Accord, Hyundai Sonata, Kia Optima, Mazda6, Nissan Altima, Subaru Legacy, Toyota Camry

AU QUOTIDIEN

PRIME D'ASSURANCE
25 ANS : 1400 à 1600$
40 ANS : 1000 à 1100$
60 ANS : 800 à 1000$
COLLISION FRONTALE 5/5
COLLISION LATÉRALE 4/5
VENTES DU MODÈLE DE L'AN DERNIER
AU QUÉBEC 476 **AU CANADA** 3495
DÉPRÉCIATION (2 ANS) 57,0%
RAPPELS (2006 À 2011) 9
COTE DE FIABILITÉ 3/5

GARANTIES... ET PLUS

GARANTIE GÉNÉRALE 3 ans/60 000 km
GARANTIE MOTOPROPULSEUR 5 ans/100 000 km
PERFORATION 5 ans/160 000 km
ASSISTANCE ROUTIÈRE 5 ans/100 000 km
NOMBRE DE CONCESSIONNAIRES
AU QUÉBEC 93 **AU CANADA** 440

NOUVEAUTÉS EN 2012

Nouvelle livrée R/T, redessinée et nouveau moteur V6 3,6 (2011)

MERCI, **FIAT !**

Daniel Rufiange

En lisant les articles de mes collègues sur les produits nés du branle-bas de combat chez Chrysler, vous allez réaliser qu'on s'entend sur une chose; l'amélioration de la proposition. La Dodge Avenger a profité des deniers avancés par Fiat. Les cerveaux de Chrysler ont pu démontrer leur savoir-faire. Cette nouvelle a été salutaire pour l'Avenger. L'ancienne mouture donnait mal au cœur. La question qui demeure, toutefois, c'est de savoir si les changements apportés à cette berline intermédiaire sont suffisants pour la rendre vraiment attrayante dans un créneau surpeuplé de bons produits.

CARROSSERIE Plusieurs des modèles revus par Chrysler n'ont subi, en fait, que de simples retouches esthétiques. Malheureusement, c'est le cas de l'Avenger qui, à mon humble avis, aura besoin de bien plus qu'une simple séance de maquillage pour devenir attrayante. Néanmoins, la voiture, qui est offerte en trois versions, SE, SXT et SXT Plus, n'est pas entièrement hideuse. De plus, Chrysler continue d'offrir l'Avenger en version de base à un prix quasi irrésistible de 17 995$ après rabais du fabricant. Je connais quelques entreprises de location qui salivent en voyant ce prix.

HABITACLE C'est à bord que Chrysler a misé gros et, toujours à mon humble avis, gagne sur toute la ligne. C'est simple, c'est le jour et la nuit avec ce qu'on a connu dans le passé. Tout a été revu; matériaux, ergonomie, design, couleurs et options. Bref, un travail colossal a été accompli. Le résultat? On a droit à un environnement de meilleure qualité. Quant à la présentation, elle vise surtout à ne pas déplaire, mais tout est fonctionnel, et c'est ce qui compte. L'Avenger est conçue pour être pratique et servir une clientèle disparate. C'est le lot d'une voiture spacieuse pouvant accueillir confortablement cinq passagers. En prime, son conducteur la pilote maintenant en appréciant l'expérience.

MÉCANIQUE L'offre mécanique se résume à deux motorisations, l'une connue, l'autre toute nouvelle. La première est une version retouchée du 4-cylindres de 2,4 litres qui

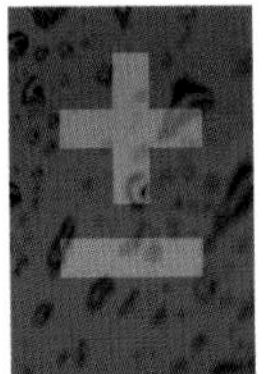

Forces Douceur de roulement • Habitacle désormais de qualité • Espace pour les passagers • Bonne insonorisation

Faiblesses Aucun prestige • Valeur de revente encore faible • Design peu inspirant

s'il a déjà pris le volant d'un modèle antérieur à 2011. Le confort, la tenue de route, la tenue de cap et l'aplomb en virage sont des qualités qu'on peut désormais associer à cette voiture. Bref, elle est bien équilibrée. On se surprend à vouloir en prendre le volant tellement on aime maintenant la conduire, que ce soit sur la route ou en plein centre-ville. Quant au moteur à 4 cylindres

propose désormais 173 chevaux. Quant à la seconde, il s'agit du moteur V6 de 3,6 litres Pentastar que Chrysler répand dans toute sa gamme. Équipée du V6, l'Avenger se déplace à la vitesse de l'éclair. Mais tout cela est bien secondaire, car les modifications apportées à la suspension sont ce qui retient l'attention. Pas moins de 26 des 30 bagues de suspension ont été changées, la voiture a été abaissée de 12 millimètres à l'avant, de 6 millimètres à l'arrière, les voies élargies de 24 millimètres, et des pneus de meilleure qualité et à profil plus bas sont désormais de série. Quand on prend le volant, la voiture a beau porter le même nom, l'expérience de conduite a été métamorphosée.

COMPORTEMENT Ainsi, le conducteur a droit à une belle surprise, spécialement

de 2,4 litres, autrefois à proscrire, le travail accompli sur ce dernier le rend méconnaissable. Ajoutez à cela qu'il est dorénavant jumelé à une boîte de vitesses automatique à 6 rapports, et on comprend que la combinaison est intéressante. Pour ce qui est du V6 Pentastar, il a le mérite d'être moins gourmand que le V6 de 3,5 litres qu'il a remplacé tout en offrant plus de puissance.

CONCLUSION Honnêtement, je n'aurais pas parié un vieux deux sur l'avenir de l'Avenger. Chrysler a fait ses devoirs. Le constructeur nous propose une voiture qui est tout à fait dans le coup, surtout si l'on considère l'éternel et combien important rapport qualité-prix. En fait, le mélange entre les façons de faire italiennes et américaines a donné, étrangement, une sauce à saveur coréenne.

2e OPINION

« Pour percer, il faut plus qu'un design correct, un prix alléchant et des gadgets novateurs. L'Avenger en est la preuve vivante, puisque ses ventes chez nos voisins du sud n'ont jamais été concluantes. En fait, c'est que son manque de raffinement mécanique et la qualité très ordinaire de l'assemblage comme de la finition ont fait de ce produit une voiture idéale pour des agences de location. En revanche, il faut admettre que les améliorations apportées pour 2012 sont importantes, au point de transformer l'âme de la voiture. Car même si, extérieurement, les changements sont discrets, l'expérience de conduite est nettement plus intéressante. Hélas, le mal est fait, ce qui signifie que cette voiture demeurera toujours en cave du segment et qu'elle affichera une valeur de revente déplorable. Mais cela n'en fait pas une mauvaise voiture pour autant. » — *Antoine Joubert*

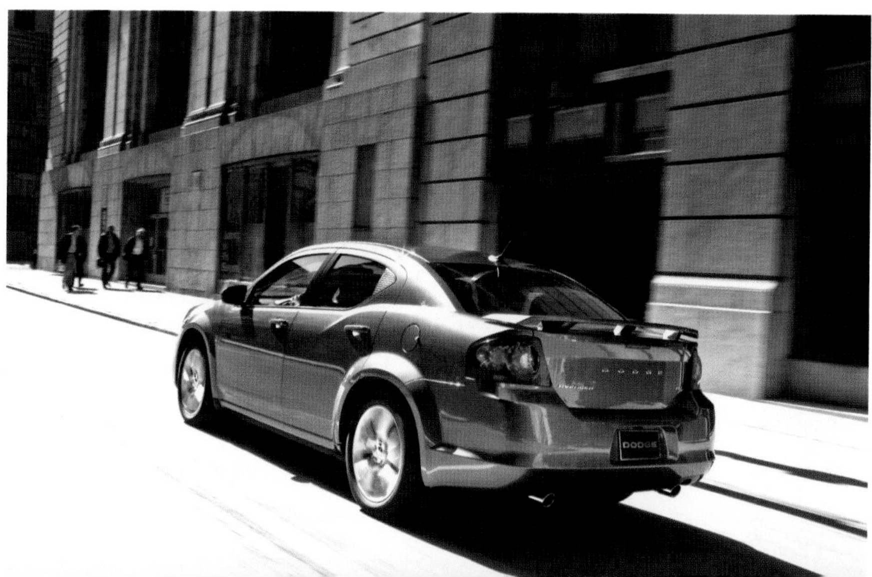

FICHE TECHNIQUE

MOTEURS

(SE, SXT) L4 2,4 L DACT, 173 ch à 6000 tr/min
COUPLE 166 lb-pi à 4400 tr/min
BOÎTE DE VITESSES automatique à 4 rapports, automatique à 6 rapports avec mode manuel (option)
0-100 KM/H 9,8 s Vitesse maximale 180 km/h

(OPTION SXT, SXT PLUS, R/T) V6 3,6 L SACT, 283 ch à 6400 tr/min
COUPLE 260 lb-pi à 4400 tr/min
BOÎTE DE VITESSES automatique à 6 rapports avec mode manuel
0-100 KM/H 7.0s Vitesse maximale 210 km/h

CONSOMMATION (100 KM) 8,9 l (octane 87)
ÉMISSIONS DE CO_2 4186 kg/an
LITRES PAR ANNÉE 1820 L
COÛT PAR AN 2275 $

AUTRES COMPOSANTS

SÉCURITÉ ACTIVE freins ABS, assistance au freinage, antipatinage , contrôle de stabilité électronique
SUSPENSION AVANT/ARRIÈRE indépendante
FREINS AVANT/ARRIÈRE disques
DIRECTION à crémaillère, assistée
PNEUS SE P225/55R17 SXT/ SXT Plus/ R/T P225/50R18 R/T P215/55R18

DIMENSIONS

EMPATTEMENT 2765 mm
LONGUEUR 4892 mm
LARGEUR 1850 mm
HAUTEUR 1483 mm
POIDS L4 1540 kg, V6 1634 kg
DIAMÈTRE DE BRAQUAGE 11,1 m jantes de 18 po. 11,5 m
COFFRE 382 L
RÉSERVOIR DE CARBURANT 64 L

VERDICT

Plaisir au volant
Qualité de finition
Consommation
Rapport qualité / prix
Valeur de revente

$ 14 595 à 21 995 $ t&p 1400 $

LA COTE VERTE MOTEUR L4 DE 2 L source : EnerGuide

CONSOMMATION (100 KM) MAN. 7,3 L CVT. 8,2 L • **ÉMISSIONS POLLUANTES CO_2** MAN. 3450 KG/AN CVT. 3818 KG/AN • **INDICE D'OCTANE** 87
COÛT DU CARBURANT MOYEN PAR ANNÉE MAN. 1950 $ CVT. 2158 $ • **NOMBRE DE LITRES PAR ANNÉE** MAN. 1500 CVT. 1660

FICHE D'IDENTITÉ

VERSIONS Valeur Plus, SE Plus, SXT, Uptown, Rush
ROUES MOTRICES avant
PORTIÈRES 5 **NOMBRE DE PASSAGERS** 5
PREMIÈRE GÉNÉRATION 2007
GÉNÉRATION ACTUELLE 2007
CONSTRUCTION Belvidere, Illinois, É.-U.
COUSSINS GONFLABLES 6 (frontaux, rideaux latéraux) coussins latéraux avant en option
CONCURRENCE Ford Focus, Mazda*3* Sport, Nissan Versa, Subaru Impreza familiale, Scion xB, Suzuki SX4, Toyota Matrix, Volkswagen Golf

AU QUOTIDIEN

PRIME D'ASSURANCE
25 ANS : 1900 à 2100 $
40 ANS : 900 à 1100 $
60 ANS : 600 à 800 $
COLLISION FRONTALE 5/5
COLLISION LATÉRALE 5/5
VENTES DU MODÈLE DE L'AN DERNIER
AU QUÉBEC 1275 **AU CANADA** 7275
DÉPRÉCIATION 58,7 %
RAPPELS (2006 À 2011) 7
COTE DE FIABILITÉ 4/5

GARANTIES... ET PLUS

GARANTIE GÉNÉRALE 3 ans/60 000 km
GARANTIE MOTOPROPULSEUR 5 ans/100 000 km
PERFORATION 5 ans/160 000 km
ASSISTANCE ROUTIÈRE 5 ans/100 000 km
NOMBRE DE CONCESSIONNAIRES
AU QUÉBEC 93 **AU CANADA** 440

NOUVEAUTÉS EN 2012

Aucun changement majeur

TROIS PETITS TOURS
ET PUIS S'EN VA

Michel Crépault

Ce texte a failli ne pas voir le jour. À un moment donné, on entendait dire que la Caliber était mise au rancart; le lendemain, on apprenait que non. Enfin, Chrysler la conservait au catalogue. Après quelques va-et-vient du genre, au moment d'écrire ces lignes, il semble acquis que la Caliber aura une année-modèle 2012, question d'écouler les inventaires, mais que ce sera ensuite la fin de la route. Chronique, donc, d'une mort annoncée...

CARROSSERIE Avouez qu'elle a du style! Sa calandre de camion, ses flancs empruntés à un utilitaire compact, son pavillon qui chute comme celui d'un coupé mais qui, en fait, recèle un hayon; on n'a pas souvent affaire à pareil mélange biscornu. On dirait une familiale maquillée pour faire de la figuration dans un film de science-fiction. Avec les pare-chocs saillants, les ailes bombées, les bas de caisse sculptés, la Caliber ne passe pas inaperçue depuis sa naissance en 2007, et je salue les gens de Chrysler qui n'ont pas eu peur d'innover sans tomber dans le loufoque ou le bancal. Un temps, les dirigeants ont proposé des versions R/T (transmission intégrale) et SRT4 (2,4-litres suralimenté), mais c'était sans doute pousser l'audace un peu loin. Ce véhicule a toujours visé les budgets serrés et, en l'équipant trop, on l'éloignait de sa cible.

HABITACLE À ses débuts, l'intérieur a été fortement critiqué pour la pauvreté de ses matériaux, empirés par une exécution sommaire. Ça s'est amélioré avec le temps, avec l'ajout de surfaces plus sympathiques, mais ça demeure une présentation bon marché. Remarquez que la simplicité de l'ergonomie a son charme (quand il y a trop de boutons, on se plaint). Cela dit, autant le plastique dur détonne, autant les stylistes ont truffé le cockpit de clins d'œil amusants. Je pense au plafonnier qui se détache pour devenir une lampe de poche dont la batterie se recharge quand l'auto roule. Ou à la chaîne audio Boston Acoustics pas piquée des vers

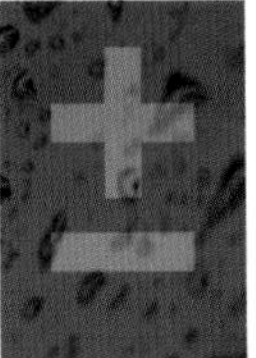

FORCES Allure distincte • Hayon pratique • Intérieur parsemé d'innovations • Consommation raisonnable • Aubaines à découvrir

FAIBLESSES Horrible musicalité du tandem moteur/CVT
Tenue de route approximative • Finition dépourvue de minutie

dont les haut-parleurs offerts en option se déploient à l'arrière pour organiser un «tailgate party». Ou encore cette boîte à gants surmontée d'un espace réfrigéré (en fait, disons rafraîchi par le système de climatisation) bon pour quatre cannettes. Sans oublier les multiples compartiments à rangement disséminés un peu partout. Bel effort. Sur le papier, la Caliber accueille cinq occupants, et ajoutons que le dégagement pour la tête passe le test; mais, au quotidien, la banquette arrière est surtout agréable à deux. Comme ses dossiers se rabattent (60/40), et que le siège du passager à l'avant se rabat sur certaines versions, les objets longs sont les bienvenus.

MÉCANIQUE Les Canadiens n'obtenaient qu'un seul moteur, alors que les Américains en recevaient deux. L'injustice a été corrigée. On peut se contenter du 4-cylindres de 2 litres de 158 chevaux jumelé à une boîte de vitesses manuelle. Le premier avantage de ce tandem est sa consommation d'environ 5 litres aux 100 kilomètres sur la route. On peut aussi se tourner vers le 2,4-litres de 172 chevaux couplé à une boîte CVT (facultative avec le 2-litres). Le modèle a déjà compté sur un 1,8-litre anémique et un 2,4-litres suralimenté (SRT4).

COMPORTEMENT La Caliber peut bien afficher un format compact, son comportement routier n'a pas l'agilité enjouée qu'un tel gabarit entraîne d'habitude. La direction manque de vie, et la suspension réagit maladroitement. D'autre part, trouvez-moi une boîte à variation continue jumelée à un 4-cylindres qui travaille en émettant un beau chant. Rare, n'est-ce pas? Le même problème plombe ce tandem. Pour le minimiser, il convient de ne jamais écraser l'accélérateur. C'est à peine plus endurable avec la boîte manuelle. Le bon côté : la faible consommation de carburant. Pour tout dire, la Caliber propose une enveloppe originale mais une tenue de route basique. Elle deviendrait plus fougueuse et plus silencieuse que le produit deviendrait alléchant, étant donné son allure originale et la polyvalence de son habitacle.

CONCLUSION Puisque la Caliber, dont la gueule et l'utilité marquent des points, est en fin de carrière, vous auriez peut-être intérêt à aller dégoter une transaction intéressante. Mais soyez prévenu qu'au plan de la tenue de route, c'est quelconque.

2e OPINION

«Nous voici réunis pour un dernier au revoir à un véhicule qui n'avait rien d'exceptionnel. La Caliber restera dans notre mémoire à tous, cela ne fait aucun doute, mais sans doute pas pour les bonnes raisons. Souvenez-vous de ses premiers pas prometteurs en 2007 qui ont rapidement laissé un goût amer. Malgré son apparence combative, elle menait un combat perdu d'avance en raison d'une concurrence trop forte pour sa vieille constitution. Sa mort est annoncée pour mars 2012, où elle laissera, on le souhaite, place à un modèle qui saura se démarquer. La Caliber n'aura pas su transmettre sa joie de vivre, elle n'a pas su mordre dans la vie. En fait, elle ne nous manquera pas. Souhaitons seulement que Chrysler, elle, ne manquera pas son coup avec la remplaçante de cette compacte qui sera vite oubliée.» — Benoit Charette

FICHE TECHNIQUE

MOTEURS

(VALEUR PLUS, SE PLUS, SXT, UPTOWN) L4 2 L DACT, 158 ch à 6400 tr/min
COUPLE 141 lb-pi à 5000 tr/min
BOÎTES DE VITESSES manuelle à 5 rapports, automatique à variation continue (en option, de série Uptown)
VITESSE MAXIMALE 185 km/h
0-100 KM/H 10,8 s

(OPTION SXT, DE SÉRIE UPTOWN) L4 2,4 L DACT, 172 ch à 6000 tr/min
COUPLE 165 lb-pi à 4400 tr/min
BOÎTES DE VITESSES manuelle à 5 rapports, automatique à variation continue (en option, de série Uptown)
0-100 KM/H 9,9 s
VITESSE MAXIMALE 190 km/h

CONSOMMATION (100 KM) man. 8 L **CVT.** 8,4 L (octane 87)
ÉMISSIONS DE CO_2 man. 3776 kg/an **CVT.** 3910 kg/an
LITRES PAR ANNÉE man. 1620 **CVT.** 1700
COÛT PAR AN man. 2106 $ **CVT.** 2210 $

AUTRES COMPOSANTS

SÉCURITÉ ACTIVE freins ABS (option), assistance au freinage (option) contrôle de stabilité électronique (option), antipatinage (option)
SUSPENSION AVANT/ARRIÈRE indépendante
FREINS AVANT/ARRIÈRE disques/tambours (disques aux 4 roues avec livrées Uptown et Rush)
DIRECTION à crémaillère, assistée
PNEUS P205/70R15 **SE PLUS/SXT/UPTOWN** P215/60R17 **RUSH** P215/55R18

DIMENSIONS

EMPATTEMENT 2635 mm
LONGUEUR 4414 mm
LARGEUR 1747 mm
HAUTEUR 1533 mm
POIDS 2-L 1334 kg **2,4-L** 1408 kg
DIAMÈTRE DE BRAQUAGE roues 17 po. 10,8 m **roues 18 po.** 11,3 m
COFFRE 521 L, 1342 L (sièges abaissés)
RÉSERVOIR DE CARBURANT 52 L

VERDICT

Plaisir au volant
Qualité de finition
Consommation
Rapport qualité / prix
Valeur de revente

LA COTE VERTE MOTEUR V6 DE 3,6 L source : EnerGuide

CONSOMMATION (100 KM) 9,5 L • **ÉMISSIONS POLLUANTES CO_2** 4462 KG/AN • **INDICE D'OCTANE** 87
COÛT DU CARBURANT MOYEN PAR ANNÉE 2522$ • **NOMBRE DE LITRES PAR ANNÉE** 1940

FICHE D'IDENTITÉ

VERSIONS SXT, R/T, SRT8 392
ROUES MOTRICES arrière
PORTIÈRES 2 **NOMBRE DE PASSAGERS** 5
PREMIÈRE GÉNÉRATION 2008
GÉNÉRATION ACTUELLE 2008
CONSTRUCTION Brampton, Ontario, Canada
COUSSINS GONFLABLES 6
(frontaux, latéraux avant et rideaux latéraux)
CONCURRENCE Chevrolet Camaro, Hyundai Genesis Coupe, Ford Mustang, Nissan 370 Z, Infiniti G37 coupé

AU QUOTIDIEN

PRIME D'ASSURANCE
25 ANS : 1900 à 2100$
40 ANS : 1100 à 1300$
60 ANS : 900 à 1100$
COLLISION FRONTALE 5/5
COLLISION LATÉRALE 5/5
VENTES DU MODÈLE DE L'AN DERNIER
AU QUÉBEC 375 **AU CANADA** 3097
DÉPRÉCIATION 31,7%
RAPPELS (2006 À 2011) 5
COTE DE FIABILITÉ 3/5

GARANTIES... ET PLUS

GARANTIE GÉNÉRALE 3 ans/60 000 km
GARANTIE MOTOPROPULSEUR 5 ans/100 000 km
PERFORATION 5 ans/160 000 km
ASSISTANCE ROUTIÈRE 5 ans/100 000 km
NOMBRE DE CONCESSIONNAIRES
AU QUÉBEC 93 **AU CANADA** 440

NOUVEAUTÉS EN 2012

Nouvelles motorisations pour les livrées SXT et SRT8 (2011)

RÉTRO 101

Vincent Aubé

Dans cet océan de véhicules «politiquement corrects», la Dodge Challenger est carrément à l'autre bout du spectre automobile. Des trois «muscle cars» de Detroit, l'interprétation de Dodge est assurément la plus calquée sur le passé, et c'est ce qui fait son charme! La bonne nouvelle, c'est que, malgré ces lignes vieilles de 40 ans, la Challenger demeure une voiture moderne à plusieurs points de vue; l'an dernier, Dodge a même retravaillé quelques facettes de son «ponycar» légendaire.

CARROSSERIE Au chapitre de la tôle, il n'y a pas beaucoup à redire, à l'exception de cette ouverture dans le pare-chocs avant qui est dorénavant courbée vers le sol. Pour le reste, c'est du pareil au même, et le département de Design aurait commis une erreur s'il avait altéré cette allure ravageuse. En 2011, Dodge a ajouté une édition 392 à la gamme SRT8 qui peut se reconnaître soit par une carrosserie bleu royal avec des bandes blanches ou une carrosserie blanche avec des bandes bleues. À l'exception des écussons limités et du becquet peint aux couleurs de la voiture, on peut aussi reconnaître des jantes exclusives à ce modèle et de nouveaux pots d'échappement à l'arrière.

HABITACLE Là aussi, les changements sont mineurs, même si la seule intégration d'un volant de plus petit diamètre est déjà une bénédiction pour ceux qui aiment conduire. Terminé l'ancien volant emprunté aux fourgonnettes Chrysler ! Le tableau de bord conserve le dessin des années antérieures. Il y a bien un peu de rétro dans cette planche, mais ce n'est pas cette partie qui retient le plus l'attention. Dans les versions à moteur V6 et celles tatouées de l'écusson R/T, les sièges imitent à merveille ceux d'antan. Cochez l'option SRT8 et vous obtenez des baquets généreux en maintien latéral et confortables à souhait. Chose surprenante, la banquette arrière repliable peut convenir à deux adultes. Sur ce plan, la Challenger est plus spacieuse que les Mustang et Camaro de ce monde.

MÉCANIQUE La Challenger a peut-être conservé son image d'antan, mais le V6 est

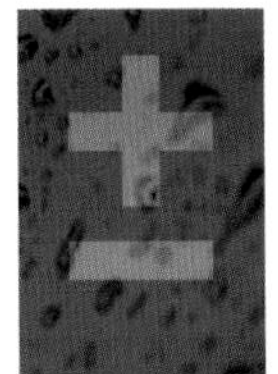

FORCES Carrosserie rétro • Sonorité du moteur V8 • Moteur V6 plus intéressant

FAIBLESSES Largeur du véhicule • Consommation de carburant (moteur V8) • Boîte automatique à 5 rapports seulement

tout nouveau pour 2012. Ce V6 Pentastar de 3,6 litres est déjà utilisé à plusieurs sauces chez Chrysler. Il est plus doux, plus économe à la pompe et possède même une meilleure sonorité que l'ancien. Dommage toutefois qu'il ne soit pas encore jumelé à la nouvelle boîte de vitesses automatique à 8 rapports maintenant offerte avec les Chrysler 300 et Dodge Charger. Le V8 de 5,7 litres demeure inchangé, tandis que le haut du pavé est occupé par le nouveau V8 de 6,4 litres boulonné sous le capot de la SRT8. Avec 470 chevaux et autant de couple, cette SRT8 est encore plus exaltante à piloter. Toutes les Challenger peuvent être commandées avec une boîte automatique à 5 rapports, la R/T étant aussi offerte avec une boîte manuelle du type « Pistol Grip » à 6 rapports, idem pour la SRT8.

COMPORTEMENT Conduire une telle voiture demande tout de même quelques ajustements. Le ponycar de Dodge est imposant sur la route, et son poids important exige une conduite un peu plus modérée. Équipée de pneus larges et d'une suspension à 4 roues indépendantes, la Dodge est quand même rassurante, tandis que son freinage est très compétent dans la version SRT8 et un peu moins dans les autres éditions. Bien évidemment, le plaisir croît avec la sonorité du moteur à mesure qu'il fait grimper le compte-tours, et la boîte de vitesses manuelle dans la SRT8 est moins « camionnesque », le levier de vitesses étant plus facile à manier. Aussi, le châssis rigide contribue à mieux négocier les virages. Finalement, la direction n'est pas aussi précise que dans une Porsche, mais il se fait pire dans l'industrie.

CONCLUSION La Dodge Challenger est une affaire de passion. Si cette image rétro vous fait craquer, c'est normal ! D'ailleurs, équipée du moteur de base, cette Dodge est même offerte sous la barre des 30 000 $. Par contre, les versions à moteur V8 demeurent encore les plus alléchantes à acquérir malgré l'appétit légèrement supérieur du moteur HEMI. Pour l'instant, la Challenger demeure la voiture qui attire les foules dans les salles d'exposition du constructeur américain et elle le fait avec brio.

2e OPINION

« Chevrolet Camaro, Ford Mustang ou Dodge Challenger ? Voilà l'éternelle question. Dans ce créneau, le choix des consommateurs est dicté par l'émotion et non le fruit d'une équation rationnelle. Affirmer la suprématie de l'une, c'est s'attirer les foudres des amateurs des deux autres. Eh bien je suis prêt ! La Challenger est ma préférée. Pourquoi ? Parce que je bave quand j'en vois une. Son design me rend gaga et la sonorité de ses moteurs V8 – j'inclus le moteur de 6,4 litres de la version 392 – me fait trembloter. L'arrivée du moteur Pentastar V6 de 3,6 litres dans la version de base la rend encore plus attrayante. Ce n'est pas encore la meilleure, mais ma meilleure à moi. Elle me rend fou. Bon, je file chez ma psy » — Daniel Rufiange

FICHE TECHNIQUE

MOTEURS

(SXT) V6 3,6 L DACT 305 ch. à 6350 tr/min
COUPLE 268 lb-pi à 4800 tr/min
BOÎTE DE VITESSES automatique à 5 rapports avec mode manuel
0-100 KM/H 8 s
VITESSE MAXIMALE 210 km/h

(R/T) V8 5,7 L ACC, 372 ch (auto.) à 5200 tr/min / 376 ch (man.) à 5150 tr/min
COUPLE 400 lb-pi (auto.) à 4400 tr/min / 410 lb-pi (man.) à 4300 tr/min
BOÎTES DE VITESSES automatique à 5 rapports avec mode manuel, manuelle à 6 rapports (option)
0-100 KM/H 5,9 s
VITESSE MAXIMALE 210 km/h

CONSOMMATION (100 KM) man. 11 L (octane 87) **auto.** 10,8 L (octane 87)
ÉMISSIONS DE CO_2 man. 5198 kg/an **auto.** 5106 kg/an
LITRES PAR ANNÉE man. 2260 **auto.** 2220
COÛT PAR AN man. 2938 $, **auto.** 2886 $

(SRT8 392) V8 6,4 L ACC, 470 ch à 6000 tr/min
COUPLE 470 lb-pi à 4200 tr/min
BOÎTES DE VITESSES automatique à 5 rapports avec mode manuel, manuelle à 6 rapports (option)
0-100 KM/H 4,8 s
VITESSE MAXIMALE 280 km/h

CONSOMMATION (100 KM) man. 12 L (octane 91) **auto.** 12,4 L (octane 91)
ÉMISSIONS DE CO_2 man. 5658 kg/an **auto.** 5888 kg/an
LITRES PAR ANNÉE man. 2460 **auto.** 2560
COÛT PAR AN man. 3444 $ **auto.** 3584 $

AUTRES COMPOSANTS

SÉCURITÉ ACTIVE freins ABS, répartition électronique de la force de freinage, assistance au freinage, antipatinage, contrôle de stabilité électronique
SUSPENSION AVANT/ARRIÈRE indépendante
FREINS AVANT/ARRIÈRE disques
DIRECTION à crémaillère, assistée
PNEUS SXT, R/T P235/55R18; **option R/T standard SRT8** P245/45R20 ; **option SRT8** P245/45R20 (av.) P255/45R20 (arr.)

DIMENSIONS

EMPATTEMENT 2946 mm
LONGUEUR 5023 mm
LARGEUR 1923 mm
HAUTEUR 1449 mm
POIDS SXT 1735 kg, **R/T** 1852 kg, **SRT8** 1887 kg
DIAMÈTRE DE BRAQUAGE 11,6 m **SRT8** 11,5 m
COFFRE 459 L
RÉSERVOIR DE CARBURANT 72,2 L **SRT8** 71,9 L

MENTIONS

RECOMMANDÉ

www.dodge.ca

$ 22 945 à 28 995 $ t & p 1400 $

LA COTE VERTE MOTEUR V6 DE 3,6 L source : EnerGuide

CONSOMMATION (100 KM) 10,1 L (octane 87) 14,3 L (éthanol) • **ÉMISSIONS POLLUANTES CO_2** 4738 kg/an (octane 87) 4640 kg/an (éthanol) • **INDICE D'OCTANE** 87 • **COÛT DU CARBURANT MOYEN PAR ANNÉE** 2575 $ • **NOMBRE DE LITRES PAR ANNÉE** 2060 L (octane 87) 2900 (éthanol)

COÛT DU CARBURANT MOYEN PAR ANNÉE 2575 $ • **NOMBRE DE LITRES PAR ANNÉE** 2060 L (octane 87) 2900 L (éthanol)

FICHE D'IDENTITÉ

VERSIONS Grand Caravan SE, SXT, CREW, R/T
Town and Country Touring, Limited
ROUES MOTRICES avant
PORTIÈRES 5 **NOMBRE DE PASSAGERS** 7
PREMIÈRE GÉNÉRATION 1984
GÉNÉRATION ACTUELLE 2008
CONSTRUCTION Windsor, Ontario, Canada
COUSSINS GONFLABLES 8
(frontaux, latéraux/genoux avant, rideaux latéraux)
CONCURRENCE Honda Odyssey, Kia Sedona,
Nissan Quest, Toyota Sienna

AU QUOTIDIEN

PRIME D'ASSURANCE
25 ANS : 1400 à 1600 $
40 ANS : 900 à 1100 $
60 ANS : 700 à 900 $
COLLISION FRONTALE 5/5
COLLISION LATÉRALE 5/5
VENTES DU MODÈLE DE L'AN DERNIER
GRAND CARAVAN AU QUÉBEC 12 652 **AU CANADA** 55 306
TOWN AND COUNTRY AU QUÉBEC 668 **AU CANADA** 4 175
DÉPRÉCIATION 61,4 %
RAPPELS (2006 À 2011) 4
COTE DE FIABILITÉ 3/5

GARANTIES... ET PLUS

GARANTIE GÉNÉRALE 3 ans/60 000 km
GARANTIE MOTOPROPULSEUR 5 ans/100 000 km
PERFORATION 5 ans/160 000 km
ASSISTANCE ROUTIÈRE 5 ans/100 000 km
NOMBRE DE CONCESSIONNAIRES
AU QUÉBEC 93 **AU CANADA** 440

NOUVEAUTÉS EN 2012

Nouveau V6 de 3,6 litres comme mécanique unique, redessiné, coussins gonflables latéraux à l'avant ainsi que pour les genoux

LES PATRIARCHES **N'ABANDONNENT PAS**

Michel Crépault

Le créneau des fourgonnettes a peut-être perdu des joueurs, mais ceux qui restent se livrent une épique bataille. Alors que trois japonaises (Quest, Sienna et Odyssey), une sud-coréenne (Sedona) et une allemande (Routan) ne lâchent pas le morceau, la vénérable Dodge Grand Caravan et sa cousine plus huppée chez Chrysler, la Town & Country, font des pieds et des mains pour demeurer les plus populaires auprès des familles.

CARROSSERIE L'an dernier, Chrysler a revu l'enveloppe de ses fourgonnettes pour la badigeonner d'un zeste de *sex appeal*. Ce n'est déjà pas toujours drôle de se promener en fourgonnette, aussi bien égayer un peu l'acte charitable de charrier une tribu turbulente ! L'époque de deux empattements est révolue, le plus long l'a emporté et demeure seul au catalogue.

HABITACLE C'est ici que la victoire finale se joue. Si l'intérieur de la fourgonnette déplaît aux parents et si les enfants n'y trouvent pas non plus leur compte, on passe à la prochaine sur la liste de magasinage. Puisque les acheteurs n'ont pas tous les sous pour trancher leur dilemme en choisissant une Honda, le nec plus ultra quant à moi, Chrysler profite de cette brèche pour proposer aux consommateurs un véhicule moins cher associé à toutes sortes de rabais ponctuels. Mais on n'en a toujours que pour son argent, de sorte que les plastiques et la finition de la GC ne présentent pas la qualité des rivales. À moins de vous diriger vers la T&C, censée justement combler le client aux goussets mieux garnis. Admirez la stratégie qui s'assure ainsi de couvrir tous les buts. Qui plus est, les penseurs de Chrysler, pas fous, ont injecté à leurs fourgonnettes des caractéristiques qui nous rappellent que les créateurs de la fourgonnette, ce sont eux ! La palme de l'innovation revient au système *Stow'N Go* qui a dû être inspiré par un tour de passe-passe de Criss Angel : vous voyez les sièges de la rangée du milieu et, tadam,

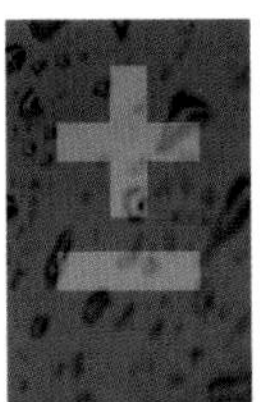

FORCES Adaptabilité des places • Nombreux aspects pratiques • Nouveau V6 plus pertinent • Abordable

FAIBLESSES Abondance de plastiques • Finition moins minutieuse que chez les rivales • Style plus générique

vous ne les voyez plus ! Pour que le truc fonctionne, toutefois, on se retrouve avec des coussins moins confortables, bien que le fabricant ait tenté de corriger la chose l'an dernier avec un succès relatif. D'autres idées viennent et repartent. C'est le cas des chaises *Swivel'N Go* qui n'ont pas motivé l'intérêt de suffisamment de joueurs de bridge pour s'imposer. De plus, la GC déborde d'espaces de rangement, tandis que la T&C fait grand usage de cuir et de similibois, question sans doute de faire revivre la belle époque des *woodie station-wagon* de jadis.

MÉCANIQUE Avant l'an dernier, Chrysler proposait un V6 anémique de 3,3 litres et un autre de 4 litres que tout le monde, bien sûr, recommandait. Depuis 2011, l'offre ne peut être plus simple : un V6 de 3,6 litres dont les 283 chevaux éclipsent la puissance des deux autres tout en offrant une meilleure consommation. Pareillement, la vétuste boîte de vitesses à 4 rapports a pris le chemin du musée pour céder sa place à une boîte contemporaine à 6 rapports qui complète l'engin à merveille.

COMPORTEMENT Les ingénieurs américains se sont attaqués aux problèmes qui ombrageaient la réputation de leurs produits. Par exemple, les promenades ne génèrent plus autant de bruits de caisse que par le passé (et encore, ils se noyaient bien souvent dans le vacarme des enfants). Bien que les accélérations à l'emporte-pièce n'aient pas vraiment leur place dans l'arsenal d'une fourgonnette, le nouveau V6 permet un 0 à 100 km/h sous les 9 secondes. Pas aussi rapide que les asiatiques, mais ça fait le travail. Enfin, si le calme est davantage votre truc, les dollars supplémentaires investis dans la T&C valent la peine.

CONCLUSION Pour la majorité des clients d'une fourgonnette, le point décisif tournera autour du prix. Et à ce chapitre, depuis le temps, les gens de Chrysler savent y faire. Personnellement, si mon budget décidait de tout, je serais bien heureux de me promener dans une Grand Caravan. La Ferrari n'aura qu'à attendre.

2e OPINION

« Quand un véhicule détient 75 % des parts de marché d'un segment, on parle d'une domination outrageuse. Alors que plusieurs ont abandonné le créneau des fourgonnettes, Dodge y est demeurée fidèle en continuant d'offrir aux familles un véhicule polyvalent à prix abordable. L'an dernier, la Grand Caravan a reçu un tout nouvel intérieur désormais de très bonne qualité, un nouveau moteur plus performant et frugal ainsi que plus d'équipement de série. Tout cela pour presque le même prix. Dodge a bonifié ce qui était déjà la meilleure offre sur le marché. En prime, les suspensions de la Grand Caravan ont été revues afin de lui donner une tenue de route plus sentie et plus à l'image de Dodge. À tous ceux qui magasinent un utilitaire, pensez-y deux fois. » — Daniel Rufiange

FICHE TECHNIQUE

MOTEURS

V6 3,6 L DACT, 283 ch à 6400 tr/min
COUPLE 260 lb-pi à 4400 tr/min
BOÎTE DE VITESSES automatique à 6 rapports
0-100 KM/H 7,5 s
VITESSE MAXIMALE 200 km/h

AUTRES COMPOSANTS

SÉCURITÉ ACTIVE freins ABS, contrôle de stabilité électronique, répartition électronique de la force de freinage, antipatinage
SUSPENSION AVANT/ARRIÈRE indépendante/essieu rigide
FREINS AVANT/ARRIÈRE disques
DIRECTION à crémaillère, assistée
PNEUS GRAND CARAVAN / TOWN AND COUTRY SE, SXT/ TOURING P235/60 R16 **GRAN CARAVAN / TOWN AND COUNTRY CREW, R/T / LIMITED** P225/65 R17

DIMENSIONS

EMPATTEMENT 3078 mm
LONGUEUR 5151 mm
LARGEUR 1998 mm
HAUTEUR 1725 mm
POIDS 2050 kg
DIAMÈTRE DE BRAQUAGE 11,9 m
COFFRE 934 L, 4072 L (sièges abaissés)
RÉSERVOIR DE CARBURANT 76 L
CAPACITÉ DE REMORQUAGE 1633 kg

MENTIONS

RECOMMANDÉ

VERDICT

Plaisir au volant
Qualité de finition
Consommation
Rapport qualité / prix
Valeur de revente

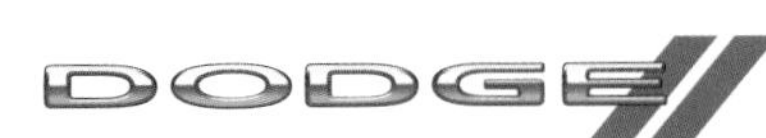

LA COTE VERTE MOTEUR V6 DE 3,6 L source : EnerGuide

CONSOMMATION (100 KM) 9,5 L (octane 87) 13,6 L (éthanol) • **ÉMISSIONS POLLUANTES CO_2** 4462 kg/an (octane 87) 4448 kg/an (éthanol) • **INDICE D'OCTANE** 87 • **COÛT DU CARBURANT MOYEN PAR ANNÉE** 2522$ (octane 87) • **NOMBRE DE LITRES PAR ANNÉE** 1940 (octane 87) 2780 (éthanol)

FICHE D'IDENTITÉ

VERSIONS SE, SXT, R/T, R/T 4RM, SRT8
ROUES MOTRICES arrière, 4
PORTIÈRES 4 **NOMBRE DE PASSAGERS** 5
PREMIÈRE GÉNÉRATION 2006
GÉNÉRATION ACTUELLE 2011
CONSTRUCTION Brampton, Ontario, Canada
COUSSINS GONFLABLES 8 (frontaux et latéraux avant; genoux; rideaux latéraux)
CONCURRENCE Acura TL, Buick LaCrosse/Lucerne, Chevrolet Impala, Ford Taurus, Hyundai Genesis, Nissan Maxima

AU QUOTIDIEN

PRIME D'ASSURANCE
25 ANS : 1900 à 2100$
40 ANS : 1100 à 1300$
60 ANS : 900 à 1100$
COLLISION FRONTALE 5/5
COLLISION LATÉRALE 5/5
VENTES DU MODÈLE DE L'AN DERNIER
AU QUÉBEC 735 **AU CANADA** 4662
DÉPRÉCIATION 68 %
RAPPELS (2006 À 2011) 9
COTE DE FIABILITÉ 4/5

GARANTIES... ET PLUS

GARANTIE GÉNÉRALE 3 ans/60 000 km
GARANTIE MOTOPROPULSEUR 5 ans/100 000 km
PERFORATION 5 ans/160 000 km
ASSISTANCE ROUTIÈRE 5 ans/100 000 km
NOMBRE DE CONCESSIONNAIRES
AU QUÉBEC 93 **AU CANADA** 440

NOUVEAUTÉS EN 2012

Nouvelle génération (2011), nouveau V8 de 6,4 litres pour la livrée SRT8

ELLE HONORE DÉSORMAIS SON PASSÉ

Daniel Rufiange

Au moment de mettre sous presse l'an dernier, nous n'avions mot de ce qui allait advenir des produits Chrysler. Lesquels le fabricant allait-il sacrifier ? Lesquels allaient survivre ? Est-ce que la venue en Amérique du Nord de la Fiat 500 allait s'accompagner d'autres produits italiens ? Bref, nous ressemblions à des poules pas de tête à la recherche de la très convoitée information. Cette dernière est finalement venue, deux mois après la sortie du livre.

Cette année, on ne parle plus de Chrysler au conditionnel. Le constructeur nous a présenté sa nouvelle gamme de produits, seize en tout, nouveaux ou entièrement revus. Nous les avons utilisés et analysés comme jamais, à commencer par cette Charger.

CARROSSERIE En 2011, le design de la Charger a été mis au goût du jour. L'avant arbore des lignes encore plus agressives et est décoré de la nouvelle signature Dodge caractérisée par une croix à double trait. Les flancs reçoivent une moulure intégrée à la carrosserie qui rappelle les Charger de la fin des années 60, et le design des feux arrière est désormais inspiré de celui des modèles d'antan. Pourquoi avoir attendu avant d'incorporer des éléments de design reliant le présent et le passé glorieux de cette voiture ? Tout simplement parce que, lors de la conception de la première génération de la Charger, la voiture était sans nom.

Les autres changements à la carrosserie sont plus subtils. La ligne de toit a été abaissée, les moulures latérales également, et des panneaux protecteurs ont été greffés sous la voiture. De sorte que le coefficient de traînée est désormais de 0,29, ce qui améliore l'aérodynamisme de la voiture de l'ordre de 8 %.

HABITACLE Fini les habitacles drapés de plastiques bon marché chez Chrysler. Fiat a avancé des sommes impressionnantes pour permettre aux concepteurs de démontrer leur savoir-faire. À première vue, chapeau !

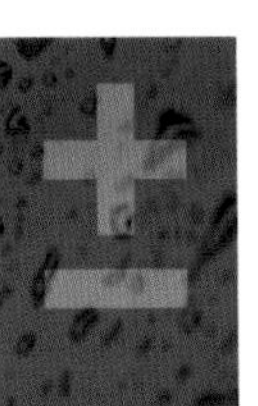

FORCES Nouveau moteur V6 • Tenue de route améliorée • Finition intérieure en nette progression • Version R/T toujours aussi délinquante • Rapport qualité/prix

FAIBLESSES Moteur V8 HEMI assoiffé • Une image à rebâtir • Boîte automatique à 5 rapports seulement

On a droit à des matériaux de qualité et à une présentation intérieure nettement plus jolie. C'est bien fait et très masculin. On se réjouit de l'espace offert à tous les passagers. La Charger demeure une berline très accueillante. Surtout, Chrysler a grandement bonifié ses ensembles d'options. Ainsi, chaque variante de la Charger en offre plus qu'avant, et ce, à un prix similaire.

MÉCANIQUE La Charger peut toujours être équipée du moteur V8 HEMI de 5,7 litres. La puissance de ce dernier est de 370 chevaux, et son couple, de 395 livres-pieds, de quoi décoiffer un chauve. Pourtant, c'est l'arrivée du tout nouveau moteur Pentastar qui retient l'attention. Ce V6 de 3,6 litres propose 292 chevaux et 260 livres-pieds. Honnêtement, pour avoir conduit une version équipée de ce moteur sur un circuit fermé, je peux vous le crier haut et fort, c'est suffisant. Surtout, Chrysler jure de la frugalité de ce moteur. Bien sûr, la Charger conserve l'un de ses attraits, soit la transmission intégrale offerte sur les versions R/T. Une boîte de vitesses automatique à 6 rapports équipe les modèles V8 alors que le V6 sera doté d'une boîte à 8 rapports.

COMPORTEMENT
L'ancienne Charger possédait son lot de qualités. La nouvelle mouture en remet. Plus sportive que jamais, la Charger n'a pas à rougir de ses performances. Les suspensions ont été revues au point où la voiture est méconnaissable. On apprécie son degré de confort, sa tenue de route et son insonorisation. N'ayez crainte, toutefois; la sonorité du moteur est très perceptible quand on enfonce l'accélérateur. Une excellente mention pour les freins également qui nous font passer de la vitesse la plus folle à un arrêt des quatre roues en toute sécurité. Caractérielle !

CONCLUSION La Charger fait désormais honneur à son nom. La génération actuelle est en tous points supérieure à l'ancienne qui a pourtant connu beaucoup de succès. C'est de très bon augure pour la suite des choses. À l'image des nouveaux produits de la marque, la Charger marque le renouveau de l'entreprise et est la preuve qu'il est toujours possible de se sortir des pires situations.

2e OPINION

« Si vous aimiez la précédente Charger, vous adorerez la nouvelle. Renouvelée en 2011, la grande berline Dodge conserve la même recette de base, c'est-à-dire une plateforme d'origine Mercedes-Benz retravaillée, une carrosserie plus musclée que jamais et, bien sûr, le V8 HEMI offert en option. Toutefois, ce sont les ingrédients qui changent pour le mieux. Non seulement la nouvelle Charger ressemble-t-elle plus à son ancêtre des années 70 malgré des lignes modernes, mais l'habitacle est maintenant habillé de matériaux plus riches, et la qualité d'assemblage est clairement en hausse. Chapeau à Dodge pour cette refonte à la sauce rétro ! » — Vincent Aubé

FICHE TECHNIQUE

MOTEURS

(SE, SXT) V6 3,6 L DACT, 292 ch à 6350 tr/min
COUPLE 260 lb-pi à 4800 tr/min
BOÎTE DE VITESSES automatique à 8 rapports avec mode manuel
0-100 KM/H 7 s
VITESSE MAXIMALE 210 km/h

(R/T) V8 5,7 L ACC, 370 ch à 5250 tr/min
COUPLE 395 lb-pi à 4200 tr/min
BOÎTE DE VITESSES automatique à 6 rapports avec mode manuel
0-100 KM/H 5,9 s
VITESSE MAXIMALE 250 km/h

CONSOMMATION (100 KM) 10,8 L, **4RM** 11,4 L (octane 87)
ÉMISSIONS DE CO_2 5106 kg/an, **4RM** 5382 kg/an
LITRES PAR ANNÉE 2220, **4RM** 2340
COÛT PAR AN 2886 $, **4RM** 3042 $

(SRT8) V8 6,4 L ACC, 465 ch
COUPLE 465 lb-pi à 2900 tr/min
BOÎTE DE VITESSES automatique à 6 rapports avec mode manuel
0-100 KM/H 5 s
VITESSE MAXIMALE 275 km/h

CONSOMMATION (100 KM) auto. 12,0 L (octane 91)
ÉMISSIONS DE CO_2 auto. 5888 kg/an
LITRES PAR ANNÉE auto. 2560
COÛT PAR AN auto. 3584 $

AUTRES COMPOSANTS

SÉCURITÉ ACTIVE freins ABS, assistance au freinage, répartition électronique de la force de freinage, antipatinage, contrôle de stabilité électronique
SUSPENSION AVANT/ARRIÈRE indépendante
FREINS AVANT/ARRIÈRE disques
DIRECTION à crémaillère, assistée
PNEUS SE/SXT P215/65R17; **SXT, R/T** P225/60R18; **OPTION R/T** P245/45R20 **R/T 4RM** P235/55R19 **SRT8** P245/45R20 (av), P255/45R20 (arr)

DIMENSIONS

EMPATTEMENT 3052 mm
LONGUEUR 5077 mm
LARGEUR 1905 mm
HAUTEUR 1482 mm
POIDS SE 1796 kg, **R/T** 1929 kg, **R/T 4RM** 2019 kg, **SRT8** ND
DIAMÈTRE DE BRAQUAGE 11,5 m, **R/T 4RM** 11,8 m
COFFRE 437 L
RÉSERVOIR DE CARBURANT 72,2 L

MENTIONS

RECOMMANDÉ

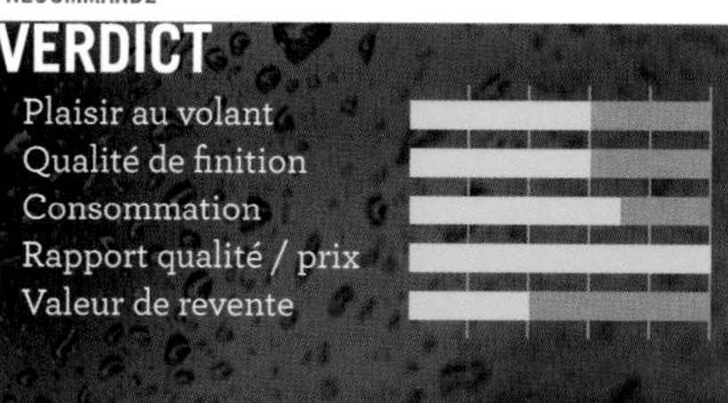

ÉVOLUTION

$ 37 995 à 49 995 $ t&p 1 400 $

LA COTE VERTE MOTEUR V6 3,6 L source : EnerGuide

CONSOMMATION (100 KM) 11,0 L • ÉMISSIONS POLLUANTES CO_2 5106 KG/AN • INDICE D'OCTANE 87
COÛT DU CARBURANT MOYEN PAR ANNÉE 2886 $ • NOMBRE DE LITRES PAR ANNÉE 2220

FICHE D'IDENTITÉ

VERSIONS Heat, SXT, Crew Plus, R/T, Citadel
ROUES MOTRICES 4
PORTIÈRES 5 **NOMBRE DE PASSAGERS** 7
PREMIÈRE GÉNÉRATION 1998
GÉNÉRATION ACTUELLE 2011
CONSTRUCTION Detroit, Michigan, É.-U.
COUSSINS GONFLABLES 6 (frontaux, latéraux avant, rideaux latéraux)
CONCURRENCE Jeep Grand Cherokee, Ford Explorer, Nissan Pathfinder, Toyota 4Runner

AU QUOTIDIEN

PRIME D'ASSURANCE
25 ANS : 2400 à 2600 $
40 ANS : 1400 à 1600 $
60 ANS : 1000 à 1300 $
COLLISION FRONTALE 5/5
COLLISION LATÉRALE 5/5
VENTES DU MODÈLE DE L'AN DERNIER
AU QUÉBEC ND **AU CANADA** ND
DÉPRÉCIATION 58,2 %
RAPPELS (2006 À 2011) 6
COTE DE FIABILITÉ 3/5

GARANTIES... ET PLUS

GARANTIE GÉNÉRALE 3 ans/60 000 km
GARANTIE MOTOPROPULSEUR 5 ans/100 000 km
PERFORATION 5 ans/160 000 km
ASSISTANCE ROUTIÈRE 5 ans/100 000 km
NOMBRE DE CONCESSIONNAIRES
AU QUÉBEC 93 **AU CANADA** 440

NOUVEAUTÉS EN 2012

Retour du modèle avec une nouvelle génération pour l'année modèle 2011

À L'ÉCOLE DES BONNES MANIÈRES

Benoit Charette

Après une absence de deux ans, le Dodge Durango est de retour avec une gueule plus sympathique que la mine patibulaire de l'ancienne génération. Il personnifie le thème central des produits Dodge qui ne font pas dans la dentelle. C'est un camion, un vrai, et si les VUS n'étaient plus aussi mal vus, plusieurs familles l'adopteraient ne serait-ce que pour son côté pratique et polyvalent.

CARROSSERIE Le Durango a conservé de son passé une seule chose, son nom. La nouvelle version repose sur la plateforme allongée du Jeep Grand Cherokee, et Dodge lui a donné la gueule de la Charger. Fini les courbes un peu ringardes de l'ancienne génération. Ce châssis monocoque est aussi plus bas et offre à la fois plus de prestance et un meilleur aérodynamisme. Le vieux Durango, trop haut sur roues et vacillant est donc remplacé par une brute au regard glacial qui renifle la route de beaucoup plus près. Une brute aux manières raffinées.

HABITACLE Comme le reste de la famille, le Durango fait l'objet d'une métamorphose complète à l'intérieur. Le cuir est doux au toucher et sent bon le travail bien fait. Partout, on note l'attention aux détails dans la finition où rien ne déborde. Je dois tout de même admettre que les sièges de notre version Citadel sont d'une fermeté qu'on retrouve habituellement dans les berlines allemandes. Ceux qui sont habitués au confort moelleux des modèles américains auront un choc. Le Durango propose plus de 45 nouveaux dispositifs de sécurité, dont des appuie-tête avant actifs améliorant la visibilité, un système de réaction aux collisions révisé, le contrôle de la stabilité, la surveillance des angles morts, un régulateur de vitesse adaptatif et la 2e génération du système d'infodivertissement UConnect. Il faut noter qu'il y a toujours de la place pour sept personnes dans ce nouveau Durango.

MÉCANIQUE Comme tous les autres produits redessinés de la famille Chrysler,

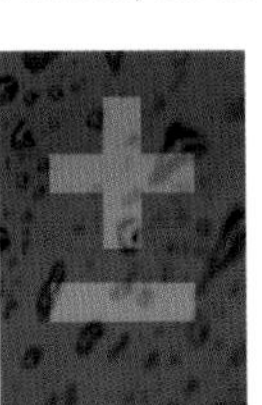

FORCES Style • Agrément de conduite • Finition de qualité Moteurs compétents • Capacité de remorquage avec le V6

FAIBLESSES Consommation • Poids • Avenir incertain de ce segment

sur la route. Le roulis qui donnait le mal de mer sur l'ancienne version est chose du passé. Ce camion se conduit comme une grande berline. Un seul bémol, la nouvelle direction à assistance électrique manque de sensations. La communion avec la route n'est pas idéale. Au final, le nouveau Durango a délaissé le côté pur et dur du 4 x 4 tous azimuts pour adapter l'approche d'un utilitaire tout chemin qui met l'accent sur le confort. C'est un Grand Cherokee allongé qui n'a pas la prétention de vouloir aller dans le bois. Les concurrents sont maintenant le Ford Flex, le Chevrolet Traverse et le Honda Pilot. Dodge offre un V8 pour ceux qui veulent exploiter à fond la gueule de tueur du véhicule et une plus grande capacité de remorquage que la concurrence.

c'est le nouvel enfant prodige qui fournit la puissance nécessaire au Durango. Le V6 Pentastar développe 290 chevaux qui se révèlent, dans ce cas-ci, bien nécessaires pour déplacer les 2229 kg de la version SXT de base. Dodge annonce une consommation moyenne autour des 13 litres aux 100 kilomètres avec le V6 de base. Nous avons terminé notre semaine d'essai avec une moyenne de 14,3 litres aux 100 kilomètres sur un modèle Citadel V6 à 4 roues motrices. Si vous allez du côté du Hemi de 5,7 litres, vous dépasserez allègrement les 16,5 litres aux 100 kilomètres, et ce, même si le moteur profite de la désactivation de 4 cylindres à rythme de croisière. Les 360 chevaux ne manquent pas de vous donner le sourire, mais ce sourire vous coûtera cher, très cher.

COMPORTEMENT On note immédiatement un meilleur équilibre et un bel aplomb

CONCLUSION C'est donc un grand pas en avant pour Dodge qui propose un Durango très concurrentiel tant au chapitre du prix, qui débute à 37 995 $, que de la qualité et de l'espace offert. Il est clair que, avec un litre de carburant qui s'approche dangereusement de 1,50 $, la pérennité de ces véhicules n'est pas assurée. Mais pour ceux qui veulent de l'espace et un véhicule modulable sans passer par une fourgonnette, le Durango est un excellent plan B.

2e OPINION

« Même si le fabricant Chrysler se trouve désormais sous l'aile du groupe Fiat, il ne peut renier ses racines. Ce n'est donc pas surprenant que, après l'abandon du Durango en 2008, Chrysler ait choisi de revenir à la charge avec un autre gros VUS dont l'allure est encore plus macho qu'auparavant. Fort heureusement, son allure de muscle car *géant ne reflète pas un manque flagrant de raffinement. Au contraire, ce VUS propose un comportement routier à rendre jaloux plusieurs multisegments de renom. Et vous seriez surpris de voir à quel point le V6 proposé se révèle raisonnable en termes de consommation de carburant. Qui plus est, l'habitacle du Durango est spacieux, de très belle facture et très loin de celui de l'ancien modèle. Bref, c'est à mon avis un nouvel incontournable de la catégorie. » — Antoine Joubert*

FICHE TECHNIQUE

MOTEURS

(DE SÉRIE HEAT, SXT, CREW PLUS, CITADEL)
V6 3,6 L DACT, 290 ch à 6400 tr/min
(295 ch version Heat)
COUPLE 260 lb-pi à 4800 tr/min
BOÎTE DE VITESSES automatique à 5 rapports
0-100 KM/H 7,3 s
VITESSE MAXIMALE 210 km/h

(OPTION CREW PLUS, CITADEL/ DE SÉRIE R/T)
V8 5,7 L ACC, 360 ch à 5150 tr/min
COUPLE 390 lb-pi à 4250 tr/min
BOÎTE DE VITESSES automatique à 6 rapports
Vitesse maximale 240 km/h
0-100 KM/H 6,4 s

CONSOMMATION (100 KM) 13,4 L (octane 87)
ÉMISSIONS DE CO_2 6302 kg/an
COÛT PAR AN 3562 $
LITRES PAR ANNÉE 2740

AUTRES COMPOSANTS

SÉCURITÉ ACTIVE freins ABS, assistance au freinage, répartition électronique de la force de freinage, contrôle électronique de la stabilité, antipatinage
SUSPENSION AVANT/ARRIÈRE indépendante
FREINS AVANT/ARRIÈRE disques
DIRECTION à crémaillère, assistée
PNEUS HEAT/SXT P265/60R18 **option HEAT et SXT/ CREW PLUS, R/T, CITADEL** P265/50R20

DIMENSIONS

EMPATTEMENT 3042 mm
LONGUEUR 5075 mm
LARGEUR (avec les rétroviseurs) 2172 mm
HAUTEUR 1801 mm
POIDS 3.6 L 2229 kg **5.7 L** 2418 kg
DIAMÈTRE DE BRAQUAGE 11,3 m
COFFRE 490 L (derrière la 3e rangée), 1350 L (derrière la 2e rangée), 2390 L (sièges abaissés)
RÉSERVOIR DE CARBURANT 93,1 L
CAPACITÉ DE REMORQUAGE V6 2812 kg **V8** 3265 kg

MENTIONS

RECOMMANDÉ

 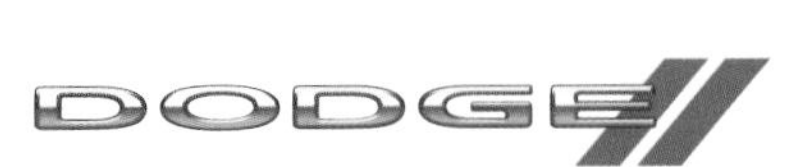  ÉVOLUTION $ 19 995 à 29 895 $ t&p 1400 $

LA COTE VERTE MOTEUR L4 DE 2,4 L source : EnerGuide

CONSOMMATION (100 KM) 9,2 L • **ÉMISSIONS POLLUANTES CO_2** 4278 KG/AN • **INDICE D'OCTANE** 87
COÛT DU CARBURANT MOYEN PAR ANNÉE 2325 $ • **NOMBRE DE LITRES PAR ANNÉE** 1860

FICHE D'IDENTITÉ

VERSIONS SE valeur, SE plus, SXT, R/T (4RM)
ROUES MOTRICES avant, 4
PORTIÈRES 5 **NOMBRE DE PASSAGERS** 5, 7
PREMIÈRE GÉNÉRATION 2009
GÉNÉRATION ACTUELLE 2009
CONSTRUCTION Toluca, Mexique
COUSSINS GONFLABLES 6
(frontaux, latéraux avant, rideaux latéraux)
CONCURRENCE Chevrolet Equinox, GMC Terrain, Hyundai Santa Fe, Kia Rondo, Kia Sorento, Mazda 5, Mazda CX-7, Ford C-Max

AU QUOTIDIEN

PRIME D'ASSURANCE
25 ANS: 1900 à 2100 $
40 ANS : 900 à 1100 $
60 ANS : 600 à 800 $
COLLISION FRONTALE 5/5
COLLISION LATÉRALE 5/5
VENTES DU MODÈLE DE L'AN DERNIER
AU QUÉBEC 5554 **AU CANADA** 23 785
DÉPRÉCIATION (2 ANS) 47,6 %
RAPPELS (2006 À 2011) 7
COTE DE FIABILITÉ 3/5

GARANTIES... ET PLUS

GARANTIE GÉNÉRALE 3 ans/60 000 km
GARANTIE MOTOPROPULSEUR 5 ans/100 000 km
PERFORATION 5 ans/160 000 km
ASSISTANCE ROUTIÈRE 5 ans/100 000 km
NOMBRE DE CONCESSIONNAIRES
AU QUÉBEC 93 **AU CANADA** 440

NOUVEAUTÉS EN 2012

Redessiné, nouveau moteur V6 3,6 l (2011)

IMPRESSIONNANTE **RENAISSANCE !**

Luc Gagné

Le vilain petit canard devenu un joli cygne. Voilà l'histoire du Dodge Journey, un multisegment d'allure moderne apparu de la mauvaise façon au mauvais moment, en 2008. Il aura cependant suffit que son géniteur améliore son aménagement, le dote d'un V6 mieux adapté et améliore sa direction et ses suspensions pour en faire un produit à la hauteur de ses prétentions. Pas surprenant que, depuis, il ait conquis son créneau !

CARROSSERIE Sans être révolutionnaire, la silhouette du Journey s'inscrit parfaitement dans la norme actuelle qui définit le créneau des multisegments, ces hybrides issus de la fourgonnette, de la familiale et de l'utilitaire. Ses traits anguleux tranchent du style caractéristique des fourgonnettes Dodge, même si le Journey en remplace une : la Caravan, le modèle à empattement court retiré du catalogue justement en 2008.

HABITACLE À l'intérieur, on découvre un tableau de bord d'allure moderne utilisant des matériaux de belle texture. Signe des temps, tous les modèles ont une centrale multimédia UConnect avec écran tactile (4,3 pouces sur les modèles de base et 8,4 pouces sur les modèles plus cossus). Parmi les accessoires inscrits au catalogue, saluons, d'une part, le système de GPS Garmin dont le graphisme est particulièrement réussi et, d'autre part, les systèmes Parkview (caméra de vision arrière) et ParkSense (aide aux manœuvres en marche arrière) qui pallient la piètre visibilité arrière. En destinant le Journey à remplacer une petite fourgonnette, son créateur lui a naturellement donné un habitacle modulable capable de recevoir, selon la version, 5 ou 7 occupants. Mais il l'a aussi doté de portières arrière qui ouvrent à angle droit et facilitent l'embarquement, surtout pour les occupants destinés à subir l'inconfort d'un déplacement sur la banquette arrière d'un Journey à 7 places. Honnêtement, ce lieu peu spacieux à la hauteur des pieds et des

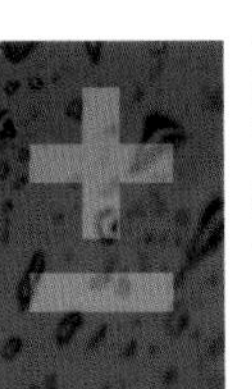

FORCES Beau duo de V6 et de boîtes automatiques à 6 rapports • Transmission intégrale offerte • Intérieur spacieux • Conduite agréable

FAIBLESSES Duo 4-cylindres et boîte de vitesses à 4 rapports dépassé • Accès à la banquette arrière (7 places) compliqué • Visibilité arrière limitée

jambes devrait être réservé à de très petits enfants. En revanche, la banquette médiane convient parfaitement à deux adultes, trois au besoin. L'habitacle dispose aussi de nombreux espaces de rangement pratiques. Le coffre, autre point fort de ce multisegment, se transforme aisément et procure un volume utile légèrement supérieur à celui d'un Ford Escape.

MÉCANIQUE Le Journey est proposé en traction et en intégrale. Son moteur de base, un 4-cylindres de 2,4 litres, produit 173 chevaux. Il est jumelé à une boîte de vitesses automatique à 4 rapports tout ce qu'il y a de plus classique. Car, ici, le fabricant mise avant tout sur les prix attrayants et la consommation réduite de ses modèles d'entrée de gamme. Le second moteur, nettement plus inspirant, est un V6 Pentastar de 3,6 litres qui produit 283 chevaux. Il est jumelé à une boîte automatique à 6 rapports et mode manuel – un régal! Plus puissant que le moteur qu'il a remplacé en 2011, il serait aussi environ 20 % moins gourmand, dit le fabricant. Dans la vraie vie, cela signifie une consommation moyenne d'environ 11 litres aux 100 kilomètres. Selon le moteur choisi, le Journey peut remorquer de 450 (4-cyl.) à 1 135 kilos (V6).

COMPORTEMENT Le comportement routier du Journey a évolué tout autant que sa finition. La servodirection offre désormais un degré d'assistance mieux dosé. De plus, le freinage, assuré par des disques aux quatre roues quelle que soit la version, est progressif et facile à moduler. La suspension offre un excellent compromis de souplesse et de fermeté qui contribue à faire du Journey un véhicule prisé pour les longs périples. Naturellement, le groupe motopropulseur des modèles de base (4-cylindres + BVA4) n'offre rien de spectaculaire, si ce n'est une facture moins irritante lors des arrêts à la pompe. Les grands voyageurs opteront plutôt pour le V6 Pentastar et sa boîte à 6 rapports pour ses accélérations et ses reprises très convenables compte tenu de la vocation éminemment familiale du véhicule.

CONCLUSION La transformation opérée par Chrysler sur le Dodge Journey en 2011 démontre que, avec le souci du détail, un aménagement raffiné et des mécaniques bien adaptées, un produit peut passer de la catégorie « Bof ! » à la catégorie « Wow ! ». Le succès commercial qu'il rencontre (champion des ventes de sa catégorie en 2011) le confirme. Bien entendu, ce véhicule ne fera saliver personne. Par contre, il est du genre à imprimer dans l'esprit de son utilisateur un souvenir très favorable, comme l'ont fait les fourgonnettes Dodge depuis l'époque glorieuse des « Autobeaucoup » !

2e OPINION

« Pour Chrysler, le Journey est un produit clé. Il s'agit d'ailleurs du troisième produit le plus vendu après la camionnette Ram et la Grand Caravan. Il faut dire que ce multisegment constitue un produit très actuel, répondant aux besoins de plusieurs automobilistes qui souhaitent combiner polyvalence, esthétique et facture raisonnable. Quand le Journey a fait ses débuts, son prix alléchant ne surprenait pas vraiment si l'on considérait la qualité médiocre de matériaux utilisés et le manque de raffinement des groupes motopropulseurs. Heureusement, Chrysler est revenue à la charge pour 2011 en le révisant considérablement. Une nouvelle planche de bord, une finition de meilleure qualité et un nouveau V6 plus efficace font donc partie de cette nouvelle cuvée qui, malgré les améliorations, ne coûte pas plus cher. On peut donc finalement parler d'un excellent rapport qualité/prix ! » — Antoine Joubert

FICHE TECHNIQUE

MOTEURS

(SE VALEUR, SE PLUS) L4 2,4 L DACT, 173 ch à 6000 tr/min
COUPLE 166 lb-pi à 4000 tr/min
BOÎTE DE VITESSES automatique à 4 rapports
0-100 KM/H 10,1 s
VITESSE MAXIMALE 190 km/h

(SXT, R/T) V6 3,6 L DACT, 283 ch à 6350 tr/min
COUPLE 260 lb-pi à 4400 tr/min
BOÎTE DE VITESSES automatique à 6 rapports avec mode manuel
0-100 KM/H 7,2
VITESSE MAXIMALE 205 km/h

CONSOMMATION (100 KM) SXT 10,2 L R/T 10,7 L (octane 87)
ÉMISSIONS DE CO_2 SXT 4784 kg/an R/T 5014 kg/an
LITRES PAR ANNÉE SXT 2080 L R/T 2180 L
COÛT PAR AN SXT 2600 $ R/T 2725 $

AUTRES COMPOSANTS

SÉCURITÉ ACTIVE freins ABS répartition électronique de la force de freinage, antipatinage et contrôle de stabilité électronique
SUSPENSION AVANT/ARRIÈRE indépendante
FREINS AVANT/ARRIÈRE disques
DIRECTION à crémaillère, assistée
PNEUS SE valeur P225/70R16 SE Plus/ SXT P255/65R17 Option SXT, R/T P255/55R19

DIMENSIONS

EMPATTEMENT 2890 mm
LONGUEUR 4888 mm
LARGEUR 1835 mm
HAUTEUR 1693 mm
POIDS L4 1720 kg, V6 2RM 1762 kg V6 4RM 1903 kg
DIAMÈTRE DE BRAQUAGE 16 po/17 po 11,7 m 19 po 11,9 m
COFFRE 300 L (derrière 3e rangée), 1000 L (derrière 2e rangée), 1901 L (sièges abaissés)
Réservoir de carburant 77,6 L R/T 79,9 L
Capacité de remorquage L4 450 kg V6 1135 kg

MENTIONS

RECOMMANDÉ

VERDICT

www.dodge.ca

LA COTE VERTE MOTEUR V6 DE 4 L source : EnerGuide

CONSOMMATION (100 KM) 11,6 L • ÉMISSIONS POLLUANTES CO_2 5428 KG/AN • INDICE D'OCTANE 87
COÛT DU CARBURANT MOYEN PAR ANNÉE 3068$ • NOMBRE DE LITRES PAR ANNÉE 2360

FICHE D'IDENTITÉ

VERSION SXT
ROUES MOTRICES 4
PORTIÈRES 5 **NOMBRE DE PASSAGERS** 5
PREMIÈRE GÉNÉRATION 2007
GÉNÉRATION ACTUELLE 2007
CONSTRUCTION Toledo, Ohio, É.-U.
COUSSINS GONFLABLES 4 (frontaux, rideaux latéraux)
CONCURRENCE Chevrolet Equinox, Ford Escape, Honda CR-V, Hyundai Tucson et Santa Fe, Kia Sportage, Jeep Liberty, Mitsubishi Outlander, Nissan Rogue, Subaru Forester, Suzuki Grand Vitara, Toyota RAV4

AU QUOTIDIEN

PRIME D'ASSURANCE
25 ANS : 1500 à 1700$
40 ANS : 900 à 1100$
60 ANS : 800 à 1000$
COLLISION FRONTALE 5/5
COLLISION LATÉRALE 5/5
VENTES DU MODÈLE DE L'AN DERNIER
AU QUÉBEC 141 **AU CANADA** 1103
DÉPRÉCIATION 53%
RAPPELS (2006 À 2011) 9
COTE DE FIABILITÉ 2/5

GARANTIES... ET PLUS

GARANTIE GÉNÉRALE 3 ans/60 000 km
GARANTIE MOTOPROPULSEUR 5 ans/100 000 km
PERFORATION 5 ans/160 000 km
ASSISTANCE ROUTIÈRE 5 ans/100 000 km
NOMBRE DE CONCESSIONNAIRES
AU QUÉBEC 93 **AU CANADA** 440

NOUVEAUTÉS EN 2012

Aucun changement majeur

CONTRE-EMPLOI

Benoit Charette

En dépit de son nom de dur à cuire, rarement véhicule n'aura aussi mal porté son vocable. Son prix abordable et sa gueule de matamore ont fait en sorte qu'il a tout de même réussi à trouver une clientèle. Mais le voyage tire à sa fin, 2012 est officiellement le chant du cygne pour ce camion utilitaire qui n'a pas su être à la hauteur de son nom.

CARROSSERIE C'est en raison de sa bouille de bagarreur que le Nitro a tant bien que mal été capable de tenir le coup durant toutes ces années. Un style agressif taillé sur le même châssis que le Jeep Liberty qui plaît beaucoup à l'acheteur cible, dans ce cas-ci, les hommes de 35 à 55 ans qui trouvent les lignes du liberty un peu trop passe-partout et qui préfèrent le style plus exubérant et macho des produits Dodge. C'est sans doute le seul point fort du Nitro.

HABITACLE On pourrait comparer l'habitacle du Nitro à un magasin à rabais. Au premier coup d'œil, l'impression générale n'est pas mauvaise. Toutefois, en y regardant de plus près, on se rend compte que les matériaux sont de mauvaise qualité, les plastiques, durs et bas de gamme, et, même, les quelques touches d'aluminium, de mauvais goût. Aucun doute, c'est le plus bas soumissionnaire qui a habillé ce véhicule. Sur une note un peu plus positive, l'espace à l'intérieur est généreux grâce à une garde au toit assez élevée. Pour le reste, l'atmosphère est froid et, même, un peu lugubre.

MÉCANIQUE Il vous sera impossible de confondre un Nitro avec une voiture sport. Malgré ses deux V6 (210 et 260 chevaux), son manque d'enthousiasme, même pour ceux qui ne sont pas des amateurs de performances, est décevant. Nous ne passerons pas par quatre chemins, le V6 de 3,7 litres de 210 chevaux n'a simplement pas sa place dans ce véhicule. Vétuste, lent, gourmand et doté d'une archaïque boîte de vitesses automatique à 4 rapports de série (5 en option sur le SXT), non seulement ce moteur est-il moins puissant, mais il est presque aussi gourmand

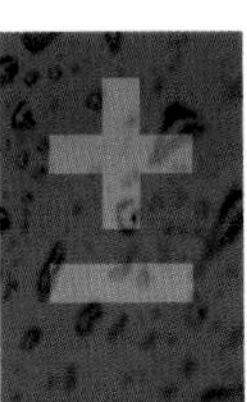

FORCES Belle gueule • Sièges relativement confortables Prix concurrentiel • Bonne capacité de remorquage

FAIBLESSES Inconfortable • Direction imprécise • Moteur poussif (3,7-litres) • Matériaux de piètre qualité

que le 4-litres. Vous mettrez près de 10 secondes pour prendre un rythme de croisière au prix de plusieurs complaintes du moteur. La seule option valable est le V6 de 4 litres de 260 chevaux avec sa boîte à 5 rapports. Sans être exceptionnel, disons simplement que c'est un moindre mal.

COMPORTEMENT Avez-vous déjà eu l'occasion de conduire une camionnette des années 70? Un tape-cul sans tenue de route avec des essieux rigides susceptibles de vous envoyer directement chez le chiropraticien? C'est ce qui vous attend dans le Nitro. C'est dommage car le confort des sièges est tout à fait correct, et le silence à bord est mieux contenu que dans le Jeep Liberty. Toutefois, dès que la route n'est plus belle et plane, vous avez l'impression de faire un tour de montagne russe. L'essieu rigide sautille continuellement et vous cogne dans la colonne vertébrale. Sa conduite est celle d'un vieux camion; en plus des mauvaises reprises et accélérations, la direction est vague et imprécise. Je me suis surpris à corriger la trajectoire du véhicule en ligne droite tellement la direction est floue. Il existe une foule d'utilitaires qui offrent, à prix égal, beaucoup mieux que le Nitro. À bien y penser, tous les utilitaires offrent mieux que le Nitro.

CONCLUSION Le Nitro est une bonne idée mal exécutée. Les prémices sont intéressantes : belle gueule, prix concurrentiel, bonne capacité de remorquage et espace pour cinq personnes. En contrepartie, l'inconfort complet, les moteurs désuets et la conduite désagréable viennent gâcher tout le reste. Si jamais Dodge a l'intention de revenir avec une autre génération de Nitro, il faudra envoyer ce véhicule à l'école des bonnes manières. Le monde des utilitaires a évolué, et les rustres n'ont plus leur place.

2e OPINION

« En cet âge de l'automobile, le cafouillis est rare car les ingénieurs sont sur la coche, s'échangeant leurs meilleures recettes comme des membres du cercle local des fermières. Mais encore faut-il avoir de la suite dans les idées quand on mélange les ingrédients. Dans le cas du Nitro, la présence de trop de chefs (ou son absence?) a résulté en un plat où la pâte et la meringue n'ont jamais levé. Ne reste que le citron Pourtant, l'allure était prometteuse, genre le Range Rover de Mad Max. Mais les V6 lents, malgré l'évocation de puissance explosive associée au nom, la consommation gourmande, les plastiques abondants, l'essieu rigide sautillant et le comportement général autant chorégraphié qu'une bande de hooligans en rut nous font rapidement regretter notre manque de jugement. » — Michel Crépault

FICHE TECHNIQUE

MOTEURS

(SXT)
V6 3,7 L SACT, 210 ch à 5200 tr/min
COUPLE 235 lb-pi à 4000 tr/min
BOÎTE DE VITESSES automatique à 4 rapports
0-100 KM/H 10,3 s
VITESSE MAXIMALE 185 km/h

CONSOMMATION (100 KM) 11,9 L (octane 87)
ÉMISSIONS DE CO_2 5566 kg/an
LITRES PAR ANNÉE 2420
COÛT PAR AN 3146 $

(Option SXT)
V6 4 L SACT, 260 ch à 6000 tr/min
COUPLE 265 lb-pi à 4200 tr/min
BOÎTES DE VITESSES automatique à 5 rapports
0-100 KM/H 9,4 s
VITESSE MAXIMALE 195 km/h

AUTRES COMPOSANTS

SÉCURITÉ ACTIVE freins ABS, assistance au freinage, répartition électronique de la force de freinage, contrôle de la stabilité électronique, antipatinage
SUSPENSION AVANT/ARRIÈRE indépendante/pont rigide
FREINS AVANT/ARRIÈRE disques
DIRECTION à crémaillère, assistée
PNEUS P235/65R17 **4 L** P245/50R20

DIMENSIONS

EMPATTEMENT 2763 mm
LONGUEUR 4544 mm
LARGEUR 1857 mm
HAUTEUR 1791 mm
POIDS 3,7 L 1879 kg **4,0 L** 1911 kg
DIAMÈTRE DE BRAQUAGE 11,1 m
COFFRE 830 L, 1950 L (sièges abaissés)
RÉSERVOIR DE CARBURANT 74 L
CAPACITÉ DE REMORQUAGE 2268 kg

VERDICT

Plaisir au volant
Qualité de finition
Consommation
Rapport qualité / prix
Valeur de revente

$ 300 000$ (estimé) t&p 3 500$

LA COTE VERTE MOTEUR V12 DE 6,3 L source : Ferrari

CONSOMMATION (100KM) 15,4 L • ÉMISSIONS POLLUANTES CO_2 7 200 KG/AN • INDICE D'OCTANE 91
COÛT DU CARBURANT MOYEN PAR ANNÉE 4 900$ • NOMBRE DE LITRES PAR ANNÉE 3 500

FICHE D'IDENTITÉ

VERSION unique
ROUES MOTRICES 4
PORTIÈRES 2 **NOMBRE DE PASSAGERS** 2+2
PREMIÈRE GÉNÉRATION 2012
GÉNÉRATION ACTUELLE 2012
CONSTRUCTION Maranello, Italie
SACS GONFLABLES 4 (frontaux et latéraux)
CONCURRENCE Lamborghini Aventador

AU QUOTIDIEN

PRIME D'ASSURANCE
25 ANS : 12 000 à 15 000$
40 ANS : 9 000 à 10 000$
60 ANS : 8 000 à 9 000$
COLLISION FRONTALE 5/5
COLLISION LATÉRALE 515
VENTES DU MODÈLE DE L'AN DERNIER
AU QUÉBEC ND **AU CANADA** ND
DÉPRÉCIATION NM
RAPPELS (2006 À 2011) aucun à ce jour
COTE DE FIABILITÉ ND

GARANTIES... ET PLUS

GARANTIE GÉNÉRALE 4 ans/kilométrage illimité
GARANTIE MOTOPROPULSEUR 4 ans/kilométrage illimité
PERFORATION 4 ans/kilométrage illimité
ASSISTANCE ROUTIÈRE 4 ans/kilométrage illimité
NOMBRE DE CONCESSIONNAIRES
AU QUÉBEC 1 **AU CANADA** 3

NOUVEAUTÉS EN 2012

Nouveau modèle

FORMIDABLE **FAMILIALE**

Benoit Charette

À lire les caractéristiques de la plus récente Ferrari, on pourrait s'y méprendre avec un utilitaire. Quatre places, quatre roues motrices, suspension hydraulique à l'avant et à l'arrière et jusqu'à 800 litres d'espace de chargement dans un coffre à ouverture à hayon. Ce sont pourtant des caractéristiques de la plus récente création de Maranello qui redéfinit la voiture GT en présentant la FF ou Ferrari Four à 4 places et à 4 roues motrices. Une Ferrari au sens pratique.

CARROSSERIE Le concepteur Pininfarina avait donc un cahier des charges très particulier à respecter. Partir du concept de la 612, qui était un 2+2, et en faire une véritable 4-places en lui donnant au passage des qualités quatre saisons et un vrai coffre. La voiture a donc été étirée, et le toit, légèrement relevé pour lui donner cette forme de « shooting break » comme disent les Anglais. L'avant s'inspire de la 458 avec ses phares acérés. J'ai fait un bout de route derrière en tout confort. Ferrari affirme que la voiture accueille des adultes de 1,95 mètre à l'avant et de 1,85 mètre à l'arrière. Il y a également l'espace de chargement pour les skieurs et les joueurs de golf, 450 litres, et plus de 800 litres si vous abaissez les sièges (autant qu'une Porsche Panamera). Pour garder des lignes de fauve, le hayon descend très bas et surplombe un volet aérodynamique inférieur. Le profil, qui a été le principal sujet de débat lors de la présentation, est, à mon avis, très réussi. Notons enfin que Ferrari a étiré bien loin le profil pour lui donner une allure de prédateur, mais aussi pour laisser de la place au V12 à l'avant.

HABITACLE L'intérieur respire le cuir d'exception, et les matériaux sont sans reproche. Ferrari a enfin appris au cours des dernières années à concevoir des habitacles qui sont à la hauteur des performances. L'écran de navigation de 16,51 centimètres (6,5 pouces) est emprunté à la California. Et comme la 458, toutes les fonctions sont sur le volant, y compris le klaxon, les clignotants, les phares et les essuie-glaces. En voulant allumer les phares dans un tunnel, j'ai envoyé du liquide lave-glace dans le pare-brise. Cela demande quelques heures d'adaptation. Ferrari a pro-

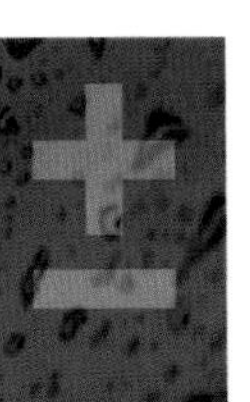

FORCES Système 4 RM novateur • V12 époustouflant
Grande facilité de conduite • Véritable 4-places

FAIBLESSES Rayon de braquage gênant • Des lignes qui ne plaisent pas à tous • Faut-il parler du prix?

cédé ainsi pour laisser toute la place à la boîte de vitesses à double embrayage à 7 rapports et aux deux leviers de sélection au volant; rien ne gêne son utilisation. On remarque aussi le désormais célèbre « manettino » qui, en plus des positions habituelles « Comfort », « Sport » et « Track » ajoute « Snow » et « Wet » sur la FF. Aucun levier de vitesses en vue et une console à deux boutons avec la lettre « R » (marche arrière), « Launch » (pour un départ canon) et « Auto » (pour une conduite sur le mode automatique).

MÉCANIQUE Il y a un autre important bouton, tout rouge, sur le volant, qui met en marche le V12 de 6262 centimètres cubes. Un moteur développé pour les Ferrari Enzo et 599. Celui-ci offre toutefois la particularité d'être le premier V12 à injection directe de carburant qui offre plus de puissance et génère 25 % moins d'émissions grâce à l'ajout d'une fonction d'arrêt-démarrage du moteur quand on immobilise le véhicule (offert en option). Mais au-delà de cette puissance, c'est la manière de la livrer qui est particulière. Pour la première fois de son histoire, Ferrari passe par un système à 4 roues motrices pour déplacer l'une de ses voitures. Et à l'image du constructeur, ce système est unique. Ferrari a inventé un système où l'électronique règne en maître. Pour réduire le poids, le différentiel central a été éliminé. Sur pavé sec, c'est une voiture à propulsion. Si le système le juge approprié, l'envoi d'alimentation se fait directement à la boîte de vitesses à 7 rapports située sur l'essieu arrière par cardan. Ici, un différentiel ouvert distribue la puissance à chaque roue et, par des moyens électroniques, simule l'effet d'un différentiel mécanique à glissement limité. Le système de l'essieu avant est tout à fait différent. Les ingénieurs ont mis en place un système d'embrayage à deux vitesses qui se connecte directement au vilebrequin du moteur et agit dans des situations où l'adhérence est la plus nécessaire, comme dans la neige ou sous la pluie. Ce système, appelé PTU (Power Transfer Unit), est composé de deux embrayages multidisques indépendants, chacun contrôlant un arbre de roue différent. Cela crée de la vectorisation de couple. Ce qui est fascinant, c'est que l'embrayage avant n'a que 2 rapports. Ce système à 4 roues motrices ne fonctionne pas au-delà de 200 km/h, jugeant que personne ne roulera si vite sous la pluie battante ou dans la neige (ce qui élimine les 3 derniers rapports de la boîte), et Ferrari a placé l'embrayage avant à mi-chemin des rapports arrière. L'unité de contrôle ne fait que 45 kilos, et, comme il n'y a pas de différentiel à l'avant, on ne ressent pas de lourdeur dans le volant, ce qui est souvent une caractéristique des systèmes à 4 roues motrices.

COMPORTEMENT L'intervention du système à 4 roues motrices est directement reliée au mode de conduite choisi. Au début de la journée, à plus de 2 300 mètres d'altitude, c'est sur un parcours enneigé que nous avons fait connaissance avec la FF. Sur le mode « Snow », l'ESP embarque au moindre dérapage. Il faut aller sur le mode « Comfort » pour avoir un peu de liberté à l'amorce d'un dérapage. J'ai pu faire quelques tours sur le mode « Sport » pour constater que le système est permissif; il est donc possible de moduler les accélérations pour faire déraper l'arrière au besoin. On sent que l'avant est

HISTORIQUE

La Ferrari FF est inhabituelle pour deux raisons. Elle est la première Ferrari à disposer d'une carrosserie de type familiale mais également la première Ferrari de série à être dotée d'une transmission intégrale. Au chapitre du style, on se rend compte que l'idée vient d'une version 612 allongée et que certains concepts, présentés à un concours international de design en 2005, ont probablement inspiré les lignes de la FF.

2001

2002

2004

2005

2005

2005

2008

2012

A

B

C

D

E

GALERIE

A *À l'image de la 458, toutes les fonctions sont sur le volant, y compris le klaxon, les clignotants, les phares et les essuie-glaces. Ferrari a procédé ainsi pour laisser toute la place à la boîte de vitesses à double embrayage à 7 rapports et aux deux leviers de sélection au volant; rien ne gêne son utilisation. On remarque aussi le désormais célèbre « manettino » qui, en plus des positions habituelles « Comfort », « Sport » et « Track », ajoute « Snow » et « Wet » pour profiter au maximum des quatre roues motrices.*

B *Parmi la liste des options, vous avez droit à un écran télé encastré à l'arrière de l'appui-tête pour le passager qui ne trouverait pas assez distrayant le son de la mécanique.*

C *Une Ferrari avec de l'espace de chargement, c'est nouveau. Vous pouvez y loger deux sacs de golf ou vous servir de la trappe à skis. Un coffre qui passe de 450 litres à plus de 800 litres si vous rabaissez les sièges.*

D *La FF loge sous le capot un moteur développé pour les Ferrari Enzo et 599. Celui-ci offre, toutefois, la particularité d'être le premier V12 à injection directe de carburant qui livre plus de puissance (660 chevaux) et génère 25 % moins d'émissions grâce à l'ajout d'une fonction d'arrêt-démarrage du moteur quand on immobilise le véhicule (offert en option).*

E *Après quelques tours sur le circuit glacé de Brunico dans les dolomites italiennes, difficile de ne pas avoir le sourire...*

plus stable, mais sans donner l'impression qu'on est au volant d'un véhicule à 4 roues motrices. Contrairement à une 458 ou à une 599, la FF s'adapte facilement à votre style de conduite et à vos humeurs. Nous avons roulé une journée complète dans les cols des Dolomites, entre Cortina D'Ampezzo et Val Gardena, dans des chemins en lacets où nous avons mis à l'épreuve la boîte séquentielle. Nous avons également traversé de nombreux villages à un rythme modéré et, après 7 heures de route, aucune fatigue, pas de mal de dos, une voiture facile à vivre, digne d'une grande GT. Capable de performance « bibliques », la FF n'est pas aussi extrême qu'une 599. La boîte séquentielle est extrêmement rapide, mais plus douce que celle de la 599 et semble toujours travailler sans effort. Si vous poussez dans les régimes, des diodes rouges apparaissent sur le haut du volant vous indiquant le moment idéal pour changer de rapport. Si le premier et le deuxième rapports sont plus calmes que ceux d'une 458, à partir du troisième, les 651 chevaux font sentir leur présence. Avec un régime maximal à 8 000 tours par minute et la symphonie unique d'un V12, cela devient rapidement une drogue. À plus de 2 000 mètres d'altitude, dans les cols de montagne, nous avons senti la différence que donne la transmission à 4 roues motrices. Quasi imperceptible, cette transmission nous fait réaliser en courbe que la voiture est tirée aussi bien qu'elle est poussée, et je suis convaincu que la FF gagnerait une compétition de rallye face aux autres modèles Ferrari. Les 651 chevaux sont distillés de manière très progressive sans intimidation, ce qui est le propre d'une voiture GT.

CONCLUSION Il faut oublier ce que vous connaissez de Ferrari quand vous prenez le volant de la FF. Elle est unique dans son style et son approche. Plus spacieuse qu'une Bentley GT, plus véloce qu'une Aston Martin Rapide, elle n'est pourtant pas aussi extrême que les autres membres de la famille Ferrari et est d'une grande facilité de conduite. Elle veut sans doute plaire aux nouveaux marchés comme la Chine, dont les conducteurs n'ont pas beaucoup d'expérience Il est toutefois impossible de ne pas être impressionné par ses performances et sa solution unique de système intégral qui fera peut-être des petits. Les 800 exemplaires prévus pour 2011 sont déjà tous vendus, il faudra mettre votre nom sur la liste d'attente pour espérer l'une des 1 000 qui seront produits en 2012.

FICHE TECHNIQUE

MOTEUR

V12 6,3 L DACT, 660 ch à 8000 tr/min
COUPLE 504 lb-pi à 6000 tr/min
BOÎTE DE VITESSES manuelle robotisée à 7 rapports
0-100 KM/H 3,7 s
VITESSE MAXIMALE 335 km/h

AUTRES COMPOSANTES

SÉCURITÉ ACTIVE freins ABS, assistance au freinage, répartition électronique du freinage, antipatinage, contrôle électronique de la stabilité
SUSPENSION AVANT/ARRIÈRE indépendante
FREINS AVANT/ARRIÈRE disques
DIRECTION à crémaillère, assistée
PNEUS P245/35ZR20 (av.), P295/35ZR20 (arr.)

DIMENSIONS

EMPATTEMENT 2990 mm
LONGUEUR 4907 mm
LARGEUR 1953 mm
HAUTEUR 1379 mm
POIDS 1880 kg
DIAMÈTRE DE BRAQUAGE nd
COFFRE 450 L (800 L sièges abaissés)
RÉSERVOIR DE CARBURANT 91 L

MENTIONS

COUP DE CŒUR RECOMMANDÉ

VERDICT

Plaisir au volant
Qualité de finition
Consommation
Rapport qualité / prix
Valeur de revente

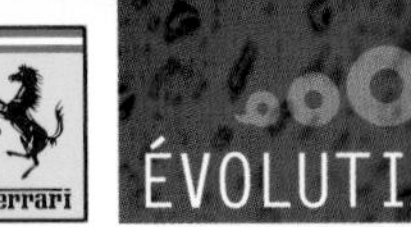

LA COTE VERTE MOTEUR V8 DE 4,5 L source : EnerGuide
CONSOMMATION (100 KM) 13,3 L • **ÉMISSIONS POLLUANTES CO_2** 6140 KG/AN • **INDICE D'OCTANE** 94
COÛT DU CARBURANT MOYEN PAR ANNÉE 4200 $ • **NOMBRE DE LITRES PAR ANNÉE** 2800

FICHE D'IDENTITÉ

VERSION unique
ROUES MOTRICES arrière
PORTIÈRES 2 **NOMBRE DE PASSAGERS** 2
PREMIÈRE GÉNÉRATION 2010
GÉNÉRATION ACTUELLE 2010
CONSTRUCTION Maranello, Italie
COUSSINS GONFLABLES 4 (frontaux et Latéraux)
CONCURRENCE Aston Martin Vantage/DB9, Mercedes-Benz SLS AMG, Lamborghini Gallardo, Porsche 911 GT2

AU QUOTIDIEN

PRIME D'ASSURANCE
25 ANS : 8000 à 8200 $
40 ANS : 5300 à 5500 $
60 ANS : 4000 à 4200 $
COLLISION FRONTALE ND
COLLISION LATÉRALE ND
VENTES DU MODÈLE DE L'AN DERNIER
AU QUÉBEC ND **AU CANADA** ND
DÉPRÉCIATION ND
RAPPELS (2006 À 2011) 1
COTE DE FIABILITÉ nm

GARANTIES... ET PLUS

GARANTIE GÉNÉRALE 3 ans/kilométrage illimité
GARANTIE MOTOPROPULSEUR 3 ans/kilométrage illimité
PERFORATION 3 ans/kilométrage illimité
ASSISTANCE ROUTIÈRE 3 ans/kilométrage illimité
NOMBRE DE CONCESSIONNAIRES
AU QUÉBEC 1 **AU CANADA** 3

NOUVEAUTÉS EN 2012

Aucun changement majeur

À FLEUR **DE PEAU**

Benoit Charette

Jamais mes sens n'ont été aussi en éveil qu'au volant d'une Ferrari 458. C'est la sensation la plus proche d'une voiture de course qu'il m'ait été donné de vivre dans une voiture de route. Surtout que j'ai eu l'occasion de faire l'essai de cette voiture dans des conditions de rêve, sur le circuit du Mont-Tremblant. Je dois admettre que des journées comme celle-ci, j'apprécie à sa juste valeur les privilèges du métier.

CARROSSERIE Même si la 458, à première vue, semble une suite logique de la 430, il s'agit d'une toute nouvelle voiture à plusieurs points de vue. D'abord, son style est beaucoup plus agressif. L'aérodynamisme est complètement revu, et l'empattement est 5 centimètres plus long que celui de la 430. Là où la 430 conserve quelques rondeurs, la 458 a l'air d'un chasseur furtif avec sa caisse plongeante et ses flancs relevés et légèrement incurvés. C'est une bête qui dégage une présence intimidante.

HABITACLE L'habitacle est un endroit de contraste où le propriétaire devra accepter certains compromis mis de l'avant par Ferrari pour exploiter au maximum le côté sportif de la voiture. Ainsi, pour ne pas nuire au passage manuel des rapports au volant, rien d'autres que les leviers de sélection qui se trouvent sur la colonne de direction. On met quelques minutes pour comprendre que les clignotants, les essuie-glaces, le bouton de démarrage et le bouton des différents modes de conduite sont tous situés sur le volant. Si la qualité des matériaux est en hausse, il faut encore piger dans la liste d'options carbone pour donner le coup d'œil le plus intéressant au tableau de bord. Les sièges de série feront le travail si vous limitez votre conduite au réseau routier, ce qui serait un gaspillage d'argent. Si vous avez l'intention de faire du circuit routier, il faut opter pour les sièges de course en fibre de carbone. Vous perdez un peu en confort, mais vous gagnez beaucoup en soutien et en maintien. Un bémol sur la position des cadrans qui sont constamment cachés par le volant et difficile à consulter.

MÉCANIQUE Si l'UNESCO devait décerner des prix de patrimoine mondial pour les moteurs, il faudrait inscrire celui de la

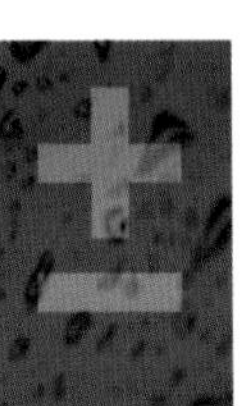

FORCES Fantastique combinaison boîte/moteur • Performances à donner des frissons • Confort honnête même sur les routes inégales • Une des plus belles Ferrari à ce jour

FAIBLESSES Instrumentation sur le volant un peu confuse • Volant qui bloque la vue des cadrans derrière • Poids un peu élevé • Quelques imperfections de finition qui persistent

458. Un V8 central de 4,5 litres qui produit 570 chevaux avec un rupteur de régime à 9000 tours par minute et une boîte de vitesses à double embrayage à 7 rapports, c'est une recette infaillible pour le bonheur automobile. Vous remarquerez que je n'ai pas parlé de la chaîne audio. Avec une telle symphonie derrière soi, on veut simplement écouter le moteur encore et encore. La montée en puissance est surréaliste, et le chant du moteur donne des frissons dans la colonne.

COMPORTEMENT J'ai eu l'occasion, il y a deux ans, de faire l'essai d'une 430 Scuderia sur le même circuit du Mont-Tremblant, et l'expérience m'a marqué, mais celle de la 458 m'a sublimé. La 430 est «lente» et pas de taille avec cette 458 qui est une bête déchaînée qui dévore du bitume au déjeuner. Sur circuit, les cinq diodes électroluminescentes au-dessus du volant vous mettent au défi de pousser chaque rapport à fond, les freins en carbone céramique de notre modèle d'essai vous permettent de sauter sur les freins dans chaque courbe. Il faut simplement s'habituer à toutes ces réactions ultra rapides de la voiture autant pour les changements de rapports que pour la sensibilité du freinage et de la direction qui tourne au quart de tour. Le mode sport du Manettino est, en fait, le mode confort qui convient pour l'autoroute; il change les rapports un peu plus tôt et atténue la sonorité de l'échappement. Le mode Race est celui que j'ai utilisé sur le circuit, il donne de la latitude, procure beaucoup de plaisir et conserve le moteur en régime plus longtemps. Le mode CT Off, qui enlève les aides électroniques, s'adressent aux pros du volant, ce qui n'est pas mon département. Un bref essai m'a donné quelques chaleurs et la ferme conviction que j'aurais encore besoin de plusieurs heures de leçons pour arriver à en tirer profit.

CONCLUSION Une fantastique voiture de course que vous pouvez aussi conduire sur la route. Ferrari devra toutefois travailler à faire perdre un peu de poids à sa monture qui s'affiche à un peu moins de 1 500 kilos. Mais avec la sonorité du moteur, on oublie tout le reste.

FICHE TECHNIQUE

MOTEUR

(F458)
V8 4,5 L DACT, 570 ch à 9000 tr/min
COUPLE 398 lb-pi à 6000 tr/min
BOÎTE DE VITESSES manuelle robotisée à 7 rapports
0-100 KM/H 3,4 s
VITESSE MAXIMALE 325 km/h

AUTRES COMPOSANTS

SÉCURITÉ ACTIVE freins ABS, répartition électronique de la force de freinage, antipatinage, contrôle électronique de la stabilité
SUSPENSION AVANT/ARRIÈRE indépendante
FREINS AVANT/ARRIÈRE disques
DIRECTION à crémaillère, assistée
PNEUS P235/35R20 (av.) P295/35R20 (arr.)

DIMENSIONS

EMPATTEMENT 2650 mm
LONGUEUR 4527 mm
LARGEUR 1937 mm
HAUTEUR 1213 mm
POIDS 1485 kg
DIAMÈTRE DE BRAQUAGE 10,8 m
COFFRE 230 L
RÉSERVOIR DE CARBURANT 86 L

MENTIONS

COUP DE CŒUR

RECOMMANDÉ

VERDICT

Plaisir au volant
Qualité de finition
Consommation
Rapport qualité / prix
Valeur de revente

www.ferrariquebec.ca

440 000 $ t&p 3 500 $

LA COTE VERTE MOTEUR V12 DE 6 L source : EnerGuide

CONSOMMATION (100 KM) MAN. 16,5 L ROBO. 16,7 L • **ÉMISSIONS POLLUANTES CO_2 KG/AN** MAN. 7728 ROBO. 7820
INDICE D'OCTANE 91 • **COÛT DU CARBURANT MOYEN PAR ANNÉE** MAN. 4707 $ ROBO. 4760 $
NOMBRE DE LITRES PAR ANNÉE MAN. 3360 AUTO. 3400

FICHE D'IDENTITÉ

VERSION GTB Fiorano, GTO
ROUES MOTRICES arrière
PORTIÈRES 2 **NOMBRE DE PASSAGERS** 2
PREMIÈRE GÉNÉRATION 2007
GÉNÉRATION ACTUELLE 2007
CONSTRUCTION Maranello, Italie
COUSSINS GONFLABLES 4 (frontaux, latéraux)
CONCURRENCE Aston Martin DBS, Bentley Continental GT/Speed, Lamborghini Aventador

AU QUOTIDIEN

PRIME D'ASSURANCE
25 ANS : 15 000 à 15 300 $
40 ANS : 9500 à 9800 $
60 ANS : 8000 à 8500 $
COLLISION FRONTALE ND
COLLISION LATÉRALE ND
VENTES DU MODÈLE DE L'AN DERNIER
AU QUÉBEC ND **AU CANADA** ND
DÉPRÉCIATION (2 ANS) 31,4 % (modèle 2009)
RAPPELS (2005 À 2010) aucun à ce jour
COTE DE FIABILITÉ ND

GARANTIES... ET PLUS

GARANTIE GÉNÉRALE 4 ans/kilométrage illimité
GARANTIE MOTOPROPULSEUR 4 ans/kilométrage illimité
PERFORATION 4 ans/kilométrage illimité
ASSISTANCE ROUTIÈRE 4 ans/kilométrage illimité
NOMBRE DE CONCESSIONNAIRES
AU QUÉBEC 1 **AU CANADA** 3

NOUVEAUTÉS EN 2012

Aucun changement majeur

ON PRÉPARE LA **PROCHAINE CUVÉE**

Benoit Charette

Pendant qu'on vous parle de la présente génération de 599, Ferrari prépare déjà en secret la cuvée 2013 qui sera toute nouvelle. Dans la tradition Ferrari, la firme présente habituellement une version M, une petite mise à jour, en milieu de vie, de ses modèles, un remodelage esthétique et technique habituellement appelé M pour Modificata. La 599 passera outre cette étape pour aller directement à une nouvelle cuvée à la fin de 2012. Au chapitre du moteur, cette prochaine 599 s'inspirera de la récente FF avec un V12 à injection directe de carburant qui promet quelque 700 chevaux, soit 40 de plus que la FF avec la même boîte de vitesses à double embrayage et une zone rouge à 8 500 tours par minute.

CARROSSERIE La forme de la 599 a fait l'objet de plusieurs débats. Dans le cas précis de cette voiture, la forme suit vraiment la fonction. La 599 en version GTB ou le modèle extrême, la GTO, sont des bêtes de course. Tout sur cette voiture est conçu en fonction de la vitesse au détriment de certains caprices esthétiques. On connaît bien la recette des voitures d'exception, et cette 599 n'y va pas avec le dos de la cuillère. La version GTO utilise plus de fibre de carbone et déshabille l'intérieur pour abaisser le poids en augmentant la puissance. Le contour épouse des formes aérodynamiques, et les appendices que certains trouvent un peu grossiers servent à diriger l'air pour refroidir les freins, plaquer la voiture au sol et fournir de l'oxygène au moteur, rien de superflu, tout est pensé.

HABITACLE À certains égards, vous êtes plus près de la cabine d'un F-18 que de celle d'une voiture, surtout dans la version GTO. La GTB en sportive de luxe s'habille de cuir, mais pour sauver quelques précieux grammes, la GTO remplace la peau de vache par du tissu et habille les sièges, la console centrale et, même, les leviers de sélection au volant de fibre de carbone. La version GTB demeure au seuil du tolérable au chapitre de l'ambiance et du bruit, la GTO est une véri-

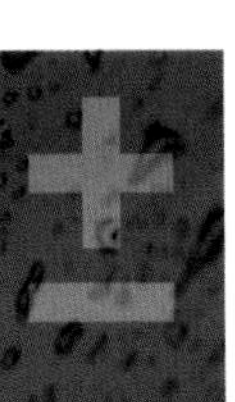

FORCES Performances extra-terrestres • Sonorité moteur indescriptible Voiture de course (GTO)

FAIBLESSES Disponibilité très limitée • Habitacle peu insonorisé (GTO) Prix

table bête de course, et tous les efforts sont faits au profit de la performance et au détriment du confort. Si vous voulez seulement profiter des routes asphaltées sans passer par un circuit, la GTB est plus que suffisante.

MÉCANIQUE SIDÉRANT, il n'y a pas d'autres mots pour décrire ce V12 qui arrive avec 620 chevaux sans artifice. La version GTO retravaillée exulte 670 chevaux d'une mélodie qui vous déchire les tympans, comme les envolées lyriques des plus grandes chanteuses d'opéra. Mais pour rendre justice à une telle mécanique, il faut se rendre sur un circuit routier. La boîte à double embrayage remonte à 2007 et n'est pas aussi rapide que celle de la California ou de la FF (100 millisecondes contre 65 pour la California et la FF). Mais les responsables de Ferrari ont promis de mettre la boîte et la mécanique à injection directe de la FF dans la prochaine cuvée l'an prochain.

COMPORTEMENT Sur un circuit, la 599 est une drogue dure. Ceux qui aiment la conduite extrême ne voudront jamais quitter le siège du pilote. Les mots me manquent pour vous décrire les reprises dantesques. Dès la mise en marche du moteur, le rythme cardiaque augmente, on sent une goutte de sueur qui descend sur le front. La première poussée de l'accélérateur laisse échapper une fantastique vocalise qui pousse au-delà des 8 000 tours par minute, une drogue, je vous dis. Cette sensation revient à chaque passage des rapports, et, en écrivant ces lignes, je me remémore la sonorité du V12 qui s'emballe et je suis en manque. Le Manettino, la molette qui permet de se configurer à la carte la conduite de la 599, teste votre taux de bravoure ou d'inconscience (c'est selon) au volant. Les plus aguerris (les pilotes de F1) débrancheront partiellement ou complètement toutes les assistances électroniques à la conduite. Dans mon cas, après avoir fait l'essai du mode Race, j'avais atteint mon seuil de compétence.

CONCLUSION Si vous avez la chance de pouvoir posséder une Ferrari 599, il vous faut deux choses en plus d'être millionnaire. Il vous faut un accès à un circuit comme le Mont-Tremblant, et vous devez être un excellent pilote ou prendre des cours pour le devenir. Sinon, allez vous chercher une California.

FICHE TECHNIQUE

MOTEURS

(GTB Fiorano)
V12 6 L DACT, 620 ch à 7600 tr/min
COUPLE 448 lb-pi à 5600 tr/min
BOÎTES DE VITESSES manuelle à 6 rapports, manuelle robotisée à 6 rapports (en option)
0-100 KM/H 3,7 s
VITESSE MAXIMALE 330 km/h

(GTO)
V12 6 L DACT, 670 ch à 8250 tr/min
COUPLE 457 lb-pi à 6500 tr/min
BOÎTE DE VITESSES manuelle robotisée à 6 rapports
0-100 KM/H 3,4 s
VITESSE MAXIMALE 335 km/h

CONSOMMATION (100 KM) 17,5 L (octane 91)
ÉMISSIONS DE CO_2 ND
LITRES PAR ANNÉE ND
COÛT PAR AN ND

AUTRES COMPOSANTS

SÉCURITÉ ACTIVE freins ABS, répartition électronique de la force de freinage, antipatinage, contrôle de stabilité électronique
SUSPENSION AVANT/ARRIÈRE indépendante
FREINS AVANT/ARRIÈRE disques
DIRECTION à crémaillère, assistée
PNEUS P245/40R19 (av.), P305/35R20 (arr.)
GTO P285/30R20 (av.), P315/35R20 (arr.)

DIMENSIONS

EMPATTEMENT 2751 mm
LONGUEUR GTB 4666 mm **GTO** 4710 mm
LARGEUR 1961 mm
HAUTEUR GTB 1336 mm **GTO** 1326 mm
POIDS GTB 1688 kg **GTO** 1605 kg
DIAMÈTRE DE BRAQUAGE ND
COFFRE 320 L
RÉSERVOIR DE CARBURANT 105 L

MENTIONS

RECOMMANDÉ

VERDICT

Plaisir au volant
Qualité de finition
Consommation
Rapport qualité / prix
Valeur de revente

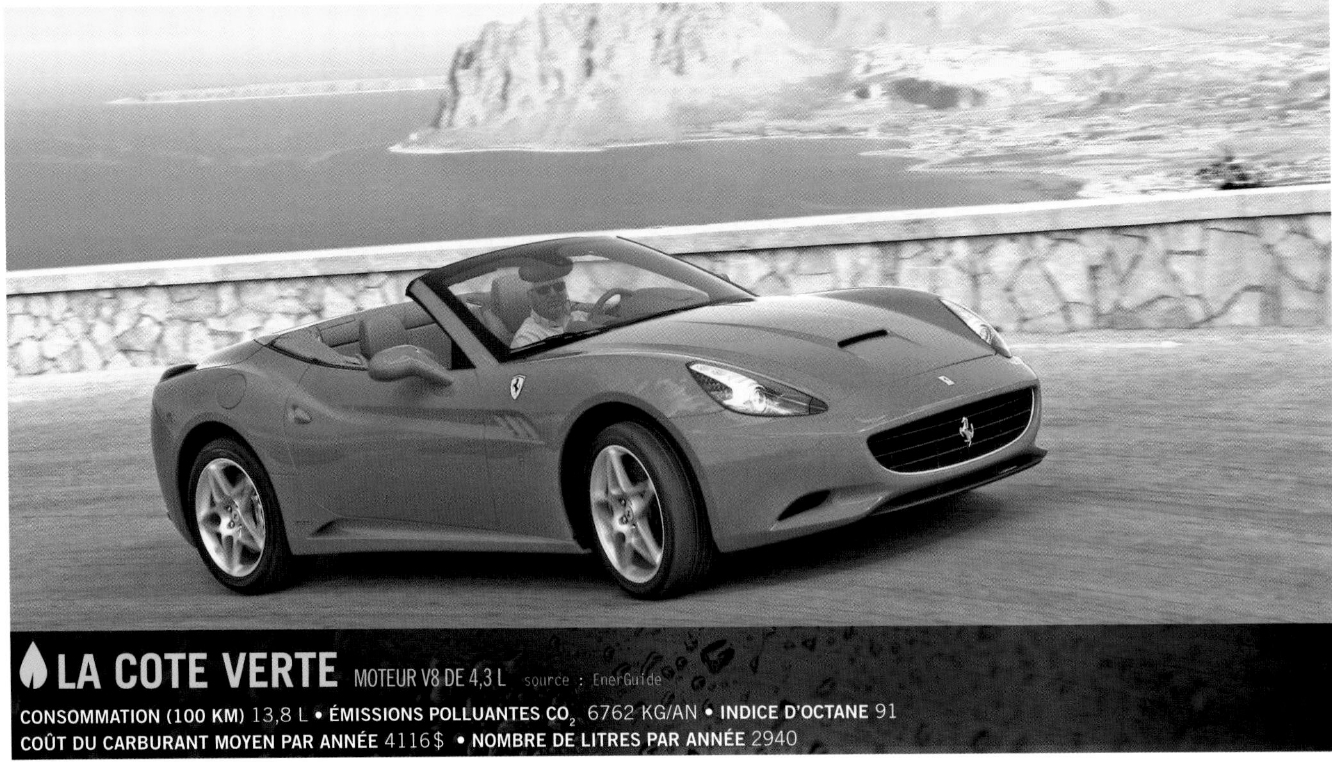

LA COTE VERTE MOTEUR V8 DE 4,3 L source : EnerGuide

CONSOMMATION (100 KM) 13,8 L • **ÉMISSIONS POLLUANTES CO_2** 6762 KG/AN • **INDICE D'OCTANE** 91
COÛT DU CARBURANT MOYEN PAR ANNÉE 4116 $ • **NOMBRE DE LITRES PAR ANNÉE** 2940

FICHE D'IDENTITÉ

VERSION California
ROUES MOTRICES arrière
PORTIÈRES 2 **NOMBRE DE PASSAGERS** 2 + 2
PREMIÈRE GÉNÉRATION 2010
GÉNÉRATION ACTUELLE 2010
CONSTRUCTION Maranello, Italie
COUSSINS GONFLABLES 4 (frontaux et latéraux)
CONCURRENCE Aston Martin V8 Vantage, Lamborghini Gallardo, Mercedes-Benz SLS AMG, Porsche 911 GT2

AU QUOTIDIEN

PRIME D'ASSURANCE
25 ANS : 8000 à 8200 $
40 ANS : 5300 à 5500 $
60 ANS : 4000 à 4200 $
COLLISION FRONTALE 5/5
COLLISION LATÉRALE 5/5
VENTES DU MODÈLE DE L'AN DERNIER
AU QUÉBEC ND **AU CANADA** ND
DÉPRÉCIATION ND
RAPPELS (2006 À 2011) aucun à ce jour
COTE DE FIABILITÉ ND

GARANTIES... ET PLUS

GARANTIE GÉNÉRALE 4 ans/kilométrage illimité
GARANTIE MOTOPROPULSEUR 4 ans/kilométrage illimité
PERFORATION 4 ans/kilométrage illimité
ASSISTANCE ROUTIÈRE 4 ans/kilométrage illimité
NOMBRE DE CONCESSIONNAIRES
AU QUÉBEC 1 **AU CANADA** 3

NOUVEAUTÉS EN 2012

Aucun changement majeur

LA FERRARI DE TOUS LES JOURS

Benoit Charette

Il est très rare que le mot mythique rime avec pratique, et c'est particulièrement vrai chez Ferrari. Avec la California, on veut briser le moule et en faire un véhicule qu'on peut sortir tous les jours.

CARROSSERIE Première Ferrari équipée d'un toit rigide escamotable, qui se replie ou se déplie en 14 secondes (le toit le plus rapide de l'industrie), son style se veut un clin d'œil à la célèbre California des années 50 et 60. Ferrari a même ajouté une trappe décorative sur le capot pour renforcer le lien. Ses lignes sont plus fluides et moins radicales que celles des autres modèles de la famille. Le carrossier Andréa Pininfarina a réussi à conserver un bel équilibre à la voiture, sa dernière œuvre, malgré la présence d'un toit rigide escamotable. Le nez assez long permet de placer le moteur derrière l'essieu avant pour un meilleur équilibre des masses qui profite largement à la tenue de route.

HABITACLE Ici aussi, Ferrari innove à plus d'un chapitre. Sans parler d'une voiture familiale, disons simplement que la California est conviviale. Vous avez le choix de mettre ou non un siège pour deux petites personnes à l'arrière ou de laisser l'endroit vacant pour mettre un surplus de bagages. Il y a même une trappe dans le coffre qui permet de mettre un sac de golf qui s'allongera jusqu'à la partie arrière. Moins extrême que celui de ses consœurs, le tableau de bord offre la même approche mais plus raffinée ; le volant et les sièges sont réglables électriquement, et l'écran de navigation tactile ajoute une touche de luxe. On retrouve les mêmes modes de conduite confort, sport et CST.

MÉCANIQUE Ferrari a pigé dans son coffre à outils et greffé le moteur de la F430 à la California avec quelques légères différences. L'alésage a été revu pour offrir plus de couple, et Ferrari a ajouté l'injection directe de carburant pour permettre au moteur de développer 460 chevaux, produire moins d'émissions polluantes et assurer une meilleure

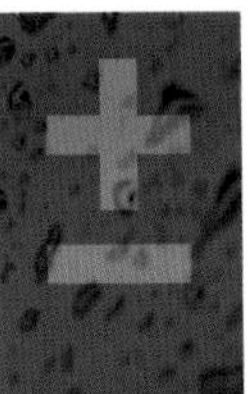

FORCES Belle et pratique • Boîte séquentielle magique • Confort inégalé chez Ferrari • Véritable coffre avec du rangement

FAIBLESSES Arrière-train léger • Faut-il mentionner le prix? Il faut absolument arrêter la voiture pour abaisser ou monter le toit

consommation de carburant. Ce mariage technologique et, en prime, la sublime boîte de vitesses séquentielle à double embrayage à 7 rapports rendent la voiture magique. Vous pensez à changer de rapports et c'est déjà fait (en 65 millisecondes).

COMPORTEMENT Vous pouvez choisir de jouer à Dr Jekyll ou M. Hyde. Le mode automatique de la boîte permet une remarquable résilience de la voiture à bas régime. Elle se conduit comme une berline de luxe. Si l'envie vous prend de pousser la machine, vous placez la voiture sur le mode sport, vous prenez en main les leviers de sélection au volant et vous êtes dans un missile routier. Et peu importe le régime, la California est remarquable de docilité. Facile à conduire, même à très haute vitesse, elle fera de vous un pro du volant. Contrairement à d'autres systèmes très intrusifs, l'appareillage électronique embarqué sur la California ne nuit pas au plaisir de conduire. L'électronique sur le mode sport laisse beaucoup de liberté au pilote, et il est possible d'avoir beaucoup de plaisir avant l'intervention des béquilles électroniques. Je mets cependant un seul bémol : l'arrière-train est un peu léger; si vous remettez les gaz un peu tôt dans un virage serré, il risque de se dérober.

CONCLUSION Grâce à la California, Ferrari veut aller à la conquête de nouveaux marchés, rajeunir sa clientèle et initier un nouveau public à la marque. Une stratégie qui semble bien fonctionner, car les deux premières années de production (5 000 exemplaires) se sont vendus comme des petits pains chauds. Et Ferrari estime que 60 % des acheteurs sont de nouveaux clients de la marque italienne. Si l'hiver ne faisait pas partie de nos habitudes, la California serait réellement une voiture avec laquelle on pourrait rouler à l'année dans un confort inégalé pour une sportive de cette catégorie.

FICHE TECHNIQUE

MOTEUR

V8 4,3 L DACT, 453 ch à 7750 tr/min
COUPLE 358 lb-pi à 5000 tr/min
BOÎTE DE VITESSES manuelle robotisée à 7 rapports
0-100 KM/H 4 s
VITESSE MAXIMALE 310 km/h

AUTRES COMPOSANTS

SÉCURITÉ ACTIVE freins ABS, répartition électronique de la force de freinage, antipatinage, contrôle électronique de la stabilité
SUSPENSION AVANT/ARRIÈRE indépendante
FREINS AVANT/ARRIÈRE disques
DIRECTION à crémaillère, assistée
PNEUS P245/40R19 (av.) P285/40R19 (arr.)
Option : P245/35R20 (av.) P285/35R20 (arr.)

DIMENSIONS

EMPATTEMENT 2670 mm
LONGUEUR 4563 mm
LARGEUR 1902 mm
HAUTEUR 1308 mm
POIDS 1735 kg
DIAMÈTRE DE BRAQUAGE ND
COFFRE 340 L (240 L toit abaissé)
RÉSERVOIR DE CARBURANT 78 L

MENTIONS

COUP DE CŒUR

VERDICT

Plaisir au volant
Qualité de finition
Consommation
Rapport qualité / prix
Valeur de revente

NOUVEAUTÉ $ 15 995 à 22 995 $ t&p 1400 $

LA COTE VERTE MOTEUR L4 DE 1,4 L source : Fiat
CONSOMMATION (100 KM) man. 6,9 L auto. 7,7 L • **ÉMISSIONS POLLUANTES CO_2** ND • **INDICE D'OCTANE** 87
COÛT DU CARBURANT MOYEN PAR ANNÉE ND • **NOMBRE DE LITRES PAR ANNÉE** ND

FICHE D'IDENTITÉ

VERSIONS Pop, Sport, Lounge
ROUES MOTRICES avant
PORTIÈRES 3 **NOMBRE DE PASSAGERS** 4
PREMIÈRE GÉNÉRATION 2012
GÉNÉRATION ACTUELLE 2012
CONSTRUCTION Toluca, Mexique
COUSSINS GONFLABLES 7 (frontaux, latéraux avant, genoux avant (conducteur), rideaux latéraux)
CONCURRENCE MINI, smart fortwo

AU QUOTIDIEN

PRIME D'ASSURANCE
25 ANS : 1300 à 1500 $
40 ANS : 800 à 1000 $
60 ANS : 600 à 800 $
COLLISION FRONTALE ND
COLLISION LATÉRALE ND
VENTES DU MODÈLE DE L'AN DERNIER
AU QUÉBEC ND **AU CANADA** ND
DÉPRÉCIATION ND
RAPPELS (2006 À 2011) ND
COTE DE FIABILITÉ ND

GARANTIES... ET PLUS

GARANTIE GÉNÉRALE 3 ans/60 000 km
GARANTIE MOTOPROPULSEUR 5 ans/100 000 km
PERFORATION 5 ans/100 000 km
ASSISTANCE ROUTIÈRE 5 ans/100 000 km
NOMBRE DE CONCESSIONNAIRES
AU QUÉBEC 21 **AU CANADA** 58

NOUVEAUTÉS EN 2012

Nouveau modèle

BRANCHÉE... POUR COMBIEN DE TEMPS?

Philippe Laguë

L'arrivée de la Fiat 500 est un double événement : le retour de la marque italienne en Amérique du Nord après un hiatus de 27 ans; et la résurrection d'un modèle mythique, dont l'importance, pour les Italiens, est comparable à celle de la 2 CV pour les Français, la Coccinelle pour les Allemands ou la MINI pour les Britanniques. Les deux dernières ont d'ailleurs été ressuscitées elles aussi et elles sont dans la mire de la Fiat. C'est le combat des légendes.

CARROSSERIE Comme sa rivale germano-britannique, la Fiat 500 du XXIe siècle est plus grosse que son ancêtre. Enfin, tout est relatif puisque ses dimensions, proches d'une Honda Fit ou d'une Mazda2, font d'elle une sous-compacte. Sauf qu'acheter une 500 est un *fashion statement*, comme on dit à Paris; une affirmation, celle d'un style de vie, d'une classe sociale, même. Une sous-compacte branchée, en quelque sorte. Comme la MINI – depuis le rachat de la marque britannique par BMW, on l'écrit en majuscules – et comme la Beetle.

Le style a donc toute son importance, ici, car il est sans l'ombre d'un doute au sommet des priorités de la clientèle cible. Et à ce chapitre, force est d'admettre que les stylistes de Fiat ont visé en plein dans le mille. À l'intérieur comme à l'extérieur, la 500 fait honneur au design italien, célébré dans le monde entier. Comme ses deux rivales, elle ressemble beaucoup à son ancêtre, sa carrosserie en reprenant les grandes lignes. Cela donne une silhouette absolument craquante, qui déclenche les mêmes réactions que la New Beetle et la MINI lorsqu'elles ont été lancées, il y a une douzaine d'années. La Fiat suscite des réactions partout, qui vont du simple sourire au coup de foudre.

Cette belle gueule n'a pas entraîné trop de sacrifices sur l'autel du design, si ce n'est qu'un large pilier B qui, combiné à la petitesse des glaces latérales arrière, crée un angle mort important. On l'a constaté chez Fiat, et, pour compenser, l'extrémité du miroir extérieur est dotée d'une partie convexe. Le coupé se décline en trois versions, et le cabriolet, en deux.

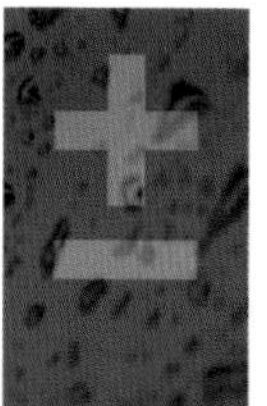

FORCES Absolument craquante • Déco intérieure branchée • Consommation Agilité • Confort appréciable • Voiture-culte

FAIBLESSES Lacunes ergonomiques • Manque de maintien des sièges Angle mort important • Moteur anémique (avec boîte auto) Direction engourdie • Réputation de la marque à rebâtir

HABITACLE L'exercice de style se poursuit à l'intérieur avec un habitacle qui se démarque nettement des sous-compactes de grande diffusion. Chaque petit détail semble avoir fait l'objet d'une attention particulière... et porter la griffe d'un styliste. Qu'il suffise de mentionner la sellerie bicolore recouvrant les sièges et l'intérieur des portières, la planche de bord à deux tons et l'omniprésence des formes rondes, comme la carrosserie : le tableau de bord est rond, les poignées de portes aussi, la grille de sélection de la boîte de vitesses, les boutons, les vide-poches... Même les appuie-tête sont ronds ! Ceux-ci sont d'ailleurs durs comme du bois et leur fonction semble uniquement décorative.

L'ergonomie n'a pas été étudiée avec le même soin, comme en témoignent certaines lacunes à ce chapitre. Un exemple : les poignées de réglage des sièges et de leur dossier, difficiles à manipuler et mal placées. Elles m'ont fait rager à chaque fois. La consultation du tableau de bord, où l'instrumentation est regroupée dans un espace restreint, n'est pas toujours facile non plus. Heureusement, les commandes sont accessibles et d'utilisation intuitive. On retrouve aussi de nombreux espaces de rangement. Les dimensions du compartiment à bagages sont cependant directement proportionnelles au format de la voiture.

À l'avant, les sièges sont confortables mais dépourvus de maintien latéral. L'assise haute plaira cependant à ceux et à celles qui n'aiment pas conduire au ras du sol. La 500 n'est pas une quatre-places mais plutôt une 2+2, ce qui signifie que ses places arrière ne conviendront qu'à des enfants.

MÉCANIQUE Au moment de son introduction, le printemps dernier, la 500 n'était offerte qu'avec une seule motorisation, soit un 4-cylindres de 1,4 litre, bon pour 101 chevaux. Une version suralimentée de ce moteur se retrouvera sous le capot de l'Abarth, attendue au cours des prochains mois. La puissance grimpera alors d'une trentaine de chevaux, ce qui aura un effet sur une voiture aussi menue; mais cela demeure nettement inférieur aux 181 chevaux de la MINI Cooper S. La 500 est plus compacte, donc plus légère, mais les comparaisons seront inévitables.

En attendant cette version plus sportive, il est impératif, pour avoir un minimum de plaisir avec la petite italienne, d'opter pour la boîte de vitesses manuelle. Le 4-cylindres MultiAir a beau avoir la meilleure volonté du monde, la boîte automatique le tue. Les accélérations sont laborieuses, et les reprises, anémiques. Les lamentations du moteur confirment, par ailleurs, qu'il souffre, le pauvre... Le problème ne vient pas de la boîte automatique, à 6 rapports, elle, car elle effectue son travail correctement; mais il y a zéro couple à bas régime. L'indicateur de vitesse pourrait d'ailleurs être remplacé par un calendrier. Bon, j'exagère, mais il n'en demeure pas moins qu'un chrono de plus de 12 secondes pour effectuer le 0 à 100 km/h, je n'avais pas vu cela depuis longtemps!

La boîte manuelle à 5 rapports rehausse les performances (et le plaisir), d'autant plus qu'elle brille à tous les chapitres : étagement, précision, course du levier, rien à redire. Et la consommation ? Moins de 7 litres aux 100 kilomètres au combiné ville/route, c'est bien. Très bien, même.

HISTORIQUE

L'histoire de la Fiat 500 se divise en trois périodes. La première génération, dite Topolino, est arrivé en 1936. La deuxième génération baptisée Nuova 500 a suivi en 1957 et la troisième génération fait sa première apparition eu Europe en 2007, suivi de l'Amérique en 2011.

www.fiatcanada.com

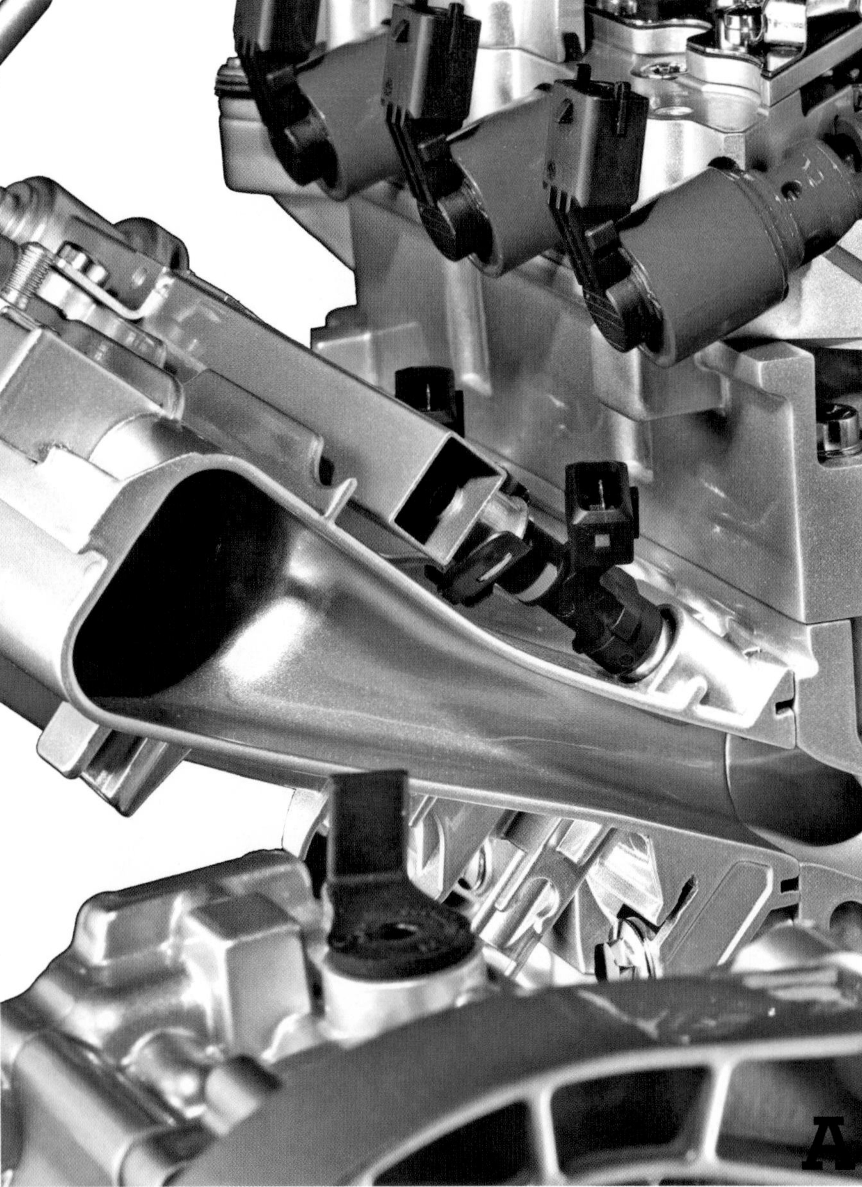

GALERIE

A *Disons le tout de go, la 500 n'est pas une sportive. Elle est équipée d'un moteur à 4 cylindres de 1,4 litre qui développe une puissance de 101 chevaux. Vous avez le choix d'une boîte de vitesses manuelle à 5 rapports de série sur toutes les versions ou, moyennant 1 300 $, d'une boîte automatique à 6 rapports.*

B *L'habitabilité, excellente aux places avant, est forcément limitée aux places arrière sur un véhicule de 3,5 mètres. Fiat a beaucoup misé sur la personnalisation. Elle est offerte en trois versions (pop, sport et lounge). Vous pouvez choisir parmi 14 couleurs extérieures et 11 couleurs intérieures, 5 types de jantes et 3 types de toits (en métal ou en verre panoramique fixe ou toit ouvrant électrique). Avec autant de choix, il est possible d'avoir un modèle quasi unique.*

C *Le coffre n'est pas des plus pratiques ni des plus volumineux, mais Fiat a construit un vélo sur mesure pour ceux qui veulent être encore plus écolo une fois arrivé à destination.*

D *Vous pouvez utiliser au besoin le petit bouton sport qui change, un tant soi peu le ratio des rapports de vitesse. Mais ne soyez pas trop exigeant, la différence entre le mode régulier et le mode sport est à peine perceptible.*

E *L'ambiance à bord est vraiment délicieuse. Le combiné d'instruments à la couleur crème et la planche de bord harmonisée à la couleur de la carrosserie opère son charme et procure une atmosphère unique et typée.*

commandes des concessionnaires confirmaient l'engouement pour cette petite italienne à l'allure si craquante. Voilà pour le court termes. À moyen et long terme, elle devra éviter quelques écueils. Celui de l'essoufflement, d'abord; parlez-en aux concessionnaires Volkswagen qui ont vendu des New Beetle au compte-gouttes alors qu'ils avaient de la misère à répondre à la demande lors de son arrivée. La mode peut parfois être si éphémère...

Un autre problème qui guette la Fiat 500 est celui de l'image : encore une fois, on songe à la New Beetle, qui a rapidement été étiquetée « voiture de femme ». Et ça, mes amis, c'est mortel pour un modèle. Non seulement les hommes n'en veulent pas, mais bien des femmes non plus : elles trouvent ça trop « fifille ». Ouch ! Le salut pourrait venir de l'Abarth, comme les versions plus sportives de la MINI lui ont évité d'avoir cette étiquette collée à la peau.

Dernier problème et non le moindre : la fiabilité. L'acronyme Fiat signifie *Fabbrica Italiana Automobili Torino*, mais aux États-Unis, on disait, à l'époque, que cela signifiait plutôt *Fix It Again Tony*... Traduction : répare-là encore, Tony. Autrement dit, on part de loin, côté réputation. Les adeptes du verre d'eau à moitié plein diront que ça peut difficilement être pire. Qu'importe, seul le temps apportera les réponses à ces questions.

COMPORTEMENT Gros potentiel de plaisir, ici, avec l'empattement court et le poids plume. Ça se confirme dès qu'on zigzague un peu : l'agilité est l'une des grandes qualités de la petite. La direction ne permet pas, cependant, d'exploiter ce potentiel au maximum. Lente et floue au centre, elle constitue une énorme déception. Mais elle n'a pas que des défauts : en usage urbain, on apprécie sa légèreté ainsi que son court rayon de braquage.

Cet empattement court suscite toutefois quelques craintes au chapitre du confort, mais elles sont rapidement dissipées : la douceur de roulement est étonnante, et il convient de souligner l'excellent travail des suspensions qui absorbent bien les trous et les bosses qui ont fait la réputation de notre réseau routier.

CONCLUSION Avant même de faire ses premiers tours de roues en sol canadien, la Fiat 500 était un succès assuré. Les carnets de

2e OPINION

« L'ambiance à bord de la 500 est vraiment délicieuse. Le combiné d'instruments à la couleur crème et la planche de bord harmonisée à la couleur de la carrosserie opère son charme et procure une atmosphère unique et typée. L'habitabilité, excellente aux places avant, est forcément limitée aux places arrière sur un véhicule de 3,5 mètres. Le petit moteur à 4 cylindres de 1,4 litre se veut plus agréable avec la boîte de vitesses manuelle. De simple et plutôt utilitaire dans sa mouture originelle, la nouvelle 500 est devenue une petite citadine moderne, mondaine et à la mode, laissant derrière le côté « paysan » de la version d'origine. Une voiture de niche, sans l'ombre d'un doute, mais pour les citadins qui cherchent à sortir de l'ordinaire, cette petite Fiat vous plaira. » — Benoit Charette

FICHE TECHNIQUE

MOTEUR

L4 1,4 L SACT, 101 ch à 6500 tr/min

COUPLE 98 lb-pi à 4000 tr/min

BOÎTES DE VITESSES manuelle à 5 rapports, automatique à 6 rapports avec mode manuel

0-100 KM/H 11 s

VITESSE MAXIMALE 182 km/h

AUTRES COMPOSANTS

SÉCURITÉ ACTIVE freins ABS, assistance au freinage, distribution électronique de la force de freinage, antipatinage, contrôle de stabilité électronique

SUSPENSION AVANT/ARRIÈRE indépendante

FREINS AVANT/ARRIÈRE disques

DIRECTION assistée, à crémaillère

PNEUS Pop/Lounge P185/55R15 **Sport** P195/45R16

DIMENSIONS

EMPATTEMENT 2300 mm

LONGUEUR 3547 mm

LARGEUR 1627 mm

HAUTEUR 1520 mm

POIDS man. 1074 kg, **auto.** 1106 kg

DIAMÈTRE DE BRAQUAGE 9,3 m

COFFRE 263 L

RÉSERVOIR DE CARBURANT 40 L

MENTIONS

COUP DE CŒUR

VERDICT

Plaisir au volant

Qualité de finition

Consommation

Rapport qualité / prix

Valeur de revente

$ 29 545 à 45 049$ t&p 1450$

LA COTE VERTE MOTEURL4 2,0 L TURBO source : EnerGuide

CONSOMMATION (100 KM) 2RM 9,3 L 4RM 10 L • **ÉMISSIONS POLLUANTES CO_2** 2RM ND 4RM ND • **INDICE D'OCTANE** 87
COÛT DU CARBURANT MOYEN PAR ANNÉE 2RM 2470$ 4RM 2626$ • **NOMBRE DE LITRES PAR ANNÉE** 2RM 1900 4RM 2020

FICHE D'IDENTITÉ

VERSIONS SE, SEL, SEL 4RM, Limited, Limited 4RM, Sport 4RM
ROUES MOTRICES avant, 4
PORTIÈRES 5 **NOMBRE DE PASSAGERS** 5
PREMIÈRE GÉNÉRATION 2007
GÉNÉRATION ACTUELLE 2011
CONSTRUCTION Oakville, Ontario, Canada
COUSSINS GONFLABLES 6 (frontaux, latéraux avant, rideaux latéraux)
CONCURRENCE Chevrolet Traverse, Honda Pilot, GMC Acadia, Hyundai Santa Fe, Mazda CX-7 et CX-9, Nissan Murano, Subaru Tribeca, Toyota Highlander

AU QUOTIDIEN

PRIME D'ASSURANCE
25 ANS : 2000 à 2200$
40 ANS : 1000 à 1200$
60 ANS : 800 à 1000$
COLLISION FRONTALE 5/5
COLLISION LATÉRALE 5/5
VENTES DU MODÈLE DE L'AN DERNIER
AU QUÉBEC 2477 **AU CANADA** 17 040
DÉPRÉCIATION 42,1 %
RAPPELS (2006 À 2011) 4
COTE DE FIABILITÉ 4/5

GARANTIES... ET PLUS

GARANTIE GÉNÉRALE 3 ans/60 000 km
GARANTIE MOTOPROPULSEUR 5 ans/100 000 km
PERFORATION 5 ans/kilométrage illimité
ASSISTANCE ROUTIÈRE 5 ans/100 000 km
NOMBRE DE CONCESSIONNAIRES
AU QUÉBEC 77 **AU CANADA** 437

NOUVEAUTÉS EN 2012

Moteur 2 litres turbo en option

ENFIN, IL PORTE BIEN SON NOM !

Michel Crépault

À sa naissance, les arêtes du nouvel Edge paraissaient déjà émoussées. Mais Ford, profitant d'une lancée triomphale, ne pouvait laisser aller ainsi les choses, et c'est un Edge enfin serti de piquant qui s'est pointé en 2011. Depuis, il se vend très bien.

CARROSSERIE La silhouette ramassée n'écorche pas les yeux. Elle propose un équilibre des masses qui, du même souffle, donne une personnalité à ce multisegment typiquement américain. La proue est audacieuse avec ses énormes raies horizontales qui avalent la façade entière, épargnant à peine les phares bridés et les antibrouillards limités à des fentes. Un nez encore plus distinctif dans sa version Sport où le noir piano remplace le chrome, sans parler des énormes pneus de 22 pouces. Impressionnant, mais gare au coût des pneus d'hiver correspondants ! L'Edge, en passant, partage sa plateforme avec le Mazda CX-7, reliquat d'une époque où les deux constructeurs étaient complices.

HABITACLE Depuis que Ford a adopté la technologie SYNC de Microsoft, elle-même muée en MyFord Touch, ses tableaux de bord ont développé une remarquable épuration. Normal, direz-vous, puisque le système de reconnaissance vocale est censé faire obéir le véhicule quand on lui jase au lieu de lui triturer les boutons. Sauf que cette supposée simplification exige une dextérité à l'égard de ces nouveaux dispositifs qui ne s'acquiert pas en claquant des doigts. Mais, patience, vous en viendrez à bout ! L'Edge accueille cinq adultes. Or, les occupants de la banquette sont gâtés par un dégagement généreux tous azimuts (moins pour la tête quand s'amène le panneau panoramique), sans pour autant handicaper l'espace de chargement. Ford a pris l'heureuse décision de ne pas forcer l'inclusion d'une deuxième banquette. Un plancher plat allongé est requis ? Les dossiers se rabattent même électriquement si

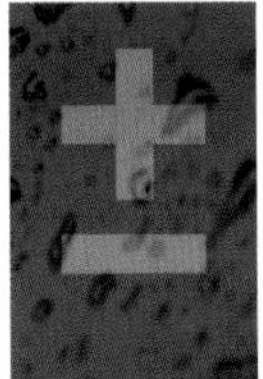

FORCES Refonte réussie à plusieurs égards • Silhouette enviable • Équipement quasi illimité

FAIBLESSES Consommation encore perfectible • Version Sport au prix d'un Lincoln MKX

on coche la bonne option. En fait, l'équipement offert est hallucinant et prouve deux choses : l'Edge peut se transformer en un salon haute tech, et on ne s'étonne pas d'en voir la facture dépasser allégrement le cap des 45 000$ (y compris une sono Sony haute définition qui vous convaincra de rouler longtemps).

MÉCANIQUE À la base, un V6 de 3,5 litres de 285 chevaux, soit un gain de 20 chevaux par rapport au modèle précédent et, malgré tout, une meilleure consommation. Bravo! Un autre V6, cette fois de 3,7 litres dont la puissance atteint 305 chevaux, est réservé à la version Sport. Enfin, Ford promet la disponibilité cet automne d'un 4-cylindres de 2 litres EcoBoost de 237 chevaux axé sur la frugalité. Le consommateur a aussi le choix entre une traction ou une transmission intégrale. Quant au passage des rapports, la responsabilité en revient à une boîte de vitesses automatique à 6 rapports, laquelle s'agrémente de leviers de sélection au volant dans la version Sport.

COMPORTEMENT L'Edge accuse tout de même autour de 2 000 kilos, et, malgré leur bon vouloir, les ingénieurs n'ont pas réussi à lui procurer une direction leste. Le poids se fait sentir. Heureusement, il convient à son attitude pantouflarde (tout comme sa boîte un brin paresseuse). Si vous tenez absolument à vous offrir une petite frayeur, la suspension raffermie du modèle Sport est indiquée pour éradiquer l'affaissement des versions davantage conçues pour la détente. On accusait le précédent Edge de freiner avec autant de mordant qu'une centenaire édentée. Après avoir fait son *mea culpa*, Ford a nanti l'utilitaire de nouveaux disques qui réduisent la distance d'arrêt de 20%. Le hasard a voulu que je conduise un Lincoln MKX, une version huppée de l'Edge, peu après le test du Ford, et j'ai été épaté par le calme qui règne à bord de ce dernier par rapport au premier, pourtant plus cher. Le nouvel Edge respire l'harmonie. La plénitude de la coque, l'élégance du tableau de bord, le confort des sièges et la sérénité ambiante alimentent une tenue de route docile.

CONCLUSION Les patriotes seront heureux de noter que l'Edge est construit à l'usine d'Oakville, en Ontario, là où Ford Canada a son siège social. Sa large fourchette de prix permet à plusieurs budgets de trouver véhicule à son garage. Si la première mouture ne faisait pas honneur à son nom, le ramage se rapporte cette fois au plumage.

2e OPINION

«Le Ford Edge de dernière génération est un véhicule intéressant pour deux raisons. Primo, le constructeur américain propose des moteurs efficaces, surtout l'EcoBoost. Secundo, son intérieur est moderne, bien pensé et offre tout le luxe et le confort qu'on souhaite retrouver à bord d'un tel VUS. En revanche, vous devez vous y connaître en matière de technologie pour ne pas en perdre votre latin. Exploiter le système MyFordTouch devient un exercice de haute voltige qui requiert pratiquement une formation d'ingénieur. Quand on pense qu'un spécialiste en techno le trouve compliqué! Du reste, on se plaît dans cet habitacle accueillant. Si vous aimez conduire et recherchez le plaisir de la route, cet Edge risque fort de vous ennuyer.» — Francis Brière

FICHE TECHNIQUE

MOTEURS

(SE, SEL, LIMITED) V6 3,5 L DACT, 285 ch à 6500 tr/min
Couple 253 lb-pi à 4000 tr/min
BOÎTE DE VITESSES automatique à 6 rapports, automatique à 6 rapports avec mode manuel (SEL, Limited)
0-100 KM/H 9,8 s
VITESSE MAXIMALE 180 km/h

CONSOMMATION (100 KM) 2RM 9,3 L 4RM 10,0 l (octane 87)
ÉMISSIONS DE CO_2 2RM 4370 kg 4RM 4670 kg/an
LITRES PAR ANNÉE 2RM 1900c 4RM 2020
COÛT PAR AN 2RM 2375 $ 4RM 2525 $

(OPTION SE, SEL, LIMITED) L4 2,0 L turbo DACT, 237 ch à 5500 tr/min
COUPLE 250 lb-pi de1750 à 4000 tr/min
BOÎTE DE VITESSES automatique à 6 rapports
0-100 KM/H nd
VITESSE MAXIMALE nd

(SPORT) V6 3,7 L DACT, 305 ch à 6500 tr/min
COUPLE 280 lb-pi à 4000 tr/min
BOÎTE DE VITESSES automatique à 6 rapports avec mode manuel
0-100 KM/H 9 s
VITESSE MAXIMALE 200 km/h

CONSOMMATION (100 KM) 10,5 L (octane 87)
ÉMISSIONS DE CO_2 4876 kg/an
LITRES PAR ANNÉE 2120
COÛT PAR AN 2756$

AUTRES COMPOSANTS

SÉCURITÉ ACTIVE freins ABS, assistance au freinage, réparatition électronique de la force de freinage, contrôle de stabilité électronique, antipatinage
SUSPENSION AVANT/ARRIÈRE indépendante
FREINS AVANT/ARRIÈRE disques
DIRECTION À CRÉMAILLÈRE, assistée
PNEUS SE P235/65R17 SEL/Limited P245/60R18 option Limited P245/50R20 Sport P265/40R22

DIMENSIONS

EMPATTEMENT 2825 mm
LONGUEUR 4679 mm
LARGEUR (rétros compris) 2223 mm
HAUTEUR 1702 mm
POIDS 3.5 2RM 1852 kg **3.5 4RM** kg 1935 kg **2.0 2RM** 1813 kg **Sport** 2029 kg
DIAMÈTRE DE BRAQUAGE 12 m
COFFRE 912 L, 1951 L (sièges abaissés)
RÉSERVOIR DE CARBURANT 3.5 2RM 68,1 L; **3.5 4RM/Sport** 72 L
CAPACITÉ DE REMORQUAGE 1587 kg

MENTIONS

RECOMMANDÉ

VERDICT

Plaisir au volant
Qualité de finition
Consommation
Rapport qualité/prix
Valeur de revente

LA COTE VERTE MOTEUR L4 DE 2,5 L HYBRIDE source : EnerGuide

CONSOMMATION (100 KM) 2RM 6,2 L 4RM 7,0 L • **ÉMISSIONS POLLUANTES CO_2** 2RM 2806 KG/AN 4RM 3174 KG/AN • **INDICE D'OCTANE** 87
COÛT DU CARBURANT MOYEN PAR ANNÉE 2RM 1586 $ 4RM 1794 $ • **NOMBRE DE LITRES PAR ANNÉE** 2RM 1220 4RM 1380

FICHE D'IDENTITÉ

VERSIONS XLT 2.5, XLT 3.0 2RM/4RM, Limited 2.5 4RM, Limited 3.0 4RM, Hybrid, Hybrid Limited 2RM/4RM
ROUES MOTRICES avant, 4
PORTIÈRES 5 **NOMBRE DE PASSAGERS** 5
PREMIÈRE GÉNÉRATION 2001
GÉNÉRATION ACTUELLE 2007
CONSTRUCTION Kansas City, Missouri, É.-U.
COUSSINS GONFLABLES 6 (frontaux, latéraux avant, rideaux latéraux)
CONCURRENCE Chevrolet Equinox,GMC Terrain, Honda CR-V, Hyundai Tucson, Jeep Compass/Patriot, Kia Sportage, Mitsubishi Outlander, Nissan Rogue, Subaru Forester, Suzuki Grand Vitara, Toyota RAV4

AU QUOTIDIEN

PRIME D'ASSURANCE
25 ANS : 2000 à 2200 $
40 ANS : 1300 à 1500 $
60 ANS : 1100 à 1300 $
COLLISION FRONTALE 5/5
COLLISION LATÉRALE 5/5
VENTES DU MODÈLE DE L'AN DERNIER
AU QUÉBEC 7414 **AU CANADA** 43 038
DÉPRÉCIATION 48,3 %
RAPPELS (2006 À 2011) 3
COTE DE FIABILITÉ 3/5

GARANTIES... ET PLUS

GARANTIE GÉNÉRALE 3 ans/60 000 km
GARANTIE MOTOPROPULSEUR 5 ans/100 000 km
COMPOSANTES SYSTÈME HYBRIDE 8 ans/160 000 km
PERFORATION 5 ans/kilométrage illimité
ASSISTANCE ROUTIÈRE 5 ans/100 000 km
NOMBRE DE CONCESSIONNAIRES
AU QUÉBEC 77 **AU CANADA** 437

NOUVEAUTÉS EN 2012

Aucun changement majeur

EN ATTENDANT **JOUVENCE**

Michel Crépault

Voici la classique histoire du jeune premier qui vieillit et qui se fait rattraper par plus contemporain que lui. Pour rester dans le coup, il suffirait de le tremper un brin dans la fontaine de Jouvence, sauf que l'Escape 2012 nous revient inchangé. Encore. Il faut croire que Ford a, pour l'instant, d'autres chats à fouetter. Éventuellement, le constructeur se penchera sur le sort de cet utilitaire qui a quand même marqué son créneau.

CARROSSERIE Alors que tous les rivaux – et ils sont nombreux – ont pris le parti d'adopter une coque où les rondeurs abondent, question de s'intégrer au paysage urbain, l'Escape promène toujours sa dégaine de baroudeur, son allure de petit camion, un domaine où, justement, Ford aime bien jouer au dur de dur.

HABITACLE Son géniteur n'a pas abandonné l'Escape au point de ne pas lui faire profiter du progrès dernier cri qui honore son autre progéniture. Le dispositif SYNC, qui permet le contrôle par la voie du cellulaire, de la discothèque et du système de navigation offert en option, s'est donc faufilé au cœur d'un tableau de bord, ma foi, très correct. Ford offre aussi le gadget MyKey qui permet aux parents de prêter l'Escape à leur progéniture tout en bridant électroniquement la vitesse maximale et le volume de la sono. Pour que l'ado n'aille pas gonfler de désastreuses statistiques et pour éviter un tympan crevé au parent qui se glisse derrière le volant après le fan de métal hurlant. La liste des options inclut aussi l'*Active Park Assist* qui stationne pour vous l'Escape en parallèle (de telle sorte que les gens dans l'avenir seront aussi habiles à conduire que les poulets de St-Hubert à voler...). Cela dit, tout ce bataclan techno est un joli crémage qui cache des lacunes par rapport à la concurrence plus moderne. Citons l'inutile complexité pour abaisser la banquette (enlève l'appuie-tête, relève l'assise, rabat enfin le dossier...). Au moins un plancher plat nous récompense de nos efforts.

MÉCANIQUE L'Escape est livrable en traction ou en intégrale. Le moteur de base est

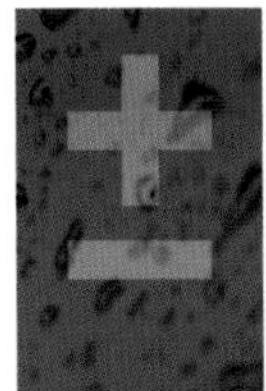

FORCES Construction robuste • Version hybride • Tableau de bord sympathique • Fourchette de prix

FAIBLESSES Consommation perfectible (sauf l'hybride) • Tenue de route peu trépidante • Mécanisme de la banquette vétuste

un 4-cylindres de 2,5 litres de 171 chevaux. Le second est le V6 de 3 litres de 240 chevaux. On peut se contenter de la boîte de vitesses manuelle à 5 rapports, mais les XLT et Limited, pour la plupart, préfèrent l'automatique à 6 rapports. Un autre indice qui prouve le brio en dents de scie de l'Escape : l'arrivée en 2005 d'une motorisation hybride. Avec un 2,5-litres à cycle Atkinson jumelé à deux moteurs électriques (pour une puissance totale de 177 chevaux) et une boîte CVT, l'utilitaire signe alors une consommation moyenne de 7 litres aux 100 kilomètres, même alourdi par l'AWD. Par contre, l'Escape continue d'utiliser des tambours à l'arrière, alors qu'ils ont disparu chez la majorité des concurrents. Muni du bon équipement, il peut tracter jusqu'à 1 588 kilos.

COMPORTEMENT Dans l'ensemble, les points que marque l'Escape dépendent du type de conducteur que vous êtes. Par exemple, sa performance à la pompe ne vaut la peine d'être mentionnée que si l'on choisit l'hybride; l'absence de disques à l'arrière allonge indûment les distances d'arrêt, mais ça n'indispose pas les gens qui, de toute façon, favorisent une conduite décontractée; le 4-cylindres est bruyant mais moins cher. L'Escape se comporte gauchement dans les virages en accusant du roulis, mais d'autres en apprécient les manières sans façon et son poste de conduite élevé. Chose certaine, quand on le compare avec le Kia Sportage et le Hyundai Tucson, pour ne nommer que ceux-là, qui affichent un caractère enjoué et robuste, le Ford fait figure d'aïeul. En revanche, on doit concéder qu'il est solide, ayant obtenu des scores parfaits lors des tests de collision.

CONCLUSION Quelques gadgets à bord donnent l'impression que l'Escape est à la page, mais, en réalité, sa conception et son comportement réclament une sérieuse mise à jour. Ceux qui apprécient les manières rustres seront servis. La version hybride rachète un peu la famille. Cela dit, puisque l'Escape a été le premier utilitaire compact vraiment populaire et le premier produit nord-américain du genre à brandir une version hybride, il est écrit dans les astres que Ford nous prépare une nouvelle génération intéressante.

2e OPINION

«Il en a parcouru du chemin ce petit VUS depuis son introduction en 2001. Bien sûr, il a été revu en 2007 et, malgré quelques rides bien évidentes, l'Escape demeure un bon petit utilitaire robuste capable de transporter, de tirer et, même, de procurer un certain plaisir de conduite à son conducteur. Il est l'un des seuls sur le marché à proposer une motorisation hybride. On peut aussi le commander avec un 4-cylindres ou un V6 plus gourmand à la pompe, le tout en traction ou en 4 x 4. Bref, il y a du choix ! Toutefois, le petit Escape devrait être remplacé sous peu par un VUS fortement inspiré du concept Vertrek dévoilé au dernier Salon de Detroit.»

— Vincent Aubé

FICHE TECHNIQUE

MOTEURS

(XLT, LIMITED) L4 2,5 L DACT, 171 ch à 6000 tr/min
COUPLE 171 lb-pi à 4500 tr/min
BOÎTES DE VITESSES manuelle à 5 rapports, automatique à 6 rapports (option)
0-100 KM/H 10,0 s **VITESSE MAXIMALE** 175 km/h

CONSOMMATION (100 KM) 2RM man. 8,1 L
2RM auto. 8,6 L **4RM auto.** 9,0 L (octane 87)
ÉMISSIONS DE CO_2 2RM man. 3772 kg/an
2RM auto. 4002 kg/an **4RM auto.** 4186 kg/an
LITRES PAR ANNÉE 2RM man. 1640 **2RM auto.** 1740
4RM auto. 1820
COÛT PAR AN 2RM man. 2050 $ **2RM auto.** 2175 $
4RM auto. 2275 $

(HYBRID) L4 2,5 L cycle Atkinson DACT + moteur électrique, 155 ch à 6000 tr/min (177 ch au total)
COUPLE 136 lb-pi à 4500 tr/min
(couple moteur à essence seul)
BOÎTE DE VITESSES automatique à variation continue
0-100 KM/H 8,7 s **VITESSE MAXIMALE** 175 km/h

(OPTION XLT, LIMITED) V6 3,0 L DACT, 240 ch à 6550 tr/min
COUPLE 223 lb-pi à 4300 tr/min
BOÎTE DE VITESSES automatique à 6 rapports
0-100 KM/H 8,5 s **VITESSE MAXIMALE** 190 km/h

CONSOMMATION (100 KM) 2RM 9,5 L **4RM** 10,1 L
ÉMISSIONS DE CO_2 2RM 4416 kg/an
4RM 4738 kg/an
LITRES PAR ANNÉE 2RM 1920 **4RM** 2060
COÛT PAR AN 2RM 2400 $ **4RM** 2575 $

AUTRES COMPOSANTS

SÉCURITÉ ACTIVE freins ABS, assistance au freinage, répartition électronique de la force de freinage, contrôle de stabilité électronique, antipatinage
SUSPENSION indépendante
FREINS AVANT/ARRIÈRE disques/tambours
DIRECTION à crémaillère, assistée
PNEUS P235/70R16 option **XLT** et **LIMITED** P225/65R17

DIMENSIONS

EMPATTEMENT 2619 mm
LONGUEUR 4437 mm
LARGEUR (avec rétro.) 2065 mm
HAUTEUR 1725 mm **HYBRID** 1720 mm
POIDS L4 2RM man 1466 kg **L4 4RM** 1562 kg
V6 2RM 1537 kg **V6 4RM** 1610 kg **HYBRID 2RM** 1657 kg **HYBRID 4RM** 1729 kg
DIAMÈTRE DE BRAQUAGE 11,2 m
COFFRE 875 L, 1902 L (sièges abaissés)
Hybride 875 L, 1880 L (sièges abaissés)
RÉSERVOIR DE CARBURANT 66 L **HYBRID** 57 L
CAPACITÉ DE REMORQUAGE L4 680 kg **V6** 1588 kg **HYBRIDE** non recommandé

MENTIONS

CHOIX VERT

VERDICT

Plaisir au volant
Qualité de finition
Consommation
Rapport qualité / prix
Valeur de revente

ÉVOLUTION $ 50 549 à 64 549$ t&p 1450 $

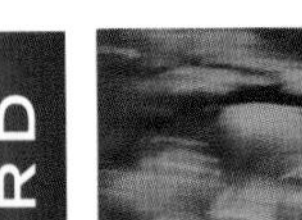

LA COTE VERTE MOTEUR V8 DE 5,4 L source : EnerGuide

CONSOMMATION (100KM) 14,1 L • **ÉMISSIONS POLLUANTES CO_2** 6578 kg/an • **INDICE D'OCTANE** 87
COÛT DU CARBURANT MOYEN PAR ANNÉE 3575$ • **NOMBRE DE LITRES PAR ANNÉE** 2860

FICHE D'IDENTITÉ

VERSIONS XLT, Limited, Limited Max
ROUES MOTRICES 4
PORTIÈRES 4 **NOMBRE DE PASSAGERS** 8, 7
PREMIÈRE GÉNÉRATION 1997
GÉNÉRATION ACTUELLE 2007
CONSTRUCTION Louisville, Kentucky, É.-U.
COUSSINS GONFLABLES 6
(frontaux, latéraux avant, rideaux latéraux)
CONCURRENCE Chevrolet Tahoe/Suburban, GMC Yukon, Nissan Armada, Toyota Sequoia

AU QUOTIDIEN

PRIME D'ASSURANCE
25 ANS : 2200 à 2400$
40 ANS : 1300 à 1500$
60 ANS : 1200 à 1400$
COLLISION FRONTALE 5/5
COLLISION LATÉRALE 5/5
VENTES DU MODÈLE DE L'AN DERNIER
AU QUÉBEC 160 **AU CANADA** 1664
DÉPRÉCIATION 53,1%
RAPPELS (2006 À 2011) 5
COTE DE FIABILITÉ 4/5

GARANTIES... ET PLUS

GARANTIE GÉNÉRALE 3 ans/60 000 km
GARANTIE MOTOPROPULSEUR 5 ans/100 000 km
PERFORATION 5 ans/kilométrage illimité
ASSISTANCE ROUTIÈRE 5 ans/100 000 km
NOMBRE DE CONCESSIONNAIRES
AU QUÉBEC 77 **AU CANADA** 437

NOUVEAUTÉS EN 2012

Aucun changement majeur

UN XXXL, S'IL VOUS PLAÎT!

Michel Crépault

Croyez-le ou non, mais des utilitaires de plus de 5,2 mètres et de trois tonnes sillonnent encore notre planète. De toute évidence, il faudra davantage que l'éruption d'un volcan islandais pour en venir à bout.

CARROSSERIE Ne niant pas ses origines de camion, l'Expedition repose sur un châssis en échelle. Il est gigantesque, ça dit tout. La version Max ajoute 37,6 centimètres à la longueur hors tout régulière pour ceux et celles qui ont besoin d'encore plus d'espace pour y fourrer davantage de bébelles. Pour se hisser à bord, le marchepied est béni des dieux.

HABITACLE Il coexiste ici deux approches : une pléiade de beaux boutons qui peuvent vous confondre les premiers temps, et une lutte à finir entre les matériaux nobles et les plastiques durs. Ces derniers nous rappellent les origines plébéiennes du géant, mais, heureusement, ce sont les premiers qui l'emportent. Bien entendu, le système SYNC a droit de cité, et le jour n'est sans doute pas loin où le dispositif MyFord encore plus évolué prendra la relève. En attendant, le MyKey est offert aux parents qui auront le courage de prêter pareil monstre à leur adolescent. Le fait de contrôler à distance la vitesse maxi et le volume de la chaîne audio les rassurera peut-être. Le gros Ford propose jusqu'à huit places polyvalentes grâce à la facilité avec laquelle on peut rabattre les places médianes et arrière. Ces dernières utilisent un ingénieux mécanisme manuel, mais on peut aussi se gâter avec une assistance électrique commandée par la pression d'un simple bouton. Il y a moyen de délaisser la banquette médiane (rabattable en sections 40/20/40) au profit de deux fauteuils.

MÉCANIQUE Le V8 de 5,4 litres d'une puissance de 310 chevaux et d'un couple de 365 livres-pieds, jumelé à une boîte de vitesses automatique à 6 rapports, achemine sa puissance aux roues arrière. Il est possible d'opter pour une transmission intégrale agrémentée d'un boîtier de transfert à deux rapports. Si on l'équipe correctement, l'Expedition peut tirer plus de 4 000 kilos. Toutes les livrées sont dotées en équipement de série du dispositif anti-

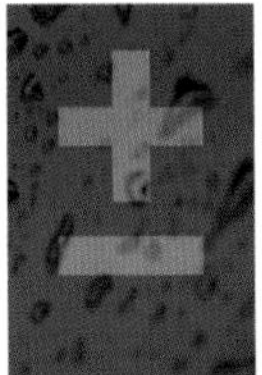

FORCES De l'espace à revendre • Ingénieuse polyvalence des 8 places offertes • Tenue de route civilisée pour un si gros véhicule

FAIBLESSES V8 un peu juste quand la charge est maximale • Plastiques pas toujours heureux • Consommation à l'avenant

surtout quand cette bête est chargée à pleine capacité ou qu'elle s'amuse à tracter une grosse charge. On sent alors le V8 s'essouffler pendant que la boîte s'ingénie à trouver le bon rapport. Puisque l'un des principaux atouts de l'Expedition est sa capacité à charrier des babioles, il importe de mentionner que 527 litres (18,6 pi³) sont disponibles directement derrière la banquette du fond.

louvoiement : des capteurs perçoivent que la remorque commence à n'en faire qu'à sa tête. En influant sur le travail des freins et de l'accélérateur, le programme s'arrange pour calmer les mouvements erratiques afin de ramener la charge dans le droit chemin.

COMPORTEMENT Au lieu de rebondir sèchement ou n'importe où sur la chaussée, l'Expedition survole les kilomètres en faisant preuve d'une étonnante souplesse. Son poids et ses pneus de 17, de 18 ou de 20 pouces parviennent à gommer les imperfections du chemin. Ça serait bien pire si le châssis n'était pas suspendu à l'arrière par une suspension à roues indépendantes, ce qui n'est pas courant dans ce type de véhicule. Le V8 est à sa place, mais sa puissance n'est pas renversante compte tenu du monstre à déplacer,

À bord du modèle à empattement allongé, cet espace de chargement déjà généreux passe à 1 206 litres (42,6 pi³). Difficile à battre !

CONCLUSION Pourquoi se tourne-t-on vers un Expedition ? Pour les huit places bonnes pour autant d'occupants ou, si les humains nous intéressent un peu moins, beaucoup d'espace pour un tas de marchandises diverses, ou encore un mélange des deux et, finalement, parce qu'on a besoin d'une robuste puissance de remorquage. Si vous choisissez l'Expedition avant tout pour la conduite juchée haut ou le sentiment de protection que confère la conduite d'un char d'assaut urbain, je vous signale qu'il y a des moyens moins coûteux et moins encombrants pour se sentir en sécurité au beau milieu du boulevard Métropolitain.

2e OPINION

« Pour Ford, ce marché n'est pas mort. L'Expedition n'est évidemment pas un grand joueur, mais plusieurs clients lui sont fidèles. Ils apprécient sa robustesse, sa fiabilité et certains éléments de conception qui font de lui un véhicule plus pratique que l'ancienne version du duo Tahoe/Yukon. Pensez notamment à sa capacité de remorquage supérieure ainsi qu'à son plancher de coffre entièrement plat, obtenu grâce à l'adoption d'une suspension à roues indépendantes. Néanmoins, il faut admettre que l'Expedition est mûr pour une refonte. Sa carrosserie commence sérieusement à dater, et il faudrait surtout remplacer sa gourmande motorisation par ce récent V8 de 5 litres ou, pourquoi pas, ce nouveau V6 EcoBoost de 3,5 litres qui fait fureur du côté de la F-150. » — Antoine Joubert

FICHE TECHNIQUE

MOTEUR

V8 5,4 L SACT, 310 ch à 5100 tr/min
COUPLE 365 lb-pi à 3600 tr/min
BOÎTE DE VITESSES automatique à 6 rapports
0-100 KM/H 8,8 s **max** 9,3 s
VITESSE MAXIMALE 200 km/h

AUTRES COMPOSANTS

SÉCURITÉ ACTIVE freins ABS, assistance au freinage, répartition électronique de la force de freinage, contrôle de stabilité électronique , antipatinage
SUSPENSION AVANT/ARRIÈRE indépendante
FREINS AVANT/ARRIÈRE disques
DIRECTION à crémaillère, assistée
PNEUS XLT P265/70R17 **option XLT** P275/65R18 **option XLT/de série Limited et Limited Max** P275/55R20

DIMENSIONS

EMPATTEMENT 3023 mm **max** 3327 mm
LONGUEUR 5245 mm **max** 5621 mm
LARGEUR (avec rétro.) 2332 mm
HAUTEUR 1961 mm **max** 1974 mm
POIDS 2652 kg **max** 2782 kg
DIAMÈTRE DE BRAQUAGE 12,4 m **max** 13,4 m
COFFRE 526 L à 3066 L **max** 1206 L à 3703 L
RÉSERVOIR DE CARBURANT 106 L **max** 126 L
CAPACITÉ DE REMORQUAGE 4037 kg **max** 3946 kg

MENTIONS

RECOMMANDÉ

VERDICT

Plaisir au volant
Qualité de finition
Consommation
Rapport qualité / prix
Valeur de revente

www.ford.ca

NOUVEAUTÉ

$ 31 549 $ à 45 749 $ t&p 1450 $

LA COTE VERTE MOTEUR L4 DE 2 L source : EnerGuide

CONSOMMATION (100 KM) 9,5 L • ÉMISSIONS POLLUANTES CO_2 ND • INDICE D'OCTANE ND

COÛT DU CARBURANT MOYEN PAR ANNÉE ND • NOMBRE DE LITRES PAR ANNÉE ND

FICHE D'IDENTITÉ

VERSIONS Base 2RM/4RM, XLT 2RM/4RM, Limited 2RM/4RM
ROUES MOTRICES avant, 4
PORTIÈRES 5 **NOMBRE DE PASSAGERS** 7
PREMIÈRE GÉNÉRATION 1991
GÉNÉRATION ACTUELLE 2011
CONSTRUCTION Chicago, Illinois, É.-U.
COUSSINS GONFLABLES 6 (frontaux, lat. av. et rideaux lat.) ceintures de sécurité avant et arrière gonflables.
CONCURRENCE Jeep Grand Cherokee/Commander, Kia Sorento, Nissan Pathfinder, Toyota 4Runner

AU QUOTIDIEN

PRIME D'ASSURANCE
25 ANS : 2000 à 2200 $
40 ANS : 1200 à 1400 $
60 ANS : 1000 à 1200 $
COLLISION FRONTALE 5/5
COLLISION LATÉRALE 5/5
VENTES DU MODÈLE DE L'AN DERNIER
AU QUÉBEC 538 **AU CANADA** 4292
DÉPRÉCIATION 44,5 %
RAPPELS (2006 À 2011) 5
COTE DE FIABILITÉ ND

GARANTIES... ET PLUS

GARANTIE GÉNÉRALE 3 ans/60 000 km
GARANTIE MOTOPROPULSEUR 5 ans/100 000 km
PERFORATION 5 ans/kilométrage illimité
ASSISTANCE ROUTIÈRE 5 ans/100 000 km
NOMBRE DE CONCESSIONNAIRES
AU QUÉBEC 77 **AU CANADA** 437

NOUVEAUTÉS EN 2012

Nouvelle génération présentée en milieu d'année 2011

ROBIN DES VILLES

Benoit Charette

Autrefois basés sur un châssis de camion, les utilitaires étaient, en général, mal dégrossis, rustres et plutôt inconfortables. Le châssis à caisson, qui était le propre de ces véhicules, laissait beaucoup à désirer au chapitre de la conduite. Les années ont passé, et, 20 ans après la présentation de l'Explorer d'origine, Ford se réinvente en présentant un nouvel arrivage de son célèbre utilitaire. Ce dernier est maintenant construit sur un châssis monocoque de voiture, la Taurus en l'occurrence, conçu pour la route (plus personne ne va dans le bois avec un Explorer), et sera même offert en version à deux roues motrices. Un véhicule à vocation urbaine qui peut encore se salir les roues au besoin, mais qui offre une conduite et un confort beaucoup plus près de la berline que du camion.

CARROSSERIE Il n'y a que le nom qui reste, le nouvel Explorer n'a rien à voir physiquement avec ses prédécesseurs. L'allure générale est beaucoup plus moderne, mais conserve tout de même des proportions aussi généreuses que l'ancien modèle. Avec 9 centimètres de plus en longueur et une largeur en hausse de 13 centimètres, il gagne même en stature, réduisant juste sa hauteur de 3 petits centimètres. Autrefois tout-terrain permanent offrant la possibilité de débrayer l'essieu avant, l'Explorer se civilise en offrant un modèle à traction en livrée de base et un modèle à transmission intégrale en option. D'allure contemporaine, l'Explorer présente des lignes moins agressives que le Grand Cherokee, plus proches de celles d'un véhicule multisegment. Une caractéristique qui plaira sans doute à la gent féminine.

HABITACLE Offert en trois versions, de base, XLT et Limited, l'Explorer propose une vaste gamme de caractéristiques de série avec un choix d'options, de commodités et de connectivité en tête de catégorie. Les acheteurs peuvent donc personnaliser leur nouvel Explorer selon leurs besoins et leurs désirs. Commercialisées en première mondiale, les ceintures de sécurité gonflables des sièges de la seconde rangée font partie de l'équipement de base, comme le

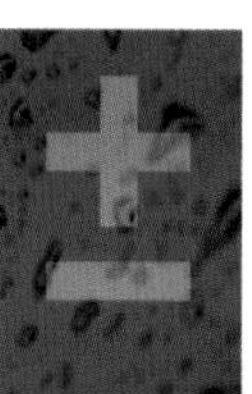

FORCES Beaucoup de technologies de pointe pour le prix • Qualité de l'habitacle • Châssis solide • Insonorisation de qualité

FAIBLESSES Direction un peu légère à haut régime • Prix de certaines options très salé • Visibilité arrière imparfaite

MÉCANIQUE Sous le capot, Ford fait confiance au V6 de 3,5 litres qui sert déjà dans le Flex. Avec une puissance de 290 chevaux et un couple de 255 livres-pieds, il est presque aussi puissant que l'ancien V8 de 4,6 litres qui développait 292 chevaux. Avec deux cylindres en moins, un poids inférieur de 45 kilos, un aérodynamisme revu et une nouvelle boîte de vitesses automatique à 6 rapports, le nouveau venu propose une consommation de carburant de 20 à 25 % plus basse que l'ancien modèle. Un 4-cylindres turbo de 2 litres, issu de la technologie EcoBoost s'ajoute à l'offre cette année. Ce moteur de 237 chevaux est offert en option sur les versions à deux roues motrices. Le V6 est capable de remorquer une charge de 2 268 kilos, ce qui est suffisant pour plus de 90 % des propriétaires d'utilitaires. Ceux qui remorquent plus lourd ont habituellement une camionnette à leur disposition.

COMPORTEMENT Le châssis monocoque et la nouvelle suspension à 4 roues indépendantes ont montré un aplomb digne d'une berline. Malgré un centre de gravité un peu plus haut, l'Explorer demeure très neutre, même sur une route sinueuse. La liaison avec le sol est excellente, la suspension absorbe bien les trous et les imperfections, et un effort consommé est à souligner au chapitre de l'insonorisation. Les ingénieurs

capteur d'angles morts. Ford offre également le régulateur de vitesse adaptatif ou, encore, le système de prévention de collision. Mais le plus impressionnant réside dans l'interaction homme/machine qui franchit une nouvelle étape avec le système *MyFord Touch*. Livré de série dans la version Limited, ce système, qui s'inspire du très réussi système SYNC, franchit un pas de plus. Le système *MyFord Touch* est capable de reconnaître 10 000 mots. L'efficacité est surprenante. Pour la première fois, j'ai pu parler en français avec un débit régulier, et le système a clairement compris du premier coup. Le système est aussi capable d'analyser le contenu des commandes. Si vous dites « j'ai faim », une liste de restaurants ou de supermarchés apparaîtra à l'écran de bord. C'est ce qui se fait de mieux en ce moment. On doit mentionner qu'il faudra un certain temps pour maîtriser la technologie du système *MyFord Touch* qui s'adresse aux personnes déjà familières avec un téléphone intelligent ou un ordinateur portatif. La qualité des matériaux et de l'insonorisation est loin devant l'ancienne génération ; de plus, en raison d'un format un peu plus généreux, il est possible pour deux adultes de prendre place à la troisième rangée de sièges sans trop souffrir. La présentation intérieure est moderne, les matériaux, de qualité, et Ford a largement profité de tout le bagage de sécurité de Volvo pour le transférer dans l'Explorer.

Le système est aussi capable d'analyser le contenu des commandes. Si vous dites « j'ai faim », une liste de restaurants ou de supermarchés apparaîtra à l'écran de bord.

HISTORIQUE

Introduit en 1990, L'Explorer a fait les belles années de Ford et a été pendant de longues années l'utilitaire le plus vendu aux États-Unis et au Canada. L'incident de pneus sous gonflés avec Firestone a fait plonger les ventes et mis fin à la domination de ce modèle. Ford a mis tout en œuvre pour revenir à l'avant scène avec cette nouvelle génération.

Explorer 1991

1995-1998

Explorer Sport 1999

2000

2002

2006

Explorer America 2008

Explorer 2011

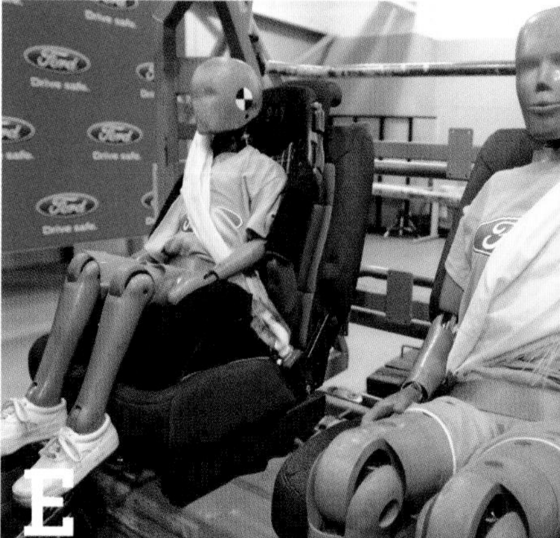

GALERIE

A *Sur les versions haut de gamme, vous pouvez replier les banquettes arrière simplement en appuyant sur un bouton. Vous avez en plus le choix de la position désirée.*

B *Le nouveau système de gestion du terrain est le grand responsable des capacités de la transmission 4x4 de l'Explorer. Au lieu d'utiliser les réglages gamme haute, gamme basse et automatique, le système de gestion du terrain de l'Explorer est réglable selon la situation. Les quatre réglages - possibles en marche - sont : normal, boue, sable et neige.*

C *Dans la version Limited, l'écran de navigation sert aussi de caméra de recul, un précieux atout de sécurité pour des véhicules utilitaires. Une options qui devrait dans le cas de ces véhicules être obligatoire.*

D *Le contrôle de la vitesse en courbe détecte si un véhicule amorce un virage trop rapidement et peut actionner un freinage « intelligent » aux quatre roues afin de réduire la vitesse du véhicule de 15 km/h, en environ une seconde, aidant ainsi le conducteur à demeurer sur la trajectoire prévue. Il est offert de série sur toutes les versions.*

E *Les passagers arrière - souvent des enfants ou des personnes plus âgées - peuvent être plus vulnérables aux blessures à la tête, à la poitrine et au cou. Les ceintures de sécurité arrière gonflables uniques à Ford répartissent les forces d'impact sur une surface plus de cinq fois plus grande que des ceintures traditionnelles, tout en réduisant la pression sur la poitrine et en aidant à contrôler le mouvement de la tête et du cou.*

dans les véhicules modernes. Il y a même des ajouts d'aides à la conduite intéressants. Par exemple, un nouveau système nommé Curve Control détecte si le véhicule entre trop rapidement dans un virage et applique un freinage intelligent qui peut ralentir le véhicule d'environ 15 km/h en une seule seconde; voilà qui permet au véhicule de demeurer sur la route. Ce système sera présent sur 90 % des camions Ford d'ici 2015.

de Ford ont admis avoir mis l'accent sur le comportement routier car à peine 3 % des propriétaires d'utilitaires sortent des sentiers battus. Il n'y a donc plus de boîtier de transfert ni de différentiel débrayable. Ford s'est inspirée du système Terrain Response de Land Rover pour offrir le Terrain Management System. Une mollette, qui trône au centre de la console, « reconnaît » le revêtement, et les ordinateurs s'occupent de tout. Le conducteur n'a qu'à tourner un bouton dans la console pour choisir le bon réglage entre les modes neige, sable, boue et normal. Ce système comprend également un mode de contrôle en descente. Sans être un franchisseur extrême, le nouvel Explorer est très compétent hors route, et le *Terrain Management System* rend l'opération facile. Nous avons eu l'occasion d'en faire l'essai dans le sable et dans la neige avec les réglages appropriés. Je suis toujours étonné de l'efficacité de la fée électronique

CONCLUSION Ford, dont l'Explorer avait sombré dans l'oubli après le triste épisode des pneus Firestone, a pris le taureau par les cornes pour revenir avec un véhicule complètement repensé. Je continue de croire que le fabricant aurait dû changer de nom, car ce véhicule n'a plus rien à voir avec l'Explorer que nous avons connu et la mauvaise réputation qui lui colle au corps à la suite de l'incident Firestone. C'est, à mon avis, le plus gros défi de Ford, celui de faire oublier les dix dernières années. La partie n'est pas gagnée, car Ford fait face à une forte opposition. Mais le nouvel Explorer paraît mieux et offre une excellente conduite ainsi qu'un bon confort et une présentation moderne. Les ingrédients sont là, c'est le nom qu'il faudra raviver et la clientèle qu'il faudra ramener, car le numéro 2 américain a depuis trop longtemps laissé sa clientèle aller voir ailleurs.

2e OPINION

« Le Ford Explorer est une icône chez Ford. Au plus fort de la mode des utilitaires, Ford écoulait des Explorer comme nos arbres produisaient du sirop d'érable. Mais voilà que la crise de 2008 est venue changer la donne. Plutôt que de sacrifier le produit, Ford l'a réinventé, pour reprendre son expression. L'Explorer se présente désormais comme un utilitaire civilisé, lui qui repose dorénavant sur un châssis monocoque. Sa conduite est plus inspirée, et son confort est plus grand. Sa capacité de remorquage a toutefois écopé. Aucun V8 au catalogue, donc. Plutôt, un V6 de 3,5 litres à la puissance un peu juste et un attendu moteur à 4 cylindres EcoBoost de 2 litres qui devra convaincre bien des sceptiques. Reste à voir si la clientèle va se réinventer aussi. » — Daniel Rufiange

FICHE TECHNIQUE

MOTEURS

V6 3,5 L DACT, 290 ch à 6500 tr/min
COUPLE 255 lb-pi à 4000 tr/min
BOÎTE DE VITESSES automatique à 6 rapports (mode manuel en option, de série pour XLT et Limited)
0-100 KM/H 7,5 s
VITESSE MAXIMALE 215 km/h

CONSOMMATION (100 KM) 2RM 10,0 L **4RM** 10,6 L
ÉMISSIONS DE CO_2 2RM 4 692 kg/an **4RM** 4 968 kg/an
LITRES PAR ANNÉE 2RM 2040 **4RM** 2160
COÛT PAR AN 2RM 2 652 $ **4RM** 2 808 $

(OPTION) L4 2 L turbo DACT, 237 ch à 5500 tr/min
COUPLE 250 lb-pi de 1700 à 4000 tr/min
BOÎTE DE VITESSES automatique à 6 rapports
0-100 KM/H 8,2 s
VITESSE MAXIMALE 210 km/h

AUTRES COMPOSANTS

SÉCURITÉ ACTIVE freins ABS, assistance au freinage, réparatition électronique de la force de freinage, antipatinage, contrôle de stabilité électronique
SUSPENSION AVANT/ARRIÈRE indépendante
FREINS AVANT/ARRIÈRE disques
DIRECTION à crémaillère, assistée
PNEUS Base P245/65R17 **XLT** P245/60R18 **option XLT/Limited** P255/50R20

DIMENSIONS

EMPATTEMENT 2860 mm
LONGUEUR 5006 mm
LARGEUR 2291 mm (avec rétro.)
HAUTEUR 2RM 1788 mm **4RM** 1803 mm
POIDS 2RM 2045 kg **4RM** 2130 kg
DIAMÈTRE DE BRAQUAGE ND
COFFRE 595 L, 2285 L (les trois rangées abaissées)
RÉSERVOIR DE CARBURANT 70,4 L
CAPACITÉ DE REMORQUAGE L4 907 kg **V6** 2267 kg

MENTIONS

RECOMMANDÉ

VERDICT

Plaisir au volant
Qualité de finition
Consommation
Rapport qualité / prix
Valeur de revente

LA COTE VERTE MOTEUR V6 DE 3,5 L source : EnerGuide

CONSOMMATION (100 KM) 2RM 10,5 L 4RM 11,2 L • **ÉMISSIONS POLLUANTES CO_2** 2RM 4922 KG/AN 4RM 5244 KG/AN • **INDICE D'OCTANE** 87
COÛT DU CARBURANT MOYEN PAR ANNÉE 2RM 2782 $ 4RM 2964 $ • **NOMBRE DE LITRES PAR ANNÉE** 2RM 2140 4RM 2280

FICHE D'IDENTITÉ

VERSIONS SE, SEL, SEL 4RM, Limited, Limited 4RM, Limited EcoBoost (4RM), Titanium (4RM)
ROUES MOTRICES avant, 4
PORTIÈRES 5 **NOMBRE DE PASSAGERS** 7, 6
PREMIÈRE GÉNÉRATION 2009
GÉNÉRATION ACTUELLE 2009
CONSTRUCTION Oakville, Ontario, Canada
COUSSINS GONFLABLES 6 (frontaux, latéraux avant, rideaux latéraux)
CONCURRENCE Chevrolet Traverse, Buick Enclave, GMC Acadia, Honda Pilot, Hyundai Veracruz, Mazda CX-9, Nissan Murano, Subaru Tribeca, Toyota Highlander

AU QUOTIDIEN

PRIME D'ASSURANCE
25 ANS : 1800 à 2000 $
40 ANS : 1100 à 1300 $
60 ANS : 900 à 1100 $
COLLISION FRONTALE 5/5
COLLISION LATÉRALE 5/5
VENTES DU MODÈLE DE L'AN DERNIER
AU QUÉBEC 715 **AU CANADA** 4803
DÉPRÉCIATION (2 ANS) 42,3 %
RAPPELS (2006 À 2011) aucun
COTE DE FIABILITÉ 3/5

GARANTIES... ET PLUS

GARANTIE GÉNÉRALE 3 ans/60 000 km
GARANTIE MOTOPROPULSEUR 5 ans/100 000 km
PERFORATION 5 ans/kilométrage illimité
ASSISTANCE ROUTIÈRE 5 ans/100 000 km
NOMBRE DE CONCESSIONNAIRES
AU QUÉBEC 77 **AU CANADA** 440

NOUVEAUTÉS EN 2012

5 nouvelles couleurs

LA SOUPLESSE DE... VOUS SAVEZ QUOI !

Luc Gagné

Un personnage mystérieux hante le monde magique de Harry Potter, mais personne n'ose en prononcer le nom. Vous savez qui. Le monde de l'automobile a son équivalent. C'est une catégorie de véhicules dont on n'ose plus prononcer le mot. Chez Ford, on a même choisi d'abandonner ce créneau en 2007, en mettant au rancart la Freestar (ouf! je n'ai pas dit le mot!). Mais puisqu'il fallait un substitut, depuis, on nous propose le Flex, un véhicule qualifié de « multisegment » pour éviter justement l'expression stigmatisante de vous savez quoi !

CARROSSERIE Avec ses formes anguleuses, le Ford Flex tranche radicalement de l'allure traditionnelle tout en rondeurs des... fourgonnettes à 7 places – oups, je l'ai dit ! Cela n'empêche pas cette forme « coupée à la hache » d'être élégante, particulièrement quand elle calque le style de la MINI avec le pavillon de couleur distincte offert en option.

HABITACLE Le Flex a été conçu pour déplacer un équipage de 7 personnes. Ford n'offre pas de Flex à 5 places ; ceux qui en voudraient un doivent plutôt se tourner vers le Ford Edge. Logique puisque le Flex est bâti sur une évolution de la plateforme D4 qui a servi à la défunte Taurus X (ex-Freestyle). Un modèle au succès mitigé caractérisé par son habitacle très vaste. Lui aussi pouvait accommoder 7 occupants, Mais on parle de 7 et non de 5 adultes accompagnés de deux enfants de 5 ans comme c'est le cas dans la plupart de... vous savez quoi !

L'habitacle bénéficie également d'un vitrage généreux, d'un toit panoramique en verre surdimensionné (en option) et d'une ceinture de caisse horizontale plutôt basse. Des facteurs (le vitrage et la ceinture de caisse) qui procurent au Flex un champ de vision satisfaisant même vers l'arrière, chose rare dans ce type de véhicule. À cela s'ajoute une dotation satisfaisante, généreuse, même, dans le cas du modèle haut de gamme Titanium. Pour les modèles haut de gamme, le multimédia tient également une

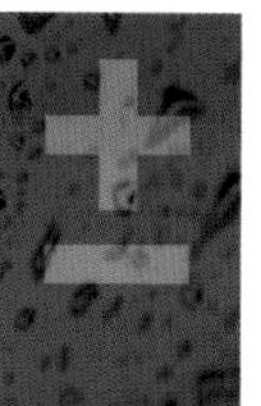

FORCES Superbe, ce V6 EcoBoost • Transmission intégrale offerte
Habitacle volumineux • Maniabilité surprenante • Conduite agréable

FAIBLESSES V6 Duratec quelconque • Leviers du hayon inélégants • Accès aux places arrière compliqué

place prédominante en raison du système SYNC et de son écran tactile de 8 pouces logé au centre d'un tableau de bord chargé. Enfin, pour confirmer le caractère nomade de ce véhicule, Ford met l'accent sur les équipements ludiques : système d'infodivertissement avec écran double face aux places médianes, console réfrigérée à la deuxième rangée, prise de courant à 110 volts et sièges chauffants pour les places avant et médianes, entre autres choses.

MÉCANIQUE Ford propose deux V6 de 3,5 litres pour ce véhicule et chacun a son caractère propre. Les modèles d'entrée de gamme partagent un moteur atmosphérique Duratec de 262 chevaux, alors que le haut de gamme profite des 355 chevaux d'un V6 EcoBoost suralimenté par deux turbocompresseurs. C'est 35 % plus de puissance qu'avec le Duratec, et pour quelques millilitres de carburant en moins ! Car l'EcoBoost consomme 0,5 % moins de carburant qu'un Duratec ! Une comparaison qui concerne toutefois les Flex munis de la transmission intégrale, de série avec l'EcoBoost et en option avec le Duratec. Le Flex à traction, lui, consomme environ 5 % moins de carburant. Par ailleurs, tous les Flex partagent la même boîte de vitesses automatique à 6 rapports qui accomplit son travail avec souplesse.

COMPORTEMENT Le qualificatif souplesse s'applique aussi au comportement routier. La servodirection électrique du Flex est précise, et le degré d'assistance, bien dosé. Le freinage se module bien, et la suspension Sport masque efficacement les défauts du revêtement sans imposer de fermeté excessive. À cela s'ajoute la réponse très linéaire du moteur EcoBoost qui évite les accélérations à l'emporte-pièce de nature enfantine. D'ailleurs, grâce à la réponse instantanée de l'EcoBoost, les leviers de sélection montés au volant deviennent tout à coup stimulants ! Ils se révèlent parfois pratiques aussi quand on tire une remorque, car tous les Flex ont une capacité de remorquage de 2 041 kilos.

CONCLUSION Bon d'accord, le coffre du Flex a beau être spacieux, il n'est pas gargantuesque comme celui d'un Buick Enclave (2 355 litres plutôt que 3 265). Mais on ne déménage pas un buffet Louis XV à chaque semaine, et le volume utile du coffre du Flex conviendra parfaitement aux escapades les plus rocambolesques ! Par ailleurs, aussi élégant soit-il, le Buick conserve aujourd'hui encore cette image de « camion à grand-papa » à cause de l'écusson qui orne sa calandre ; un stigmate qu'ignore le Flex. D'ailleurs, même sa silhouette unique fait oublier qu'il a remplacé... vous savez quoi au sein de la gamme Ford !

2e OPINION

« Qu'on aime où pas, il faut avouer que le Flex n'a rien d'un VUS impersonnel, comme on en voit trop souvent. Et si son allure ne vous plaît pas plus qu'il ne le faut, sans toutefois vous déranger, alors croyez-moi, un essai routier s'impose. À ce moment, vous découvrirez un véhicule plus raffiné que n'importe quel autre rival, spacieux à souhait, et offrant un confort carrément royal. Vous tomberez sans doute sous le charme du poste de conduite, élégant et très bien assemblé, ainsi que de la panoplie de caractéristiques offertes qui rendent la vie à bord tout simplement plus facile. Je m'en voudrais également de ne pas glisser un mot sur le V6 EcoBoost offert en option, lequel propose des performances foudroyantes pour une consommation des plus raisonnables. Hélas, il faut savoir que ces nombreuses qualités ont un prix... »

— Antoine Joubert

FICHE TECHNIQUE

MOTEURS

(SE, SEL, LIMITED) V6 3,5 L DACT, 262 ch à 6250 tr/min
COUPLE 248 lb-pi à 4500 tr/min
BOÎTE DE VITESSES automatique à 6 rapports
0-100 KM/H 8,8 s
VITESSE MAXIMALE 200 km/h

(LIMITED ECOBOOST, TITANIUM) V6 3,5 l biturbo DACT, 355 ch à 5700 tr/min
COUPLE 350 lb-pi de 1500 à 5250 tr/min (avec essence octane 91)
BOÎTE DE VITESSES automatique à 6 rapports avec mode manuel
0-100 KM/H 8,2 s
VITESSE MAXIMALE 215 km/h

CONSOMMATION (100 km) 4RM 11,2 L (octane 87)
ÉMISSIONS DE CO_2 5198 kg/an
LITRES PAR ANNÉE 2260
COÛT PAR AN 2938 $

AUTRES COMPOSANTS

SÉCURITÉ ACTIVE freins ABS, assistance au freinage, répartition électronique de la force de freinage, contrôle de stabilité électronique, antipatinage
SUSPENSION AVANT/ARRIÈRE indépendante
FREINS AVANT/ARRIÈRE disques
DIRECTION à crémaillère, assistée
PNEUS SE P235/60R17 **SEL** P235/60R18 **Limited** P235/55R19
option Limited/ de série Titanium P255/45R20

DIMENSIONS

EMPATTEMENT 2994 mm
LONGUEUR 5125 mm
LARGEUR (sans rétro.) 1928 mm
HAUTEUR 1727 mm
POIDS 2RM 2028 kg **4RM** 2106 kg
EcoBoost/Titanium 2195 kg
DIAMÈTRE DE BRAQUAGE 12,4 m
COFFRE 415 L, 1224 L, 2355 L (sièges abaissés)
RÉSERVOIR DE CARBURANT 72,7 L
CAPACITÉ DE REMORQUAGE 2041 kg

MENTIONS

RECOMMANDÉ

VERDICT

$ 12 999$ à 18 899$ t&p 1450$

LA COTE VERTE MOTEUR L4 DE 1,6 L source : EnerGuide

CONSOMMATION (100 KM) man. 6,2 L auto. 6 L • **ÉMISSIONS POLLUANTES CO_2** man. 2898 kg/an auto. 2806 kg/an • **INDICE D'OCTANE** 87
COÛT DU CARBURANT MOYEN PAR ANNÉE man. 1638$ auto. 1586$ • **NOMBRE DE LITRES PAR ANNÉE** man. 1260 auto. 1220

FICHE D'IDENTITÉ

VERSIONS 4 portes : S, SE, SEL; 5 portes : SE, SES
ROUES MOTRICES avant
PORTIÈRES 4/5 **NOMBRE DE PASSAGERS** 5
PREMIÈRE GÉNÉRATION 2011
GÉNÉRATION ACTUELLE 2011
CONSTRUCTION Cuautitlan Izcalli, Mexique
COUSSINS GONFLABLES 7 (frontaux, latéraux avant, genoux conducteur, rideaux latéraux)
CONCURRENCE Chevrolet Sonic, Hyundai Accent, Kia Rio, Nissan Versa, Suzuki Swift+, Toyota Yaris

AU QUOTIDIEN

PRIME D'ASSURANCE
25 ANS : 1400 à 1600$
40 ANS : 900 à 1100$
60 ANS : 700 à 900$
COLLISION FRONTALE 5/5
COLLISION LATÉRALE 5/5
VENTES DU MODÈLE DE L'AN DERNIER
AU QUÉBEC 1686 **AU CANADA** 4423
DÉPRÉCIATION (3 ANS) nm
RAPPELS (2006 À 2011) aucun
COTE DE FIABILITÉ nm

GARANTIES... ET PLUS

GARANTIE GÉNÉRALE 3 ans/60 000 km
GARANTIE MOTOPROPULSEUR 5 ans/100 000 km
PERFORATION 5 ans/kilométrage illimité
ASSISTANCE ROUTIÈRE 5 ans/100 000 km
NOMBRE DE CONCESSIONNAIRES
AU QUÉBEC 77 **AU CANADA** 437

NOUVEAUTÉS EN 2012

Aucun changement majeur

LE RETOUR DE L'ENFANT PRODIGUE

Philippe Laguë

Avec l'introduction de la Fiesta, l'année dernière, Ford a fait d'une pierre deux coups : c'était le grand retour d'une sous-compacte dans sa gamme nord-américaine, après un hiatus de 12 ans; et c'était aussi le retour de la Fiesta sur notre continent. Cette petite Ford, conçue et assemblée en Allemagne, a en effet été vendue chez nous de 1976 à 1981, sans grand succès.

CARROSSERIE Une belle gueule, ça aide toujours à faire vendre une voiture, et, sur ce plan, Ford a frappé en plein dans le mille. Avec sa ceinture de caisse plongeante, ses phares effilés et son allure très moderne, la sous-compacte de Ford n'a pas l'air d'une voiture bon marché. Chez nous, la Fiesta est offerte en deux configurations, à 4 et à 5 portes. La version à 3 portes n'a pas traversé l'Atlantique.

HABITACLE Cette audace en matière de design s'est aussi transportée à l'intérieur. Il suffit de regarder la planche de bord, aussi agréable à l'œil que bien garnie, pour constater cette recherche, cet effort, dans la décoration. Le même soin a été apporté à l'ergonomie qui ne montre aucune faille. Les commandes sont simples, bien placées et faciles à utiliser, tandis que les espaces de rangement abondent. La finition impressionne elle aussi : les matériaux sont de bonne qualité, et l'assemblage est rigoureux.

Les Fiesta destinées au marché nord-américain sont fabriquées au Mexique, mais elles ont été conçues par la branche européenne de Ford. Cette touche germanique se ressent dans les sièges avant, qui sont juste assez fermes et offrent un bon maintien. Comme c'est souvent le cas, la banquette arrière est plus dure, avec zéro maintien latéral. Toujours à l'arrière, l'espace pour les jambes est compté, mais le dégagement pour la tête est tout à fait convenable. La soute à bagages est assez logeable, en plus d'être d'accès facile, surtout avec le hayon. Le coffre de la berline n'a pas à rougir non plus de l'espace disponible.

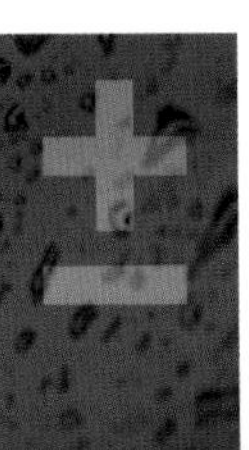

FORCES Design réussi à l'intérieur et à l'extérieur • Finition sérieuse • Moteur compétent et frugal • Boîte automatique à 6 rapports • Conduite à l'européenne • Confort appréciable

FAIBLESSES Banquette arrière trop ferme • Espace compté à l'arrière • Boîte automatique lente à bas régime

COMPORTEMENT Ce qui frappe d'emblée quand on prend le volant, c'est la rigidité. La Fiesta semble coulée d'un seul bloc. Ses origines européennes se confirment avec la fermeté de sa suspension et de sa direction. On est plus près d'une Volkswagen que d'une Ford, à vrai dire. C'est encore plus marqué avec les versions SEL et SES, chaussées de pneus de 16 pouces. Ceux des versions d'entrée de gamme (S et SE) font un travail honnête, sans plus. De toute façon, des pneus, ça se change!

Malgré ses dimensions, son court empattement et la relative fermeté de sa suspension, la Fiesta n'est pas un tape-cul non plus. Sa douceur de roulement est appréciable, et l'insonorisation de l'habitacle, combinée à la discrétion du moteur, vient rehausser le confort.

MÉCANIQUE La Mazda2 et la Ford Fiesta partagent la même plateforme. C'est leur seul point commun : les carrosseries ne sont pas les mêmes, les moteurs non plus. Le 4-cylindres de 1,6 litre de la Fiesta génère 20 chevaux de plus que celui de la Mazda.

À défaut d'être puissant, ce petit 4-cylindres a du nerf, surtout quand il est accouplé à une boîte de vitesses manuelle. Évidemment, la boîte automatique le bride, surtout lors des reprises, franchement laborieuses. C'est le seul reproche qu'on peut adresser à cette boîte, un peu lente au démarrage, mais qui passe bien les rapports, sans brusquerie aucune. Dans la catégorie des sous-compactes, la Fiesta est, par ailleurs, la seule à proposer une boîte automatique à 6 rapports qui optimise la consommation. La Fiesta tient d'ailleurs ses promesses : sur l'autoroute, à 115 km/h de moyenne, nous avons obtenu 6,4 litres aux 100 kilomètres. Et 7,4 litres pour le combiné ville-route.

CONCLUSION Avec sa conduite à l'européenne, la Fiesta a tout pour plaire aux acheteurs québécois. Mais le succès de cette sous-compacte dépend avant tout de ses ventes aux États-Unis. Chose certaine, la Fiesta est d'ores et déjà l'une des meilleures de sa catégorie. Reste à voir si elle sera fiable! À ce chapitre, toutefois, la performance de Ford depuis quelques années a de quoi rassurer.

2e OPINION

«En dépit du fait que le marché des sous-compactes soit au ralenti, la récente Fiesta tire très bien son épingle du jeu. Car même si elle n'offre pas le plus grand volume de sa catégorie, elle se démarque avec une allure charmante, un équipement cossu et une présentation intérieure des plus soignées. Il faut d'ailleurs savoir que le prix moyen des transactions effectuées pour une Fiesta est légèrement supérieur à 19 000 $, soit supérieur à celui de toutes ses rivales, y compris la Honda Fit. Maintenant, reste à voir comment réagiront les acheteurs, qui ont désormais le choix entre la Fiesta bien équipée ou une version d'entrée de gamme de la toute nouvelle Focus. D'autant plus que l'écart de consommation entre les deux voitures est minine...»

— Antoine Joubert

FICHE TECHNIQUE

MOTEUR

L4 1,6 L DACT, 120 ch à 6350 tr/min
COUPLE 112 lb-pi à 5000 tr/min
BOÎTES DE VITESSES manuelle à 5 rapports, automatique à 6 rapports avec mode manuel (en option)
0-100 KM/H 9,4 s
VITESSE MAXIMALE 195 km/h

AUTRES COMPOSANTS

SÉCURITÉ ACTIVE freins ABS, contrôle électronique de la stabilité, antipatinage
SUSPENSION AVANT/ARRIÈRE Indépendante/Essieu rigide
FREINS AVANT/ARRIÈRE disques, tambours
DIRECTION à crémaillère, assistée
PNEUS S, SE, SE 5 portes P185/60R15 **option SE, option SE 5 portes** P195/60R15 **SEL, SES 5 portes** P195/50R16

DIMENSIONS

EMPATTEMENT 2489 mm
LONGUEUR berline 4409 mm, **5 portes** 4067 mm
LARGEUR 1976 mm (avec rétro.)
HAUTEUR 1473 mm
POIDS berline man. 1169 kg, **berline auto.** 1192 kg, **5 portes man.**1151 kg, **5 portes auto.** 1168 kg
DIAMÈTRE DE BRAQUAGE 10,5 m
COFFRE coupé berline 362 L, **5 portes** ND
RÉSERVOIR DE CARBURANT 45,4 L

MENTIONS

RECOMMANDÉ

15 999 $ à 25 099 $ ÉLEC. ND t&p 1450 $

LA COTE VERTE MOTEUR L4 DE 2,0 L source : Ford

CONSOMMATION (100KM) man. 6,7 L auto. 6,3 L • **ÉMISSIONS POLLUANTES CO_2** man. nd auto. nd • **INDICE D'OCTANE** 87
COÛT DU CARBURANT MOYEN PAR ANNÉE man. nd auto. nd • **NOMBRE DE LITRES PAR ANNÉE** man. nd auto. nd

FICHE D'IDENTITÉ

VERSIONS S 4 portes, SE 4 portes/5portes, SEL 4 portes/5 portes, Titanium 4 portes/5portes
ROUES MOTRICES avant
PORTIÈRES 4/5 **NOMBRE DE PASSAGERS** 5
PREMIÈRE GÉNÉRATION 2000
GÉNÉRATION ACTUELLE 2012
CONSTRUCTION Dearborn, Michigan, É.-U ; Wayne, Michigan, É-U
COUSSINS GONFLABLES 6 (frontaux, latéraux, rideaux latéraux)
CONCURRENCE Chevrolet Cruze, Honda Civic, Hyundai Elantra, Kia Forte, Mazda3, Mitsubishi Lancer, Nissan Leaf, Nissan Sentra, Subaru Impreza, Suzuki SX4, Toyota Corolla / Matrix, Volkswagen Golf

AU QUOTIDIEN

PRIME D'ASSURANCE
25 ANS : 1400 à 1600 $
40 ANS : 900 à 1100 $
60 ANS : 700 à 900 $
COLLISION FRONTALE 5/5
COLLISION LATÉRALE 5/5
VENTES DU MODÈLE DE L'AN DERNIER
AU QUÉBEC 5061 **AU CANADA** 23 452
DÉPRÉCIATION 55,0 % (2011)
RAPPELS (2006 À 2011) 1
COTE DE FIABILITÉ 4/5

GARANTIES... ET PLUS

GARANTIE GÉNÉRALE 3 ans/60 000 km
GARANTIE MOTOPROPULSEUR 5 ans/100 000 km
PERFORATION 5 ans/kilométrage illimité
ASSISTANCE ROUTIÈRE 5 ans/100 000 km
NOMBRE DE CONCESSIONNAIRES
AU QUÉBEC 77 **AU CANADA** 437

NOUVEAUTÉS EN 2012

Sortie mondiale de la nouvelle génération, version électrique, retour de la version à 5 portières

ASPIRANTE **AU TITRE**

Benoit Charette

Il faut bien l'admettre, Ford a trop longtemps étiré la sauce de la précédente génération de la Focus qui a régné de 2000 à 2010. Si longtemps, en fait, que bien des acheteurs avaient perdu tout intérêt pour cette voiture. Selon la récente philosophie de Ford, chaque nouveau produit de la famille a des visées mondiales. Nous voilà donc avec la nouvelle Focus qui a connu tellement de succès en Europe. Un véhicule qui changera la face des voitures compactes à plus d'un chapitre.

CARROSSERIE La Focus sera offerte en deux versions distinctes. La plus sportive, à 5 portes, et la plus conservatrice, à 4 portes, construite avec le marché américain en tête. Plus tard pour 2012, une version ST à 3 portes avec moteur EcoBoost viendra se joindre à la famille. Un mot d'abord sur la version à 5 portes. Sa silhouette s'apparente à celle d'une grosse Fiesta. Sa musculature plus marquée sur les flancs lui confère une allure plus élancée et plus racée. En revanche, l'exubérance de la face avant et le dessin torturé de la poupe avec l'étrange excroissance des feux arrière sur les ailes est redevable au style Kinetic Design, la dernière religion de Ford. Cette nouvelle création stylistique vise à donner du mouvement à des objets immobiles. Ce qui explique certaines excentricités comme les feux arrière ou, encore, l'accès au réservoir de carburant situé juste sous le phare, du côté du passager. En version à 5 portes, le résultat est très réussi. Dans le cas de la berline, son style est plus sage, mais tout de même plus intéressant que celui de la berline Fiesta. Les roues de style assez agressif et la calandre surdimensionnée lui procurent un petit quelque chose.

HABITABLE La Focus est de loin la plus technologique des petites voitures de sa catégorie et renferme assez de trouvailles haute tech pour faire rougir d'envie certaines grandes berlines de luxe. *MyFord Touch™ driver connect* est un système nouveau genre pour contrôler et interagir avec la voiture (climatisation, information, navigation et divertissement). Sur les versions

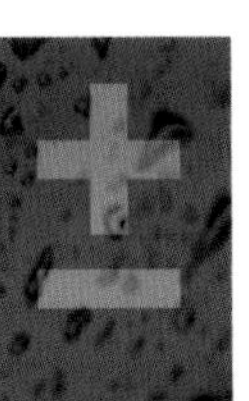

FORCES Confort sur route • Direction précise et freinage facile à doser • Habitabilité et coffre

FAIBLESSES Absence d'un 6e rapport sur la boîte manuelle • Tableau de bord un peu intimidant • Quelques kilos en trop

SEL et Titanium, il inclut un écran tactile multicolore de huit pouces qui permettra de contrôler de multiples fonctions. *MyFord Touch* s'accompagne de la technologie SYNC de nouvelle génération qui comprend plus de 10 000 commandes vocales en français, en anglais et en espagnol en plus de la connectivité sans fil Bluetooth, la navigation par satellite et la compatibilité avec une foule d'appareils mobiles. Il faut également compter sur de l'équipement offert en option habituellement réservé à des modèles plus haut de gamme : l'entrée sans clé, l'assistance au démarrage en pente, un bouton de démarrage, une caméra de vision arrière et un système semi-automatique d'aide au stationnement en parallèle qui stationne la voiture automatiquement en 24 secondes. Toute cette technologie est réunie dans une console centrale conçue à la manière d'un téléphone cellulaire. En termes visuels, l'effet est bon, mais il faut un certain temps pour en faire l'apprentissage (il y a beaucoup de commandes). Si, en plus, vous avez une version Titanium avec plusieurs commandes au volant, il faudra ajouter quelques heures de plus à l'apprentissage. Ceux qui sont habitués avec les téléphones intelligents et les tablettes électroniques s'y retrouveront plus rapidement. La finition et la qualité des matériaux sont sans reproche; vous trouverez plusieurs espaces de rangement bien pensés, et le coffre est généreux, à 363 litres. Enfin, la Focus offre aussi des coussins de sécurité gonflables (frontaux, latéraux et en rideaux) à déploiement variable selon la force de l'impact et 30 % plus rapides à se déployer.

MÉCANIQUE Le moteur de 2 litres de 160 chevaux à injection directe de carburant offre suffisamment de puissance pour être agréable, mais, à 1 325 kilos, la Focus est assez lourde, et les routes escarpées donnent un surplus de travail au moteur. L'autre petit irritant provient de la boîte de vitesses manuelle qui ne compte que 5 rapports (comme celle de la Fiesta), alors que la boîte automatique en compte six. La montée en régime est souple et linéaire et quasi absente de vibrations (sauf pour un bref moment à 3 500 tours par minute), mais une fois sur la route à 110 km/h, on cherche le 6e rapport. En effet, à 120 km/h, le moteur de la version manuelle tourne à 3 500 tours contre 2 600 avec la boîte automatique à 6 rapports. Pour cette raison, je vous recommande la boîte automatique.

La Ford Focus est une compacte pour ceux qui placent le dynamisme sur la liste des priorités.

Ford annonce 6,7 litres aux 100 kilomètres avec cette Focus. Les routes de montagne de notre parcours d'essai n'ont pas donné les résultats attendus avec une moyenne de 10 litres aux 100 kilomètres durant la journée. Même avec de bonnes conditions de route, vous serez probablement autour des 9 litres aux 100 kilomètres. Plus tard en

HISTORIQUE

C'est lorsque la Ford Escort a mis un terme à sa carrière que la Focus a pris la relève à l'automne 1999. Il y a même eu un chevauchement avec l'Escort coupé ZX2 qui a sévi jusqu'en 2002. Plusieurs diront que l'Amérique a attendu un peu trop longtemps avant de faire traverser l'Atlantique aux modèles européens.

1999

2000

2000

2002

2002

2005

2008

2012

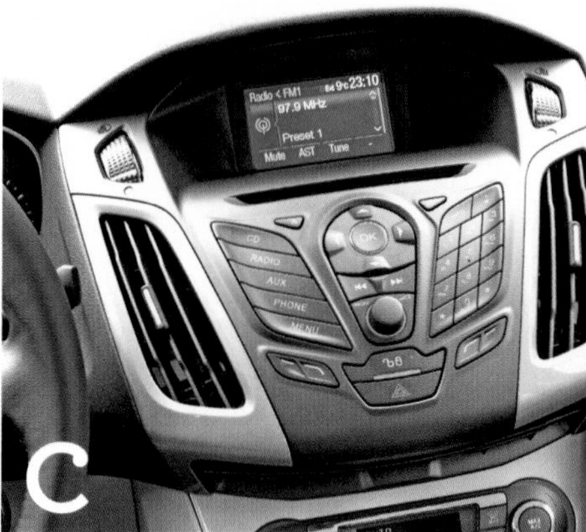

GALERIE

A *La Focus profite d'un moteur 4 cylindres à injection directe qui permet une alimentation plus précise, plus dense et à une température inférieure, ce qui permet au moteur de consommer moins et d'offrir plus de puissance. Une technologie qui se répand rapidement chez les constructeurs.*

B *L'équipe de conception a dessiné la Focus avec des sièges surbaissés, des panneaux de porte qui s'intègrent harmonieusement à la console, ainsi que des commandes faciles à atteindre et situées exactement là où vous souhaitez les trouver. Ford a baptisé cette idée la « conception cinétique ».*

C *Ford a joué le modernisme partout dans l'habitacle. La console centrale est dessinée à l'image de celle d'un téléphone intelligent. Il y a aussi des détails comme les garnitures en alliage et les éléments contrastants de couleur ébène qui belle impression.*

D *C'est au printemps 2012 que la très attendue Ford Focus ST fera son entrée sur nos routes. Son moteur 4 cylindres 2,0 litres EcoBoost de 247 chevaux offrira aux mordus de conduite sportive un stimulant mélange de performance et d'agilité.*

E *Pour les plus sages, Ford offrira aussi la Focus électrique. Outre les programmes d'aide à la conduite écolo, comme les petits papillons dans le tableau de bord, le constructeur a développé un système de navigation qui peut choisir le trajet le moins énergivore. En outre, votre téléphone intelligent sera tenu au courant (c'est le cas de le dire) de l'état de charge de la batterie et vous avertira d'un pépin éventuel.*

ment offerte que sur les véhicules haut de gamme. Elle permet une meilleure maîtrise du véhicule. On sent la différence sur la route. Une servodirection à assistance électrique variable en fonction de la vitesse a également été ajoutée en vue d'offrir plus de précision sur l'autoroute et plus de manœuvrabilité dans les stationnements. Les mouvements de caisse bien contrôlés contribuent au plaisir de conduire. C'est une compacte pour ceux qui placent le dynamisme sur la liste des priorités. Vous pouvez en plus opter pour une suspension sport livrable en option et des pneus de 17 pouces plus dynamiques. Il faudrait que Ford songe à ajouter un sixième rapport à sa boîte manuelle et à enlever quelques kilos superflus à la voiture pour rendre l'expérience vraiment complète.

2012, Ford amènera une Focus ST à 3 portes avec le même moteur de 2 litres assisté de la technologie EcoBoost. Ce turbo portera la puissance à 247 chevaux et promet de combler l'amateur de conduite sportive.

COMPORTEMENT En Europe, la Focus est réputée pour son comportement routier, et la voiture fait honneur à sa réputation. La direction électrique effectue des changements de cap impeccables. Le châssis est très sain et n'abdique pas sous la pression, ni même la torture. La nouvelle Focus marque le lancement du système de contrôle dynamique en virage de Ford. Baptisé *torque vectoring control®*, ce système redistribue le couple aux roues qui ont la meilleure prise sur la route. Il élimine pratiquement le sous-virage en empêchant le train avant d'être déporté vers l'extérieur de la courbe. Cette nouvelle technologie n'est habituelle-

CONCLUSION Ford vient donner un grand coup dans la catégorie des voitures compactes et devient la mesure étalon tant au chapitre de la technologie embarquée que de l'expérience de conduite. Pour profiter de ces avancées technologiques, il faudra aller piger dans la liste des options, et le prix sera forcément plus élevé; mais après notre expérience derrière le volant, le jeu en vaut la chandelle. Une voiture qui rehausse réellement les paramètres de cette catégorie.

2e OPINION

« La Focus 2012 est arrivée au printemps 2011 après avoir été présentée à la presse en janvier 2010. Ford mise énormément sur ce modèle, et pour cause. La Focus, c'est la voiture mondiale de Ford. Le design des deux configurations, à hayon et berline, est très réussi. La Focus mise d'abord sur l'économie de carburant, mais offre quand même une conduite mariant bien le confort et le dynamisme. On se surprend du niveau d'insonorisation de la cabine, et les amateurs de technologie en auront pour leur argent avec le système MyFord Touch, *intégré aux versions plus équipées du modèle. La Focus est même capable de se garer toute seule, du jamais vu dans le segment. C'est le genre de produit qui force la concurrence à revoir ses standards. Succès assuré.* » — *Daniel Rufiange*

FICHE TECHNIQUE

MOTEURS

L4 2,0 L DACT, 160 ch à 6500 tr/min
COUPLE 146 lb-pi à 4450 tr/min
BOÎTES DE VITESSES manuelle à 5 rapports, automatique à 6 rapports (en option, de série sur Titanium, mode manuel offert sur SE, SEL et Titanium)
0-100 KM/H 8,5 s
VITESSE MAXIMALE 205 km/h

(FOCUS ÉLECTRIQUE) Électrique à aimant permanent 123 ch
COUPLE 181 lb-pi
BOÎTE DE VITESSES automatique 1 rapport

AUTRES COMPOSANTS

SÉCURITÉ ACTIVE freins ABS, assistance au freinage, répartition électronique de la force de freinage, antipatinage, contrôle électronique de la stabilité
SUSPENSION AVANT/ARRIÈRE indépendante
FREINS AVANT/ARRIÈRE disques/ tambours (S, SE), disques (option SE, de série avec SEL et Titanium)
DIRECTION à crémaillère, assistée
PNEUS SE/SEL P215/55R16 option SE/SEl etc. P215/50R17

DIMENSIONS

EMPATTEMENT 2649 mm
LONGUEUR 4 portes 4534 mm 5 portes 4359 mm
LARGEUR 1824 mm Élec. 1839 mm
HAUTEUR 1466 mm Élec. 1496 mm
POIDS 4 portes man. 1319 kg 4 portes auto. 1331 kg 5 portes man. 1324 kg 5 portes auto. 1337 kg Électrique 1674 kg
DIAMÈTRE de braquage 11 m Titanium 18 po. 12,2 m
COFFRE 4 portes 374 L 5 portes 674 L, 1269 L (sièges abaissés)
RÉSERVOIR DE CARBURANT 46,9 L

MENTIONS

CLÉ D'OR

VERDICT

ÉVOLUTION $ 21 534$ à 37 149$ t&p 1450$

LA COTE VERTE MOTEUR L4 DE 2,5 L HYBRIDE source : EnerGuide

CONSOMMATION (100 KM) 5 L • ÉMISSIONS POLLUANTES CO_2 2300 KG/AN • INDICE D'OCTANE 87
COÛT DU CARBURANT MOYEN PAR ANNÉE 1300$ • NOMBRE DE LITRES PAR ANNÉE 1000

FICHE D'IDENTITÉ

VERSIONS S, SE, SE V6, SEL, SEL V6 4RM, Sport (4RM), Hybrid
ROUES MOTRICES avant, 4
PORTIÈRES 4 **NOMBRE DE PASSAGERS** 5
PREMIÈRE GÉNÉRATION 2006
GÉNÉRATION ACTUELLE 2010
CONSTRUCTION Hermosillo, Mexique
COUSSINS GONFLABLES 6 (frontaux, latéraux avant, rideaux latéraux) Hybrid 7 (ajout genoux conducteur)
CONCURRENCE Chevrolet Malibu, Chrysler 200, Dodge Avenger, Honda Accord, Hyundai Sonata, Kia Optima, Mazda*6*, Nissan Altima, Subaru Legacy, Toyota Camry, Volkswagen Jetta/Passat

AU QUOTIDIEN

PRIME D'ASSURANCE
25 ANS : 2000 à 2200$
40 ANS : 1000 à 1200$
60 ANS : 800 à 1000$
COLLISION FRONTALE 4/5
COLLISION LATÉRALE 4/5
VENTES DU MODÈLE DE L'AN DERNIER
AU QUÉBEC 3550 **AU CANADA** 19 364
DÉPRÉCIATION 64,1%
RAPPELS (2006 À 2011) 2
COTE DE FIABILITÉ 4/5

GARANTIES... ET PLUS

GARANTIE GÉNÉRALE 3 ans/60 000 km
GARANTIE MOTOPROPULSEUR 5 ans/100 000 km
COMPOSANTS SYSTÈME HYBRIDE 8 ans/160 000 km
PERFORATION 5 ans/kilométrage illimité
ASSISTANCE ROUTIÈRE 5 ans/100 000 km
NOMBRE DE CONCESSIONNAIRES
AU QUÉBEC 77 **AU CANADA** 437

NOUVEAUTÉS EN 2012

Aucun changement majeur

UNE INTERMÉDIAIRE QUI NE **SE LAISSE PAS FAIRE**

Michel Crépault

La Fusion a reçu plusieurs accolades depuis son lancement et encore plus lors de son rapide renouvellement en 2010. Ford n'a pas le choix puisque la concurrence est vive dans ce créneau des intermédiaires où circulent des légendes comme l'Accord et la Camry. Les prétendantes au trône, dont la Fusion, préconisent des modes de conduite de plus en plus sereins, baril de pétrole oblige.

CARROSSERIE À mon humble avis, les formes de la Fusion tombent dans le générique. Elles supportent mal la comparaison avec les excitantes nouvelles Sonata et Optima. Le nez, au moins, avec sa calandre typée et ses aérations prononcées, jazze un peu l'ensemble, alors que l'arrière est d'un morne ennui, même affublé de l'aileron qui distingue la livrée Sport. La version hybride n'a que ses badges, par ailleurs, pour faire bande à part.

HABITACLE C'est une autre histoire. Les stylistes nous ont gâtés avec des baquets confortables et un dégagement honnête. Les plastiques sont légion; heureusement, les espaces de rangement aussi. La force de la Fusion, c'est son tableau de bord à la fois moderne et convivial (enfin, dès qu'on s'exerce un peu...). Les constructeurs d'hybrides ont le don de nous soumettre à une avalanche de renseignements sur la manière de travailler des moteurs, de telle sorte qu'on passe plus de temps à décrypter ces renseignements qu'à conduire. La Fusion nous donne le choix entre des données partielles ou complètes. Toutefois, les batteries du modèle vert empêchent les dossiers de la banquette de se rabattre tout en grugeant le volume de chargement du coffre à bagages. On ne peut pas tout avoir.

MÉCANIQUE La tendance est enclenchée. Les intermédiaires se dotent de 4-cylindres performants mais peu gloutons. C'est là l'un des meilleurs arguments pour freiner l'exode vers les multisegments plus spacieux. Regardez la Sonata ou la Buick

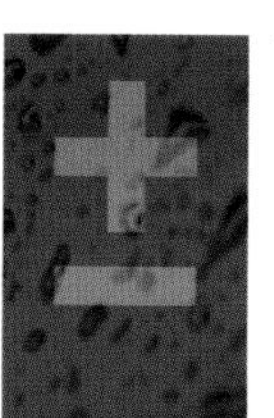

FORCES Fidèle à la nouvelle approche de Ford, une version pour tous les goûts! • Confort et calme à bord • Tableau de bord réjouissant

FAIBLESSES Consommation décevante du 2,5-litres • Compromis dossier et coffre (hybride) • Allure anonyme

Regal qui ont éliminé les V6 de leur catalogue. La Fusion n'est pas encore rendue là, mais je soupçonne que ça s'en vient. Pour le moment, vous pouvez opter entre deux V6, de 3 et de 3,5 litres pour la version (dite) Sport. Parce qu'ils ont plus de muscle (240 et 263 chevaux), on peut les arrimer à la transmission intégrale plus lourde offerte en option et à la boîte de vitesses automatique à 6 rapports avec mode manuel. La Fusion de base préfère un 4-cylindres de 2,5 litres à cycle Atkinson (les soupapes d'admission restent ouvertes plus longtemps) de 156 chevaux, très semblable à celui de la Mazda6, mais Ford suggère aussi, à l'instar des Camry et Altima, une Fusion hybride dont la mission principale est de consommer le moins de pétrole possible. Et elle y parvient avec une cote moyenne de 6,5 litres aux 100 kilomètres, grâce notamment à une boîte CVT, la norme dans ces cas, et à un duo formé du 2,5-litres et d'un moteur électrique totalisant 191 chevaux. L'autre 4-cylindres accepte une boîte manuelle à 6 rapports, mais déçoit à la pompe. Espérons que le 4-cylindres EcoBoost de 2 litres de 237 chevaux, promis cet automne pour l'Edge, se fraye aussi un chemin sous le capot de la Fusion.

COMPORTEMENT Le silence de roulement à bord de la Fusion fait du bien à l'homo sapiens en quête de paix intérieure. S'il souhaite se secouer les puces davantage, la Fusion lui en donne l'occasion avec une suspension qui ne donne pas l'impression d'être suspendue au-dessus de la route. Au contraire, la voiture voyage d'un bloc en imprimant ses Michelin dans la chaussée avec aplomb. Il faut toutefois vivre avec une boîte de vitesses qui ne semble pas toujours certaine de son coup, tant est grand le désir des ingénieurs de créer une motorisation frugale. L'hybride, quant à elle, prouve qu'on peut respecter la planète sans s'ennuyer au volant.

CONCLUSION L'équipe de *L'Annuel de l'automobile* a fort bien traité la nouvelle Fusion au cours des deux dernières années : *Voiture de l'année* dans notre édition 2010, autant dans sa version atmosphérique qu'hybride et *Voiture verte de l'année* dans notre édition 2011. À moins que vous ne teniez mordicus à un V6, je lorgnerais du côté de l'hybride, l'une des meilleures sur le marché, chauvinisme inclus, et je prierais pour l'adoption du moteur EcoBoost.

2e OPINION

« La Ford Fusion est, de loin, la meilleure berline intermédiaire américaine. Je pousserais même l'audace à dire qu'elle est l'une des meilleures berlines intermédiaires tout court. Offerte à un prix de base très alléchant, la Fusion amène douceur et raffinement sur la table. En version hybride, elle est tout simplement la plus impressionnante, efficace et perfectionnée à ce prix. Ford a le vent dans les voiles, et la qualité de la Fusion n'est pas étrangère à ce succès. Elle est agile, confortable, bien construite et elle offre de bonnes prestations, que ce soit en versions à 4 cylindres ou V6, à traction ou à transmission intégrale. Si ce n'est pas assez, la nouvelle Fusion a un presque sans faute dans les rapports en matière de fiabilité. » — Frédéric Masse

FICHE TECHNIQUE

MOTEURS

(HYBRIDE) L4 2,5 L cycle Atkinson DACT + moteur électrique, 156 ch à 6000 tr/min (puissance totale 196 ch)
COUPLE 136 lb-pi à 2250 tr/min (moteur à essence seul)
BOÎTE DE VITESSES automatique à variation continue
0-100 KM/H 9,3 s
VITESSE MAXIMALE 170 km/h

(S, SE, SEL) L4 2,5 L DACT, 175 ch à 6000 tr/min
COUPLE 172 lb-pi à 4500 tr/min
BOÎTES DE VITESSES manuelle à 6 rapports, automatique à 6 rapports (en option, de série pour SEL)
0-100 KM/H 9,1 s
VITESSE MAXIMALE 205 km/h

CONSOMMATION (100 KM) man. 8,2 L auto. 7,5 L (octane 87)
ÉMISSIONS DE CO_2 man. 3818 kg/an, auto. 3496 kg/an
LITRES PAR ANNÉE man. 1660, auto. 1520
COÛT PAR AN man. 2158 $, auto. 1976 $

(SE V6, SEL V6 4RM) V6 3,0 L DACT, 240 ch à 6550 tr/min
COUPLE 223 lb-pi à 4300 tr/min
BOÎTE DE VITESSES automatique à 6 rapports avec mode manuel
0-100 KM/H 7,3 s
VITESSE MAXIMALE 225 km/h

CONSOMMATION (100 KM) 2RM 8,8 L 4RM 9,9 L (octane 87)
ÉMISSIONS DE CO_2 2RM 4140 kg/ an 4RM 4600 kg/an
LITRES PAR ANNÉE 2RM 1800 4RM 2000
COÛT PAR AN 2RM 2340 $ 4RM 2600 $

(SPORT) V6 3,5 L DACT, 263 ch à 6250 tr/min
COUPLE 249 lb-pi à 4500 tr/min
BOÎTE DE VITESSES automatique à 6 rapports avec mode manuel
0-100 KM/H 7,3 s
VITESSE MAXIMALE 225 km/h

CONSOMMATION (100 KM) 10,5 L (octane 87)
ÉMISSIONS DE CO_2 2RM 4922 kg/an
LITRES PAR ANNÉE 2140
COÛT PAR AN 2782 $

AUTRES COMPOSANTS

SÉCURITÉ ACTIVE freins ABS, assistance au freinage, répartition électronique de la force de freinage, contrôle de stabilité électronique, antipatinage
SUSPENSION AVANT/ARRIÈRE indépendante
FREINS AVANT/ARRIÈRE disques
DIRECTION à crémaillère, assistée
PNEUS S P205/60R16 **SE/SEL/Hybrid** P225/50R17 option **SE/option SEL/Sport** P225/45R18

DIMENSIONS

EMPATTEMENT 2728 mm
LONGUEUR 4841 mm
LARGEUR 1834 mm, 2034 mm avec rétroviseurs
HAUTEUR 1445 mm
POIDS L4 man. 1490 kg, **L4 auto.** 1516 kg **SE V6** 1563 kg **SEL 4RM** 1650 kg **Sport** 1725 kg **Hybrid** 1687 kg
DIAMÈTRE DE BRAQUAGE 11,4 m
COFFRE 467 L **Hybrid** 334 L
RÉSERVOIR DE CARBURANT 66 L **SEL V6 4RM/Sport** 63 L

MENTIONS

CHOIX VERT RECOMMANDÉ

VERDICT

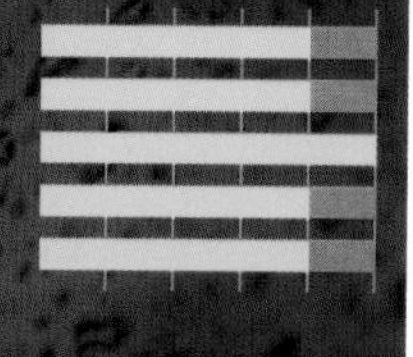

Plaisir au volant
Qualité de finition
Consommation
Rapport qualité/prix
Valeur de revente

ÉVOLUTION

$ 22 999 à 63 699 $ t&p 1450 $

LA COTE VERTE MOTEUR V6 DE 3,7 L source : EnerGuide

CONSOMMATION (100 KM) MAN. 9,1 L AUTO. 8,6 L • **ÉMISSIONS POLLUANTES CO_2** MAN. 4048 KG/AN AUTO. 4232 KG/AN • **INDICE D'OCTANE** 87
COÛT DU CARBURANT MOYEN PAR ANNÉE MAN. 2300 $ AUTO. 2200 $ • **NOMBRE DE LITRES PAR ANNÉE** MAN. 1840 AUTO. 1760

FICHE D'IDENTITÉ

VERSIONS V6 coupé/cabriolet, GT coupé/cabriolet, Boss 302, Shelby GT500 coupé/cabriolet
ROUES MOTRICES arrière
PORTIÈRES 2 **NOMBRE DE PASSAGERS** 5
PREMIÈRE GÉNÉRATION 1964 1/2
GÉNÉRATION ACTUELLE 2005
CONSTRUCTION Flat Rock, Michigan, É.-U.
COUSSINS GONFLABLES 4 (frontaux, latéraux)
CONCURRENCE Chevrolet Camaro, Dodge Challenger, MINI Cooper S, Mitsubishi Eclipse, Nissan 370Z

AU QUOTIDIEN

PRIME D'ASSURANCE
25 ANS : 3300 à 3500 $
40 ANS : 1700 à 1900 $
60 ANS : 1200 à 1400 $
COLLISION FRONTALE 5/5
COLLISION LATÉRALE 5/5
VENTES DU MODÈLE DE L'AN DERNIER
AU QUÉBEC 1138 **AU CANADA** 5232
DÉPRÉCIATION 37,8 %
RAPPELS (2006 À 2011) 1
COTE DE FIABILITÉ 3/5

GARANTIES… ET PLUS

GARANTIE GÉNÉRALE 3 ans/60 000 km
GARANTIE MOTOPROPULSEUR 5 ans/100 000 km
PERFORATION 5 ans/kilométrage illimité
ASSISTANCE ROUTIÈRE 5 ans/100 000 km
NOMBRE DE CONCESSIONNAIRES
AU QUÉBEC 77 **AU CANADA** 437

NOUVEAUTÉS EN 2012

2 nouvelles couleurs • Ensemble haute performance pour V-6 • Édition spéciale Mustang Club of America

GT, BOSS, SHELBY **ET PUIS QUOI ENCORE ?**

Antoine Joubert

Pour faire « tripper » les amateurs, quoi de mieux que de faire renaître des classiques d'antan. En effet, depuis la refonte de la Mustang, en 2005, Ford a réussi à relancer ce modèle, grâce à une saveur rétro très affirmée. Il n'y a d'ailleurs qu'à jeter un œil aux lignes de la carrosserie pour tout de suite l'associer à celle de la Mustang Fastback des années 60. Sauf que les choses ne s'arrêtent pas là !

On a aussi relancé depuis ce temps des versions d'époque comme la mythique Shelby GT500 et, tout récemment, la Mustang Boss 302. Est-ce donc pour garder les amateurs en haleine que les Mach 1, Cobra et SVO se font toujours attendre ?

CARROSSERIE Retouchées en 2010, les lignes de la Mustang vieillissent en beauté. Elle ne possède pas le caractère très macho du coupé Camaro, mais affiche une personnalité néanmoins très affirmée qui « punch » davantage à mesure qu'on grimpe dans l'échelle hiérarchique de la gamme. Par exemple, le modèle GT 5.0 se démarque de la version V6 par sa calandre avec phares antibrouillard circulaires ainsi que par la présence d'un becquet arrière et de jantes de 18 pouces. Suit ensuite la version Boss 302, affichant des couleurs très voyantes, des jantes et un becquet exclusifs ainsi que de multiples autocollants, pour enfin terminer avec l'intimidante Shelby GT500 et son museau proéminent.

HABITACLE Comme la plupart des récents produits de la marque, l'habitacle de la Mustang affiche une qualité de finition très honnête et, surtout, beaucoup plus sérieuse que celle de sa rivale, la Camaro. Là encore, le rappel au modèle d'antan se fait sentir, tant du côté de la planche de bord au dessin symétrique que du bloc d'instruments. Évidemment, les gadgets modernes sont tous présents à bord, allant du système de communication à mains libres SYNC

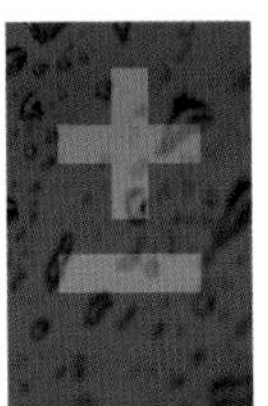

FORCES Une vraie beauté • V8 de 5 litres magnifique • Bête de piste (Boss 302) Habitacle bien ficelé • Agrément de conduite assuré

FAIBLESSE Modèle Boss 302 rarissime • Consommation démesurée (Shelby GT500) Volant non télescopique • Certaines options coûteuses

jusqu'à la radio satellite, en passant par l'ordinateur multifonction.

Bonne nouvelle, les ingénieurs de Ford ont aussi travaillé à offrir des sièges plus confortables et enveloppants que par le passé. Je ne vous cacherai toutefois pas que les sièges de la Shelby GT500 sont encore plus impressionnants, et que les baquets Recaro revêtant cuir et suède de la Boss 302 sont carrément exceptionnels.

MÉCANIQUE Il suffit de reculer cinq ans en arrière pour réaliser que la plus puissante des Mustang à l'époque proposait 300 chevaux. Aujourd'hui, la moins puissante, équipée d'un V6 de 3,7 litres en développe 305 ! Bien sûr, les sensations de ce V6 ne se comparent pas avec celles que proposait l'ancien V8, mais il n'en demeure pas moins que, côté puissance, c'est tout un pas en avant. Rationnellement, le V6 propose d'ailleurs toute la puissance nécessaire pour obtenir une bonne dose de plaisir. Mais le véritable amateur de Mustang ne démordra pas du magnifique V8 de 5 litres. Avec 412 chevaux (444 dans la Boss 302), il propose des accélérations carrément exotiques, tout en émettant une sonorité carrément enlevante. Et bonne nouvelle, la consommation demeure passablement raisonnable, ce qui n'est assurément pas le cas du méchant V8 suralimenté de la Shelby GT500.

COMPORTEMENT Ceux qui critiquaient jadis la Mustang pour sa mauvaise tenue de route devront un jour prendre le volant de la nouvelle Boss 302 pour taire les rumeurs. Car même avec un essieu rigide, cette voiture agrippe le sol comme jamais. En réalité, elle performe comme une véritable voiture de course, tout simplement parce qu'elle est ainsi construite. En ce qui concerne les autres versions, il est vrai que, avec le pont rigide, la Mustang atteint ses limites sur un circuit. Mais elle est plus prévisible et drôlement plus maniable qu'une Camaro, qui fait pourtant appel à une suspension arrière à roues indépendantes. De toute façon, le plaisir de conduire une Mustang tient en partie de cet élément. Alors, faut-il vraiment le critiquer ?

CONCLUSION Un bolide aussi légendaire, fiable et solide, qui évoque autant la passion et la tradition américaines, il n'en existe pas deux. Et si la Mustang vous interpelle depuis longtemps, je n'ai qu'un seul conseil. Faites-vous donc plaisir...

2e OPINION

« Quel constructeur n'aimerait pas compter dans son arsenal pareille marque de commerce ? Pour les consommateurs sensibles à cet aura unique, la légende de l'auto a déjà accompli les trois quarts de la séduction avant de parapher le contrat. En contrepartie, cette immense réputation crée des obligations que le géniteur, dans le passé, n'a pas toujours su respecter. Il s'est bien repris depuis. Les versions actuelles font honneur à ce nom qui donne des frissons dans le dos (merci, Steve !), et voici maintenant que se joint la Boss 302 à la GT500. Non seulement Ford s'amuse-t-elle à glisser sous les capots une orgie de chevaux, mais elle le fait en soignant l'écologie (enfin, un peu) et les budgets (de pas cher à très cher). Bravo aussi à la concurrence qui force Ford à être sur la coche. » — Michel Crépault

FICHE TECHNIQUE

MOTEURS

(V6) V6 3,7 L DACT, 305 ch à 6500 tr/min
Couple 280 lb-pi à 4250 tr/min
BOÎTES DE VITESSES manuelle à 6 rapports, automatique à 6 rapports (en option)
0-100 KM/H 6,9 s **VITESSE MAXIMALE** 225 km/h

(GT) V8 5,0 L DACT, 412 ch à 6500 tr/min
COUPLE 390 lb-pi à 4250 tr/min
BOÎTES DE VITESSES manuelle à 6 rapports, automatique à 6 rapports (en option)
0-100 KM/H 5,2 s **VITESSE MAXIMALE** 240 km/h

CONSOMMATION (100 km) man. 10,0 L auto. 9,9 L (octane 87)
ÉMISSIONS DE CO_2 man. 4692 kg/an auto. 4646 kg/an
LITRES PAR ANNÉE man. 2040 auto 2020
COÛT PAR AN man. 2652 $ auto. 2626 $

(BOSS 302) V8 5,0 L DACT, 444 ch à 7400 tr/min
COUPLE 380 lb-pi à 4500 tr/min
BOÎTE DE VITESSES manuelle à 6 rapports
0-100 KM/H 4,9 s **VITESSE MAXIMALE** 250 km/h

CONSOMMATION (100 km) ND (octane 91)
ÉMISSIONS DE CO_2 5062 kg/an
LITRES PAR ANNÉE 2165
COÛT PAR AN 3031 $

(SHELBY GT500) V8 5,4 L suralimenté par compresseur volumétrique DACT, 550 ch à 6200 tr/min
COUPLE 510 lb-pi à 4250 tr/min
BOÎTE DE VITESSES manuelle à 6 rapports
0-100 KM/H 4,4 s **VITESSE MAXIMALE** 260 km/h

CONSOMMATION (100 KM) 11,7 L (octane 91)
ÉMISSIONS DE CO_2 5474 kg/an
LITRES PAR ANNÉE 2380
COÛT PAR AN 3332 $

AUTRES COMPOSANTS

SÉCURITÉ ACTIVE freins ABS, assistance au freinage, répartition électronique de la force de freinage, antipatinage, contrôle électronique de la stabilité
SUSPENSION AVANT/ARRIÈRE indépendante, essieu rigide
FREINS AVANT/ARRIÈRE disques ventilés
DIRECTION à crémaillère, assistée
PNEUS V6 P215/60R17 **Option V6, GT** P235/50R18 **Option GT** P245/45R19 option **V6/GT, BOSS 302** P255/40R19 **GT500** P255/40R19 (av.), P285/35ZR19 (arr.) **Option GT500** P265/40R19 (av.), P285/35R20 (arr.)

DIMENSIONS

EMPATTEMENT 2720 mm
LONGUEUR 4778 mm
LARGEUR 1877 mm **GT500** 1880 mm
HAUTEUR 1412 mm **GT500** 1438 mm **GT500 cabrio.** 1425 mm
POIDS coupé V6 man 1566 kg, **V6 auto.** 1575 kg, **GT man.** 1636 kg, **GT auto.** 1657 kg, **GT500** 1732 kg cabrio. **V6 man** 1627 kg, **V6 auto.** 1635 kg, **GT man.** 1687 kg, **GT auto.** 1710 kg **Boss 302** 1647 kg **GT500** 1800 kg
DIAMÈTRE DE BRAQUAGE V6 10,3 m **GT** 11,2 m **GT500** 11,3 m **Boss 302** 12,1 m
COFFRE coupé 380 L **cabrio.** 272 L
RÉSERVOIR DE CARBURANT 61 L

MENTIONS

RECOMMANDÉ

VERDICT

Plaisir au volant
Qualité de finition
Consommation
Rapport qualité / prix
Valeur de revente

ÉVOLUTION

$ 31 549 à 45 449 $ t&p 1450 $

LA COTE VERTE MOTEUR V8 DE 4,6 L source : EnerGuide

CONSOMMATION (100 KM) 14 L • **ÉMISSIONS POLLUANTES CO_2** 6532 KG/An • **INDICE D'OCTANE** 87
COÛT DU CARBURANT MOYEN PAR ANNÉE 3692 $ • **NOMBRE DE LITRES PAR ANNÉE** 2840

FICHE D'IDENTITÉ

VERSIONS XL, XLT
ROUES MOTRICES arrière
PORTIÈRES 5 ou 6 **NOMBRE DE PASSAGERS** 2 à 15
PREMIÈRE GÉNÉRATION 1962
GÉNÉRATION ACTUELLE 1992
CONSTRUCTION Avon Lake, Ohio, É.-U.
COUSSINS GONFLABLES 2 (frontaux)
CONCURRENCE Chevrolet Express, GMC Savana, Mercedes Sprinter, Nissan NV

AU QUOTIDIEN

PRIME D'ASSURANCE
25 ANS : 1600 à 1800 $
40 ANS : 900 à 1100 $
60 ANS : 700 à 900 $
COLLISION FRONTALE 4/5
COLLISION LATÉRALE 4/5
VENTES DU MODÈLE DE L'AN DERNIER
AU QUÉBEC 2499 **AU CANADA** 9041
DÉPRÉCIATION 54,3 %
RAPPELS (2006 À 2011) 6
COTE DE FIABILITÉ 3/5

GARANTIES… ET PLUS

GARANTIE GÉNÉRALE 3 ans/60 000 km
GARANTIE MOTOPROPULSEUR 5 ans/100 000 km
PERFORATION 5 ans/kilométrage illimité
ASSISTANCE ROUTIÈRE 5 ans/100 000 km
NOMBRE DE CONCESSIONNAIRES
AU QUÉBEC 77 **AU CANADA** 437

NOUVEAUTÉS EN 2012

Aucun changement majeur

IMMUABLE

Benoit Charette

Voilà 30 ans que Ford tient le haut du pavé au chapitre des ventes de fourgons avec la Série E. Elle traîne la même carcasse depuis 20 ans, donc ce modèle ne coûte pratiquement plus rien à Ford, qui fait le strict minimum. Ceux qui achètent ce véhicule ne le font pas pour sa belle gueule mais pour les services qu'il peut rendre.

CARROSSERIE Volumineux serait probablement le mot qui explique le mieux la Série E. La version allongée frôle les 8 000 litres d'espace de chargement. Et même si la silhouette dépassée n'a de récent que l'appendice nasal placé à l'avant du camion, son prix demeure encore son meilleur atout. Le Sprinter de Mercedes-Benz est, bien sûr, des années-lumière devant ce Ford au chapitre du modernisme et du style, mais il vous en coûtera au minimum 10 000 à 12 000 $ de plus pour faire l'achat d'un Sprinter. C'est d'abord pour cette raison que, quand vient le moment de signer le chèque, l'aspect physique perd beaucoup de son importance.

HABITACLE Le mot utilitaire prend ici tout son sens. Royaume du vinyle et du plastique, on y retrouve le strict nécessaire. Toutefois dans les modèles XLT, le système SYNC à commandes vocales est offert. On retrouve aussi contre supplément un système de navigation qui devient ici intéressant pour ceux qui doivent utiliser la Série E comme véhicule de livraison. On retrouve aussi la radio HD, offerte uniquement aux États-Unis pour le moment. Ces accessoires contribuent à donner un peu de confort, mais peu importe la quantité d'options, les mots luxe et raffinement sont exclus de l'équation. Dans les versions tourisme, les choses s'améliorent. Une imposante console centrale comportant plusieurs compartiments de rangement, y compris de pratiques porte-gobelet, trône au centre. Selon le modèle choisi, on peut équiper un Ford de la Série E de sièges pour 11 à 14 occupants; il y a possibilité de deux baquets à l'avant, de deux au centre et d'une grande banquette à l'arrière.

MÉCANIQUE Pas de changement sous le capot pour 2012. L'offre débute avec le V8

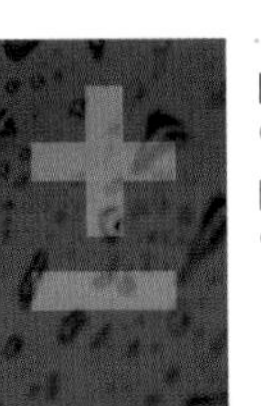

FORCES Moteurs puissants • Espace de chargement exemplaire • Bonne capacité de remorquage

FAIBLESSES Consommation importante • Rayon de braquage gênant • Sensibilité aux vents latéraux

de 4,6 litres Triton de 225 chevaux. En option sur les modèles 150 et 250, vous avez le V8 de 5,4 litres de 255 chevaux qui arrive de série sur l'E-350. Avec les modèles E-250 et E-350, il est aussi possible d'obtenir le V10 Triton de 6,8 litres de 305 chevaux. Dommage que Ford n'offre pas encore son nouveau diesel de 6 litres dans ce véhicule qui en aurait bien besoin. Alors que les deux V8 tirent leur puissance d'une vieille boîte de vitesses à 4 rapports, le V10 en offre une de plus. Disons que, pour être poli, un brin de modernisme ne ferait pas de tort sous le capot.

COMPORTEMENT Il est acquis qu'on ne fait pas l'achat d'un E-150 pour son grand confort, mais pour son côté pratique. Outre la camionnette, c'est le véhicule tout indiqué si l'on veut tirer d'imposantes roulottes (la Série E a une capacité maximale de 4 536 kilos). Il est préférable de rouler chargé, car l'essieu arrière rigide et la suspension dure comme du béton vous feront payer le prix si vous roulez léger. Même en étant très conservateur, vous consommerez plus de 15 litres aux 100 kilomètres sans effort. Il y a aussi les vents latéraux, important facteur de stress. Il faut apprendre à conserver le contrôle du véhicule. Le freinage est faible et laborieux dans le meilleur des cas. Rappelez-vous de toujours garder le double de la distance qui vous semble confortable. Les E-150, E-250 et E-350 freinent mal quand ils ne sont pas chargés et deviennent hasardeux avec une charge utile. Tenez-vous-le pour dit.

CONCLUSION Il faut garder deux choses en tête au moment de choisir un fourgon de Série E. Peu importe le luxe qu'on ajoute à l'achat, vous êtes dans un camion et, si vous n'êtes pas assis à l'avant, vous trouverez le voyage long. Deuxièmement, dollar pour dollar, c'est le véhicule le plus logeable et le plus performant sur le marché, et c'est pour cette raison qu'il domine le marché depuis 30 ans.

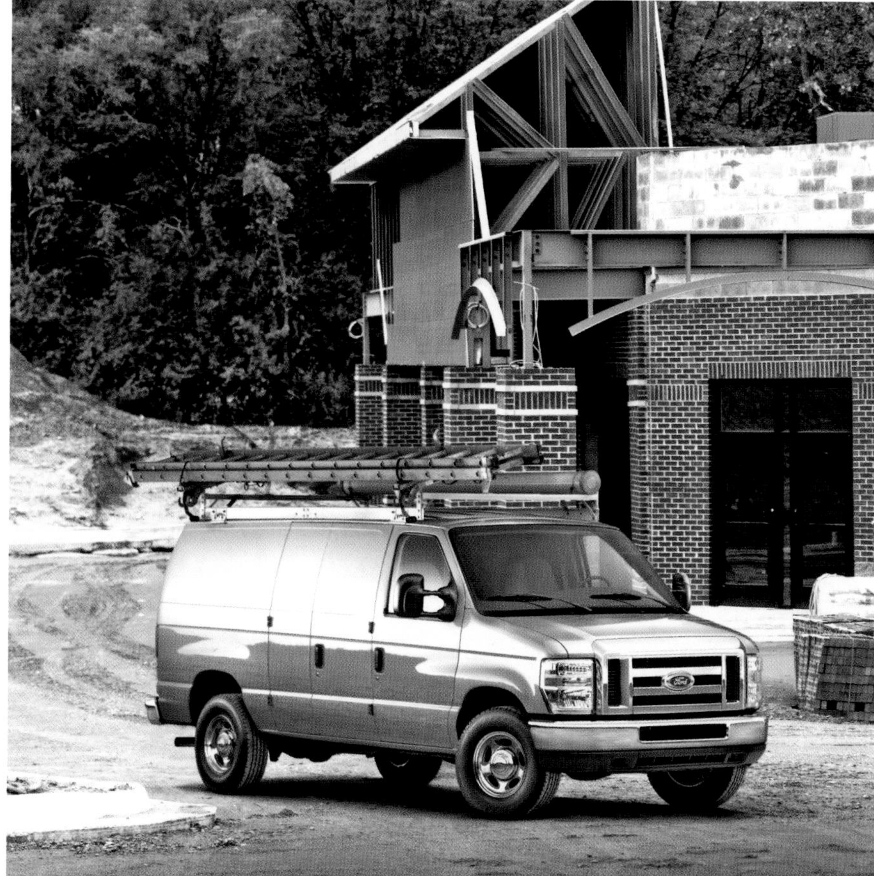

FICHE TECHNIQUE

MOTEURS

(E-150, E-250) V8 4,6 L SACT, 225 ch à 4800 tr/min
COUPLE 286 lb-pi à 3500 tr/min
BOÎTE DE VITESSES automatique à 4 rapports
0-100 KM/H 15 s **VITESSE MAXIMALE** 160 km/h

(E-350, EN OPTION SUR E-150, E-250)
V8 5,4 L SACT, 255 ch à 4500 tr/min
COUPLE 350 lb-pi à 2500 tr/min
BOÎTE DE VITESSES automatique à 4 rapports, automatique à 5 rapports (en option)
0-100 KM/H 13,4 s **VITESSE MAXIMALE** 160 km/h

CONSOMMATION (100 KM) 15,1 L (octane 87)
ÉMISSIONS DE CO_2 7038 kg/an
LITRES PAR ANNÉE 3060 **COÛT PAR AN** 3978 $

(EN OPTION SUR LE E-350)
V10 6,8 L SACT, 305 ch à 4250 tr/min
COUPLE 420 lb-pi à 3250 tr/min
BOÎTE DE VITESSES automatique à 5 rapports
0-100 KM/H 11,3 s **VITESSE MAXIMALE** 180 km/h

CONSOMMATION (100 KM) 18,9 L (octane 87)
ÉMISSIONS DE CO_2 8832 kg/an
LITRES PAR ANNÉE 3840 L **COÛT PAR AN** 4992 $

AUTRES COMPOSANTS

SÉCURITÉ ACTIVE freins ABS, répartition électronique de la force de freinage, contrôle de stabilité électronique, antipatinage
SUSPENSION AVANT/ARRIÈRE indépendante/pont rigide
FREINS AVANT/ARRIÈRE disques
DIRECTION à billes, assistée
PNEUS Tourisme E250 et E350 cargo/option Tourisme P245/75R16 **E150** P225/75R16

DIMENSIONS

EMPATTEMENT 3505 mm
LONGUEUR 5385 mm **allongé** 6005 **Tourisme** 6013 mm
LARGEUR (sans les rétroviseurs) 2017 mm
HAUTEUR 2085 à 2159 mm
POIDS 2400 kg à 3012 kg
DIAMÈTRE DE BRAQUAGE 14,8 m
COFFRE (capacité maximale) 6734 L **allongé** 7881 L
RÉSERVOIR DE CARBURANT 125 L
CAPACITÉ DE REMORQUAGE 2540 à 4536 kg

VERDICT

Plaisir au volant
Qualité de finition
Consommation
Rapport qualité / prix
Valeur de revente

NOUVEAUTÉ $ 19 999$ à 64 899$ t&p 1450$

LA COTE VERTE MOTEUR V6 DE 3,7 L source : EnerGuide

CONSOMMATION (100KM) 2RM 10,9 L 4RM 11,6 l • **ÉMISSIONS POLLUANTES CO_2** 2RM 5060 kg/an 4RM 5428 KG/AN • **INDICE D'OCTANE** 87
COÛT DU CARBURANT MOYEN PAR ANNÉE 2RM 2860$ 4RM 3068$ 4RM 2950$ • **NOMBRE DE LITRES PAR ANNÉE** 2RM 2200 4RM 2360

FICHE D'IDENTITÉ

VERSIONS XL, STX, XLT, FX2, Lariat, FX4, SVT Raptor, King Ranch, Platinum, Harley-Davidson, Lariat Limited
ROUES MOTRICES arrière, 4
PORTIÈRES 2, 4 **NOMBRE DE PASSAGERS** 2, 5
PREMIÈRE GÉNÉRATION 1948
GÉNÉRATION ACTUELLE 2011
CONSTRUCTION Kansas City, Missouri, É.-U. ; Norfolk, Virginie, É.-U. ; Louisville, Kentucky, É.-U. ; Oakville, Ontario, Canada
COUSSINS GONFLABLES 6 (frontaux, lat. avant, rideaux latéraux)
CONCURRENCE Chevrolet Silverado, GMC Sierra, Honda Ridgeline, Nissan Titan, Ram 1500, Toyota Tundra

AU QUOTIDIEN

PRIME D'ASSURANCE
25 ANS : 1900 à 2100$
40 ANS : 1100 à 1300$
60 ANS : 900 à 1100$
COLLISION FRONTALE 5/5
COLLISION LATÉRALE 5/5
VENTES DU MODÈLE DE L'AN DERNIER
AU QUÉBEC 18 366 **AU CANADA** 97 913
DÉPRÉCIATION 46 %
RAPPELS (2006 À 2011) 8 (F-150)
COTE DE FIABILITÉ 3/5

GARANTIES... ET PLUS

GARANTIE GÉNÉRALE 3 ans/60 000 km
GARANTIE MOTOPROPULSEUR 5 ans/100 000 km
PERFORATION 5 ans/kilométrage illimité
ASSISTANCE ROUTIÈRE 5 ans/100 000 km
NOMBRE DE CONCESSIONNAIRES
AU QUÉBEC 77 **AU CANADA** 437

NOUVEAUTÉS EN 2012

Nouvelle génération présentée en milieu d'année 2011

LA MEILLEURE CAMIONNETTE **DU MONDE**

Antoine Joubert

On le sait, le marché de la camionnette pleine grandeur est important mais aussi très fidélisé. Pour diverses raisons, les consommateurs favorisent souvent une marque et y demeurent liés longtemps. Ceci dit, Ford a récemment pris tous les moyens nécessaires pour éliminer les arguments qui faisaient en sorte que les consommateurs ne choisissent pas une F-150. Et les résultats sont significatifs, puisque le constructeur a vu ses ventes de camionnettes grimper en flèche, atteignant près de 100 000 exemplaires vendus uniquement au Canada. Les responsables de Ford ont insisté sur le fait que les propriétaires d'une camionnette ne veulent pas voir le format de leur outil de travail diminué, mais apprécieraient pouvoir économiser un peu sur le carburant. Pour la première fois dans les sondages effectués auprès de la clientèle visée, Ford a découvert que la consommation de carburant fait partie des 10 critères les plus importants à l'achat d'une camionnette. Ford a pris en compte cette donnée en se rappelant aussi les nouvelles normes fédérales de consommation de 2016 pour présenter des moteurs qui offrent à la fois plus de puissance et une meilleure consommation de carburant.

CARROSSERIE Réussie en termes d'esthétique, la F-150 se démarque par la quantité incroyable de versions offertes (neuf pour être plus précis), lesquelles sont toutes caractérisées par divers éléments de design. En plus des trois empattements, des trois cabines et des trois longueurs de caisse, comptez un choix de sept calandres et de dix roues en acier ou en alliage. Il ne manque en fait qu'une caisse du type « aile d'automobile », que Ford a choisi d'éliminer du catalogue en 2009, faute d'acheteurs.

HABITACLE L'habitacle de la F-150 est sans contredit le plus beau, le plus confortable et le mieux assemblé qui soit. Il est vrai que

FORCES • Excellentes motorisations • Qualité de construction indéniable • Choix de modèles innombrable • Véhicule robuste et performant • Capacité de remorquage exceptionnelle

FAIBLESSES Toujours pas de moteur Diesel • Moteur EcoBoost gourmand au remorquage • Options nombreuses • Freinage qui manque de mordant

la dernière camionnette Ram suit de près à ce chapitre, mais Ford possède encore une petite longueur d'avance, ne serait-ce que pour la très grande qualité d'assemblage et des matériaux qu'on y trouve. Les changements à bord cette année sont symboliques, mais mentionnons que l'instrumentation repensée pour 2011 se veut beaucoup plus attrayante et polyvalente qu'auparavant. Naturellement, les configurations possibles sont aussi très nombreuses, mais il est dommage que Ford ne daigne pas offrir l'option des sièges baquets avec console centrale dans la version XTR, très populaire depuis son introduction.

MÉCANIQUE Ford s'est enfin débarrassée du V8 Triton de 5,4 litres, un moteur fiable mais grognon et très gourmand, pour le remplacer par le nouveau V8 de 5 litres qui propose plus de couple et de puissance pour une consommation inférieure d'environ 15 %. Il s'agira sans doute du moteur le plus populaire, étant donné sa grande disponibilité, son coût raisonnable et ses grandes capacités.

Le fer de lance de la F-150 demeure néanmoins ce V6 EcoBoost (biturbo) de 3,5 litres, lequel permet d'obtenir des performances dignes d'un « muscle car » tout en ne consommant qu'environ 13 litres aux 100 kilomètres. Ce dernier octroie également une capacité de remorquage similaire à celle du V8 de 6,2 litres, fixée à 5 125 kilos (11 300 livres). Mais sachez que, en de telles conditions, la consommation du moteur EcoBoost grimpe vers des sommets carrément comparables à celle des gros V8 de la concurrence.

Quand vous remorquez, la puissance est donc immédiatement disponible, et ce V6 biturbo a fait la barbe à tous les V8 sur place. De plus, le moteur EcoBoost est offert dans 90 % des versions de la F-150 et il fonctionne sur du carburant ordinaire. À ce V6 vitaminée s'ajoute un autre V6 de 3,7 litres de 302 chevaux qui devient l'offre de base dans la F-150 ; il propose une surprenante polyvalence et suffisamment de puissance pour ceux qui n'ont pas de lourds travaux à effectuer. Ce bloc-moteur, tiré directement de la Mustang, est retravaillé pour donner priorité au remorquage plutôt qu'à l'accélération. Pour les puristes qui ne jurent que par la puissance des V8, Ford offre l'autre bloc-moteur de la Mustang, un V8 de 5 litres bon pour 360 chevaux et un couple de 380 livres-pieds. Enfin, les modèles haut de gamme (King Ranch, Platinum, Lariat) seront proposés avec un V8 de 6,2 litres de 411 chevaux et produisant un couple de 434 livres-pieds.

COMPORTEMENT Solide, bien construite et capable d'en prendre, la F-150 propose une conduite des plus impressionnantes. D'ailleurs, histoire de ne rien laisser au hasard, on a retravaillé chacun des éléments mécaniques du véhicule de façon à obtenir une expérience de conduite intéressante. On remarque notamment que la direction se veut plus précise et rapide que par le passé, et que la suspension est mieux calibrée. Mais ce serait mentir de dire que la F-150 offre une aussi bonne maniabilité que la Ram qui, avec sa suspension arrière à ressorts hélicoïdaux, propose une meilleure tenue de route. Sauf que la Ram

HISTORIQUE

Vous rendez-vous compte ! La Série F de Ford écume les chantiers de construction et les campagnes de l'Amérique du Nord depuis plus de 60 ans ! Et la meilleure preuve que cette camionnette pleine grandeur, comme le bon vin, s'améliore d'année en année, la F-150 est non seulement le camion le plus vendu au Canada aux Etats-Unis, il est le véhicule le plus populaire toutes catégories confondues ! Le F-1 de 1948, munie d'une caisse de six pieds et demie, proposait une intéressante option : du lave-glace que le conducteur faisait gicler sur le pare-brise en écrasant une poire avec son pied

Ford F-1 1948

Ford F-100 1965

Ford F-100 Custom 1978

Ford F-150 Lariat 1987

Ford F-150 1994

Ford F-150 SVT Lightning

Ford F-150 Lariat 2004

GALERIE

A Ford affirme que son moteur V6 EcoBoost 3,5L de 365 CV est en mesure d'épater la clientèle avec sa force de transport (charge utile de 1 388 kg) et de remorquage tout en étant le plus éconergétique de la famille. La boîte 6 vitesses à rapports courts fait aussi sa part côté frugalité.

B L'intérieur du F-150 Lariat Limited n'a rien à envier à une luxueuse berline : commandes vocales, écran tactile, lecteur CD/DVD/MP3, disque dur de 10 Go et radio satellite Sirius.

C Cette vue arrière du F-150 Lariat SuperCrew montre bien la marche escamotable avec barre d'appui intégrés au hayon pour faciliter l'embarquement dans la caisse. Par ailleurs, chaque fois qu'une portière s'ouvre, les marchepieds se déploient automatiquement pour faciliter la montée ou la descente. Fermez la portière et la passerelle en fait autant.

D Pour ce F-150 XLT, paré de l'ensemble « Chrome », tirer une remorque est aussi naturel que respirer chez l'être humain. La Série F, nantie de l'équipement approprié, peut tracter jusqu'à 5 216 kg.

E La cabine SuperCrew garantit une capacité de chargement de 1 631 litres à l'intérieur, à l'abri des regards indiscrets, une banquette arrière dont l'assise se soulève en un clin d'œil et un plancher parfaitement plat pour tout ranger proprement.

pèche par une capacité de charge inférieure et ne constitue certainement pas un outil de travail aussi robuste. Le V6 EcoBoost rend désuets tous les moteurs V8 de la gamme. Il est aussi puissant, offre beaucoup de couple et permet jusqu'à 20 % d'économie de carburant. La conduite est confortable, et Ford a aussi ajouté cette année une direction à assistance électrique, une première dans une camionnette pleine grandeur. La direction est plus précise, et sa fermeté se règle en fonction de la vitesse. De plus, vous pourrez obtenir le V6 de 3,5 litres EcoBoost comme option individuelle à un peu plus de 1 000 $. Naturellement, Ford ne peut pas éliminer les V8 de sa gamme de camionnettes demain matin. Financièrement, cela serait catastrophique. Les propriétaires d'une camionnette sont très conservateurs et se font dire depuis 40 ans qu'il n'y a pas d'alternative à la puissance des V8. Ce n'est plus vrai. Le moteur V6 EcoBoost a prouvé le contraire et de brillante façon.

CONCLUSION Avec cette nouvelle gamme de moteurs, Ford creuse un peu plus le fossé qui la sépare de la concurrence en plaçant la barre très haut. Solide, plus fiable, moins gourmande et plus performante que jamais, la F-150 mérite sans équivoque le succès qu'elle connaît. Qui plus est, l'arrivée de deux moteurs V6 performants risque d'attirer plusieurs adeptes qui avaient choisi de délaisser le segment, le prix du carburant étant trop élevé. Vous remarquerez en terminant que la F-150 constitue désormais la plus petite camionnette du catalogue Ford puisque la Ranger a terminé sa carrière en 2011. Avouez que, dans la conjoncture actuelle, c'est un peu ironique...

2e OPINION

« Deux raisons principales expliquent pourquoi Ford n'a pas dû plier l'échine autant que GM et Chrysler. De un, le constructeur a connu sa propre tourmente financière avant les deux autres, de sorte que, lorsque le tsunami mondial s'est abattu, Ford s'était déjà réfugiée au sommet de la montagne. De deux, la F-150. Bon an, mal an, cette camionnette se révèle le pain et le beurre et la boulangerie au complet de l'entreprise. Ford maîtrise la F-150 comme un virtuose, une partition de musique. À chaque renouvellement, elle la raffine. L'arrivée récente de quatre nouveaux moteurs, de même que le vaste choix de caisses et de cabines font que les acheteurs potentiels sont tous comblés, comme le prouvent les statistiques de ventes d'un océan à l'autre. » — Michel Crépault

FICHE TECHNIQUE

MOTEURS

V6 3,7 L DACT, 302 ch à 6500 tr/min
COUPLE 278 lb-pi à 4000 tr/min
BOÎTE DE VITESSES automatique à 6 rapports avec mode manuel
0-100 KM/H 9,3 s
VITESSE MAXIMALE 165 km/h (bridée)

V8 5 L DACT, 360 ch à 5500 tr/min
COUPLE 380 lb-pi à 4250 tr/min
BOÎTE DE VITESSES automatique à 6 rapports avec mode manuel
0-100 KM/H 7,6 s
VITESSE MAXIMALE 165 km/h (bridée)

CONSOMMATION (100 KM) 2RM 12,0 L **4RM** 12,8 L (octane 87)
ÉMISSIONS DE CO_2 2RM 5566 kg/an **4RM** 5980 kg/an
LITRES PAR ANNÉE 2RM 2420 **4RM** 2600
COÛT PAR AN 2RM 3146 $ **4RM** 3380 $

V8 6,2 L SACT, 411 ch à 5500 tr/min
COUPLE 434 lb-pi à 4500 tr/min
BOÎTE DE VITESSES automatique à 6 rapports avec mode manuel
0-100 KM/H 7,4 s **VITESSE MAXIMALE** 165 km/h (bridée)

CONSOMMATION (100 KM) 4RM 15,5 L
ÉMISSIONS DE CO_2 4RM 7268 kg/an
LITRES PAR ANNÉE 4RM 3160 L
COÛT PAR AN 4RM 4108 $

V6 3,5 L EcoBoost DACT, 365 ch à 5000 tr/min
COUPLE 420 lb-pi à 2500 tr/min
BOÎTE DE VITESSES automatique à 6 rapports avec mode manuel
0-100 KM/H 7,1 s **VITESSE MAXIMALE** 165 km/h (bridée)

CONSOMMATION (100 KM) 2RM 11,1 L **4RM** 11,8 L (octane 87)
ÉMISSIONS DE CO_2 2RM 5152 kg/an **4RM** 5520 kg/an
LITRES PAR ANNÉE 2RM 2240 **4RM** 2400
COÛT PAR AN 2RM 2912 $ **4RM** 3120 $

AUTRES COMPOSANTS

SÉCURITÉ ACTIVE freins ABS, antipatinage, contrôle électronique de la stabilité
SUSPENSION AVANT/ARRIÈRE indépendante / essieu rigide
FREINS AVANT/ARRIÈRE disques
DIRECTION à crémaillère, assistée
PNEUS XL P245/75R17 **XL/XLT** P255/65R17 **XL/XLT** P265/70R17 **XLT/FX2/FX4/Lariat** P275/65R18 **XLT/FX2/FX4/Lariat/King Ranch Platinum** P275/55R20 **Harley-Davidson** P275/45R22 **SVT Raptor** P315/70R17

DIMENSIONS

EMPATTEMENT 3198 mm à 4143 mm
LONGUEUR 5415 mm à 6360 mm
LARGEUR 2012 mm (excluant rétro.)
HAUTEUR 1900 à 1994 mm
POIDS 2125 à 2666 kg
DIAMÈTRE DE BRAQUAGE 12,7 m à 15,9 m
RÉSERVOIR DE CARBURANT 2RM 98 L, **4RM sauf cabine régulière** 136 L
CAPACITÉ DE REMORQUAGE 2494 à 5126 kg

MENTIONS

CLÉ D'OR

VERDICT

ÉVOLUTION $ 35 499 à 64 919$ t&p 1 450$

LA COTE VERTE MOTEUR V6 DE 6,2 L source : EnerGuide

CONSOMMATION (100 KM) 15,9 L • ÉMISSIONS POLLUANTES CO_2 7268 KG/AN • INDICE D'OCTANE 87

COÛT DU CARBURANT MOYEN PAR ANNÉE 4108$ • NOMBRE DE LITRES PAR ANNÉE 3160

FICHE D'IDENTITÉ

VERSIONS F-250/F-350 XL, XLT, Lariat
ROUES MOTRICES arrière, 4
PORTIÈRES 2, 4 **NOMBRE DE PASSAGERS** 2, 5
PREMIÈRE GÉNÉRATION 1948
GÉNÉRATION ACTUELLE 2009
CONSTRUCTION Louisville, Kentucky, É.-U.
COUSSINS GONFLABLES 6 (frontaux, latéraux avant, rideaux latéraux)
CONCURRENCE Chevrolet Silverado HD, Ram 2500/3500, GMC Sierra HD

AU QUOTIDIEN

PRIME D'ASSURANCE
25 ANS : 1900 à 2100$
40 ANS : 1100 à 1300$
60 ANS : 900 à 1100$
COLLISION FRONTALE 5/5
COLLISION LATÉRALE 5/5
VENTES DU MODÈLE DE L'AN DERNIER (SÉRIE F)
AU QUÉBEC 18 366 **AU CANADA** 97 913
DÉPRÉCIATION 51,0%
RAPPELS (2006 À 2011) 7 (F-250/F-350)
COTE DE FIABILITÉ 3/5

GARANTIES… ET PLUS

GARANTIE GÉNÉRALE 3 ans/60 000 km
GARANTIE MOTOPROPULSEUR 5 ans/100 000 km
PERFORATION 5 ans/kilométrage illimité
ASSISTANCE ROUTIÈRE 5 ans/100 000 km
NOMBRE DE CONCESSIONNAIRES
AU QUÉBEC 77 **AU CANADA** 437

NOUVEAUTÉS EN 2012

Une nouvelle couleur extérieure, boîte de vitesses avec mode manuel de série

LE ROI DU GYM

Daniel Rufiange

S'il y a un segment dans l'industrie où les constructeurs sont certains d'écouler leurs produits avant même que ces derniers n'amorcent leur parade sur la chaîne de montage, c'est celui des camionnettes HD. Cependant, les fabricants doivent surveiller leurs arrières, car la concurrence est très forte dans le segment. Heureusement, elle est peu nombreuse et se résume toujours aux trois mêmes joueurs : Ford, GM et Ram.

CARROSSERIE Pour recevoir le suffixe HD (Heavy Duty = robuste), une camionnette doit être robuste ! Si les camionnettes vendues, pour la plupart, sont reconnues comme des demi-tonnes (1500), les camionnettes HD sont admises comme étant des trois quarts de tonne (2500) et une tonne (3500). Elles sont conçues pour en prendre; châssis, amortisseurs, éléments de suspension, moteurs, boîtes de vitesses, etc. tout est renforcé. Et, bien entendu, question d'éviter les confusions, les carrosseries de camionnettes HD sont encore plus dévergondées; calandre plus massive, dimensions plus imposantes, garde au sol plus élevée, touches de chrome omniprésentes. Bref, ça ne s'adresse pas à madame.

Chez Ford, il y a la F-250, la F-350 et, en exclusivité, la F-450 (une tonne et demie). Les deux premières sont offertes en configuration à 2 ou à 4 roues motrices, à cabine simple ou double. Deux choix de boîtes sont possibles, soit 6,5 pieds ou 8 pieds. Certaines combinaisons ne peuvent être réalisées, mais ordinairement, on obtient ce qu'on désire. Quant aux différents degrés d'équipement, ça va de la version XL à la version King Ranch (F-450), en passant par les gammes XLT et Lariat.

HABITACLE Si c'est gros dehors, c'est grand dedans. Les passagers d'une camionnette HD de Ford peuvent tous être baraqués, rien n'y paraîtra. Chaque espace est vaste et confortable. Au poste de commande, Ford livre ce qu'il y a de mieux dans le segment. Les cadrans sont aussi jolis que faciles à consulter, et la calligraphie des données de l'ordinateur de bord est on ne peut plus claire. Les commandes de la console centrale sont faciles à manipuler avec des gants, et les espaces de rangement sont nombreux et généreux. Ajoutez à cela que les camionnettes d'aujourd'hui sont aussi devenues de véritables bureaux rou-

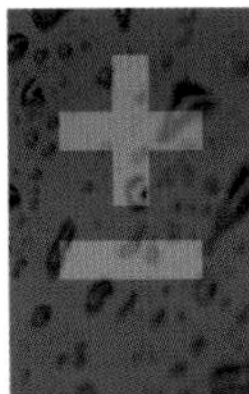

FORCES Qualité de construction • Moteurs compétents • Capacités de remorquage impressionnantes • Souplesse dans l'exécution • Habitacle digne d'une berline de luxe • Espaces de rangement • Heureusement, c'est la compagnie qui paye • Consommation du moteur Diesel lors d'un essai : 12,9 L/100 km

FAIBLESSES Prix qui grimpe en flèche avec les options • Comportement à vide très rustique • Pas toujours évident à garer • Moteur à essence assoiffé

www.ford.ca

lants, et ne soyez pas surpris de voir le patron sillonner le chantier de construction à longueur de journée.

MÉCANIQUE Ford réserve tout ce qu'il y a de plus puissant pour ce segment, et l'offre est qualitative. Elle débute avec un moteur V8 à essence de 6,2 litres comprenant 16 soupapes. Ce dernier propose une puissance de 385 chevaux et un couple de 405 livres-pieds. Cela semble minable face à l'autre mécanique, offerte en option. Le moteur Diesel Power Stroke est un V8 de 6,7 litres qui livre 400 chevaux et, tenez-vous bien, produit un couple de 800 livres-pieds. Avec ça, mes amis, on pourrait presque renflouer le Titanic. Bien sûr, un choix de rapports de ponts est offert, question de bien adapter sa camionnette aux types de travaux qu'on lui réserve.

COMPORTEMENT On n'achète pas une camionnette HD pour le simple plaisir. Ces véhicules sont destinés aux travaux lourds, et c'est là qu'ils s'acquittent le mieux de leurs tâches. À vide, on se fait brasser la carcasse à bord d'une camionnette HD, toutes marques confondues. Les camionnettes Super Duty n'échappent pas à cette maxime. Cependant, avec quelques milliers de kilos à l'arrière, on découvre des véhicules au comportement routier beaucoup plus civilisé. Le qualificatif HD prend toute sa logique. Au volant d'une F-450, on peut tracter jusqu'à 11 113 kilos (24 500 livres). Ajoutez à cela les aides à la conduite : stabilisation de la remorque, freinage de la remorque et démarrage en pente ; et les plus néophytes peuvent prendre le volant d'une version bien attelée.

CONCLUSION À tous ceux qui maudissent les gros véhicules, sachez que vous manquez la cible si vous vous attaquez aux camionnettes HD. Sans elles, nombre de tâches ne pourraient être accomplies dans moult domaines. Plus qu'utiles, les camionnettes ultra robustes sont une nécessité dans l'industrie, et Ford propose, actuellement, ce qu'il y a de mieux.

2e OPINION

« Dans le segment de la camionnette de travail HD, le choix se limite à trois constructeurs : GM (Chevrolet et GMC), Chrysler (Ram) et Ford. Dans le cas de ce dernier, la camionnette Super Duty, renouvelée pour l'année modèle 2011, a pris du galon. Mieux finie, plus confortable et, comme c'est souvent le cas dans cette catégorie spécifique, plus puissante que l'ancienne génération. La gamme F Super Duty représente un choix logique si votre entreprise est à la recherche d'un bourreau de travail increvable qui se conduit presque comme une Taurus. Et si vous êtes du genre techno, Ford propose aussi son système Works Solutions *pour mieux gérer vos outils, par exemple. » — Vincent Aubé*

FICHE TECHNIQUE

MOTEURS

V8 6,2 L SACT, 385 ch à 5500 tr/min
COUPLE 405 lb-pi à 4500 tr/min
BOÎTE DE VITESSES automatique à 6 rapports avec mode manuel
0-100 KM/H 7,8 s Vitesse maximale 165 km/h

V8 6,7 L turbodiesel ACC, 400 ch à 2800 tr/min
COUPLE 800 lb-pi à 1600 tr/min
BOÎTE DE VITESSES automatique à 6 rapports avec mode manuel
0-100 KM/H ND **Vitesse maximale** ND

CONSOMMATION (100 KM) ND
ÉMISSIONS DE CO2 ND
LITRES PAR ANNÉE ND
COÛT PAR AN ND

AUTRES COMPOSANTS

SÉCURITÉ ACTIVE freins ABS, répartition électronique de la force de freinage, contrôle de la stabilité électronique, antipatinage
SUSPENSION AVANT/ARRIÈRE indépendante/pont rigide
FREINS AVANT/ARRIÈRE disques
DIRECTION à crémaillère, assistée
PNEUS XL/XLT P245/75R17 **option XL et XLT** P265/70R17 **option F-350 XL et XLT 4x2/de série F-250 et F-350 Lariat 4x2** P275/65R18 **option F-350 XL et XLT 4x4/de série F-250 et F-350 Lariat 4x4** P275/70R18 **F-250 et F-350 Lariat 4x4** P275/65R20 **F-250 et F-350 Lariat 4x4 avec 6,7 L et ensemble camping** P275/70R18

DIMENSIONS

EMPATTEMENT 3480 à 4369 mm
LONGUEUR 5781 à 6680 mm
LARGEUR 2029 mm
HAUTEUR F-250 1945 à 2026 mm **F-350** 1943 à 2052 mm
POIDS 2656 à 3148 kg
DIAMÈTRE DE BRAQUAGE 14,0 m à 17,8 m
RÉSERVOIR DE CARBURANT 6,2 132 L, **6,8** 98 L **6,8** 142 L
CABINE DOUBLE EMPATTEMENT 4013 mm et
CABINE SIX PLACES EMPATTEMENT 4369 mm
CAPACITÉ DE REMORQUAGE 5670 à 7938 kg

MENTIONS

RECOMMANDÉ

VERDICT

Plaisir au volant
Qualité de finition
Consommation
Rapport qualité / prix
Valeur de revente

www.ford.ca

LA COTE VERTE MOTEUR L4 DE 2 L source : EnerGuide

CONSOMMATION (100 KM) 8,9 L • **ÉMISSIONS POLLUANTES CO_2** 4140 kg/an • **INDICE D'OCTANE** 87
COÛT DU CARBURANT MOYEN PAR ANNÉE 2340$ • **NOMBRE DE LITRES PAR ANNÉE** 1800

FICHE D'IDENTITÉ

VERSIONS XLT utilitaire, XLT tourisme, XLT tourisme Premium
ROUES MOTRICES avant
PORTIÈRES 5 **NOMBRE DE PASSAGERS** 2, 5
PREMIÈRE GÉNÉRATION 2010
GÉNÉRATION ACTUELLE 2010
CONSTRUCTION Kocaeli, Turquie
COUSSINS GONFLABLES 4 (frontaux, latéraux)
CONCURRENCE Mercedes-Benz Sprinter

AU QUOTIDIEN

PRIME D'ASSURANCE
25 ANS : 1400 à 1600$
40 ANS : 900 à 1100$
60 ANS : 700 à 900$
COLLISION FRONTALE 4/5
COLLISION LATÉRALE 5/5
VENTES DU MODÈLE DE L'AN DERNIER
AU QUÉBEC 524 **AU CANADA** 3180
DÉPRÉCIATION (1 AN) 21,4 %
RAPPELS (2006 À 2011) 1
COTE DE FIABILITÉ 4/5

GARANTIES... ET PLUS

GARANTIE GÉNÉRALE 3 ans/60 000 km
GARANTIE MOTOPROPULSEUR 5 ans/100 000 km
PERFORATION 5 ans/kilométrage illimité
ASSISTANCE ROUTIÈRE 5 ans/100 000 km
NOMBRE DE CONCESSIONNAIRES
AU QUÉBEC 77 **AU CANADA** 437

NOUVEAUTÉS EN 2012

Aucun changement majeur

LE **MOUTON NOIR** COMMERCIAL

Vincent Aubé

Dans un marché inondé de fourgons commerciaux provenant de GM et de Ford, de quelques rares Sprinter et du nouveau Nissan NV, le Ford Transit Connect est un peu comme le mouton noir du lot avec sa taille réduite et sa mécanique moins gourmande. Il s'adresse d'ailleurs à un autre type de clientèle qui a besoin de l'espace, mais pas nécessairement de la capacité de charge des autres. Le Transit Connect est tellement une bonne nouvelle pour notre marché nord-américain qu'il a même été consacré camion de l'année par nos confrères américains en 2010. Ce n'est pas rien !

CARROSSERIE Il faut l'admettre, le Transit Connect donne à nos routes d'ici un petit caractère européen. Après tout, ce type de fourgon compact est très populaire sur le Vieux Continent. Basé sur la plateforme de la Focus, le Transit Connect n'est pas tellement plus long que la berline, mais il est plus étroit et clairement plus haut. Le TC peut être livré en version sans fenêtre latérale, avec des fenêtres dans les portières ou, même, en version taxi avec une fenestration complète et une banquette arrière. Bien sûr, toutes à l'arrière, les deux portes verticales rappellent qu'on a affaire à un véhicule utilitaire. À l'avant, le museau adopte tout de même discrètement le langage « Kinetic Design » propre aux autres véhicules Ford avec la calandre qui surplombe cette large ouverture inversée dans le pare-chocs. Règle générale, le TC n'a pas été dessiné pour épater la galerie.

HABITACLE La vocation du TC l'oblige à adopter un habitacle un peu moins raffiné que nos véhicules de route. En revanche, le tissu plus rugueux des sièges est conçu pour durer, et c'est la même histoire pour le tableau de bord réalisé dans un plastique dur mais d'entretien facile. Encore là, les stylistes de Ford n'ont pas cherché à rendre le tableau de bord aussi impressionnant que celui d'une Lincoln. Tout est à portée

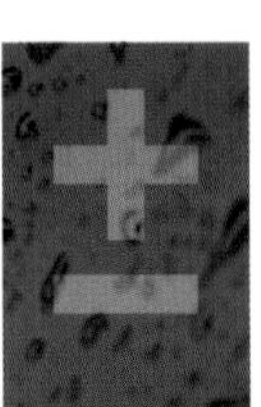

FORCES Consommation réduite • Agilité • Beaucoup de volume de chargement

FAIBLESSES Mécanique rustre • Insonorisation d'un véhicule commercial • Pas de diesel

de la main, les boutons sont gros pour une manipulation simple et, ma foi, c'est tout de même plus beau à regarder que dans les autres fourgons commerciaux. Les passagers à l'avant ne manquent pas d'espace, et le confort des sièges est correct, sans plus. Il est aussi possible de commander en option une tablette pratique au-dessus des occupants pour y loger des objets légers. Même si la boîte de chargement est dépouillée au possible, j'ai pu découvrir tout le potentiel du Transit Connect en aidant l'un des rédacteurs de cet ouvrage à l'hiver 2010 à déménager quelques objets encombrants. Le TC a été notre meilleur ami l'instant d'une journée.

MÉCANIQUE Certains d'entre vous déploreront sûrement le fait que la version électrique du Transit Connect ne soit réservée qu'aux parcs commerciaux pour l'instant, sans oublier Postes Canada. En effet, c'est dommage, mais au moins, la technologie existe et elle roule sur notre réseau. Un jour, peut-être? La version de base du petit fourgon, quant à elle, a droit à un 4-cylindres Duratec de 2 litres qui a été pensé pour la durabilité et le travail avant tout. Ce dernier est relié à la seule boîte de vitesses offerte, une automatique à 4 rapports, elle aussi élaborée pour la fiabilité. Ce groupe motopropulseur n'est pas un modèle de douceur, surtout quand on enfonce l'accélérateur au plancher. Par contre, le TC n'est pas aussi assoiffé que les fourgons traditionnels comme en fait foi sa consommation moyenne de carburant qui oscille autour des 9 litres aux 100 kilomètres.

COMPORTEMENT Le Transit Connect est, rappelons-le, un véhicule commercial. Toutefois, j'ai eu beaucoup de plaisir à conduire ce camion basé sur la plateforme d'une voiture. Évidemment, la mécanique n'a rien d'excitant, et l'insonorisation réduite fait en sorte qu'on a l'impression de rouler dans une boîte de conserve vide, mais la direction assez précise jumelée à la suspension ferme du TC donne au moins à ce petit camion l'agilité dont il a besoin pour se faufiler dans les bouchons urbains.

CONCLUSION Pour l'heure, le Transit Connect est toujours seul dans son segment, c'est donc un premier de classe, en Amérique du moins ! Nul doute que ce petit fourgon continuera d'être populaire auprès des petites entreprises qui veulent réduire le budget annuel de carburant. Pour ce qui est des versions taxis, on demande à voir. Il n'y a qu'une seule question qui reste à poser : êtes-vous prêt à payer le prix demandé?

2e OPINION

« Au moment d'écrire ces lignes, toujours rien à l'horizon en 2012 qui menacerait le monopole de ce sympathique petit fourgon venu de Turquie. Pour qui n'a pas besoin de la capacité du Mercedes-Benz Sprinter ou du nouveau Nissan NV, le Transit rend de bons services, avec ou sans siège pour passager. Il n'est pas donné, mais Ford vise des entrepreneurs qui pourront en déduire les frais. L'accélération est poussive, et les aptitudes à tracter, à peu près nulles. Parfois embêtant aussi que sa caisse ne puisse avaler un panneau de contre-plaqué sans pouvoir fermer les portières arrière. Sinon, sa maniabilité, sa frugalité et sa facilité à se connecter à l'informatique d'un parc d'automobiles font de ce véhicule le compagnon idéal des légers boulots. » — Michel Crépault

FICHE TECHNIQUE

MOTEUR

L4 2 L DACT, 136 ch à 6300 tr/min
COUPLE 128 lb-pi à 4750 tr/min
BOÎTE DE VITESSES automatique à 4 rapports
0-100 KM/H 9,4 s
VITESSE MAXIMALE 180 km/h

AUTRES COMPOSANTS

SÉCURITÉ ACTIVE freins ABS, contrôle de stabilité électronique (en option), antipatinage (en option)
SUSPENSION AVANT/ARRIÈRE indépendante/essieu rigide
FREINS AVANT/ARRIÈRE disques/ tambours
DIRECTION à crémaillère, assistée
PNEUS P205/65R15

DIMENSIONS

EMPATTEMENT 2912 mm
LONGUEUR 4588 mm
LARGEUR 1796 mm
HAUTEUR 2013 mm
POIDS utilitaire 1524 kg tourisme 1554 kg
DIAMÈTRE DE BRAQUAGE 11,9 m
COFFRE Utilitaire 3830 L
Tourisme 2220 L, 3360 L (sièges abaissés)
RÉSERVOIR DE CARBURANT 55,8 L

MENTIONS

RECOMMANDÉ

VERDICT

Plaisir au volant
Qualité de finition
Consommation
Rapport qualité/prix
Valeur de revente

ÉVOLUTION $ 27 999 à 48 199 $ t&p 1450 $

LA COTE VERTE MOTEUR V6 DE 3,5 L source : EnerGuide

CONSOMMATION (100 KM) 2RM 9,6 L 4RM 10,1 L • **ÉMISSIONS POLLUANTES CO_2** 2RM 4462 KG/AN 4RM 4738 KG/AN • **INDICE D'OCTANE** 87
COÛT DU CARBURANT MOYEN PAR ANNÉE 2RM 2522 $ 4RM 2678 $ • **NOMBRE DE LITRES PAR ANNÉE** 2RM 1940 4RM 2060

FICHE D'IDENTITÉ

VERSIONS SE, SEL, SEL 4RM, Limited (4RM), SHO (4RM)
ROUES MOTRICES avant, 4
PORTIÈRES 4 **NOMBRE DE PASSAGERS** 5
PREMIÈRE GÉNÉRATION 1985
GÉNÉRATION ACTUELLE 2010
CONSTRUCTION Chicago, Illinois, É.-U.
COUSSINS GONFLABLES 6
(frontaux, latéraux avant, rideaux latéraux)
CONCURRENCE Buick LaCrosse/Lucerne, Chevrolet Impala, Chrysler 300, Dodge Charger, Hyundai Genesis, Nissan Maxima,Toyota Avalon

AU QUOTIDIEN

PRIME D'ASSURANCE
25 ANS : 1500 à 1700 $
40 ANS : 1100 à 1300 $
60 ANS : 900 à 1100 $
COLLISION FRONTALE 5/5
COLLISION LATÉRALE 5/5
VENTES DU MODÈLE DE L'AN DERNIER
AU QUÉBEC 604 **AU CANADA** 3847
DÉPRÉCIATION 57,1 %
RAPPELS (2006 À 2011) 2
COTE DE FIABILITÉ ND

GARANTIES... ET PLUS

GARANTIE GÉNÉRALE 3 ans/60 000 km
GARANTIE MOTOPROPULSEUR 5 ans/100 000 km
PERFORATION 5 ans/kilométrage illimité
ASSISTANCE ROUTIÈRE 5 ans/100 000 km
NOMBRE DE CONCESSIONNAIRES
AU QUÉBEC 77 **AU CANADA** 437

NOUVEAUTÉS EN 2012

4 nouvelles couleurs • 3 couleurs retirées
Caméra de vision arrière de série (SHO- Limited)

LE BEAU RETOUR D'UNE VÉTÉRANTE

Alexandre Crépault

Je n'aurais jamais pu m'imaginer un jour en train de parler de la Taurus comme je m'apprête à le faire. Peu importe le souvenir qu'on peut en avoir, que ce soit la veille boîte de conserve rouillée des années 80, ou l'espèce de bocal à poissons sur quatre roues de la décennie suivante, ou encore la caricature ultime d'une voiture confinée à des parcs d'automobiles au tournant du siècle, la Taurus n'a jamais réussi à toucher mes cordes sensibles. Il s'agissait d'un mode de transport, un point c'est tout. Plus maintenant. De nos jours, la Taurus est une voiture pleine grandeur qui fait suer la concurrence en offrant beaucoup de bonnes choses.

CARROSSERIE La première chose qu'on constate quand on s'approche de cette 6e génération de Taurus, ce sont ses dimensions. Il y a de la tôle ici, mes amis ! La calandre horizontale des Ford contemporaines se pète fièrement les bretelles en prenant la pose entre des phares effilés, contrastant avec le capot bombé et la haute ceinture de caisse. Le tout suggère à la fois le muscle et la classe. Les modèles à traction sont offerts en versions SE et SEL, tandis que la transmission intégrale peut s'immiscer dans les livrées SEL, Limited et SHO. Cette dernière variante, la plus sportive du lot, se distingue, entre autres, grâce à ses roues de 20 pouces en aluminium.

HABITACLE Il y en a long à dire sur l'habitacle de la Taurus, en commençant par l'utilisation de matériaux de bonne qualité et une finition impeccable. L'instrumentation de la Taurus est facile à consulter, et les commandes s'étalent à portée de la main. Les fauteuils favorisent le confort en tout temps, et les sièges chauffants et ventilés en cuir sont même pourvus d'un dispositif de massage sur certains modèles. On s'y sent confortable, bien qu'il manque de mantien latéral, surtout sur la version SHO. Considérant sa masse extérieure, la Taurus pourrait aussi offrir un peu plus d'espace dans l'habitacle. La hauteur des sièges et l'embonpoint de la console centrale

FORCES Confort généralisé • Quatre roues motrices
Performances du moteur EcoBoost

FAIBLESSES Espace intérieur un peu juste surtout à l'arrière
Version SHO pas aussi sportive qu'elle pourrait l'être
Visibilité limitée par la hauteur de caisse

sont à blâmer. Sur une autre note, la Taurus offre une longue liste d'accessoires habituellement réservés à des voitures plus haut de gamme : l'écran pare-soleil électrique de la lunette ou le choix d'éclairage ambiant, une autre signature des Ford modernes. À noter que le système MyFord Touch n'est toujours pas offert sur la Taurus. C'est dommage car, malgré les défauts inhérents à sa jeunesse, ce dispositif brille. Pour nous consoler, Ford met son système SYNC à notre service.

MÉCANIQUE Dans le ventre de l'américaine se terre un V6 Duratec de 3,5 litres de 263 chevaux. Cette mécanique est mâtée par une boîte de vitesses automatique à 6 rapports qui peut envoyer sa puissance aux roues avant ou aux quatre, selon le modèle choisi. La version SHO profite du fameux moteur V6 biturbo à injection directe de carburant EcoBoost de Ford. Les 6 rapports de la boîte automatique peuvent être activés grâce aux leviers de sélection greffés derrière le volant pour moduler la puissance jusqu'à la transmission intégrale.

COMPORTEMENT La Taurus n'est sans doute pas aussi soporifique à piloter qu'une Toyota Camry mais on se tient quand même à distance respectable d'une voiture à sensations fortes. La suspension penche vers le très doux, et la direction apprécie l'hyper assistance. La version SHO propose un peu plus de piquant, non seulement grâce au surplus de puissance, mais aussi grâce à ses suspensions calibrées plus fermement et à ses plus grosses barres antiroulis. Cette SHO met aussi en évidence les qualités du châssis qui ne semble jamais broncher à mesure qu'il subit l'assaut des forces G. La seule chose qui manque vraiment à la SHO, ce sont des freins avec un peu plus de mordant, capables de ralentir la masse du bolide avec plus d'entrain.

CONCLUSION Après plus de 25 ans d'existence, la Taurus a finalement de quoi être fière. Elle promène une gueule qui n'a pas à avoir honte, un habitacle qui manie bien le langage du confort et du luxe, et une personnalité qui jongle sans effort avec la souplesse et le muscle.

2e OPINION

« Une belle voiture que cette Taurus. Toutefois, on a de la difficulté à la classifier. Elle est la concurrente directe de la Chrysler 300, mais en même temps, elle amène un design tellement plus jeune et plus agressif qu'il est difficile de la comparer. Son principal défaut vient de son dessin, soit celui d'une visibilité très moyenne sous la plupart des angles, encore plus à l'arrière. Toutefois, la voiture procure de bonnes performances et amène un châssis très solide sur la table. Elle offre en plus aux heureux propriétaires beaucoup d'espace, tant dans l'habitacle que dans le coffre. Derrière le volant du modèle à transmission intégrale, on se sent en contrôle d'une voiture qui donne l'impression d'être plus chère. Seule ombre au tableau, la dépréciation des modèles de ces catégories est rapide. » — Frédéric Masse

FICHE TECHNIQUE

MOTEURS

(SE, SEL, LIMITED) V6 3,5 L DACT, 263 ch à 6250 tr/min
COUPLE 249 lb-pi à 4500 tr/min
BOÎTE DE VITESSES automatique à 6 rapports (mode manuel avec SEL et Limited)
0-100 KM/H 7,9 s
VITESSE MAXIMALE 220 km/h
(SHO) V6 3,5 L biturbo DACT, 365 ch à 5500 tr/min
COUPLE 350 lb-pi à 3500 tr/min
BOÎTE DE VITESSES automatique à 6 rapports avec mode manuel
0-100 KM/H 6,2 s
VITESSE MAXIMALE 240 km/h
CONSOMMATION (100 KM) 10,3 L (octane 87)
ÉMISSIONS CO_2 4830 kg/an
CARBURANT ALTERNATIF non
COÛT PAR AN 2730 $
NOMBRE DE LITRES PAR ANNÉE 2100

AUTRES COMPOSANTS

SÉCURITÉ ACTIVE freins ABS, assistance au freinage, répartition électronique de la force de freinage, antipatinage, contrôle de stabilité électronique
SUSPENSION AVANT/ARRIÈRE indépendante
FREINS AVANT/ARRIÈRE disques
DIRECTION à crémaillère, assistée
PNEUS SE P235/60R17 **SEL** P235/55R18 **LIMITED** P255/45R19 **SHO** P245/45R20

DIMENSIONS

EMPATTEMENT 2868 mm
LONGUEUR 5154 mm
LARGEUR 1936 mm
HAUTEUR 1542 mm
POIDS V6 2RM 1821 kg **V6 4RM** 1916 kg **SHO** 1981 kg
DIAMÈTRE DE BRAQUAGE 12,1 m
COFFRE 569 L
RÉSERVOIR DE CARBURANT SE, SEL 75 L **SEL** 4RM, Limited, **SHO** 72 L

MENTIONS

RECOMMANDÉ

VERDICT

Plaisir au volant
Qualité de finition
Consommation
Rapport qualité / prix
Valeur de revente

$ 24 790$ à 35 890$ t&p 1550$

LA COTE VERTE MOTEUR L4 DE 2,4 L source : EnerGuide

CONSOMMATION (100 KM) man. 7,3 L auto. 7,4 L • **ÉMISSIONS POLLUANTES** CO^2 man. 3404 kg/an auto. 3450 kg/an • **INDICE D'OCTANE** 87
COÛT DU CARBURANT MOYEN PAR ANNÉE man. 1924$ auto. 1950$ • **NOMBRE DE LITRES PAR ANNÉE** man. 1480 auto. 1500

FICHE D'IDENTITÉ

VERSIONS berl. SE, EX, EX-L coupé EX, EX-L
ROUES MOTRICES avant
PORTIÈRES 2, 4 **NOMBRE DE PASSAGERS** 5
PREMIÈRE GÉNÉRATION 1976
GÉNÉRATION ACTUELLE 2008
CONSTRUCTION Marysville, Ohio, États-Unis
COUSSINS GONFLABLES 6 (frontaux, latéraux avant, rideaux latéraux)
CONCURRENCE Chevrolet Malibu, Chrysler Sebring, Ford Fusion, Hyundai Sonata, Kia Optima, Mazda*6*, Mitsubishi Galant, Nissan Altima, Subaru Legacy, Suzuki Kizashi, Toyota Camry, VW Jetta/Passat

AU QUOTIDIEN

PRIME D'ASSURANCE
25 ANS : 1600 à 1800$
40 ANS : 1000 à 1200$
60 ANS : 900 à 1100$
COLLISION FRONTALE 5/5
COLLISION LATÉRALE 5/5
VENTES DU MODÈLE DE L'AN DERNIER
AU QUÉBEC 3179 **AU CANADA** 12 483
DÉPRÉCIATION 43,6 %
RAPPELS (2006 À 2011) 2
COTE DE FIABILITÉ 4/5

GARANTIES... ET PLUS

GARANTIE GÉNÉRALE 3 ans/60 000 km
GARANTIE MOTOPROPULSEUR 5 ans/100 000 km
PERFORATION 5 ans/kilométrage illimité
ASSISTANCE ROUTIÈRE 3 ans/kilométrage illimité
NOMBRE DE CONCESSIONNAIRES
AU QUÉBEC 60 **AU CANADA** 229

NOUVEAUTÉS EN 2012

Aucun changement majeur

ON L'AIMAIT **JAPONAISE...**

Antoine Joubert

On l'a grossie, on l'a banalisée... on l'a américanisée ! Et depuis ce jour, l'Accord ne fait plus l'unanimité. Faut-il donc chez Honda en tirer une leçon ? À tout le moins, il faut se remettre en question. Car en ce moment, l'Accord se fait doubler non pas par ses rivales japonaises, mais plutôt par les modèles américains et coréens. À croire que les Japonais se sont inspirés des modèles sur lesquels ils avaient déjà le dessus...

CARROSSERIE Le moins qu'on puisse dire, c'est que l'Accord ne fait pas dans l'audace, et ce, même s'il s'agit de l'une des rares voitures de sa catégorie à aussi être offertes en coupé. Certes, elle se présente avec élégance, mais elle n'a certainement pas la fougue de la Kia Optima. Et entendons-nous, ce ne sont pas les retouches de carrosserie apportées l'an dernier qui lui permettent de se rajeunir. Qui plus est, depuis sa refonte, plusieurs la délaissent en prétextant ses dimensions. Mais s'il est vrai que l'Accord est l'une des voitures les plus volumineuses de sa catégorie, elle présente néanmoins un design qui la laisse paraître plus grosse qu'elle ne l'est en réalité. Notons tout de même que l'Accord de nouvelle génération est attendue l'an prochain, ce qui devrait, espérons-le, lui donner un vent de fraîcheur.

HABITACLE Comme toujours, Honda nous propose une qualité d'assemblage et de finition impeccable, ce qui ne signifie cependant pas que l'habitacle est accueillant et chaleureux. Au contraire, l'Accord accueille ses occupants dans un environnement tapissé de gris et de noir, qui manque vigoureusement de vie. Même les versions haut de gamme, qui héritent d'une sellerie de cuir et de boiseries, ne réussissent pas à recréer l'engouement qu'un automobiliste pourrait, par exemple, avoir à la vue du poste de conduite de la Chevrolet Malibu d'entrée de gamme. Ceci dit, l'aménagement est finement étudié, les rangements sont nombreux, et l'espace est extrêmement généreux. Comme de coutume, l'assise demeure plus ferme que dans la moyenne des véhicules rivaux, mais il s'agit là d'un élément qui a fait le succès de l'Accord. Et même si la

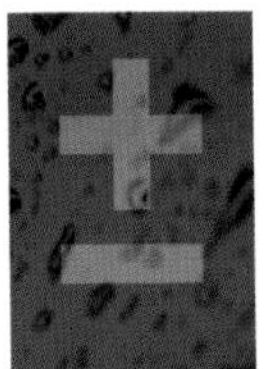

FORCES Excellents moteurs • Construction et finition de qualité • Habitacle très spacieux • Consommation raisonnable

FAIBLESSES Habitacle terne • Boîte automatique à 5 rapports • Effet de couple (V6) • Rapport équipement/prix quelconque

À noter que la puissance de la version SE diffère de celle des autres versions, ce qui est un peu ridicule quand on sait qu'il ne s'agit que d'une question de gestion du module de commandes et du système d'échappement, plus restrictif.

COMPORTEMENT L'Accord, qui était jadis l'exemple à suivre en matière de dynamisme et de maniabilité, doit aujourd'hui se ranger dans la norme. Elle demeure donc maniable, stable et agile, mais pas plus que la moyenne de ses rivales. Il faut néanmoins admettre que sa direction est plus vive que celle de la majorité, ce qui n'est pas à dédaigner lors d'une manœuvre d'évitement. J'apporte, en revanche, votre attention sur le fait que l'Accord, en version V6, affiche toujours un très fort effet de couple qui devient très agaçant. Et c'est encore pire dans le coupé à boîte manuelle, dont on se lasse rapidement.

voiture s'adresse aujourd'hui à une clientèle plus âgée, il est normal qu'on choisisse chez Honda de conserver cette carte.

MÉCANIQUE Non, toujours pas d'hybride. Et aux dires des dirigeants, ce n'est pas demain la vieille ! Rappelez-vous le cuisant échec de l'Accord hybride de précédente génération. Néanmoins, le constructeur propose d'excellents moteurs à 4 cylindres et V6, lesquels demeurent, à mon avis, parmi les meilleurs de l'industrie. Le 4-cylindres de 2,4 litres, qui brille par sa nervosité, demeure évidemment l'option la plus populaire, ce qui s'explique aussi par le fait qu'il soit doux et suffisamment puissant. Et même si on l'accouple à une boîte de vitesses automatique à 5 rapports seulement, on parvient à obtenir une consommation moyenne de carburant à peine supérieure à 8 litres aux 100 kilomètres.

CONCLUSION Fiable, frugale et confortable, l'Accord demeure une valeur sûre. Mais il ne s'agit plus du modèle à suivre dans cette catégorie, qui n'est d'ailleurs plus du tout dominée par les modèles japonais. Donc, rendez-vous l'an prochain pour l'arrivée du nouveau modèle et, d'ici là, profitez des promotions du constructeur qui seront sans doute très alléchantes...

2e OPINION

« Il flotte autour de l'Accord la même impression d'incompréhension qui nimbe d'autres produits Honda : où s'en va-t-elle ? Son duo berline et coupé éclairait l'industrie ; aujourd'hui, l'éclat est beaucoup moins aveuglant, en grande partie en raison de la féroce concurrence qui attire davantage les projecteurs sur elle, laissant forcément l'Accord dans l'ombre. Pourtant, d'énormes qualités demeurent, dont les lignes sensuelles du coupé, la fiabilité de la mécanique et la valeur de revente. Ce n'est quand même pas rien. Mais le tableau de bord n'est plus le plus moderne ou le plus attrayant ; le dégagement à la banquette arrière n'est plus le plus spacieux ; même la tenue de route s'est embourgeoisée (américanisée), alors que celle de rivales s'est affûtée. Bref, l'Accord n'a pas perdu tout son lustre, mais on attend le coup de baguette magique. » — Michel Crépault

FICHE TECHNIQUE

MOTEURS

(BERLINE SE) L4 2,4 L DACT, 177 ch à 6500 tr/min
COUPLE 161 lb-pi à 4300 tr/min
BOÎTES DE VITESSES manuelle à 5 rapports, automatique à 5 rapports (en option)
0-100 KM/H 8 s
VITESSE MAXIMALE 210 km/h

(BERLINE ET COUPÉ EX, EX-L) L4 2,4 L DACT, 190 ch à 7000 tr/min
COUPLE 162 lb-pi à 4400 tr/min
BOÎTES DE VITESSES manuelle à 5 rapports (coupé), automatique à 5 rapports (en option EX, EX-L coupé)
0-100 KM/H 8 s
VITESSE MAXIMALE 210 km/h

CONSOMMATION (100 KM) man. 7,3 L **auto.** 7,4 L (octane 87)
ÉMISSIONS DE CO_2 man. 3404 kg/an **auto.** 3450 kg/an
LITRES PAR ANNÉE man. 1480 **auto.** 1500
COÛT PAR AN man. 1924 $ **auto.** 1950 $

(BERLINE EX V6, EX-L V6, COUPÉ EX-L V6) V6 3,5 L SACT, 271 ch à 6200 tr/min
COUPLE 254 lb-pi à 5000 tr/min, man. 251 lb-pi
BOÎTES DE VITESSES automatique à 5 rapports (de série pour berline, en option et mode manuel pour coupé), manuelle à 6 rapports (de série pour coupé)
0-100 KM/H 6,9 s
VITESSE MAXIMALE 230 km/h

CONSOMMATION (100 km) man. 9,8 L auto. 8,4 L (octane 87)
ÉMISSIONS DE CO_2 man. 4600 kg/an **auto.** 3956 kg/an
LITRES PAR ANNÉE man. 2000 **auto.** 1720
COÛT PAR AN man. 2600 $ **auto.** 2236 $

AUTRES COMPOSANTS

SÉCURITÉ ACTIVE freins ABS, assistance au freinage, distribution électronique de force de freinage, antipatinage, contrôle de stabilité électronique
SUSPENSION AVANT/ARRIÈRE indépendante
FREINS AVANT/ARRIÈRE disques
DIRECTION à crémaillère, assistée
PNEUS SE P215/60R16, **EX /EX-L** P225/50R17, **EX-L V6 Navi coupé** P235/45R18

DIMENSIONS

EMPATTEMENT berl. 2800 mm, **coupé** 2740 mm
LONGUEUR berl. 4930 mm, **coupé** 4849 mm **berline V6** 4935 mm
LARGEUR berl. 1846 mm, **coupé** 1848 mm
HAUTEUR berl. 1476 mm **coupé** 1432 mm
POIDS SE man. 1477 kg, **EX berl.** 1547 kg, **EX-L berl.** 1560 kg **EX V6 berline** 1625 kg, **EX-L V6** 1631 kg, **EX coupé man.** 1480 kg, **EX coupé auto.** 1508 kg, **EX-L V6 man.** 1550 kg
DIAMÈTRE DE BRAQUAGE 11,5 m; **EX-L V6 coupé** 11,8 m
COFFRE berl. 397 L, **coupé** 338 L
RÉSERVOIR DE CARBURANT 70 L

MENTIONS

RECOMMANDÉ

VERDICT

Plaisir au volant
Qualité de finition
Consommation
Rapport qualité / prix
Valeur de revente

www.honda.ca

$ 34 900$ à 38 900$ t&p 1550$

LA COTE VERTE MOTEUR V6 DE 3,5 L source : ÉnerGuide

CONSOMMATION (100 KM) 2RM 9,4 L 4RM 9,7 L • **ÉMISSIONS POLLUANTES CO_2** 2RM 4416 kg/an 4RM 4554 kg/an • **INDICE D'OCTANE** 87 • **COÛT DU CARBURANT MOYEN PAR ANNÉE** 2RM 2496$ 4RM 2574$ • **NOMBRE DE LITRES PAR ANNÉE** 2RM 1920 4RM 1980

FICHE D'IDENTITÉ

VERSIONS EX-L, EX-L 4RM
ROUES MOTRICES avant, 4
PORTIÈRES 5 **NOMBRE DE PASSAGERS** 5
PREMIÈRE GÉNÉRATION 2010
GÉNÉRATION ACTUELLE 2010
CONSTRUCTION Marysville, Ohio, États-Unis
COUSSINS GONFLABLES 6 (frontaux, latéraux avant, rideaux latéraux)
CONCURRENCE Nissan Murano, Toyota Venza

AU QUOTIDIEN

PRIME D'ASSURANCE
25 ANS : 1600 à 1800$
40 ANS : 1000 à 1200$
60 ANS : 900 à 1100$
COLLISION FRONTALE 5/5
COLLISION LATÉRALE 5/5
VENTES DU MODÈLE DE L'AN DERNIER
AU QUÉBEC 472 **AU CANADA** 2176
DÉPRÉCIATION (1 AN) 30,7 %
RAPPELS (2006 À 2011) aucun
COTE DE FIABILITÉ 4/5

GARANTIES... ET PLUS

GARANTIE GÉNÉRALE 3 ans/60 000 km
GARANTIE MOTOPROPULSEUR 5 ans/100 000 km
PERFORATION 5 ans/kilométrage illimité
ASSISTANCE ROUTIÈRE 3 ans/kilométrage illimité
NOMBRE DE CONCESSIONNAIRES
AU QUÉBEC 60 **AU CANADA** 229

NOUVEAUTÉS EN 2012

Aucun changement majeur

UTILITÉ **ILLUSOIRE**

Daniel Rufiange

Ça fait longtemps qu'on vous le dit, il y a trop de véhicules sur le marché. Invariablement, les modèles les plus laids, ceux qui sont trop chers, ceux qui sont trop vieux et ceux qui sont mal conçus sont laissés de côté par les consommateurs. Le Crosstour s'inscrit dans cette triste catégorie. On vous laisse deviner la raison. L'an dernier, moins de 500 exemplaires ont trouvé preneurs au Québec. C'est peu pour un nouveau produit. Quelque chose cloche avec ce véhicule, mais quoi ?

CARROSSERIE Les problèmes du Crosstour commencent ici. Ses lignes ne passent pas, du moins si je me fie aux commentaires que je recueille. Personnellement, je trouve l'avant réussi en ce sens qu'il se distingue. Ça contraste avec les autres produits de la marque qui proposent un faciès éteint au possible. Au moins, le Crosstour a de la gueule. Ça se gâte à l'arrière, toutefois, où on a l'impression d'avoir carrément manqué de temps pour dessiner quelque chose de potable. Cette partie arrière boursouflée est franchement hideuse et ne fait rien pour améliorer la visibilité à l'intérieur. C'est nul en fait. Constater qu'on a sacrifié la visibilité pour lui donner CE style, c'est peu reluisant. N'allez pas me dire qu'on ne pouvait pas faire mieux.

Du reste, le Crosstour est offert en deux versions EX-L, soit une à traction, l'autre à transmission intégrale.

HABITACLE Impossible de parler de l'habitacle du Crosstour sans revenir sur le manque flagrant de visibilité arrière. C'est à ce point atroce ! Heureusement, le Crosstour est équipé d'une caméra de vision arrière, mais ça n'aide pas quand vient le temps de changer de voie dans la circulation lourde. Par chance, la qualité de l'habitacle a de quoi attirer les éloges. La présentation intérieure, qui est calquée sur celle de l'Accord, est sans reproche. Honda, je l'ai mentionné à maintes reprises, est l'un des constructeurs qui offrent les habitacles les mieux ficelés de l'industrie. C'est bien fait, fonctionnel

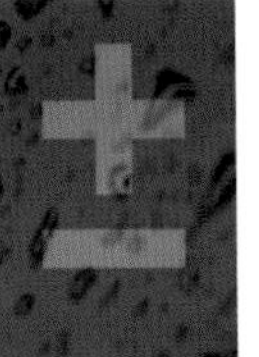

FORCES Sa différence • Douceur de roulement • Fiabilité signée Honda • Qualité de l'habitacle

FAIBLESSES Sa différence • Design plus que controversé • Vous ai-je parlé du manque de visibilité arrière? • Peu d'espace de chargement pour un véhicule multisegment • Valeur de revente

et ça respire la compétence. L'habitacle du Crosstour ne fait pas exception, sauf qu'on ne voit rien. OK, promis, je n'en parle plus ! Quant au confort des sièges, encore là, Honda sait s'y prendre et, à ce propos, rien à reprocher au Crosstour.

MÉCANIQUE Honda ne s'est pas cassé la tête et a boulonné le moteur V6 de 3,5 litres de l'Accord dans le Crosstour. La compétence de ce dernier n'est pas à remettre en cause; par contre, à bord d'un véhicule qui affiche un embonpoint, il est plus sollicité et il peine un peu plus à la tâche. De plus, la présence d'une boîte automatique ne comptant que 5 rapports déçoit; les véhicules introduits dernièrement, pour la plupart, comptent une boîte de vitesses automatiques à 6 rapports. Quant à la transmission intégrale, elle fonctionne selon le principe de l'utilisateur payeur; elle ne sert que lorsque la situation le commande.

COMPORTEMENT Le Crosstour s'inscrit dans la plus pure tradition Honda. La douceur de roulement est au rendez-vous, et le comportement routier est sain. En fait, la sensation au volant rappelle plus la conduite d'une voiture que celle d'un multisegment. Honda a jugé bon de garder le centre de gravité bas, et on y gagne au change. Le degré de confort est excellent, mais la suspension permet une conduite plus agressive du véhicule qui répond bien en toute situation. Prévoyez une consommation de carburant raisonnable grâce au système de désactivation des cylindres qui, à vitesse stable sur la route, désactive deux ou trois cylindres.

CONCLUSION Honda jure que son Crosstour est différent. Il l'est. Cependant, les consommateurs désirent-ils accéder à ce genre de différence ? Pas sûr ! Le Crosstour est une grosse familiale à l'allure bizarroïde. Qu'offre-t-il de plus ? Rien. Vous voulez de la place, le Honda Pilot vous en offre pour le même prix en version de base. Vous voulez une voiture, l'Accord est encore toute désignée. Désolé, mais le Crosstour ne m'a pas convaincu.

2e OPINION

« Deux raisons expliquent la faible popularité de cette Accord Crosstour, une voiture qui n'est pourtant pas dépourvue de qualités. En premier lieu, il faut absolument mentionner le style absolument horrible des lignes, qui vient s'ajouter aux nombreux autres échecs esthétiques du constructeur depuis quelques années (Element, Ridgeline, TL, ZDX, etc.). Mais aussi, mentionnons l'absence du moteur à 4 cylindres de 2,4 litres de l'Accord, qui aurait certainement pu être intégré à cette voiture sans contrainte. Sauf que nos chers voisins américains n'y croyaient pas ! Il leur aurait pourtant suffi d'analyser le succès de l'Outback, vendue en grande majorité avec un 4-cylindres, pour réaliser que le V6 n'était pas un bon choix ! Mais bon, ils apprendront de leurs erreurs... » — Antoine Joubert

FICHE TECHNIQUE

MOTEUR

V6 3,5 L SACT, 271 ch à 6200 tr/min
COUPLE 254 lb-pi à 5000 tr/min
BOÎTE DE VITESSES automatique à 5 rapports
0-100 KM/H 7 s 4RM 8 s
VITESSE MAXIMALE 230 km/h

AUTRES COMPOSANTS

SÉCURITÉ ACTIVE freins ABS, assistance au freinage, distribution électronique de force de freinage, antipatinage, contrôle de stabilité électronique
SUSPENSION AVANT/ARRIÈRE indépendante
FREINS AVANT/ARRIÈRE disques
DIRECTION à crémaillère, assistée
PNEUS P225/60R18

DIMENSIONS

EMPATTEMENT 2797 mm
LONGUEUR 4999 mm
LARGEUR 1898 mm
HAUTEUR 1670 mm
POIDS 1755 kg **4RM** 1845 kg
COFFRE 727 L, 1453 L (sièges abaissés)
RÉSERVOIR DE CARBURANT 70 L

MENTIONS

CHOIX VERT

VERDICT

Plaisir au volant
Qualité de finition
Consommation
Rapport qualité/prix
Valeur de revente

LA COTE VERTE MOTEUR L4 DE 1,5 L HYBRIDE source : EnerGuide

CONSOMMATION (100 KM) 4,3 L • **ÉMISSIONS POLLUANTES CO_2** ND • **INDICE D'OCTANE** 87 • **AUTRE MOTORISATION** ESSENCE
COÛT DU CARBURANT MOYEN PAR ANNÉE ND • **NOMBRE DE LITRES PAR ANNÉE** ND

FICHE D'IDENTITÉ

VERSIONS berline : DX, LX, EX, EX-L, Si, Hybrid et coupé : LX, EX, EX-L, Si
ROUES MOTRICES avant
PORTIÈRES 2, 4 **NOMBRE DE PASSAGERS** 5
PREMIÈRE GÉNÉRATION 1973
GÉNÉRATION ACTUELLE 2012
CONSTRUCTION Alliston, Ontario, Canada ; Greensburg, Indiana, É.-U. ; Suzuka, Japon (version hybride)
COUSSINS GONFLABLES 6 (frontaux, latéraux avant, rideaux latéraux)
CONCURRENCE, Chevrolet Cruze, Ford Focus, Hyundai Elantra, Kia Forte, Mazda 3, Mitsubishi Lancer, Nissan Sentra, Subaru Impreza, Scion tC, Suzuki SX4, Toyota Corolla, Volkswagen Golf

AU QUOTIDIEN

PRIME D'ASSURANCE
25 ANS : 1600 à 1800$
40 ANS : 1000 à 1150$
60 ANS : 800 à 1000$
COLLISION FRONTALE 5/5
COLLISION LATÉRALE ber. 4/5 coupé 3/5
VENTES DU MODÈLE DE L'AN DERNIER
AU QUÉBEC 21 205 **AU CANADA** 57 501
DÉPRÉCIATION 52,9 %
RAPPELS (2006 À 2011) 10
COTE DE FIABILITÉ 5/5

GARANTIES... ET PLUS

GARANTIE GÉNÉRALE 3 ans/60 000 km
GARANTIE MOTOPROPULSEUR 5 ans/100 000 km
PERFORATION 5 ans/kilométrage illimité
ASSISTANCE ROUTIÈRE 3 ans/kilométrage illimité
NOMBRE DE CONCESSIONNAIRES
AU QUÉBEC 60 **AU CANADA** 229

NOUVEAUTÉS EN 2012

Redessinée, nouvelles motorisations pour les versions Hybrid et Si

PAREILLE, PAS PAREILLE?

Michel Crépault

La première Civic a débarqué au Canada en 1973; l'hybride a fait de même 30 ans plus tard, et l'arrivée de la cuvée 2012 célèbre la 9e génération. Les Canadiens en ont gobé jusqu'à présent plus de 1,6 million de ces Civic ! En vertu d'une telle popularité, la compacte nippone détient l'honneur d'être la voiture de tourisme la plus vendue au pays au cours des 13 dernières années. Un titre que Honda entend conserver coûte que coûte. Mais comment tenir à l'écart de la plus haute marche du podium une concurrence très affamée sans changer ce qui fonctionne ?

CARROSSERIE L'ingénieur en chef, Mitsuru Horikoshi, a prié son équipe de renouveler toute la gamme d'un coup : la berline, le coupé, l'hybride et, même, la fameuse Si; toute la meute est lâchée en même temps à l'assaut des prétendants. La berline compte quatre versions, le coupé, une de moins (DX), l'hybride joue en solo, et la sportive Si est offerte en configuration à 2 ou à 4 portières. Bref, tout un choix ! Mais la nouveauté, elle ? En examinant les sketches avec lesquels ont jonglé les stylistes, on trouve dommage que la réalité n'ait pas épousé la théorie. Honda, en effet, a privilégié la carte de l'évolution au lieu de la révolution, de telle sorte que ceux et celles qui s'attendaient à une Civic audacieuse seront déçus. Seule la section arrière a changé un brin. Cette Civic, devenue aussi grosse que la première Accord, a stoppé là son enflure. Dans les faits, son empattement a même diminué de 30 millimètres (d'accord, une peccadille), les penseurs de l'auto préférant plutôt réaménager la disposition des sièges. Ils ont choisi d'accorder de l'importance à l'impression d'espace dans l'auto en jouant, par exemple, avec la distance entre un pilier A rapetissé et l'occupant. Vous devez prendre place à bord d'une 2012 et vous dire que c'est plus lumineux. Et ça marche. La Si prend son rôle de porte-étendard sportif au sérieux grâce à une peinture plus lustrée, à des antibrouillards et à un embout d'échappement chromé aussi visible que l'aileron intégré et les roues de 17 pouces exclusives.

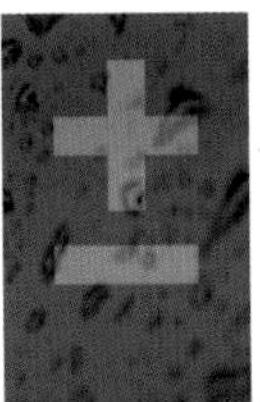

FORCES Finesse de la tenue de route toujours au rendez-vous • Prix abaissés, contenu enrichi • Éventail de modèles pour tous les goûts, tous les budgets

FAIBLESSES Nouvelle génération peu changée par rapport à la précédente • Trop de plastique sous les yeux • Pourquoi pas l'injection directe?

HABITACLE C'est dans la cabine que se joue le gros de la stratégie 2012 de Honda pour la Civic. Non, pas sur le plan de l'apparence. Même que, à ce chapitre, on a risqué aussi peu que l'extérieur en nous ramenant ce que nous connaissions déjà, à savoir le tableau de bord à deux étages. Celui du dessus transmet l'info utile immédiatement pour la conduite, notamment au moyen d'un écran de 5 pouces fort pratique. Le volant comporte d'importants interrupteurs, comme un nouveau bouton très bien conçu pour influer sur le contenu musical. Les plus cyniques jugeront que la plastification de l'habitacle n'a jamais été aussi flagrante. Il y en a partout, et pas du plus beau, hormis dans la Si. Je crois en ce sens que le pare-brise très incliné, s'il donne une gueule futuriste à la Civic, force les stylistes à nous imposer ces gradins pour remplir tout cet espace. Mais revenons à la stratégie. Si l'organisation visuelle et l'ergonomie n'ont guère changé, l'équipement de série, lui, s'est enrichi. C'est ici que Honda a choisi de se démarquer de ses rivales, c'est-à-dire en offrant plus à des prix plus bas. Oui, les Civic 2012 se vendent moins cher que les 2011 et comportent un équipement de série plus élaboré. Au moment de votre magasinage, le constructeur espère que vous en tiendrez compte.

MÉCANIQUE L'impression de déjà -vu se poursuit du côté de la motorisation. Grosso modo, rien n'a changé sous le capot (1,8-litre de 140 chevaux) ou presque. À la rigueur, le 2,4-litres à DACT i-VTEC de la Si gagne quatre chevaux (à 201), à la condition d'utiliser du carburant super, et son couple bondit de 31 livres-pieds. Mais point d'injection directe à l'horizon, ce qui étonne de la part d'un motoriste comme Honda. La consommation de carburant n'est pas mauvaise, on s'entend, mais elle aurait été encore meilleure avec une technologie de pointe que la concurrence ne se gêne pas pour exploiter. La boîte de vitesses manuelle à 6 rapports (plus courts) est la seule offerte sur la Si, contrairement aux autres modèles qui peuvent s'enorgueillir de l'automatique à 5 rapports (sauf la berline DX, limitée à la manuelle à 5 rapports). La Civic à système hybride parallèle reçoit plus de changements puisqu'elle délaisse son 4-cylindres de 1,3 litre en faveur d'un 1,5-litre de 90 chevaux au couple accru. Le moteur électrique passe de 15 à 20 kilowatts (de 20 à 27 chevaux) tout en étant plus léger. La boîte CVT a augmenté de volume pour mieux encaisser le muscle supplémentaire. Enfin, la batterie à hydrure métallique de nickel (Ni-MH) cède sa place à la technologie lithium-ion (Li-ion), de plus en plus populaire. Une première pour Honda qui triple ainsi la capacité de la charge. Au total, l'hybride comptabilise 110 chevaux (127 livres-pieds) et, surtout, une consommation annoncée de 4,4 litres aux 100 kilomètres en ville et de 4,2 litres sur la route.

Grosso modo, rien n'a changé sous le capot (1,8-litre de 140 chevaux) ou presque.

HISTORIQUE

La Civic est sans aucun doute le véhicule qu'on associe le plus naturellement aux succès de Honda. Il y avait à peine 10 ans que Soichiro Honda s'était aventuré dans la fabrication d'automobiles qu'il lança la Civic en 1972. Plusieurs nations s'étaient déjà penchées sur la « voiture du peuple », c'était au tour des Japonais de relever le défi ! Neuf générations plus tard, il faut admettre que le constructeur a atteint son but : la Civic est la voiture la plus vendue au Canada depuis 13 années consécutives!

1500 CVCC 1973

1979

Wagon 4RM 1986

CRX Si 1989

Del Sol S 1993

DX à hayon 1997

2002

Mugen Si 2007

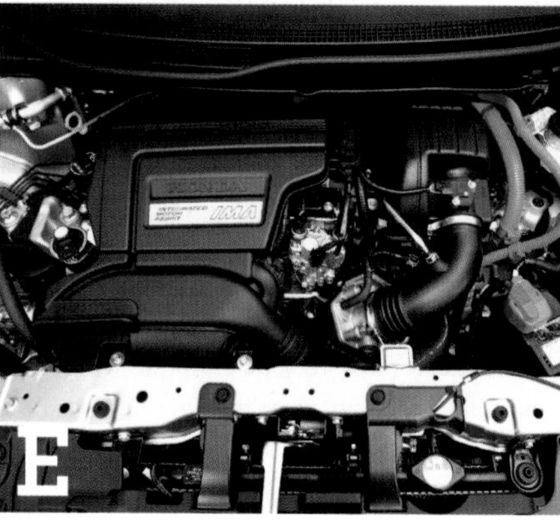

GALERIE

A *Honda nous ramène le tableau de bord à deux étages. Les informations considérées comme les plus pertinentes, telle la vitesse, sont localisée au-dessus du volant, pour une visibilité maximale. Les renseignements jugés plus secondaires, comme le régime du moteur, sont logés plus bas, visibles à travers le volant. Une troisième aire, à droite du pilote, regroupe les données moins essentielles.*

B *La Si prend son rôle de porte-étendard sportif très au sérieux. Elle exhibe une peinture plus lustrée, des antibrouillards, un embout d'échappement chromé, des jantes de 17 pouces exclusives, de même qu'un aileron intégré.*

C *L'intérieur de la Civic 2012 reprend la configuration du modèle précédent mais en y incorporant de subtiles améliorations afin d'offrir un dégagement plus généreux aux hanches et aux épaules, dans la berline comme dans le coupé.*

D *Le coffre des Civic ne se complique pas la vie avec une embrasure toute simple et un compartiment qui communique avec l'habitacle grâce aux dossiers rabattables de la banquette.*

E *La Civic hybride a délaissé son 4-cylindres de 1,3 litre en faveur d'un 1,5-litre de 90 chevaux, pendant que le moteur électrique est passé de 15 à 20 kilowatts (de 20 à 27 chevaux) tout en étant plus léger. La batterie à hydrure métallique de nickel (Ni-MH) a cédé sa place à la technologie lithium-ion (Li-ion) pour ainsi tripler la capacité de la charge. Au total, l'hybride peut compter sur 110 CV et, surtout, sur une consommation de 4,2L aux 100 km sur l'autoroute.*

lioré (même si Honda garde secret la cote). En raison de ses roues de 17 pouces et de sa vocation, la Si hérite d'un calibrage différent et, ma foi, inspirant. Les cotes de 5 litres aux 100 kilomètres sur la route et de 7,2 litres en ville consacrent effectivement une amélioration de 12 % par rapport au modèle précédent... mais des rivales font désormais aussi bien, sinon mieux (Hyundai Elantra). Le mode ECO permet d'être plus vert, mais encore faut-il pratiquer le style de conduite approprié...

COMPORTEMENT L'une des forces de la Civic (et, en même temps, l'un de ses défis) consiste à s'adresser à un très large public. Conséquemment, Honda offre une gamme très variée, de l'abordable DX à l'hybride sans oublier l'agressive Si, chacune dotée de sa personnalité propre une fois en mouvement. La sophistication des aides électroniques, comme l'assistance à la stabilité du véhicule avec antipatinage à l'accélération, se reflète dans une tenue de route généralement plus sûre mais aussi plus subtile. Le châssis, à la fois plus léger (de 7 %) et plus rigide (de 10 %), répond comme une ballerine étoile, un sentiment qui, bien sûr, grandit quand on passe de la berline au coupé, du 1,8 au 2,4-litres. Les ingénieurs ont travaillé fort pour donner au conducteur une direction qui obéit instantanément aux ordres. En optimisant son ratio, en rigidifiant la monte de la boîte et en maximisant la sensibilité de la suspension, ils y sont parvenus. Le coefficient de traînée a été amé-

CONCLUSION À cause du prix du pétrole qui s'affole, les ventes de compactes comptent parfois pour plus de la moitié des ventes mensuelles au pays, et ce n'est pas fini. La Civic 2012 adresse cette demande en nous proposant un produit affiné dans les détails et offert à des prix alléchants. N'empêche, bien des gens trouveront que Honda a accouché d'une génération qui peut difficilement se targuer d'être nouvelle. Tout au plus peut-on parler d'une refonte, qui court le risque d'être insuffisante face à une concurrence aux dents acérées. Les clients affublés d'une fibre patriotique n'oublieront pas que la Civic est construite à l'usine d'Alliston, en Ontario. Feuille d'érable mise à part, la Civic était bonne et le reste. Honda a pris le parti d'améliorer finement au lieu de révolutionner. L'avenir seul dira si c'était la stratégie à adopter.

2e OPINION

« Honda a resserré tous les boulons et continue à offrir l'une des meilleures voitures sur le marché. C'est au chapitre de l'innovation et de l'audace dans sa présentation que la firme nipponne manque de cran. Dans un monde où les concurrents prennent de l'initiative, Honda reste cachée dans son coin. Il n'est plus suffisant d'avoir un bon produit, il faut donner quelque chose de plus aux consommateurs. Et à ce chapitre, Honda est beaucoup trop timide. Le numéro un des ventes cette année sera chez Hyundai et il se nomme Elantra. Si Honda ne trouve pas le moyen de se remettre à l'avant-plan, il lui arrivera la même chose que Toyota avec sa Corolla. L'immobilisme est un bien mauvais compagnon dans le monde de l'automobile. »
— Benoit Charette

FICHE TECHNIQUE

MOTEURS

(DX, LX, EX, EX-L) L4 1,8 L SACT, 140 ch à 6500 tr/min
COUPLE 128 lb-pi à 4300 tr/min, EX-L, option LX,EX
BOÎTES DE VITESSES manuelle à 5 rapports, automatique à 5 rapports
0-100 KM/H 9,3 s
VITESSE MAXIMALE 205 km/h

CONSOMMATION (100 KM) man. 6,4 L auto. 7,0 L (octane 87)
ÉMISSIONS DE CO_2 man. 2990 kg/an auto. 3266 kg/an
LITRES PAR ANNÉE man. 1300 L auto. 1420 L
COÛT PAR AN man. 1690 $ auto. 1846 $

(SI) L4 2,4 L DACT, 201 ch à 7000 tr/min
COUPLE 170 lb-pi à 4400 tr/min
BOÎTE DE VITESSES manuelle à 6 rapports
0-100 KM/H 6,9 s **VITESSE MAXIMALE** 230 km/h

CONSOMMATION (100 KM) 8,4 l (octane 91)
ÉMISSIONS DE CO_2 3910 kg/an
LITRES PAR ANNÉE 1700 l
COÛT PAR AN 2380 $

(HYBRID) L4 1,5 L SACT + IMA (moteur électrique), 110 ch (puissance maximale combinée) à 5500 tr/min
COUPLE 127 lb-pi (couple maximal combiné) de 1000 à 3500 tr/min
BOÎTE DE VITESSES automatique à variation continue
0-100 KM/H 9,5 s
VITESSE MAXIMALE 185 km/h

AUTRES COMPOSANTS

SÉCURITÉ ACTIVE freins ABS, répartition électronique de force de freinage, assistance au freinage, système de contrôle de la stabilité, antipatinage.
SUSPENSION AVANT/ARRIÈRE indépendante
FREINS avant/arrière disques/tambours (DX, LX, Hybrid) disques (EX, EX-L, Si)
DIRECTION à crémaillère, assistée
PNEUS DX/LX /Hybrid P195/65R15 **EX/EX-L** P205/55R16 **Si** P215/45R17

DIMENSIONS

EMPATTEMENT berl. 2670 mm **coupé** 2620 mm
LONGUEUR berl. 4504 mm **coupé** 4472 mm **coupé Si** 4475 mm
LARGEUR 1752 mm
HAUTEUR berl. 1435 mm **coupé** 1397 mm **Hybrid** 1430 mm
POIDS berl. : DX 1190 kg **Hybrid** 1305 kg **Si** 1345 kg **coupé LX** 1191 kg **EX auto.** 1249 kg **Si** 1317 kg
DIAMÈTRE DE BRAQUAGE 10,8 m
COFFRE berl. DX/LX 353 L **berl. EX/EX-L/ Si** 344 L **Hybrid** 303 L **coupé** 331 L
RÉSERVOIR DE CARBURANT 50 L

MENTIONS

RECOMMANDÉ

VERDICT

Plaisir au volant
Qualité de finition
Consommation
Rapport qualité / prix
Valeur de revente

$ 26 290 à 35 590$ t&p 1 590$

LA COTE VERTE MOTEUR L4 DE 2,4 L source : EnerGuide

CONSOMMATION (100 KM) 2RM 8,5 L 4RM 8,8 L • **ÉMISSIONS POLLUANTES CO_2 (KG/AN)** 2RM 3910 4RM 4140 • **INDICE D'OCTANE** 87
COÛT DU CARBURANT MOYEN PAR ANNÉE 2RM 2125$ 4RM 2250$ • **NOMBRE DE LITRES PAR ANNÉE** 2RM 1700 4RM 1800

FICHE D'IDENTITÉ

VERSIONS LX 2RM/4RM, EX 2RM/ 4RM, EX-L
ROUES MOTRICES avant, 4
PORTIÈRES 5 Nombre de passagers 5
PREMIÈRE GÉNÉRATION 1997
GÉNÉRATION ACTUELLE 2007
CONSTRUCTION East Liberty, Ohio, É.-U.
COUSSINS GONFLABLES 6 (frontaux, latéraux avant, rideaux latéraux)
CONCURRENCE Chevrolet Equinox, Ford Escape, GMC Terrain, Hyundai Tucson, Jeep Compass/Patriot, Kia Sportage, Mitsubishi Outlander, Nissan Rogue, Suzuki Grand Vitara, Toyota RAV4

AU QUOTIDIEN

PRIME D'ASSURANCE
25 ANS : 1400 à 1600$
40 ANS : 1000 à 1200$
60 ANS : 900 à 1100$
COLLISION FRONTALE 5/5
COLLISION LATÉRALE 5/5
VENTES DU MODÈLE DE L'AN DERNIER
AU QUÉBEC 5368 **AU CANADA** 24 930
DÉPRÉCIATION 32,7 %
RAPPELS (2006 à 2011) 1
COTE DE FIABILITÉ 5/5

GARANTIES… ET PLUS

GARANTIE GÉNÉRALE 3 ans/60 000 km
GARANTIE MOTOPROPULSEUR 5 ans/100 000 km
PERFORATION 5 ans/kilométrage illimité
ASSISTANCE ROUTIÈRE 3 ans/kilométrage illimité
NOMBRE DE CONCESSIONNAIRES
AU QUÉBEC 64 **AU CANADA** 229

NOUVEAUTÉS EN 2012

En attente du tout nouveau modèle.

DAMNÉ **TSUNAMI**

Daniel Rufiange

Au moment de mettre sous presse, l'information commence à poindre concernant la prochaine génération du CR-V, attendue quelque part au printemps prochain. Le CR-V devait nous être présenté plus tôt, mais Honda doit toujours composer avec les conséquences de la tragédie du 11 mars dernier au Japon. Chose certaine, le constructeur agira de façon très conservatrice avec ce véhicule qui est l'un des meilleurs qu'il possède à l'heure actuelle. L'entreprise perd du terrain avec certains de ses modèles, et le moment serait mal choisi pour prendre un risque à la Crosstour avec le CR-V. Dans l'attente, les consommateurs peuvent toujours se rabattre sur la version actuelle, toujours aussi fiable et éprouvée.

CARROSSERIE La bouille de la présente génération n'a rien de spectaculaire. En fait, comme design banal, difficile de faire pire. La bonne nouvelle, c'est que Honda semble avoir compris. Selon les images espionnes obtenues du nouveau CR-V, ce dernier proposera un design beaucoup plus tranché et doté de traits singuliers plus réussis. L'arrière, pour un, voit toujours les feux intégrer le hayon, mais ça semble désormais fait avec style, à la Volvo. La question : la forme arrière laisse-t-elle présager la présence d'une troisième banquette? Ce qu'on sait, c'est que les dimensions du CR-V gagnent légèrement en hauteur, en largeur et en longueur. Nous serons fixés très bientôt.

Actuellement, le CR-V est offert en version à 2 ou à 4 roues motrices, tant dans la configuration LX qu'EX. Les modèles EX-L viennent de facto avec la transmission intégrale. Ça ne devrait pas changer.

HABITACLE Le CR-V est l'un des utilitaires compacts les plus spacieux de sa catégorie; c'est là l'une des raisons qui expliquent sa grande popularité. Si la logique est respectée, pariez que la quatrième génération du populaire VUS sera encore plus logeable. Comme toujours, peu importe la génération, la qualité d'assemblage à bord est toujours au poil, Honda étant toujours une référence en la matière. Pour le reste, on apprécie toujours le côté pratique de ce

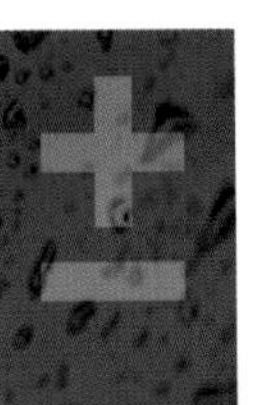

FORCES Qualité intrinsèque du produit • Moteur compétent et fiable • Côté pratique • Format parfait

FAIBLESSES Absence d'une motorisation V6 • Bruyant quand le régime moteur est élevé • Absence d'un 6e rapport sur la boîte de vitesses8 Prix très élevé une fois équipé

petit utilitaire compact, lui dont l'habitacle est modulable à souhait pour recevoir à la fois la famille et tout l'équipement pour le camping.

MÉCANIQUE Actuellement, le CR-V n'est animé que par un seul moteur, soit un 4-cylindres de 2,4 litres. Ce moteur livre une puissance tout juste suffisante pour ce véhicule, mais on l'apprécierait davantage s'il se lamentait moins quand on le sollicite. C'en est agaçant. Selon l'information qui coule, ce moteur reviendrait inchangé pour 2012, et il faudrait attendre les modifications de mi-parcours en 2014-2015 avant de voir une évolution de ce dernier. Pour ce qui est de l'arrivée d'un futur moteur V6 sous le capot, rien n'est prévu en ce sens pour l'Amérique. En toute franchise, ce ne serait pas un luxe, surtout si le véhicule gagne en volume et en poids. Tiens, parlant de luxe, l'ajout d'un rapport à la boîte de vitesses automatique qui en compte 5 à l'heure actuelle serait aussi bienvenu; ça éviterait aux occupants d'entendre moins le moteur râler sur l'autoroute.

COMPORTEMENT Un des éléments qui expliquent la grande popularité des véhicules utilitaires sport, c'est le fait qu'on se trouve juché quand on est aux commandes. Cette sensation est bien présente à bord du CR-V. Ce dernier, né sur la plateforme de la Civic, offre en prime un rendement routier qui rappelle celui d'une voiture. Oubliez cependant toute excitation au volant; la conduite du CR-V est sans saveur. Étonnamment, la conduite de son grand rival, le Toyota RAV4, est un peu plus épicée.

CONCLUSION Toujours si dame rumeur dit vrai - dans ce milieu, il faut doser l'importance qu'on lui accorde, la prochaine génération du CR-V serait présentée au prochain Salon de l'automobile de Tokyo, en octobre. Malgré les changements attendus, cette quatrième génération naîtra sous le signe du conservatisme. Dans le cas du CR-V, c'est une bonne nouvelle.

2e OPINION

«Après le tremblement de terre et le tsunami qui ont frappé le Japon, Honda se retrouve parmi les constructeurs d'automobiles les plus touchés. Le Honda CR-V, qui devait à l'origine être présenté au Salon de l'auto de New York en avril 2011, est reporté au printemps 2012. On peut déjà dire sans se tromper que le prochain modèle restera dans la même veine que celui-ci. Si ce n'est pas trop tard, messieurs les concepteurs et ingénieurs, il manque un peu d'épices tant dans la conduite que dans le design. Sans tomber dans l'excentrisme, Honda pourrait regarder le succès fulgurant des Coréens et prendre quelques notes au passage. Le CR-V demeure un choix rationnel, il lui manque juste un peu de piment.» — *Benoit Charette*

FICHE TECHNIQUE

MOTEUR

L4 2,4 L DACT 180 ch à 6800 tr/min
COUPLE 161 lb-pi à 4400 tr/min
BOÎTE DE VITESSES automatique à 5 rapports avec mode manuel
0-100 KM/H 10,2 s
VITESSE MAXIMALE 185 km/h

AUTRES COMPOSANTS

SÉCURITÉ ACTIVE freins ABS, assistance au freinage, répartition électronique de la force de freinage, antipatinage, contrôle de stabilité électronique
SUSPENSION AVANT/ARRIÈRE indépendante
FREINS AVANT/ARRIÈRE disques
DIRECTION à crémaillère, assistée
PNEUS P225/65R17

DIMENSIONS

EMPATTEMENT 2620 mm
LONGUEUR 4555 mm
LARGEUR 1820 mm
HAUTEUR 1680 mm
POIDS LX 1543 kg EX 4RM 1605 kg EX-L 1614 kg
DIAMÈTRE DE BRAQUAGE 11,5 m
COFFRE 1011 L, 2064 L (sièges abaissés)
RÉSERVOIR DE CARBURANT 58 L
CAPACITÉ DE REMORQUAGE 680 kg

MENTIONS

COUP DE CŒUR RECOMMANDÉ

VERDICT

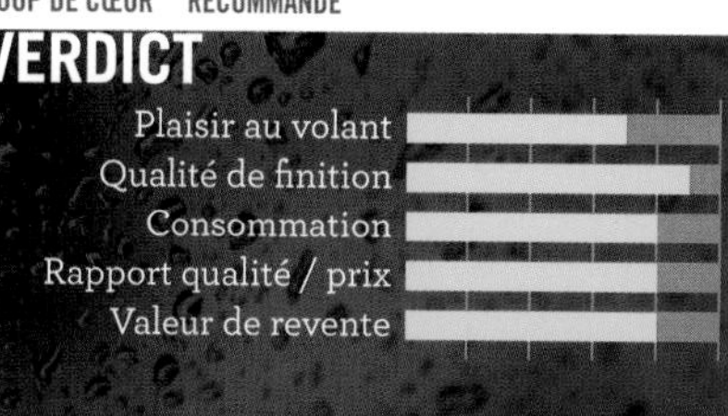

$ 23 490$ à 24 290$ (2011) t&p : 1 395$

LA COTE VERTE MOTEUR L4 DE 1,5 L HYBRIDE source : ÉnerGuide
CONSOMMATION (100 KM) MAN. 5,9 L CVT. 5,3 L • **ÉMISSIONS POLLUANTES CO_2 (KG/AN)** MAN. 2760 CVT. 2438 • **INDICE D'OCTANE** 87
COÛT DU CARBURANT MOYEN PAR ANNÉE MAN. 1560$ CVT. 1378$ • **NOMBRE DE LITRES PAR ANNÉE** MAN. 1200 CVT. 1060

FICHE D'IDENTITÉ

VERSIONS Base
ROUES MOTRICES avant
PORTIÈRES 2 **NOMBRE DE PASSAGERS** 2
PREMIÈRE GÉNÉRATION 2011
GÉNÉRATION ACTUELLE 2011
CONSTRUCTION Suzuka, Mie, Japon
COUSSINS GONFLABLES 6 (frontaux, latéraux avant, rideaux latéraux)
CONCURRENCE Aucune

AU QUOTIDIEN

PRIME D'ASSURANCE
25 ANS : 1400 à 1600$
40 ANS : 1100 à 1300$
60 ANS : 900 à 1100$
COLLISION FRONTALE 5/5
COLLISION LATÉRALE 5/5
VENTES DU MODÈLE DE L'AN DERNIER
AU QUÉBEC 102 **AU CANADA** 325
DÉPRÉCIATION ND
RAPPELS (2006 à 2011) aucun
COTE DE FIABILITÉ ND

GARANTIES... ET PLUS

GARANTIE GÉNÉRALE 3 ans/60 000 km
GARANTIE MOTOPROPULSEUR 5 ans/100 000 km
PERFORATION 5 ans/kilométrage illimité
ASSISTANCE ROUTIÈRE 3 ans/kilométrage illimité
NOMBRE DE CONCESSIONNAIRES
AU QUÉBEC 60 **AU CANADA** 229

NOUVEAUTÉS EN 2012

Aucun changement majeur

UNE **HYBRIDE** QUI DONNE UN SOURIRE

Alexandre Crépault

Ça fait un bail que Honda n'a pas proposé un véhicule excitant. Depuis la NSX, l'Integra Type-R et la S2000, notre cœur ne bat plus pour grand-chose qui vient du constructeur au grand H. Quoique la CR-Z ne remplace pas vraiment ces sportives mythiques, elle se veut probablement la plus stimulante sur le plancher des concessionnaires Honda.

CARROSSERIE La CR-Z de base affiche une étiquette de 23 490$. Mon véhicule d'essai était équipé d'un ensemble de style sport (2372,76$), comprenant, entre autres, un aileron arrière, un diffuseur d'air, une bavette avant et des garnitures sur les bas de caisse. Avec ses roues en alliage léger de 17 pouces chaussées de pneus Bridgestone Potenza, la CR-Z est sans aucun doute le plus beau véhicule hybride sur le marché. Trois couleurs sont possibles : bleu, gris ou blanc. Et franchement, le blanc perle lui va à ravir.

HABITACLE La CR-Z ne brille pas seulement à l'extérieur. Son habitacle est pas mal non plus. Les matériaux sont de première qualité, la position de conduite est d'utilisation intuitive, les commandes tombent dans la main, et il y a de l'espace à revendre, à commencer par les deux bacs de rangement derrière les sièges. On peut même rabattre la cloison du coffre et ainsi profiter d'une grande surface complètement plate. Le seul bémol que je mets à la conception de l'habitacle est l'absence de visibilité dans les angles morts. Autrement, on s'y plaît.

MÉCANIQUE Voici la combinaison de la mécanique de la CR-Z : un moteur à essence à 4 cylindres de 1,5 litre i-VTEC produisant 109 chevaux (le même que celui de la Honda Fit) et un moteur électrique de 13 chevaux. Ensemble, ils développent une puissance 122 chevaux et produisent un couple de 122 livres-pieds à 6000 tours par minute. Pour une fois, une voiture hybride est compatible avec une boîte de vitesses manuelle à 6 rapports. Une boîte CVT est offerte en option pour 800$.

FORCES Comportement amusant • Lignes sympathiques • Ambiance à bord • Boîte manuelle sans faille

FAIBLESSES Places arrière inutilisables • Coffre mal découpé • Finition moyenne • Visibilité arrière réduite

est sain, et les suspensions, bien calibrées, ce qui donne à la CR-Z un comportement qui tire vers le sportif. Cependant, quand on teste les limites de la voiture, les choses se gâtent. À cause de l'empattement court et de la répartition inégale du poids, l'arrière de la voiture cherche à passer devant. Un peu de frein en plein virage, et l'arrière se dérobe sous l'effet du transfert de poids vers l'avant. C'est surprenant, puisque les constructeurs font en sorte que leurs voitures aient une tendance au sous-virage, et non l'inverse. Personnellement, je trouve cela plus drôle, mais bon... Ce ne sera pas le cas pour tout le monde.

COMPORTEMENT Si vous voulez vous amuser un peu, lisez bien ce qui suit : avant de rouler, sélectionnez le mode Sport et désactivez l'antipatinage à l'accélération. Pourquoi ? Les modes Eco et Normal, même s'ils permettent d'épargner sur le carburant, leurs bienfaits n'en valent pas le coup. Surtout en ville. Une fois le mode Sport enclenché, l'accélération est vive. Rien de fracassant, mais suffisamment pour ricaner. La direction est tout aussi précise, et le levier de vitesses se manipule du bout des doigts. La pédale d'embrayage est très légère, un bonus pour une voiture qui passe la majorité de son temps en ville. Le châssis

CONCLUSION J'ai adoré la petite CR-Z. Bien sûr, il faut se contenter des deux places et d'une consommation de carburant qui n'est pas renversante. Sans parler des performances relatives. Par contre, si, comme moi, vous passez la majorité de votre temps dans les centres urbains et que vous n'avez pas d'enfant, la CR-Z aura la capacité de transformer en petit bonheur vos balades dans la circulation.

2e OPINION

« L'idée demandait de l'audace et du génie. Tout compte fait, les dirigeants de Honda n'ont pas gagné leur pari : la CR-Z ne se vend pas bien. C'est très dommage, parce qu'il s'agit d'un petit coupé à deux places fort intéressant. Pour une consommation de carburant dérisoire, vous obtenez un réel plaisir de conduire et des performances amusantes. Les trois modes de conduite (« Normal », « Sport » et « Eco ») vous donnent le choix de sillonner les routes comme ça vous chante. De plus, son prix a bien du bon sens. La recette ne fait sans doute pas encore partie des mœurs. Donnons la chance au coureur qui vient de voir le jour. Le prix du carburant continue de grimper ; on verra bien si les consommateurs se laisseront tenter. » — *Francis Brière*

FICHE TECHNIQUE

MOTEUR

L4 1,5 L SACT + moteur électrique ,122 ch à 6000 tr/min
COUPLE 122 lb-pi entre 1000-1750 tr/min
(boîte CVT 123 lb-pi de 1000 à 2000 tr/min)
BOÎTES DE VITESSES manuelle à 6 rapports, automatique à variation continue
0-100 KM/H 9 s
VITESSE MAXIMALE 190 km/h

AUTRES COMPOSANTS

SÉCURITÉ ACTIVE freins ABS, répartition électronique de force de freinage, assistance au freinage, système de contrôle de la stabilité
SUSPENSION AVANT/ARRIÈRE indépendante/essieu rigide
FREINS AVANT/ARRIÈRE disques/tambours
DIRECTION à crémaillère, assistée
PNEUS P195/55R16

DIMENSIONS

EMPATTEMENT 2435 mm
LONGUEUR 4079 mm
LARGEUR 1740 mm
HAUTEUR 1394 mm
POIDS man. 1205 kg **CVT.** 1229 kg
DIAMÈTRE DE BRAQUAGE 10,8 m
COFFRE 711 L
RÉSERVOIR DE CARBURANT 40 L

MENTIONS

CHOIX VERT

COUP DE CŒUR

RECOMMANDÉ

VERDICT

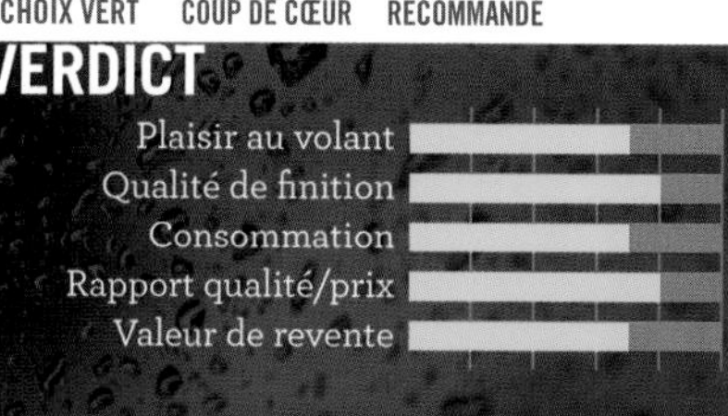

14 480$ à 18 780$ t&p : 1 395$

LA COTE VERTE MOTEUR L4 DE 1,5 L source : EnerGuide

CONSOMMATION (100 KM) MAN. 6,4 L AUTO. 6,3 L • **ÉMISSIONS POLLUANTES CO_2 (KG/AN)** MAN. 2990 AUTO. 2898 • **INDICE D'OCTANE** 87
COÛT DU CARBURANT MOYEN PAR ANNÉE MAN. 1690$ AUTO. 1638$ • **NOMBRE DE LITRES PAR ANNÉE** MAN. 1300 AUTO. 1260

FICHE D'IDENTITÉ

VERSIONS DX, LX, Sport
ROUES MOTRICES avant
PORTIÈRES 5 **NOMBRE DE PASSAGERS** 4
PREMIÈRE GÉNÉRATION 2007
GÉNÉRATION ACTUELLE 2009
CONSTRUCTION Tochigi, Japon
COUSSINS GONFLABLES 6
(frontaux, latéraux avant et rideaux latéraux)
CONCURRENCE Chevrolet Sonic, Hyundai Accent, Kia Rio, Nissan Versa, Scion xD, Toyota Yaris

AU QUOTIDIEN

PRIME D'ASSURANCE
25 ANS : 1400 à 1600 $
40 ANS : 1100 à 1300 $
60 ANS : 800 à 1000 $
COLLISION FRONTALE 5/5
COLLISION LATÉRALE 5/5
VENTES DU MODÈLE DE L'AN DERNIER
AU QUÉBEC 2537 **AU CANADA** 7900
DÉPRÉCIATION 43,4 %
RAPPELS (2006 à 2011) 3
COTE DE FIABILITÉ 5/5

GARANTIES... ET PLUS

GARANTIE GÉNÉRALE 3 ans/60 000 km
GARANTIE MOTOPROPULSEUR 5 ans/100 000 km
PERFORATION 5 ans/kilométrage illimité
ASSISTANCE ROUTIÈRE 3 ans/kilométrage illimité
NOMBRE DE CONCESSIONNAIRES
AU QUÉBEC 60 **AU CANADA** 229

NOUVEAUTÉS EN 2012

1 nouvelle couleur
bluetooth mains libres disponible
nouvelles roues
fascia redessiné

LA **GRANDE** PETITE

Philippe Laguë

À son arrivée en Amérique du Nord, il y a cinq ans, la Fit menait déjà une carrière florissante sur les continents asiatiques et européens. Une nouvelle génération a rapidement pris le relais, et, depuis, bon nombre de chroniqueurs et de publications spécialisées la considèrent comme la meilleure de sa catégorie. Ce succès critique n'a cependant pas de répercussions sur ses ventes, nettement inférieures à celles de la Civic.

CARROSSERIE De sa devancière, la Fit « 2.0 » n'a conservé que la carrosserie bicorps (avec un hayon arrière) et son toit haut perché; sinon, les formes sont moins carrées, et l'allure générale, résolument plus moderne. Avec une bouille sympathique en sus, comme c'est souvent le cas des petits formats. La configuration à 5 portes demeure la seule à être offerte, mais elle se décline en trois versions (DX, LX et Sport).

HABITACLE Malgré la petitesse du véhicule, il y a beaucoup d'espace à bord. Pour la tête, bien sûr, en raison de la hauteur du toit; mais aussi pour les jambes à l'arrière, ce qui est une agréable surprise. Il y en a plus que dans certaines compactes! Idem pour la capacité de chargement : encore une fois, la hauteur du toit y contribue, ainsi que le seuil bas du plancher, qui facilite aussi le chargement, de concert avec la grande ouverture du hayon. L'aspect fonctionnel est également rehaussé par la présence de nombreux rangements. Les commandes, elles, sont d'une grande simplicité, bien placées et faciles à manipuler.

Dans la tradition Honda, l'habitacle est bien décoré, sobre sans être terne, avec des matériaux de qualité; dans cette catégorie, c'est parmi ce qui se fait de mieux, d'autant plus que l'assemblage est rigoureux. Les sièges sont fermes mais néanmoins confortables, avec un bon maintien latéral.

À l'avant, la vue est imprenable, grâce à une assise bien haute – ceux et celles qui n'aiment pas être au ras des pâquerettes vont apprécier – et à l'immense pare-brise. C'est vers l'arrière que ça se gâte, en raison du gros pilier C et de la petitesse de la 3e glace latérale. La lunette est aussi plus étroite.

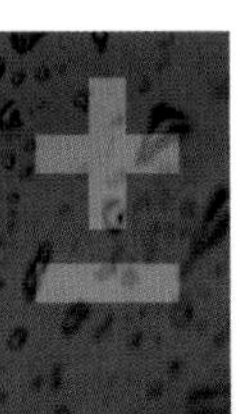

FORCES Habitabilité impressionnante • Finition irréprochable • Moteur, boîte, direction • Appétit d'oiseau • Fiabilité exemplaire

FAIBLESSES Visibilité arrière • Rayon de braquage • Roulement ferme • Trop chère

MÉCANIQUE Les 4-cylindres de ce constructeur figurent parmi les meilleurs de l'industrie de l'automobile. Celui de la Fit tourne bien rondement, tout doucement, et, malgré sa petite cylindrée (1,5 litre), il a du nerf, encore plus quand il est jumelé à une boîte de vitesses manuelle. Celle-ci est, par ailleurs, un modèle par son étagement et sa précision, ce qui, là aussi, est conforme à la réputation de la marque. En plus, ce vaillant petit moteur est un champion de l'économie. Cerise sur le gâteau, la fiabilité fait aussi partie des qualités (nombreuses) de la mécanique Honda.

Le freinage est sans reproche : il réagit promptement, et les distances d'arrêt sont courtes. La direction brille, elle, par sa précision et sa rapidité. Contrairement à d'autres Honda, elle est bien dosée, pas trop légère ; celle de la version Sport, plus ferme, est tout simplement parfaite. Elle permet aussi d'exploiter l'agilité de cette sous-compacte. Sa seule lacune, c'est son rayon de braquage, un peu grand pour une si petite voiture.

COMPORTEMENT La Fit n'est pas une sportive. Elle tient fort bien la route, mais si on la pousse, elle sous-vire, et la limite d'adhérence de ses petits pneus (P185/55R16) est rapidement atteinte. N'empêche, sa conduite est plus ludique que celle des autres Honda qui se sont assagies depuis qu'elles sont conçues aux États-Unis. Par contre, son court empattement pénalise un peu le confort, inférieur à celui de la Civic.

CONCLUSION Malgré l'arrivée de plusieurs nouveaux joueurs, la Fit reste l'une des meilleures de sa catégorie. Sur le plan mécanique, c'est la plus raffinée du lot, en plus d'être d'une fiabilité exemplaire. Cette qualité a cependant un prix : la Fit est l'une des plus chères parmi les sous-compactes. Résultat : des rivales comme la Yaris ou l'Accent se vendent de trois à quatre fois plus. Honda devra donc adopter une politique de prix plus agressive pour corriger le tir.

2e OPINION

« Un instant, j'ai cru que le plaisir de conduire qu'induit la Fit serait menacé par les nouvelles venues que sont la Mazda2 et la Ford Fiesta. Or, ce n'est pas le cas. La première y parviendra quand sa mécanique sous le capot se décidera vraiment à honorer le vroum-vroum de la marque ; la seconde y est presque. En fait, elle égale ou distance la Fit au chapitre du confort et de l'équipement. Mais au point de vue de la maniabilité et de la sportivité, la petite Honda continue d'épater. Le petit moteur réagit prestement à chacune de nos sollicitations, et la boîte de vitesses manuelle donne envie de tricoter des heures durant. J'aime bien aussi l'allure de la silhouette en balle de fusil et je reste toujours étonné par le dégagement offert aux quatre places. On la trouve un peu chère ? C'est relatif et ça ne l'est plus vraiment à la revente grâce à une bonne valeur résiduelle. » — Michel Crépault

FICHE TECHNIQUE

MOTEUR

L4 1,5 L SACT, 117 ch à 6600 tr/min
COUPLE 106 lb-pi à 4800 tr/min
BOÎTES DE VITESSES manuelle à 5 rapports, automatique à 5 rapports (en option)
0-100 KM/H 9,2 s
VITESSE MAXIMALE 180 km/h

AUTRES COMPOSANTS

SÉCURITÉ ACTIVE freins ABS, répartition électronique de la force de freinage
SUSPENSION AVANT/ARRIÈRE indépendante / essieu rigide
FREINS AVANT/ARRIÈRE disques / tambours
DIRECTION à crémaillère, assistée
PNEUS DX, LX P175/65R15 **Sport** P185/55R16

DIMENSIONS

EMPATTEMENT 2500 mm
LONGUEUR 4105 mm
LARGEUR 1695 mm
HAUTEUR 1525 mm
POIDS DX man. 1119 kg **DX auto.** 1151 kg
DIAMÈTRE DE BRAQUAGE 10,5 m
COFFRE 585 L, 1622 L (sièges abaissés)
RÉSERVOIR DE CARBURANT 40 L

MENTIONS

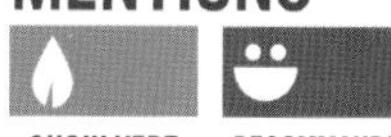

CHOIX VERT RECOMMANDÉ

VERDICT

LA COTE VERTE MOTEUR L4 DE 1,3 L HYBRIDE source : EnerGuide
CONSOMMATION (100 KM) 4,7 L • **ÉMISSIONS POLLUANTES CO_2** 2162 KG/AN • **INDICE D'OCTANE** 87
COÛT DU CARBURANT MOYEN PAR ANNÉE 1222$ • **NOMBRE DE LITRES PAR ANNÉE** 940

FICHE D'IDENTITÉ

VERSIONS LX, EX
ROUES MOTRICES avant
PORTIÈRES 5 **NOMBRE DE PASSAGERS** 5
PREMIÈRE GÉNÉRATION 1999
GÉNÉRATION ACTUELLE 2010
CONSTRUCTION Suzuka, Japon
COUSSINS GONFLABLES 6
(frontaux, latéraux avant, rideaux latéraux)
CONCURRENCE Ford Fusion hybride, Honda Civic Hybride, Nissan Altima hybride, Toyota Prius

AU QUOTIDIEN

PRIME D'ASSURANCE
25 ANS : 1600 à 1800$
40 ANS : 1000 à 1150$
60 ANS : 800 à 1000$
COLLISION FRONTALE 5/5
COLLISION LATÉRALE 5/5
VENTES DU MODÈLE DE L'AN DERNIER
AU QUÉBEC 250 **AU CANADA** 1136
DÉPRÉCIATION (1 AN) 28,9 %
RAPPELS (2006 à 2011) ND

GARANTIES... ET PLUS

GARANTIE GÉNÉRALE 3 ans/60 000 km
GARANTIE MOTOPROPULSEUR 5 ans/100 000 km
PERFORATION 5 ans/kilométrage illimité
ASSISTANCE ROUTIÈRE 3 ans/kilométrage illimité
NOMBRE DE CONCESSIONNAIRES
AU QUÉBEC 60 **AU CANADA** 229

NOUVEAUTÉS EN 2012

Aucun changement majeur

AU GRAND DAM DES CONCESSIONNAIRES...

Antoine Joubert

Introduite en 2009, l'Insight n'a pas su convaincre la clientèle qui voyait en elle une pâle imitation de la Toyota Prius. Et vous savez quoi ? Cette clientèle avait raison ! En fait, en produisant une voiture comme l'Insight, Honda laisse carrément entendre au public que la Toyota Prius est LA voiture à battre dans le marché des hybrides, et qu'il est, hélas, impossible... de faire mieux !

Résultat, plusieurs concessionnaires, qui croyaient dur comme fer au succès de ce modèle, ont été pris en 2010 et 2011 avec d'importants stocks invendus, si bien que, après moins d'un an de commercialisation, on commençait déjà à voir apparaître d'importants rabais. Pire encore, l'Insight 2011 (techniquement offerte), n'a finalement jamais frappé le sol canadien, puisque aucun concessionnaire n'a osé en commander. C'est dire à quel point l'engouement de la clientèle pour cette voiture est inexistant...

CARROSSERIE Bien sûr, tout commence par les lignes de la voiture qui n'ont rien d'original, dans la mesure où il ne s'agit que d'une pâle et pauvre imitation de la Toyota Prius. Il ne faut d'ailleurs pas être devin pour comprendre quel a été le mandat des stylistes de la marque. Il leur fallait tout simplement créer une hybride abordable visant directement la clientèle de la Prius. Hélas, Toyota a largement eu le temps d'établir un standing et une image autour de la Prius avant que Honda ne réagisse. Et ce phénomène, Honda ne pourra probablement jamais le recréer.

HABITACLE Plus pratique qu'une berline, l'Insight propose suffisamment d'espace pour quatre occupants et leurs bagages dans un confort correct. La banquette arrière rabattable en sections permet d'agrandir l'espace de chargement sans avoir à composer avec un bloc de batteries contraignant. Ce dernier est d'ailleurs très compact et positionné sous le plancher du coffre.

La planche de bord à deux niveaux est appréciable pour son design moderne

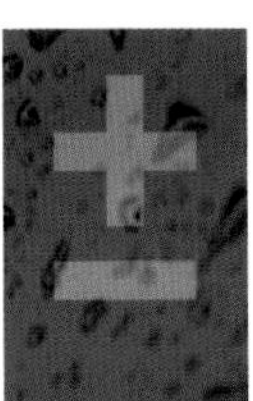

FORCES Hybride à bas prix • Consommation liliputienne • Habitabilité étonnante Poste de conduite joli et fonctionnel • Assemblage de bonne qualité

FAIBLESSES Clairement dans l'ombre de la Prius • Et maintenant dans l'ombre de la Civic hybride ! • Insonorisation quelconque • Agrément de conduite inexistant

et son ergonomie sans faille. On reconnait d'ailleurs ici un heureux mélange des planches de bord des Honda Fit et Civic, le tout dans une qualité d'assemblage impeccable. Évidemment, on ne peut passer sous silence ce programme informatisé qui, par un amalgame de couleurs et de graphiques, vous incite à conduire de la façon la plus écologique qui soit.

MÉCANIQUE Honda fait toujours appel au système IMA pour mouvoir ses hybrides. Il ne s'agit pas d'un système comparable à ce qu'on retrouve ailleurs, mais plutôt d'un moteur électrique portant assistance à une motorisation à essence de petite cylindrée, toujours en fonction (sauf lors des arrêts momentanés, à un feu rouge, par exemple). Le moteur électrique vient donc assister le petit 4-cylindres de 1,3 litre, le tout produisant une puissance maximale combinée de 98 chevaux. Vous comprendrez qu'il ne s'agit pas d'une bombe à l'accélération, mais l'Insight parvient néanmoins à bien se tirer d'affaire en ne consommant grosso modo qu'environ 5 litres aux 100 kilomètres (et de 6 à 6,5 litres en hiver).

COMPORTEMENT Comme l'Insight distille peu de sensations, le conducteur découvre une voiture plutôt ennuyeuse à conduire, mais d'une étonnante maniabilité. Sa direction à assistance électrique est cependant trop assistée, mais affiche en revanche un très court diamètre de braquage, idéal pour les manœuvres en milieu urbain. Peu insonorisée, dotée de pneus inefficaces et d'un pont arrière rigide, elle n'aspire pas à une conduite endiablée. Mais pour l'économie, c'est tout bon.

CONCLUSION En 2012, Honda nous arrive avec une nouvelle Civic hybride, technologiquement plus avancée, qui annonce des cotes de consommation inférieures d'un demi-litre aux 100 kilomètres par rapport à ceux de l'Insight. La Civic hybride est évidemment plus spacieuse, plus confortable, mieux équipée et mieux insonorisée. Bien sûr, par son design plus traditionnel, elle n'affiche pas aussi clairement son statut de voiture écologique, mais il semble que cette vague se soit aujourd'hui estompée. Il n'y a, en fait, que la Toyota Prius qui poursuit son ascension comme modèle hybride distinct.

Il faut donc se demander quel sort réserve le constructeur à sa petite Insight. Car actuellement, les concessionnaires la fuient, et la clientèle la boude. Et maintenant, Honda nous arrive avec une nouvelle Civic hybride plus efficace. Tirez-en vos propres conclusions...

2e OPINION

«Voilà l'une des voitures qui m'a le plus déçu au cours des dernières années. Lorsque Honda a décidé de ramener l'Insight dans sa gamme, les attentes étaient élevées. Après tout, la première génération de ce modèle hautement avant-gardiste avait fait école et prouvé qu'il était possible d'obtenir des cotes de consommation incroyables. Mon petit bonheur, je l'ai ramassé à la miette ! L'Insight actuelle propose de bonnes cotes de consommation, mais elles sont supérieures à la version d'origine ! Qui plus est, la conduite de cette bagnole est d'un ennui mortel. Le problème, c'est qu'une Honda Civic, qu'on peut obtenir pour la moitié du prix d'une Insight, se veut un produit plus pratique, agréable à conduire et qui consomme à peine plus. Expliquez-moi la logique ! » — Daniel Rufiange

FICHE TECHNIQUE

MOTEUR

L4 1,3 L SACT, + IMA (moteur électrique) 13 ch à 1500 tr/min, puissance totale 98 ch à 5800 tr/min
COUPLE 123 lb-pi de 1000 à 1500 tr/min
BOÎTE DE VITESSES automatique à variation continue (avec leviers de sélection au volant pour l'EX)
0-100 KM/H 13 s
VITESSE MAXIMALE 170 km/h

AUTRES COMPOSANTS

SÉCURITÉ ACTIVE freins ABS, assistance au freinage, répartition électronique de force de freinage, assistance au freinage, système de contrôle de la stabilité
SUSPENSION AVANT/ARRIÈRE indépendante/essieu rigide
FREINS AVANT/ARRIÈRE disques/tambours
DIRECTION à crémaillère, assistée électrique
PNEUS P175/65 R15

DIMENSIONS

EMPATTEMENT 2550mm
LONGUEUR 4376 mm
LARGEUR 1694 mm
HAUTEUR 1427 mm
POIDS LX 1244 kg, **EX** 1250 kg
DIAMÈTRE DE BRAQUAGE 11 m
COFFRE 450 L, 891 L (sièges abaissés)
RÉSERVOIR DE CARBURANT 40 L

MENTIONS

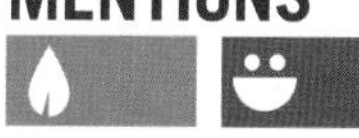

CHOIX VERT RECOMMANDÉ

VERDICT

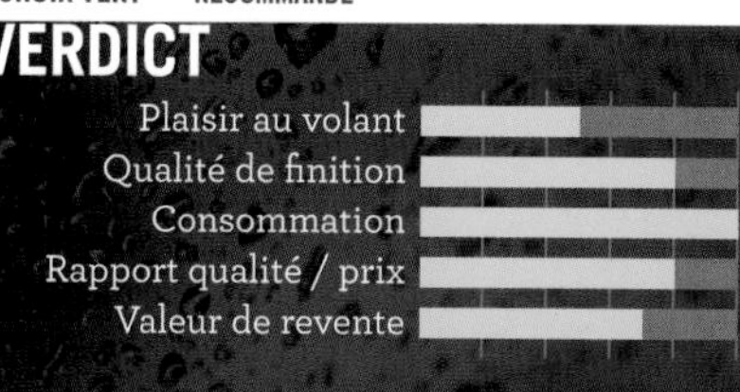

NOUVEAUTÉ $ 29 990 $ À 46 990 $ t&p : 1 590 $

LA COTE VERTE MOTEUR V6 DE 3,5 L source : EnerGuide

CONSOMMATION (100 KM) LX, EX, EX-L 9,5 L TOURING 9 L • **ÉMISSIONS POLLUANTES CO_2 (KG/AN)** LX, EX, EX-L 4462 TOURING 4232 • **INDICE D'OCTANE** 87 • **COÛT DU CARBURANT MOYEN PAR ANNÉE** LX, EX, EX-L 2522 $ TOURING 2392 $ • **NOMBRE DE LITRES PAR ANNÉE** LX, EX, EX-L 1940 TOURING 1840

FICHE D'IDENTITÉ

VERSIONS LX, EX, EX-L, Touring
ROUES MOTRICES avant
PORTIÈRES 5 **NOMBRES DE PASSAGERS** 7, 8
PREMIÈRE GÉNÉRATION 1995
GÉNÉRATION ACTUELLE 2011
CONSTRUCTION Lincoln, Alabama, États-Unis
COUSSINS GONFLABLES 6 (frontaux, latéraux avant, rideaux latéraux)
CONCURRENCE Chrysler Town & Country, Dodge Grand Caravan, Kia Sedona, Nissan Quest, Toyota Sienna, Volkswagen Routan

AU QUOTIDIEN

PRIME D'ASSURANCE
25 ANS: 1300 à 1500 $
40 ANS: 1000 à 1200 $
60 ANS: 800 à 1000 $
COLLISION FRONTALE 5/5
COLLISION LATÉRALE 5/5
VENTES DU MODÈLE DE L'AN DERNIER
AU QUÉBEC 1285 **AU CANADA** 8616
DÉPRÉCIATION 34,3 %
RAPPELS (2006 à 2011) 3
COTE DE FIABILITÉ 4/5

GARANTIES... ET PLUS

GARANTIE GÉNÉRALE 3 ans/60 000 km
GARANTIE MOTOPROPULSEUR 5 ans/100 000 km
PERFORATION 5 ans/kilométrage illimité
ASSISTANCE ROUTIÈRE 3 ans/kilométrage illimité
NOMBRE DE CONCESSIONNAIRES
AU QUÉBEC 64 **AU CANADA** 229

NOUVEAUTÉS EN 2012

Nouvelle génération présentée en milieu d'année 2011

POUR LE **BONHEUR** D'ULYSSE ET DE PÉNÉLOPE

Michel Crépault

Place à la 4e génération de l'Odyssey. Mais comment améliorer une fourgonnette sur laquelle pleuvent les louanges depuis 1995 ? Honda a résolu le problème en formant une équipe de stylistes et d'ingénieurs déjà tous familiers avec l'Odyssey, chacun ayant possédé au moins un véhicule de l'une des générations précédentes. Deuxième critère : être parent. Si vous cochiez oui à ces deux préalables, vous étiez autorisé à travailler sur la nouvelle Odyssey avec des objectifs clairement tracés, soit d'améliorer la polyvalence de la fourgonnette, de rehausser son confort et sa puissance et, paradoxalement, de réduire sa consommation.

CARROSSERIE Les stylistes, de leur côté, se sont mis en tête de dessiner une fourgonnette qu'on pourrait reconnaître du premier coup d'œil. On remarquera d'abord la ligne brisée qui parcourt le flanc, comme un éclair. Par rapport à la précédente Odyssey, la nouvelle est plus large, plus longue, plus basse. En un mot, plus athlétique. L'ensemble est davantage sculpté au lieu d'être une masse générique. Honda dit avoir augmenté la rigidité du châssis de 22 % (grâce à un apport accru d'acier à haute résistance) et amélioré de 5,5 % le coefficient de traînée. Mais comme le fabricant garde pour lui le coefficient précédent, ça nous fait une belle jambe. Versions LX, EX, EX-RES, EX-L et Touring au menu.

HABITACLE S'il y a un type de véhicule pour lequel il faut absolument s'attarder à l'intérieur, c'est bien une fourgonnette. Tant qu'à transporter beaucoup de monde, particulièrement des enfants, et sur de longs trajets, aussi bien utiliser l'espace disponible pour agrémenter la vie de tout un chacun. Les innovations de l'Odyssey à ce chapitre sont nombreuses : un minifrigo logé au bas du tableau de bord des versions haut de gamme EX-L et Touring bon pour six cannettes (et on peut le désactiver); une poubelle sous la forme d'un anneau escamotable autour duquel on enfile un sac de plastique pour recueillir les inévitables reliefs du repas de la tribu; un disque dur

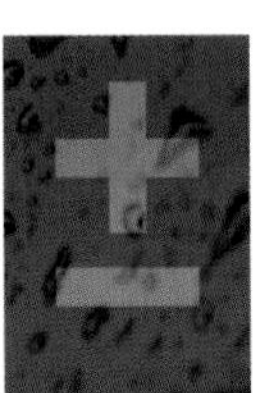

FORCES Fourgonnette qui propose à peu près tout, de série ou en option, pour combler une famille • Nouvelle allure plus inspirante • Suspension douce

FAIBLESSES On ne devrait plus avoir à retirer manuellement un siège : hop, dans le plancher! • Pas donnée, la qualité!

de centimètres à l'arrière que chez la concurrence. Hériter de la 3e banquette n'est plus une punition. Et le nouveau design des flancs extérieurs abaisse les glaces de façon à rendre les déplacements moins pénibles pour les claustrophobes. Il est plus facile d'enlever les sièges médians, et la section centrale de la banquette du centre peut se transformer en console. La dernière banquette est rabattable selon le mode 60/40 et peut même disparaître complètement dans le plancher en un claquement de doigts. Cela dit, chez Chrysler et Dodge, tous les sièges, centraux et arrière accomplissent ce merveilleux tour de passe-passe grâce à l'ingénieux système Stow'N Go. L'Odyssey devrait s'abaisser à une certaine forme de flatterie. La capacité de chargement maximale est de 4 173 litres, dont 1 087 derrière la dernière banquette, si elle reste en place

qui, selon l'équipement, peut stocker numériquement 18 ou 175 CD; un écran vidéo HD (modèle Touring) si grand qu'on peut le diviser en deux (avec connexion HDMI, svp) pour que le cinéphile puisse s'adonner à sa passion sur une moitié d'écran, pendant que le maniaque de jeux utilise l'autre moitié pour recevoir sa dose quotidienne de PlayStation (prises pour fils intégrées); le système de navigation accepte les commandes vocales (en trois langues), et un disque dur de 60 gigaoctets sert à retracer la moindre ruelle d'Amérique du Nord et à télécharger vos photos préférées en guise de fond d'écran. Bref, vous avez compris qu'on ne s'ennuie pas à bord d'une Odyssey. Un plaisir qui se monnaye, toutefois, faisant grimper la facture finale du modèle Touring dans des stratosphères financières qui feront réfléchir plusieurs familles. Du côté des vertus davantage pratico-pratiques, on conserve la possibilité d'enfourner une feuille de contreplaqué (4 x 8) dans la soute une fois les sièges enlevés. Mieux encore, on peut faire sauter la console centrale pour transporter des objets vraiment longs. Véhicule familial par excellence, l'Odyssey a toujours pris soin d'étancher la soif à tout moment, et la cuvée 2011 n'escamote pas la tradition en offrant jusqu'à 15 porte-gobelet. Les places maintenant : l'Odyssey peut transporter jusqu'à huit occupants (sauf la version LX), mais l'accent a été placé sur la demi-douzaine. Ces six-là disposent de plus

MÉCANIQUE Le V6 de 3,5 litres est doté de la technologie i-VTEC (*intelligent-Variable valve Timing and lift Electronic Control*) qui jongle avec l'ouverture des soupapes. Les 248 chevaux s'expriment par l'entremise d'une boîte de vitesses automatique à 5 rapports (un 6e s'ajoute dans le cas du modèle Touring). Bon, d'accord, quatre chevaux de plus et un couple qui gagne 5 livres-pieds, il n'y a pas de quoi pavoiser outre-mesure.

l'Odyssey peut transporter jusqu'à huit occupants (sauf la version LX), mais l'accent a été placé sur la demi-douzaine. Ces six-là disposent de plus de centimètres à l'arrière que chez la concurrence.

HISTORIQUE

L'Odyssey est née au Japon en 1994, à partir de la plateforme de l'Accord. En moins de trois ans, elle s'avéra un franc succès, allant jusqu'à décrocher le titre de la Voiture de l'année au Pays du soleil levant. En Europe, la première génération porta le nom de Shuttle (« navette ») et rencontra la même popularité. En Amérique du Nord, toutefois, la percée fut plus lente, jusqu'au jour où les dirigeants nippons comprirent que les Nord-Américains souhaitaient une fourgonnette plus grosse. Ils comblèrent ce désir, en plus d'établir la production en Ontario et en Alabama. De nos jours, plusieurs adeptes de la mini van n'hésitent pas à considérer l'Odyssey comme la référence.

Honda Odyssey 1994 (version japonaise)

Honda Odyssey 1995 (version d'Amérique du Nord)

Honda Odyssey 1999 (version d'Amérique du Nord)

Honda Odyssey 1999 (version japonaise)

Honda Odyssey 2003 (version japonaise)

Honda Odyssey 2005 (version d'Amérique du Nord)

Honda Odyssey 2008 (version japonaise)

GALERIE

A *Les baquets avant bénéficient d'un dégagement accru aux épaules et d'un rembourrage plus épais. En option, pas moins de 10 réglages électriques !*

B *Le pan central du tableau de bord prouve que ça ne manque pas de commutateurs et de boutons ! Heureusement, plusieurs commandes, dont celles de la navigation, de la téléphonie et de la sono s'exécutent avec un dispositif de reconnaissance de la voix trilingue.*

C *L'écran vidéo qui jaillit du plafond est le plus large de l'industrie (16,2 po). Pas seulement pour y diffuser des films panoramiques en HD mais pour permettre à deux utilisateurs de s'adonner à des activités totalement différentes : l'un peut, par exemple, utiliser une moitié de l'écran pour y brancher une console de jeu, pendant que l'autre se sert de la deuxième moitié pour y relier son ordinateur portable.*

D *Une idée toute simple mais il fallait quand même y penser : un petit cadre escamotable derrière la console centrale avant permet de transformer un sac d'épicerie en poubelle !*

E *La soute à bagages, déjà gargantuesque grâce à sa profonde cavité, peut accepter encore plus de chargement grâce à la banquette arrière 60/40 Magic Seat qui s'escamote en criant ciseau.*

dire lente et légère durant les manœuvres de stationnement et plus précise sur l'autoroute. Dès qu'on bouge le volant, le véhicule obéit. Le freinage n'a jamais été aussi constant et puissant grâce à des disques élargis aux deux extrémités. Les six coussins gonflables, les cinq places d'ancrage pour un siège de bébé et des scores parfaits aux tests de collision simulés par les organismes

Mais en s'arrangeant pour perdre près de 50 kilos, malgré ses nouveaux « gugusses », l'Odyssey est capable d'un 0 à 100 km/h en 8,8 secondes. Comme la Toyota Sienna prend 9 secondes, les ingénieurs de Honda se tapent dans le dos! Ce sont les mêmes cocos qui ont cherché à reproduire les performances et la consommation d'une voiture de tourisme comme l'Accord. Ils ont de fait réussi à écrémer un litre d'essence aux 100 kilomètres, grâce notamment au VCM (*Variable Cylinder Management*) qui permet, au besoin, de n'utiliser que trois ou quatre cylindres. Ce faisant, la consommation oscille autour des 11 litres aux 100 kilomètres en ville et, surtout, de 7 litres sur l'autoroute.

COMPORTEMENT En vertu de la caisse plus rigide et plus étanche, on se retrouve avec un intérieur plus silencieux, de sorte que les enfants rompront ce calme avec encore plus de sadisme. On remarque à quel point on s'est efforcé de rendre la direction docile et adaptée aux circonstances, c'est-à-

américains NHTSA et IIHS ont de quoi rassurer le plus craintif des parents. Un bateau ou une tente-roulotte à tirer? L'Odyssey tracte jusqu'à 1 585 kilos. Comme la majorité des véhicules qui ne descendent pas du char d'assaut, l'Odyssey apprécie les routes lisses comme un billard. Puisque la chose tient du miracle, la fourgonnette fait son possible pour rendre les déplacements agréables et y parvient.

CONCLUSION Pourquoi une fourgonnette de nos jours? Les chiffres ne mentent pas, on en vend moins qu'avant. Sauf que Honda a sondé le monde, et le monde a été clair : on en veut une! En ajoutant qu'il privilégie l'économie de carburant, la sécurité pour les enfants à bord et un comportement routier stimulant. Absolument pas par hasard, l'Odyssey 2011 s'est attardée à chacun de ces points et rafle des palmes à tous ces chapitres. Honda jure avoir conçu le véhicule familial ultime et, franchement, difficile de contredire.

2e OPINION

« Honda persiste à produire un véhicule qui s'inscrit dans la catégorie des fourgonnettes de luxe. Le constructeur japonais propose la meilleure offre sur le marché, malgré une demande qui ne cesse de s'amenuiser. En 2011, l'Odyssey a été revue. Elle présente de nouvelles lignes et un intérieur repensé. Il ne s'agit pas d'un changement draconien, mais on essaie par tous les moyens de vous faire croire que ce n'est pas une fourgonnette. Ce subterfuge est difficile à avaler. Qu'à cela ne tienne! Appelez-la comme vous voulez, l'Odyssey est un beau et bon véhicule. Elle est spacieuse, confortable et elle se conduit comme un charme. Que voulez-vous de plus? Son seul défaut : son prix. » — Francis Brière

FICHE TECHNIQUE

MOTEURS

V6 3,5 l SACT, 248 ch à 5700 tr/min
COUPLE 250 lb-pi à 4800 tr/min
BOÎTE DE VITESSES automatique à 5 rapports, automatique à 6 rapports (de série avec Touring)
0-100 KM/H 11,1 s
VITESSE MAXIMALE 195 km/h

AUTRES COMPOSANTS

SÉCURITÉ ACTIVE freins ABS, assistance au freinage, distribution électronique de force de freinage, antipatinage, contrôle de stabilité électronique
SUSPENSION AVANT/ARRIÈRE indépendante
FREINS AVANT/ARRIÈRE disques
DIRECTION à crémaillère, assistée

PNEUS P235/65R17 **Touring** P235/60R18

DIMENSIONS

EMPATTEMENT 3000 mm
LONGUEUR 5154 mm
LARGEUR 2011 mm
HAUTEUR 1737 mm
POIDS LX 1967 kg **EX** 2001 kg **EX-L** 2033 kg
TOURING 2059 kg
DIAMÈTRE DE BRAQUAGE 11,2 m
COFFRE 1087 L, 4206 L (sièges abaissés)
RÉSERVOIR DE CARBURANT 79,5 L
CAPACITÉ DE REMORQUAGE 1588 kg

MENTIONS

CLÉ D'OR

VERDICT

Plaisir au volant
Qualité de finition
Consommation
Rapport qualité / prix
Valeur de revente

$ 34 820 à 48 420$ t&p 1 590$

LA COTE VERTE MOTEUR V6 DE 3,5 L source : EnerGuide

CONSOMMATION (100 KM) 2RM 10,7 L 4RM 11,1 L • **ÉMISSIONS POLLUANTES CO_2 (KG/AN)** 2RM 5014 4RM 5198 • **INDICE D'OCTANE** 87
COÛT DU CARBURANT MOYEN PAR ANNÉE 2RM 2834$ 4RM 2938$ • **NOMBRE DE LITRES PAR ANNÉE** 2RM 2180 4RM 2260

FICHE D'IDENTITÉ

VERSIONS LX 2RM/4RM, EX, EX-L, Touring
ROUES MOTRICES avant, 4
PORTIÈRES 5 **NOMBRE DE PASSAGERS** 8
PREMIÈRE GÉNÉRATION 2003
GÉNÉRATION ACTUELLE 2009
CONSTRUCTION Lincoln, Alabama, É-U.
COUSSINS GONFLABLES 6 (frontaux, latéraux, rideaux latéraux)
CONCURRENCE Chevrolet Traverse, Buick Enclave, Ford Edge/Flex, GMC Acadia, Hyundai Santa Fe/Veracruz, Kia Sorento, Nissan Murano, Toyota Highlander

AU QUOTIDIEN

PRIME D'ASSURANCE
25 ANS : 2000 à 2200$
40 ANS : 1300 à 1500$
60 ANS : 1000 à 1200$
COLLISION FRONTALE 5/5
COLLISION LATÉRALE 5/5
VENTES DU MODÈLE DE L'AN DERNIER
AU QUÉBEC 756 **AU CANADA** 5062
DÉPRÉCIATION 40,3 %
RAPPELS (2006 à 2011) 1
COTE DE FIABILITÉ 5/5

GARANTIES... ET PLUS

GARANTIE GÉNÉRALE 3 ans/60 000 km
GARANTIE MOTOPROPULSEUR 5 ans/100 000 km
PERFORATION 5 ans/kilométrage illimité
ASSISTANCE ROUTIÈRE 3 ans/kilométrage illimité
NOMBRE DE CONCESSIONNAIRES
AU QUÉBEC 64 **AU CANADA** 229

NOUVEAUTÉS EN 2012

Meilleure consommation de carburant
Une nouvelle couleur
Nouveau fascia

LA QUALITÉ A UN PRIX

Philippe Laguë

Qu'on les aime ou pas, les véhicules utilitaires sport sont toujours aussi nombreux, et tant qu'ils continueront à se vendre, les constructeurs en auront dans leur gamme. Honda a longtemps résisté, limitant son offre au petit CR-V, mais la demande pour plus gros était trop forte, d'autant plus que Nissan et Toyota avaient déjà leurs Pathfinder et 4Runner.

CARROSSERIE Le Pilot de première génération se fondait dans la masse, avec sa silhouette anonyme et son allure de grosse familiale. Introduit il y a quatre ans, le Pilot « 2.0 » se démarque nettement de son prédécesseur par son allure, disons-le, plus virile, gracieuseté de ses formes plus carrées. Cette fois, ça ressemble bel et bien à un VUS. Or, c'est ce que veut la clientèle cible. Cela dit, je ne trouve pas ça plus beau pour autant. Même les quelques petites retouches de cette année ne changent pas grand chose au portrait d'ensemble. Qu'en pensez-vous?

HABITACLE Confort et fonctionnalité, tels semblent avoir été les mots d'ordre pour la conception de l'habitacle. La qualité de construction et la finition sont impeccables, même s'il y a un peu de trop de plastique à mon goût. Les sièges, confortables et rembourrés comme des fauteuils de salon, offrent aussi un bon maintien latéral et un soutien lombaire. Il y en a moins à l'arrière, comme c'est presque toujours le cas avec les banquettes, et celle-ci est plus ferme. Le dossier de cette banquette est inclinable afin de faciliter l'accès à la troisième rangée de sièges. L'accès est aisé, mais ces trois places supplémentaires conviennent surtout à des enfants. Les deux banquettes peuvent également se replier et s'insérer dans le plancher, complètement ou partiellement, ce qui augmente la modularité de l'habitacle.

L'habitabilité fait aussi partie des forces du Pilot : il y a beaucoup de dégagement pour la tête et les jambes, et pas de perte d'espace. Le soin apporté à l'ergonomie se vérifie également par la disposition des commandes, accessibles du bout des doigts et faciles à utiliser. Peu de véhicules offrent autant d'espace de rangement : les vide-poches abondent, on en retrouve même dans le (vaste) compartiment à bagages, sur les côtés et sous le plancher.

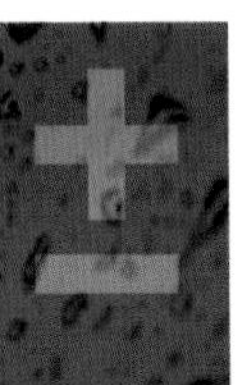

FORCES Qualité de construction • Trois rangées de sièges
Habitacle fonctionnel, spacieux et confortable
Excellent V6 • Douceur de roulement • Fiabilité exemplaire

FAIBLESSES Style quelconque • Plastique à l'intérieur
Pas de version hybride • Prix corsé

COMPORTEMENT Malgré la garde au sol, plus élevée que celle d'une automobile, et la faible adhérence de ses gros pneus, la tenue de route du Pilot constitue une bonne surprise. Le roulis est perceptible mais bien maîtrisé, et enfiler une série de virages sur un parcours sinueux ne vous donnera pas mal au cœur, ni à vos occupants. Ceux-ci se laisseront plutôt bercer par la grande douceur de roulement, incontestablement l'un des points forts de ce véhicule. Honda jouit d'une forte réputation, notamment sur le plan mécanique, et les ingénieurs ont fait un superbe travail avec les suspensions du Pilot. On peut emprunter la route la plus accidentée qui soit, les trous et les bosses sont absorbés avec *maestria*.

MÉCANIQUE Le V6 de 3,5 litres affiche une puissance et un couple qui pourraient bien être ceux d'un V8. Sa capacité de remorquage (2 041 kilos) se compare avantageusement à celle de ses concurrents. Ce moteur a aussi les qualités des V6 de Honda : il brille par son onctuosité et son silence de roulement, en plus de consommer de façon très raisonnable (pour un VUS, s'entend). Une version hybride serait cependant pertinente, d'autant plus que Honda maîtrise bien cette technologie.

La boîte de vitesses automatique à 5 rapports demeure la seule à être offerte, mais elle accomplit un boulot irréprochable. Idem pour la direction, précise et bien dosée, avec un rayon de braquage correct, vu le format du véhicule. Le freinage mérite également une bonne note, malgré une pédale un peu spongieuse.

CONCLUSION Pour les consommateurs qui ont un blocage psychologique avec les fourgonnettes, le Pilot représente une excellente alternative. Sans être aussi logeable, il offre néanmoins beaucoup d'espace, huit places réparties sur trois rangées de sièges et la modularité de son habitacle impressionne. Malgré toutes ses belles qualités, il se vend moins que ses concurrents américains, et s'il faut chercher une explication, elle se trouve sans doute du côté du prix.

2e OPINION

« Ils sont forts, ces Japonais. On connaît leur habileté à nous servir des petites autos bien tournées. Leur nation est une fourmilière où l'expertise des véhicules compacts est un préalable. Mais pour les gros utilitaires à l'américaine, où ont-ils pigé leur savoir-faire ? Le Pilot est un bel exemple de cette vivacité d'esprit. Son allure semble suffisamment costaude pour charmer un péquenaud de l'Arkansas. Son V6 harnaché au bon équipement assure des séances de remorquage utiles. Son habitacle peut héberger jusqu'à huit personnes sans avoir à se prendre pour une fourgonnette. L'équipement est riche, le confort, cossu. Vrai, au chapitre de la passion, le Pilot ne cartonne pas, mais pourquoi lui demander l'impossible ? On requiert du plombier qu'il débouche notre évier avant de jouer de la flûte traversière. Pareillement, le Pilot est utile sans être futile. » — Michel Crépault

FICHE TECHNIQUE

MOTEUR

V6 3,5 L SACT, 250 ch à 5700 tr/min
COUPLE 253 lb-pi à 4800 tr/min
BOÎTE DE VITESSES automatique à 5 rapports
0-100 KM/H 9,1 s
VITESSE MAXIMALE 175 km/h

AUTRES COMPOSANTES

SÉCURITÉ ACTIVE Freins ABS, assistance au freinage, distribution électronique de la force de freinage, antipatinage, contrôle de stabilité électronique
SUSPENSION AVANT/ARRIÈRE indépendante
FREINS AVANT/ARRIÈRE disques
DIRECTION à crémaillère, assistée
PNEUS P245/65R17

DIMENSIONS

EMPATTEMENT 2775 mm
LONGUEUR 4850 mm
LARGEUR 1995 mm
HAUTEUR 1846 mm
POIDS LX 2RM 1963 kg, **LX 4RM** 2047 kg, **EX** 2042 kg, **EX-L** 2058 kg, **Touring** 2090 kg
DIAMÈTRE DE BRAQUAGE 11,8 m
COFFRE 510 L (derrière la 3e rangée), 1351 L, 2464 L (sièges abaissés)
RÉSERVOIR DE CARBURANT 79,5 L
CAPACITÉ DE REMORQUAGE 2RM 1588 kg **4RM** 2041 kg

MENTIONS

RECOMMANDÉ

VERDICT

Plaisir au volant
Qualité de finition
Consommation
Rapport qualité / prix
Valeur de revente

$ 34 990 à 43 690 $ t&p 1 590 $

LA COTE VERTE MOTEUR V6 DE 3,5 L source : EnerGuide

CONSOMMATION (100KM) 12 L • **ÉMISSIONS POLLUANTES** CO_2 5566 KG/AN • **INDICE D'OCTANE** 87
COÛT DU CARBURANT MOYEN PAR ANNÉE 3146 $ • **NOMBRE DE LITRES PAR ANNÉE** 2420

FICHE D'IDENTITÉ

VERSIONS DX, VP, EX-L
ROUES MOTRICES 4
PORTIÈRES 4 **NOMBRE DE PASSAGERS** 5
PREMIÈRE GÉNÉRATION 2006
GÉNÉRATION ACTUELLE 2006
CONSTRUCTION Alliston, Ontario, Canada
COUSSINS GONFLABLES 6 (frontaux, latéraux avant, rideaux latéraux)
CONCURRENCE Chevrolet Colorado, Dodge Dakota, GMC Canyon, Nissan Frontier, Toyota Tacoma

AU QUOTIDIEN

PRIME D'ASSURANCE
25 ANS 1600 à 1800 $
40 ANS 1100 à 1300 $
60 ANS 900 à 1100 $
COLLISION FRONTALE 5/5
COLLISION LATÉRALE 5/5
VENTES DU MODÈLE DE L'AN DERNIER
AU QUÉBEC 576 **AU CANADA** 3200
DÉPRÉCIATION 39,7 %
RAPPELS (2006 à 2011) 4
COTE DE FIABILITÉ 4/5

GARANTIES... ET PLUS

GARANTIE GÉNÉRALE 3 ans/60 000 km
GARANTIE MOTOPROPULSEUR 5 ans/100 000 km
PERFORATION 5 ans/kilométrage illimité
ASSISTANCE ROUTIÈRE 3 ans illimité
NOMBRE DE CONCESSIONNAIRES
AU QUÉBEC 64 **AU CANADA** 229

NOUVEAUTÉS EN 2012

Nouveau modèle sport disponible avec accessoires teintés de noir : Calandre, roues de 18 pouces et contour des phares.

COUTEAU SUISSE, HEU, **JAPONAIS...**

Michel Crépault

Contrairement à ses collègues asiatiques, Honda n'a pas de camionnette. Mais Honda n'aime pas non plus suivre la parade. Retranché derrière son indépendance jalousement protégée, le constructeur nous balance des véhicules parfois inusités : Insight, Element, Crosstour, CR-Z ! Et puisqu'il paraît que les Nord-Américains apprécient aussi les camionnettes, en voici une : l'étonnante Ridgeline.

CARROSSERIE Pourquoi s'embarrasser d'une berline, d'un utilitaire et d'une camionnette quand on peut fondre les trois créneaux ensemble? En examinant l'avant et la cabine, on jurerait avoir affaire à une camionnette classique. C'est quand on aperçoit la drôle de diagonale que dessinent les parois de la caisse de cinq pieds qu'on se rend compte que ce véhicule n'est pas comme les autres. La calandre présente une allure à la fois sobre et robuste. Vous y reconnaissez le Pilot? Vous avez l'œil. Même la plateforme s'en inspire. Dans son ensemble, la Ridgeline a l'air d'une camionnette dessinée pour des gens qui aiment s'afficher différemment.

HABITACLE Habilité de Honda à concocter des intérieurs confortables s'est répercutée jusqu'ici. Les rares options se limitent à peu près au système de navigation et à la caméra de vision arrière. J'avoue toutefois que la connectivité Bluetooth devrait être de série, et illico à part ça. Les interrupteurs sont immenses, adaptés à des mains gantées. L'assise de la banquette arrière se relève, et la capacité de chargement dans la cabine devient alors phénoménale. La caisse offre elle-même d'intéressantes solutions. D'abord, Honda l'a traitée avec un produit composite trempé d'acier pour qu'elle résiste aux chocs et à la corrosion. Ensuite, la section du fond dissimule sous le plancher un coffre hermétique et à verrou de 240 litres; le hayon est à double action, il se couche et pivote (côté rue); enfin, la caisse comporte quatre lumières à minuterie. Une seule

FORCES Design audacieux (et donc forcément controversé)
De l'ingéniosité à l'extérieur comme à l'intérieur • Roulement doux

FAIBLESSES Bluetooth offert en option
Pneu de secours d'accès difficile • Prix corsé

crainte : qu'une crevaison survienne avec la caisse pleine; on devrait tout décharger pour accéder au pneu de secours sous le plancher. Un seul regret : contrairement à la Chevrolet Avalanche, la cabine et la caisse ne communiquent pas à l'aide d'une cloison amovible. De la part des compatriotes du papa des Autobots et des Decepticons, ça me chagrine un peu.

MÉCANIQUE Pour la faire travailler vigoureusement, les ingénieurs l'ont gratifiée d'un V6 de 3,5 litres de 250 chevaux et d'une boîte de vitesses automatique à 5 rapports. La transmission intégrale, qui favorise d'abord l'essieu avant dans une proportion 60/40, accepte qu'on lui verrouille le différentiel arrière pour nous sortir d'embarras. Cela dit, si la Ridgeline doit persister dans la gamme Honda, ce serait une bonne idée d'en réduire l'appétit à la pompe et d'y ajouter un rapport. Des gens grognent contre le fait que la Ridgeline n'offre qu'une seule motorisation. Pas d'accord. Un moteur à tout faire pour un véhicule à tout faire. Mais assurez-nous qu'il soit le meilleur sous le capot.

COMPORTEMENT Quand on la traite avec tous les égards dus à son luxe et son prix, la Ridgeline se comporte comme une grosse berline qui veut prendre soin de ses occupants. Sa carrosserie monocoque et sa suspension à 4 roues indépendantes y veillent. Vous voulez remplir sa caisse? Allez-y gaiement jusqu'à 705 kilos. Vous voulez remorquer un machin pas commode? Si son poids n'excède pas 2 268 kilos, aucun problème. Ce qui devrait être amplement suffisant pour la majorité d'entre nous. D'autant plus que la transmission intégrale nous seconde tout au long de l'opération. Puisque ce dispositif 4x4 n'incorpore pas une gamme basse, et que la suspension privilégie le confort, vous éviterez de parcourir des sentiers trop sauvages ou de vous attaquer à des tâches extrêmes. Vous avez entre les mains le meilleur de deux mondes, mais ce n'est ni un Wrangler, ni un outil super robuste.

CONCLUSION L'Element s'est révélé fort populaire pour une clientèle qui avait autant besoin d'un moyen de transport que d'un pratique mulet pour des menus travaux. La Ridgeline a été pensée dans le même esprit, mais les travaux souhaités n'ont plus besoin d'être menus. Ni herculéens, remarquez, sinon il vaudrait mieux se tourner vers une véritable camionnette.

FICHE TECHNIQUE

MOTEUR
V6 3,5 L SACT, 250 ch à 5700 tr/min
COUPLE 247 lb-pi à 4300 tr/min
BOÎTE DE VITESSES automatique à 5 rapports
0-100 KM/H 8,9 s
VITESSE MAXIMALE 200 km/h

AUTRES COMPOSANTS
SÉCURITÉ ACTIVE Freins ABS, assistance au freinage, répartition électronique de la force de freinage, antipatinage, contrôle de stabilité électronique
SUSPENSION AVANT/ARRIÈRE indépendante
FREINS AVANT/ARRIÈRE disques
DIRECTION à crémaillère, assistée
PNEUS DX/VP P245/65R17
EX-L P245/60R18

DIMENSIONS
EMPATTEMENT 3100 mm
LONGUEUR 5255 mm
LARGEUR 1976 mm
HAUTEUR 1786 mm **EX-L** 1808 mm
POIDS DX 2047 kg **VP** 2033 kg **EX-L** 2065 kg
DIAMÈTRE DE BRAQUAGE 13,0 m
COFFRE 1172 L (sièges abaissés)
RÉSERVOIR DE CARBURANT 83 L
CAPACITÉ DE REMORQUAGE 2268 kg

MENTIONS

RECOMMANDÉ

VERDICT

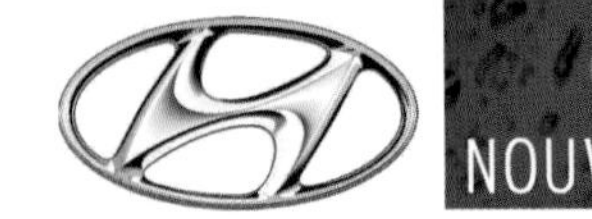

NOUVEAUTÉ $ 13 199 à 18 399 $ t&p 1 495 $

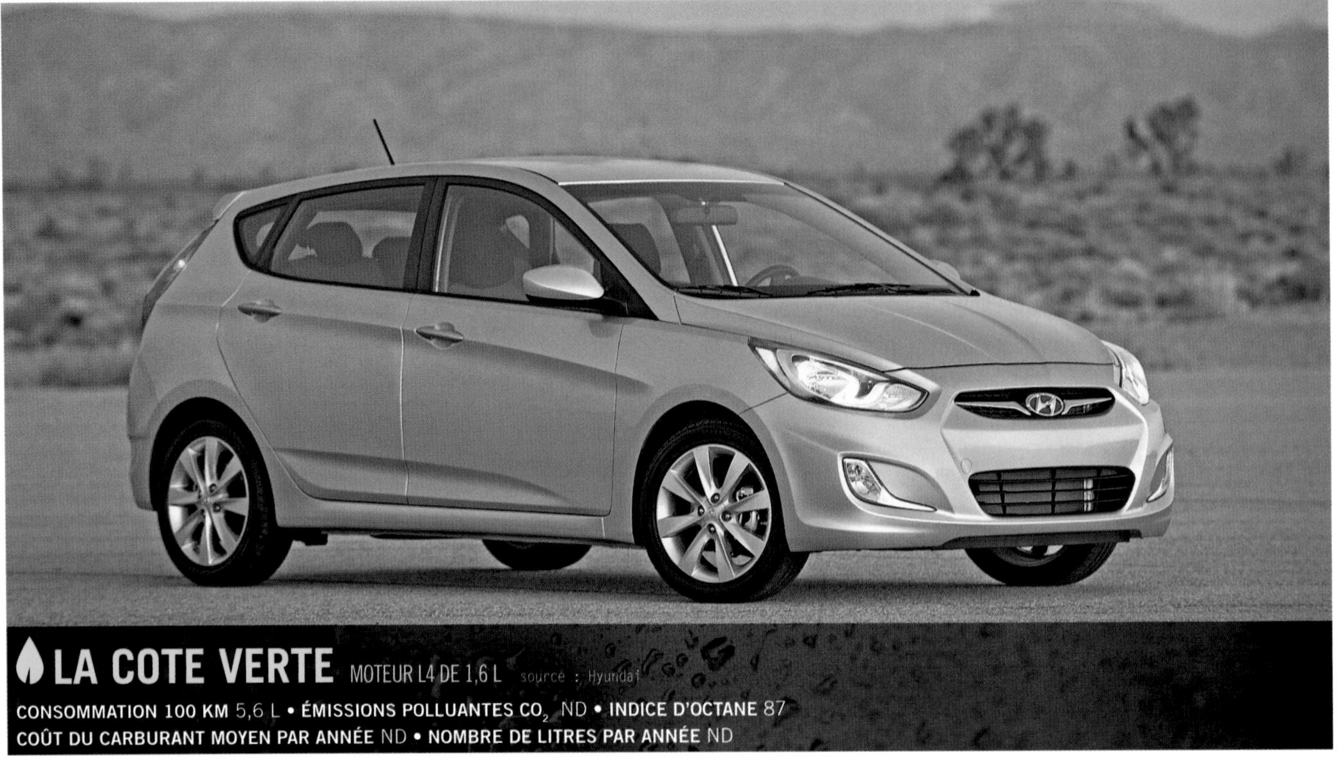

LA COTE VERTE MOTEUR L4 DE 1,6 L source : Hyundai

CONSOMMATION 100 KM 5,6 L • **ÉMISSIONS POLLUANTES CO_2** ND • **INDICE D'OCTANE** 87
COÛT DU CARBURANT MOYEN PAR ANNÉE ND • **NOMBRE DE LITRES PAR ANNÉE** ND

FICHE D'IDENTITÉ

VERSIONS 4 portes: GLS 5 portes: GS, SE
ROUES MOTRICES avant
PORTIÈRES 4,5 **NOMBRE DE PASSAGERS** 5
PREMIÈRE GÉNÉRATION 1995
GÉNÉRATION ACTUELLE 2012
CONSTRUCTION Ulsan, Corée du Sud
COUSSINS GONFLABLES 6 (frontaux, latéraux avant, rideaux latéraux)
CONCURRENCE Chevrolet Sonic, Ford Fiesta, Honda Fit, Kia Rio, Mazda 2, Nissan Versa, Scion xD, Toyota Yaris

AU QUOTIDIEN

PRIME D'ASSURANCE
25 ANS : 1200 à 1400 $
40 ANS : 1000 à 1100 $
60 ANS : 800 à 1000 $
COLLISION FRONTALE nm
COLLISION LATÉRALE nm
VENTES DU MODÈLE DE L'AN DERNIER
AU QUÉBEC 11 432 **AU CANADA** 24 017
DÉPRÉCIATION 53,7 % (2011)
RAPPELS (2006 à 2011) 1
COTE DE FIABILITÉ nm

GARANTIES… ET PLUS

GARANTIE GÉNÉRALE 5 ans/100 000 km
GARANTIE MOTOPROPULSEUR 5 ans/100 000 km
PERFORATION 5 ans/kilométrage illimité
ASSISTANCE ROUTIÈRE 3 ans/kilométrage illimité
NOMBRE DE CONCESSIONNAIRES
AU QUÉBEC 60 **AU CANADA** 200

NOUVEAUTÉS EN 2012

Nouvelle génération

DANS LA COUR DES **GRANDS**

Benoit Charette

Hyundai continue son offensive sans relâche en bousculant constamment les idées reçues. La nouvelle Accent se présente comme une sous-compacte avec l'espace d'une compacte. Elle arrive avec le premier moteur à injection directe et le plus puissant de la catégorie, mais aussi le plus économique en carburant. Tout cela sans changer les bas prix qui ont toujours caractérisé la marque. Un véhicule qui va faire réfléchir la concurrence.

CARROSSERIE Dès le premier contact visuel avec la voiture, on sent une vibration positive. Ceux qui cherchent des ressemblances visuelles verront un peu des angles de la Ford Fiesta ou quelques rondeurs de la Honda Fit. Les concepteurs vous diront que les programmes de créations graphiques qui tiennent compte des tendances du moment livreront des formes communes à bien des modèles. Cela dit, le résultat final est convaincant et offert en deux saveurs. La berline offre un style plus sobre. On reconnaît dans le style le coup de crayon de la Sonata et, plus récemment, de l'Elantra. Son style est un peu plus effacé que celui de la version à 5 portes qui, en plus d'être plus pratique (grâce à son hayon) sera sans doute la plus populaire au Québec. Son style est plus jeune et plus éclaté. On sent une certaine fougue dans le dessin qui ne se retrouve pas sur la berline. Enfin, Hyundai a jugé bon de ne pas ramener la version à 3 portes, populaire ici mais pas aux États-Unis. C'est la berline qui servira de modèle d'entrée de gamme, et la 5-portes offre un univers un peu plus cossu.

HABITACLE Vendue comme modèle économique, l'ancienne Accent offrait une simplicité volontaire parfois gênante et un décor qui tombait rapidement en ruine à l'intérieur. Mais avec une politique de prix très agressive, bien des gens faisaient abstraction des détails de finition. Cette nouvelle Accent s'inspire de l'Elantra et offre une ambiance agréable à l'œil. Les matériaux sont de meilleure qualité, la finition, plus soignée, et les sièges, beaucoup plus confortables. Mais si vous aviez à retenir un seul mot pour décrire l'habitacle ce serait : l'espace. Cette Accent devient du coup la plus spacieuse des

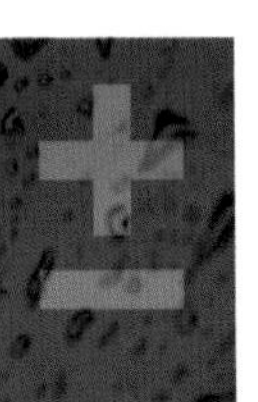

FORCES Lignes réussies (surtout la 5-portes) • Liste d'équipement complète
Prix concurrentiel • Excellente insonorisation • Espace généreux

FAIBLESSES Pneus d'origine Kuhmo de piètre qualité • Volant non télescopique
Léger manque de couple en reprise

sous-compactes avec, en prime, un confort et une insonorisation qui vous permettront de rouler toute la journée sans fatigue. Vous pouvez maintenant considérer l'Accent comme seule voiture pour les besoins de la famille. À titre de petite voiture qui doit se vendre à prix d'ami, vous ne retrouvez pas la panoplie d'équipements des voitures haut de gamme. Les sièges sont en tissu, il n'y a pas de système de navigation, pas de chaîne audio de renommée internationale, mais l'Accent offre tout de même certaines exclusivités. Par exemple, elle est la seule à offrir les freins à disque aux 4 roues sur tous les modèles (L, GL et GLS). Vous avez aussi droit en équipement de série à l'ABS, à l'antipatinage, au contrôle dynamique de la stabilité et à six coussins de sécurité gonflables. Tout cela pour aussi peu que 13 199 $ pour la version de base. Si vous ajoutez tout ce que Hyundai peut offrir (climatiseur, régulateur de vitesse, commandes au volant, antibrouillards, jantes de 16 pouces, connectivité Bluetooth et sièges chauffants), vous arrivez à 18 399 $ pour une GLS à 5 portes automatique. C'est encore Hyundai qui fait la meilleure offre à ce chapitre.

MÉCANIQUE Hyundai n'innove pas seulement dans le style, mais sous le capot aussi. Première compagnie à utiliser un moteur à injection directe de carburant dans une sous-compacte, Hyundai extirpe 138 chevaux du petit moteur de 1,6 litre offert avec une boîte de vitesses manuelle ou automatique à 6 rapports. Cette technologie, qui a pris naissance avec les motorisations Diesel, consiste à injecter à très haute pression un nuage plus fin de carburant. La pression accrue amène plus d'oxygène au moteur, ce qui augmente la puissance, et le jet plus fin de carburant se traduit en économies de carburant. C'est le meilleur des deux mondes. Et après avoir offert cette approche avec la Sonata et l'Elantra, Hyundai a fait le même traitement à l'Accent. Avec une petite cylindrée et un couple de 123 livres-pieds, difficile de parler de reprises sportives, mais il nous a fallu 9 secondes tout rond pour boucler le 0 à 100 km/h. C'est une bonne seconde de moins que la moyenne dans ce groupe. En ce sens, Hyundai fait aussi de la prévention. Nissan arrive avec une nouvelle Versa plus puissante et Chevrolet offre la Sonic à moteur de 1,4 litre turbo de... 138 chevaux en offrant une voiture aussi spacieuse que l'Accent. Malgré cette puissance, Hyundai annonce une consommation moyenne de 7 litres aux 100 kilomètres en ville et sous la barre des 5 litres aux 100 kilomètres sur la route; les meilleures statistiques pour la catégorie reviennent donc à la voiture la plus puissante.

Cette nouvelle Accent s'inspire de l'Elantra et offre une ambiance agréable à l'œil. Les matériaux sont de meilleure qualité, la finition, plus soignée, et les sièges, beaucoup plus confortables.

COMPORTEMENT Le surplus de puissance fait toute la différence sur la route. Sur les longues bandes d'autoroute, l'Accent n'a aucun problème à rejoindre et à dépasser la

HISTORIQUE

L'Accent est une sous-compacte née en 1995 pour succéder à l'Excel. En France, elle portait un nom qui rappelle beaucoup de souvenirs mitigés au Québécois : la Pony ! Ailleurs : la Cakra en Indonésie, la Brisa au Mexique et la Verna en Corée du Sud. Peu importe son nom, la petite auto caracole depuis deux ans au sommet des ventes canadiennes de sous-compactes.

1996

2000

2005

2005

2006

2007

2008

2012

A

B

C

D

E

GALERIE

A *Le 4-cylindres 1,6L à 16 soupapes est le premier moteur de sous-compacte à recevoir l'injection directe. L'Accent devient ainsi la plus puissante des petites autos avec 138 CV, tout en étant aussi la plus frugale avec des moyennes de consommation qui se situent toutes en bas de 5 litres aux 100 km, que ce soit en ville ou sur l'autoroute, ou que ce soit en mariant le moteur avec la boîte manuelle ou automatique, toutes deux à 6 vitesses.*

B *Une chaîne stéréo de 172 watts, avec AM/FM/CD/MP3 et six haut-parleurs est livrable. Un lecteur MP3/iPod se connecte via USB ou une prise auxiliaire 3.5mm.*

C *Les mensurations ont à peine grossi, question de millimètres. Ce qui compte, c'est l'espace dans l'habitacle et, à ce chapitre, seule la nouvelle Civic (une compacte) est plus spacieuse que la berline « sous-compacte » sud-coréenne ; chez les 5 portes, les Fit et Versa distancent l'Accent.*

D *Le volume intérieur du coffre de la berline est de 389 litres, tout juste battu par celui de la Nissan Versa (par deux litres) ; du côté de la cinq portes, l'Accent offre 600l et, cette fois, elle mange tout rond la compétition (sauf la Honda Fit à 585l).*

E *La L n'a pas l'air climatisé et ses glaces ne sont pas assistées électriquement. La GL, avec le climatiseur et le régulateur de vitesse, sera le plus gros vendeur. La GLS incorpore, entre autres, la radio satellite, les sièges avant chauffants, la connexion Bluetooth avec reconnaissance vocale, le volant gainé de cuir, le panneau de toit vitré et les phares antibrouillard.*

circulation. Nous avons également apprécié la rigidité structurelle et la saine communication de la direction, plutôt rare dans ce segment de marché. Normalement, dans cette catégorie des puces de la route, nous sommes enclins à vous recommander la boîte de vitesses manuelle pour son potentiel à extraire le maximum de puissance du petit moteur. Dans ce cas-ci, les 138 chevaux, associés à une boîte automatique à 6 rapports, font un travail sans reproche; j'ai l'impression que 75 à 80 % des ventes iront vers cette version automatique. Hyundai marque beaucoup de points en donnant des caractéristiques de voitures intermédiaires à la petite Accent. La qualité de l'insonorisation et l'espace offert ne nous donnent jamais l'impression de prendre place dans une sous-compacte. Ces deux éléments seront, j'en suis convaincu, les plus gros arguments de vente de la voiture. Avec le confort surprenant et le silence de roulement d'une voiture de plus grande catégorie, les gens qui veulent une voiture plus petite sans faire de compromis au chapitre de la conduite seront bien servis. Un ou deux détails à respecter cependant. Les pneus d'origine de 14 pouces sont tout simplement mauvais et beaucoup moins confortables. Pour avoir un agrément de conduite optimal, optez pour les pneus de 16 pouces. J'ai un seul petit bémol, le volant télescopique n'est pas inclinable. Je sais que ce n'est pas monnaie courante dans cette catégorie de véhicule, mais comme petit ajout (pas très coûteux) l'an prochain, ce serait une bonne idée.

CONCLUSION Au fil des générations, Hyundai est restée fidèle à son approche d'offrir des produits toujours plus fiables, novateurs à des prix qui ont toujours été réalistes. Depuis quelques années, cette approche a mené à la conquête de bien des acheteurs au détriment de Ford, GM et, surtout, des Japonais comme Honda et Toyota qui dans leur immobilisme perdent de la clientèle tous les jours. L'Accent n'est plus la voiture à rabais de Hyundai, mais Hyundai en a fait la plus intéressante et concurrentielle du segment. À un prix comparable, elle offre plus à tous les chapitres, puissance, espace, confort et insonorisation. Une petite qui se comporte comme une grande.

2e OPINION

« Finalement, on revient avec un modèle à 5 portes ! Et en plus, il est joli comme tout. Il faut dire que les gens de Hyundai ont travaillé fort pour bien se positionner dans ce segment qui, somme toute, n'est pas aussi achalandé qu'on pourrait le croire. Toutefois, à titre de leader du segment l'an dernier, Hyundai ne pouvait se permettre de laisser aller les choses au hasard. Voilà pourquoi la stratégie entourant la nouvelle Accent n'a rien à voir avec celle de la Ford Fiesta. Ici, on ne souhaite pas vous vendre une surenchère technologique et une sellerie de cuir à gros prix. Juste une bonne petite voiture, fiable, peu gourmande, bien conçue et bien équipée pour le prix. Une voiture qui fera en sorte que, après votre expérience, vous reviendrez chez Hyundai, peut-être pour une Elantra, une Sonata ou un Santa Fe. » — Antoine Joubert

FICHE TECHNIQUE

MOTEUR

L4 1,6 L DACT, 138 ch à 6300 tr/min
COUPLE 123 lb-pi à 4850 tr/min
BOÎTE DE VITESSES manuelle à 6 rapports, automatique à 6 rapports (en option)
0-100 KM/H nd
VITESSE MAXIMALE nd

AUTRES COMPOSANTS

SÉCURITÉ ACTIVE freins ABS, assistance au freinage, répartition électronique de la force de freinage, contrôle électronique de la stabilité, antipatinage
SUSPENSION AVANT/ARRIÈRE indépendante/semi-indépendante
FREINS AVANT/ARRIÈRE disques
DIRECTION à crémaillère, assistée
PNEUS GS/GLS P175/70R14 **SE/option GLS** P195/50R16

DIMENSIONS

EMPATTEMENT 2570 mm
LONGUEUR 4 portes 4370 mm **5 portes** 4115 mm
LARGEUR 1700 mm
HAUTEUR 1450 mm
POIDS 4 portes man. 1086 kg **4 portes auto.** 1117 kg **5 portes man.** 1102 kg **5 portes auto.** 1132 kg
DIAMÈTRE DE BRAQUAGE 10,4 m
COFFRE 4 portes 388 L **5 portes** 487 L, 1345 L (sièges abaissés)
RÉSERVOIR DE CARBURANT 50 L

MENTIONS

CLÉ D'OR

CHOIX VERT

RECOMMANDÉ

VERDICT

Plaisir au volant
Qualité de finition
Consommation
Rapport qualité / prix
Valeur de revente

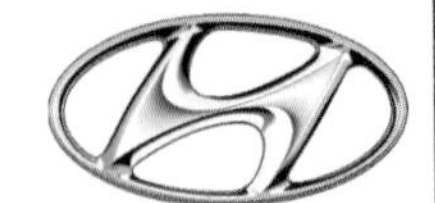

$ 14 999 à 24 699$ t&p : 1 495$

LA COTE VERTE MOTEUR L4 DE 1,8 L source : EnerGuide

CONSOMMATION (100 KM) MAN. 5,9 L AUTO. 5,9 L • **ÉMISSIONS POLLUANTES CO_2 (KG/AN)** MAN. 2714 AUTO. 2760 • **INDICE D'OCTANE** 87
COÛT DU CARBURANT MOYEN PAR ANNÉE MAN. 1534$ AUTO. 1560$ • **NOMBRE DE LITRES PAR ANNÉE** MAN. 1180 AUTO. 1200

FICHE D'IDENTITÉ

VERSIONS Berline L, GL, GLS, Limited Touring L, GL, GLS, GLS Sport
ROUES MOTRICES avant
PORTIÈRES 4, 5 **NOMBRE DE PASSAGERS** 5
PREMIÈRE GÉNÉRATION 1992
GÉNÉRATION ACTUELLE 2011 (berline)
CONSTRUCTION Berline Montgomery, Alabama, É.-U. Touring Ulsan, Corée du Sud
SACS GONFLABLES 6 (frontaux, latéraux avant, rideaux latéraux) Touring L 2 (frontaux)
CONCURRENCE Chevrolet Cruze, Ford Focus, Honda Civic, Kia Forte, Mazda3, Mitsubishi Lancer, Nissan Sentra, Subaru Impreza, Suzuki SX4, Toyota Corolla, Volkswagen Golf / Jetta

AU QUOTIDIEN

PRIME D'ASSURANCE
25 ANS 1800 à 2000$
40 ANS 900 à 1100$
60 ANS 700 à 900$
COLLISION FRONTALE 5/5
COLLISION LATÉRALE 4/5
VENTES DU MODÈLE DE L'AN DERNIER
AU QUÉBEC 13 976 **AU CANADA** 34 556
DÉPRÉCIATION 53,3 %
RAPPELS (2006 à 2011) 2
COTE DE FIABILITÉ 5/5

GARANTIES... ET PLUS

GARANTIE GÉNÉRALE 5 ans/100 000 km
GARANTIE MOTOPROPULSEUR 5 ans/100 000 km
PERFORATION 5 ans/kilométrage illimité
ASSISTANCE ROUTIÈRE 3 ans/kilométrage illimité
NOMBRE DE CONCESSIONNAIRES
AU QUÉBEC 60 **AU CANADA** 200

NOUVEAUTÉS EN 2012

Aucun changement majeur

GUERRE DE COMPACTES À L'HORIZON

Michel Crépault

Les petites voitures sont importantes. Elles entraînent des premiers acheteurs dans le giron d'une marque qui s'évertue ensuite à les garder pour la vie. Hyundai a su s'y prendre au Québec avec sa sous-compacte Accent. Maintenant, le constructeur sud-coréen entend jouer les trouble-fêtes chez les compactes avec son Elantra de cinquième génération. La partie n'est pas gagnée d'avance puisque cette catégorie comporte des ténors comme la Toyota Corolla, la Honda Civic et la Mazda3, mais il faut admettre que Hyundai a multiplié les succès ces temps derniers. Alors, pourquoi pas un autre à sa feuille de route?

CARROSSERIE Les stylistes du studio californien de Hyundai ont eu le crayon heureux et moderne. À vrai dire, quand on examine la récente Sonata ou le tout nouveau Veloster, quand on regarde le vent de jeunesse qui souffle chez le frère siamois Kia, on se rend compte que la marque ne veut plus rien savoir des silhouettes lisses et seulement respectables. La carrosserie de la nouvelle Elantra jongle avec des formes en relief qui lui confèrent une allure distinctive. Pas un seul centimètre de la coque n'a été abandonné à la morosité. Le soin apporté aux phares et aux feux arrière, par exemple, renforce la personnalité de la petite berline qui, à sa façon de ressembler à un nerveux coupé, me rappelle le stratagème visuel similaire adopté par la Classe CLS de Mercedes-Benz. Une fois séduit, le consommateur aura encore à choisir entre pas moins de quatre versions (L, GL, GLS et Limited).

HABITACLE L'espace y est plus spacieux. Je serai le chroniqueur le plus surpris du monde quand la remplaçante d'une petite voiture sera encore plus petite. Ça enverrait un message contradictoire aux clients. De fait, l'empattement de la nouvelle Elantra a gagné 5,1 centimètres, tandis que le volume de son coffre à bagages dispose de 18 litres supplémentaires. Pour ne rien vous cacher, l'auto reprend la plateforme et les mensura-

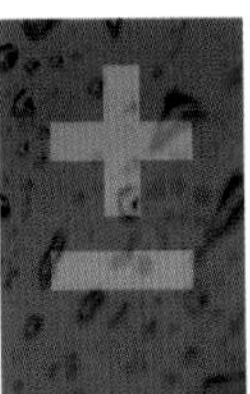

FORCES Silhouette bien tournée • Habitacle joliment présenté et sérieusement assemblé • Prestations intéressantes à la pompe

FAIBLESSES Le travail de la boîte automatique accuse une paresse relative • Moteur aux épisodes bruyants • Prix en hausse (par rapport à la valeur ajoutée)

tions de la Kia Forte, elle aussi une réussite au point de vue du design. Le tableau de bord allie en même temps un style dégagé et une ergonomie qui n'exigera pas qu'on gâche plusieurs soirées en tête-à-tête avec le manuel du proprio. La version Limited, à près de 25 000 $, comprend un système de navigation et une sono qui lit les iPod correctement. Des options étonnantes, comme des places chauffantes à l'arrière, figurent désormais au catalogue. Et si jamais vous voulez étonner la parenté, vous n'aurez qu'à leur pointer les piliers A (pare-brise) et B (portières) de votre nouvelle acquisition en leur déclamant, comme Charles Tisseyre à l'émission *Découverte*, « Eh bien, mes amis, l'apparence particulière du plastique qui recouvre ces montants, au demeurant fort nécessaires, est due au fait que sa composition incorpore des tissus fibreux à de la roche volcanique ». Et mettez ça dans votre pipe !

MÉCANIQUE Les qualités premières d'une automobile sont d'abord communiquées par le moteur. Hyundai le sait et développe à l'interne des engins qui marient à la fois la performance et la frugalité. L'ancienne Elantra utilisait un 4-cylindres Beta de 2 litres alors que la nouvelle se contente d'une cylindrée de 1,8 litre. Cependant, les performances du nouveau moteur, fort à propos baptisé Nu (comme dans « new », c'est-à-dire « nouveau »), sont 7 % supérieures : 148 chevaux au lieu de 138. Ce n'est pas la seule magie des ingénieurs, puisque la nouvelle motorisation est également plus économe de carburant et pas à peu près comme le prouve une cote de consommation combinée ville/route de 5,9 litres aux 100 km/h, une statistique qui a le mérite d'être la meilleure du créneau. En jetant un coup d'œil à la fourchette de prix, vous vous rendrez compte que l'Elantra ne joue plus la carte du prix le plus bas. Mettons ça sur le compte d'une confiance en soi inédite et sur un équipement enrichi puisque, notamment, le contrôle de la stabilité est désormais de série pour la première fois à bord de l'Elantra. Pour être honnête, puisque tous les constructeurs d'automobiles auront l'obligation d'inclure cette aide électronique à compter de l'automne 2011, Hyundai a devancé l'échéance. Soulignons quand même que l'Elantra pousse le luxe jusqu'à offrir, en option, des sièges arrière chauffants, mais que les freins ABS sont standard. La boîte de vitesses manuelle à 6 rapports travaille comme un charme, mais ne devrait représenter que 15 % des ventes. Les gens se tourneront plutôt vers l'automatique, aussi à 6 rapports, offerte sur toutes les versions et de série sur la Limited.

Hyundai développe à l'interne des engins qui marient à la fois la performance et la frugalité.

COMPORTEMENT Le nouveau Nu fournit une puissance adéquate mais, de un, il aurait pu être moins grognon, surtout à l'accéléra-

HISTORIQUE

C'est en octobre 1990 que Hyundai introduisit la compacte Elantra au monde entier en tant que modèle 1991. La Corée du Sud fit sa connaissance sous le nom d'Avante, alors que pour certains marchés, dont l'Australie, le constructeur utilisa le nom Lantra (à cause d'une dispute avec d'autres fabricants qui détenaient un nom trop similaire). En 2001, on uniformisa tout ça sous le patronyme Elantra, sauf en Corée et en Malaisie. Il persiste quand même des subtilités. Par exemple, la familiale au Canada se désigne Touring mais Hyundai i30cw ailleurs. Le tout premier moteur, un 4-cylindres 1,6L de 113 CV, avait été conçu par Mitsubishi.

1991

Wagon 1998

2005

2007

Touring 2010

Elantra 2012

A

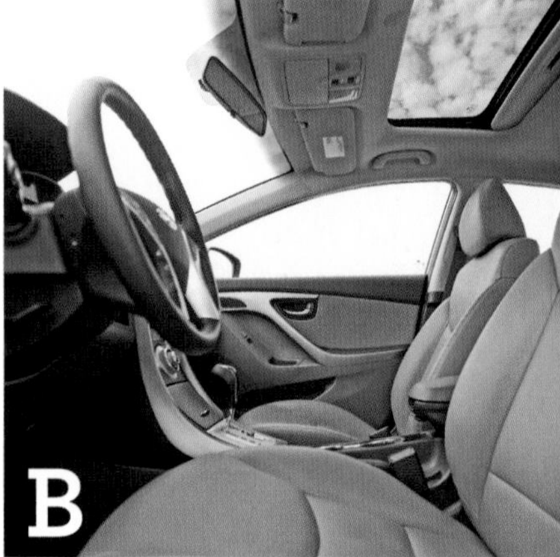
B

C

D

E

GALERIE

A *La nouvelle Elantra a tellement confiance en ses moyens que la version de base se vend plus cher qu'un modèle équivalent Cruze chez Chevrolet ou Jetta chez Volkswagen. Elle se reprend avec un équipement standard plus complet.*

B *L'intérieur, plus spacieux, propose un style contemporain, une ergonomie sans faille notable. La voiture compacte est de plus bardée d'aides électroniques, dont le contrôle de la stabilité de série pour la première fois, et pousse le luxe jusqu'à rendre optionnels des sièges arrière chauffants.*

C *Le look travaillé au studio californien est moderne, beaucoup moins amorphe, avec des lignes sculptées en relief et des feux aux quatre coins qui se distinguent. Hyundai qualifie son nouveau design de « sculpture fluide ».*

D *Le 4-cylindres Beta de 2,0L a cédé sa place à un Nu de 1,8L et 148 CV. À la naissance de l'Elantra il y a plus de 20 ans, son tout premier 4-cylindres 1,6L enregistrait une consommation en ville de 10,7L aux 100 km, alors que le nouveau moulin, plus puissant, offre une cote combinée de 5,9 litres !*

E *es sous-compactes, c'est bien beau, dit Steve Kelleher, président de Hyundai Canada, mais ça ne représente que 6 % de toutes les ventes canadiennes. En revanche, une automobile sur quatre vendues au pays est une compacte. Alors Hyundai se tourne vers ce créneau avec une ambition renouvelée.*

tion et, de deux, Hyundai aurait dû le doter de l'injection directe de carburant. Quant aux boîtes de vitesses, elles parviennent tant bien que mal à restituer à la conduite la sportivité qu'inspire l'allure de l'auto. Le rayon de braquage large se révèle un autre bémol. Comme le châssis utilise une impressionnante quantité d'acier à haute résistance, on se retrouve tout de même au volant d'un véhicule dont la coque se montre rigide sans pour autant affliger l'auto d'un poids superflu. Soulignons que Hyundai peut bien profiter d'une expertise scintillante dans le domaine puisqu'elle est le seul constructeur à posséder sa propre usine de métallurgie. L'accroissement de la rigidité de 37 % élimine les bruits parasites et réduit à néant, ou presque, les menaces de tangage. La nouvelle Elantra confère une confiance derrière le volant que la précédente distillait de manière bien timide. Espérons maintenant que Hyundai ne s'arrêtera pas en si bon chemin car on pourrait infuser à l'auto un dynamisme qui, je le répète, est pourtant annoncé d'emblée par une silhouette gagnante. Nous obtiendrions alors une compacte qui, en plus de peu consommer (quand c'est le temps), réussirait à plaquer un sourire sur le visage (quand c'est le temps).

CONCLUSION Il n'y a pas si longtemps, Hyundai se serait vantée de nous offrir la compacte la moins coûteuse du segment. Plus maintenant. Une Elantra L à boîte manuelle et sans air climatisé se vend désormais plus cher qu'une Chevrolet Cruze LS ou une Volkswagen Jetta de base. Les dirigeants de Hyundai ne veulent donc plus jouer la carte du prix nécessairement le plus bas. En revanche, en échange de quelques dollars supplémentaires, ils ont truffé leur nouvelle Elantra d'un équipement standard plus complet que celui de la génération précédente. On retient que la compacte sud-coréenne n'est pas la plus rapide ni la plus lente, mais elle épargnera des sous à la pompe; son allure extérieure est en nette progression, au point de faire tourner les têtes; sa cabine aérée et le confort de ses baquets inviteront aux longues balades; enfin, sa fourchette de prix, compte tenu de l'équipement offert, l'autorise à figurer sur une liste de magasinage sérieuse.

2e OPINION

« Hyundai s'impose sur le marché nord-américain avec des produits intéressants. L'Elantra a de quoi plaire avec ses nouvelles lignes, et les concessionnaires en vendront des tonnes et des tonnes. Lors du dévoilement de la nouvelle génération de la berline compacte, le président de Hyundai Canada, Steve Kelleher, demandait aux journalistes si l'Elantra possédait ce qu'il fallait pour devenir la voiture la plus vendue au pays dans sa catégorie. Les consommateurs auront le dernier mot. En revanche, même si le constructeur coréen a prodigieusement progressé depuis quelques années, les moteurs ne sont pas encore aussi raffinés que ceux de la concurrence japonaise. Pour le reste, l'Elantra est une voiture agréable, économique et jolie. Aucune crainte pour la fiabilité. Un bon achat ! » — Francis Brière

FICHE TECHNIQUE

MOTEURS
(Berline)
L4 1,8 L DACT, 148 ch à 6500 tr/min
COUPLE 131 lb-pi à 4700 tr/min
BOÎTE DE VITESSES manuelle à 6 rapports, automatique à 6 rapports avec mode manuel (option, de série Limited)
0-100 KM/H 9,8 s
VITESSE MAXIMALE 190 km/h
(Touring)
L4 2,0 L DACT, 138 ch à 6000 tr/min
COUPLE 136 lb-pi à 4600 tr/min
BOÎTE DE VITESSES manuelle à 5 rapports, automatique à 4 rapports (option)
0-100 KM/H 10,2 s
VITESSE MAXIMALE 190 km/h
CONSOMMATION (100 KM) man. 7,7 L **auto.** 7,6 L
ÉMISSIONS DE CO_2 man. 3588 kg/an **auto.** 3542 kg/an
LITRES PAR ANNÉE man. 1560 **auto.** 1540
COÛT PAR AN man. 2028 $ **auto.** 2002 $

AUTRES COMPOSANTS
SÉCURITÉ ACTIVE freins ABS, assistance au freinage (berline), répartition électronique de la force de freinage, contrôle de la stabilité électronique, antipatinage (berline et touring GL, GLS, Limited)
SUSPENSION AVANT/ARRIÈRE
berline indépendante/essieu rigide **Touring** indépendante
FREINS AVANT/ARRIÈRE disques
DIRECTION à crémaillère, assistée
PNEUS berline L P195/65R15 **GL/GLS** P205/55R16 **Limited** P215/45R17
Touring L/GL/GLS P195/65R15 **GLS Sport** P215/45R17

DIMENSIONS
EMPATTEMENT 2700 mm
LONGUEUR berline 4530 mm **Touring** 4485mm
LARGEUR (sans les rétroviseurs) **berline** 1775 mm **Touring** 1765mm
HAUTEUR berline 1435 mm **Touring** 1520 mm
POIDS berline man. 1207 kg **auto.** 1225 kg
TOURING man. 1320 kg **auto.** 1335 kg
DIAMÈTRE DE BRAQUAGE berline 10,6 m **Touring** 10,4 m
COFFRE berline 420 L **Touring** 689 L, 1848 L (sièges abaissés)
RÉSERVOIR DE CARBURANT berline 48 L **Touring** 53 L

MENTIONS

RECOMMANDÉ

VERDICT

Plaisir au volant
Qualité de finition
Consommation
Rapport qualité / prix
Valeur de revente

www.hyundaicanada.com

62 999 à 77 000$ t&p 1 760$

LA COTE VERTE MOTEUR V8 DE 5 L source : Hyundai

CONSOMMATION (100 KM) 13,1 L • ÉMISSIONS POLLUANTES CO_2 ND • INDICE D'OCTANE 91
COÛTDU CARBURANT MOYEN PAR ANNÉE ND • NOMBRE DE LITRES PAR ANNÉE ND

FICHE D'IDENTITÉ

VERSIONS Signature, Ultimate
ROUES MOTRICES arrière
PORTIÈRES 4 **NOMBRE DE PASSAGERS** 4, 5
PREMIÈRE GÉNÉRATION 2011
GÉNÉRATION ACTUELLE 2011
CONSTRUCTION Ulsan, Corée du Sud
COUSSINS GONFLABLES 9 (, frontaux, latéraux avant et arrière, genoux conducteur, rideaux latéraux)
CONCURRENCE Audi A8, BMW Série 7, Mercedes-Benz Classe S, Lexus LS

AU QUOTIDIEN

PRIME D'ASSURANCE
25 ANS : 3000 à 3300 $
40 ANS : 2000 à 2200 $
60 ANS : 1700 à 1900 $
COLLISION FRONTALE ET LATÉRALE 5/5
VENTES DU MODÈLE DE L'AN DERNIER
AU QUÉBEC ND **AU CANADA** ND
DÉPRÉCIATION ND
RAPPELS (2006 À 2011) aucun à ce jour
COTE DE FIABILITÉ ND

GARANTIES… ET PLUS

GARANTIE GÉNÉRALe 5 ans/100 000 km
GARANTIE MOTOPROPULSEUR 5 ans/100 000 km
PERFORATION 5 ans/kilométrage illimité
ASSISTANCE ROUTIÈRE 3 ans/kilométrage illimité
NOMBRE DE CONCESSIONNAIRES
AU QUÉBEC 60 **AU CANADA** 200

NOUVEAUTÉS EN 2012

Nouveau moteur V8 de 5 litres et nouvelle transmission automatique à 8 rapports.

VOUS N'ÊTES PAS SAOUL, ÇA VIENT DE **SÉOUL** !

Antoine Joubert

La XG n'a pas eu de succès, l'Azera non plus. Et même si la Genesis est loin d'être une vilaine voiture, on ne peut certainement pas parler d'un succès commercial. Ainsi, en intégrant le marché de la voiture de grand luxe, Hyundai ne peut sans doute pas s'attendre à fracasser des records. Ceci dit, pour continuer son ascension dans l'échelle hiérarchique des constructeurs d'automobiles, Hyundai n'a d'autre choix que de passer par là. D'ailleurs, si aujourd'hui, la Sonata se veut l'une des voitures les plus populaires de son segment, c'est parce qu'on a travaillé dur pour établir sa crédibilité au fil des ans.

CARROSSERIE L'Equus roule sa bosse depuis longtemps en Corée, et depuis un peu plus de trois ans sous cette forme. Et si, sur les marchés asiatiques, la voiture est proposée avec un choix de deux empattements, on ne nous réserve toutefois que la plus imposante des deux. Comme il se doit, l'Equus affiche des lignes gracieuses où le chrome est omniprésent. Question de « prestige », vous remarquerez toutefois que le logo Hyundai n'y est pas apparent, ce dernier étant remplacé par un écusson soi-disant gracieux unique à ce modèle.

HABITACLE La première chose à savoir à propos de l'Equus, c'est qu'elle est spacieuse… très spacieuse ! Imaginez, on retrouve autant d'espace à bord que dans la plus volumineuse des Mercedes-Benz de Classe S, ce qui n'est pas peu dire. Mais il faut également savoir que l'Equus se décline en deux versions dont les nomenclatures sont empruntées à Lincoln (Signature ou Ultimate), lesquelles se démarquent respectivement par leur configuration à cinq ou à quatre occupants. Naturellement, le luxe y est probant, allant d'un système de divertissement complet avec chaîne audio Lexicon à 17 haut-parleurs, en passant par la sellerie de cuir et d'Alcantara, jusqu'aux sièges chauffants, ventilés et comportant une fonction de massage. Mais il faut aussi admettre que

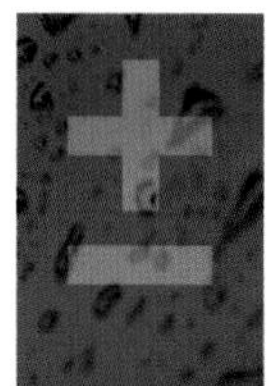

FORCES Confort royal • Degré de luxe étonnant • Belle qualité de finition Service après-vente personnalisé • Voiture spacieuse et très silencieuse

FAIBLESSES Absence de transmission intégrale • Logo non prestigieux Forte dépréciation à prévoir • Voiture très lourde

résultat d'une courte carrière pour l'Equus en Amérique du Nord. D'ailleurs, l'insuccès de la berline Genesis s'explique aussi par ce manque.

Hyundai a fait ses devoirs de façon à offrir une qualité de finition qui n'égale peut-être pas celle des rivales allemandes, mais qui se veut certainement comparable à celle de la Lexus LS.

MÉCANIQUE Il fallait s'y attendre, l'Equus hérite, comme la Genesis, du nouveau V8 de 5 litres à injection directe de carburant qui développe 429 chevaux. Accouplé à une nouvelle boîte de vitesses à 8 rapports, ce V8 livre des performances franchement impressionnantes qui viennent aisément rejoindre celles des V8 de Mercedes-Benz et de BMW. Pas de farce !

En contrepartie, l'Equus est lourdement handicapée par l'absence de la transmission intégrale, un élément aujourd'hui incontournable dans ce segment. Audi et Mercedes-Benz l'offrent de série, BMW et Lexus le proposent en option, tandis que Jaguar demeure la seule à ne pas l'offrir. À mon sens, ce seul élément pourrait engendrer le

COMPORTEMENT Même si Hyundai prétend offrir une voiture au comportement dynamique, il faut savoir que cette voiture est surtout dynamiquement confortable. Certes, la suspension pneumatique réglable propose un mode « sport » qui raffermit la conduite, mais ça demeure drôlement plus souple que ce que propose une berline comme l'Audi A8. En fait, l'Equus se compare surtout à la Lexus LS en matière de conduite, parce que confortable, insonorisée à souhait, dans l'objectif de vous offrir un moment de détente ultime. Étonnamment, l'Equus demeure néanmoins maniable. Non, elle ne se gare pas d'elle-même (comme dans le cas de la Lexus LS), mais son court diamètre de braquage et sa direction précise lui permettent de se faufiler en ville et de se garer assez facilement.

CONCLUSION Sans logo prestigieux et sans transmission intégrale, l'Equus a peu de chance de percer, et ce, même si le prix de base est alléchant. Mais elle permet de rehausser encore d'un cran la perception des gens face à la marque coréenne qui gagne sans cesse en popularité. Et si tel est l'objectif, Hyundai peut dire mission accomplie !

2e OPINION

« Hyundai continue son ascension vers des sommets inexplorés avec la présentation de son nouveau vaisseau amiral, l'Equus. Construite sur la base de la Genesis, cette limousine offre aussi le même Nouveau V-8 de 5 litres. Longue de 5,1 mètres, elle vous offre toute l'opulence d'une grande routière de cette catégorie. Hyundai veut démontrer qu'elle peut jouer avec les plus grands et réussit de belle manière. Tout comme Lexus à ses débuts, cette Hyundai fait un sérieux pied de nez à la concurrence quand vient le temps de passer à la caisse. Pour environ 65 000 $, vous pouvez partir avec une Equus en livrée de base et, pour 72 000 $, il ne manquera que le chauffeur. Le seul obstacle est de convaincre les gens de dépenser cette somme pour une Hyundai. Un essai vous fera réfléchir, vous pouvez me croire. » — Benoit Charette

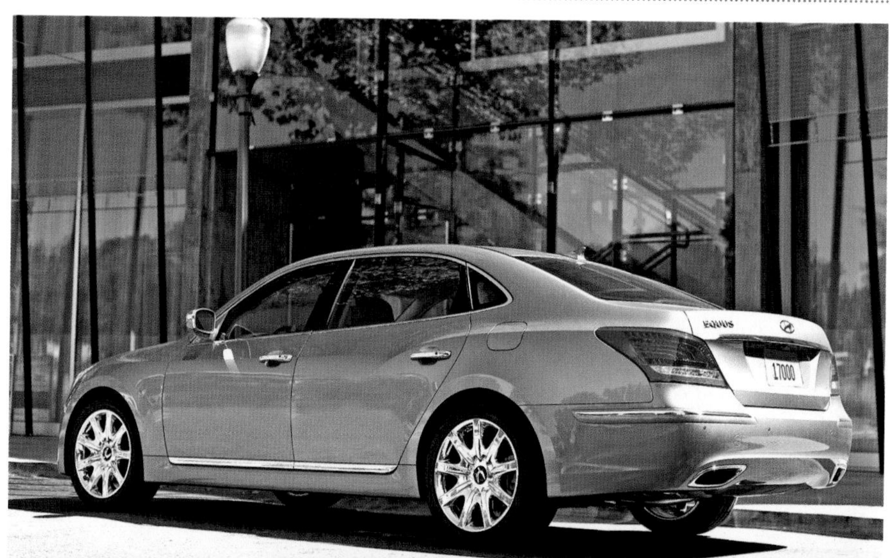

FICHE TECHNIQUE

MOTEUR

V8 5 L DACT 429 ch à 6400 tr/
COUPLE 376 lb-pi à 5000 tr/min
BOÎTE DE VITESSES automatique à 8 rapports avec mode manuel
0-100 KM/H 6,0 s
VITESSE MAXIMALE 230 km/h

AUTRES COMPOSANTS

SÉCURITÉ ACTIVE freins ABS, assistance au freinage, contrôle de la stabilité électronique, répartition électronique de la force de freinage, antipatinage
SUSPENSION AVANT/ARRIÈRE indépendante
FREINS AVANT/ARRIÈRE disques
DIRECTION à crémaillère, assistée
PNEUS P245/45R19 (av.) P275/40R19 (arr.)

DIMENSIONS

EMPATTEMENT 3045 mm
LONGUEUR 5159 mm
LARGEUR (sans les rétroviseurs) 1890 mm
HAUTEUR 1491 mm
POIDS 2018 kg
DIAMÈTRE DE BRAQUAGE 12,1 m
COFFRE 473 L
RÉSERVOIR DE CARBURANT 77 L

MENTIONS

RECOMMANDÉ

VERDICT

Plaisir au volant
Qualité de finition
Consommation
Rapport qualité / prix
Valeur de revente nm

$ 24 899 $ À 38 299 $ t&p 1565 $

LA COTE VERTE MOTEUR L4 DE 2 L TURBO source : EnerGuide

CONSOMMATION (100 KM) man. 8,3 L auto. 8,6 L • **ÉMISSIONS POLLUANTES CO_2** man. 3910 kg/an auto. 4048 kg/an • **INDICE D'OCTANE** 91
COÛT DU CARBURANT MOYEN PAR ANNÉE MAN. 2380 $ AUTO. 2464 $ • **NOMBRE DE LITRES PAR ANNÉE** man. 1700 auto. 1760

FICHE D'IDENTITÉ

VERSIONS 2.0T, 2.0T GT, 3.8, 3.8 GT
ROUES MOTRICES arrière
PORTIÈRES 2 **NOMBRE DE PASSAGERS** 2+2
PREMIÈRE GÉNÉRATION 2010
GÉNÉRATION ACTUELLE 2010
CONSTRUCTION Ulsan, Corée du Sud
COUSSINS GONFLABLES 6
(frontaux, latéraux avant, rideaux latéraux)
CONCURRENCE Chevrolet Camaro, Dodge Challenger, Ford Mustang V6, Honda Accord Coupé, Honda Civic Si, Nissan Altima Coupe/370 Z

AU QUOTIDIEN

PRIME D'ASSURANCE
25 ANS : 2500 à 2800 $
40 ANS : 1600 à 1800 $
60 ANS : 1000 à 1200 $
COLLISION FRONTALE 4/5
COLLISION LATÉRALE 5/5
VENTES DU MODÈLE DE L'AN DERNIER
AU QUÉBEC 732 **AU CANADA** 3113
DÉPRÉCIATION
RAPPELS (2006 À 2011) aucun à ce jour
COTE DE FIABILITÉ ND

GARANTIES... ET PLUS

GARANTIE GÉNÉRALE 5 ans/100 000 km
GARANTIE MOTOPROPULSEUR 5 ans/100 000 km
PERFORATION 5 ans/kilométrage illimité
ASSISTANCE ROUTIÈRE 3 ans/kilométrage illimité
NOMBRE DE CONCESSIONNAIRES
AU QUÉBEC 60 **AU CANADA** 200

NOUVEAUTÉS EN 2012

Aucun changement majeur

JE **T'AIME** MOI NON PLUS !

Philippe Laguë

Avec la disparition de la Mitsubishi Eclipse, Hyundai est devenu le seul constructeur asiatique à persister dans le créneau des coupés sport. Certes, la Honda Accord et la Nissan Altima se déclinent en version à 2 portes, mais elles n'ont pas de prétentions sportives (ou si peu).

CARROSSERIE Un coupé sport doit avoir de la gueule, c'est impératif, et le coupé Genesis a fière allure, avec des airs de GT italienne. D'ailleurs, à ce sujet, avez-vous remarqué que les dessinateurs de véhicules coréens semblent nettement plus inspirés que ceux qui œuvrent chez les constructeurs japonais ? On jase...

HABITACLE La décoration intérieure est tout aussi réussie. Hier encore, dans l'habitacle d'une voiture coréenne, on pouvait percevoir un décalage de qualité par comparaison avec les japonaises ; plus maintenant. Le plastique demeure omniprésent, mais il y en a désormais autant dans les japonaises ; l'assemblage, lui, est rigoureux.

Le tableau de bord se concentre sur l'essentiel : compte-tours et indicateur de vitesse. La partie centrale, elle, intègre la chaîne audio et la climatisation en deux sections bien délimitées, ce qui évite la confusion. Toutes les commandes sont à portée de la main et faciles à manipuler. Et comme toujours chez Hyundai, l'équipement de série est bien garni.

Même s'il s'agit d'un coupé sport, les places arrière ne se contentent pas d'être décoratives ; un adulte peut même y prendre place. Par contre, il aura la tête collée à la lunette. À l'avant, les baquets, enveloppants et confortables, offrent un bon maintien latéral, mais l'appuie-tête, trop avancé et impossible à régler, en fera pester plus d'un(e).

MÉCANIQUE Suralimenté par un turbocompresseur, le 4-cylindres de 2 litres (210 chevaux) a ses forces et ses faiblesses. Le pot, d'abord : il est bruyant dès qu'il approche

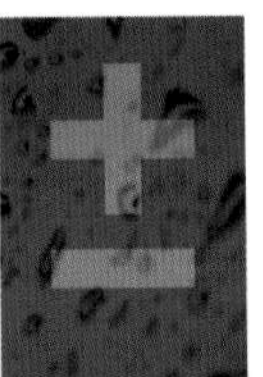

FORCES • Design inspiré • Équipement de série • Qualité de construction Tenue de route sportive • Prix attrayant • Garantie de base 5 ans/100 000 km

FAIBLESSES • Appuie-tête désagréables • Bruits de roulement à l'intérieur Moteur bruyant et rugueux (2-litres) • V6 qui manque de caractère Boîte manuelle perfectible • Réactions du train arrière

la barre des 3 000 tours par minute ainsi que lors des accélérations et des rétrogradations. En fait, ce moteur manque cruellement de souplesse. Et comme les bruits de roulement sont très présents dans l'habitacle, ça peut vite devenir agressant. Les fleurs, maintenant : des performances correctes, pour une voiture de ce prix; et une consommation très raisonnable.

Avec ses 306 chevaux, le V6 de 3,8 litres montre de belles promesses... qu'il ne tient pas, hélas ! Certes, le couple, généreux, est toujours disponible, et les performances sont plus relevées; mais son tempérament trop policé nous laisse sur notre appétit. Avare de sensations, il manque de hargne, de mordant.

Tant le 4-cylindres que le V6 peuvent être jumelés à une boîte de vitesses manuelle à 6 rapports. Celle-ci est perfectible : les premier et deuxième rapports semblent mal synchronisés, le guidage n'est pas ce qu'il y a de plus précis, et l'embrayage manque de progressivité. Hum...

Heureusement, la boîte de vitesses automatique – à 5 rapports pour la 2-litres, 6 pour la V6 – est irréprochable, avec des passages très fluides. Mais est-ce qu'on veut une boîte automatique dans une sportive ?

COMPORTEMENT La tenue de route est solide grâce à un châssis rigide et à une bonne répartition des masses. Maîtriser la bête demande cependant un certain doigté, car le train arrière décroche facilement. Évidemment, l'antipatinage limite les dégâts, mais si vous décidez de le débrancher, prudence ! Des notions de pilotage sont alors requises. Par ailleurs, l'antipatinage est très sensible, ce qui devient agaçant.

Les pneus de 19 pouces qui chaussent les versions à moteur V6 modifient le comportement et pas pour le mieux. L'adhérence est meilleure en virage, mais ces pneus sont d'une sensibilité exacerbée, ce qui occasionne des mouvements de caisse : la voiture se déporte pour un rien. Et comme le V6 est plus puissant, le train arrière a encore plus de mal à ne pas décrocher. La direction s'en trouve aussi affectée : elle s'alourdit, et son rayon de braquage s'élargit. Dommage, car cette direction ultra précise et bien dosée place parfaitement la voiture en virage. Les pneus de 18 pouces de la 2-litres la servent mieux, en plus de proposer un roulement plus confortable.

CONCLUSION En résumé, le concept est bon, mais il a encore besoin d'être peaufiné. Les deux moteurs ne tiennent pas leurs promesses, tandis que, à l'opposé, le comportement est trop pointu pour le commun des mortels. Mais la base de la voiture est saine, son châssis, très rigide, et sa qualité de construction ne font aucun doute. Les imperfections, elles, peuvent être corrigées, et ce, assez facilement.

2e OPINION

« Il faut l'admettre, Hyundai a plutôt bien réussi son entrée dans le segment des coupés sport compacts avec son coupé Genesis. En matière de mécanique, le fabricant sud-coréen offre un 4-cylindres de 2 litres turbocompressé ou un V6 de 3,8 litres. Même que la version à 4 cylindres, qui vise clairement les jeunes avides de tuning, est la cause du retour de Toyota dans le segment avec le coupé Scion FR-S. Et il se pourrait bien que d'autres joueurs soient tentés d'entrer dans la danse. La version 2.0T demeure une bonne affaire, mais pour plus de plaisir au volant, il faut choisir le moteur V6, plus puissant et plus généreux en couple, qui est plus plaisant à faire valser sur un circuit. Si seulement Hyundai proposait aussi le nouveau V8 de 5 litres, l'hégémonie des muscle cars de Detroit serait grandement menacée. » — Vincent Aubé

FICHE TECHNIQUE

MOTEURS

L4 2,0 L turbo DACT, 210 ch à 6000 tr/min
COUPLE 223 lb-pi à 2000 tr/min
BOÎTES DE VITESSES manuelle 6 rapports, automatique à 5 rapports avec mode manuel (en option)
0-100 KM/H 8,2 s
VITESSE MAXIMALE 220 km/h

V6 3,8 L DACT, 306 ch à 6300 tr/min
COUPLE 266 lb-pi à 4700 tr/min
BOÎTES DE VITESSES manuelle à 6 rapports, automatique à 6 rapports avec mode manuel
0-100 KM/H 6,3 s
VITESSE MAXIMALE 240 km/h

CONSOMMATION (100 KM) 9,8 L (octane 87)
ÉMISSIONS DE CO_2 4600 kg/an
LITRES PAR ANNÉE 2000
COÛT PAR AN 2800 $

AUTRES COMPOSANTS

SÉCURITÉ ACTIVE freins ABS, assistance au freinage, distribution électronique de la force de freinage, contrôle de stabilité électronique, antipatinage
SUSPENSION AVANT/ARRIÈRE indépendante
FREINS AVANT/ARRIÈRE disques
DIRECTION à crémaillère, assistée
PNEUS 2.0T/3.8 P225/45R18 (av.), P245/45R18 (arr.) 2.0T GT/3.8 GT P225/40R19 (av.), P245/40R19 (arr.)

DIMENSIONS

EMPATTEMENT 2820 mm
LONGUEUR 4630 mm
LARGEUR 1865 mm
HAUTEUR 1385 mm
POIDS 2.0T 1498 kg à 1579 kg 3.8 1543 à 1595 kg
DIAMÈTRE DE BRAQUAGE 11,4 m
COFFRE 283 L
RÉSERVOIR DE CARBURANT 65 L

www.hyundaicanada.com

MENTIONS

RECOMMANDÉ

VERDICT

Plaisir au volant
Qualité de finition
Consommation
Rapport qualité/prix
Valeur de revente

$ 39 999 à 53 499 $ t&p 1760 $

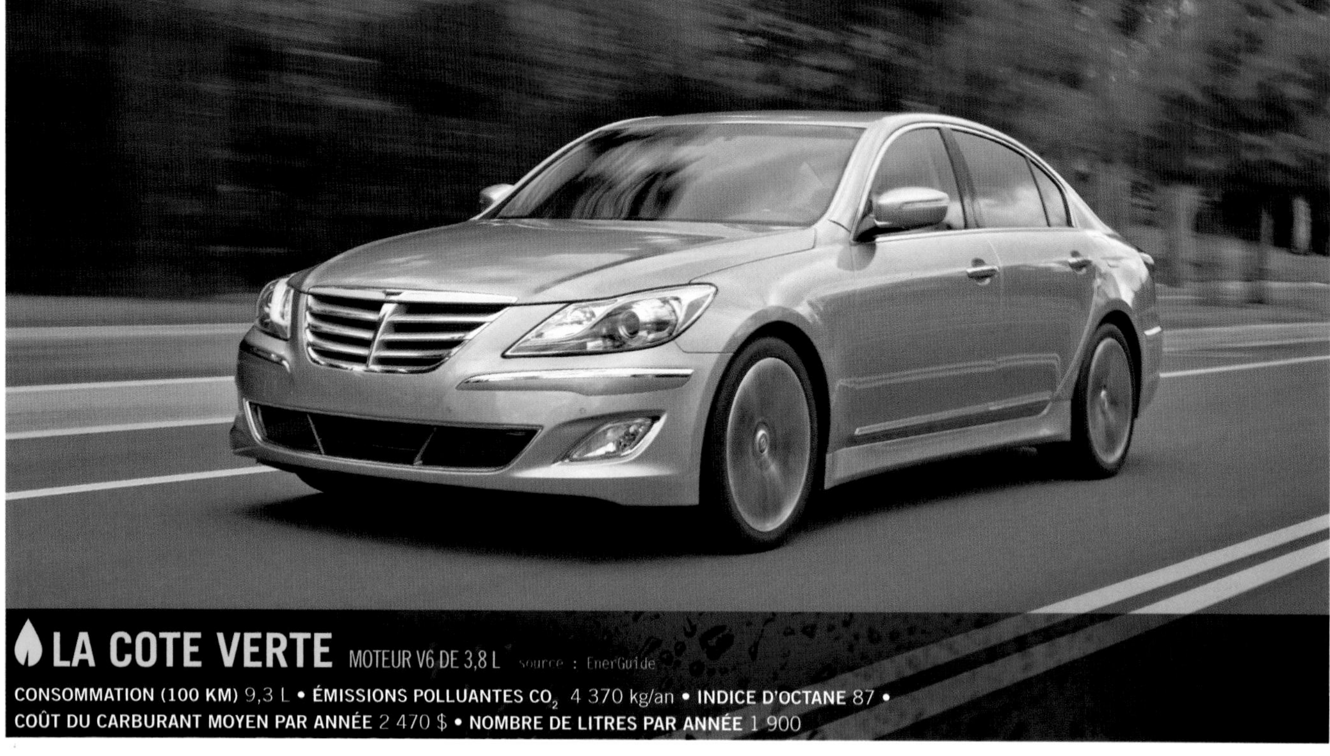

LA COTE VERTE MOTEUR V6 DE 3,8 L source : EnerGuide

CONSOMMATION (100 KM) 9,3 L • **ÉMISSIONS POLLUANTES CO_2** 4 370 kg/an • **INDICE D'OCTANE** 87 • **COÛT DU CARBURANT MOYEN PAR ANNÉE** 2 470 $ • **NOMBRE DE LITRES PAR ANNÉE** 1 900

FICHE D'IDENTITÉ

VERSIONS 3.8, 5.0 R-Spec
ROUES MOTRICES arrière
PORTIÈRES 4 Nombre de passagers 5
PREMIÈRE GÉNÉRATION 2009
GÉNÉRATION ACTUELLE 2009
CONSTRUCTION Ulsan, Corée du Sud
COUSSINS GONFLABLES 8 (frontaux, latéraux avant et arrière, rideaux latéraux)
CONCURRENCE Acura TL, Buick Lucerne, BMW Série 5, Infiniti M, Lexus ES, Mercedes-Benz Classe E, Nissan Maxima, Toyota Avalon

AU QUOTIDIEN

PRIME D'ASSURANCE
25 ANS : 1 600 à 1 800 $
40 ANS : 1 200 à 1 400 $
60 ANS : 1 000 à 1 200 $
COLLISION FRONTALE 5/5
COLLISION LATÉRALE 5/5
VENTES DU MODÈLE DE L'AN DERNIER
AU QUÉBEC 159 **AU CANADA** 811
DÉPRÉCIATION (1 an) 29,2 % (2010)
RAPPELS (2006 à 2011) aucun à ce jour
COTE DE FIABILITÉ 4/5

GARANTIES... ET PLUS

GARANTIE GÉNÉRALE 5 ans/100 000 km
GARANTIE MOTOPROPULSEUR 5 ans/100 000 km
PERFORATION 5 ans/kilométrage illimité
ASSISTANCE ROUTIÈRE 3 ans/kilométrage illimité
NOMBRE DE CONCESSIONNAIRES
AU QUÉBEC 60 **AU CANADA** 200

NOUVEAUTÉS EN 2012

Légèrement redessinée, nouvelle boîte de vitesses automatique à 8 rapports de série, moteur V6 plus puissant, nouveau moteur V8 de 5 litres.

QUATRE ROUES MOTRICES S.V.P. !

Antoine Joubert

Acclamée par d'innombrables publications spécialisées comme étant une révélation dans le monde de l'automobile, la Hyundai Genesis a succédé aux berlines XG300, XG350 et Azera. Aucune d'elles n'avait connu de succès, et il est hélas navrant de constater qu'il en va de même pour la Genesis. Et tout cela s'explique par deux facteurs. Il y a, bien sûr, le prestige, que le logo Hyundai ne peut prétendre offrir et, surtout, l'absence d'une transmission intégrale, que la grande majorité des rivales proposent.

Qui plus est, si Hyundai prétend avec la Genesis avoir pour concurrence des berlines de luxe comme la BMW de Série 5 et la Mercedes-Benz de Classe E, c'est parce que ça paraît bien. Mais en réalité, aucun acheteur de ces berlines allemandes n'a un jour pensé à se diriger du côté de Hyundai. Lexus peut-être... ou Acura... en tirant par les cheveux. Mais pas Hyundai. En réalité, la véritable concurrence de la Genesis se situe plutôt du côté des Cadillac CTS, Chrysler 300, Lincoln MKS et Lexus GS. Remarquez que la plupart d'entre elles sont plus ou moins populaires, et qu'elles visent toutes à rehausser l'image de leur marque respective...

CARROSSERIE Retouchée pour 2012, la Genesis diffère esthétiquement très peu de sa devancière. Des pare-chocs, des bas de caisse plus agressifs et une calandre soi-disant redessinée sont au nombre des nouveautés. Mais ce sont surtout les nouveaux phares à diodes électroluminescentes et les jantes qui permettent de remarquer le nouveau millésime de cette voiture, somme toute élégante.

HABITACLE La sobriété est maître à bord. Maître au point de se demander si l'on n'a pas oublié quelque chose. Mais non, tout y est. Une chose est sûre, ça n'a rien à voir avec le poste de conduite d'une Cadillac CTS, surchargé et étriqué. Car ici, non seulement la planche de bord est sobre et de bon goût, mais l'espace proposé est presque digne d'une limousine. C'est d'ailleurs pour cette raison qu'on s'y sent

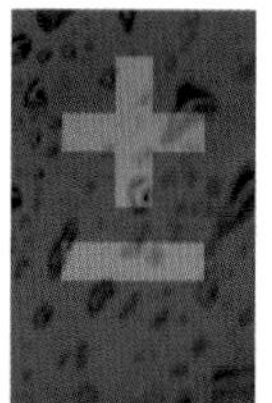

FORCES Comportement routier impressionnant • Bel équilibre des versions à moteur V6 • Présentation sobre et soignée • Équipement cossu • Garantie rassurante

FAIBLESSES Absence de transmission intégrale • Le prestige n'y est pas • Pas de version « régulière » à moteur V8 • Siège ventilé... pour le conducteur seulement

tout de suite très à l'aise, car plusieurs berlines rivales ont tendance à proposer un habitacle esthétiquement déroutant, complexe et pas toujours de bon goût.

Comme d'habitude, Hyundai propose plus d'équipement que la moyenne, dans la mesure où vous trouvez un produit véritablement comparable. Mais je vous dirais toutefois que la comparaison avec la Chrysler 300 n'avantage pas toujours la Genesis.

MÉCANIQUE Les principales nouveautés pour 2012 se cachent sous le capot. On retrouve d'abord un V6 qui gagne 43 chevaux en puissance grâce à l'adoption de l'injection directe de carburant, puis la nouvelle version R-Spec et son puissant V8 de 5 litres. Aussi à injection directe de carburant, ce dernier produit 429 chevaux, pour de foudroyantes accélérations. Il faut dire que, en plus de cette augmentation de puissance, les deux motorisations s'accompagnent d'une nouvelle boîte de vitesses automatique à 8 rapports, laquelle impressionne par son rendement. Cette dernière est d'ailleurs dotée d'un mode permettant de sauter des rapports, ce qui améliore le confort et la consommation de carburant.

COMPORTEMENT La version R-Spec, la seule à recevoir un V8, hérite d'une suspension et d'une direction plus fermes et de roues de 19 pouces. La stratégie visant la conduite sportive me semble toutefois curieuse puisque, à mon avis, les acheteurs en quête d'une telle voiture recherchent surtout du confort et de la grande douceur. Et là, il faut avouer qu'on est tout simplement mieux servi avec les versions à moteur V6, ce qui me laisse donc croire que la R-Spec (quel nom bizarre...) ne connaîtra aucun succès. En revanche, l'équilibre et la grande maniabilité des modèles V6 impressionnent, offrant une conduite plus intéressante pour l'acheteur cible et une meilleure consommation de carburant.

CONCLUSION C'est vrai, la Genesis est une voiture géniale, bien construite et qui procure une très belle expérience de conduite. Hélas, tant que la transmission intégrale sera absente, elle ne risque pas de connaître chez nous le succès qu'elle mérite. Reste à savoir combien de temps il faudra avant que Guillaume nous fasse une publicité annonçant l'arrivée de la transmission intégrale, car Hyundai confirme que c'est dans les plans. À suivre...

2e OPINION

« La silhouette est plus sculpturale, et l'intérieur, toujours aussi impressionnant pour une berline de ce prix. Mais c'est sous le capot que les ingénieurs se sont laissés aller ! Grâce à l'injection directe de carburant, la puissance du V6 a gagné 43 chevaux, et la voiture profite d'une boîte de vitesses à 8 rapports. Ce n'était pas suffisant : le constructeur confie à la Genesis son V8 le plus puissant à ce jour. Ainsi est née la 5.0 R-Spec. Cela dit, je ne suis pas vendu à 100 % à cette stratégie. De un, à mon avis, l'appellation R-Spec convient mieux à une voiture de tuner. De deux, alors que les Américains continuent d'avoir accès au V8 de 4,6 litres, les Canadiens doivent trancher entre le V6 ou le V8 de guerre. Je ne présumerais pas autant du caractère belliqueux des clients potentiels... » — Michel Crépault

FICHE TECHNIQUE

MOTEURS

V6 3,8 L DACT 333 ch à 6400 tr/min
COUPLE 291 lb-pi à 5100 tr/min
BOÎTE DE VITESSES automatique à 8 rapports avec mode manuel
0-100 KM/H 6,3 s
VITESSE MAXIMALE 225 km/h

V8 5,0 L DACT 429 ch à 6400 tr/min
COUPLE 376 lb-pi à 5000 tr/min
BOÎTE DE VITESSES automatique à 8 rapports avec mode manuel
0-100 KM/H 5,4 s
VITESSE MAXIMALE 250 km/h

CONSOMMATION (100 KM) 10,6 L (octane 91)
ÉMISSIONS DE CO_2 nd
LITRES PAR ANNÉE nd
COÛT PAR AN nd
EMPREINTE ÉCOLOGIQUE nd

AUTRES COMPOSANTS

SÉCURITÉ ACTIVE freins ABS, assistance au freinage, répartition électronique de la force de freinage, contrôle de stabilité électronique, antipatinage
SUSPENSION AVANT/ARRIÈRE indépendante
FREINS AVANT/ARRIÈRE disques
DIRECTION à crémaillère, assistée
PNEUS 3.8 P225/55R17
OPTION 3.8 P235/50R18 **5.0** P245/40R19

DIMENSIONS

EMPATTEMENT 2935 mm
LONGUEUR 4985 mm
LARGEUR 1890 mm
HAUTEUR 1476 mm jantes de 18 po/19 po 1481 mm
POIDS 3.8 1735 à 1801 kg **5.0** 1835 à 1884 kg
DIAMÈTRE DE BRAQUAGE 11,0 m
COFFRE 450 L
RÉSERVOIR DE CARBURANT 3.8 73 l **5.0** 77 L

MENTIONS

COUP DE CŒUR   RECOMMANDÉ

VERDICT

Plaisir au volant
Qualité de finition
Consommation
Rapport qualité / prix
Valeur de revente

$ 23 999 À 37 599 $ (2011) t&p : 1 760 $

LA COTE VERTE MOTEUR L4 DE 2,4 L source : Energuide

CONSOMMATION (100 KM) MAN. 9,4 L AUTO. 8,8 L AUTO. 4RM 9,3 L • **ÉMISSIONS POLLUANTES CO_2 (KG/AN)** MAN. 4370 AUTO. 4140 AUTO. 4RM 4324 **EMPREINTE ÉCOLOGIQUE** 28 • **INDICE D'OCTANE** 87 • **AUTRE MOTORISATION** ESSENCE • **COÛT DU CARBURANT MOYEN PAR ANNÉE** MAN. 2470 $ AUTO. 2340 $ AUTO. 4RM 2 444 $ **NOMBRE DE LITRES PAR ANNÉE** MAN. 1900 AUTO. 1800 AUTO. 4RM 1880

FICHE D'IDENTITÉ

VERSIONS 2.4 GL, 2.4 GL Premium 2RM/4RM, 3.5 GL 2RM/4RM, 3.5 GL Sport 2RM/4RM, 3.5 Limited 4RM, 3.5 Limited Navi 4RM
ROUES MOTRICES avant, 4
PORTIÈRES 5
PREMIÈRE GÉNÉRATION 2001
GÉNÉRATION ACTUELLE 2007
CONSTRUCTION Montgomery, Alabama
COUSSINS GONFLABLES 6 (frontaux, latéraux avant, rideaux latéraux)
CONCURRENCE Chevrolet Equinox, GMC Acadia, Ford Edge/Flex, Honda Pilot, Kia Sorento, Mazda CX-7, Mitsubishi Outlander, Nissan Murano, Toyota Highlander

AU QUOTIDIEN

PRIME D'ASSURANCE
25 ANS : 2200 à 2400 $
40 ANS : 1700 à 1900 $
60 ANS : 1500 à 1700 $
COLLISION FRONTALE 5/5
COLLISION LATÉRALE 5/5
VENTES DU MODÈLE DE L'AN DERNIER
AU QUÉBEC 7407 **AU CANADA** 27 882
DÉPRÉCIATION 42,5 %
RAPPELS (2006 à 2011)
COTE DE FIABILITÉ 3/5

GARANTIES... ET PLUS

GARANTIE GÉNÉRALE 5 ans/100 000 km
GARANTIE MOTOPROPULSEUR 5 ans/100 000 km
PERFORATION 5 ans/kilométrage illimité
ASSISTANCE ROUTIÈRE 3 ans/kilométrage illimité
NOMBRE DE CONCESSIONNAIRES
AU QUÉBEC 60 **AU CANADA** 200

NOUVEAUTÉS EN 2012

Aucun changement majeur

UN JOUEUR DE **PREMIER TRIO**

Par Philippe Laguë

« Tempus fugit », dirait Bernard Landry... Déjà plus de 10 ans que Hyundai lançait son premier véhicule utilitaire sport « 100 % coréen », le Santa Fe. Auparavant, les VUS vendus par ce constructeur étaient des Mitsubishi maquillés (à peine) et rebaptisés. Ils n'étaient pas offerts en Amérique du Nord, mais la popularité exponentielle de ce type de véhicules a forcé Hyundai à plonger.

CARROSSERIE Le Santa Fe de deuxième génération se fond dans la masse des VUS qui se ressemblent tous. Par ses dimensions, il se situe entre les compacts et les intermédiaires, de sorte qu'il joue sur deux tableaux. Il peut aussi bien tutoyer les Chevrolet Equinox et Mazda CX-7 que des véhicules plus gros comme le Ford Edge ou le Honda Pilot. Autrement dit, il ratisse large.

HABITACLE Pour la présentation intérieure et la qualité des tissus et matériaux, le Santa Fe n'a rien à envier à ses concurrents japonais qui demeurent la référence. La principale faiblesse de l'habitacle, ce sont les sièges, qui n'ont aucun maintien latéral. Dès qu'on roule plus d'une demi-heure, on s'affale sur le siège – pas de soutien lombaire non plus – et on doit se redresser constamment. Sinon, ces sièges seraient confortables, car ils sont bien rembourrés.

Comme dans la plupart des VUS, petits et gros, l'espace n'est pas un problème, mais, néanmoins, le dégagement pour les jambes déçoit; c'est correct, sans plus. L'ergonomie, elle, est irréprochable : les commandes sont simples et bien placées, le tableau de bord est facile à consulter, rien de compliqué. On aime ça comme ça. Les espaces de rangement sont nombreux et bien placés; les propriétaires apprécieront les compartiments dissimulés sous le plancher de la soute à bagages. Cette dernière est par ailleurs vaste. Par contre, ne cherchez pas de troisième banquette, car il n'y en a pas, même en option.

MÉCANIQUE Le 4-cylindres de 2,4 litres permet au Santa Fe de rivaliser avec des concurrents comme l'Equinox, le CX-7 ou, encore, le Mitsubishi Outlander. Nous

FORCES Finition et ergonomie • Solide paire de moteurs • Consommation (V6) • Mécanique de plus en plus raffinée • Douceur de roulement • Garantie de base 5 ans/100 000 km

FAIBLESSES Sièges qui manquent de maintien • Espace mesuré pour les jambes à l'arrière • Consommation (4-cyl.) • Aptitudes hors route limitées

avons obtenu une moyenne de 10 litres aux 100 kilomètres, moitié ville, moitié route, et ce, en respectant scrupuleusement les limites de vitesse. Pour un VUS, ce n'est quand même pas si mal, mais on s'attendait à mieux, d'autant plus que le V6 ne consomme guère plus : à peine un litre de différence (aux 100 kilomètres). C'est cependant tout ce qu'on peut reprocher à ce moteur qui n'a rien à envier aux excellents 4-cylindres japonais. La même constatation s'applique au V6 qui se situe, lui aussi, dans le haut du peloton.

Tous les organes mécaniques exécutent un travail irréprochable, et cette rigueur nous laisse croire qu'on pourrait très bien être à bord d'un Toyota ou d'un Honda. La boîte de vitesses automatique à 6 rapports est fluide et bien étagée; le freinage est puissant; et la direction, précise et bien dosée, avec un court rayon de braquage qui rend la conduite urbaine plus agréable.

COMPORTEMENT La douceur de roulement du Santa Fe est comparable à celle de n'importe quelle berline, et on peut dire la même chose de la tenue de route, qui ne souffre aucunement de la garde au sol plus élevée, propre à ce type de véhicule. Oh, il y a bien un peu de roulis, mais il se manifeste surtout si on prend une courbe de façon plus agressive. Sinon, la caisse reste stable, et le sous-virage est bien maîtrisé.

Sachez cependant que le Santa Fe, malgré sa garde au sol et ses quatre roues motrices, n'est pas un aventurier. De VUS, il n'a que l'allure et il est plus proche, dans sa conception comme dans son usage, d'un véhicule multisegment. Ce n'est pas une camionnette, mais bien une automobile déguisée. Sa plateforme et bon nombre de ses organes mécaniques viennent d'ailleurs de la Sonata.

CONCLUSION Une conclusion s'impose : le Santa Fe est désormais un joueur de premier trio. Confortable, fiable, raffiné et bien construit, il illustre tout le chemin parcouru par Hyundai au cours des 25 dernières années. Signe de sa confiance en ses propres véhicules, cette marque propose également la garantie la plus complète parmi les constructeurs généralistes. Ceux et celles qui ont connu l'époque des Pony et Stellar peuvent encore mieux mesurer tout le progrès accompli...

2e OPINION

« L'auteur de ces lignes est passé très près de se procurer un Santa Fe. Besoins familiaux obligent, l'espace offert, la longue liste de caractéristiques, le confort louable et la garantie rassurante constituaient tous des arguments de taille. Sans compter que le prix demandé, combiné avec les modalités de financement avantageuses, faisait de lui un produit doublement alléchant. Hélas, la transmission intégrale figurait parmi les principaux critères d'achat, au même titre que la faible consommation de carburant. Et puisque le Santa Fe n'offre la transmission intégrale qu'avec son moteur V6, il a automatiquement été rayé de la liste. Ceci dit, celui qui désire un moteur V6 peut difficilement être mieux servi, sauf peut-être du côté de Kia avec le Sorento, ou encore avec le Toyota RAV4. » — Antoine Joubert

FICHE TECHNIQUE

MOTEURS

(2.4 GL, 2.4 GL PREMIUM) L4 2,4 L DACT, 175 ch à 6000 tr/min
COUPLE 169 lb-pi à 3750 tr/min
BOÎTES DE VITESSES manuelle à 6 rapports, automatique à 6 rapports avec mode manuel (option pour 2.4 GL)
0-100 KM/H 9,7s
VITESSE MAXIMALE 180 km/h

(3.5 GL, 3.5 GL SPORT, 3.5 LIMITED, 3.5 LIMITED NAVI) V6 3,5 L DACT, 276 ch à 6300 tr/min
COUPLE 248 lb-pi à 5000 tr/min
BOÎTE DE VITESSES automatique à 6 rapports avec mode manuel
0-100 KM/H 7,6 s
VITESSE MAXIMALE 200 km/h

CONSOMMATION (100 KM) 2RM 8,9 L **4RM** 9,2 L
ÉMISSIONS DE CO_2 2RM 4140 kg/an **4RM** 4278 kg/an
LITRES PAR ANNÉE 2RM 1800 **4RM** 1860
COÛT PAR AN 2RM 2350 $ 4RM 2418 $

AUTRES COMPOSANTS

SÉCURITÉ ACTIVE freins ABS, assistance au freinage, répartition électronique de force de freinage, antipatinage, contrôle de stabilité électronique
SUSPENSION AVANT/ARRIÈRE indépendante
FREINS AVANT/ARRIÈRE disques
DIRECTION À crémaillère, assistée
PNEUS 2.4 GL/3.5 GL P235/65 R17
2.4 GL Premium/3.5 Sport/3.5 Limited P235/65 R18

DIMENSIONS

EMPATTEMENT 2700 mm
LONGUEUR 4676 mm
LARGEUR (rétros non compris) 1890 mm
HAUTEUR 1725 mm
POIDS 2.4 GL man. 1672 kg **2.4 GL auto.** 1689 kg
3.5 GL/ 3.5 GL Sport 1769 kg
3.5 GL 4RM/3.5 GL Sport 4RM/Limited 1868 kg
DIAMÈTRE DE BRAQUAGE 10,8 m
COFFRE 968 L, 2214 L (sièges abaissés)
RÉSERVOIR DE CARBURANT 68 L
CAPACITÉ DE REMORQUAGE 2.4 907 kg **3.5** 1587 kg

MENTIONS

RECOMMANDÉ

$ 22 649 $ À 34 499 $ (2011) t&p : 1565 $

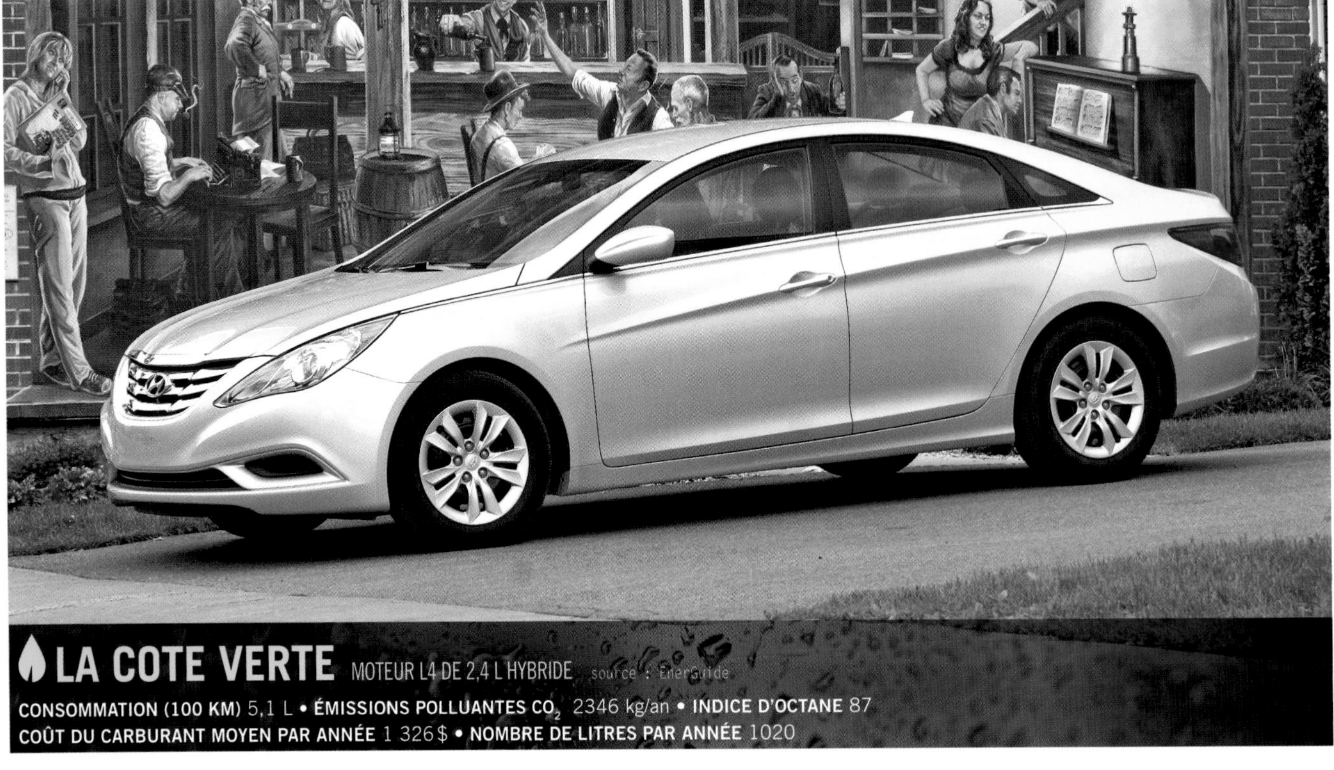

LA COTE VERTE MOTEUR L4 DE 2,4 L HYBRIDE source : ÉnerGuide

CONSOMMATION (100 KM) 5,1 L • **ÉMISSIONS POLLUANTES CO_2** 2346 kg/an • **INDICE D'OCTANE** 87
COÛT DU CARBURANT MOYEN PAR ANNÉE 1 326 $ • **NOMBRE DE LITRES PAR ANNÉE** 1020

FICHE D'IDENTITÉ

VERSIONS GL, GLS, Limited, Limited Navi, 2.0T, 2.0T Limited, 2.0 T Limited Navi, Hybrid, Hybrid Premium
ROUES MOTRICES avant
PORTIÈRES 4 **NOMBRE DE PASSAGERS** 5
PREMIÈRE GÉNÉRATION 1989
GÉNÉRATION ACTUELLE 2011
CONSTRUCTION Montgomery, Alabama
COUSSINS GONFLABLES 6 (frontaux, latéraux avant, rideaux latéraux)
CONCURRENCE Buick LaCrosse, Chevrolet Malibu, Chrysler 200, Ford Fusion, Honda Accord, Kia Optima, Mazda6, Nissan Altima, Subaru Legacy, Toyota Camry, Volkswagen Passat

AU QUOTIDIEN

PRIME D'ASSURANCE
25 ANS : 1500 à 1700 $
40 ANS : 1000 à 1200 $
60 ANS : 800 à 1000 $
COLLISION FRONTALE 5/5
COLLISION LATÉRALE 515
VENTES DU MODÈLE DE L'AN DERNIER
AU QUÉBEC 4296 **AU CANADA** 13 856
DÉPRÉCIATION 43,9 %
RAPPELS (2006 à 2011) 7
COTE DE FIABILITÉ 4/5

GARANTIES... ET PLUS

GARANTIE GÉNÉRALE 5 ans/100 000 km
GARANTIE MOTOPROPULSEUR 5 ans/100 000 km
PERFORATION 5 ans/kilométrage illimité
ASSISTANCE ROUTIÈRE 3 ans/kilométrage illimité
NOMBRE DE CONCESSIONNAIRES
AU QUÉBEC 60 **AU CANADA** 200

NOUVEAUTÉS EN 2012

Toit ouvrant panoramique sur certains modèles

BELLE ET **BONNE**

Benoit Charette

Depuis ses tout premiers débuts, Hyundai s'est toujours démarquée par son rapport qualité/prix difficile à battre. Le fabricant a su, au fil des générations, conserver cet avantage, mais mise aussi maintenant sur la qualité, un style novateur et des technologies de pointe pour convaincre sa clientèle. La Sonata est un parfait exemple de cette approche.

CARROSSERIE Si les modèles de base et 2.0T (turbocompressé) revêtent sensiblement la même robe, la version hybride, elle, se dote d'une calandre exclusive à la bouche grande ouverte un peu dans le style de Mazda. Ce style plus extraverti semble plaire beaucoup, car Hyundai n'a jamais vendu autant de voitures. Plus qu'un excellent produit, ce dernier est maintenant attirant et joli. À l'image de tous les récents produits de Hyundai, la voiture s'inspire du concept de « sculpture fluide » qui consiste à donner du mouvement à des objets immobiles. On remarquera que la version 2.0T offre une double sortie d'échappement et des pneus de 18 pouces, des éléments qui la distinguent de la version de base équipée de roues de 16 pouces. Hyundai a aussi pris le soin de travailler le coefficient de traînée de sa version hybride qui affiche seulement 0,28.

HABITACLE L'atmosphère à bord est simple, dépouillé et de bon goût. Le rétroéclairage bleuté la nuit ajoute une touche d'élégance. L'espace est généreux, tant à l'avant qu'à l'arrière, mais vous aurez besoin de vous pencher un peu pour prendre place à l'arrière en raison de la ligne de toit ; mais une fois à l'intérieur, pas de problème. Que vous soyez à bord de la version de base ou turbo, la présentation est essentiellement la même. Dans la version hybride, vous trouvez un écran couleur à cristaux liquides qui donne de l'information sur la charge des batteries, votre consommation de carburant et votre performance éconergétique de conducteur. Vous avez aussi sous les yeux un petit tableau gradué qui indique le moment où vous conduisez sur le mode électricité.

MÉCANIQUE Le moteur de la berline de base est un 4-cylindres de 2,4 litres à injec-

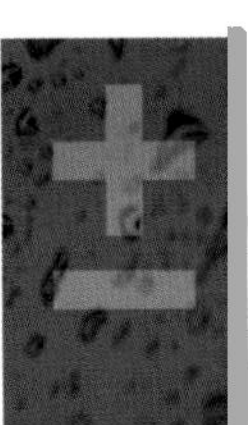

FORCES Innovation dans le style • Conduite exemplaire • Confortable • Prix très concurrentiel

FAIBLESSES Direction un peu molle à basse vitesse • Quelques bruits de vent à plus de 100 km/h

tous les régimes. Toutes les versions profitent d'une excellente boîte de vitesses automatique à 6 rapports.

COMPORTEMENT Le gain en rigidité et les 60 kilos de moins de la version de base rendent la conduite plus agréable. La boîte à 6 rapports est souple et s'harmonise bien avec la mécanique. Le modèle hybride est le plus agréable, le plus moderne et l'un des moins coûteux que nous avons essayés. La boîte de vitesses automatique à 6 rapports annule le désagréable effet de moteur de «mobylette» ressenti avec une boîte à variation continue. Le moteur électrique remplace le convertisseur de couple, ce qui permet de rouler sur le mode électrique, même à haute vitesse, pour une meilleure consommation de carburant. Enfin, la version Turbo offre une conduite plus ferme, des suspensions retravaillées et des performances à la hauteur d'une voiture sportive.

CONCLUSION Autrefois à la remorque des constructeurs les plus innovants, Hyundai a pris la position de tête et devient celle qu'on doit suivre. La Sonata fait tout de manière exemplaire, conduite, style, performances, consommation de carburant, tous les ingrédients sont là avec une garantie supérieure et des prix concurrentiels. Difficile de demander mieux.

tion directe de carburant qui développe 198 chevaux. La version hybride utilise la même base mécanique avec un fonctionnement à cycle Atkinson. Ce cycle, qui utilise une détente plus grande que la compression, améliore le rendement au prix d'une puissance plus faible (166 chevaux). Hyundai ajoute un moteur électrique alimenté par des batteries au lithium-ion-polymère (une première) de 40 chevaux pour un total combiné de 206 chevaux. Les batteries ont l'avantage d'être plus petites, plus compactes et plus légères (moins de 45 kilos). Cette technologie permet une décharge plus profonde (jusqu'à 80 %, selon l'ingénieur) et des recharges plus fortes en décélération. Enfin, en lieu et place de l'ancien V6, le modèle 2.0T reçoit un moteur de 2 litres turbocompressé de 274 chevaux. Ce ne sont pas des chevaux décoiffants car il y a un léger temps mort avant que le turbo s'anime, mais le moteur ne vibre pas, n'est pas criard et, une fois lancé, répond bien à

2e OPINION

«D'abord son apparence. Pas mal plus intéressante que la précédente. Le constructeur intitule «sculpture fluide» son nouveau style. Coïncidence, Mazda préconise aussi ce design où la carrosserie semble se laisser ciseler par le vent. D'aucuns commenteront que les Sud-Coréens ont peut-être exagéré l'effet sur la coque, avec des lignes trop tourmentées. Au moins, ça sort de l'ordinaire. Ensuite, Hyundai prend le pari de se passer d'un V6, au contraire de la concurrence. L'accent est mis sur l'économie de carburant. Mais si le pied droit vous démange, la version turbocompressée vous attend et, à l'inverse, si vous voulez accentuer votre pied de nez aux pétrolières, optez pour la version hybride. Bons mots sur l'habitacle généreux et le tableau de bord épuré. En bref, essai routier obligatoire.» — Michel Crépault

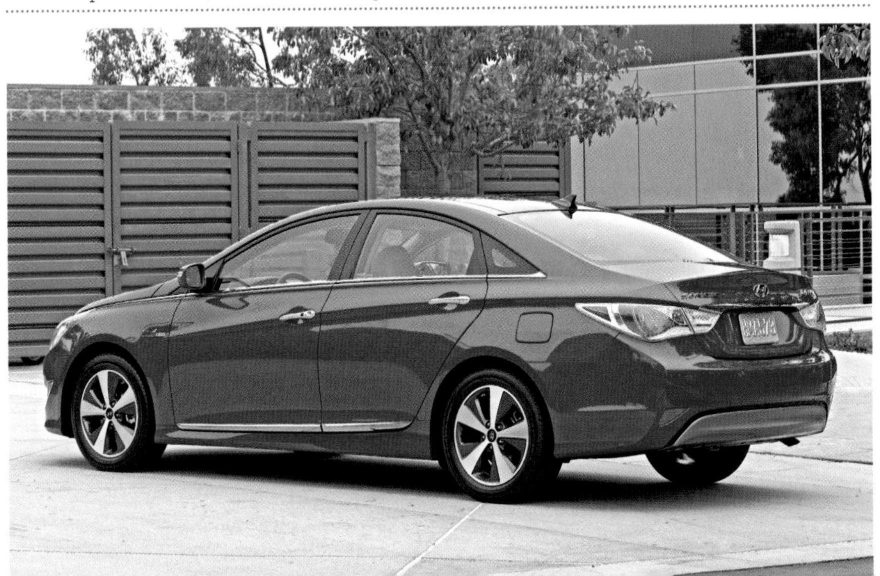

FICHE TECHNIQUE

MOTEURS

(GL,GLS,LIMITED,LIMITED NAVI)
L4 2,4 L DACT, 198 ch à 6300 tr/min
COUPLE 184 lb-pi à 4250 tr/min
BOÎTE DE VITESSES manuelle à 6 rapports, automatique à 6 rapports avec mode manuel (option pour GL)
0-100 KM/H 8 sec
VITESSE MAXIMALE 200 km/h

CONSOMMATION (100 KM) man. 7,2 L auto. 7,6 L (octane 87)
ÉMISSIONS DE CO_2 man. 3404 kg/an auto. 3542 kg/an
LITRES PAR ANNÉE auto. 1480 man. 1540
COÛT PAR AN auto. 2002 $ man. 1924 $

(HYBRID) L4 2,4 L DACT à cycle Atkinson + moteur électrique, 206 ch à 6000 tr/min (puissance combinée)
COUPLE 195 lb-pi (couple combiné)
BOÎTE DE VITESSES automatique à 6 rapports avec mode manuel
0-100 KM/H 9,2 s
VITESSE MAXIMALE 210 km/h

(2.0T) L4 2,0 L turbo DACT, 274 ch à 6000 tr/min
COUPLE 269 lb-pi de 1800 à 4500 tr/min
BOÎTE DE VITESSES automatique à 6 rapports avec mode manuel
0-100 KM/H 7 s
VITESSE MAXIMALE 235 km/h

CONSOMMATION (100 KM) 7,7 L (octane 87)
ÉMISSIONS DE CO_2 man. 3588 kg/an
LITRES PAR ANNÉE auto. 1560
COÛT PAR AN auto. 2028 $

AUTRES COMPOSANTS

SÉCURITÉ ACTIVE freins ABS, assistance au freinage, répartition électronique de force de freinage, antipatinage, contrôle de stabilité électronique
SUSPENSION AVANT/ARRIÈRE indépendante
FREINS AVANT/ARRIÈRE disques
DIRECTION à crémaillère, assistée
PNEUS GL/GLS/Hybrid P205/65R16
Hybrid Premium/Limited P215/55R17
2.0T/2.0T Limited P225/45R18

DIMENSIONS

EMPATTEMENT 2795 mm
LONGUEUR 4820 mm
LARGEUR 1835 mm (sans rétroviseurs)
HAUTEUR 1470 mm **Hybrid** 1465 mm
POIDS GL man. 1437 kg, **GL auto.** 1454 kg, **2.0T** 1517 kg, **Hybrid** 1580 kg
DIAMÈTRE DE BRAQUAGE 10,9 m
COFFRE 464 l Hybrid 304 L
RÉSERVOIR DE CARBURANT 2.4,2.0T 70 L, **HYBRID** 65 L

MENTIONS

CLÉ D'OR

COUP DE CŒUR

RECOMMANDÉ

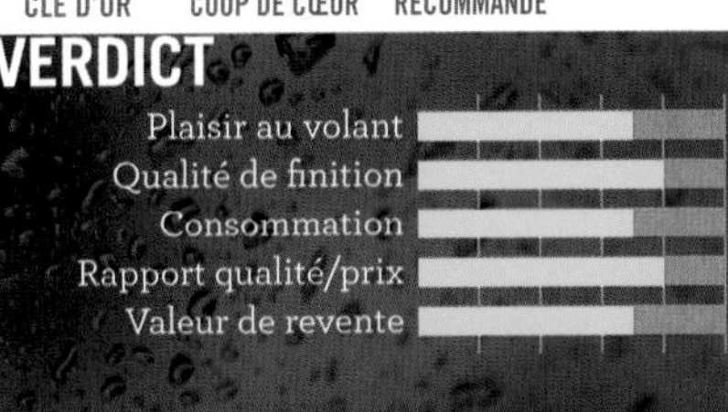

$ 19 999 $ à 34 249 $ t&p : 1760 $

LA COTE VERTE MOTEUR L4 DE 2 L source : EnerGuide

CONSOMMATION (100 KM) man. 8,8 L auto. 7,8 L • **ÉMISSIONS POLLUANTES CO_2 (kg/an)** man. 4094 auto. 3634 • **INDICE D'OCTANE** 87
COÛT DU CARBURANT MOYEN PAR ANNÉE man. 2314 $ auto. 2054 $ • **NOMBRE DE LITRES PAR ANNÉE** man. 1780 auto. 1580

FICHE D'IDENTITÉ

VERSIONS L 2RM, GL 2RM/4RM, GLS 2RM/4RM, Limited 4RM, Limited Navi
ROUES MOTRICES avant, 4
PORTIÈRES 5 **NOMBRE DE PASSAGERS** 5
PREMIÈRE GÉNÉRATION 2005
GÉNÉRATION ACTUELLE 2010
CONSTRUCTION Ulsan, Corée du Sud
COUSSINS GONFLABLES 6 (frontaux, latéraux avant, rideaux latéraux)
CONCURRENCE Chevrolet Equinox, GMC Terrain, Ford Escape, Honda CR-V, Jeep Liberty, Kia Sportage, Mitsubishi Outlander, Subaru Forester, Suzuki Grand Vitara, Toyota RAV4

AU QUOTIDIEN

PRIME D'ASSURANCE
25 ANS : 1400 à 1600 $
40 ANS : 1000 à 1200 $
60 ANS : 900 à 1100 $
COLLISION FRONTALE 5/5
COLLISION LATÉRALE 5/5
VENTES DU MODÈLE DE L'AN DERNIER AU QUÉBEC 4463 **AU CANADA** 12 923
DÉPRÉCIATION 36,0 %
RAPPELS (2006 à 2011) 4
COTE DE FIABILITÉ 4/5

GARANTIES... ET PLUS

GARANTIE GÉNÉRALE 5 ans/100 000 km
GARANTIE MOTOPROPULSEUR 5 ans/100 000 km
PERFORATION 5 ans/kilométrage illimité
ASSISTANCE ROUTIÈRE 3 ans/kilométrage illimité
NOMBRE DE CONCESSIONNAIRES AU QUÉBEC 60 **AU CANADA** 200

NOUVEAUTÉS EN 2012

Aucun changement majeur

LA **BEAUTÉ** SE VEND BIEN !

Vincent Aubé

Dans la catégorie très populaire des VUS compacts, Hyundai, avec son Tucson de première génération, se contentait d'une présence honnête dans le segment. Avec la refonte de l'an dernier, le H coréen a carrément pris le taureau par les cornes. Plus question de faire dans la demi-mesure. Et les consommateurs d'ici l'ont compris, avec une augmentation considérable des chiffres de ventes et près du tiers de ces ventes conclues au Québec.

CARROSSERIE La silhouette effacée de ce petit multisegment de première génération a fait place à ces lignes organiques beaucoup plus réussies. D'ailleurs, depuis son arrivée, un grand nombre de modèles Hyundai ont reçu le même traitement esthétique (Sonata, Elantra, Accent, etc.), et cette nouvelle apparence extérieure, tellement importante de nos jours, fait le plus grand bien à Hyundai et à son Tucson. Le bouclier avant est, à mon avis, la partie la plus réussie avec ces phares en amande et cette calandre plus imposante. Certains diront que la fenestration latérale a été copiée sur celle du Nissan Rogue, mais pour le reste, Hyundai propose un petit VUS beaucoup plus alléchant qu'auparavant.

HABITACLE Bien entendu, la métamorphose s'applique aussi à l'intérieur. Si le dessin de la planche de bord reprend les courbes de la carrosserie, et si la qualité des matériaux est en hausse, il reste qu'on y trouve toujours du plastique dur. C'est un modèle grand public tout de même ! Le rétroéclairage bleu et blanc repose l'œil, et les commandes, pour la plupart, sont d'utilisation intuitive. La position de conduite est, elle aussi, très facile à trouver, surtout sur les versions plus huppées, mais on ne peut en dire autant de la vision latérale et de la vision arrière qui ne sont pas idéales. Au moins, les occupants ont droit à un équipement complet, et ce, même dans les versions de base. Que ce soit le télédéverrouillage électrique, le climatiseur, l'assistance au démarrage en pente ou le freinage en pente, le Tucson est bien garni dès sa sortie d'usine. Aussi, il faut mentionner que l'espace pour les passagers arrière a grandi avec le remo-

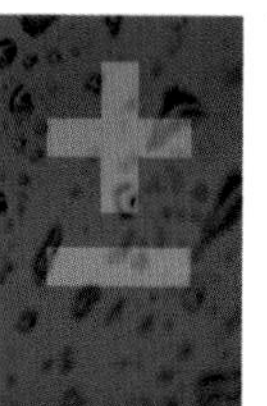

FORCES Consommation de carburant améliorée • Superbe carrosserie • VUS plaisant à conduire

FAIBLESSES Visibilité arrière et latérale à corriger • Capacité de remorquage limitée • Suspension ferme avec les jantes offertes en option

delage, un élément qui s'applique aussi au coffre plus volumineux. Quant au confort des sièges, j'ai trouvé qu'ils étaient un peu durs pour le fessier par moments.

MÉCANIQUE Tout comme le premier Tucson, celui-ci peut être commandé avec deux motorisations, mais puisque Hyundai abandonne petit à petit les grosses cylindrées, le moteur V6 a cédé sa place à un 4-cylindres de 2,4 litres de 176 chevaux accouplé à une boîte de vitesses manuelle à 6 rapports (sur les versions GL à traction seulement) ou à une automatique à 6 rapports (GLS et Limited). Cette motorisation qui remplace l'ancien V6 est plus puissante et consomme moins, que dire de plus? L'autre option, moins onéreuse, consiste à opter pour la livrée de base du Tucson, la L, qui est mue par un 4-cylindres de 2 litres de 165 chevaux, livré d'office avec une boîte manuelle à 5 rapports ou avec l'automatique à 6 rapports offerte en option.

COMPORTEMENT J'ai pu conduire le Tucson autant sur une chaussée sèche que pendant une tempête de neige; je suis obligé de dire que ce VUS compact est plaisant à conduire. La direction n'est pas dépourvue de sensations, la suspension est peut-être sèche avec les jantes de 18 pouces proposées en option, mais le roulis est moins présent, et la tenue de route étonne pour un véhicule de cette hauteur. Bien sûr, les deux moteurs ne font pas du Tucson un foudre de guerre, mais ils font amplement l'affaire dans 95 % des cas. D'ailleurs, la boîte automatique à 6 rapports est très bien étagée, tandis que les manuelles à 5 ou à 6 rapports sont correctes, sans plus. De toute manière, bien peu de gens achètent des VUS pour le nombre de chevaux qui se trouvent sous le capot. Une dernière chose, l'insonorisation du Tucson pourrait être améliorée, mais il se fait pire dans la catégorie.

CONCLUSION Il n'y a pas à dire, Hyundai a réellement fait du beau boulot avec ce VUS. Jadis, les ténors de la catégorie venaient de Honda avec le CR-V ou de Toyota avec son RAV4, mais il faut désormais compter le Tucson dans ce peloton de tête, sans oublier le cousin, le Kia Sportage.

2e OPINION

« Un autre produit sud-coréen renouvelé dont les géniteurs peuvent être fiers. De mauvaise foi celui ou celle qui qualifiera de ratée la nouvelle coque juste assez bulbeuse pour ne pas empiéter sur le style d'Infiniti. L'intérieur est à l'avenant, agréable à regarder et pratique à utiliser. Sur la route, l'autre bonne impression provient de la rigidité de la plateforme. L'éclipse du V6 en faveur d'un 4-cylindres améliore la consommation de carburant, mais des doutes s'immiscent sur le muscle fourni quand le Tucson enfile plusieurs pentes. Heureusement, la demi-douzaine de rapports de la boîte de vitesses automatique compense là où les chevaux s'essoufflent. Ce qui n'empêchera pas le consommateur de lorgner du côté du Santa Fe dont la fourchette de prix est soudainement très voisine du Tucson revu et corrigé. » — Michel Crépault

FICHE TECHNIQUE

MOTEURS

(L) L4 2 L DACT, 165 ch à 6200 tr/min
COUPLE 146 lb-pi à 4600 tr/min
BOÎTES DE VITESSES manuelle à 5 rapports, automatique à 6 rapports avec mode manuel (en option)
0-100 KM/H 10,9 s
VITESSE MAXIMALE 180 km/h

(GL, GLS, LIMITED, LIMITED NAVI) L4 2,4 L DACT, 176 ch à 6000 tr/min
COUPLE 168 lb-pi à 4000 tr/min
BOÎTE DE VITESSES automatique à 6 rapports avec mode manuel
0-100 KM/H 10,6 s
VITESSE MAXIMALE 180 km/h
CONSOMMATION (100 KM) 2RM 7,9 L **4RM** 8,6 L
ÉMISSIONS DE CO_2 2RM 3726 kg/an **4RM** 4048 kg/an
LITRES PAR ANNÉE 2RM 1620 L **4RM** 1720 L
COÛT PAR AN 2RM 2106 $ **4RM** 2288 $

AUTRES COMPOSANTES

SÉCURITÉ ACTIVE freins ABS, assistance au freinage, répartition électronique de la force de freinage, antipatinage, contrôle de stabilité électronique
SUSPENSION AVANT/ARRIÈRE indépendante
FREINS AVANT/ARRIÈRE disques
DIRECTION à crémaillère, assistée
PNEUS L/GL/GLS P225/60R17
Limited/Limited Navi P225/55R18

DIMENSIONS

EMPATTEMENT 2640 mm
LONGUEUR 4400 mm
LARGEUR (EXCLUANT RÉTRO.) 1820 mm
HAUTEUR 1655 mm
POIDS L MAN. 1424 kg **L AUTO.** 1440 kg **GL 2RM** 1452 kg **GL 4RM** 1529 kg **GLS 2RM** 1505 kg **GLS 4RM ET LIMITED** 1582 kg
DIAMÈTRE DE BRAQUAGE 10,6 m
COFFRE 728 L, 1580 L (sièges abaissés)
RÉSERVOIR DE CARBURANT 55 L
CAPACITÉ DE REMORQUAGE 454 kg, 907 kg (avec remorque dotée de freins)

MENTIONS

CLÉ D'OR RECOMMANDÉ

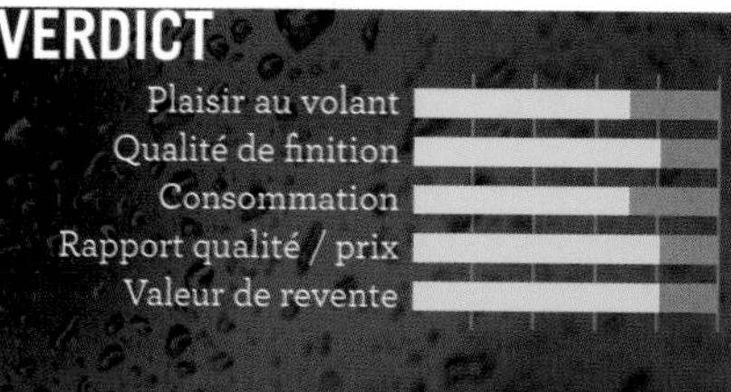

$ ND (2012) t&p ND

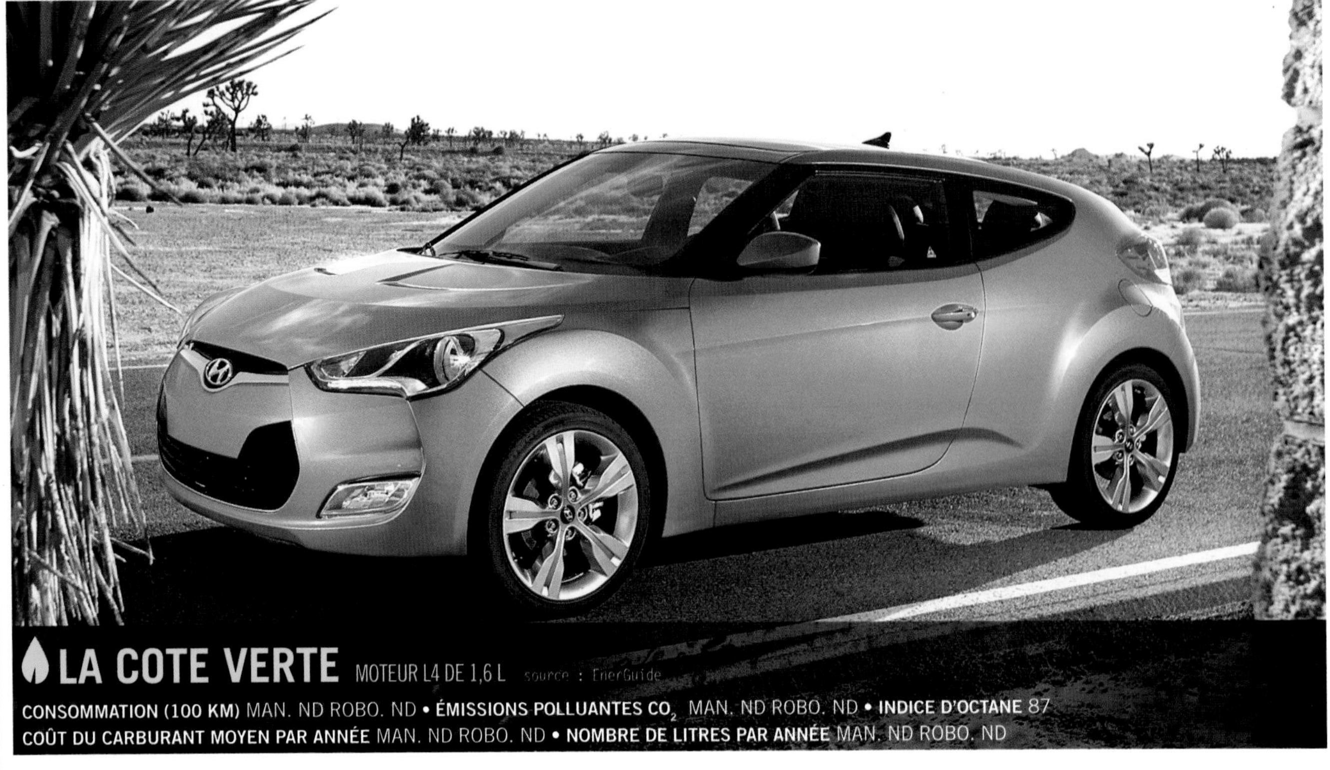

LA COTE VERTE MOTEUR L4 DE 1,6 L source : EnerGuide

CONSOMMATION (100 KM) MAN. ND ROBO. ND • **ÉMISSIONS POLLUANTES CO_2** MAN. ND ROBO. ND • **INDICE D'OCTANE** 87
COÛT DU CARBURANT MOYEN PAR ANNÉE MAN. ND ROBO. ND • **NOMBRE DE LITRES PAR ANNÉE** MAN. ND ROBO. ND

FICHE D'IDENTITÉ

VERSIONS ND
ROUES MOTRICES avant
PORTIÈRES 4 **NOMBRE DE PASSAGERS** 4
PREMIÈRE GÉNÉRATION 2012
GÉNÉRATION ACTUELLE 2012
CONSTRUCTION Ulsan, Corée du Sud
COUSSINS GONFLABLES 6 (frontaux, latéraux avant, rideaux latéraux)
CONCURRENCE Honda CR-Z, MINI Cooper, Scion tC

AU QUOTIDIEN

PRIME D'ASSURANCE
25 ANS : ND
40 ANS : ND
60 ANS : ND
COLLISION FRONTALE ND
COLLISION LATÉRALE ND
VENTES DU MODÈLE DE L'AN DERNIER
AU QUÉBEC ND **AU CANADA** ND
DÉPRÉCIATION ND
RAPPELS (2006 à 2011) ND
COTE DE FIABILITÉ ND

GARANTIES... ET PLUS

GARANTIE GÉNÉRALE 5 ans/100 000 km
GARANTIE MOTOPROPULSEUR 5 ans/100 000 km
PERFORATION 5 ans/kilométrage illimité
ASSISTANCE ROUTIÈRE 3 ans/kilométrage illimité
NOMBRE DE CONCESSIONNAIRES
AU QUÉBEC 60 **AU CANADA** 200

NOUVEAUTÉS EN 2012

Nouveau modèle

INATTENDU

Benoit Charette

C'est au salon de l'auto de Francfort, en Allemagne, que Hyundai avait choisi de dévoiler au monde la Veloster, un coupé à 3 portes qui offre des lignes uniques, celles d'un coupé pour le profil gauche avec une unique grande porte et celles d'une compacte familiale comportant deux portes sur son côté droit afin de faciliter l'accès aux places arrière. Hyundai joue encore une fois d'audace.

CARROSSERIE D'un strict point de vue du style, la Veloster arbore la signature la plus agressive des petites voitures chez Hyundai. Du contour de calandre aux passages de roues en passant par les roues de 17 pouces de série, cette compacte démontre un style extraverti. Mais c'est sans l'ombre d'un doute sa troisième porte qui génère toute l'attention. Saturn nous avait déjà fait le coup il y a quelques années avec une SC qui offrait une troisième portière inversée. Hyundai offre une portière à ouverture traditionnelle du côté passager de la Veloster, procurant ainsi un accès simple et sécuritaire aux places arrière étonnamment spacieuses. Afin de conserver le style coupé classique, la poignée de la portière arrière est cachée dans le pilier C.

HABITACLE À l'intérieur, la Veloster suit une tendance qui commence à faire son chemin dans le monde des voitures compactes, de plus en plus inspirées des modèles plus haut de gamme. On retrouve un système de gestion de la stabilité du véhicule (VSM), un contrôle électronique de la stabilité (ESC) et de la servodirection électrique (MDPS). Vous aurez aussi six coussins de sécurité gonflables, des freins à disque aux quatre roues avec l'ABS et la répartition électronique de la puissance de freinage (EBD) et de l'assistance au freinage (BA). La Veloster est également équipé de série d'un écran tactile multifonction de 7 pouces. Le système à mains libres et la connectivité Bluetooth pour cellulaire avec reconnaissance vocale, le téléchargement de répertoire, la lecture audio sans fil et une caméra de vision arrière sont offerts de série. Un système de navigation avec écran tactile est offert en option. Le système de gestion musicale à commandes vocales Gracenote vise aussi une clientèle plus jeune. Hyundai a inté-

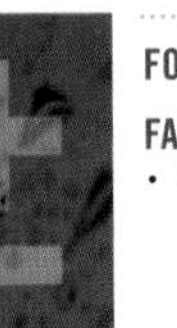

FORCES Style unique • Liste d'équipements complète • Conduite plaisante

FAIBLESSES Manque un peu de couple en reprise • Direction qui pourrait être plus communicative

gré l'option de connexions USB/RCA et une prise électrique de 115 volts dans la Veloster afin de pouvoir jouer des jeux vidéo quand la voiture est stationnée. Une chaîne audio AM/FM/XM/CD/MP3 de 196 watts avec six haut-parleurs et prises iPod®/USB/AUX est offerte de série. Les audiophiles pourront opter pour la chaîne audio haut de gamme Dimension de 450 watts offerte en option et comprenant huit haut-parleurs, un caisson de graves de 8 pouces et un amplificateur externe.

MÉCANIQUE Sous le capot, on retrouve le même moteur que dans l'Accent. Cette mécanique à 4 cylindres de 1,6 litre à injection directe de carburant développe une puissance de 138 chevaux. Ce moteur économique est associé, en option, à une boîte à double embrayage à 6 rapports. La Veloster est dotée de la fonction « ActiveECO » qui permet de contrôler le moteur et la boîte de vitesses de façon à rendre plus douce la réponse de l'accélérateur. Grâce au mode « ActiveECO », le conducteur peut améliorer sa consommation de carburant jusqu'à 7 % en conduite quotidienne.

COMPORTEMENT Sans être sportive, la Veloster, en raison de son faible poids (1172 kilos) se montre agile et bon enfant sur la route. La boîte à 6 rapports fait bon ménage avec le moteur et procure suffisamment de puissance pour avoir du plaisir, ce qui est assez rare dans cette catégorie de voitures. Hyundai a également configuré une suspension arrière avec barre de torsion en V et une barre stabilisatrice de 23 millimètres, procurant une excellente rigidité et un bel aplomb sur la route. La direction électrique est assez précise. Enfin, les roues de 17 pouces de série collent bien au sol, et des 18 pouces sont même offertes en option pour une plus forte adhérence. Avec un châssis aussi sain, il n'est pas surprenant d'apprendre que Hyundai prépare déjà une version turbo pour l'an prochain qui viendra faire la lutte au Juke chez Nissan, un modèle prometteur.

CONCLUSION Modèle décalé de la famille Hyundai, la Veloster vise une clientèle de jeunes conducteurs. Mais contrairement à d'autres constructeurs, Hyundai l'offre à prix réaliste pour les jeunes visés. On regarde dans les microniches en utilisant des bases connues autant pour les châssis que la motorisation. Ainsi, même à plus petit volume de ventes, l'aventure demeure rentable.

FICHE TECHNIQUE

MOTEUR

L4 1,6 L DACT, 138 ch à 6300 tr/min
COUPLE 123 lb-pi à 4850 tr/min
BOÎTE DE VITESSES manuelle à 6 rapports, manuelle robotisée à 6 rapports (en option)
0-100 KM/H ND
VITESSE MAXIMALE ND

AUTRES COMPOSANTS

SÉCURITÉ ACTIVE freins ABS, assistance au freinage, répartition électronique de la force de freinage, antipatinage, contrôle de stabilité électronique
SUSPENSION AVANT/ARRIÈRE indépendante/semi-indépendante
FREINS AVANT/ARRIÈRE disques
DIRECTION à crémaillère, assistée
PNEUS P215/45R17 **option** P215/40R18

DIMENSIONS

EMPATTEMENT 2649 mm
LONGUEUR hayon 4219 mm
LARGEUR 1791 mm
HAUTEUR 1400 mm
POIDS man. 1172 kg **robo.** 1205 kg
DIAMÈTRE DE BRAQUAGE 10,4 m
COFFRE 439 L
RÉSERVOIR DE CARBURANT 50 L

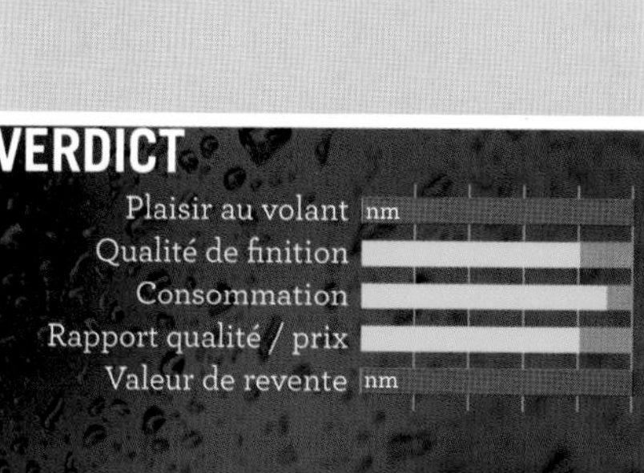

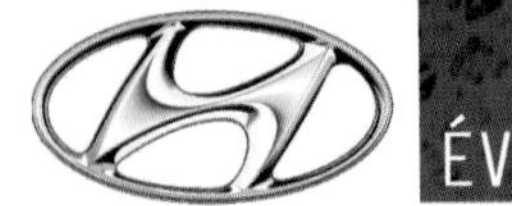

LA COTE VERTE MOTEUR V6 DE 3,8 L source : EnerGuide

CONSOMMATION 100 KM 2RM 10,6 L 4RM 11,1 L • **ÉMISSIONS POLLUANTES CO_2 (KG/AN)** 2RM 4968 4RM 5198 • **INDICE D'OCTANE** 87
COÛT DU CARBURANT MOYEN PAR ANNÉE 2RM 2700$ 4RM 2825$
NOMBRE DE LITRES PAR ANNÉE 2RM 2160 4RM 2260

FICHE D'IDENTITÉ

VERSIONS GL, GL Premium 2RM/4RM, GLS, Limited
ROUES MOTRICES avant, 4
PORTIÈRES 5 **NOMBRE DE PASSAGERS** 7
PREMIÈRE GÉNÉRATION 2008
GÉNÉRATION ACTUELLE 2008
CONSTRUCTION Ulsan, Corée du Sud
COUSSINS GONFLABLES 6 (frontaux, latéraux, rideaux latéraux)
CONCURRENCE Acura MDX, Chevrolet Traverse, GMC Acadia, Ford Edge/Flex, Honda Pilot, Mazda CX-9, Toyota Highlander, Volkswagen Touareg

AU QUOTIDIEN

PRIME D'ASSURANCE
25 ANS : 1700 à 1900$
40 ANS : 1100 à 1300$
60 ANS : 1000 à 1200$
COLLISION FRONTALE 5/5
COLLISION LATÉRALE 5/5
VENTES DU MODÈLE DE L'AN DERNIER
AU QUÉBEC 251 **AU CANADA** 1233
DÉPRÉCIATION 36,9%
RAPPELS (2006 à 2011) 1
COTE DE FIABILITÉ 4/5

GARANTIES... ET PLUS

GARANTIE GÉNÉRALE 5 ans/100 000 km
GARANTIE MOTOPROPULSEUR 5 ans/100 000 km
PERFORATION 5 ans/kilométrage illimité
ASSISTANCE ROUTIÈRE 3 ans/kilométrage illimité
NOMBRE DE CONCESSIONNAIRES
AU QUÉBEC 60 **AU CANADA** 186

NOUVEAUTÉS EN 2012

Aucun changement majeur

FLAIREZ LA **BONNE AFFAIRE!**

Michel Crépault

Quand Hyundai a introduit son Veracruz, en 2008, on a compris que ce nouvel utilitaire aux tendances de multisegment voulait séduire les clients intéressés par sept places mais aussi par une quiétude de roulement à la Lexus.

CARROSSERIE Le capot est suffisamment allongé, les glaces, assez effilées, et la croupe, arquée ce qu'il faut pour qu'on puisse parler effectivement d'un multisegment, cette interprétation contemporaine d'une familiale montée sur des échasses. Les feuilles de métal présentent la même qualité que vous découvrirez au volant : lisse. Tout est aplani pour créer une expérience sans heurts et sans souci.

HABITACLE Sans être d'une originalité renversante, l'intérieur du Veracruz plaît pour sa présentation conviviale et le soin apporté à sa finition. Comme à bord du Lexus RX 350, la référence avouée de Hyundai ici. On se sent traité aux petits oignons. Bien entendu, à une époque où les nouveautés technologiques émergent à un rythme trépidant, l'âge du multisegment asiatique l'empêche pour le moment d'égaler les prouesses des plus récents rivaux. Je pense notamment au MyFord Touch de l'Explorer. De plus, ce Veracruz n'est pas le plus spacieux du lot quand vient le temps de loger des bagages. On n'hésitera sans doute pas à sacrifier les deux places du fond qui, de toute façon, servent plus à dépanner qu'autre chose.

MÉCANIQUE V6 de 3,8 litres de 260 chevaux, celui de la Genesis. Choix entre une traction ou une transmission intégrale. En fait, cette décision est plus signifiante qu'on pense : si seulement deux roues motrices font votre bonheur, vous devrez vous limiter à la version de base à moins d'ajouter l'ensemble Premium qui autorise alors la présence du dispositif 4 x 4. Si ce dernier vous intéresse d'emblée, vous pouvez alors choisir entre les deux autres livrées plus huppées. Zéro choix, cependant, du côté de la boîte de vitesses, qui s'en remet entièrement à l'automatique Shiftronic séquentielle à 6 rapports. L'équipement de série comprend la pléiade d'aides électroniques habituelles.

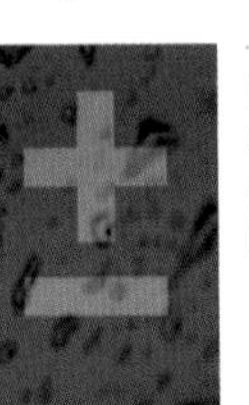

FORCES Exemple parfait de la nouvelle maturité de l'industrie sud-coréenne • Douceur de roulement • Intérieur admirable

FAIBLESSES Places du fond étroites • Volume de chargement compté Châssis et suspension réfractaires aux cratères

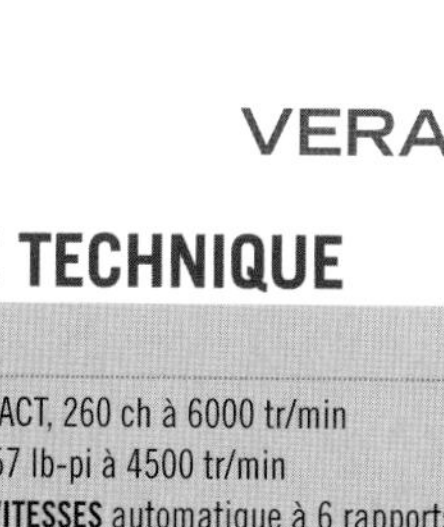

COMPORTEMENT Le V6 n'a aucun problème à servir son maître, que le véhicule soit chargé d'humains, de bagages ou d'un mélange des deux. Pour remorquer, sa capacité maximale de 1 588 kilos est l'équivalent, à un demi-kilo près, de celle du Mazda CX-9. Mais l'objectif numéro un des concepteurs du Veracruz était de fournir des randonnées à l'enseigne du silence, et ils peuvent se vanter d'avoir accompli leur mission. Les ingénieurs ont injecté une mousse isolante à divers endroits stratégiques du châssis, et ça fonctionne. Outre la visibilité arrière pas toujours évidente, la seule faiblesse du Veracruz se manifeste à mesure que la chaussée se dégrade. Les secousses se répercutent dans la colonne de direction et la suspension, sans paniquer, trouve le temps long. Puisque Hyundai est le seul constructeur à posséder (avec Kia) une usine de métallurgie, je suis certain que la prochaine génération affichera une rigidité structurale décuplée. En attendant, soyez prévenu que la sérénité du véhicule s'exprime le mieux sur un boulevard bien entretenu ; arrangez-vous pour le tenir loin des ornières et des escapades en forêt. La transmission intégrale réactive, en revanche, donne un bon coup de main l'hiver pour répartir le couple moteur à la roue qui en a le plus besoin. S'il le faut, vous commanderez au dispositif d'acheminer une puissance égale aux deux essieux. Pas de jaloux et sors-nous de la gadoue !

CONCLUSION On s'étonne aujourd'hui de voir Hyundai demander plus de 70 000 $ pour une Equus, mais il ne s'agit pas d'un coup de tête. Il y a déjà quelques années que le fabricant sud-coréen a commencé à nous habituer à des prix plus corsés. Le Veracruz s'inscrit dans cette stratégie, tout en respectant le tout premier plan de match qui a valu à l'entreprise de se faire remarquer favorablement par les associations de consommateurs : le rapport qualité/prix. Alors, oui, le Veracruz peut vous délester de quelque 50 000 $, mais le Lexus ciblé vous en extirpera entre 10 000 et 15 000 $ de plus pour un équipement similaire. À vous de trancher : payer plus pour le prestige ou payer moins pour un clone attrayant ? Et n'oubliez dans l'équation la garantie de Hyundai, une considérable valeur ajoutée.

2e OPINION

«Charmant et spacieux, le Veracruz est un utilitaire de la vieille école. Finition au standard Lexus, il lui manque toutefois plusieurs atouts modernes comme la connectivité Bluetooth ou une caméra de vision arrière pour faire jeu égal avec les plus récents concurrents. Le Veracruz est aussi moins sportif que ses rivaux et offre à la troisième rangée une banquette un peu moins spacieuse que la moyenne. Le roulis assez important en raison de la mollesse de la suspension force à rester calme au volant. Mais comme tous les produits Hyundai, il arrive à offrir plus à moindre prix avec une meilleure garantie. Donc, si vous avez envie d'un peu de luxe à moindre prix et si vous êtes prêt à faire l'impasse sur les dernières trouvailles technologiques, voilà certainement un bon choix. » — Benoit Charette

FICHE TECHNIQUE

MOTEUR

V6 3,8 L DACT, 260 ch à 6000 tr/min
COUPLE 257 lb-pi à 4500 tr/min
BOÎTE DE VITESSES automatique à 6 rapports avec mode manuel
0-100 KM/H 9,8 s
VITESSE MAXIMALE 180 km/h

AUTRES COMPOSANTS

SÉCURITÉ ACTIVE freins ABS, assistance au freinage, répartition électronique de la force de freinage, antipatinage, contrôle de stabilité électronique
SUSPENSION AVANT/ARRIÈRE indépendante
FREINS AVANT/ARRIÈRE disques
DIRECTION à crémaillère, assistée
PNEUS GL/GL Premium P235/65R17
GLS/Limited P245/60R18

DIMENSIONS

EMPATTEMENT 2805 mm
LONGUEUR 4840 mm
LARGEUR (excluant rétro.) 1945 mm
HAUTEUR 1807 mm
POIDS 2RM 1935 kg **4RM** 2010 kg
DIAMÈTRE DE BRAQUAGE 11,2 m
COFFRE 184 L, 2458 L (sièges abaissés)
RÉSERVOIR DE CARBURANT 78 L
CAPACITÉ DE REMORQUAGE 1588 kg

MENTIONS

RECOMMANDÉ

VERDICT

Plaisir au volant
Qualité de finition
Consommation
Rapport qualité / prix
Valeur de revente

www.hyundaicanada.com

LA COTE VERTE MOTEUR V6 DE 3,5 L source : EnerGuide
CONSOMMATION (100 KM) 10,5 L • **ÉMISSIONS POLLUANTES CO_2** 4876 KG/AN • **INDICE D'OCTANE** 91
COÛT DU CARBURANT MOYEN PAR ANNÉE 2968 $ • **NOMBRE DE LITRES PAR ANNÉE** 2120

FICHE D'IDENTITÉ

VERSION base
ROUES MOTRICES 4
PORTIÈRES 5 **NOMBRE DE PASSAGERS** 5
PREMIÈRE GÉNÉRATION 2008
GÉNÉRATION ACTUELLE 2008
CONSTRUCTION Tochigi, Japon
COUSSINS GONFLABLES 6 (frontaux, latéraux avant, rideaux latéraux)
CONCURRENCE Audi Q5, Acura RDX, BMW X3, Cadillac SRX, Land Rover LR2, Mercedes-Benz GLK, Saab 9-4x

AU QUOTIDIEN

PRIME D'ASSURANCE
25 ANS : 2800 à 3000 $
40 ANS : 1500 à 1700 $
60 ANS : 1200 à 1400 $
COLLISION FRONTALE 4/5
COLLISION LATÉRALE 5/5
VENTES DU MODÈLE DE L'AN DERNIER
AU QUÉBEC 493 **AU CANADA** 1925
DÉPRÉCIATION 40 %
RAPPELS (2006 À 2011) 3
COTE DE FIABILITÉ 4/5

GARANTIES... ET PLUS

GARANTIE GÉNÉRALE 4 ans/100 000 km
GARANTIE MOTOPROPULSEUR 6 ans/110 000 km
PERFORATION 7 ans/kilométrage illimité
ASSISTANCE ROUTIÈRE 4 ans/kilométrage illimité
NOMBRE DE CONCESSIONNAIRES
AU QUÉBEC 6 **AU CANADA** 29

NOUVEAUTÉS EN 2012

Aucun changement majeur

NI POUR, NI CONTRE, BIEN AU CONTRAIRE !

Francis Brière

Juste au cas où je vous apprendrais un fait, les constructeurs d'automobiles se servent d'une plateforme (les composants invisibles qui servent à rouler, en fin de compte) pour édifier plusieurs modèles. On réalise ainsi des économies d'échelle, ça coûte moins cher, et on peut fabriquer de tout : des berlines, des coupés, des VUS, des décapotables, haut sur roues, bas sur roues, etc. C'est aussi une façon pour un constructeur de s'approprier quelques parts de marché supplémentaires sans avoir à investir de grosses sommes d'argent. Mais au fait, qu'est-ce que l'Infiniti EX35 ?

CARROSSERIE Ce véhicule est considéré comme un utilitaire sport, mais il ressemble à une petite familiale qu'on a déguisée. Certains y verront une conception inspirée, des lignes fluides et une silhouette résolument moderne; d'autres apprécieront le hayon qui se révèle souvent pratique. Qu'on se le tienne pour dit : l'EX35 n'offre guère d'espace de chargement. Si vous avez besoin d'un véhicule spacieux et confortable, il n'est pas pour vous.

HABITACLE Les qualités de l'EX35 se retrouvent essentiellement dans l'habitacle. Non seulement ce véhicule est-il luxueux, mais son intérieur est accueillant, ergonomique et de bon goût. Je me permets une petite mise en garde : les personnes allergiques aux boutons risquent de faire une crise d'urticaire ! Nous le savons, c'est à la japonaise, mais dans l'excès. Vous avez des boutons partout : sur le volant, autour des cadrans, sur la planche de bord et dans la console. Évidemment, cela suppose que de nombreux dispositifs électroniques méritent chacun leur bouton, comme les multiples caméras qui vous donnent une vue d'ensemble du véhicule, les systèmes de radars, de détection de changement de voies, de contrôle de la stabilité, etc. Mentionnons que les sièges procurent confort et maintien, quoique l'assise soit un peu courte.

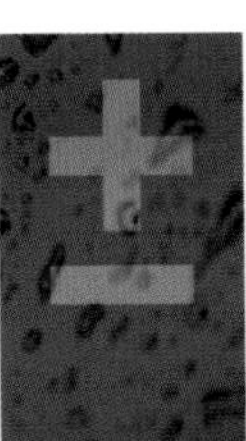

FORCES Moteur souple et puissant • Sièges ergonomiques • Finition impeccable
FAIBLESSES Prix • Consommation de carburant • Espace ridicule

Sa direction est précise, son freinage, efficace. Infiniti a commercialisé ce véhicule pour plaire à une clientèle en quête de luxe, mais qui ne souhaite pas sacrifier la tenue de route pour autant. Le résultat est positif, mais le confort, lui, fait défaut. En effet, même si l'EX35 possède le même empattement que celui d'une G37, il semble qu'Infiniti ait calibré la suspension différemment, ce qui rend le trajet plus indigeste. En revanche, conduire ce petit VUS est une expérience heureuse, et on apprécie la sophistication de l'appareil mécanique.

MÉCANIQUE Le moteur boit, c'est vrai, mais il se montre doux comme un agneau et produit une puissance appréciable quand il le faut. Le V6 de 3,5 litres est utilisé à toutes les sauces chez Nissan et avec raison : ce bloc a fait ses preuves. En revanche, le constructeur japonais devra trouver des moyens de réduire la consommation de carburant de ce moteur. Les ingénieurs lui ont greffé, pour 2011, une nouvelle boîte de vitesses à 7 rapports, mais cette initiative n'a pas suffi : il faut s'attendre à brûler environ 13 litres aux 100 kilomètres ! Étant donné la vocation « sportive » de l'EX35, la suspension a été prévue en conséquence. Le résultat nous rappelle l'état pitoyable de nos routes. Il faut cependant reconnaître la fluidité des composants mécaniques et l'agrément qu'ils procurent derrière le volant.

COMPORTEMENT L'EX35 procure des sensations de conduite semblables à celles d'une voiture familiale « haute sur roues ».

CONCLUSION Infiniti propose son EX35, un véhicule utilitaire qui n'en est pas un, une familiale sans espace, une voiture de luxe inconfortable (suspension sèche), un modèle à prix exorbitant. Le prix d'une version équipée comme un jet privé revient à 55 000 $. Si vous êtes prêt à débourser une telle somme pour vous offrir la voiture de vos rêves, vous avez le choix. Vous pouvez aller voir chez les constructeurs allemands qui vous proposeront des produits plus intéressants. Malgré tout, Nissan réussit à vendre quelques exemplaires. Admettons que l'Infiniti EX35 n'est pas destiné à un marché de grande diffusion, mais on peut trouver bien mieux à prix comparable.

2e OPINION

« Même en le conduisant, on se demande à qui s'adresse l'EX35. Cela semble être la réponse à une question que personne n'a posée. Pour illustrer mon exemple, je reviens quelques années en arrière avec la Lexus IS300 SportCross. Lexus utilisait la même approche préconisée par Infiniti, une version familiale de l'IS 300 avec des résultats peu convaincants. Après peu de temps, Toyota a retiré le véhicule du marché faute de clients. J'ai la vague impression que ce véhicule sera affligé de la même destinée si Nissan ne prend pas la peine de très bien cibler sa campagne de promotion. L'EX35 se meurt à petit feu depuis des années. L'idée est bonne, mais sa cible potentielle et une clientèle précise c'est un combat perdu d'avance »
Benoit Charrette

FICHE TECHNIQUE

MOTEUR

V6 3,5 L DACT, 297 ch à 6800 tr/min
COUPLE 253 lb-pi à 4800 tr/min
BOÎTE DE VITESSES automatique à 7 rapports avec mode manuel
0-100 KM/H 6,2 s
VITESSE MAXIMALE 235 km/h

AUTRES COMPOSANTS

SÉCURITÉ ACTIVE freins ABS, assistance au freinage, répartition électronique de la force de freinage, contrôle de stabilité électronique, antipatinage
SUSPENSION AVANT/ARRIÈRE indépendante
FREINS AVANT/ARRIÈRE disques
DIRECTION à crémaillère, assistée
PNEUS P225/55R18 **OPTION** P245/45R19

DIMENSIONS

EMPATTEMENT 2850 mm
LONGUEUR 4631 mm
LARGEUR 1803 mm
HAUTEUR 1589 mm
POIDS 1794 kg
DIAMÈTRE DE BRAQUAGE 11 m
COFFRE 527 L
RÉSERVOIR DE CARBURANT 76 L

www.infiniti.ca

MENTIONS

RECOMMANDÉ

VERDICT

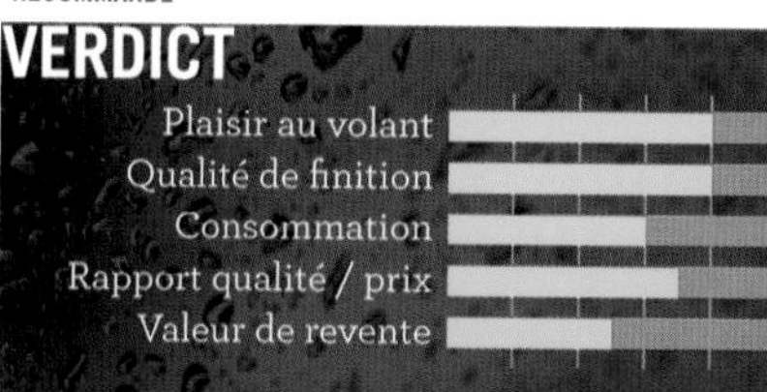

$ 53 350 À 65 000 $ t&p 1 950 $

LA COTE VERTE MOTEUR V6 DE 3,5 L source : EnerGuide

CONSOMMATION (100 KM) 11,3 L • **ÉMISSIONS POLLUANTES CO_2** 5796 KG/AN • **INDICE D'OCTANE** 91
COÛT DU CARBURANT MOYEN PAR ANNÉE 3326 $ • **NOMBRE DE LITRES PAR ANNÉE** 2520

FICHE D'IDENTITÉ

VERSIONS 35, 50
ROUES MOTRICES 4
PORTIÈRES 5 **NOMBRE DE PASSAGERS** 5
PREMIÈRE GÉNÉRATION 2003
GÉNÉRATION ACTUELLE 2009
CONSTRUCTION Tochigi, Japon
COUSSINS GONFLABLES 6 (frontaux, latéraux avant, rideaux latéraux)
CONCURRENCE Acura ZDX, Audi Q7, BMW X5, Cadillac SRX, Jeep Grand Cherokee, Land Rover cLR4, Lexus RX, Mercedes-Benz Classe M, Porsche Cayenne, Volkswagen Touareg, Volvo XC90

AU QUOTIDIEN

PRIME D'ASSURANCE
25 ANS : 2400 à 2600 $
40 ANS : 1300 à 1500 $
60 ANS : 1100 à 1300 $
COLLISION FRONTALE 5/5
COLLISION LATÉRALE 5/5
VENTES DU MODÈLE DE L'AN DERNIER
AU QUÉBEC 260 **AU CANADA** 1085
DÉPRÉCIATION 42,3 %
RAPPELS (2006 à 2011) 4
COTE DE FIABILITÉ 3,5/5

GARANTIES... ET PLUS

GARANTIE GÉNÉRALE 4 ans/100 000 km
GARANTIE MOTOPROPULSEUR 6 ans/110 000 km
PERFORATION 7 ans/kilométrage illimité
ASSISTANCE ROUTIÈRE 4 ans/kilométrage illimité
NOMBRE DE CONCESSIONNAIRES
AU QUÉBEC 6 **AU CANADA** 29

NOUVEAUTÉS EN 2012

Faciès redessiné, moniteur d'assistance au stationnement, ensemble Édition spéciale

PEU DE MARGE DE MANŒUVRE

Benoit Charette

Malgré tout ce qu'on peut en dire, les véhicules utilitaires demeurent très populaires. Même si l'Infiniti FX figure parmi les pionniers dans sa catégorie, face à l'invasion allemande des Audi Q7, BMW X5/6, Mercedes-Benz ML, Porsche Cayenne et Volkswagen Touareg, il ne reste plus beaucoup de place pour un véhicule qui n'a pas beaucoup évolué depuis son arrivée sur le marché en 2003.

CARROSSERIE Pour 2012, léger changement esthétique au chapitre de la calandre et des roues de 21 pouces en aluminium foncé en option. Ces petits ajouts n'altèrent en rien sa gueule sculptée qui offre toujours un joli profil ramassé et des lignes arrière plongeantes. Malgré sa taille imposante, sa ligne de toit basse et ses lignes fuyantes donnent l'impression d'un coupé sport, un style qui a bien traversé l'épreuve du temps.

HABITACLE Amateurs de bidules électroniques, soyez les bienvenus dans votre monde. Ceux qui sont vissés à leur téléphone intelligent seront aux petits oiseaux. Les articles suivants, pour la plupart, sont sur la liste des options, mais si vous avez les poches assez profondes, vous pourrez assouvir votre dépendance électronique. Vous profiterez d'un climatiseur qui élimine 96 % des poussières dans l'air, le toit ouvrant, le système sans clé, la connectivité Bluetooth, un disque dur pour télécharger votre discothèque. Il ne faut pas oublier le moniteur panoramique qui offre une vue périphérique du véhicule unique à Infiniti et un système de précollision pour les ceintures de sécurité qui resserre la ceinture quand il détecte un accident imminent. Il y a aussi un régulateur de vitesse intelligent qui garde une distance fixe entre les véhicules en ralentissant le véhicule au besoin, un avertisseur de changement de voie automatique qui m'irrite au plus haut point, mais qui peut se révéler pratique et une chaîne audio Bose qui comprend une connexion USB.

MÉCANIQUE Le FX 35 offre toujours le très fiable et très apprécié V6 de 3,5 litres

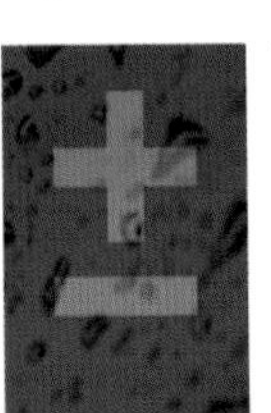

FORCES Lignes toujours actuelles • Une pléthore d'électronique
Bonnes mécaniques • Bon système à 4 roues motrices

FAIBLESSES Places arrière à l'étroit • Suspension trop sèche (FX 50) • Consommation élevée

tout ce qu'il faut pour plaire. La conduite est aussi plus dynamique. Les 125 kilos de moins en font un véhicule plus agile que le FX 50 qui, en revanche, offre des accélérations musclées. L'utilisation sur le mode manuel n'est pas aussi sportive que je l'aurais souhaité, et le changement des rapports sur le mode automatique n'est pas aussi souple que chez BMW ou Mercedes-

qui développe, depuis 2009, 303 chevaux. Le FX 50 fait grimper la puissance à 390 chevaux grâce à son V8 de 5 litres. Ajoutez à cela un couple de 335 livres-pieds et vous avez un camion capable de tenir tête à bien des sportives. Les deux modèles sont associés à une boîte de vitesses automatique à 7 rapports avec leviers de sélection en magnésium au volant pour une conduite sur le mode manuel qui maintient le moteur à haut régime plus longtemps et modifie le ratio des rapports pour une réponse plus sportive. Le FX vient aussi avec un système à 4 roues motrices permanent offert en option; le FX 50 offre des roues arrière directrices et un contrôle de l'amortissement pour une tenue de route digne d'une routière allemande.

COMPORTEMENT Pour la conduite au quotidien, le FX 35 et ses 303 chevaux ont

Benz. Toutefois, dans l'ensemble, la rigidité de la caisse, la précision de la direction et la calibration de la suspension sont de classe mondiale. Sur surface sèche, le FX est très difficile à prendre en défaut. Dans la neige, la puissance du FX 50 demande beaucoup de retenue quand vient le moment de remettre les gaz, et la suspension est raide, très raide.

CONCLUSION Pour une utilisation au quotidien et plus spécialement quand l'hiver se présente, le FX 35 représente l'achat le plus sensé et limite un tant soi peu votre budget de carburant. Le FX 50 est véloce, mais vous vous mordrez les pouces à chaque fois que vous devrez passer à la pompe pour faire le plein. Un excellent véhicule qui mérite d'être dépoussiéré pour mieux faire face à la concurrence allemande.

2e OPINION

« Le FX est en quelque sorte une berline sport déguisé en camion. L'habitacle partage d'ailleurs plusieurs points avec les berlines G et M. Les sièges fermes et bien sculptés sont accueillants et confortables, et la position du conducteur est axée sur la conduite. Très sportif, le FX propose un comportement qui se rapproche beaucoup de celui d'une voiture sport. La suspension est ferme, la direction est précise, et le freinage est conséquent. Quand il est chaussé de roues de 20 pouces, son confort est franchement diminué, surtout le FX50 sur des routes accidentées. Pour une conduite au quotidien, le FX35 muni de roues de 18 pouces nous semble plus intéressant. En terminant, sachez que ce véhicule est un exemple de fiabilité. » — Daniel Rufiange

FICHE TECHNIQUE

MOTEURS

V6 3,5 L DACT, 303 ch à 6800 tr/min
COUPLE 262 lb-pi à 4800 tr/min
BOÎTE DE VITESSES automatique à 7 rapports avec mode manuel
0-100 KM/H 7 s
VITESSE MAXIMALE 235 km/h

V8 5 L DACT, 390 ch à 6500 tr/min
COUPLE 369 lb-pi à 4400 tr/min
BOÎTE DE VITESSES automatique à 7 rapports avec mode manuel
0-100 KM/H 5,9 s
VITESSE MAXIMALE 250 km/h

CONSOMMATION (100 KM) 12,4 L (octane 91)
ÉMISSIONS DE CO_2 5796 kg/an
LITRES PAR ANNÉE 2520
COÛT PAR AN 3326 $

AUTRES COMPOSANTS

SÉCURITÉ ACTIVE freins ABS, assistance au freinage, répartition électronique de la force de freinage, contrôle de la stabilité électronique, antipatinage
SUSPENSION AVANT/ARRIÈRE indépendante
FREINS AVANT/ARRIÈRE disques
DIRECTION à crémaillère, assistée
PNEUS FX35 P265/60R18 **option FX35** P265/50R20 **FX50** P265/45R21

DIMENSIONS

EMPATTEMENT 2885 mm
LONGUEUR 4859 mm
LARGEUR 1928 mm
HAUTEUR 1680 mm
POIDS FX35 1950 kg **FX50** 2075 kg
DIAMÈTRE DE BRAQUAGE 11,2 m
COFFRE 702 L, 1756 L (sièges abaissés)
RÉSERVOIR DE CARBURANT 90 L
CAPACITÉ DE REMORQUAGE 1588 kg

MENTIONS

RECOMMANDÉ

VERDICT

Plaisir au volant
Qualité de finition
Consommation
Rapport qualité / prix
Valeur de revente

www.infiniti.ca

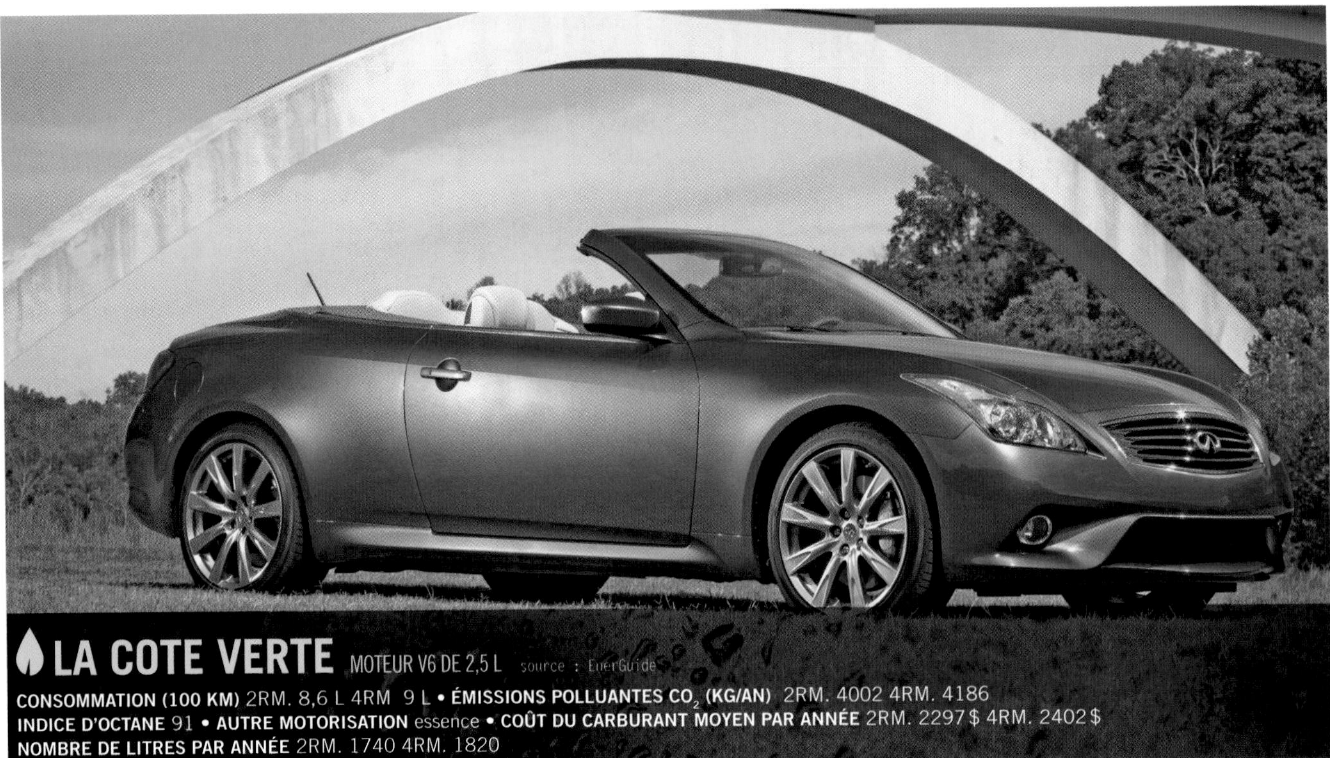

LA COTE VERTE MOTEUR V6 DE 2,5 L source : ÉnerGuide
CONSOMMATION (100 KM) 2RM. 8,6 L 4RM 9 L • **ÉMISSIONS POLLUANTES CO_2 (KG/AN)** 2RM. 4002 4RM. 4186
INDICE D'OCTANE 91 • **AUTRE MOTORISATION** essence • **COÛT DU CARBURANT MOYEN PAR ANNÉE** 2RM. 2297 $ 4RM. 2402 $
NOMBRE DE LITRES PAR ANNÉE 2RM. 1740 4RM. 1820

FICHE D'IDENTITÉ

VERSIONS berl. G25, G25X, G37, G37x coupé G37, G37x, G37 IPL cabrio. G37
ROUES MOTRICES arrière, 4
PORTIÈRES 2, 4 Nombre de passagers 5
PREMIÈRE GÉNÉRATION 2003
GÉNÉRATION ACTUELLE 2007
CONSTRUCTION Tochigi, Japon
COUSSINS GONFLABLES 6 (frontaux, latéraux avant, rideaux latéraux)
CONCURRENCE Acura TL, Audi A4/A5, BMW Série 3, Cadillac CTS, Lexus IS, Lincoln MKS, Mercedes-Benz Classe C/Classe E coupé, Saab 9-3, Volvo S60

AU QUOTIDIEN

PRIME D'ASSURANCE
25 ANS 2500 à 2700 $
40 ANS 1400 à 1600 $
60 ANS 1000 à 1200 $
COLLISION FRONTALE 4/5
COLLISION LATÉRALE 5/5
VENTES DU MODÈLE DE L'AN DERNIER
AU QUÉBEC 923 **AU CANADA** 4408
DÉPRÉCIATION 42,4 %
RAPPELS (2006 à 2011) 3
COTE DE FIABILITÉ 4/5

GARANTIES... ET PLUS

GARANTIE GÉNÉRALE 4 ans/100 000 km
GARANTIE MOTOPROPULSEUR 6 ans/110 000 km
PERFORATION 7 ans/kilométrage illimité
ASSISTANCE ROUTIÈRE 4 ans/kilométrage illimité
NOMBRE DE CONCESSIONNAIRES
AU QUÉBEC 6 **AU CANADA** 29

NOUVEAUTÉS EN 2012

Une nouvelle couleur extérieure pour la berline

G COMME DANS **GAMME**

Francis Brière

Belle surprise en 2011 : Infiniti dévoile un nouveau modèle d'entrée de gamme pour sa G : la G25. Belle déception : elle se vend aussi cher qu'une BMW ! Le constructeur japonais ne pouvait évidemment offrir sa nouvelle berline à rabais, la qualité commande un prix. Réjouissons-nous tout de même de la venue de la G25 qui, en principe, devrait répondre à une demande. Autre surprise : la gamme IPL. Avez-vous des sous ?

CARROSSERIE Le coupé a résolument plus de panache que la berline. Remarquez, c'est la même chose chez BMW. Plus basse et plus écrasée, une sportive à deux portières comme la G impose le respect. La silhouette de la berline a été conçue à contre-courant : la ceinture de caisse est moins haute que celles de la concurrence, et ses lignes moins ciselées, plus rondelettes. N'oublions surtout pas la livrée décapotable de la G munie d'un superbe toit rigide. Quelle élégance ! Quelles lignes superbes ! Attention au mécanisme de rétractation qui peut causer des problèmes !

HABITACLE La G est l'une des voitures les plus invitantes. On y pénètre pour y vivre une expérience de conduite agréable, pour y passer du temps en tout confort comme passager. Les concepteurs d'Infiniti n'ont eu d'autres choix que de créer un habitacle à la hauteur des ambitions de cette voiture, un exercice qui a échoué en début de parcours. Aujourd'hui, toute la gamme du constructeur jouit d'un intérieur de qualité, luxueux, bien présenté malgré la prolifération exponentielle de boutons ! Personnellement, j'y suis allergique ! Vous en retrouvez partout sur la planche de bord et sur le volant, pour tout et pour n'importe quoi. Un mot au sujet des sièges qui sont splendides, confortables et moulants. Les cuirs et revêtements sont somptueux : l'habitacle de la G est l'un des plus beaux dans cette catégorie de voiture de luxe.

MÉCANIQUE Infiniti a dévoilé une nouvelle livrée de son coupé G avec la gamme IPL (Infiniti Performance Line). Un peu à la manière de BMW avec sa divi-

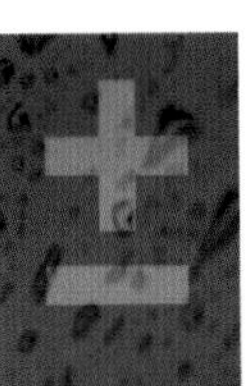

FORCES Comportement inspiré • Luxe et confort • Performances de haut calibre Gamme complète

FAIBLESSES Prix ahurissant • Cliquetis toujours présents • Consommation indécente

sion M, le constructeur japonais souhaite plaire à une richissime clientèle avide de performances. L'option atmosphérique a été privilégiée en utilisant le même V6 de 3,7 litres bon à toutes sauces chez Nissan, mais dont on a bonifié la puissance à 348 chevaux. Cependant, le bloc ne gagne pas beaucoup en couple : seulement 276 livres-pieds. Des boîtes de vitesses automatique à 7 rapports ou manuelle à 6 rapports sont offertes. Pour la berline G25, Infiniti propose un V6 de 2,5 litres produisant 218 chevaux. Cette puissance suffit malgré le poids de la voiture, mais sa consommation déçoit toujours.

Comportement Sur la route, la G porte bien son nom : elle défie la gravité avec virtuosité. Son comportement n'a rien à envier à ses rivales allemandes. Elle se montre agile en virage et supporte à merveille les brusques changements de cap. Malgré son couple timide, le V6 de la G37 produit une accélération puissante. Cette voiture offre des performances de bon calibre et tout à fait comparables à celles de la concurrence. Le défaut de la G : son poids, entre 1 600 et 1 850 kilos selon la livrée choisie. Cet embonpoint n'empêche pas la voiture de sillonner les routes avec finesse, mais on doit abandonner l'idée d'économiser du carburant. Il s'agit là d'un problème important pour Nissan qui devra trouver des solutions pour réduire la consommation de carburant de sa gamme de véhicules.

CONCLUSION Infiniti propose une gamme G complète. D'une part, les ingénieurs ont créé une version de performance avec l'IPL; d'autre part, une clientèle moins assoiffée de puissance pourra se satisfaire avec la nouvelle G25 équipée d'un bloc plus «raisonnable». Toutes les options sont valables, et chacun peut y trouver son compte. Suffit de débourser la somme demandée et de ne pas trop surveiller ce que fait la concurrence.

2e OPINION

«La berline d'entrée de gamme d'Infiniti continue de me convaincre qu'on n'a pas besoin d'une voiture allemande pour profiter d'une conduite inspirée. La G est une sacrée bagnole. Sa conduite marie à merveille le confort et la sportivité. Et que dire du moteur V6 de 3,7 litres qui l'anime; ce dernier est d'une telle souplesse! De plus, on peut profiter de la transmission intégrale sur les versions X et d'un peu plus de mordant avec les versions Sport. En prime, depuis l'an dernier, un modèle d'entrée de gamme animé par un V6 de 2,5 litres. J'ai adoré cette version, plus légère et nerveuse à souhait. Deux bémols sur la G : les places arrière sont très peu accueillantes, et le cabriolet est une voiture trop lourde au comportement routier brouillon très décevant.» — Daniel Rufiange

FICHE TECHNIQUE

MOTEURS

(G25, G25X) V6 2,5 L DACT, 218 ch à 6400 tr/min
COUPLE 187 lb-pi à 4800 tr/min
BOÎTE DE VITESSES automatique à 7 rapports avec mode manuel
0-100 KM/H 7.6 s
VITESSE MAXIMALE 230 km/h

(G37, G37X) Berline V6 3,7 L DACT, 328 ch à 7000 tr/min
COUPLE 269 lb-pi à 5200 tr/min
Coupé V6 3,7 L DACT, 330 ch à 7000 tr/min
COUPLE 270 lb-pi à 5200 tr/min
Cabriolet V6 3,7 L DACT, 325 ch à 7000 tr/min
COUPLE 267 à 5200 tr/min
BOÎTE DE VITESSES automatique à 7 rapports avec mode manuel, manuelle à 6 rapports (option, de série pour berline 2RM)
0-100 KM/H man. 6,2 s auto. 6,8 s
VITESSE MAXIMALE 250 km/h

CONSOMMATION (100 KM) man. 10,1 L **auto.** 4RM 9,8 L (octane 91)
ÉMISSIONS DE CO_2 man. 4738 kg/an **auto** 4RM. 4600 kg/an
LITRES PAR ANNÉE man. 2060 **auto 4RM.** 2000
COÛT PAR AN MAN. 2719$ **auto 4RM.** 2640$

(G37 IPL) V6 3,7 L DACT, 348 ch à 7400 tr/min
COUPLE 276 lb-pi à 5200 tr/min
BOÎTE DE VITESSES manuelle à 6 rapports, automatique à 7 rapports avec mode manuel
0-100 KM/H man. 6 s **auto.** 6,6 s
VITESSE MAXIMALE 250 km/h

CONSOMMATION (100 KM) man. 10,3 L
ÉMISSIONS DE CO_2 man. 4738 kg/an
LITRES PAR ANNÉE man. 2060 L
COÛT PAR AN MAN. 2719$

AUTRES COMPOSANTS

SÉCURITÉ ACTIVE freins ABS, assistance au freinage, répartition électronique de la force de freinage, contrôle de la stabilité électronique, antipatinage
SUSPENSION AVANT/ARRIÈRE indépendante
FREINS AVANT/ARRIÈRE disques
DIRECTION à crémaillère, assistée
PNEUS G25/G25x/G37/G37X berl.P225/55R17 **option G25x et G37x berl.** P225/50R18
G37 man berl. P225/50R18 (av.) P245/45R18 (ar.) **G37/G37x coupé** P225/50R18 **option coupé, de série G37 IPL/ de série cabrio.** P225/45R19 (av.) 245/40R19 (arr.)

DIMENSIONS

EMPATTEMENT 2850 mm
LONGUEUR 4750 mm **G37** coupé 4650 mm **G37 cabrio.** 4657 mm
LARGEUR 1773 mm **G37 Coupé** 1823 mm **G37 cabrio** 1852 mm
HAUTEUR G25/G25x Sport/G37x 1468 mm **G25X/G37** 1468 mm **coupé** 1406 mm **cabrio.** 1400 mm
POIDS G25 1603 kg **G25X** 1611 kg **G37X** 1729 kg **G37 man.** 1678 kg
G37 coupé auto. 1648 kg **G37 coupé 4RM** 1739 kg **G37 IPL man.** 1686 kg
cabrio. 1850 kg **cabrio. man.** 1861 kg
DIAMÈTRE DE BRAQUAGE berl. 2RM 10,8 m **berl.4RM/ coupé 2RM/cabrio.** 11,0 m **coupé 4RM** 11,2 m
Coffre berl. 382 L **coupé** 210 L **cabriolet** 292 L (le toit en place)
RÉSERVOIR DE CARBURANT 76 L

MENTIONS

RECOMMANDÉ

VERDICT

Plaisir au volant
Qualité de finition
Consommation
Rapport qualité / prix
Valeur de revente

$ 52 400 à 73 400 $ t&p 1 950 $

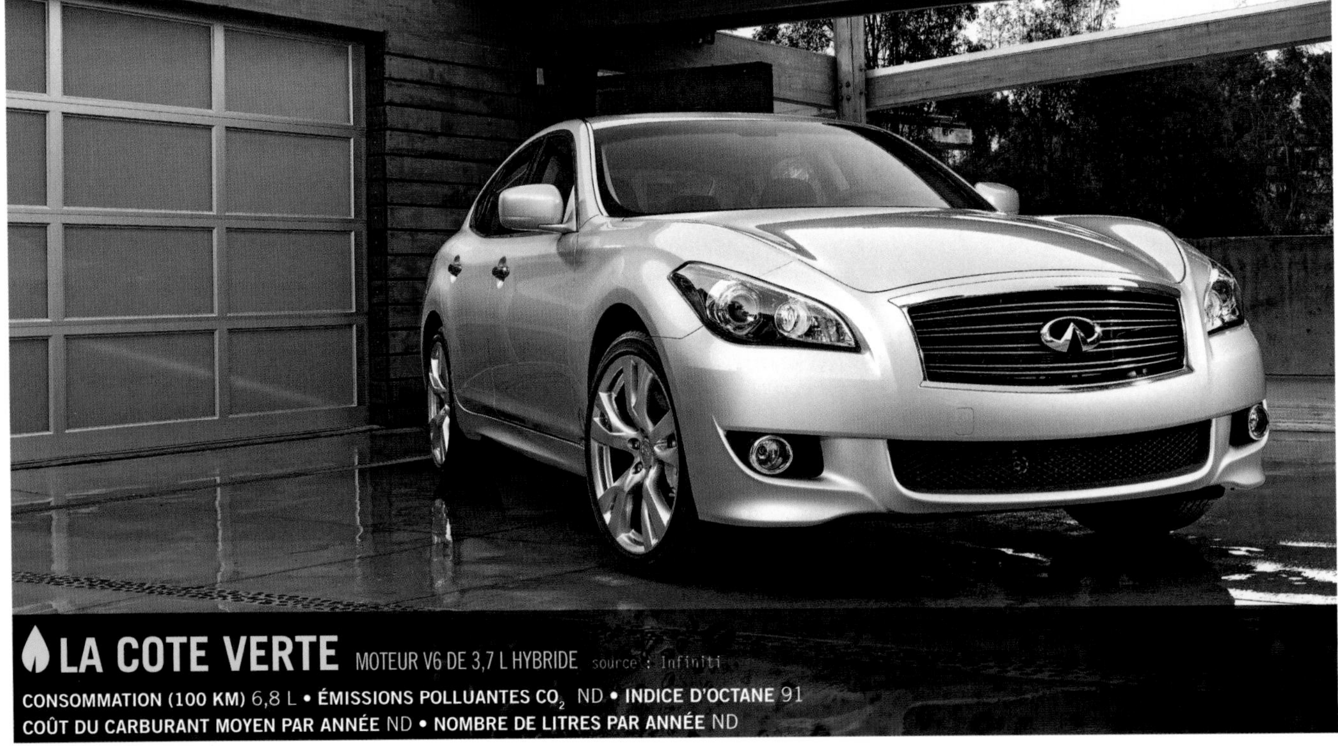

LA COTE VERTE

MOTEUR V6 DE 3,7 L HYBRIDE source : Infiniti

CONSOMMATION (100 KM) 6,8 L • **ÉMISSIONS POLLUANTES CO_2** ND • **INDICE D'OCTANE** 91
COÛT DU CARBURANT MOYEN PAR ANNÉE ND • **NOMBRE DE LITRES PAR ANNÉE** ND

FICHE D'IDENTITÉ

VERSIONS 37, 37x, 37 Sport, 56, Hybride, 56x, 56 Sport
ROUES MOTRICES arrière, 4
PORTIÈRES 4 **NOMBRE DE PASSAGERS** 5
PREMIÈRE GÉNÉRATION 2003
GÉNÉRATION ACTUELLE 2011
CONSTRUCTION Tochigi, Japon
COUSSINS GONFLABLES 6 (frontaux, latéraux avant, rideaux latéraux)
CONCURRENCE Acura TL, Audi A6, BMW Série 5, Cadillac STS, Jaguar XF, Lexus GS, Lincoln MKS, Mercedes-Benz Classe E, Saab 9-5, Volvo S80

AU QUOTIDIEN

PRIME D'ASSURANCE
25 ANS : 2700 à 2900 $
40 ANS : 1500 à 1700 $
60 ANS : 1300 à 1500 $
COLLISION FRONTALE 5/5
COLLISION LATÉRALE 5/5
VENTES DU MODÈLE DE L'AN DERNIER
AU QUÉBEC 96 **AU CANADA** 550
DÉPRÉCIATION 40,8 %
RAPPELS (2006 À 2011) 1
COTE DE FIABILITÉ ND

GARANTIES... ET PLUS

GARANTIE GÉNÉRALE 4 ans/100 000 km
GARANTIE MOTOPROPULSEUR 6 ans/110 000 km
PERFORATION 7 ans/kilométrage illimité
ASSISTANCE ROUTIÈRE 4 ans/kilométrage illimité
NOMBRE DE CONCESSIONNAIRES
AU QUÉBEC 6 **AU CANADA** 29

NOUVEAUTÉS EN 2012

Version hybride

CASTRANTE

Philippe Laguë

À défaut de ne pas avoir été des championnes du « box-office », les berlines M d'Infiniti ont connu un succès critique. De l'avis de plusieurs (dont l'auteur de ces lignes), c'était la première fois qu'une voiture de luxe japonaise affichait un aplomb comparable à celui des allemandes. On y était presque, ce qui était déjà un exploit en soi. La troisième génération, introduite l'année dernière, devait forcément faire mieux, c'est-à-dire se montrer l'égale des Audi, BMW et Mercedes-Benz.

CARROSSERIE Ici, il faut aimer les rondeurs. Ne cherchez pas d'angles, il n'y en a pas ! Les stylistes disent s'être inspirés des poissons; moi je vois plutôt un cétacé. Cette voiture n'a ni la grâce d'une Jaguar, ni la prestance d'une allemande, ni une gueule d'enfer comme la Cadillac CTS. Sur une note plus rationnelle, ses formes tourmentées et la hauteur de la ceinture de caisse affectent grandement la visibilité vers l'arrière. La caméra de vision arrière s'impose !

HABITACLE La finition s'améliore de génération en génération. La rigueur de l'assemblage impressionne également. Cet habitacle cossu propose un confort à l'avenant ainsi qu'une grande habitabilité. Les sièges offrent aussi un bon maintien latéral et un soutien lombaire, et ce, à l'avant comme à l'arrière. Au chapitre de l'équipement, l'Infiniti est moins chiche que ses rivales germaniques qui ont des listes d'options sans fin.

Le soin apporté à l'ergonomie se vérifie non seulement par l'espace dont bénéficient les occupants, mais aussi par la disposition des commandes, irréprochable, et leur facilité d'utilisation. Le coffre, lui, est vaste, profond et d'accès facile. Il peut recevoir quatre sacs de golf, assure-t-on, et cela semble tout à fait crédible.

MÉCANIQUE En entrée de gamme, le V6 de 3,7 litres n'a plus besoin de présentation. Cet excellent moteur mérite toutes les louanges qui lui sont adressées; mais il faut aussi admettre qu'il n'a pas la noblesse ni le raffinement des 6-cylindres de BMW, de Mercedes-Benz ou de Lexus. Pas aussi souple ni aussi onctueux... Par contre, ses performances se situent au même niveau, et la consommation est plus que raisonnable.

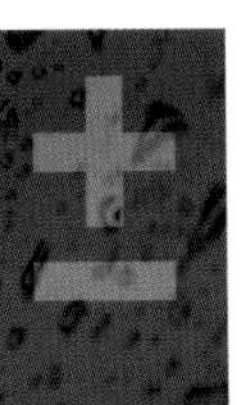

FORCES Finition soignée • Habitacle cossu et spacieux • Ergonomie exemplaire
Bon trio de moteurs • Rapport qualité/prix supérieur aux allemandes
Fiabilité qui fait partie de l'ADN de la marque

FAIBLESSES Style controversé • Piètre visibilité arrière • Consommation (V8)
Réactions de la pédale d'accélération sur le mode Économie •
Dispositifs d'aides à la conduite castrants • Déficit de prestige

Le V8 de 5,6 litres, lui, n'a rien à envier à personne. Quand on enfonce l'accélérateur, la sonorité laisse pantois : on croirait entendre le V8 d'un bolide de la série NASCAR ! Disons que, dans une voiture de luxe, ça surprend. Ses 420 chevaux se montrent dociles en conduite normale; le moteur tourne alors dans le plus grand silence et cache bien son tempérament orageux. Mais si vous pesez un tantinet sur la pédale, cela lui fait le même effet que le pistolet de départ sur un sprinter. L'envers de cette médaille, c'est que, comme tout bon athlète, plus il dépense d'énergie, plus il a soif. Ouch !

Pour limiter les dégâts, il y a l'injection directe de carburant, la boîte de vitesses automatique à 7 rapports et, surtout, le mode Économie; mais il faut alors s'habituer aux modulations de la pédale, très dérangeantes, ainsi qu'à l'extrême lenteur des accélérations et des reprises. La version hybride, qui s'ajoute cette année, permet d'obtenir des cotes de consommation moins surréalistes. Contrairement aux deux autres versions, elle ne peut recevoir la transmission intégrale, et ses roues motrices arrière vont assurément lui coûter des ventes chez nous.

COMPORTEMENT Si vous espérez retrouver le même aplomb et le même plaisir qu'au volant d'une Audi, une BMW, une Mercedes-Benz ou une Jaguar, vous serez déçu. Le problème vient de l'électronique, plus précisément des systèmes d'aide au pilotage, trop nombreux et trop intrusifs. Antipatinage, antidérapage, anti par ci, anti par là... Le résultat, c'est une voiture qui semble vouloir conduire à votre place. Entre vous et moi, c'est franchement castrant.

L'autre problème, c'est le poids, et il affecte surtout la M56. Plus légère, la M37 procure une expérience de conduite plus agréable, en raison d'un meilleur équilibre. Côté confort, cependant, toutes les versions se valent, et leur douceur de roulement est celle qu'on s'attend à retrouver quand on achète une berline de luxe.

CONCLUSION Disons-le tout net, l'Infiniti n'est pas au niveau de ses rivales européennes en matière de prestations routières. La japonaise lamine cependant ses adversaires au chapitre de la fiabilité, en plus de proposer un rapport qualité/prix nettement supérieur. Ce sont là de grandes qualités, certes, mais qui plairont avant tout aux acheteurs cartésiens; or, dans ce créneau, l'émotion pèse souvent lourd dans la balance au moment de la décision, tout comme le prestige. Et force est d'admettre que celui de la marque Infiniti ne se mesure pas encore à celui de ses rivales européennes, ni même à celui de Lexus.

2e OPINION

« À son tour, Infiniti introduit une variante hybride dans sa gamme. Le choix du constructeur s'est arrêté sur la M. Étonnant? Plus ou moins. Du côté des voitures plus « abordables », le surplus exigé pour une version hybride refroidit souvent l'enthousiasme des écolos les plus convaincus. En proposant son hybride dans un créneau où « money is no object », Infiniti se risque. Et ce qui est intéressant, c'est l'approche hybride d'Infiniti : une boîte de vitesses automatique à 7 rapports plutôt qu'une CVT, deux embrayages, un moteur électrique qui peut prendre le relais du moteur à essence à haute vitesse et qui récupère son énergie rapidement, bref, un pas en avant. Il en découle que la M35 hybride est plus économique sur l'autoroute qu'en ville. Surprise ! Grands voyageurs, votre nouvelle limousine vous attend. » — Daniel Rufiange

FICHE TECHNIQUE

MOTEURS

(M37)
V6 3,7 L DACT, 330 ch à 7000 tr/min
COUPLE 270 lb-pi à 5200 tr/min
BOÎTE DE VITESSES automatique à 7 rapports avec mode manuel
0-100 KM/H 6,8 s
VITESSE MAXIMALE 250 km/h

CONSOMMATION (100 KM) 2RM 9,5 L, **4RM** 10,2 L (octane 91)
ÉMISSIONS DE CO_2 2RM 4462 kg/an **4RM** 4738 kg/an
LITRES PAR ANNÉE 2RM 1940 **4RM** 2060
COÛT PAR AN 2RM 2716 $ **4RM** 2884 $

(HYBRIDE)
V6 3,5 L DACT + moteur électrique, 302 ch à 6800 tr/min (puissance totale combinée 360 ch)
COUPLE 258 lb-pi à 5000 tr/min (moteur à essence seul)
BOÎTE DE VITESSES automatique à 7 rapports avec mode manuel
0-100 KM/H 7,2
VITESSE MAXIMALE 240 km/h

(M56)
V8 5,6 L DACT, 420 à 6000 tr/min
COUPLE 417 lb-pi à 4400 tr/min
BOÎTE DE VITESSES automatique à 7 rapports avec mode manuel
0-100 KM/H 5,6 s
VITESSE MAXIMALE 250 km/h

CONSOMMATION (100 KM) 2RM 10,5 L, **4RM** 11 L (octane 91)
ÉMISSIONS DE CO_2 2RM 4922 kg/an **4RM** 5152 kg/an
LITRES PAR ANNÉE 2RM 2140 **4RM** 2240
COÛT PAR AN 2RM 2996 $ **4RM** 3136 $

AUTRES COMPOSANTS

SÉCURITÉ ACTIVE Freins ABS, assistance au freinage, répartition électronique de la force de freinage, antipatinage, contrôle de stabilité électronique
SUSPENSION AVANT/ARRIÈRE indépendante
FREINS AVANT/ARRIÈRE disques
DIRECTION à crémaillère, assistée (4 roues actives avec groupe Sport modèles 2RM)
PNEUS P245/50R18 **M37 SPORT/M56 SPORT** P245/40R20

DIMENSIONS

EMPATTEMENT 2900 mm
LONGUEUR 4945 mm
LARGEUR 1845 mm
HAUTEUR 1500 mm, **M37X/HYBRIDE/M56X** 1515 mm
POIDS M37 1750 kg **M37X** 1815 kg **M56** 1827 kg **HYBRIDE** 1873 kg **M56X** 1881 kg
DIAMÈTRE DE BRAQUAGE M37/HYBRIDE/M56 11,2 m **M37X/M56X** 11,4 m
COFFRE 422 L **HYBRIDE** 320 L
RÉSERVOIR DE CARBURANT 76 L **Hybride** 67 L

MENTIONS

RECOMMANDÉ

VERDICT

Plaisir au volant
Qualité de finition
Consommation
Rapport qualité / prix
Valeur de revente ND

$ t&p 1 950 $

LA COTE VERTE MOTEUR V8 DE 5,6 L source : ÉnerGuide

CONSOMMATION 100 KM 13,0 L • **ÉMISSIONS POLLUANTES CO_2** 6072 KG/AN • **EMPREINTE ÉCOLOGIQUE** 00 • **INDICE D'OCTANE** 91
AUTRE MOTORISATION essence • **COÛT DU CARBURANT MOYEN PAR ANNÉE** 3484 $ • **NOMBRE DE LITRES PAR ANNÉE** 2640

FICHE D'IDENTITÉ

VERSIONS 7 passagers, 8 passagers
ROUES MOTRICES 4
PORTIÈRES 5 Nombre de passagers 7, 8
PREMIÈRE GÉNÉRATION 2004
GÉNÉRATION ACTUELLE 2011
CONSTRUCTION Kyushu, Japon
COUSSINS GONFLABLES 6 (frontaux, latéraux avant, rideaux latéraux)
CONCURRENCE Cadillac Escalade, Land Rover Range Rover, Lexus LX 570, Lincoln Navigator, Mercedes-Benz Classe GL

AU QUOTIDIEN

PRIME D'ASSURANCE
25 ANS 3700 à 3900 $
40 ANS 2300 à 2500 $
60 ANS 2000 à 2200 $
COLLISION FRONTALE 5/5
COLLISION LATÉRALE n5/5
VENTES DU MODÈLE DE L'AN DERNIER
AU QUÉBEC 35 **AU CANADA** 265
DÉPRÉCIATION 60,2 %
RAPPELS (2006 à 2011) 7
COTE DE FIABILITÉ 4/5

GARANTIES... ET PLUS

GARANTIE GÉNÉRALE 4 ans/100 000 km
GARANTIE MOTOPROPULSEUR 6 ans/110 000 km
PERFORATION 7 ans/kilométrage illimité
ASSISTANCE ROUTIÈRE 4 ans/kilométrage illimité
NOMBRE DE CONCESSIONNAIRES
AU QUÉBEC 6 **AU CANADA** 29

NOUVEAUTÉS EN 2012

Avertisseur d'angles morts de série, système audio Bose de 15 haut-parleurs compris dans l'ensemble technologie

LE GROS **LUXE**

 *Vincent Aubé*

Il semble que le prix du carburant ne soit pas encore suffisamment élevé. Même si les gros mastodontes de la route se font de plus en plus rares sur notre réseau routier, il y a toujours une demande pour ce type de véhicule opulent au possible. D'ailleurs, il y a un an, Infiniti revisitait de fond en comble son QX56, et force est d'admettre que le résultat n'est pas vilain... pas vilain du tout même.

CARROSSERIE Par rapport à la précédente version du QX, la nouvelle mouture est plus large, plus longue et plus près du sol, ne partageant plus la plateforme du Nissan Armada, ce qui est une bonne nouvelle ! C'est plutôt celle du Nissan Patrol, un modèle distribué sur d'autres marchés, qui est retenue pour le QX56. D'ailleurs, le Patrol présente plusieurs similitudes avec le QX en termes de design, à commencer par la partie arrière et le profil de ce gros utilitaire. Par contre, l'avant a été redessiné pour mieux l'agencer au reste de la gamme Infiniti. La calandre est on ne peut plus présente, tandis que les phares profilés s'intègrent plus ou moins bien à ce faciès retravaillé. Pour augmenter la prestance de ce VUS, il est possible de commander des jantes de 22 pouces, sinon le consom-mateur doit se contenter des « petites » jantes de 20 pouces.

HABITACLE À l'image de l'extérieur, la cabine de grand luxe a aussi été revue. Vous ne serez pas étonné d'apprendre que cet habitacle est, à quelques détails près, identique à celui du cousin Patrol. La bonne nouvelle, c'est que la planche de bord trop sobre de l'ancien QX est elle aussi abandonnée pour un dessin plus moderne. Bien sûr, Infiniti y a apporté sa touche personnelle. Les matériaux sont riches, et l'assemblage est sans reproche, tandis que les fonctions, pour la plupart, sont d'accès facile. Infiniti n'offre que deux versions de son QX : à 7 places et à 8 places. À l'avant, les passagers sont en classe affaires avec ces sièges en cuir très confortables. Derrière, les passagers de la deuxième rangée peuvent être assis sur une banquette à 3 places ou dans un fauteuil séparé, tandis qu'à l'arrière, il y a la traditionnelle banquette escamotable. Il faut également souligner que les deux ran-

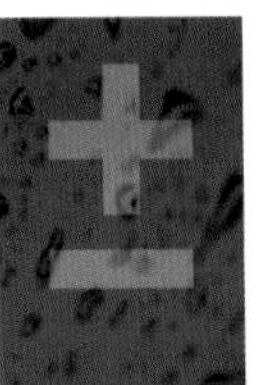

FORCES Silhouette originale • Châssis plus rigide • Luxe à la hauteur

FAIBLESSES Gabarit imposant • Pas de plancher plat quand on rabat les banquettes • Consommation de carburant toujours importante

gées arrière, bien que repliables, ne forment pas un plancher plat quand on les rabat. Le QX n'est donc pas aussi pratique qu'il en a l'air avec ses proportions titanesques.

MÉCANIQUE Un tel gabarit oblige les ingénieurs à faire appel à une mécanique capable de livrer la marchandise. Le moteur V8 a toujours une cylindrée de 5,6 litres, mais il a gagné 80 chevaux en puissance au moment de la refonte l'an dernier, pour un total de 400. Pour ce qui est du couple, il a gagné 20 livres-pieds, à 413. Le moteur hérite d'ailleurs des bienfaits de l'injection directe de carburant. Autre nouveauté digne de mention depuis l'an dernier, la boîte de vitesses automatique compte désormais 7 rapports, ce qui contribue à améliorer les accélérations et à abaisser la consommation de carburant. Bien entendu, le QX est muni de la transmission intégrale qui peut envoyer jusqu'à 50 % du couple aux roues avant, le cas échéant.

COMPORTEMENT Il serait déplacé de comparer le plus imposant des VUS d'Infiniti à une voiture agile, mais il faut admettre que le constructeur a bien fait en changeant de plateforme, car le QX donne l'impression qu'on conduit un véhicule beaucoup plus compact. La direction est tout de même précise, tandis que le roulis et le tangage sont atténués par le système HBMCS (Hydraulic Body Motion Control System) offert en option qui compense en transférant du liquide du côté opposé au virage. C'est long à expliquer, mais ça fonctionne En ce qui a trait à la mécanique revue en 2011, le moteur V8 fait sentir sa présence quand on écrase l'accélérateur, et la sonorité qui émane du système d'échappement n'est pas désagréable à entendre.

CONCLUSION La présence de cet éléphant de la route est clairement justifiée par la demande au sud de notre frontière. Malgré tout, le QX peut satisfaire les familles nombreuses qui veulent circuler dans le grand luxe. Prévoyez tout de même un budget de carburant considérable !

2e OPINION

« Le monde cherche à économiser des litres de pétrole, et le QX56, sans blague, fait sa part. En remplaçant sa boîte de vitesses à 5 rapports par une boîte à 7 rapports et en dotant le V8 de l'injection directe de carburant, le monstre parvient à diminuer sa soif de 10 % malgré son gain en puissance. Ce qui nous donne pas loin de 15 litres aux 100 kilomètres... La conscience est sauve. Cela réglé, on peut continuer à utiliser le QX56 revu l'an dernier pour ce pourquoi il a été mis au monde : promener ses occupants dans un intérieur inspiré d'un jet privé, leur offrir jusqu'à trois écrans vidéo, faciliter l'accès à la banquette du fond en permettant au conducteur d'abaisser celle du milieu rien qu'en enfonçant un bouton, pouvoir tracter le Centre Bell sans problème et provoquer une crise d'apoplexie chez les autres conducteurs qui oseraient se montrer impolis dans un goulot de circulation. » — Michel Crépault

FICHE TECHNIQUE

MOTEUR

V8 5,6 L DACT, 400 ch à 5800 tr/min
COUPLE 413 lb-pi à 4000 tr/min
BOÎTE DE VITESSES automatique à 7 rapports avec mode manuel
0-100 KM/H 7,5 s
VITESSE MAXIMALE 185 km/h

AUTRES COMPOSANTS

SÉCURITÉ ACTIVE freins ABS, répartition électronique de la force de freinage, assistance au freinage, contrôle de la stabilité électronique, antipatinage
SUSPENSION AVANT/ARRIÈRE indépendante
FREINS AVANT/ARRIÈRE disques
DIRECTION à crémaillère, assistée
PNEUS P275/60R20 option P275/50R22

DIMENSIONS

EMPATTEMENT 3075 mm
LONGUEUR 5290 mm
LARGEUR 2030 mm
HAUTEUR 1920 mm
POIDS 2654 kg
DIAMÈTRE DE BRAQUAGE 12,7 m
COFFRE 471 L, 1405 L (3e rangée abaissée), 2693 L (sièges abaissés)
RÉSERVOIR DE CARBURANT 98 L
CAPACITÉ DE REMORQUAGE 3856 kg

MENTIONS

RECOMMANDÉ

VERDICT

LA COTE VERTE MOTEUR V8 DE 5,0 L source : EnerGuide

CONSOMMATION (100 KM) 10,7 L • **ÉMISSIONS POLLUANTES CO_2** 5060 KG/AN • **INDICE D'OCTANE** 91 • **COÛT DU CARBURANT MOYEN PAR ANNÉE** 3080 $ • **NOMBRE DE LITRES PAR ANNÉE** 2200

FICHE D'IDENTITÉ

VERSIONS Luxe, Premium, XFR
ROUES MOTRICES arrière
PORTIÈRES 4 **NOMBRE DE PASSAGERS** 5
PREMIÈRE GÉNÉRATION 2009
GÉNÉRATION ACTUELLE 2009
CONSTRUCTION Castle Bromwich, Angleterre
COUSSINS GONFLABLES 6 (frontaux, latéraux avant, rideaux)
CONCURRENCE Acura RL, Audi A6, BMW Série 5, Hyundai Genesis/Equus, Infiniti M, Lexus GS, Lincoln MKS, Mercedes-Benz Classe E, Volvo S80

AU QUOTIDIEN

PRIME D'ASSURANCE
25 ANS 3000 à 3200 $
40 ANS 2100 à 2300 $
60 ANS 1800 à 2000 $
COLLISION FRONTALE 5/5
COLLISION LATÉRALE 5/5
VENTES DU MODÈLE DE L'AN DERNIER
AU QUÉBEC 74 **AU CANADA** 449
DÉPRÉCIATION (2 ans) 30,8 %
RAPPELS (2006 à 2011) 6
COTE DE FIABILITÉ 2/5

GARANTIES... ET PLUS

GARANTIE GÉNÉRALE 4 ans/80 000 km
GARANTIE MOTOPROPULSEUR 4 ans/80 000 km
PERFORATION 6 ans/kilométrage illimité
ASSISTANCE ROUTIÈRE 4 ans/80 000 km
NOMBRE DE CONCESSIONNAIRES
AU QUÉBEC 4 **AU CANADA** 29

NOUVEAUTÉS EN 2012

Redessinée, nouvelles couleurs, diodes électroluminescentes intégrées aux phares avant et arrière, système d'infodivertissement complètement révisé

LA VOLONTÉ D'ÊTRE **DIFFÉRENT**

Benoit Charette

Au moment d'introduire la XF sur le marché, Jaguar relevait plusieurs défis en même temps. Elle remplaçait un modèle (la Type S) qui avait connu une carrière en dents de scie. Elle se présente sur le marché en 2009 au moment où l'économie mondiale est en sérieux repli; et enfin, la concurrence se nomme Mercedes-Benz, Audi et BMW, trois joueurs qui dominent largement le marché. Jaguar, qui n'a pas droit à l'erreur, doit présenter un produit parfait, rien de moins. Les ventes à ce jour démontrent que ce n'est pas le cas. C'est pourquoi on repense le produit, et la firme indienne améliore sa recette pour 2012.

CARROSSERIE Dans une catégorie qui demande rien de moins que la perfection, on ne peut se démarquer à moins. La XF de première génération offrait des lignes nobles mais pas impressionnantes, l'avant était quelconque et brisait l'harmonie du profil plutôt réussi. Au programme pour 2012, une nouvelle face avant qui s'inspire de celle de la superbe XJ, avec des feux plus effilés qui intègrent l'incontournable rangée de phares à diodes électroluminescentes faisant office de feux de jour. La calandre se fait aussi plus étroite, et les boucliers sont redessinés. La nouvelle offre de jantes complète les retouches extérieures. Une opération réussie qui ajoute un peu de « wow » dans la recette.

HABITACLE Jaguar a toujours ce cachet particulier dans la capacité d'habiller ces habitacles d'une certaine noblesse riche qui détonne avec le côté plus clinique des berlines allemandes. L'intérieur n'a pas beaucoup changé, les sièges sont améliorés et plus confortables. On note aussi l'arrivée d'une nouvelle installation audio offerte en option et signée Bowers & Wilkins d'une puissance de 1 200 watts. L'instrumentation du tableau de bord a aussi été revue. Il ne s'agit pas ici d'une refonte complète, mais plutôt d'une mise à jour, question de garder la voiture concurrentielle dans ce segment très exigeant. Le bois traditionnel et l'aluminium moderne font bon ménage dans la version luxe et Premium.

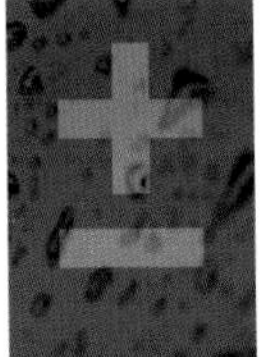

FORCES Moteur supersonique (XFR) • Boîte très bien synchronisée • Nouveau style plus élégant • Compromis confort/tenue de route exceptionnel

FAIBLESSES Consommation gênante • Seulement des V8 offerts • Faible visibilité arrière

La mise en marche au contact d'un bouton poussoir et le sélecteur rotatif de la boîte de vitesses automatique à 6 rapports qui émerge de son puits au moment précis où les quatre plaques en aluminium basculent au tableau de bord pour laisser place aux bouches d'aération ajoute au côté exclusif. C'est aussi la berline de sa catégorie qui offre le plus d'espace à l'arrière et un immense coffre de 500 litres.

MÉCANIQUE Pas de changements au programme sous le capot où l'on trouve un V8 de base puissant et une version missile routier dans sa version XFR. Le V8 de 5 litres offre toujours 385 généreux chevaux, et la version XFR greffe un compresseur et monte la puissance à 510 chevaux. Une puissance démoniaque et une consommation qui vous transportera en enfer. C'est d'ailleurs ce dernier facteur qui a amené Jaguar à réfléchir. Les concurrents offre des V6 et, même, des moteurs Diesel dans le cas de Mercedes-Benz. Jaguar a donc laissé savoir que le modèle d'entrée de gamme de la XF, plus tard en 2012, sera équipé d'une motorisation à 4-cylindres de 2,2 litres Diesel qui développe 188 chevaux et produit un couple de 332 livres-pieds. Selon Jaguar, il est capable d'une consommation de carburant de 5,35 litres aux 100 kilomètres. Le moteur est couplé à une nouvelle boîte de vitesses à 8 rapports ZF, deux rapports de plus que les V8. Mais, pas de date de commercialisation au moment d'aller sous presse.

COMPORTEMENT Le véritable exploit de la XF est le parfait compromis de la suspension mariant parfaitement le sport et le confort. Jamais ferme ni inconfortable, l'amortissement endigue efficacement les mouvements de caisse et élimine le roulis. Quant à la motricité, elle est simplement ahurissante. La version de base est moins incisive et plus axée sur le confort, mais conserve une bonne réserve de puissance sous le pied droit. Le solide châssis emprunté à la XK est sans reproche, et le silence à bord est digne de la réputation légendaire de la marque.

CONCLUSION Avec deux V8 et un prix du carburant qui continuera de grimper, Jaguar devra rapidement offrir son modèle à mécanique Diesel et, éventuellement, un V6 pour être au même niveau que la concurrence. Sans ces atouts, ce chat sera sur la liste des espèces menacées.

2e OPINION

« La renaissance de cette berline intermédiaire est une réussite. Rien de spectaculaire dans le design mais pourtant un coup de crayon très heureux. La XF est harmonieuse, tandis que la version R se détache du peloton avec sa calandre exclusive et l'aileron qui surplombe le quadruple échappement. Malgré la chute du pavillon qui évoque davantage un coupé sport qu'une berline, le dégagement sur la banquette est adéquat, à moins de faire partie de l'équipe des Raptors de Toronto. Notons que les Yankees ont droit à un 2e moteur suralimenté qui, avec ses 470 chevaux, s'intercale entre les deux autres V8. L'idée d'intégrer une pulsation rougeoyante au bouton de démarrage, comme un cœur qui bat, est brillante, et le sélecteur de vitesses qui se soulève de la console quand le fauve est prêt à bondir, encore meilleure ! » — Michel Crépault

FICHE TECHNIQUE

MOTEURS

(LUXE, PREMIUM) V8 5,0 L DACT, 385 ch à 6500 tr/min
COUPLE 380 lb-pi à 3500 tr/min
BOÎTE DE VITESSES automatique à 6 rapports avec mode manuel
0-100 KM/H 5,7 s
VITESSE MAXIMALE 195 km/h (bridée)

(XFR) V8 5,0 l suralimenté par compresseur volumétrique DACT, 510 ch de 6000 à 6500 tr/min
COUPLE 461 lb-pi de 2500 à 5500 tr/min
BOÎTE DE VITESSES automatique à 6 rapports avec mode manuel
0-100 KM/H 5,0 s
VITESSE MAXIMALE 250 km/h (bridée)

CONSOMMATION (100 KM) 11,7 L (octane 91)
ÉMISSIONS DE CO_2 5474 kg/an
LITRES PAR ANNÉE 2380
COÛT PAR AN 3332 $

AUTRES COMPOSANTS

SÉCURITÉ ACTIVE freins ABS, répartition électronique de la force de freinage, assistance au freinage, contrôle de stabilité électronique, antipatinage
SUSPENSION AVANT/ARRIÈRE indépendante
FREINS AVANT/ARRIÈRE disques
DIRECTION à crémaillère, assistée
PNEUS Luxe P245/45R18 **Premium** P245/40R19 **XFR** P255/35ZR20 (av.) P285/30R20 (arr.)

DIMENSIONS

EMPATTEMENT 2909 mm
LONGUEUR 4961 mm
LARGEUR 1877 mm
HAUTEUR 1460 mm
POIDS XF 1780 kg **XFR** 1891 kg
DIAMÈTRE DE BRAQUAGE 11,5 m
COFFRE 501 L, 963 L (banquette rabattue)
RÉSERVOIR DE CARBURANT 70 L

VERDICT

Plaisir au volant
Qualité de finition
Consommation
Rapport qualité / prix
Valeur de revente

www.jaguar.ca

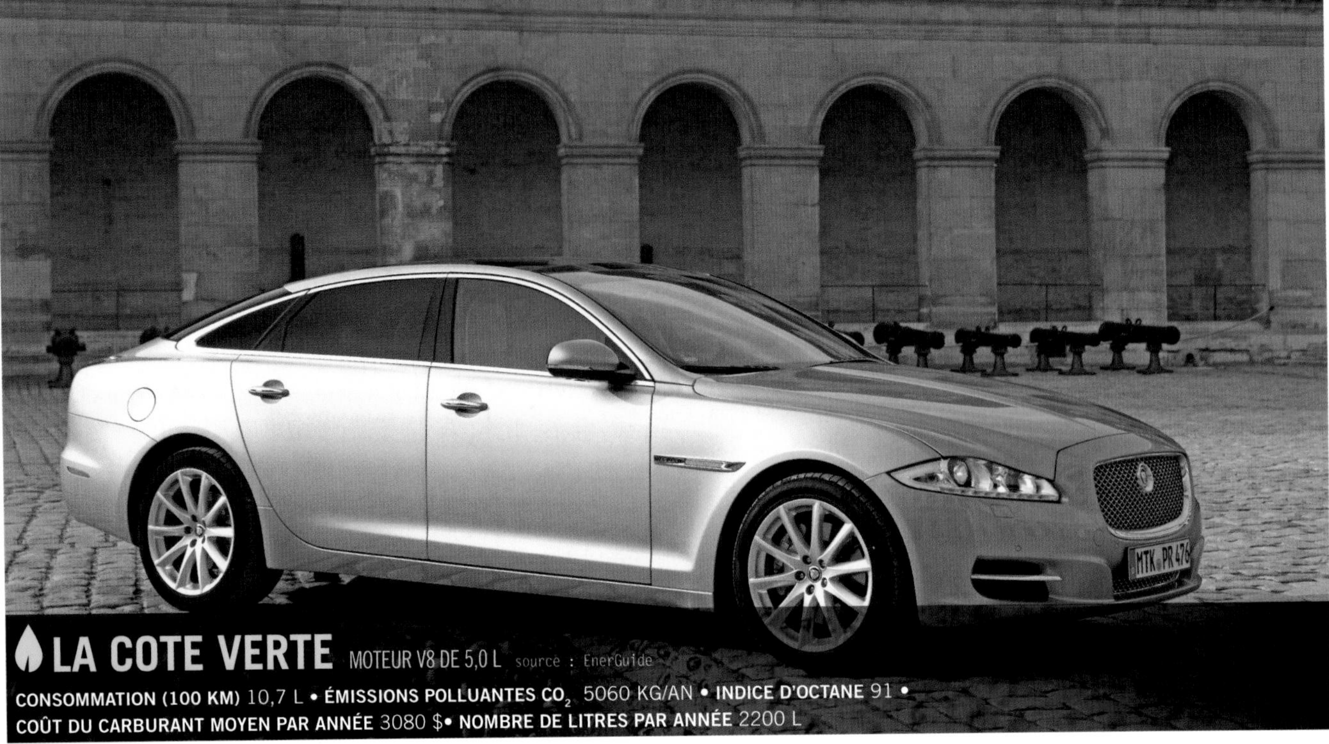

LA COTE VERTE MOTEUR V8 DE 5,0 L source : EnerGuide

CONSOMMATION (100 KM) 10,7 L • **ÉMISSIONS POLLUANTES CO_2** 5060 KG/AN • **INDICE D'OCTANE** 91 • **COÛT DU CARBURANT MOYEN PAR ANNÉE** 3080 $ • **NOMBRE DE LITRES PAR ANNÉE** 2200 L

FICHE D'IDENTITÉ

VERSIONS XJ/XJL, XJ/XJL Supercharged, XJ/XJL Supersport
ROUES MOTRICES arrière
PORTIÈRES 4 **NOMBRE DE PASSAGERS** 5
PREMIÈRE GÉNÉRATION 1968
GÉNÉRATION ACTUELLE 2011
CONSTRUCTION Castle Bromwich, Angleterre
COUSSINS GONFLABLES 6 (frontaux, latéraux avant, rideaux latéraux)
CONCURRENCE Audi A8, BMW Série 7, Lexus LS, Maserati Quattroporte, Mercedes-Benz Classe S

AU QUOTIDIEN

PRIME D'ASSURANCE
25 ANS 3700 à 3900 $
40 ANS 2400 à 2600 $
60 ANS 1600 à 1800 $
COLLISION FRONTALE 5/5
COLLISION LATÉRALE 5/5
VENTES DU MODÈLE DE L'AN DERNIER
AU QUÉBEC 27 **AU CANADA** 189
DÉPRÉCIATION 55,2 %
RAPPELS (2006 à 2011) 1
COTE DE FIABILITÉ 2,5/5

GARANTIES... ET PLUS

GARANTIE GÉNÉRALE 4 ans/80 000 km
GARANTIE MOTOPROPULSEUR 4 ans/80 000 km
PERFORATION 6 ans/kilométrage illimité
ASSISTANCE ROUTIÈRE 4 ans/80 000 km
NOMBRE DE CONCESSIONNAIRES
AU QUÉBEC 4 **AU CANADA** 29

NOUVEAUTÉS EN 2012

Nouvelles couleurs extérieures, ensemble Comfort pour les sièges arrière disponible avec version XJL Supersport, ensemble Illumination optionnel sur tous les modèles permettant de faire varier l'éclairage intérieur

BERLINE **FÉLINE**

Philippe Laguë

Depuis trois ans, la marque de Coventry vit une véritable révolution. Fini le design traditionnel – classique pour certains, vieillot pour d'autres – des Jaguar. La XF a été la première à rompre avec la tradition; l'année dernière, c'était au tour de la XJ. Or, cette dernière est un monument : elle fait partie de la gamme depuis 1968, et, depuis, le style des générations suivantes a toujours respecter celui du modèle d'origine.

CARROSSERIE L'allure est moderne, les formes, fluides, le profil, élancé; un changement radical qui semble avoir été bien accepté, comme l'ont confirmé de nombreux regards admiratifs. Tant mieux pour Jaguar; je n'ose même pas imaginer le tollé que susciterait une nouvelle Porsche 911 qui ne ressemblerait en rien au modèle d'origine... Sur une note plus rationnelle, la XJ se décline en trois versions, elles-mêmes offertes en deux configurations, à empattement court ou long.

HABITACLE S'il y a eu révolution, on n'a pas jeté le bébé avec l'eau du bain non plus. Le cuir et les boiseries prédominent toujours à l'intérieur. On y retrouve cette ambiance de club privé, les sièges n'ayant d'ailleurs rien à envier aux gros fauteuils capitonnés de ce genre d'endroit. Ils manquent cependant de maintien latéral.

Limousine oblige, les places arrière sont aussi confortables grâce à une banquette bien sculptée. L'énorme tunnel de transmission vient cependant compliquer les choses pour une personne qui voudrait prendre place au centre. La XJ n'est donc pas une véritable 5-places.

Les commandes sont moins complexes que dans les voitures de luxe germaniques et, Dieu merci, il n'y a pas de mollette multifonction, style MMI (Audi) ou iDrive (BMW). La seule fausse note vient du tableau de bord avec son écran ACL qui reproduit les cadrans. Cela ressemble plutôt à un jeu vidéo et jure avec la noblesse des lieux. Terminons avec la qualité de construction qui rassurera ceux et celles qui ont été traumatisés par la finition artisanale des anciennes Jaguar.

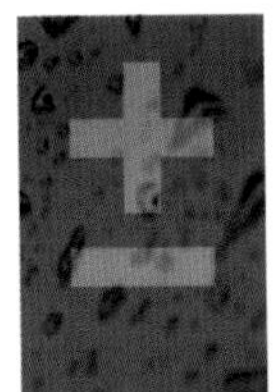

FORCES Prestige indéniable • Design plus moderne • Ambiance à l'intérieur • Trois superbes V8 • Performances athlétiques • Prestations routières de haut calibre • Roulement de velours

FAIBLESSES 4 places, et non 5 • Tableau de bord de jeu vidéo • Boîte automatique à 6 rapports seulement • Consommation élevée • Pas de transmission intégrale • Réputation (fiabilité)

COMPORTEMENT Avec des rivales ayant pour nom Maserati, Porsche, Audi, BMW et Mercedes-Benz, il faut avoir certaines compétences routières. Or, la XJ a beau être une limousine, c'est d'abord et avant tout une Jaguar, ce qui implique certaines choses. Un roulement de velours, mais des griffes, aussi. Le félin, toujours...

La direction et la suspension ont toujours fait partie des points forts de la XJ. Mais ce qui impressionne vraiment, c'est la maniabilité et la tenue de route de cette grosse berline. Sur l'autoroute, c'est un véritable TGV, tellement stable qu'elle semble rouler sur des rails; mais quand le parcours devient sinueux, elle enfile les courbes avec l'autorité d'une GT. Tout ce qui lui manque, c'est la transmission intégrale, offerte sur les autres limousines de cette catégorie. Les roues motrices arrière de la XJ lui coûtent assurément des ventes au Québec.

MÉCANIQUE C'est ici que ça devient sérieux. En entrée de gamme, la XJ reçoit un V8 de 5 litres, bon pour 385 chevaux. Un cran plus haut, la XJ Supercharged reprend le même moteur mais suralimenté par un compresseur volumétrique. Cette injection de stéroïdes fait grimper la puissance à 470 chevaux. Et si ça ne suffit pas, le même V8 de la Supersports en crache 40 de plus.

Comme le félin du même nom, le V8 de la bien-nommée Supercharged est vif comme un chat. Outre cette réponse instantanée à la moindre sollicitation du pied droit (et ce, à tous les régimes), ce moteur brille aussi par sa grande souplesse. Très élastique mais très doux aussi; encore une fois, l'analogie avec le félin est inévitable.

Cette puissance est transmise aux roues par l'entremise d'une boîte de vitesses automatique à 6 rapports. Dans ce créneau, la norme est désormais de 7 ou de 8 afin, notamment, de réduire la consommation. La Jag, elle, est une grosse buveuse. Sa boîte brille néanmoins par son raffinement, avec des changements de rapports d'une grande fluidité. On pourrait lui reprocher sa lenteur, mais il suffit de passer sur le mode sport et de changer les rapports manuellement pour obtenir satisfaction. En quel cas, la boîte donne elle-même un petit coup d'accélérateur avant de rétrograder.

CONCLUSION Dans la longue histoire de ce modèle, la XJ actuelle est la meilleure, incontestablement. La plus rapide, la plus confortable, la plus mordante, la plus raffinée... Jamais elle n'a été aussi bien outillée pour affronter ses redoutables et réputées rivales allemandes. Reste la question de la fiabilité, impossible à esquiver quand il est question de Jaguar. Sachez d'abord que, dans ce créneau, aussi sélect soit-il, peu de modèles brillent à ce chapitre, Lexus étant l'exception qui confirme la règle. Les derniers sondages de la firme américaine J.D. Power and Associates montrent par ailleurs des résultats encourageants. Et puis, rouler en Jaguar, c'est s'assurer d'une exclusivité que n'ont pas les Audi, BMW et Mercedes-Benz, trop répandues. Dans les hautes sphères, ça compte.

2e OPINION

« La dernière XJ roule sur nos routes depuis un an environ, et il faut affirmer que cette nouvelle vision apporte un vent de fraîcheur dans ce segment ultra conservateur. C'est justement ce qui faisait défaut à l'ancienne génération, ces lignes inspirées du passé. La nouvelle voiture-phare du constructeur britannique ose avec ce style clairement « XF ». De plus, cette XJ ne fait pas son poids sur la route. Pour un paquebot de cette taille, la XJ impressionne par sa maniabilité et la puissance de son moteur V8. Malgré le confort feutré de l'habitacle superbement assemblé, on arrive tout de même à entendre le ronronnement du V8. Oh oui, le chat est de retour ! »
— Vincent Aubé

FICHE TECHNIQUE

MOTEURS

(XJ, XJL)
V8 5,0 L DACT, 385 ch à 6500 tr/min
COUPLE 380 lb-pi à 3500 tr/min
BOÎTE DE VITESSES automatique à 6 rapports avec mode manuel
0-100 KM/H 5,7 s
VITESSE MAXIMALE 195 km/h (bridée)

(XJ/XJL SUPERCHARGED)
V8 5,0 L suralimenté par compresseur volumétrique DACT, 470 ch de 6000 à 6500 tr/min
COUPLE 424 lb-pi de 2500 à 5500 tr/min
BOÎTE DE VITESSES automatique à 6 rapports avec mode manuel
0-100 KM/H 5,2 s
VITESSE MAXIMALE 250 km/h (bridée)
CONSOMMATION (100 KM) 11,7 L (octane 91)
ÉMISSIONS DE CO_2 5474 kg/an
LITRES PAR ANNÉE 2380 L
COÛT PAR AN 3332 $

(XJ SUPERSPORT)
V8 5,0 L suralimenté par compresseur volumétrique DACT, 510 ch de 6000 à 6500 tr/min
COUPLE 461 lb-pi de 2500 à 5500 tr/min
BOÎTE DE VITESSES automatique à 6 rapports avec mode manuel
0-100 KM/H 5,0 s
VITESSE MAXIMALE 250 km/h (bridée)
CONSOMMATION (100 KM) 11,7 L (octane 91)
ÉMISSIONS DE CO_2 5474 kg/an
LITRES PAR ANNÉE 2380 L
COÛT PAR AN 3332 $

AUTRES COMPOSANTS

SÉCURITÉ ACTIVE freins ABS, assistance au freinage, répartition électronique de la force de freinage, antipatinage, contrôle de stabilité électronique
SUSPENSION AVANT/ARRIÈRE indépendante
FREINS AVANT/ARRIÈRE disques
DIRECTION à crémaillère, assistée
PNEUS P245/45R19 (av.) P275/40R19 (arr.) **OPTION XJ/SUPERCHARGED/SUPERSPORT** P245/40R20 (av.) P275/35R20 (arr.)

DIMENSIONS

EMPATTEMENT 3032 mm **XJL** 3157 mm
LONGUEUR 5122 mm **XJL** 5247 mm
LARGEUR (sans rétro.) 1894 mm
HAUTEUR 1448 mm
POIDS XJ 1835 kg, **XJL** 1874 kg **XJ SUPERCHARGED** 1942 kg **XJL SUPERCHARGED** 1961 kg **XJ SUPERSPORT** 1942 kg **XJL SUPERSPORT** 1961 kg
DIAMÈTRE DE BRAQUAGE XJ 12,3 m **XJL** 12,7 m
COFFRE 430 L
RÉSERVOIR DE CARBURANT 82 L

MENTIONS

COUP DE CŒUR RECOMMANDÉ

VERDICT

LA COTE VERTE MOTEUR V8 DE 5,0 L source : EnerGuide

CONSOMMATION (100 KM) COUPÉ 10,9 L CABRIO.11,3 L • **ÉMISSIONS POLLUANTES CO_2** COUPÉ 5106 KG/AN CABRIO. 5290 KG/AN • **INDICE D'OCTANE** 91
COÛT DU CARBURANT MOYEN PAR ANNÉE COUPÉ 3108 $ CABRIO. 3220 $ • **NOMBRE DE LITRES PAR ANNÉE:** COUPÉ 2220 CABRIO. 2300

FICHE D'IDENTITÉ

VERSIONS Coupé, Cabriolet, XKR Coupé, XKR Cabriolet, XKR-S
ROUES MOTRICES arrière
PORTIÈRES 2 **NOMBRE DE PASSAGERS** 2+2
PREMIÈRE GÉNÉRATION 1997
GÉNÉRATION ACTUELLE 2010
CONSTRUCTION Castle Bromwich, Angleterre
COUSSINS GONFLABLES 4 (frontaux, latéraux avant)
CONCURRENCE Aston Martin V8 Vantage, BMW Série 6, Chevrolet Corvette, Maserati GT, Mercedes-Benz Classe SL, Porsche 911

AU QUOTIDIEN

PRIME D'ASSURANCE
25 ANS : 3700 à 3900 $
40 ANS : 2400 à 2600 $
60 ANS : 1600 à 1800 $
COLLISION FRONTALE 5/5
COLLISION LATÉRALE 5/5
VENTES DU MODÈLE DE L'AN DERNIER
AU QUÉBEC 17 **AU CANADA** 117
DÉPRÉCIATION 55,0%
RAPPELS (2006 à 2011) ND
COTE DE FIABILITÉ 3,5/5

GARANTIES... ET PLUS

GARANTIE GÉNÉRALE 4 ans/80 000 km
GARANTIE MOTOPROPULSEUR 4 ans/80 000 k
PERFORATION 6 ans/kilométrage illimité
ASSISTANCE ROUTIÈRE 4 ans/80 000 km
NOMBRE DE CONCESSIONNAIRES
AU QUÉBEC 4 **AU CANADA** 29

NOUVEAUTÉS EN 2012

Redessinée, version XKR-S de 550 chevaux, nouvelles couleurs extérieures, diodes électroluminescentes dans les phares avant, ensemble XKR Dynamic

SENSUALITÉ MOBILE

Michel Crépault

Puisque l'actuelle XK date de peu et que la prochaine génération ne se pointera pas avant 2014, on aurait pu penser que les changements apportés en 2012 se limiteraient à de l'esthétique plus ou moins signifiante. En réalité, les retouches sont nombreuses, et la prestigieuse marque a même accouché d'une nouvelle version au dernier salon de Genève, la fabuleuse XKR-S. Les raisons de rêver d'une XK viennent de tripler !

CARROSSERIE L'acheteur à la fois avisé et fortuné doit tout d'abord se décider entre coupé ou cabriolet, et également trancher entre un moteur puissant (XK), très puissant (XKR) ou extrêmement puissant (XKR-S). Les stylistes guidés par Ian Callum se sont fait plaisir en affinant les phares à diodes électroluminescentes (DEL) et en redessinant le bouclier pour y inclure des prises d'air élargies. Sur les ailes, les ouïes verticales deviennent horizontales. À l'arrière, outre les feux qui ont droit aussi à des DEL, l'aileron et la lisière de chrome ont été modifiés. Ajoutons que les mailles de la distinctive calandre de la R virent au noir mat (au lieu du chrome), tandis que la S exhibe un pare-chocs unique. L'ensemble *Black Pack* remplace tout le chrome extérieur par du noir et fait chausser aux bolides des roues de 20 pouces d'un noir étincelant ! Si vous voulez mon avis, peu importe la finition, cette famille XK est si captivante qu'on donnerait cher pour qu'elle veuille bien nous adopter...

HABITACLE Jaguar innove avec de nouveaux matériaux qui rehaussent le luxe et l'exclusivité de la cabine, en proposant, par exemple, une console habillée d'une laque imitant celle d'un piano de concert (décidément, le noir est à l'honneur cette année !). L'éclairage d'ambiance bleuté la nuit s'étend aux cadrans et aux interrupteurs. Le bouton-poussoir de démarrage permet désormais de modifier la tonalité du moteur. Le nouveau volant multifonction travaille à l'unisson avec l'écran couleur de 7 pouces dont l'activation tactile facilite l'interaction avec les instruments. Les connexions MP3/iPod/USB sont désormais de série (à ce prix-là, j'espère bien !), de même que la caméra de vision arrière (une obligation, étant donné la piètre visibilité arrière).

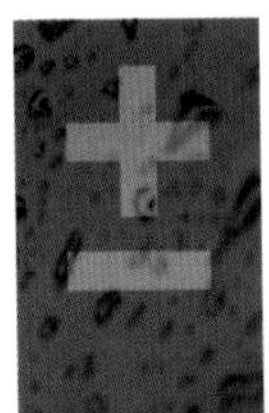

FORCES Lignes franchement émouvantes • Capable de douceur et de férocité • Technologies raffinées

FAIBLESSES Visibilité arrière nulle • Consommation aussi élevée que la facture • Places arrière facétieuses

d'appuyer sur le sélecteur ouvragé *JaguarDrive* qui se soulève de la console pour nous permettre de commander la bête. La XK relève le double défi de procurer du confort *et* des performances. Elle s'en acquitte brillamment. Oubliez les passagers à l'arrière (2+2), pensez à vos valises (surtout dans le cas du cabrio) et partez à l'aventure au volant d'un bolide racé et civilisé. La suspension avant à double triangulation s'adapte à l'état de la chaussée et à l'humeur du conducteur. Les ingénieurs ont rendu à la fois plus vivante et sécuritaire la tenue de route en retravaillant le train arrière, la direction, les aides électroniques. Quand on choisit le mode Sport, on retarde l'intervention des aides électroniques afin de donner une plus grande marge de manœuvre aux pilotes habiles. L'option du mode dynamique, en plus d'affecter la dureté des amortisseurs, augmente la sensibilité de la pédale de droite tout en raccourcissant les délais entre les changements de rapport. La KXR-S peut atteindre 300 km/h et accélérer de 0 à 100 km/h en 4,4 secondes...

MÉCANIQUE La différence de puissance n'a rien à voir avec la cylindrée, puisque les trois V8 accusent 5 litres. Par contre, en compressant le mélange air-essence, les modèles R et S parviennent respectivement à cracher 510 et 550 chevaux sous le capot (allumage et échappement modifiés), alors que leur vis-à-vis standard se contente de 385. Au moment d'écrire ces lignes persiste la rumeur d'un V6 de 3 litres en versions essence et turbodiesel. J'espère que ça restera une fable, l'expérience de la démocratisation n'ayant jamais servi Jaguar (pensons à la X-Type). Et si cette rumeur circule parce que Jaguar aimerait étancher la soif qui afflige ses V8, souhaitons plutôt la mise au point d'une nouvelle boîte de vitesses séquentielle à 8 rapports pour remplacer la ZF à 6 rapports que partagent actuellement les V8 du fauve.

COMPORTEMENT Belle sensation que

CONCLUSION Si c'est le confort qui prime, le modèle de base suffira amplement. De toute façon, il est superbe. Si vous recherchez en sus une pompe à adrénaline, les modèles R et S vous combleront.

2e OPINION

« Voici la parfaite voiture du « gentleman driver ». Facile à conduire et d'une élégance sans faille, elle vaut à mes yeux une Aston Martin beaucoup plus chère. Bien sûr, il y a les problèmes chroniques de fiabilité qui demeurent un obstacle quasi infranchissable. Mais sur la route, la XK est un savant mélange d'agilité, de performances et de confort. Assez avenante pour la colonne vertébrale, vous pouvez tenir un rythme élevé en toute décontraction. La version R et ses 510 chevaux feront naître la bête, même chez les plus dociles conducteurs. L'équilibre du châssis est remarquable, et la direction, incisive. Tout le charme d'une propulsion bien née. Grâce à la répartition de la motricité par l'entremise du différentiel à glissement limité, l'arrière communique naturellement avec le conducteur. La conduite rapide se révèle alors des plus faciles... tant qu'on s'aide de l'électronique. Mais il y a fiabilité qui jette de l'ombre sur toute cette belle machine, c'est un pensez-y bien. » — *Benoit Charette*

FICHE TECHNIQUE

MOTEURS

(XK) V8 5 L DACT, 385 ch à 6500 tr/min
COUPLE 380 lb-pi à 3500 tr/min
BOÎTE DE VITESSES automatique à 6 rapports avec mode manuel
0-100 KM/H coupé 5,5 s cabrio. 5,6 s
VITESSE MAXIMALE 250 km/h (bridée)

(XKR) V8 5 L suralimenté par compresseur volumétrique DACT, 510 ch de 6000 à 6500 tr/min
COUPLE 461 lb-pi à 2500 à 5500 tr/min
BOÎTE DE VITESSES automatique à 6 rapports avec mode manuel
0-100 KM/H 4,9 s
VITESSE MAXIMALE 250 km/h (bridée)
CONSOMMATION (100 KM) 11,6 L (octane 91)
ÉMISSIONS DE CO_2 5474 kg/an
LITRES PAR ANNÉE 2380
COÛT PAR AN 3332 $

(XKR-S) V8 5 L suralimenté par compresseur volumétrique DACT, 550 ch de 6000 à 6500 tr/min
COUPLE 502 lb-pi à 2500 à 5500 tr/min
BOÎTE DE VITESSES automatique à 6 rapports avec mode manuel
0-100 KM/H 4,4 s
VITESSE MAXIMALE 300 km/h
CONSOMMATION (100 KM) 12,3 L (octane 91)
ÉMISSIONS DE CO_2 ND
LITRES PAR ANNÉE ND
COÛT PAR AN ND

AUTRES COMPOSANTS

SÉCURITÉ ACTIVE freins ABS, assistance au freinage, répartition électronique de force de freinage, contrôle de stabilité électronique, antipatinage
SUSPENSION AVANT/ARRIÈRE indépendante
FREINS AVANT/ARRIÈRE disques
DIRECTION à crémaillère, assistée
PNEUS P245/45ZR19 (av.) P275/35ZR19 (arr.), **OPTION XK ET XKR** P245/40ZR19 (av.) P275/35ZR19 (arr.) **XKR-S** P255/35ZR20 (av.) P285/30ZR20 (arr.)

DIMENSIONS

EMPATTEMENT 2752 mm
LONGUEUR 4794 mm
LARGEUR 1892 mm (sans rétro.)
HAUTEUR COUPÉ 1321 mm, **CABRIO.** 1329 mm
POIDS XK COUPÉ 1656 kg **XK CABRIO.** 1696 kg **XKR COUPÉ/XKR-S** 1753 kg **XKR** cabrio. 1800 kg
DIAMÈTRE DE BRAQUAGE 10,9 m
COFFRE 330 L, **CABRIO** 330 L, 200 L (toit abaissé)
RÉSERVOIR DE CARBURANT 71 L

MENTIONS

COUP DE CŒUR RECOMMANDÉ

VERDICT

LA COTE VERTE MOTEUR L4 DE 2 L source : EnerGuide
CONSOMMATION (100 KM) MAN. 8L CVT 8,2 L • **ÉMISSIONS POLLUANTES CO_2 (KG/AN)** MAN. 3726 CVT. 3818 • **INDICE D'OCTANE** 87
COÛT DU CARBURANT MOYEN PAR ANNÉE MAN. 2106 $ CVT. 2158 $ • **NOMBRE DE LITRES PAR ANNÉE** MAN. 1620 CVT. 1660

FICHE D'IDENTITÉ

VERSIONS Sport 2RM/4RM, North 2RM/4RM, Limited 2RM/4RM
ROUES MOTRICES avant, 4
PORTIÈRES 5 **NOMBRE DE PASSAGERS** 5
PREMIÈRE GÉNÉRATION 2007
GÉNÉRATION ACTUELLE 2007
CONSTRUCTION Belvidere, Illinois, É.-U.
COUSSINS GONFLABLES 6 (frontaux, latéraux avant, rideaux latéraux)
CONCURRENCE Chevrolet Equinox, Ford Escape, GMC Terrain, Honda CR-V, Hyundai Tucson, Kia Sportage, Nissan Rogue, Subaru Forester, Suzuki Grand Vitara, Toyota Rav4

AU QUOTIDIEN

PRIME D'ASSURANCE
25 ANS : 1500 à 1700$
40 ANS : 1000 à 1200$
60 ANS : 800 à 1000$
COLLISION FRONTALE 4/5
COLLISION LATÉRALE 5/5
VENTES DU MODÈLE DE L'AN DERNIER
AU QUÉBEC 1572 **AU CANADA** 4610
DÉPRÉCIATION 47,9%
RAPPELS (2006 À 2011) 7
COTE DE FIABILITÉ 3/5

GARANTIES... ET PLUS

GARANTIE GÉNÉRALE 3 ans/60 000 km
GARANTIE MOTOPROPULSEUR 5 ans/100 000 km
PERFORATION 5 ans/160 000 km
ASSISTANCE ROUTIÈRE 5 ans/100 000 km
NOMBRE DE CONCESSIONNAIRES
AU QUÉBEC 93 **AU CANADA** 440

NOUVEAUTÉS EN 2012

Redessiné (2011)

L'AUTRE PATRIOT...

Antoine Joubert

À l'heure où le prix du carburant est en forte hausse, il faut admettre que de voir une division uniquement spécialisée dans la production de VUS qui continuent à gagner en popularité, c'est tout un exploit. Mais comme on adore l'image qui se rattache à Jeep, la clientèle nord-américaine est souvent prête à bien des sacrifices.

Pour cela, il faut néanmoins que l'image du véhicule reflète efficacement celle que la marque veut présager. Et s'il existe un véhicule au sein de la gamme Jeep qui ne possède pas cette image de coureur des bois, c'est bien le Compass. Il n'est donc pas étonnant que, en 2010, le succès de ce VUS ait été aussi mitigé. Certes, peut-être direz-vous que 4 610 exemplaires vendus, ce n'est pas si mal. Mais parmi ces exemplaires, un très, voire un trop grand nombre, était destiné aux parcs de location de voitures à court terme.

CARROSSERIE Conscients du problème, les stylistes de Jeep ont donc choisi de retourner à leur planche à dessin pour lui redonner un peu plus de caractère. Évidemment, il n'était pas question de tout refaire. Cependant, en lui conférant un museau à plus forte présence, en élargissant les ailes et en le dotant de nouvelles roues, on a permis à ce VUS citadin de mieux s'apparenter aux autres produits de la marque. Évidemment, une grande question demeure : pourquoi conserver le Compass alors que son jumeau non identique, le Patriot, connaît un bien meilleur succès? À cette question, Jeep répond simplement que la clientèle de ces deux véhicules diffère, et que le Compass attire des gens qui ne s'intéresseraient autrement pas à la marque Jeep.

HABITACLE Si, en termes d'esthétique, le Compass diffère complètement du Patriot, il en va autrement à bord. En fait, mis à part l'angle du pare-brise et tout ce qui entoure le pavillon de par sa fenestration différente, il est à peu près impossible de distinguer l'habitacle de l'un et de l'autre. Honnêtement, la présentation intérieure est correcte, et la position de conduite n'est pas à dédaigner, et ce, malgré l'absence d'une colonne de

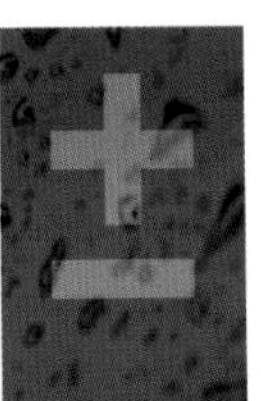

FORCES Retouches esthétiques réussies • Véhicule relativement agile
Consommation raisonnable • Transmission intégrale à bas prix

FAIBLESSES Insonorisation déficiente • Boîte CVT désagréable
Moteur de 2 litres inutile • Qualité de finition ordinaire

COMPORTEMENT Difficile de passer sous silence le fait que le Compass soit proposé avec l'une des pires boîtes de vitesses automatiques à variation continue sur le marché. En fait, le boulot se fait correctement, dans la mesure où vous n'avez pas à accélérer promptement. Mais dans le cas contraire, le régime moteur grimpe vers des sommets ridicules, entraînant du coup une cacophonie mécanique franchement désagréable. Au volant du Compass, il faut donc apprendre à calmer ses ardeurs ou, encore, opter pour la boîte manuelle, plus amusante. Du reste, le véhicule propose une conduite correcte dans la mesure où elle est équilibrée. Oubliez toute forme de raffinement, mais le véhicule répond bien à chacune des commandes, propose un confort correct et se veut prévisible dans ses réactions.

direction télescopique. La qualité de finition n'a cependant rien d'extraordinaire, mais je n'en fais pas un plat, conscient que le prix de ce véhicule est bien loin de celui d'un Honda CR-V. En revanche, il faut souligner l'inconfort de la banquette, le manque de dégagement aux jambes à l'arrière et, surtout, l'insonorisation désolante de l'habitacle, dans son entier.

MÉCANIQUE Le Compass est toujours proposé avec un choix de deux motorisations à 4 cylindres : 2 litres et 2,4 litres. Curieusement, le 2,4-litres ne requiert aucun déboursé supplémentaire. Alors, pourquoi offrir les deux ? Simplement par souci d'économie, répondent les gens de Jeep, en affirmant que le 2-litres est un tantinet moins gourmand. Mais entre vous et moi, la consommation à peine moins élevée ne compense pas la réduction de puissance. Car même avec le 2,4-litres, les performances sont timides.

CONCLUSION Difficile pour l'instant de savoir si la semi-refonte du Compass porte ses fruits. Les ventes ont effectivement augmenté depuis son arrivée au début de 2011, mais il faut encore une fois considérer le fait que Jeep l'a aussi offert en grand nombre aux entreprises de location, histoire de le faire voir sur la route. Personnellement, mon petit doigt me dit que la clientèle continuera à favoriser le Patriot...

2e OPINION

« Le VUS le moins cher du marché s'est refait une beauté ! Et le plus ironique dans cet exercice, c'est qu'on a voulu ajouter du muscle à un véhicule qui se voulait justement moins masculin qu'un Jeep traditionnel. Voilà une décision bizarre, surtout avec la présence du Jeep Patriot ! Ceci dit, le Compass a aussi reçu des changements au chapitre de son aménagement et de sa suspension, laquelle se veut aujourd'hui beaucoup plus efficace. Remarquez également qu'on a réduit le diamètre des roues, histoire d'améliorer le confort. Le Compass se présente donc aujourd'hui comme un véhicule qui a mûri, mais qui n'a certainement pas le raffinement pour se mesurer aux ténors de la catégorie. Ceci dit, il est fiable et peu coûteux. Et pour certains, c'est tout ce qui compte ! » — Daniel Rufiange

FICHE TECHNIQUE

MOTEURS

L4 2,4 L DACT, 172 ch à 6000 tr/min
COUPLE 165 lb-pi à 4400 tr/min
BOÎTE DE VITESSES manuelle à 5 rapports, automatique à variation continue avec mode manuel (en option)
0-100 KM/H 2RM 10,2 s **4RM** 10,7 s
VITESSE MAXIMALE 185 km/h

CONSOMMATION (100 KM) 2RM man. 8,0 L **4RM** man. 8,2 L **2RM CVT** 8,5 L **4RM CVT** 8,7 L (octane 87)
ÉMISSIONS DE CO_2 2RM man. 3726 kg/an **4RM** man. 3818 kg/an **2RM CVT** 3956 kg/an **4RM CVT** 4048 kg/an
LITRES PAR ANNÉE 2RM man 1620 **4RM** man. 1660 **2RM CVT** 1720 **4 RM CVT** 1760
COÛT PAR AN 2RM man. 2106 $ **4RM** man. 2158 $ **2RM CVT** 2236 $ **4 RM CVT** 2288 $

(OPTION 2RM)
L4 2 L DACT, 158 ch à 6400 tr/min
COUPLE 141 lb-pi à 5000 tr/min
BOÎTE DE VITESSES manuelle à 5 rapports, automatique à variation continue avec mode manuel (en option)
0-100 KM/H 11,2 s
VITESSE MAXIMALE 175 km/h

AUTRES COMPOSANTS

SÉCURITÉ ACTIVE freins ABS, assistance au freinage, contrôle de stabilité électronique , antipatinage
SUSPENSION AVANT/ARRIÈRE indépendante
FREINS AVANT/ARRIÈRE disques/tambours
4RM/option 2RM Limited disques
DIRECTION à crémaillère, assistée
PNEUS Sport/North P215/60R17
Option North P215/65R17 **Limited** P215/55R18

DIMENSIONS

EMPATTEMENT 2635 mm
LONGUEUR 4404 mm
LARGEUR 1760 mm
HAUTEUR 1631 mm
POIDS Sport 2RM 1398 kg **Sport 4RM** 1472 kg **Limited 2RM** 1433 kg **Limited 4RM** 1508 kg
DIAMÈTRE DE BRAQUAGE 17 po 10,8 m **18 po** 11,3 m
COFFRE 643 L, 1519 L (sièges abaissés)
RÉSERVOIR DE CARBURANT 2RM 52 L **4RM** 51 L
CAPACITÉ DE REMORQUAGE 907 kg (avec groupe remorquage)

VERDICT

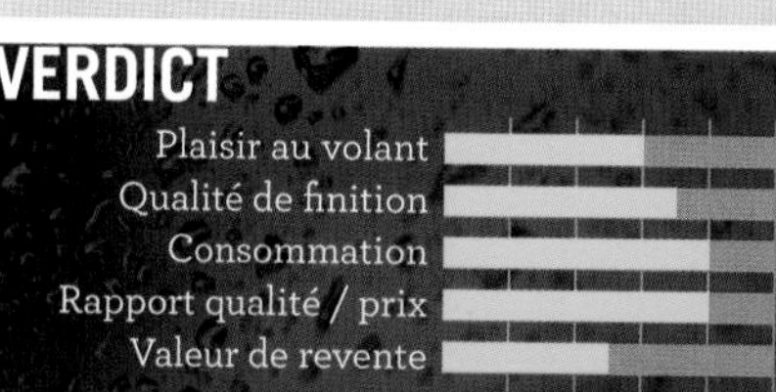

LA COTE VERTE MOTEUR V6 3,6 L source : EnerGuide

CONSOMMATION (100 KM) ESSENCE 11 ÉTHANOL 14,8 L • **ÉMISSIONS POLLUANTES CO_2** ESSENCE 5106 KG/AN ÉTHANOL 4832 KG/AN • **INDICE D'OCTANE** 87 **COÛT DU CARBURANT MOYEN PAR ANNÉE** ESSENCE 2886 $ • **NOMBRE DE LITRES PAR ANNÉE** ESSENCE 2220 ÉTHANOL 3020

FICHE D'IDENTITÉ

VERSIONS Laredo, Limited, Overland, SRT8
ROUES MOTRICES 4
PORTIÈRES 5 **NOMBRE DE PASSAGERS** 5
PREMIÈRE GÉNÉRATION 1993
GÉNÉRATION ACTUELLE 2011
CONSTRUCTION Trenton, Michigan, É.-U.
COUSSINS GONFLABLES 6 (frontaux, latéraux avant, rideaux latéraux)
CONCURRENCE Dodge Durango, Ford Explorer, Nissan Pathfinder, Toyota 4Runner

AU QUOTIDIEN

PRIME D'ASSURANCE
25 ANS : 2400 à 2600 $
40 ANS : 1400 à 1600 $
60 ANS : 1000 à 1300 $
COLLISION FRONTALE ND
COLLISION LATÉRALE ND
VENTES DU MODÈLE DE L'AN DERNIER
AU QUÉBEC 1210 **AU CANADA** 7255
DÉPRÉCIATION 57,9 %
RAPPELS (2006 À 2011) 11
COTE DE FIABILITÉ ND

GARANTIES... ET PLUS

GARANTIE GÉNÉRALE 3 ans/60 000 km
GARANTIE MOTOPROPULSEUR 5 ans/100 000 km
PERFORATION 5 ans/160 000 km
ASSISTANCE ROUTIÈRE 5 ans/100 000 km
NOMBRE DE CONCESSIONNAIRES
AU QUÉBEC 93 **AU CANADA** 440

NOUVEAUTÉS EN 2012

Retour de la version SRT8

EFFLUVES DE MERCEDES-BENZ

Benoit Charette

Au moment du divorce de Daimler et de Chrysler, en 2007, Chrysler avait déjà amorcé son travail de la prochaine génération de Grand Cherokee. Elle a même conservé l'un des ingénieurs de Mercedes-Benz qui s'est, de facto, mis au travail dès le prononcé de la sentence de rupture entre les deux constructeurs pour concevoir le nouveau Grand Cherokee. Trois ans plus tard, Jeep présentait le plus abouti de ses Grand Cherokee.

CARROSSERIE À l'image de la Chrysler 300 qui utilisait une plateforme de Mercedes-Benz Classe E, le Grand Cherokee repose sur la plateforme de la prochaine génération de la Classe ML de Mercedes-Benz. Avec ses suspensions pneumatiques à quatre roues indépendantes (une première pour ce modèle), ses trains roulants multibras et des lignes plus soignées, le Grand Cherokee peut désormais se frotter sans gêne aux BMW X5, Lexus RX et Mercedes-Benz ML de ce monde. Sa nouvelle silhouette raffinée l'éloigne définitivement de l'image d'utilitaire mal dégrossi qui a longtemps été la marque de commerce de Jeep.

HABITACLE Après la conduite, c'est sans doute la finition intérieure qui témoigne de cette progression. Aucun modèle Jeep n'a jamais connu une telle présentation intérieure. Les matériaux sont de qualité, et la finition, sans reproche. L'habitabilité progresse, de même que la contenance du coffre. Fidèle à ses habitudes, Jeep a installé une vraie roue de secours dans la soute. La transmission intégrale permanente est équipée d'un boîtier de transfert et d'un différentiel autobloquant à gestion électronique à l'arrière. Mais la vraie nouveauté, c'est le Selec-Terrain, semblable dans son principe de fonctionnement au Terrain Response de Land Rover. À partir d'une molette de commande agissant simultanément sur le moteur, la boîte de vitesses, les suspensions et les freins, le conducteur dispose de cinq modes pour adapter la mécanique au ter-

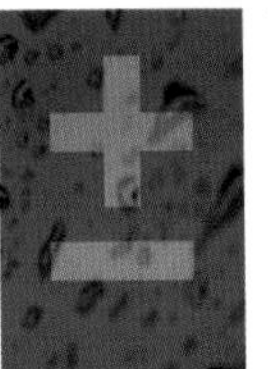

FORCES Tenue de route • Qualité de la finition en hausse
Nouvelle boîte à 8 rapports • Le système Selec-Terrain

FAIBLESSES Suspension trop souple • Direction un peu floue
Système de navigation inutilement compliquée • V8 gourmand

rain : Sand et Mud pour rouler dans le sable et la boue, Sport pour des réglages optimisés dans le cadre d'un usage routier, Auto pour une adaptation automatique depuis la route jusqu'au tout-terrain, Snow pour une motricité maximale dans la neige et Rock pour une garde au sol haussée afin de franchir des obstacles comme des rochers.

MÉCANIQUE L'influence germanique très bénéfique laisse place aux muscles américains sous le capot. C'est là que le moteur Pentastar V6 de 3,6 litres a inauguré son règne. Souple, puissant et relativement peu gourmand, il reçoit une nouvelle boîte de vitesses automatique à 8 rapports. Ses 290 chevaux ne craignent pas le dur labeur. De son côté, le V8 de 5,7 litres met le feu aux poudres dès qu'il en a l'occasion. Fort de 360 chevaux et maintenant associé à une excellente boîte automatique à 6 rapports, il consomme un tantinet moins sans rien perdre de son panache.

COMPORTEMENT Avec un châssis dont la rigidité est améliorée de 146 % et une suspension à 4 roues indépendantes, il y a un monde de différence derrière le volant du Grand Cherokee. Il n'est pas aussi précis qu'un BMW X5, mais il ne provoque plus de sueurs froides face à une route sinueuse. Son poids de plus de deux tonnes et sa suspension encore trop souple sont ses plus grandes faiblesses. Si vous augmentez le rythme sur la route, le roulis devient important. Mais au chapitre du confort et de la puissance, il rivalise avec les meilleurs. Jeep n'a pas non plus lésiné sur les capacités hors route, et le système à 4 roues motrices, épaulé par le Selec-Terrain, vous sortira d'une situation, de prime abord, désespérée. Vous avez donc une forte progression sur route, sans perdre la légendaire capacité hors route du véhicule, l'un des derniers véritables franchisseurs de sa catégorie avec Land Rover.

CONCLUSION Jeep peut maintenant se targuer d'avoir un produit de calibre international avec le Grand Cherokee. Souhaitons seulement que ce nouveau produit sera plus fiable que l'ancien. Pour ceux qui possèdent des parts dans les pétrolières, Jeep a annoncé pour 2012 le retour de la version SRT8, et l'Europe a hérité de deux motorisations Diesel, souhaitons que l'une d'entre elle traversera l'Atlantique.

2e OPINION

« Il fut un temps où posséder un Grand Cherokee était un symbole de réussite. Celui qui a lancé la mode des utilitaires a fait la pluie et le beau temps, mais comme plusieurs de ses concurrents, il a subi une baisse de popularité proportionnelle à la hausse du prix du carburant. De plus, la dégradation des standards de qualité chez Chrysler n'a fait qu'accélérer sa chute. Puis Fiat s'est pointée. Le Grand Cherokee a été le deuxième produit introduit à la suite de l'acquisition du géant américain par la firme italienne, et c'est un peu par lui que s'est effectuée la relance de l'entreprise. Le Grand Cherokee est redevenu un produit intéressant grâce à sa construction de qualité, sa conduite agréable et, bien sûr, ses capacités hors routes indéniables. » — Daniel Rufiange

FICHE TECHNIQUE

MOTEURS

(LAREDO, LIMITED, OVERLAND)
V6 3,6 L DACT, 290 ch à 6400 tr/min
COUPLE 260 lb-pi à 4800 tr/min
BOÎTES DE VITESSES automatique à 8 rapports
0-100 KM/H ND
VITESSE MAXIMALE ND

(OPTION LAREDO, OPTION LIMITED, OPTION OVERLAND)
V8 5,7 L ACC, 360 ch à 5150 tr/min
COUPLE 390 lb-pi à 4250 tr/min
BOÎTE DE VITESSES automatique à 6 rapports avec mode manuel
0-100 KM/H ND **VITESSE MAXIMALE** ND
CONSOMMATION (100 km) 13,2 L (octane 91)
ÉMISSIONS DE CO_2 ND
LITRES PAR ANNÉE 2680 **COÛT PAR AN** 3752 $

SRT8 V8 6,4 L ACC, 465 ch à 6000 tr/min
COUPLE 465 lb-pi à 4200 tr/min
BOÎTE DE VITESSES automatique à 5 rapports avec mode manuel
0-100 KM/H ND **VITESSE MAXIMALE** ND
CONSOMMATION (100 KM) 13,2 L (octane 87)
ÉMISSIONS DE CO_2 ND
LITRES PAR ANNÉE ND **COÛT PAR AN** ND

AUTRES COMPOSANTS

SÉCURITÉ ACTIVE freins ABS, assistance au freinage, répartion électronique de la force de freinage, contrôle de stabilité électronique, antipatinage
SUSPENSION AVANT/ARRIÈRE indépendante
FREINS AVANT/ARRIÈRE disques
DIRECTION à crémaillère, assistée
PNEUS Laredo P245/70R17
Limited/option Laredo et Overland P265/60R18
Overland/option Limited P265/50R20 **SRT8** P295/45R20

DIMENSIONS

EMPATTEMENT 2915 mm
LONGUEUR 4822 mm **SRT8** 4859 mm
LARGEUR (SANS RÉTRO.) 1943 mm **SRT8** 1958 mm
HAUTEUR 1761 mm **SRT8** 1758 mm
POIDS Laredo V6 2028 kg **Laredo V8** 2169 kg **Limited V6** 2087 kg **Limited V8** 2232 kg **Overland** 2232 kg **SRT8** 2336 kg
DIAMÈTRE DE BRAQUAGE 11,3 m
COFFRE 994 L, 1945 L (sièges abaissés)
RÉSERVOIR DE CARBURANT 93,1 L
CAPACITÉ DE REMORQUAGE V6/SRT8 2269 kg **V8** 3300 kg

MENTIONS

RECOMMANDÉ

VERDICT

Plaisir au volant
Qualité de finition
Consommation
Rapport qualité / prix
Valeur de revente

$ 30 195 À 34 195$ (2011) t&p 1400$

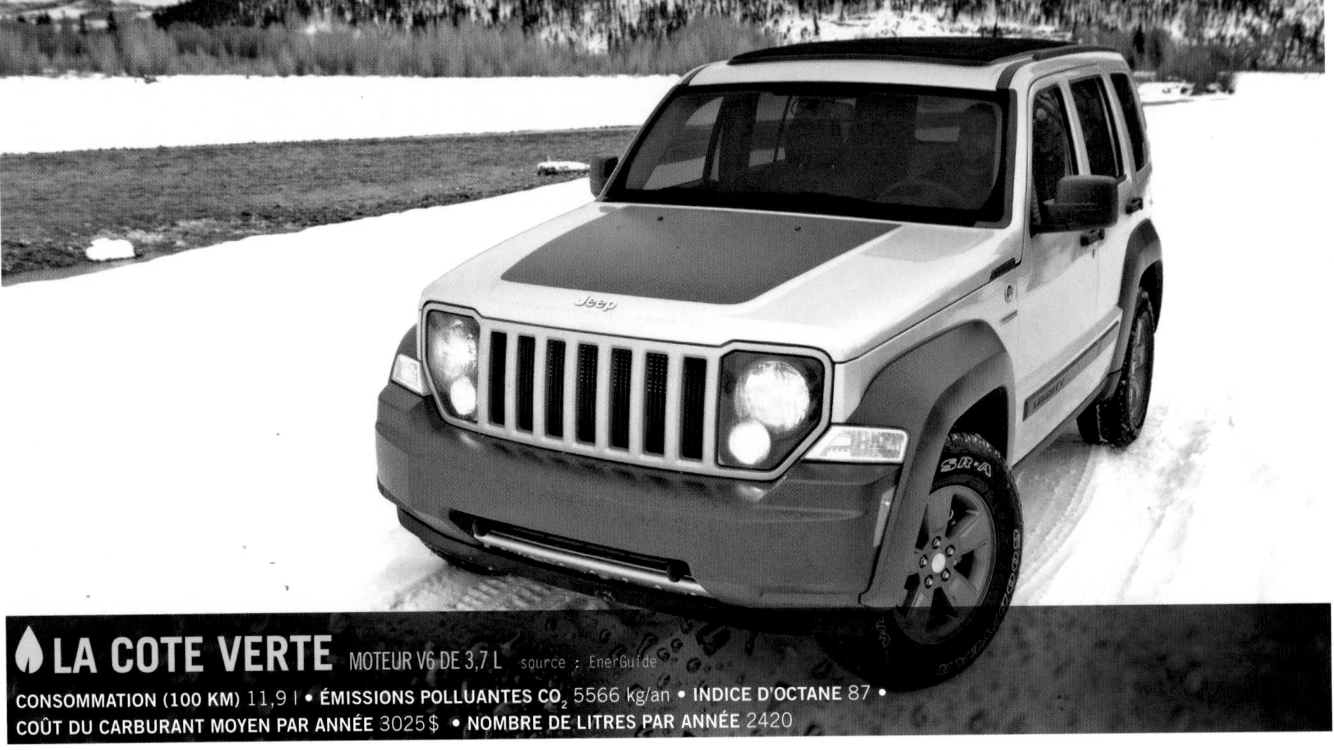

LA COTE VERTE MOTEUR V6 DE 3,7 L source : EnerGuide
CONSOMMATION (100 KM) 11,9 l • ÉMISSIONS POLLUANTES CO_2 5566 kg/an • INDICE D'OCTANE 87 •
COÛT DU CARBURANT MOYEN PAR ANNÉE 3025$ • NOMBRE DE LITRES PAR ANNÉE 2420

FICHE D'IDENTITÉ

VERSIONS Sport, North, Renegade, Limited
ROUES MOTRICES 4
PORTIÈRES 5 **NOMBRE DE PASSAGERS** 5
PREMIÈRE GÉNÉRATION 2002
GÉNÉRATION ACTUELLE 2008
CONSTRUCTION Toledo, Ohio, É.-U.
COUSSINS GONFLABLES 4 (frontaux, rideaux latéraux)
CONCURRENCE Nissan Xterra, Toyota FJ Cruiser

AU QUOTIDIEN

PRIME D'ASSURANCE
25 ANS : 1900 à 2100$
40 ANS : 1300 à 1500$
60 ANS : 1000 à 1200$
COLLISION FRONTALE 5/5
COLLISION LATÉRALE 5/5
VENTES DU MODÈLE DE L'AN DERNIER
AU QUÉBEC 448 **AU CANADA** 2993
DÉPRÉCIATION 54,7 %
RAPPELS (2006 À 2011) 9
COTE DE FIABILITÉ 2,5/5

GARANTIES... ET PLUS

GARANTIE GÉNÉRALE 3 ans/60 000 km
GARANTIE MOTOPROPULSEUR 5 ans/100 000 km
PERFORATION 5 ans/160 000 km
ASSISTANCE ROUTIÈRE 5 ans/100 000 km
NOMBRE DE CONCESSIONNAIRES
AU QUÉBEC 93 **AU CANADA** 440

NOUVEAUTÉS EN 2012

Aucun changement majeur

OUBLIEZ CELA !

Antoine Joubert

Les rumeurs allaient bon train à l'effet que Chrysler allait retirer de sa gamme les modèles Nitro et Liberty pour 2012. Mais non, ils sont encore là ! Et à voir combien d'exemplaires trouvent preneur depuis quelques années, la seule question qu'on peut se poser par rapport à leur prolongement de vie est... pourquoi ?

CARROSSERIE Un peu à la façon du Nissan Xterra (un autre véhicule à succès...), le Liberty affiche clairement ses couleurs de coureur des bois. Ses formes très angulaires, sa calandre traditionnelle et ses imposantes arches de roues font de lui un authentique VUS. Sauf qu'aujourd'hui, l'acheteur désireux d'acquérir un tout-terrain multifonctionnel n'a que d'yeux pour le Wrangler. On a beau offrir sur le Liberty un toit de toile coulissant, ça n'a rien de comparable avec ce que nous propose le légendaire Wrangler. Et puisque ce dernier et offert depuis quelques années en version à quatre portières, on peut dire qu'il a clairement été le clou dans le cercueil du Liberty.

HABITACLE Pour ses 70 ans, Jeep a concocté des éditions spéciales pour plusieurs de ses modèles. Le Liberty n'y échappe pas, ce qui signifie que, avant de prendre le chemin de la retraite, on le propose avec une allure extérieure et un habitacle légèrement retravaillés. Essentiellement, les changements sont mineurs, ne touchant que les teintes et les éléments décoratifs. Ces modifications ne changent toutefois rien à la qualité générale des éléments de l'habitacle du Liberty, carrément exécrables. Sièges inconfortables, manque d'espace pour les jambes, qualité douteuse des matériaux, mauvaise utilisation de l'espace à l'avant, bref, tout à bord est pitoyable. Il n'y a, en fait, que le coffre qui soit un peu intéressant, profitant d'un plateau coulissant qui facilite le chargement. Et notons que la lunette à ouverture indépendante se veut aussi un avantage pour le chargement de certains objets.

MÉCANIQUE Le fait que le Jeep Liberty (avec certaines versions de la camionnette Ram) soit le seul véhicule en 2012 de la gamme Chrysler à être offert avec ce vieux V6 de 3,7 litres, prouve qu'aucun effort n'a

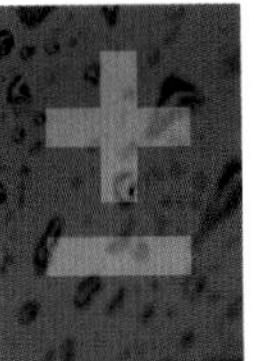

FORCES Aptitudes hors route • Belle allure

POINTS FAIBLES Mécanique dépassée • Qualité de finition déplorable • Comportement routier d'une autre époque • Inconfort chronique • Très forte dépréciation

été fait pour mettre ce véhicule au goût du jour. En effet, l'ensemble des autres produits profitent depuis 2011 du nouveau V6 Pentastar, un moteur plus efficace en tous points. C'est donc un V6 rugueux, grognon, poussif et, surtout, très gourmand, que nous sert le Liberty. Accompagné d'une boîte de vitesses automatique à 4 rapports, il nous ramène carrément vingt ans en arrière.

Il n'y a que sa transmission intégrale qui demeure honorable, puisqu'elle permet au conducteur de sélectionner le mode voulu, allant des deux roues motrices jusqu'à la gamme basse. Et pour les amants de la technologie (ce qui serait contradictoire avec le choix de ce véhicule), il est aussi possible d'opter pour le système Select-Trac offert en option, qui effectue une sélection automatique du mode d'entraînement, selon les conditions.

COMPORTEMENT Bruits éoliens, craquements de caisse, cacophonie mécanique et inconfort chronique sont au menu quand on prend le volant du Liberty. Parlant de volant, sachez que la direction de ce Jeep est aussi un modèle d'imprécision, ce qui oblige le conducteur à corriger constamment sa trajectoire. Qui plus est, la moins lourde charge placée derrière donne l'impression d'avoir laisser les amortisseurs arrière à la maison. Évidemment, certains diront que ce véhicule tire davantage son épingle du jeu hors des sentiers battus. Mais à ce gens, nous répondons qu'il existe chez Jeep un modèle appelé le Wrangler qui fait tout mieux. Tout !

CONCLUSION C'est confirmé, le millésime 2012 constitue le chant du cygne pour le Liberty. Impopulaire, ces véhicules seront donc, une année de plus, majoritairement destinés aux parcs de location à court terme pour ensuite être revendus à l'encan à prix dérisoire. Pour l'acheteur, cela veut donc dire qu'une importante dépréciation accompagne ce véhicule, pour lequel l'offre est drôlement supérieure à la demande. Il faudrait donc, pour justifier cet achat, que vous ayez accès au *deal* du siècle. Et encore, vous vous retrouveriez avec un produit désuet en tous points avec lequel vous serez assurément marié pour longtemps. Alors, vous savez quoi ? Oubliez-le donc !

2e OPINION

«Chez Chrysler, on a donné un sérieux coup de barre. Le résultat ? Une gamme de véhicules désormais intéressante. Cependant, quelques produits devront attendre avant d'être métamorphosés. Malheureusement, le Liberty et son cousin, le Dodge Nitro, sont probablement les deux véhicules nécessitant l'aide la plus urgente. En fait, Chrysler s'est complètement plantée lors de la dernière refonte du Liberty, en 2008. Ce véhicule était auparavant populaire et prisé par les amateurs. Aujourd'hui, on lève le nez dessus. Son design, très Jeep, ne passe plus. De plus, la piètre qualité de son habitacle et sa conduite horripilante auront suffi pour éloigner les amateurs. Ça n'enlève rien à ses capacités hors route, soulignons-le. Heureusement, on a vu ce dont Chrysler est capable. Il y a de l'espoir pour le Liberty.» — *Daniel Rufiange*

FICHE TECHNIQUE

MOTEUR

V6 3,7 L SACT, 210 ch à 5200 tr/min
COUPLE 235 lb-pi à 4000 tr/min
BOÎTE DE VITESSES automatique à 4 rapports
0-100 KM/H 10,2 s
VITESSE MAXIMALE 185 km/h

AUTRES COMPOSANTS

SÉCURITÉ ACTIVE freins ABS, assistance au freinage, distribution électronique du freinage, contrôle de stabilité électronique, antipatinage
SUSPENSION AVANT/ARRIÈRE indépendante/pont rigide
FREINS AVANT/ARRIÈRE disques
DIRECTION à crémaillère, assistée
PNEUS Sport/North P225/75R16 **option Sport et North/ Renegade** P235/70R16
Limited P235/65R17 **option Limited** P235/60R18

DIMENSIONS

EMPATTEMENT 2694 mm
LONGUEUR 4473 mm
LARGEUR 1857 mm
HAUTEUR 1810 mm
POIDS 1947 kg
DIAMÈTRE DE BRAQUAGE 10,8 m
COFFRE 740 L, 1767 L (sièges abaissés)
RÉSERVOIR DE CARBURANT 74 L
CAPACITÉ DE REMORQUAGE 2268 kg

www.jeep.ca

VERDICT

Jeep ÉVOLUTION $ 17 995$ à 26 495$ (2011) t&p 1400$

LA COTE VERTE MOTEUR L4 DE 2 L source : EnerGuide

CONSOMMATION (100 KM) MAN. 8 L CVT 8,2 L • ÉMISSIONS POLLUANTES CO_2 man. 3726 KG/AN CVT. 3818 KG/AN
INDICE D'OCTANE 87 • COÛT DU CARBURANT MOYEN PAR ANNÉE man. 2106 $ CVT. 2158 $ • NOMBRE DE LITRES PAR ANNÉE man. 1620 CVT. 1660

FICHE D'IDENTITÉ

VERSIONS Sport 2RM/4RM, North 2RM/4RM, Limited 2RM/4RM
ROUES MOTRICES avant, 4
PORTIÈRES 5 **NOMBRE DE PASSAGERS** 5
PREMIÈRE GÉNÉRATION 2007
GÉNÉRATION ACTUELLE 2007
CONSTRUCTION Belvidere, Illinois, É.-U.
COUSSINS GONFLABLES 6 (frontaux, latéraux avant, rideaux latéraux)
CONCURRENCE Chevrolet Equinox, Ford Escape, GMC Terrain, Hyundai Tucson, Honda CR-V, Kia Sportage, Misubishi Outlander, Nissan Rogue, Suzuki Grand Vitara, Toyota RAV4

AU QUOTIDIEN

PRIME D'ASSURANCE
25 ANS : 1500 à 1700$
40 ANS : 1000 à 1200$
60 ANS : 800 à 1000$
COLLISION FRONTALE 4/5
COLLISION LATÉRALE 5/5
VENTES DU MODÈLE DE L'AN DERNIER
AU QUÉBEC 4287 **AU CANADA** 10 753
DÉPRÉCIATION 51,1 %
RAPPELS (2006 À 2011) 3
COTE DE FIABILITÉ 3/5

GARANTIES... ET PLUS

GARANTIE GÉNÉRALE 3 ans/60 000 km
GARANTIE MOTOPROPULSEUR 5 ans/100 000 km
PERFORATION 5 ans/160 000 km
ASSISTANCE ROUTIÈRE 5 ans/100 000 km
NOMBRE DE CONCESSIONNAIRES
AU QUÉBEC 93 **AU CANADA** 440

NOUVEAUTÉS EN 2012

Redessiné (2011)

100 000 KILOMÈTRES SANS PROBLÈME...

Antoine Joubert

On aura beau dire, rien ne vaut les commentaires d'un propriétaire quand vient le temps d'évaluer un véhicule. À titre de chroniqueur, nous pouvons jumeler nos impressions à celle de la clientèle et tirer des conclusions plus solides. C'est donc Isabelle, un membre de ma famille, qui, chaque jour depuis maintenant près de trois ans, s'installe au volant de son Patriot pour se rendre au boulot, à la garderie, à l'épicerie, etc. Et c'est sans le savoir qu'elle se retrouve citée dans ces lignes...

CARROSSERIE Le Patriot a fière allure. Ses traits angulaires ne sont d'ailleurs pas sans rappeler ceux du légendaire Cherokee, ce qui explique d'ailleurs pourquoi Isabelle l'a préféré à son jumeau, le Jeep Compass. C'est d'ailleurs le cas d'une très grande majorité d'acheteurs, puisque les ventes du Patriot sont deux fois et demie plus élevées. Ceci dit, Jeep est revenue à la charge en 2011 en modifiant quelques éléments esthétiques. Les bas de caisse de couleur contrastante sont sans doute ce qui retient le plus l'attention, conférant au Patriot une allure encore plus aventurière qui plaît de façon unanime.

HABITACLE Peu de temps après avoir pris possession de son véhicule, Isabelle a réalisé que le Patriot n'était pas aussi spacieux que prévu. En fait, comme bien des gens, elle avait l'impression de se procurer un camion! Sauf que le Patriot, c'est loin d'être un camion! Voyez-le comme une voiture compacte à hayon, au même titre qu'une Hyundai Elantra Touring ou une Toyota Matrix. En fait, pour être plus précis, voyez-le comme une Dodge Caliber haute sur roues! Mais accordons-lui ce qui lui revient, c'est-à-dire un espace bien étudié, un coffre facilement modulable et un siège avant passager rabattable à plat, très pratique. Il faut néanmoins savoir que, avec deux enfants, une poussette et tout le bazar, Isabelle n'a aucun problème à remplir tout l'espace disponible à bord. Heureusement, elle se réjouit des nombreux compartiments de rangement qui s'y trouvent, de la position de conduite

FORCES Allure réussie • Prix alléchant • Consommation raisonnable • Quatre roues motrices pour pas cher

FAIBLESSES Insonorisation déficiente • Boîte CVT désagréable Moteur de 2 litres inutile • Qualité de finition ordinaire

et du fait que, pour le prix payé, elle puisse bénéficier d'un équipement relativement cossu. Certes, elle admet que les plastiques sont bon marché (ils sont d'ailleurs tout éraflés), mais elle est consciente qu'elle n'a pas payé pour la qualité d'un Honda CR-V.

MÉCANIQUE Le beau-frère d'Isabelle (en l'occurrence, l'auteur de ces lignes), lui a recommandé d'opter pour la boîte de vitesses manuelle, ce qu'elle a fait. Et elle ne regrette pas son choix, affirmant qu'elle parvient, avec son véhicule, à consommer moins de carburant que son conjoint avec sa Nissan Sentra, tout en ayant un peu de plaisir au volant. Selon ses calculs (et elle est comptable, donc pas de doute possible...), elle consomme 9 litres aux 100 kilomètres. Voilà qui est honorable. Elle apprécierait en revanche bénéficier d'un plus grand réservoir, l'autonomie n'étant pas la force du Patriot. Mais sinon, elle est bien heureuse. Évidemment, elle a opté pour un modèle à moteur à 4 cylindres de 2,4 litres, de loin le plus commun. Le choix ne s'est d'ailleurs même pas présenté au concessionnaire, mais celui qui le désire pourrait effectivement commander son véhicule avec un moteur à 4 cylindres de 2 litres, moins puissant, pas vraiment plus avare de carburant, le tout sans un sou de rabais. La question est donc : pourquoi choisirait-on le 2 litres?

COMPORTEMENT J'ai personnellement pris le volant d'un Patriot tout neuf pour ensuite passer à celui d'Isabelle, qui affiche tout près de 100 000 kilomètres au compteur. Franchement, c'est du pareil au même. Un petit craquement se fait entendre quelque part dans la portière, mais sinon, pas de signe de vieillissement. Cela ne signifie cependant pas que le Patriot est sans défaut, puisque les bruits de vent entourant le pare-brise sont bien présents, tout comme les bruits de roulement, signe d'une insonorisation déficiente. Et j'ajouterais que la boîte automatique à variation continue, présente sur le modèle d'essai, m'a une fois de plus convaincue de la pertinence de la manuelle.

CONCLUSION Chose certaine, Isabelle apprécie son apparence, son petit appétit en carburant, son côté pratique et ses faibles frais d'entretien. Elle qui ne jurait auparavant que par Honda, elle est agréablement surprise du Patriot.

2e OPINION

« Règle générale, mes confrères n'ont pas grand-chose de bon à dire au sujet du Patriot. Vrai qu'il accuse une conduite ennuyeuse. Tout aussi vrai qu'on ne le choisit pas pour explorer les recoins inhospitaliers du grand Nord. La liste des points peu reluisants du Patriot, incluant son intérieur fade et sa fiabilité questionnable, est longue. Pourtant, quant vient le temps de magasiner un véhicule spacieux, 4 x 4 et, surtout, pas cher, le Patriot peut alors se retrouver sur votre liste de suspects. En plus d'être un véhicule bon marché, sa gueule de baroudeur lui va bien et il ne boit pas comme un trou, deux facteurs qui comptent toujours aux yeux des acheteurs. À la fin de la journée, le journaliste automobile que je suis peine à le recommander, mais le consommateur en moi arrive à comprendre pourquoi le Patriot se vend encore. »
— Alexandre Crépault

FICHE TECHNIQUE

MOTEURS

L4 2,4 L DACT, 172 ch à 6000 tr/min
COUPLE 165 lb-pi à 4400 tr/min
BOÎTES DE VITESSES manuelle à 5 rapports, automatique à variation continue avec mode manuel (en option)
0-100 KM/H 2RM 10,2 s **4RM** 10,7 s
VITESSE MAXIMALE 185 km/h
CONSOMMATION (100 KM) 2RM man. 8 L **4RM man.** 8,2 L **2RM CVT** 8,5 L **4RM CVT** 8,7 L (octane 87)
ÉMISSIONS DE CO_2 2RM man. 3726 kg/an **4RM man.** 3818 kg/an **2RM CVT** 3956 kg/an **4RM CVT** 4048 kg/an (octane 87)
LITRES PAR ANNÉE 2RM man. 1620 **4RM man.** 1660 **2RM CVT** 1720 **4 RM CVT** 1760
COÛT PAR AN 2RM man. 2106 $ **4RM man.** 2158 $ **2RM CVT** 2236 $ **4 RM CVT** 2288 $
(OPTION 2RM) L4 2 L DACT, 158 ch à 6400 tr/min
COUPLE 141 lb-pi à 5000 tr/min
BOÎTES DE VITESSES manuelle à 5 rapports, automatique à variation continue avec mode manuel (en option)
0-100 KM/H 11,2 s
VITESSE MAXIMALE 175 km/h

AUTRES COMPOSANTS

SÉCURITÉ ACTIVE freins ABS, assistance au freinage, distribution électronique du freinage, antipatinage, contrôle de stabilité électronique
SUSPENSION AVANT/ARRIÈRE indépendante
FREINS AVANT/ARRIÈRE disques/tambours **2RM Limited/modèles 4RM** disques
DIRECTION à crémaillère, assistée
PNEUS Sport et North P205/70R16 **option North/Limited** P215/60R17 **option** P215/65R17

DIMENSIONS

EMPATTEMENT 2635 mm
LONGUEUR 4414 mm
LARGEUR 1757 mm
HAUTEUR 2RM 1663 mm **4RM** 1696 mm
POIDS Sport 2RM 1411 kg **Sport 4RM** 1485 kg **Limited 2RM** 1451 kg **Limited 4RM** 1518 kg
DIAMÈTRE DE BRAQUAGE 10,8 m
COFFRE 652 L, 1535 L (sièges abaissés)
RÉSERVOIR DE CARBURANT 2RM 52 L **4RM** 51 L
CAPACITÉ DE REMORQUAGE 907 kg (avec groupe remorquage)

VERDICT

Plaisir au volant
Qualité de finition
Consommation
Rapport qualité / prix
Valeur de revente

LA COTE VERTE MOTEUR V6 DE 3,6 L source : EnerGuide

CONSOMMATION (100 KM) AUTO. 11 L • **ÉMISSIONS POLLUANTES CO_2 (KG/AN)** MAN. 5612 AUTO. 5106 • **INDICE D'OCTANE** 87
COÛT DU CARBURANT MOYEN PAR ANNÉE AUTO. 2775$ • **NOMBRE DE LITRES PAR ANNÉE** MAN. 2500 AUTO. 2220

FICHE D'IDENTITÉ

VERSIONS Sport, Unlimited Sport, Sahara, Unlimited Sahara, Mojave, Unlimited Mojave, Rubicon, Unlimited Rubicon
ROUES MOTRICES 4
PORTIÈRES 3, 5 **NOMBRE DE PASSAGERS** 4, 5
PREMIÈRE GÉNÉRATION 1987
GÉNÉRATION ACTUELLE 2007
CONSTRUCTION Toledo, Ohio, É.-U.
COUSSINS GONFLABLES 2 (frontaux; latéraux en option)
Concurrence, Nissan Xterra, Toyota FJ Cruiser

AU QUOTIDIEN

PRIME D'ASSURANCE
25 ANS : 1800 à 2000 $
40 ANS : 1200 à 1400 $
60 ANS : 900 à 1100 $
COLLISION FRONTALE 4/5
COLLISION LATÉRALE ND
VENTES DU MODÈLE DE L'AN DERNIER
AU QUÉBEC 2703 **AU CANADA** 11 062
DÉPRÉCIATION 43,5 %
RAPPELS (2006 À 2011) 8
COTE DE FIABILITÉ 2,5/5

GARANTIES... ET PLUS

GARANTIE GÉNÉRALE 3 ans/60 000 km
GARANTIE MOTOPROPULSEUR 5 ans/100 000 km
PERFORATION 5 ans/160 000 km
ASSISTANCE ROUTIÈRE 5 ans/100 000 km
NOMBRE DE CONCESSIONNAIRES
AU QUÉBEC 93 **AU CANADA** 440

NOUVEAUTÉS EN 2012

Nouveau V6 Pentastar de 3,6 L qui remplace le 3,8 L

AUTHENTIQUE

Alexandre Crépault

A-t-on vraiment besoin de présenter le Jeep Wrangler ? Malgré ses racines qui datent de l'époque des dinosaures, le Wrangler continue à défendre sa place en demeurant aussi authentique que possible tout en s'adaptant tranquillement au monde moderne.

CARROSSERIE La meilleure chose qui ait pu arriver au Wrangler depuis le début du siècle est sans aucun doute l'arrivée du modèle Unlimited. Ses quatre portes lui confèrent un côté pratique indéniable, et, grâce à son empattement plus long, la tenue de route est aussi grandement avantagée. Qu'on préfère le format classique à deux portes ou la version Unlimited, le Jeep des Jeep est proposé en trois variantes principales : Sport, Sahara et Rubicon. Le modèle Sport est la version belle, bonne, pas chère et existe avec un minimum d'équipement. Le modèle Sahara se veut le plus urbain du groupe, tandis que le modèle Rubicon, avec ses gros pneus à crampons BFGoodrich, se révèle l'ultime machine hors route. Le toit souple vient de série sur toutes les versions, sauf le modèle Sahara qui reçoit de série le toit dur modulaire en trois parties. Les aventuriers du centre-ville peuvent aussi opter, dans le cas du Sahara, pour un toit dur de la même couleur que la carrosserie avec des fenêtres surdimensionnées.

HABITACLE Depuis 2011, et pour la toute première fois de son histoire, le Wrangler a droit à un habitacle quasi civilisé. Que les puristes respirent par le nez, Jeep n'a pas dilué pour autant l'expérience de conduite. La position de conduite est donc toujours aussi haute, le pare-brise, toujours aussi droit qu'un panneau de contreplaqué. Pour le reste, c'est du jamais vu dans un Wrangler. Le tableau de bord caresse des formes rondes et des finis souples au toucher. Le volant à trois branches est enrobé de cuir (sauf sur la version Sport) et incorpore les commandes principales de la chaîne audio et du régulateur de vitesse.

MÉCANIQUE L'année 2012 marque l'arrivée d'un nouveau moteur V6 Pentastar de 3,6 litres de 283 chevaux, jumelé à une boîte de vitesses manuelle ou automatique, respectivement à 6 et à 5 rapports. Nous n'avons pu le tester avant d'aller sous presse, mais Chrysler semble convaincue qu'il peut mieux performer tout en consommant moins de carburant. Bien que je

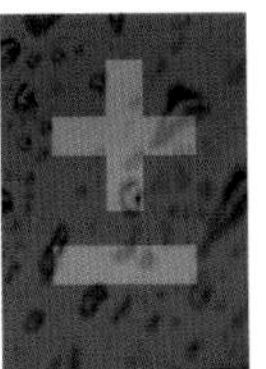

FORCES Style qui ne se démode pas • Habitacle réellement agréable
Ultime machine hors route

FAIBLESSES Consommation/pas de diesel • Confort d'un malaxeur
Décibels relativement élevés dans l'habitacle

de différent. Au premier contact, le moteur gronde, le levier de vitesses tremble. On embraye le premier rapport comme dans un camion à 18 roues. Dès que le véhicule se met en mouvement, on se rend compte de la masse à déplacer! Ça brasse, là-dedans. Mais on y prend goût. On se sent invincible. Même le cahot des rues de la ville de Montréal, digne d'un pays en guerre, ne fait plus peur. Et tant qu'on reste à l'intérieur des limites imposées, le comportement du Wrangler demeure viable. Tout de même, Chrysler a aussi pris soin de munir le Wrangler de divers systèmes de sécurité électroniques.

sois tout aussi convaincu des bienfaits de cette nouvelle mécanique, je ne peux m'empêcher de rêver d'une mécanique Diesel, comme le 2,8-litres qu'offre Jeep en Europe. Non seulement cette mécanique produit un couple de plus de 300 livres-pieds, mais elle consomme 13% moins que le V6 de 3,8 litres à essence. Enfin, pour bien des propriétaires de Wrangler, le boîtier de transfert COMMAND-TRAC à deux gammes et à prise temporaire demeure l'atout essentiel du véhicule. Les vrais durs à cuire du hors-route peuvent même préférer le boîtier de transfert Rock-Trac du Rubicon et son rapport de base 4 : 1, jumelé au système de blocage avant et arrière Tru-Lok, la barre antiroulis avant à déconnexion électronique et les essieux rigides avant renforcés Dana 44.

COMPORTEMENT Dès qu'on s'assoit dans le Wrangler, on sait qu'on a affaire à quelque chose

CONCLUSION Mon Dieu que j'aime me promener en Jeep! Le style, les cheveux au vent, l'absence de contravention. Même la tenue de route précaire et le confort de malaxeur ne me dérangent pas. Ça donne l'impression d'être en vie. En fait, la seule chose qui me déchire le cœur est la consommation de carburant, particulièrement en ville quand on tente de maintenir le rythme des autres automobilistes. Mais j'ai gardé la foi. Avec l'ensemble des améliorations apportées au Wrangler depuis les dernières années, il faut croire que Chrysler a bien l'intention de faire mûrir son Wrangler tout en prenant soin de ne pas s'éloigner de ses racines.

2e OPINION

« Elles ne sont pas légion les machines qui ressortent de la grisaille en un dixième de seconde. Le Wrangler, lui, n'a plus besoin de présentation. Ce n'est plus un véhicule, c'est une icône ! À partir de là, c'est sciemment que Chrysler perpétue des drôleries qui renforcent la tradition : les portières et le pare-brise amovibles, la capote zébrée de fermetures à glissière qui mettent la patience à rude épreuve, l'habitacle davantage lavable que confortable. Son équipement standard et, surtout, livrable le rend capable d'escalader le Kilimandjaro un essieu dans le dos. S'il crapahute, il exulte. Il entraîne des adultes à jouer dans la boue et les ornières, le sourire aux lèvres. Il séduit des citadins qui excellent à prétendre. On aime le Wrangler pour le meilleur et pour le pire. » — Michel Crépault

FICHE TECHNIQUE

MOTEUR

V6 3,6 L 290 ch
COUPLE 260 lb-pi
BOÎTES DE VITESSES manuelle à 6 rapports, automatique à 5 rapports (en option)
0-100 KM/H ND
VITESSE MAXIMALE ND

AUTRES COMPOSANTS

SÉCURITÉ ACTIVE freins ABS, assistance au freinage, distribution électronique du freinage, antipatinage, contrôle de stabilité électronique
SUSPENSION AVANT/ARRIÈRE essieu rigide
FREINS AVANT/ARRIÈRE disques
DIRECTION à billes, assistée
PNEUS Sport P225/75R16
Sahara/Unlimited Sahara P255/70R18
Rubicon/Unlimited Rubicon/option Sport et Unlimited Sport P255/75R17

DIMENSIONS

EMPATTEMENT 2424 mm **Unlimited** 2947 mm
LONGUEUR 3881 mm **Unlimited** 4405 mm
LARGEUR (sans rétro.) 1873 mm **Unlimited** 1877 mm
HAUTEUR 1800 mm
POIDS Sport man. 1403 kg **Sport auto.** 1413 kg **Rubicon man.** 1532 kg **Rubicon auto.** 1541 kg **Unlimited Sport man.** 1848 kg **Sport man.** 1860 kg **Rubicon man.** 1957 kg **Rubicon auto.** 1969 kg
DIAMÈTRE DE BRAQUAGE 10,6 m **Unlimited** 12,6 m
COFFRE 190 L, 1733 L (sièges enlevés) **Unlimited** 1315 L, 2457 L (sièges abaissés)
RÉSERVOIR DE CARBURANT 70 L **Unlimited** 85 L
CAPACITÉ DE REMORQUAGE 907 kg **Unlimited** 1588 kg

VERDICT

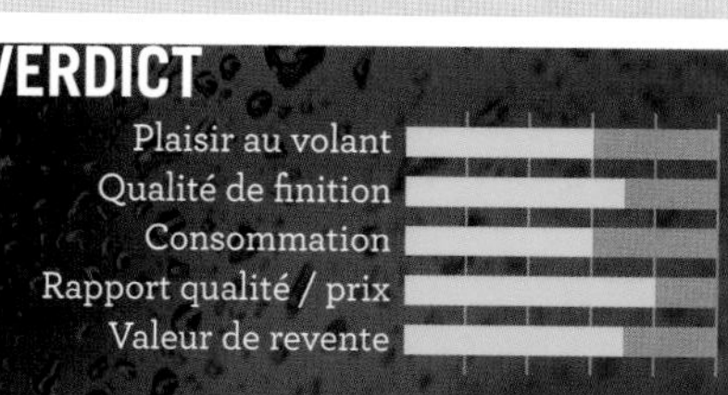

$ 17 450$ À 23 950$ t&p : 1455$

LA COTE VERTE MOTEUR L4 DE 2 L source : EnerGuide

CONSOMMATION (100 KM) man. 7 L AUTO. 6,8 L • **ÉMISSIONS POLLUANTES CO_2 (kg/an)** man. 3266 auto. 3174 **INDICE D'OCTANE** 87
COÛT DU CARBURANT MOYEN PAR ANNÉE man. 1846$ auto. 1794$ • **NOMBRE DE LITRES PAR ANNÉE** man. 1420 auto. 1380

FICHE D'IDENTITÉ

VERSIONS berline/Forte5 : LX, LX Plus, EX, SX Koup : EX, SX
ROUES MOTRICES avant
PORTIÈRES 2/4/5 **NOMBRE DE PASSAGERS** 5
PREMIÈRE GÉNÉRATION 2010, 2011 (Forte5)
GÉNÉRATION ACTUELLE 2010, 2011 (Forte5)
CONSTRUCTION Hwasung, Corée du Sud
COUSSINS GONFLABLES 6
(frontaux, latéraux avant, rideaux latéraux)
CONCURRENCE Chevrolet Cruze, Ford Focus, Honda Civic, Hyundai Elantra, Mazda*3*, MINI Cooper, Mitsubishi Lancer, Nissan Sentra, Scion tC, Subaru Impreza, Suzuki SX4, Toyota Corolla/ Matrix, Volkswagen Golf/Jetta

AU QUOTIDIEN

PRIME D'ASSURANCE
25 ANS : 1600 à 1800$
40 ANS : 900 à 1100$
60 ANS : 800 à 1000$
COLLISION FRONTALE 5/5
COLLISION LATÉRALE 5/5
VENTES DU MODÈLE DE L'AN DERNIER
AU QUÉBEC 6187 **AU CANADA** 13 578
DÉPRÉCIATION (1 an) 25,5 %
RAPPELS (2006 à 2011) aucun à ce jour
COTE DE FIABILITÉ 4/5

GARANTIES... ET PLUS

GARANTIE GÉNÉRALE 5 ans/100 000 km
GARANTIE MOTOPROPULSEUR 5 ans/100 000 km
PERFORATION 5 ans/kilométrage illimité
ASSISTANCE ROUTIÈRE 5 ans/100 000 km
NOMBRE DE CONCESSIONNAIRES
AU QUÉBEC 56 **AU CANADA** 167

NOUVEAUTÉS EN 2012

Aucun changement majeur

UNE **FORTE** GAMME

Vincent Aubé

La dernière année aura assurément été celle de Ford, de Hyundai et de Honda dans le segment des compactes avec les dévoilements respectifs des Focus, Elantra et Civic. Pourtant, chez Kia, la gamme Forte, renouvelée il y a deux ans, a subi sa part d'améliorations favorables pour 2011. Et même si les ventes de cette compacte coréenne sont inférieures à celles des ténors de la catégorie, Kia a rapidement fait oublier la défunte Spectra.

CARROSSERIE Kia a joué de prudence avec la refonte de sa compacte. Les lignes excentriques du Soul ou l'originalité de la berline Optima ne se retrouvent pas autant dans l'exécution de la Forte. Malgré tout, le célèbre styliste Peter Schreyer a, encore une fois, fait du beau travail. Il y a bien la Forte Koup qui ajoute du piquant, mais en règle générale, les modèles Forte proposent une allure sobre qui risque de bien vieillir. Le faciès de la Forte a fière allure avec ses phares coupés au couteau et cette calandre cerclée de chrome. Notez que le museau de la Forte Koup est vraiment superbe grâce à ce pare-chocs inspiré du tuning. Il y a aussi cette ligne de caisse inclinée vers l'avant qui remonte vers le pilier A, une belle touche. La Forte propose aussi trois postérieurs différents, soit ceux de la berline et de la Forte5 à hayon, sobres, mais également celui de la Forte Koup, plus agressif. Quant à la Forte5, nouvelle pour l'année modèle 2011, elle ne manque pas de charme et risque d'intéresser les acheteurs de Mazda3 Sport, notamment.

HABITACLE Malgré les trois saveurs de la Forte, l'intérieur des Forte est le même. Le tableau de bord s'inspire des dernières créations du constructeur en proposant une ergonomie exemplaire et une utilisation conviviale. Les matériaux sont de belle facture, même si le plastique est à l'honneur! J'aime bien la prise en main de ce volant qui, à l'exception du modèle de base n'ayant pas droit au régulateur de vitesse, inclut le contrôle de la connectivité Bluetooth et le volume de la radio. Les sièges de la première rangée sont confortables pour de longues randonnées, mais l'assise est un peu courte.

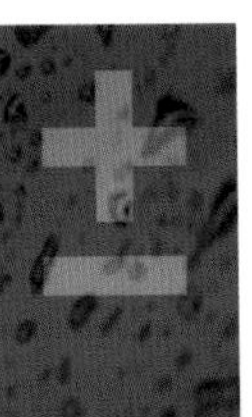

FORCES Beau design • Qualité d'assemblage • Nouvelles boîtes de vitesses
FAIBLESSES Embrayage de la manuelle à revoir • Pas de réel modèle sport

À l'arrière, l'espace pour les occupants est raisonnable, et le confort de la banquette se situe dans la moyenne de la catégorie.

MÉCANIQUE Kia offrait déjà deux mécaniques à 4 cylindres modernes avant 2011, mais l'ajout, l'an dernier, de nouvelles boîtes de vitesses au programme n'ont fait que bonifier l'offre du constructeur. En effet, dorénavant, le consommateur n'aura qu'à choisir entre une manuelle ou une automatique à 6 rapports, peu importe le modèle. Ce surplus de rapports permet de réduire la consommation de carburant, un avantage non négligeable, tandis que la voiture est plus silencieuse à vitesse d'autoroute. Le moteur de 2,4 litres est celui qui procure les meilleures performances à cette compacte, mais il n'est proposé que sur les livrées SX plus chères. Le plus petit 2-litres n'est pas vilain non plus, mais il est plus rugueux, et sa consommation de carburant est à peine plus contenue.

COMPORTEMENT La rigidité de la caisse est probablement ce qui étonne le plus de la Forte. D'ailleurs, elle pourrait facilement accueillir une mécanique plus puissante sous le capot. La tenue de route de la Forte est aussi l'une de ses qualités, même si les versions de base pourraient bénéficier de pneus plus adhérents. Dans la Forte Koup, la suspension est raffermie, et il est même possible d'ajouter l'ensemble R qui comprend des jantes de 18 pouces, une suspension abaissée, des bas de caisse, une entrée d'air froid et un échappement sport pour rehausser l'expérience au volant. Malgré une direction assez précise et une tenue de route exemplaire, la Forte à boîte manuelle n'est pas parfaite. En effet, cette dernière propose un levier de vitesses imprécis, et l'embrayage offre un débattement hors norme. Dans ce cas-ci, la Forte est vraiment plus plaisante à conduire avec la boîte automatique, surtout quand elle est munie des leviers de sélection au volant.

CONCLUSION Kia a définitivement une bonne voiture entre les mains, et sa gamme est complète. Il ne manquerait plus qu'une réelle version sportive à la gamme, et la Forte continuerait de « fortement » déranger la concurrence.

2e OPINION

« La Forte ne fait pas frémir l'œil comme son dérivé à 2 portes, le coupé Koup, mais, dans le genre, elle n'a pas à rougir. On apprécie son habitacle sain, posé sur une plateforme solide. Le constructeur fait balancer notre cœur entre deux 4-cylindres, mais seul le 2,4-litres nous permet d'extraire un certain plaisir du volant, le 2-litres se cantonnant dans des performances seulement adéquates. Les deux boîtes de vitesses comptent 6 rapports, mais ceux de la manuelle gagneraient à être resserrés pour pimenter nos sorties. La berline et la Forte à hayon évoluent davantage dans leur zone de confort avec l'automatique. Pour le prix, on ne peut pas tout avoir. Le confort des sièges est remarquable. Pour vous distancer de l'envahissant plastique, optez pour la version SX, plus coûteuse mais vraiment bien équipée. » — Michel Crépault

FICHE TECHNIQUE

MOTEURS

(LX, EX, LX PLUS) L4 2 L DACT, 156 ch à 6200 tr/min
COUPLE 144 lb-pi à 4300 tr/min
BOÎTES DE VITESSES manuelle à 6 rapports, automatique à 6 rapports avec mode manuel
0-100 KM/H 10,5 s
VITESSE MAXIMALE 190 km/h

(SX) L4 2,4 L DACT, 173 ch à 6000 tr/min
COUPLE 168 lb-pi à 4000 tr/min
BOÎTES DE VITESSES manuelle à 6 rapports, automatique à 5 rapports avec mode manuel
0-100 KM/H 9,8 s
VITESSE MAXIMALE 200 km/h

CONSOMMATION (100 KM) man. 7,7 L, **auto.** 7,6 L (octane 87)
ÉMISSIONS DE CO_2 man. 3588 kg/an **auto.** 3542 kg/an
LITRES PAR ANNÉE man. 2028 **auto.** 2002
COÛT PAR AN man. 2028 $ **auto.** 2002 $

AUTRES COMPOSANTS

SÉCURITÉ ACTIVE freins ABS, assistance au freinage, répartition électronique de la force de freinage, contrôle électronique de stabilité, antipatinage
SUSPENSION AVANT/ARRIÈRE indépendante/semi-indépendante
FREINS AVANT/ARRIÈRE disques
DIRECTION à crémaillère, assistée
PNEUS LX P195/65 R15 **EX** P205/55R16 **SX** P215/45 R17

DIMENSIONS

EMPATTEMENT 2650 mm
LONGUEUR
Forte 4530 mm **Forte5** 4340 mm **Koup** 4480 mm
LARGEUR Forte/Forte5 1775 mm **Koup** 1765 mm
HAUTEUR Forte/Forte5 1460 mm **Koup** 1400 mm
POIDS Forte man. 1238 kg **auto.** 1266 kg
Forte5 man. 1261 kg **auto.** 1288 kg
Koup man. 1242 kg **auto.** 1270 kg
DIAMÈTRE DE BRAQUAGE 10,3 m
COFFRE Forte 415 L **Forte5 LX/EX** 550 L
Forte5 SX 438 L **Koup** 358 L
RÉSERVOIR DE CARBURANT 52 L

MENTIONS

RECOMMANDÉ

VERDICT

Plaisir au volant
Qualité de finition
Consommation
Rapport qualité / prix
Valeur de revente

23 450$ À 35 150$ t&p : 1455$

LA COTE VERTE MOTEUR L4 DE 2,4 L, HYBRIDE source : EnerGuide

CONSOMMATION (100 KM) 5,1 L • **ÉMISSIONS POLLUANTES CO_2** 2346 KG/AN • **INDICE D'OCTANE** 87 • **AUTRE MOTORISATION** ESSENCE • **COÛT DU CARBURANT MOYEN PAR ANNÉE** 1 326$ • **NOMBRE DE LITRES PAR ANNÉE** 1 020

FICHE D'IDENTITÉ

VERSIONS LX, EX, SX, Hybride
ROUES MOTRICES avant
PORTIÈRES 4 **NOMBRE DE PASSAGERS** 5
PREMIÈRE GÉNÉRATION 2011
GÉNÉRATION ACTUELLE 2011
CONSTRUCTION West Point, Géorgie, É-U
COUSSINS GONFLABLES 6 (frontaux, latéraux avant, rideaux latéraux)
CONCURRENCE Chevrolet Malibu, Chrysler 200/ Dodge Avenger, Ford Fusion, Honda Accord, Hyundai Sonata, Mazda6, Nissan Altima, Subaru Legacy, Toyota Camry, Volkswagen Jetta/Passat

AU QUOTIDIEN

PRIME D'ASSURANCE
25 ANS : 1500 à 1700 $
40 ANS : 1000 à 1200 $
60 ANS : 800 à 1000 $
COLLISION FRONTALE 5/5
COLLISION LATÉRALE 5/5
VENTES DU MODÈLE DE L'AN DERNIER
AU QUÉBEC 188 **AU CANADA** 574 (Magentis)
DÉPRÉCIATION nm
RAPPELS (2006 À 2011) Aucun à ce jour
COTE DE FIABILITÉ nm

GARANTIES... ET PLUS

GARANTIE GÉNÉRALE 5 ans/100 000 km
GARANTIE MOTOPROPULSEUR 5 ans/100 000 km
PERFORATION 5 ans/kilométrage illimité
ASSISTANCE ROUTIÈRE 5 ans/100 000 km
NOMBRE DE CONCESSIONNAIRES
AU QUÉBEC 56 **AU CANADA** 167

NOUVEAUTÉS EN 2012

Version hybride

RECRUE **DE L'ANNÉE**

Benoit Charette

Les Coréens ne finissent plus d'étonner le monde de l'automobile. Ils ont démontré une volonté peu commune à réussir l'impossible dans un milieu terriblement concurrentiel. Kia et Hyundai sont maintenant des forces dominantes. Chaque nouveau modèle qui émerge prouve que le travail acharné rapporte des dividendes. La nouvelle Optima, qui laisse loin derrière la défunte Magentis, est une preuve flagrante de cette approche. Cette voiture hausse la barre dans la catégorie des berlines intermédiaires.

CARROSSERIE C'est fou de voir à quelle vitesse a progressé le style chez Kia. L'Optima, qui remplace la Magentis, est aussi loin de cette dernière qu'une soucoupe volante de la voiture des Pierrafeu. L'Optima est tout simplement l'une des plus belles voitures sur la route en ce moment. Son style a mérité l'un des *Red Dot Award*, un concours international de style qui est l'équivalent des Oscars dans le monde du design de l'automobile. À la fois aérodynamique et épurée, elle offre des lignes nerveuses dans le style propre des nouvelles Kia, une mince calandre s'étirant d'un phare à l'autre. Elle ne manque pas de caractère. Plus longue, plus basse et plus large que sa devancière, elle montre une allure sportive et ajoute des épaules plus élevées qui rehaussent la présence du véhicule. Enfin, on note un habitacle incliné vers l'avant comme un coureur de 100 mètres dans les blocs de départ. La version SX haut de gamme affiche un pare-chocs sport exclusif avec une calandre noire, des roues en alliage de 18 pouces exclusives, un becquet arrière et un pare-chocs sport arrière. Ces changements donnent une Optima SX à l'extérieur visuellement distinct des autres versions.

HABITACLE L'intérieur est tout aussi invitant que l'extérieur. Les matériaux sont de qualité, et l'ergonomie est étudiée. Du contour des sièges au placement des commandes, tout tombe dans la main. Fidèle à ses habitudes de vous en offrir plus pour votre dollar, Kia propose également une longue liste d'équipements de série. La version LX de base offre le climatiseur et la quincaillerie électrique dont la chaîne AM/FM/CD/MP3/SAT avec abonnement gratuit de

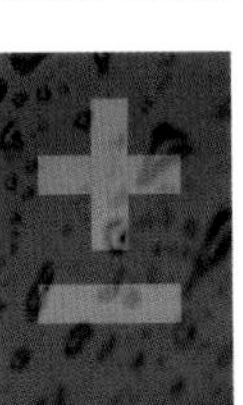

FORCES Lignes réussies • Conduite ferme et agréable • Prix concurrentiel • Confort général et finition

FAIBLESSES Les concessionnaires vont manquer d'inventaire

trois mois à la radio par satellite SIRIUS®, les prises auxiliaire et USB pour lecteurs MP3, la connectivité sans fil Bluetooth® avec reconnaissance vocale et commandes au volant. Parmi les autres caractéristiques de série, on peut citer une colonne de direction inclinable et télescopique ainsi que le télédéverrouillage des portes et les vitres à commande électrique. Les sièges en tissu assurent un bon confort, alors que le dossier arrière divisé 60/40 se rabat pour offrir des variations d'aménagement. L'EX reçoit des sièges chauffants et ventilés à l'avant, chauffants à l'arrière, un toit panoramique en verre en deux sections, un volant chauffant, une caméra de vision arrière et une chaîne audio Infinity de 530 watts sans oublier un écran tactile de 8,89 centimètres (3,5 pouces) entre l'odomètre et le compte-tours. Seul le système de navigation est offert en option. Le tout à 30 595 $, plus que raisonnable. Enfin, dans la version SX Turbo, l'habitacle est un peu différent avec ses sièges sport à deux tons de cuir noir et de mailles de filet grises et ses pédales sport en métal.

MÉCANIQUE Depuis plus de dix ans, Kia et Hyundai profitent de technologies communes, et c'est le cas pour les motorisations également. L'Optima offre donc les mêmes moteurs que la Sonata. Les versions LX et EX héritent du moteur à 4 cylindres de 2,4 litres à injection directe de carburant de 200 chevaux, jumelé à une boîte de vitesses automatique à 6 rapports. La version LX est la seule offerte avec une boîte manuelle à 6 rapports. La puissance est bonne et comblera les besoins de 90 % de la clientèle. Pour ceux qui en veulent un peu plus, la version SX vient avec un moteur de 2 litres turbocompressé de 274 chevaux. Cela transforme l'Optima en berline sportive. La puissance arrive dès que la voiture atteint le régime des 1 000 tours par minute, et 90 % de la puissance est livrée à 1 750 tours. Pas de temps mort et une montée très linéaire de la puissance. Kia a développé un turbo qui fonctionne sur du carburant ordinaire, un plus par les temps qui courent. Vous pouvez également profiter de leviers de sélection au volant pour effectuer les changements de rapports dans la SX, et ces leviers fonctionnent très bien. Nous avons apprécié la vitesse d'exécution de la boîte et des leviers sur le circuit d'Homestead, en Floride. Son utilisation permet de garder le régime moteur plus élevé et de donner une réelle touche sportive à la conduite. Et tout comme la Sonata, l'Optima aura également sa version hybride un peu plus tard au cours de l'année.

À la fois aérodynamique et épurée, elle offre des lignes nerveuses dans le style propre des nouvelles Kia, une mince calandre s'étirant d'un phare à l'autre.

COMPORTEMENT Pour vous laisser une image de ce que représente l'Optima, je vous dirais qu'elle est la cousine sportive de la Sonata. Toute la conduite est relevée d'un cran par comparaison avec la Sonata.

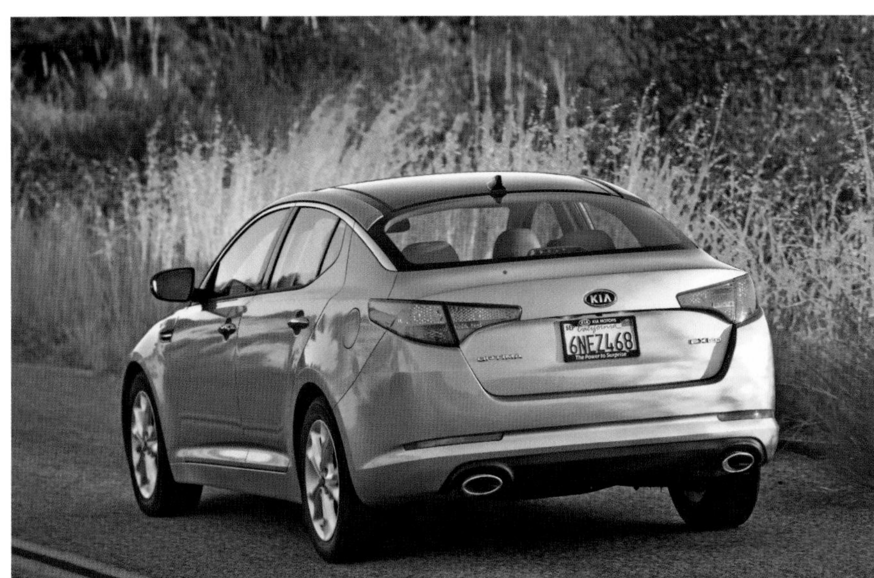

HISTORIQUE

Fiche technique

Avant de fabriquer une berline de taille intermédiaire originale — la Magentis, introduite sur le marché coréen en 2000, Kia a d'abord fabriqué des variantes de produits Mazda, son partenaire japonais. Ainsi, la Concord (photo) et la Capital (pas de photo) des années 80 était basée sur la Mazda Capella, alors que la Credos fabriquée à partir du milieu des années 90 était basée sur la Mazda 626. Lancée en 2000, la Magentis (ou Optima sur certains marchés dont celui des États-Unis) a été la première grande voiture entièrement conçu par Kia.

A

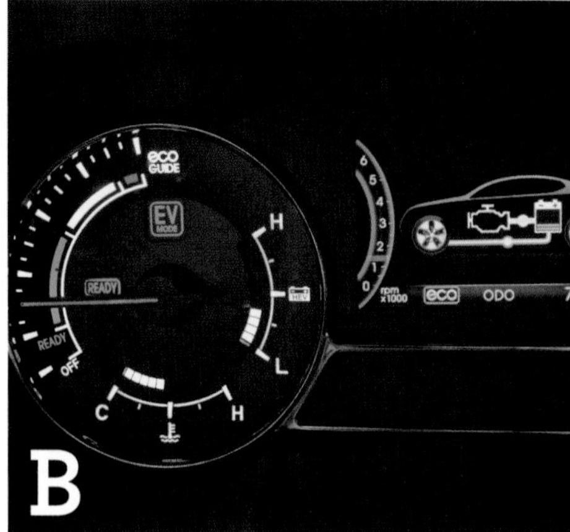
B

C

D

E

GALERIE

A 04- *Les versions LX et EX héritent du moteur 4 cylindres 2,4 litres à injection directe de 200 chevaux jumelés à une boîte automatique à six rapports.*

B 05- *Le tableau de bord de la KIa Optima hybride jour la carte futuriste avec des cadrans digitaux. L'effet est spécialement intéressant le soir.*

C 06- *Les jantes en alliage de 18 pouces, incluant de série ces roues sport sur les modèles SX, améliorent l'allure dynamique et la performance de l'Optima. Elles sont aussi unique sur le marché et fait de l'optima un véhicule facile à reconnaître*

D 07- *Contrairement à la plupart des systèmes sur le marché, le groupe motopropulseur de l'Optima hybride propose un entraînement électrique monté sur la boîte de vitesses (ou TMED) où le moteur électrique est séparé du train d'engrenages de la boîte de vitesses. Cet aménagement modulaire offre plusieurs avantages dont un groupe motopropulseur plus efficace, l'utilisation de composantes standard comme la boîte automatique à six rapports de l'Optima GDI 2,4 L, et un investissement réduit en ingénierie. Cela permet aussi d'autres combinaisons futures comme l'application de moteurs plus puissants et d'accumulateurs de plus grande capacité.*

E 09- *Tous les occupants goûtent au confort de l'Optima. L'intérieure lauréate de prix présente cinq places assises spacieuses et des sièges avant chauffants, en plus d'une chaîne audio à six haut-parleurs avec la radio satellite Sirius, le tout offert de série. Pour le conducteur, l'Optima offre de série un volant inclinable, télescopique et chauffant pour ces froides matinées d'hiver et, de série, la technologie pour la téléphonie mains libres Bluetooth à commandes vocales pour conduire en toute sécurité.*

La direction est plus directe, la suspension répond plus rapidement, le roulis est mieux contrôlé, on sent aussi la voiture s'accrocher avec plus de fermeté au bitume. C'est comme si les ingénieurs avaient pris les réglages de la Sonata et avaient remonté le tout d'un cran ou deux. L'Optima demeure pour autant très confortable et silencieuse. Le contrôle électronique de la stabilité n'est pas trop intrusif, et il est possible de l'enlever au besoin, pratique sur un circuit routier. La SX profite, quant à elle, d'une suspension plus ferme pour supporter le surplus de puissance. C'est à ce jour, la meilleure imitation d'une conduite européenne par un véhicule asiatique qu'il m'ait été donné de conduire. Et comme le moteur est petit et léger, la masse sur le train avant est minimale et augmente d'autant le plaisir de conduire. La SX propose des leviers de sélection au volant qui permettent au conducteur un brin de conduite sportive. Il ne s'agit pas d'une boîte manuelle, il n'y a pas de pédale d'embrayage, mais vous décidez du moment de changer de rapport; et vous pouvez le faire à un régime plus élevé, si vous décidez de voir ce que le moteur turbo a dans le ventre. Il vous amènera à 100 km/h en moins de 6,8 secondes, une de mieux que le moteur de 2,4 litres.

CONCLUSION Après une semaine d'essai au volant de l'Optima, il m'était encore difficile de croire que j'étais au volant d'un produit Kia. Cette voiture est aussi plaisante à conduire que bien des voitures sport que j'ai eu l'occasion d'essayer au fil des ans. Je me suis surpris à prendre plaisir à pousser la voiture. Bien des gens un peu snobinards lèveront le nez en se disant qu'il ne seront pas vus au volant d'une Kia. Croyez-moi, ce serait une grave erreur de votre part. Pour à peine 25 000 $, vous aurez une voiture équipée comme pas une et très plaisante à conduire. Même la SX, à un peu plus de 33 000 $, est une véritable aubaine. Kia a fait des pas de géants depuis quelques années, et, à ce rythme, il n'y a pas que les Japonais qui devront craindre ce Coréen ambitieux, mais toute l'industrie de l'automobile.

2e OPINION

« Kia profite d'une lancée gagnante, et la nouvelle Optima se joint à la parade, en commençant par l'allure à la fois harmonieuse et audacieuse qui prolonge la séquence victorieuse du styliste Peter Shreyer. Jusqu'aux jantes qui contribuent à la gueule du type « egardez-moi ! ». Le tableau de bord avant-gardiste allait de soi. Le choix des matériaux est louable, exécuté de manière à chasser les plastiques déprimants. Le confort et le silence à bord bonifient l'impression de luxe. Les deux moteurs sont bons, y compris leur consommation de carburant, même dans le cas du turbo. À la rigueur les grandes personnes se plaindront-elles du plafond bas à l'arrière. Oui, Kia haussent ses prix, mais la garantie et le rapport qualité/prix de l'Optima font qu'on en a encore beaucoup pour son argent.» — Michel Crépault

FICHE TECHNIQUE

MOTEURS

(LX, LX+, EX) L4 2,4 L DACT, 200 ch à 6300 tr/min
COUPLE 186 lb-pi à 4250 tr/min
BOÎTE DE VITESSES manuelle à 6 rapports avec mode manuel, automatique à 6 rapports (en option)
0-100 KM/H 8,0 sec
VITESSE MAXIMALE 200 km/h
CONSOMMATION (100 KM) man. 7,2 L auto. 7,6 L (octane 87)
ÉMISSIONS DE CO_2 man. 3404 kg/an auto. 3542 kg/an
LITRES PAR ANNÉE man. 1540 auto. 1480
COÛT PAR AN AUTO. man. 2002 $ auto. 1924 $
(SX) L4 2,0 L turbo DACT, 274 ch à 6000 tr/min
COUPLE 269 lb-pi de 1750 à 4500 tr/min
BOÎTE DE VITESSES automatique à 6 rapports avec mode manuel
0-100 KM/H 7,0 s
VITESSE MAXIMALE 235 km/h
CONSOMMATION (100 KM) 7,7 L (octane 87)
ÉMISSIONS DE CO_2 man. 3588 kg/an
LITRES PAR ANNÉE auto. 1560
COÛT PAR AN AUTO. 2028 $
(HYBRIDE) L4 2,4 L DACT + moteur électrique, 206 ch à 6000 tr/min (puissance totale)
COUPLE 195 lb-pi à 4250 tr/min (couple total)
BOÎTE DE VITESSES automatique à 6 rapports
0-100 KM/H 9,2 s
VITESSE MAXIMALE 210 km/h

AUTRES COMPOSANTS

SÉCURITÉ ACTIVE freins ABS, répartition électronique de force de freinage, antipatinage, contrôle de stabilité électronique
SUSPENSION AVANT/ARRIÈRE indépendante
FREINS AVANT/ARRIÈRE disques
DIRECTION à crémaillère, assistée
PNEUS LX/Hybride P205/65R16 EX/option Hybride P215/55R17 SX P225/45R18

DIMENSIONS

EMPATTEMENT 2795 mm
LONGUEUR 4845 mm
LARGEUR 1830 mm
HAUTEUR 1455 mm
POIDS L4 man. 1454 kg L4 auto. 1462 kg L4 turbo 1535 kg Hybride 1583 kg
DIAMÈTRE DE BRAQUAGE 10,9 m
COFFRE 436 L **HYBRIDE** 280 L
RÉSERVOIR DE CARBURANT 70 l Hybride 65 L

MENTIONS

CLÉ D'OR

VERDICT

Plaisir au volant
Qualité de finition
Consommation
Rapport qualité / prix
Valeur de revente

$ 14 095 à 20 795 $ t&p 1 455 $

LA COTE VERTE MOTEUR L4 DE 1,6 L source : Kia

CONSOMMATION 100 KM 6,7 L • **ÉMISSIONS POLLUANTES CO_2** 2200 KG/AN • **INDICE D'OCTANE** 87
COÛT DU CARBURANT MOYEN PAR ANNÉE 1512 $ • **NOMBRE DE LITRES PAR ANNÉE** 1080

FICHE D'IDENTITÉ

VERSIONS Rio LX, EX, SX Rio5 LX, EX, EX Luxe
ROUES MOTRICES avant
PORTIÈRES 4, 5 **NOMBRE DE PASSAGERS** 5
PREMIÈRE GÉNÉRATION 2002
GÉNÉRATION ACTUELLE 2012
CONSTRUCTION Sohari, Corée du Sud
COUSSINS GONFLABLES 6 (frontaux, latéraux avant, rideaux latéraux)
CONCURRENCE Honda Fit, Ford Fiesta, Hyundai Accent, Mazda 2,
Nissan Versa, Scion xD, Toyota Yaris

AU QUOTIDIEN

Prime d'assurance
25 ANS : 1200 à 1400 $
40 ANS : 1000 à 1100 $
60 ANS : 800 à 1000 $
COLLISION FRONTALE nm
COLLISION LATÉRALE nm
VENTES DU MODÈLE DE L'AN DERNIER
AU QUÉBEC 3254 **AU CANADA** 7887
DÉPRÉCIATION 53,7 %
RAPPELS (2006 à 2011) aucun à ce jour
COTE DE FIABILITÉ nm

GARANTIES... ET PLUS

GARANTIE GÉNÉRALE 5 ans/100 000 km
GARANTIE MOTOPROPULSEUR 5 ans/100 000 km
PERFORATION 5 ans/kilométrage illimité
ASSISTANCE ROUTIÈRE 5 ans/100 000 km
NOMBRE DE CONCESSIONNAIRES
AU QUÉBEC 56 **AU CANADA** 167

NOUVEAUTÉS EN 2012

Nouvelle génération

LA COUSINE DE L'AUTRE

Benoit Charette

Kia et son partenaire, Hyundai, prennent de plus en plus de place dans le paysage automobile. Si GM, Toyota et, maintenant, Volkswagen veulent dominer la planète automobile, Kia et Hyundai vont en faire baver à toutes ces grandes entreprises si elles conservent ce rythme de croissance quasi insoutenable. Fidèle à sa promesse de renouveler au grand complet son parc de véhicules, c'est maintenant au tour de la petite Rio de passer au bistouri avec la complicité de la non moins nouvelle Accent de Hyundai.

CARROSSERIE Basée sur la même plateforme que l'Accent, la Rio affiche un style développé sous la gouverne du très occupé styliste en chef de la marque, Peter Schreyer. La réalisation de la Rio et de la Rio5 s'est faite au centre de design en Californie. Comme c'est le cas de toutes les nouvelles créations de la marque, on retrouve des lignes extérieures dynamiques et un profil athlétique. On reconnaît la calandre, devenue le nouveau symbole de reconnaissance de la marque; un bonne note aux phares avant qui se poursuivent loin dans les ailes avant contribuant à une forte présence physique de la voiture. Simplement en la regardant, on sent déjà qu'elle connaîtra le succès. La version à 4 portes mesure 4,36 mètres (soit, 32 centimètres de plus que la version à 5 portes). Elle est plus longue, plus large et plus basse que l'actuelle génération.

HABITACLE À bord, l'habitacle se caractérise par un tableau de bord avec trois compteurs faciles à consulter, des garnitures intérieures à deux tons qui accentuent l'effet de grands espaces. La Rio à 4 portes embarque une chaîne audio CD/MP3 comportant des connexions AUX/USB permettant de raccorder des lecteurs MP3. La caméra de vision arrière est également offerte, en liaison avec un système multimédia UVO développé par Microsoft. Tout comme la Hyundai Accent, la Kia Rio aura droit à certains équipements inédits pour une voiture de cette catégorie. Du système de commandes vocales à l'écran de navigation en passant par la radio satellite et les sièges chauffants, les automobilistes auront le choix de pouvoir se gâter un peu avec des prix qui demeureront très concurrentiels, même avec tout cet équipement. La Rio reçoit également, de série, six

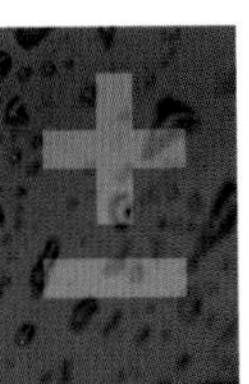

FORCES Style accrocheur • Liste d'équipements complète • Prix concurrentiel
Excellente insonorisation

FAIBLESSES Pneus d'origine à éviter • Passage de reprise un peu lent à bas régime

coussins gonflables et le contrôle de la stabilité électronique qui gère également l'aide au démarrage en côte, en liaison avec l'ABS.

MÉCANIQUE Tout comme l'accent, la Rio est animée par un moteur à 4 cylindres de 1,6 litre à injection directe de carburant, qui peut être couplé, au choix, à une boîte de vitesses manuelle ou automatique à 6 rapports. Mais à la différence de Hyundai, la Rio profite en plus de la technologie ISG qui stoppe le moteur à l'arrêt (une première dans ce segment de marché), à un feu rouge ou dans la lourde circulation du matin. Le moteur se remet en marche quand le conducteur relâche la pédale de frein. Toute cette technologie permet, selon les chiffres de Kia, une consommation moyenne de l'ordre de 5,8 litres aux 100 kilomètres.

COMPORTEMENT C'est le jour et la nuit avec la précédente génération. En plus d'ajouter 28 chevaux au moteur, Kia a allégé la carrosserie avec de l'acier à haute résistance, ce qui permet, grâce à une plus grande rigidité, d'améliorer la tenue de route, l'agrément de conduite et le raffinement. Vous avez donc environ 13 kilos en moins, 28 chevaux en plus et une structure nettement plus solide. Tout cela se traduit par une conduite qui ne laisse pas soupçonner que vous êtes derrière le volant d'une sous-compacte. Parce que je suis un amateur de familiale, le côté pratique de la Rio5 m'a tout de suite séduit, et je la trouve plus jolie. C'est une question de goût, me direz-vous, mais mon vote irait à la Rio5. En conduite, il n'y a pas de réelles différences entre les deux modèles, la boîte manuelle est agréable et bien étagée, et on peut faire le même commentaire à propos de la boîte automatique qui offre aussi 6 rapports. C'est une question de goût. Dans l'ensemble, la voiture est solide, agréable à conduire.

CONCLUSION Avec sa cousine, l'Accent, la nouvelle Rio est devenue la mesure étalon dans ce segment de marché. Elle innove à plusieurs chapitres tout en affichant un prix plus que concurrentiel et une des meilleures garanties de l'industrie. Je connais des constructeurs japonais qui trouveront l'année 2012 très longue car Kia n'a pas encore fini de nous sortir des lapins de son grand chapeau.

FICHE TECHNIQUE

MOTEUR

L4 1,6 L DACT, 138 ch à 6300 tr/min
COUPLE 123 lb-pi à 4850 tr/min
BOÎTE DE VITESSES manuelle à 6 rapports, automatique à 6 rapports avec mode manuel (en option)
0-100 KM/H 9,0 s
VITESSE MAXIMALE 200 km/h

AUTRES COMPOSANTS

SÉCURITÉ ACTIVE freins ABS, assistance au freinage, répartition électronique de la force de freinage, contrôle de la stabilité électronique, antipatinage
SUSPENSION AVANT/ARRIÈRE Indépendante/ essieu rigide
FREINS AVANT/ARRIÈRE disques
DIRECTION à crémaillère, assistée
PNEUS LX P185/65R15 EX P195/55R16 SX/EX Luxe P205/45R17

DIMENSIONS

EMPATTEMENT 2570 mm
LONGUEUR BERL. 4366 mm **RIO5** 4045 mm
LARGEUR 1720 mm
HAUTEUR 1455 mm
POIDS RIO5 MAN. 1179 kg **RIO5 AUTO.** 1215 kg
DIAMÈTRE DE BRAQUAGE 10,6 m
COFFRE nd
RÉSERVOIR DE CARBURANT nd

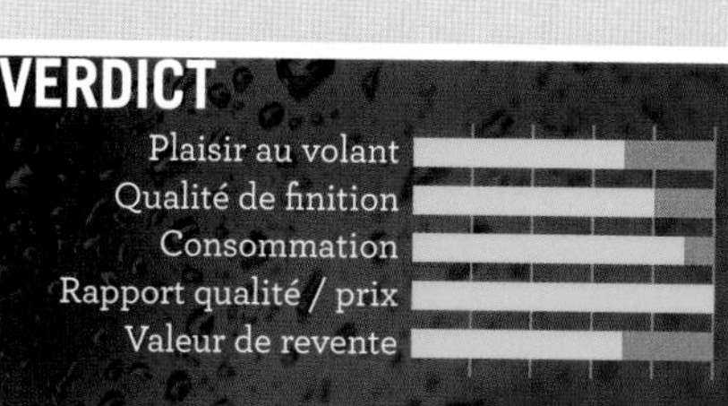

$ 21 645 À 28 845 $ (2011) t&p 1 455 $

LA COTE VERTE MOTEUR L4 DE 2,4 L source : EnerGuide

CONSOMMATION (100 KM) 9,1 L • ÉMISSIONS POLLUANTES CO_2 (KG/AN) 4232 • INDICE D'OCTANE 87
COÛT DU CARBURANT MOYEN PAR ANNÉE 2300 $ • NOMBRE DE LITRES PAR ANNÉE 1840

FICHE D'IDENTITÉ

VERSIONS LX, EX, EX V6
ROUES MOTRICES avant
PORTIÈRES 5 Nombre de passagers 5, 7
PREMIÈRE GÉNÉRATION 2007
GÉNÉRATION ACTUELLE 2007
CONSTRUCTION Gwangju, Corée du Sud
COUSSINS GONFLABLES 6 (frontaux, latéraux avant, rideaux latéraux)
CONCURRENCE Ford C-Max, Mazda 5

AU QUOTIDIEN

PRIME D'ASSURANCE
25 ANS : 1300 à 1500 $
40 ANS : 1000 à 1200 $
60 ANS : 800 à 900 $
COLLISION FRONTALE 5/5
COLLISION LATÉRALE 4/5
VENTES DU MODÈLE DE L'AN DERNIER
AU QUÉBEC 3286 **AU CANADA** 6307
DÉPRÉCIATION 44,6 %
RAPPELS (2006 à 2011) 2
COTE DE FIABILITÉ 4/5

GARANTIES... ET PLUS

GARANTIE GÉNÉRALE 5 ans/100 000 km
GARANTIE MOTOPROPULSEUR 5 ans/100 000 km
PERFORATION 5 ans/kilométrage illimité
ASSISTANCE ROUTIÈRE 5 ans/100 000 km
NOMBRE DE CONCESSIONNAIRES
AU QUÉBEC à définir **AU CANADA** à définir

NOUVEAUTÉS EN 2012

Aucun changement majeur

TOUJOURS **PERTINENT**

Daniel Rufiange

Il me semble que l'introduction du Rondo date d'hier. Plutôt, le véhicule tout usage de Kia entreprend déjà sa sixième année chez nous — possiblement sa dernière — sous sa forme actuelle. N'y voyez toutefois pas un désavantage. Si la presse automobile a très bien accueilli le Rondo il y a six ans, elle est toute aussi élogieuse à son endroit aujourd'hui. Pourquoi ? Parce que lorsqu'un produit est le fruit d'une bonne idée, il n'y a pas lieu de le critiquer.

CARROSSERIE On ne se prosterne pas devant un Rondo. Plutôt, on l'examine avec l'œil d'un fin limier afin de comprendre ce qui se cache derrière son succès. On s'étonne encore du fait que sept passagers peuvent trouver refuge à l'intérieur de l'utilitaire à la bouille sympathique. On est estomaqué davantage en réalisant qu'à bord, on peut entasser plus de matériel qu'à l'intérieur d'un Honda CR-V, d'un Toyota RAV4, d'un Chevrolet Equinox et même, d'un Jeep Grand Cherokee. En fait, l'exercice est amusant à faire ; chaque fois qu'on pense qu'un véhicule est plus spacieux que le Rondo, on se fait prendre au jeu. Bon, OK, le Sprinter est plus logeable

HABITACLE Chaque nouvelle génération de produits Kia nous fait découvrir un habitacle plus raffiné. Vu la demi-douzaine qu'a atteint le Rondo, l'offre est un peu plus basique à l'intérieur. La présentation pêche par simplicité et la qualité des matériaux et de l'assemblage n'est qu'au seul de la respectabilité. Cependant, c'est tout le reste de l'habitacle du Rondo qui nous intéresse, à commencer par le fait qu'on peut transformer tout l'espace arrière en plancher plat. En effet, la troisième banquette se rabat en proportion 50/50 alors que la deuxième reprend la division 60/40, une configuration qui laisse plus de place au troisième passager. Considérez que le plafond du Rondo est en forme de voûte et vous comprendrez que le design met à profit chaque parcelle d'espace.

MÉCANIQUE Kia offre toujours deux moteurs pour son Rondo : un 4 cylindres de 2,4 litres et un V6 de 2,7 litres. Le côté criard du premier retient l'attention pour les mauvaises raisons. Ce n'est pas que sa puissance,

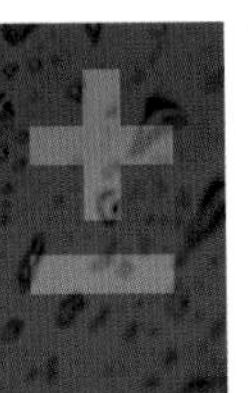

FORCES Habitacle modulable au possible • Solide garantie • Rapport qualité/prix • L'ami de la famille

FAIBLESSES Présentation intérieure fade • Boîte automatique à quatre vitesses (moteur à 4 cylindres) • Modèle appelé à changer • Moteur à 4 cylindres bruyant

chiffrée à 175 chevaux, s'avère insuffisante, mais plutôt que lorsqu'on la sollicite, le compartiment moteur donne l'impression de cacher quelques pleureuses du Moyen-âge. En conséquence et en considérant la vocation utilitaire du Rondo, le V6 représente un bien meilleur choix. Bien que ce dernier ne propose que 17 chevaux et 15 livres-pieds de couple de plus que le moteur à 4 cylindres, ça semble faire toute la différence. Et, puisque la transmission qui accompagne ce dernier compte un rapport de plus que celle qui est jumelée au moteur à 4 cylindres — 5 contre 4 —, la différence de consommation entre les deux versions n'est pas importante.

COMPORTEMENT Les dimensions du Rondo en font un véhicule agréable à l'usage. Animé par le V6, on apprécie la facilité avec laquelle il se déplace. Plus une voiture qu'autre chose, le comportement du Rondo est plus civilisé que sauvage. Toutefois, ne vous avisez pas à le malmener; il n'a pas été conçu pour cela. S'il y a un irritant à propos de la conduite du Rondo, il concerne la sensation conférée par la direction; il y a un temps mort au centre et c'est irritant au possible. D'ailleurs, c'est un problème chronique chez les produits coréens.

CONCLUSION Même si le Rondo prend de l'âge, il demeure un véhicule fort intéressant, et ce, pour quelques raisons. D'abord, en configuration de base, son prix demeure ultra compétitif. Ensuite, son format frise la perfection; ni trop gros, ni trop petit, il permet de se faufiler partout et il est aussi logeable que tous les soi-disant utilitaires sur le marché. Enfin, que dire de sa garantie? Cette dernière permet à l'acheteur d'avoir la tête tranquille pendant tout le temps que dure son terme d'achat ou de location.

2e OPINION

« Face à la Mazda5, le Rondo semble avoir pris un coup de vieux. C'est peut-être parce que, contrairement à sa rivale, ses traits, quoique élégants, n'ont guère changé depuis 2007. Cela ne nie nullement ces attributs qui l'ont rendu populaire : espace intérieur généreux et modulable, conduite agréable et prix abordables. Certains sont même ravis par l'idée d'avoir un V6, plutôt qu'un 4-cylindres. Pourtant, malgré sa présence sous le capot, on cherche les 20 chevaux additionnels qu'il revendique. De plus, il consomme 5 % plus de carburant. Si ses prestations étaient à la hauteur des prétentions, je dirais : Go ! Mais on est loin de l'écart qui sépare le 4-cylindres et le V6 d'un Toyota RAV4. J'opterais donc plutôt pour le 4-cylindres avec un intérieur à 5 places. Après tout, la seconde banquette arrière, inoccupée la plupart du temps et inconfortable même pour des enfants, ampute une part de l'attribut le plus précieux du Rondo : son espace à bagages. Le choix est simple ! » — *Luc Gagné*

FICHE TECHNIQUE

MOTEURS

(LX, EX) L4 2,4 L DACT, 175 ch à 6000 tr/min
COUPLE 169 lb-pi à 4000 tr/min
BOÎTE DE VITESSES automatique 4 rapports avec mode manuel
0-100 KM/H 10,2 s
VITESSE MAXIMALE 185 km/h

(EX-V6) V6 2,7 L DACT, 192 ch à 6000 tr/min
COUPLE 184 lb-pi à 4500 tr/min
BOÎTE DE VITESSES automatique 5 rapports avec mode manuel
0-100 KM/H 9,8 s
VITESSE MAXIMALE 190 km/h

CONSOMMATION (100 km) 9,6 L
ÉMISSIONS DE CO_2 4508 kg/an
LITRES PAR ANNÉE 1960
COÛT PAR AN 2450 $

AUTRES COMPOSANTS

SÉCURITÉ ACTIVE freins ABS, assistance au freinage, répartition électronique de la force de freinage, antipatinage, contrôle de stabilité électronique
SUSPENSION AVANT/ARRIÈRE indépendante
FREINS AVANT/ARRIÈRE disques
DIRECTION à crémaillère, assistée
PNEUS P205/60R16 option EX/ EX-V6 P225/50R17

DIMENSIONS

EMPATTEMENT 2700 mm
LONGUEUR 4545 mm
LARGEUR 1821 mm
HAUTEUR 1650 mm
POIDS LX1608 kg EX-V61658 kg
DIAMÈTRE DE BRAQUAGE 16 po 10,8 m, 17 po 11 m
COFFRE 185 L (derrière 3e rangée), 898 L, 2083 L (sièges abaissés)
RÉSERVOIR DE CARBURANT 60 L
CAPACITÉ DE REMORQUAGE L4 680 kg V6 907 kg

MENTIONS

RECOMMANDÉ

VERDICT

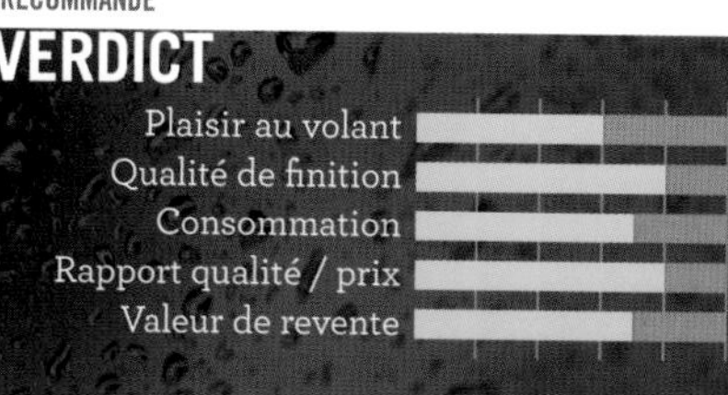

$ 29 645 $ à 41 645 $ t&p 1455$

LA COTE VERTE MOTEUR V6 DE 3,5 L source : EnerGuide

CONSOMMATION (100 KM) 9,8 L • **ÉMISSIONS POLLUANTES CO_2 (kg/an)** 4554 **INDICE D'OCTANE** 87 **COÛT DU CARBURANT MOYEN PAR ANNÉE** 2574 $ **NOMBRE DE LITRES PAR ANNÉE** 1980

FICHE D'IDENTITÉ

VERSIONS LX, EX
ROUES MOTRICES avant
PORTIÈRES 5 **NOMBRE DE PASSAGERS** 7
PREMIÈRE GÉNÉRATION 2002
GÉNÉRATION ACTUELLE 2006
CONSTRUCTION Sohari, Corée du Sud
COUSSINS GONFLABLES 6 (frontaux, latéraux avant, rideaux latéraux)
CONCURRENCE Chrysler Town & Country, Dodge Grand Caravan, Honda Odyssey, Nissan Quest, Toyota Sienna, Volkswagen Routan

AU QUOTIDIEN

PRIME D'ASSURANCE
25 ANS : 1300 à 1500 $
40 ANS : 1000 à 1200 $
60 ANS : 800 à 1000 $
COLLISION FRONTALE 5/5
COLLISION LATÉRALE 5/5
VENTES DU MODÈLE DE L'AN DERNIER
AU QUÉBEC 464 **AU CANADA** 1615
DÉPRÉCIATION 50,7 %
RAPPELS (2006 à 2011) 3
COTE DE FIABILITÉ 3/5

GARANTIES... ET PLUS

GARANTIE GÉNÉRALE 5 ans/100 000 km
GARANTIE MOTOPROPULSEUR 5 ans/100 000 km
PERFORATION 5 ans/kilométrage illimité
ASSISTANCE ROUTIÈRE 5 ans/100 000 km
NOMBRE DE CONCESSIONNAIRES
AU QUÉBEC 56 **AU CANADA** 167

NOUVEAUTÉS EN 2012

Aucun changement majeur

RATTRAPÉE

Daniel Rufiange

La Sedona a fait l'objet d'éloges au cours des dernières années, et pour cause. La fourgonnette à saveur coréenne a su bien s'implanter dans un segment en perte de vitesse parce qu'elle offre surtout un excellent rapport qualité/prix. Mais, voilà que, au cours de la dernière année, Toyota, Honda et Nissan ont toutes accouché d'une fourgonnette de nouvelle génération, tandis que Chrysler y allait d'une mise à niveau majeure de son duo Grand Caravan/Town & Country. Le résultat est simple. La Sedona a instantanément pris un coup de vieux. La question est de savoir si elle en vaut encore la peine dans sa configuration actuelle.

CARROSSERIE Bien qu'il n'y ait pas des dizaines de façons de dessiner une fourgonnette, le design de la Sedona manque d'originalité. C'est à la limite de l'ennui. Parions que la prochaine génération nous en mettra plein la vue. En attendant, seul le choix d'une couleur peut donner un peu de vie à ce véhicule. La Sedona demeure offerte en trois versions. C'est la variante LX de base qui est la plus intéressante, elle qui affiche un prix sous les 30 000 $. J'ai eu l'occasion de conduire une version généreusement équipée qui affichait une facture de 41 998 $. Dans le contexte actuel, pour le même prix, je me tourne vers un produit plus moderne. Car, ne l'oublions pas, la conception de la Sedona actuelle date de 6 ans, une éternité dans le marché d'aujourd'hui.

HABITACLE Tout ce qui rend populaire une fourgonnette ne manque pas à bord de la Sedona. Des places pour 7 ou 8 personnes, des espaces de rangement très nombreux, une liste d'équipements complète, bref, tous les membres de la famille y trouveront leur compte, pitou inclus. Le seul problème, c'est que, à l'image de l'extérieur, le tout prend de l'âge. L'instrumentation, par exemple, est ennuyeuse au possible. Par contre, l'ergonomie est sans reproche. En matière de finition, c'est avec déception que plusieurs bruits de caisse ont été entendus lors de notre essai.

MÉCANIQUE Kia mise toujours sur son V6 de 3,5 litres. La seule motorisation offerte pour la Sedona propose une puissance de

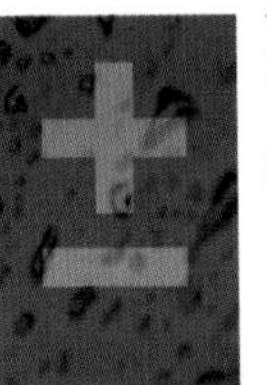

FORCES Aspect pratique • Espaces de rangement très nombreux • Ergonomie sans reproche • Garantie béton

FAIBLESSES Modèle qui prend de l'âge • Design sans saveur • Présentation intérieure fade • Bruits de caisse fruit d'une finition bâclée

271 chevaux et un couple de 248 livres-pieds. En toute franchise, aucune autre ne pourrait lui faire ombrage. Ce moteur est très vigoureux et transforme la Sedona en « dragster » à chaque départ. Ceux qui ont une roulotte à tracter pourront le faire avec aise. Par contre, l'appétit de ce moteur demeure vorace, malgré la présence d'une boîte de vitesses automatique à 6 rapports au rendement très souple, soulignons-le.

COMPORTEMENT Plusieurs vouent une haine viscérale à l'endroit des fourgonnettes et à leur image papy. D'où la hausse de popularité des utilitaires et des multisegments au cours de la dernière décennie. Bien honnêtement, je ne la comprends pas celle-là. La Sedona, comme toutes les autres de sa catégorie, est agréable à conduire et offre un confort certain. Non, son comportement routier n'a rien de sportif, et son roulis est bien senti en virage. Mais n'allez pas me faire croire que les utilitaires sport font mieux à ce chapitre. Quand on la compare à ses rivales, la Sedona montre son âge, certes, mais demeure agréable à conduire. Le principal irritant vient de l'effet de couple ressenti quand on sollicite la mécanique. Autrement, rien à reprocher à cette fourgonnette.

CONCLUSION Il y a une dizaine d'années, le marché des fourgonnettes représentait environ 15 % de toutes les ventes de véhicules. Aujourd'hui, on parle plutôt de 5 %, une baisse de popularité fulgurante au profit de véhicules utilitaires moins pratiques, souvent plus gourmands et pas vraiment plus agréables à conduire. Il n'y a aucune honte à se pavaner au volant d'une fourgonnette. Aucun véhicule n'est plus pratique pour la famille, point à la ligne. Si j'avais des enfants, vous pouvez être certain qu'il y aurait une fourgonnette devant ma demeure. Une Sedona? Non, pas dans sa configuration actuelle et pas en sachant ce que la concurrence propose. L'arrivée de la prochaine génération urge.

2e OPINION

« La Sedona est une heureuse initiative qui récompense les acheteurs ayant les besoins les mieux définis de l'industrie : de l'espace, du confort, du rangement, de la sécurité, de la polyvalence. La coréenne a tout cela. Pas au point de surpasser l'ingéniosité d'une Dodge Grand Caravan, toujours le leader en la matière, ou la sophistication de la Honda Odyssey (qu'on paye), mais avec suffisamment de qualités pour obtenir le droit de parader dans la même cour. Sa consommation de carburant, toutefois, devrait être meilleure. Mieux, Kia devrait nous la moderniser, comme Honda, Nissan et Toyota viennent de le faire. Mais la Sedona mise encore sur ce qui a longtemps été le seul argument massue de Kia : le rapport qualité/prix. Si l'on se fie au concept KV7, le futur est prometteur. » — Michel Crépault

FICHE TECHNIQUE

MOTEUR

V6 3,5 L DACT 271 ch à 6300 tr/min
COUPLE 248 lb-pi à 4500 tr/min
BOÎTE DE VITESSES automatique à 6 rapports avec mode manuel
0-100 KM/H 9,1 s
VITESSE MAXIMALE 200 km/h

AUTRES COMPOSANTS

SÉCURITÉ ACTIVE freins ABS, assistance au freinage, répartition électronique du freinage, antipatinage, contrôle de stabilité électronique
SUSPENSION AVANT/ARRIÈRE indépendante
FREINS AVANT/ARRIÈRE disques
DIRECTION à crémaillère, assistée
PNEUS LX P225/70R16 **EX** P235/60R17

DIMENSIONS

EMPATTEMENT 3020 mm
LONGUEUR 5130 mm
LARGEUR 1985 mm
HAUTEUR LX 1760 mm **EX** 1820 mm
POIDS 2087 kg
DIAMÈTRE DE BRAQUAGE 12,1 m
COFFRE 912 L (derrière 3e rangée), 2268 L, 4007 L (sièges abaissés)
RÉSERVOIR DE CARBURANT 75 L
CAPACITÉ DE REMORQUAGE 1588 kg

MENTIONS

RECOMMANDÉ

VERDICT

LA COTE VERTE MOTEUR L4 DE 1,6 L source : EnerGuide
CONSOMMATION (100KM) MAN. 6,1 L AUTO. 6,5 L • **ÉMISSIONS POLLUANTES CO_2** MAN. 2400 KG/AN AUTO. 2830 KG/AN • **INDICE D'OCTANE** 87
COÛT DU CARBURANT MOYEN PAR ANNÉE MAN. 1550$ AUTO. 1580$ • **NOMBRE DE LITRES PAR ANNÉE** MAN. 1100 AUTO. 1150

FICHE D'IDENTITÉ

VERSIONS 1,6L ; 2,0L 2u ; 2,0L 4u
ROUES MOTRICES avant
PORTIÈRES 5 **NOMBRE DE PASSAGERS** 5
PREMIÈRE GÉNÉRATION 2010
GÉNÉRATION ACTUELLE 2010
CONSTRUCTION Gwangju, Corée du Sud
COUSSINS GONFLABLES 6 (frontaux, latéraux avant, rideaux latéraux)
CONCURRENCE Nissan Cube, Scion xB

AU QUOTIDIEN

PRIME D'ASSURANCE
25 ANS : 1300 à 1500$
40 ANS : 1000 à 1200$
60 ANS : 800 à 900$
COLLISION FRONTALE 5/5
COLLISION LATÉRALE 4/5
VENTES DU MODÈLE DE L'AN DERNIER
AU QUÉBEC 3788 **AU CANADA** 9857
DÉPRÉCIATION (1 AN) 20,6%
RAPPELS (2006 À 2011) 1
COTE DE FIABILITÉ nm

GARANTIES... ET PLUS

GARANTIE GÉNÉRALE 5 ans/100 000 km
GARANTIE MOTOPROPULSEUR 5 ans/100 000 km
PERFORATION 5 ans/kilométrage illimité
ASSISTANCE ROUTIÈRE 5 ans/100 000 km
NOMBRE DE CONCESSIONNAIRES
AU QUÉBEC 56 **AU CANADA** 167

NOUVEAUTÉS EN 2012

Redessinée, nouvelles couleurs extérieures, moteurs plus puissants, boîtes automatique et manuelle à 6 rapports pour tous les moteurs, système d'infodivertissement UVO en option

POUR LA TRENTAINE **BRANCHÉE**

Benoit Charette

C'est le Soul qui a tracé la voie de l'innovation chez Kia. Ce véhicule citadin aux allures d'utilitaire est parfait pour la jungle urbaine et constitue un baume pour les yeux face à la grisaille des véhicules sans relief qui roulent sur nos routes.

CARROSSERIE Ni familiale, ni 4 x 4, le Soul en retient cependant l'allure générale. Kia a volontairement semé le doute quant à son genre. Ce qu'il faut retenir, c'est que le format est pratique, les proportions, judicieuses, et l'harmonie des lignes, réussie. Il n'a pas remporté des prix de Design (Red Dot award) pour rien. Assez haut pour être logeable et assez grand pour être confortable, c'est comme être dans une voiture un peu plus haute sur roues.

HABITACLE Il y a de bons et de moins bons côtés au fait de prendre place à bord du Soul. Commençons par l'ergonomie du poste de conduite qui est bonne. La position de conduite est assez haute pour assurer une excellente vision, et le dégagement pour la tête, les genoux et les épaules est excellent à l'avant comme à l'arrière. L'harmonie des couleurs intérieures sort de l'ordinaire avec des finitions à deux tons (rouge et noir, noir et crème); un autre bon point. Parmi les petits irritants, notons le plastique très dur du tableau de bord. Cela ne remet pas en cause son excellente disposition, mais un plastique un peu plus souple serait le bienvenu. Notons aussi au passage un niveau sonore assez élevé qui démontre une lacune au chapitre de l'insonorisation. Parmi les options, outre le bruyant et mauvais système audio de 315 watts, Kia propose « UVO » une abréviation de l'anglais « Your voice » (votre voix). Il s'agit une interface offrant à l'utilisateur un accès simple et rapide aux systèmes multimédias et d'infodivertissement du véhicule. Conçu par Microsoft, ce système intègre la technologie intelligente de reconnaissance vocale en anglais et en français.

MÉCANIQUE Kia offre cette année les mêmes moteurs avec plus de puissance et

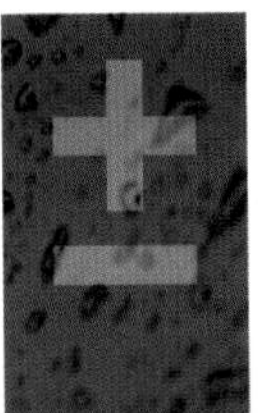

FORCES Présentation originale et soignée • Généreuse liste d'équipements de série • Habitabilité pratique et généreuse • Comportement routier agréable • Construction et finition sérieuses

FAIBLESSES Volume du coffre un peu juste • Volant non réglable en profondeur • Tenue de cap perfectible

de nouvelles transmissions. Le moteur de 1,6 litre voit sa puissance passer de 122 à 138 chevaux et sa boîte de vitesses manuelle passe de cinq à six rapports. Le moteur de 2,0 litres passe quant à lui de 142 à 163 chevaux et vous avez le choix de deux boîtes manuelle ou automatique à six rapports. Un grand pas en avant par rapport à la vieille boîte automatique à quatre rapports l'an dernier. Ces changements à eux seuls apportent un réel élan de modernité à la Soul qui du coup est plus agréable à conduire et diminue aussi sa consommation.

COMPORTEMENT À l'image de la voiture, la conduite est sympathique et sans prétention. La direction à assistance électrique est précise, et le court rayon de braquage rend son utilisation agréable. La puissance du moteur de 2 litres est bonne sans plus, et c'est très bien ainsi car personne n'achètera ce véhicule pour ses performances. Si vous allez vers le moteur de 1,6 litre, vous trouverez le temps un peu long, la conduite est un peu pénible, même pour ceux qui n'ont aucune visée de performances. Au chapitre du confort, vous aurez un choix à faire. Les roues de 18 pouces donnent certes une belle gueule à la voiture, mais rendent la conduite plus inconfortable. Pour un meilleur confort et une suspension qui vous cognera moins dans le bas du dos, il faudra choisir les pneus de 16 pouces. Nous le mentionnions plus tôt, l'insonorisation est perfectible, on sent la faible épaisseur des portes et la présence de la moindre feuille de tôle. Quelques dollars de plus changeraient certainement notre appréciation générale à ce chapitre.

CONCLUSION Kia a mis le style de l'avant avec le Soul. Il faut d'abord regarder le véhicule pour ce qu'il est, un moyen de transport abordable et différent dans son approche visuelle. Pour le reste, Kia a simplement fait le minimum pour garder le prix aussi bas que possible. Pour s'assurer des ventes à long terme, il faudrait améliorer quelques points comme l'insonorisation et le confort de conduite et installer une boîte automatique digne de ce nom.

2e OPINION

« Le rival des Nissan Cube et Scion xB est arrivé sur notre marché à l'été 2009 à titre de modèle 2010, et, déjà, le constructeur coréen procède à un ajustement de mi-parcours. La boîte à 4 roues préférée des hamsters conserve ses lignes sympathiques avec quelques changements cosmétiques. Mais, c'est réellement sous le capot que le renouvellement se fait sentir. Deux nouveaux moteurs à injection directe de carburant accouplés à des boîtes de vitesses manuelle ou automatique à 6 rapports viennent consolider la place du Soul dans ce segment « branché ». Le petit Soul n'est pas le plus confortable véhicule sur nos routes, mais en revanche, il réussit toujours à accrocher un sourire au visage de son conducteur. » — Vincent Aubé

FICHE TECHNIQUE

MOTEURS

(1,6 L) L4 1,6 L DACT, 138 ch à 6300 tr/min
COUPLE 122 lb-pi à 4850 tr/min
BOÎTES DE VITESSES manuelle à 6 rapports, automatique à 6 rapports (option)
0-100 KM/H 9,8 s
VITESSE MAXIMALE 185 km/h

(2,0L) L4 2 L DACT, 163 ch à 6500 tr/min
COUPLE 147 lb-pi à 4800 tr/min
BOÎTES DE VITESSES manuelle à 6 rapports, automatique à 6 rapports (option, de série 4u)
0-100 KM/H 9 s
VITESSE MAXIMALE 195 km/h
CONSOMMATION (100 KM) **man.** 7,3 L **auto.** 8 L
ÉMISSIONS DE CO_2 **man.** 3600 kg/an **auto** 3510 kg/an
LITRES PAR ANNÉE **man.** 1400 **auto.** 1365
COÛT PAR AN **man.** 1670 $ **auto.** 1630 $

AUTRES COMPOSANTS

SÉCURITÉ ACTIVE freins ABS, assistance au freinage, répartition électronique de la force de freinage, contrôle électronique de la stabilité, antipatinage
Suspension avant/arrière indépendante/essieu rigide
FREINS AVANT/ARRIÈRE disques
DIRECTION à crémaillère, assistée
PNEUS 1,6 L P195/65 R15 **OPTION 1,6 L/ DE SÉRIE 2 L 2U** P205/55 R16 **2 L 4U** P235/45 R18

DIMENSIONS

EMPATTEMENT 2550 mm
LONGUEUR 4120 mm
LARGEUR 1785 mm
HAUTEUR 1610 mm
POIDS 1,6 L 1186 à 1254 kg
2 L 1228 à 1353 kg
DIAMÈTRE DE BRAQUAGE nd
COFFRE 546 L, 1511 L (sièges abaissés)
Réservoir de carburant 48 L

MENTIONS

RECOMMANDÉ

VERDICT

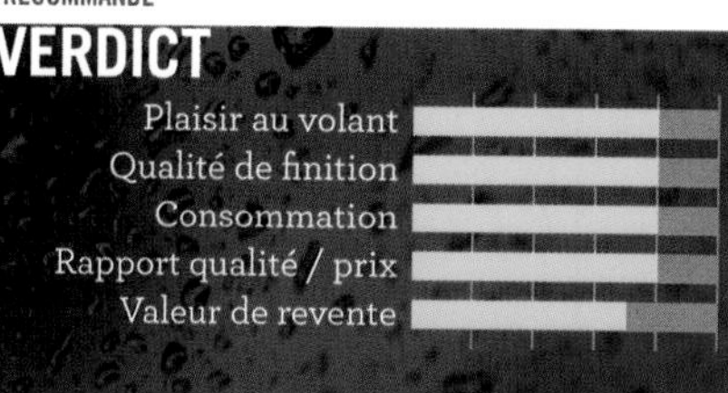

$ 25 645$ à 42 545$ t&p 1 455$

LA COTE VERTE MOTEUR L4 DE 2,4 L source : EnerGuide

CONSOMMATION (100 KM) MAN. 9 L AUTO. 8,3 L AUTO. 4RM 8,7 L • **ÉMISSIONS POLLUANTES CO_2 (KG/AN)** MAN. 4232 AUTO. 4048
COÛT DU CARBURANT MOYEN PAR ANNÉE MAN. 2300$ AUTO. 2200$ • **NOMBRE DE LITRES PAR ANNÉE** MAN. 1840 AUTO. 4RM 1760

FICHE D'IDENTITÉ

VERSIONS LX, EX, LX-V6, EX-V6, SX
ROUES MOTRICES 2, 4
PORTIÈRES 5 **NOMBRE DE PASSAGERS** 5, 7 (option V6)
PREMIÈRE GÉNÉRATION 2003
GÉNÉRATION ACTUELLE 2011
CONSTRUCTION West Point, Géorgie, É-U.
COUSSINS GONFLABLES 6 (frontaux, latéraux avant, rideaux latéraux)
CONCURRENCE Dodge Durango, Ford Explorer, Honda Pilot, Jeep Grand Cherokee, Nissan Pathfinder, Toyota 4Runner

AU QUOTIDIEN

PRIME D'ASSURANCE
25 ANS : 2100 à 2300$
40 ANS : 1400 à 1600$
60 ANS : 1100 à 1300$
COLLISION FRONTALE 5/5
COLLISION LATÉRALE 515
VENTES DU MODÈLE de l'an dernier
AU QUÉBEC 3647 **AU CANADA** 10 214
DÉPRÉCIATION nm
RAPPELS (2006 à 2011) 4

GARANTIES… ET PLUS

GARANTIE GÉNÉRALE 5 ans/100 000 km
GARANTIE MOTOPROPULSEUR 5 ans/100 000 km
PERFORATION 5 ans/kilométrage illimité
ASSISTANCE ROUTIÈRE 5 ans/100 000 km
NOMBRE DE CONCESSIONNAIRES AU QUÉBEC 56 **AU CANADA** 167

NOUVEAUTÉS EN 2012

Aucun changement majeur

LOGIQUEMENT, UN EXCELLENT CHOIX!

Alexandre Crépault

La deuxième génération de Sorento n'a rien à voir avec la première. Maintenant, nous avons affaire à un véhicule multisegment, ce qui veut dire, en réalité, une voiture haute sur roues et non un véhicule tout-terrain adapté à notre réseau routier. Quoique… quand on pense à l'état de nos routes…

CARROSSERIE Plus aucun doute n'est possible : grâce à la direction artistique de Peter Schreyer, styliste en chef de Kia, les véhicules du constructeur coréen sont plus désirables que jamais. Malheureusement, le Sorento n'éveille pas nos sens comme le fait si bien le Sportage. La fameuse calandre en « nez de tigre », marque de commerce des Kia de cette décennie, est toujours là, mais le reste manque de punch. Le problème avec la silhouette du Sorento est l'absence d'interaction entre les lignes… comme si les traits se perdaient dans le vide. Qu'importe, il s'agit tout de même d'une amélioration, et personne n'ira jusqu'à trouver le véhicule affreusement laid. Kia offre deux groupes de modèles : LX et EX, le second étant le plus équipé.

HABITACLE Ici aussi, je dois m'avouer un peu déçu. Kia nous a pourtant prouvé avec son Sportage qu'elle sait dessiner un habitacle moderne et dynamique. Celui du Sorento fait penser à un corbillard. Le responsable est ce plastique noir et dur dont est tapissé le tableau de bord. L'ambiance est peut-être un peu fade, mais l'utilité de l'habitacle n'en demeure pas moins exemplaire. Il y a du rangement à profusion, de la place pour tout le monde (sauf dans la troisième rangée de sièges, en option sur certaines versions), et l'ergonomie est bien pensée. Sans parler de la liste bien garnie de l'équipement de série : commandes au volant, connectivité Bluetooth, connexion USB, radio satellite, climatiseur et sièges chauffants. Pas de doute ici non plus, Kia nous en donne pour notre argent.

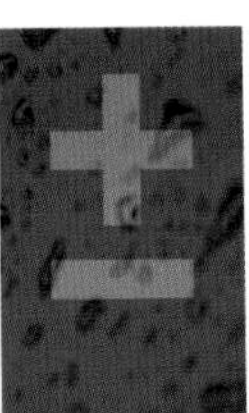

FORCES Rapport qualité-prix difficile à battre • Habitacle confortable et pratique • Équipement de série très complet

FAIBLESSES Design qui n'a rien de renversant • Habitacle fade • Effet de couple sur le modèle V6 à traction

Les mordus de puissance ou ceux qui ont besoin à l'occasion de remorquer peuvent aussi opter pour un V6 de 3,5 litres et la boîte automatique à 6 rapports ainsi que la transmission intégrale en option.

COMPORTEMENT Dans un monde où l'économie de carburant prédomine sur les performances, le moteur de base arrive à tirer son épingle du jeu. C'est vrai qu'il est un peu bruyant, mais on finit par s'y faire. Cela dit, la consommation d'un V6 conduit avec sagesse équivaut vite à la consommation d'un 4-cylindres maltraité. Je recommande cependant le moteur plus gros avec les 4 roues motrices. En effet, les 276 chevaux envoyés aux roues avant ont la mauvaise habitude de créer un effet de couple désagréable dans le volant. Autrement, suspension, direction, freinage, tout va bien et tout prouve les bienfaits de la nouvelle configuration du Sorento.

CONCLUSION Le Sorento ne fera peut-être pas de vous la vedette du quartier, mais il vous permettra de tout faire sans faute et sans problème. De plus, à un prix très concurrentiel et une garantie béton, difficile de l'ignorer.

MÉCANIQUE Fini les châssis à échelle et les moteurs montés longitudinalement qui envoient leur puissance aux roues arrière. Le Sorento de deuxième génération utilise maintenant une configuration beaucoup plus traditionnelle, soit un moteur à 4 cylindres de 2,4 litres, monté transversalement et qui envoie sa puissance aux roues avant. Il est possible de jumeler cette mécanique à une boîte de vitesses manuelle ou automatique. Les deux comptent 6 rapports, mais l'automatique affiche une meilleure cote de consommation. Pourquoi acheter la manuelle alors? Principalement parce que Kia offre seulement l'automatique avec le sonar de recul, les rails sur le toit et les miroirs de pare-soleil éclairés, en option pour 2 600 $. Ah oui, n'oublions pas la transmission intégrale, un autre cadeau de 1 900 $ à ajouter à l'automatique. Petits coquins...

2e OPINION

« Kia a fait sa renommée au cours des 20 dernières années en offrant les véhicules à meilleur prix. Par la suite, elle a consolidé sa place en mettant l'accent sur la qualité pour ensuite offrir une garantie de 5 ans. Depuis peu, la firme coréenne a décidé d'ajouter ce qui lui manquait le plus : du style. Les Kia ont maintenant une identité et beaucoup de charisme. Au-delà de l'image, vous allez apprécier la conduite ferme du Sorento. Malgré sa garde au sol élevée, il conserve une bonne stabilité et sait faire preuve d'aplomb sur des chaussées en mauvais état. Notons que les versions à traction ont la même garde au sol que les versions intégrales. Le 4-cylindres est satisfaisant, même s'il se révèle un peu rugueux. Le V6 est définitivement le meilleur mariage avec le Sorento. À prix égal, il vous sera difficile de trouver mieux. »

— Benoit Charette

FICHE TECHNIQUE

MOTEURS

(LX, EX) L4 2,4 L DACT, 175 ch à 6000 tr/min
Couple 169 lb-pi à 3750 tr/min
BOÎTES DE VITESSES manuelle à 6 rapports (LX), automatique à 6 rapports avec mode manuel (option LX, de série pour EX)
0-100 KM/H 10,1 s
VITESSE MAXIMALE 185 km/h

(option LX et EX, SX)
V6 3,5 l DACT, 276 ch à 6300 tr/min
COUPLE 248 lb-pi à 5000 tr/min
BOÎTE DE VITESSES automatique à 6 rapports avec mode manuel
0-100 KM/H 7,5 s
VITESSE MAXIMALE 200 km/h

CONSOMMATION (100 KM) 2RM 9,0 L **4RM** 9,5 L (octane 87)
ÉMISSIONS DE CO_2 2RM 4185 kg/an 4RM 4462 kg/an
LITRES PAR ANNÉE 2RM 1820 **4RM** 1940
COÛT PAR AN 2RM 2275$ **4RM** 2425$

AUTRES COMPOSANTS

SÉCURITÉ ACTIVE freins ABS, assistance au freinage, répartition électronique de force de freinage, antipatinage, contrôle de stabilité électronique
SUSPENSION AVANT/ARRIÈRE indépendante
FREINS AVANT/ARRIÈRE disques
DIRECTION à crémaillère, assistée
PNEUS LX/LX-V6 P235/65R17, **EX/EX-V6/SX** P235/60R18

DIMENSIONS

EMPATTEMENT 2700 mm
LONGUEUR 4670 mm
LARGEUR 1885 mm
HAUTEUR 1745 mm (incluant les longerons de toit)
POIDS 1620 kg à 1873 kg
DIAMÈTRE DE BRAQUAGE 10,9 m
COFFRE 258 L (7 pass., derrière 3e rangée), 1047 L (5 pass.), 2052 L (sièges abaissés)
RÉSERVOIR DE CARBURANT 68 L
CAPACITÉ DE REMORQUAGE L4 748 kg **V6** 1588 kg

MENTIONS

RECOMMANDÉ

VERDICT

Plaisir au volant
Qualité de finition
Consommation
Rapport qualité / prix
Valeur de revente

23 645 $ À 38 645 $ t&p 1 455 $

LA COTE VERTE MOTEUR L4 DE 2,4 L source : EnerGuide

CONSOMMATION (100 KM) MAN. 8,5 L AUTO 7,9 L AUTO 4RM 8,6 L • **ÉMISSIONS POLLUANTES CO_2 (KG/AN)** MAN. 3956 AUTO 3726 AUTO 4RM 4002 **INDICE D'OCTANE** 87 • **COÛT DU CARBURANT MOYEN PAR ANNÉE** MAN. 2236 $ AUTO 2106 $ AUTO 4RM 2262 $ • **NOMBRE DE LITRES PAR ANNÉE** MAN. 1720 AUTO 1620 AUTO 4RM 1740

FICHE D'IDENTITÉ

VERSIONS LX, EX, EX LUXE, SX (4RM)
ROUES MOTRICES avant, 4
PORTIÈRES 5 **NOMBRE DE PASSAGERS** 5
PREMIÈRE GÉNÉRATION 2000
GÉNÉRATION ACTUELLE 2011
CONSTRUCTION Ulsan, Corée du Sud
COUSSINS GONFLABLES 6 (frontaux, latéraux, rideaux)
CONCURRENCE Chevrolet Equinox, Ford Escape, Honda CR-V, Hyundai Tucson, Jeep Liberty, Mini Countryman, Mitsubishi Outlander, Subaru Forester, Suzuki Grand Vitara, Toyota RAV4

AU QUOTIDIEN

PRIME D'ASSURANCE
25 ANS : 1400 à 1600 $
40 ANS : 1000 à 1200 $
60 ANS : 900 à 1100 $
COLLISION FRONTALE 5/5
COLLISION LATÉRALE 5/5
VENTES DU MODÈLE DE L'AN DERNIER
AU QUÉBEC 1053 **AU CANADA** 3498
DÉPRÉCIATION nm
RAPPELS (2006 à 2011) 1
COTE DE FIABILITÉ nm

GARANTIES… ET PLUS

GARANTIE GÉNÉRALE 5 ans/100 000 km
GARANTIE MOTOPROPULSEUR 5 ans/100 000 km
PERFORATION 5 ans/kilométrage illimité
ASSISTANCE ROUTIÈRE 5 ans/100 000 km
NOMBRE DE CONCESSIONNAIRES
AU QUÉBEC 56 **Au CANADA** 167

NOUVEAUTÉS EN 2012

version Turbo

C'EST BEAU, LA **MATURITÉ** !

Daniel Rufiange

Incroyable le chemin parcouru par les produits coréens depuis 10 ans. Nous avons tous en mémoire les débuts difficiles de Hyundai chez nous. Diable, le Sportage de première génération était un véhicule atroce. Certains en sont restés marqués. Les préjugés ont la vie dure. Toutefois, il suffit de prendre le volant d'un produit récent du constructeur pour découvrir et apprécier les progrès réalisés. Mais à force d'encenser un produit, on en perd nos repères. En vérité, où se situe réellement la marque aujourd'hui ?

CARROSSERIE Je ne serai certes pas le seul à citer le nom de Peter Schreyer dans le présent ouvrage. Ce transfuge d'Audi, à qui on a donné carte blanche pour doter Kia d'une image bien à elle, est en train de bouleverser les conventions. Redessiné l'an dernier, le Sportage fait désormais tourner les têtes, lui qui est décoré de lignes à la fois agressives et harmonieuses.

On peut toujours trouver cet utilitaire en configuration à deux ou à quatre roues motrices. Un choix doit ultimement être fait entre le prix et la praticité. Du reste, trois variantes sont proposées : LX, EX et EX-Luxe. On en retient que le rapport qualité/prix demeure excellent, peu importe la version.

HABITACLE Malgré les progrès gigantesques des dernières années, il faut prendre du recul pour analyser les choses objectivement. Autrement dit, une fois l'exaucement terminé, il faut comparer la qualité du produit, non pas avec ce que le constructeur faisait dans le passé, mais bien avec ce que fait la concurrence maintenant. Nuance.

L'habitacle du Sportage est, en général, de bonne qualité. Les sièges sont accueillants, mais le maintien latéral est trop moelleux. La qualité des matériaux utilisés pour revêtir la console et le tableau de bord varie entre très bonne et ordinaire. Le plastique à l'intérieur des portes s'érafle facilement. Enfin, la présentation visuelle demeure modeste, sans trop d'aspects tape-à-l'œil.

En contrepartie, le volant est un plaisir à manipuler et comprend toutes les commandes usuelles. Et en ce qui a trait à l'équi-

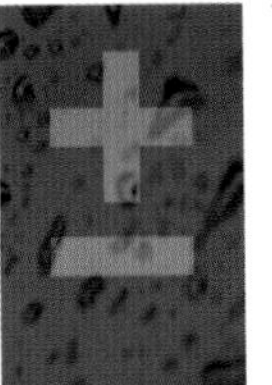

FORCES Silhouette accrocheuse • Moteur à 4 cylindres intéressant • Consommation raisonnable • Rapport qualité/prix convaincant

FAIBLESSES Quelques bruits de caisse • Visibilité des trois quarts arrière • Certains matériaux peu résistants

pement de série, Kia est fidèle à sa réputation ; ça demeure complet et impressionnant.

L'irritant majeur demeure la visibilité arrière. Un mot : atroce !

MÉCANIQUE Un seul choix de moteur pour le Sportage, soit un 4-cylindres de 2,4 litres qui surprend par sa vigueur et sa souplesse. Pour ceux qui craignent que l'absence d'un moteur V6 nuise aux performances du Sportage, soyez rassurés; par moment, on a l'impression qu'un V6 loge entre les roues avant. Cependant, la capacité de remorquage du Sportage n'est que de 907 kilos. En conséquence, pour remorquer, c'est un Sorento qu'il vous faut. Le Sportage peut être livré avec une boîte de vitesses manuelle à 6 rapports, mais seulement avec la version de base LX et la traction.

COMPORTEMENT Voilà un autre élément où les progrès enregistrés par le constructeur peuvent être vérifiés de façon manifeste. La conduite du Sportage n'a rien de brouillon. La tenue de route est bonne, la solidité de la caisse est surprenante, et on demeure ravi des performances offertes par la motorisation, bien servie aussi par la boîte automatique à 6 rapports. La direction se montre plus ferme que jamais, mais elle souffre toujours d'un léger manque de précision, un problème chronique souvent vu chez les produits coréens. Surtout, on se réjouit d'une consommation moyenne de carburant oscillant autour des 9 litres aux 100 kilomètres. Voilà qui permet de respirer un peu. L'irritant majeur se situe au chapitre de la visibilité, grandement handicapée par le design de la partie arrière du véhicule. On ne pourra suffisamment vous répéter de bien placer vos rétroviseurs.

CONCLUSION Avec le Sportage, Kia a fait un autre grand pas en avant. En fait, cessons de dire que le constructeur progresse. Il est arrivé à destination. La qualité de ses produits se compare avantageusement à celle de la concurrence et, en prime, ces produits profitent de l'une des meilleures garanties de l'industrie.

2e OPINION

« Aucun autre véhicule ne symbolise mieux le progrès parcouru par Kia au cours des cinq dernières années. Autant le tout premier Sportage aurait fait rigoler les gens de Lada, autant le tout dernier de 3e génération n'a rien à envier aux RAV4 et CR-V de ce monde. Contrairement au Hyundai Tucson, avec qui il partage la plateforme, le Sportage mise tout de go sur le plus énergique 2,4-litres, pouvant lui-même compter sur une boîte de vitesses à 6 rapports, qu'elle soit manuelle ou automatique. L'utilitaire est compact, fiable, bien pensé sous presque toutes les coutures. Le « presque » à cause de la direction électrique pas toujours précise à basse vitesse et l'ergonomie perfectible de quelques interrupteurs. Sinon, les travaux salissants comme les balades d'agrément conviennent à ce nouveau couteau suisse made in Korea. *» — Michel Crépault*

FICHE TECHNIQUE

MOTEUR

(LX, EX, EX Luxe)
L4 2,4 L DACT, 176 ch à 6000 tr/min
COUPLE 168 lb-pi à 4000 tr/min
BOÎTE DE VITESSES manuelle à 6 rapports (LX), automatique à 6 rapports avec mode manuel (option LX, de série sur EX)
0-100 KM/H 10,4 s
VITESSE MAXIMALE 185 km/h

(SX)
L4 2,0 L turbo DACT, 260 ch à 6000 tr/min
COUPLE 269 lb-pi de 1850 à 3000 tr/min
TRANSMISSION automatique à 6 rapports avec mode manuel
0-100 KM/H 7,4 s
VITESSE MAXIMALE 220 km/h
CONSOMMATION (100KM) 10,3 L (octane 87)
ÉMISSIONS DE CO_2 auto 3588 kg/an
LITRES PAR ANNÉE 1560
COÛT PAR ANNÉE 2028 $

AUTRES COMPOSANTS

SÉCURITÉ ACTIVE freins ABS, assistance au freinage, répartition électronique de la force de freinage, antipatinage, contrôle électronique de stabilité
SUSPENSION AVANT/ARRIÈRE indépendante
FREINS AVANT/ARRIÈRE disques
DIRECTION à crémaillère, assistée
PNEUS LX P215/70R16 EX P225/60R17 EX Luxe/SX P235/55R18

DIMENSIONS

EMPATTEMENT 2640 mm
LONGUEUR 4440 mm SX 4450 mm
LARGEUR 1855
HAUTEUR 1645 mm
POIDS L4 man. 1432 kg L4 auto. 2RM 1445 kg L4 auto. 4RM 1522 kg L4 turbo auto. 1572 kg
DIAMÈTRE DE BRAQUAGE 10,6 m
COFFRE 740 L, 1547 L (sièges abaissés)
RÉSERVOIR DE CARBURANT 55 L
CAPACITÉ DE REMORQUAGE L4 907 kg (avec remorque dotée de freins)

MENTIONS

RECOMMANDÉ

VERDICT

NOUVEAUTÉ $ 410 000$ t&p 3500$

LA COTE VERTE MOTEUR V12 DE 6,5 L source : Lamborghini

CONSOMMATION (100 KM) 17,2 L • **ÉMISSIONS POLLUANTES CO_2** 7960 KG/AN • **INDICE D'OCTANE** 91

COÛT DU CARBURANT MOYEN PAR ANNÉE 4620$ • **NOMBRE DE LITRES PAR ANNÉE** 3300

FICHE D'IDENTITÉ

VERSIONS LP700-4
ROUES MOTRICES 4
PORTIÈRES 2 **NOMBRE DE PASSAGERS** 2
PREMIÈRE GÉNÉRATION 2012
GÉNÉRATION ACTUELLE 2012
CONSTRUCTION Sant'Agata, Italie
COUSSINS GONFLABLES 6 (frontaux, latéraux, genoux conducteur et passager)
CONCURRENCE Aston Martin DB9, Ferrari FF

AU QUOTIDIEN

PRIME D'ASSURANCE
25 ANS : 15 000 à 15 500$
40 ANS : 9500 à 9800$
60 ANS : 8000 à 8500$
COLLISION FRONTALE ND
COLLISION LATÉRALE ND
VENTES DU MODÈLE DE L'AN DERNIER
AU QUÉBEC ND **AU CANADA** ND
DÉPRÉCIATION ND
RAPPELS (2006 À 2011) 2
COTE DE FIABILITÉ ND

GARANTIES... ET PLUS

GARANTIE GÉNÉRALE 2 ans/kilométrage illimité
GARANTIE MOTOPROPULSEUR 2 ans/kilométrage ill.
PERFORATION 2 ans/kilométrage illimité
ASSISTANCE ROUTIÈRE 2 ans/kilométrage illimité
NOMBRE DE CONCESSIONNAIRES
AU QUÉBEC 1 **AU CANADA** 3

NOUVEAUTÉS EN 2012

Nouveau modèle, remplaçante de la Murciélago

JEUX DE CAPE

Gaétan Philippe

Le succès de la Gallardo en a fait le fonds de commerce de Lamborghini. Mais le modèle emblématique, qui rend l'offre de la marque italienne unique, originale – insensée ou carrément provocante, même – reste l'Aventador, inscrite dans la lignée et digne héritière de ses trois devancières, la Countach, la Diablo et la Murciélago. Ces supervoitures portent le nom de toros bravos *célèbres qui ont eu la vie aussi brève qu'absurde. Fallait-il le rappeler ? La nouvelle sportive superlative fait partie de ces bolides déments qui font tourner les têtes, difficiles à sortir tous les jours dans la rue sous peine de susciter des Olé, des ouah et des ouh. Ça tombe bien, nous l'avons conduite dans l'enceinte fermée du circuit de Vallelunga, dans l'ambiance concentrée des journées d'essai privés et de gradins vides, non dans l'arène d'une Plaza de Toros surchauffée par un public aux pulsions girouettes...*

CARROSSERIE S'il ne suscite pas un réflexe spontané d'adhésion, le style de l'Aventador impressionne la galerie. En vérité, le béotien serait bien en peine de discerner ce qui la distingue de ses devancières, sauf, bien sûr, la signature de l'éclairage diurne à diodes électroluminescentes. Certes, la grande *Lambo* est sans doute un peu voyante, au moins aussi encombrante et plate, en raison de sa très faible hauteur. Jamais personne n'a vilipendé la beauté sauvage d'une italienne, surtout quand elle a des mensurations et un dessous de capot explosif. Les Lambo du haut du panier, ça fait quatre générations qu'elles l'ont comme ça, *Longitudinale Posteriore* – la désignation LP devançant le montant chiffré de la puissance, critère essentiel de la marque.

Avant de monter sur la piste de l'autodrome romain (panem et circenses...), nous avons pu admirer la structure nue de la voiture dans l'un des stands. L'Aventador joue la carte de la légèreté et de la rigidité à tout crin en adoptant une cellule de survie en carbone, sur laquelle viennent se greffer des faux-châssis en aluminium. Bien que mieux équipée que la Murciélago, elle pèse 75 kilos de moins et voit même son BiW (Body in White, caisse en blanc) économiser 30 % de poids (à 229,5 kilos). Du côté des liaisons au sol, les masses non suspendues ont été réduites, notamment grâce à des com-

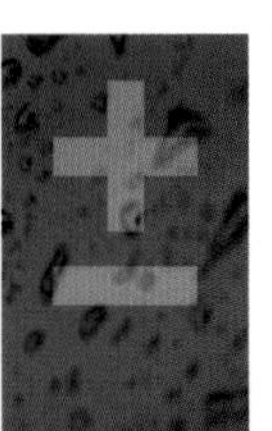

FORCES Transmission 4 x 4 bien remise au goût du jour
Boîte robotisée convaincante • Performances ahurissantes
V12 atmosphère au tempérament de feu !

FAIBLESSES Voiture encombrante au propre et au figuré
Manque de maintien latéral des sièges
Garde au sol symbolique • Prix délirant

binés ressorts-amortisseurs montés horizontalement et actionnés par des biellettes. Un vrai châssis de compétition conçu pour mieux résister aux contraintes d'un pilotage extrême. Les amortisseurs Öhlins ne sont pas réglables, nous laissant entre les mains un coupé à ultra hautes performances qui nous épargne les suspensions pilotées gadgets qu'on voit foisonner partout.

HABITACLE Au moment de nous glisser dans le cockpit, notre petite appréhension s'est vite évanouie : les portes en élytres (et en aluminium) se soulèvent assez pour ne pas nous infliger un accès contorsionné. Autre impression positive : jamais le poste de conduite d'une Lamborghini n'a été aussi bien présenté et instrumenté. La marque au « toro furioso » collectionne les boutons... Difficile de les louper, ils sont tous cerclés de chrome. Comme l'indicateur de vitesse et le compte-tours; au moins, ça compense pour le manque de matière de leur fond de cadran TFT LCD. On dirait ces compteurs imprimés en couleur sur carton qu'on colle derrière le volant des go-karts en plastique pour enfants... Les belles finitions et matières sont néanmoins là. Audi détache ses responsables de la qualité à Sant'Agata Bolognese.

Nous n'avons pas eu à démarrer le V12. Mécaniciens et essayeurs maison avaient pris soin de mettre en température les pneus et la mécanique. La sonorité de 9 voitures résonnait sur le muret de la ligne des puits. Aigu avec des intonations rauques, jamais perçant ni aussi intrusif que dans la vidéo de présentation du constructeur, tapageuse et truffée de clichés « toromachistes ». Au feu vert, la sortie des stands et le bout de ligne droite sont avalés en poussant les trois premiers rapports à fond. Le temps de nous rendre compte, le dos plaqué au dossier, que le niveau sonore dans le cockpit demeure absolument maîtrisé.

Le deuxième constat, moins positif, surgit dès le premier virage lent, le semi-baquet en cuir ne maintient pas suffisamment le corps; on doit se caler énergiquement en poussant de la jambe gauche. Logique, les sièges ont été dessinés pour un large éventail de corpulences. La solution consiste, pour ceux qui montent sur circuit, à remplacer les ceintures à enrouleur par les harnais vendus comme accessoires.

MÉCANIQUE Sous les persiennes de son capot-vitrine, le V12 de l'Aventador promet 700 chevaux à 8 250 tours par minute. Sa devancière, la Murciélago LP 670 4 vient de tirer sa révérence avec 670 chevaux. Il s'agit toujours d'un V12 ouvert à 60 degrés d'une cylindrée de 6,5 litres, sauf que ses nouvelles cotes le laissent avec un alésage augmenté et une course réduite. Profitant de leur course raccourcie, les pistons atteignent une vitesse de 21 mètres par seconde à l'approche de la zone rouge, soit beaucoup moins que ceux de la Murciélago. En clair, le V12 de l'Aventador prend mieux ses tours que son prédécesseur. Ce moteur tourne sur un rapport volumétrique très élevé (11,8 : 1). Il utilise un variateur de phase sur les 4 arbres à cames en tête et, pour la première fois, une compensation hydraulique du jeu des 48 soupapes.

Le refroidissement du moteur a été revu. Le graissage par carter sec a été optimisé. Ce réaménagement a permis de monter le V12 quelque 6 centimètres plus bas que dans le com-

HISTORIQUE

Selon la firme de Sant'Agata Bolognese, Aventador était le nom d'un taureau qui pénétra dans l'arène d'une corrida en octobre 1993 et démontra un grand courage (s'il a fini comme Starbuck ou dans une assiette, le communiqué ne le précise pas). Quoiqu'il en soit, à peine quelques semaines après le dévoilement du nouveau bovin supersonique au salon de l'auto de Genève, en mars 2011, Lamborghini annonçait que la production annuelle du *supercar* était déjà vendue. Son design succède à celui des prototypes Reventon et Sesto Elemento et les portières qui se soulèvent vers le ciel remontent à la Countach. La Murciélago peut jouir d'une retraite méritée, son héritier est là !

1963

1966

1969-71

1973

1988-89

1990

2001

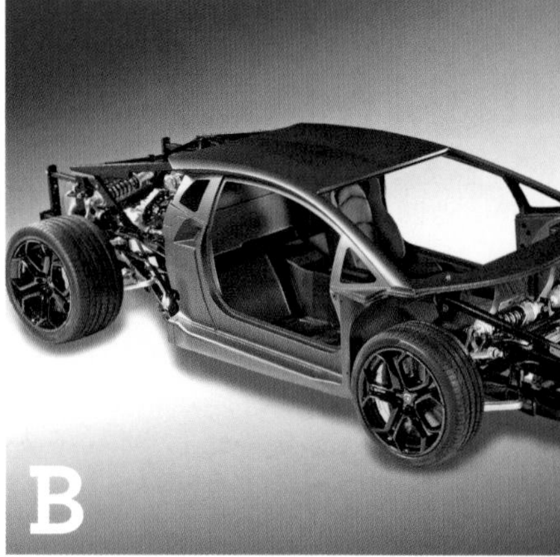

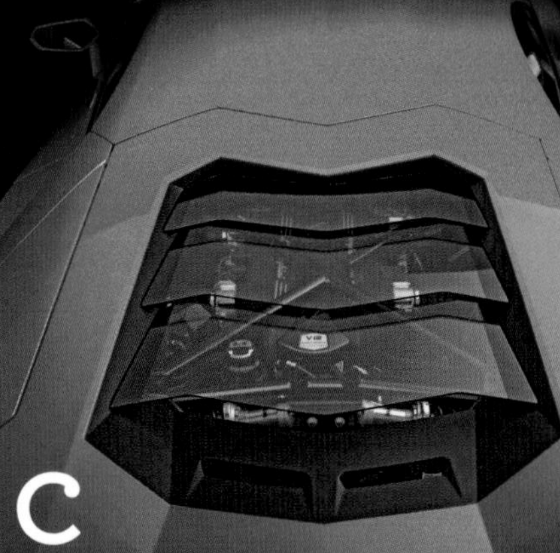

GALERIE

A Devant le tableau de bord ultra moderne (bien plus un cockpit de jet) se tiennent deux sièges habillés du même cuir qui tapisse l'habitacle en entier en privilégiant des tons qui contrastent. En fait, la couleur de base est noire tandis que l'autre teinte sera orange, blanche, jaune ou verte. Attentions à vos rétines !

B Sous la robe en fibre de carbone se cache un châssis monocoque réalisé lui aussi en fibre de carbone. Ça ne court pas les rues. Ferrari avait utilisé cette coûteuse ruse pour sa F50. À 1575 kg, la Lambo affiche un impressionnant ratio de 2,25 kg pour chaque cheval-vapeur.

C Le capot vitré du moteur est à lui seul une œuvre d'art. Vous pourrez l'admirer sans avoir à traîner un escabeau puisque l'auto fait tout juste 1,14 mètre de haut. Le plus difficile, en fait, sera d'apercevoir une Aventador !

D Premier tout nouveau moteur conçu par Lamborghini depuis la Countach, le V12 6,5 L de 700 CV est capable de boucler le 0-100 km/h en - tenez-vous bien - 2,9 secondes ! Pour éviter les décollages intempestifs, l'auto adhère au sol à l'aide d'une traction intégrale.

E Derrière chaque portière se tient un prise d'air pour refroidir le moteur. Le design tout entier relève davantage de l'industrie aéronautique qu'automobile. Chaque pièce a été dessinée en fonction de l'aérodynamisme, incluant l'aileron qui se déploie selon ce qu'en pense l'ordinateur de bord.

partiment de la Murciélago, au bénéfice d'un abaissement substantiel du centre de gravité. Lamborghini a tenu à conserver l'injection indirecte de carburant. Réfutant toute objection, l'ingénieur en chef, Maurizio Reggiani, nous rappellera que, en adoptant l'injection directe, le V10 de la Gallardo avait vu ses émissions de CO_2 diminuer de 18 %, alors que de la Murciélago à notre Aventador, le V12 réussit à réduire les siennes de 20 % sans changer de système d'alimentation, rien qu'en jouant sur l'allégement des pièces mobiles et la réduction de la course des pistons. Ces précisions nous confortent dans l'idée que le nouveau V12 a été repensé en partant d'une feuille blanche.

COMPORTEMENT Idem pour la transmission intégrale 4WD, qui fête ses 20 ans – elle était apparue sur la Diablo VT en 1991. Aujourd'hui, le viscocoupleur a cédé la place à un couple Haldex de 4e génération autrement plus subtil dans les réactions à apporter pour endiguer une perte de motricité.

Voilà qui nous rappelle que Lamborghini vient seulement d'étendre les bienfaits du contrôle dynamique de la stabilité (ESP) à son aînée après l'avoir longtemps astreinte au simple antipatinage (ASR). Cette mise à jour des aides électroniques à la conduite était attendue de longue date. Difficile de regarder la concurrence allemande en face quand on prétend avoir la plus emblématique des sportives surpuissantes sans être capable de lui réserver mieux qu'un contrôle de la motricité ! Si cette grosse lacune a été comblée, c'est qu'Audi (qui possède Lambo) aura été derrière. En pratique, le bolide peut mieux passer entre toutes les mains.

Qui dit ESP dit apparition de l'aide au démarrage en côte, bien utile, y compris quand elle gère aussi l'embrayage à friction. En matière de boîte robotisée, Sant'Agata Bolognese reste fidèle au simple embrayage. D'abord parce qu'elle n'est pas en mesure d'offrir cde type de boîte. Ensuite parce que, de l'e-Gear des Murciélago et Gallardo à l'ISR (*L'Independant Shifting Rods*) qu'étrenne notre Aventador, la boîte robotisée à simple embrayage (plus légère) n'a jamais cessé de s'améliorer (en passant chez Audi pour en équiper le coupé R8), même si elle se montrera toujours plus brutale qu'une DSG/S Tronic ou une PDK.

Les accélérations nous catapultent dans une autre dimension. Les temps tombent : 2,9 secondes seulement sont nécessaires pour avaler le 0 à 100 km/h, 8,9 secondes pour atteindre 200, et 24,5 secondes nous ouvre la barrière stratosphérique des 300 km/h. Au quart de mille, ça donne 10,5 secondes; et le kilomètre départ arrêté ne double même pas ce temps (19 secondes bien rondes) ! Du jamais vu – ou presque – aux commandes d'une voiture de série.

CONCLUSION Nos premières séries de quatre tours se sont déroulées sur piste sèche et nous ont laissé le loisir de nous extasier au volant de cette grande Lambo qui, sous des dehors immuables, s'est bonifiée sous bien des aspects. Les trois programmes de conduite Strada, Sport et Corsa (5 si l'on ajoute les modes automatiques) influent sur le comportement – réactivité du moteur, de la boîte et de la transmission intégrale Haldex IV – au point de nous donner confiance pour aligner des tours sous la pluie de l'après-midi avec les Pirelli P Zero Corsa du matin déjà bien entamés... L'Aventador reste un bolide à piloter proprement en usant de mouvements de volant posés et de trajectoires prises au cordeau, sans chercher le « show » avec ses dérives. Pas question de lécher les vibreurs sous peine de risquer l'estocade. Ces conseils assimilés, ça va diaboliquement vite; l'agitation du drapeau à damier peut virer aux passes de cape !

FICHE TECHNIQUE

MOTEUR

(LP 700) V12 6,5 L DACT, 700 ch à 8250 tr/min
COUPLE 509 lb-pi à 5500 tr/min
BOÎTE DE VITESSES manuelle robotisée à 7 rapports (en option)
0-100 KM/H 2,9 s
VITESSE MAXIMALE 350 km/h

AUTRES COMPOSANTS

SÉCURITÉ ACTIVE freins ABS, assistance au freinage, répartition électronique de force de freinage, antipatinage, contrôle de stabilité électronique
SUSPENSION AVANT/ARRIÈRE indépendante
FREINS AVANT/ARRIÈRE disques
DIRECTION à crémaillère, assistée
PNEUS P255/35R19 (av.) P335/30R20 (arr.)

DIMENSIONS

EMPATTEMENT 2700 mm
LONGUEUR 4780 mm
LARGEUR (sans rétro.) 2030 mm
HAUTEUR 1136 mm
POIDS coupé 1575 kg **roadster**
DIAMÈTRE DE BRAQUAGE 12,5 m
COFFRE très petit
RÉSERVOIR DE CARBURANT 90 L

VERDICT

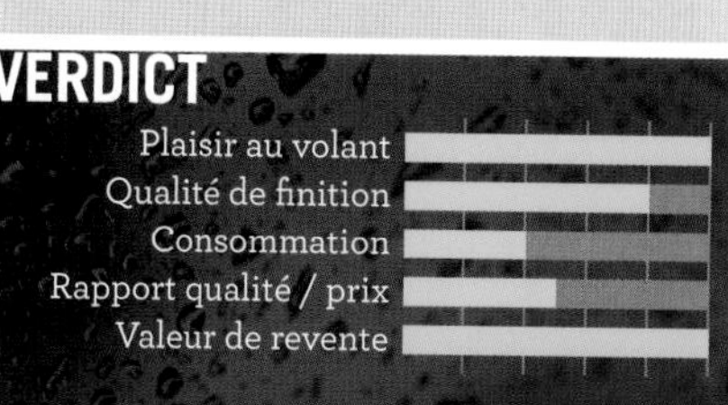

ÉVOLUTION $ 260 000 $ à 270 000 $ t&p : 3500 $

LA COTE VERTE MOTEUR V10 DE 5,2 L source : EnerGuide

CONSOMMATION 100 KM man. 15,1 L robo. 13,6 L • **ÉMISSIONS POLLUANTES CO_2** man. 7130 kg/an robo. 6348 kg/an • **INDICE D'OCTANE** 91
COÛT DU CARBURANT MOYEN PAR ANNÉE man. 4340 $ robo. 3738 $ • **NOMBRE DE LITRES PAR ANNÉE** man. 3100 L robo. 2670 L

FICHE D'IDENTITÉ

VERSIONS LP560-4 coupé/Spyder, LP570-4 Superleggera, LP570-4 Spyder Performante, LP550-2 Valentino Balboni
ROUES MOTRICES arrière, 4
PORTIÈRES 2 nombre de passagers 2
PREMIÈRE GÉNÉRATION 2004
GÉNÉRATION ACTUELLE 2004
CONSTRUCTION Sant'Agata, Italie
COUSSINS GONFLABLES 4 (frontaux, latéraux)
CONCURRENCE Aston Martin Vantage, Bentley Continental GT, Ferrari 458 Italia, Mercedes-Benz SL/SLS AMG, Porsche 911 GT2

AU QUOTIDIEN

PRIME D'ASSURANCE
25 ANS : 11 500 à 12 000 $
40 ANS : 7400 à 7800 $
60 ANS : 6300 à 6700 $
COLLISION FRONTALE ND
COLLISION LATÉRALE ND
VENTES DU MODÈLE DE L'AN DERNIER
AU QUÉBEC ND **AU CANADA** ND
DÉPRÉCIATION 28 %
RAPPELS (2006 à 2011) 2
COTE DE FIABILITÉ ND

GARANTIES... ET PLUS

GARANTIE GÉNÉRALE 2 ans/kilométrage illimité
GARANTIE MOTOPROPULSEUR 2 ans/kilométrage ill.
PERFORATION 2 ans/kilométrage illimité
ASSISTANCE ROUTIÈRE 2 ans/kilométrage illimité
NOMBRE DE CONCESSIONNAIRES
AU QUÉBEC 1 **AU CANADA** 3

NOUVEAUTÉS EN 2012

Nouveau modèle LP-550 Valentino Balboni

DE MÈRE ITALIENNE **ET DE PÈRE ALLEMAND**

Benoit Charette

Les années au cours desquelles Lamborghini a été dirigée par une bande d'amateurs en quête de prestige sont révolues. Depuis sa reprise en main par Audi, la petite firme de Sant'Agatha a fait des pas de géants; et sans lui faire perdre son charme d'exotique à l'italienne, on lui ajouté beaucoup de rigueur à l'allemande.

CARROSSERIE Imaginez un instant un véhicule pas plus lourd qu'une Mazda3 avec 570 chevaux sous le capot. Vous avez alors une petite idée du potentiel de la LP 570-4. Pour en arriver là, Lamborghini a utilisé un régime riche en fibre... de carbone ainsi que le savoir-faire d'Audi en matière de châssis en aluminium. Cette LP 570 profite donc de la même approche que l'Audi Space Frame développé pour l'A8. La version Superleggera bénéficie en plus d'une lunette et de vitres latérales en polycarbonate, d'un capot moteur et de contre-portes en carbone, de jantes en alliage très léger (13 kilos pour les quatre) et d'un intérieur en Alcantara. Une économie de poids de près de 100 kilos. Ai-je mentionné sa beauté intemporelle qui transpire la vitesse ? Audi a su conserver la gueule rebelle et anticonformiste des Lamborghini qui fait son charme.

HABITACLE L'influence d'Audi se poursuit à l'intérieur. L'Alcantara décore tout l'habitacle, la qualité de fabrication est à l'image du savoir-faire d'Audi et ne porte pas flanc à la critique. Nous sommes très loin de l'approximation italienne d'une certaine époque. La Gallardo est très compacte et rappelle en ce sens les voitures de course qui laissent peu de place aux forts gabarits. Si, en plus, vous optez, comme ma voiture d'essai, pour la ceinture de compétition en quatre points, vous sentez presque l'obligation d'enfiler vos gants de course et votre casque. Les sièges Recaro moulent comme un gant. L'équipement de série comprend les phares

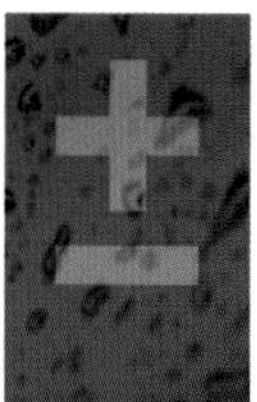

FORCES Lignes sublimes • Ergonomie, finition • Mécanique démoniaque Performances exceptionnelles • Châssis très efficace

FAIBLESSES Le prix, il va s'en dire • Consommation importante

LP 570 PERFORMANTE

bixénon, la climatisation à deux zones et une excellente chaîne audio avec connecteur USB. La liste est aussi longue que chez Audi : jantes uniques à la peinture métallisée, GPS, téléphone, trousse de bagages, sièges électriques chauffants, freins carbocéramique, boîte de vitesses séquentielle ou, encore, soulèvement de l'avant de la voiture pour passer les dos d'âne.

MÉCANIQUE Le moteur central V10 de 5,2 litres de 570 chevaux est vraiment le centre d'attraction de cette sportive. Avec un ratio qui frôle les 110 chevaux par litre de cylindrée et un couple de près de 400 livres-pieds, vos sens doivent être en éveil pour suivre le rythme. Je dois admettre que j'ai toujours aimé les boîtes manuelles, mais après mon essai avec la boîte robotisée à 6 rapports avec leviers de sélection au volant, j'ai changé de camp. Les passages de rapports sont instantanés, et le moteur pousse si fort que votre tête a du mal à suivre. Un seul bémol, les passages de rapports sont assez violents. Si la chose vous intéresse, j'ai obtenu une consommation moyenne de carburant de 17,2 litres aux 100 kilomètres, ce qui n'est pas si mal pour une telle monture.

COMPORTEMENT C'est sous escorte policière (elle-même en Lamborghini LP 560 version police routière de l'Italie), près de l'usine de production, que nous avons vu de quoi était capable cette bête de route. Vous dire que la conduite est ferme relève de l'euphémisme. La voiture semble construite d'un bloc tellement elle est rigide. À la suite d'un arrêt à un feu rouge, j'ai utilisé le « *Lauch Control* » pour rejoindre le groupe qui avait pris de l'avance. J'ai atteint 100 km/h en 3,6 secondes, à peine le temps de passer le 2e rapport, et voilà. Strastosphérique, la puissance vous jette par terre. Oui, elle est bruyante en accélération, mais la musique du V10 vous dresse le poil sur les bras, j'ai même oublié de faire l'essai de la chaîne audio. Je me suis permis une pointe à 230 km/h pour constater que la tenue de route est sans faille et que le passage des rapports, plus chaotique à bas régime, deviennent sublimes à haut régime. Si une voiture comme la R8 est plus raisonnable, la LP 570 s'éclate vraiment.

CONCLUSION Facile à conduire, rapide à donner froid dans le dos et belle à s'en confesser, la LP 570 est l'une des plus belles voitures exotiques et possède très peu de défauts. Il y a le prix et la consommation, mais si ce ne sont pas pour vous des préoccupations, c'est une voiture qui frise la perfection.

FICHE TECHNIQUE

MOTEURS

(LP560-4) V10 5,2 l DACT, 560 ch à 8000 tr/min
COUPLE 398 lb-pi à 6500 tr/min
BOÎTES DE VITESSES manuelle à 6 rapports, manuelle robotisée à 6 rapports (en option)
0-100 KM/H 3,7 s Spyder 4,0 s
VITESSE MAXIMALE 325 km/h **Spyder** 324 km/h

(LP570-4) V10 5,2 l DACT, 570 ch à 8000 tr/min
COUPLE 398 lb-pi à 6500 tr/min
BOÎTES DE VITESSES manuelle à 6 rapports, manuelle robotisée à 6 rapports (en option)
0-100 KM/H 3,4 s Vitesse maximale 325 km/h
CONSOMMATION (100 KM)
man. 14,4 L **robo.** 13,5 L (octane 91)

(LP550-2) V10 5,2 l DACT, 550 ch à 8000 tr/min
COUPLE 398 lb-pi à 6500 tr/min
BOÎTES DE VITESSES manuelle à 6 rapports, manuelle robotisée à 6 rapports (en option)
0-100 KM/H 3,9 s
VITESSE MAXIMALE 320 km/h
CONSOMMATION (100 KM)
man. 14,4 L **robo.** 13,3 L (octane 91)

AUTRES COMPOSANTS

SÉCURITÉ ACTIVE freins ABS, assistance au freinage, répartition électronique de la force de freinage, contrôle de la stabilité électronique, antipatinage
SUSPENSION AVANT/ARRIÈRE indépendante
FREINS AVANT/ARRIÈRE disques
DIRECTION à crémaillère, assistée
PNEUS P235/35R19 (av.) P295/30R19 (arr.)

DIMENSIONS

EMPATTEMENT 2560 mm
LONGUEUR 4345 mm LP570-4 4286 mm
LARGEUR 1900 mm
HAUTEUR 1165 mm **Spyder** 1184 mm
POIDS COUPÉ 1500 kg **Spyder** 1550 kg
LP-570-4 1340 kg
LP-570-4 Spyder 1485 kg **LP-550-2** 1380 kg
DIAMÈTRE DE BRAQUAGE 11,5 m
COFFRE 110 L
RÉSERVOIR DE CARBURANT 90 L **Spyder** 80 L

MENTIONS

COUP DE CŒUR

VERDICT

Plaisir au volant
Qualité de finition
Consommation
Rapport qualité / prix
Valeur de revente

www.lamborghini.ca

$ ND t&p nd

LA COTE VERTE MOTEUR L4 2.0 L TURBO source : Land Rover

CONSOMMATION 100 KM 7,9 L • **ÉMISSIONS POLLUANTES CO_2** nd • **INDICE D'OCTANE** 91
COÛT DU CARBURANT MOYEN PAR ANNÉE nd • **NOMBRE DE LITRES PAR ANNÉE** nd

FICHE D'IDENTITÉ

VERSIONS coupé Pure, Dynamic 5 portes Pure, Prestige, Dynamic
ROUES MOTRICES 4
PORTIÈRES 3,5 **NOMBRE DE PASSAGERS** 5
PREMIÈRE GÉNÉRATION 2012
GÉNÉRATION ACTUELLE 2012
CONSTRUCTION Halewood, Angleterre
COUSSINS GONFLABLES 7 (frontaux, latéraux avant, genoux conducteur, rideaux latéraux)
CONCURRENCE Acura RDX, BMW X1/X3, Audi Q5, Volvo X60, Mercedes GLK

AU QUOTIDIEN

PRIME D'ASSURANCE
25 ANS : 3200 à 3400 $
40 ANS : 1600 à 1800 $
60 ANS : 1400 à 1600 $
COLLISION FRONTALE 4/5
COLLISION LATÉRALE 4/5
VENTES DU MODÈLE DE L'AN DERNIER
AU QUÉBEC nm **AU CANADA** nm
DÉPRÉCIATION nm
RAPPELS (2006 à 2011) nm
COTE DE FIABILITÉ nm

GARANTIES... ET PLUS

GARANTIE GÉNÉRALE 4 ans/80 000 km
GARANTIE MOTOPROPULSEUR 4 ans/80 000 km
PERFORATION 6 ans/kilométrage illimité
ASSISTANCE ROUTIÈRE 4 ans/80 000 km
NOMBRE DE CONCESSIONNAIRES
AU QUÉBEC 4 **AU CANADA** 23

NOUVEAUTÉS EN 2012

Aucun changement majeur

LE RANGE **FAÇON MINI**

Gaétan Philippe

La réussite de MINI fait des émules dans tous les segments de marché, pourvu qu'il s'agisse d'automobiles compactes. Déjà investi par le Countryman de la marque anglo-germanique, le créneau des petits « véhicules utilitaires sportifs » n'y échappe pas. Voilà qui vient à point nommé pour Land Rover qui, exception faite des pays émergents, vit très mal la désaffection pour ses modèles 4 x 4 courants, le Range Rover Sport et le Range Rover, fustigés parce qu'ils sont les plus gros producteurs de CO_2 du genre. En tout état de cause, leur remplacement est devenu l'échéance du grand questionnement. Quels concepts adopter dans le futur ?

En lançant un mini-Range, l'Evoque, Solihull promet déjà de faire amende honorable, entre autres, de diviser par deux les émissions de dioxyde de carbone. Le constructeur indo-britannique ne fait là que reprendre à son compte la démarche entreprise, à l'entrée de sa propre gamme (Defender, Discovery 3) par le Land Freelander 2 il y a déjà quelques années. Non seulement le petit Range imite-t-il le petit Land, mais il est construit sur la même plateforme. Carrément ! Bien sûr, les ingénieurs du châssis s'en défendent, arguant que la suspension profite désormais – en option – d'une régulation électronique programmée inédite des amortisseurs... Mais les faits sont là : Evoque et Freelander 2 partagent la même base.

CARROSSERIE L'Evoque s'érige sur une version évoluée de la plateforme de la taille moyenne LRMS. Il reprend l'empattement, la suspension de base et une partie du plancher du LR2 ; il a donc des fondamentaux d'emprunt, même si sa carrosserie est constituée à 90 % d'éléments nouveaux. Le Range compact est 27 millimètres plus bas de pavillon que le Land compact tout en préservant sa garde au sol ; avec 212 millimètres, le nouveau venu dans la catégorie des VUS compacts de luxe campe plus haut sur ses jantes – au choix la monte de base en

FORCES Homogénéité (style, compacité, praticité)
Possibilité de personnalisation (coloris, équipement)
Niveaux d'équipement non hiérarchisés

FAIBLESSES Philosophie du vrai tout-terrain de plus en plus mise à mal
Prix par rapport au Freelander pas vraiment justifié

17 pouces, une de 18 pouces, 3 modèles de jantes de 19 pouces et 4 de 20 pouces offertes en option! – que ses concurrents tout désignés, l'Audi Q3 (200 millimètres) et le BMW X1 (196 millimètres). Il cultive donc l'apparence et la posture d'un véhicule tout-terrain, a les meilleurs angles caractéristiques parmi les VUS compacts (25/22/33 degrés sont ses angles d'approche/de rampe/de fuite), même si ses grandes roues battront plus volontiers les rubans sans pli du bitume urbain qu'elles ne sonderont la profondeur des chemins creux.

Le modèle de production a donc repris la silhouette du modèle de studio sans en diluer les traits ni certains détails, si ce n'est les poignées de portes et, pour des raisons légales, les rétros. Le véhicule «en vrai» est même 8% plus aérodynamique: son Cx valant un 0,35, flatteur pour un VUS. En matière d'esthétique, le 5portes rentre un peu dans le rang sans trop perdre en caractère. Ses vitrages plus généreux, et son centimètre supplémentaire sur le porte-à-faux arrière lui donnent d'autres proportions, le rendant plus comparable au Freelander 2. Construit en acier allégé, l'Evoque fait la part plus belle à la chasse au poids. Ainsi, et au contraire du Land, notre Range a un toit et un capot en aluminium, des ailes en plastique et un hayon composite. Ces choix le rendent 10% plus léger. Sur l'aspect environnemental, chaque Evoque contient 16 kilos de plastiques recyclés, 21 kilos de matières naturelles et est lui-même recyclable à 85%.

HABITACLE Le volume minimal du coffre de l'Evoque (575 litres – 550 pour le coupé) équivaut à celui du BMW X1. Particularité non négligeable, la largeur de chargement minimale – entre les passages de roues – atteint le mètre. Exprimé en cotes de confort, le rapport espace intérieur-encombrement du véhicule atteint un très bon niveau. Même le 3portes, qui se révèle bien plus logeable que sa ligne de toit tombante ne le laissait craindre. Précisons, pour parfaire le tableau, que l'accès aux places arrière par les uniques portes avant n'exige pas de réelles contorsions. Le coupé est livré en 4 places individuelles ou peut, en option, proposer 5 places et la banquette du modèle à 5 portes. Comme le Range des origines et le Freelander 1, l'Evoque sera lancé simultanément en 3 et en 5 portes.

Pour séduire une clientèle plus branchée, urbaine et plus jeune que celle qu'attire le Freelander, l'Evoque propose un nuancier de 12 coloris extérieurs dont certains bitons à toit blanc – on voit là l'influence de Mini! – à associer avec une décoration d'habitacle organisée selon 3 thèmes de design: Pure, Dynamic ou Prestige. Cinq combinaisons d'harmonies intérieures singularisent les exécutions Pure (note bleu glacier) et Dynamic (fond rouge latéritique), alors que le Prestige s'en donne six soulignées d'un brun salon anglais avec la possibilité d'opter pour un garnissage somptueux en cuir cousu à la main.

La cellule habitable peut offrir un environnement encore plus ouvert sur l'extérieur si l'option du toit vitré est prise. Difficile de passer à côté de l'équipement audio Meridian Trefield (380 W/11 HP ou 825 W/17 HP), dont les performances confirment le savoir-faire des Anglais en matière d'enceintes acoustiques. Côté fonctionnel, l'aménagement intérieur trahit un passé commun avec Volvo (la console centrale suspendue sur le tunnel de transmission) ou une promiscuité – saine et renforcée – avec Jaguar (le bouton-sélecteur de boîte rétractable).

MÉCANIQUE Pour se prouver que les liens avec Ford ne sont pas complètement rompus, il suffit de se pencher sous le capot où tous les 4 cylindres proposés sont fournis par le motoriste à l'ovale bleu. Déjà connu du Freelander, le turbodiesel de 2,2 litres est proposé soit avec 150 chevaux, 280 livres-pieds et 2 roues motrices (eD4), avec 150 chevaux, 295 livres-pieds ainsi que la trans-

HISTORIQUE

Au moment de sa présentation inaugurale au salon de l'auto de Détroit en 2008, le concept LRX dénote une évolution audacieuse du style de Land Rover. Un 4×4 haut de gamme plus compact et encore plus désirable, qui étend encore les limites de «l'éventail des performances» traditionnel d'un Land Rover. ET c'est pratiquement sous cette forme que Land Rover le commercialise aujourd'hui.

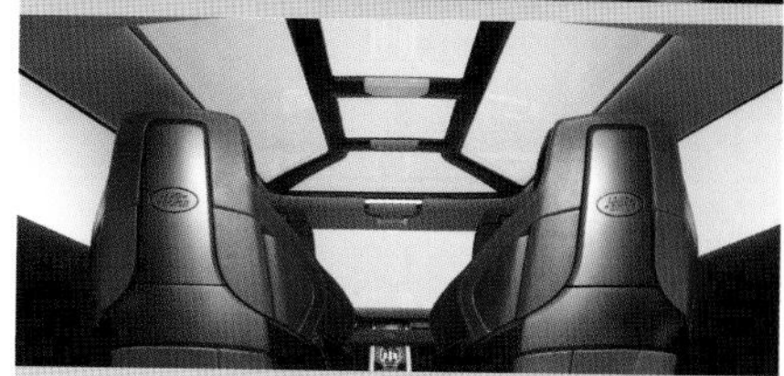

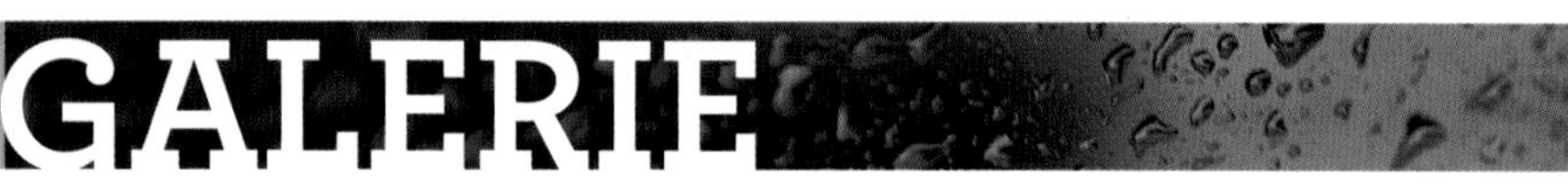

A *Un élégant graphisme de type 3D vous procure une interface intuitive où vous pouvez contrôler les fonctions d'information au conducteur, de communications et de divertissement. Des touches placées de chaque côté de l'affichage servent de raccourci vers les écrans les plus utilisés – Accueil, Audio/Vidéo, Navigation et Téléphone. L'écran tactile de 8 po comprend l'option technologique évoluée Dual View, ce qui permet au conducteur, par exemple, d'utiliser le système de navigation par satellite alors que le passager avant regarde la télé ou un DVD.*

B *À la place d'un levier, c'est un bouton rotatif évolué qui commande les changements de vitesses de la transmission automatique à six rapports. Au démarrage, ce bouton s'élève à la rencontre de la main. Et en optant pour le mode Sport, non seulement obtiendrez-vous une tenue plus nerveuse et dynamique, mais vous verrez l'éclairage d'ambiance intérieur passer au rouge pour relever encore l'expérience de conduite.*

C *En plus de plusieurs coloris de cuir, l'habitacle offert en option inonde de lumière naturelle. Pour entretenir une température confortable à l'intérieur, tout en favorisant l'intimité, le verre renforcé est teinté et traité pour offrir une grande protection solaire. Et lorsqu'une intimité accrue est nécessaire, un store électrique en tissu doté d'un revêtement réflecteur peut couvrir toute la surface du toit vitré.*

D *Vous pouvez opérer une foule de commandes au volant : chaîne audio, régulateur de vitesse, lecteur MP3* et (selon le cas) connectivité téléphonique Bluetooth.*

E *En plus du modèle 4 portes, le Range Rover Evoque est également offert en version coupé. Le modèle sport de la famille selon son constructeur. La silhouette du profil le suggère, en effet.*

mission intégrale à coupleur central Haldex et les 5 programmes de conduite assistée Terrain Response™ (TD4), ou encore avec 190 chevaux, 310 livres-pieds et le même système à 4 roues motrices à la demande (SD4). Les Evoque Diesel profitent d'une remise à jour du dispositif d'arrêt-démarrage et des aides électroniques ESP (Hill Descent Control). Très efficace, la chasse aux NVH (bruits, vibrations, stridences) a été menée de concert avec celle du Freelander 2.

L'unique offre en moteur à essence onceme davantage le Canada. Un 4cylindres turbo à injection directe de carburant de 2 litres (240 chevaux et 250 livres-pieds) – qu'on retrouve sur des modèles de Ford Europe – a été préféré au 6cylindres atmosphérique d'origine Volvo encore utilisé par le Freelander 3.2 i6. Très soigné grâce à un résonateur Mahle, le traitement acoustique du double arbre suralimenté de l'Evoque Si4 ne nous fait pas regretter la mélodie du 6cylindres. Surtout qu'il gagne en puissance, en performance, en agrément mais aussi en frugalité (consommation en baisse de 8 %). Enfin, améliorée, la boîte automatique à 6 rapports se révèle plus rapide que celle du Freelander 2... sans toutefois égaler les meilleures boîtes allemandes.

COMPORTEMENT

L'Evoque simplifié à 2 roues motrices ne se verra pas au Canada. Son poids à vide en version Diesel à 3 portes (eD4) descendrait sous la barre des 1600 kilos et n'émettrait que 133 g/km de CO_2; dédouaner Range Rover de produire des véhicules lourds et énergivores, voilà la mission de ce modèle de base – en plus d'être un prix d'attaque en Europe. Mais le grand spécialiste historique (avec Jeep) du « 4 x 4 de terrain » évite de faire du battage autour de ces modèles à traction pour s'appesantir sur les qualités traditionnelles des versions « toutes roues motrices ». Nous n'avons du reste conduit qu'elles, l'Evoque Si4, entre autres, pour confirmer qu'elles restituent la consistance – en confort des sièges, en sensation au volant, en ressentis tactiles au contact de belles matières et en capacité d'absorption de la suspension – d'un vrai Range. Sur ces aspects, il fait la différence avec le Freelander 2, face auquel l'Evoque n'est pas seulement plus snob, mais apporte davantage de dynamisme dans la posture... sans que cela ne justifie la cherté du Range par rapport au Land !

Land est le premier constructeur européen à avoir développé une suspension MagneticRide à amortisseurs magnétorhéologiques (la densité de leur fluide varie en fonction de l'influx électrique qui le traverse) sur un VUS (après Acura sur le MDX aux États-Unis). Prévus en option sur Dynamic et Prestige, ces amortisseurs pilotés de la 3e génération changent 2 fois plus vite de dureté. Ils ont ici une fonction automatique de reconnaissance du type de revêtement régie par le Terrain Response™. Cet équipement rend l'Evoque sur agile sur route sinueuse, mais nous trouvons qu'il induit du copiage en mode sport (sur le train arrière surtout).

CONCLUSION Style, bonne présentation et exécutions thématiques non hiérarchisées font de l'Evoque un compact chic à la « Mini Countryman » capable de se hisser sur les platebandes des Audi Q3 et BMW X1, de s'y garer tout seul – grâce au Park Assist – comme pour magnifier une urbanité certaine en ombrageant ces rivaux allemands tout désignés.

FICHE TECHNIQUE

MOTEUR

L4 2,0 L turbo DACT, 237 ch à 5500 tr/min
COUPLE 251 lb-pi à 1750 tr/min
BOÎTE DE VITESSES automatique à 6 rapports avec mode manuel
0-100 KM/H 7,1 s
VITESSE MAXIMALE 185 km/h

AUTRES COMPOSANTS

SÉCURITÉ ACTIVE freins ABS, assistance au freinage, répartition électronique de force de freinage, contrôle de la stabilité électronique, antipatinage
SUSPENSION AVANT/ARRIÈRE indépendante
FREINS AVANT/ARRIÈRE disques
DIRECTION à crémaillère, assistée
PNEUS 18 po, 19 po, 20 po

DIMENSIONS

EMPATTEMENT 2660 mm
LONGUEUR 4355 mm
LARGEUR 1965 mm
HAUTEUR coupé 1605 mm **5 portes** 1635 mm
POIDS coupé 1640 kg **5 portes** 1670 kg
DIAMÈTRE DE BRAQUAGE 11,3 m
COFFRE coupé 550 L, 1350 L (sièges abaissés) **5 portes** 575 L, 1445 L (sièges abaissés)
RÉSERVOIR DE CARBURANT 70 L

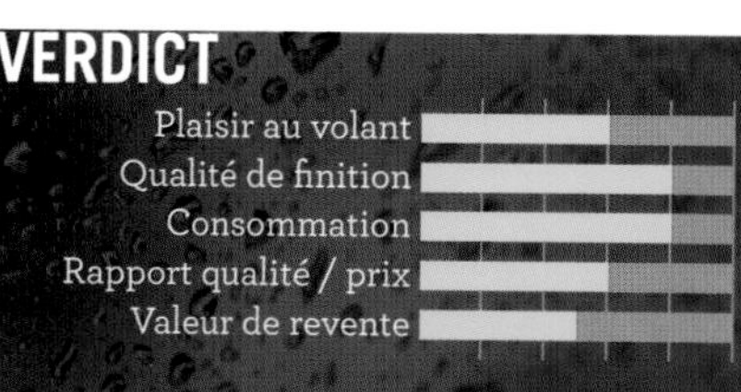

$ 44 950 $ à 48 750 $ t&p 1270 $

LA COTE VERTE MOTEUR L6 DE 3,2 L source : ÉnerGuide

CONSOMMATION 100 KM 11,6 L • **ÉMISSIONS POLLUANTES CO_2** 5498 kg/an • **INDICE D'OCTANE** 87
COÛT DU CARBURANT MOYEN PAR ANNÉE 2950 $ • **NOMBRE DE LITRES PAR ANNÉE** 2360

FICHE D'IDENTITÉ

VERSIONS base, HSE, HSE Luxury
ROUES MOTRICES 4
PORTIÈRES 5 **NOMBRE DE PASSAGERS** 5
PREMIÈRE GÉNÉRATION 2002 (Freelander)
GÉNÉRATION ACTUELLE 2007
CONSTRUCTION Halewood, Angleterre
COUSSINS GONFLABLES 7 (frontaux, latéraux avant, genoux conducteur,rideaux latéraux
CONCURRENCE Acura RDX, BMW X3, Audi Q5, Volvo X60, Mercedes GLK

AU QUOTIDIEN

PRIME D'ASSURANCE
25 ANS : 3200 à 3400 $
40 ANS : 1600 à 1800 $
60 ANS : 1400 à 1600 $
COLLISION FRONTALE 4/5
COLLISION LATÉRALE 4/5
VENTES DU MODÈLE DE L'AN DERNIER
AU QUÉBEC nd **AU CANADA** 426
DÉPRÉCIATION (2 ans) 42,9 %
RAPPELS (2006 à 2011) 2
COTE DE FIABILITÉ 2,5/5

GARANTIES... ET PLUS

GARANTIE GÉNÉRALE 4 ans/80 000 km
GARANTIE MOTOPROPULSEUR 4 ans/80 000 km
PERFORATION 6 ans/kilométrage illimité
ASSISTANCE ROUTIÈRE 4 ans/80 000 km
NOMBRE DE CONCESSIONNAIRES AU QUÉBEC 4 **AU CANADA** 23

NOUVEAUTÉS EN 2012

Aucun changement majeur

INTRODUCTION À **L'AVENTURE**

Michel Crépault

Quand on allonge les dollars pour un Range Rover, on se paye un utilitaire qui cultive un rang social prouvant la magnitude de son compte en banque. Si ce dernier est moins florissant, et si l'on tient quand même mordicus à un Land Rover, le LR2 est censé vous offrir l'essentiel de la marque, dont un esthétique à l'Indiana Jones et une robustesse éprouvée.

CARROSSERIE Successeur du Freelander (bien qu'il porte encore ce nom ailleurs qu'en Amérique), le LR2 possède un châssis monocoque qui dérive en fait de l'architecture développée par Volvo pour sa première S80, à l'époque où les fabricants anglais et suédois appartenaient à l'américaine Ford. On ne peut nier sa parenté avec ses grands frères quand on examine la carrure virile, le pavillon haut et les ouïes latérales. Alors que le nouvel Evoque entraîne la relève vers un visuel beaucoup plus avant-gardiste, le LR2 fait perdurer l'allure de l'utilitaire casse-cou.

HABITACLE Si votre objectif est de charger le LR2, vous ne serez pas déçu puisque ses 755 litres d'espace de chargement derrière la banquette relevée se comparent avantageusement à la capacité d'un X3 ou d'un GLK. Abaissez les dossiers 60/40 et vous héritez d'un beau plancher plat. Attention toutefois aux crevasses entre les sections. Les humains sont également bien traités en vertu d'un dégagement généreux pour la tête, même en présence du double panneau vitré qui nous laisse présager le temps qu'il fera. Avec ses trop nombreux interrupteurs, le tableau de bord est dû pour un ménage ergonomique, et, selon la version, les plastiques ne font pas toujours bon ménage avec les incrustations de bois.

MÉCANIQUE On doit aux ingénieurs de Land Rover les aides électroniques qui ont rendu l'ascension et la descente des montagnes aussi difficiles que de promener son chien. À défaut d'exploiter un boîtier de transfert, le LR2 a été le premier RR à utiliser le dispositif *Terrain Response* qui modifie le travail des organes du VUS selon le type de sol. Pour monter sans reculer

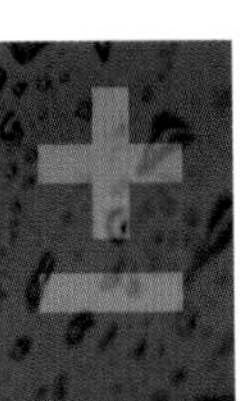

FORCES Habitacle généreux pour les occupants et leurs bagages
Capacités hors route supérieures à la moyenne
Conduite en ville rassurante et pas encombrante

FAIBLESSES Kilos en trop pour la puissance du moteur
Design désuet du tableau de bord - Consommation à revoir

involontairement ou redescendre tout en douceur, la transmission intégrale du Land Rover de poche fournit les outils nécessaires pour triompher de la Nature sans briser un seul ongle. Malheureusement, cet attirail de sherpa alourdit le LR2, de sorte que le 6-cylindres en ligne de 3,2 litres de 230 chevaux cherche souvent son souffle, bien qu'il soit appareillé à une boîte de vitesses automatique CommandShift à 6 rapports dotée des modes séquentiel et sport.

COMPORTEMENT À l'accélération, le LR2 est un peu semblable à l'albatros qui délaisse l'azur pour le plancher des vaches. Il ne fournit pas l'élan qu'on espère d'un utilitaire de ce prix. La consommation de carburant combinée n'est pas plus brillante. Par contre, ce ne sont pas les nids-de-poule du Québec qui l'effraient et, de fait, il progresse au travers de nos cratères avec beaucoup de caractère. L'action de grignoter centimètre par centimètre est inscrite dans son ADN. Sauf que les LR2 qui accomplissent les exploits hors route, on ne les voit pas. Balafrés de cicatrices, ils se reposent à la campagne en attendant que leur cowboy les lance dans une nouvelle aventure. Les autres LR2, ceux qui se pavanent en banlieue, sont immaculés. Ils n'affronteront jamais rien de plus dangereux qu'un stationnement bondé. Si leur propriétaire en apprécie malgré tout le luxe rugueux, le roulis en virage et les performances ralenties par les kilos en trop, il en aime par-dessus tout la conduite haute et l'impression d'invincibilité, à l'image des portières scellées qui se referment avec un bruit de succion.

CONCLUSION À sa défense, on trouve difficilement un concurrent direct au LR2. Certes, les Q5, X3 et GLK de ce monde sont plus confortables ou plus fougueux, mais ils n'ont pas le cran du bébé de Land Rover. Et en ce qui concerne l'aléatoire fiabilité, en attendant que Tata la règle pour de bon, il n'y a qu'une solution : la location.

2e OPINION

« Le LR2 est le cadet de la famille Land Rover, et c'est un euphémisme de dire qu'il imite ses grands frères. Comme tous les constructeurs d'automobiles qui suivent cette tendance de donner une image corporative à leurs modèles, Land Rover fait de même. Ce petit 4 x 4 ressemble à s'y méprendre à un Range Rover, et ce ne sera pas pour déplaire aux automobilistes en quête d'image et de reconnaissance qui paieront la moitié du prix d'un Range pour un LR2, sans vraiment perdre en prestations. Il est vrai que le Range Rover est capable de prouesses inimaginables si vous prenez le temps d'explorer son potentiel. Mais au quotidien, il y a fort à parier que vous n'arriverez même pas à exploiter la moitié de ce que peut faire un LR2. C'est donc un placement prestige intéressant chez les petits utilitaires de luxe. » — Benoit Charette

FICHE TECHNIQUE

MOTEUR

L6 3,2 L DACT, 230 ch à 6300 tr/min
COUPLE 234 lb-pi à 3200 tr/min
BOÎTE DE VITESSES automatique à 6 rapports avec mode manuel
0-100 KM/H 8,9 s
VITESSE MAXIMALE 200 km/h

AUTRES COMPOSANTS

SÉCURITÉ ACTIVE freins ABS, assistance au freinage, répartition électronique de force de freinage, contrôle de stabilité électronique, antipatinage
SUSPENSION AVANT/ARRIÈRE indépendante
FREINS AVANT/ARRIÈRE disques
DIRECTION à crémaillère, assistée
PNEUS P235/60R18, option P235/55R19

DIMENSIONS

EMPATTEMENT 2660 mm
LONGUEUR 4500 mm
LARGEUR (sans rétro.) 1910 mm
HAUTEUR 1740 mm
POIDS 1930 kg
DIAMÈTRE DE BRAQUAGE 11,3 m
COFFRE 756 L, 1670 L (sièges abaissés)
RÉSERVOIR DE CARBURANT 70 L
CAPACITÉ DE REMORQUAGE 1585 kg (remorque avec freins)

VERDICT

Plaisir au volant
Qualité de finition
Consommation
Rapport qualité / prix
Valeur de revente

www.landrover.ca

$ 59 990 $ à 70 790 $ t&p 1270 $

LA COTE VERTE MOTEUR V8 DE 5,0 L source : ÉnerGuide

CONSOMMATION 100 KM 14,4 L • ÉMISSIONS POLLUANTES CO_2 6716 kg/an • INDICE D'OCTANE 91
COÛT DU CARBURANT MOYEN PAR ANNÉE 3854 $ • NOMBRE DE LITRES PAR ANNÉE 2920

FICHE D'IDENTITÉ

VERSIONS base, HSE, HSE Luxury, Limited
ROUES MOTRICES 4
PORTIÈRES 5 **NOMBRE DE PASSAGERS** 5, 7
PREMIÈRE GÉNÉRATION 2010
GÉNÉRATION ACTUELLE 2010
CONSTRUCTION Solihull, Angleterre
COUSSINS GONFLABLES 6 (frontaux, latéraux rideaux latéraux), 7 passagers 8 (ajout de rideaux latéraux supplémentaires)
CONCURRENCE Acura MDX, Audi Q7, BMW X5, Cadillac SRX, Infiniti FX, Lexus RX/GX, Mercedes-Benz Classe ML, Porsche Cayenne, Volkswagen Touareg, Volvo XC90

AU QUOTIDIEN

PRIME D'ASSURANCE
25 ANS: 3600 à 3800 $
40 ANS: 1900 à 2100 $
60 ANS: 1500 à 1700 $
COLLISION FRONTALE 5/5
COLLISION LATÉRALE 4/5
VENTES DU MODÈLE DE L'AN DERNIER
AU QUÉBEC 90 **AU CANADA** 522
DÉPRÉCIATION (1 an) 25,2 %
RAPPELS (2006 à 2011) 1
COTE DE FIABILITÉ 4/5

GARANTIES... ET PLUS

GARANTIE GÉNÉRALE 4 ans/80 000 km
GARANTIE MOTOPROPULSEUR 4 ans/80 000 km
PERFORATION 6 ans/kilométrage illimité
ASSISTANCE ROUTIÈRE 4 ans/80 000 km
NOMBRE DE CONCESSIONNAIRES
AU QUÉBEC 4 **AU CANADA** 23

NOUVEAUTÉS EN 2012

Aucun changement majeur

IRRATIONNEL

Frédéric Masse

Ça doit être à cause de ses défauts peut-être à cause de ses lignes incongrues ou plutôt son côté british*? Je ne sais pas. Ce que je sais, par contre, c'est que j'aime les Land Rover. Le LR4 n'y échappe donc pas. Il a beau, historiquement, détenir l'une des pires fiabilités de l'industrie, avoir l'air d'un camion prêt pour faire la guerre, je l'aime sans savoir pourquoi. C'est mon côté tout à fait irrationnel. Mais, n'allez pas croire que le LR4, malgré ses plaies, est dépourvu de qualité, loin de là. Il est seulement différent.*

CARROSSERIE Le LR4 charme ou repousse, vous avez le choix. Certaines personnes vénèrent (je suis de celles-là) ses allures de gros Tonka, sa carrosserie tout droit sortie d'un film d'Indiana Jones. Toutefois, malgré son allure générale bourrue, ce sont les détails de finition qui le rendent si attirant comme ses phares avant distinctifs et son hayon non symétrique. Les roues de 20 pouces de mon modèle d'essai le rendaient encore plus singulier. Impossible de passer inaperçu au volant de ce Land noir aux fenêtres teintées de noir.

HABITACLE Les Land Rover ont fait des pas de géant au cours des dix dernières années, et le LR4 en est l'un des aboutissements. J'ai tout simplement adoré l'atmosphère générale que dégageait le véhicule. Noir sur noir, même à l'intérieur, mon véhicule d'essai transpirait le luxe par tous les pores du cuir. Le juste mélange de bois et d'aluminium donnait à l'habitacle les accents parfaits. Et, comme vous pouvez vous en douter, il y a beaucoup de place dans le Land : à l'avant, à l'arrière, c'est confortable et, chose très rare, la troisième rangée peut accueillir deux adultes sans qu'ils ne s'y sentent en pénitence. En plus, même avec ces sièges relevés, vous aurez amplement de place pour vos bagages. Absolument génial. J'ai toutefois détesté l'interface graphique du système de gestion des interactions, dont la navigation. Les couleurs, la convivialité, l'interface, tout est à repenser.

MÉCANIQUE Depuis que Land Rover a troqué sa vieille mécanique pour le V8 de

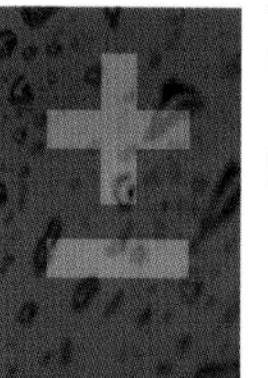

FORCES Charme british • Capacités hors route
Beaucoup d'espace

FAIBLESSES Fiabilité incertaine • Limite en situation d'urgence
Insonorisation moyenne

sa place grâce à sa suspension pneumatique réglable. Il encaisse les bosses sans broncher et sans craquer. En slalom et en évitement d'obstacles, on arrive rapidement au bout de ses limites, mais compte tenu de sa fonction, c'est acceptable. Il faut aussi souligner que le système de motricité du LR4 est l'un des plus poussés de la catégorie. Le Terrain Response vous permettra de choisir entre des modes de motricité dédiés à la boue, au sable, à la neige et au gravier. Ford s'est en d'ailleurs fortement inspiré dans son nouvel Explorer.

5 litres de Jaguar, le LR4 est devenu un véhicule nettement plus intéressant. Puissant, avec ses 375 chevaux, il propose de bonnes accélérations ainsi que de bonnes reprises et permet de remorquer des charges jusqu'à 3 500 kilos. La consommation moyenne? Pas pire qu'un autre alors que j'ai roulé dans les 13 à 14 litres aux 100 kilomètres pendant mon essai estival (attendez-vous à plus en hiver, évidemment). Il faut dire que la boîte de vitesses à 6 rapports est bien étagée et exécute des passages en grande douceur, ce qui aide à contrôler la soif du mastodonte.

COMPORTEMENT Comme il s'agit d'un véritable quatre sur quatre avec différentiel central qui se verrouille et un boîtier de transfert à deux vitesses, il ne faut pas s'attendre à conduire une compacte. Mais, côté confort et solidité, le LR4 ne laisse pas

CONCLUSION Comme vous avez pu le constater, j'ai adoré le Land Rover LR4. Il est incongru dans le paysage automobile actuel, et c'est probablement ce petit côté rebelle qui m'attire tant. Pour les aventuriers qui apprécieront son haut dégagement et son véritable système à 4 roues motrices ou pour les autres qui aimeront simplement son chic anglais, le VUS offert par le fabricant indien Tata Motors a de quoi les convaincre. Il reste à savoir si ce dernier est parvenu à le rendre plus fiable ? Si l'on se fie au progrès sur l'ensemble du véhicule depuis quelques temps, on peut peut-être s'attendre à de bonnes surprises.

2e OPINION

« L'an dernier, les ventes du LR4 ont plus que doublé chez nous, malgré sa piètre réputation en matière de fiabilité, le réseau de concessionnaires limité et le fait qu'il faut vider ses poches pour s'en payer un. Offert à 60 000 $ en configuration de base, il est difficile de s'en sortir avec une facture sous les 75 000 $ quand on l'équipe un peu. C'est cher pour un utilitaire qui dévie tout seul de sa trajectoire quand il aperçoit une station-service. Par contre, ça demeure un véhicule d'exception. Un LR4, ça peut franchir pratiquement n'importe quel obstacle pendant que, à bord, les passagers se laissent bercer dans un environnement des plus riches. Et, si la situation des ponts persiste à Montréal, on pourra se risquer à traverser le fleuve en LR4.» — Daniel Rufiange

FICHE TECHNIQUE

MOTEURS

V8 5,0 L DACT 375 ch à 6500 tr/min
COUPLE 375 lb-pi à 3500 tr/min
BOÎTE DE VITESSES automatique à 6 rapports
0-100 KM/H 7,9 s
VITESSE MAXIMALE 195 km/h

AUTRES COMPOSANTS

SÉCURITÉ ACTIVE freins ABS, assistance au freinage, répartition électronique de force de freinage, contrôle de stabilité électronique, antipatinage
SUSPENSION AVANT/ARRIÈRE indépendante
FREINS AVANT/ARRIÈRE disques
DIRECTION à crémaillère, assistée
PNEUS P255/55R19, option P255/50R20

DIMENSIONS

EMPATTEMENT 2885 mm
LONGUEUR 4829 mm
LARGEUR (sans rétro.) 1915 mm
HAUTEUR 1882 mm
POIDS 2646 kg
DIAMÈTRE DE BRAQUAGE 11,5 m
COFFRE 280 L (derrière 3e rangée), 958 L (derrière 2e rangée), 2557 L (sièges abaissés)
RÉSERVOIR DE CARBURANT 86 L
CAPACITÉ DE REMORQUAGE 3240 kg (remorque avec freins)

VERDICT

Plaisir au volant
Qualité de finition
Consommation
Rapport qualité / prix
Valeur de revente

ÉVOLUTION $ 73 200 $ à 131 390 $ t&p 1495 $

LA COTE VERTE MOTEUR V8 DE 5,0 L source : ÉnerGuide

CONSOMMATION (100 KM) RR Sport 14,1 L, RR 14,1 L • **ÉMISSIONS POLLUANTES CO_2** RR Sport 6578 kg/an, RR 6624 kg/an • **INDICE D'OCTANE** 91
COÛT DU CARBURANT MOYEN PAR ANNÉE RR Sport 3775 $, RR 3802 $ • **NOMBRE DE LITRES PAR ANNÉE** RR Sport 2660, RR 2880

FICHE D'IDENTITÉ

VERSIONS Sport HSE, Sport GT, HSE Luxury, Supercharged, Autobiography Range Rover HSE, HSE Luxury, Supercharged, Autobiography, Autobiography Black Edition
ROUES MOTRICES 4
PORTIÈRES 4 **NOMBRE DE PASSAGERS** 5
PREMIÈRE GÉNÉRATION 1970
GÉNÉRATION ACTUELLE 2010
CONSTRUCTION Solihull, Angleterre
COUSSINS GONFLABLES Sport 6 (frontaux, latéraux avant, rideaux latéraux), Range Rover 7 (frontaux, latéraux avant, genoux conducteur, rideaux latéraux)
CONCURRENCE Cadillac Escalade, Infiniti QX 56, Lexus LX 570, Lincoln Navigator, Porsche Cayenne

AU QUOTIDIEN

PRIME D'ASSURANCE
25 ANS : 4400 à 4600 $
40 ANS : 2000 à 2200 $
60 ANS : 1500 à 1700 $
COLLISION FRONTALE nm
COLLISION LATÉRALE nm
VENTES DU MODÈLE DE L'AN DERNIER
AU QUÉBEC 292 **AU CANADA** 1599
DÉPRÉCIATION 40,9 %
RAPPELS (2006 à 2011) 7
COTE DE FIABILITÉ 2,5/5

GARANTIES… ET PLUS

GARANTIE GÉNÉRALE 4 ans/80 000 km
GARANTIE MOTOPROPULSEUR 4 ans/80 000 km
PERFORATION 6 ans/kilométrage illimité
ASSISTANCE ROUTIÈRE 4 ans/80 000 km
NOMBRE DE CONCESSIONNAIRES
AU QUÉBEC 4 **AU CANADA** 23

NOUVEAUTÉS EN 2012

Aucun changement majeur

JE T'AIME MOI NON PLUS

Daniel Rufiange

Il y a des véhicules qu'on aime détester et d'autres qu'on déteste aimer. En ce qui me concerne, le Range Rover est du second groupe. Des produits Land Rover, c'est le plus populaire au Québec, même que la version Sport est celle qui a la cote, malgré sa consommation de carburant indécente et son prix dérangeant. Mais pourquoi ? Car, finalement, ça sert à quoi, au Québec, un Range Rover ?

CARROSSERIE Les constructeurs font des pieds et des mains pour renouveler le design de leurs véhicules régulièrement, question de brasser leur image. Chez Land Rover, on fait fi de cette recette. Le Range Rover a à peine changé depuis toujours ! Commercialisée depuis 1970, la génération actuelle n'est que la quatrième dans l'histoire du véhicule. On l'aura compris, le constructeur mise sur la tradition et les lignes intemporelles de son utilitaire pour séduire le cœur des adeptes. Et ça fonctionne ! Dans toute sa simplicité esthétique, le Range Rover est beau, point à la ligne. Ses lignes carrées le rendent majestueux. Offert en quatorze coloris, c'est en noir qu'il est chéri. En avez-vous déjà vu un rouge ?

HABITACLE À l'intérieur d'un Range Rover, les matériaux sont riches et se laissent palper pour le grand plaisir des sens. Le tout est évidemment bien assemblé. La présentation demeure classique, mais ça manque un peu de tonus. Le choix d'une teinte colorée à l'intérieur est un impératif. En matière d'équipement, on est gâté : un système de divertissement, des sièges chauffants et ventilés, une chaîne audio de grande qualité et, en prime, un frigo en lieu et place de la console centrale. Mais attention ! Land Rover se montre radin, alors que plusieurs gâteries nécessitent un déboursé supplémentaire. Autant le Range Rover est massif de l'extérieur, autant on est déçu de l'espace intérieur. À bord, on se sent confiné à l'avant, encore plus à l'arrière. Heureusement, on est assis confortablement partout. À noter l'excellente visibilité tous azimuts, un plus pour une conduite sécuritaire.

MÉCANIQUE Environnementalistes, il est temps de tourner la page ! Les moteurs qui

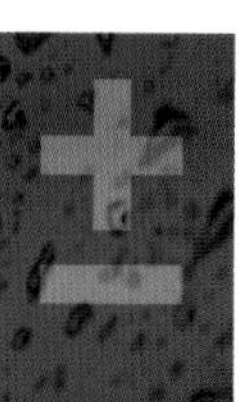

FORCES Choix de configurations • Moteur jouissif • Accès à un produit exclusif
Capacités hors route • Chaîne audio

FAIBLESSES Consommation pantagruélique • Côté capricieux (problèmes électroniques)
Hors de prix • Espace décevant pour les passagers
Utile au Québec ?

équipent le Range Rover frisent la démence. On parle de deux V8 de 5 litres. En réalité, il s'agit du même moteur, mais l'une des versions est suralimentée par un compresseur volumétrique, ce qui a pour effet de décupler sa puissance. Concrètement, le moteur de la version de base propose 375 chevaux pendant que l'autre en offre 510. Et l'économie là-dedans? Inexistante! Lors d'un essai sur 300 kilomètres, j'ai englouti 69,3 litres de carburant dans le réservoir de ce monstre; une consommation moyenne de 23,1 litres aux 100 kilomètres. On est conscient de la chose chez Land Rover, mais on ne semble pas trop s'en offusquer. La clientèle non plus!

COMPORTEMENT Mais heureusement, l'exploitation de ces mécaniques colle le sourire aux lèvres. On rit jaune en pensant à la consommation, mais on demeure impressionné de voir une masse métallique si imposante se déplacer avec autant de grâce. De plus, on se sent confiant au volant d'un Range Rover. On a l'impression de dominer la route, surtout en raison de cette position de conduite juchée. Les immenses roues de 19 ou de 20 pouces contribuent grandement à la tenue de cap, elle aussi, impressionnante. Seule la suspension plus sèche de la version sport finit par tomber sur les nerfs. Il faut dire que sur nos routes Quant au système *Terrain Response* de Land Rover, c'est une référence. On le sait, un Range Rover, ça peut traverser monts et marées. Dans les centres urbains, cependant, le système est inutile.

CONCLUSION Beau, classique, luxueux, coûteux, unique, indécent et monstrueux, le Range Rover exerce un attrait là où d'autres véhicules proposant les mêmes caractéristiques se feraient vilipender sur la place publique.

Les consommateurs ont une relation incestueuse avec certains produits; il y en a qu'on voudrait détester, mais l'attrait qu'ils exercent, pour toutes sortes de raisons, se révèle plus fort que tout. Gardons espoir; une version hybride a été présentée au dernier Salon de Genève.

2e OPINION

« Celui à la recherche de l'utilitaire ultime n'a pas à chercher loin puisque le Range Rover trône seul. Ses imperfections découlent de ses immenses qualités. Par exemple, l'espace compté sur la banquette et dans le coffre est une conséquence du capitonnage de l'habitacle, de la masse des consoles et de l'épaisseur de la coque, suffisamment robuste pour défier un rhinocéros. L'effroyable consommation résulte du poids et des surprenantes vitesses malgré tout atteintes, encore plus étonnantes avec l'engin suralimenté ou le modèle Sport. Le RR entraîne aussi une forme de gaspillage alors que très peu de ses proprios exploitent le dixième de ses incroyables capacités hors route. Il reste à Tata à redorer le blason de la fiabilité. On ne débourse pas pareil montant pour fréquenter assidûment son concessionnaire! » — Michel Crépault

FICHE TECHNIQUE

MOTEURS

(HSE, SPORT GT) V8 5,0 L DACT, 375 ch à 6500 tr/min
COUPLE 375 lb-pi à 3500 tr/min
BOÎTE DE VITESSES automatique à 6 rapports avec mode manuel
0-100 KM/H 7,6 sec
VITESSE MAXIMALE 210 km/h

(SUPERCHARGED, AUTOBIOGRAPHY) V8 5,0 L suralimenté par compresseur volumétrique DACT, 510 ch à 6000 tr/min
COUPLE 461 lb-pi de 2500 à 5500 tr/min
BOÎTE DE VITESSES automatique à 6 rapports avec mode manuel
0-100 KM/H 6,2 s
VITESSE MAXIMALE 225 km/h
CONSOMMATION (100 KM) **RR Sport** 14,9 L, **RR** 14,8 L (octane 91)
ÉMISSIONS DE CO_2 **RR Sport** 7038 kg/an, **RR** 6992 kg/an
LITRES PAR ANNÉE **RR Sport** 3060, RR 3040
COÛT PAR AN **RR Sport** 4039 $, **RR** 4013 $

AUTRES COMPOSANTS

SÉCURITÉ ACTIVE freins ABS, assistance au freinage, répartition électronique de la force de freinage, contrôle de lastabilité électronique, antipatinage
SUSPENSION AVANT/ARRIÈRE indépendante
FREINS AVANT/ARRIÈRE disques
DIRECTION à crémaillère, assistée
PNEUS RR HSE P255/55R19, **RR Sport** P255/50R19, **RR Supercharged** P255/50R20, **RR Sport Supercharged** P275/40R20

DIMENSIONS

EMPATTEMENT 2880 mm
LONGUEUR RR Sport 4783 mm, **RR** 4972 mm
LARGEUR (sans les rétroviseurs) **RR Sport** 1932 mm, **RR** 2216 mm
HAUTEUR RR Sport 1817 mm, **RR** 1877 mm
POIDS RR Sport HSE 2513 kg, **RR HSE** 2539 kg, **RR Sport Supercharged** 2638 kg, **RR Supercharged** 2672 kg
DIAMÈTRE DE BRAQUAGE RR Sport 11,5 m, **RR** 12,6 m
COFFRE RR Sport 958 L, 2010 L (sièges abaissés) **RR** 994 L, 2099 L (sièges abaissés)
RÉSERVOIR DE CARBURANT RR Sport 88 L, **RR** 105 L
CAPACITÉ DE REMORQUAGE (remorque avec freins) 3500 kg

VERDICT

Plaisir au volant
Qualité de finition
Consommation
Rapport qualité / prix
Valeur de revente

$ 30 950 $ à 39 350 $ t&p 1895 $

LA COTE VERTE MOTEUR L4 DE 1,8 L source : EnerGuide

CONSOMMATION 100 KM 4,7 L • **ÉMISSIONS POLLUANTES** CO_2 2116 kg/an • **INDICE D'OCTANE** 87
COÛT DU CARBURANT MOYEN PAR ANNÉE 1150 $ • **NOMBRE DE LITRES PAR ANNÉE** 920 L

FICHE D'IDENTITÉ

VERSIONS base, Touring, Premium, Technologie
ROUES MOTRICES avant
PORTIÈRES 5 **NOMBRE DE PASSAGERS** 5
PREMIÈRE GÉNÉRATION 2011
GÉNÉRATION ACTUELLE 2011
CONSTRUCTION Kyushu, Japon
COUSSINS GONFLABLES 8 (frontaux, latéraux avant, genoux conducteur et passager, rideaux latéraux)
CONCURRENCE Ford Fusion hybride, Nissan Altima hybride, Toyota Camry hybride

AU QUOTIDIEN

PRIME D'ASSURANCE
25 ANS : 1700 à 1900 $
40 ANS : 1100 à 1300 $
60 ANS : 800 à 1000 $
COLLISION FRONTALE nm
COLLISION LATÉRALE nm
VENTES DU MODÈLE DE L'AN DERNIER
AU QUÉBEC nm **AU CANADA** nm
DÉPRÉCIATION nm
RAPPELS (2006 à 2011) nm
COTE DE FIABILITÉ nm

GARANTIES... ET PLUS

GARANTIE GÉNÉRALE 4 ans/80 000 km
GARANTIE MOTOPROPULSEUR 6 ans/110 000 km
COMPOSANTES SYSTÈME HYBRIDE 8 ans/160 000 km
PERFORATION 6 ans/kilométrage illimité
ASSISTANCE ROUTIÈRE 4 ans/kilométrage illimité
NOMBRE DE CONCESSIONNAIRES
AU QUÉBEC 7 **AU CANADA** 34

NOUVEAUTÉS EN 2012

NOUVEAU MODÈLE OFFERT DEPUIS MARS 2011

CECI N'EST PAS UNE MAZDA3

Alexandre Crépault

L'économie de carburant et l'empreinte environnementale sont devenues des critères de plus en plus importants pour les acheteurs de voitures neuves. On ne peut pas les blâmer... Si sauver notre belle sphère bleue n'est pas encore (soupir) la priorité de tous, le prix à la pompe, lui, est assuré d'avoir un effet sur les consommateurs !

Pour Toyota/Lexus, cela n'a rien de nouveau. Après tout, aucun constructeur ne produit plus de voitures hybrides que Toyota. Cela dit, quand vient le temps de créer un produit jeune et excitant, ce n'est pas le constructeur nippon qui s'impose en premier lieu... Par contre, les Lexus IS-F et LF-A ont commencé à changer la donne...

Lexus s'est donc donné la mission de créer une nouvelle voiture hybride d'entrée de gamme à la fois novatrice et excitante. Je vous présente la Lexus CT 200h.

CARROSSERIE La CT 200h fait partie de ces voitures qui paraissent plus excitantes sur photo. Je ne veux pas dire qu'elle est laide. Au contraire. Son format compact à hayon touche une corde sensible chez les Québécois qui raffolent de ce type de véhicule. Ses lignes sont fluides et aident, entre autres, à lui donner un bon coefficient de traînée. Mais quand on l'a devant soi, la CT ne provoque pas le genre d'émotion qu'on s'imaginait. Elle manque de piquant et ne manquera pas de se fondre dans le paysage. J'imagine que des accessoires F-Sport, la division de pièces de performance de Lexus, pourraient l'aider... sauf qu'ils ne sont pas encore offerts.

HABITACLE S'il y a un endroit où Lexus frappe dans le mille, c'est bien à l'intérieur de la CT. Pour commencer, les sièges sont confortables. Ils tiennent les occupants bien en place et sont vissés le plus près possible du plancher. Ensuite, le petit volant à trois branches dérivé de la LF-A est un vrai délice. Il se règle en hauteur et en profondeur, ce qui permet de trouver une position de conduite idéale. La pièce de résistance,

FORCES Bien équipée à un prix de base raisonnable Qualité, design et confort de l'habitacle • Consommation/empreinte écologique

FAIBLESSES Performances limitées • Espace en largeur des places avant
Impossible de désengager le contrôle de la stabilité • Performances limitées
Espace en largeur des places avant
Impossible de désengager le contrôle de la stabilité

celle qui me fait fondre, c'est le design et la finition du tableau de bord et de la console centrale. Lexus a évité de lui donner des allures de vaisseau spatial. Pas de gros plastique bon marché non plus. Au contraire. Le design est simple, bien fini, et les matériaux sont de bonne qualité et prestigieux. Même la finition des sièges de base en NuLux, un nouveau type de cuir synthétique, est irréprochable. En fait, le seul élément dérangeant est l'espace limité pour les occupants avant, surtout en largeur en raison de la console centrale imposante. Quant aux places arrière, elles se rabattent (division 60/40) mais n'offrent pas d'accoudoir.

La CT 200h est offerte en quatre variantes: Standard, Touring, Premium et Technologie. Seul le degré d'équipement varie d'une version à l'autre. Comme la CT est très bien équipée à la base, le modèle Standard représente, à mon avis, la meilleure valeur : climatiseur à deux zones, écran multifonction, prise USB et MP3, sièges chauffants et réglables en 8 positions pour le conducteur, soutien lombaire, entrée sans clé, commandes au volant, connectivité Bluetooth... La liste est vraiment bien garnie. La version Touring ajoute un toit ouvrant en verre et des roues en alliage de 17 pouces. Si le cuir ou la chaîne audio à 10 haut-parleurs vous tiennent vraiment à cœur, il faudra vous tourner vers la version Premium. Vous obtiendrez du même coup un lot d'accessoires supplémentaires comme le rétroviseur à atténuateur automatique et les essuie-glaces activés par la pluie. Enfin, comme son nom l'indique, la version Technologie comprend des trucs technos comme le système de navigation à disque dur à commande vocale, la commande « Remote Touch » et la caméra de vision arrière avec affichage sur l'écran de navigation.

MÉCANIQUE La CT mise avant tout sur l'économie de carburant et son empreinte écologique. La mécanique est sensiblement la même que celle de la Toyota Prius, soit un moteur à essence de 1,8 litre jumelé à un moteur électrique de 650 volts. Les 134 chevaux de la motorisation hybride sont alors transmis aux roues avant par l'entremise d'une boîte CVT. En matière de consommation, le résultat est spectaculaire. Dans les montagnes de l'Alberta, le pied rempli de plomb, nous avons atteint 6,9 litres aux 100 kilomètres, notre pire moyenne de consommation. Toyota dit qu'il est possible de consommer aussi peu que 4,5 litres aux 100 kilomètres en conduite urbaine. Je ne sais pas si beaucoup de propriétaires de CT réussiront vraiment à brûler aussi peu de carburant. Cependant, une moyenne sous les 6 litres aux 100 kilomètres est à la portée de tous. Toujours selon la fiche technique, la CT n'émet que 96 g/km de CO_2. À titre de comparaison, la Camry hybride émet 142 g/km de CO_2.

D'autres technologies vertes ont été mises en place pour minimiser la consommation de la CT. Le système de récupération de la chaleur de l'échappement en est un bon exemple. Il permet d'accélérer le réchauffement de la mécanique, qui devient alors plus efficace.

COMPORTEMENT Il est certain qu'il faut faire attention quand on utilise le mot « excitant ». Ce n'est pas avec 134 chevaux et une

HISTORIQUE

La présentation officielle de la future compacte Lexus s'est déroulée au salon de l'auto de Francfort en 2009. Avec son allure très dynamique, un traitement intérieur particulièrement soigné et en prime une motorisation hybride, la LF-Ch donnait une idée de ce qui attendait très bientôt le marché de la voiture hybride de luxe. Lexus y a ajouté un peu de sportivité, un trait de caractère nouveau pour ce genre de voiture.

GALERIE

A *Le moteur électrique, le générateur et le dispositif répartiteur de puissance sont tous logés dans un boîtier ultra compact de la taille d'une boîte de vitesses conventionnelle, et la force motrice est transmise aux roues avant par la transmission à variation continue (E-CVT) à sélecteur et à commande électronique du système hybride Lexus, au fonctionnement doux et silencieux.*

B *Ceux qui optent pour le groupe Technologie en option ont droit au système de navigation à disque dur et commande vocale avec commande Remote Touch. L'écran est escamotable et ne fait pas intrusion dans le décor si le conducteur n'a pas à s'en servir.*

C *Toutes les versions de la CT offre une caméra de recul dans le rétroviseur intérieur. Avec le groupe Technologie, la caméra de recul affiche son image à l'écran de navigation plutôt que sur le rétroviseur intérieur.*

D *Les équipements de confort et de commodité de série comprennent des sièges arrière rabattables à plat. Un élément qui permet d'optimiser l'espace de chargement du véhicule.*

E *L'intérieur axé sur le conducteur de la CT 200h présente une zone d'affichage et une zone de commandes clairement délimitées. Cet aménagement permet de positionner des éléments comme la commande « Remote Touch », le levier de vitesses et les commandes audio montées au volant à portée de la main du conducteur pour qu'il n'ait pas à changer de position ou à quitter la route des yeux pour les utiliser. La Commande ultimédia sur la console centrale s'opère comme une souris d'ordinateur.*

découvrira des performances électrisantes. Pour pallier l'absence de muscle, Lexus a misé sur une bonne répartition des masses et sur des suspensions qui tendent vers la sportivité. La voiture utilise aussi un sélecteur de mode qui permet au pilote de choisir entre les modes EV (à 100 % électrique), Eco, Normal et Sport. Sur ce dernier, l'accélérateur arrive à extirper un maximum de puissance, et la direction électrique se fait plus précise.

Le résultat est surprenant. Sur un petit circuit d'auto-slalom, la CT 200h arrive à se trimbaler le derrière sans problème. Pas de roulis excessif ni de sous-virage anormal! Même les freins, faciles à moduler (contrairement à ceux de la Prius), se montrent à la hauteur. Le seul pro-blème, quand on pousse la machine à bout, c'est l'intervention des systèmes électroniques, comme le contrôle de la stabilité, qui, malheureusement, ne peuvent être désactivés (quoique le mode sport limite « légèrement » leur intervention).

CONCLUSION La CT 200h est avant tout une voiture urbaine. Elle passera donc la majorité de sa vie dans la circulation et les boulevards bondés d'obstacles. Vu comme cela, on peut dire que Lexus a visé dans le mille. Elle consomme peu (très peu), elle est jolie (sans être réellement excentrique), son habitacle est un pur délice (on s'y plaît beaucoup) et elle est juste assez athlétique pour amuser son pilote.

La recette semble tout bonnement géniale... mais n'est pas si novatrice que cela. Oui, la CT 200h est bel et bien la première voiture compacte de luxe hybride et sans doute la voiture de luxe la moins polluante au Canada, mais l'Audi A3 TDI utilise depuis déjà belle lurette une recette similaire. C'est probablement pour cette raison que Lexus propose la CT 200h de base (très bien équipée) à 30 950 $, contrairement aux 35 300 $ demandés par Audi pour une A3 TDI de base.

2e OPINION

« Lexus a réussi, pour une fois, à mettre un peu de bonnes sensations derrière le volant. Le calibrage de la suspension est aussi un atout intéressant qui rend la conduite plus vivante. Il faut toutefois conduire en douceur pour profiter des bienfaits du système hybride. Si vous conduisez de manière naturelle ou, pire, sportive, vous serez amèrement déçu. La boîte CVT est poussive et s'accompagne d'un ronronnement douloureux du moteur. Sur le mode Eco, vous ne dépasserez pas les 3000 tours par minute. L'équilibre est bon, mais le poids des batteries donne une lourdeur certaine dans la conduite. Les ventes seront meilleures que celles de la HS 250h, mais demeureront marginales. Pour la moitié du prix, vous pouvez vous procurer un petit véhicule à hayon qui vous donnera plus de plaisir au volant et un rendement énergétique quasi identique. Un autre coup d'épée dans l'eau chez Lexus. » — Benoit Charette

FICHE TECHNIQUE

MOTEUR

L4 1,8 l à cycle Atkinson DACT + moteur électrique, 134 ch

COUPLE nd

BOÎTE DE VITESSES automatique à variation continue

0-100 KM/H 10,3 s

VITESSE MAXIMALE 185 km/h

AUTRES COMPOSANTS

SÉCURITÉ ACTIVE freins ABS, assistance au freinage, répartition électronique de force de freinage,contrôle de stabilité électronique , antipatinage

SUSPENSION AVANT/ARRIÈRE indépendante

FREINS AVANT/ARRIÈRE disques

DIRECTION à crémaillère, assistée

PNEUS P215/55R17

DIMENSIONS

EMPATTEMENT 2600 mm

LONGUEUR 4320 mm

LARGEUR 1765 mm

HAUTEUR 1440 mm

POIDS 1420 kg

DIAMÈTRE DE BRAQUAGE 11,2 m

COFFRE 405 L

RÉSERVOIR DE CARBURANT 45 L

MENTIONS

RECOMMANDÉ

VERDICT

Plaisir au volant

Qualité de finition

Consommation

Rapport qualité / prix

Valeur de revente

$ 42 150 $ à 52 200 $ t&p 1895 $

LA COTE VERTE MOTEUR V6 DE 3,5 L source : ÉnerGuide

CONSOMMATION 100 KM 9,1 L • ÉMISSIONS POLLUANTES CO_2 4278 kg/an • INDICE D'OCTANE 87
COÛT DU CARBURANT MOYEN PAR ANNÉE 2325 $ • NOMBRE DE LITRES PAR ANNÉE 1860

FICHE D'IDENTITÉ

VERSIONS base, Touring, Premium, Ultra Premium
ROUES MOTRICES avant
PORTIÈRES 4 **NOMBRE DE PASSAGERS** 5
PREMIÈRE GÉNÉRATION 1991
GÉNÉRATION ACTUELLE 2007
CONSTRUCTION Kyushu, Japon
COUSSINS GONFLABLES 10 (frontaux, latéraux avant et arrière, genoux conducteur et passager, rideaux latéraux)
CONCURRENCE Acura TL, Cadillac CTS, Hyundai Genesis, Lincoln MKZ, Nissan Maxima, Toyota Avalon, Volkswagen CC

AU QUOTIDIEN

PRIME D'ASSURANCE
25 ANS : 2300 à 2500 $
40 ANS : 1200 à 1400 $
60 ANS : 900 à 1100 $
COLLISION FRONTALE 5/5
COLLISION LATÉRALE 5/5
VENTES DU MODÈLE DE L'AN DERNIER
AU QUÉBEC 504 **AU CANADA** 2688
DÉPRÉCIATION 40,9 %
RAPPELS (2006 à 2011) 1
COTE DE FIABILITÉ 5/5

GARANTIES... ET PLUS

GARANTIE GÉNÉRALE 4 ans/80 000 km
GARANTIE MOTOPROPULSEUR 6 ans/110 000 km
PERFORATION 6 ans/kilométrage illimité
ASSISTANCE ROUTIÈRE 4 ans/kilométrage illimité
NOMBRE DE CONCESSIONNAIRES
AU QUÉBEC 7 **AU CANADA** 34

NOUVEAUTÉS EN 2012

AUCUN CHANGEMENT MAJEUR

SIMPLICITÉ VOLONTAIRE

Michel Crépault

À l'origine, le GX était un Land Cruiser endimanché, mais lorsqu'est venu Même quand on aime le luxe, on peut garder ça simple. Bienvenue dans l'univers de la Lexus ES 350 !

CARROSSERIE Puisque l'acheteur interpellé déteste les choses inutilement compliquées, cette berline intermédiaire, qui introduit un monde huppé, ne vient qu'en une version mais bien équipée (les phares actifs et l'aileron de la livrée dite Touring devraient figurer dans un ensemble). Basée sur la plateforme de la Camry, l'ES 350 s'élève du sol avec une silhouette aussi sobre qu'élégante. À d'autres les flaflas.

HABITACLE Bon, d'accord, si l'acheteur veut commettre des folies, ce qui serait, en soi, surprenant, Lexus a prévu le coup en l'autorisant à se farcir des gâteries convenues. On pourra ainsi passer du régulateur de vitesse adaptatif aux sièges avant ventilés, sans oublier le store arrière ou la sono Mark Levinson pour mélomanes finis. Je vous le dis, des folies ! Le bois (du vrai) et le cuir, magnifiquement tendu, garantissent au client d'évoluer dans un environnement aseptisé à souhait. Le dégagement aux places arrière est parfait. Toutefois, pour des raisons d'intégrité structurale, on a choisi de river les dossiers de la banquette ; seule une trappe à skis relie le coffre à l'intérieur. Un reproche des utilisateurs qui s'ajoute à celui qui souligne le manque d'espaces de rangement.

MÉCANIQUE Sans doute l'une des cylindrées les plus populaires de l'industrie, le V6 de 3,5 litres de 268 chevaux de conception raffinée (VVT-i) s'occupe de passer inaperçu sans pour autant laisser tomber les occupants quand ça compte. L'accélération de 0 à 100 km/h est quand même de l'ordre de 7,2 secondes. Non pas que l'acheteur d'une ES se précipitera chez un préparateur en vue de sa prochaine fin de semaine de compétition de dérapage contrôlé, mais il lui arrive de dépasser sur l'autoroute, et c'est alors que le très collaborateur V6 se montre à la hauteur. Ni la boîte de vitesses automatique à 6 rapports, ni les

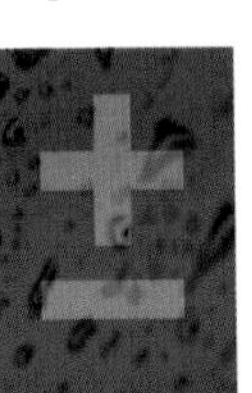

FORCES Silhouette harmonieuse, peinture léchée
V6 velouté • Conduite rassurante • Intérieur lénifiant

FAIBLESSES Absence (volontaire) de tonus • Dossier de la banquette non rabattable
Dégagement pour la tête juste à l'arrière • Manque d'espace de rangement

aides électroniques habituelles (pour éviter que l'impensable ne se produise), ni les multiples coussins de sécurité gonflables (pour minimiser les conséquences de l'impensable finalement survenu) ne manquent à l'appel. Les phares qui pivotent dans les virages pour mieux dépecer la nuit sont à considérer, mais ils sont offerts en option.

COMPORTEMENT Si une cavalerie prête à sonner la charge est ce que votre pied droit recherche sans cesse, vous ne stationnerez pas une ES 350 dans votre garage. Ses gentils 268 chevaux n'en font pas un fauve. Mieux, Toyota s'adresse sciemment à une clientèle qui préfère les chats de salon. Dans ce rôle, cette Lexus d'entrée de gamme fait passer pour un génie le directeur de casting. Cette berline se préoccupe d'une mission simple : baigner les occupants d'un calme confort saupoudré de juste assez de luxe pour ne pas outrer Amar Khadir. Les amateurs ne veulent pas courser, ils veulent se balader. Ils ne veulent pas que les bruits de la rue les agressent, ils veulent du cuir et des teintes zen. Ces partisans de la conduite sans souci pourraient découvrir que leur Lexus a tendance à ployer dans les virages secs, ou que sa direction semble la plupart du temps anesthésiée, mais encore faudrait-il qu'ils se placent dans une situation où ce genre de lacunes ressortiraient. Or, ils ne le feront pas. Jamais. Toyota, de son côté, donne un coup de pouce au conducteur qui n'a pas nécessairement les sous pour se payer une voiture de luxe plus coûteuse en lui permettant même de faire le plein avec de l'essence ordinaire. Ce faisant, le V6 perd trois ou quatre chevaux en chemin mais, comme je le souligne à gros traits depuis le début, ce n'est pas le client type de cette Lexus qui s'en plaindra. Entre noircir l'asphalte et ménager son budget, son choix est clair.

CONCLUSION Il y a plusieurs autres berlines à ce prix qui pimentent davantage la vie, mais le disciple de l'ES 350 n'en a cure. À vrai dire, il m'est difficile d'imaginer voiture plus beige que cette ES. Or, il y a plus de personnes qu'on croit qui estiment que c'est une couleur. Et jolie de surcroît.

2e OPINION

« S'il y a un produit chez Lexus qui représente bien l'esprit de l'entreprise, c'est l'ES 350. Ce véhicule offre un degré de confort élevé, une finition soignée et une fiabilité éprouvée. Mais, à l'instar d'autres produits de la marque, son design est aussi fade qu'un Coke diète plat, et sa conduite est aussi intéressante qu'un film de série B serbo-croate sous-titré en mandarin. En conséquence, il est aussi difficile de recommander un tel produit que de le déconseiller. L'acheteur d'une ES 350 ne sera jamais déçu du rendement de son véhicule, mais s'il regarde ce que la concurrence offre, il risque de s'en mordre les doigts. Lexus est très consciente que ses produits manquent de panache, et on ne peut souhaiter que la prochaine génération d'ES servent de moteur aux changements. » — Daniel Rufiange

FICHE TECHNIQUE

MOTEUR

V6 3,5 L DACT, 268 ch à 6200 tr/min
COUPLE 248 lb-pi à 4700 tr/min
BOÎTE DE VITESSE automatique à 6 rapports avec mode manuel
0-100 KM/H 7,3 s
VITESSE MAXIMALE 220 km/h

AUTRES COMPOSANTS

SÉCURITÉ ACTIVE freins ABS, assistance au freinage, répartition électronique de force de freinage, antipatinage, contrôle de stabilité électronique
SUSPENSION AVANT/ARRIÈRE indépendante
FREINS AVANT/ARRIÈRE disques
DIRECTION à crémaillère, assistée
PNEUS P215/55R17

DIMENSIONS

EMPATTEMENT 2775 mm
LONGUEUR 4870 mm
LARGEUR 1820 mm
HAUTEUR 1430 mm
POIDS 1624 kg
DIAMÈTRE DE BRAQUAGE 11,2 m
COFFRE 416 L
RÉSERVOIR DE CARBURANT 70 L

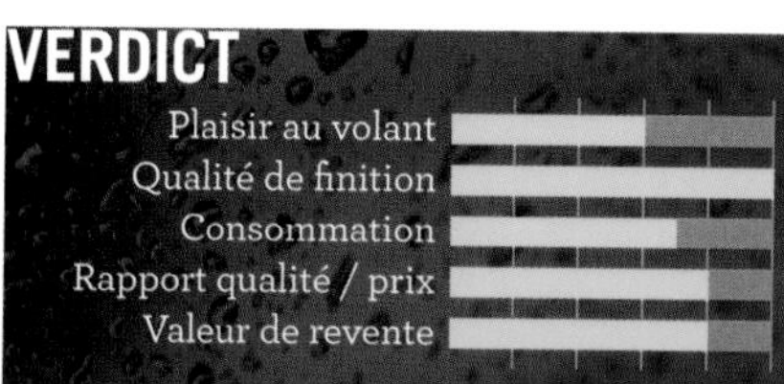

$ 54 650 $ à 71 750 $ t&p 1895 $

LA COTE VERTE MOTEUR V6 DE 3,5 L HYBRIDE source : EnerGuide

CONSOMMATION (100 KM) 8,3 L • ÉMISSIONS POLLUANTES CO_2 3772 kg/an • INDICE D'OCTANE 91
COÛT DU CARBURANT MOYEN PAR ANNÉE 2296 $ • NOMBRE DE LITRES PAR ANNÉE 1640

FICHE D'IDENTITÉ

VERSIONS 350 (4RM), 450h
ROUES MOTRICES arrière, 4
PORTIÈRES 4 **NOMBRE DE PASSAGERS** 5
PREMIÈRE GÉNÉRATION 1993
GÉNÉRATION ACTUELLE 2006
CONSTRUCTION Tahara, Japon
COUSSINS GONFLABLES 10 (frontaux, latéraux avant, genoux conducteur et passager, rideaux latéraux) 450h 12 (ajout sacs latéraux arrière)
CONCURRENCE Acura RL, Audi A6, BMW Série 5, Infiniti M, Jaguar XF, Mercedes-Benz Classe E, Volvo S80

AU QUOTIDIEN

PRIME D'ASSURANCE
25 ANS : 2700 à 2900 $
40 ANS : 1800 à 2000 $
60 ANS : 1600 à 1800 $
COLLISION FRONTALE 5/5
COLLISION LATÉRALE 5/5
VENTES DU MODÈLE DE L'AN DERNIER
AU QUÉBEC 43 **AU CANADA** 251
DÉPRÉCIATION 44,5 %
RAPPELS (2006 à 2011) 4
COTE DE FIABILITÉ 5/5

GARANTIES... ET PLUS

GARANTIE GÉNÉRALE 4 ans/80 000 km
GARANTIE MOTOPROPULSEUR 6 ans/110 000 km
COMPOSANTS SYSTÈME HYBRIDE 8 ans/160 000 km
PERFORATION 6 ans/kilométrage illimité
ASSISTANCE ROUTIÈRE 4 ans/kilométrage illimité
NOMBRE DE CONCESSIONNAIRES
AU QUÉBEC 7 **AU CANADA** 34

NOUVEAUTÉS EN 2012

Aucun changement majeur

AMENEZ **LA RELÈVE**

Michel Crépault

Au dernier salon de l'auto de New York, Lexus a dévoilé la LF-Gh, une voiture concept qui laisse présager à quoi ressemblera la GS 2013. On comprend donc que le modèle 2012 poursuit son petit bonhomme de chemin sans rien bousculer, en attendant que se pointe la version qui prendra la relève des deux seuls modèles distribués chez nous : les 350 AWD et 450h hybride.

CARROSSERIE Silhouette fluide ? Mmouiii. Remarquable ? Non. Il n'en manque pas beaucoup, remarquez, pour qu'on écarquille les yeux. Alors que le devant est plutôt ennuyeux, la chute du pavillon à l'arrière commence quelque chose, puis nous laisse sur notre faim. Un peu plus d'audace, et les lignes pourraient être aussi évocatrices que celles d'une Mercedes-Benz CLS. Espérons que le prototype LF-Gh ne nous laissera pas tomber. En attendant, l'actuelle GS compte sur des phares adaptatifs qui épousent les virages (un capteur surveille l'angle de braquage et demande aux yeux de scruter la nuit là où la route va).

HABITACLE On n'accusera jamais Lexus de manquer de raffinement. Le cuir parfaitement tendu des sièges (chauffants à l'avant, ventilés en option), la sono Lexus avec XM, Bluetooth, 6CD et USB ou, mieux encore, la chaîne Mark Levinson à 14 haut-parleurs. Le système d'aide au stationnement (un sonar émet des alertes sonores et lumineuses) est offert en option avec les ensembles Premium et Ultra Premium. Pour la caméra de vision arrière, il faut choisir le système de navigation à disque dur et à commandes vocales. Pour faire encore plus digne, optez pour l'écran pare-soleil qui grimpe à l'assaut de la lunette sur simple pression d'un bouton quand votre anonymat est en péril. La gamme d'accessoires F-Sport existe pour pimenter l'apparence et la sportivité de la GS, comme ce pommeau de levier de vitesses en fibre de carbone ou des freins plus agressifs. Seul bémol : l'arc prononcé du toit se rapproche trop du crâne des grands passagers.

MÉCANIQUE V6 de 3,5 litres de 303 chevaux à double VVT-i (calage variable des

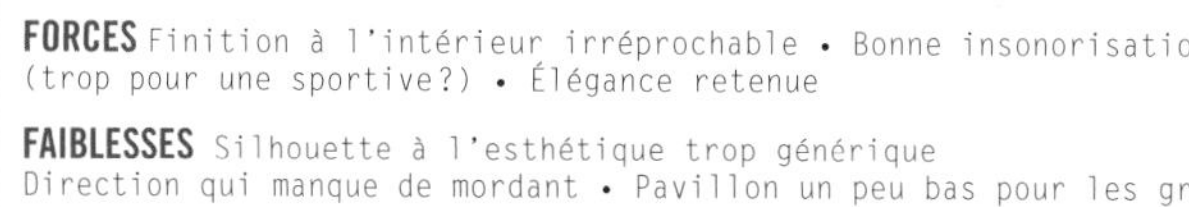

FORCES Finition à l'intérieur irréprochable • Bonne insonorisation (trop pour une sportive ?) • Élégance retenue

FAIBLESSES Silhouette à l'esthétique trop générique
Direction qui manque de mordant • Pavillon un peu bas pour les grandes tailles

24 soupapes qualifié d'*intelligent* – le petit «i» – car le dispositif améliore les performances tout en réduisant les rejets de cochonneries dans l'air) et boîte de vitesses automatique à 6 rapports avec mode séquentiel. La transmission intégrale distribue d'emblée 70 % de la puissance aux roues arrière et 30 % à l'avant. Dès qu'une perte d'adhérence est signalée, l'essieu avant reçoit jusquà la moitié du couple en renfort. Ce système complète le régulateur de traction qui freine la roue folle. Les modèles GS 460 atmosphérique et hybride ne se vendent plus qu'aux États-Unis, alors que notre hybride, la 450h, est une propulsion qui reprend le 3,5-litres et le jumelle à un moteur électrique pour une puissance totale de 339 chevaux. La boîte est une CVT, et la suspension propose quatre programmes laissés à la discrétion du conducteur, de Confort à Sport +. Accélération de 0 à 100 km/h tout de même sous les 6 secondes, alors que la 350 AWD exige plus de 7 secondes. Ce qui confirme la prétention de Lexus : achetez notre hybride et vous disposerez de la puissance d'un V8 avec la consommation d'un V6 ! Toyota devrait cependant ajouter : pour le prix d'un V8...

COMPORTEMENT Une pression du doigt sur le bouton-poussoir, la clef dans sa poche ou dans la sacoche, et le V6 se met en marche avec un feulement très discret. On ne veut déranger personne. On ne rigole pas avec la sécurité : huit coussins gonflables de série et deux autres en cochant les ensembles Premium et Ultra Premium. Mais où ça, ces deux autres ? Dans les flancs des places arrière. Avec l'hybride, l'auto peut rouler sur le mode électricité ou essence, mais, plus souvent qu'autrement, en employant les deux.

CONCLUSION Le créneau de la berline de luxe sportive est excessivement concurrentiel. Les amateurs sont difficiles et avec raison, quand on regarde les tentantes offrandes des rivaux. Pour le moment, malgré d'évidentes qualités, la GS n'est pas de taille. À moins qu'elle ne vous rejoigne personnellement, ce qui laisse entendre que vous cherchez sans doute du luxe, mais que la portion sportive de l'équation n'est finalement pas aussi importante que cela à vos yeux.

2e OPINION

«L'actuelle Lexus GS accuse un sérieux coup de vieux, en comparaison avec ses concurrentes allemandes que sont l'Audi A6, la BMW Série 5 et la Mercedes-Benz Classe E toute neuves. Pour être honnête, la GS n'a aucune chance sous sa forme actuelle de se faire une place au soleil face à de si forts adversaires. C'est pour cela que, en 2012, Lexus nous présentera une nouvelle GS qui promet d'être plus audacieuse. Une Lexus audacieuse, voilà qui est nouveau. Mais l'audace ne suffira pas, il faudrait faire dans l'érotisme pour se faire voir. Les Lexus sont tellement plates à conduire qu'il faudra une neuvaine à Sainte-Anne-de-Beaupré pour ramener les acheteurs. Je n'y crois tout simplement pas. Lexus a tellement pris de recul que le fossé est infranchissable. La GS est déjà morte, et la prochaine a une trop grosse côte à remonter.» — *Benoit Charette*

FICHE TECHNIQUE

MOTEURS

(GS 350) V6 3,5 L DACT, 303 ch à 6200 tr/min
COUPLE 274 lb-pi à 3600 tr/min
BOÎTE DE VITESSES automatique à 6 rapports avec mode manuel
0-100 KM/H 7,4 s
VITESSE MAXIMALE 235 km/h
CONSOMMATION (100 KM) 9,6 L (octane 91)
ÉMISSIONS DE CO_2 4508 kg/an
LITRES PAR ANNÉE 1960 L
COÛT PAR AN 2744 $

(GS 450H) V6 3,5 l DACT + moteur électronique, 340 ch au totaL
COUPLE 267 lb-pi à 4800 tr/min (moteur à essence seul)
BOÎTE DE VITESSES automatique à variation continue avec mode manuel
0-100 KM/H 5,8 s
VITESSE MAXIMALE 235 km/h

AUTRES COMPOSANTS

SÉCURITÉ ACTIVE freins ABS, assistance au freinage, répartition électronique de force de freinage, antipatinage, contrôle de stabilité électronique
SUSPENSION AVANT/ARRIÈRE indépendante
FREINS AVANT/ARRIÈRE disques
DIRECTION à crémaillère, assistée
PNEUS 350 P225/50R17, **450h** P245/40R18

DIMENSIONS

EMPATTEMENT 2850 mm
LONGUEUR 4825 mm
LARGEUR 1820 mm
HAUTEUR 350 1435 mm, **450H** 1425 mm
POIDS 350 1755 kg, **450H** 1875 kg
DIAMÈTRE DE BRAQUAGE 11,4 m
COFFRE 360 L **450h** 300 L
RÉSERVOIR DE CARBURANT 71 L, **450h** 65 L

MENTIONS

RECOMMANDÉ

VERDICT

Plaisir au volant
Qualité de finition
Consommation
Rapport qualité / prix
Valeur de revente

LA COTE VERTE MOTEUR V8 DE 4,6 L source : EnerGuide

CONSOMMATION (100 KM) 12,0 L • ÉMISSIONS POLLUANTES CO_2 5566 kg/an • INDICE D'OCTANE 91
COÛT DU CARBURANT MOYEN PAR ANNÉE 3388 $ • NOMBRE DE LITRES PAR ANNÉE 2420

FICHE D'IDENTITÉ

VERSIONS base, Ultra Premium
ROUES MOTRICES 4
PORTIÈRES 5 **NOMBRE DE PASSAGERS** 7
PREMIÈRE GÉNÉRATION 2004
GÉNÉRATION ACTUELLE 2010
CONSTRUCTION Tahara, Japon
COUSSINS GONFLABLES 10 (frontaux, latéraux avant et arrière, genoux conducteur et passager,rideaux latéraux)
CONCURRENCE Acura MDX, Audi Q7, BMW X5, Land Rover LR4, Lincoln MKX, Mercedes-Benz ML, Volkswagen Touareg, Volvo XC90

AU QUOTIDIEN

PRIME D'ASSURANCE
25 ANS : 3300 À 3500 $
40 ANS : 1700 À 1900 $
60 ANS : 1600 à 1800 $
COLLISION FRONTALE 4/5
COLLISION LATÉRALE 4/5
VENTES DU MODÈLE DE L'AN DERNIER
AU QUÉBEC 53 **AU CANADA** 513
DÉPRÉCIATION 40,6 %
RAPPELS (2006 à 2011) 1
COTE DE FIABILITÉ 4/5

GARANTIES... ET PLUS

GARANTIE GÉNÉRALE 4 ans/80 000 km
GARANTIE MOTOPROPULSEUR 6 ans/110 000 km
PERFORATION 6 ans/kilométrage illimité
ASSISTANCE ROUTIÈRE 4 ans/kilométrage illimité
NOMBRE DE CONCESSIONNAIRES
AU QUÉBEC 7 **AU CANADA** 34

NOUVEAUTÉS EN 2012

Aucun changement majeur

ELVIS WONG

Philippe Laguë

À l'origine, le GX était un Land Cruiser endimanché, mais lorsqu'est venu le temps de la refonte, l'année dernière, on a opté, cette fois, pour le 4Runner. Et la cylindrée de son V8 est passé de 4,7 à 4,6 litres, le GX 470 étant ainsi rebaptisé GX 460.

CARROSSERIE En matière d'esthétique, ce genre de véhicule me laisse de glace, mais je dois bien être le seul, à en juger par les nombreux regards admiratifs auxquels j'ai eu droit. Tant mieux si vous trouvez ça beau; pour ma part, ces gros machins opulents incarnent la quintessence du *bling bling*. L'équivalent automobile d'Elvis, époque Las Vegas, obèse et décadent.

HABITACLE À l'avant, les baquets proposent un confort comparable à n'importe quel fauteuil. S'ils offraient un meilleur maintien, ils seraient parfaits. À l'arrière, la banquette est plus ferme et, cette fois, il n'y a aucun maintien latéral. Zéro. Quant à la troisième rangée de sièges, elle est d'accès difficile et ne conviendra qu'à de très jeunes enfants.

La construction est soignée, et les matériaux nobles (cuir et bois) sont partout, de sorte que le plastique de la console centrale détone dans cet environnement cossu. On constate toutefois que les bruits de vent qui affligeaient l'ancien modèle ont été réduits au silence.

L'habitacle est vaste, on y retrouve plusieurs espaces de rangement, et l'ergonomie se place à l'abri des critiques. Tout est à portée de la main et, contrairement aux VUS de luxe allemands, pas besoin d'un diplôme universitaire de troisième cycle pour comprendre les fonctions.

MÉCANIQUE Même si la cylindrée a légèrement diminué par rapport au modèle précédent, la puissance du V8, elle, a fait un bond considérable, passant de 263 à 301 chevaux. Cette cavalerie n'est pas de trop pour tirer cette lourde carcasse, mais le couple est généreux. La capacité de remorquage n'a pas augmenté, mais elle avoisine tout de même 3 000 kilos. Le V8 brille par sa douceur et son silence de roulement,

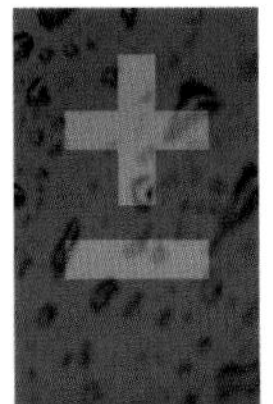

FORCES Habitacle spacieux et cossu • Mécanique raffinée
Douceur de roulement • Capacité de remorquage • Véritable 4 x 4 • Fiabilité

FAIBLESSES Certains plastiques bon marché • Consommation
Banquette arrière moins confortable • Pas de motorisation Diesel

mais il ne faut pas réveiller l'ours qui dort : dès qu'on écrase l'accélérateur, il émet un grondement sourd qui témoigne de sa force brute. La consommation s'en ressent aussitôt, mais ce genre d'inconvénient ne semble guère préoccuper la clientèle-cible. La boîte de vitesses automatique à 6 rapports permet de limiter les dégâts pour la consommation. Tout se passe là aussi en douceur, avec des changements de rapports à peine perceptibles. À ce chapitre, Lexus n'a rien à envier aux prestigieuses marques allemandes. Idem pour le freinage, surpuissant.

COMPORTEMENT Ce genre de véhicule, lourd et haut sur roues, ne doit pas être confondu avec une Ferrari... D'autant plus que le GX 460 n'a pas de prétentions sportives, contrairement aux Porsche Cayenne, BMW X5 et autres véhicules du genre. Il possède d'ailleurs de réelles capacités hors route, une rareté dans ce créneau. Ma principale réserve concerne plutôt la direction, surassistée et imprécise, qui rappelle la conduite des grosses américaines des années 60 et 70.

De toute façon, ce qui compte vraiment, pour la clientèle cible, c'est le confort. Et à ce chapitre, le GX 460 livre la marchandise en se montrant, encore une fois, à la hauteur des standards de la marque en matière de douceur de roulement. Il est cependant chaussé en conséquence ; il faudra donc en tenir compte si vous voulez vous aventurer hors route. Autrement dit, ce ne sont pas des pneus pour aller jouer dans le bois, ni dans la boue.

CONCLUSION J'ai une sainte horreur des VUS de salon, qui n'ont d'utilitaire que le nom. Le Lexus GX 460 trouve grâce à mes yeux parce que lui, au moins, est un véritable tout-terrain... pour autant qu'on prenne soin de le chausser à cet effet. Et encore faut-il avoir envie de salir ou d'abîmer un véhicule de ce prix. Autre bon point en faveur, sa fiabilité, une qualité que n'ont pas ses rivaux allemands, et encore moins les Land Rover ! Bref, tant qu'à acheter un VUS pour les bonnes raisons (avoir un véritable 4 x 4) ou les mauvaises (frimer et se sentir tout-puissant), aussi bien en acheter un bon. Et le Lexus est assurément l'un des meilleurs.

2e OPINION

« Deux heures passées à son volant sur l'autoroute 15 Nord en direction de Mont-Tremblant, où avait lieu la présentation médiatique du véhicule, auront suffit pour me convaincre que ce véhicule n'a tout simplement plus sa place sur le marché de l'automobile . Instable et très sensible aux vents latéraux, il propose une conduite quasi précaire et une direction presque aussi précise que le gouvernail du Titanic ! Et il faut croire que je ne suis pas le seul à penser ainsi, car on a dû retirer le véhicule du marché pour quelques mois, histoire de s'assurer qu'il ne présentait pas de risques de capotage ! Bon, les tests n'ont pas été concluants. Mais vous savez quoi, le seul fait d'avoir eu des soupçons prouve qu'il existe un problème de conception à la base. Alors mon verdict, c'est non ! » — Antoine Joubert

FICHE TECHNIQUE

MOTEUR

V8 4,6 L DACT, 301 ch à 5500 tr/min
COUPLE 329 lb-pi à 3400 tr/min
BOÎTE DE TRANSMISSION automatique à 6 rapports avec mode manuel
0-100 KM/H 8,1 s
VITESSE MAXIMALE 180 km/h

AUTRES COMPOSANTS

SÉCURITÉ ACTIVE freins ABS, assistance au freinage, répartition électronique de force de freinage, antipatinage, contrôle de stabilité électronique
SUSPENSION AVANT/ARRIÈRE indépendante
FREINS AVANT/ARRIÈRE disque
DIRECTION à crémaillère, assistée
PNEUS P265/60R18

DIMENSIONS

EMPATTEMENT 2790 mm
LONGUEUR 4805 mm
LARGEUR 1885 mm
HAUTEUR 1875 mm
POIDS BASE 2326 kg Ultra Premium 2349 kg
DIAMÈTRE DE BRAQUAGE 11,6 m
COFFRE 1833 L (sièges abaissés)
RÉSERVOIR DE CARBURANT 87 L
CAPACITÉ DE REMORQUAGE 2948 kg

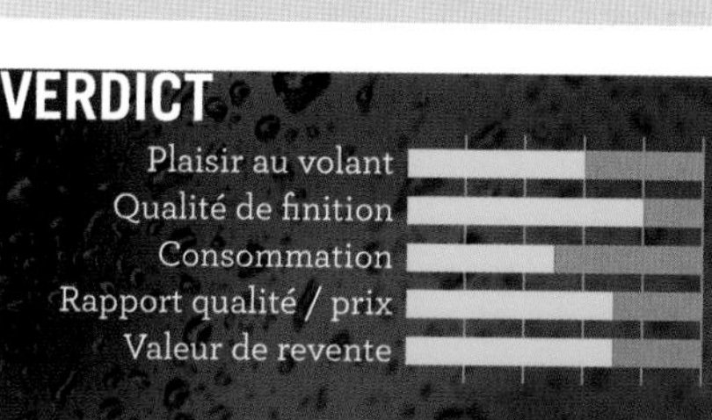

www.lexus.ca

$ 40 850 $ à 48 500 $ t&p 1895 $

LA COTE VERTE MOTEUR L4, 2,4 L source : EnerGuide

CONSOMMATION (100 KM) 5,8 L • ÉMISSIONS POLLUANTES CO_2 2622 kg an • • INDICE D'OCTANE 87
COÛT DU CARBURANT MOYEN PAR ANNÉE 1425 $ • NOMBRE DE LITRES PAR ANNÉE 1140

FICHE D'IDENTITÉ

VERSIONS Premium, Premium de luxe
ROUES MOTRICES avant
PORTIÈRES 4 **NOMBRE DE PASSAGERS** 5
PREMIÈRE GÉNÉRATION 2010
GÉNÉRATION ACTUELLE 2010
CONSTRUCTION Kyushu, Japon
COUSSINS GONFLABLES 8 (frontaux, latéraux avant, genoux conducteur et passager, rideaux latéraux)
CONCURRENCE Lincoln MKZ hybride

AU QUOTIDIEN

PRIME D'ASSURANCE
25 ANS : 1800 à 2000 $
40 ANS : 1200 à 1400 $
60 ANS : 900 à 1100 $
COLLISION FRONTALE 5/5
COLLISION LATÉRALE 5/5
VENTES DU MODÈLE DE L'AN DERNIER
AU QUÉBEC 129 **AU CANADA** 746
DÉPRÉCIATION (1 an) 16 %
RAPPELS (2006 à 2011) 2
COTE DE FIABILITÉ 4/5

GARANTIES... ET PLUS

GARANTIE GÉNÉRALE 4 ans/80 000 km
GARANTIE MOTOPROPULSEUR 6 ans/110 000 km
COMPOSANTES SYSTÈME HYBRIDE 8 ans/160 000 km
PERFORATION 6 ans/kilométrage illimité
ASSISTANCE ROUTIÈRE 4 ans/kilométrage illimité
NOMBRE DE CONCESSIONNAIRES
AU QUÉBEC 7 **AU CANADA** 34

NOUVEAUTÉS EN 2012

Aucun changement majeur

POURQUOI ?

Frédéric Masse

Une question m'est venue dès que j'ai pris possession de la Lexus HS... Pourquoi ? Pourquoi Lexus a-t-elle décidé de produire une Toyota Prius de luxe avec le groupe motopropulseur d'une Camry hybride ? Que fait cette voiture chez Lexus, elle qui n'a rien d'une voiture haut de gamme tant sur le plan de la conduite que du confort. Plus tard dans l'année, la CT 200h, une voiture plus petite et plus intéressante, est venue brouiller encore plus les cartes... Alors, je pose la question à Lexus : la HS, pourquoi ?

CARROSSERIE La petite Lexus ressemble beaucoup, mais beaucoup trop à une Corolla version 2.0 qu'on aurait nourrie comme un sumo. Elle emprunte d'ailleurs la plateforme de l'Avensis, une Toyota vendue ailleurs dans le monde. Elle a certainement l'air d'une voiture un peu techno avec son fascia avant distinctif et son allure un peu haute sur roues. Mais, outre les petits écussons hybrides et le « h » à la fin de son nom, on ne sent pas une distinction du point de vue du design comme une Prius, par exemple ou... une CT 200h.

HABITACLE L'intérieur de la HS est bien ficelé et bien présenté. Il n'y a rien à redire. L'allure générale nous amène dans un univers très technologique, avec la petite manette dans la console centrale et les nombreux boutons. C'est très bien fait, tout comme les sièges en bon cuir qui procurent un bon maintien. Mais, les dimensions moyennes dans l'habitacle font qu'on s'y sent un peu à l'étroit. Le principal problème provient de la console centrale qui prend beaucoup de place. Les piles empêchent, quant à elles, de rabattre la banquette arrière. Oui, l'habitacle est luxueux, mais, compte tenu du prix demandé, je ne me serais pas attendu à moins. Ce que j'aime moins, par contre, c'est l'insonorisation que je pourrais qualifier de très moyenne en étant poli. Sérieusement, entre vous et moi, ce n'est pas à la hauteur d'une Lexus.

MÉCANIQUE Comme je le soulignais plus tôt, la HS emprunte le système hybride de la Toyota Camry. Cela signifie que le groupe

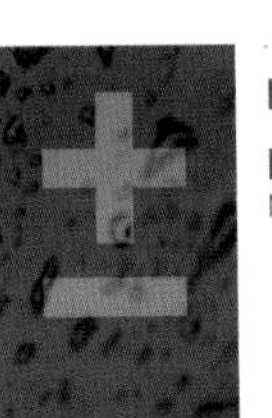

FORCES Habitacle bien ficelé • Ambiance techno

FAIBLESSES Performances d'ensemble • Mauvaise insonorisation
Manque de raffinement

son comportement routier d'ensemble n'a absolument rien d'inspirant. On arrive très rapidement à la limite de la HS. La voiture accepte les virages et les accélérations soutenues sans trop broncher, mais elle le fait sans conviction. En plus, la direction ne renvoie à peu près aucune rétroaction et elle ne compense pas par un confort de roulement décent. C'est un peu comme si on conduisait une voiture de jeu vidéo.

motopropulseur de la voiture ne soulève pas les passions non plus. Cerise sur le sundae, ma consommation moyenne a avoisiné les 8 et 9 litres aux 100 kilomètres... pas terrible pour une hybride et, surtout, pas assez pour faire un tel sacrifice du point de vue de la performance et du confort. Sous forte accélération, la boîte CVT et le petit moteur à essence de 2,4 litres développant 187 chevaux (avec l'aide du moteur électrique) crient à l'unisson. Il en ressort un manque de raffinement et de performances qui, je le répète, n'est absolument pas satisfaisant pour une Lexus.

COMPORTEMENT Vous allez me trouver cruel, mais là encore je n'ai rien trouvé d'intéressant. Sa direction est trop floue, son comportement en traction est exacerbé, et

CONCLUSION Certains me trouvent probablement très dur envers la HS. Oui, nous devons trouver de nouvelles solutions pour offrir des voitures moins énergivores et moins polluantes. Toutefois, je ne crois pas qu'une voiture comme la HS rende service à Lexus, ni à la cause écolo. Elle n'a ni le raffinement, ni les compétences routières pour aviver la flamme. En plus, avec l'arrivée de la CT, distinctive et plus attirante, je ne vois pas du tout ce que la HS apporte de plus. Elle aura besoin d'un bon coup d'isolation acoustique, d'un tandem moteur-boîte plus adéquat et d'une suspension plus conciliante si elle veut parvenir à marquer des points.

2e OPINION

« Soyons francs, la HS 250h n'est pas la voiture la plus populaire au pays. En fait, c'est presque un événement quand on en aperçoit une ! Cette Toyota Prius endimanchée – oui, le moteur thermique est différent – a beau offrir plus de luxe, de confort et de commodités que la Prius, elle ne répond pas vraiment à un besoin réel. En Californie, la HS 250h se révélait un véhicule idéal pour rouler dans les voies réservées aux véhicules hybrides jusqu'à l'abolition de cet avantage, mais au Québec, une HS n'a aucun intérêt. De plus, à ce prix, il y a beaucoup de choix qui propose un agrément de conduite supérieur et pas que dans l'hybride. Au moins, elle a une bouille sympathique ! » — Vincent Aubé

FICHE TECHNIQUE

MOTEUR

L4 2,4 L à cycle Atkinson DACT + moteur électrique, 187 ch à 6000 tr/min (puissance totale)
COUPLE 138 lb-pi à 4400 tr/min (moteur à essence seul)
BOÎTE DE VITESSES automatique à variation continue
0-100 KM/H 8,4 s
VITESSE MAXIMALE 180 km/h

AUTRES COMPOSANeES

SÉCURITÉ ACTIVE freins ABS, assistance au freinage, répartition électronique de force de freinage, antipatinage, contrôle de stabilité électronique
SUSPENSION AVANT/ARRIÈRE indépendante
FREINS AVANT/ARRIÈRE disques
DIRECTION à crémaillère, assistée
PNEUS PREMIUM P215/55R17
PREMIUM DE LUXE P225/45R18

DIMENSIONS

EMPATTEMENT 2700 mm
LONGUEUR 4695 mm
LARGEUR 1785 mm
HAUTEUR 1505 mm
POIDS Premium 1670 kg, **Premium de luxe** 1710 kg
DIAMÈTRE DE BRAQUAGE 11,4 m
COFFRE 343 L
RÉSERVOIR DE CARBURANT 55 L

MENTIONS

CHOIX VERT

$ 32 900 $ à 69 850 $ t&p 1895 $

LA COTE VERTE MOTEUR V6 DE 2,5 L source : EnerGuide

CONSOMMATION (100 KM) man. 9,6 L, auto. 4RM 8,0 L • **ÉMISSIONS POLLUANTES CO_2** man. 4324 kg/an, auto. 3726 kg/an • **INDICE D'OCTANE** 91
OÛT DU CARBURANT MOYEN PAR ANNÉE man. 2482 $, auto. 2138 $ • **NOMBRE DE LITRES PAR ANNÉE** man. 1880, auto. 1620

FICHE D'IDENTITÉ

VERSIONS 250, 250 4RM, 350, 350 4RM, IS F, 250 C, 350 C
ROUES MOTRICES arrière, 4
PORTIÈRES 2, 4
NOMBRE DE PASSAGERS 4 (cabrio. et IS F), 5 (berline)
PREMIÈRE GÉNÉRATION 1999
GÉNÉRATION ACTUELLE 2006
CONSTRUCTION Kyushu et Tahara, Japon
COUSSSINS GONFLABLES 8 (frontaux, latéraux avant, genoux conducteur et passager, rideaux latéraux)
CONCURRENCE Acura TSX/TL, Audi A4, BMW Série 3, Cadillac CTS, Infiniti G, Mercedes-Benz Classe C, Volvo C70

AU QUOTIDIEN

PRIME D'ASSURANCE
25 ANS : 2100 à 2300 $
40 ANS : 1300 à 1500 $
60 ANS : 1100 à 1300 $
COLLISION FRONTALE 4/5
COLLISION LATÉRALE 5/5
VENTES DU MODÈLE DE L'AN DERNIER
AU QUÉBEC 508 **AU CANADA** 2233
DÉPRÉCIATION 30,4 %
RAPPELS (2006 À 2011) 8
COTE DE FIABILITÉ 5/5

GARANTIES... ET PLUS

GARANTIE GÉNÉRALE 4 ans/80 000 km
GARANTIE MOTOPROPULSEUR 6 ans/110 000 km
PERFORATION 6 ans/kilométrage illimité
ASSISTANCE ROUTIÈRE 4 ans/kilométrage illimité
NOMBRE DE CONCESSIONNAIRES
AU QUÉBEC 7 **AU CANADA** 34

NOUVEAUTÉS EN 2012

Aucun changement majeur

LA BONNE **ÉDUCATION**

Philippe Laguë

Concurrente désignée des Audi A4, BMW Série 3 et Mercedes-Benz Classe C, la « petite Lexus » n'a pas la partie facile, tant ces trois modèles dominent le segment. La première génération (de 1999 à 2006) d'IS n'a jamais pu s'imposer, malgré d'indéniables qualités, mais le modèle actuel est mieux outillé en raison d'une gamme plus variée.

CARROSSERIE Comme celle qui l'a précédée, l'IS de seconde génération est plutôt agréable à regarder, ce qui est l'exception plutôt que la règle chez Lexus. Un coupé-cabriolet avec toit rigide rétractable s'est aussi ajouté en cours de route, de sorte que la gamme IS compte maintenant sept versions différentes.

HABITACLE Comme toujours, l'assemblage est irréprochable, et la finition, cossue. À l'avant, les baquets enveloppent bien le corps et ils sont évidemment très confortables : nous sommes à bord d'une Lexus, après tout ! Il en va de même pour les places arrière, avec une banquette bien sculptée, séparée par une console au centre et un accoudoir qui cache une trappe pour les skis. Le dégagement est correct pour les jambes, mais un peu juste pour la tête.

Lexus, c'est Toyota, ce qui veut aussi dire une ergonomie bien pensée, avec des commandes simples et accessibles ainsi que des espaces de rangement là où il en faut, et plus encore : outre les vide-poches dans les portières, on retrouve deux boîtes à gants et un autre rangement dans la console. Le coffre arrière se situe dans la bonne moyenne de cette catégorie, mais si vous optez pour le cabriolet IS-C, sachez que le toit rigide gruge la quasi-totalité de l'espace quand il vient s'y loger. Il faudra donc voyager léger, à moins d'utiliser la banquette arrière pour mettre les bagages.

MÉCANIQUE Les IS 250 et 350 ont droit à des V6 de 2,5 et de 3,5 litres respectivement, d'où leur appellation. L'année dernière, on a corrigé une aberration : lors de l'introduction de la seconde génération, l'IS 350 n'avait pas droit à la transmission intégrale. Si vous ne jurez que

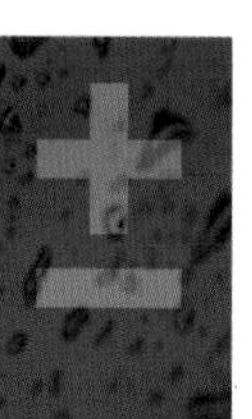

FORCES Construction soignée • Habitacle cossu • Choix de versions
Mécanique raffinée • Insonorisation et douceur de roulement
Forte valeur de revente • Fiabilité exemplaire

FAIBLESSES Moteurs avares de sensations • Conduite trop sage
Pas de boîte manuelle avec le V6 de 3,5 L • Modèle en fin de carrière

par la boîte manuelle, sachez aussi que seule l'IS 250 RWD (à roues motrices arrière) y a droit, ce qui est franchement dommage. Pas de boîte manuelle, donc, avec la transmission intégrale, ni avec le V6 de 3,5 litres.

Même si leur puissance n'est pas à dédaigner, ces deux moteurs mettent l'accent sur la souplesse, la douceur et la discrétion, Lexus oblige. Toutefois, il faut être honnête et avouer qu'ils n'ont pas le caractère bien trempé des 6-cylindres germaniques. Ce n'est pas une question de puissance : avec 204 et 306 chevaux respectivement, les deux V6 autorisent des performances très correctes. Leur consommation est aussi très raisonnable, surprenante même. C'est juste qu'ils sont trop civilisés. Trop bien élevés. Pour les amateurs de sensations fortes, il y a toujours l'IS-F et son V8 de 416 chevaux, une superbe machine capable de rivaliser avec une BMW M3.

COMPORTEMENT En matière de prestations routières et d'agrément de conduite, la BMW Série 3 demeure, encore et toujours, la référence dans cette catégorie, suivie de près par l'Audi A4. Plus placide, la berline IS se pose plutôt en rivale de la Mercedes-Benz Classe C. Sa conduite n'est pas aussi aseptisée que celle des autres Lexus, mais on ne retrouve pas la rigidité des allemandes, qui semblent construites tout d'un bloc. Disons-le, la Lexus, c'est plus mou. Rien à voir avec la génération précédente, capable, elle, de tutoyer les BMW. Par contre, en matière d'insonorisation et de douceur de roulement, le modèle actuel se retrouve dans le peloton de tête. L'ajout de la transmission intégrale devrait par ailleurs aider l'IS 350, dont les acheteurs étaient souvent refroidis par ses seules roues motrices arrière.

CONCLUSION Les IS 250 et 350 sont des voitures luxueuses, raffinées, très confortables et construites avec rigueur. Pas très excitantes, mais pas ennuyeuses non plus ; plus bourgeoises que leurs devancières, elles privilégient le confort et les bonnes manières. Elles affichent aussi une fiabilité exemplaire, ce qui n'est certes pas le cas de leurs rivales allemandes ; et le service après-vente des concessionnaires de la marque est, lui aussi, nettement supérieur. Voilà qui pèse lourd dans la balance.

2e OPINION

« Un simulacre de Série 3, la Lexus IS ? Oui, par son gabarit, ses prix et ses prestations. Si elle procurait cette précieuse impression de la route que transmettent toutes les BMW à leurs conducteurs, on croirait à du clonage. Malheureusement, à l'instar de tous produits Lexus, l'IS déconnecte trop son conducteur du bitume. Un choix stratégique sans doute lié à la clientèle visé... Et puis, il y a des groupes motopropulseurs pour tous les goûts (et tous les coûts), un habitacle vaguement plus spacieux que celui d'une 2+2 (comme c'est le cas pour la berline de la Série 3) et un coffre à peine plus volumineux que celui d'une... Toyota Corolla ! Le petit V6 plaira au promeneur, alors que le gros V6 satisfera l'amateur de conduite. Le V8, lui, transforme cette berline en hot rod pour gentleman. Et puis, il y a l'élégante IS C, une alternative au cabriolet BMW Série 1 ou à la Mercedes-Benz SLK 350, selon le moteur considéré. Bref, le choix ne manque pas. » — Luc Gagné

FICHE TECHNIQUE

MOTEURS

(250 2RM/4RM, 250 C) V6 2,5 L DACT, 204 ch à 6400 tr/min
COUPLE 185 lb-pi à 4800 tr/min
BOÎTE DE VITESSES manuelle à 6 rapports, automatique à 6 rapports avec mode manuel (en option, de série sur 250 4RM)
0-100 KM/H 8,3 s
VITESSE MAXIMALE 225 km/h

(350 2RM/4RM, 350 C) V6 3,5 L DACT, 306 ch à 6400 tr/min
Couple 277 lb-pi à 4800 tr/min
BOÎTE DE VITESSES automatique à 6 rapports avec mode manuel
0-100 KM/H 5,8 s
VITESSE MAXIMALE 240 km/h
CONSOMMATION (100 KM) 2RM 8,9 L, **4RM** 9,6 L (octane 91)
ÉMISSIONS DE CO_2 2RM 4140 kg/an, **4RM** 4508 kg/an
LITRES PAR ANNÉE 2RM 1800 L, **4RM** 1960 L
COÛT PAR AN 2RM 2376 $, **4RM** 2587 $

(IS F) V8 5,0 L DACT, 416 ch à 6600 tr/min
COUPLE 371 lb-pi à 5200 tr/min
BOÎTE DE VITESSES automatique à 8 rapports avec mode manuel
0-100 KM/H 4,9 s
VITESSE MAXIMALE 250 km/h
CONSOMMATION (100 KM) 10,8 L (octane 91)
ÉMISSIONS DE CO_2 5060 kg/an
LITRES PAR ANNÉE 2200 L
COÛT PAR AN 2904 $

AUTRES COMPOSANTS

SÉCURITÉ ACTIVE freins ABS, assistance au freinage, répartition électronique de force de freinage, contrôle de stabilité électronique, antipatinage
SUSPENSION AVANT/ARRIÈRE indépendante
FREINS AVANT/ARRIÈRE disques
DIRECTION À CRÉMAILLÈRE, assistée
PNEUS 250 4RM, 350 4RM P225/45R17, **250 2RM** P225/45R17 (av.) P245/45R17 (arr.), **350 2RM/250 C/350 C** P225/40R18 (av.) P255/40R18, **IS F** P225/40R19 (av) P255/35R19 (arr.)

DIMENSIONS

EMPATTEMENT 2730 mm
LONGUEUR 4580 mm, C 4635 mm, **IS F** 4660 mm
LARGEUR 1800 mm, **IS F** 1815mm
HAUTEUR 250 2RM 1420 mm, **350 2RM** 1425 mm, **250 4RM/350, 4RM** 1440 mm, **IS C, IS F** 1415mm
POIDS 250 man. 1567 kg, **250 4RM** 1656 kg, **350** 1600 kg, **350 4RM** 1680 kg, **250 C man.** 1742 kg, **350 C** 1760 kg, **IS F** 1715 kg
DIAMÈTRE DE BRAQUAGE 10,2 m
COFFRE 378 L, C 306 L (toit monté)
RÉSERVOIR DE CARBURANT 65 L, **IS F** 64 l

MENTIONS

RECOMMANDÉ

VERDICT

Plaisir au volant
Qualité de finition
Consommation
Rapport qualité / prix
Valeur de revente

$ 83 100 $ à 121 750 $ t&p 1895 $

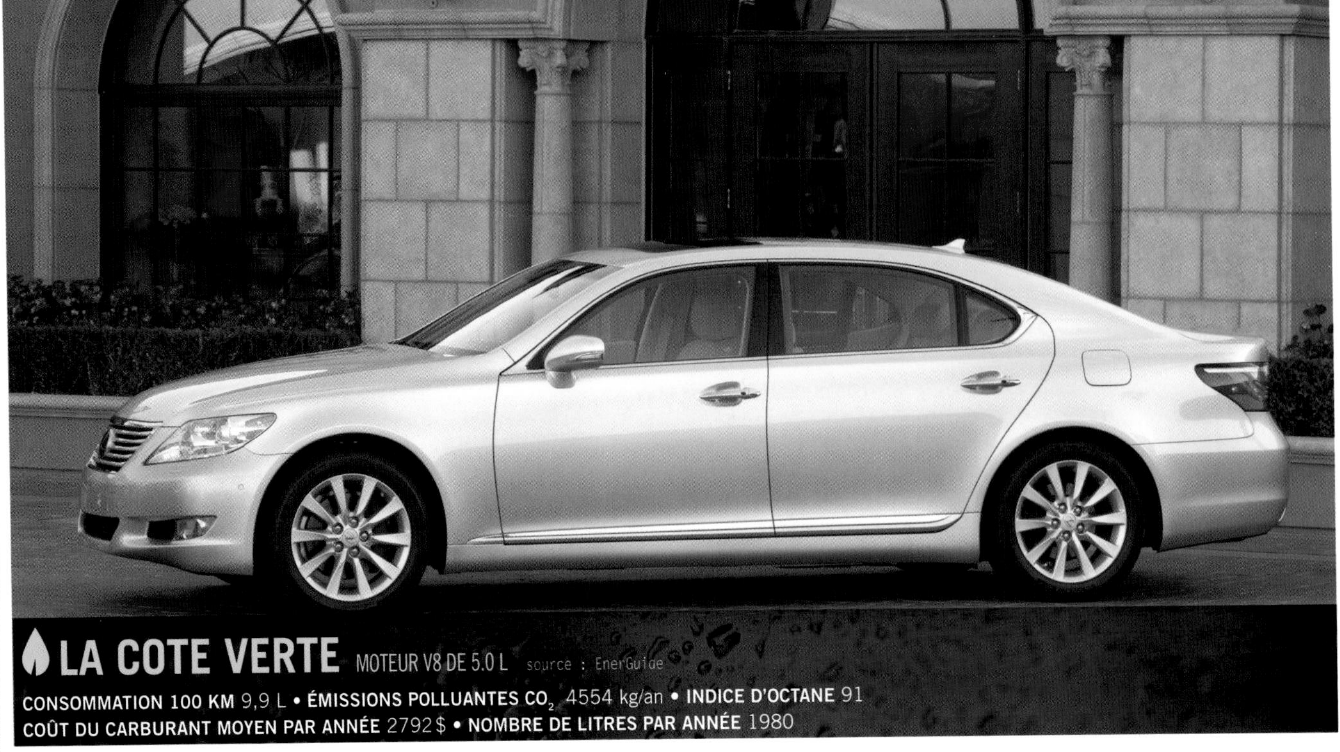

LA COTE VERTE MOTEUR V8 DE 5.0 L source : EnerGuide
CONSOMMATION 100 KM 9,9 L • **ÉMISSIONS POLLUANTES CO_2** 4554 kg/an • **INDICE D'OCTANE** 91
COÛT DU CARBURANT MOYEN PAR ANNÉE 2792 $ • **NOMBRE DE LITRES PAR ANNÉE** 1980

FICHE D'IDENTITÉ

VERSIONS 460, 460 4RM, 460 L (4RM), 600h L
ROUES MOTRICES arrière, 4 RM
PORTIÈRES 4 **NOMBRE DE PASSAGERS** 5
PREMIÈRE GÉNÉRATION 1990
GÉNÉRATION ACTUELLE 2007
CONSTRUCTION Tahara, Japon
COUSSINS GONFLABLES 8 (frontaux, latéraux avant, genoux conducteur et passager, rideaux latéraux)
CONCURRENCE Audi A8, BMW Série 7, Hyundai Equus, Jaguar XJ, Mercedes-Benz Classe S

AU QUOTIDIEN

PRIME D'ASSURANCE
25 ANS : 3300 à 3500 $
40 ANS : 2000 à 2200 $
60 ANS : 1800 à 2000 $
COLLISION FRONTALE 5/5
COLLISION LATÉRALE 5/5
VENTES DU MODÈLE DE L'AN DERNIER
AU QUÉBEC 52 **AU CANADA** 226
DÉPRÉCIATION 46,9 %
RAPPELS (2006 à 2011) 3
COTE DE FIABILITÉ 4,5/5

GARANTIES... ET PLUS

GARANTIE GÉNÉRALE 4 ans/80 000 km
GARANTIE MOTOPROPULSEUR 6 ans/110 000 km
COMPOSANTES SYSTÈME HYBRIDE 8 ans/160 000 km
PERFORATION 6 ans/kilométrage illimité
ASSISTANCE ROUTIÈRE 4 ans/kilométrage illimité
NOMBRE DE CONCESSIONNAIRES
AU QUÉBEC 7 **AU CANADA** 34

NOUVEAUTÉS EN 2012

Aucun changement majeur

BAL DES CONTEMPLATIVES

Michel Crépault

Une LS 460, une LS 460 à empattement allongé et une LS 600h à motorisation hybride, voilà le trio de limousines avec lequel Toyota/Lexus défie les autres fabricants de nirvana mobile.

CARROSSERIE Elle ne sort pas de l'ordinaire, mais sa seule présence massive en impose. À plus de 500 centimètres de longueur, elle se compare à une Mercedes-Benz Classe S ou à une BMW Série 7. La version hybride, dont l'empattement d'office allongé nous vaut d'énormes portières, brandit surtout des badges pour se distinguer. Malheureusement, à cause des batteries logées à l'arrière, la petitesse de son coffre à bagages jure avec le reste de son gabarit.

HABITACLE Ce paragraphe à lui seul devrait convaincre le client potentiel de pousser la porte d'une concession Lexus. Il peut aussi donner le vertige tant l'équipement flirte avec la démesure. Si on allonge les dollars nécessaires (la 600h testée comptait 23 000 $ d'options), on obtient un accoudoir central arrière qu'il faut abaisser pour tâter de ses merveilles. Je ne parle pas de la télécommande pour écran vidéo et paires d'écouteur sans fil. Ça, c'est commun. Même que Lexus devrait disposer l'écran ailleurs qu'entre les deux fauteuils avant car il forme alors un mur qui complique l'accès à la banquette. Ce sont les autres commandes qui fascinent. Celles, entre autres, qui parcourent les deux places principales de vibrations dont un vendeur peu scrupuleux dirait qu'elles font perdre deux kilos par jour, garanti ! Ou ce siège ottoman (place arrière droite), dont le dossier s'incline, et le repose-jambes qui se soulève comme un La-Z-Boy, avant de prodiguer un massage Shiatsu. On ne veut plus quitter cet endroit ! Un mot sur l'incroyable sono à 19 haut-parleurs, mais dont l'écran tactile nécessite une interface plus gaie et plus moderne.

MÉCANIQUE La 460 est une propulsion ou une intégrale, au choix, alors que les versions allongées, y compris l'hybride, privilégient l'intégrale. Les 460 s'en remettent à un V8 de 4,6 litres de 380 chevaux

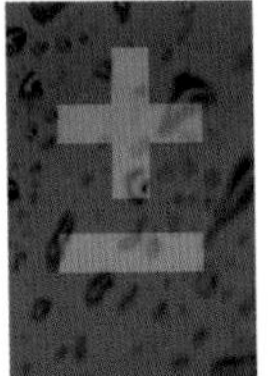

FORCES Un monde (en apparence) sans soucis • Puissance feutrée
Raffinement du confort digne d'un sultan

FAIBLESSES Silhouette discrète (mais est-ce bien un tort?)
Coffre de l'hybride tout petit • Consommation perfectible du côté de la 600h

silence de l'électricité marié à une suspension tendrement musclée: amenez-en des ornières, on s'en fiche! L'expérience vous transporte dans un monde zen qui repousse le rythme effréné de la vie moderne, celui qui tue à petit feu. Je vous le dis, si tous les gens roulaient en LS, nous serions un peuple de yogis maîtrisant la lévitation, et notre Téléjournal nous proviendrait des hirondelles. Chose certaine, les orienteurs au primaire devraient offrir une balade en LS aux écoliers: ça réduirait le décrochage puisqu'ils visualiseraient le genre de récompense qui les attendrait au bout de leurs études. Notons, par ailleurs, que l'auto est aussi livrable avec un ensemble Sport, ce qui revient à aller négocier le circuit Gilles-Villeneuve avec un véhicule motorisé.

couplé à une boîte de vitesses à 8 rapports, alors que la 600h utilise une boîte CVT et un V8 de 5 litres dont les 389 chevaux grimpent à 438 quand les deux moteurs électriques prêtent main-forte. L'argument numéro un de cette proposition se veut la consommation moyenne. Certes, j'ai enregistré 10,4 litres aux 100 kilomètres, ce qui n'est pas si mal compte tenu du mastodonte, mais pas assez éloigné de la cote d'une 460 pour justifier l'écart de prix.

COMPORTEMENT Nous reprochons souvent à Lexus d'aseptiser la tenue de route (comme si c'était un crime de nous protéger des belles routes du Québec...). Mais la grosse LS pousse sciemment l'expérience vers d'autres confins. Cet art de nous couper des soucis extérieurs atteint son apogée à bord de cette limo de sumo et, même, davantage dans l'hybride dont la douceur de roulement évoque une soie glissant sur l'épaule de Monica Belluci. Le

CONCLUSION Lexus a développé une automobile où la passion a cédé la place à la contemplation. Une voiture qui pratique l'altruisme puisque ses passagers sont encore mieux traités que son propriétaire. Avertissement: tout ce qui précède est la réflexion d'un homme d'âge mûr qui vient d'apprendre qu'il sera grand-père. Je suis donc désormais perclus de sagesse... Mais rêver d'une Porsche ou d'une Ferrari n'est pas bête non plus. De toute façon, vivre, c'est faire des choix.

2e OPINION

« Véritable navire amiral de l'entreprise, que dis-je, un paquebot, la LS est le nec plus ultra du luxe à la japonaise. Offerte en version à moteur à essence ou à la sauce hybride, la LS se veut la solution de rechange nipponne aux BMW de Série 7, Audi A8 et Mercedes Classe S de ce monde. L'effort est très louable, mais pour déloger de leur trône les ténors allemands, ça va prendre plus que ça. Ce n'est pas que la LS ne fait pas tout bien. Justement, elle fait tout très bien, trop même. Tellement qu'il lui manque ce petit quelque chose qui fait qu'une voiture de plus de 100 000 $ fait tourner les têtes, transmet un sentiment de fierté à son propriétaire et excite la personne qui en prend le volant. » — Daniel Rufiange

FICHE TECHNIQUE

MOTEURS

(460, 460L) V8 4,6 L DACT, 380 ch à 6400 tr/min (4RM 357 ch à 6400 tr/min)
COUPLE 367 lb-pi à 4100 tr/min (4RM 344 lb-pi à 4100 tr/min)
BOÎTE DE VITESSES automatique à 8 rapports avec mode manuel
0-100 KM/H 5,7 s
VITESSE MAXIMALE 210 km/h (limitée)

(600H L) V8 5,0 L DACT, 389 ch à 6400 tr/min + 2 moteurs électriques (438 ch avec moteurs électriques)
COUPLE 385 lb-pi à 4000 tr/min
BOÎTE DE VITESSES automatique à variation continue
0-100 KM/H 6,3 s
VITESSE MAXIMALE 210 km/h (limitée)

CONSOMMATION (100KM) 2RM 10,6 L, **4RM** 11,1 L
ÉMISSIONS POLLUANTES CO_2 2RM 4968 kg/an, **4RM** 5198 kg/an
COÛT DU CARBURANT MOYEN PAR AN 2RM 2851 $, **4RM** 2983 $
NOMBRE DE LITRES PAR AN 2RM 2160 L, **4RM** 2260 L

AUTRES COMPOSANTS

SÉCURITÉ ACTIVE freins ABS, assistance au freinage, répartition électronique de force de freinage, antipatinage, contrôle de stabilité électronique
SUSPENSION AVANT/ARRIÈRE indépendante
FREINS AVANT/ARRIÈRE disques
DIRECTION à crémaillère, assistée
PNEUS P235/50R18 (option LS600 h), option/600 h P245/45R19

DIMENSIONS

EMPATTEMENT 2970 mm, **L** 3090 mm
LONGUEUR 5060 mm, **L** 5180 mm
LARGEUR 1875 mm
HAUTEUR 1475 mm, **600h** 1480 mm
POIDS 460 1925 kg, **460 4RM** 2105 kg, **460 4RM L** 2150 kg, **600h** 2290 kg
DIAMÈTRE DE BRAQUAGE 10,8 m, **L** 11,0 m, **600 h** 12,0 m
COFFRE 510 L, **Hybride** 330 L
RÉSERVOIR DE CARBURANT 84 L

MENTIONS

RECOMMANDÉ

VERDICT

Plaisir au volant
Qualité de finition
Consommation
Rapport qualité / prix
Valeur de revente

$ 89 950 $ à 100 800 $ t&p 1895 $

LA COTE VERTE MOTEUR V8 DE 5,7 L source : ÉnerGuide

CONSOMMATION (100 KM) 14,2 L • ÉMISSIONS POLLUANTES CO_2 6670 kg/an • INDICE D'OCTANE 91
COÛT DU CARBURANT MOYEN PAR ANNÉE 4060 $ • NOMBRE DE LITRES PAR ANNÉE 2900

FICHE D'IDENTITÉ

VERSION 570
ROUES MOTRICES 4
PORTIÈRES 5 **NOMBRE DE PASSAGERS** 8
PREMIÈRE GÉNÉRATION 1996
GÉNÉRATION ACTUELLE 2008
CONSTRUCTION Araco, Japon
COUSSINS GONFLABLES 10 (frontaux, latéraux avant et arrière, genoux conducteur et passager ,rideaux latéraux
CONCURRENCE Cadillac Escalade, Infiniti QX56, Land Rover Range Rover, Lincoln Navigator, Mercedes-Benz Classe GL

AU QUOTIDIEN

PRIME D'ASSURANCE
25 ANS : 3000 à 3200 $
40 ANS : 1700 à 1900 $
60 ANS : 1600 à 1800 $
COLLISION FRONTALE 5/5
COLLISION LATÉRALE 5/5
VENTES DU MODÈLE DE L'AN DERNIER
AU QUÉBEC 20 **AU CANADA** 180
DÉPRÉCIATION 39,1 %
RAPPELS (2006 à 2011) 1
COTE DE FIABILITÉ 5/5

GARANTIES... ET PLUS

GARANTIE GÉNÉRALE 4 ans/80 000 km
GARANTIE MOTOPROPULSEUR 6 ans/110 000 km
PERFORATION 6 ans/kilométrage illimité
ASSISTANCE ROUTIÈRE 4 ans/kilométrage illimité
NOMBRE DE CONCESSIONNAIRES
AU QUÉBEC 7 **AU CANADA** 34

NOUVEAUTÉS EN 2012

Aucun changement majeur

ENCORE AU SOMMET DE LA GAMME

Vincent Aubé

Les années se suivent et se ressemblent pour certains modèles. C'est le cas du LX 570 qui trône au sommet de la gamme des VUS du constructeur nippon. Avec le prix du carburant et le fait que la conduite d'un véhicule de cette taille demande quelques compromis, il est normal que les ventes de ce dernier soient plutôt discrètes. Au-delà du prix demandé et de cette silhouette endimanchée se cache un véritable VUS robuste capable d'en prendre quand le terrain devient plus accidenté. Dommage tout de même que très peu de propriétaires aillent jusqu'à essayer leur LX dans la boue.

CARROSSERIE À l'extérieur, le LX demeure fidèle au modèle de l'an dernier qui est parmi nous depuis 2008. La silhouette se veut plus traditionnelle qu'avant-gardiste, mais elle a l'avantage de bien vieillir, un élément à considérer quand on acquiert un véhicule de cette trempe. Par rapport au Toyota Land Cruiser, un modèle qui ne traverse pas la frontière, le LX est plus cossu à l'extérieur avec davantage de chrome, une calandre typiquement Lexus et des feux à diodes électroluminescentes (DEL) à l'arrière. Les jantes de 20 pouces sont au rendez-vous, celles-ci paraissant même petites par rapport au gabarit de ce véhicule.

HABITACLE À l'intérieur, c'est du Lexus tout craché. Le tableau de bord est simple à utiliser avec ces gros boutons, tandis que la qualité des matériaux est égale à ce à quoi on doit s'attendre de Lexus, c'est-à-dire excellente. Un bon mot aussi sur le système de navigation qui ne complique pas la vie du conducteur. Bien entendu, il y a ces caméras de vision arrière qui sont indispensables compte tenu de la taille de cet engin. Je n'étonnerai personne en affirmant que l'espace est plus que généreux à bord de ce mastodonte luxueux. Dans un véhicule à 8 places, c'est évidemment normal! Les occupants des deux premières rangées

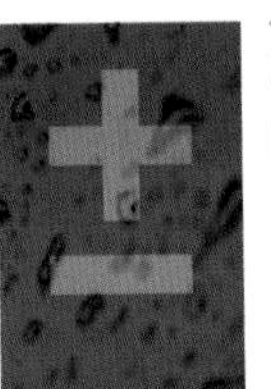

FORCES Habitacle logeable • Confort supérieur • Qualité d'exécution

FAIBLESSES Consommation de carburant • Prix encore trop élevé
Un seul ensemble d'options

nagent dans le luxe, et l'espace qui leur est réservé est plus que suffisant. De plus, les sièges sont très confortables. Comme dans plusieurs VUS, la troisième banquette repliable dans le plancher se révèle un peu plus dure, mais pour dépanner la moitié de l'équipe de soccer de votre enfant, cet avantage est indéniable.

MÉCANIQUE C'est toujours un V8 de 5,7 litres qui a le mandat de mouvoir le LX 570 en 2012, sa puissance demeurant la même à 383 chevaux. Accouplée à ce dernier, une boîte de vitesses automatique à 6 rapports travaille sans se plaindre. Sans être un foudre de guerre, cette combinaison mécanique accomplit du travail honnête, les accélérations étant énergiques, et la consommation de carburant, acceptable pour une brute de la sorte. Pour affronter les pires conditions hors route, ce Lexus est équipé de la transmission intégrale permanente, et la liste de dispositifs électroniques qui rendent la conduite si facile quand le bitume disparaît est très longue (contrôle de la stabilité, assistance en pente et en descente, antipatinage à l'accélération, marche lente, etc.). Le conducteur peut également augmenter la garde au sol pour mieux franchir les obstacles qui s'offrent à lui.

COMPORTEMENT
Puisque 99 % des LX demeureront sur la route asphaltée, il serait presque inutile de répéter à quel point ce gros VUS luxueux est compétent en situation de conduite extrême. Toutefois, ce qu'il faut retenir, c'est que le LX 570 est très confortable sur le bitume, et ce, malgré notre réseau routier usé par le temps. Comme mentionné plus haut, le V8 est adéquat pour faire avancer le LX, et la boîte de vitesses travaille de manière transparente. Évidemment, le roulis est plus important, les suspensions étant pensées pour un confort princier avant tout, tandis que la direction demeure légère. Si vous êtes du type à conduire votre gros VUS comme une voiture sport, le LX n'est pas pour vous, mais si vous privilégiez une conduite feutrée au possible, ce gros camion pourrait bien être celui que vous recherchez.

CONCLUSION Le LX 570 demeure un véhicule marginal qui n'a rien à voir avec l'image « verte » que Toyota ou, même, Lexus essaie de se donner depuis une décennie. Les ventes demeureront timides, mais le VUS extra large de Lexus continuera d'être offert, surtout à cause des consommateurs américains qui raffolent encore de ce type de véhicule hors norme.

2e OPINION

« Y a-t-il quelqu'un chez Toyota qui réalise que ce genre de véhicule n'a tout simplement plus sa place sur notre marché ? Certes, Cadillac et Lincoln continuent de proposer l'Escalade et le Navigator en faisant un petit volume de ventes, mais au moins, ces véhicules ont une âme, une image. Pourriez-vous en dire autant du Lexus LX ? Dans les faits, de mon vivant, je pense n'avoir jamais conduit un véhicule aussi immense et discret à la fois. Il a beau être stationné à côté d'une MINI Cooper, il demeure toujours dans l'ombre. Cela ne lui enlève rien de ses capacités, mais les rares acheteurs de ce genre de véhicule ne veulent habituellement pas sombrer dans l'anonymat. Voilà donc sans doute ce qui explique pourquoi il s'est vendu l'an dernier une moyenne de 0,8 Lexus LX par concessionnaire au Canada... » — *Antoine Joubert*

FICHE TECHNIQUE

MOTEUR

V8 5,7 L DACT, 383 ch à 5600 tr/min
COUPLE 403 lb-pi à 3600 tr/min
BOÎTE DE VITESSES automatique à 6 rapports avec mode manuel
0-100 KM/H 8,7 s
VITESSE MAXIMALE 180 km/h

AUTRES COMPOSANTS

SÉCURITÉ ACTIVE freins ABS, assistance au freinage, répartition électronique de force de freinage, antipatinage, contrôle de stabilité électronique
SUSPENSION AVANT/ARRIÈRE indépendante
FREINS AVANT/ARRIÈRE disques
DIRECTION à crémaillère, assistée
PNEUS P285/50R20

DIMENSIONS

EMPATTEMENT 2850 mm
LONGUEUR 4990 mm
LARGEUR 1970 mm
HAUTEUR 1920 mm
POIDS 2660 kg
DIAMÈTRE DE BRAQUAGE 11,8 m
COFFRE 430 L, 2560 L (sièges abaissés)
RÉSERVOIR DE CARBURANT 93 L
CAPACITÉ DE REMORQUAGE 3175 kg

VERDICT

www.lexus.ca

ÉVOLUTION $ 47 050 $ à 59 550 $ t&p 1895 $

LA COTE VERTE MOTEUR V6 DE 3,5 L source : ÉnerGuide

CONSOMMATION (100 KM) 7,0 L • **ÉMISSIONS POLLUANTES CO_2** 4416 kg/an • **INDICE D'OCTANE** 91
COÛT DU CARBURANT MOYEN PAR ANNÉE 2534 $ • **NOMBRE DE LITRES PAR ANNÉE** 1920

FICHE D'IDENTITÉ

VERSION 350, 450h
ROUES MOTRICES 4
PORTIÈRES 5 **NOMBRE DE PASSAGERS** 5
PREMIÈRE GÉNÉRATION 1998
GÉNÉRATION ACTUELLE 2010
CONSTRUCTION Cambridge, Ontario, Canada et Kyushu, Japon
COUSSINS GONFLABLES 10 (frontaux, latéraux avant et arrière,genoux conducteur et passager, rideaux latéraux)
CONCURRENCE Acura MDX, Audi Q7, BMW X5, Cadillac SRX, Infiniti FX, Land Rover LR4, Mercedes-Benz Classe M, Porsche Cayenne, Saab 9-4x, Volkswagen Touareg, Volvo XC90

AU QUOTIDIEN

PRIME D'ASSURANCE
25 ANS : 4100 à 4300 $
40 ANS : 2800 à 3000 $
60 ANS : 2400 à 2600 $
COLLISION FRONTALE 5/5
COLLISION LATÉRALE 5/5
VENTES DU MODÈLE DE L'AN DERNIER
AU QUÉBEC 1253 **AU CANADA** 7383
DÉPRÉCIATION 45,7 %
RAPPELS (2006 à 2011) 2
COTE DE FIABILITÉ 5/5

GARANTIES... ET PLUS

GARANTIE GÉNÉRALE 4 ans/80 000 km
GARANTIE MOTOPROPULSEUR 6 ans/110 000 km
COMPOSANTES SYSTÈME HYBRIDE 8 ans/160 000 km
PERFORATION 6 ans/kilométrage illimité
ASSISTANCE ROUTIÈRE 4 ans/kilométrage illimité
NOMBRE DE CONCESSIONNAIRES
AU QUÉBEC 7 **AU CANADA** 34

NOUVEAUTÉS EN 2012

Auncun changement majeur

QUESTIONS D'**APPARENCE**

Michel Crépault

Si nous portons tous en nous des aspects féminins et masculins, le Lexus RX est l'utilitaire qui assume le mieux son côté rose. Que ce soit le modèle 350 ou le 450h, les deux inspirent la douceur.

CARROSSERIE La silhouette du RX, sans être du genre à nous refiler un torticolis sur son passage, plaît à l'œil. Elle dégage une présence élégante sans s'imposer. Mon véhicule d'essai arborait une robe d'un étonnant bleu poudré qui, il me semble, aurait fait le bonheur de Marie-Antoinette. Rien ne distingue vraiment la version thermique de l'hybride si ce n'est les badges. Le hayon se soulève assez haut pour éviter les accidents bêtes. On a alors accès à un bel espace de chargement plat où les bagages seront particulièrement heureux (dans la mesure, on s'entend, où des valises peuvent commenter...).

HABITACLE Les instruments et les interrupteurs sont conçus gros. Ils ne sont pas tous pour autant limpides. Et j'attends toujours de tomber sur une commande au volant qui explorera les stations radiophoniques une à une au lieu d'effectuer des bonds imprévisibles. Alors que les rivaux allemands nous proposent des molettes géantes pour activer tant bien que mal les nombreuses fonctions du véhicule, Lexus a poussé le modernisme jusqu'à glisser sous nos doigts l'équivalent d'une souris d'ordinateur. Le gros bouton dessus anime le curseur à l'écran. Quand la flèche frôle un icone, la main perçoit un mouvement. C'est censé nous permettre de trouver ce qu'on cherche sans vraiment quitter la route des yeux. Ne reste plus qu'à cliquer. Bon. L'essai du bidule ne m'a pas convaincu. Son utilisation n'est pas aussi intuitive que la publicité le clame, ça peut même être une autre bonne raison de faire connaissance avec un lampadaire. Quand, en plus, on circule à bord du RX hybride dont l'écran n'arrête pas de nous raconter comment est produite l'énergie qui nous meut, Alfred Dallaire nous attend pour signer un pré-arrangement. Outre ces détails délicats : nobles matériaux, superbe finition, baquets dodus dépourvus de maintien latéral, banquette

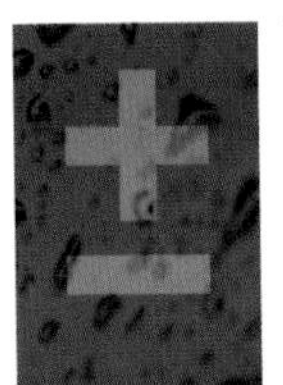

FORCES Silhouette harmonieuse • Très confortable
Cabine élégante • Consommation frugale (hybride) • AWD

FAIBLESSES Conduite hybride irréaliste • Écart de prix trop salé entre les deux versions • Visibilité arrière compromise

spacieuse avec dossiers facilement rabattables à plat.

MÉCANIQUE Deux V6 de 3,5 litres à double arbre à cames en tête. Le premier fournit 275 chevaux pour le modèle 350, le second en totalise 20 de plus grâce à l'ajout de trois moteurs électriques (deux dans la version à traction vendue aux États-Unis) sans lesquels la version hybride n'aurait pas sa raison d'être. Le couple du premier est toutefois plus costaud. Au test du 0 à 100 km/h, égalité. Les aides électroniques pullulent, et la transmission intégrale est standard au Canada.

COMPORTEMENT Nous sommes assis suffisamment haut pour jouir d'un point de vue sécurisant sur la circulation. On la domine sans effrayer notre voisin. On pourra donc s'insérer dans une colonne sans se faire crier de gros mots. Le comportement général du RX s'apparente à l'effet que procure un vêtement de soie glissant sur la peau. C'est doux, c'est calmant, c'est zen. Quand on opte pour la superbe chaîne audio Mark Levinson dotée de 15 haut-parleurs, on n'a guère d'autres choix, hélas, que de bannir le rock lourd qui a autant sa place dans l'environnement d'un RX que des planchistes sur un terrain de boulingrin. La direction est aussi tendre que les baquets de cuir. Secouez-la en son centre, et il ne se passe pas grand-chose. Malgré l'attitude lénifiante du RX, son V6 nous procure l'élan nécessaire quand vient le temps de nous frayer un chemin pressé. Il le fait en élevant le ton à bord de l'hybride, ce qui choque. Enfin, rouler sur le mode EV (100 % électrique) avec le 450h revient à imaginer le maire Tremblay en leader : décourageant.

CONCLUSION Le RX est un bel utilitaire, aux lignes aussi posées que ses performances. On le choisit parce qu'il nous va bien. En prime, la version hybride déculpabilise. Vrai que sa consommation est meilleure, mais vous devrez vous taper pas mal de kilomètres pour recouper les 12 000 $ supplémentaires.

2e OPINION

« Il domine toujours le segment, offrant rien de moins que le luxe et le confort auquel on s'attend de ce genre de véhicule. Non, il ne s'agit pas du plus spacieux, du plus joli et, encore moins, du plus performant. Mais à l'inverse de ses rivaux, il propose une fiabilité qui lui fait honneur depuis ses tout premiers débuts, ce qui explique pourquoi la clientèle lui est si fidèle. D'ailleurs, le Lexus RX est non seulement le plus populaire de sa catégorie, mais il est aussi celui qui possède la plus haute valeur de revente. En d'autres termes, si l'achat d'un VUS de luxe n'a rien de rationnel, il en va peut-être autrement pour le RX. Sans compter le fait qu'il soit aussi le seul à être offert pour l'instant, en version hybride. » — Antoine Joubert

FICHE TECHNIQUE

MOTEURS

(RX 350) V6 3,5 L DACT 275 ch à 6200 tr/min
COUPLE 257 lb-pi à 4700 tr/min
BOÎTE DE VITESSES automatique à 6 rapports avec mode manuel
0-100 KM/H 7,8 s
VITESSE MAXIMALE 200 km/h
CONSOMMATION (100 KM) 9,9 l (octane 91)
ÉMISSIONS DE CO2 4600 kg/an
LITRES PAR ANNÉE 2000 L
COÛT PAR AN 2240 $

(RX 450H) V6 3,5 L à cycle Atkinson DACT + 2 moteurs électriques, 245 ch à 6000 tr/min (295 ch avec moteurs électriques)
COUPLE 234 lb-pi à 4800 tr/min
BOÎTE DE VITESSES automatique à variation continue avec mode manuel
0-100 KM/H 7,8 s
VITESSE MAXIMALE 200 km/h

AUTRES COMPOSANTS

SÉCURITÉ ACTIVE freins ABS, assistance au freinage, répartition électronique de force de freinage, antipatinage, contrôle de stabilité électronique
SUSPENSION AVANT/ARRIÈRE indépendante
FREINS AVANT/ARRIÈRE disques
DIRECTION à crémaillère, assistée
PNEUS P235/60R18, option P235/55R19

DIMENSIONS

EMPATTEMENT 2740 mm
LONGUEUR 4770 mm
LARGEUR 1885 mm
HAUTEUR 1720 mm
POIDS 350 1970 kg, 450h 2110 kg
DIAMÈTRE DE BRAQUAGE 350 11,8 m, **450h** 11,4 m
COFFRE 1132 L, 2273 L (sièges abaissés)
RÉSERVOIR DE CARBURANT RX 350 72,5 L, **RX 450h** 65 L
CAPACITÉ DE REMORQUAGE 1587 kg

MENTIONS

RECOMMANDÉ

VERDICT

Plaisir au volant
Qualité de finition
Consommation
Rapport qualité / prix
Valeur de revente

www.lexus.ca

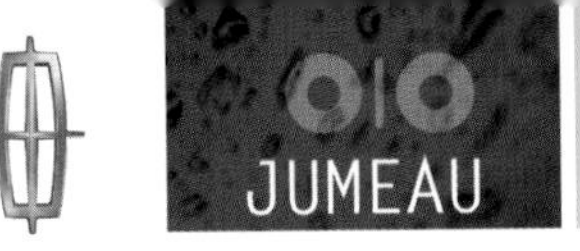

$ 47 400 $ à 53 000 $ t&p 1550 $

LA COTE VERTE MOTEUR V6 DE 3,5 L BITURBO source : ÉnerGuide

CONSOMMATION 100 KM 10,3 L • ÉMISSIONS POLLUANTES CO_2 430 kg/an • INDICE D'OCTANE 87
COÛT DU CARBURANT MOYEN PAR ANNÉE 2730 $ • NOMBRE DE LITRES PAR ANNÉE 2100 L

FICHE D'IDENTITÉ

VERSIONS 2RM, 4RM, EcoBoost (4RM)
ROUES MOTRICES avant 4
PORTIÈRES 4 **NOMBRE DE PASSAGERS** 5
PREMIÈRE GÉNÉRATION 2009
GÉNÉRATION ACTUELLE 2009
CONSTRUCTION Chicago, Illinois, É.-U.
COUSSINS GONFLABLES 6 (frontaux, latéraux avant, rideaux latéraux)
CONCURRENCE Acura TL, Audi A4, BMW Série 3, Cadillac CTS, Infiniti G37, Lexus ES, Mercedes-Benz Classe C, Saab 9-5, Volvo S60

AU QUOTIDIEN

PRIME D'ASSURANCE
25 ANS: 2200 à 2400 $
40 ANS: 1300 à 1500 $
60 ANS: 1200 à 1400 $
COLLISION FRONTALE 5/5
COLLISION LATÉRALE 5/5
VENTES DU MODÈLE DE L'AN DERNIER
AU QUÉBEC 116 **AU CANADA** 980
DÉPRÉCIATION (2 ans) 40,3 %
RAPPELS (2006 à 2011) aucun à ce jour
COTE DE FIABILITÉ nm

GARANTIES... ET PLUS

GARANTIE GÉNÉRALE 4 ans/80 000 km
GARANTIE MOTOPROPULSEUR 6 ans/110 000 km
PERFORATION 5 ans/kilométrage illimité
ASSISTANCE ROUTIÈRE 6 ans/110 000 km
NOMBRE DE CONCESSIONNAIRES
AU QUÉBEC 77 **AU CANADA** 437

NOUVEAUTÉS EN 2012

Aucun changement majeur

LA NOUVELLE **ORIENTATION**

Vincent Aubé

Il s'en est passé des choses depuis l'arrivée de la MKS, la berline qui a, dès son introduction, changé l'image de la division de luxe. Première voiture à fièrement porter la nouvelle calandre, la MKS a très bien vieilli.

CARROSSERIE Pour les fins connaisseurs, une MKS est une Ford Taurus enrichie. La MKS reprend la plateforme, la mécanique EcoBoost – le moteur de base n'est pas le même que dans la Taurus – et une foule de boutons dans l'habitacle qui rappellent les origines plus modestes de la MKS.

HABITACLE Encore ici, on retrouve des composants tirés du catalogue de Ford comme ces boutons dans la planche de bord. Nul doute que la refonte prévue pour l'an prochain risque de corriger le tir à ce chapitre. Le confort est le mot d'ordre à bord de cette grande américaine, les sièges étant moelleux au possible, l'espace, généreux pour tout le monde, à l'exception de cette planche de bord imposante qui vient même réduire l'espace pour les jambes des passagers avant. À revoir s'il vous plaît !

MÉCANIQUE Sous le capot, c'est du pareil au même. Le V6 de 3,7 litres qui équipe les versions de base et AWD fait amplement l'affaire pour déplacer cette grande voiture américaine. De son côté, le V6 EcoBoost ajoute à l'agrément de conduite en repoussant la puissance au-delà des 350 chevaux. Les deux mécaniques sont accouplées à une boîte de vitesses automatique à 6 rapports.

COMPORTEMENT La MKS est à des années-lumière des anciens modèles de la marque en ce qui a trait au comportement, mais demeure encore trop molle pour aller jouer dans la cour des voitures allemandes. Toutefois, pour ce qui est des constructeurs asiatiques, c'est une autre histoire.

CONCLUSION La MKS n'est pas le véhicule le plus vendu chez Lincoln. Néanmoins, cette nouvelle voiture-phare joue son rôle à merveille en attendant que Lincoln ose un peu plus en essayant de différencier encore plus ses produits de la gamme Ford.

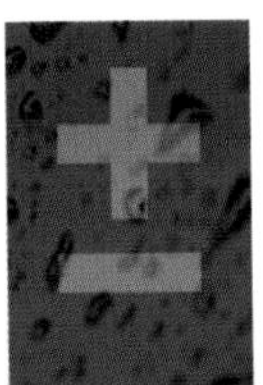

FORCES Confort • Équipement • Insonorisation
FAIBLESSES Prix des options • Visibilité arrière • Suspension trop molle

JUMEAU

49 950 $ à 53 350 $ t&p 1550 $

LA COTE VERTE MOTEUR V6 DE 3,5 L BITURBO source : Énerguide

CONSOMMATION 100 KM 11,2 l • ÉMISSIONS POLLUANTES CO_2 5198 kg/an • INDICE D'OCTANE 87
COÛT DU CARBURANT MOYEN PAR ANNÉE 2938 $ • NOMBRE DE LITRES PAR ANNÉE 2260 L

FICHE D'IDENTITÉ

VERSIONS 4RM, 4RM EcoBoost ONT-ILS LAISSÉ TOMBER LE 2RM POUR 2012
ROUES MOTRICES 4
PORTIÈRES 5 **NOMBRE DE PASSAGERS** 6, 7
PREMIÈRE GÉNÉRATION 2010
GÉNÉRATION ACTUELLE 2010
CONSTRUCTION Oakville, Ontario, Canada
COUSSINS GONFLABLES 6 (frontaux, latéraux avant, rideaux latéraux
CONCURRENCE Acura MDX, Audi Q7, Buick Enclave, GMC Acadia Denali, Mercedes Classe R, Subaru Tribeca, Volvo XC90

AU QUOTIDIEN

PRIME D'ASSURANCE
25 ANS : 1800 à 2000 $
40 ANS : 1100 à 1300 $
60 ANS : 900 à 1100 $
COLLISION FRONTALE 5/5
COLLISION LATÉRALE 5/5
VENTES DU MODÈLE DE L'AN DERNIER
AU QUÉBEC 137 **AU CANADA** 922
DÉPRÉCIATION (1 an) 25,1 %
RAPPELS (2006 à 2011) 1
COTE DE FIABILITÉ 4/5

GARANTIES... ET PLUS

GARANTIE GÉNÉRALE 4 ans/80 000 km
GARANTIE MOTOPROPULSEUR 6 ans/110 000 km
PERFORATION 5 ans/kilométrage illimité
ASSISTANCE ROUTIÈRE 6 ans/110 000 km
NOMBRE DE CONCESSIONNAIRES
AU QUÉBEC 77 **Au CANADA** 437

NOUVEAUTÉS EN 2012

Aucun changement majeur

BEAUTÉ INTÉRIEURE

Frédéric Masse

Je ne m'y éterniserai pas. Je trouve le MKT très laid. Bon, c'est dit, l'abcès est crevé. Mais, est-ce que ça fait de lui un véhicule qu'il faut éviter ? Pas du tout, même au contraire. Ma gentille mère me disait toujours : « Tu sais, Frédéric, la vraie beauté est intérieure ».

CARROSSERIE Sa forme très allongée lui confère l'allure d'un MKX avec des jambes trop longues. C'est l'image grossière que j'en ai. Les roues de 20 pouces réussissent à égayer un peu le tout, mais ce n'est rien pour écrire à sa mère. Pas facile de transformer un Flex.

HABITACLE À l'intérieur, c'est une tout autre histoire. Les sièges avant ainsi que la deuxième rangée sont fort confortables et assurent un très bon maintien. La troisième, quant à elle, servira au court séjour ou aux courtes jambes. Les matériaux inspirent la sophistication, et les vaches sacrifiées en auront valu la peine. Il faut aussi mettre en valeur tout l'espace disponible à l'arrière.

MÉCANIQUE Deux mécaniques sont offertes avec le MKT qui propose la transmission intégrale de série, soit dit en passant. Le premier est le V6 de 3,7 litres qu'on retrouve notamment dans le MKX et le MKS. L'autre est le V6 EcoBoost biturbo de 3,5 litres. Il affiche une puissance de 355 chevaux et produit un couple de 350 livres-pieds, en plus d'être souple et doux. Accompagné de la boîte de vitesses à 6 rapports, il ne manque jamais de souffle, et j'ai roulé sous la barre des 10 litres aux 100 kilomètres.

COMPORTEMENT Il est doux, doux, doux. Une insonorisation au-dessus de la moyenne et une suspension molle procurent au Lincoln une atmosphère tout à fait unique. Oui, il est mou en virage et plonge lors d'un freinage intense, mais il nous berce et nous dorlote comme bien peu de véhicules savent le faire.

CONCLUSION Comme vous le voyez, le MKT est loin d'être dénué de qualités. Je dois même avouer que j'anticipais négativement cet essai. Lui qui partait avec deux prises au bâton, il a finalement frappé un coup sûr.

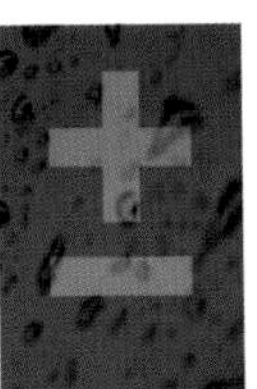

FORCES Confort de roulement • Performances du moteur EcoBoost Beaucoup d'espace

FAIBLESSES Visibilité arrière réduite • Agilité réduite

LA COTE VERTE MOTEUR V6 DE 3,7 L source : EnerGuide

CONSOMMATION 100 KM 10,5 L • **ÉMISSIONS POLLUANTES CO_2** 4876 kg/an • **INDICE D'OCTANE** 87

COÛT DU CARBURANT MOYEN PAR ANNÉE 2756 $ • **NOMBRE DE LITRES PAR ANNÉE** 2120 L

TROP **DISCRET**

Daniel Rufiange

J'applaudis les progrès réalisés par Ford. Même la division Lincoln a réussi, un tant soit peu, à rajeunir son image. Mais, malgré tout son bon vouloir, le MKX n'est qu'un Ford Edge avec plus de flafla. Pourquoi un MKX alors ?

CARROSSERIE C'est à l'avant que le MKX se distingue surtout de son frérot. La signature Lincoln, qui prend la forme d'une calandre chromée qui n'en finit plus, est très discutable. Une seule version du MKX est livrée, mais, heureusement la transmission intégrale. Ceux qui aiment impressionner la galerie opteront pour les roues de 20 pouces, offertes moyennant un « léger » supplément.

HABITACLE D'abord, félicitons le cons-tructeur pour la qualité de ses habitacles. Nous sommes à des années-lumière de ce qui se faisait il y a cinq ans à peine. Côté ostentation, l'acheteur sera emballé par l'équipement de série du MKX, mais restera bouche bée devant la panoplie d'options qu'il peut ajouter, toujours moyennant un « léger » supplément. En fait, on peut garnir le MKX de bébelles jusqu'à concurrence de 10 000 $. De quoi avez-vous vraiment besoin ?

MÉCANIQUE Le MKX profite du moteur du Ford Edge Sport, soit un V6 de 3,7 litres bon pour 305 chevaux. Ce dernier se tire bien d'affaire, mais le MKX est lourd, et ça se sent. En matière de consommation, on s'en tire avec une moyenne oscillant autour des 11 litres aux 100 kilomètres sur l'autoroute ; en ville, vous ne voulez pas le savoir. Comptez une moyenne combinée de 12,5 litres aux 100 kilomètres.

COMPORTEMENT La conduite du MKX est neutre. Le confort règne, ce qui est également le cas à bord de l'Edge. Une déception : l'insonorisation. On s'attend à un meilleur filtrage des bruits externes. La transmission intégrale s'est montrée rassurante, mais encore là, l'Edge est tout aussi compétent.

CONCLUSION Le MKX n'arrive pas à susciter de l'émotion. Et dans le segment des véhicules de luxe, il me semble que c'est une condition sine qua non au succès.

FORCES Confort • Technologie avancée • Conduite intéressante

FAIBLESSES On paye pour le nom • Design bourru
Facture salée • Prix des options

FICHE D'IDENTITÉ

VERSION 2RM, opt. 4RM
ROUES MOTRICES 4
PORTIÈRES 5 **NOMBRE DE PASSAGERS** 5
PREMIÈRE GÉNÉRATION 2007
GÉNÉRATION ACTUELLE 2011
CONSTRUCTION Oakville, Ontario, Canada
COUSSINS GONFLABLES 6 (frontaux, latéraux avant, rideaux latéraux)
CONCURRENCE Cadillac SRX, Ford Edge, Mazda CX-9, Hyundai Veracruz, Lexus RX, Nissan Murano, Saab 9-4x, Subaru Tribeca, Toyota Highlander, Volkswagen Touareg

AU QUOTIDIEN

PRIME D'ASSURANCE
25 ANS: 2000 à 2200 $
40 ANS: 1000 à 1200 $
60 ANS: 900 à 1100 $
COLLISION FRONTALE 5/5
COLLISION LATÉRALE 5/5
VENTES DU MODÈLE DE L'AN DERNIER
AU QUÉBEC 639 **AU CANADA** 4458
DÉPRÉCIATION 48,2 %
RAPPELS (2005 à 2010) 4
COTE DE FIABILITÉ 4/5

GARANTIES… ET PLUS

GARANTIE GÉNÉRALE 4 ans/80 000 km
GARANTIE MOTOPROPULSEUR 6 ans/110 000 km
PERFORATION 5 ans/kilométrage illimité
ASSISTANCE ROUTIÈRE 6 ans/110 000 km
NOMBRE DE CONCESSIONNAIRES
AU QUÉBEC 77 **AU CANADA** 437

NOUVEAUTÉS EN 2012

Aucun changement majeur

JUMEAU

$ 38 400 $ à 42 200 $ t&p 1550 $

LA COTE VERTE MOTEUR L4 DE 2,5 L HYBRIDE source : EnerGuide

CONSOMMATION (100 KM) 5,0 L • ÉMISSIONS POLLUANTES CO_2 2300 kg/an
INDICE D'OCTANE 87 • COÛT DU CARBURANT MOYEN PAR ANNÉE 1300 $ • NOMBRE DE LITRES PAR ANNÉE 1000

FICHE D'IDENTITÉ

VERSION 2RM, 4RM, Hybride
ROUES MOTRICES avant, 4
PORTIÈRES 4 **NOMBRE DE PASSAGERS** 5
PREMIÈRE GÉNÉRATION 2006
GÉNÉRATION ACTUELLE 2010
CONSTRUCTION Hermosillo, Mexique
COUSSINS GONFLABLES 6 (frontaux, latéraux avant, rideaux latéraux) Hybride 7 (ajout genoux conducteur)
CONCURRENCE Acura TL, Audi A4, BMW série 3, Cadillac CTS, Chrysler 300, Infiniti G37, Lexus ES350/HS250h, Mercedes-Benz classe C, Nissan Maxima, Saab 9-3, Toyota Avalon, Volkswagen CC

AU QUOTIDIEN

PRIME D'ASSURANCE
25 ANS : 2000 à 2200 $
40 ANS : 1000 à 1200 $
60 ANS : 800 à 1000 $
COLLISION FRONTALE 4/5
COLLISION LATÉRALE 5/5
VENTES DU MODÈLE DE L'AN DERNIER
AU QUÉBEC 246 **AU CANADA** 1493
DÉPRÉCIATION 48,6 %
RAPPELS (2006 à 2011) aucun à ce jour
COTE DE FIABILITÉ 4/5

GARANTIES... ET PLUS

GARANTIE GÉNÉRALE 4 ans/80 000 km
GARANTIE MOTOPROPULSEUR 6 ans/110 000 km
PERFORATION 5 ans/kilométrage illimité
ASSISTANCE ROUTIÈRE 6 ans/110 000 km
NOMBRE DE CONCESSIONNAIRES
AU QUÉBEC 77 **AU CANADA** 437

NOUVEAUTÉS EN 2012

Aucun changement majeur

POUR **L'HYBRIDE**

Michel Crépault

Ford ou Lincoln ? Fusion ou MKZ ? Éternel débat dont cette berline d'entrée de gamme luxueuse ne facilite pas la solution. Pour ajouter à la con...fusion, le constructeur a jugé bon de donner une sœur à la Fusion hybride, la MKZ hybride, bien sûr !

CARROSSERIE Honnêtement, si le panache vous importe, l'allure signée Lincoln déclasse facilement celle du produit Ford. La silhouette, dans son ensemble, distille une élégance que la Fusion n'essaie même pas d'émuler.

HABITACLE C'est ici que les dollars supplémentaires exigés pour la Lincoln profitent le mieux. L'intérieur distille le bois véritable comme il se doit, mais avec le bon goût qui a récemment émergé des nouveaux tableaux de bord de Ford (par exemple : chrome poli plutôt que scintillant). Cela dit, il flotte encore dans cet intérieur un parfum vieillot. Le toit ouvrant et le capteur d'angle mort font partie des très rares options.

MÉCANIQUE Un V6 de 3,5 litres de 263 chevaux (celui de la Fusion Sport) ou un tandem composé du 4-cylindres de 2,5 litres et d'un moteur électrique, qui délivre une puissance nette de 191 chevaux et, surtout, une consommation qui peut descendre sous les 6 litres aux 100 kilomètres si vous avez une plume à la place du pied. Bien entendu, la transmission intégrale n'est pas proposée sur ce modèle pour ne pas pénaliser sa frugalité. Boîte automatique à 6 rapports ou CVT pour la MKZ écolo.

COMPORTEMENT En fait, tant qu' à vous distinguer réellement, choisissez donc la motorisation hybride ! En comparaison de la Lexus HS 250h, l'aubaine penche nettement en faveur de l'américaine.

CONCLUSION Par rapport aux Série 3 et A4, la lutte est inégale. Entre les jumeaux, l'écart de prix s'explique en grande partie, quoique peut-être pas suffisamment entre les modèles hybrides des deux divisions. Mais, paradoxalement, c'est le modèle vert qui sied le mieux à la MKZ.

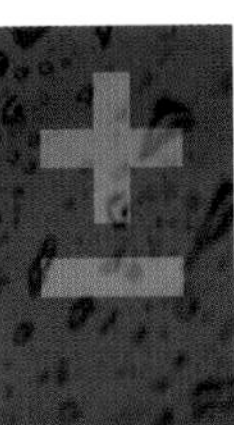

FORCES Version hybride attachante... Tenue de route rassurante • Touches huppées

FAIBLESSES Version hybride ressemblante... Tableau de bord à cheval entre le passé et le futur

LA COTE VERTE MOTEUR V8 DE 5,4 L source : EnerGuide

CONSOMMATION 100 KM 14,1 L • **ÉMISSIONS POLLUANTES CO_2** 6578 KG/AN • **INDICE D'OCTANE** 87

COÛT DU CARBURANT MOYEN PAR ANNÉE 3718$ • **NOMBRE DE LITRES PAR ANNÉE** 2860

SCINTILLEMENT GÉANT

Michel Crépault

Le riche frère de l'Expedition exprime des aspects de la culture yankee dont plusieurs Américains sont friands et fiers : imposant, clinquant, dérangeant.

CARROSSERIE Pour qui apprécie ce style aux limites de l'arrogance, le Navigator fait vibrer une fibre, sans oublier le portefeuille. Et que dire de sa version allongée, le Navigator L. Nous ne sommes guère loin de ces drôleries étirées qui jouent aux limousines dans Las Vegas.

HABITACLE Si Ford est capable de transformer en boudoir l'intérieur d'une camionnette F-150, sa division luxe n'a aucun problème à rendre la cabine du Navigator plus opulente qu'une retraite dorée au Sénat. Le cuir dodu, le placage de beau bois et l'inévitable chrome vont de pair avec des interrupteurs invitants et toutes les gâteries imaginables, comme le marchepied qui jaillit pour prêter main-forte, le système SYNC ou la troisième banquette à commande électrique. Les fauteuils du centre se remplacent par une banquette afin de transporter un 8e occupant.

MÉCANIQUE Le V8 de 5,4 litres offre 310 chevaux et produit un couple de 365 livres-pieds pour tirer presque 4 000 kilos grâce à une boîte de vitesses automatique à 6 rapports.

COMPORTEMENT Les amortisseurs ploient, mais ne faiblissent pas. Le correcteur d'assiette automatique corrige le roulis tant qu'on respecte l'accélérateur. Avec les bons outils, la motricité est remarquable, mais des utilisateurs estiment que le V8 manque de coffre quand le véhicule est chargé à ras bord et qu'il tire gros. Sur ce plan, l'Escalade (403 chevaux) et le QX56 (400 chevaux) performent mieux.

CONCLUSION On ne considère pas le Navigator si on est allergique au m'as-tu-vu, aux beuveries à la pompe et aux demi-tours nécessitant un terrain de football. Si rien de tout cela ne vous affecte, le prix demandé n'est pas outrancier pour un carrosse quasiment princier.

FORCES Confort indiscutable • Équipement qui embellit l'expérience
Agilité surprenante pour un mammouth

FAIBLESSES Le temps est venu de moderniser ce V8 et sa boîte automatique
Stationnement pas évident au centre-ville

FICHE D'IDENTITÉ

VERSIONS 4rm, 4rm L
ROUES MOTRICES 4
PORTIÈRES 5 **NOMBRE DE PASSAGERS** 7, 8
PREMIÈRE GÉNÉRATION 1998
GÉNÉRATION ACTUELLE 2003
CONSTRUCTION Louisville, Kentucky, É.-U.
COUSSINS GONFLABLES 6 (frontaux, latéraux avant, rideaux latéraux)
CONCURRENCE Cadillac Escalade, Infiniti QX56, Land Rover Range Rover, Lexus GX/LX, Mercedes-Benz Classe G/Classe GL, Porsche Cayenne

AU QUOTIDIEN

PRIME D'ASSURANCE
25 ANS : 2600 à 2800 $
40 ANS : 1400 à 1600 $
60 ANS : 1200 à 1400 $
COLLISION FRONTALE 5/5
COLLISION LATÉRALE 5/5
VENTES DU MODÈLE DE L'AN DERNIER
AU QUÉBEC 44 **AU CANADA** 544
DÉPRÉCIATION 54,4 %
RAPPELS (2006 à 2011) 6
COTE DE FIABILITÉ 3,5/5

GARANTIES... ET PLUS

GARANTIE GÉNÉRALE 4 ans/80 000 km
GARANTIE MOTOPROPULSEUR 6 ans/110 000 km
PERFORATION 5 ans/kilométrage illimité
ASSISTANCE ROUTIÈRE 6 ans/110 000 km
NOMBRE DE CONCESSIONNAIRES
AU QUÉBEC 77 **AU CANADA** 437

NOUVEAUTÉS EN 2012

Aucun changement majeur

LA COTE VERTE MOTEUR V6 DE 3,5 L source : Lotus

CONSOMMATION (100 KM) 8,7 L • **ÉMISSIONS POLLUANTES CO_2** 4100 kg/an • **INDICE D'OCTANE** 91
COÛT DU CARBURANT MOYEN PAR ANNÉE 2520 $ • **NOMBRE DE LITRES PAR ANNÉE** 1800

FICHE D'IDENTITÉ

VERSIONS base, S
ROUES MOTRICES arrière
PORTIÈRES 2 **NOMBRE DE PASSAGERS** 2+2
PREMIÈRE GÉNÉRATION 2010
GÉNÉRATION ACTUELLE 2010
CONSTRUCTION Ethel, Angleterre
COUSSINS GONFLABLES 2 (frontaux)
CONCURRENCE Porsche Cayman

AU QUOTIDIEN

PRIME D'ASSURANCE
25 ANS : 3000 à 3200 $
40 ANS : 2000 à 2200 $
60 ANS : 1500 à 1700 $
COLLISION FRONTALE nd
COLLISION LATÉRALE nd
VENTES DU MODÈLE DE L'AN DERNIER
AU QUÉBEC nd **AU CANADA** nd
DÉPRÉCIATION nd
RAPPELS (2006 à 2011) aucun à ce jour
COTE DE FIABILITÉ nd

GARANTIES... ET PLUS

GARANTIE GÉNÉRALE 3 ans/60 000 km
GARANTIE MOTOPROPULSEUR 3 ans/60 000 km
PERFORATION 8 ans/kilométrage illimité
ASSISTANCE ROUTIÈRE 3 ans/60 000 km
NOMBRE DE CONCESSIONNAIRES
AU QUÉBEC 1 **AU CANADA** 3

NOUVEAUTÉS EN 2012

Version S de 345 chevaux

CAVALIER SEUL

Benoit Charette

L'année 2012 marque la fin de deux modèles chez Lotus : l'Elise, apparue en Europe en 1995 et chez nous depuis 2006, et le poids plume hyperactif, l'Exige, arrivée en 2007. Pour les deux prochaines années, c'est l'Evora qui tient le sort de Lotus entre ses mains. À la fin de 2013, une nouvelle génération de la légendaire Esprit reprendra du service suivie de la nouvelle génération de l'Elise et de l'Exige pour 2015.

CARROSSERIE Les lignes sont fluides, harmonieuses et joliment tendues avec quelques rondeurs qui font tout le charme de la voiture. Le capot avant est percé de deux larges orifices qui permettent à l'air s'engouffrant par le pare-chocs de couler sur le toit et d'augmenter la portance en créant une pression sous l'aileron arrière. Ce n'est pas de la frime comme sur les voitures américaines. L'Evora S peut atteindre 277 km/h, et son aileron devient important à haut régime. Il est remarquable que Lotus ait réussi à loger deux places à l'avant, deux places d'appoint à l'arrière, un moteur central et un semblant de coffre capable, selon les documents officiels de Lotus, de contenir un sac de golf, et ce, dans un véhicule de 4,34 mètres de longueur. Il s'agit sans doute du plus petit sac de golf du monde.

HABITACLE L'Evora vise des cibles comme la Porsche Cayman et l'Audi TT et présente un habitacle digne de ce nom. On retrouve un régulateur de vitesse, une caméra de vision arrière, un écran tactile pour la radio et le GPS, le tout coiffé de cuir fin sur les sièges et à plusieurs endroits sur la planche de bord. Donc, malgré une carrosserie en fibre de verre et un châssis monocoque en aluminium, l'ensemble accuse tout de même 1,4 tonne sur la balance. Vous pouvez aussi opter pour un 2+2 en option. L'arrière est plutôt un surplus d'espace qui permet de compenser pour le volume très restreint du coffre (160 litres).

MÉCANIQUE Tout comme l'Elise et l'Exige, c'est Toyota qui fournit la puissance à Lotus. Dans le cas de l'Evora, c'est le V6 de 3,5 litres de la Camry qui sert de base

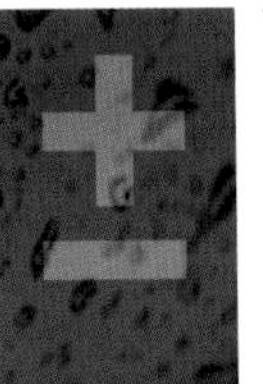

FORCES Lignes réussies • Habitacle luxueux • Plaisir de conduire
Tenue de route • Performances • Consommation

FAIBLESSES Poste de conduite étriqué • Places arrières symboliques
Coffre trop petit • Prix salé

mécanique. Les ingénieurs de Lotus lui ont accolé un embrayage, un échappement et un volant-moteur spécifique qui amène sa puissance à 276 chevaux. La version S ajoute un compresseur Eaton qui porte la puissance à 345 chevaux. Lotus offre également deux options de boîtes de vitesses à 6 rapports (provenant aussi de Toyota). L'option sport donne droit à une boîte à étagement court plus sportive et une réponse plus rapide de l'accélérateur. La boîte de base offre un étagement plus long et aussi plus fluide.

COMPORTEMENT Malgré un surplus de poids qui déroge à ses habitudes, l'équilibre redevable au moteur central est magique. L'Evora s'accroche à la route avec l'acharnement du désespoir. Son centre de gravité au ras le bitume permet d'aborder une courbe sans arrière-pensée à des vitesses hautement illégales. Et là, je vous parle de la version de base. La version S ajoute une sérieuse dose d'adrénaline et amène le 0 à 100 km/h à 4,8 secondes, c'est beaucoup plus rapide que la Porsche Boxster S, la Cayman S, l'Audi TTRS et la Mercedes-Benz SLK 350. On peut même en remettre une couche avec le bouton « Sport ». Celui-ci active un clapet de dérivation dans l'échappement, libérant une sonorité plus envoûtante.

En même temps, le rupteur se place à un régime plus élevé, l'accélérateur réagit plus promptement, et le contrôle de la stabilité repousse un peu les limites. Malgré tous nos efforts, il était quasi impossible de faire perdre pied à cette sportive sur le circuit d'essai.

CONCLUSION Dans un monde de plus en plus occupé par des voitures aseptisées, il est toujours réjouissant que certains constructeurs continuent à cultiver la différence. Axée sur le pur plaisir de conduire, l'Evora ajoute une dose de raffinement qui rend l'expérience encore plus agréable. Une brillante mécanique et une référence en matière de conduite automobile. Si le paradis automobile existe, je fais une demande tout de suite pour amener avec moi une Evora.

FICHE TECHNIQUE

MOTEURS

(EVORA) V6 3,5 L DACT, 276 ch à 6400 tr/min
COUPLE 258 lb-pi à 4700 tr/min
BOÎTE DE VITESSES manuelle à 6 rapports
manuelle à 6 rapports rapprochées (option)
0-100 KM/H 5,1 s
VITESSE MAXIMALE 261 km/h

(EVORA S) V6 3,5 L suralimenté par compresseur volumétrique DACT, 345 ch à 7000 tr/min
COUPLE 295 lb-pi à 4500 tr/min
BÔITE DE VITESSES manuelle à 6 rapports
0-100 KM/H 4,8 s
VITESSE MAXIMALE 277 km/h
CONSOMMATION (100 KM) 10,2 L (octane 91)
ÉMISSIONS DE CO_2 4 250 kg/an
LITRES PAR ANNÉE 2 000 L
COÛT PAR AN MAN. 2 800 $

AUTRES COMPOSANTES

SÉCURITÉ ACTIVE freins ABS, assitance au freinage, répartition électronique de la force de freinage, contrôle de stabilité électronique, antipatinage
SUSPENSION AVANT/ARRIÈRE indépendante
FREINS AVANT/ARRIÈRE disques
DIRECTION à crémaillère, assistée
PNEUS P225/40ZR18 (av.), P255/35ZR19 (arr.), **option S** P235/35R19 (av.), P275/30R20 (arr.)

DIMENSIONS

EMPATTEMENT 2575 mm
LONGUEUR 4342 mm
LARGEUR 1848 mm
HAUTEUR 1223 mm
POIDS 1382 kg, **S** 1437 kg
DIAMÈTRE DE BRAQUAGE 10,1 m
COFFRE 110 L
RÉSERVOIR DE CARBURANT 60 L

MENTIONS

COUP DE CŒUR

VERDICT

Plaisir au volant
Qualité de finition
Consommation
Rapport qualité / prix
Valeur de revente

$ 126750$ à 134700$ T&P 3500$

LA COTE VERTE V8 DE 4,2 L source : EnerGuide

CONSOMMATION 100 KM 13,8 L • **ÉMISSIONS POLLUANTES CO_2** 6900 kg/an • **INDICE D'OCTANE** 91
COÛT DU CARBURANT MOYEN PAR ANNÉE 3960$ • **NOMBRE DE LITRES PAR ANNÉE** 3000 L

FICHE D'IDENTITÉ

VERSIONS Quattroporte, Quattroporte S, Quattroporte GT S
ROUES MOTRICES arrière
PORTIÈRES 4 Nombre de passagers 5
PREMIÈRE GÉNÉRATION 2005
GÉNÉRATION ACTUELLE 2005
CONSTRUCTION Modène, Italie
COUSSINS GONFLABLES 6 (frontaux, latéraux avant, rideaux latéraux)
CONCURRENCE Audi A8, BMW Série 7, Jaguar XJ, Lexus LS, Mercedes-Benz Classe S

AU QUOTIDIEN

PRIME D'ASSURANCE
25 ans: 7000 à 7200 $
40 ans: 4400 à 4600 $
60 ans: 3500 à 3700 $
COLLISION FRONTALE nd
COLLISION LATÉRALE nd
VENTES DU MODÈLE DE L'AN DERNIER
AU QUÉBEC nd **AU CANADA** nd
DÉPRÉCIATION 37,1 %
RAPPELS (2006 à 2011) 3
COTE DE FIABILITÉ 3/5

GARANTIES... ET PLUS

GARANTIE GÉNÉRALE 4 ans/80 000 km
GARANTIE MOTOPROPULSEUR 4 ans/80 000 km
PERFORATION 4 ans/80 000 km
ASSISTANCE ROUTIÈRE 4 ans/80 000 km
NOMBRE DE CONCESSIONNAIRES
AU QUÉBEC 1 **AU CANADA** 3

NOUVEAUTÉS EN 2012

Aucun changement majeur

ANTI-ALLEMANDE

Michel Crépault

Depuis les années années 60, la Quattroporte s'ingénie à combiner quatre portes et sportivité. En fait, tout ce qui concerne cette Maserati vise à marier ce qui passe au départ pour des objectifs opposés.

CARROSSERIE Le premier de ces défis est deconsiste à transporter quatre adultes dans un grand confort tout en enveloppant la berline d'une robe sexy. Dilemme parfaitement italien mais aussi hollywoodien, parisien, partout où l'on se préoccupe beaucoup de son image image : comment élever une famille sans perdre sa taille de guêpe guêpe ? Comment être une *mamma* et Sophia Loren tout à la fois fois ? L'exercice a été confié au carrossier Pininfarina qui, depuis belle lurette, sait créer des silhouettes exotiques sans négliger l'aspect pratique (ici, quatre portières). J'aime la grille calandre aux lamelles verticales et bombées où trône le fameux trident. Signe des temps, les phares ont adopté les inévitables LEDdiodes électroluminescentes. Certaines roues de 19 po pouces, baptisées fort à propos Neptune, exhibent de belles beaux tentacules. Le modèle GT GT S se distingue avec des touches aérodynamiques, des pneus de 20 po pouces et une suspension abaissée. Voilà quand même sept ans que la Quattroporte circule sous sa forme actuelle, et l'on attend incessamment la nouvelle mouture. Les rumeurs disent qu'elle ne sera pas plus longue parce que l'état-major déplore l'embonpoint des Classe S et A8 de ce monde. On retrouverait également la calandre et les ouïes ovales, des caractéristiques indissociables du modèle.

HABITACLE Deuxième mariage obligatoire, celui de la technologie et de l'artisanat. Zéro surprise dans les matériaux employés puisque le cuir, le bois et le métal font toujours partie de la recette pour réussir un intérieur cossu. Les peaux excessivement souples dominent. Elles drapent les portières avec une insouciance feinte. L'abondance de bois rare n'est pas en reste. L'aspect techno, lui, est pris en charge par les trucs usuels, genre écran central, ordinateur, navigation et radio par satellite, volant et console centrale constellés d'interrupteurs. Un bouton, une fonction. Touffu mais simple, autre dichotomie italienne... Quand vous approchez votre

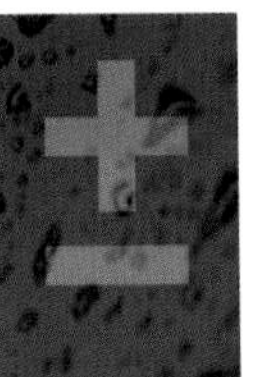

FORCES Design italien, exotisme racé • Des V8 au chant divin • Des berlines truffées d'électronique qui stimulent les sensations fortes

FAIBLESSES Parfois des faux faux-pas dans l'intérieur qui vieillit Banquette arrière exiguë • Rapport qualité/prix perfectible

www.maserati.com

doigt de l'écran de la sono Bose, sa chaleur suffit à activer la commande souhaitée. Des gentillesses de série incluent un compartiment réfrigéré dans l'appuie-brasaccoudoir et un store pour la lunette. Pour les valises, le coffre est généreux, davantage que ne l'est la banquette arrière envers pour ses les occupants. Dans l'ensemble, cette cabine conçue pour plaire aux cinq sens réclame une révision plus moderne.

MÉCANIQUE Les V8 signés Ferrari sont de 4,2L ou de 4,7L 7 litres, selon qu'il s'agisse du modèle de base, de la S ou de la GT GT S, pour une puissance respective de 400, de 425 et de 433 CV chevaux et des chronos au 0- à 100 k km/h variant entre 5,1 et 5,6 s secondes. Plus on paye, plus l'électronique déborde, la direction et la suspension pouvant être opérées par des programmes qui s'accordent à notre humeur. La prochaine Quattroporte mettrait en valeur la traction transmission intégrale, la technologie Stop/Startd'arrêt-démarrage pour améliorer la consommation et une nouvelle transmission boîte de vitesses ZF à 8 r rapports qui remplacera l'actuelle à 6 vitesses rapports.

COMPORTEMENT Il y a quelques années, ma première balade en Quattroporte m'avait séduit en partie grâce aux palettes leviers de sélection au volant, une nouveauté alors qui nous arrivait de la F1. Elles m'autorisaient des talon-pointe sans bouger les pieds, le tout accompagné d'un chant de moteur unique. Mais le dispositif accusait des délais et des hoquets rythmaient le passage des rapports. Signe de progrès évident, la transmission boîte de vitesses séquentielle travaille maintenant avec fluidité. La Quattroporte, quand même lourde, se meut néanmoins avec grâce et, quand on insiste, avec des manières débridées, pas aussi tranquilles que son intérieur ne le laisse croire. L'impression générale n'est pas aussi resserrée que celle d'une rivale allemande, mais cette part d'improvisation fait depuis toujours partie du charme italien.

CONCLUSION Sans accuser des signes de fatigue extrêmes, l'actuelle Quattroporte commence à montrer son âge par rapport à la compétitionconcurrence. Elle a réussi le pari de synthétiser espace et sportivité, mais d'autres marques ont accompli le même exploit, celui de saupoudrer quatre portières d'une généreuse pincée de poudre à canon et, de surcroît, avec des performances supérieures, une techno dernier cri et un prix moindre. Le meilleur argument de la marque reste pour le moment son étiquette *made in Italy.*

2e OPINION

« Maserati, c'est le luxe à l'italienne. La grande berline avec du caractère. Sous des airs de voiture de grande famille, elle aime bien jouer les rebelles. Sa motorisation Ferrari aime s'exprimer quand l'occasion se présente. La version 4,7s vous en donnera encore plus à ce chapitre. Il ne faut pas chercher chez Maserati la quintessence technologique germanique, ces attributs ne font pas réellement partie du vocabulaire de la Quattroporte. L'intérêt de cette voiture réside dans son comportement, son tempérament plus expressif que la retenue habituelle des limousines dans cette catégorie. Maserati ajoute un peu de piment dans le monde des grandes berlines, grâce à la Quattroporte. Le V8 de 4,2 litres est satisfaisant, mais un conseil si votre cœur balance : ne faites pas l'essai du 4,7litres, je peux vous garantir que vous allez devoir puiser plus profondément dans vos poches. » — Benoit Charette

FICHE TECHNIQUE

MOTEURS

(QUATTROPORTE) V8 4,2 L DACT, 400 ch à 7000 tr/min
COUPLE 339 lb-pi à 4750 tr/min
BOÎTE DE VITESSES automatique à 6 rapports avec mode manuel
0-100 KM/H 5,6 s
VITESSE MAXIMALE 270 km/h

(QUATTROPORTE S) V8 4,7 L DACT, 425 ch à 7000 tr/min
COUPLE 361 lb-pi à 4750 tr/min
BOÎTE DE VITESSES automatique à 6 rapports avec mode manuel
0-100 KM/H 5,4 s
VITESSE MAXIMALE 280 km/h
CONSOMMATION (100 km) 14,3 L (octane 91)
ÉMISSIONS DE CO_2 6900 kg/an
LITRES PAR ANNÉE 3000 L
COÛT PAR AN 3960 $

(QUATTROPORTE GT S) V8 4,7 l DACT, 433 ch à 7100 tr/min
COUPLE 361 lb-pi à 4750 tr/min
BOÎTE DE VITESSES automatique à 6 rapports avec mode manuel
0-100 KM/H 5,1 s
VITESSE MAXIMALE 285 km/h
CONSOMMATION (100 KM) 14,3 L (octane 91)
ÉMISSIONS DE CO_2 6900 kg/an
LITRES PAR ANNÉE 3000 L
COÛT PAR AN 3960 $

AUTRES COMPOSANTS

SÉCURITÉ ACTIVE freins ABS, assistance au freinage, contrôle de la stabilité électronique, répartition électronique de la force de freinage, antipatinage
SUSPENSION AVANT/ARRIÈRE indépendante
FREINS AVANT/ARRIÈRE disques
DIRECTION à crémaillère, assistée
PNEUS P245/45R18 (av.) P285/40R18 (arr.) S P245/40R19 (av.) P285/35R19 (arr.) GT S P245/35R20 (av.) P285/30R20 (arr.)

DIMENSIONS

EMPATTEMENT 3064 mm
LONGUEUR 5097 mm
LARGEUR 1895 mm
HAUTEUR 1438 mm
POIDS 1990 kg GT S 1984 kg
DIAMÈTRE DE BRAQUAGE 12,3 m
COFFRE 450 L
RÉSERVOIR DE CARBURANT 90 L

MENTIONS

COUP DE CŒUR

VERDICT

Plaisir au volant
Qualité de finition
Consommation
Rapport qualité / prix
Valeur de revente

www.maserati.com

$ 118 500 $ à 135 800 $ t&p : 3500 $

LA COTE VERTE MOTEUR V8 DE 4,2 L source : EnerGuide

CONSOMMATION 100 KM 13,2 L • **ÉMISSIONS POLLUANTES CO_2** 6578 kg/an • **INDICE D'OCTANE** 91

COÛT DU CARBURANT MOYEN PAR ANNÉE 3775 $ • **NOMBRE DE LITRES PAR ANNÉE** 2860 L

FICHE D'IDENTITÉ

VERSIONS GrandTurismo, GrandTurismo S, GrandTurismo MC Stradale, GrandCabrio, GrandCabrio Sport
ROUES MOTRICES arrière
PORTIÈRES 2
NOMBRE DE PASSAGERS 2+2
PREMIÈRE GÉNÉRATION 2002 **GÉNÉRATION ACTUELLE** 2008
CONSTRUCTION Modène, Italie
COUSSINS GONFLABLES GrandTurismo 6 (frontaux, latéraux avant, rideaux latéraux)
GrandCabrio 4 (frontaux, latéraux avant)
CONCURRENCE BMW Série 6, Jaguar XK, Mercedes-Benz Classe CL/SL, Porsche 911

AU QUOTIDIEN

PRIME D'ASSURANCE
25 ANS: 7000 à 7300 $
40 ANS: 4400 à 4700 $
60 ANS: 3500 à 3700 $
COLLISION FRONTALE nd
COLLISION LATÉRALE nd
VENTES DU MODÈLE DE L'AN DERNIER
AU QUÉBEC nd **AU CANADA** nd
DÉPRÉCIATION 27,4 %
RAPPELS (2006 À 2011) 2
COTE DE FIABILITÉ nd

GARANTIES... ET PLUS

GARANTIE GÉNÉRALE 4 ans/80 000 km
GARANTIE MOTOPROPULSEUR 4 ans/80 000 km
PERFORATION 4 ans/80 000 km
ASSISTANCE ROUTIÈRE 4 ans/80 000 km
NOMBRE DE CONCESSIONNAIRES
AU QUÉBEC 1 **AU CANADA** 3

NOUVEAUTÉS EN 2012

Aucun changement majeur

MAÎTRE **DU BITUME**

Benoit Charette

Quand on a 20 ans, aucune voiture ne semble assez extrême pour assouvir nos goûts de pilote. Avec l'âge, l'habitacle exigu et le confort aléatoire de certaines sportives de luxe éteint un peu la flamme. C'est ici que Maserati prend la relève avec un modèle qui offre à la fois une puissance plus que satisfaisante avec un confort qui vous comblera.

CARROSSERIE À n'en point douter, la GranTurismo est une réussite visuelle incontestable. Il existe deux versions de cette GT italienne. Une version 4.2 d'entrée de gamme et une version 4.7, plus puissante avec quelques différences visuelles. Les bas de caisses de la version 4.7 sont plus costauds et sculptés, les pneus sont de plus grandes dimensions avec un choix de jantes qui fait passer la GT de conservatrice à menaçante. On note aussi des optiques avant à fond noir de même que la calandre qui remplace le chrome de la version 4.2 par le noir de la version 4.7. Enfin, à l'arrière, les deux gros pots d'échappement donnent une idée du potentiel de la belle italienne. En deux mots, la version 4.7, tout en étant semblable, se distingue assez clairement par des lignes plus viriles.

HABITACLE Ici, vous avez le choix de personnaliser l'intérieur de votre monture. Vous pouvez vous contenter de faire installer un pédalier en aluminium, une sellerie de cuir et d'alcantara bicolore assortie de son petit volant à 3 branches. Ou dans sa version de base, un intérieur beige ou noir. La boîte de vitesses automatique à 6 rapports offerte avec la version 4.2, fait place à une boîte séquentielle dans la 4.7. En général, les matériaux sont de bonne qualité, à l'exception de quelques plastiques et de quelques réglages qui demanderaient quelques tours d'étau supplémentaires. Les Italiens ont même installé des porte-gobelet pour les Nord-Américains qui boivent toujours quelque chose en conduisant. Il faut noter que les places arrière ne sont pas décoratives. Vous pouvez installer quatre adultes dans cette voiture.

MÉCANIQUE Pour bien démarquer les deux versions offertes, Maserati ne s'est pas contentée, comme plusieurs, de mettre un

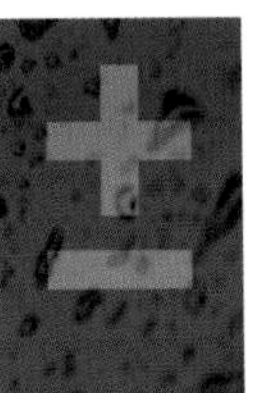

FORCES Lignes de mannequin • Mécanique ensorcelante • Confort exemplaire • Deux places arrière utilisables

FAIBLESSES Quelques détails de finition • Trop lourde • Direction trop assistée

logo S sur une version qui a extirpé quelques chevaux de plus d'une même mécanique. Une greffe du cœur sous le capot a pris place. Si le V8 Ferrari de 4,2 litres offre un très respectable 405 chevaux et une boîte de vitesses automatique à 6 rapports, la version 4.7 offre 433 chevaux et, surtout, plus de couple. Ce moteur provient de l'Alpha Romeo 8C Competizione et son chant typique sied très bien à cette Maserati. Le moteur de la 4.7 gagne en voix et fait plus rapidement bouiller le sang dans les veines. Il y a même un mode sport à la console qui modifie la configuration de l'échappement pour laisser passer quelques décibels supplémentaires. Il n'y a pas de grandes différences sur les courtes accélérations comme le 0 à 100 km/h en raison du poids conséquent du modèle. Par contre, une fois lancée, la version 4.7 offre des sensations qui sont différentes. Un moteur plus prompt, un embrayage plus rapide et la sonorité métallique du moteur qui devient rapidement accrocheuse.

COMPORTEMENT La Maserati GT est sans doute la voiture la plus représentative de ce que devrait être une voiture GT. Elle mise d'abord sur le confort, sans oublier d'offrir la puissance d'une sportive et le poids conséquent de ce type de voiture. Si vous avez en plus le bonheur de conduire une version décapotable par une belle journée d'été, vous êtes au comble du bonheur. Le tour de force des fabricants de voitures GT est de donner une tenue de route de sportive légère à un paquebot. Et Maserati réussit très bien l'épreuve. La suspension à double triangulation travaille très fort, mais est capable d'attaquer une courbe sans arrière-pensée à des vitesses hautement illégales sans se désunir et sans non plus nuire au confort primordial des passagers. La version 4.7 fait la même chose avec plus de conviction et en autorisant des vitesses de passage encore plus rapides. Un seul bémol, la direction est un peu trop assistée pour être totalement envoûtante.

CONCLUSION Une sportive pour ceux qui ne veulent pas sacrifier le confort au détriment de la sportivité. Pour se dresser un peu le poil sur les bras, le montant supplémentaire pour la version 4.7 est justifié.

2e OPINION

« Si vous avez la chance de croiser une Maserati GT sur la route, suivez bien les instructions suivantes : d'abord, ralentissez ou accélérez pour être à sa hauteur (évitez toutefois de traverser le terre-plein si la voiture circule en sens inverse). Baissez ensuite le volume de votre radio et abaissez votre glace. Allez-y alors de vos plus belles grimaces à l'égard du pilote de la GT. Ce dernier enfoncera l'accélérateur pour vous semer. C'est là que vous porterez une oreille attentive à la sonorité du moteur V8 de 4,7 litres. Vous comprendrez dès cet instant l'attrait qu'on peut avoir pour cette voiture qui possède des lignes spectaculaires et un habitacle d'une richesse inouïe. La Maserati GT est un bolide d'exception qui s'inscrit dans la plus pure tradition italienne, et on ne voudrait rien y changer. » — Daniel Rufiange

FICHE TECHNIQUE

MOTEURS

(GRANDTURISMO) V8 4,2 l DACT, 405 ch à 7100 tr/min
Couple 340 lb-pi à 4750 tr/min
BOÎTE DE VITESSES automatique à 6 rapports avec mode manuel
0-100 KM/H 5,2 s
VITESSE MAXIMALE 285 km/h

(GRANDTURISMO S, GRANDCABRIO) V8 4,7 L DACT, 433 ch à 7000 tr/min
COUPLE 361 lb-pi à 4750 tr/min
BOÎTE DE VITESSES manuelle robotisée à 6 rapports (GrandTurismo S), automatique à 6 rapports avec mode manuel
0-100 KM/H robo. 4,9 **s auto.** 5,0 **s GrandCabrio** 5,2 s
VITESSE MAXIMALE 295 km/h **GrandCabrio** 283 km/h
CONSOMMATION (100 km) 13,4 L (octane 91)
ÉMISSIONS DE CO_2 6486 kg/an
LITRES PAR ANNÉE 2820 l
COÛT PAR AN 3722 $

(GRANDTURISMO MC STRADALE GRANDCABRIO SPORT) V8 4,7 L DACT, 450 ch à 7000 tr/min
COUPLE 376 lb-pi à 4750 tr/min
BOÎTE DE VITESSES automatique à 6 rapports avec mode manuel
0-100 KM/H Stradale. 4,6 s **GrandCabrio.** 5,2 s
VITESSE MAXIMALE Stradale 301 km/h **GrandCabrio** 295 km/h
CONSOMMATION (100 KM) 14,5 L
ÉMISSIONS DE CO_2 nd
LITRES PAR ANNÉE 3080 L
COÛT PAR AN 4312 $

AUTRES COMPOSANTS

SÉCURITÉ ACTIVE freins ABS, assistance au freinage, répartition électronique de la force de freinage, contrôle de la stabilité électronique , antipatinage
SUSPENSION AVANT/ARRIÈRE indépendante
FREINS AVANT/ARRIÈRE disques
DIRECTION à crémaillère, assistée
PNEUS P245/40R19 (av.) P285/40R19 (arr.)
S/GrandCabrio P245/35R20 (av.) P285/35R20 (arr.)
Stradale P255/35R20 (av.) P295/35R20 (arr.)

DIMENSIONS

EMPATTEMENT 2942 mm
LONGUEUR 4881 mm
LARGEUR (EXCLUANT LES RÉTROVISEURS) 1915 mm
HAUTEUR 1353 mm
POIDS 1880 kg **cabrio.** 1980 kg
DIAMÈTRE DE BRAQUAGE 10,7 m
COFFRE 260 L **cabrio.** 173 L
RÉSERVOIR DE CARBURANT 86 L **cabrio.** 75 L

MENTIONS

COUP DE CŒUR

VERDICT

Plaisir au volant
Qualité de finition
Consommation
Rapport qualité / prix
Valeur de revente

$ 348 000 $ à 1 380 000 $ T&P nd

LA COTE VERTE MOTEUR V12 DE 5,5 LITRES BITURBO source : EnerGuide

CONSOMMATION 100 KM 16,8 L • **ÉMISSIONS POLLUANTES CO_2** 8004 kg/an • **INDICE D'OCTANE** 91

COÛT DU CARBURANT MOYEN PAR ANNÉE 4514 $ • **NOMBRE DE LITRES PAR ANNÉE** 3420 L

FICHE D'IDENTITÉ

VERSIONS 57, 62, 57 S, 62 S, 62 Landaulet
ROUES MOTRICES arrière
PORTIÈRES 4 Nombre de passagers 4
PREMIÈRE GÉNÉRATION 1921
GÉNÉRATION ACTUELLE 2004
CONSTRUCTION Sindelfingen, Allemagne
COUSSINS GONFLABLES 8 (frontaux, latéraux avant et arrière, rideaux latéraux)
CONCURRENCE Bentley Mulsanne, Rolls-Royce Phantom

AU QUOTIDIEN

PRIME D'ASSURANCE
25 ANS: 8000 à 8200 $
40 ANS: 6600 à 7000 $
60 ANS: 6000 à 6300 $
COLLISION FRONTALE 5/5
COLLISION LATÉRALE 5/5
VENTES DU MODÈLE DE L'AN DERNIER
AU QUÉBEC 2 **AU CANADA** 3
DÉPRÉCIATION nd
RAPPELS (2006 À 2011) aucun à ce jour
COTE DE FIABILITÉ 3/5

GARANTIES... ET PLUS

GARANTIE GÉNÉRALE 4 ans/80 000 km
GARANTIE MOTOPROPULSEUR 4 ans/80 000 km
PERFORATION 4 ans/80 000 km
ASSISTANCE ROUTIÈRE 4 ans/ kilométrage illimité
NOMBRE DE CONCESSIONNAIRES
AU QUÉBEC 1 **AU CANADA** 3

NOUVEAUTÉS EN 2012

Aucun changement majeur

EXTRAVAGANCE **GERMANIQUE**

Michel Crépault

Nous avons attendu jusqu'à la dernière minute avant d'inclure la Maybach dans cet Annuel, le temps que Mercedes-Benz Canada nous confirme que cette limousine irréelle revenait bien au catalogue 2012 malgré des ventes annuelles faméliques. Heureusement qu'il y a les Chinois !

CARROSSERIE Les deux modèles de base, 57 et 62, dérivés de l'ancienne Classe S, font référence à leur longueur respective (5,7 et 6,2 mètres). En guise de comparaison, la plus pachydermique du duo peut engloutir deux smart et demie au petit déjeuner. Les versions S indiquent des moteurs plus puissants. Enfin, la 62 Landaulet désigne une espèce de cabriolet hybride : la section avant, celle du chauffeur, conserve son couvre-chef, tandis que les occupants à l'arrière peuvent décapoter l'abri de leur boudoir mobile sans toucher aux arcs du pavillon. L'allure est étrange mais, à ce prix, plus rien n'étonne ; en fait, ce qui n'est pas extravagant détonne.

HABITACLE D'une part, il y a autant de similarités entre l'intérieur d'une Maybach et celui d'une Honda Civic qu'entre Angelina Jolie et la fée Carabosse. D'autre part, puisque Benz ne l'a pas gratifiée de profondes retouches depuis sa naissance, en 2004 (il fallait d'abord que le constructeur recoupe son investissement), certains éléments commencent à dater. La navigation, l'affichage, les commandes du système d'infodivertissement réclament une mise à jour. Une voiture de ce prix ne peut se permettre la désuétude. Heureusement, d'autres gâteries constellent suffisamment la Maybach pour qu'on ne la confonde pas avec une Camry. Je pense au frigo à champagne fourni avec les flûtes en argent, la partition opaque ou pas qui sépare le chauffeur de ses joyeux lurons de maîtres, les rideaux électriques, etc. La plus grande utilité de la section arrière se révèle dans son interprétation d'un bureau. Confortablement calé dans son immense fauteuil, le patron peut compter sur les tablettes de bois précieux, les trois téléviseurs, les lampes de lecture et les espaces prévus pour y aménager téléphone, ordinateur, imprimante et, pourquoi pas, machine à espresso. Une fois

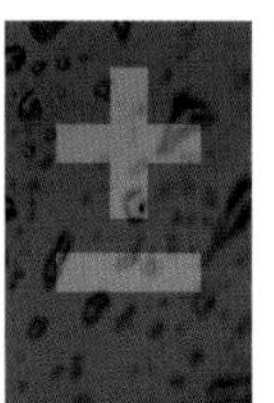

FORCES Une certaine conception du summum automobile
V12 onctueux • Raffinement impérial dans la cabine

FAIBLESSES Présentation et instrumentation à rafraîchir
Dépense en soi indécente, comme la consommation

fourbu, il relaxe en transformant son trône en couchette, comme dans son jet privé. Personnellement, j'ai bien envie de commencer à vaquer à mes affaires de cette façon, Firmin aux commandes, et moi, en train de pondre le prochain *Annuel* dans ma forteresse mobile. Je pourrais déduire une partie du coût de la Maybach en frais de bureau. J'imagine déjà la tête du percepteur...

MÉCANIQUE On ne déplace pas près de six tonnes de décadence avec un moulin de la taille d'un dé à coudre. Les 57 et 62 ont recours à un V12 de 5,5 litres biturbo de 543 chevaux. Les versions S et décapotable haussent la cylindrée à 6 litres pour un total de 604 chevaux. Une humble boîte de vitesses à 5 rapports suffit à la peine, mais trahit ici aussi l'âge des baleines.

COMPORTEMENT La personne qui achète une Maybach pour aller faire joujou sur une piste est fêlée. Même le besoin d'une version S frise l'hérésie. Voir si le fait d'abaisser le châssis de 15 millimètres changera quelque chose à notre expérience ! Ce paquebot exige un chauffeur, qu'on se le dise. À lui d'apprivoiser l'instrumentation et d'endurer les quolibets quand des collègues se moqueront des affichages indignes d'un iPad. La vie dans une Maybach se déroule à l'arrière, là où les secousses mécaniques font à peine frétiller le cuir, tandis que les borborygmes du V12 sont réduits à un murmure relaxant. S'il vous prend la drôle d'envie de tenir le volant, vous noterez la facilité avec laquelle la direction commande les roues et la spontanéité qui s'échappe de l'accélérateur dès que vous l'effleurez. La montagne de métal se déplace quand même à la vitesse de l'éclair, assez pour mêler Mahomet dans ses proverbes.

CONCLUSION Que le destin de la Maybach soit scellé ou pas importe peu. Il y aura toujours des constructeurs pour imaginer l'auto qui satisfera les caprices sans limites des princes d'émirats et de milliardaires russes. Au moins, la Maybach sert-elle à tester des technologies dont le commun des mortels bénéficiera une ou deux prises de La Bastille plus tard.

2e OPINION

«Maybach, c'est l'histoire d'un échec. Des objectifs non atteints, un prestige que personne n'a réellement reconnu. Quel que soit le type d'échec que vous rencontrez, c'est toujours un moment pénible à passer. Mercedes-Benz a investi gros et n'a pas réussi. Maybach persiste pour le moment, mais devra prendre une décision quant à l'avenir de cette division moribonde. Soit elle amorce une extinction lente de la marque avec les modèles actuels pour disparaître en 2012; soit elle met en chantier une nouvelle génération de Maybach sur la base de la future Classe S; ou soit elle utilise ou sous-traitant (comme Aston Martin) pour fabriquer à moindre coûts et relancer, souhaitons-le, la gamme, lentement mais sûrement. Une chose est certaine, la pente sera raide à remonter. » — Benoit Charette

FICHE TECHNIQUE

MOTEURS

(57 ET 62) V12 5,5 L biturbo SACT, 543 ch à 5250 tr/min
Couple 664 lb-pi de 2200 à 3000 tr/min
BOÎTE DE VITESSES automatique à 5 rapports
0-100 KM/H 57 5,4 s 62 5,6 s
VITESSE MAXIMALE 250 km/h (bridée)
CONSOMMATION (100 km) 17,0 L (octane 91)
ÉMISSIONS DE CO_2 8004 kg/an
LITRES PAR ANNÉE 3480 L
COÛT PAR AN 4594 $

(57 S, 62 S ET LANDAULET) V12 6,0 L biturbo SACT, 604 ch à 4800 tr/min
COUPLE 738 lb-pi à 2000 tr/min
BOÎTE DE VITESSES automatique à 5 rapports
0-100 KM/H 57S 5,2s 62S 5,4s
VITESSE MAXIMALE 278 km/h (bridée)

AUTRES COMPOSANTS

SÉCURITÉ ACTIVE freins ABS, assistance au freinage, distribution électronique de la force de freinage, antipatinage, contrôle de stabilité électronique
SUSPENSION AVANT/ARRIÈRE indépendante
FREINS AVANT/ARRIÈRE disques
DIRECTION à billes, assistée
PNEUS P275/50R19 **versions S et Landaulet** P275/45R20

DIMENSIONS

EMPATTEMENT 57 3390 mm 62 3827 mm
LONGUEUR 57 5728mm 62 6165 mm
LARGEUR (excluant les rétroviseurs) 1980 mm
HAUTEUR 1572 mm
POIDS 57 2745 kg 62 2855 kg
DIAMÈTRE DE BRAQUAGE nd
COFFRE 605 L
RÉSERVOIR DE CARBURANT 110 L

VERDICT

Plaisir au volant
Qualité de finition
Consommation
Rapport qualité / prix
Valeur de revente

LA COTE VERTE MOTEUR L4 DE 1,6 L source : ÉnerGuide

CONSOMMATION (100 KM) man. 6,2 L, auto. 6,8 L • **ÉMISSIONS POLLUANTES CO_2** man. 2898 kg/an, auto. 3128 kg/an • **INDICE D'OCTANE** 87
COÛT DU CARBURANT MOYEN PAR ANNÉE man. 1638 $, auto. 1768 $ • **NOMBRE DE LITRES PAR ANNÉE** man. 1260, auto. 1360

FICHE D'IDENTITÉ

VERSIONS GX, GS, Yozora
ROUES MOTRICES avant
PORTIÈRES 5 **NOMBRE DE PASSAGERS** 5
PREMIÈRE GÉNÉRATION 2011
GÉNÉRATION ACTUELLE 2011
CONSTRUCTION Hiroshima, Japon
COUSSINS GONFLABLES 6 (frontaux, latéraux, rideaux latéraux)
CONCURRENCE Honda Fit, Ford Fiesta, Hyundai Accent, Kia Rio, Nissan Versa, Scion xD, Toyota Yaris

AU QUOTIDIEN

PRIME D'ASSURANCE
25 ANS : 1400 À 1600 $
40 ANS : 900 À 1100 $
60 ANS : 700 à 900 $
COLLISION FRONTALE 5/5
COLLISION LATÉRALE 4/5
VENTES DU MODÈLE DE L'AN DERNIER
AU QUÉBEC 1453 **AU CANADA** 2868
DÉPRÉCIATION nm
RAPPELS (2006 à 2011) aucun à ce jour
COTE DE FIABILITÉ nm

GARANTIES... ET PLUS

GARANTIE GÉNÉRALE 3 ans/80 000 km
GARANTIE MOTOPROPULSEUR 5 ans/100 000 km
PERFORATION 5 ans/kilométrage illimité
ASSISTANCE ROUTIÈRE 3 ans/80 000 km
NOMBRE DE CONCESSIONNAIRES
AU QUÉBEC 58 **AU CANADA** 168

NOUVEAUTÉS EN 2012

Aucun changement majeur

C'EST TOUT CE QU'IL FAUT

Alexandre Crépault

Il n'y a pas si longtemps, les voitures sous-compactes étaient aussi excitantes à regarder et à conduire qu'un match de criquet. Les temps ont changé. Les joueurs se sont multipliés, et les produits sont devenus aussi stimulants qu'impressionnants... C'est le cas de la Mazda2.

CARROSSERIE Mazda offre deux versions de sa Mazda2 : GX et GS. On reconnaît le modèle GS à ses roues en alliage de 15 pouces (roues en acier sur le modèle GX), son déflecteur arrière et ses extensions de bas de caisse. Cela dit, peu importe le modèle choisi, le format intrigue. De l'extérieur, la Mazda2 semble être l'une des plus petites de sa catégorie. En comparaison avec la Ford Fiesta, conçue sur la même plateforme, elle fait quelque 45 centimètres de moins en longueur. Pourtant, l'empattement des deux voitures est sensiblement le même. C'est en regardant attentivement la Mazda2 qu'on se rend compte à quel point Mazda a pris soin de limiter le porte-à-faux de la voiture. Autrement, on reconnaît bien le style « Nagara » propre à Mazda, arborant toujours tant bien que mal cet immense sourire encastré dans le bouclier avant.

HABITACLE La 2 a beau être compacte et relativement bon marché, l'habitacle n'en laisse rien paraître ! En fait, il s'agit probablement de l'habitacle le mieux fini du créneau. Quoiqu'il y règne une certaine simplicité volontaire, la qualité des matériaux est impressionnante. L'équipement de base est pas mal non plus, et les ensembles d'options sont simples et bien pensés. L'ensemble commodités (895 $) comprend quelques indispensables, comme le télédéverrouillage. Il faut également ajouter 1195 $ pour le climatiseur, ce qui nous amène à 16 085 $ pour un modèle GX relativement bien nanti. Ça reste quand même 2000 $ de moins qu'un modèle GS tout garni.

Sur une autre note, l'ergonomie de la Mazda2 est excellente. C'est vrai qu'on est assis en hauteur, ça déplaît à certains. En contrepartie, cela permet de bien voir ce qui se passe à l'extérieur et d'accéder facilement aux commandes principales. On

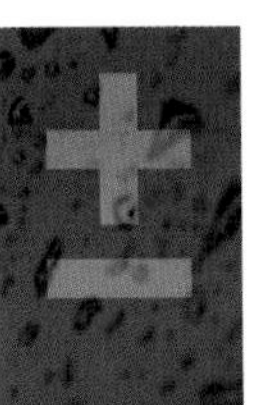

FORCES Excellente citadine, pas mal sur l'autoroute • Habitacle de bonne qualité
Représente bien le slogan « Vroom-Vroom »

FAIBLESSES Puissance en dessous de la concurrence • Fascia qui ne plaît pas à tous
Aurait dû arriver chez nous beaucoup plus tôt

aime particulièrement l'emplacement du levier de vitesses, placé dans une sorte de prolongement du tableau de bord, un peu comme l'avait fait Honda avec la Civic SiR des années 2000. L'espace de chargement est pas mal non plus. Face à la concurrence, malgré ses petites dimensions, la *2* n'a absolument pas à rougir... quoique la Fit continue de dominer cet aspect du côté des sous-compactes.

MÉCANIQUE Très simple : 4-cylindres, 1,5 litre, 100 chevaux, 98 livres-pieds, consommation réelle entre 6 et 8 litres aux 100 kilomètres, selon la boîte de vitesses choisie et la pression de votre pied.

COMPORTEMENT Le plus étonnant, c'est la façon dont la Mazda2 exploite ses « gros » chevaux. Même munie de la boîte automatique à 4 rapports, elle peut toujours prendre sa place dans la circulation urbaine sans même devoir forcer. Sollicitez la pédale de droite, elle répond sur-le-champ. À vitesse d'autoroute, il faut l'écraser pour extirper toute la puissance du 4-cylindres de 1,5 litre. La voiture ne donne pas l'impression d'en souffrir, cependant. Sinon, à vitesse de croisière, la *2* est aussi à l'aise qu'un poisson dans l'eau.

Son comportement est l'autre grande surprise. Avec un essieu arrière rigide, des freins arrière à tambour, de petites roues de 15 pouces, des pneus Yokohama toutes-saisons, un court empattement et une garde au sol relativement haute, on pouvait s'attendre au comportement d'une Swift des années 90. Pas du tout ! La direction est légère mais directe, et le comportement est neutre. Même en prenant des rampes d'accès à des vitesses disons... plus rapides que recommandé, la Mazda2 ne montre aucun signe de faiblesse. C'est même amusant ! Notez que l'ABS, le DSC et le TCS viennent tous de série. Quelqu'un a-t-il dit Vroum-Vroum ?

CONCLUSION Choisir la sous-compacte qui nous convient le mieux est devenu réellement difficile. Certains vont préférer l'espace de la Fit, d'autres, l'allure de la xD. Quant à moi, la Mazda2 demeure ma préférée pour la conduite en ville et une valeur sûre à l'achat.

2e OPINION

« N'est-elle pas charmante, cette petite Mazda2 ? Jolie comme tout, fort agréable à conduire et frugale en dépit d'une motorisation technologiquement conservatrice, elle propose, à mon avis, l'un des meilleurs rapports plaisir/prix de la catégorie. Hélas, la pauvre petite doit rivaliser d'une part avec les nombreuses nouveautés de la catégorie que sont les Sonic, Accent, Rio et Yaris ainsi qu'avec la Mazda3 avec qui elle partage la même salle d'exposition. Pourquoi la Mazda3 ? Tout simplement parce que l'écart de prix n'est pas très grand, et que les modalités de financement semblent souvent vouloir avantager la Mazda3. La partie est donc loin d'être gagnée pour la petite Mazda2, une voiture qui, pourtant, mériterait un succès plus retentissant. » — Antoine Joubert

FICHE TECHNIQUE

MOTEUR

L4 1,5 L DACT, 100 ch à 6000 tr/min
COUPLE 98 lb-pi à 4000 tr/min
BOÎTE DE VITESSES manuelle à 5 rapports, automatique à 4 rapports (en option)
0-100 KM/H 10,5 s
VITESSE MAXIMALE 165 km/h

AUTRES COMPOSANTS

SÉCURITÉ ACTIVE freins ABS, assistance au freinage, répartition électronique du freinage, système électronique de contrôle de la stabilité, antipatinage
SUSPENSION AVANT/ARRIÈRE indépendante/essieu rigide
FREINS AVANT/ARRIÈRE disques/tambours
DIRECTION à crémaillère, assistée
PNEUS P185/55R15, **Yozora** P195/45R16

DIMENSIONS

EMPATTEMENT 2489 mm
LONGUEUR 3950 mm
LARGEUR 1694 mm
HAUTEUR 1476 mm
POIDS man. 1043 kg, auto. 1067 kg
DIAMÈTRE DE BRAQUAGE 9,8 m
COFFRE 377 L, sièges abaissés 787 L
RÉSERVOIR DE CARBURANT 43 L

MENTIONS

RECOMMANDÉ

VERDICT

Plaisir au volant
Qualité de finition
Consommation
Rapport qualité / prix
Valeur de revente

$ 16295$ à 29695$ t&p : 1395$

LA COTE VERTE MOTEUR L4 DE 2,0 L source : Mazda

CONSOMMATION 100 KM man. 6,9 L auto. 7.1 L • **ÉMISSIONS POLLUANTES CO_2** man. nd auto. nd • **INDICE D'OCTANE** 87
COÛT DU CARBURANT MOYEN PAR ANNÉE man. nd auto. nd • **NOMBRE DE LITRES PAR ANNÉE** man. nd auto. nd

FICHE D'IDENTITÉ

VERSIONS GX, GS, GT, Sport GX, Sport GS, Sport GT, MazdaSpeed
ROUES MOTRICES avant
PORTIÈRES 4, 5 **NOMBRE DE PASSAGERS** 5
PREMIÈRE GÉNÉRATION 2004 **GÉNÉRATION ACTUELLE** 2010
CONSTRUCTION Hiroshima, Japon
COUSSINS GONFLABLES 6 (frontaux, latéraux avant, rideaux latéraux)
CONCURRENCE Chevrolet Cruze, Dodge Caliber, Ford Focus, Honda Civic, Hyundai Elantra, Kia Forte, Mitsubishi Lancer, Nissan Sentra, Suzuki SX4, Subaru Impreza, Toyota Corolla/Matrix, Volkswagen Golf/Jetta

AU QUOTIDIEN

PRIME D'ASSURANCE
25 ANS: 1500 à 1700 $
40 ANS: 1100 à 1300 $
60 ANS: 900 à 1100 $
COLLISION FRONTALE 5/5
COLLISION LATÉRALE 4/5
VENTES DU MODÈLE DE L'AN DERNIER
AU QUÉBEC 18 854 **AU CANADA** 47 740
DÉPRÉCIATION 53,2 %
RAPPELS (2005 À 2010) 4
COTE DE FIABILITÉ 5/5

GARANTIES... ET PLUS

GARANTIE GÉNÉRALE 3 ans/80 000 km
GARANTIE MOTOPROPULSEUR 5 ans/100 000 km
PERFORATION 5 ans/kilométrage illimité
ASSISTANCE ROUTIÈRE 3 ans/80 000 km
NOMBRE DE CONCESSIONNAIRES
AU QUÉBEC 60 **AU CANADA** 167

NOUVEAUTÉS EN 2012

Nouveau moteur de base SkyActiv de série pour Sport GX en option pour berline GX

UN MOT : SKYACTIV

Vincent Aubé

Les modèles ont un cycle de vie moyen de 5 ans. La coutume veut qu'on les retouche légèrement à mi-parcours, question de conserver l'intérêt du consommateur à un haut niveau. Dans le cas de la Mazda3, le remodelage pour 2012 n'a rien de commun. En effet, le constructeur japonais introduit enfin un premier élément de sa philosophie SKYACTIV à l'intérieur d'un de ses modèles, en l'occurrence, une nouvelle motorisation. Transformée, la Mazda3 ? Voyons voir...

CARROSSERIE De loin la voiture la plus populaire du constructeur, la Mazda3 a su plaire grâce à son allure sportive et élancée. Elle est toujours offerte en trois configurations — GX, GS et GT –. Les deux dernières proposent des ensembles d'équipements qui rehaussent l'expérience mais aussi la facture; modérez votre enthousiasme. C'est beau, des sièges en cuir, mais des baquets en tissus, ça fait le travail. La Mazda3 est proposée en configuration à 4 ou à 5 portes, la dernière offrant cet aspect pratique qu'affectionnent bien les gens d'ici.

HABITACLE La Mazda3 a été l'une des premières de sa catégorie à proposer des cadrans à l'allure sportive et un habitacle à la présentation plus dynamique. Les choses n'ont pas changé depuis. La présentation est toujours vivante, mais se démarque moins face à la concurrence. Les occupants apprécient le confort à l'avant. À l'arrière, cependant, les plus grands ne raffolent pas de la promiscuité. Néanmoins, le degré de confort mérite une bonne note pour une voiture de cette catégorie. La position de conduite, pour un, est excellente. On apprécie surtout l'aspect modulable de l'habitacle d'une version à hayon. C'est logeable, une Mazda3.

MÉCANIQUE Voilà la grande nouveauté pour 2012. Mazda introduit enfin une première version de son moteur SKYACTIV. Ce mot résume l'ensemble des caractéristiques dont seront dotées les nouvelles générations de véhicules Mazda : moteurs, boîtes de vitesses, châssis et carrosserie. Les Mazda3 2012 recevront le moteur SKYACTIV à 4 cylindres de 2 litres. En substance, ce moteur est de conception totalement différente (exemple : taux de compression de 13 : 1), il est plus léger, plus puissant et consomme

FORCES Nouvelle motorisation prometteuse • Toujours agréable à conduire Rapport qualité/prix • Version à hayon hyper pratique • Version MAZDASPEED3

FAIBLESSES La quantité d'exemplaires vendus vous fera perdre l'exclusivité. Version GT bien équipée trop chère • Consommation encore élevée (moteur 2,5 litres) • Finition intérieure perfectible • Qualité de certains plastiques

jusqu'à 15 % moins de carburant. Les boîtes de vitesses, manuelle et automatique, qui lui sont jumelées ont aussi été entièrement repensées. À l'usage, on note une différence significative au chapitre de la performance du moteur et de l'efficacité des boîtes. Pour la consommation, cependant, aucun chiffre n'est pour l'instant avancé. À ce chapitre, Mazda a du rattrapage à faire. Quant à la version Diesel du moteur SKYACTIV, un 4cylindres de 2,2 litres, elle sera offerte au Canada d'ici deux ans, d'abord du côté de la Mazda6, puis de la Mazda3 et du CX5 qui devra attendre sa deuxième année ici avant de recevoir cette motorisation. Cette dernière est d'une générosité charmante : puissance de 162 chevaux et couple de 310 livres-pieds. Pour le reste des caractéristiques SKYACTIV, c'est le Mazda CX5 qui sera le premier à en profiter, lui qui est attendu au printemps. La Mazda3 devra attendre sa refonte en 2014 pour profiter des autres atouts du principe SKYACTIV.

COMPORTEMENT La Mazda3 est la voiture la plus sportive dans son segment. Elle marie bien le confort et la tenue de route. Les amateurs de performances brutes préfèrent la MAZDASPEED3. Mais attention : cette dernière est une tigresse qui exige un dompteur chevronné. Pour ce qui est de la Mazda3 à moteur SKYACTIV, il faudra attendre avant de se prononcer. Nous avons mis à l'essai des Mazda6 équipées de ce moteur. En fait, le comportement routier de la Mazda3 promet de devenir plus intéressant lors de la prochaine génération alors que les autres éléments du concept SKYACTIV (châssis, suspension, structure) dynamiseront une voiture déjà pas mal dynamique.

CONCLUSION Nous n'avons plus à vous convaincre des vertus de la Mazda3 et voilà qu'elle ajoute une corde à son arc. La Honda Civic n'a qu'à bien se tenir.

2e OPINION

« Le pain et le beurre de Mazda, c'est la Mazda3. Et ça le demeurera encore cette année car, quoi qu'on en dise, il s'agit toujours du meilleur produit proposé par ce constructeur. Plus agréable à conduire que la moyenne, charmante comme tout, offerte avec un choix de carrosseries et de motorisations, elle a tout pour elle. Et en plus, grâce à la technologie SKYACTIV, elle devient enfin peu gourmande ! Mais il est aussi vrai que la concurrence féroce pousse fort, et que des modèles comme la nouvelle Ford Focus et la Hyundai Elantra peuvent lui faire très mal. L'avenir dira donc si Mazda est en mesure de demeurer dans le peloton de tête de cette catégorie; mais une chose est sure, il s'agit d'un excellent achat ! » — Antoine Joubert

FICHE TECHNIQUE

MOTEURS

(GX BERLINE) L4 2,0 L DACT, 148 ch à 6500 tr/min
COUPLE 135 lb-pi à 4500 tr/min
BOÎTE DE VITESSES manuelle à 5 rapports, automatique à 5 rapports avec mode manuel (option)
0-100 KM/H 9,4 s **VITESSE MAXIMALE** 188 km/h (bridée)
CONSOMMATION (100 KM) man. 7,0 L auto. 7,4 L (octane 87)
ÉMISSIONS DE CO_2 man. 3266 kg/an auto. 3450 kg/an
LITRES PAR ANNÉE man. 1420 L auto. 1500 L
COÛT PAR AN man. 1775 $, auto. 1875 $

(GX SPORT, OPTION GX BERLINE) L4 2,0 L DACT, 155 ch à 6000 tr/min
COUPLE 148 lb-pi à 4100 tr/min
BOÎTE DE VITESSES manuelle à 6 rapports, automatique à 6 rapports avec mode manuel (option)
0-100 KM/H nd **VITESSE MAXIMALE** nd

(GT, SPORT GS, SPORT GT) L4 2,5 L DACT, 167 ch à 6000 tr/min
COUPLE 168 lb-pi à 4000 tr/min
BOÎTE DE VITESSES manuelle à 6 rapports, automatique à 5 rapports avec mode manuel (option)
0-100 KM/H 9,0 s **VITESSE MAXIMALE** 200 km/h
CONSOMMATION (100 KM) man. 8,6 L auto. 8,0 L (octane 87)
ÉMISSIONS DE CO_2 man. 4002 kg/an auto. 3726 kg/an
LITRES PAR ANNÉE man. 1740 L auto. 1620 L
COÛT PAR AN man. 2175 $, auto. 2025 $

(MAZDASPEED) L4 2,3 L turbo DACT, 263 ch à 5500 tr/min
COUPLE 280 lb-pi à 3000 tr/min
BOÎTE DE VITESSES manuelle à 6 rapports
0-100 KM/H 6,1 s **VITESSE MAXIMALE** 250 km/h
CONSOMMATION (100 KM) man. 9,8 L (octane 91)
ÉMISSIONS DE CO_2 4554 kg/an,
LITRES PAR ANNÉE man. 1980 L
COÛT PAR AN man. 2614 $

AUTRES COMPOSANTS

SÉCURITÉ ACTIVE freins ABS, assistance au freinage, répartition électronique de force de freinage,contrôle de la stabilité électronique, antipatinage
SUSPENSION AVANT/ARRIÈRE indépendante
FREINS AVANT/ARRIÈRE disques
DIRECTION à crémaillère, assistée
PNEUS GX/ GS P205/55R16 GT P205/50R17 MazdaSpeed P225/40R18

DIMENSIONS

EMPATTEMENT 2640 mm
LONGUEUR berline 4595 mm **Sport** 4505 **MazdaSpeed** 4510 mm
LARGEUR 1755 mm, **MazdaSpeed** 1770 mm
HAUTEUR 1470 mm, **MazdaSpeed** 1460 mm
POIDS GX/GS/GT 1295 à 1381 kg **Sport GS/Sport GT** 1313 à 1399 kg, **MazdaSpeed** 1461 à 1509 kg
DIAMÈTRE DE BRAQUAGE 10,4 m **MazdaSpeed** 11 m
COFFRE 335 L **Sport/MazdaSpeed** 481 L, 1213 L (sièges abaissés)
RÉSERVOIR DE CARBURANT GS, GX, Sport GX 55 L **GT/ Sport GS/ Sport GT/MazdaSpeed** 60 L

MENTIONS

RECOMMANDÉ

VERDICT

Plaisir au volant
Qualité de finition
Consommation
Rapport qualité / prix
Valeur de revente

LA COTE VERTE MOTEUR L4 DE 2,5 L source : EnerGuide

CONSOMMATION (100 KM) man. 8,5 L, auto. 8,01 L • **ÉMISSIONS POLLUANTES CO_2** man. 3956 kg/an, auto. 3726 kg/an • **INDICE D'OCTANE** 87
COÛT DU CARBURANT MOYEN PAR ANNÉE man. 2236 $, auto. 2106 $ • **NOMBRE DE LITRES PAR ANNÉE** man. 1720, auto. 1620

FICHE D'IDENTITÉ

VERSIONS GS, GT
ROUES MOTRICES avant
PORTIÈRES 5 **NOMBRE DE PASSAGERS** 6
PREMIÈRE GÉNÉRATION 2006
GÉNÉRATION ACTUELLE 2010
CONSTRUCTION Hiroshima, Japon
COUSSINS GONFLABLES 6 (frontaux, latéraux avant et rideaux latéraux)
CONCURRENCE Kia Rondo, Ford C-Max

AU QUOTIDIEN

PRIME D'ASSURANCE
25 ANS : 1500 à 1700 $
40 ANS : 1100 à 1300 $
60 ANS : 900 à 1100 $
COLLISION FRONTALE 5/5
COLLISION LATÉRALE 4/5
VENTES DU MODÈLE DE L'AN DERNIER
AU QUÉBEC 3106 **AU CANADA** 7532
DÉPRÉCIATION 47,7 %
RAPPELS (2006 à 2011) 4
COTE DE FIABILITÉ 3/5

GARANTIES... ET PLUS

GARANTIE GÉNÉRALE 3 ans/80 000 km
GARANTIE MOTOPROPULSEUR 5 ans/100 000 km
PERFORATION 5 ans/kilométrage illimité
ASSISTANCE ROUTIÈRE 3 ans/80 000 km
NOMBRE DE CONCESSIONNAIRES
Au Québec 58 **Au Canada** 168

NOUVEAUTÉS EN 2012

Redessiné, nouveau moteur 2,5 litres

DANS LES **PETITS POTS...**

Michel Crépault

La Mazda5 est rapidement devenue l'un des véhicules préférés des Québécois. La seule chose qui s'est multipliée plus rapidement sur nos routes, ce sont les cônes orange. À son introduction, en 2006, la 5 a eu la bonne fortune de reprendre la versatilité d'une fourgonnette mais dans un plus petit format.

Or, on le sait, les disciples de la ceinture fléchée aiment bien les petits pots, sachant bien ce qu'ils contiennent. D'ailleurs, qui se ressemblent s'assemblent : à l'échelle de la planète, Mazda est un petit constructeur mais qui macère de grandes intuitions ! Pensons à la MX-5 (la Miata), à la RX-8. Des produits à saveur originale et nappés d'une sauce pimpante que le slogan vroum-vroum s'est chargé de bien populariser. Cela dit, il ne faut jamais s'asseoir sur ses lauriers. Déjà que la Kia Rondo poussait dans le dos de la 5, voilà que Ford et GM débarquent respectivement avec leur C-Max et Chevrolet Orlando. Mazda n'a donc pas le choix de répliquer avec une 2e génération immédiatement coiffée du millésime 2012.

CARROSSERIE Interpellez l'âme d'artiste qui sommeille au tréfond de vous et vous constaterez les changements apportés à la coque de la nouvelle Mazda5. Ça n'a rien à voir avec les dimensions qui sont restées pour ainsi dire inchangées. Tout est dans le traitement de la gaine métallique, particulièrement les flancs. Remarquez les reliefs sculptés dans les portières qui coulent derrière l'aile dont l'ourlet n'a jamais été aussi sensuel. L'inspiration provient du concept Nagare qui présentait des formes dictées par le vent. Avec son bec chasseur et le pavillon qui plonge vers l'arrière, je dirais que les changements stylistiques apportés à la 5 sont subtils mais fort jolis. Les portières arrière coulissent toujours pour offrir un seuil qui s'enjambe aisément.

HABITACLE Il se juge d'abord à la fonctionnalité de ses six places. Les deux principaux baquets sont seyants et, juchés quand même plus haut que ceux d'une berline traditionnelle, autorisent une conduite assurée. Pour tirer profit de l'espace de

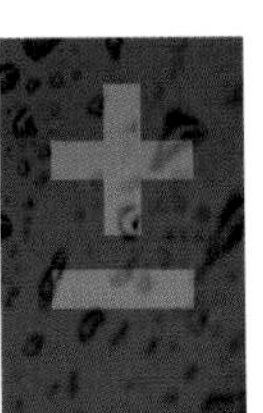

FORCES Format qui fait du sens • Intérieur sympathique, convivial et polyvalent

FAIBLESSES Manque d'innovations renversantes
On espère encore une meilleure consommation de carburant

chargement sans s'esquinter le dos à retirer les sièges, on peut rabattre à plat tous les dossiers arrière en un tour de main. Pour les fauteuils du milieu, j'ai bien apprécié la cache de rangement pour les appuie-tête amovibles. Les vide-poches, les porte-gobelet et les autres espaces de rangement abondent comme il se doit dans un véhicule à vocation familiale. Un bémol personnel: le bouton qui contrôle le volume de la sono est le premier à nous tomber dans la main, ce qui est bien, sauf que celui qui change les stations est plus gros. Devinez lequel mon cerveau commandait à mes doigts de manipuler en premier?

MÉCANIQUE L'énergie de la 5 est toujours confiée à un 4-cylindres, mais sa cylindrée est passée de 2,3 à 2,5 litres, alors que sa puissance a grimpé de 153 à 157 chevaux. D'accord, on ne dissertera pas longtemps sur ses quatre nouveaux chevaux, mais confirmons que la puissance est suffisante. La boîte de vitesses manuelle compte désormais un 6e rapport, la boîte automatique dénombre 5 rapports, et les aides électroniques usuelles équipent de série les deux versions offertes, GS et GT.

COMPORTEMENT La visibilité est bonne dans toutes les directions. La suspension encaisse la majorité de nos nids-de-poule sans menacer séance tenante de faire la grève. Le moteur travaille rarement en grognant, à moins de le pousser dans ses derniers retranchements au moment de dépasser. J'ai été à peu près heureux d'obtenir une consommation moyenne de 10 litres aux 100 kilomètres durant mon galop d'essai, mais je sais que Mazda peut faire mieux; d'ailleurs, c'est maintenant une question de mois avant que ses ingénieurs répandent dans toute la famille le nouveau moteur Sky censé faire enrager les pétrolières.

CONCLUSION Mazda a pris les moyens pour maintenir la 5 dans le cœur des Québécois. J'espère seulement que ce sera suffisant pour repousser les attaques des prétendants au trône puisque la recette Mazda n'est point secrète.

2e OPINION

« Je dois l'avouer candidement, je trouve le design de la Mazda5 horrible. La calandre ne me revient pas, la partie arrière, non plus, et le profil me laisse pantois. Cependant, j'adore quand même ce véhicule. À un prix de base de 21 795 $, voilà un véhicule à vocation familiale qui se veut une très bonne solution de rechange pour les familles qui fonctionnent avec un budget plus serré. En boni, les acheteurs héritent d'un véhicule agréable à conduire, confortable, logeable et hyper pratique. Cependant, gare à la rouille qui semble toujours être le talon d'Achille du constructeur; une bonne protection antirouille est de mise. L'autre bémol, c'est la consommation de carburant. Mazda n'y est pas encore, et c'est avec impatience qu'on attend l'arrivée de la nouvelle technologie SKYACTIV. » — Daniel Rufiange

FICHE TECHNIQUE

MOTEUR

L4 2,5 L DACT 157 ch à 6000 tr/min
COUPLE 163 lb-pi à 4000 tr/min
BOÎTE DE VITESSES manuelle à 6 rapports, automatique à 5 rapports avec mode manuel en option
0-100 KM/H 9,0 s
VITESSE MAXIMALE 200 km/h

AUTRES COMPOSANTS

SÉCURITÉ ACTIVE freins ABS, répartition électronique de force de freinage, antipatinage, contrôle électronique de la stabilité
SUSPENSION AVANT/ARRIÈRE indépendante
FREINS AVANT/ARRIÈRE disques
DIRECTION à crémaillère, assistée
PNEUS GS P205/55R16, **GT** P205/50R17

DIMENSIONS

EMPATTEMENT 2750 mm
LONGUEUR 4585 mm
LARGEUR 1750 mm
HAUTEUR 1615 mm
POIDS MAN. 1551 kg **AUTO.** 1569 kg
DIAMÈTRE DE BRAQUAGE 11,2 m
COFFRE 112 L, 857 L (sièges abaissés)
RÉSERVOIR DE CARBURANT 60 L

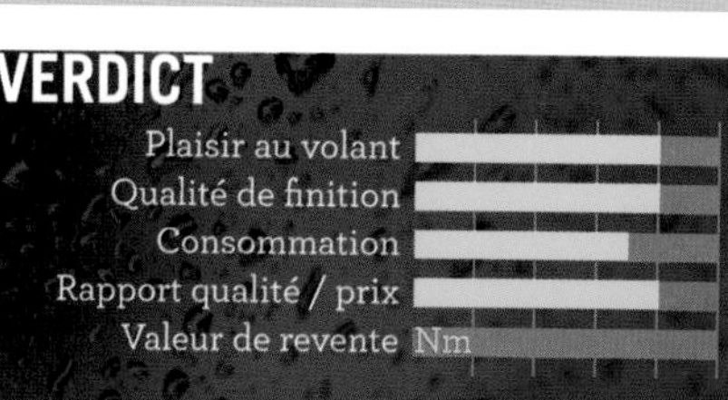

www.mazda.ca

$ 23 995 $ à 37 440 $ t&p 1695 $

LA COTE VERTE MOTEUR L4 DE 2,5 L source : ÉnerGuide

CONSOMMATION (100 KM) man. 8,2 L, auto. 8,01 L • **ÉMISSIONS POLLUANTES CO_2** man. 3864 kg/an, auto. 3726 kg/an • **INDICE D'OCTANE** 87
COÛT DU CARBURANT MOYEN PAR ANNÉE man. 2100 $, auto. 2025 $ • **NOMBRE DE LITRES PAR ANNÉE** man. 1680, auto. 1620

FICHE D'IDENTITÉ

VERSIONS GS L4/V6, GS-L L4, GT L4/V6
ROUES MOTRICES avant
Portières 4 **NOMBRE DE PASSAGERS** 5
PREMIÈRE GÉNÉRATION 2004
GÉNÉRATION ACTUELLE 2009
CONSTRUCTION Hofu, Japon
COUSSINS GONFLABLES 6 (frontaux et latéraux)
CONCURRENCE Chevrolet Malibu, Chrysler 200, Dodge Avenger, Honda Accord, Hyundai Sonata, Kia Optima, Nissan Altima, Subaru Legacy, Suzuki Kizashi, Toyota Camry, Volkswagen Passat

AU QUOTIDIEN

PRIME D'ASSURANCE
25 ANS : 1600 à 1800 $
40 ANS : 1000 à 1200 $
60 ANS : 900 à 1100 $
COLLISION FRONTALE 5/5
COLLISION LATÉRALE 5/5
VENTES DU MODÈLE DE L'AN DERNIER
AU QUÉBEC 2596 **AU CANADA** 6092
DÉPRÉCIATION 52,9 %
RAPPELS (2006 à 2011) 2
COTE DE FIABILITÉ 3,5/5

GARANTIES... ET PLUS

GARANTIE GÉNÉRALE 3 ans/80 000 km
GARANTIE MOTOPROPULSEUR 5 ans/100 000 km
PERFORATION 5 ans/kilométrage illimité
ASSISTANCE ROUTIÈRE 3 ans/80 000 km
NOMBRE DE CONCESSIONNAIRES
AU QUÉBEC 60 **AU CANADA** 167

NOUVEAUTÉS EN 2012

Aucun changement majeur

TALENT GASPILLÉ

Antoine Joubert

En 2008, Mazda choisissait de remodeler sa berline Mazda6 dans l'objectif de plaire davantage à la clientèle nord-américaine. On mettait donc fin aux modèles familial et à hayon ainsi qu'à la performante MAZDASPEED6 au profit d'une berline plus volumineuse et plus bourgeoise. Néanmoins, le constructeur d'Hiroshima souhaitait aussi conserver l'ADN «Vroum vroum» propre à la marque en proposant des lignes audacieuses et, surtout, un comportement plus dynamique que la moyenne. Chose dite, chose faite ! Or, c'est exactement ce qui a nui à son succès.

CARROSSERIE D'entrée de jeu, on peut dire que les lignes de la Mazda6, passablement agressives, ne vieillissent pas très bien. En fait, de très élégante et audacieuse il y a trois ans à peine, la voiture semble aujourd'hui plutôt générique, surtout quand on la compare aux nouvelles rivales coréennes. Ses proportions sont intéressantes, et son museau à la Mazda RX-8 demeure aguichant, mais pour une raison difficile à expliquer, les lignes ont perdu les épices qui faisaient que cette voiture était plus forte en caractère.

HABITACLE
Franchement, l'habitacle de la Mazda6 n'a rien pour se démarquer. Oui, la finition est honnête, et l'espace y est généreux, comme pour la plupart des voitures de cette classe. Toutefois, les sièges ne sont pas particulièrement confortables, le dégagement pour la tête à l'arrière est réduit, et les espaces de rangement à l'avant, outre les immenses porte-gobelet, se font plutôt rares. Il faut aussi mentionner que, en ajoutant des options et en grimpant dans l'échelle des modèles, la Mazda6 peut devenir une voiture passablement coûteuse. D'ailleurs, le modèle récemment mis à l'essai par notre équipe franchissait tout juste le mur des 40 000 $, un montant qui frise carrément l'indécence. Sachez toutefois que le modèle le plus populaire l'an dernier se voulait la version GS-L, qui se transige autour des 28 000 $.

MÉCANIQUE De loin, le 4-cylindres de 2,5 litres prédomine sur le V6 de 3,7 litres,

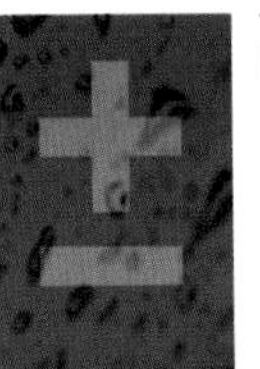

FORCES Comportement routier intéressant • Bel agrément de conduite • Boîte manuelle toujours offerte • Version GS-L intéressante

FAIBLESSES Modèle qui vieillit vite • Confort inférieur à la moyenne • Forte consommation (V6) • Dépréciation importante • Certaines versions coûteuses

d'origine Ford. Identique à celui qu'on retrouve dans les modèles Mazda3 et Mazda5, le 4-cylindres propose une puissance honnête et un rendement énergétique qui, sans être particulièrement impressionnant, demeure raisonnable. Ce dernier se marie également à merveille avec la boîte de vitesses automatique à 5 rapports proposée en option, la boîte manuelle étant toujours offerte. Le V6 se veut, pour sa part, assez performant, mais aussi très lourd, ce qui a une incidence sur le comportement général de la voiture. Il faut aussi prévoir avec lui une consommation de carburant moyenne d'au moins 12 litres aux 100 kilomètres, ce qui n'est pas une mince affaire.

COMPORTEMENT C'est vrai, la Mazda6 est plus agile que la moyenne de ses rivales. Elle propose une direction vive, un bon châssis et une tenue de route prévisible. Par conséquent, l'agrément de conduite, pour celui qui affectionne réellement la conduite automobile, est supérieur. En revanche, on y perd en confort. Non pas que la Mazda6 soit une voiture inconfortable, mais avec des suspensions plus fermes, une insonorisation ordinaire et, surtout, des sièges fermes et curieusement sculptés, on ne peut obtenir un confort aussi ouaté que chez la concurrence. Et ça, c'est certainement l'élément qui fait en sorte que la clientèle décline souvent l'invitation. Car il faut savoir que, depuis son introduction, la Mazda6 se situe au chapitre des ventes, en queue de peloton.

CONCLUSION Au moment d'écrire ces lignes, d'alléchantes promotions étaient applicables à la Mazda6. On allait même jusqu'à offrir des modèles d'entrée de gamme avec boîte automatique sous la barre des 20 000 $, soit au prix d'une Mazda3 équipée à peu près de la même façon. Cela démontre évidemment tout l'intérêt que la clientèle a pour le modèle, mais confirme également que les concessionnaires sont pris avec d'importants volumes invendus. Le chasseur d'aubaine pourrait donc cette année trouver chaussure à son pied du côté de Mazda. Mais il faut néanmoins savoir que l'actuelle Mazda6 sera complètement repensée pour 2013 et visera à toutes fins utiles les propriétaires de Mazda3 souhaitant gagner en luxe et en performance tout en ne perdant rien de l'agrément de conduite. À suivre...

2e OPINION

« Des berlines intermédiaires, on en trouve à profusion. Elles représentent tout, selon les goûts de chacun, de bons achats. En conséquence, difficile pour le consommateur indécis de faire un choix éclairé. Personnellement, la Mazda6 figure dans mon trio d'élite avec la Subaru Legacy et la nouvelle Kia Optima. Ce que j'aime de la Mazda6, c'est d'abord et avant tout sa conduite. Cette voiture est confortable, spacieuse et capable d'en prendre. En configuration de base, il est possible d'opter pour une boîte de vitesses manuelle, une rareté dans le segment. Cependant, il faut faire avec son allure : elle n'est pas la voiture qui propose les plus belles lignes du segment. Puis, qui dit Mazda dit rouille, le sempiternel problème potentiel difficile à évaluer sur une voiture neuve. A-t-on corrigé la situation chez Mazda ? » — Daniel Rufiange

FICHE TECHNIQUE

MOTEURS

(GS, GS-L, GT) L4 2,5 L DACT, 170 ch à 6000 tr/min
COUPLE 167 lb-pi à 4000 tr/min
BOÎTE DE VITESSES manuelle à 6 rapports, automatique à 5 rapports avec mode manuel (en option)
0-100 KM/H 8,0 s
VITESSE MAXIMALE 210 km/h

(GS V6, GT V6) V6 3,7 L DACT, 272 ch à 6250 tr/min
COUPLE 269 lb-pi à 4250 tr/min
BOÎTE DE VITESSE automatique à 6 rapports avec mode sport
0-100 KM/H 6,7 s
VITESSE MAXIMALE 230 km/h
CONSOMMATION (100 KM) 9,9 L (octane 87)
ÉMISSIONS DE CO_2 4646 kg/an
LITRES PAR ANNÉE 2020 L
COÛT PAR AN 2525 $

AUTRES COMPOSANTS

SÉCURITÉ ACTIVE freins ABS, assistance au freinage, répartition électronique de force de freinage, contrôle de stabilité électronique, antipatinage
SUSPENSION AVANT/ARRIÈRE indépendante
FREINS AVANT/ARRIÈRE disques
DIRECTION à crémaillère, assistée
PNEUS GS P215/55R17, **GT** P235/45R18

DIMENSIONS

EMPATTEMENT 2790 mm
LONGUEUR 4940 mm
LARGEUR 1840 mm
HAUTEUR 1470 mm
POIDS L4 man. 1486 kg, **L4 auto.** 1509 kg, **V6** 1610 kg
DIAMÈTRE DE BRAQUAGE 10,8 m
COFFRE 469 L
RÉSERVOIR DE CARBURANT 70 L

MENTIONS

RECOMMANDÉ

VERDICT

ÉVOLUTION

$ 26 495 $ à 36 690 $ t&p 1695 $

LA COTE VERTE MOTEUR L4 DE 2,5 L source : ÉnerGuide

CONSOMMATION (100 KM) 8,8 L • **ÉMISSIONS POLLUANTES CO_2** 4140 kg/an • **INDICE D'OCTANE** 87
COÛT DU CARBURANT MOYEN PAR ANNÉE 2340 $ • **NOMBRE DE LITRES PAR ANNÉE** 1800

FICHE D'IDENTITÉ

VERSIONS GX (2RM), GS, GT
ROUES MOTRICES avant, 4
PORTIÈRES 5 **NOMBRE DE PASSAGERS** 5
PREMIÈRE GÉNÉRATION 2007
GÉNÉRATION ACTUELLE 2007
CONSTRUCTION Hiroshima, Japon
COUSSINS GONFLABLES 6 (frontaux, latéraux avant, rideaux latéraux)
CONCURRENCE Chevrolet Equinox, Ford Edge, GMC Terrain, Honda CR-V, Hyundai Santa Fe, Kia Sorento, Mitsubishi Outlander, Subaru Outback, Suzuki Grand Vitara, Toyota RAV4

AU QUOTIDIEN

PRIME D'ASSURANCE
25 ANS : 1700 à 1900 $
40 ANS : 1000 à 1100 $
60 ANS : 900 à 1100 $
COLLISION FRONTALE 5/5
COLLISION LATÉRALE 5/5
VENTES DU MODÈLE DE L'AN DERNIER
AU QUÉBEC 1883 **AU CANADA** 4466
DÉPRÉCIATION 52,0 %
RAPPELS (2006 à 2011) aucun à ce jour
COTE DE FIABILITÉ 3,5/5

GARANTIES... ET PLUS

GARANTIE GÉNÉRALE 3 ans/80 000 km
GARANTIE MOTOPROPULSEUR 5 ans/100 000 km
PERFORATION 5 ans/kilométrage illimité
ASSISTANCE ROUTIÈRE 3 ans/80 000 km
NOMBRE DE CONCESSIONNAIRES
AU QUÉBEC 60 **AU CANADA** 167

NOUVEAUTÉS EN 2012

Aucun changement majeur

ENTRE L'ARBRE **ET L'ÉCORCE**

Benoit Charette

Avec l'arrivée, cette année, du CX-5, le CX-7 se retrouvera dans une position délicate de véhicule utilitaire qui fera le pont entre une modèle de base et un autre plus haut de gamme. Il faudra que Mazda joue bien ses cartes, sinon le nouveau CX-5 risque de cannibaliser les ventes du CX-7. Délicate mission en vue.

CARROSSERIE Le CX-7 nous revient sans changement majeur pour 2012. Il présente la même bouille sympathique et un visage souriant. Ses lignes ramassées restent agréables, tout en courbes et en muscles. La sportivité n'est pas que feinte, elle est clairement évoquée. Ce n'est plus aussi vrai sur la route avec la version de base, mais il faut admettre que le modèle vieillit bien, et, après quatre ans, il n'a pas pris de rides.

HABITACLE Depuis l'an dernier, on sent une montée en grade à l'intérieur du CX-7. En commençant avec ces matériaux qui sont plus agréables au toucher, on perçoit même visuellement une meilleure qualité d'ensemble. Mais si vous prenez le temps de regarder de plus près la texture des plastiques, ils sont un peu durs pour un véhicule de 30 000 $, cela fait même un peu bon marché face à la concurrence. Le volant est repris des Mazda3 et 6. Pour combler le départ du Tribute l'an dernier, Mazda a revu sa politique de prix et procédé à un léger dégarnissage du contenu pour ne pas perdre son potentiel de clientèle pour un utilitaire d'entrée de gamme. Maintenant que le CX-5 jouera ce rôle, Mazda remettra-t-elle un peu de « zing » ou de « zoom » dans son CX-7, surtout en version de base. Si vous voulez un modèle bien équipé, il faut aller dans la version GT, qui offre un équipement et un luxe de bon aloi.

MÉCANIQUE Pour être en mesure d'offrir le CX-7 à meilleur prix, Mazda a repris le moteur du Tribute et l'a greffé sous le capot du CX-7. Ce 4-cylindres de 2,5 litres n'est pas un foudre de guerre, mais ses 161 chevaux vous donneront satisfaction au chapitre du rendement et ne grèvera pas votre budget en carburant. Seule la boîte

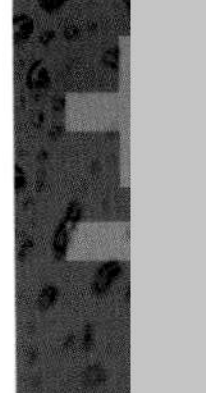

FORCES Excellente rigidité • Lignes inspirées
Bon confort de roulement • Version turbo plus sportive

FAIBLESSES Coffre un peu petit
Boîte à 5 rapports moins adaptée au régime plus élevé
Pneus de 19 pouces un peu bruyants (GT)

de vitesses automatique à 5 rapports est offerte. Pour ceux qui veulent respecter l'esprit « vroum-vroum » de Mazda, la version à 4 cylindres turbo plus véloce et, surtout, plus chère assouvira le petit côté sportif en vous. Fort de ses 244 chevaux, il offre des prestations plus musclées, mais consommera quelque 2 litres aux 100 kilomètres de plus que le moteur de 2,5 litres. La liaison au sol est assurée par une excellente boîte automatique à 6 rapports.

COMPORTEMENT Rien à redire sur la rigidité de l'ensemble du véhicule, sur la route c'est du solide. En conduite modérée, la boîte automatique à 5 rapports s'acquitte bien de sa tâche; toutefois, si vous pressez le pas, le moteur arrive rapidement à bout de souffle, et on sent une boîte qui est un peu dépassée par les évènements, sans parler des bruits quelque peu disgracieux émanant du capot. Prière donc de conserver un régime de conduite civilisée, les gestes brusques seront chèrement payés en douleur de tympan. Rien de tel avec le moteur turbo qui sonne plus plein; et le véhicule tient mieux la route et ne dédaigne pas de s'attaquer à quelques lacets si l'occasion se présente. Si le premier est plus économique, le second est de loin le plus amusant, mais plus gourmand. C'est comme n'importe quoi dans la vie, le plaisir se monnaye toujours à un prix plus élevé. Mais pour les besoins de déplacements au quotidien, le châssis est fidèle aux produits Mazda : précis, bien amorti et répondant sainement aux injonctions du conducteur. La motricité est excellente, et l'adhérence, solide peu importe le temps de l'année !

CONCLUSION Comme nous l'avions prévu, la politique de prix plus agressive de Mazda a porté ses fruits. Sans devenir un « best-seller », le CX-7 a vu ses ventes augmenter de 46 % l'an dernier, une année en général assez difficile pour Mazda. Il faut maintenant garder ce momentum et le transporter sur le nouveau CX-5 sans perdre la clientèle du CX-7, un exercice délicat.

2e OPINION

«*Avec le CX-7, c'est blanc ou noir. Son allure extérieure est l'une des plus vivantes de la catégorie, même si d'aucuns trouvent exagérées les nouvelles trappes d'air à l'avant. La présentation de l'habitacle est aussi « funky ». Par contre, la consultation des instruments est parfois fautive, et son habitabilité n'est pas la plus spacieuse par rapport aux rivales. Le moteur turbo livre le « vroum-vroum » promis par le constructeur, mais l'appétit à la pompe nous fait payer assez cher cet empressement. Et son prix élevé fait pencher le client vers le 2,5-litres plus humble, mais qui n'accepte pas la transmission intégrale... Le choix n'est donc pas simple. À moins qu'on attende que Mazda règle son problème de consommation avec ses nouveaux moteurs SKYACTIV et qu'elle affine le rapport qualité/prix de ce CX-7 tentant... et embêtant !*» — *Michel Crépault*

FICHE TECHNIQUE

MOTEURS

(GX) L4 2,5 L DACT, 161 ch à 6000 tr/min
COUPLE 161 lb-pi à 3500 tr/min
BOÎTE DE VITESSES automatique à 5 rapports avec mode manuel
0-100 KM/H 8,8 s
VITESSE MAXIMALE 200 km/h

(GS/GT) L4 2,3 L turbo DACT, 244 ch à 5000 tr/min
COUPLE 258 lb-pi à 2500 tr/min
BOÎTE DE VITESSES automatique à 6 rapports avec mode manuel
0-100 KM/H 7,8 s
VITESSE MAXIMALE 200 km/h
CONSOMMATION (100 KM) 10,5 L (octane 91)
ÉMISSIONS DE CO_2 4876 kg/an,
LITRES PAR ANNÉE 2120 L
COÛT PAR AN 2768 $

AUTRES COMPOSANTS

SÉCURITÉ ACTIVE freins ABS, assistance au freinage, répartition électronique de force de freinage, antipatinage, contrôle de stabilité électronique
SUSPENSION AVANT/ARRIÈRE indépendante
FREINS AVANT/ARRIÈRE disques
DIRECTION à crémaillère, assistée
PNEUS GX P215/70R1, **GS** P235/60R18, **GT** P235/55R19

DIMENSIONS

EMPATTEMENT 2750 mm
LONGUEUR 4682 mm
LARGEUR 1872 mm
HAUTEUR 1645 mm
POIDS GX 1588 kg, **GS/GT** 1818 kg
DIAMÈTRE DE BRAQUAGE 11,4 m
COFFRE 848 L, 1658 L (sièges abaissés)
RÉSERVOIR DE CARBURANT GX 62 L, **GS/GT** 69 L
CAPACITÉ DE REMORQUAGE GX 680 kg, **GS/GT** 907 kg

MENTIONS

RECOMMANDÉ

VERDICT

Plaisir au volant
Qualité de finition
Consommation
Rapport qualité / prix
Valeur de revente

$ 36 395 $ à 45 595 $ t&p 1695$

LA COTE VERTE MOTEUR V6 DE 3,7 L source : EnerGuide

CONSOMMATION (100 KM) 2RM 10,6 L, 4RM, 10,9 L • **ÉMISSIONS POLLUANTES CO_2** 2RM 4968 kg/an, 4RM 5106 kg/an • **INDICE D'OCTANE** 87
COÛT DU CARBURANT MOYEN PAR ANNÉE 2RM 2808$, 4RM 2886$ • **NOMBRE DE LITRES PAR ANNÉE** 2RM 2160, 4RM 2220

FICHE D'IDENTITÉ

VERSIONS GS 2RM/4RM, GT (4RM)
ROUES MOTRICES avant, 4
PORTIÈRES 5 **NOMBRE DE PASSAGERS** 7
PREMIÈRE GÉNÉRATION 2007
GÉNÉRATION ACTUELLE 2007
CONSTRUCTION Hiroshima, Japon
COUSSINS GONFLABLES 6 (frontaux, latéraux avant, rideaux latéraux)
CONCURRENCE Chevrolet Traverse, Ford Flex, GMC Acadia, Honda Pilot, Hyundai Veracruz, Nissan Murano, Subaru Tribeca, Toyota Highlander

AU QUOTIDIEN

PRIME D'ASSURANCE
25 ANS : 1900 à 2100 $
40 ANS : 1200 à 1400 $
60 ANS : 900 à 1100 $
COLLISION FRONTALE 5/5
COLLISION LATÉRALE 5/5
VENTES DU MODÈLE DE L'AN DERNIER
AU QUÉBEC 370 **AU CANADA** 1282
DÉPRÉCIATION 52,5 %
RAPPELS (2006 à 2011) 2
COTE DE FIABILITÉ 3,5/5

GARANTIES... ET PLUS

GARANTIE GÉNÉRALE 3 ans/80 000 km
GARANTIE MOTOPROPULSEUR 5 ans/100 000 km
PERFORATION 5 ans/kilométrage illimité
ASSISTANCE ROUTIÈRE 3 ans/80 000 km
NOMBRE DE CONCESSIONNAIRES
AU QUÉBEC 60 **AU CANADA** 167

NOUVEAUTÉS EN 2012

Aucun changement majeur

ANIMAL FAMILIER **CONVIVIAL**

Michel Crépault

À mes yeux, le CX-9 apparaîtra toujours comme la version contemporaine de l'ancienne fourgonnette MPV. Il en reprend la longue coque et les sept places, mais il est enrobé d'une allure et d'une tenue de route qui concourent à ne pas déprimer le banlieusard.

CARROSSERIE Les flancs sont fluides, l'arrière me fait (juste un peu) penser au dos d'un Porsche Cayenne, et l'avant affiche la gueule au sourire enfantin qui est devenue le symbole de toute la marque. Dans l'ensemble, une belle silhouette, pas la plus distinctive mais assez convaincante pour susciter un ou deux regards envieux. Les roues de 20 pouces qui chaussent la version GT confirment les prétentions sportives du mastodonte, une version qui peut vraisemblablement intéresser un acheteur soucieux d'atténuer l'aspect un peu trop pratique de ce véhicule tribal par excellence. Rappelons quand même à ce bouillant parent que des jantes aussi volumineuses une fois la bise venue au Québec, ça réclame des pneus d'hiver qui font aussi frissonner le porte-monnaie.

HABITACLE Des fleurs aux stylistes de la planche de bord qui l'ont sculptée belle et ergonomique. Ils auraient pu se forcer, par contre, pour dénicher un plastique plus noble pour la console centrale. Le bois et le chrome paraîtraient mieux appuyés. Les troisièmes rangées de sièges n'étant pas toutes bâties égales, celle du CX-9 présente l'avantage d'être accessible (bien qu'un jarret souple ne nuise jamais). Le truc ici consiste à proposer une deuxième rangée qui s'incline et, encore mieux, qui coulisse, tandis que les portières des passagers sont très longues. En dégageant les places médianes et en ouvrant grand les portes (sans érafler de préférence l'auto stationnée à côté), on gagne ainsi accès au fond du véhicule sans problème. Bien sûr, transporter sept personnes dans une ambiance feutrée et, même, luxueuse, coûte du bidou, même au prix plancher. Passez aux versions supérieures puis cochez les tentantes options (caméra de vision arrière, écrans du système d'infodivertissement, sono Bose,

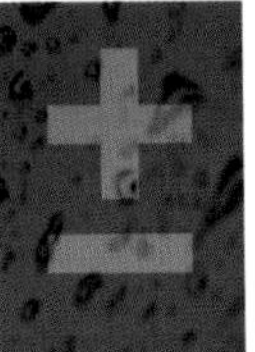

FORCES Conduite inspirée malgré une vocation familiale
Troisième rangée de sièges accessible • Tableau de bord élégant

FAIBLESSES Consommation perfectible • Visibilité des trois quarts arrière minimaliste • Versions et options qui font tinter la caisse enregistreuse

etc.) et vous verrez la facture dépasser la stratosphère.

MÉCANIQUE Un seul moteur, soit un V6 de 3,7 litres de 273 chevaux jumelé à une boîte de vitesses automatique à 6 rapports autorisant les passages manuels. La transmission intégrale ? Une décision à soupeser pour le modèle GS mais déjà réglée dans le cas du GT. La consommation de carburant est depuis longtemps le talon d'Achille de Mazda. En attendant que le constructeur d'Hiroshima puisse glisser sous ses capots les moteurs SkyActive qui, promet-on, cuirasseront ce talon, on doit abreuver un V6 plutôt assoiffé.

COMPORTEMENT Quand Mazda a commencé à mousser son slogan « vroum-vroum », il a bien fallu qu'elle joigne le geste à la parole. Or, même une grosse chaloupe de plus de 2 000 kilos comme le CX-9 parvient à communiquer quelques sensations ludiques au conducteur. La version GT pousse le zèle jusqu'à rudoyer la balade qui, jusque-là, se déroulait sous le signe du confort. Outre ce dynamisme perceptible, on note aussi la solidité de la construction. J'ai passé beaucoup de temps au volant d'un Chevrolet Traverse, aussi en mesure de recevoir plus de cinq personnes, et sa douceur de fonctionnement m'a beaucoup plu. Le CX-9, lui, demeure néanmoins supérieur en raison d'un cocon à la fois plus invitant et convivial. De plus, le Chevrolet ou, même, le Ford Flex, un autre rival de taille, n'arrivent pas à gommer l'impression qu'on conduit un utilitaire/multisegment, alors que le Mazda évoque beaucoup plus les manières d'une grosse berline. Bien que des bruits de vent occasionnels nous rappellent que ce n'est pas le cas...

CONCLUSION Dans ma critique de la Lexus ES 350, j'ai signalé que son client potentiel ne s'intéresse pas vraiment aux performances du véhicule. Il vise le confort sans ennuis. Ce qui, dans le fond, résume la quête principale de bon nombre d'entre nous. En sélectionnant le CX-9, on choisit délibérément une conduite relativement épicée pour un véhicule à la vocation pourtant familiale. D'autres marques offrent une expérience au volant plus exaltante, mais, outre leur prix plus salé, elles n'ont pas les sept places et la polyvalence du Mazda.

2e OPINION

« S'il existe un multisegment qui ne me dit rien, absolument rien, c'est bien le CX-9. D'abord, ses allures de CX-7 engraissé aux beignes et au BigMac ne m'interpellent absolument pas, mais sa conduite soi-disant plus sportive que la moyenne n'a rien d'agréable. On a beau bénéficier de grosses jantes et d'une direction un peu moins engourdie que la moyenne, il n'y a rien de vroum-vroum à conduire un CX-9. En fait, l'achat d'un tel véhicule doit habituellement se justifier pour des questions de confort, d'espace et de luxe. Et, essentiellement, le CX-9 est moins confortable que la moyenne, justement parce qu'on a voulu le rendre plus sportif, et beaucoup moins spacieux. Qui plus est, son degré de luxe est inférieur, pour un prix qui n'a rien d'une aubaine. Me faut-il en rajouter ? » — Antoine Joubert

FICHE TECHNIQUE

MOTEUR

V6 3,7 L DACT, 273 ch à 6250 tr/min
COUPLE 270 lb-pi à 4250 tr/min
BOÎTE DE VITESSES automatique à 6 rapports avec mode manuel
0-100 KM/H 8,4 s
VITESSE MAXIMALE 210 km/h

AUTRES COMPOSANTS

SÉCURITÉ ACTIVE freins ABS, assistance au freinage, répartition électronique de force de freinage, contrôle de stabilité électronique, antipatinage
SUSPENSION AVANT/ARRIÈRE indépendante
FREINS AVANT/ARRIÈRE disques
DIRECTION à crémaillère, assistée
PNEUS GS P245/60R18, GT P245/50R20

DIMENSIONS

EMPATTEMENT 2875 mm
LONGUEUR 5101 mm
LARGEUR 1936 mm
HAUTEUR 1728 mm
POIDS 2RM 1935 kg, 4RM 2062 kg
DIAMÈTRE DE BRAQUAGE 12,4 m
COFFRE 487 L, 2851 L (sièges abaissés)
RÉSERVOIR DE CARBURANT 76 L
CAPACITÉ DE REMORQUAGE 1588 kg

MENTIONS

RECOMMANDÉ

VERDICT

Plaisir au volant
Qualité de finition
Consommation
Rapport qualité / prix
Valeur de revente

ÉVOLUTION $ 28 995 $ à 39 995 $ t&p 1695$

LA COTE VERTE MOTEUR L4 DE 2,0 L source : ÉnerGuide
CONSOMMATION (100 KM) man. 8,2 L, auto. 8,7 L • **ÉMISSIONS POLLUANTES CO_2** man. 3818 kg/an, auto. 4048 kg/an • **INDICE D'OCTANE** 91
COÛT DU CARBURANT MOYEN PAR ANNÉE man. 2191 $, auto. 2323 $ • **NOMBRE DE LITRES PAR ANNÉE** man. 1660, auto. 1760

FICHE D'IDENTITÉ

VERSIONS GX, GS, GT
ROUES MOTRICES arrière
PORTIÈRES 2 **NOMBRE DE PASSAGERS** 2
PREMIÈRE GÉNÉRATION 1990
GÉNÉRATION ACTUELLE 2006
CONSTRUCTION Hiroshima, Japon
COUSSINS GONFLABLES 4 (frontaux, latéraux avant)
CONCURRENCE Mini Cooper Cabrio, Volkswagen Eos

AU QUOTIDIEN

PRIME D'ASSURANCE
25 ANS : 2500 à 2700 $
40 ANS : 1500 à 1700 $
60 ANS : 1200 à 1400 $
COLLISION FRONTALE 4/5
COLLISION LATÉRALE 4/5
VENTES DU MODÈLE DE L'AN DERNIER
AU QUÉBEC 339 **AU CANADA** 736
DÉPRÉCIATION 41,0 %
RAPPELS (2006 à 2011) 1
COTE DE FIABILITÉ 4/5

GARANTIES... ET PLUS

GARANTIE GÉNÉRALE 3 ans/80 000 km
GARANTIE MOTOPROPULSEUR 5 ans/100 000 km
PERFORATION 5 ans/kilométrage illimité
ASSISTANCE ROUTIÈRE 3 ans/80 000 km
NOMBRE DE CONCESSIONNAIRES
AU QUÉBEC 60 **AU CANADA** 167

NOUVEAUTÉS EN 2012

Aucun changement majeur

PLAISIR **CONCENTRÉ**

Vincent Aubé

La MX-5 n'a peut-être pas une histoire aussi longue et glorieuse que la Porsche 911 ou la Ford Mustang, mais n'empêche, il faut admettre que la sportive de poche fait encore aujourd'hui l'objet d'un culte, et ce, partout sur la planète. De plus, il est rassurant de constater que le constructeur n'a pas jouer sa recette d'origine, elle-même inspirée de l'ère des roadsters britanniques d'une autre époque, qui a rendu la MX-5 si célèbre au fil des ans.

CARROSSERIE On ne change pas une ligne classique. Mazda l'a compris puisque la MX-5, autrefois Miata, a conservé ses proportions compactes depuis ses tout premiers débuts en 1990, et la carrosserie tout en courbes continue de charmer un public loyal au roadster japonais. La MX-5 a encore l'étiquette « voiture de fille » qui lui colle à la tôle, mais tous ceux et celles qui la conduisent n'en ont cure. La beauté de la chose, c'est que la MX-5 a très peu évolué en plus de 20 ans d'existence, ce qui prouve que le concept vieillit bien. Le museau est tout de même plus mordant depuis deux ans, tandis que le toit rigide offert en option ajoute un peu de quiétude à l'habitacle. De toute manière, la MX-5 prend tout son sens quand il fait soleil, et que le toit est abaissé. Il sera toutefois intéressant de voir ce que Mazda a en tête pour la prochaine génération.

HABITACLE Là aussi, l'ambiance demeure la même depuis longtemps. La MX-5 n'a rien d'une voiture familiale. En revanche, l'ergonomie de cette voiture sportive est sans faute. Tout tombe dans la main, le volant, le pommeau du levier ou du sélecteur de vitesses (manuelle ou automatique), les quelques commandes au centre de la petite planche de bord et, même, les commandes d'ouverture des fenêtres placées dans la console centrale. Le plastique à bord n'est pas le plus doux de l'industrie, mais la qualité d'assemblage est bien ficelée. Quant au confort des sièges qui peuvent être recouverts de cuir, il est dans la moyenne, mais compte tenu du caractère sport de la MX-5 et de son empattement court, la voiture n'est pas aussi feutrée qu'une Mazda6. La petite Mazda a tout de même un coffre étonnant, si l'on tient compte de sa taille.

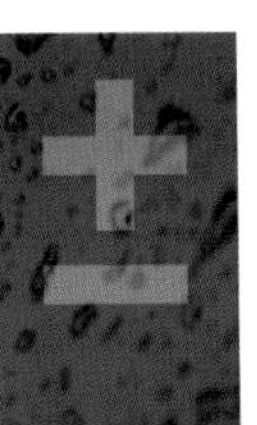

FORCES Thérapie sur roues • Tenue de route • Ergonomie exemplaire
FAIBLESSES Plastique dur dans l'habitacle • Suspension sèche

MÉCANIQUE Sous le capot du roadster se cache toujours le moteur à 4 cylindres de 2 litres qui, avec ses 167 chevaux (158 avec la boîte automatique) et son couple de 140 livres-pieds, n'est pas ce qu'on appelle un foudre de guerre. La MX-5 vient de série avec une boîte manuelle à 5 rapports, mais peut aussi être commandée avec la boîte manuelle à 6 rapports, tandis qu'une automatique à 6 rapports avec leviers de sélection au volant peut convenir à ceux qui ne veulent pas profiter du plaisir du levier de vitesses traditionnel. Bien entendu, toute la puissance est acheminée aux roues arrière. Pour un comportement plus sportif, les versions GS et GT sont équipées d'un différentiel autobloquant et d'une suspension sport avec amortisseurs Bilstein. Toutefois, je ne vous recommande pas d'opter pour les ressorts MAZDASPEED, à moins que vous ne passiez la majeure partie de votre temps à la piste.

COMPORTEMENT Les accélérations à l'emporte-pièce ne sont pas la force du roadster, soyons francs ! C'est plutôt l'équilibre quasi parfait et, surtout, le plaisir contagieux que procure la MX-5 à son conducteur qui caractérisent cette voiture. La direction est ultra précise, le maniement du levier de vitesses parfaitement placé est très facile, et la suspension axée sur la performance donne l'heure juste à ses occupants. Pour avoir déjà effectué le trajet Montréal-Québec-Montréal dans la même journée avec la MX-5, je suis obligé de dire que la voiture est bruyante et pas assez confortable pour les trajets monotones en ligne droite. Par contre, prévoyez une journée à parcourir de petites routes sinueuses de l'arrière-pays, et la MX-5 devient subitement le meilleur investissement de votre existence. Cette voiture a clairement été pensée pour ceux qui aiment conduire, rien de moins.

CONCLUSION Même si Mazda a imité la recette des roadsters britanniques d'il y a plus de 20 ans, il faut admettre que l'idée était tout simplement lumineuse. Aucune autre voiture sur le marché en ce moment ne réussit à reproduire cette expérience de conduite pour si peu et avec tant de fiabilité.

2e OPINION

« Ah la MX-5 ! Malgré son pédigree impressionnant, elle génère toujours autant de discussions. J'ai beau le dire à qui veut bien l'entendre, l'ancienne Miata est l'un des roadsters, sinon l'une des voitures, les plus agréables à piloter de l'industrie ; mais elle doit encore et toujours combattre bien des préjugés. Beaucoup la trouvent trop petite, pas assez masculine, mais c'est justement dans sa petitesse et son rapport poids/puissance que la Mazda tire toute son essence. Fiable, solide et bien construite, elle offre sans contredit le meilleur rapport qualité/prix/plaisir de l'industrie. Oui, elle est minuscule, mais sa maniabilité et sa facilité à être conduite la placent dans une classe à part. Certes, les conducteurs de plus de 1,80 mètre s'y trouveront à l'étroit, mais les autres pourront pleinement apprécier toutes ces qualités. Cerise sur le sundae, elle demeure une voiture tout à fait docile lors des balades pépères, et sa petite mécanique, pas anémique du tout, n'effrayera personne, même les conducteurs et conductrices inexpérimentés. » — Frédéric Masse

FICHE TECHNIQUE

MOTEUR

L4 2,0 L DACT, 167 ch à 7000 tr/min (158 ch à 6700 tr/min avec boîte man.)
COUPLE 140 lb-pi à 5000 tr/min
BOÎTE DE VITESSES manuelle à 5 rapports (GX), manuelle à 6 rapports (GS, GT), automatique à 6 rapports avec mode manuel (en option sur GX, GS, GT)
0-100 KM/H man.5 rapports 8,0 s, **MAN.6 RAPPORTS** 7,8 s, auto. nd
VITESSE MAXIMALE man. 206 km/h, **auto.** 191 km/h

AUTRES COMPOSANTS

SÉCURITÉ ACTIVE freins ABS, répartition électronique de force de freinage, antipatinage (GS, GT), contrôle de stabilité électronique (GS, GT)
SUSPENSION AVANT/ARRIÈRE indépendantes
FREINS AVANT/ARRIÈRE disques
DIRECTION à crémaillère, assistée
PNEUS GX P205/50R16, **GS/GT** P205/45R17

DIMENSIONS

EMPATTEMENT 2330 mm
LONGUEUR 4032 mm
LARGEUR 1720 mm
HAUTEUR 1245 mm (toit souple), 1255 mm (toit rigide)
POIDS man.5 rapports 1130 kg (avec climatiseur), **man.6 rapports** 1145 kg, **auto.** 1159 kg
DIAMÈTRE DE BRAQUAGE 9,4 m
COFFRE 150 L
RÉSERVOIR DE CARBURANT 48 L

MENTIONS

COUP DE CŒUR RECOMMANDÉ

VERDICT

Plaisir au volant
Qualité de finition
Consommation
Rapport qualité / prix
Valeur de revente

NOUVEAUTÉ $ 36700$ à 65000$ t&p 1995$

LA COTE VERTE MOTEUR L4 DE 1,8 L TURBO source : ÉnerGuide
CONSOMMATION (100 KM) 6,4 L • ÉMISSIONS POLLUANTES CO_2 3000 kg/an • INDICE D'OCTANE 91
COÛT DU CARBURANT MOYEN PAR ANNÉE 2212$ • NOMBRE DE LITRES PAR ANNÉE 1580 L

FICHE D'IDENTITÉ

VERSIONS C250, C250 4Matic, C300 4Matic, C350, C350 4Matic, C63 AMG coupé C250, C350, C63 AMG
ROUES MOTRICES arrière, 4 (berline)
PORTIÈRES 4 **NOMBRE DE PASSAGERS** 5
PREMIÈRE GÉNÉRATION 1994
GÉNÉRATION ACTUELLE 2008
CONSTRUCTION Sindelfingen, Allemagne
COUSSINS GONFLABLES 7 (frontaux, latéraux avant, genoux conducteur, rideaux latéraux)
CONCURRENCE Acura TL/TSX, Audi A4, BMW Série 3, Cadillac CTS, Infiniti G, Lexus IS, Lincoln MKZ

AU QUOTIDIEN

PRIME D'ASSURANCE
25 ANS: 1700 à 1900$
40 ANS: 1400 à 1600$
60 ANS: 1200 à 1400$
COLLISION FRONTALE 4/5
COLLISION LATÉRALE 5/5
VENTES DU MODÈLE DE L'AN DERNIER
AU QUÉBEC 2497 **AU CANADA** 8151
DÉPRÉCIATION 38,5%
RAPPELS (2006 à 2011) 3
COTE DE FIABILITÉ 3,5/5

GARANTIES... ET PLUS

GARANTIE GÉNÉRALE 4 ans/80 000 km
GARANTIE MOTOPROPULSEUR 4 ans/80 000 km
PERFORATION 5 ans/kilométrage illimité
ASSISTANCE ROUTIÈRE 4 ans/kilométrage illimité
NOMBRE DE CONCESSIONNAIRES
AU QUÉBEC 12 **AU CANADA** 53

NOUVEAUTÉS EN 2012

Version coupé, abandon de la version C300 2RM, diodes électroluminescentes pour les phares avant et arrière, nouveaux moteurs pour les versions C250 et C350, abandon des boîtes de vitesses manuelles

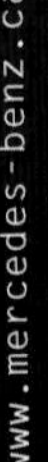

CELLE QUI **OUVRE LE BAL**

Michel Crépault

Mercedes-Benz n'a rien contre la popularité. Son expertise a beau s'enraciner dans le luxe, la marque pratique la démocratisation. Entre la smart et la Maybach s'insère une pléiade de modèles répartis dans des Classes. Or, plus de gens s'intéressent à la Classe C, la plus populaire des Benz offertes au Canada (8 000 sur les 28 000 M-B vendues en 2010). Même si la C a franchi sa 3e génération en 2008, son géniteur a jugé qu'il était déjà temps de la revitaliser.

CARROSSERIE Il ne manque à la Classe C 2012 qu'une nouvelle plateforme tellement le reste a subi des changements (plus de 2 000 nouvelles pièces). La berline et le coupé nous reviennent mais, malheureusement, la familiale n'est pas du voyage (blâmez surtout les Américains qui n'en veulent pas). Parmi les 4-portes déclinées en C, nous avons droit aux C 250 et C 350 à propulsion ou 4MATIC, à une C 300 à transmission intégrale et, cerise sur le sundae, à la C 63 AMG. Essentiellement, l'offrande de l'an dernier, exception faite de la C 300 à deux roues motrices qui a pâti de la popularité des 4MATIC au sein de la gamme. Pour les coupés, parmi les six modèles, trois traverseront l'Atlantique: C 250, C 350 et C 63 AMG, aucune n'offrant la transmission intégrale. Peu importe la configuration, on retrouve les dimensions et l'allure des modèles précédents. L'avant a été retravaillé, mais il faut être fin observateur pour le voir.

Les phares adoptent une morphologie en forme de boomerang qui rehausse les lignes biseautées du capot désormais en aluminium. Le coffre a gagné de la prestance, accentué par le déflecteur réaménagé sous le pare-chocs pour faciliter l'écoulement de l'air, ce que confirme un excellent coefficient de traînée de 0,26. On s'est aussi attardé aux roues afin d'en rafraîchir le design. Le modèle AMG, fidèle à son habitude, utilise un bec différent (une seule lamelle fend la calandre), des jupes, un aileron et, même, des étriers de freins rouges quand on coche l'option de l'ensemble Performance d'AMG.

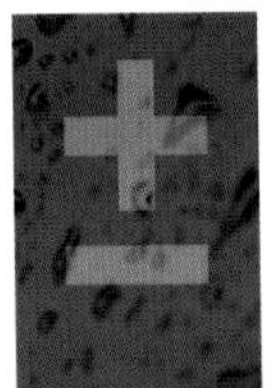

FORCES Extérieur plus expressif et habitacle plus impressionnant • Retour d'un brillant 4-cylindres • Vaste choix d'équipements

FAIBLESSES La décision de ne pas importer la familiale est un crime • Vaste choix d'équipements, certes, mais en option…

HABITACLE L'intérieur d'une Classe C a toujours donné préséance aux côtés pratiques. Bien assemblé mais sobre, en accord avec des prix d'entrée de gamme. Or, pour la collection 2012, on sent que Mercedes-Benz a voulu offrir un petit extra à ses clients. Les trois gros cadrans s'animent avec des graphiques colorés. Le volant des modèles plus puissants présente une section inférieure aplatie afin d'insuffler un brin de sportivité. L'écran du système de navigation ne jaillit plus du tableau de bord comme d'une boîte à surprises; il trône désormais, plus large que jamais, au centre de la planche, comme tout le monde. Les Européens, encore en avance, bénéficient d'un accès direct à Internet. Ça viendra chez nous, mais seulement quand nos chers législateurs se seront entendus. Le tableau de bord des berlines est parcouru d'une jolie bande décorative qui peut être en bois (frêne ou noyer) ou en aluminium brossé. Pour le coupé, plus agressif, on ajoute un fini laqué noir et, même, tout nouveau, une laque blanche rappelant la porcelaine. À l'arrière, oubliez la banquette classique. On a plutôt deux baquets, et ceux des AMG sont en fait des mâchoires de cuir qui soumettent les occupants aux élans ludiques du conducteur.

MÉCANIQUE La Classe C bénéficie de rien de moins que huit moteurs, mais beaucoup moins ont traversé l'océan. Nos C 250 ne peuvent se plaindre puisqu'elles ont chacune droit à un engin distinct, selon la motricité. Alors que la version 4MATIC conserve le V6 de 2,5 litres de 201 chevaux, la 250 à propulsion célèbre le retour du 4-cylindres de 1,8 litre turbocompressé. Doté de l'injection directe de carburant (comme tous les moteurs de la Classe C), cet engin déploie exactement la même puissance que le V6 mais davantage de couple tout en abaissant le chrono du 0 à 100 km/h de plus d'une seconde (7,2 contre 8,4) et, tout aussi important, en brûlant moins de carburant. Pendant que la berline C 300 se satisfait du V6 de 3 litres de 228 chevaux, les C 350, à 2 ou à 4 portes, jouissent du V6 de 3,5 litres de 302 chevaux, un fameux gain sur l'ancienne puissance de 268 chevaux, de sorte que le 0 à 100 km/h en 6 secondes a grugé quatre dixièmes de seconde au vieux chrono. La C 63 AMG conserve son V8 de 6,2 litres maintenant porté à 481 chevaux. Seules des boîtes automatiques à 7 rapports sont dorénavant offertes. Dans le cas de la 63 AMG, la boîte Speedshift s'impose, incorporant le programme *Race Start* qui autorise des accélérations débiles. Si jamais la puissance relâchée ne vous paraît pas suffisante, cochez l'ensemble Performance qui, entre autres, ajoutent 30 chevaux et hausse la vitesse maxi à 280 km/h. Enfin, le constructeur clame qu'il a considérablement réduit la consommation de carburant des C. Par exemple, le nouveau V6 de la 350, avec 6,8 litres aux 100 kilomètres, a réduit sa soif de 31 % tout en gagnant du muscle. Ça ne bat pas la C 220 CDI qui, avec la boîte manuelle, réussit un score de 4,4 litres aux 100 kilomètres. Mais l'Amérique du Nord ne recevra aucun modèle Diesel... Autre privation : les Européens utilisent la technologie d'arrêt-démarrage qui stoppe le moteur quand l'auto s'immobilise, dans le but évident de réduire la dépense de carburant et les émanations nocives. Chez nous? Nenni. Pourquoi? On cherche encore la réponse...

HISTORIQUE

En matière de petite berline chez Mercedes-Benz, la Classe C (et la 190, modèle qui a précédé l'adoption de l'appellation Classe C) a été précédée par la 180 dans les années 50-60, et auparavant, par la 170 et la 170 V.

Mercedes-Benz 170 V 1949.

Mercedes-Benz 180 1953.

Mercedes-Benz 190 E 1982.

Mercedes-Benz Classe C 1993.

Mercedes-Benz C 230 2005.

Mercedes-Benz C 230 coupé 2007.

Mercedes-Benz C 350 4MATIC 2007.

Mercedes-Benz C 63 AMG 2010.

A

B

C

D

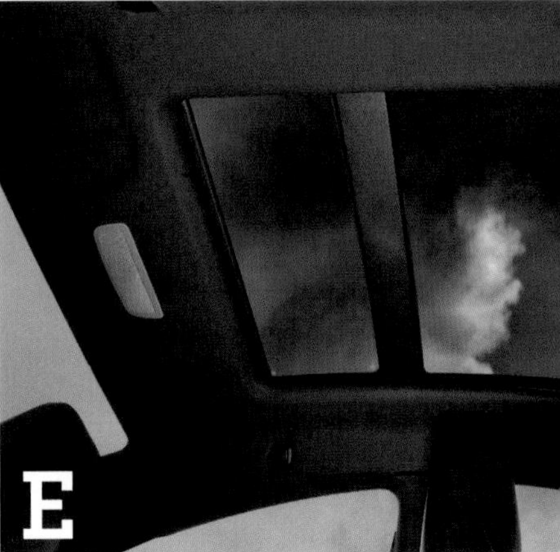
E

GALERIE

A *La Classe C bénéficie de huit moteurs en Europe, mais beaucoup moins ont traversé l'océan. Nos C 250 ont chacune droit à un engin distinct, selon la motricité. Alors que la version 4MATIC conserve le V6 de 2,5 litres de 201 chevaux, la 250 à propulsion célèbre le retour du 4-cylindres de 1,8 litre turbocompressé. Doté de l'injection directe de carburant (comme tous les moteurs de la Classe C), cet engin déploie exactement la même puissance que le V6 mais davantage de couple tout en abaissant le chrono du 0 à 100 km/h de plus d'une seconde (7,2 contre 8,4) et, tout aussi important, en brûlant moins de carburant.*

B *D'ordinaire sobre, on sent que pour 2012 Mercedes-Benz a voulu offrir un petit extra à ses clients. Les trois gros cadrans s'animent avec des graphiques colorés. Le volant des modèles plus puissants présente une section inférieure aplatie afin d'insuffler un brin de sportivité.*

C *Comme c'est la coutume, les véhicules allemands sont devenus une référence dans l'ergonomie et le confort des sièges et la Classe C ne fait pas exception. Le confort est omniprésent, on peut moduler le siège pour les contours de pratiquement toutes les formes de conducteurs.*

D *Les Européens, encore en avance, bénéficient d'un accès direct à Internet. Ça viendra chez nous, mais seulement quand nos chers législateurs se seront entendus. Vous pouvez tout de même brancher votre i-Pod et profiter de votre musique préférée.*

E *Le toit escamotable panoramique avec la fonction MAGIC SKY CONTROL est une première. Ce toit en verre s'éclaircit ou s'obscurcit sur pression d'un bouton. Il peut être pratiquement transparent et permet ainsi d'avoir l'impression de rouler à ciel ouvert même lorsqu'il fait froid. En mode « foncé », ce toit procure de l'ombre et empêche l'échauffement de l'habitacle en cas de rayonnement solaire intense. En d'autres termes : une atmosphère de bien-être sur simple pression d'un bouton.*

COMPORTEMENT À moins d'y glisser une puissance du tonnerre, une Mercedes-Benz communique toujours une certaine lourdeur. Même compacte, la Classe C n'y échappe pas. On excuse d'autant plus facilement cette masse qu'elle est due, en grande partie, aux qualités que nous recherchons d'emblée quand nous portons notre choix sur une Benz, notamment le luxe, le confort, la solidité. Comment autrement obtenir cette impression de coffre-fort quand on referme la portière? Comment digérer nos nids-de-poule comme s'il s'agissait d'un petit désagrément insignifiant? Cela dit, lourd ici ne veut pas dire balourd. J'aime particulièrement l'équilibre que procure le 4-cylindres suralimenté. Je sais bien que la tentation est grande de se payer la traite quand on s'offre une Benz, mais si votre but est seulement de vous tremper les orteils dans un océan où le coût du luxe ne connaît pas de limites, la 250 devrait vous contenter. Avec la transmission intégrale, s'il faut vraiment vous gâter. À bord de la 350, on goûte immédiatement le surplus de puissance qui annule les kilos en trop. Au volant de la C 63, on pénètre dans un univers qui se laisse mieux apprivoiser quand on négocie les virages d'un circuit fermé sous le charme d'une sonorité enivrante concoctée avec beaucoup de passion.

CONCLUSION Puisque c'est avec la Classe C que le fabricant séduit ses premiers clients, elle lui inculque les qualités essentielles d'une Mercedes-Benz. La C ne peut pas ressembler à un enfant pauvre, d'où l'accent placé sur le design intérieur du modèle 2012 et la variété des moteurs. Quand l'appellation Classe C a succédé au modèle 190, en 1982, le surnom *Baby Benz* est né. Plus de 8 millions et demi d'exemplaires vendus plus tard, force est d'admettre que la C représente un énorme succès, et que son constructeur vient de prendre les moyens pour le conserver. Espérons maintenant que cessent les inégalités d'équipement entre les pays.

FICHE TECHNIQUE

MOTEURS

(C250)
L4 turbo 1,8 L DACT, 201 ch à 5500 tr/min
COUPLE 229 lb-pi de 2300 à 4300 tr/min
BOÎTE DE VITESSES automatique à 7 rapports avec mode manuel
0-100 KM/H 7,2 s **4RM** 8,6 s
VITESSE MAXIMALE 210 km/h (bridée)

(C250 4MATIC)
V6 2,5 L DACT, 201 ch à 6100 tr/min
COUPLE 181 lb-pi à 2900 tr/min
BOÎTE DE VITESSES automatique à 7 rapports avec mode manuel
0-100 KM/H 8,4 s
VITESSE MAXIMALE 210 km/h (bridée)
CONSOMMATION (100 KM) 8,8 L
ÉMISSIONS DE CO_2 4646 Kg/an
LITRES PAR ANNÉE 2020 (octane 91)
COÛT PAR AN 2828 $

(C300)
V6 3 L DACT, 228 ch à 6000 tr/min
COUPLE 221 lb-pi de 2500 à 5000 tr/min
BOÎTE DE VITESSES automatique à 7 rapports avec mode manuel
0-100 KM/H 7,2 s
VITESSE MAXIMALE 210 km/h (bridée)
CONSOMMATION (100 KM) 9,9 L (octane 91)
ÉMISSIONS DE CO_2 4646 kg/an
LITRES PAR ANNÉE 2020
COÛT PAR AN 2828 $

(C350)
V6 3,5 L DACT, 302 ch à 6000 tr/min
COUPLE 273 lb-pi de 3500 à 5250 tr/min
BOÎTE DE VITESSES automatique à 7 rapports avec mode manuel
0-100 KM/H 6 s
VITESSE MAXIMALE 210 km/h (bridée)
CONSOMMATION (100 KM) 10,3 L (octane 91)
ÉMISSIONS DE CO_2 4830 Kg/an
LITRES PAR ANNÉE 2100
COÛT PAR AN 2940 $

(C63 AMG)
V8 6,2 L DACT, 451 ch à 6800 tr/min
COUPLE 443 lb-pi à 5000 tr/min
BOÎTE DE VITESSES automatique à 7 rapports avec mode manuel
0-100 KM/H 4,5 s
VITESSE MAXIMALE 250 km/h (bridée)
CONSOMMATION (100 KM) 13,6 L (octane 91)
ÉMISSIONS DE CO_2 6394 kg/an
LITRES PAR ANNÉE 2780
COÛT PAR AN 3892 $

AUTRES COMPOSANTS

SÉCURITÉ ACTIVE freins ABS, assistance au freinage, répartition électronique de la force de freinage, contrôle de la stabilité électronique, antipatinage
SUSPENSION AVANT/ARRIÈRE indépendante
FREINS AVANT/ARRIÈRE disques
DIRECTION à crémaillère, assistée
PNEUS C250 P205/55R16 **option C250/de série C250 coupé** et **C300** P225/45R17 (av.) P245/40R17 (arr.) **C350** P225/40R18 (av.) P255/35R18 (ar.) **C63** P235/40R18 (av.) P255/35/R18 (arr.) **option C63** P235/35R19 (av.) P255/30R19 (arr.)

DIMENSIONS

EMPATTEMENT 2760 mm
LONGUEUR berline 4591 mm **coupé** 4590 mm **berline et coupé C63** 4707 mm
LARGEUR (excluant les rétroviseurs) 1770 mm
HAUTEUR berline C250 1444 mm **C300** 1445 mm **C350** 1448 mm **C63** 1433 mm **coupé** 1406 mm
POIDS berline C250 1505 kg, **C250 4M** 1690 kg, **C300 4M** 1695 kg, **C350** 1610 kg, **C350 4M** 1670 kg, **C63** 1730 kg, **coupé C250** 1550 kg, **C350** 1615 kg, **C63** 1730 kg
DIAMÈTRE DE BRAQUAGE ND
COFFRE berline 475 L **coupé** 450 L
RÉSERVOIR DE CARBURANT 66 L

2e OPINION

« L'élégante Classe C gagne en popularité à chaque année, fruits des nombreux efforts effectués par la firme de Stuttgart pour rivaliser plus sérieusement avec BMW qui domine le segment avec la Série 3 depuis des décennies. Et maintenant qu'on propose un tout nouveau coupé, lequel est offert en de nombreuses variantes, il est clair que les ventes continueront de suivre une pente ascendante. Il faut aussi dire que les nombreux changements apportés en 2012, qu'il s'agisse des retouches esthétiques tant à l'intérieur qu'à l'extérieur, ou encore de l'apport d'un nouveau 4-cylindres, lui font aussi un grand bien. Et puisque la Classe C continue à offrir avec grand talent un heureux mélange de confort et de conduite sportive, son ascension pourrait certainement résulter en une domination prochaine du segment. » — Antoine Joubert

MENTIONS

COUP DE CŒUR RECOMMANDÉ

VERDICT

$ 135 900 $ À 243 000 $ t&p nd

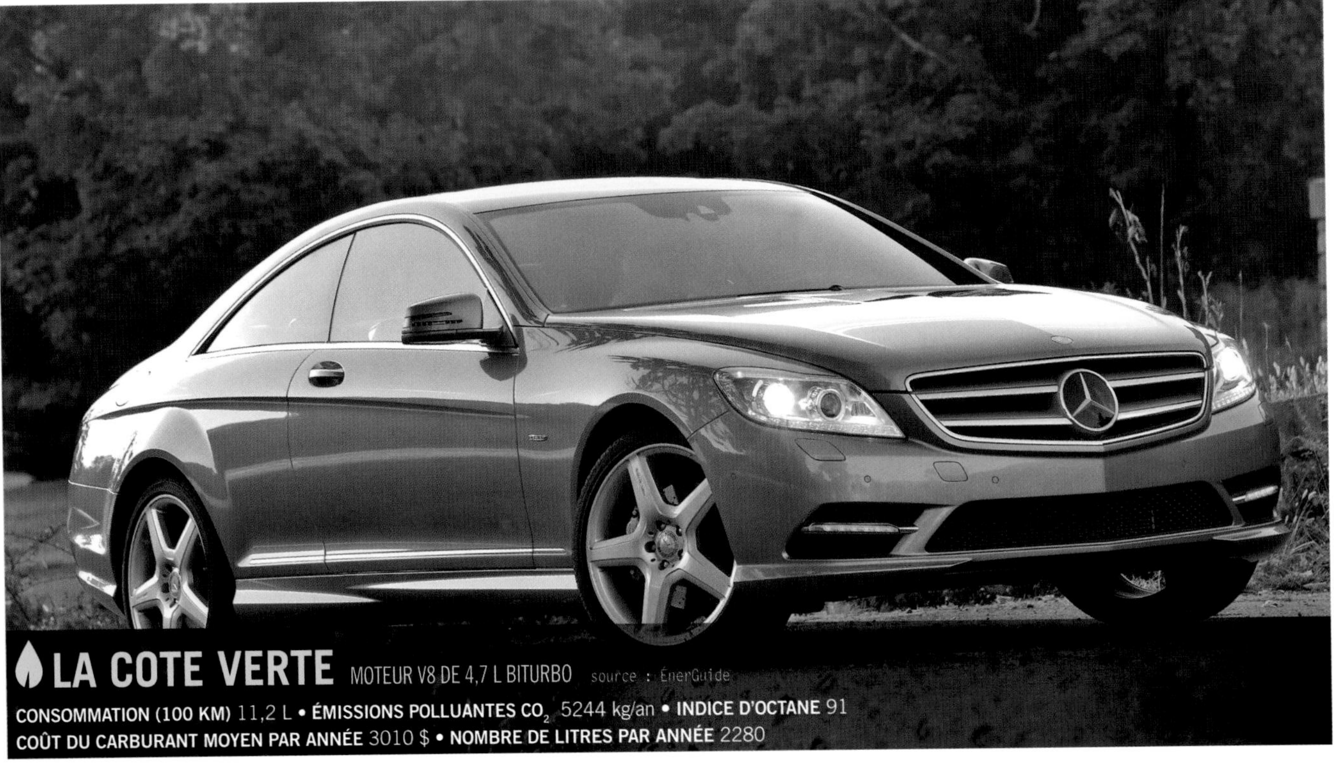

LA COTE VERTE MOTEUR V8 DE 4,7 L BITURBO source : ÉnerGuide

CONSOMMATION (100 KM) 11,2 L • **ÉMISSIONS POLLUANTES CO_2** 5244 kg/an • **INDICE D'OCTANE** 91
COÛT DU CARBURANT MOYEN PAR ANNÉE 3010 $ • **NOMBRE DE LITRES PAR ANNÉE** 2280

FICHE D'IDENTITÉ

VERSIONS CL 550 4MATIC, CL 600, CL 63 AMG, CL 65 AMG
ROUES MOTRICES arrière, 4
PORTIÈRES 2 **NOMBRE DE PASSAGERS** 4
PREMIÈRE GÉNÉRATION 2007
GÉNÉRATION ACTUELLE 2007
CONSTRUCTION Sindelfingen, Allemagne
COUSSINS GONFLABLES 8 (frontaux, latéraux avant et arrière, rideaux latéraux)
CONCURRENCE Bentley Continental GT, Aston Martin DB9

AU QUOTIDIEN

PRIME D'ASSURANCE
25 ANS : 7200 à 7400 $
40 ANS : 4500 à 4700 $
60 ANS : 3600 à 3800 $
COLLISION FRONTALE 5/5
COLLISION LATÉRALE 5/5
VENTES DU MODÈLE DE L'AN DERNIER
AU QUÉBEC nd **AU CANADA** nd
DÉPRÉCIATION nd
RAPPELS (2006 à 2011) 2
COTE DE FIABILITÉ 3/5

GARANTIES… ET PLUS

GARANTIE GÉNÉRALE 4 ans/80 000 km
GARANTIE MOTOPROPULSEUR 4 ans/80 000 km
PERFORATION 5 ans/kilométrage illimité
ASSISTANCE ROUTIÈRE 4 ans/kilométrage illimité
NOMBRE DE CONCESSIONNAIRES
AU QUÉBEC 12 **AU CANADA** 53

NOUVEAUTÉS EN 2012

Aucun changement majeur

EN QUÊTE DE **PERFECTION**

Michel Crépault

La CL, la version à deux portières des immenses S, exhibe les mêmes modèles que l'an dernier : une 550 4MATIC, une 600 et deux AMG, les 63 et 65. Et bien peu de changements pour le quatuor en 2012, pour ainsi dire pas du tout. Faut dire qu'elles s'étaient davantage forcées l'an dernier.

CARROSSERIE Puisque la Classe CL a bénéficié l'an dernier d'une substantielle relecture de ses lignes, les coques fuselées et larges de l'imposant coupé sont encore dans le coup. À la rigueur, les superbes jantes AMG de 19 pouces ornant les CL qui ne sont pas des AMG voient chacune des cinq raies se diviser en trois pour 2012, sans doute pour se distinguer des roues de 20 pouces des vraies AMG. Le plus sûr moyen de distinguer une AMG de l'avant ? L'unique lamelle horizontale qui escorte l'étoile au centre de la calandre, par comparaison avec deux pour les autres modèles. De l'arrière ? En confirmant la présence des quatre sorties d'échappement.

HABITACLE Une nouvelle combinaison de teintes intérieures retiendra l'attention, soit le cuir de couleur aubergine sur fond noir. Ajoutez les généreux insérés de noyer luisant et vous obtenez un cockpit qui ne passe pas inaperçu. Tout ce qui se fait sur le plan technologique dans l'industrie de l'automobile au moment d'écrire ces lignes se retrouve dans une CL. Imaginez-le, c'est là. Ou, plutôt, ça peut l'être. Car après vous avoir délesté d'une somme indécente de pesos, faites confiance à Benz pour vous en soutirer encore plus grâce à une longue panoplie d'options. Même s'ils sont riches, ces acheteurs, je les prends en pitié. Enfin, juste un peu.

MÉCANIQUE La 550 utilise un V8 de 4,7 litres biturbo de 429 chevaux, tandis que la 600 préfère le V12 de 6 litres biturbo de 510 chevaux. L'arrivée de l'injection directe de carburant l'an dernier a permis un appréciable gain de puissance tout en réduisant la consommation (qui se fixe autour d'un raisonnable 10 litres aux 100 kilomètres avec le V8 conduit sagement sur l'autoroute). Quand la division AMG s'en mêle,

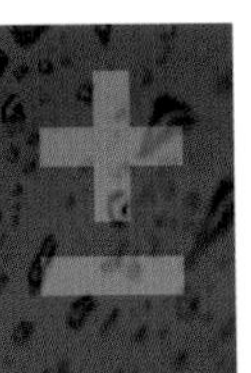

FORCES Lignes à la fois élégantes et athlétiques • Intérieurs qui renferment tous les gadgets du monde • Moteurs soyeux et féroces

FAIBLESSES Petit serrement sur la banquette • Trop d'options Tableau de bord fort occupé • Vraiment pas donnée

c'est pour reprendre les mêmes engins, en augmenter la cylindrée et la puissance à 536 chevaux et 620 chevaux respectivement. Oui, vous avez bien lu : 620 chevaux ! Ce sont les SAQ et SAAQ qui doivent déborder d'enthousiasme. Les V8 sont liés à une boîte de vitesses à 7 rapports de dernière génération, tandis que les AMG sont à l'aise avec 5 rapports. Alors que la vitesse maxi de tout ce beau monde a été électroniquement bridée à 210 et à 250 km/h, les temps d'accélération de 0 à 100 km/h sont saisissants : de 4,9 secondes pour la plus lente à 4,4 secondes pour la plus véloce !

COMPORTEMENT Pareille puissance requiert des garde-fous technologiques. Mercedes-Benz les fournit. Outre les sempiternelles aides électroniques connues, le constructeur intègre à la Classe CL une suspension active qui annule le roulis dans les courbes. L'une des autres petites pensées de Benz qui m'arrachent toujours un sourire de satisfaction est le gadget qui resserre les flancs des baquets avant quand le conducteur s'amuse à négocier serré la prochaine courbe. Ça vient avec cette autre technologie qui vous fait voir les êtres vivants qui se déplacent devant vous mais dans la nuit noire, alors que la chaleur qu'ils dégagent est captée par des rayons infrarouges. Pendant que vous disposez de tous ces chevaux et de cet arsenal dernier cri, n'oublions pas que les CL vous déplacent dans votre bulle personnelle. Ces coupés ont beau être des bolides, l'inquiétude ne viendra jamais gâcher la quiétude qui s'épand sur vos passagers comme un ange étend ses ailes.

CONCLUSION Je n'ai pas utilisé le mot « perfection » dans le titre à la légère. Ces automobiles sont trop complètes pour qu'on chipote longtemps sur les millimètres qui manquent à l'arrière ou sur la complexité de certaines commandes. Remarquez, par ailleurs, que je ne m'étonne pas plus de ces accomplissements vu les dollars demandés. À ce prix, je suis effectivement en droit d'exiger la perfection.

2e OPINION

« La CL demeure l'un des rares véhicules où il est possible de conjuguer les mots pachyderme et athlétique dans la même phrase. De l'extérieur, ce coupé est gros, encombrant, ostentatoire et, même, pompeux. Une fois au volant, vous avez l'impression d'enfourcher votre vieux vélo, tout est facile et d'une remarquable agilité. On se surprend à filer à vive allure comme dans une voiture sport. Le V8 turbo, même sur le modèle de base, pousse très fort. Sur les versions AMG, vous risquez de ne jamais connaître le potentiel du moteur qui demande une route allemande pour s'exprimer à sa pleine mesure. C'est avec un modèle comme la CL qu'on réalise à quel point l'ingénierie allemande fait des miracles avec l'électronique. Si vous me demandiez dans quelle voiture je ferais Montréal-Los Angeles, la CL serait sur la très courte liste des candidates. » — Benoit Charette

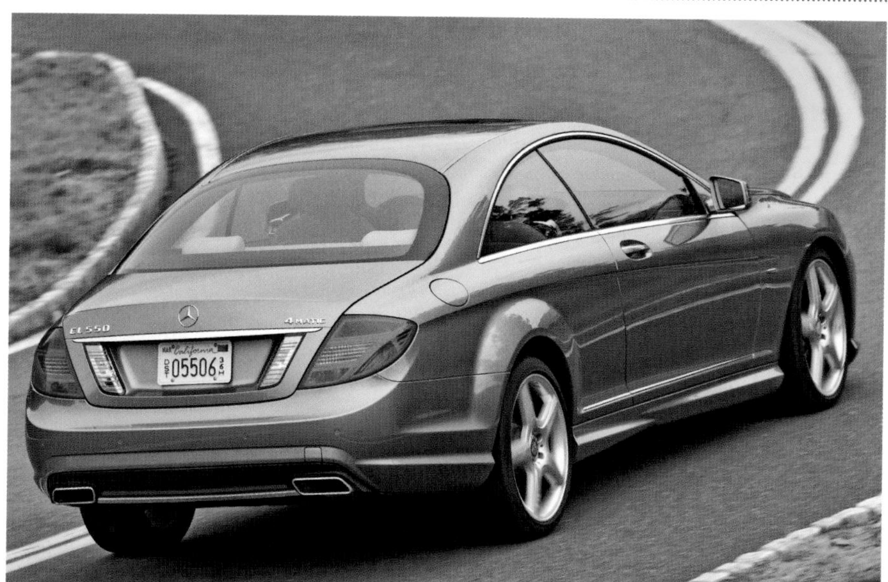

FICHE TECHNIQUE

MOTEURS

(CL550 4MATIC) V8 4,7 L biturbo DACT, 429 ch à 5250 tr/min
COUPLE 516 lb-pi de 1800 à 3500 tr/min
BOÎTE DE VITESSES automatique à 7 rapports avec mode manuel
0-100 KM/H 4,9 s
VITESSE MAXIMALE 250 km/h (bridée)

(CL600) V12 5,5 L biturbo SACT, 510 ch à 5000 tr/min
COUPLE 612 lb-pi de 1800 à 3500 tr/min
BOÎTE DE VITESSES automatique à 5 rapports avec mode manuel
0-100 KM/H 4,6 s
VITESSE MAXIMALE 250 km/h (bridée)
CONSOMMATION (100 KM) 14,4 L (octane 91)
ÉMISSIONS DE CO_2 6762 kg/an
LITRES PAR ANNÉE 2940 **COÛT PAR AN** 3880 $

(CL63 AMG) V8 5,5 L biturbo DACT, 536 ch à 5500 tr/min
COUPLE 590 lb-pi de 2000 à 4500 tr/min
BOÎTE DE VITESSES automatique à 7 rapports avec mode manuel
0-100 KM/H 4,5 s
VITESSE MAXIMALE 250 km/h (bridée)
CONSOMMATION (100 KM) 11,9 L (octane 91)
ÉMISSIONS DE CO_2 5566 kg/an
LITRES PAR ANNÉE 2420 **COÛT PAR AN** 3194 $

(CL65 AMG) V12 6,0 L biturbo SACT, 620 ch à 4800 tr/min
COUPLE 738 lb-pi de 2300 à 4300 tr/min
BOÎTE DE VITESSES automatique à 5 rapports avec mode manuel
0-100 KM/H 4,4 s
CONSOMMATION (100 KM) 14,2 L (octane 91)
ÉMISSIONS DE CO_2 6716 kg/an
LITRES PAR ANNÉE 2920 **COÛT PAR AN** 3854 $

AUTRES COMPOSANTS

SÉCURITÉ ACTIVE freins ABS, assistance au freinage, répartition électronique de force de freinage, contrôle de stabilité électronique, antipatinage
SUSPENSION AVANT/ARRIÈRE indépendante
FREINS AVANT/ARRIÈRE disques
DIRECTION à crémaillère, assistée
PNEUS 550 4M P255/40R19 **option 500 4M** P255/35R20, **600** P255/40R19 (av.) P275/40R19 (arr.). **63 AMG/65 AMG** P255/35R20 (av.) P275/35/R20 (arr.)

DIMENSIONS

EMPATTEMENT 2955 mm
LONGUEUR 5095 mm, **63 AMG/65 AMG** 5106 mm
LARGEUR (sans rétro.) 1871 mm
HAUTEUR 1419 mm, **63 AMG** 1426 mm, **65 AMG** 1428 mm
POIDS 550 4M 2120 kg, 600 2185 kg, **63 AMG** 2135 kg, **65 AMG** 2245 kg
DIAMÈTRE DE BRAQUAGE 11,6 m
COFFRE 490 L
RÉSERVOIR DE CARBURANT 90 L, 550 4M 94 L

MENTIONS

COUP DE CŒUR RECOMMANDÉ

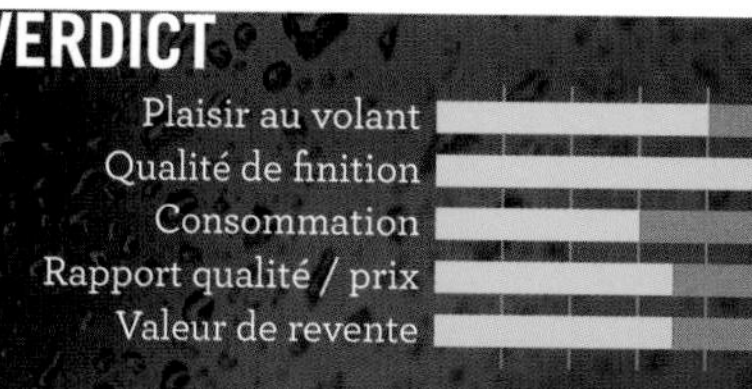

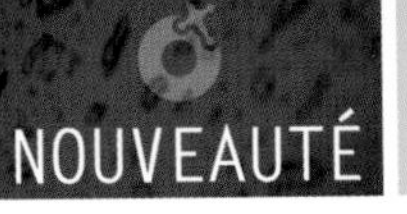

$ 109 900 $ (AMG) t&p nd

LA COTE VERTE MOTEUR V8 DE 4,7 L source : Mercedes-Benz

CONSOMMATION (100 KM) 9 L • **ÉMISSIONS POLLUANTES CO_2** ND • **INDICE D'OCTANE** 91
COÛT DU CARBURANT MOYEN PAR ANNÉE ND • **NOMBRE DE LITRES PAR ANNÉE** ND

FICHE D'IDENTITÉ

VERSIONS CLS 550 4MATIC (4RM), CLS 63 AMG
ROUES MOTRICES 4, arrière
PORTIÈRES 4 **NOMBRE DE PASSAGERS** 5
PREMIÈRE GÉNÉRATION 2006
GÉNÉRATION ACTUELLE 2012
CONSTRUCTION Sindelfingen, Allemagne
COUSSINS GONFLABLES 10 (frontaux, genoux conducteur et passager, latéraux avant et arrière, rideaux latéraux)
CONCURRENCE Audi A6, BMW Série 5, Jaguar XF, Porsche Panamera

AU QUOTIDIEN

PRIME D'ASSURANCE
25 ANS : 3500 à 3700 $
40 ANS : 2500 à 2700 $
60 ANS : 2300 à 2500 $
COLLISION FRONTALE nm
COLLISION LATÉRALE nm
VENTES DU MODÈLE DE L'AN DERNIER
AU QUÉBEC nd **AU CANADA** nd
DÉPRÉCIATION 46,6 %
RAPPELS (2006 à 2011) 2
COTE DE FIABILITÉ nm

GARANTIES... ET PLUS

GARANTIE GÉNÉRALE 4 ans/80 000 km
GARANTIE MOTOPROPULSEUR 4 ans/80 000 km
PERFORATION 5 ans/kilométrage illimité
ASSISTANCE routière 4 ans/kilométrage illimité
NOMBRE DE CONCESSIONNAIRES
AU QUÉBEC 12 **AU CANADA** 53

NOUVEAUTÉS EN 2012

Nouvelle génération

LE COUPÉ QUI N'EN EST PAS UN

Michel Crépault

La première génération de la Classe CLS, débarquée en 2003, avait immédiatement provoqué des oh et des ah. On a beau décréter que les goûts se discutent mal, il aurait fallu être de mauvaise foi pour ne pas reconnaître la fascination exercée par cette berline... qui se prenait pour un coupé! Les stylistes de Mercedes-Benz avaient gagné leur pari d'intégrer quatre portières à une forme qui, d'ordinaire, n'en accepte que deux.

CARROSSERIE Le truc principal a consisté à arquer le pavillon comme s'il était en train de franchir la vitesse du son. Ajoutez-y une partie avant pressée d'avaler l'asphalte, des flancs athlétiques et une croupe ne comportant pas une seule once de graisse et vous obtenez une silhouette unique, élégante et prenante tout à la fois. La deuxième génération semble avoir respecté la formule gagnante de sa devancière puisqu'elle a remporté le Grand Prix du Festival automobile international dont les participants, depuis 1986, décernent des prix aux beautés mobiles. Remarquez que la précédente CLS, au goût de certaines personnes, paraîtra peut-être plus épurée. La nouvelle, avec ses flancs émaciés mais davantage lignés, tombe davantage dans la fioriture esthétique. Comme si les concepteurs avaient décidé de grossir les traits du crayon. Enfin, à vous de décider. Il n'empêche que cette Classe CLS a toujours de la gueule à revendre! La 550 4MATIC arrive d'ailleurs chez nous avec des éléments de carrosserie empruntés à AMG, la division de performance de Mercedes-Benz. Les phares composés chacun de 71 diodes électroluminescentes (DEL) confèrent à la fois une signature visuelle à l'avant et une intensité lumineuse venant à bout de n'importe quelles ténèbres. Les roues à 5 raies permettent d'admirer l'étrier des disques, lesquels deviennent rouges quand on opte pour les freins en céramique. De face, on dirait un oiseau de proie. De l'arrière, en découvrant les quatre tuyaux d'échappement et la croupe musclée, on devine la puissance. La seconde CLS mise en marché chez nous est la 63 AMG. Rappelons qu'AMG (pour **A**ufrecht – l'ingénieur – **M**elcher – le finan-

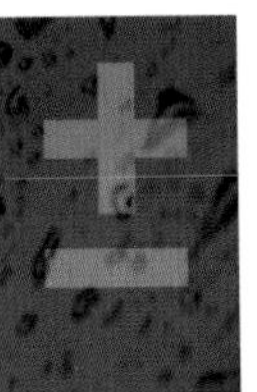

FORCES Allure de 2e génération qui continuera à faire tourner les têtes • Berline pas comme les autres • Sonorité divine (surtout la 63 AMG)

FAIBLESSES Sentiment d'étroitesse sur la banquette arrière • Agilité une coche en-dessous du muscle • Hors de prix

cier – Grossaspach – la ville natale du premier) n'a qu'une seule mission sur terre : attraper les Benz « ordinaires » quand elles sortent de l'usine et les transformer en ogres à bitume.

HABITACLE Peut-on concevoir une Mercedes-Benz inconfortable ? Difficile, en effet. Et si la CLS souhaite faire oublier ses quatre portières de l'extérieur, elle se reprend à l'intérieur avec une cabine cossue. Les choix de la couleur du bois et du cuir font ressortir la qualité des matériaux, des interrupteurs et des cadrans. Le luxe et le confort sont évidemment au rendez-vous. Cela dit, ne crions pas victoire trop vite en ce qui concerne la banquette arrière. Oui, son accès est aisé grâce aux fameuses portières, mais le plafond gardé bas crée un sentiment d'exiguïté. On n'y joue pas au volley-ball. Ça reste confortable, mais on se sent en pénitence par rapport aux chanceux qui jouissent de l'espace devant. Un gadget amusant (que j'ai découvert dans la CLS, mais qui ne se limite pas à ce modèle puisque n'importe quel concessionnaire peut l'installer) : l'*Easy-Pack trunk box* (environ 400 $). Moi, je l'appelle le panier magique ! Le coffre ouvert, on tire vers soi un cadre. On dépose la main sur la toile tendue qui s'étire jusqu'à presque toucher le tapis du coffre. Imaginez un magicien transformant une galette noire en chapeau haut-de-forme : même principe. Dans cette espèce de panier, vous rangerez les objets que vous ne souhaitez pas voir valser dans le coffre. Vous n'en avez plus besoin ? Enfoncez un bouton chromé, le fond du panier se rétracte, et vous repoussez le cadre dans sa cache. Très ingénieux.

MÉCANIQUE Pendant que la 550 4MATIC met en vedette un V8 de 4,6 litres biturbo de 402 chevaux qui rassurera bien des acheteurs avec sa transmission intégrale de série, la 63 AMG a recours à un V8 de 5,5 litres doté, lui aussi, de deux turbocompresseurs l'aidant à délivrer 518 et, même, 550 chevaux avec l'ensemble Performance offert en option. Il y a également le freinage époustouflant, la sonorité gutturale et jouissive du moteur ainsi que la suspension tellement raide en mode Sport (et même Sport +) que je suis sûr que l'acheteur québécois reviendra rapidement au programme Confort quand il devra affronter les crevasses habituelles. Paradoxalement, cette orgie de puissance s'accompagne d'une diminution de la consommation de carburant et des émissions polluantes. Une CLS 63 AMG conduite de la manière appropriée peut enregistrer une consommation moyenne de 9,9 litres aux 100 kilomètres sur la route. Pour y parvenir, Mercedes-Benz utilise notamment la technologie d'arrêt-démarrage qui éteint le moteur dès que le conducteur immobilise sa fringante limousine sportive. Le V8 se remet à vrombir quand le pied relâche la pédale de frein ou sollicite l'accélérateur. Cette attitude écologiquement correcte s'affirme comme la nouvelle tendance chez les constructeurs. Nous verrons de plus en plus de bolides capables de fracasser les chronos mais également soucieux de moins heurter la planète au passage. En attendant, la nouvelle 63 signe une accélération de 0 à 100 km/h avec un chrono de 4,4 secondes. Muni de l'ensemble Performance, vous gagnerez un

HISTORIQUE

Après avoir fait renaître le concept du coupé à quatre portes exploité brièvement par la marque britannique Rover à partir de 1962 avec sa P5 Mk II Coupé, voici que Mercedes-Benz s'apprête à faire renaître un autre type de carrosserie disparu depuis belle lurette : le «Shooting Brake» ou break (familiale) de chasse. Et c'est la gamme CLS qui proposera cette variante dès 2012.

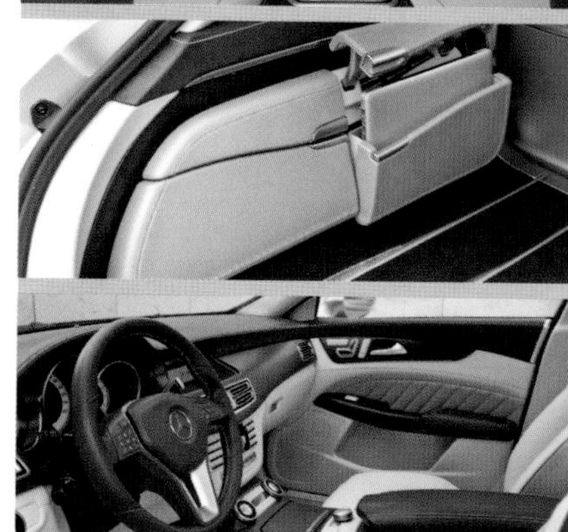

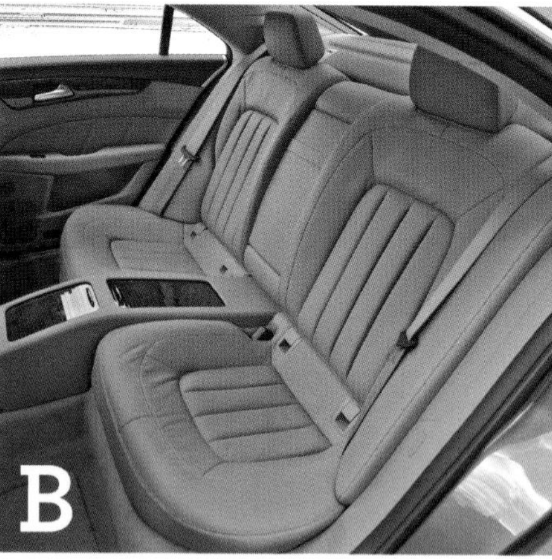

GALERIE

A La CLS 63 AMG est munie d'une boîte de vitesses automatique AMG Speedshift MCT à sept rapports. Cette exclusivité de Mercedes-AMG réunit l'efficacité instantannée d'une boîte manuelle à la douceur d'une boîte automatique. Les lettres MCT signifient « Multi-Clutch Technology », un système axé sur les performances.

B La CLS gâte ses occupants avec plus d'espace qu'on ne s'y attendrait, même derrière et plus encore que dans le modèle qu'elle remplace. Le constructeur a augmenté le dégagement latéral au niveau des coudes (8 mm à l'avant, 21 à l'arrière) et des épaules (21 mm et 13 mm respectivement).

C La CLS dispose d'une batterie de systèmes d'aide à la conduite et de sécurité passive, une douzaine au moins qui ont été développés pour aider à éviter les accidents et à réduire leur importance lorsqu'ils surviennent. Comme ce système de détection de la fatigue du conducteur, qui lui rappelle par un signal sonore et un petit icône représentant un tasse de café qu'il est temps d'arrêter et de se reposer!

D La nouvelle CLS peut être munie de nouveaux projecteurs à diodes électroluminescentes de haute performance, une première pour le fabricant allemand. Ce système, qui remplace les projecteurs traditionnels au xénon auraient une durée de vie cinq fois plus longue (10 000 heures). De plus, ils projettent une lumière très proche de la lumière du jour.

E La nouvelle Mercedes-Benz CLS 63 AMG dispose d'un nouveau V8 biturbo d'AMG qui produit 550 chevaux et 590 lb-pi de couple. Néanmoins, son fabricant affirme qu'il consomme seulement 9,9 litres aux 100 kilomètres, ce qui représente une amélioration de l'ordre de 32 % par rapport au moteur du modèle que remplace la CLS 63 AMG.

de seconde. Une Ferrari California passe le même test en 4 secondes mais traîne 175 kilos de moins que le bébé d'AMG (1910 kg) tout en coûtant plus du double! La boîte de vitesses AMG SPEEDSHIFT MCT à 7 rapports est un délice qui travaille en solo ou alors avec l'aide du conducteur qui s'amuse avec les leviers de sélection montés au volant.

COMPORTEMENT Puisqu'il s'agit d'une grosse berline, luxueuse de surcroît, les facteurs format et poids ne peuvent s'effacer de l'équation finale. Le muscle est toujours là, mais pour la nervosité dans les virages, on repassera. Peut-être l'élément le plus sensationnel de la CLS 63 AMG : la sonorité du V8. Dès que vous accélérez, vous déclenchez une gamme de notes qui penchent vers le terrifiant. Une ribambelle de borborygmes s'égrènent dans l'air et préviennent les quidams que vous passez à l'attaque. Après avoir remis (à regret) la 63 au valet de l'hôtel où nous logions durant le dévoilement de l'auto, j'avais commencé à m'éloigner quand le préposé au stationnement à redémarré le monstre. Son rugissement m'a immédiatement rattrapé. J'ai tout de suite songé à un coup de tonnerre. Zeus venait de mettre en marche son chariot de guerre! Thomas Rappel, responsable des produits AMG, me confirmera plus tard que ses ingénieurs passent beaucoup de temps à régler la sonorité de leurs moteurs car il s'agit là de l'un des attributs auquel ses clients sont le plus sensibles. Comme plusieurs autres voitures rapides qui mettent à la disposition de leur propriétaire quelques facéties mécaniques, la CLS propose un programme *Race Start*. En effectuant des manœuvres en séquence, on obtient de l'auto qu'elle réussisse automatiquement pour nous une accélération diabolique. On n'a plus qu'à tenir le volant à deux mains... et à regarder tout autour si on a choisi le bon endroit pour se livrer à cette petite gaminerie...

CONCLUSION Soyons réalistes et admettons qu'une machine traitée par AMG n'a pas les mêmes chances de s'exprimer au Québec que, mettons, sur les autoroutes allemandes. Donc, en toute logique, vous devriez pouvoir vous contenter des 402 chevaux de la 550. Mais le pourrez-vous ?

2e OPINION

« Huit ans après avoir pris le monde entier par surprise, Mercedes-Benz, grand conservateur de la tradition automobile allemande, présentait un modèle osé qui a ravi la critique et le public. Une nouvelle CLS fait maintenant son apparition pour les 125 ans du fabricant qui a vu naître l'automobile. Curieusement, le style de cette nouvelle CLS est moins provocateur que le modèle initial. Si la popularité est encore bonne, plusieurs questionnent la pertinence d'avoir deux modèles comme la Classe E et la CLS en aussi proche concubinage. Disons que la CLS est celle qui fait du sport dans la famille, alors que la Classe E est le rat de bibliothèque qui préfère un bon livre à un match de tennis. Transposez tout cela sur la route, et la pertinence des deux modèles trouve un meilleur sens. » — Benoit Charette

FICHE TECHNIQUE

MOTEURS

(CLS550) V8 4,6 L biturbo DACT, 402 ch de 5000 à 5750 tr/min
COUPLE 443 lb-pi de 1600 à 4750 tr/min
BOÎTE DE VITESSES automatique à 7 rapports avec mode manuel
0-100 KM/H 5,2 s
VITESSE MAXIMALE 210 km/h (bridée)

(CLS63 AMG) V8 5,5 L biturbo DACT, 518 ch de 5250 à 5750 tr/min (550 ch AMG Performance)
COUPLE 516 lb-pi de 1700 à 5000 tr/min (590 lb-pi AMG Performance)
BOÎTE DE VITESSES automatique à 7 rapports avec mode manuel
0-100 KM/H 4,4 s 4,3 s (AMG Performance)
VITESSE MAXIMALE 250 km/h (bridée)
CONSOMMATION (100 KM) 9,9 L (octane 91)
ÉMISSIONS DE CO_2 ND
LITRES PAR ANNÉE ND
COÛT PAR AN ND

AUTRES COMPOSANTS

SÉCURITÉ ACTIVE freins ABS, assistance au freinage, répartition électronique de force de freinage, antipatinage, contrôle de stabilité électronique
SUSPENSION AVANT/ARRIÈRE indépendante
FREINS AVANT/ARRIÈRE disques
DIRECTION à crémaillère, assistée
PNEUS P245/45R17, 63 AMG P255/35R19 (av.), P285/30R19 (arr.)

DIMENSIONS

EMPATTEMENT 2874 mm
LONGUEUR 4940 mm, **63AMG** 4996 mm
LARGEUR 1881 mm
HAUTEUR 1404 mm, **63AMG** 1406 mm
POIDS 1890 kg, **63AMG** 1910 kg
DIAMÈTRE DE BRAQUAGE 11,3m
COFFRE 520 L
RÉSERVOIR DE CARBURANT 89 L (avec réserve)

MENTIONS

COUP DE CŒUR

VERDICT

Plaisir au volant
Qualité de finition
Consommation
Rapport qualité / prix
Valeur de revente

ÉVOLUTION $ 65 900 $ à 105 900 $ t&p : 1995 $

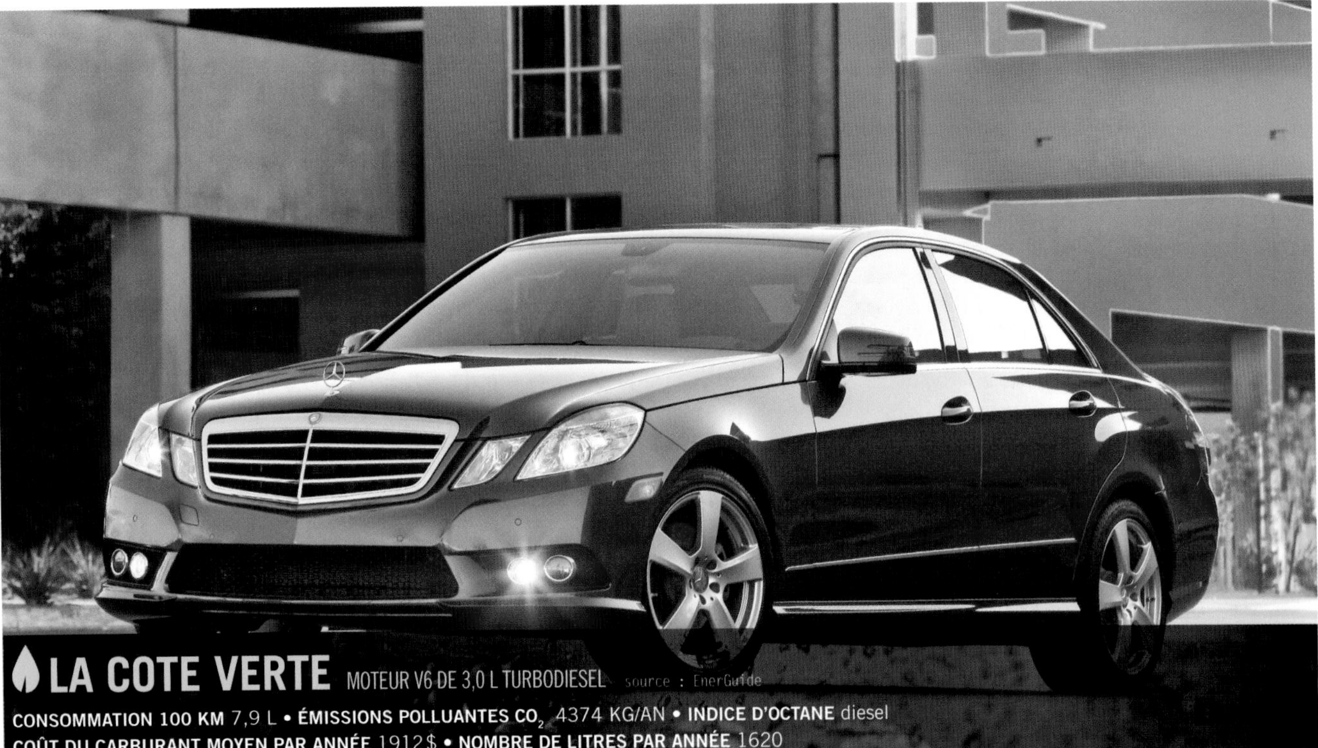

LA COTE VERTE MOTEUR V6 DE 3,0 L TURBODIESEL source : EnerGuide

CONSOMMATION 100 KM 7,9 L • ÉMISSIONS POLLUANTES CO_2 4374 KG/AN • INDICE D'OCTANE diesel
COÛT DU CARBURANT MOYEN PAR ANNÉE 1912 $ • NOMBRE DE LITRES PAR ANNÉE 1620

FICHE D'IDENTITÉ

VERSIONS 350 4MATIC berline familiale, 350 BlueTEC berline 550 4MATIC berline, E63 AMG berline/familiale
ROUES motrices arrière, 4
PORTIÈRES 4/5
NOMBRES DE PASSAGERS 5
PREMIÈRE GÉNÉRATION 1996
GÉNÉRATION ACTUELLE 2010
CONSTRUCTION Sindelfingen, Allemagne
COUSSINS GONFLABLES 7 (frontaux, latéraux avant, genoux conducteur, ,rideaux latéraux)
CONCURRENCE Acura RL, Audi A6, BMW Série 5, Infiniti M, Jaguar XF, Lexus GS, Saab 9-5, Volvo S80

AU QUOTIDIEN

PRIME D'ASSURANCE
25 ANS: 2900 à 3100 $
40 ANS: 2300 à 2500 $
60 ANS: 1500 à 1700 $
COLLISION FRONTALE 4/5
COLLISION LATÉRALE 5/5
VENTES DU MODÈLE DE L'AN DERNIER
AU QUÉBEC 876 **AU CANADA** 3914
DÉPRÉCIATION 50,2 %
RAPPELS (2006 à 2011) 4
COTE DE FIABILITÉ 2/5

GARANTIES… ET PLUS

GARANTIE GÉNÉRALE 4 ans/80 000 km
GARANTIE MOTOPROPULSEUR 4 ans/80 000 km
PERFORATION 5 ans/kilométrage illimité
ASSISTANCE ROUTIÈRE 4 ans/kilométrage illimité
NOMBRE DE CONCESSIONNAIRES
AU QUÉBEC 12 **AU CANADA** 53

NOUVEAUTÉS EN 2012

Nouveaux moteurs pour E350/E550/E63, transmission révisée pour offrir une plus grande frugalité, livrée E63 pour familiale, une nouvelle couleur extérieure

43 % DU MARCHÉ, ÇA DIT TOUT !

Antoine Joubert

Si Mercedes-Benz se fait depuis toujours damer le pion par BMW dans la catégorie des berlines compactes de luxe, il en va autrement du côté des intermédiaires. En effet, la Classe E a presque toujours été le leader de son marché, exception faite de quelques années où la Série 5 profitait de l'effet de nouveauté. Mercedes-Benz aura toutefois réussi par une large avance à conserver sa position l'an dernier, et ce, même si BMW lançait sa nouvelle génération de la Série 5.

Bien sûr, plusieurs expliquent le succès de cette voiture, qui constitue d'ailleurs la Mercedes-Benz la plus vendue mondialement. Au Canada, les prix réduits et l'offre de série de la transmission intégrale (sur certaines versions) aura largement contribué à la récente montée en flèche de popularité de ce modèle, qui détient aujourd'hui 43 % des parts du marché canadien dans ce segment.

CARROSSERIE L'élégance des lignes de ce modèle est évidemment en partie responsable de ce succès, et ce, tant du côté de la berline que de la familiale. Il faut néanmoins mentionner que la Classe E canadienne est livrée de série avec l'ensemble esthétique AMG (lequel comprend jupes de bas de caisse, pare-chocs exclusifs et jantes en alliage de 18 pouces), ce qui contribue à lui donner plus de caractère et d'élégance. Mais il faut aussi admettre que la qualité de construction et de finition extérieure a aussi un effet sur l'aspect esthétique de la voiture. Les panneaux de carrosserie très serrés, la qualité étonnante de la peinture et les divers éléments de chrome très bien ficelés ne sont que quelques exemples.

HABITACLE Une planche de bord élégante et ergonomique, des sièges confortables à souhait et une qualité de finition se situant dans les plus hauts standards de l'industrie vous attendent à bord de la Classe E. L'habitacle se marie donc à merveille avec

FORCES Moteur BLUETEC exceptionnel • Confort de roulement • Qualité de finition et de fabrication • Performances hallucinantes (E63 AMG) • V6 plus concurrentiel

FAIBLESSES Moteur BLUETEC sans transmission intégrale et non offert dans la familiale • Options coûteuses • Impact environnemental (E63 AMG) • Peut-être qu'un jour, on finira par déplacer le levier du régulateur de vitesse…

les lignes extérieures et propose, de surcroît, l'espace nécessaire pour accommoder tous les gabarits. Sachez d'ailleurs que la version familiale offre même la possibilité d'accueillir deux personnes supplémentaires grâce à sa banquette inversée, logée sous le plancher du coffre. Bien sûr, le confort y est un brin spartiate, mais à tout le moins, ça dépanne. Et si vous privilégiez davantage l'espace de chargement, eh bien, sachez que la familiale de Classe E en offre plus que l'utilitaire de Classe M, ce qui n'est pas peu dire.

MÉCANIQUE Arrivé en cours d'année 2011, le moteur Diesel BLUETEC se veut un choix logique, que vous fassiez ou non beaucoup de kilométrage. Consommant peu, offrant un couple impressionnant et un rendement très doux, ce moteur se veut d'ailleurs de loin le plus populaire dans toutes les autres gammes Mercedes-Benz où il est offert. Le problème dans ce cas-ci, c'est qu'on ne le propose qu'avec la configuration à roues motrices arrière, ce qui freinera sans doute plusieurs acheteurs. Ces derniers n'auront donc d'autre choix que de se tourner vers le V6 à essence, lequel reçoit cette année l'apport de l'injection directe de carburant. De par cette modification, sa puissance passe donc à 302 chevaux (contre 268 l'an dernier). Et selon Mercedes-Benz, la consommation se veut réduite d'environ 10 %, ce qui dans nos conditions, résulterait en une moyenne combinée d'environ 11,5 litres aux 100 kilomètres. Pas mal ! Autrement, le constructeur continue également d'offrir l'option du V8 de 5,5 litres (E550) ou l'effroyable et très gourmand V8 de 6,2 litres de la version E63 AMG.

COMPORTEMENT Confortable et extrêmement silencieuse, la Classe E se démarque sur la route par sa grande douceur de roulement et sa capacité à se prêter à une conduite également très dynamique. À ce chapitre, il faut toutefois admettre que la nouvelle Audi A6 n'est pas non plus à dédaigner. Mais en matière de confort, Mercedes-Benz conserve une petite longueur d'avance.

CONCLUSION Évidemment, certains lui préféreront une A6 ou une Série 5, quelle que soit la raison. Mais il n'en demeure pas moins que la Classe E fait tout avec grand talent. Et ça, c'est sans compter qu'elle demeure généralement plus fiable que ses deux rivales germaniques, ce qui constitue aussi un gros avantage.

FICHE TECHNIQUE

MOTEURS

(350) V6 3,5 L DACT, 302 ch à 6500 tr/min
COUPLE 273 lb-pi de 3500 à 5250 tr/min
BOÎTE DE VITESSES automatique à 7 rapports avec mode manuel
0-100 KM/H 6,2
VITESSE MAXIMALE 210 (bridée)
CONSOMMATION (100 KM) 7,8 L
ÉMISSIONS DE CO_2 3560 kg/an
LITRES PAR ANNÉE 2100 L
COÛT PAR AN 2940 $

FICHE TECHNIQUE

MOTEURS (SUITE)

(350 BLUETEC) V6 3,0 L turbodiesel DACT, 210 ch à 3400 tr/min
COUPLE 400 lb-pi de 1600 à 2400 tr/min
BOÎTE DE VITESSES automatique à 7
RAPPORTS AVEC MODE MANUEL 0-100 km/h 6,8 s
VITESSE MAXIMALE 210 km/h (limitée)

(550) V8 4,7 L biturbo DACT, 402 ch de 5000 à 5750 tr/min
COUPLE 443 lb-pi de 1600 à 4750 tr/min
BOÎTE DE VITESSES automatique à 7 rapports avec mode manuel
0-100 KM/H 5,3
VITESSE MAXIMALE 210 km/h (bridée)
CONSOMMATION (100 KM) 10,8 L
ÉMISSIONS DE CO_2 5080
LITRES PAR ANNÉE 2080 L
COÛT PAR AN 2912 $

(63 AMG) V8 5,5 L biturbo DACT, 518 ch de 5250 à 5750 tr/min (groupe AMG Performance 550 ch de 5250 à 5750 tr/min)
COUPLE 516 lb-pi de 1700 à 5000 tr/min (groupe AMG Performance 590 lb-pi de 1700 à 5000 tr/min)
BOÎTE DE VITESSES automatique à 7 rapports avec mode manuel
0-100 KM/H 4,6 s
VITESSE MAXIMALE 250 km/h (bridée) 300 km/h (option sport)
CONSOMMATION (100 KM) 13,0 L
ÉMISSIONS DE CO_2 6150 kg/an
LITRES PAR ANNÉE 2700 L
COÛT PAR AN 3780 $

AUTRES COMPOSANTS

SÉCURITÉ ACTIVE freins ABS, assistance au freinage, répartition électronique de la force de freinage, contrôle de stabilité électronique, antipatinage
SUSPENSION AVANT/ARRIÈRE indépendante
FREINS AVANT/ARRIÈRE disques
DIRECTION à crémaillère, assistée
PNEUS P245/40R18 63 AMG P255/35R19 (av.) P285/30R19 (arr.)

DIMENSIONS

EMPATTEMENT 2874 MM
LONGUEUR 4868 mm 350 **fam.** 4895 mm 63 **berl.** 4887 mm
LARGEUR (excluant les rétroviseurs) 1854 mm 63 **berl.** 1872 mm
HAUTEUR 350 BlueTEC1465 mm 350 **berl.** 1467 mm 350 **fam.** 1514 mm 550 1447 mm 63 **berl.** 1440 mm
POIDS 350 BlueTEC 1845 kg 350 **berl.** 1805 kg 350 **fam.** 1915 kg 550 1880 kg 63 1840 kg
DIAMÈTRE DE BRAQUAGE 11,3 m
COFFRE 540 L **fam.** 695 L, 1950 L (sièges abaissés)
RÉSERVOIR DE CARBURANT 80 L

MENTIONS

RECOMMANDÉ

VERDICT

$ 60 900 $ à 79 800 $ t&p : 1995 $

LA COTE VERTE MOTEUR V6 DE 3,5 L source : EnerGuide

CONSOMMATION 100 KM 7,8 L • **ÉMISSIONS POLLUANTES CO_2** 3560 KG/AN • **INDICE D'OCTANE** 91
COÛT DU CARBURANT MOYEN PAR ANNÉE 2940 $ • **NOMBRE DE LITRES PAR ANNÉE** 2100

FICHE D'IDENTITÉ

VERSIONS coupé/cabriolet 350, 550
ROUES MOTRICES arrière
PORTIÈRES 2 **NOMBRE DE PASSAGERS** 4
PREMIÈRE GÉNÉRATION 2010
GÉNÉRATION ACTUELLE 2010
CONSTRUCTION Sindelfingen, Allemagne
COUSSINS GONFLABLES 6 (frontaux, latéraux avant, genoux conducteur, rideaux latéraux)
CONCURRENCE Audi A5, BMW Série 3 coupé, Infiniti G37 coupé, Volvo C70

AU QUOTIDIEN

PRIME D'ASSURANCE
25 ANS: 2900 à 3100 $
40 ANS: 2300 à 2500 $
60 ANS: 1500 à 1700 $
COLLISION FRONTALE 4/5
COLLISION LATÉRALE 5/5
VENTES DU MODÈLE DE L'AN DERNIER (CLASSE E)
AU QUÉBEC 876 **AU CANADA** 3914
DÉPRÉCIATION (1 AN) 19,2 %
RAPPELS (2006 À 2011) 4 **(Classe E)**
COTE DE FIABILITÉ 2/5

GARANTIES... ET PLUS

GARANTIE GÉNÉRALE 4 ans/80 000 km
GARANTIE MOTOPROPULSEUR 4 ans/80 000 km
PERFORATION 5 ans/kilométrage illimité
ASSISTANCE ROUTIÈRE 4 ans/kilométrage illimité
NOMBRE DE CONCESSIONNAIRES
AU QUÉBEC 12 **AU CANADA** 53

NOUVEAUTÉS EN 2012

Nouveaux moteurs, transmission révisée pour offrir une plus grande frugalité, direction à assistance électromécanique, nouveau design des diodes électroluminescentes de jour.

L'ALLÉGRESSE DU DIMANCHE

Francis Brière

Mercedes-Benz a mis le paquet avec la dernière génération de la Classe E, revue et corrigée en 2010. À telle enseigne que l'Annuel consacre deux pages uniquement au coupé. Le constructeur allemand y va pour la variété : berline, coupé, familiale, décapotable, pourquoi pas une Camino ? Du reste, Mercedes-Benz doit rivaliser avec Audi et son A5/S5 qui semble plaire davantage aux acheteurs. On doit débourser 10 000 $ de plus pour se procurer la Classe E qui profite d'un empattement quasi identique. Voilà un argument qui peut en convaincre plusieurs.

CARROSSERIE Quelle élégance ! Le coupé Classe E affiche une prestance hors du commun. Ses lignes sont classiques et modernes à la fois, ce qui rehausse encore davantage sa beauté et tout le prestige qui s'en dégage. Si vous choisissez le cabriolet, il faut vivre avec une capote qui détonne avec le reste de la carcasse, mais on obtient, en échange, le loisir et la liberté d'une conduite en plein air.

HABITACLE L'intérieur d'une Classe E n'est pas aussi ergonomique que celui d'une Audi, ni aussi prestigieux et avancé que celui d'une Classe S. En revanche, vous profitez de la solidité, de matériaux de qualité et de la finition irréprochable de l'ingénierie allemande. Vous apprécierez les sièges ergonomiques aux multiples réglages. Le conducteur y trouvera une position idéale pour son confort. Pour la livrée décapotable, le génie allemand poursuit son innovation en proposant deux dispositifs qui pourront éventuellement allonger les saisons clémentes : l'AIRCAP et l'AIRSCARF. Dans le premier cas, une palette sert de prolongement au pare-brise et vise, évidemment, à réduire la circulation d'air dans l'habitacle. Le second vous souffle de l'air chaud dans le cou. Pas beau ça ? Du reste, pour le coupé comme pour la décapotable, luxe et confort sont les deux mots d'ordre ! Il y a de la place pour

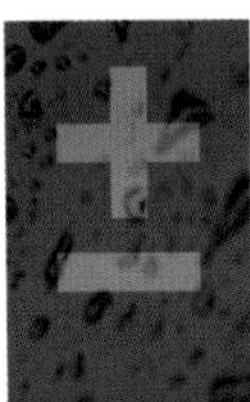

FORCES Lignes sublimes • Confort princier • Prestige assuré • Version décapotable sublime

FAIBLESSES Soif de carburant • Prix • Poids • Pas de 4MATIC

quatre personnes, quatre adultes de surcroît. Les places arrière offrent un espace restreint pour les jambes. Les personnes de grande taille devront se montrer souples.

MÉCANIQUE Deux moteurs vous sont offerts: le V6 de 3,5 litres et le V8 de 4,7 litres. C'est 302 ou 402 chevaux. Mais il n'y a pas que la puissance admissible qui influe sur le comportement de la voiture. Ce majestueux V8 produit une sonorité délirante et se distingue par sa douceur et par son onctuosité. En revanche, sachez que, dans le cas d'une E 550 décapotable, la voiture atteint un poids de 1 920 kilos ! Si la consommation de carburant ne vous effraie pas et ne vous cause pas de remords, le V8 vous procurera davantage de plaisir au volant que le V6. Il est plus doux, plus puissant, plus rond et plus souple. Peu importe le bloc choisi, la boîte de vitesses automatique à 7 rapports sera d'office.

COMPORTEMENT Si le coupé convient moins bien à la famille que la berline, son comportement routier ne sera pas plus sportif pour autant. La Classe E, peu importe la livrée, se veut une voiture de grand tourisme. Le but consiste à assurer le confort et la sécurité des occupants, ce que la voiture fait très bien. Cela ne signifie pas non plus que le conducteur n'éprouve aucun plaisir au volant ! Bien au contraire, conduire une Classe E est une expérience heureuse, et l'on se considère fort privilégié de s'asseoir derrière le volant d'une voiture aussi remarquable. Ce modèle coupé ne profite malheureusement pas de la même rigidité que la berline. Le virage prononcé nous le fait comprendre assez rapidement.

CONCLUSION Il n'existe pas de rivales procurant autant de luxe et de prestige dans cette catégorie. En revanche, l'acheteur à la recherche de sensations de conduite et d'un comportement routier plus incisif sera tenté d'aller regarder chez Audi. Pour le même prix, une S5 fera sourire davantage le conducteur qui désire s'éclater au volant. L'aristocrate des temps modernes, lui, optera pour une E 550 assurément élégante, digne représentante de la marque !

2e OPINION

« La Classe E a beau être la Mercedes-Benz coincée au milieu d'une vaste famille, elle arrive à se distinguer puisque sa popularité ne se dément pas. Bon format, bon équipement et bonne conduite totalisent une somme qui surpasse la moyenne. Récemment redessinés, le coupé et le cabrio ont la chance d'exhiber des lignes encore plus athlétiques. La motorisation sera plus complète avec l'arrivée du BLUETEC et d'AMG. Le confort traite les occupants aux petits oignons, particulièrement la décapotable dont les innovations (AIRSCARF et AIRCAP) prolongent le plaisir malgré les saisons. L'accès à l'arrière du coupé est ardu, et la banquette du cabrio suffit tout juste. Le prix, lui, n'est pas moyen et empire au gré des trop nombreuses options. Mais on obtient en retour l'une des Benz les plus accomplies en 125 ans d'histoire. »
— Michel Crépault

FICHE TECHNIQUE

MOTEURS

(350) V6 3,5 L DACT, 302 ch à 6500 tr/min
COUPLE 273 lb-pi de 3500 à 5250 tr/min
BOÎTE DE VITESSES automatique à 7 rapports avec mode manuel
0-100 KM/H coupé 6,2 s **cabrio.** 6,4 s
VITESSE MAXIMALE 210 km/h (bridée)

(550) V8 4,7 L biturbo DACT, 402 ch de 5000 à 5750 tr/min
COUPLE 443 lb-pi de 1600 à 4750 tr/min
BOÎTE DE VITESSES automatique à 7 rapports avec mode manuel
0-100 KM/H coupé 5,1 s **cabrio.** 5,2 s
VITESSE MAXIMALE 210 km/h (bridée)
CONSOMMATION (100 KM) 10,8 L
ÉMISSIONS DE CO_2 5080 kg/an
LITRES PAR ANNÉE 2080 $
COÛT PAR AN 2912 $

AUTRES COMPOSANTS

SÉCURITÉ ACTIVE freins ABS, assistance au freinage, répartition électronique de la force de freinage, contrôle de la stabilité électronique, antipatinage
SUSPENSION AVANT/ARRIÈRE indépendante
FREINS AVANT/ARRIÈRE disques
DIRECTION à crémaillère, assistée
PNEUS P235/40R18 (av.), P255/35R18 (arr.)

DIMENSIONS

EMPATTEMENT 2760 mm
LONGUEUR 4698 mm
LARGEUR (SANS LES RÉTROVISEURS) **coupé** 1869 mm **cabrio.** 1841 mm
HAUTEUR 350 coupé 1397 mm **550 coupé** 1398 mm **cabrio.** 1402 mm
POIDS 350 1660 kg **550** 1795 kg **350 cabrio.** 1785 kg **550 cabrio.** 1920 kg
DIAMÈTRE DE BRAQUAGE 350 coupé 10,95 m **550 coupé** 11,2 m **cabrio.** 11 m
COFFRE 450 L **cabrio. 300,** 390 L (toit en place)
RÉSERVOIR DE CARBURANT 66 L

MENTIONS

RECOMMANDÉ

VERDICT

Plaisir au volant
Qualité de finition
Consommation
Rapport qualité / prix
Valeur de revente

114 400 $ t&p 1995 $

LA COTE VERTE MOTEUR V8 DE 5,5 L source : ÉnerGuide
CONSOMMATION (100 KM) 16,3 L • **ÉMISSIONS POLLUANTES CO_2** 7590 kg/an • **INDICE D'OCTANE** 91
COÛT DU CARBURANT MOYEN PAR ANNÉE 4620 $ • **NOMBRE DE LITRES PAR ANNÉE** 3300

FICHE D'IDENTITÉ

VERSIONS G550
ROUES motrices 4
PORTIÈRES 5 **NOMBRE DE PASSAGERS** 5
PREMIÈRE GÉNÉRATION 1979
GÉNÉRATION ACTUELLE 2002
CONSTRUCTION Graz, Autriche
COUSSINS GONFLABLES 6 (frontaux, latéraux avant, rideaux latéraux)
CONCURRENCE Land Rover Range Rover

AU QUOTIDIEN

PRIME D'ASSURANCE
25 ANS : 4000 à 4300 $
40 ANS : 2500 à 2700 $
60 ANS : 1800 à 2000 $
COLLISION FRONTALE 5/5
COLLISION LATÉRALE 5/5
VENTES DU MODÈLE DE L'AN DERNIER (combinée avec le GL) **AU QUÉBEC** 217 **AU CANADA** 1437
DÉPRÉCIATION 31,9 %
RAPPELS (2005 à 2010) aucun à ce jour
COTE DE FIABILITÉ nm

GARANTIES... ET PLUS

GARANTIE GÉNÉRALE 4 ans/80 000 km
GARANTIE MOTOPROPULSEUR 4 ans/80 000 km
PERFORATION 5 ans/kilométrage illimité
ASSISTANCE ROUTIÈRE 4 ans/kilométrage illimité
NOMBRE DE CONCESSIONNAIRES AU QUÉBEC 12 **AU CANADA** 53

NOUVEAUTÉS EN 2012

Livrée G55 AMG en sursis avant son retour pour 2013

DINOSAURE HAUTE TECH

Benoit Charette

Il n'existe pas de meilleure façon de se sortir d'une situation précaire. Avec sa gamme courte, trois différentiels autobloquants et des traverses de chemins de fer en guise de support de châssis, il n'y a qu'un Jeep ou un Range Rover qui peut prétendre loger à la même adresse. Immuable depuis son arrivée sur la route en 1979, le Classe G a survécu à toutes les modes, à tous les mouvements écologistes et s'est enrichi de la plus récente quincaillerie de haute technologie. La preuve que même les dinosaures peuvent être remis à neuf.

CARROSSERIE Nissan n'a rien inventé avec le Cube. Le Classe G est le Cube d'origine. Ses formes sont pratiquement demeurées les mêmes au fil des générations. Son profil de réfrigérateur roulant a sans doute le plus fort taux de pénétration dans l'air de l'industrie de l'automobile. Inutile d'ajouter que ses origines sont militaires, un seul regard suffit à le deviner. Son image rétro est là depuis si longtemps que Mercedes-Benz n'a pas eu besoin de refaire une image d'un nouveau modèle à l'image de l'original. L'original a survécu et est redevenu au goût du jour.

HABITACLE À l'intérieur, c'est le choc de deux époques. D'un côté, on note une pléthore de gadgets haut de gamme dignes des grandes berlines S. Le centre de contrôle de l'information Comand, qui comprend un changeur de 6 CD, la navigation par disque dur, la connectivité Bluetooth, les commandes vocales... et tout le reste. De l'autre côté, l'ergonomie est totalement dépassée. Lève-vitres au sommet des portières, commandes de la radio trop basses, vision arrière nulle et aménagement particulier. L'insonorisation est digne des produits Mercedes-Benz, et les sièges, aussi confortables que ceux d'une Classe S.

MÉCANIQUE Cette année marque le départ de la version AMG. Cette bête qui se transformait en ogive dès que le pied droit enfonçait l'accélérateur était de plus en plus difficile à justifier avec le prix carburant qu'on connaît et une consommation qui ne baissait jamais sous la barre des

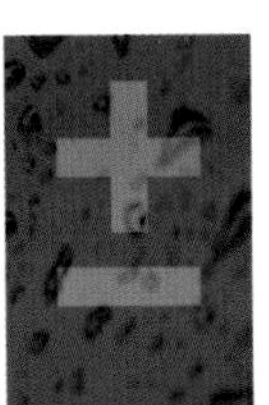

FORCES Capacités hors route surréalistes
Beaucoup d'espace pour passagers et bagages • Excellent confort

FAIBLESSES Aussi lourd qu'un char d'assaut • Ergonomie dépassée
Consommation élevée • Direction lourde

20 litres aux 100 kilomètres. Seul le vieux V8 de 5,5 litres de 382 chevaux demeure au programme. Ainsi motorisé, le Classe G s'affranchit du 0 à 100 km/h en seulement 6,1 secondes ! Il est dommage que le moteur V6 Diesel ne soit pas offert chez nous. Je suis convaincu que cela aiderait les chiffres de ventes.

COMPORTEMENT Il est un endroit où le passage du temps a laissé des cicatrices, et c'est derrière le volant. Le comportement sur le bitume est handicapé par une sensation de lourdeur dans la direction. On ne parle pas d'agilité, sous aucune forme. En revanche, la tenue de route est sûre, grâce à la transmission intégrale permanente. Le roulis est important en raison de la hauteur du centre de gravité, des essieux rigides et de la suspension au fort débattement. C'est au moment de quitter les routes pavées que le Classe G brille. Son équipement de série comprend trois dispositifs de verrouillage des différentiels à 100 %, qui peuvent être activés sur simple pression d'un bouton placé dans la console centrale. La transmission dispose d'un boîtier de transfert à rapports courts. Ses capacités de franchissement sont tout simplement ahurissantes.

CONCLUSION Difficile de justifier la présence d'un tel véhicule dans le paysage automobile moderne. Sa zone de confort se situe précisément là où plus personne ne s'aventure. Il est sans doute le meilleur franchiseur de la planète, mais personne n'exploitera jamais ce que ce véhicule peut faire, et c'est dommage car l'expérience vaut le détour. Une chose est certaine, toutefois, si un jour l'idée me vient de faire le tour du monde, c'est à coup sûr le véhicule que je vais choisir. Car sur la surface de la planète, seulement un faible pourcentage des routes sont pavées.

2e OPINION

« On n'en voit guère, mais quand on en croise un, on le remarque. Voilà au moins deux des raisons qui motivent ceux qui ont plus de 100 000 $ à flamber sur un utilitaire unique. Imaginez un Honda Element revu par l'équipe de tournage des films Transformers *et vous avez une idée de l'allure de carnassier du G. Il vient en plus en version AMG ! Prions que son proprio ne soit jamais victime de la rage au volant; il détruirait tout sur son passage ! Le* Gelaendewagen *(ce qui veut dire un tout-terrain, certes, mais fait fort en plus) a le culot d'exhiber l'intérieur d'une Classe S, il se manipule gauchement en ville et il boit comme un trou. Il est aussi bourré d'aides électroniques, mais pourrait s'en passer : on fonce dans le tas, et tant pis pour l'autre ! » — Antoine Joubert*

FICHE TECHNIQUE

MOTEUR

V8 5,5 L DACT, 382 ch à 6000 tr/min
COUPLE 391 lb-pi de 2800 à 4800 tr/min
BOÎTE DE VITESSES automatique à 7 rapports avec mode manuel
0-100 KM/H 6,1 s
VITESSE MAXIMALE 190 km/h (bridée)

AUTRES COMPOSANTS

SÉCURITÉ ACTIVE freins ABS, assistance au freinage, répartition électronique de la force de freinage, contrôle de la stabilité électronique, antipatinage
SUSPENSION AVANT/ARRIÈRE ponts rigides
FREINS avant/arrière disques
DIRECTION à billes, assistée
PNEUS P265/60R18

DIMENSIONS

EMPATTEMENT 2850 mm
LONGUEUR 4662 mm
LARGEUR (excluant les rétroviseurs) 1760 mm
HAUTEUR 1931 mm
POIDS 2500 kg
DIAMÈTRE DE BRAQUAGE 13,3 m
COFFRE 480 L, 2250 L (sièges abaissés)
RÉSERVOIR DE CARBURANT 96 L
CAPACITÉ DE REMORQUAGE 2850 kg

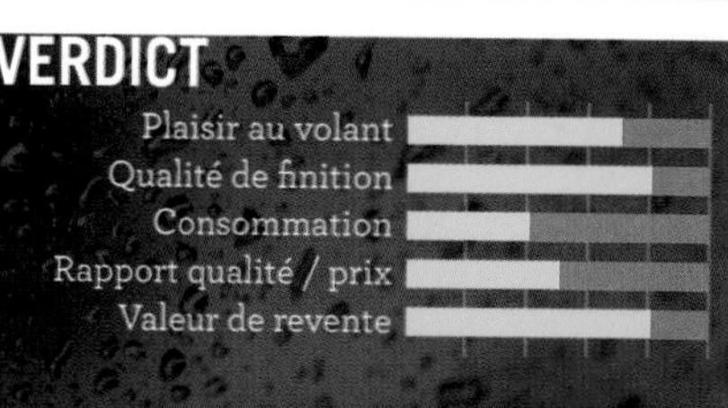

www.mercedes-benz.ca

$ 70 500 $ À 88 900 $ t&p 1995 $

LA COTE VERTE MOTEUR V6 DE 3,0 L TURBODIESEL source : ÉnerGuide

CONSOMMATION (100 KM) 10,6 L • **ÉMISSIONS POLLUANTES CO_2** 5832 kg/an • **INDICE D'OCTANE** diesel

COÛT DU CARBURANT MOYEN PAR ANNÉE 2549 $ • **NOMBRE DE LITRES PAR ANNÉE** 2160

FICHE D'IDENTITÉ

VERSIONS GL 350 BlueTEC, GL 550
ROUES MOTRICES 4
PORTIÈRES 5 **NOMBRE DE PASSAGERS** 7
PREMIÈRE GÉNÉRATION 2007
GÉNÉRATION ACTUELLE 2007
CONSTRUCTION Vance, Alabama, É.-U.
COUSSINS GONFLABLES 8 (frontaux, latéraux avant et arrière, rideaux latéraux)
CONCURRENCE Cadillac Escalade, Infiniti QX56, Lexus GX/LX, Lincoln Navigator, Land Rover Range Rover

AU QUOTIDIEN

PRIME D'ASSURANCE
25 ANS : 3800 à 4000 $
40 ANS : 2300 à 2500 $
60 ANS : 1900 à 2100 $
COLLISION FRONTALE 5/5
COLLISION LATÉRALE 5/5
VENTES DU MODÈLE DE L'AN DERNIER
AU QUÉBEC 217 (incluant Classe G)
AU CANADA 1437 (incluant Classe G)
DÉPRÉCIATION 41,4 %
RAPPELS (2006 à 2011) 5
COTE DE FIABILITÉ 3/5

GARANTIES... ET PLUS

GARANTIE GÉNÉRALE 4 ans/80 000 km
GARANTIE MOTOPROPULSEUR 4 ans/80 000 km
PERFORATION 5 ans/kilométrage illimité
ASSISTANCE ROUTIÈRE 4 ans/kilométrage illimité
NOMBRE DE CONCESSIONNAIRES
AU QUÉBEC 12 **AU CANADA** 53

NOUVEAUTÉS EN 2012

Abandon de la version GL 450

UNE BÊTE **CIVILISÉE**

Benoit Charette

Les gros utilitaires sont, en général, un peu rustauds et, surtout, la cible préférée des écolos. Mercedes-Benz a réussi un petit tour de magie technologique en offrant non seulement des motorisations très propres mais une option Diesel qui vous donnera un rendement de voiture intermédiaire avec tout juste 10 litres aux 100 kilomètres de moyenne. Voilà une belle manière d'éliminer les préjugés.

CARROSSERIE Un véhicule de 2,5 tonnes qui peut accueillir 7 occupants ne peut pas être discret. Mais tout étant relatif, disons que, face aux utilitaires américains qui affichent ouvertement leur embonpoint, l'allemand de Mercedes-Benz se fait plus subtil. Par contre, il sera difficile de passer outre le fait que c'est un produit Mercedes-Benz considérant la grosseur du logo de la marque sur la calandre. Quelques coups de crayons bien sentis camouflent certaines rondeurs inhérentes à un véhicule de cette taille. Il est gros, mais il se soigne, ce qui n'est pas le cas de tous, mais il est vrai que bien des gens aiment les gros.

HABITABLE On réalise le format du véhicule quand vient le moment de prendre place à bord. Avis aux personnes de petite taille, vous devrez faire un peu d'escalade pour vous hisser à bord. Une fois installé, on découvre un espace caverneux. Comme tous les produits de la marque, l'ambiance est assez sérieuse, certains diront même un peu austère. Pour faire plus joli et moins sombre, nous vous suggérons d'opter pour la finition beige qui jette une lumière très différente sur le décor. Peu importe votre gabarit, il y a de la place, beaucoup de place.

Contrairement à bien des utilitaires qui offrent des assises de fortune à la banquette de 3e rangée, sept adultes peuvent prendre place confortablement à bord, ceux de la rangée arrière devront toutefois faire un peu de contorsion pour se rendre aux sièges. Le poste de pilotage est typiquement Mercedes-Benz. La position de conduite dominante (pas surprenant), mais les multiples réglages permettent malgré

FORCES Confort royal • Habitabilité • Capacités en tout-terrain
7 places utilisables • Moteur Diesel

FAIBLESSES Stature et poids imposants • Prix salé
Listes très longues et très coûteuses d'options
Système command assez compliqué

tout de s'y sentir à l'aise ! L'ergonomie est bonne, et tout le bazar technologique présents sur les grandes berlines se retrouvent aussi dans la GL.

MÉCANIQUE Avec une telle bête, le seul choix logique est la mécanique Diesel. Mercedes-Benz a d'ailleurs retiré du catalogue le V8 de 4,7 litres pour ne conserver que le V8 de 5,5 litres comme alternative au moteur Diesel. Contrairement aux autres membres de la famille qui profitent pour 2012 de nouvelles motorisations Diesel et à essence, le GL a conservé les « vieilles » mécaniques. Le V6 Diesel bénéficie de 210 chevaux et d'une boîte de vitesses automatique à 7 rapports. Si ce moteur est le moins puissant offert, son couple de 400 livres-pieds vous fera vite oublier la puissance un peu modeste. Pour ceux qui ne peuvent se passer d'un V8, le 550 vous fera sourire avec ses 382 chevaux. C'est au moment de faire le plein qui vous changerez de ton.

COMPORTEMENT Inutile de vous dire que le GL n'est pas dans son élément en ville, il préfère de loin les autoroutes. Son confort, impérial peu importe où vous prenez place, dévoile une aptitude de grand voyageur absolument fantastique, avalant les kilomètres en souplesse et berçant les occupants comme un hamac sous un grand chêne par un beau dimanche d'été. Même avec le V8 sous le capot, on ne peut pas parler de performances avec le GL. La suspension pneumatique fera des merveilles pour contenir le poids du véhicule et lui donner une certaine légèreté en conduite, mais il ne faut oublier que vous êtes au volant de 2,5 tonnes d'acier. Si vous respectez la monture avec une conduite coulée, ça passe assez bien. Là où le véhicule brille, outre les grandes bandes d'autoroutes, c'est quand la route devient inhospitalière. Capable de grimper aux arbres, le GL absorbe, digère et avale toutes les imperfections de la route et peut traverser un chemin de bûcheron dans un confort somptueux ! Les deux versions peuvent aussi très bien remorquer bateaux, roulottes et autres objets de loisir très lourds.

CONCLUSION Pour ceux qui ont besoin d'espace et qui veulent se déplacer avec classe, il vous sera très difficile de trouver mieux. C'est le plus grand des utilitaires allemand et le seul qui peut véritablement offrir de l'espace pour 7 personnes.

2e OPINION

« Vous êtes une famille de quatre ou de cinq personnes avec des revenus nettement au-dessus de la moyenne? Vous remorquez un bateau sur une base régulière, et votre maison de campagne est au fond d'une route plutôt mal entretenue 12 mois par année? Vous êtes le profil type d'acheteur pour la Mercedes GL. Cet utilitaire hors-norme est offert avec une motorisation Diesel qui éliminera votre sentiment de culpabilité au moment de passer à la pompe. Lors de notre dernier essai l'an dernier, nous avons terminé notre semaine avec moins de 10 litres aux 100 kilomètres de moyenne. Pour tous ceux qui veulent le confort des grandes berlines de Stuttgart avec un esprit aventurier en prime, vous êtes à la bonne adresse. » — Michel Crépault

FICHE TECHNIQUE

MOTEURS

(350 BLUETEC) V6 3,0 L turbodiesel DACT, 210 ch à 3400 tr/min
COUPLE 400 lb-pi de 1600 à 3400 tr/min
BOÎTE DE VITESSES automatique à 7 rapports avec mode manuel
0-100 KM/H 9,6 s
VITESSE MAXIMALE 210 km/h (limitée)

(550) V8 5,5 L DACT, 382 ch à 6000 tr/min
COUPLE 391 lb-pi de 2800 à 4800 tr/min
BOÎTE DE VITESSES automatique à 7 rapports avec mode manuel
0-100 KM/H 6,5 s
VITESSE MAXIMALE 210 km/h (limitée
CONSOMMATION (100 KM) 14,5 L (octane 91)
ÉMISSIONS DE CO_2 6808 kg/an
LITRES PAR ANNÉE 2960 L
COÛT PAR AN 3907 $

AUTRES COMPOSANTS

SÉCURITÉ ACTIVE freins ABS, assistance au freinage, répartition électronique de force de freinage, contrôle de stabilité électronique, antipatinage
SUSPENSION AVANT/ARRIÈRE indépendante
FREINS AVANT/ARRIÈRE disques
DIRECTION à crémaillère, assistée
PNEUS P275/50R20, **option GL 350/ de série GL 550** P295/40R21

DIMENSIONS

EMPATTEMENT 3075 mm
LONGUEUR 5099 mm
LARGEUR 2124 mm
HAUTEUR 1840 mm
POIDS GL 350 2545 kg, **GL 550** 2480 kg
DIAMÈTRE DE BRAQUAGE 12,1 m
COFFRE 200 L (derrière 3e rangée), 1240 L (derrière 2e rangée), 2300 L (sièges abaissés)
RÉSERVOIR DE CARBURANT 100 L
CAPACITÉ DE REMORQUAGE 3402 kg

MENTIONS

RECOMMANDÉ

VERDICT

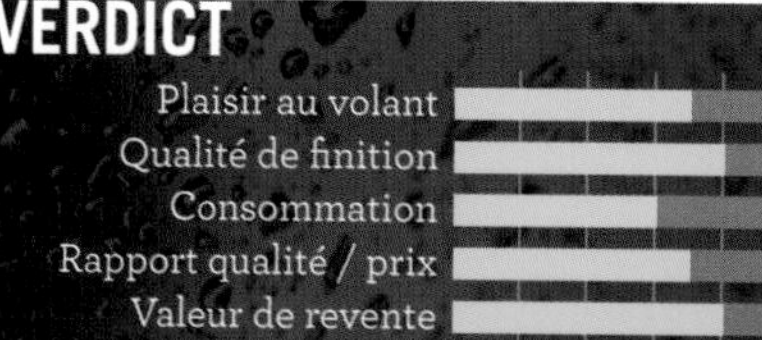

$ 41 300 $ à 43 500 $ t&p 1995 $

LA COTE VERTE MOTEUR V6 DE 3,5 L source : ÉnerGuide

CONSOMMATION (100 KM) 11,2 L • **ÉMISSIONS POLLUANTES CO_2** 5198 kg/an • **INDICE D'OCTANE** 91
COÛT DU CARBURANT MOYEN PAR ANNÉE 3164 $ • **NOMBRE DE LITRES PAR ANNÉE** 2260

FICHE D'IDENTITÉ

VERSIONS GLK 350, GLK 350 4MATIC
ROUES MOTRICES arrière, 4
PORTIÈRES 5 **NOMBRE DE PASSAGERS** 5
PREMIÈRE GÉNÉRATION 2010
GÉNÉRATION ACTUELLE 2010
CONSTRUCTION Bremen, Allemagne
COUSSINS GONFLABLES 7 (frontaux, latéraux avant, genoux conducteur, rideaux latéraux)
CONCURRENCE Acura RDX, Audi Q5,BMW X3, Infiniti EX35, Volvo XC60

AU QUOTIDIEN

PRIME D'ASSURANCE
25 ANS : 1700 $ à 1900 $
40 ANS : 1400 $ à 1600 $
60 ANS : 1100 $ à 1300 $
COLLISION FRONTALE 5/5
COLLISION LATÉRALE 5/5
VENTES DU MODÈLE DE L'AN DERNIER
AU QUÉBEC 1364 **AU CANADA** 5852
DÉPRÉCIATION (1 an) 17 %
RAPPELS (2006 à 2011) aucun à ce jour
COTE DE FIABILITÉ nd

GARANTIES... ET PLUS

GARANTIE GÉNÉRALE 4 ans/80 000 km
GARANTIE MOTOPROPULSEUR 4 ans/80 000 km
PERFORATION 5 ans/kilométrage illimité
ASSISTANCE ROUTIÈRE 4 ans/kilométrage illimité
NOMBRE DE CONCESSIONNAIRES
AU QUÉBEC 12 **AU CANADA** 53

NOUVEAUTÉS EN 2012

Ensemble AMG désormais de série, nouvelles couleurs, système interface dans la console centrale

HÉGÉMONISME 101

Daniel Rufiange

Son design ne fait pas l'unanimité, mais, à consulter les chiffres de ventes du petit utilitaire musclé de Mercedes-Benz, on croirait le contraire. Avec plus de 1300 exemplaires vendus au Québec l'an dernier, il occupe le deuxième rang en importance dans l'éventail du constructeur. Celui qui en sera à son quatrième tour d'honneur chez nous revient avec la même allure pour 2012, comme quoi il ne faut pas modifier inopinément une bonne recette.

CARROSSERIE Le GLK partage sa plateforme avec la Classe C, le modèle le plus populaire de Mercedes-Benz. Cependant, on a droit à deux expériences très différentes. Si la voiture propose des lignes tout en fluidité, l'utilitaire, lui, se caractérise grâce à ses traits tranchés, son allure m'as-tu-vu et son petit côté rebelle. Il est offert en deux versions, l'une à traction, l'autre à transmission intégrale 4MATIC, et il est possible de ragaillardir son allure au moyen d'un ensemble sport AMG proposé moyennant un léger (!) supplément. On ne devrait pas avoir à vous prévenir du coût de remplacement des pneus de 20 pouces. En contrepartie, ces derniers donnent très bonne mine au GLK, il faut l'avouer.

HABITACLE Mercedes-Benz fait partie d'un groupe sélect de constructeurs dont on connaît d'emblée la qualité des habitacles, toujours au poil. En termes visuels, il faut aimer la signature du fabricant qu'on pourrait résumer comme un mélange de modernisme (ex.: cadrans et console centrale) et de tradition (ex.: boiseries et palette de couleurs). Les sièges, pour un, offrent un excellent confort, une preuve latente qu'ils ont été dessinés avec soin. On apprécie toujours leurs commandes situées dans le panneau de la portière; fini les manœuvres débilitantes du bras gauche pour rejoindre les commandes du siège, une fois la portière fermée.

À l'arrière, le confort est aussi notable, mais l'espace déplaira aux plus grands qui devront faire un Z avec leurs jambes. En matière d'espace de rangement, malgré une banquette arrière rabattable 60/40, rappelons simplement que le GLK est un utili-

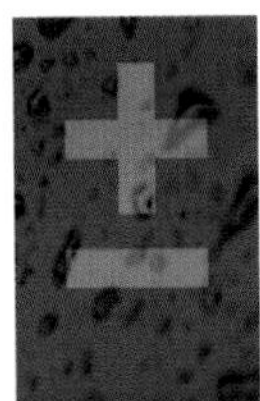

FORCES Design tranché • Conduite rassurante • Confort
Image de prestige • Qualité de construction

FAIBLESSES Fiabilité? • Absence du moteur Diesel • Dégagement arrière
Volume de rangement restreint

taire COMPACT. Compris? Enfin, je mets un gros bémol: en configuration de base, le GLK fournit le nécessaire. Par contre, ceux qui rêvent déjà d'un GLK équipé de toutes les nouveautés et les babioles qui le rendent irrésistible découvriront des ensembles d'options ruineux.

MÉCANIQUE Depuis l'arrivée du GLK sur le marché, une seule mécanique est utilisée pour le mouvoir, le V6 de 3,5 litres de 268 chevaux. Sans surprise, ce V6 a été emprunté à la Classe C. Si ce moteur se montre vigoureux et rend les performances intéressantes, les arrêts à la pompe sont un peu trop fréquents. Un essai combiné ville/route s'est soldé par une moyenne de 11,5 litres aux 100 Kilomètres. Ce qui était acceptable il y a cinq ans ne l'est plus. Il est grand temps de doter le GLK d'une motorisation plus frugale.

COMPORTEMENT C'est l'équilibre qui définit le mieux le comportement routier du petit panzer allemand. Le GLK n'est pas le champion du confort dans sa catégorie ni ne peut zyeuter la palme de la sportivité. En contrepartie, il fait tout bien, et c'est ce qu'on apprécie au volant. Surtout, c'est sa solidité qui rassure; malgré sa petitesse relative, on sent qu'on pourrait traverser le fleuve Saint-Laurent à son bord, ce qui pourrait se révéler nécessaire d'ici peu

Blague à part, le plaisir croît avec l'usage dans le cas du GLK. Son comportement plaira autant à monsieur qu'à madame. Oui, le GLK séduit, et Adam et Ève.

CONCLUSION Dans son segment, le GLK compte sur des rivaux intéressants, notamment l'Audi Q5. Une version hybride de ce dernier vient d'être lancée en Europe et trouvera son chemin chez nous d'ici un an. Pour demeurer dans le coup, Mercedes-Benz n'aura pas le choix d'introduire un moteur Diesel sous le capot de son GLK. Pariez sur le nouveau 4-cylindres de 2 litres à injection directe de carburant qui figure déjà au catalogue de la nouvelle Classe M européenne et de notre Classe C 2012. Une histoire à suivre.

2e OPINION

« Dès que les Québécois l'ont vu, ils l'ont adopté ! Le GLK propose ce format compact qui fait si souvent notre affaire. Il est le croisement, en fait, de la berline Classe C avec la science des utilitaires que Benz maîtrise depuis l'avènement des ML, GL et G. De ce trio de VUS, le GLK a conservé d'abord une solidité absolument rassurante au volant mais enrobée dans un manteau sculpté au burin. Le tableau de bord est aussi celui de la berline. On fronce un peu les sourcils par rapport à l'espace compté dans la soute à bagages et à la banquette arrière, alors que celle-ci est déjà ratoureuse en raison de ses portières étroites. Mais l'allure, la finition exemplaire, le V6 (encore de la C) collaborateur nous enthousiasment. Ne manque que le diesel... » — Michel Crépault

FICHE TECHNIQUE

MOTEUR

V6 3,5 L DACT, 268 ch à 6000 tr/min
COUPLE 258 lb-pi à 2400 tr/min
BOÎTE DE VITESSES automatique à 7 rapports avec mode manuel
0-100 KM/H 2RM 6,5 s 4RM 6,7 s
VITESSE MAXIMALE 210 km/h (limitée)

AUTRES COMPOSANTS

SÉCURITÉ ACTIVE freins ABS, assistance au freinage, répartition électronique de force de freinage, contrôle de stabilité électronique, antipatinage
SUSPENSION AVANT/ARRIÈRE indépendante
FREINS avant/arrière disques
DIRECTION à crémaillère, assistée
PNEUS P235/45R20 option P235/50R19

DIMENSIONS

EMPATTEMENT 2755 mm
LONGUEUR 4525 mm
LARGEUR 2016 mm
HAUTEUR 1699 mm
POIDS 2RM 1830 kg, **4RM** 1940 kg
DIAMÈTRE DE BRAQUAGE 11,5 m
COFFRE 450 L, 1550 L (sièges abaissés)
RÉSERVOIR DE CARBURANT 66 L
CAPACITÉ DE REMORQUAGE 1587 kg

MENTIONS

RECOMMANDÉ

VERDICT

$ 58900$ à 69700$ t&p 1995$

LA COTE VERTE MOTEUR V6 3,0 L TURBODIESEL source : EnerGuide
CONSOMMATION 100 KM 6,8 L • **ÉMISSIONS POLLUANTES** CO_2 3580 kg/an • **INDICE D'OCTANE** diesel
COÛT DU CARBURANT MOYEN PAR ANNÉE 2660$ • **NOMBRE DE LITRES PAR ANNÉE** L

FICHE D'IDENTITÉ

VERSIONS 350 4Matic, 350 BlueTEC
ROUES MOTRICES 4
PORTIÈRES 5 **NOMBRE DE PASSAGERS** 5
PREMIÈRE GÉNÉRATION 1998
GÉNÉRATION ACTUELLE 2012
CONSTRUCTION Tuscaloosa, Alabama, É.-U.
COUSSINS GONFLABLES 10
CONCURRENCE Acura MDX, Audi Q7, BMW X5, Cadillac SRX, Infiniti FX, Land Rover LR4, Lexus RX, Porsche Cayenne, Volkswagen Touareg, Volvo XC90

AU QUOTIDIEN

PRIME D'ASSURANCE
25 ANS : 3300 à 3500$
40 ANS : 2300 à 2500$
60 ANS : 1500 à 1700$
COLLISION FRONTALE ND
COLLISION LATÉRALE ND
VENTES DU MODÈLE DE L'AN DERNIER
AU QUÉBEC 782 **AU CANADA** 3871
DÉPRÉCIATION 41,7%
RAPPELS (2006 à 2011) 8
COTE DE FIABILITÉ ND

GARANTIES... ET PLUS

GARANTIE GÉNÉRALE 4 ans/80 000 km
GARANTIE MOTOPROPULSEUR 4 ans/80 000 km
PERFORATION 5 ans/kilométrage illimité
ASSISTANCE ROUTIÈRE 4 ans/kilométrage illimité
NOMBRE DE CONCESSIONNAIRES
AU QUÉBEC 12 **AU CANADA** 53

NOUVEAUTÉS EN 2012

Nouvelle génération

LA PIONNIÈRE **REPENSÉE**

Daniel Rufiange

Introduite en 1997, la Classe M s'est rapidement imposée comme une figure importante chez Mercedes-Benz. Celle qui a été l'une des pionnières du segment des utilitaires de luxe avait mal amorcé sa carrière, toutefois. Disons poliment que sa qualité générale ne cadrait pas avec les standards de l'entreprise. La deuxième génération, née pour le millésime 2005, est venue corriger les lacunes de la première. Depuis, la Classe M est devenue le deuxième véhicule en importance à travers la planète pour le constructeur. Au Canada, seules les Classe C et GLK la devancent dans le cœur des amateurs. Ça vous donne une idée de l'importance de ce modèle pour la firme de Stuttgart.

Quatre ans de travail ont été nécessaires à sa régénération. Sept millions de kilomètres ont été parcourus en essais privés, et ce, dans les pires conditions climatiques. Mercedes-Benz avait pour défi d'améliorer un produit déjà fort populaire et a pris tous les moyens pour y parvenir.

CARROSSERIE Si la différence de style entre les modèles de première et de deuxième générations est frappante, c'est moins le cas entre le modèle de nouvelle génération et celui qu'il remplace. On nage en terrain connu. Néanmoins, quand on prend le temps de bien observer le design, on remarque que tout a été revu, mais sans que cela altère l'image de cette Classe M. Les phares, pour un, sont plus petits, mais beaucoup mieux intégrés à la carrosserie. La grille style râpe à fromage laisse place à un grillage à lamelles horizontales, signature beaucoup plus traditionnelle. À l'arrière, les feux sont plus profilés et se marient mieux au reste du véhicule.

Sur les flancs, les découpes s'intègrent aussi très bien à l'ensemble. L'immense pilier C, une marque de commerce toute Mercedes-Benz, est toujours aussi présent.

À noter que les versions qui prendront la direction du pays recevront de série l'ensemble esthétique AMG. La partie inférieure de la calandre avant, notamment,

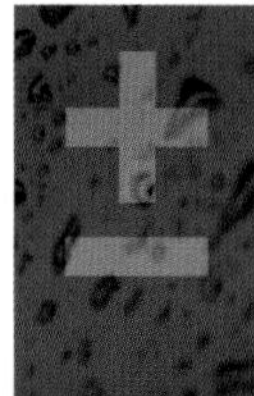

FORCES Travail incroyable de la boîte automatique à 7 rapports • Design conservateur, mais très réussi • Très grande douceur de roulement • Échelle de prix qui demeure sensiblement la même

FAIBLESSES Plusieurs éléments non disponibles avant le printemps prochain : ex : ACTIVE CURVE SYSTEM, ensemble OFF ROAD • Coût des options Direction trop assistée • Freinage qui manque de mordant Moteur à 4 cylindres Diesel de 2 litres réservé à l'Europe

est nettement plus caractérielle, tout comme les jantes de 19 pouces à cinq branches. Enfin, bien qu'il soit offert en option seulement, le toit panoramique devrait se retrouver sur 90 % des Classe M qui seront vendues au Canada, selon la branche canadienne du constructeur.

HABITACLE À l'intérieur, Mercedes-Benz a raffiné son offre en y allant de quelques modifications d'ordre visuel, mais aussi d'ordre fonctionnel. D'abord, c'est à souligner, l'emplacement du levier pour le régulateur de vitesse change sa position avec celle du bras qui sert à activer les clignotants. Un détail, direz-vous? Pas vraiment. Ce changement est le résultat de demandes des consommateurs, demandes dont Mercedes-Benz a pris connaissance grâce aux enquêtes sur la satisfaction de la clientèle menées par la firme J.D. Power et associés.

Pour le reste, la présentation intérieure est soignée, et le degré de confort est digne du logo estampillé au centre du volant. La position de conduite est parfaite et s'ajuste toujours grâce aux contrôles judicieusement positionnés dans le panneau de la portière.

Quand on est bien installé aux commandes, un élément irrite, cependant. Les rétroviseurs offrent une surface miroir qui s'étire à la verticale plutôt qu'à l'horizontale. Ce n'est pas pratique.

Enfin, les consommateurs canadiens ont encore droit à quelques gâteries. Climat oblige, le volant chauffant est de série. Ajoutez aux caractéristiques de série la préparation pour la radio satellite SIRIUS, le bidule pour ouvrir les portes de garage, l'aide au stationnement et les utiles petits commutateurs qui servent à mémoriser la position des sièges. Bref, on se laisse gâter sans dire mot.

MÉCANIQUE Il y aura quatre versions de la Classe M, mais deux seulement lors des premières livrées du véhicule, en octobre prochain. La version ML350 à moteur V6 de 3,5 litres à essence sera la première à se pointer chez les concessionnaires. Elle sera suivie, quelques semaines plus tard, de la version BLUETEC à moteur V6 turbodiesel de 3 litres, elle qui représente 80 % des ventes du modèle au pays. Il faudra attendre le premier trimestre de 2012 pour goûter à la version à moteur V8 ainsi que la variante musclée AMG. À noter que rien d'officiel n'a été annoncé quant au moteur qui équipera cette dernière, mais nos oreilles ont cru comprendre que le V8 de 5,5 litres biturbo développé par le constructeur serait l'heureux élu.

Ce qui est d'intérêt, c'est la consommation de carburant grandement améliorée des mécaniques offertes. La promesse du constructeur, c'est une consommation moyenne de 6,8 litres aux 100 kilomètres pour la version BLUETEC, une amélioration de 24 % par rapport à l'ancienne évolution de ce moteur. Pour ce qui est de la version

HISTORIQUE

Mercedes affirme avoir donné au nouveau Classe M le meilleur profilage aérodynamique de sa catégorie (Cx de 0,32). Pour y arriver, ses designers et ingénieurs ont dû optimiser les formes de la partie avant (qui intègre un déflecteur), du pilier A et du déflecteur de toit à l'arrière. Plusieurs autres détails contribuent à ces bons résultats, comme l'ajout de déflecteurs au niveau des roues avant et de panneaux lisses sous le véhicule. Quant au design de l'habitacle, il mise sur un espace généreux et bien éclairé, de même qu'un aménagement du tableau de bord qui facilite l'utilisation des diverses commandes.

Les designers à l'oeuvre.

Esquisse initial du design.

Esquisse initial du design.

Maquette d'un design rejeté.

Maquette d'un design rejeté.

Maquette du design choisi.

Maquette du design choisi.

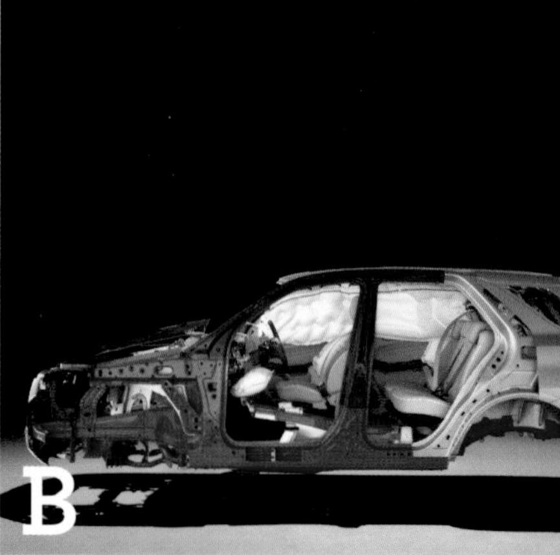

GALERIE

__A__ Le ML350 BlueTEC utilise une nouvelle version du V6 diesel de 3,0 litres, qui tire son efficacité énergétique, entre autres, de l'utilisation du TWAS (Twin-Wire-Arc Spraying). Cette méthode de fabrication, commune aux moteurs d'AMG, consiste à applique un revêtement protecteur sur la surface intérieure des cylindres, ce qui réduit la friction des pistons de façon significative.

__B__ Le Classe M peut avoir jusqu'à neuf sacs gonflables : deux sacs gonflables frontaux pour les occupants des places avant, un sac gonflable pour les genoux du conducteur, des sacs gonflables latéraux pour les places avant et des rideaux gonflables couvrant les côtés du véhicule, du pilier A au pilier C. Des sacs gonflables latéraux pour la banquette arrière figurent parmi les options.

__C__ Pour ceux qui souhaitent conduire le Classe M au-delà du bitume, le ML350 BlueTEC 4MATIC peut être muni d'un équipement adéquat. Cela comprend la transmission intégrale en prise constante 4MATIC, de même qu'un système électronique de contrôle de la traction (ETS), de même qu'un système qui s'actionne à la simple pression d'un bouton pour faire passer la boîte automatique en mode Hors-route.

__D__ L'habitacle spacieux et bien éclairé, grâce à un vitrage généreux, procure plus d'espace à ses occupants que l'ancien modèle. Les occupants des places avant disposent de 34 millimètres de plus en dégagement latéral au niveau des coudes. À l'arrière, les occupants de la banquette ont gagné 25 millimètres de dégagement latéral.

__E__ La banquette arrière dispose d'un dossier à sections asymétriques (60/40) rabattables. Cela permet de moduler le volume utile du coffre de 1 025 à 2 010 litres et, au besoin, de charger des objets longs et encombrants.

à essence, on promet un gain de 10 % en économie de carburant.

Outre ce qui loge sous le capot, c'est la kyrielle de dispositifs de sécurité dont seront dotés les ML qui retient l'attention. Par exemple, les modèles V8 seront les premiers à profiter l'ACTIVE CURVE SYSTEM, un dispositif qui agit sur les suspensions dans les virages négociés trop rapidement. Comptez aussi sur un programme qui intervient pour nous ramener dans le droit chemin si vous avez le malheur de franchir une ligne continue sans mettre votre clignotant. Le bidule applique les freins du côté opposé à la direction qu'on prend par inadvertance. Cela a pour effet de nous ramener sur la voie. Impressionnant.

Enfin, un mode hors route complètement revu sera livré dès les premiers mois de 2012. Ce dernier promet de faire du ML un champion des sentiers hors routes et proposera au conducteur six modes de conduite différents, modes qui pourront être sélectionnés au moyen d'une molette positionnée dans la console centrale.

COMPORTEMENT La conduite de la Classe M se résume en un seul mot : confort. Tout est pensé en fonction de cela. Sur les routes du Montana où nous avons mis le véhicule à l'essai et où les limites de vitesse sont plus permissives que chez nous, il a été étonnant de constater à quel point l'impression de vitesse est inexistante à bord de ce véhicule. À plus de 160 km/h, on a l'impression de filer à 100 km/h. Heureusement, les suspensions sont plus réactives, et, en virage, le roulis est quasi imperceptible. Quant à l'insonorisation, c'est impeccable.

Tout n'est pas parfait, cependant. La direction souffre d'une trop grande assistance à basse vitesse, le freinage requiert beaucoup d'autorité pour être efficace, et, au-delà de 80 km/h, les manœuvres de dépassements nécessitent un calcul savant.

En tout et pour tout et malgré tout, la Classe M se veut améliorée et séduira assurément la clientèle cible que vise Mercedes-Benz.

CONCLUSION En revoyant sa Classe M, Mercedes-Benz n'avait tout simplement pas le droit de rater la cible. Ça explique le conservatisme qu'on observe derrière les changements. Du même élan, c'est ce qui risque d'assurer son succès.

FICHE TECHNIQUE

MOTEURS

(350 BLUETEC) V6 3,0 L turbodiesel DACT, 240 ch à 3600 tr/min
COUPLE 455 lb-pi de 1600 à 2400 tr/min
BOÎTE DE VITESSES automatique à 7 rapports avec mode manuel
0-100 KM/H 7,4 s
VITESSE MAXIMALE 224 km/h (bridée)

(350) V6 3,5 L DACT, 302 ch à 6500 tr/min
COUPLE 273 lb-pi de 3500 à 5250 tr/min
BOÎTE DE VITESSES automatique à 7 rapports avec mode manuel
0-100 KM/H 6,6 s
VITESSE MAXIMALE 210 km/h (bridée)
CONSOMMATION (100 KM) 8,4 L
ÉMISSIONS DE CO_2 2 3560 kg/an
LITRES PAR ANNÉE 2100
COÛT PAR AN 2940 $

AUTRES COMPOSANTS

SÉCURITÉ ACTIVE freins ABS, assistance au freinage,répartition électronique de la force de freinage, contrôle de la stabilité électronique, antipatinage
SUSPENSION AVANT/ARRIÈRE indépendante
FREINS AVANT/ARRIÈRE disques
DIRECTION assistée
PNEUS P255/50R19 **option (avec groupe Sport AMG)** P265/45R20

DIMENSIONS

EMPATTEMENT 2915 mm
LONGUEUR 4804 mm
LARGEUR 1926 mm
HAUTEUR 1796 mm
POIDS 350 BLUETEC 2175 kg **350** 2130 kg
DIAMÈTRE DE BRAQUAGE 11,8 m
COFFRE 690 L, 2010 L (sièges abaissés)
RÉSERVOIR DE CARBURANT 95 L
CAPACITÉ DE REMORQUAGE nd

MENTIONS

RECOMMANDÉ

VERDICT

Plaisir au volant
Qualité de finition
Consommation
Rapport qualité / prix
Valeur de revente

www.mercedes-benz.ca

$ 55 200 $ à 56 700 $ t&p 1995 $

LA COTE VERTE MOTEUR V6 DE 3,0 L TURBO DIESEL source : ÉnerGuide

CONSOMMATION (100 KM) 9,9 L • **ÉMISSIONS POLLUANTES CO_2** 5400 kg/an • **INDICE D'OCTANE** diesel
COÛT DU CARBURANT MOYEN PAR ANNÉE 2360 $ • **NOMBRE DE LITRES PAR ANNÉE** 2000

FICHE D'IDENTITÉ

VERSIONS R 350 4MATIC, R 350 BLUETEC 4MATIC
ROUES MOTRICES 4
PORTIÈRES 5 **NOMBRE DE PASSAGERS** 7
PREMIÈRE GÉNÉRATION 2006
GÉNÉRATION ACTUELLE 2006
CONSTRUCTION Tuscaloosa, Alabama, É.-U.
COUSSINS GONFLABLES 6 (frontaux, latéraux avant, rideaux latéraux)
CONCURRENCE Audi Q7, Buick Enclave, GMC Acadia, Volvo XC90

AU QUOTIDIEN

PRIME D'ASSURANCE
25 ANS : 3000 à 3200 $
40 ANS : 2200 à 2400 $
60 ANS : 1500 à 1700 $
COLLISION FRONTALE 5/5
COLLISION LATÉRALE 5/5
VENTES DU MODÈLE DE L'AN DERNIER
AU QUÉBEC 79 **AU CANADA** 408
DÉPRÉCIATION 49,8 %
RAPPELS (2006 à 2011) 6
COTE DE FIABILITÉ 3/5

GARANTIES... ET PLUS

GARANTIE GÉNÉRALE 4 ans/80 000 km
GARANTIE MOTOPROPULSEUR 4 ans/80 000 km
PERFORATION 5 ans/kilométrage illimité
ASSISTANCE ROUTIÈRE 4 ans/illimité
NOMBRE DE CONCESSIONNAIRES
AU QUÉBEC 12 **AU CANADA** 53

NOUVEAUTÉS EN 2012

Aucun changement majeur

CLIENT RECHERCHÉ

Antoine Joubert

Qu'est-ce que la refonte partielle de la Classe R, effectuée en 2010, a apporté à Mercedes-Benz ? La réponse, c'est 100 clients de plus ! Oui, car un total de 408 exemplaires ont trouvé preneur l'an dernier contre 308 l'année précédente. Naturellement, ce n'est pas avec quelques centaines de véhicules par année qu'on peut parler d'un succès. Voilà donc pourquoi aucun autre constructeur n'a emboîté le pas en proposant un véhicule rival de la Classe R. Oh, en étirant un peu, on pourrait peut-être penser au Lincoln MKT. Mais il faut dire que le succès est, pour lui aussi, une notion inconnue.

CARROSSERIE Si la clientèle se fait rare du côté de la Classe R, c'est en grande partie en raison de son allure un peu trop « taxi mom ». Ce véhicule, qui se veut un croisement entre une fourgonnette et une familiale traditionnelle, n'affiche évidemment pas le muscle d'un VUS comme la Classe M et n'a pas non plus le côté « tendance » du GLK. Cela ne lui empêche pourtant pas d'être très élégant et raffiné, et particulièrement depuis l'an dernier, grâce à la refonte de son museau.

HABITACLE Si plusieurs ne sont nullement charmés par son apparence, ils pourraient assurément l'être en se glissant à bord. Et non, la séduction ne se ferait pas en raison du design exceptionnel du poste de conduite, mais plutôt par cette impression générale qui laisse entendre qu'on voyage en première classe, qu'importe l'endroit où l'on siège à bord. C'est donc en ce sens que la Classe R réussit son mandat, ce qui n'a pas été le cas de la défunte Chrysler Pacifica.

En fait, en plus de proposer une surenchère de luxe, la Classe R offre aux occupants des sièges tellement de confort qu'ils ne veulent tout simplement pas s'en séparer. Même la banquette arrière se révèle exceptionnelle, étant plus confortable que bien des sièges de rangée médiane. Et même si tous les sièges sont occupés et, donc, relevés, il reste encore de l'espace à l'arrière pour accueillir quelques bagages.

Il n'y a hélas rien de parfait en c

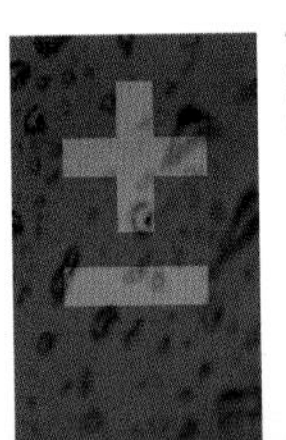

FORCES Luxe et confort incroyables • Moteur Diesel exceptionnel
Qualité de construction exemplaire • Aptitudes routières insoupçonnées
Élégance des lignes

FAIBBLESSES Véhicule très imposant • Grand diamètre de braquage
Complexité de certaines commandes • V6 à essence moins intéressant

propose un rendement franchement plus agréable auquel on ajoute une économie de carburant d'environ 30 à 35 %. Et même si les frais d'entretien sont un tantinet plus élevés, on gagne au change. D'ailleurs, près de 80 % des acheteurs, cette année, ont opté pour le diesel, ce qui en dit long sur la qualité et le rendement de cette motorisation.

bas monde! Ainsi, même si le conducteur apprécie le confort et la position de conduite, il risque néanmoins de se creuser les méninges pour réussir à utiliser chacune des commandes. Le système de téléphonie à mains libres est, par exemple, nullement convivial, et il en va de même du système de navigation.

MÉCANIQUE Dire que, il y a quelques années à peine, on offrait dans ce véhicule un choix de deux V8! On allait même jusqu'à offrir une version AMG de très haute performance et un V8 de 503 chevaux! Mercedes-Benz est revenue à la raison depuis, si bien qu'elle ne propose aujourd'hui qu'un choix de V6, à essence ou Diesel. Ces deux moteurs se marient à une boîte de vitesses automatique à 7 rapports ainsi qu'à la transmission intégrale 4Matic.

De loin, ma recommandation est dirigée vers le moteur Diesel BLUETEC, lequel

COMPORTEMENT Incroyablement stable, agile et très silencieux, ce véhicule très imposant affiche une maniabilité insoupçonnée. Bien sûr, le confort prédomine ici sur la conduite sportive, mais les manœuvres d'urgence comme la conduite en condition hivernale extrême sont un véritable jeu d'enfant. D'ailleurs, la Classe R se veut aussi très sûre grâce à ses technologies mais aussi parce qu'elle est plus agile qu'une majorité de VUS.

CONCLUSIONBesoin d'espace, de luxe et de confort? Si votre budget dépasse celui d'une fourgonnette, et que les VUS vous semblent insipides, la Classe R se veut l'ultime solution. Mais encore une fois, choisissez le diesel. Vous économiserez ainsi à long terme, tout en gagnant au chapitre de la conduite. Et sachez aussi que, lors de la revente, un diesel se vend toujours mieux et à plus haut prix.

2e OPINION

« La Classe R de Mercedes-Benz est la preuve irréfutable que c'est la beauté intérieure qui finit ultimement par séduire. Affublée d'un design auquel on a accolé tous les noms de poissons inimaginables, la Classe R est bien plus qu'une baleine échouée à laquelle on a greffé quatre roues. L'utilitaire novateur de Mercedes-Benz offre de la place pour asseoir confortablement six personnes et de l'espace pour recevoir le sac de golf de chacun. Sa conduite est étonnante d'agilité, surtout si l'on considère que ce mastodonte fait quelque 2 300 kilos. Nul doute, toutefois, que la seule version à prioriser demeure celle équipée du moteur Diesel BLUETEC. Lors de l'essai que j'avais réalisé au volant de cette chose, j'avais maintenu une moyenne tout juste en deçà des 10 litres aux 100 kilomètres. » Daniel Rufiange

FICHE TECHNIQUE

MOTEURS

(R350 BLUETEC) V6 3,0 L turbodiesel DACT, 210 ch à 3400 tr/min
COUPLE 400 lb-pi de 1600 à 2400 tr/min
TRANSMISSION automatique à 7 rapports avec mode manuel
0-100 KM/H 8,9 s
VITESSE MAXIMALE 210 km/h

(R350) V6 3,5 L DACT, 268 ch à 6000 tr/min
COUPLE 258 lb-pi de 2400 à 5000 tr/min
TRANSMISSION automatique à 7 rapports avec mode manuel
0-100 KM/H 8,4 s
VITESSE MAXIMALE 210 km/h
CONSOMMATION (100 KM) 12,5 L (octane 91)
ÉMISSIONS DE CO_2 5796 kg/an
LITRES PAR ANNÉE 2520
COÛT PAR AN 3326 $

AUTRES COMPOSANTS

SÉCURITÉ ACTIVE Freins ABS, assistance au freinage, répartition électronique de force de freinage, contrôle de stabilité électronique, antipatinage
SUSPENSION AVANT/ARRIÈRE indépendante
FREINS AVANT/ARRIÈRE disques
DIRECTION à crémaillère, assistée
PNEUS P255/50R19, option P265/45R20

DIMENSIONS

EMPATTEMENT 3215 mm
LONGUEUR 5157 mm
LARGEUR 2183 mm
HAUTEUR 1675 mm
POIDS R350 2230 kg, R350 BLUETEC 2335 kg
DIAMÈTRE DE BRAQUAGE 12,6 m
COFFRE R320 2385 L (sièges abaissés)
RÉSERVOIR DE CARBURANT 80 L

MENTIONS

RECOMMANDÉ

VERDICT

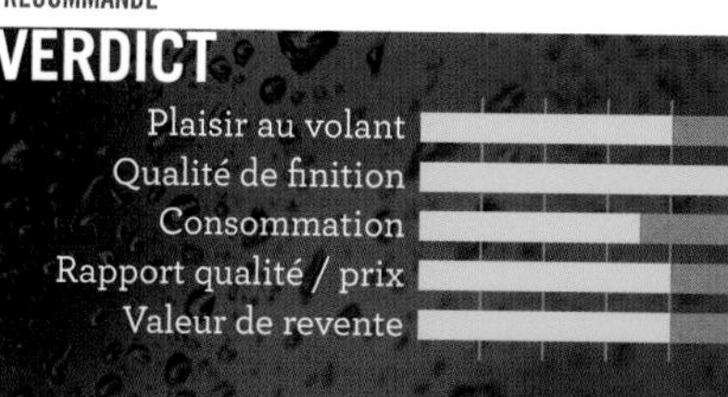

$ 107 800 $ à 236 100 $ t&p 1995$

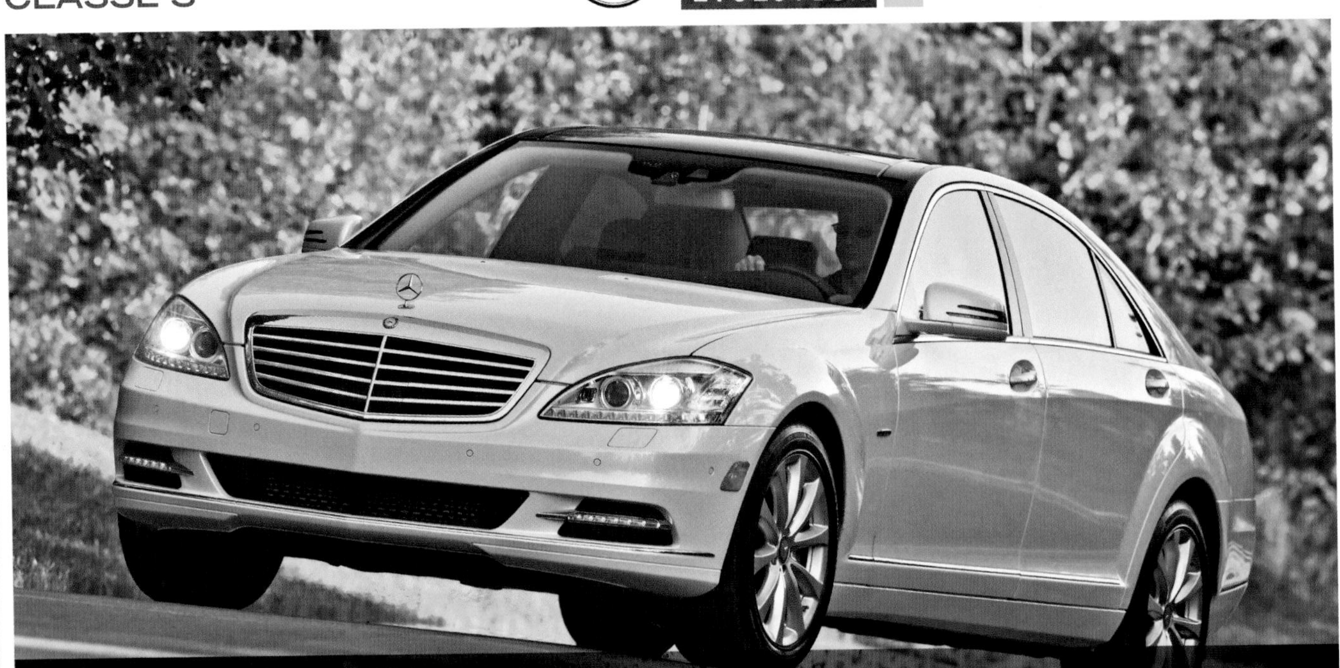

LA COTE VERTE MOTEUR V6 DE 3,5 L HYBRIDE source : ÉnerGuide

CONSOMMATION (100 KM) 9,6 L • **ÉMISSIONS POLLUANTES CO_2** 4462 kg/an • **INDICE D'OCTANE** 91
COÛT DU CARBURANT MOYEN PAR ANNÉE 2561 $ • **NOMBRE DE LITRES PAR ANNÉE** 1940

FICHE D'IDENTITÉ

VERSIONS S350 BlueTEC 4MATIC, S400 hybrid, S550 4MATIC empattement court et long, S600, S63 AMG, S65 AMG
ROUES MOTRICES arrière, 4
PORTIÈRES 4 **NOMBRE DE PASSAGERS** 5
PREMIÈRE GÉNÉRATION 1992 **GÉNÉRATION ACTUELLE** 2006
CONSTRUCTION Sindelfingen, Allemagne
COUSSINS GONFLABLES 8 (frontaux, latéraux avant et arrière, rideaux latéraux)
CONCURRENCE Audi A8, Bentley Flying Spur, BMW Série 7, Jaguar XJ, Lexus LS, Maserati Quattroporte

AU QUOTIDIEN

PRIME D'ASSURANCE
25 ANS : 4100 à 4300 $
40 ANS : 3100 à 3300 $
60 ANS : 2700 à 2900 $
COLLISION FRONTALE 5/5
COLLISION LATÉRALE 5/5
VENTES DU MODÈLE DE L'AN DERNIER
AU QUÉBEC 166 **AU CANADA** 763
DÉPRÉCIATION 48,1 %
RAPPELS (2006 à 2011) 5
COTE DE FIABILITÉ 3/5

GARANTIES... ET PLUS

GARANTIE GÉNÉRALE 4 ans/80 000 km
GARANTIE MOTOPROPULSEUR 4 ans/80 000 km
PERFORATION 5 ans/kilométrage illimité
ASSISTANCE ROUTIÈRE 4 ans/kilométrage illimité
NOMBRE DE CONCESSIONNAIRES
AU QUÉBEC 12 **AU CANADA** 53

NOUVEAUTÉS EN 2012

Nouveaux moteurs pour S550 et S63, arrivée de la version diesel S350 BlueTEC, S550 disponible en empattement court, abandon de la livrée S450, une nouvelle couleur extérieure

DÉMONSTRATION D'INTELLIGENCE ARTIFICIELLE

Michel Crépault

Une Classe S coûte cher. Très cher. Et la concurrence immédiate sait donner des maux de tête à ses dirigeants. Cette situation a l'avantage de clarifier les défis : les limousines S doivent ni plus ni moins personnifier la perfection, et, pour le prix, les clients ont le droit de l'exiger.

CARROSSERIE Très belles lignes. Mélange habile de conservatisme (la calandre étoilée, l'impressionnante longueur) et de modernisme (utilisation de diodes électroluminescentes, croupe sensuelle, jantes sculpturales). Ou l'art de marier l'immensité à la fluidité. J'aime.

HABITACLE Un défi là aussi. En effet, pareille bagnole n'a d'autres choix que d'inclure tous les gadgets imaginables de ce côté-ci de la galaxie. Mais alors, comment présenter tous les boutons sans donner le vertige au propriétaire? Qui plus est, si l'on met de côté les jeunes rendus millionnaires grâce à Internet, les gens en mesure d'acquérir une Classe S ont des cheveux blancs. Ils appartiennent à une génération moins habituée aux écrans vidéo et aux programmations. Or, Mercedes a encore du travail à faire pour rendre vraiment convivial son portail COMAND. Parmi les innovations, je note l'écran central capable de diffuser un contenu distinct pour le conducteur et son passager avant. Et si les alertes pour lignes blanches piétinées ou angles morts menaçants sont désormais courantes, Benz fait maintenant intervenir les freins pour que la machine elle-même fasse le bon geste.

MÉCANIQUE La Classe S comprend suffisamment de versions pour combler tout le monde. Pour 2012, nous arrive une S 350 BLUETEC 4MATIC dont le V6 Diesel propre de 3,5 litres de 258 chevaux vient drôlement secouer la timide S 400 Hybride sous le capot de laquelle le même V6 assisté d'un

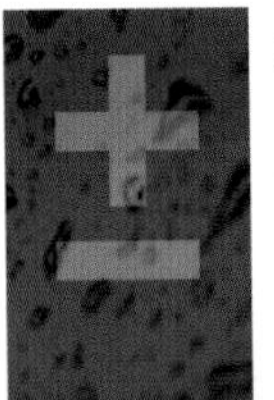

FORCES Motorisation et tenue de route pour tous les goûts
Silhouette aristocratique • Confort royal • Nouvelle version à moteur Diesel

FAIBLESSES Navigation des instruments du tableau de bord encore complexe
La moyenne des ours doit continuer à rêver...

moteur électrique ne peut rivaliser avec les quelque 7 litres aux 100 kilomètres de la 350. La S 550 4MATIC héberge désormais le nouveau V8 de 4,6 litres biturbo et à injection directe de carburant de 429 chevaux (au lieu de 382) qui a débuté dans la CL 550 2011; toutefois, une 550 4MATIC à empattement allongé remplace la S 450 étirée, toujours nantie du nouveau V8. Les S 600 (V12 de 5,5 litres de 510 chevaux), S 63 AMG (V8 de 5,5 litres biturbo de 536 chevaux) et S 65 AMG (V12 de 6 litres biturbo de 621 chevaux) ne subissent aucun changement pour 2012. La boîte de vitesses 7G-TRONIC équipe toutes les S sauf la 600 dont l'énorme couple se contente de 5 rapports.

COMPORTEMENT Quand on dispose d'un tel budget pour l'automobile, on se soucie sans doute moins du prix du carburant. Mais on peut être riche et avoir une conscience sociale. D'où l'importante de la S 400. Sauf que ses vertus hybrides sont fort discrètes, n'étant même pas suffisantes pour déplacer le mastodonte sur le mode électricité. La nouvelle S 350 récompense davantage celui qui lui fera confiance avec une consommation de carburant surprenante. L'avant-gardisme des instruments, de série ou offerts en option, est effarant. Par exemple, à peu près tout dans cette famille démontre des manières dites adaptatives : la suspension pneumatique s'adapte à la chaussée, les essuie-glaces s'adaptent à l'intensité de la pluie, les phares s'adaptent aux virages, les phares de croisement s'adaptent aux voitures arrivant en sens inverse, le régulateur de vitesse s'adapte à la vitesse de la voiture qui précède, et ainsi de suite. Ce déploiement d'intelligence artificielle sidère. Je trouve aussi très astucieuse Benz de créer une S pour tous les types de conducteurs, de l'hybride pour le zen aux diaboliques AMG pour les dominateurs.

CONCLUSION Lisez les critiques des voitures de luxe allemandes; la même plainte revient sans cesse: bien que le prix de départ de la grosse voiture soit déjà salé, le constructeur a en plus le culot de présenter au client une liste d'options longue comme ça. À vue de nez, ça semble indécent. Mais si tous les fabricants le font, c'est qu'ils doivent bien savoir quelque chose au sujet de leur clientèle qui échappe au commun des mortels. À titre d'exemple, quand on choisit une voiture de cet acabit, on n'en est pas à quelques milliers de dollars près. Bref, je crains fort que cette pratique n'agace finalement que les gens incapables de se payer l'une de ces Classe S si parfaites.

FICHE TECHNIQUE

MOTEURS

(S400 HYBRID) V6 3,5 L DACT + moteur électrique, 295 ch à 6000 tr/min
COUPLE 284 lb-pi de 3000 à 5500 tr/min (puissance et couple totaux)
BOÎTE DE VITESSES automatique à 7 rapports avec mode manuel
0-100 KM/H 7,2 s
VITESSE MAXIMALE 210 km/h (bridée)

(S350 BLUETEC 4MATIC) V6 3,0 L turbodiesel DACT, 240 ch à 3600 tr/min
COUPLE 455 lb-pi de 1600 à 2400 tr/min
BOÎTE DE VITESSES automatique à 7 rapports avec mode manuel
0-100 KM/H 7,1 s
VITESSE MAXIMALE 210 km/h (bridée
CONSOMMATION (100 km) 7,0 L
ÉMISSIONS DE CO_2 3580 kg/an
LITRES PAR ANNÉE 1960 **COÛT PAR AN** 2744 $

(S550 4MATIC) V8 4,7 L biturbo DACT, 429 ch à 5250 tr/min
COUPLE 516 lb-pi de 1800 à 3500 tr/min
BOÎTE DE VITESSES automatique à 7 rapports avec mode manuel
0-100 KM/H 5,0 s
VITESSE MAXIMALE 210 km/h (bridée)
CONSOMMATION (100 KM) 11,0 L
ÉMISSIONS DE CO_2 5080
LITRES PAR ANNÉE 2100 **COÛT PAR AN** 2940 $

(S600) V12 5,5 L biturbo SACT, 510 ch à 5000 tr/min
COUPLE 612 lb-pi de 1800 à 3500 tr/min
BOÎTE DE VITESSES automatique à 5 rapports avec mode manuel
0-100 KM/H 4,6 s
VITESSE MAXIMALE 250 km/h (bridée)
CONSOMMATION (100 km) 14,4 L (octane 91)
ÉMISSIONS DE CO_2 6762 kg/an
LITRES PAR ANNÉE 2940 L **COÛT PAR AN** 3881 $

(S63 AMG) V8 5,5 L biturbo DACT, 536 ch à 5500 tr/min
COUPLE 590 lb-pi de 2000 à 4500 tr/min
BOÎTE DE VITESSES automatique à 7 rapports avec mode manuel
0-100 KM/H 4,5 s
VITESSE MAXIMALE 250 km/h (bridée
CONSOMMATION (100 KM) 11,6 L (octane 91)
ÉMISSIONS DE CO_2 5428 kg/an
LITRES PAR ANNÉE 2360 L **COÛT PAR AN** 3115 $

(S65 AMG) V12 6,0 L biturbo SACT, 621 ch de 4600 à 5000 tr/min
COUPLE 738 lb-pi de 2300 à 4300 tr/min
BOÎTE DE VITESSES automatique à 5 rapports avec mode manuel
0-100 KM/H 4,4 s
VITESSE MAXIMALE 250 km/h (bridée
CONSOMMATION (100 KM) 14,1 L (octane 91)
ÉMISSIONS DE CO_2 6624 kg/an
LITRES PAR ANNÉE 2880 L **COÛT PAR AN** 3802 $

AUTRES COMPOSANTS

SÉCURITÉ ACTIVE freins ABS, assistance au freinage, répartition électronique de la force de freinage, contrôle de la stabilité électronique, antipatinage
SUSPENSION avant/arrière indépendante
FREINS avant/arrière disques
DIRECTION à crémaillère, assistée
PNEUS S550 emp. court/S400/S350 P255/45R18, **option S550 emp. court/ de série S550 emp. long** P255/40R19, **option S350 et S400/ de série S600** P255/40R19 (av.) P275/40R19 (arr.), **option S350 BlueTEC et S550 emp. long** P255/35R20, **option S400 / de série S63 AMG et S65 AMG** P255/35R20 (av.) P275/35R20 (arr.)

DIMENSIONS

EMPATTEMENT 3165 mm, **S550 emp. court** 3035 mm
LONGUEUR 5226 mm, **S550 emp. court** 5096 mm, **S63/S65** 5252 mm
LARGEUR (excluant les rétroviseurs) 1871 mm
HAUTEUR 1479 mm; **S63/S65** 1488 mm
POIDS S400 2020 kg, **S350** 2130 kg, **S550 emp. court** 2075 kg, **S550 emp. long** 2095 kg, **S600** 2210 kg, **S63 AMG** 2170 kg, **S65 AMG** 2275 kg
DIAMÈTRE DE BRAQUAGE 12,2 m, **S550 emp. court** 11,8 m
COFFRE 560 L, **S600/S65** 550 L
RÉSERVOIR DE CARBURANT 90 L, **S350/S550 emp. court** 83 L

MENTIONS

RECOMMANDÉ

VERDICT

Plaisir au volant
Qualité de finition
Consommation
Rapport qualité / prix
Valeur de revente

$ 126 000 $ à 152 600 $ t&p 1995 $

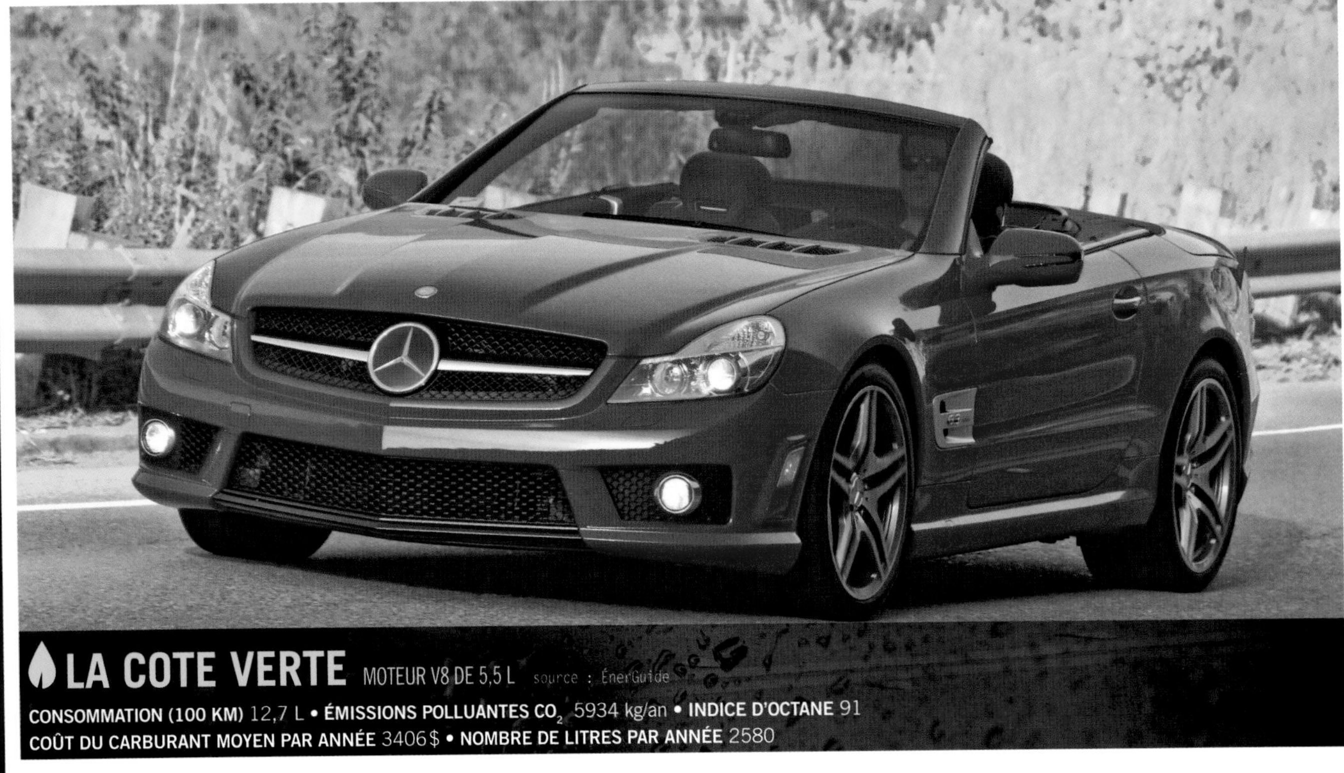

LA COTE VERTE MOTEUR V8 DE 5,5 L source : ÉnerGuide

CONSOMMATION (100 KM) 12,7 L • **ÉMISSIONS POLLUANTES CO_2** 5934 kg/an • **INDICE D'OCTANE** 91
COÛT DU CARBURANT MOYEN PAR ANNÉE 3406 $ • **NOMBRE DE LITRES PAR ANNÉE** 2580

FICHE D'IDENTITÉ

VERSIONS 550, 63 AMG
ROUES MOTRICES arrière
PORTIÈRES 2 **NOMBRE DE PASSAGERS** 2
PREMIÈRE GÉNÉRATION 1954
GÉNÉRATION ACTUELLE 2006
CONSTRUCTION Bremen, Allemagne
COUSSINS GONFLABLES 5 (frontaux, latéraux, genoux conducteur
CONCURRENCE Aston Martin DB9, Bentley Continental GTC, BMW Série 6, Porsche 911

AU QUOTIDIEN

PRIME D'ASSURANCE
25 ANS : 6500 à 6700 $
40 ANS : 4100 à 4300 $
60 ANS : 3200 à 3400 $
COLLISION FRONTALE 5/5
COLLISION LATÉRALE 5/5
VENTES DU MODÈLE DE L'AN DERNIER
AU QUÉBEC 52 **AU CANADA** 230
DÉPRÉCIATION 49,7 %
RAPPELS (2006 à 2011) 1
COTE DE FIABILITÉ 3/5

GARANTIES... ET PLUS

GARANTIE GÉNÉRALE 4 ans/80 000 km
GARANTIE MOTOPROPULSEUR 4 ans/80 000 km
PERFORATION 5 ans/kilométrage illimité
ASSISTANCE ROUTIÈRE 4 ans/kilométrage illimité
NOMBRE DE CONCESSIONNAIRES
AU QUÉBEC 12 **AU CANADA** 53

NOUVEAUTÉS EN 2012

Dernière année pour la génération actuelle, abandon des versions SL600 et SL65, édition Avantgarde fournissant un haut niveau d'équipement à un prix plus bas

EN ATTENTE DE NOUVEAUX SUPERLATIFS

Michel Crépault

Il s'agit de la dernière année de production de l'actuelle SL, désignée à l'interne par le code R230 SL. En fait, nous nous attendions à ce que la nouvelle fasse son apparition en 2012, mais il faudra semble-t-il s'armer d'un peu plus de patience.

CARROSSERIE Vraisemblablement, pour préparer le terrain à la prochaine mouture, les SL 600 et 65 AMG (dotées d'un V12) viennent de plier bagages (la 600 s'était même retirée du marché étasunien 12 mois plus tôt). Le constructeur de Stuttgart, en revanche, planifie une édition Avant garde des modèles 550 et 63 AMG. De plus, pour commémorer le chant du cygne de cette génération datant de 2006, Mercedes-Benz Canada disposera de 35 exemplaires de la SL 550 Grand Edition, reconnaissable notamment à sa calandre empruntée à la 63 AMG, à ses embouts d'échappement et à ses ouïes de couleur argent mat copiées sur la 600 et, finalement, à ses jantes de 19 pouces à deux tons également tirées du catalogue AMG.

HABITACLE Au départ, il est très difficile de trouver un roadster aussi confortable et bien garni que la SL. Les Aston Martin Vantage, Audi R8 & Cie ont leurs propres vertus, n'en doutez pas, mais aucune rivale ne distille la tradition mariée à la sophistication comme ce biplace introduit (quand même!) en 1954. Cela étant admis, pour maintenir l'intérêt dans les salles d'exposition, Benz a épicé les livrées en les saupoudrant de touches cosmétiques et d'accessoires. Mais rien n'est révolutionnaire, tout est connu. On garde, bien sûr, les surprises pour la nouvelle SL. Les tenues Avantgarde et Grand Edition proposent à peu près la même chose, c'est-à-dire des sièges chauffés et ventilés, le bidule AirScarf, qui souffle de l'air chaud sur la nuque des occupants grâce à des ventilateurs intégrés

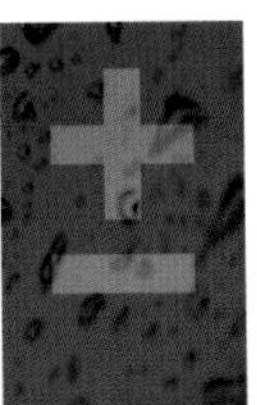

FORCES Format idéal • Personnalité à la Dr Jekyll & M. Hyde
Confort digne d'une Pompadour

FAIBLESSES Poids moins idéal • Modernisation qui s'impose
Prix qui en impose

aux appuie-tête (dans la version Grand Edition, on est allé jusqu'à peindre aluminium brillant les pales des ventilateurs), le toit panoramique Vario-Roof introduit sur la nouvelle SLK et qui permet de modifier sur simple toucher d'un bouton l'opacité du panneau de verre, un coffre à fermeture électrique et un démarrage sans clef *Keyless* (sous un capuchon, le bouton *Engine Start* se cache au sommet du sélecteur de vitesses au plancher: *cool!*). Cette livrée met aussi en relief un volant sport tout de cuir garni, sans bois, des appliques d'aluminium exclusives, un cuir Nappa et des tapis spéciaux. Quant au toit dur mais escamotable, c'est une merveille d'architecture.

MÉCANIQUE Les V12 partis, il reste quand même des V8 pas piqués des vers. La 550 met de l'avant un 5,5-litres de 382 chevaux appareillé à une boîte de vitesses G-Tronic à 7 rapports. De son côté, la 63 AMG emploie une cylindrée de 6,2 litres, toujours à 32 soupapes, et à partir de laquelle les gourous d'AMG ont réussi à presser 518 chevaux. La boîte à 7 rapports permet les changements au volant. Ces voitures de luxe sont protégées contre tout malencontreux dérapage par une pléthore d'aides électroniques et de gadgets aussi pratiques qu'indispensables.

COMPORTEMENT Le traitement royal de ses occupants étant au cœur de ses préoccupations, la SL offre au départ des baquets dont les 12 réglages assistés maximisent les chances de trouver siège à sa carrure. Pour les cas plus ardus à satisfaire, les fauteuils multicontours facultatifs combleront le squelettique comme le ventripotent. Il est facile de prévoir que le vieillissant centre de contrôles COMAND, pas évident à décrypter du premier coup d'œil, sera l'un des premiers éléments à être modernisés (et simplifiés) dans la prochaine génération. Un écran tactile, par exemple, serait le bienvenu. En matière de performances, rien de plus facile pour la « moins » puissante des SL de rallier le 0 à 100 km/h en-deçà de 6 secondes, un chrono qui chute sous les 5 secondes avec la 63. Bien entendu, le mode croisière sied parfaitement à ces automobiles appartenant à une autre classe. Boulevardières ou guerrières, le choix est vôtre.

CONCLUSION Même si une prochaine génération se profile toute proche, ne comptez pas trop sur les aubaines pour ces SL bientôt remplacées. Dommage.

2e OPINION

« Tout passionné de voitures possède sa propre liste de bolides de rêve. Sur la mienne, la SL de Mercedes-Benz y occupe une place de choix. Ce n'est pas la voiture la plus rapide du monde, ni la plus confortable, ni la plus prestigieuse, ni même la plus belle argumenteront ses critiques. Cependant, cette voiture est envoûtante. Quand on en prend le volant, on oublie tout, y compris son prix ! Car la SL est réservée aux richissimes de ce monde, à ceux qui ne regardent jamais le prix du sirop d'érable et paient plus d'impôts annuellement que ne gagne le commun des mortels. La version de base, à partir de 126 000 $, me suffirait. Mais, être plein aux as, je me baladerais en SL 63 AMG pour 50 000 $ de plus. » — Daniel Rufiange

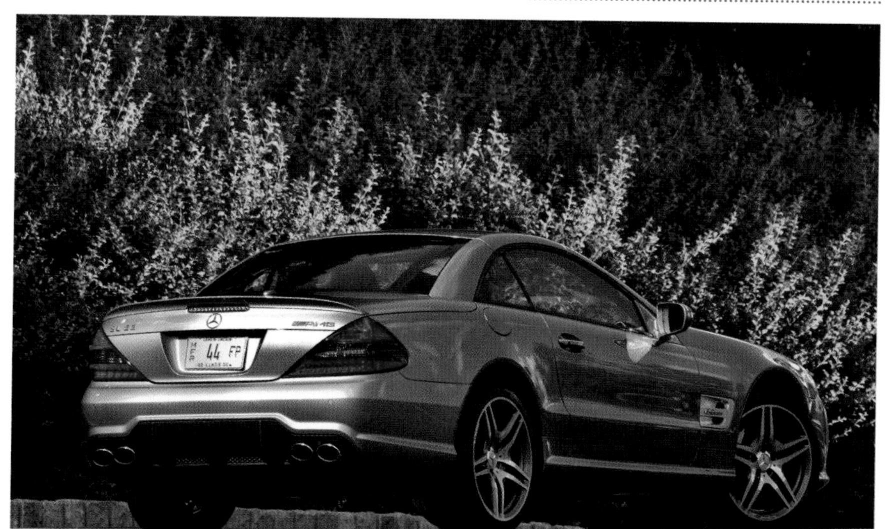

FICHE TECHNIQUE

MOTEURS

(550) V8 5,5 L DACT, 382 ch à 6000 tr/min
COUPLE 391 lb-pi de 2800 à 4800 tr/min
BOÎTE DE VITESSES automatique à 7 rapports avec mode manuel
0-100 KM/H 5,4 s
VITESSE MAXIMALE 210 km/h (bridée)

(63 AMG) V8 6,2 L DACT, 518 ch à 6800 tr/min
COUPLE 465 lb-pi à 5200 tr/min
BOÎTE DE VITESSES automatique à 7 rapports avec mode manuel
0-100 KM/H 4,6 s
VITESSE MAXIMALE 250 km/h (bridée
CONSOMMATION (100 KM) 14,3 L (octane 91)
ÉMISSIONS DE CO_2 6716 kg/an
LITRES PAR ANNÉE 2920 **COÛT PAR AN** 3854 $

AUTRES COMPOSANTS

SÉCURITÉ ACTIVE freins ABS, assistance au freinage, répartition électronique de la force de freinage, contrôle de la stabilité électronique, antipatinage
SUSPENSION AVANT/ARRIÈRE indépendante
FREINS AVANT/ARRIÈRE disques
DIRECTION à crémaillère, assistée
PNEUS P255/35R19 (av.), P285/30R19 (arr.)

DIMENSIONS

EMPATTEMENT 2560 mm
LONGUEUR 4562 mm, **63 AMG** 4605 mm
LARGEUR (excluant les rétroviseurs) 1820 mm
HAUTEUR 1295 mm
POIDS 550 1915 kg, **63 AMG** 1995 kg
DIAMÈTRE DE BRAQUAGE 11 m
COFFRE 288 L
RÉSERVOIR DE CARBURANT 80 L

MENTIONS

COUP DE CŒUR RECOMMANDÉ

VERDICT

Plaisir au volant
Qualité de finition
Consommation
Rapport qualité / prix
Valeur de revente

$ 66 500 $ t&p 1995 $

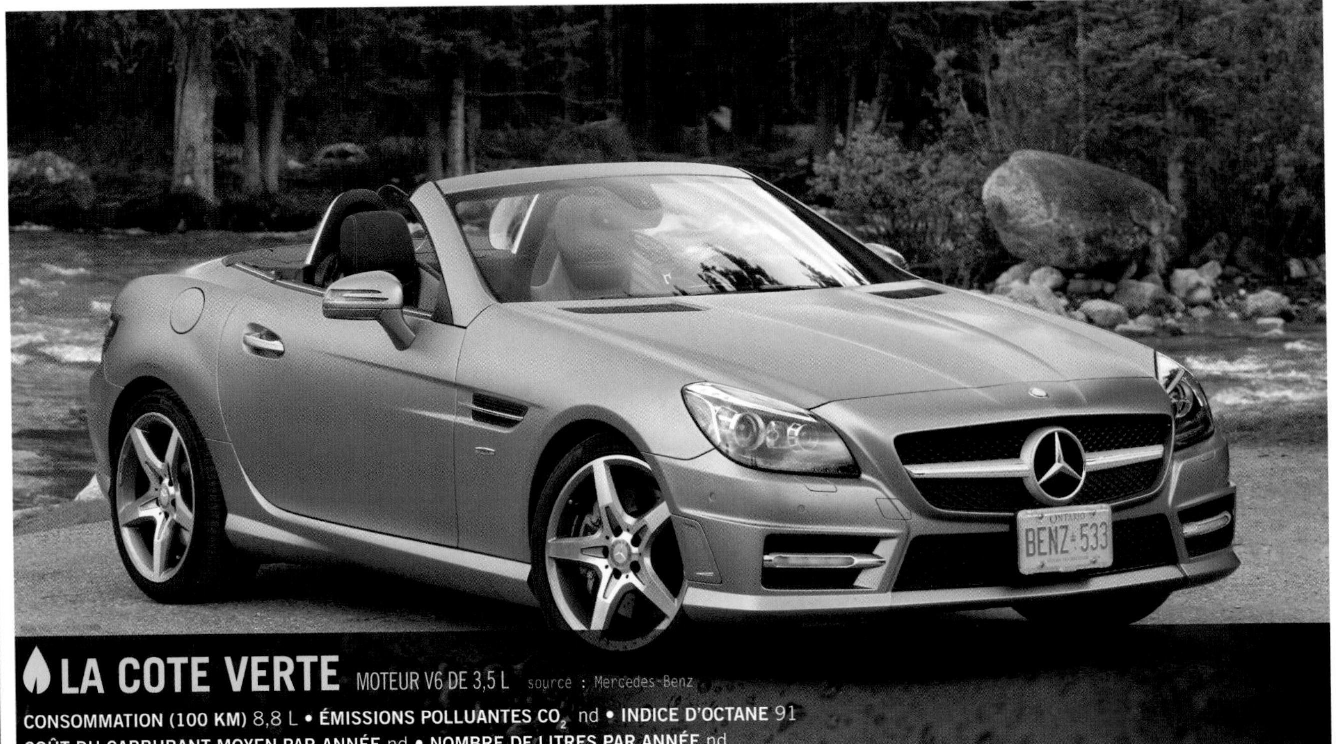

LA COTE VERTE MOTEUR V6 DE 3,5 L

source : Mercedes-Benz

CONSOMMATION (100 KM) 8,8 L • **ÉMISSIONS POLLUANTES CO_2** nd • **INDICE D'OCTANE** 91
COÛT DU CARBURANT MOYEN PAR ANNÉE nd • **NOMBRE DE LITRES PAR ANNÉE** nd

FICHE D'IDENTITÉ

VERSION SLK 350
ROUES MOTRICES arrière
PORTIÈRES 2 **NOMBRE DE PASSAGERS** 2
PREMIÈRE GÉNÉRATION 1997
GÉNÉRATION ACTUELLE 2012
CONSTRUCTION Bremen, Allemagne
COUSSINS GONFLABLES 8 (frontaux, latéraux, genoux conducteur et passager, tête)
CONCURRENCE Audi TT, BMW Z4, Nissan 370Z Roadster, Porsche Boxster

AU QUOTIDIEN

PRIME D'ASSURANCE
25 ANS : 3000 à 3200 $
40 ANS : 1900 à 2100 $
60 ANS : 1400 à 1600 $
COLLISION FRONTALE nm
COLLISION LATÉRALE nm
VENTES DU MODÈLE DE L'AN DERNIER
AU QUÉBEC 70 **AU CANADA** 324
DÉPRÉCIATION 42,1 %
RAPPELS (2006 à 2011) 1
COTE DE FIABILITÉ nm

GARANTIES... ET PLUS

GARANTIE GÉNÉRALE 4 ans/80 000 km
GARANTIE MOTOPROPULSEUR 4 ans/80 000 km
PERFORATION 5 ans/kilométrage illimité
ASSISTANCE ROUTIÈRE 4 ans/kilométrage illimité
NOMBRE DE CONCESSIONNAIRES
AU QUÉBEC 12 **AU CANADA** 53

NOUVEAUTÉS EN 2012

Nouvelle génération

DU CHIC ET DU CHIEN

Michel Crépault

Pourquoi du chic et du chien ? Parce que la nouvelle SLK est un roadster dont le format convivial, combiné à une allure à la fois athlétique et racée, en fait un allié formidable pour qui veut circuler à bord d'un véhicule qui proclame haut et fort : « Moi, je l'ai l'affaire ! ». La première génération, en 1996, a charmé les amateurs de nouvelles tendances avec un toit rigide mais escamotable. La seconde a fait en sorte que conducteur et passager puissent jouir plus longtemps de l'élégant biplace en introduisant l'AIRSCARF, le foulard d'air chaud qui prolonge la saison à ciel ouvert. Voici maintenant la 3e génération, et vous vous doutez déjà que Mercedes-Benz s'est arrangée pour l'agrémenter d'un ou de deux atouts exclusifs, question de perpétuer la séduction. Trois modèles sont au menu : SLK 250, SLK 350 et SLK 55 AMG. Celui du milieu s'est pointé en même temps que les hirondelles du printemps, tandis que les deux autres ont préféré attendre l'automne.

CARROSSERIE Les stylistes se sont attelés à la tâche avec le mandat clair de viriliser la silhouette. C'est ainsi que la calandre reprend le nez agressif de la SLS, que les flancs mettent en relief de proéminentes trappes d'aération (décoratives et inspirées des roadsters des années 50), et que l'arrière-train n'a jamais paru aussi musclé. Qui plus est, suivant une stratégie chère à Mercedes-Benz, la SLK 350 s'affuble de série du style et du comportement dynamique empruntés à la division AMG. Le long capot en V et l'arrière ramassé confèrent une allure classique, mais examiner l'ancienne et la nouvelle SLK revient à comparer un artisan du cirque de Barnum & Bailey et un autre du Cirque du Soleil. Le précédent modèle arborait une allure d'éperon, mais favorisait des contours lissés. Le nouveau est beaucoup plus extraverti, spectaculaire, même, avec les artifices AMG. Certains regretteront l'allure plus épurée, d'autres aimeront les biceps bombés. Alors que la longueur a gagné 3,1 centimètres, et que l'empattement n'a pas bougé, le coefficient de pénétration dans l'air est passé de 0,32 à 0,30.

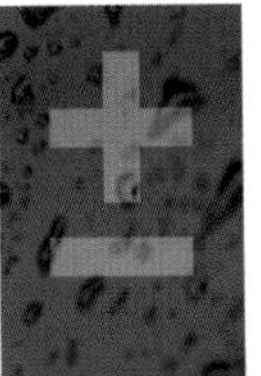

FORCES Coque sculptée avec plus de poigne • Format convivial
Habitacle confortable • Sonorité agréable • Assemblage soigné

FAIBLESSES Visibilité arrière difficile • Rayon de braquage large
Espace de chargement limité malgré de bons efforts • Pas donnée

stationne en parallèle à votre place et une horloge analogique d'une autre époque chapeautée d'une visière (drôle de petite touche anachronique à bord d'un intérieur dernier cri et qui, dans le fond, imite l'ensemble Chrono fort populaire chez Porsche). Un mot sur le coffre, d'ordinaire le talon d'Achille des cabriolets : un plateau du plancher se retourne afin de donner quelques centimètres de profondeur supplémentaires aux bagages.

HABITACLE Je vous disais que le constructeur n'allait pas dévoiler une nouvelle SLK sans nous gratifier d'une ou de deux surprises. La première a été baptisée *MAGIC SKY CONTROL* : au toucher d'un bouton logé en haut du pare-brise, le toit panoramique offert en option, au départ fumé, s'éclaircit comme par enchantement. Pesez encore et le panneau s'obscurcit. Le fameux bouton envoie une décharge électrique qui réaligne les particules du panneau vitré de façon à laisser passer plus ou moins la lumière. Il s'agit de la première application de cette technologie dans l'industrie de l'automobile, et soyez certains que Mercedes-Benz l'étendra avec le temps à d'autres modèles. La deuxième bonne idée s'appelle *AIRGUIDE*. Deux panneaux en acrylique patientent derrière les arceaux de sécurité. Quand on les fait pivoter entre les deux appuie-tête, ils forment un coupe-vent pas mal moins encombrant que les anciens dispositifs à assembler. Cette innovation suit logiquement l'avènement de l'*AIRSCARF* et se veut une alternative moins coûteuse au *AIRCAP* du cabriolet de la Classe E. L'équipement standard de la 350 comprend également un éclairage d'ambiance, c'est-à-dire des lisières lumineuses rouges le long de la console centrale et des vide-poches. Très *in*. En optant pour l'ensemble Premium, on obtient la sono harman/kardon. Parmi les autres options, notons le dispositif qui

MÉCANIQUE La 220 (que nous n'aurons pas) et la 250 reçoivent le 4-cylindres de 1,8 litre de 204 chevaux de la Classe C. Consommation moyenne estimée de 6,2 litres aux 100 kilomètres, 0 à 100 km/h en 6,6 secondes et vitesse maxi de 243 km/h. La SLK 350, pour sa part, fait confiance au M276, un V6 de 3,5 litres qui délivre 302 chevaux (306 en Europe) et un couple de 273 livres-pieds entre 3 500 et 5 250 tours par minute. Le test du 0 à 100 km/h se boucle en 5,6 secondes (quatre dixièmes de mieux que la C). Bien entendu, cet exploit ne signifierait rien si le constructeur ne pouvait pas annoncer simultanément une réduction de la consommation de carburant et des émissions nocives : 7,1 litres (au lieu de 9,8) aux 100 kilomètres, grâce à la 7G-TRONIC à 7 rapports et à l'injection directe de carburant. Mais permettez du scepticisme face à ces chiffres puisque nos SLK sont privées de la technologie ECO d'arrêt-démarrage qui équipe les voitures européennes. Le retour en force du modèle 55 AMG se célébrera avec le V8 de 5,5 litres et quelque 525 chevaux. Parmi les aides électroniques proposées, je retiens le freinage *PRE-SAFE* qui intervient lui-même quand les sonars détectent une collision imminente.

HISTORIQUE

Mercedes-Benz suggère que l'ancêtre de la Classe SLK serait la décapotable 190 SL, qui a été fabriquée de 1955 à 1963. Cela dit, entre 1963 et 1994, Mercedes n'a produit aucun équivalent. Ce n'est qu'au début des années 90 que le fabricant de Stuttgart envisage de nouveau de le faire. En 1994, il présente successivement deux voitures concept appelées Études SLK (SLK Studies).

Mercedes-Benz 190 SK 1955-63.

Mercedes-Benz 190 SK 1955-63.

Mercedes-Benz SLK Concept 1 1994.

Mercedes-Benz SLK Concept 2 1994.

Mercedes-Benz SLK 1996.

Mercedes-Benz SLK 2004.

Mercedes-Benz SLK 2008.

A

B

C

D

E

GALERIE

A *La SLK solutionne le problème des turbulences éoliennes à l'aide d'un nouveau coupe-vent en plexiglas. Chacun des deux morceaux transparents est fixé aux arceaux de sécurité. Le conducteur n'a qu'à les faire pivoter vers l'intérieur de l'habitacle pour former le pare-vent. Il contrôle ainsi la circulation de l'air sans limiter sa visibilité vers l'arrière.*

B *La boîte automatique à 7 rapports (avec palettes au volant) concourt à réduire la consommation d'essence, tout comme l'injection directe qui alimente le 4-cylindres 1,8L turbocompressé de 201 CV de la SLK 250 (à l'instar de la C 250) et le V6 3,5 litres de 302 CV de la SLK 350.*

C *Après le toit dur escamotable de la 1ère génération et l'AirScarf de la 2e, la troisième génération de la SLK ne pouvait être en reste et nous présente le Magic Sky Control : cochez d'abord le toit panoramique optionnel et ajoutez-lui un dispositif qui, à l'aide d'un simple bouton, modifie la teinte du panneau vitré. Il est tantôt fumé, tantôt translucide, à votre goût, pour bloquer la chaleur et les rayons UV. Le bouton envoie en fait une décharge électrique qui aligne de manière différente les particules composant le filtre.*

D *La série spéciale Edition 1 se distingue entre autres par le badge « Edition 1 » qui orne ses ailes et par les jantes AMG en alliage léger de couleur titane exclusives à ce modèle. Seulement, il faudra vous dépêcher : seulement 15 exemplaires sont prévus pour le Canada.*

E *La petite horloge perchée au sommet du tableau de bord, au centre, est à peu près le seul objet immédiatement familier. Le reste, sophistiqué et dernier cri, demande un certain temps d'apprentissage.*

direction encore plus alerte (*direct-steer*) et un dispositif de freinage (*Torque Vectoring*) qui se révèle ni plus ni moins qu'un antipatinage excessivement raffiné. Résultats: vous pointez la SLK avec une précision de chirurgien et, pour vous remercier, elle vous gardera dans le droit chemin quand vous négocierez la courbe avec un excès d'enthousiasme. Sur l'autoroute, le mode croisière est à peu près imperturbable. Même à grande vitesse, la musique était parfaitement audible, et ma casquette n'a jamais menacé de s'envoler. L'*AIRGUIDE* est donc efficace, ce cabriolet peut perdre son toit sans baisser pavillon devant le vent et les bruits parasites, les ennemis usuels de la décapotable. Le toit « magique » fonctionne également, la différence de transparence étant telle qu'elle influe sur le degré auquel vous aurez besoin de faire fonctionner le climatiseur.

COMPORTEMENT Quand on passe de la 250 à la 350 dans la même journée, on perçoit un peu la différence de 40 kilos. Dans les méandres rocailleux de Tenerife, aux îles Canaries, où s'est déroulée la présentation internationale, la maniabilité s'en ressentait. Les chevaux supplémentaires de la 350 arrivent sans peine à gommer la lourdeur inhérente du véhicule, mais j'ai quand même beaucoup apprécié la vitalité du 4-cylindres. Précisons aussi que les ingénieurs ont ajouté un gadget à l'échappement de la 250 qui rend plus guttural le chant du 1,8-litre. Le V6, lui, n'en a pas besoin. Ce biplace à motricité arrière fonctionne avec des bras multiples aux deux extrémités dans sa version de base. Une suspension facultative assure une conduite plus sportive grâce à des amortisseurs calibrés plus fermement, et le summum vient avec l'ensemble *dynamic handling*, qui contrôle l'élasticité électroniquement, selon les caprices de la chaussée. Cet ensemble sophistiqué est livrable avec une

CONCLUSION Cette nouvelle génération de SLK a conservé l'attrait des précédentes tout en l'épiçant de lignes plus typées et de performances rehaussées. Avec ses deux places hyper confortables et son tempérament malgré tout fonceur, ça reste un véhicule de plaisance, le genre d'automobile qui transforme n'importe quelle route en partie de plaisir.

2e OPINION

« Plusieurs ne s'en sont probablement pas rendu compte, mais Mercedes-Benz a effectué cette année un véritable tabac en dévoilant la SLK au Salon de l'auto de Montréal, avant même qu'elle ne soit officiellement présentée à la presse mondiale au Salon de Genève. Ce nouveau roadster, qui parcourt nos routes depuis le mois de juin, n'est toutefois pas entièrement nouveau, puisque plusieurs éléments du précédent modèle ont été conservés. Ceci dit, la voiture profite de nouveaux moteurs plus puissants et plus économiques, d'un châssis retravaillé, d'un tout nouvel habitacle et, surtout, de lignes spectaculaires directement inspirées de la SLS. La voiture se veut aussi plus performante qu'auparavant, mais aussi plus confortable et plus conviviale que n'importe quelle autre rivale. Et ça, pour certains acheteurs, ça s'impose ! » — Antoine Joubert

FICHE TECHNIQUE

MOTEUR

V6 3,5 L DACT, 302 ch à 6500 tr/min
Couple 273 lb-pi de 3500 à 5250 tr/min
BOÎTE DE VITESSES automatique à 7 rapports avec mode manuel
0-100 KM/H 5,6 s
VITESSE MAXIMALE 210 km/h (bridée)

AUTRES COMPOSANTS

SÉCURITÉ ACTIVE freins ABS, assistance au freinage, répartition électronique de force de freinage, antipatinage, contrôle de stabilité électronique
SUSPENSION AVANT/ARRIÈRE indépendante
FREINS AVANT/ARRIÈRE disques
DIRECTION à crémaillère, assistée
PNEUS 300 P225/40R18 (av.), P245/35R18 (arr.)

DIMENSIONS

EMPATTEMENT 2430 mm
LONGUEUR 4134 mm
LARGEUR 2012 mm
HAUTEUR (avec rétro.) 2006 mm
POIDS 1540 kg
DIAMÈTRE DE BRAQUAGE 10,5 m
COFFRE 225 L (toit abaissé), 335 L (toit monté)
RÉSERVOIR DE CARBURANT 68 L

MENTIONS

COUP DE CŒUR

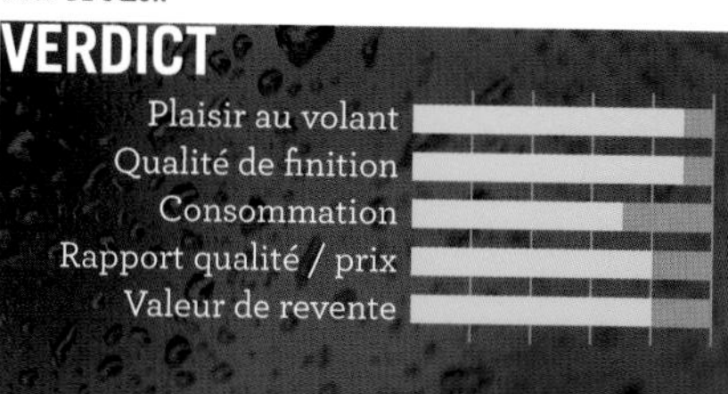

198 000 $ t&p 1995$

LA COTE VERTE MOTEUR V8 DE 6,2 L source : ÉnerGuide
CONSOMMATION (100 KM) 13,0 L • ÉMISSIONS POLLUANTES CO_2 6118 kg/an • INDICE D'OCTANE 91
COÛT DU CARBURANT MOYEN PAR ANNÉE 3511 $ • NOMBRE DE LITRES PAR ANNÉE 2660

FICHE D'IDENTITÉ

VERSIONS coupé, cabriolet
ROUES MOTRICES arrière
PORTIÈRES 2 **NOMBRE DE PASSAGERS** 2
PREMIÈRE GÉNÉRATION 1954
GÉNÉRATION ACTUELLE 2011
CONSTRUCTION Bremen, Allemagne
COUSSINS GONFLABLES 8 (frontaux, latéraux, genoux conducteur et passager, rideaux latéraux)
CONCURRENCE Aston Martin DB9/V12 Vantage, Audi R8, Bentley Continental GT, Chevrolet Corvette ZR1, Porsche 911 Turbo

AU QUOTIDIEN

PRIME D'ASSURANCE
25 ANS : 6500 à 6700 $
40 ANS : 4100 à 4300 $
60 ANS : 3200 à 3400 $
COLLISION FRONTALE 5/5
COLLISION LATÉRALE 5/5
VENTES DU MODÈLE DE L'AN DERNIER
AU QUÉBEC 26 **AU CANADA** 111
DÉPRÉCIATION nm
RAPPELS (2006 à 2011) aucun à ce jour
COTE DE FIABILITÉ nm

GARANTIES... ET PLUS

GARANTIE GÉNÉRALE 4 ans/80 000 km
GARANTIE MOTOPROPULSEUR 4 ans/80 000 km
PERFORATION 5 ans/kilométrage illimité
ASSISTANCE ROUTIÈRE 4 ans/kilométrage illimité
NOMBRE DE CONCESSIONNAIRES
AU QUÉBEC 12 **AU CANADA** 53

NOUVEAUTÉS EN 2012

Version cabriolet, contrôle de l'amortissement de série, avertisseur d'angle mort de série, une nouvelle couleur extérieure

LA BRUTALITÉ **SOPHISTIQUÉE**

Francis Brière

Avez-vous déjà ressenti une force, une sorte de brutalité qui vous écrase et qui fait peur ? On prend le volant de la SLS avec cette euphorie oppressante qui menace à tout instant ou, plutôt, à cet instant même où l'on enfonce l'accélérateur pour vivre la sensation enivrante d'une accélération interdite. La Mercedes-Benz SLS AMG n'est pas un monstre gonflé aux stéroïdes, mais une merveille de conception et de technologie, une exotique au vrai sens du terme. La chance n'est pas donnée à tous de dompter une telle machine. À plus de 200 000 $ l'exemplaire, il faut avoir les moyens et l'envie de vivre...

CARROSSERIE Un brin de nostalgie nous habite quand on observe de près la silhouette de la SLS. Son long nez rappelle les Mercedes-Benz des années 1950. Elle tient son aspect spectaculaire de la configuration des portes papillons, comme si elle déployait ses ailes pour s'envoler. Du reste, la voiture est longue, large et basse, comme il se doit. Les journalistes avaient la voiture à l'essai pour trois jours seulement, mais c'est suffisant pour causer une commotion autour de nous.

HABITACLE Au premier abord, l'habitacle surprend par son allure rétro. Puis, on se heurte à l'évidence : l'intérieur de la SLS AMG est fidèle à la conception du constructeur qui prône la sobriété. Nous sommes loin d'un aménagement à la Pagani Zonda ! Pénétrer dans l'habitacle et en ressortir n'est pas de tout repos. Le large châssis nous impose quelques courbettes pour prendre place au poste de pilotage. Ah oui ! J'allais oublier ! On se croirait justement à bord d'un aéronef. Le levier qui sert à enclencher la marche avant ou arrière fait immédiatement penser à celui d'un avion, de même que les orifices pour ventiler la cabine. Les sièges sont moyennement confortables, mais ils vous enveloppent comme une saucisse. Rien à craindre en ce qui a trait à la force gravitationnelle : vous resterez cloué à votre place. L'équipement de série comprend les dernières technologies en matière de connectivité et d'infodivertissement. On s'en doute bien, les options sont

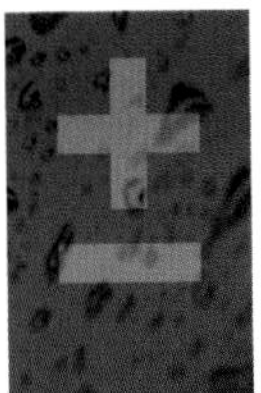

FORCES Conception spectaculaire • Puissance brutale
Exclusivité assurée • Luxe et prestige

FAIBLESSES Équilibre imparfait • Accès acrobatique • Prix des options

COMPORTEMENT Il existe des voitures exotiques plus difficiles à manœuvrer que d'autres. Évidemment, cela dépendra du parcours choisi. Si vous osez défier la piste, il vous faudra composer avec une machine dotée d'une puissance redoutable. La SLS AMG est bourrée de dispositifs électroniques qui visent à assurer un maximum de stabilité en situations urgentes. Si vous désactivez ces mécanismes, prenez bien garde! Vous avez entre les mains un bolide dont la puissance peut causer bien des désagréments. Les sorties de virage peuvent se transformer en cauchemars! Cette sportive pourra vous faire vivre des émotions insoupçonnées. Sa caisse est d'une rigidité hors du commun, et son centre de gravité, très bas, ce qui donne la fausse impression qu'elle ne décrochera jamais. Vous serez averti...

coûteuses, en particulier la chaîne audio Bang & Olufsen pour laquelle on demande plus de 8 000 $!

MÉCANIQUE Mercedes-Benz affectionne particulièrement le V8 de 6,2 litres confectionné avec amour, à la main, par les artisans d'AMG. Ce bloc se retrouve sous le capot de toutes les voitures de performance produite par le constructeur allemand, sauf que, ici, on lui a donné un peu plus de *pep* que d'habitude. On a eu recours à quelques petits trucs qui ont trait au mélange air-essence ainsi qu'à l'échappement pour gonfler la puissance à 563 chevaux. La boîte de vitesses à double embrayage prévoit des changements de rapport rapides et s'occupe de transmettre le couple aux roues arrière. Ce chef-d'œuvre d'ingénierie est capable de se mouvoir de 0 à 100 km/h en 3,8 secondes seulement.

CONCLUSION La Mercedes-Benz SLS AMG rivalise avec les Ferreri, Lamborghini, Porsche et Audi de ce monde. Chacune d'entre elles possède un attrait particulier. Chose certaine, elles ont en commun puissance, tenue de route spectaculaire, conception originale, qualité de fabrication et facture indécente. Nous pouvons qualifier cette SLS d'exotique sans hésiter.

2e OPINION

« Honnêtement, je vous le demande. Si vous vous intéressez à cette voiture, est-ce que mes quelques propos pourraient vous faire changer d'avis ? Eh bien, si oui, c'est que les raisons qui motivent votre achat ne sont pas les bonnes. Car si vous vous intéressez à ce genre de super bolide, c'est parce que la passion vous habite. J'aurais beau vous dire que la visibilité à bord est moyenne, que l'accessibilité est problématique en raison de ces portières papillons, et que le levier du régulateur de vitesse est mal foutu, vous ne devriez jamais en tenir compte ! Parce qu'il n'y a tout simplement rien de rationnel à se procurer une SLS. C'est pourquoi je vous dirai seulement que la SLS fait partie du Top 5 des bolides les plus hallucinants que j'ai conduits à ce jour ! » — Antoine Joubert

FICHE TECHNIQUE

MOTEUR

V8 6,2 L DACT, 563 ch à 6800 tr/min
COUPLE 479 lb-pi à 4750 tr/min
BOÎTE DE VITESSES manuelle robotisée à 7 rapports
0-100 KM/H 3,8 s
VITESSE MAXIMALE 317 km/h (bridée)

AUTRES COMPOSANTS

SÉCURITÉ ACTIVE freins ABS, assistance au freinage, répartition électronique de la force de freinage, contrôle de la stabilité électronique, antipatinage
SUSPENSION AVANT/ARRIÈRE indépendante
FREINS AVANT/ARRIÈRE disques
DIRECTION à crémaillère, assistée
PNEUS P265/35R19 (av.) P295/30R20 (arr.)

DIMENSIONS

EMPATTEMENT 2680 mm
LONGUEUR 4638 mm
LARGEUR 2078 mm
HAUTEUR 1262 mm
POIDS 1620 kg, **cabrio.** 1735 kg
DIAMÈTRE DE BRAQUAGE 11,9 m
COFFRE 176 L **cabrio.** 173 L
RÉSERVOIR DE CARBURANT 85 L

MENTIONS

COUP DE CŒUR

VERDICT

Plaisir au volant
Qualité de finition
Consommation
Rapport qualité / prix
Valeur de revente Nm

$ 42 900 $ à 47 900 $ t&p 1995$

LA COTE VERTE MOTEUR V6 DE 3,0 L TURBODIESEL source : ÉnerGuide

CONSOMMATION (100 KM) 9,2 L • **ÉMISSIONS POLLUANTES CO_2** 5063 kg/an • **INDICE D'OCTANE** diesel
COÛT DU CARBURANT MOYEN PAR ANNÉE 2213 $ • **NOMBRE DE LITRES PAR ANNÉE** 1875

FICHE D'IDENTITÉ

VERSIONS Combi/Fourgon 2500, Fourgon 3500
ROUES MOTRICES arrière
PORTIÈRES 4 **NOMBRE DE PASSAGERS** 2 à 12
PREMIÈRE GÉNÉRATION 2004
GÉNÉRATION ACTUELLE 2004
CONSTRUCTION Düsseldorf, Allemagne
COUSSINS GONFLABLES 2 (frontaux) coussins latéraux et rideaux latéraux en option
CONCURRENCE Chevrolet Express, Ford Série E, GMC Savana, Nissan NV

AU QUOTIDIEN

PRIME D'ASSURANCE
25 ANS : 1600 à 1800 $
40 ANS : 1200 à 1400 $
60 ANS : 900 à 1100 $
COLLISION FRONTALE 5/5
COLLISION LATÉRALE 5/5
VENTES DU MODÈLE DE L'AN DERNIER
AU QUÉBEC 372 **AU CANADA** 1567
DÉPRÉCIATION (1 an) 16,1 %
RAPPELS (2006 à 2011) 6
COTE DE FIABILITÉ 4/5

GARANTIES... ET PLUS

GARANTIE GÉNÉRALE 4 ans/80 000 km
GARANTIE MOTOPROPULSEUR 4 ans/80 000 km
PERFORATION 5 ans/kilométrage illimité
ASSISTANCE routière 4 ans/kilométrage illimité
NOMBRE DE CONCESSIONNAIRES
AU QUÉBEC 12 **AU CANADA** 53

NOUVEAUTÉS EN 2012

Rétroviseurs latéraux électriques et chauffants de série

LE CHAMPION DES FOURGONS

Michel Crépault

Un utilitaire léger polyvalent qui remporte les honneurs année après année dans le palmarès de L'Annuel de l'automobile. *Voyons voir pourquoi...*

CARROSSERIE Le Sprinter se décline en versions fourgon (commercial, sans fenêtres sur les côtés), combi (pour passagers) et châssis-cabine (on aménage l'arrière à son goût : ambulance ou camping), en costaud (2 500) et plus costaud (3 500) et en variantes plus nombreuses que les robes de Céline en spectacle. On peut, en effet, se le choisir court, moyen ou allongé, à plafond haut, très haut ou très, très haut (jusqu'à 214 centimètres (84 pouces) ce qui permet même aux plus grands, casque de construction compris, de travailler debout dans le Sprinter). Son volume de chargement pouvant atteindre 17 mètres cubes (600 pi³), et sa charge utile de 2 438 kilos (5 375 lb) en font un percheron moderne. La portière coulissante de droite (on peut en avoir une aussi à gauche moyennant supplément) et les portes arrière s'ouvrent sur une embrasure assez large pour accueillir un chargement sur palette. Les parois intérieures, quasiment droites, facilitent l'entreposage.

HABITACLE Pour le type Fourgon, l'ensemble cabine d'équipe, offert en option, inclut une banquette arrière bonne pour trois places, avec accoudoirs latéraux. Le Combi accueille jusqu'à 11 passagers en plus du conducteur grâce à trois banquettes ou places individuelles configurables à satiété. Des cloisons de séparation, avec ou sans ouverture, sont aménageables. Plusieurs accessoires sécurisent le chargement, des caissons modulaires en passant par des sangles d'arrimage. Le modèle Châssis-cabine, offert en deux empattements distincts, accepte à l'arrière la structure de votre choix réalisée par un carrossier. Le tableau de bord peut être aussi évolué que celui d'une berline, et les baquets, aussi confortables, sauf que tout ce confort est tributaire d'une liste d'options qui exigent des déboursés supplémentaires.

MÉCANIQUE Le Sprinter propose un V6 BLUETEC Diesel de 188 chevaux qui produit un couple maximal de 325 livres-pieds

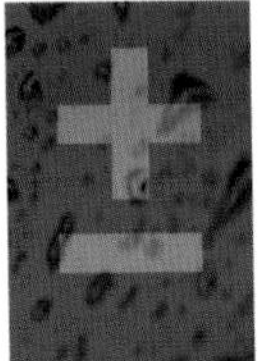

FORCES Souplesse, puissance et frugalité du Diesel
Nombreux aspects pratiques et polyvalents du spacieux fourgon • Finition

FAIBLESSES Accessibilité à l'arrière problématique à moins d'installer un marchepied • Confort qui dépend de trop d'options

disponible à bas régime grâce à la technologie d'injection directe de carburant à rampe commune. La boîte de vitesses est une automatique à 5 rapports. Bien entretenu à des intervalles de maintenance intéressants, l'engin devrait donner une longévité qui n'a d'égale que sa frugalité (mais attention aux mirages, j'y reviens plus loin). Nouveauté : le correcteur électronique de trajectoire Adaptative ESP. On connaît tous le contrôle de la stabilité qui minimise les risques de dérapage. Les capteurs du Sprinter tiennent compte d'un facteur supplémentaire, c'est-à-dire de la masse entreposée dans le fourgon et, à plus forte raison, quand celle-ci est liquide (des tonneaux de rhum destinés à l'héritier de Rackham le Rouge, tiens !). L'aide électronique calculera son intervention en ajoutant cette masse mouvante dans l'équation de sauvetage.

COMPORTEMENT La position de conduite voisine celle du chauffeur d'autobus. Le volant s'ajuste mais de manière minimale. La visibilité devant est totale, alors qu'on se fie aux gros rétroviseurs pour le reste. Le V6 fournit le muscle nécessaire pour toutes les situations. Les marchandises arriveront intactes à bon port, et les humains vous embrasseront sur le front pour tant de confort. Le constructeur clame une consommation moyenne inférieure à 10 litres aux 100 kilomètres. Comme pour n'importe quelle cote du genre, celle-ci est théorique ou, au mieux, réalisée dans des conditions tellement idéales que c'en est irréaliste. J'ai néanmoins participé à un exercice où l'on m'a demandé d'économiser le carburant. En observant les limites de vitesse, en accélérant comme si la pédale allait casser, j'ai obtenu 15 litres aux 100 kilomètres. La caisse vide. J'ai fait une deuxième tentative, cette fois en roulant si doucement que je me suis fait klaxonner et injurier. Résultat : 13 litres aux 100 kilomètres. Cette différence de deux litres se traduit en une économie annuelle de 624 $ pour un Sprinter roulant 24 000 kilomètres par an. Imaginez l'économie totale quand on gère un parc de plusieurs véhicules. Mais avant que vous n'atteigniez 10 litres aux 100 kilomètres, les autres automobilistes vous auront ligoté au premier lampadaire venu...

CONCLUSION Il sera intéressant de voir ce que le nouveau NV de Nissan accomplira contre le Sprinter. En attendant, ce dernier règne en maître. Il le sait et il facture en conséquence. D'un autre côté, ne dit-on pas qu'il n'y a rien de plus sage que de travailler avec les meilleurs outils disponibles ?

2e OPINION

« Quand on circule en Europe, on aperçoit des Sprinter à la tonne. C'est connu et reconnu, ce fourgon est l'un des mieux conçus qui soient. Cependant, il porte un emblème qui lui fait ombrage, ici, en Amérique du Nord. D'abord, il n'est pas donné et, comparativement à ses rivaux nord-américains, son entretien est plus coûteux. Cette année, il devra en outre composer avec l'arrivée d'un joueur japonais dans le segment, le Nissan NV. Néanmoins, si j'étais propriétaire d'une entreprise, le Sprinter figurerait très haut sur ma liste avec le NV. Le prix, c'est une chose, mais il importe aussi d'avoir entre les mains un véhicule moderne, agréable à conduire et sécuritaire sur la route. Les solutions américaines – Ford Série E et Chevrolet Express – ne m'ont pas convaincu à ce chapitre.» — Daniel Rufiange

FICHE TECHNIQUE

MOTEUR

V6 3,0 L turbodiesel DACT, 188 ch à 3800 tr/min
COUPLE 325 lb-pi de 1400 à 2400 tr/min
BOÎTE DE VITESSES automatique à 5 rapports
0-100 KM/H 12 s
VITESSE MAXIMALE 170 km/h

AUTRES COMPOSANTS

SÉCURITÉ ACTIVE freins ABS, assistance au freinage, répartition électronique de la force de freinage, contrôle de la stabilité électronique , antipatinage
SUSPENSION AVANT/ARRIÈRE indépendante/ pont rigide
FREINS AVANT/ARRIÈRE disques
DIRECTION à crémaillère, assistée
PNEUS 2500 P245/75R16, **3500** P215/85R16

DIMENSIONS

EMPATTEMENT 3665 mm et 4325 mm
LONGUEUR 5910 à 7345 mm
LARGEUR 2500 1993 mm 3500 2015 mm
HAUTEUR 2445 à 2820 mm
POIDS 2380 à 2900 kg
DIAMÈTRE DE BRAQUAGE 14,5 à 16,7 m
COFFRE 1900 (2500 combi emp. court, derrière sièges) à 15 500 L (3500 emp. long)
RÉSERVOIR DE CARBURANT 100 L
CAPACITÉ DE REMORQUAGE 2268 kg

MENTIONS

CLÉ D'OR RECOMMANDÉ

VERDICT

Plaisir au volant
Qualité de finition
Consommation
Rapport qualité / prix
Valeur de revente

LA COTE VERTE MOTEUR L4 DE 1,6 L source : ÉnerGuide

CONSOMMATION (100 KM) man. 6,1 L, auto. 6,4 L • **ÉMISSIONS POLLUANTES CO_2** man. 2806 kg/an, auto. 2944 kg/an • **INDICE D'OCTANE** 91
COÛT DU CARBURANT MOYEN PAR ANNÉE man. 1610 $, auto. 1690 $ • **NOMBRE DE LITRES PAR ANNÉE** man. 1220, auto. 1280

FICHE D'IDENTITÉ

VERSIONS Coupé Classic, Cooper, Cooper S, John Cooper Works Cabriolet Cooper, Cooper S, John Cooper Works Clubman Classic, Cooper, Cooper S, John Cooper Works
ROUES MOTRICES avant
PORTIÈRES 2, 3, 5 **NOMBRE DE PASSAGERS** 4
PREMIÈRE GÉNÉRATION 2002
GÉNÉRATION ACTUELLE 2007
CONSTRUCTION Oxford, Angleterre
COUSSINS GONFLABLES 6 (frontaux, latéraux, rideaux latéraux) cabrio. 4 (frontaux, latéraux avant)
CONCURRENCE Audi A3, Mazda MazdaSpeed3/ MX-5, Mitsubishi Lancer Sportback Ralliart, Volkswagen Golf/Eos, Volvo C30

AU QUOTIDIEN

PRIME D'ASSURANCE
25 ANS : 2600 à 2800 $
40 ANS : 1600 à 1800 $
60 ANS : 1400 à 1600 $
COLLISION FRONTALE 4/5
COLLISION LATÉRALE 4/5
VENTES DU MODÈLE DE L'AN DERNIER
AU QUÉBEC 1435 **AU CANADA** 4501
DÉPRÉCIATION 40,4 %
RAPPELS (2006 à 2011) 5
COTE DE FIABILITÉ 3/5

GARANTIES... ET PLUS

GARANTIE GÉNÉRALE 4 ans/80 000 km
GARANTIE MOTOPROPULSEUR 4 ans/80 000 km
PERFORATION 12 ans/kilométrage illimité
ASSISTANCE ROUTIÈRE 4 ans/80 000 km
NOMBRE DE CONCESSIONNAIRES
AU QUÉBEC 4 **AU CANADA** 25

NOUVEAUTÉS EN 2012

Aucun changement majeur

POUR TOUT ET POUR RIEN

Daniel Rufiange

L'une des questions qu'on me pose le plus souvent est la suivante : quelle est la voiture que vous aimez le plus conduire ? Invariablement, la MINI Cooper figure parmi celles que je nomme. Voilà 10 ans que BMW a fait renaître la puce anglaise, et ses détracteurs d'alors n'ont d'autres choix aujourd'hui que de reconnaître qu'il y a eu là un éclair de génie. Mais, outre son allure coquette, qu'est-ce qui rend cette MINI si attrayante ?

CARROSSERIE Ça commence de toute évidence par ce design pour le moins unique. La Cooper est l'une des plus belles bagnoles sur le marché, point à la ligne. Ses gros phares ronds, ses arches de roues plastifiées, sa ligne de toit plane, sa peinture deux tons et son habitacle particulier, voilà autant d'éléments qui contribuent à son unicité. Preuve du succès de la marque, le constructeur a ajouté des variantes à la gamme - Clubman et Countryman - sans compter que les concepts signés MINI poussent comme des champignons dans les salons de l'automobile. Toutefois, la Cooper demeure la classique, le pain et le beurre du fabricant. Cette dernière est proposée en trois configurations : Cooper, Cooper S et John Cooper Works (JCW), sans compter les variantes décapotables .

HABITACLE On aime l'habitacle de la Cooper pour son anticonformisme. Rien de conventionnel ici. En fait, la première fois qu'on monte à bord, on prend un temps fou à chercher certaines commandes comme les interrupteurs pour les vitres électriques. Pour l'ergonomie, on repassera, mais on s'en contrefiche. Être aux commandes d'une MINI, c'est une expérience en soi et elle est bien rendue par les concepteurs. Les sièges pourraient être plus confortables, et la qualité d'assemblage gagnerait à être plus soignée, même si la génération actuelle est plus solide à ce chapitre que ses devancières. Quant aux places arrière, elles demeurent accessoires ; on n'achète pas une MINI pour trimbaler la famille.

MÉCANIQUE Un seul moteur à 4 cylindres de 1,6 litre anime les différentes versions de

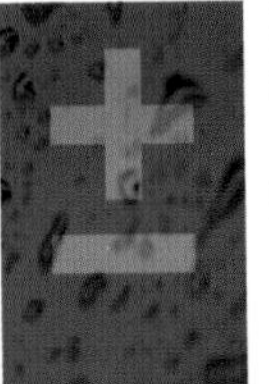

FORCES Plaisir de conduite • Tenue de route incisive • Faible consommation
Design aussi unique qu'original • Présentation intérieure réussie
Vous êtes un succès partout où vous allez avec cette voiture

FAIBLESSES Qualité de construction qui laisse encore des doutes
Frais à l'usage : achat et entretien • Effet de couple sur les versions turbo
Pas la plus confortable • L'arrivée de la Fiat 500 lui fera-t-elle mal?

la MINI. Sur les variantes Cooper S et JCW, l'ajout d'un turbo fait passer la puissance de 121 à 181 et à 208 chevaux respectivement. Sans le concours du turbo, les 121 chevaux de la Cooper sont suffisants pour procurer beaucoup de plaisir au volant. Imaginez alors l'euphorie quand on enfonce l'accélérateur d'une version équipée d'un turbo. En fait, c'est aussi exaltant que frustrant. D'abord, nos routes ne sont pas faites pour courser, et, ensuite, l'effet de couple vient inexorablement gâcher la sauce.

Une boîte de vitesses automatique à 6 rapports est offerte sur les versions de la MINI, mais bien franchement, je ne conçois pas cette voiture autrement qu'équipée de la boîte manuelle, aussi à 6 rapports. Cette dernière est un plaisir à utiliser.

COMPORTEMENT C'est ici que la MINI dévoile tous ses charmes et prend tout son sens. Dès les premiers tours de roues, la voiture nous séduit au point où l'on oublie tous ses irritants. Si vous avez déjà fait du karting, vous pouvez imaginer à quoi ressemble la conduite d'une MINI. Agile, bagarreuse et nerveuse, on peut planter cette voiture là où on le désire sur la route. Cette dernière obéit comme un tigre bien dompté. Seule la notion de confort est plutôt vague, surtout quand on emprunte des routes truffées de nids-de-poule. Par contre, la direction ultra précise permet de tous les éviter !

CONCLUSION Unique, la MINI s'adresse aux passionnés. Elle séduit l'émotif plutôt qu'elle convainc le rationnel. Par contre, si on prend le temps de l'analyser froidement, on réalise que cette voiture est trop chère et très peu pratique. Seule la version de base en vaut le coup, et encore, à moins que vous ne sachiez plus quoi faire de vos billets verts. Néanmoins, si la MINI n'existait pas, il faudrait l'inventer. Le monde de l'automobile n'a pas à être toujours rationnel, et à ce chapitre, la MINI est une délinquante de première classe.

2e OPINION

« Se pourrait-il qu'un party de proprios de MINI soit plus rigolo qu'une réunion de conducteurs de Camry ? Je peux me tromper mais... Comment ne pas la trouver sympa, cette MINI ? Chaque fois que j'en vois une, j'examine ses couleurs pour savoir si le conducteur a poussé l'audace visuelle un peu plus loin. Beaucoup de plastique à l'intérieur ? Oui. Mais comme les instruments et les accessoires sont super « cool », on s'en fout. Et je n'ai parlé que de l'apparence. La vraie force de la MINI, peu importe sa configuration, c'est son comportement de kart. Pour une fois qu'on trouve une utilité aux nids-de-poule du Québec : slalomer tout autour ! Reste quand même que tout ce plaisir a un prix, et comme il est fixé par nos amis de BMW... » — Michel Crépault

FICHE TECHNIQUE

MOTEURS

(CLASSIC, COOPER) L4 1,6 L DACT, 121 ch à 6000 tr/min
COUPLE 114 lb-pi à 4250 tr/min
BOÎTE DE VITESSES manuelle à 6 rapports, automatique à 6 rapports avec mode manuel
0-100 KM/H man. 9,0 s, **auto.** 10,3 s
VITESSE MAXIMALE man. 203 km/h, **auto.** 196 km/h

(COOPER S) L4 1,6 L turbo DACT, 181 ch à 5500 tr/min
COUPLE 177 lb-pi de 1600 à 5000 tr/min (192 lb-pi à 1700 tr/min en mode overboost)
BOÎTE DE VITESSES manuelle à 6 rapports, automatique à 6 rapports avec mode manuel
0-100 KM/H man. 7,0 s, **auto.** 7,2 s
VITESSE MAXIMALE man. 228 km/h, **auto.** 223 km/h
CONSOMMATION (100 KM) man. 6,7 L, **auto.** 6,9 L
ÉMISSIONS DE CO_2 man. 3082 kg/an, **auto.** 3220 kg/an
LITRES PAR ANNÉE man. 1340 L, **auto.** 1400 L
COÛT PAR AN man. 1769 $, **auto.** 1848 $

(JOHN COOPER WORKS) L4 1,6 L turbo DACT, 208 ch à 6000 tr/min
COUPLE 192 lb-pi de 1850 à 5600 tr/min
BOÎTE DE VITESSES manuelle à 6 rapports
0-100 KM/H 6,5 s
VITESSE MAXIMALE 236 km/h
CONSOMMATION (100 KM) 6,7 L (octane 91)
ÉMISSIONS DE CO_2 3082 kg/an
LITRES PAR AN 1340 L
COÛT PAR AN man. 1769 $

AUTRES COMPOSANTS

SÉCURITÉ ACTIVE freins ABS, assistance au freinage, répartition électronique de la force de freinage, contrôle de la stabilité électronique, antipatinage
SUSPENSION AVANT/ARRIÈRE indépendante
FREINS AVANT/ARRIÈRE disques
DIRECTION assistée, à crémaillère
PNEUS Classic (hatchback et Clubman) P175/65R15, **Cooper/Cooper S** P195/55R16, **Option Cooper et Cooper S/ de série JCW** P205/45R17

DIMENSIONS

EMPATTEMENT 2467 mm, **Clubman** 2547 mm
LONGUEUR 3723 mm, **Clubman** 3961 mm
LARGEUR 1683 mm
HAUTEUR 1407 mm, **Cabrio.** 1414 mm, **Clubman** 1426 mm
POIDS Cooper man. 1150 kg, **Cooper S man.** 1210 kg **Cooper Cabrio. man.** 1225 kg, **Cooper S cabrio. man.** 1275 kg, **Cooper Clubman man.** 1230 kg, **Cooper S Clubman man.** 1285 kg, **JCW coupé** 1210 kg
DIAMÈTRE DE BRAQUAGE hatchback/cabrio. 10,7 m, **Clubman** 11,0 m
COFFRE Coupé 160 L, 680 l (sièges abaissés) **Cabriolet** 170 L, 660 L (sièges abaissés) **Clubman** 260 L, 930 L (sièges abaissés)
RÉSERVOIR DE CARBURANT 55 L

MENTIONS

COUP DE CŒUR

RECOMMANDÉ

VERDICT

Plaisir au volant
Qualité de finition
Consommation
Rapport qualité / prix
Valeur de revente

www.mini.ca

27 850 $ à 34 400 $ t&p 1595 $

LA COTE VERTE MOTEUR L4 DE 1,6 L source : ÉnerGuide

CONSOMMATION (100 KM) man. 6,5 L, auto. 7,4 L • **ÉMISSIONS POLLUANTES CO_2** man. 2990 kg/an, auto. 3404 kg/an • **INDICE D'OCTANE** 91
COÛT DU CARBURANT MOYEN PAR ANNÉE man. 1716 $, auto. 1954 $ • **NOMBRE DE LITRES PAR ANNÉE** man. 1300, auto. 1480

FICHE D'IDENTITÉ

VERSIONS Cooper Countryman, Cooper S Countryman, Cooper S Countryman ALL4
ROUES MOTRICES avant, 4
PORTIÈRES 5 **NOMBRE DE PASSAGERS** 4
PREMIÈRE GÉNÉRATION 2011
GÉNÉRATION ACTUELLE 2011
CONSTRUCTION Graz, Autriche
COUSSINS GONFLABLES 6 (frontaux, latéraux, rideaux latéraux)
CONCURRENCE Audi A3, Nissan Juke, Subaru Impreza, Mitsubishi Lancer Sportback, Suzuki SX4

AU QUOTIDIEN

PRIME D'ASSURANCE
25 ANS : 2000 à 2200 $
40 ANS : 1400 à 1600 $
60 ANS : 900 à 1100 $
COLLISION FRONTALE 5/5
COLLISION LATÉRALE 5/5
VENTES DU MODÈLE DE L'AN DERNIER
AU QUÉBEC nd **AU CANADA** nd
DÉPRÉCIATION nd
RAPPELS (2006 à 2011) aucun à ce jour
COTE DE FIABILITÉ nm

GARANTIES... ET PLUS

GARANTIE GÉNÉRALE 4 ans/80 000 km
GARANTIE MOTOPROPULSEUR 4 ans/80 000 km
PERFORATION 12 ans/kilométrage illimité
ASSISTANCE ROUTIÈRE 4 ans/80 000 km
NOMBRE DE CONCESSIONNAIRES
AU QUÉBEC 4 **AU CANADA** 25

NOUVEAUTÉS EN 2012

Aucun changement majeur

LA RÉCRÉATION EST TERMINÉE

Francis Brière

MINI n'a pas fini de nous en montrer! Si vous croyez que la Countryman est le début de la fin, détrompez-vous. On tentera de séduire toutes les clientèles avec la Paceman, la Rocketman, le Coupe, la Roadster et tout ce que vous voulez ! Cela ne signifie pas pour autant que ces nouveaux modèles ne seront pas intéressants, mais il faut admettre qu'on pousse la machine un peu fort. La Countryman, quoi qu'il en soit, est la première étape d'une activité bouillonnante de créativité, en tout cas en ce qui a trait à la conception.

CARROSSERIE Avec sa ceinture de caisse haute, ses ailes et ses passages de roues musclés et sa partie avant plus masculine, la Couyntryman se distingue des autres MINI par son petit air de VUS qui n'en est pas un. En revanche, les airs de famille ne trompent pas dès le premier coup d'œil. L'exercice peut sembler simple, mais le constructeur a réalisé un tour de force: concevoir un véhicule utilitaire sport dans un gabarit de microvoiture.

Fabriquer un mercenaire avec une majorette, un défi de taille. En ce qui concerne le produit fini, il est franchement réussi !

HABITACLE L'intérieur est bien celui d'une MINI, avec sa conception improbable et ses cadrans déroutants. Retenons simplement le fait que la qualité des matériaux qui composent l'habitacle laissait un peu à désirer compte tenu du prix du véhicule. Pour la Countryman, on remarque une légère amélioration, mais les bruits de caisse sont à prévoir dans un court laps de temps. Que dire de ce petit rail au centre de l'habitacle qui sert notamment à ranger le téléphone portable, le iPod et les autres gadgets? Ridicule ! Par contre, les sièges offrent plus de confort et conviennent davantage aux personnes de taille imposante.

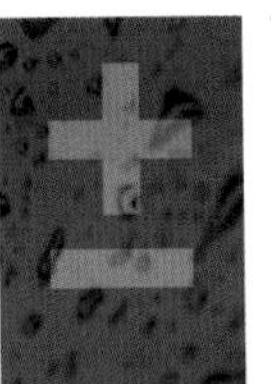

FORCES Belle silhouette • Direction jouissive
Transmission intégrale

FAIBLESSES Modèle de base ridicule • Joujou en déclin
Confort toujours absent

Il s'agit d'un dispositif qui se base sur la demande (s'il y a manque d'adhérence pour le train avant) pour envoyer le couple vers les roues arrière. Ce système n'est certes pas le meilleur, mais il suffit dans la majorité des situations. Notez que l'ALL4 n'est offert que sur la MINI Countryman S.

MÉCANIQUE Le modèle de base emprunte le bloc de la MINI Cooper, un 4cylindres de 1,6 litre de 121 chevaux, tandis que la livrée plus musclée est équipée du même moteur qu'on retrouve sous le capot de la Cooper S, un 4cylindres suralimenté de 181 chevaux. Comme la Countryman est plus grosse et plus haute, il faut nécessairement tenir compte d'un surplus de poids. Cela signifie que le moteur de base ne suffit pas à la tâche. Il ne consomme pas beaucoup de carburant, c'est une belle qualité, mais il vous faudra doublement renoncer au plaisir. La boîte de vitesses mécanique à 6 rapports est toujours aussi agréable, tandis que la boîte automatique amenuise encore davantage le plaisir, surtout pour le modèle de base. Quant à la suspension, elle est légèrement moins sèche que celle d'une MINI Cooper. Plusieurs seront tentés d'acheter une Countryman équipée du système ALL4.

COMPORTEMENT Avec un dégagement plus élevé et un centre de gravité qui s'éloigne du sol, il ne faut pas s'étonner du fait que la Countryman ait perdu de sa joie de vivre par rapport à la MINI Cooper. En revanche, sa direction toujours aussi incisive contribue à ne pas éteindre complètement le dynamisme de la voiture. Du reste, son comportement se rapproche de celui d'un petit VUS, et une impression de lourdeur se ressent derrière le volant. La maniabilité est toujours au rendez-vous, mais on s'ennuie du tempérament jouet d'une John Cooper Works ou, même, d'une Cooper de base.

CONCLUSION Il faut être un fanatique invétéré de la marque pour se procurer une MINI Countryman. L'aspect utilitaire ne convaincra personne, et le côté bon enfant a été littéralement dilué. Que reste-t-il? À 38 000 $ pour une livrée Countryman S équipée du système ALL4, vaut mieux y penser deux fois.

2e OPINION

« Si une catégorie existait pour désigner le véhicule le plus beau **ET** *le plus inutile de l'industrie, mon vote irait au MINI Countryman. J'avoue avoir été séduit par ses lignes lors de son dévoilement, mais il faut éviter de tomber dans le panneau. En fait, il faut poser la question qui tue : à quoi ça sert, un Countryman ? Bon, d'accord, un véhicule n'a pas absolument besoin d'être pratique pour être intéressant, mais expliquez-moi comment un véhicule utilitaire qui ne compte que quatre places, qui est doté d'un espace de chargement plus que moyen et qui est vendu plus cher que la moyenne a d'intéressant ? De plus, il est sous-motorisé ! Sachez qu'une version tout équipée à quatre roues motrices du Countryman vous soulagera de 50 313 $, avant taxes ! Non, mais... » — Daniel Rufiange*

FICHE TECHNIQUE

MOTEURS

(COOPER) L4 1,6 L DACT, 121 ch à 6000 tr/min
COUPLE 114 lb-pi à 4250 tr/min
BOÎTE DE VITESSES à 6 rapports, automatique à 6 rapports avec mode manuel
0-100 KM/H 10,5 s
VITESSE MAXIMALE 190 km/h

(COOPER S) L4 1,6 L turbocompressé DACT, 181 ch à 5500 tr/min
COUPLE 177 lb-pi de 1600 à 5000 tr/min, (en mode overboost : 192 lb-pi à 1700 tr/min)
BOÎTE DE VITESSES manuelle à 6 rapports, automatique à 6 rapports avec mode manuel
0-100 KM/H man. 7,5 s, **auto.** 7,8 s
VITESSE MAXIMALE MAN. 215 km/h, **auto.** 210 km/h

CONSOMMATION (100 KM) man. 7,0 L, **auto.** 7,1 L, **4RM man.** 7,2 L
ÉMISSIONS DE CO_2 man. 3266 kg/an, **auto.** 3312 kg/an, **4RM man.** 3358 kg/an
LITRES PAR AN man. 1420 L, **auto.** 1440 L, **4RM man.** 1460 L
COÛT PAR AN man. 1874 $, **auto.** 1901 $, **4RM man.** 1927 $

AUTRES COMPOSANTS

SÉCURITÉ ACTIVE freins ABS, répartition électronique de la force de freinage, contrôle de stabilité électronique, antipatinage
SUSPENSION AVANT/ARRIÈRE indépendante
FREINS AVANT/ARRIÈRE disques
DIRECTION assistée, à crémaillère
PNEUS P205/45R17

DIMENSIONS

EMPATTEMENT 2595 mm
LONGUEUR 4108 mm Cooper S 4110 mm
LARGEUR 1789 mm
HAUTEUR 1561 mm
POIDS Cooper man. 1340 kg, **Cooper auto.** 1370 kg, **Cooper S man.** 1385 kg, **Cooper S auto.** 1405 kg, **Cooper S ALL4 man.** 1455 kg, **Cooper S ALL4 man.** 1475 kg
DIAMÈTRE DE BRAQUAGE 11,6 m
COFFRE 467 L, 1195 L (sièges abaissés)
RÉSERVOIR DE CARBURANT 47 L

MENTIONS

COUP DE CŒUR RECOMMANDÉ

VERDICT

Plaisir au volant
Qualité de finition
Consommation
Rapport qualité / prix
Valeur de revente

MINI

www.mini.ca

$ 32 998 $ à 35 998 $ t&p 1450 $

LA COTE VERTE MOTEUR SYNCHRONE À AIMANTS PERMANENTS source : Mitsubishi

CONSOMMATION (AUTONOMIE MOYENNE): 135 km • **TEMPS DE RECHARGE:** 240 V: 6 heures 120 V: 22,5 heures
CHARGEUR RAPIDE: 30 min pour 80 % de la batterie

FICHE D'IDENTITÉ

VERSIONS base, ensemble haut de gamme
ROUES MOTRICES arrière
PORTIÈRES 5 **NOMBRE DE PASSAGERS** 4
PREMIÈRE GÉNÉRATION 2012
GÉNÉRATION ACTUELLE 2012
CONSTRUCTION Mizushima, Japon
COUSSINS GONFLABLES 6 (frontaux, latéraux avant, rideaux latéraux)
CONCURRENCE Chevrolet Volt, Nissan Leaf

AU QUOTIDIEN

PRIME D'ASSURANCE
25 ANS: ND
40 ANS: ND
60 ANS: ND
COLLISION FRONTALE ND
COLLISION LATÉRALE ND
VENTES DU MODÈLE DE L'AN DERNIER
AU QUÉBEC nm **AU CANADA** ND
DÉPRÉCIATION ND
RAPPELS (2006 à 2011) ND
COTE DE FIABILITÉ ND

GARANTIES... ET PLUS

GARANTIE GÉNÉRALE 5 ans/100 000 km
GARANTIE MOTOPROPULSEUR 10 ans/160 000 km
GARANTIE BATTERIE 8 ans/160 000 km
PERFORATION 5 ans/kilométrage illimité
ASSISTANCE ROUTIÈRE 5 ans/kilométrage illimité
NOMBRE DE CONCESSIONNAIRES
AU QUÉBEC 26 **AU CANADA** 71

NOUVEAUTÉS EN 2012

Nouveau modèle

LE BŒUF EST LENT... MAIS LA TERRE EST PATIENTE

Michel Crépault

En guise d'introduction à l'un des deux seuls véhicules à 100 % électriques qui seront offerts aux Québécois d'ici la fin de 2011, je me dois d'être juste envers les gens de Mitsubishi qui ont accepté de me prêter une i-MiEV. Ils m'ont bien prévenu, en effet, que le modèle que j'essayais en était un d'outre-mer, et que celui qui débarquerait en Amérique du Nord serait meilleur à plusieurs égards. Je ne devais jamais l'oublier durant mon essai. Et, surtout, m'en souvenir en le comparant à la Nissan Leaf, la rivale par défaut.

Une mise en garde dont nous tiendrons compte tout au long du texte qui suit ; sinon, c'est officiel, la Nissan ne ferait qu'une bouchée de la Mitsubishi...

CARROSSERIE L'i-MiEV (le i désigne le modèle – offert avec un moteur à essence au Japon – tandis que l'acronyme tient pour Mitsubishi Innovative Electric Vehicle) est une sous-compacte à 5 portes bonne pour 4 personnes qui adopte plus ou moins la forme d'un œuf. Son embryon partage des affinités avec la smart, du temps où les ingénieurs de Mercedes-Benz, de Chrysler et de Mitsubishi se parlaient. Par rapport au modèle japonais, notre i-MiEV sera plus large, ses pare-chocs auront grossi, question de respecter nos normes préventives. Elle est légère, assez parfois pour qu'un coup de vent l'agresse sur l'autoroute, et ses portières arrière présentent une ouverture décente.

HABITACLE L'i-MiEV que j'ai conduite s'est présentée sous un jour désarmant de simplicité. Pour ma part, je ne crois pas qu'un véhicule électrique doive à tout prix nous jeter de la poudre aux yeux avec une présentation inspirée d'un film de science-fiction, mais disons qu'un peu d'avant-

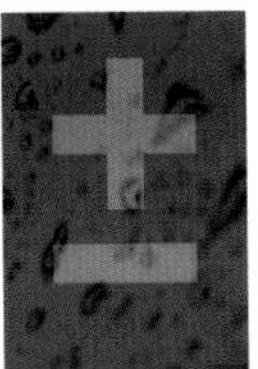

FORCES Pionnière dans ce qui sera un jour un mode de transport courant
Couple et vitesse suffisamment élevés • Confort honnête

FAIBLESSES Présentation simpliste • Renseignements pertinents mal communiqués
Plastique et finition approximative, mais ce sera réglé (m'a-t-on juré)...

de présentation. D'ailleurs, Mitsubishi Canada annonce déjà deux livrées, soit une de base, et l'autre, enrichie de l'ensemble Premium qui comprend, entre autres, un système de surveillance de la pression des pneus, la connectivité Bluetooth et un dispositif qui générera une sonorité artificielle pour avertir le piéton de l'approche d'un véhicule pas comme les autres.

gardisme ne nuit pas non plus. Or, cette i-MiEV proposait un intérieur trop dépouillé : trois mollettes alignées en colonne, des cadrans perdus derrière le volant et une radio en apparence achetée à la dernière minute chez Canadian Tire. Par ailleurs, j'ai toujours vu les constructeurs de véhicules hybrides, enfichables et tout à l'électricité se fendre en quatre pour nous expliquer, à l'aide de graphiques, comment ils fonctionnent. L'i-MiEV péchait par excès contraire. J'ai dû me contenter d'un cadran qui indiquait si l'auto se rechargeait, était conduite d'une manière optimale (zone verte « eco ») ou si elle perdait son jus comme un bête blessée parce que j'exagérais avec l'accélérateur. Une autre petite fenêtre pour afficher la vitesse et, en ce qui concerne l'autonomie du véhicule, l'information la plus pertinente de toutes, une simple jauge graduée, comme un véhicule à carburant. J'ai mesuré mon autonomie en estimant des fractions d'énergie, en comptant des barres vides et pleines. Ça ne va pas du tout ! Je veux un chiffre ! Combien de kilomètres puis-je encore parcourir avant de commencer à paniquer ? Pour paraphraser le grand Deschamps, je ne veux pas le deviner, je veux le *wouère* ! Mais, bon, que mes amis de Mitsubishi considèrent ces jérémiades comme une critique constructive. Je suis convaincu qu'ils savent ce que leur véhicule électrique devra contenir pour séduire les Nord-Américains. Je vais donc présumer que l'i-MiEV qui débarquera chez les concessionnaires aura résolu cette pauvreté

Pour ce qui est des quatre places, elles sont correctes ; l'espace de chargement naturel n'est pas immense, mais il est possible de l'augmenter aisément grâce aux dossiers rabattables 50 / 50 de la banquette, appuie-tête inclus.

MÉCANIQUE Surprise ! L'i-MiEV est une propulsion ! Justement, à l'arrière de l'auto se niche le moteur électrique de 49 kilowatts qui produit jusqu'à 66 chevaux et un couple de 145 livres-pieds à 2000 tours par minute, tandis que les cellules de la batterie au lithium-ion de 16 kilowattheures (garantie pour huit ans) se répandent sous le plancher sans empiéter dans l'habitacle et tout en aidant le centre de gravité. Si Mitsubishi annonce une autonomie théorique de 135 kilomètres, l'EPA (Environmental Protection Agency américaine) a plutôt mesuré 100 kilomètres, contre 117 pour la Leaf qui, plus lourde et plus spacieuse, dispose d'une batterie qui peut stocker 50 % plus d'énergie. Pour recharger l'i-MiEV : 22 à 26 heures dans une prise à 120 volts, 6 heures dans une prise à 240 volts. L'auto dispose aussi d'une prise à charge rapide à 440 volts (80 % de la charge en 30 minutes) mais les stations capables d'un tel rendement ne courent pas encore les rues.

COMPORTEMENT J'ai expérimenté la même aisance à rouler à des vitesses normales qu'à bord de la Leaf. D'ailleurs, ç'a toujours été la même première question sur les lèvres des gens : « Elle se débrouille bien sur

HISTORIQUE

La Mitsubishi i-MiEV est une «évolution» de l'i, une microvoiture lancée (ou «kei car» dans la langue japonaise) en 2006 au Salon de l'auto de Tokyo. Un prototype de l'i-MiEV a été dévoilé au Salon de Genève de 2009. Au même salon, le fabricant nippon présente une variante amusante de cette puce électrique : l'i-MiEV Sport Air, un petit coupé monovolume. Plus tard, la même année, Mitsubishi présente au Salon de Tokyo un second concept exterpé de cette voiture électrique : la minifourgonnette i-MiEV Cargo.

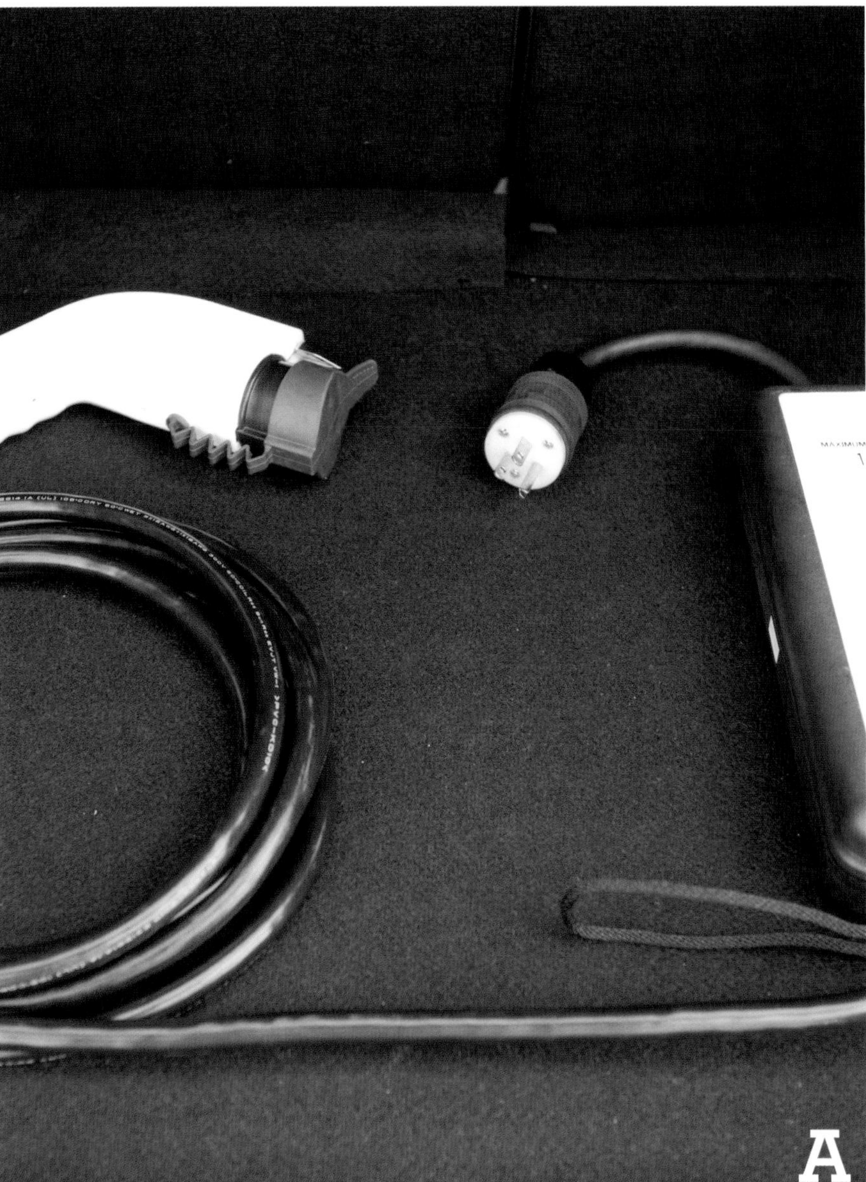

GALERIE

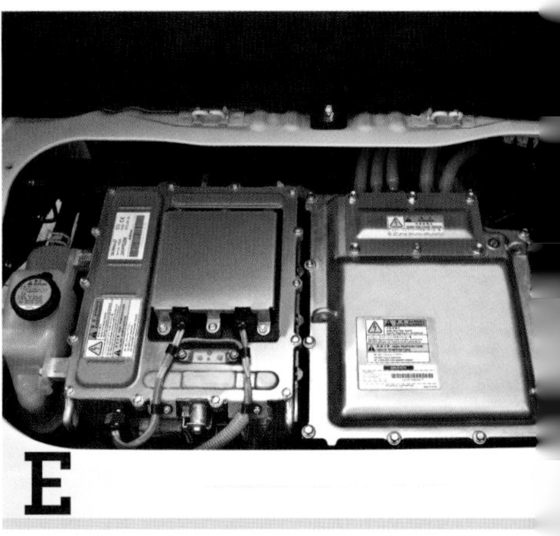

A *Le système de charge est conçu pour s'adapter aux prises de courant nord-américaines de 120 volts (22,5 heures) ou aux prises de 240 volts (6 heures). On peut également charger le véhicule à 80 % avec un système de recharge rapide à 440 volts en environ 30 minutes.*

B *Grâce à l'empattement long et aux roues placées le plus loin possible vers l'avant et vers l'arrière, quatre adultes peuvent s'installer confortablement dans l'i-MiEV. Il y a également de la place pour quelques bagages derrière le siège arrière.*

C *l'i-Miev propose un intérieur trop dépouillé : trois mollettes alignées en colonne, des cadrans perdus derrière le volant et une radio en apparence achetée à la dernière minute chez Canadian Tire. Par ailleurs, j'ai toujours vu les constructeurs de véhicules hybrides, enfichables et tout à l'électricité se fendre en quatre pour nous expliquer, à l'aide de graphiques, comment ils fonctionnent. L'i-MiEV péchait par excès contraire. J'ai dû me contenter d'un cadran qui indiquait si l'auto se rechargeait, était conduite d'une manière optimale (zone verte « eco ») ou si elle perdait son jus comme un bête blessée parce que j'exagérais avec l'accélérateur.*

D *l'espace de chargement naturel n'est pas immense, mais il est possible de l'augmenter aisément grâce aux dossiers rabattables 50/50 de la banquette, appuie-tête inclus. Cela fait de l'i-Miev un petit véhicule de livraison des plus écolos.*

E *Le bloc-batterie au lithium-ion de 16 kWh à haute densité énergétique est fixé sous le plancher. Cette conception judicieuse abaisse ainsi le centre de gravité, ce qui améliore la maniabilité tout en maximisant l'espace de l'habitacle.*

lèvres des gens : « Elle se débrouille bien sur l'autoroute ? » Et le même air ébahi quand je répondais que l'i-MiEV filait sans problème à 120 km/h. Toutefois, prenez l'autonomie ciblée de 135 kilomètres et la vitesse de pointe de 130 km/h, et l'équation s'impose d'elle-même : roulez en fou, et la panne vous guette, garanti. Probablement même sur une distance moins longue si le froid s'en mêle. Or, je m'étais donné la peine de calculer la distance que j'avais prévu de parcourir. Je disposais d'une charge pleine, et mon estimation m'accordait un jeu de 30 kilomètres. Ça devrait être suffisant. Ça n'a pas été suffisant… Je me suis tapé trop d'autoroute, pas assez de ville. De sorte que mes petites barres d'énergie se sont mises à disparaître à un rythme terrifiant. Quand la dernière s'est mise à scintiller, j'ai su que je n'atteindrais pas ma destination. Il fallait que je me trouve une prise de courant au plus sacrant ! Ma bonne étoile (malgré tout) a voulu que j'en trouve une chez un marchand de VR. Une prise à 240 volts en plus ! J'ai pu brancher la puce pendant 45 minutes, le temps que le proprio Gerry ferme boutique. J'avais regagné deux barres. J'ai repris la route, pas convaincu du tout… Quand l'i-MiEV a finalement posé les roues dans mon entrée de garage, il ne me restait plus une seule barre depuis au moins cinq kilomètres. Cette expérience, à la fois stressante et enrichissante, m'aura appris que les gens de Mitsubishi ont incorporé une réserve d'urgence, comme avec nos autos traditionnelles ; que si mon autonomie m'avait été communiquée à l'aide d'un chiffre au lieu de petites barres, j'aurais géré de manière différente mon anxiété ; que le constructeur ne ment pas dans sa publicité : « L'i-MiEV sera un excellent véhicule navetteur pour nombre de Canadiens qui vivent en milieu urbain. » Les mots-clefs ici sont « navetteur » et « milieu urbain ». Amenez-là uniquement sur l'autoroute, comme je l'ai fait, et vous perturbez totalement son autonomie. Et c'est là que les sueurs dans le dos commencent…

CONCLUSION D'ici 2016, Mitsubishi entend introduire huit véhicules électriques ou enfichables dans le monde. Une manière comme une autre de se refaire une réputation : leader des EV ! Avec l'i-MiEV, le constructeur souhaite aussi offrir le véhicule électrique de production de masse le plus abordable sur le marché. Après mon essai, je dis que le constructeur n'a pas le choix d'être moins cher que la Leaf qui évolue dans une classe à part. Mitsubishi Canada a annoncé que l'i-MiEV de base se vendra 32 998 $ et 35 998 $ pour le modèle haut de gamme. Ce PDSF ne comprend pas les taxes, ni les frais de transport, le travail de prélivraison. La subvention du Québec est de 7769 $, et le gouvernement offre en plus de rembourser 50 % des dépenses consacrées à l'achat et à l'installation d'un chargeur à la maison jusqu'à concurrence de 1 000 $. Bons calculs. Et pas seulement dans la salle d'exposition !

2e OPINION

« Petite citadine électrique l'i-Miev est basée sur la Mitsubishi « i » qui roule au Japon et en Angleterre. Dans sa configuration à carburant, elle coûte pratiquement la moitié du prix. Il ne faut donc pas s'attendre à un grand confort ; la finition est sommaire, et, en raison de sa forme, le véhicule est sensible aux vents latéraux. Parmi les bonnes nouvelles, le format passe vraiment partout, son impressionnant rayon de braquage permet de faire pratiquement un 360 sur place, et la réactivité du moteur surprend. Je n'ai eu aucun problème à suivre la circulation sur la route. Par contre, pour les 135 kilomètres d'autonomie, on repassera ; vous serez chanceux de vous rendre à 100. Entre cette Mitsubishi et la Nissan Leaf, la Leaf irait chez moi en premier. » — Benoit Charette

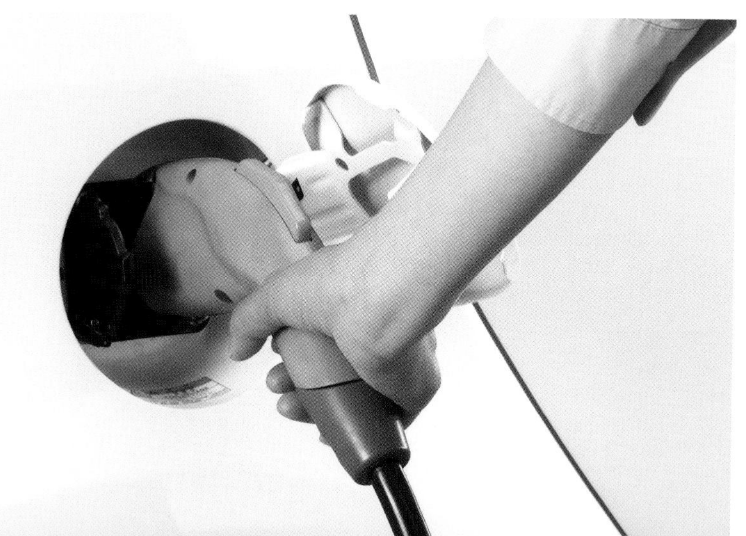

FICHE TECHNIQUE

MOTEUR

Moteur électrique synchrone à aimants permanents, 66 ch (49 KW)
COUPLE 145 lb-pi
TRANSMISSION à entraînement direct
0-100 KM/H 9 s
VITESSE MAXIMALE 130 km/h

AUTRES COMPOSANTS

SÉCURITÉ ACTIVE freins ABS, assistance au freinage, répartition électronique de la force de freinage, contrôle de la stabilité électronique, antipatinage
SUSPENSION AVANT/ARRIÈRE indépendante/essieu rigide
FREINS AVANT/ARRIÈRE disques/tambours
DIRECTION à crémaillère, assistée
PNEUS P145/65R15 **OPTION** P175/60R15

DIMENSIONS

EMPATTEMENT 2670 mm
LONGUEUR 3675 mm
LARGEUR 1585 mm
HAUTEUR 1615 mm
POIDS 1180 kg
DIAMÈTRE DE BRAQUAGE 9,4 m
COFFRE 368 L, 1416 L (sièges abaissés)
RÉSERVOIR DE CARBURANT 45 L

VERDICT

Plaisir au volant
Qualité de finition
Consommation
Rapport qualité / prix
Valeur de revente

$ 15 998 $ à 31 998 $ t&p 1350 $

LA COTE VERTE MOTEUR L4 DE 2,0 L source : ÉnerGuide

CONSOMMATION (100 KM) man. 7,2 L, CVT. 7,0 L • **ÉMISSIONS POLLUANTES CO_2** man. 3358 kg/an, CVT. 3220 kg/an • **INDICE D'OCTANE** 87
COÛT DU CARBURANT MOYEN PAR ANNÉE man. 1825 $, CVT. 1750 $ • **NOMBRE DE LITRES PAR ANNÉE** man. 1460, CVT. 1400

FICHE D'IDENTITÉ

VERSIONS Berline DE, SE, GT, Ralliart (4RM), Sportback SE, GT, Ralliart (4RM)
ROUES MOTRICES avant, 4
PORTIÈRES 4, 5 **NOMBRE DE PASSAGERS** 5
PREMIÈRE GÉNÉRATION 2003
GÉNÉRATION ACTUELLE 2007
CONSTRUCTION Mizushima, Japon
COUSSINS GONFLABLES 7 (frontaux, latéraux avant, genoux conducteur, rideaux latéraux)
CONCURRENCE Chevrolet Cruze, Ford Focus, Honda Civic, Hyundai Elantra, Kia Forte, Mazda3, Nissan Sentra, Subaru Impreza, Toyota Corolla/Matrix, VW Golf/Jetta

AU QUOTIDIEN

PRIME D'ASSURANCE
25 ANS : 1700 à 1900 $
40 ANS : 1000 à 1100 $
60 ANS : 700 à 900 $
COLLISION FRONTALE 4/5
COLLISION LATÉRALE 4/5
VENTES DU MODÈLE DE L'AN DERNIER
AU QUÉBEC 3609 **AU CANADA** 8765
DÉPRÉCIATION 46,4 %
RAPPELS (2006 à 2011) 4
COTE DE FIABILITÉ 4/5

GARANTIES... ET PLUS

GARANTIE GÉNÉRALE 5 ans/100 000 km
GARANTIE MOTOPROPULSEUR 10 ans/160 000 km
PERFORATION 5 ans/kilométrage illimité
ASSISTANCE ROUTIÈRE 5 ans/kilométrage illimité
NOMBRE DE CONCESSIONNAIRES
AU QUÉBEC 26 **AU CANADA** 71

NOUVEAUTÉS EN 2012

La version EVO retirée de la route

SURFER SUR L'AURA D'UN **MODÈLE MYTHIQUE !**

Luc Gagné

Le marché de l'automobile est un milieu ingrat. Pour réussir, un fabricant ne peut se contenter d'offrir quelque chose qui ressemble aux produits concurrents. Il doit disposer du « bon » produit et, surtout, occuper une place suffisante dans les médias pour faire savoir aux acheteurs qu'il existe. Au Canada, Mitsubishi semble avoir choisi une autre voie comme en témoigne la gamme Lancer actuelle, un modèle qui se limite à surfer sur le mythe de la Lancer EVO.

CARROSSERIE Mitsubishi offre deux types de Lancer : l'élégante berline de forme classique et la Sportback à hayon, qui se veut pratique. Or, si la première profite d'une silhouette équilibrée qui plaît, du moins à ceux qui apprécient sa « gueule de requin », l'allure de pachyderme de la Sportback ne lui obtiendra jamais un premier prix à un concours d'élégance. L'acheter, c'est avant tout faire preuve d'une objectivité très développée.

HABITACLE À l'instar des autres produits Mitsubishi, le noir domine à l'intérieur. Les quelques appliques de plastique argenté ou à effet « hydrographique » dans les modèles Ralliart plus cossus, apportent une petite touche de décoration dans un environnement plutôt dépouillé. Mais encore, ces appliques résistent mal aux écorchures. Par ailleurs, étant réduite à un strict minimum, l'instrumentation se révèle facile à repérer et à utiliser. Les modèles Ralliart disposent de sièges baquets sport à rebords prononcés (des Recaro, sur demande). Ils maintiennent admirablement bien le corps. Malheureusement, l'absence d'un volant inclinable (irritant commun à toutes les Lancer) empêche le conducteur de bénéficier d'une parfaite ergonomie. En outre, les sièges baquets des autres Lancer se révèlent dans la norme et procurent un confort de calibre métro, boulot, dodo. Dans la plupart des versions, ils sont chauffants. Enfin,

FORCES Comportement routier et performances (Ralliart)
Silhouette de la berline • Volume du coffre (Sportback)
Consommation réduite (2-L atmo.)

FAIBLESSES Aménagement intérieur peu inspirant
Comportement routier et performances (2-L atmo.) • Silhouette de la Sportback
Hayon lourd (Sportback) • Appliques décoratives intérieures fragiles

de 168 chevaux que le fabricant a discrètement retiré en 2011... Heureusement, il y a le yang : le 2-litres turbo des modèles Ralliart. C'est la joie ! Un moteur pimpant accouplé à une boîte séquentielle Sportronic à 6 rapports et à double embrayage qui fonctionne à merveille. En prime, on obtient une transmission intégrale de série. Bref, l'essentiel pour transformer une compacte ordinaire en une sportive offrant une conduire inspirante. Assez pour reléguer la Lancer Evolution au musée, compte tenu du prix aussi !

si le coffre de la berline se compare à celui d'une Civic et d'une Mazda3, donc parmi les moins volumineux, la découpe de son ouverture se révèle large. En revanche, la Sportback procure une des aires à bagages modulables les plus importantes de sa catégorie. Le seul ennui est son hayon, lourd et qui se soulève très haut, trop pour des personnes de petite taille.

MÉCANIQUE

L'univers mécanique de la Lancer se définit par deux mots : yin et yang. Le 4-cylindres atmosphérique de 2 litres des modèles de base est le yin. Bien qu'il ait 148 chevaux, on les cherche tant il est lymphatique. Sa consommation réduite constitue son seul point fort. Heureusement, sa boîte de vitesses manuelle à 5 rapports offre un maniement agréable. On peut aussi obtenir, contre supplément, une boîte automatique à variation continue (CVT) très correcte. Toutefois, cette quincaillerie ne met nullement la Lancer en valeur. Elle fait plutôt regretter le 4-cylindres de 2,4 litres

COMPORTEMENT

Sur route, on redécouvre le yin et le yang. Les Lancer « ordinaires » ont un roulement doux convenant à une autoroute droite et lisse comme un billard. Mais cette douceur se dissipe dès qu'on accède à des chemins tortueux et cahoteux. Sa suspension molle, au débattement mal retenu, impose même un roulis désagréable. Vous l'aurez compris, c'est le yin. Car les modèles Ralliart, au contraire, procure le yang : un comportement routier équilibré digne d'une berline européenne que la boîte Sportronic permet de mettre en valeur, surtout avec son mode manuel !

CONCLUSION Avec des rivales comme les Ford Focus et Chevrolet Cruze, sans oublier les incontournables Civic, Corolla et Mazda3, la Mitsubishi Lancer fait piètre figure à plusieurs égards.

2e OPINION

« Heureusement qu'il y a la Lancer pour garder le fort, sans oublier l'Outlander et le récent RVR. Les autres véhicules de la gamme ne font tout simplement pas le poids. La Lancer est une bonne petite voiture dotée d'un châssis solide, d'une tenue de route supérieure à la moyenne et d'une garantie plus que généreuse. Malgré la disparition de l'édition GTS, en 2011, la gamme Lancer est l'une des plus complètes du segment avec la berline et la familiale à traction. Il y a ensuite la pseudo-Evo baptisée Ralliart et, bien sûr, l'arme suprême de Mitsubishi, la Lancer Evolution. Ces deux sportives consomment de manière excessive, mais l'agrément de conduite qu'elles procurent compense pleinement. » — Vincent Aubé

FICHE TECHNIQUE

MOTEURS

(DE, SE, GT) L4 2,0 L DACT, 148 ch à 6000 tr/min
Couple 145 lb-pi à 4250 tr/min
BOÎTE DE VITESSES manuelle à 5 rapports, automatique à variation continue (option)
0-100 KM/H 7,9 s
VITESSE MAXIMALE 180 km/h

(RALLIART) L4 2,0 L turbo DACT, 237 ch à 6000 tr/min
Couple 253 lb-pi de 2500 à 4750 tr/min
BOÎTE DE VITESSES manuelle robotisée à 6 rapports
0-100 KM/H 6,5 s
VITESSE MAXIMALE 225 km/h

CONSOMMATION (100 KM) 9,9 L (octane 91)
ÉMISSIONS DE CO2 4646 kg/an
LITRES PAR ANNÉE 2020
COÛT PAR AN 2666 $

AUTRE COMPOSANTES

SÉCURITÉ ACTIVE freins ABS, assistance au freinage, distribution électronique du freinage, contrôle électronique de la stabilité, antipatinage
SUSPENSION AVANT/ARRIÈRE indépendante
FREINS AVANT/ARRIÈRE disques
DIRECTION à crémaillère, assistée
PNEUS P205/60R16, **Ralliart** P215/45R18, **Evolution** P245/40R18

DIMENSIONS

EMPATTEMENT 2635 mm
LONGUEUR 4570 mm Sport. 4585 mm
LARGEUR 1760 mm
HAUTEUR 1480 mm Ralliart 1490 mm Sport. 1505 mm Sport. Ralliart 1490 mm
POIDS berline DE man. 1315 kg, **DE CVT.** 1345 kg, **Ralliart** 1570 kg, **Sport. man.** 1355 kg, **Sport CVT.** 1385 kg, **Sport. Ralliart** 1620 kg
Diamètre de braquage 10,0 m
COFFRE berl. 348 L, **berl. Ralliart** 283 L **Sport.** 391 L, 1320 L (sièges abaissés)
RÉSERVOIR DE CARBURANT 59 L, **Ralliart** 55 L

VERDICT

Plaisir au volant
Qualité de finition
Consommation
Rapport qualité / prix
Valeur de revente

$ 25 498 $ à 34 498 $ t&p 1450 $

LA COTE VERTE MOTEUR L4 DE 2,4 L source : ÉnerGuide

CONSOMMATION (100 KM) 2RM 8,0 L, 4RM 8,1 L • **ÉMISSIONS POLLUANTES CO_2** 2RM 3726 kg/an, 4RM 3772 kg/an • **INDICE D'OCTANE** 87
COÛT DU CARBURANT MOYEN PAR ANNÉE 2RM 2025 $, 4RM 2050 $ • **NOMBRE DE LITRES PAR ANNÉE** 2RM 1620, 4RM 1640

FICHE D'IDENTITÉ

VERSIONS ES 2RM/4RM, LS (4RM), XLS (4RM)
ROUES MOTRICES avant, 4
PORTIÈRES 4 **NOMBRE DE PASSAGERS** 5, 7
PREMIÈRE GÉNÉRATION 2003
GÉNÉRATION ACTUELLE 2007
CONSTRUCTION Okazaki, Japon
COUSSINS GONFLABLES 6 (frontaux, latéraux avant, rideaux latéraux
CONCURRENCE Chevrolet Equinox, Ford Escape, Honda CR-V, Hyundai Tucson, Jeep Liberty, Nissan Rogue, Subaru Forester, Suzuki Grand Vitara, Toyota RAV-4

AU QUOTIDIEN

PRIME D'ASSURANCE
25 ANS : 1500 à 1700 $
40 ANS : 1100 à 1300 $
60 ANS : 900 à 1100 $
COLLISION FRONTALE 5/5
COLLISION LATÉRALE 5/5
VENTES DU MODÈLE DE L'AN DERNIER
AU QUÉBEC 3528 **AU CANADA** 8343
DÉPRÉCIATION 46,3 %
RAPPELS (2006 à 2011) 3
COTE DE FIABILITÉ 5/5

GARANTIES... ET PLUS

GARANTIE GÉNÉRALE 5 ans/100 000 km
GARANTIE MOTOPROPULSEUR 10 ans/160 000 km
PERFORATION 5 ans/kilométrage illimité
ASSISTANCE ROUTIÈRE 5 ans/kilométrage illimité
NOMBRE DE CONCESSIONNAIRES
AU QUÉBEC 26 **AU CANADA** 71

NOUVEAUTÉS EN 2012

Aucun changement majeur

ET POURQUOI PAS?

Luc Gagné

Le Mitsubishi Outlander fait partie de ces secrets bien cachés de l'industrie. Il se compare favorablement à plusieurs véhicules rivaux en plus d'être facile à trouver, grâce à l'ampleur relative de son jeune réseau de concessionnaires canadiens. L'ennui, c'est que son fabricant ne l'exploite pas assez dans la publicité et la promotion. Si bien que les acheteurs ignorent qu'il existe ou oublient de l'inscrire sur leur « liste d'épicerie ». Dommage car ils manquent quelque chose de bien !

CARROSSERIE Certaines personnes affirment que, en affublant l'Outlander d'une « gueule de requin » (sa calandre de forme polygonale) en 2010, on l'aurait rendu plus élégant. Certes, cet élément de design, désormais commun à l'essentiel des modèles de cette marque nipponne, distingue cet utilitaire sans toutefois faire l'unanimité. À tout le moins, cette « gueule » ne laisse personne indifférent.

HABITACLE Deux mots suffisent à décrire l'intérieur : vaste et... noir ! Dans les deux modèles ES 2RM et 4RM d'entrée de gamme, l'espace pour quatre adultes, cinq au besoin, abonde, alors que les versions plus cossues, LS et XLS, disposent d'une seconde banquette arrière escamotable convenant à deux jeunes enfants. L'espace pour les occupants ne manque pas. Par contre, du point de vue esthétique, c'est la disette. L'habitacle noir mur à mur, si ce n'est quelques rares appliques de plastique argenté, paraît terne et simpliste. Et c'est dommage car les matériaux sont d'une qualité satisfaisante, et l'assemblage est soigné. Heureusement, la surface vitrée très vaste éclaire l'habitacle généreusement en plus d'accorder un excellent champ de vision latéral et arrière au conducteur. L'aménagement du tableau de bord se révèle pratique, les commandes étant réduites au minimum. Ce qui n'empêche pas tous les Outlander d'avoir la connectivité Bluetooth permettant la téléphonie à mains libres de même qu'une connexion USB pour baladeur. Quant à l'aire à bagages, elle figure parmi les plus volumineuses de sa catégo-

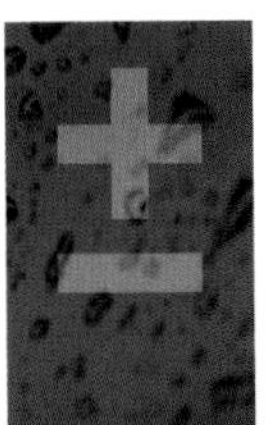

FORCES Version ES 4RM très attrayante • Intérieur particulièrement spacieux
Hayon double très pratique • Bonne CVT • Conduite agréable

FAIBLESSES Intérieur peu inspirant
Banquette arrière inutile (versions à 7 places)
Accès aux places arrière compliqué (versions à 7 places)

rie, le pneu de secours ayant été fixé sous le châssis. De plus, comme le Volvo XC90, on y accède en abaissant un petit hayon et en soulevant sa contrepartie supérieure. L'ouverture ainsi découverte est grande, et cette conception permet d'accéder au coffre même quand il n'y a pas beaucoup d'espace libre derrière le véhicule.

MÉCANIQUE Mitsubishi offre deux moteurs : le 4-cylindres de 2,4 litres de 168 chevaux de la berline Lancer pour les modèles ES, et un V6 de 3 litres de 230 chevaux pour les modèles LS et XLS. Bien entendu, pour remorquer de lourdes charges, ce dernier sera plus approprié, dans la mesure où la charge ne dépasse pas la limite de 1 587 kilos (680 kilos pour les Outlander ES). Le cas échéant, pour ce V6, il faudra aussi prévoir une consommation supérieure d'environ 20 %. Par ailleurs, pour tous les modèles, la puissance parvient aux roues motrices par l'intermédiaire d'une boîte de vitesses automatique à variation continue (CVT). Pour les modèles LS et XLS, elle dispose même d'une programmation simulant 6 rapports ! Dans cet éventail de modèles, l'Outlander ES 4RM se distingue du lot. Il est peu coûteux, son moteur offre des prestations (accélération et reprises) convenant à une vocation familiale et une consommation très raisonnable (elle ne serait que 1 % supérieure à celle d'une version ES 2RM).

COMPORTEMENT Après tout, en conduisant l'Outlander, on découvre la vraie nature de chaque version. Car le V6 a beau afficher 62 chevaux de plus, il ne transforme pas cet utilitaire en bombe, comme le fait le V6 de 3,5 litres de 269 chevaux du RAV4. Et c'est tant mieux ainsi. Inutile d'avoir un cœur de pur-sang dans le corps d'un cheval de trait ! Voilà pourquoi l'Outlander ES 4RM se distingue. On s'accommode très bien de ses performances puisqu'il procure une conduite agréable avec une servodirection précise et des freins à disque faciles à moduler. De plus, bien qu'il soit conçu (en version à 4RM) pour aller au-delà du bitume, sa suspension au débattement long, qui n'impose pas de roulis désagréable, n'a vraiment pas besoin d'une puissance débridée.

CONCLUSION L'arrivée du petit utilitaire RVR a entraîné une baisse des ventes de l'Outlander. Signe que plusieurs acheteurs recherchent des utilitaires plus petits et moins énergivores.

2e OPINION

« L'Outlander constitue un modèle capital pour l'avenir de la marque au Canada. Talentueux, bien construit et agréable à conduire, il offre beaucoup d'espace, un certain confort et une fiabilité tout à fait honnête. Il faut aussi dire que sa garantie de base (la meilleure de l'industrie) contribue aussi à rehausser la tranquillité d'esprit d'un acheteur qui en serait à sa première expérience avec ce constructeur. Toutefois, il est aussi vrai que l'Outlander commence à montrer quelques rides. Son design vieillit moyennement bien, son V6 est de moins en moins concurrentiel, et l'absence de certaines caractéristiques aujourd'hui très en demande commencent à agacer. Il faut aussi mentionner que sa consommation de carburant, est un peu plus élevée que la moyenne, tant avec le 4-cylindres que le V6. Néanmoins, l'Outlander demeure un choix éclairé et le produit le plus intéressant chez ce constructeur. » — Antoine Joubert

FICHE TECHNIQUE

MOTEURS

(ES) L4 2,4 L DACT 168 ch à 6000 tr/min
COUPLE 167 lb-pi à 4100 tr/min
BOÎTE DE VITESSES automatique à variation continue
0-100 KM/H 11,2 s
VITESSE MAXIMALE 190 km/h

(LS, XLS) V6 3,0 L DACT, 230 ch à 6250 tr/min
COUPLE 215 lb-pi à 3750 tr/min
BOÎTE DE VITESSES automatique à 6 rapports avec mode manuel
0-100 KM/H 10 s
VITESSE MAXIMALE 190 km/h

CONSOMMATION (100 km) 9,5 L (octane 91)
ÉMISSIONS DE CO_2 4416 kg/an
LITRES PAR ANNÉE 1920 L
COÛT PAR AN 2534 $

AUTRE COMPOSANTS

SÉCURITÉ ACTIVE freins ABS, assistance au freinage, distribution électronique de la force de freinage, contrôle électronique de la stabilité, antipatinage
SUSPENSION AVANT/ARRIÈRE indépendante
FREINS AVANT/ARRIÈRE disques
DIRECTION à crémaillère, assistée
PNEUS ES/LS P215/70R16, **XLS** P225/55R18

DIMENSIONS

EMPATTEMENT 2670 mm
LONGUEUR 4665 mm
LARGEUR 1800 mm
HAUTEUR 1720 mm
POIDS ES 2RM 1535 kg, **LS 4RM** 1700 kg, **XLS 4RM** 1715 kg
DIAMÈTRE DE BRAQUAGE 10,6 m
COFFRE 422 L (derrière 3e rangée), 1025 L (derrière 2e rangée), 2056 L (sièges abaissés)
RÉSERVOIR DE CARBURANT 2RM 63 L, **4RM** 60 L
CAPACITÉ DE REMORQUAGE ES 680 kg, **LS** 1588 kg

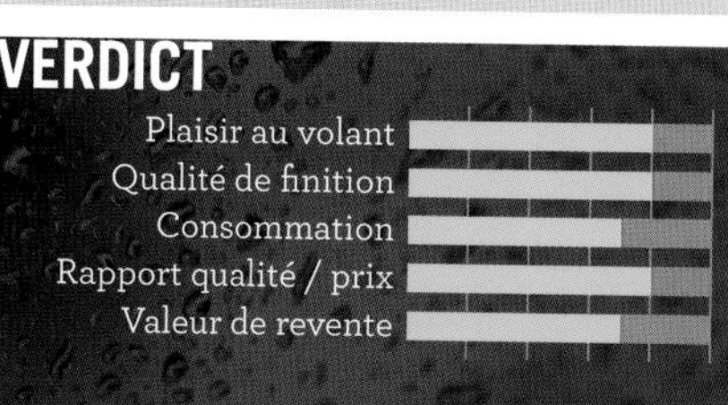

19 998 $ à 28 498 $ t&p 1450 $

LA COTE VERTE MOTEUR L4 DE 2,0 L source : EnerGuide

CONSOMMATION (100 KM) 2RM man. 7,6 L, 4RM CVT. 7,5 L • **ÉMISSIONS POLLUANTES CO_2** 3496 kg/an • **INDICE D'OCTANE** 87
COÛT DU CARBURANT MOYEN PAR ANNÉE 1976 $ • **NOMBRE DE LITRES PAR ANNÉE** 1520

FICHE D'IDENTITÉ

VERSIONS ES (2RM), SE 2RM/4RM, GT (4RM)
ROUES MOTRICES avant, 4
PORTIÈRES 5 **NOMBRE DE PASSAGERS** 5
PREMIÈRE GÉNÉRATION 2011
GÉNÉRATION ACTUELLE 2011
CONSTRUCTION Okazaki, Japon
COUSSINS GONFLABLES 7 (frontaux, latéraux avant, genoux conducteur, rideaux latéraux)
Concurrence Chevrolet Equinox, Ford Escape, GMC Terrain, Honda CR-V, Hyundai Tucson, Jeep Compass/Patriot, Kia Sportage, Nissan Rogue, Subaru Impreza/Forester, Suzuki SX4/Grand Vitara, Toyota Matrix/RAV4

AU QUOTIDIEN

PRIME D'ASSURANCE
25 ANS : 1500 à 1700 $
40 ANS : 1100 à 1300 $
60 ANS : 900 à 1100 $
COLLISION FRONTALE 5/5
COLLISION LATÉRALE 5/5
VENTES DU MODÈLE DE L'AN DERNIER
AU QUÉBEC 314 **AU CANADA** 801
DÉPRÉCIATION nm
RAPPELS (2006 à 2011) aucun à ce jour
COTE DE FIABILITÉ nm

GARANTIES... ET PLUS

GARANTIE GÉNÉRALE 5 ans/100 000 km
GARANTIE MOTOPROPULSEUR 10 ans/160 000 km
PERFORATION 5 ans/kilométrage illimité
ASSISTANCE ROUTIÈRE 5 ans/kilométrage illimité
NOMBRE DE CONCESSIONNAIRES
AU QUÉBEC 26 **AU CANADA** 71

NOUVEAUTÉS EN 2012

Aucun changement majeur

TROP PEU, **TROP TARD?**

Michel Crépault

L'origine du RVR remonte à 1991, au Japon. Nous avons aujourd'hui droit à la 3e génération selon une stratégie songée : aux États-Unis, ce multisegment fait carrière sous l'appellation Outlander Sport (comme les Américains, avant l'Endeavor, ont composé avec le Montero et le Montero Sport); au Canada, stratégie différente : accueillons le Recreational Vehicle Runner !

CARROSSERIE Le RVR s'en vient consolider les fins de mois des concessionnaires Mitsubishi qui s'essoufflent à force de ne compter que sur les succès de la berline Lancer et de l'utilitaire Outlander, avec lequel le RVR partage d'ailleurs la plateforme, mais en plus compact. Et en moins cher, les quatre versions offertes n'excédant pas les 30 000 $, à commencer par une livrée SE à deux roues motrices et à boîte de vitesses manuelle à 5 rapports. À moins que vous ne préfériez le même modèle mais nanti d'une boîte CVT ? Les versions SE et GT à quatre roues motrices viennent de facto avec la boîte CVT. Cette GT se distingue notamment par l'emploi de phares à décharge à haute intensité 35 % plus lumineux.

HABITACLE Le tableau de bord pêche par son manque d'originalité. Il me semble que ce n'est pas avec des cadrans et des interrupteurs ordinaires, le tout baigné d'un noir trop facile, qu'on doit proposer un véhicule qui se joint de surcroît à la parade sur le tard. Le modèle GT se rachète avec un pavillon vitré géant qui bénéficie aussi aux occupants arrière, en plus d'être mis en valeur par un éclairage disco à diodes électroluminescentes (DEL). La marque Rockford Fosgate, fidèle à Mitsubishi, gère la sono dont les haut-parleurs arrière menacent toujours autant les tympans normaux et ajoute un abonnement gratuit de six mois à la radio satellite Sirius. La banquette arrière, généreuse, possède des dossiers inclinables à différents angles.

MÉCANIQUE Le moteur à 4 cylindres de 2 litres de 148 chevaux, celui de la Lancer, allie sa légèreté aux ailes avant moulées en plastique afin de produire la meilleure

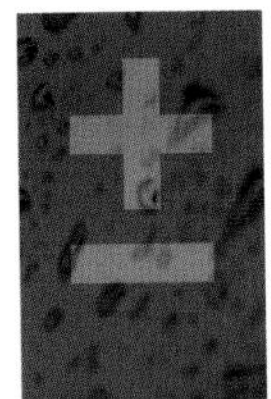

FORCES Transmission intégrale et équipement standard abordables
Silhouette sympathique • Confort à bord (sauf les bruits de vent)
Faible consommation

FAIBLESSES Moteur qu'il faut fouetter au sang pour dépasser sans angoisse
Tableau de bord en panne d'inspiration

consommation moyenne de carburant de sa catégorie. Et, à 7,6 litres aux 100 kilomètres, il y parvient. En Europe, où on l'appelle ASX (Active Sport Crossover) – un nom que le Canada aurait aimé utiliser, mais n'a pas pu parce que le Québécois qui en possède les droits a refusé de les céder au constructeur – le Mitsubishi reçoit aussi des motorisations Diesel pour lesquelles la division nord-américaine n'a malheureusement pas de visée à court terme. Le contrôle de la stabilité, l'ABS avec répartition électronique du freinage, l'indicateur de pression des pneus et sept coussins de sécurité gonflables font partie de l'équipement de série.

COMPORTEMENT Sur les chemins sinueux d'un bord de mer méridional de la Nouvelle-Écosse, le RVR a démontré de l'aplomb. Le volant, qui se prend bien en main, exécute sans délai les ordres donnés. Mitsubishi a raison de vanter le format du véhicule qui procure un sentiment de sécurité sans pour autant nous obliger à conduire un tracteur de semi-remorque. Cela dit, le centre de gravité haut ne nous encourage pas vraiment à négocier les virages sur les chapeaux de roues. Pour tout dire, rien dans le RVR n'incite aux folies, à commencer par la boîte CVT. Cette dernière a été choisie pour améliorer la consommation de carburant et elle s'acquitte de cette mission même mieux que la boîte manuelle à 5 rapports. Mais en termes de performances, ouille ! Dès qu'on tente un dépassement, le moteur se plaint comme un chameau qu'un fermier myope voudrait absolument traire. Le multisegment finit tant bien que mal par boucler son dépassement, tandis que la CVT, fière d'elle, continue sur son élan alors que les panneaux de vitesse nous obligent soudainement à ralentir...

CONCLUSION La marque se débrouille bien au Québec en accaparant pas loin de la moitié des ventes nationales. Le constructeur offre aussi une intéressante garantie à la clientèle visée, soit les jeunes familles qui, une fois loyales à Mitsubishi, pourraient graduer vers l'Outlander. La fourchette de prix est raisonnable, tout comme les performances à la pompe. Si on ne se formalise pas du manque de nerf sous le capot et du manque d'originalité dans l'habitacle, on trouvera là un véhicule décent, polyvalent et richement équipé.

2e OPINION

« En voilà un fabricant moribond ! Mitsubishi fait piètre figure au pays, et ce n'est sûrement pas le RVR qui l'aidera à reprendre du poil de la bête. Le constructeur japonais n'est pas le seul à servir du réchauffé aux consommateurs, mais plus de créativité sera nécessaire pour stimuler les ventes. Le RVR est une réincarnation de l'Eagle Summit, et ce n'est rien pour impressionner. La tenue de route est ordinaire, les bruits de caisse, omniprésents, et le confort, assez moyen merci. Les constructeurs coréens proposent des produits plus intéressants et plus modernes qui pourraient mieux répondre à vos besoins. En revanche, vous pouvez opter pour la transmission intégrale. Il faudra débourser 25 000 $. Ce n'est pas donné pour un tel véhicule. » — Francis Brière

FICHE TECHNIQUE

MOTEUR

(ES) L4 2,0 L DACT, 148 ch à 6000 tr/min
COUPLE 145 lb-pi à 4200 tr/min
BOÎTE DE VITESSES manuelle à 5 rapports, automatique à variation continue (en option, de série avec SE), automatique à variation continue avec mode manuel (de série avec GT)
0-100 KM/H 11,2 s
VITESSE MAXIMALE 185 km/h

AUTRE COMPOSANTS

SÉCURITÉ ACTIVE freins ABS, assistance au freinage, répartition électronique de la force de freinage, contrôle de stabilité électronique, antipatinage
SUSPENSION AVANT/ARRIÈRE indépendante
FREINS AVANT/ARRIÈRE disques
DIRECTION à crémaillère, assistée
PNEUS ES/LS P215/70R16, **XLS** P225/55R18

DIMENSIONS

EMPATTEMENT 2670 mm
LONGUEUR 4295 mm
LARGEUR 1770 mm
HAUTEUR 1630 mm
POIDS ES 1375 kg, **SE 2RM CVT** 1405 kg, **SE 4RM** 1470 kg, **GT** 1480 kg
DIAMÈTRE DE BRAQUAGE 10,6 m
COFFRE 614 L, 1402 L (sièges abaissés), **GT** 569 L, 1382 L (sièges abaissés)
RÉSERVOIR DE CARBURANT 2RM 63 L, **4RM** 60 L

VERDICT

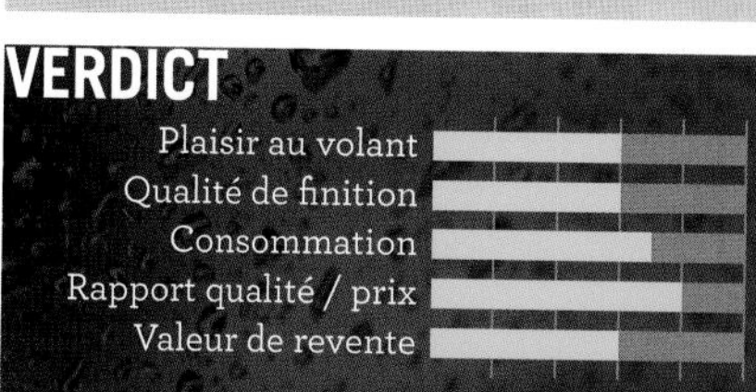

ÉVOLUTION $ 40 898 $ à 47 398 $ t&p 1640 $

LA COTE VERTE MOTEUR V6 DE 3,7 L source : ÉnerGuide

CONSOMMATION (100 KM) man. 9,7 L, auto. 9,3 L • **ÉMISSIONS POLLUANTES CO_2** man. 4508 kg/an, auto. 4324 kg/an • **INDICE D'OCTANE** 91
COÛT DU CARBURANT MOYEN PAR ANNÉE man. 2587 $, auto. 2482 $ • **NOMBRE DE LITRES PAR ANNÉE** man. 1960, auto. 1880

FICHE D'IDENTITÉ

VERSIONS Coupé, Coupé Nismo, Cabriolet
ROUES MOTRICES arrière
PORTIÈRES 2 **NOMBRE DE PASSAGERS** 2
PREMIÈRE GÉNÉRATION 1970
GÉNÉRATION ACTUELLE 2009
CONSTRUCTION Tochigi, Japon
COUSSINS GONFLABLES 6 (frontaux, latéraux avant, rideaux latéraux)
CONCURRENCE Audi TT, Chevrolet Camaro, BMW Série 1/Série 3, Dodge Challenger, Ford Mustang, Infiniti G37 coupé, Porsche Boxster

AU QUOTIDIEN

PRIME D'ASSURANCE
25 ANS: 3000 à 3200 $
40 ANS: 1600 à 1800 $
60 ANS: 1400 à 1600 $
COLLISION FRONTALE 4/5
COLLISION LATÉRALE 5/5
VENTES DU MODÈLE DE L'AN DERNIER
AU QUÉBEC 236 **AU CANADA** 899
DÉPRÉCIATION (2 ans) 28,8 %
RAPPELS (2006 à 2011) aucun à ce jour
COTE DE FIABILITÉ 4/5

GARANTIES... ET PLUS

GARANTIE GÉNÉRALE 3 ans/60 000 km
GARANTIE MOTOPROPULSEUR 5 ans/100 000 km
PERFORATION 5 ans/kilométrage illimité
ASSISTANCE ROUTIÈRE 3 ans/kilométrage illimité
NOMBRE DE CONCESSIONNAIRES
AU QUÉBEC 50 **AU CANADA** 156

NOUVEAUTÉS EN 2012

Aucun changement majeur

LE PUR-SANG JAPONAIS

Benoit Charette

Comptez le nombre de fois où ils nous arrivent de critiquer le manque d'audace Voiture sport à propulsion, la Nissan 370Z n'est pas à mettre entre n'importe quelles mains. L'arrière tend à se dérober, et l'aide à la conduite électronique arrive presque trop tard. Si les pilotes d'expérience apprécient, les novices risquent d'avoir une mauvaise surprise. C'est sans doute pour cette raison que Nissan offre des cours de conduite avancée aux propriétaires de la très recherchée version Nismo.

CARROSSERIE La Z profite de quelques améliorations au châssis pour 2012. La suspension à double bras triangulé à l'avant et multibras à l'arrière offre un meilleur confort et une amélioration de la tenue de route à haute vitesse. Les 50 exemplaires de la version Nismo disposent d'un certains nombres de particularités. Elle sont équipées d'office d'un différentiel arrière à glissement limité, d'un système de freinage renforcé, de jantes spécifiques de 19 pouces à 5 bras, de pneus 285 à l'arrière, de ressorts et de barres de suspension renforcés ainsi que d'amortisseurs spéciaux. À noter que l'arbre de transmission est en matériau composite à base de fibre de carbone. Les extensions du bouclier en forme d'aileron intégré ne sont pas seulement esthétiques mais servent à l'augmentation de l'appui aérodynamique à haute vitesse. Tout ce surplus amène une tenue de route plus incisive, mais élimine complètement le peu de confort qu'on y trouvait.

HABITACLE Il faut souligner les efforts consentis par Nissan pour améliorer la qualité de la Z depuis quelques années. De sinistre et lugubre, l'habitacle a graduellement fait montre d'une meilleure expertise. La Z s'est embourgeoisée de manière positive. Il était un peu honteux de payer 40 000 $ pour obtenir une finition de Sentra. Maintenant, les matériaux sont à la hauteur du prix demandé. Le noir est encore dominant, mais la finition est moins sinistre qu'auparavant. Comme toute sportive qui se respecte, les sièges sont enveloppants, et le poste de pilotage, relativement petit mais

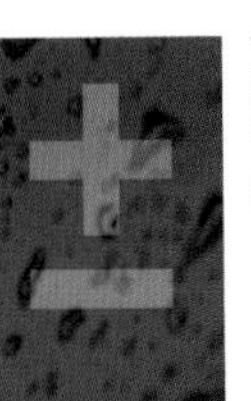

FORCES Véritable sportive • Lignes uniques
Progrès constant dans la finition

FAIBLESSES Suspension très ferme • Espace compté à l'intérieur
Insonorisation insuffisante

assez grand pour permettre au pilote d'être à l'aise au volant.

MÉCANIQUE Pas de changement du côté moteur, le V6 de 3,7 litres de 332 chevaux est toujours au rendez-vous. Pour la version Nismo, le moteur à calage variable profite d'une gestion électronique optimisée, d'un collecteur d'échappement exclusif et d'un étagement rapproché des 6 rapports de la boîte de vitesses manuelle. La puissance passe ainsi de 332 à 350 chevaux. La boîte manuelle bénéficie d'une assistance au passage des rapports qui imite parfaitement le talon-pointe (ou double débrayage). Un régal pour les oreilles et un fortifiant incroyable pour l'ego. Si vous savez le faire vous-même, il suffit de désactiver cette fonction. Si la boîte manuelle à 6 rapports et l'automatique à 7 rapports sont offertes sur la version régulière, la Nismo vient seulement en version manuelle.

COMPORTEMENT Mieux vaut vous avertir tout de suite, la Z n'est pas une voiture qu'il vous sera agréable de conduire sur une base quotidienne. Il s'agit d'une voiture sport au vrai sens du terme. La suspension n'est ni variable, ni réglable électroniquement et ne comporte aucun autre subterfuge que les Allemands maîtrisent si bien. La conduite est ferme sur la version de base et raide sur la version Nismo. La 370Z n'apprécie pas les routes en mauvais état. La direction est précise, mais l'arrière-train est léger, et la conduite sportive demande du doigté, car l'arrière se dérobe rapidement si vous mettez un peu trop les gaz à fond. À vrai dire, si vous aimez la conduite sportive et si vous avez quelques week-ends de libres, il s'agit d'une voiture fort agréable sur un circuit routier. Si vous avez envie de la conduire plus tranquille, je vous conseille le modèle décapotable qui demeure mon préféré. Un dernier bémol sur la faible visibilité en raison de la petite surface vitrée, les angles morts sont importants, spécialement sur les chemins sinueux où la prochaine courbe se retrouve souvent dans l'angle mort du pilier du pare-brise.

CONCLUSION
Si vous êtes de ceux qui ont la nostalgie des voitures sport plus simples d'une autre époque, Nissan a su conserver cette façon de faire. Si vous aimez les voitures plus modernes avec des commandes hydrauliques et électroniques de la suspension, vous n'êtes pas à la bonne adresse. Chose certaine, c'est une voiture qui gagne à être connue.

2e OPINION

« Ce n'est pas pour rien que les tuners l'adorent. Regardez-la, elle est belle à craquer cette 370Z ! Reprenant à la fois les lignes du modèle originel et quelques éléments de style de la précédente 350Z, la Z est l'une des meilleures sportives offertes sur le marché en ce moment pour ce prix. De plus, la qualité de fabrication est supérieure à l'ancienne 350Z, et le moteur V6 est assez puissant pour vous donner des sueurs froides dans le dos. Cette année, Nissan a même décidé d'être généreuse avec les amateurs de la marque au pays en offrant l'édition Nismo qui inclut 18 chevaux additionnels, une suspension raffermie, des jantes plus légères, une carrosserie élargie, et j'en passe. Du côté nippon, la Z a clairement l'avantage en ce moment ! » — Vincent Aubé

FICHE TECHNIQUE

MOTEURS

(COUPÉ, CABRIOLET) V6 3,7 L DACT 332 ch à 7000 tr/min
COUPLE 270 lb-pi à 5200 tr/min
BOÎTE DE VITESSES manuelle à 6 rapports, automatique à 7 rapports avec mode manuel (option)
0-100 KM/H 5,9 s
VITESSE MAXIMALE 250 km/h

(COUPÉ NISMO) V6 3,7 L DACT 350 ch à 7400 tr/min
COUPLE 276 lb-pi à 5200 tr/min
BOÎTE DE VITESSES manuelle à 6 rapports,
0-100 KM/H 5,2 s
VITESSE MAXIMALE 250 km/h
CONSOMMATION (100 KM) 10,0 L
EMISSION DE CO_2 4508 kg/an
LITRES PAR ANNÉE 2650
COÛT PAR ANNÉE 3650$

AUTRES COMPOSANTS

SÉCURITÉ ACTIVE freins ABS, assistance au freinage, distribution électronique de force de freinage antipatinage, contrôle de stabilité électronique
SUSPENSION AVANT/ARRIÈRE indépendante
FREINS AVANT/ARRIÈRE disques
DIRECTION à crémaillère, assistée
PNEUS P225/50R18 (av.), P245/45R18 (arr.), **option** P245/40R19 (av.), P275/35R19 (arr.), **Coupé Nismo** P245/40R19 (av.), P285/35R19 (arr.)

DIMENSIONS

EMPATTEMENT 2500 mm, **coupé Nismo** 2550 mm
LONGUEUR coupé 4245 mm, **cabriolet** 4246 mm, **coupé Nismo** 4405 mm
LARGEUR 1845 mm
HAUTEUR COUPÉ 1315 mm
POIDS coupé man. 1488 kg, **coupé auto.** 1505 kg, **coupé Nismo** 1498 kg, **cabrio man.** 1586 kg, **cabrio auto.** 1582 kg
DIAMÈTRE DE BRAQUAGE jantes 18 po 10,0 m, jantes 19 po 10,4 m
COFFRE coupé 195 L, **cabrio.** 118 L
RÉSERVOIR DE CARBURANT 71,9 L

MENTIONS

RECOMMANDÉ

VERDICT

Plaisir au volant
Qualité de finition
Consommation
Rapport qualité / prix
Valeur de revente

$ 23 998 $ à 35 398 $ t&p 1595 $

LA COTE VERTE MOTEUR L4 DE 1,6 L source : ÉnerGuide

CONSOMMATION (100 KM) man. 7,5 L, CVT. 7,4 L • **ÉMISSIONS POLLUANTES CO_2** man. 3496 kg/an, CVT. 3450 kg/an • **INDICE D'OCTANE** 87
COÛT DU CARBURANT MOYEN PAR ANNÉE man. 1976 $, CVT. 1950 $ • **NOMBRE DE LITRES PAR ANNÉE** man. 1520, CVT. 1500

FICHE D'IDENTITÉ

VERSIONS berl. 2.5S, 3.5S, 3.5SR coupé 2.5S, 3.5SR
PORTIÈRES 2, 4 **NOMBRE DE PASSAGERS** 5
PREMIÈRE GÉNÉRATION 1993
GÉNÉRATION ACTUELLE 2007
CONSTRUCTION Canton, Mississippi, Smyrna et Sechard, Tennessee, É.-U.
COUSSINS GONFLABLES 6 (frontaux, latéraux avant, rideaux latéraux)
CONCURRENCE Chevrolet Malibu, Chrysler 200, Dodge Avenger,Honda Accord, Hyundai Sonata, Kia Optima, Mazda6, Subaru Legacy, Toyota Camry, Volkswagen Passat

AU QUOTIDIEN

PRIME D'ASSURANCE
25 ANS : 1600 à 1800 $
40 ANS : 1000 à 1100 $
60 ANS : 900 à 1100 $
COLLISION FRONTALE 4/5
COLLISION LATÉRALE 3/5
VENTES DU MODÈLE DE L'AN DERNIER
AU QUÉBEC 2900 **AU CANADA** 13 425
DÉPRÉCIATION 46,8 %
RAPPELS (2006 à 2011) 6
COTE DE FIABILITÉ 3/5

GARANTIES... ET PLUS

GARANTIE GÉNÉRALE 3 ans/60 000 km
GARANTIE MOTOPROPULSEUR 5 ans/100 000 km
PERFORATION 5 ans/kilométrage illimité
ASSISTANCE ROUTIÈRE 3 ans/kilométrage illimité
NOMBRE DE CONCESSIONNAIRES
AU QUÉBEC 56 **AU CANADA** 171

NOUVEAUTÉS EN 2012

Abandon de la version hybride, ajout d'un système main libre Bluetooth dans le groupe d'option de luxe

POURQUOI CHANGER QUAND ÇA FONCTIONNE

Vincent Aubé

La berline intermédiaire de Nissan a beau vieillir, elle ne dérougit pas au comptoir des ventes. Et il n'y a pas à dire, la concurrence s'organise et se révèle féroce avec le duo coréen qui s'est refait une beauté pour 2011, sans oublier la nouvelle Volkswagen Passat «américanisée». Les Toyota Camry, Honda Accord, Chevrolet Malibu et, même, la Ford Fusion sont aussi sur le point d'être revues elles aussi. Ce qui veut dire que l'Altima sera remaniée bientôt, mais ce ne sera pas cette année. On ne peut toutefois pas blâmer Nissan à la lumière de ses résultats de vouloir prolonger son cycle de vie.

CARROSSERIE Il n'y a pas beaucoup à redire sur le manteau de l'Altima, qu'elle soit munie de quatre portières ou de deux. Bien entendu, la voiture s'adresse à un large auditoire, ce qui explique cette retenue au chapitre de la tôle. N'oublions pas que cette génération est apparue en 2007, soit un bail dans cette industrie. Pourtant, Hyundai – et dans une moindre mesure Kia – ont toutes les deux prouvé en 2011 qu'une voiture pouvait être à la fois originale à l'extérieur et populaire auprès du public. À la défense de l'Altima, ce style a l'avantage de bien vieillir. Quant au coupé, il a cette fenestration qui n'est pas sans rappeler celle d'un certain coupé Infiniti G37 et, en termes d'esthétique, le coupé Altima est mieux réussi que le coupé Honda Accord, son rival direct.

HABITACLE À l'intérieur, rien ne change. Face aux références du segment, l'Altima n'est pas aussi précise dans l'exécution de l'assemblage, mais une chose est sûre, le résultat net est de beaucoup supérieur aux générations antérieures. La planche de bord est d'une simplicité exemplaire : c'est peut-être plus triste, mais c'est convivial. La position de conduite se trouve aisément, et les sièges sont pensés pour le confort avant

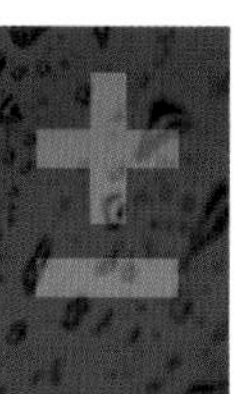

FORCES Consommation de carburant (2.5) • Moteur V6 énergique
Habitacle simple et confortable

FAIBLESSES Effet de couple avec le moteur V6
Carrosserie à retravailler • Version hybride disparue

tout. Les occupants des places arrière ne manquent pas trop d'espace, même si, à ce chapitre, la concurrence continue de bonifier son offre. La vision latérale est excellente malgré les piliers C à l'arrière, tandis que l'insonorisation demeure l'un des points forts de cette berline.

MÉCANIQUE Le gros changement pour 2012 se trouve du côté de la version hybride qui disparaît. Oui, pour ceux qui ne le savaient pas encore, Nissan avait bel et bien une édition plus « verte » qui n'a malheureusement pas connu le succès attendu. En entrée de gamme, le moteur à 4 cylindres de 2,5 litres peut être accouplé à une boîte de vitesses manuelle à 6 rapports ou, moyennant supplément, une automatique CVT qui s'occupe de transmettre la puissance à l'essieu avant. La berline équipée du V6 de 3,5 litres est livrée d'office avec la CVT. Le coupé, quant à lui, offre la possibilité de commander une boîte manuelle à 6 rapports avec l'une ou l'autre des motorisations, tandis que la CVT offerte en option est proposée avec le passage manuel des rapports.

COMPORTEMENT L'Altima n'est pas aussi monotone à conduire qu'une Camry, mais il faut avouer que les plus récentes créations de la catégorie présentent un comportement plus dynamique. La berline dorlote tout de même ses occupants avec ses suspensions molles, le coupé étant plus raide, disons-le. La direction est, elle aussi, un peu engourdie. Comme vous vous en doutiez, la version à moteur V6 souffre d'un effet de couple atroce lors des fortes accélérations. Il faut donc ménager l'accélérateur. La boîte manuelle n'est pas la plus précise de l'industrie, tandis que la CVT demeure une CVT. C'est d'une platitude à entendre quand on enfonce le pied droit. Au moins, cette combinaison moteur-boîte est moins gourmande à la pompe.

CONCLUSION Il y a un an, il aurait été permis de prédire une baisse des ventes progressive de l'Altima, surtout en raison des nouveaux produits du segment qui arrivaient. Nous n'aurions pas pu nous tromper davantage. Les chiffres de ventes continuent d'être importants, surtout grâce à une stratégie agressive de la part du département de Mise en marché. Une refonte est de mise bientôt, même si, parfois, le gros bon sens suffit amplement dans la vie !

2e OPINION

« Bon an mal an, l'Altima rejoint, à ma grande surprise, énormément d'acheteurs. Certes, elle est confortable et possède une motorisation peu gourmande et éprouvée, mais, pour le reste, c'est plutôt ordinaire. Son comportement routier est générique, sa qualité de finition est ordinaire, et ses lignes vieillissent très mal. Et que dire de la version hybride, aussi anonyme qu'inefficace. Et s'il est vrai que son moteur est performant, il engendre en revanche un effet de couple prononcé qui rend sa conduite désagréable. Donnons toutefois à l'Altima ce qui lui revient; elle est fiable, souvent offerte à prix alléchant grâce aux promotions du constructeur, et son rapport équipement/prix joue aussi en sa faveur. Et ça, c'est souvent tout ce qu'il faut pour séduire un acheteur. » — Antoine Joubert

FICHE TECHNIQUE

MOTEURS

(2.5S) L4 2,5 L DACT, 175 ch à 5600 tr/min
Couple 180 lb-pi à 3900 tr/min
BOÎTES DE VITESSES manuelle à 6 rapports, automatique à variation continue avec mode manuel (en option)
0-100 KM/H 8,8 s
VITESSE MAXIMALE 190 km/h

(3.5 S ET SR) V6 3,5 L DACT, 270 ch à 6000 tr/min
COUPLE 258 lb-pi à 4400 tr/min
BOÎTES DE VITESSES manuelle à 6 rapports (coupé), automatique à variation continue avec mode manuel (en option sur coupé, de série sur berline)
0-100 KM/H 7,4 s
VITESSE MAXIMALE 215 km/h
CONSOMMATION (100 KM) man. 9,4 L, **CVT.** 8,9 L (octane 87)

ÉMISSIONS DE CO_2 man. 4416 kg/an, **CVT.** 4140 kg/an

LITRES PAR ANNÉE man. 1920 L, **CVT.** 1800 L

COÛT PAR AN man. 2496 $, **CVT.** 2340 $

AUTRES COMPOSANTS

SÉCURITÉ ACTIVE freins ABS, assistance au freinage, distribution électronique de la force de freinage, contrôle de la stabilité électronique, antipatinage

SUSPENSION AVANT/ARRIÈRE indépendante

FREINS AVANT/ARRIÈRE disques

DIRECTION à crémaillère, assistée

PNEUS P215/60R16, **2.5S coupé/3.5SR** P215/55R17, **3.5SR coupé** P235/45R18

DIMENSIONS

Empattement 2775 mm, **coupé** 2675 mm

LONGUEUR 4844 mm, **coupé** 4595 mm

LARGEUR 1796 mm

HAUTEUR 1471 mm **coupé** 1421 mm

POIDS 2.5S man. 1437 kg, **2.5S auto.** 1457 kg, **3.5S** 1526 kg, **3.5SR** 1545 kg, **coupé 2.5S man.** 1404 kg, **coupé 3.5SR man.** 1496 kg

DIAMÈTRE DE BRAQUAGE coupé 2.5S 10,6 m, **2.5S/coupé 3.5SR** 11,0 m, **3.5** 11,4 m

COFFRE 371 L, **coupé** 232 L

RÉSERVOIR DE CARBURANT 76 L

MENTIONS

RECOMMANDÉ

VERDICT

Plaisir au volant
Qualité de finition
Consommation
Rapport qualité / prix
Valeur de revente

$ 55 898 $ t&p nd

LA COTE VERTE MOTEUR V8 DE 5,6 L source : ÉnerGuide

CONSOMMATION (100 KM) 14,4 L • **ÉMISSIONS POLLUANTES CO_2** 6762 kg/an • **INDICE D'OCTANE** 87

COÛT DU CARBURANT MOYEN PAR ANNÉE 3822 $ • **NOMBRE DE LITRES PAR ANNÉE** 2940

FICHE D'IDENTITÉ

VERSION Édition Platine
ROUES MOTRICES 4
PORTIÈRES 5 **NOMBRE DE PASSAGERS** 7, 8
PREMIÈRE GÉNÉRATION 2004
GÉNÉRATION ACTUELLE 2004
CONSTRUCTION Canton, Mississippi, É.-U.
COUSSINS GONFLABLES 6 (frontaux, latéraux avant, rideaux latéraux)
CONCURRENCE Chevrolet Tahoe/Suburban, Ford Expedition, GMC Yukon/Yukon XL, Toyota Sequoia

AU QUOTIDIEN

PRIME D'ASSURANCE
25 ANS: 2300 à 2500 $
40 ANS: 1300 à 1500 $
60 ANS: 1100 à 1300 $
COLLISION FRONTALE 4/5
COLLISION LATÉRALE 4/5
VENTES DU MODÈLE DE L'AN DERNIER
AU QUÉBEC 38 **AU CANADA** 413
DÉPRÉCIATION 44,1%
RAPPELS (2006 à 2011) 7
COTE DE FIABILITÉ 4/5

GARANTIES... ET PLUS

GARANTIE GÉNÉRALE 3 ans/60 000 km
GARANTIE MOTOPROPULSEUR 5 ans/100 000 km
PERFORATION 5 ans/kilométrage illimité
ASSISTANCE ROUTIÈRE 3 ans/kilométrage illimité
NOMBRE DE CONCESSIONNAIRES
AU QUÉBEC 50 **AU CANADA** 156

NOUVEAUTÉS EN 2012

Deux nouvelles couleurs, 2e rangée de sièges chauffants

L'A-T-ON OUBLIÉ?

Daniel Rufiange

L'an dernier, 38 personnes au Québec sont devenues propriétaires d'un Nissan Armada. Même si c'est 16 de plus que l'année précédente et 26 de plus qu'en 2009, ça vous donne une idée de la grande popularité de ce véhicule. C'est à se demander si Nissan ne l'a pas oublié sur une tablette – la génération actuelle date de 2004 – et se contente d'écouler les exemplaires qu'elle a encore en stock avant de fermer les livres. Malgré une minirésurgence des ventes, la question est de savoir s'il existe un avenir pour les utilitaires format géant qui ne sont mus que par de gros moteurs V8 assoiffés d'or noir. Des parieurs?

CARROSSERIE Les lignes de l'Armada n'offrent rien qui jette par terre. De loin, on croirait apercevoir un Pathfinder, à l'exception que ce dernier a des allures de nain aux côtés de l'Armada. En raison de sa taille éléphantesque, ce dernier peut accueillir jusqu'à 8 personnes. Voilà certainement l'un de ses principaux attraits. En termes d'esthétique, on apprécie la calandre, très réussie. C'est l'une des belles signatures de l'industrie dans le monde des camions et des multisegments.

L'utilitaire proposé par Nissan partage sa plateforme avec le Titan et le Pathfinder, notamment. Il est offert en version unique, mais celle-ci se décline de deux façons : les modèles Platinum à 7 et à 8 places. Le prix du premier est fixé à 55 898 $, alors que le second exige un allègement financier de 59 098 $.

HABITACLE Heureusement, à ce prix, l'Armada propose tout le luxe auquel le consommateur est en droit de s'attendre. L'environnement est riche, et l'équipement est là pour simplifier l'existence. L'Armada mémorise la position des sièges, des rétroviseurs et du pédalier pour deux conducteurs différents, déploie sa cinquième porte électriquement et rabat sa troisième banquette au moyen de cette même énergie.

La différence entre les deux versions citées précédemment se résume à ceci: à bord de la seconde, on retrouve l'ensemble technologie, offert en option sur la première. Il comprend un système de navigation à

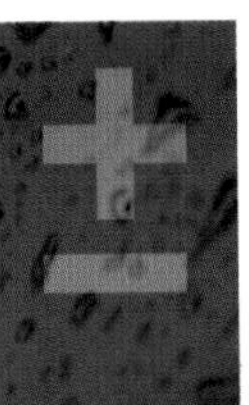

FORCES Impossible à perdre de vue dans un stationnement
De l'espace pour amener la belle famille en voyage • Capacité de remorquage
Degré d'équipement

FAIBLESSES Consommation risible • Dépréciation/valeur de revente
Consommation annoncée de 11,9 litres aux 100 km, un mensonge
Un plaisir (!) à stationner • Tenue de route qui commande la prudence

reconnaissance vocale et un disque dur de 9,3 gigaoctets, entre autres. Pourquoi faire simple quand on peut faire compliqué ? À plus de 55 000 $, la navigation devrait-elle se retrouver sur la liste d'options ?

MÉCANIQUE On verrait mal l'Armada équipé d'un moteur à 4 cylindres de 1,4 litre. Pour déplacer un monstre de plus de 2 600 kilos, ça prend du muscle. Le V8 de 5,6 litres de Nissan propose toute la force nécessaire pour transformer cette baleine en brochet agile. Bien sûr, tout cela a un coût, alors que la consommation demeure toujours au-dessus des 15 litres aux 100 kilomètres, et ce, à vide. Pour le reste, l'Armada a droit à la transmission à quatre roues motrices, et, pour les amateurs de véhicules récréatifs, sachez qu'il est possible de remorquer plus de 4 082 kilos avec ce véhicule.

COMPORTEMENT

Il y a peu de différence entre la conduite d'un autobus et d'un Nissan Armada. Dans les deux cas, on a l'impression de dominer la route et d'être invincible. La différence, c'est que, à bord de l'Armada, la douceur et le confort priment. L'insonorité nous coupe du monde extérieur, et les immenses roues de 20 pouces absorbent les imperfections au point où l'on ne sent pratiquement rien. Bref, comme expérience de conduite, c'est aseptisé. Cependant, on perçoit tout autant que l'Armada est un camion et non un multisegment. Ses aptitudes au travail ne sont pas à négliger.

CONCLUSION Nous l'avons vu, les ventes de l'Armada traduisent cruellement l'intérêt que les consommateurs éprouvent à son endroit. Ce n'est pas en raison d'un problème de qualité, mais bien parce que ce type d'offre est carrément dépassé. Certains véhicules multisegments consomment beaucoup moins et offrent autant d'espace. Pour ce qui est de la capacité de remorquage, ceux qui en quémandent autant préfèrent les camionnettes. Un Armada ? Non merci.

2e OPINION

« Voilà un autre véhicule que les regroupements environnementaux détestent. Ils ne sont plus très nombreux sur la route, mais il y a encore, semble-t-il, une demande de la part des consommateurs. Dommage toutefois que, l'an dernier, Nissan n'ait pas suivi Infiniti dans sa démarche de changer de plateforme. Le QX56 nouveau genre est tellement plus rassurant à conduire, et son dessin, plus accueillant. Tout de même, l'Armada est capable de tirer de lourdes charges tout en étant aussi grand que votre garage de maison. La consommation de son moteur V8 est gargantuesque, et sa conduite demande un certain apprentissage au début. » — Vincent Aubé

FICHE TECHNIQUE

MOTEUR

V8 5,6 L DACT, 317 ch à 5200 tr/min
COUPLE 385 lb-pi à 3400 tr/min
BOÎTE DE VITESSES automatique à 5 rapports
0-100 KM/H 7,5 s
VITESSE MAXIMALE 180 km/h

AUTRES COMPOSANTS

SÉCURITÉ ACTIVE freins ABS, assistance au freinage, distribution électronique de force de freinage, contrôle de stabilité électronique, antipatinage
SUSPENSION AVANT/ARRIÈRE indépendante
FREINS AVANT/ARRIÈRE disques
DIRECTION à crémaillère, assistée
PNEUS P275/60R20

DIMENSIONS

EMPATTEMENT 3129 mm
LONGUEUR 5276 mm
LARGEUR 2014 mm
HAUTEUR 1981 mm
POIDS 2652 kg
DIAMÈTRE DE BRAQUAGE 12,4 m
COFFRE 566 L, 1604 L (3e rangée abaissée), 2750 L (sièges abaissés)
RÉSERVOIR DE CARBURANT 105 L
CAPACITÉ DE REMORQUAGE 4082 kg

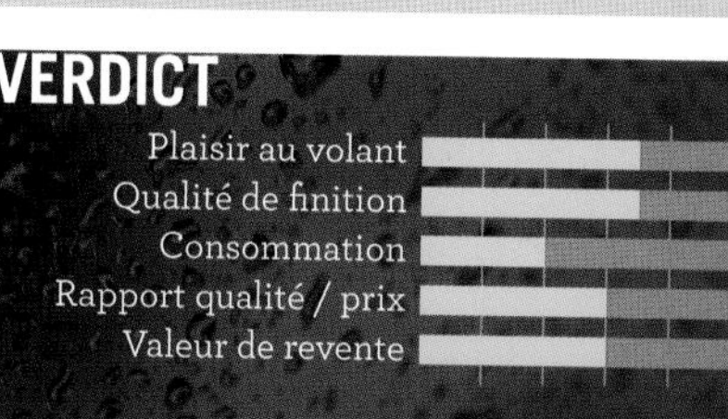

$ 17 598 $ à 21 498 $ t&p 1467 $

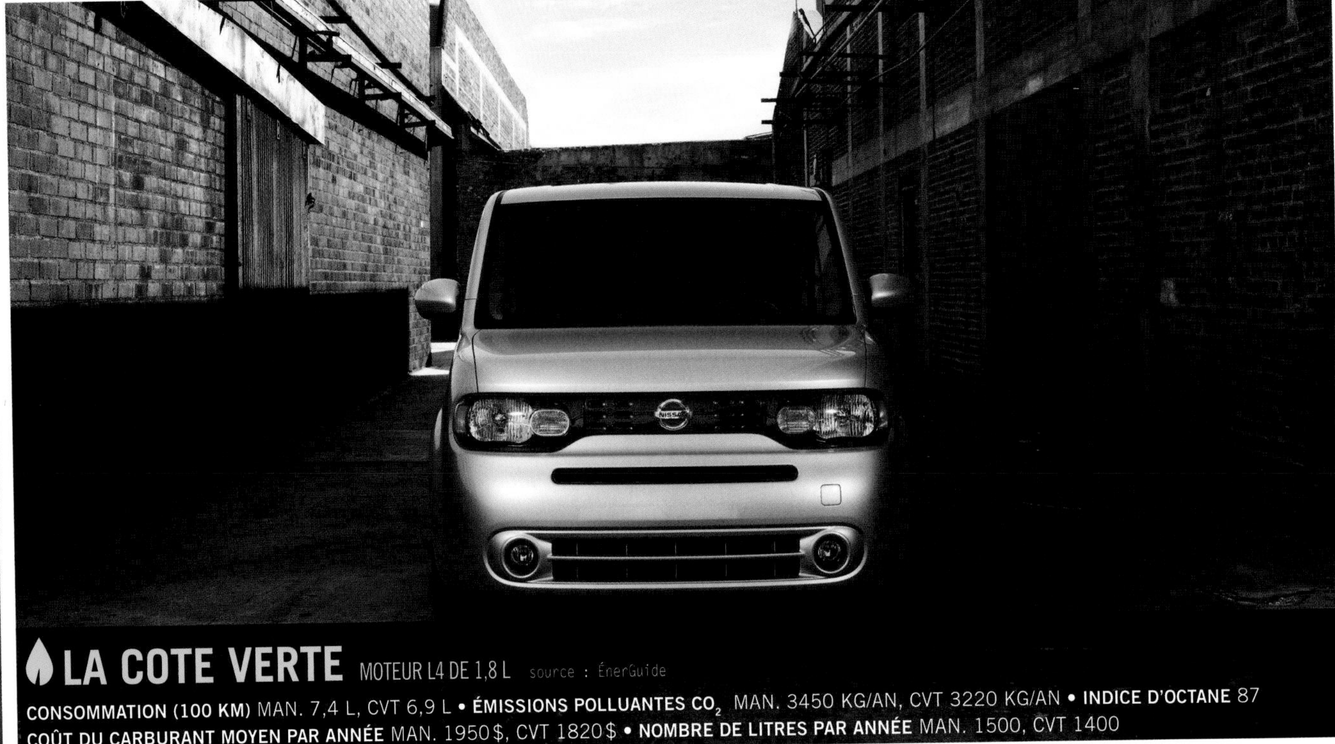

LA COTE VERTE MOTEUR L4 DE 1,8 L source : ÉnerGuide
CONSOMMATION (100 KM) MAN. 7,4 L, CVT 6,9 L • **ÉMISSIONS POLLUANTES CO_2** MAN. 3450 KG/AN, CVT 3220 KG/AN • **INDICE D'OCTANE** 87
COÛT DU CARBURANT MOYEN PAR ANNÉE MAN. 1950 $, CVT 1820 $ • **NOMBRE DE LITRES PAR ANNÉE** MAN. 1500, CVT 1400

FICHE D'IDENTITÉ

VERSIONS 1.8 S, 1.8 SL
ROUES MOTRICES avant
PORTIÈRES 5 **NOMBRE DE PASSAGERS** 5
PREMIÈRE GÉNÉRATION 2009
GÉNÉRATION ACTUELLE 2009
CONSTRUCTION Oppama, Japon
COUSSINS GONFLABLES 6 (frontaux, latéraux avant, rideaux latéraux)
CONCURRENCE Kia Soul, Scion xB

AU QUOTIDIEN

PRIME D'ASSURANCE
25 ANS : 1900 à 2100 $
40 ANS : 1000 à 1100 $
60 ANS : 800 à 1000 $
COLLISION FRONTALE 5/5
COLLISION LATÉRALE 5/5
VENTES DU MODÈLE DE LÍAN DERNIER
AU QUÉBEC 897 **AU CANADA** 2864
DÉPRÉCIATION (2 ANS) 31,8 %
RAPPELS (2006 à 2011) 3
COTE DE FIABILITÉ 4/5

GARANTIES... ET PLUS

GARANTIE GÉNÉRALE 3 ans/60 000 km
GARANTIE MOTOPROPULSEUR 5 ans/100 000 km
PERFORATION 5 ans/kilométrage illimité
ASSISTANCE ROUTIÈRE 3 ans/kilométrage illimité
NOMBRE DE CONCESSIONNAIRES
AU QUÉBEC 56 **AU CANADA** 171

NOUVEAUTÉS EN 2012

Cinq nouvelles couleurs

POUR S'ASSUMER DIFFÉREMMENT

Michel Crépault

Comptez le nombre de fois où il nous arrive de critiquer le manque d'audace des constructeurs. Tous des frileux qui utilisent le même moule ! Alors, d'emblée, je dis chapeau à Nissan pour oser quelque chose qui sort de l'ordinaire. Seulement, le Cube se comporte-t-il aussi bien qu'il s'affiche ?

CARROSSERIE Si vous êtes un amateur du film *Who Framed Roger Rabbit?* (1988), vous constituez un candidat idéal pour le Cube. Il n'existe pas, dans l'industrie, un véhicule plus *cartoonesque*. Son nom lui va comme un gant. Mais arrêter là le design aurait été insignifiant. En matière de brique mobile, Honda nous a fait le coup avec l'Element, Toyota avec le Scion xB, puis Kia avec le Soul. Alors, à partir de la plateforme de la Versa, les stylistes du Cube se sont amusés à percer, par exemple, des fenêtres originales. Prenez la lunette qui prend naissance sur le côté puis enveloppe le pilier C. Elle me rappelle ces messieurs qui se peignent en attrapant des mèches de cheveux près de l'oreille pour les rabattre sur leur crâne autrement dégarni. L'accès à l'espace de chargement se fait grâce au pivot d'une large portière qui s'éloigne du trottoir. Outre les livrées S et SL, la Kröm bénéficie d'extrémités modifiées, d'appendices ornementaux et de jantes spéciales. Puisque le Cube se veut au départ une offrande inusitée, aussi bien pousser l'iconoclaste jusqu'au bout et le décorer comme il se doit !

HABITACLE Si l'extérieur bouleverse, l'intérieur ne pouvait pas être en reste. L'abondance de plastique est reléguée au second plan par le caractère unique des motifs, des formes, des cadrans futuristes. Même le revêtement du pavillon y goûte. La version Kröm ajoute un tas de gâteries, dont des sièges exclusifs, le démarrage par bouton-poussoir et un éclairage d'ambiance disco ! La généreuse (mais lourde) porte arrière facilite le chargement, mais bémol à

FORCES Allure qui ne laisse personne indifférent
Présentation imaginative dans l'habitacle • Confort

FAIBLESSES CVT bruyante • Consommation perfectible
Soute profonde ardue à décharger

l'endroit des dossiers de la banquette qui ne forment pas un plancher plat. À ce propos, la section du coffre contiguë au pare-chocs est profonde. Très. C'est pratique pour y empiler du stock, mais je vous défie de le sortir sans vous salir.

MÉCANIQUE Un seul petit moteur, peu importe la version, soit le 4-cylindres de 1,8 litre de 122 chevaux. La version de base accueille la boîte de vitesses manuelle à 6 rapports, tandis que les livrées SL et Kröm préfèrent la boîte à variation continue (qu'on peut aussi confier à la S moyennant supplément). Je me serais attendu à une meilleure consommation, bien que les rivaux directs (Soul et xB) ne font guère mieux.

COMPORTEMENT On ne l'acquiert pas pour ses prouesses sur la route. Son format simple mais incongru, sa CVT, son centre de gravité haut font que ce véhicule inspire tout sauf les concours de vitesse, comme le prouve son 0 à 100 km/h en 10 secondes et sa vitesse maximale de 185 km/h. Par contre, ça avance, et on y est confortable. Très confortable même. De plus, l'agilité est au rendez-vous. On zigzague dans les stationnements bondés avec aisance, et, quand on ressort des boutiques les bras chargés, l'espace de chargement est fort apprécié, une fois ouverte la porte du réfrigérateur. Le dégagement est sensationnel dans l'habitacle, et la présentation amusante de l'instrumentation ne l'empêche pas d'être ergonomique. On vaque à ses affaires, en ville ou en banlieue, en ayant pleinement conscience d'être aux commandes d'un véhicule distinct. Dès qu'on s'habitue aux regards amusés, incrédules, réprobateurs ou envieux des autres, le plus dur est derrière nous !

CONCLUSION Est-ce que les jeunes acheteurs en quête d'unicité devraient être plus attirés par le Cube que par d'autres zèbres ? Pour le « m'as-tu vu », on lui décerne 10 sur 10. Qui plus est, son prix est avantageux. Puisque le modèle divise les amateurs en deux camps, les « je hais ça ! » et les « j'adore ça ! », il faut espérer que le second compte plus de fidèles, sinon, la carrière canadienne du Cube pourrait être compromise.

2e OPINION

« S'il fallait répéter ici toutes les obscénités qui se sont dites sur le Cube lors de son arrivée sur le marché, nous en aurions pour quatre pages et nous serions censurés. Il est vrai que le design est plus que controversé, et que ce n'est pas avec ce véhicule que Nissan va renflouer ses coffres. Mais, à une époque où les constructeurs japonais sont souvent critiqués parce qu'ils nous offrent des véhicules au design trop générique, le Cube détonne, au même titre que le Juke. Qu'on aime ou qu'on n'aime pas, Nissan ne joue pas dans la rectitude politique, et c'est tant mieux. Une chose fait l'unanimité, toutefois : le Cube, qui est assemblé sur le châssis de la Versa, est un plaisir à piloter. » — Daniel Rufiange

FICHE TECHNIQUE

MOTEUR

L4 1,8 L DACT 122 ch à 5200 tr/min
COUPLE 127 lb-pi à 4800 tr/min
BOÎTES DE VITESSES manuelle à 6 rapports, automatique à variation continue (option sur 1.8 S)
0-100 KM/H 10 s
VITESSE MAXIMALE 185 km/h

AUTRES COMPOSANTS

SÉCURITÉ ACTIVE freins ABS, assistance au freinage, répartition électronique de force de freinage, contrôle de stabilité électronique, antipatinage
SUSPENSION AVANT/ARRIÈRE indépendante/essieu rigide
FREINS AVANT/ARRIÈRE disques/tambours
DIRECTION à crémaillère, assistée
PNEUS 1.8 S P195/60R15, **1.8 SL** P195/55R16

DIMENSIONS

EMPATTEMENT 2530 mm
LONGUEUR 3980 mm
LARGEUR 1695 mm
HAUTEUR 1650 mm
POIDS 1.8 S man. 1270 kg, **1.8 S CVT.** 1286 kg, **1.8 SL** 1291 kg
DIAMÈTRE DE BRAQUAGE 10,2 m
COFFRE 323 L, 1645 L (sièges abaissés)
RÉSERVOIR DE CARBURANT 50 L

MENTIONS

RECOMMANDÉ

VERDICT

Plaisir au volant
Qualité de finition
Consommation
Rapport qualité / prix
Valeur de revente

24 398 $ à 41 398 $ t&p 1595 $

LA COTE VERTE MOTEUR L4 DE 2,5 L source : ÉnerGuide

CONSOMMATION (100 KM) MAN. 9,7 L, AUTO. 10.8 L • **ÉMISSIONS POLLUANTES CO_2** MAN. 4508 KG/AN, AUTO. 5014 KG/AN • **INDICE D'OCTANE** 87
COÛT DU CARBURANT MOYEN PAR ANNÉE MAN. 2548 $, AUTO. 2834 $ • **NOMBRE DE LITRES PAR ANNÉE** MAN. 1960 , AUTO. 2180

FICHE D'IDENTITÉ

VERSIONS king cab S 2RM, king cab. et Cab. double SV 2RM/4RM, PRO-4X 4RM cab. double SL 4x4
ROUES MOTRICES arrière, 4
PORTIÈRES 4 **NOMBRE DE PASSAGERS** 4 ou 5
PREMIÈRE GÉNÉRATION 1998
GÉNÉRATION ACTUELLE 2005
CONSTRUCTION Smyrna et Decherd, Tennessee, É.-U.
COUSSINS GONFLABLES 6 (frontaux, latéraux avant, rideaux latéraux)
CONCURRENCE Chevrolet Colorado, Dodge Dakota, GMC Canyon, Honda Ridgeline, Toyota Tacoma

AU QUOTIDIEN

PRIME D'ASSURANCE
25 ANS : 1400 à 1600 $
40 ANS : 1000 à 1200 $
60 ANS : 800 à 1000 $
COLLISION FRONTALE 4/5
COLLISION LATÉRALE 5/5
VENTES DU MODÈLE DE L'AN DERNIER
AU QUÉBEC 377 **AU CANADA** 2272
DÉPRÉCIATION 55,7 %
RAPPELS (2006 à 2011) 12
COTE DE FIABILITÉ 4/5

GARANTIES... ET PLUS

GARANTIE GÉNÉRALE 3 ans/60 000 km
GARANTIE MOTOPROPULSEUR 5 ans/100 000 km
PERFORATION 5 ans/kilométrage illimité
ASSISTANCE ROUTIÈRE 3 ans/kilométrage illimité
NOMBRE DE CONCESSIONNAIRES
AU QUÉBEC 50 **AU CANADA** 156

NOUVEAUTÉS EN 2012

Cinq nouvelles couleurs extérieures, nouveaux groupes esthétiques Sport pour la livrée SV, système d'antipatinage et de contrôle de la stabilité de série sur tous les modèles

ELLE MÉRITE UN MEILLEUR SORT

Michel Crépault

Que vous considériez la Frontier comme une camionnette compacte ou intermédiaire, Nissan ne nous facilite pas la vie quand vient le temps de trancher car on ne peut pas dire que ce modèle inonde nos routes. Pourtant, il pourrait. Et surtout dès maintenant, alors que les Ford Ranger et Ram Dakota viennent de plier bagages. La Frontier saura-t-elle en profiter ?

CARROSSERIE Robuste camionnette, et on ne s'en étonne pas quand on sait qu'elle dérive de la plateforme de la grosse Titan. S'il vous importe de vous balader avec des pare-chocs chromés, évitez la livrée de base. Dans l'ensemble, les ailes prononcées, la calandre musclée, la cabine bien taillée nous donnent une camionnette qui annonce bien sa vocation utilitaire, mais sans renier le design. Normal de la part d'un constructeur qui se vautre dans l'esthétique audacieux. D'un autre côté, certains reprocheront à ce style de commencer à dater. La caisse arrive en longueur de 151 centimètres (tout près de 5 pieds) ou 186 centimètres (plus de 6 pieds). Son intérieur est doublé d'une protection vaporisée en usine qui protège des éraflures et de la rouille. La version PRO-4X, orientée vers le hors-route, se démarque grâce à des BFGoodrich de 16 pouces, une calandre qui se fond au reste de la carrosserie, des antibrouillards, des plaques de protection sous le châssis et un lit muni des cinq rails et des quatre crochets du très pratique dispositif Utili-Track (livrable ailleurs).

HABITACLE Il existe des ouvre-bouteilles plus compliqués à utiliser que le tableau de bord de la Frontier. Interrupteurs tout ce qu'il y a de normaux encastrés dans une planche du bon vieux temps. L'intérêt des versions plus garnies, outre les services qu'elles rendent, c'est de faire oublier les

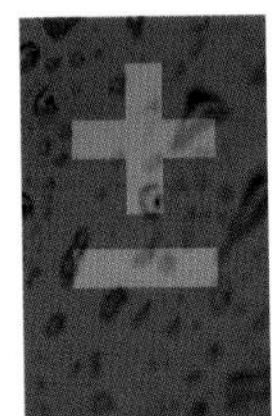

FORCES 4-cylindres pour les petits besoins, V6 pour les gros
Cocktail idéal de souplesse sur la route et de muscles au travail
Équipement complet

FAIBLESSES Places arrière inconfortables, peu importe la cabine
Beaucoup de plastique dans les livrées bon marché • Marketing trop discret

plastiques de qualité banale. J'aime beaucoup la sobriété avec laquelle des boutons encadrent le moyeu du volant. Toujours pas de système de navigation à l'horizon. Les espaces de rangement sont multiples, comme ce bac dissimulé sous la banquette. Le choix de cabines va de l'allongée (Nissan l'appelle sa King Cab), où les portières arrière à pivot inversé sont plus étroites, à la cabine double (Crew Cab) à quatre portières normales. Pas de pilier gênant au milieu. Les sièges sont assurément plus confortables à l'avant, les places arrière du KC étant en fait des strapontins qui semblent avoir été ajoutés à la dernière minute, tandis que le CC bénéficie d'une véritable banquette mais toujours ferme. Les dossiers se rabattent (60/40) pour former un nouvel espace de chargement.

MÉCANIQUE C'est important d'offrir un 4-cylindres dans ce créneau, et la Frontier en a un, qu'on retrouve aussi sous le capot des Altima, Rogue et Sentra. Pour la camionnette, sa puissance a été homologuée à 152 chevaux. L'acheteur a alors le choix entre une boîte de vitesses manuelle ou automatique, toutes deux à 5 rapports, et il doit se contenter de la propulsion. Pour les plus gros travaux, un V6 de 4 litres de 261 chevaux, lui aussi utilisé à d'autres sauces par le constructeur, s'associe à des boîtes manuelle (6) ou automatique (5) et à l'option d'utiliser 4RM. La version PRO-4X se paye un différentiel arrière à blocage électronique (activé à l'aide d'un bouton, il répartit équitablement le couple entre les roues arrière), des amortisseurs Bilstein et, même, une assistance à la descente et à la montée.

COMPORTEMENT Agile : la direction précise nous obéit comme si c'était celle d'une berline. Costaud : proprement équipée, une Frontier tracte jusqu'à 2 858 kilos. Assez rapide pour une camionnette : le meilleur chrono au 0 à 100 km/h est inférieur à 9 secondes. La Frontier est assez polyvalente et confortable dans sa combinaison cabine double et V6 ; elle peut devenir le véhicule principal, tant que la banquette est réservée à des enfants. La version tout-terrain n'est évidemment pas aussi confortable sur l'asphalte que les autres, mais pour parcourir des terrains accidentés, elle ne donne pas sa place.

CONCLUSION Depuis le temps qu'on écrit que les Colorado, Dakota, Ranger & Cie sont vieillissantes, les Japonais devraient en profiter pour accaparer ces formats de camionnettes. Nissan n'est pas loin de maîtriser la recette idéale, mais elle devrait réduire sa fourchette de prix.

2e OPINION

« Tous ceux qui possèdent une Frontier vous diront la même chose. C'est une camionnette géniale, robuste et très fiable ! Mais c'est aussi un gouffre de carburant, au point où sa consommation se compare facilement à celles de certaines camionnettes pleine grandeur. Sa forte consommation n'est toutefois pas la raison pour laquelle la clientèle se fait de plus en plus rare. C'est que, en réalité, en optant pour un modèle moindrement équipé, on peut facilement s'offrir une camionnette pleine grandeur, encore plus luxueuse. Cette réalité explique d'ailleurs la disparition, en 2012, de la Ford Ranger, de la Dodge Dakota et de la jumelle de la Nissan Frontier, la Suzuki Equator. Néanmoins, l'acheteur qui ne souhaite pas être encombré d'un trop gros véhicule peut être très bien servi avec la Frontier, aussi bien qu'avec sa rivale de toujours, la Toyota Tacoma. » — Antoine Joubert

FICHE TECHNIQUE

MOTEURS

(S) L4 2,5 L DACT 152 ch à 5200 tr/min
COUPLE 171 lb-pi à 4400 tr/min
BOÎTES DE VITESSES manuelle à 5 rapports, automatique à 5 rapports (option)
0-100 KM/H 10,9 s
VITESSE MAXIMALE 175 km/h

(SV, SL, PRO-4X) V6 4 L DACT 261 ch à 5600 tr/min
COUPLE 281 lb-pi à 4000 tr/min
BOÎTES DE VITESSES manuelle à 6 rapports, automatique à 5 rapports (en option, de série sur modèles **2RM** et modèles cab. double **Pro-TX et SL**)
0-100 KM/H man. 8,6 s, auto 9 s
VITESSE MAXIMALE 190 km/h

CONSOMMATION (100 KM) 2RM auto. 12 L, **4RM man.** 12,1 L, **4RM auto.** 12,6 L (octane 87)
ÉMISSIONS DE CO_2 2RM auto./4RM man. 5612 kg/an, **4RM auto.** 5888 kg/an
LITRES PAR ANNÉE 2RM auto./4RM man. 2440 L, **4RM auto.** 2560 L
COÛT PAR AN 2RM auto./4RM man. 3172 $ **4RM auto.** 3328 $

AUTRES COMPOSANTS

SÉCURITÉ ACTIVE freins ABS, répartition électronique de la force de freinage, contrôle de la stabilité électronique, antipatinage
SUSPENSION AVANT/ARRIÈRE indépendante/pont rigide
FREINS AVANT/ARRIÈRE disques
DIRECTION à crémaillère, assistée
PNEUS S P235/75R15, **option S/ de série SV** P265/70R16, **PRO-4X** P265/75R16, **SL** P265/60R18

DIMENSIONS

EMPATTEMENT 3200 mm, **cab. double boîte longue** 3554 mm
LONGUEUR 5220 mm, **cab. double boîte longue** 5574 mm
LARGEUR 1850 mm
HAUTEUR 1745 à 1879 mm
POIDS de 1683 à 2121 kg
DIAMÈTRE DE BRAQUAGE 13,3 m, **S/SV L4 et SV/Pro-4x** 13,2 m
RÉSERVOIR DE CARBURANT 80 L
CAPACITÉ DE REMORQUAGE 1588 kg à 2949 kg

VERDICT

$ 112 000 $ t&p 2200 $

LA COTE VERTE MOTEUR V6 DE 3,8 L source : Nissan

CONSOMMATION (100 KM) man. 12,1 L • **ÉMISSIONS POLLUANTES CO_2** 5960 kg/an • **INDICE D'OCTANE** 91
COÛT DU CARBURANT MOYEN PAR ANNÉE 3360 $ • **NOMBRE DE LITRES PAR ANNÉE** 2400

FICHE D'IDENTITÉ

VERSION Black Edition
ROUES MOTRICES 4 **NOMBRE DE PASSAGERS** 4
PORTIÈRES 2
PREMIÈRE GÉNÉRATION 1969
GÉNÉRATION ACTUELLE 2009
CONSTRUCTION Tochigi, Japon
COUSSINS GONFLABLES 4, frontaux et latéraux
CONCURRENCE Chevrolet Corvette, Jaguar XK, Maserati GT, Mercedes-Benz Classe SL, Porsche 911

AU QUOTIDIEN

PRIME D'ASSURANCE
25 ANS : 3500 à 3700 $
40 ANS : 2200 à 2400 $
60 ANS : 2000 à 2200 $
COLLISION FRONTALE 4/5
COLLISION LATÉRALE 5/5
VENTES DU MODÈLE DE L'AN DERNIER
AU QUÉBEC 20 **AU CANADA** 62
DÉPRÉCIATION (1 an) 17,5 %
RAPPELS (2006 à 2011) aucun à ce jour
COTE DE FIABILITÉ 4/5

GARANTIES… ET PLUS

GARANTIE GÉNÉRALE 3 ans/60 000 km
GARANTIE MOTOPROPULSEUR 5 ans/100 000 km
PERFORATION 5 ans/kilométrage illimité
ASSISTANCE ROUTIÈRE 3 ans/kilométrage illimité
NOMBRE DE CONCESSIONNAIRES
AU QUÉBEC 56 **AU CANADA** 171

NOUVEAUTÉS EN 2012

Moteur plus puissant, ajout de diodes électroluminescentes pour feux de positionnement, aérodynamisme amélioré, livrée Black Edition de base (uniquement offerte au Canada)

ROBOT **ÉLECTRISANT**

Michel Crépault

Elles forment un club sélect, les automobiles capables de foncer de 0 à 100 km/h en moins de 4 secondes. Ça place la GT-R dans une catégorie à part. Que son prix dépasse les 100 000 $ fait jaser : pour certains, il s'agit d'une aubaine compte tenu de l'explosion de puissance et de la tenue de route exceptionnelle; pour les autres, ça reste une dépense extravagante en regard de notre réseau routier sévèrement régi. Mais le faucon nippon n'a pas été créé pour eux.

CARROSSERIE Les matériaux, résistants et légers comme l'aluminium, la fibre de verre ou de carbone, les trappes d'aération, le spectaculaire aileron, le moindre pli dans la silhouette ont été choisis non pas pour la galerie mais bien pour endurcir, refroidir et stabiliser le missile. Le parcours de l'air par-dessus et sous l'auto a été manipulé de sorte que le coefficient de traînée (Cx) de 0,26 n'est que la pointe de l'iceberg. En somme, les formes de la GT-R ont découlé des performances souhaitées. Si l'ensemble a l'air un peu gauche selon l'angle d'où on l'admire, c'est parce que les lois de la physique ont dessiné ce bolide autant sinon plus que les stylistes.

HABITACLE La pièce de résistance du tableau de bord est le moniteur qui fait défiler jusqu'à 11 écrans – dont quatre personnalisables – nous renseignant sur les paramètres de l'auto (accélération, forces G, tours de piste chronométrés, etc.). Ignorez le manuel du propriétaire et allez cueillir le premier p'tit cul de 10 ans qui connaît le très populaire jeu vidéo Gran Turismo. Il va tout vous expliquer et vous programmer ça en moins de deux puisque les concepteurs du jeu ont participé à l'élaboration de la console de la GT-R ! Cuir et faux-suède agrémentent les baquets confortables dont les mâchoires vous agrippent. La GT-R est une 2+2, mais nulle personne saine d'esprit n'insistera pour se nicher à l'arrière. Ou alors, mettez bien en vue le sac brun.

MÉCANIQUE Au cœur de la bête sommeille un V6 de 3,8 litres flanqué d'une

FORCES Rapport puissance/prix dur à battre
Arsenal technologique aussi performant que sécuritaire
Jeu vidéo devenu machine

FAIBLESSES Esthétique discutable • Places arrière pour masos
Suspension qui n'aime pas les mauvais pavés

paire de turbocompresseurs qui participent à l'éruption de 530 chevaux et d'un couple de 448 livres-pieds à 6 000 tours par minute. Deux trucs étranges à déclarer. D'abord, la GT-R n'offre pas de boîte de vitesses manuelle. D'un autre côté, sur le mode R (pour Race), la boîte automatique à double embrayage enfile chacun des 6 rapports séquentiels en 2 dixièmes de seconde. Difficile à battre. Deuxième bizarrerie : contrairement aux « muscle cars » américains, la GT R ne gronde pas comme si elle allait cracher ses boyaux. La sonorité du V6 émet plutôt le mugissement d'une turbine. En fait, les biceps de cette Nissan sont davantage l'amalgame d'une haute technologie plutôt que le résultat d'intenses séances à soulever de la fonte. D'ailleurs, un qualificatif me vient à l'esprit quand je pense à la GT-R : robotique.

COMPORTEMENT Les Allemands ont été parmi les premiers à nous permettre d'exploiter toutes les qualités d'une supervoiture sans nous obliger à détenir une licence de pilote professionnel. Pensez à une 911. Faut vraiment être con pour l'envoyer dans le décor puisque l'auto est ceinturée de garde-fous électroniques qui s'ingénient à nous sauver la vie tout en nous la facilitant. Même chose pour la GT-R. Ses géniteurs ont commencé par la pourvoir d'une transmission intégrale Attesa qui équivaut à déposer l'auto sur des rails. Imaginez une fusée mais dont la rampe de lancement s'allongerait au fil des kilomètres ! Sa direction électronique est d'une incroyable franchise. Sa suspension, bien entendu réglable selon votre humeur, dévore les virages en conservant un aplomb qui frôle la sorcellerie. Sur macadam massacré, toutefois, bonjour le tape-cul. Ses freins Brembo immobiliseraient une charge de clients en plein Boxing Day. La GT-R est une fantastique bête de course qui s'exprime au mieux sur une piste. Amenez-la dans la congestion urbaine et elle hoquète, elle étouffe, et sa carrure excentrique n'aide en rien notre vision périphérique.

CONCLUSION Le meilleur comparable à la Nissan GT-R est la Chevrolet Corvette ZR-1 : deux bolides qui proposent une colossale puissance à un prix somme toute raisonnable. Sauf que la japonaise a été mise au point par des extra-terrestres.

2e OPINION

« Voici ce qui arrive quand des ingénieurs japonais décident d'en mettre plein la vue ! Avec 530 chevaux et un 0 à 100 km/h bouclé en seulement 2,9 secondes, la GT-R n'est rien de moins qu'une fusée. Plusieurs prix de performance lui ont été attribués, avec raison, si bien qu'elle constitue pour plusieurs une référence sur plusieurs circuits de renom. Il faut dire que cette sportive est nettement plus facile à conduire que bien des rivales, ce qui permet d'ailleurs à certains pilotes moins chevronnés de se surpasser. Hélas, il n'y a pas que la performance pure qui soit importante quand vient le temps d'allonger 100 000 $. Il faut aussi que la voiture soit esthétiquement attrayante et véritablement passionnante à conduite. Et ça, la GT-R ne l'a pas. » — *Antoine Joubert*

FICHE TECHNIQUE

MOTEUR

V6 3,8 L biturbo DACT 530 ch à 6400 tr/min
COUPLE 448 lb-pi à 5200 tr/min
BOÎTE DE VITESSES manuelle robotisée à 6 rapports
0-100 KM/H 3,1 s
VITESSE MAXIMALE 315 km/h

AUTRES COMPOSANTS

SÉCURITÉ ACTIVE freins ABS, assistance au freinage, distribution électronique de force de freinage, antipatinage, contrôle de stabilité électronique
SUSPENSION AVANT/ARRIÈRE indépendante
FREINS AVANT/ARRIÈRE disques
DIRECTION à crémaillère, assistée
PNEUS P255/40R20 (av.) P285/35R20 (arr.)

DIMENSIONS

EMPATTEMENT 2778 mm
LONGUEUR 4650 mm
LARGEUR 1902 mm
HAUTEUR 1371 mm
POIDS 1741 kg
DIAMÈTRE DE BRAQUAGE 11,2 m
COFFRE 249 L
RÉSERVOIR DE CARBURANT 74 L

MENTIONS

♥ COUP DE CŒUR

VERDICT

Plaisir au volant
Qualité de finition
Consommation
Rapport qualité / prix
Valeur de revente Nm

ÉVOLUTION $ 19 998 $ à 26 648 $ t&p 1595 $

LA COTE VERTE MOTEUR L4 DE 1,6 L source : ÉnerGuide **CONSOMMATION (100 KM)** 2RM man. 7,4 L, 2RM CVT. 6,7 L, 4RM CVT. 7,3 L **ÉMISSIONS POLLUANTES CO_2** 2RM MAN. 3450 KG/AN, 2RM CVT. 3128 KG/AN, 4RM CVT. 3404 KG/AN • **INDICE D'OCTANE** 91 • **COÛT DU CARBURANT MOYEN PAR ANNÉE** 2RM MAN. 2100 $, 2RM CVT. 1904 $, 4RM CVT. 2072 $ • **NOMBRE DE LITRES PAR ANNÉE** 2RM MAN. 1500, 2RM CVT. 1360, 4RM CVT. 1480

FICHE D'IDENTITÉ

VERSIONS SV 2RM/4RM, SL 2RM/4RM
ROUES MOTRICES avant, 4
PORTIÈRES 5 **NOMBRE DE PASSAGERS** 5
PREMIÈRE GÉNÉRATION 2011
GÉNÉRATION ACTUELLE 2011
CONSTRUCTION Oppama, Japon
COUSSINS GONFLABLES 6 (frontaux, latéraux avant, rideaux latéraux)
CONCURRENCE Suzuki SX4, Subaru Impreza, Toyota Matrix

AU QUOTIDIEN

PRIME D'ASSURANCE
25 ans : 1900 à 2100 $
40 ans : 1000 à 1100 $
60 ans : 800 à 1000 $
COLLISION FRONTALE 5/5
COLLISION LATÉRALE 5/5
VENTES DU MODÈLE DE L'AN DERNIER
Au Québec 245 **Au Canada** 825
DÉPRÉCIATION ND
RAPPELS (2006 à 2011) aucun à ce jour
COTE DE FIABILITÉ ND

GARANTIES… ET PLUS

GARANTIE GÉNÉRALE 3 ans/60 000 km
GARANTIE MOTOPROPULSEUR 5 ans/100 000 km
PERFORATION 5 ans/kilométrage illimité
ASSISTANCE ROUTIÈRE 3 ans/kilométrage illimité
NOMBRE DE CONCESSIONNAIRES
Au Québec 56 **Au Canada** 171

NOUVEAUTÉS EN 2012

Auncun changement majeur

MAUVAIS GARÇON DE BONNE FAMILLE

Benoit Charette

Il semble que les ingénieurs de Nissan aient fabriqué une voiture sport qui se travestit en utilitaire compact. Le petit frère du Rogue, qui a pourtant l'air d'un petit camion, est bas sur roues, plus léger que la Nissan Sentra SE-R et offre 11 chevaux de plus. Cette curiosité de la route a le mérite de prêcher la différence et d'être dangereusement agréable à conduire. Une recette qui m'a beaucoup plu.

CARROSSERIE Une chose est certaine, il est impossible de confondre le Juke avec un autre véhicule sur la route. Compact et musclé, le Juke n'a pas honte de ce qu'il est et exhibe avec entrain ses formes uniques. Il est bruyant, turbulent et semble n'avoir peur de rien ni de personne. Il est petit, mais pense grand, c'est ce qui se dégage quand on le regarde. Ses ailes rebondies, son empattement court et, surtout, sa calandre excentrique offrent un certain panache. Comme tous les modèles radicaux, on aime ou on n'aime pas, il n'y a pas de demi-mesure, moi j'aime.

HABITACLE Aussi original à l'intérieur qu'à l'extérieur, le Juke s'ouvre sur un habitacle unique qui propose comme pièce de résistance une console centrale peinte aux couleurs de la carrosserie et surmontée d'une boîte de vitesses à 6 rapports que je recommande fortement. Deux gros cadrans du type moto trônent devant les yeux du conducteur ajoutant à l'ambiance sport qui règne à bord. Si les plastiques durs font la loi, un grand classique chez Nissan, la qualité de l'assemblage ne souffre d'aucune contestation. L'information est réunie autour d'un centre d'information baptisé I-CON qui sert également d'unité centrale et d'écran de commande. Il présente différentes couleurs et fonctionnalités selon son utilisation. Quand la fonction de régulation de l'air ambiant est employée, l'écran affiche les données sur la température intérieure et les boutons permettent de régler les préférences. À l'utilisation de la fonction

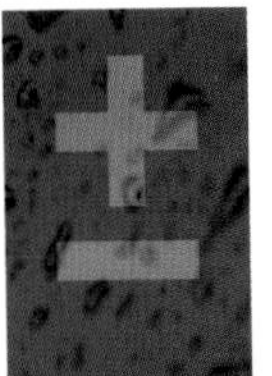

FORCES Lignes décalées, originales et uniques • Performances du moteur turbo Véritable agrément de conduite • Intérieur réussi

FAIBLESSES Suspension un peu sèche sur mauvaise route Qualité de certains plastiques dans l'habitacle • Angle mort important à la hauteur du montant du pare-brise et du rétroviseur extérieur

de sélection du mode de conduite, les trois modes (Eco, Normal et Sport) peuvent être activés au moyen des boutons, et l'écran affiche les cadrans et les renseignements liés à la conduite et au moteur.

MÉCANIQUE La base mécanique repose sur le même 4-cylindres de 1,6 litre qu'on retrouve dans la Nissan Versa. L'addition d'un turbo change complètement la donne. Avec 188 chevaux proposés en traction ou en intégrale, le Juke offre des performances dignes d'une petite GT. Il franchit le 0 à 100 km/h en moins de 8 secondes, et la boîte de vitesses manuelle tombe dans la main et offre des changements de rapports rapides et très précis. Vous pouvez choisir une conduite normale, sportive ou écologique. Le mode normal offre une juste mesure de performance et de consommation, le mode sport améliore la direction, bonifie la suspension et garde le moteur à haut régime plus longtemps. Le mode Eco fait exactement l'inverse, pratique si vous êtes dans un bouchon. Pour ceux qui veulent éliminer 50 % du plaisir de conduire, Nissan offre aussi, en option, une boîte CVT qui ne fait pas du mauvais travail, mais n'est tout simplement pas à sa place dans ce véhicule qui ne demande qu'à s'éclater.

COMPORTEMENT Sur la route, son empattement court le rend très maniable; il se place facilement en courbe et adore les petites routes sinueuses. La position de conduite est excellente, et les sièges offrent un excellent maintien. Le seul bémol est attribuable au montant très large du pare-brise qui gêne la visibilité; quand la route ne suit pas une ligne droite, il y a un angle mort important. Naturellement, un véhicule à vocation sportive offre une suspension ferme. Elle est tout à fait tolérable à l'avant, mais en raison du peu de rembourrage aux sièges arrière jumelé au manque d'espace, les passagers trouveront la route un peu longue si la route n'est pas en bon état.

CONCLUSION Il faut saluer Nissan pour avoir eu l'audace de mettre en marché un véhicule qui allie plaisir de conduire, consommation raisonnable et allure unique. Une seule question demeure en suspens, et je n'ai pas la réponse: le Juke est simplement inclassable, je suis incapable de lui trouver une catégorie! Avec la MINI Countryman ou le Kia Soul peut-être.

2e OPINION

« La mouche, l'horreur, la honte du quartier, j'en ai entendu des méchancetés sur le Juke. Un de mes passagers m'a même demandé où j'avais mis les sacs pour nous cacher le visage. Personnellement, je trouve le Juke tellement difforme qu'il en est presque charmant. Laissez-moi vous confier un secret que vous ne répéterez pas. Sa conduite a été une révélation. L'idée de lui greffer un moteur à 4 cylindres turbocompressé est géniale. Une version équipée de la boîte de vitesses manuelle permet de s'amuser comme un enfant au volant. Même le modèle équipé de la boîte CVT est amusant à piloter, c'est tout dire. Deux bémols, toutefois: le Juke est trop petit pour être pratique, et la transmission intégrale n'est offerte qu'avec les versions équipées de la boîte CVT. Dommage. » — *Daniel Rufiange*

FICHE TECHNIQUE

MOTEUR

L4 1,6 L turbo DACT 188 ch à 5600 tr/min

COUPLE 177 lb-pi à 5200 tr/min

BOÎTES DE VITESSES manuelle à 6 rapports, automatique à variation continue (option, de série avec 4RM)

0-100 KM/H 8,2 s

VITESSE MAXIMALE 175 km/h

AUTRES COMPOSANTS

SÉCURITÉ ACTIVE freins ABS, répartition électronique de force de freinage, assistance au freinage, antipatinage, contrôle de la stabilité électronique

SUSPENSION AVANT/ARRIÈRE indépendante/ essieu rigide (indépendante à l'arrière avec transmission intégrale)

FREINS AVANT/ARRIÈRE disques

DIRECTION à crémaillère, assistée

PNEUS P215/55R17

DIMENSIONS

EMPATTEMENT 2530 mm

LONGUEUR 4125 mm

LARGEUR 1765 mm

HAUTEUR 1570 mm

POIDS SV 2RM 1313 kg, **SL 2RM** 1323 kg
SV 4RM 1430 kg, **SL 4RM** 1441 kg

DIAMÈTRE DE BRAQUAGE 11,1 m

COFFRE 297 L, 1017 L (sièges abaissés)

RÉSERVOIR DE CARBURANT 2MR 50 L, **4MR** 45 L

VERDICT

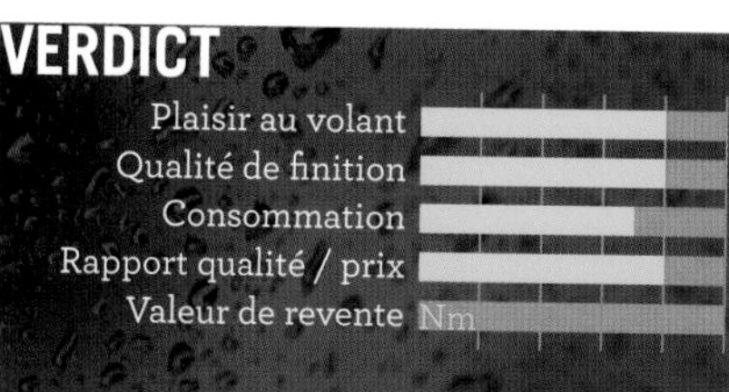

NOUVEAUTÉ $ 38 395 $ à 39 995 $ t&p nd

LA COTE VERTE MOTEUR SYNCHRONE À COURANT ALTERNATIF source : Nissan
CONSOMMATION (autonomie moyenne) 160 km • **TEMPS DE RECHARGE** 220 V : 8 h; 110 V : 21 h, **CHARGEUR RAPIDE** 30 min pour 80 % de la charge

FICHE D'IDENTITÉ

VERSIONS SV, SL
ROUES MOTRICES avant
PORTIÈRES 5 **NOMBRE DE PASSAGERS** 5
PREMIÈRE GÉNÉRATION 2011
GÉNÉRATION ACTUELLE 2011
CONSTRUCTION Oppama, Japon
COUSSINS GONFLABLES 6 (frontaux, latéraux avant et rideaux latéraux)
CONCURRENCE Chevrolet Volt, Mitsubishi i-MieV

AU QUOTIDIEN

PRIME D'ASSURANCE
25 ANS : ND
40 ANS : ND
60 ANS : ND
COLLISION FRONTALE 5/5
COLLISION LATÉRALE 5/5
VENTES DU MODÈLE DE L'AN DERNIER
AU QUÉBEC ND **AU CANADA** ND
DÉPRÉCIATION ND
RAPPELS (2006 à 2011) ND
COTE DE FIABILITÉ ND

GARANTIES... ET PLUS

GARANTIE GÉNÉRALE 3 ans/60 000 km
GARANTIE MOTOPROPULSEUR 5 ans/100 000 km
BATTERIE 8 ans/160 000 km
PERFORATION 5 ans/kilométrage illimité
ASSISTANCE ROUTIÈRE 3 ans/kilométrage illimité
NOMBRE DE CONCESSIONNAIRES
AU QUÉBEC 56 **AU CANADA** 171

NOUVEAUTÉS EN 2012

Nouveau modèle

NOUVEAU CHAPITRE AUTOMOBILE

Benoit Charette

Aux yeux de bien des gens, se lancer dans le tout à l'électricité, alors que certains constructeurs hésitent encore à le faire en modèle hybride, relève de la bravade. Mais le grand patron du groupe Renault-Nissan, Carlos Ghosn est un visionnaire. Il a maintes fois répété que l'innovation est déjà le lot du quotidien dans les voitures hybrides. Nous sautons une étape pour innover et développer un terrain encore vierge.

À l'image de Toyota qui avait attaqué le monde des voitures hybrides en 1997, Nissan souhaite en retirer les mêmes dividendes en arrivant la première sur le terrain encore vierge des voitures électriques. Ce n'est pas demain encore que nous roulerons sans pétrole. Malgré tout le battage médiatique qui entoure la Leaf, les ventes seront modestes. Toutefois, la porte est ouverte, et le premier pas est fait.

CARROSSERIE Physiquement, la Leaf est une berline qui repose sur un châssis allongée de la Nissan Versa. Comme il n'y a pas de moteur à combustion interne, le sous-châssis est modifié pour accepter les 250 kilos de batteries lithium-ion qui se logent sous le siège du conducteur jusqu'au passager arrière. L'espace est généreux, et le coffre est vaste. La silhouette est un mélange de Versa et de Nissan Juke avec ses phares proéminents à l'avant qui servent à pourfendre le vent pour diminuer le bruit sur les rétroviseurs extérieurs. C'est vraiment à l'avant qu'elle offre la plus belle prise de vue. C'est aussi devant que se trouve la prise de recharge.

HABITACLE Il se dégage du poste de pilotage de la Leaf une ambiance de haute technologie qui plaira aux amateurs de téléphones intelligents et d'outils électroniques modernes. Pour aider le conducteur de la Leaf, Nissan a développé le sys-

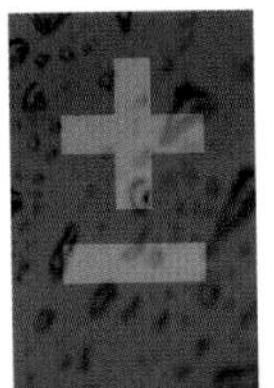

FORCES Facilité de conduite • Confort douillet • Silence soigné Habitabilité généreuse • Comportement routier sain

FAIBLESSES Le poids • Angoisse de la panne sèche • Amortissement trop souple Un réseau de recharge encore inexistant

tème IT. Connecté en permanence à un centre global de données, il peut, entre autres, adapter la navigation (de série) en fonction de l'autonomie des batteries. Il dispose également d'une base de données des points de recharge disponibles. Et par l'entremise d'un téléphone portable, il est possible de préprogrammer et de commander la climatisation et les fonctions de charge. De plus, grâce à l'écran central, la voiture vous inonde de renseignements: à titre d'exemple, elle vous dit que, si vous réduisez la puissance de la climatisation, vous pouvez ajoutez dix kilomètres d'autonomie aux batteries, les kilomètres restants avant la fin de la charge. L'écran tactile est très proche de celui du iPad, convivial et d'utilisation intuitive, une belle réussite à tous points de vue. On ne peut donner une aussi bonne note pour les matériaux qui se résument à une forte quantité de plastique dur et gris. Il ne faut pas avoir trop d'attente à ce chapitre. Par contre, l'espace est plus que confortable pour 4 occupants. La version canadienne reçoit un ensemble d'accessoires pour l'hiver (sièges chauffants, chauffage des batteries) qui est livré de série.

MÉCANIQUE La Leaf voit la puissance de son moteur électrique acheminée aux roues avant. La puissance du moteur électrique est de 80 kilowatts ou l'équivalent de 107 chevaux, et le couple, facteur déterminant du plaisir de conduire de cette berline, est de 207 livres-pieds. La puissance est excellente et vous permet de couvrir un 0 à 100 km/h en moins de 10 secondes et d'atteindre une vitesse maximale de 140 km/h. Vous n'avez donc aucun problème à suivre la circulation sur l'autoroute. La grande angoisse qui demeure le grand point d'interrogation est l'autonomie et la peur, pour bien des gens, de la panne sèche. Nissan annonce que les piles peuvent faire 160 kilomètres avant la recharge. Ce chiffre est une moyenne. Ce n'est pas coulé dans le béton. Les ingénieurs nous ont confirmé qu'une personne qui roule avec le climatiseur au maximum diminuera son autonomie entre 75 et 80 kilomètres et environ 110 kilomètres l'hiver. À l'opposé, si vous roulez sans climatisation ni chauffage sur un terrain plat à vitesse modérée, vous pouvez dépasser les 200 kilomètres. Pour ne pas déranger les habitudes des conducteurs, l'utilisation du moteur électrique se fait au moyen d'un levier au plancher, à l'image de la boîte de vitesses automatique. Vous avez trois positions: marche arrière, neutre et marche avant; et si vous appuyez sur le bouton bleu sur le dessus, vous êtes en position stationnement, simple, facile et d'utilisation intuitive. Nissan a même ajouté un mode Eco qui permet de limiter la puissance des accélérations, de maximiser la récupération de l'énergie au freinage et d'ajouter 10 % d'autonomie aux batteries.

COMPORTEMENT C'est naturellement le silence qui demeure le plus grand atout de cette voiture. Silencieuse au départ et tout au long du trajet, l'ambiance à bord est d'un calme souverain. Au chapitre de la conduite, le couple du moteur électrique se dose naturellement et la conduite ne demande pas d'adaptation particulière face à une voiture à essence. La Leaf est capable de départs arrêtés très énergiques, son amortissement est en revanche particuliè-

HISTORIQUE

Même si les premiers véhicules électriques ont plus de 100 ans, la Leaf n'a été introduite au Japon et aux États-Unis qu'à la fin de 2010. En 1997, Nissan mena des tests avec l'Altra, son premier VE. D'autres expériences d'électrification suivirent, notamment avec la Versa et la Cube. Il importe de saluer la vision de Carlos Ghosn, grand manitou du tandem Renault-Nissan. Alors que plusieurs constructeurs estiment que les VE ne représenteront que des ventes marginales d'ici 2020, la boule de cristal de Ghosn a plutôt prédit que les VE formeront jusqu'à 10% de son parc automobile. D'où son son appui inconditionnel à une projet comme la Leaf.

Nissan Altra 1997

Nissan Tone 2004

Nissan Sport Coupe concept 2005

Nissan Sport Coupe concept 2005

Nissan townpod 2010

Nissan townpod 2010

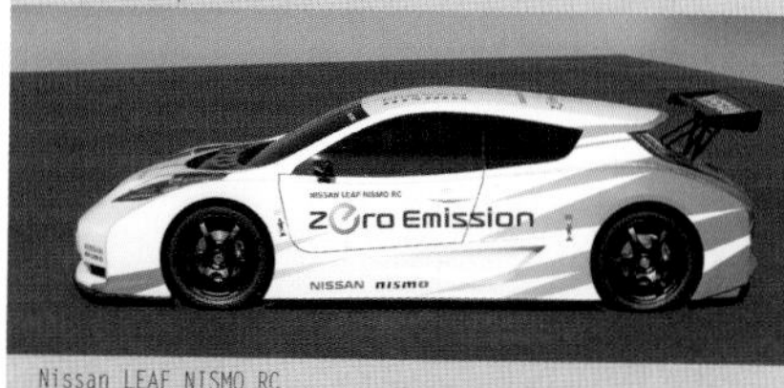

Nissan LEAF NISMO RC

Nissan +LEAF concept

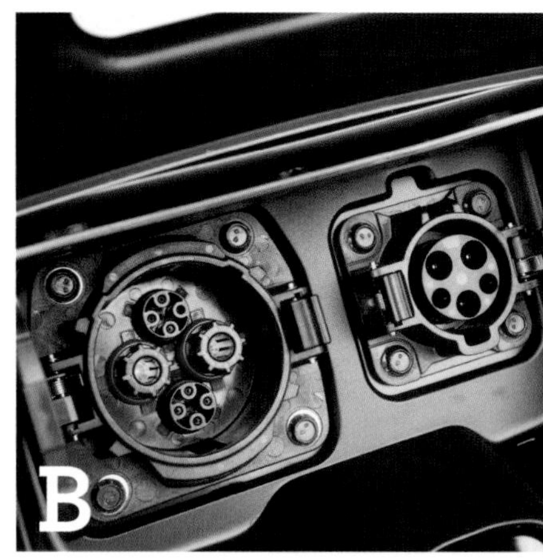

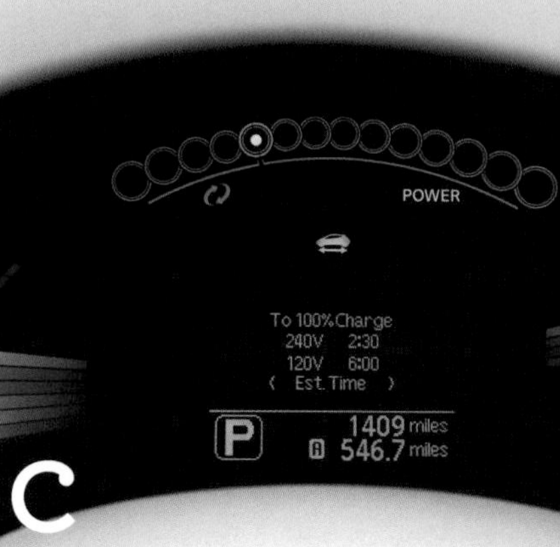

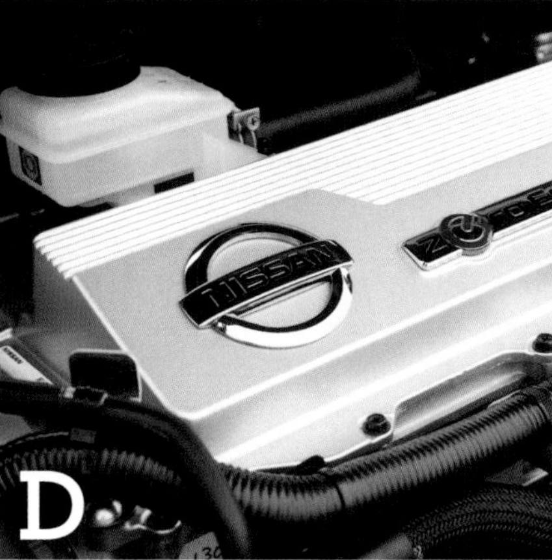

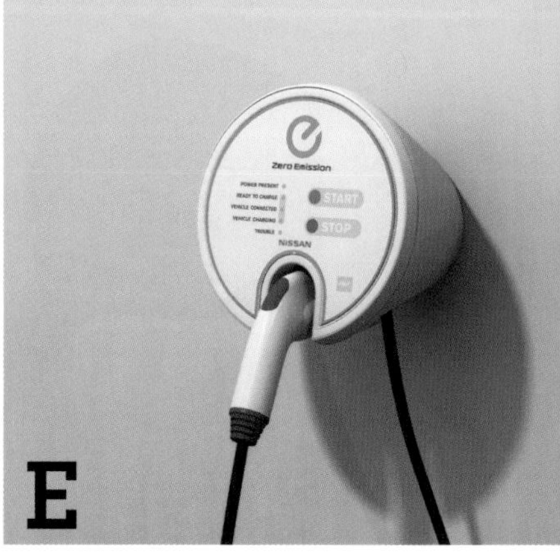

GALERIE

A *Au cœur de la Leaf se tiennent les 48 cellules qui composent la batterie au lithium-ion. Les ingénieurs ont eu la bonne idée de l'installer sous les sièges, de sorte qu'elle n'empiète pas sur le volume habitable.*

B *La batterie se recharge d'elle-même, quand l'auto décélère ou freine. Mais le vrai ravitaillement de la Leaf se fait à l'aide d'un câble fourni avec l'auto. On en branche une extrémité à l'avant du véhicule, sous un portillon où se cache deux prises.*

C *De toutes les informations que transmet le tableau de bord, la plus importante est sans nul doute l'autonomie résiduelle. Même qu'on l'affiche à deux endroits plutôt qu'un seul. La Leaf est censée parcourir 160 km à l'aide d'une pleine charge. Toutefois, plusieurs facteurs peuvent épuiser les réserves d'énergie plus rapidement.*

D *La batterie, que Nissan garantit pour une période de huit ans, alimente en énergie un moteur électrique dont la puissance équivaut à 107 chevaux-vapeur. Le 0-100 km/h nécessite environ neuf secondes et la vitesse maximale est de 140 km/h.*

E *Une simple prise de courant domestique de 110 V peut recharger la Leaf. Seul bémol : 20 heures d'attente. Avec du 220 V, on ramène ce délai à huit heures. Une autre prise sous le portillon accepte la recharge rapide de 440 V : en 20 minutes, la Leaf retrouvera 80% de son autonomie. Les stations de recharge qui formeront l'éventuel réseau québécois seront de ce type.*

rement souple, un peu trop même. Elle génère de l'inertie en courbe, l'ESP de série compense avec la répartition du couple sur les roues avant. Il faut aussi souligner la masse de 1 525 kilos que l'on ressent à la conduite, rien pour déranger. En mode ordinaire, les accélérations se font avec autorité, et vous n'avez aucun problème à suivre le flot de véhicules. En mode Eco, c'est comme si vous mettiez une muselière au côté performant de la voiture; elle fait alors tout avec plus de retenue pour préserver l'autonomie des batteries. Mais l'expérience de conduite est révélatrice. C'est la voiture électrique la plus aboutie qu'il m'ait été donné de conduire. Il n'y a aucune différence avec une voiture à moteur à combustion de même format, tant dans la prise en main que dans la conduite. Il y a absence totale de bruit, et vous n'aurez plus jamais à mettre de carburant. Le seul bruit qu'on entend, de l'extérieur, est celui d'un petit bruiteur qui s'active à faible allure dans le trafic et en marche arrière pour avertir les piétons qu'une voiture arrive.

CONCLUSION Au Québec, les acheteurs d'une Leaf auront droit à un crédit d'impôt de 8 000 $ du gouvernement provincial en 2012, de 6 000 $ en 2013 et en baisse progressive jusqu'en 2016 où il n'y aura plus rien. Nissan fournit un chargeur de base à 120 volts que vous pouvez brancher dans une prise murale ordinaire. Toutefois, les batteries complètement à plat mettront 20 heures à se recharger. Pour 2 000 $, Nissan offrira un système de recharge qui s'alimentera à même une prise de 240 volts et mettra entre 7 et 8 heures pour recharger des batteries à plat. Pour ce qui est de la garantie sur les batteries, elle est de 8 ans ou 160 000 kilomètres, et, comme elles sont formées de 48 modules individuels, si un problème survenait avec la batterie, Nissan pourrait remplacer les modules un à la fois au besoin. Vous connaissez le proverbe « avec des si on referait le monde ». La réussite de la Leaf sera intimement liée au développement durable, à l'implication des gouvernements fédéral, provinciaux et municipaux et à un prix abordable de la technologie. Nous ne sommes pas là, mais le bébé a fait ses premiers pas.

2e OPINION

« Premier véhicule à 100 % électrique offert aux Québécois ! Rien qu'en raison de cette primeur, des gens se précipiteront sur cette Leaf pas donnée (malgré la subvention de Charest). Ces heureux élus obtiendront une compacte qui fait tout bien dans un environnement teinté de futurisme, mais pas trop. La conduite est coulée, l'accélération convainc, le freinage avec récupération d'énergie fonctionne, et j'ai de la place pour mes bagages. Seule inquiétude bien connue : l'autonomie prévue de 160 kilomètres. Elle sera moindre l'hiver venu, c'est sûr. Et tant que le Québec ne se dotera pas d'un réseau de bornes de recharge, les proprios de Leaf devront se montrer excessivement prudents dans leurs déplacements. Mais, au final, la Leaf est là pour rester. Il s'agit, en fait, du début d'un temps nouveau ! » — Michel Crépault

FICHE TECHNIQUE

MOTEUR

Électrique synchrone à courant alternatif, 107 ch
COUPLE 207 lb-pi
BOÎTE DE VITESSES réducteur à un seul rapport
0-100 KM/H 10 s
VITESSE MAXIMALE 145 km/h

AUTRES COMPOSANTS

SÉCURITÉ ACTIVE freins ABS, assistance au freinage, répartition électronique de force de freinage, contrôle de stabilité électronique
SUSPENSION AVANT/ARRIÈRE indépendante/essieu rigide
FREINS AVANT/ARRIÈRE disques
DIRECTION à crémaillère, assistée
PNEUS P205/55R16

DIMENSIONS

EMPATTEMENT 2700 mm
LONGUEUR 4445 mm
LARGEUR 1770 mm
HAUTEUR 1550 mm
POIDS SV 1527 kg **SL** 1531 kg
DIAMÈTRE DE BRAQUAGE 10,4 m
COFFRE 411 L

MENTIONS

COUP DE CŒUR

RECOMMANDÉ

VERDICT

Plaisir au volant
Qualité de finition
Consommation
Rapport qualité / prix
Valeur de revente

LA COTE VERTE MOTEUR V6 DE 3,5 L source : Énerguide
CONSOMMATION 100KM 9,3 L • **ÉMISSIONS POLLUANTES CO_2** 4324 kg/an • **INDICE D'OCTANE** 91
COÛT DU CARBURANT MOYEN PAR ANNÉE 2350 $ • **NOMBRE DE LITRES PAR ANNÉE** 1880

FICHE D'IDENTITÉ

VERSIONS 3.5 SV
ROUES MOTRICES avant
PORTIÈRES 4 **NOMBRE DE PASSAGERS** 5
PREMIÈRE GÉNÉRATION 1978
GÉNÉRATION ACTUELLE 2009
CONSTRUCTION Smyrna, Tennessee, É.-U.
COUSSINS GONFLABLES 6 (frontaux, latéraux avant, rideaux latéraux)
CONCURRENCE Acura TL, Buick LaCrosse/Regal, Cadillac CTS, Chrysler 300, Dodge Charger, Hyundai Genesis, Lexus ES 350, Lincoln MKZ, Toyota Avalon, Volkswagen CC

AU QUOTIDIEN

PRIME D'ASSURANCE
25 ANS : 1700 à 1900 $
40 ANS : 1000 à 1200 $
60 ANS : 800 à 1000 $
COLLISION FRONTALE 5/5
COLLISION LATÉRALE 5/5
VENTES DU MODÈLE DE L'AN DERNIER
AU QUÉBEC 389 **AU CANADA** 2266
DÉPRÉCIATION 50,8 %
RAPPELS (2006 à 2011) 4
COTE DE FIABILITÉ 4/5

GARANTIES... ET PLUS

GARANTIE GÉNÉRALE 3 ans/60 000 km
GARANTIE MOTOPROPULSEUR 5 ans/100 000 km
PERFORATION 5 ans/kilométrage illimité
ASSISTANCE ROUTIÈRE 3 ans/kilométrage illimité
NOMBRE DE CONCESSIONNAIRES
AU QUÉBEC 56 **AU CANADA** 171

NOUVEAUTÉS EN 2012

Redessinée, nouveaux modèles de jantes, nouvelles couleurs de garnitures intérieures, affichage et disposition du système audio rafraîchis

MAUVAISE **POSTURE**

Francis Brière

Voici un produit souffre-douleur. La Maxima est le modèle haut de gamme offert au catalogue de Nissan, une berline mi-intermédiaire mi-grand format dont l'identité n'est pas clairement définie. À peine 1 600 exemplaires et des poussières ont trouvé preneur au pays en 2010, seulement 400 au Québec. Nissan devra repenser sa stratégie pour les années à venir. Rappelons que la Maxima a vu le jour en 1978 avec Datsun ! Mais le passé n'est pas garant de l'avenir, dans le cas qui nous intéresse.

CARROSSERIE La Maxima est plus longue que l'Altima de 20 millimètres. Elle partage la même base, mais Nissan lui a préparé un emballage plus imposant. Pour 2012, elle a subi des changements d'ordre esthétique. On remarque surtout ses lignes plus musclées, notamment en raison de ses épaules tranchées en angle. La Maxima a gagné quelques millimètres en largeur, ce qui a eu pour effet d'améliorer sa prestation sur la route. Peut-on affirmer que la grande berline de Nissan possède une silhouette attrayante ? Certainement.

HABITACLE Nissan propose des habitacles bien fabriqués et agréables pour les yeux. La présentation de la planche de bord de la Maxima se rapproche de celle qu'on retrouve à bord d'une Infiniti. Pour ceux qui auraient développé une allergie aux boutons, ces produits peuvent vous causer des ennuis. Les dispositifs électroniques abondent dans ces voitures, à un point tel qu'on en perd son latin. Du reste, les sièges sont remarquables pour leur confort et leur maintien. Certaines livrées offrent des caractéristiques de grand luxe, comme le volant chauffant, la caméra de vision arrière et le centre d'information avec écran couleur de sept pouces. Les intérieurs des modèles Nissan ont cependant quelques défauts.

Entre autres, il arrive fréquemment que les craquements et bruits de caisse nous embêtent. Si ce désagrément vous préoccupe, sachez qu'il s'agit d'un réel problème. Finition, assemblage, choix des matériaux ?

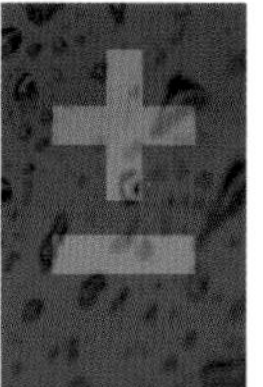

FORCES Moteur puissant (trop ?) • Boîte CVT étonnante
Confort et tenue de route

FAIBLESSES Modèle mal positionné • Prix élevé
Couple trop généreux pour la traction

sant moteur est transféré au train avant. Certains croient que cette configuration est plus intéressante, en particulier chez nous avec notre climat. C'est sans doute vrai pour un véhicule qui bénéficie d'une puissance modeste (moins de 200 chevaux). Pour la Maxima, cela devient un défaut qui peut même mettre en péril la sécurité des occupants. Vaut mieux y aller en douceur avec l'accélérateur, surtout par temps froid. Une accélération trop vive peut déstabiliser la voiture. Pour le reste, cette berline procure du confort et une tenue de route irréprochable. La Maxima est une berline agréable à conduire, une routière qui ne craint pas les longs trajets.

MÉCANIQUE La Maxima dispose d'un moteur polyvalent et utilisé pour de multiples applications chez Nissan et Infiniti. Le V6 de 3,5 litres développe ici 290 chevaux et produit un couple de 261 livres-pieds. Cette puissance suffit amplement, et nous pourrions même affirmer que c'en est trop. En revanche, ce moteur a un vilain défaut : il a soif ! Les ingénieurs l'ont jumelé à une boîte CVT, question de tempérer un peu les élans gargantuesques de ce bloc. Le résultat est satisfaisant, compte tenu du gabarit relativement imposant de cette voiture et de son poids (1671 kilos). En revanche, n'oublions pas que cette puissance est transmise aux roues avant seulement. Malheureusement, la transmission intégrale n'est pas offerte sur la Maxima.

COMPORTEMENT Comme nous l'avons mentionné, le couple généré par le puis-

CONCLUSION Nissan ne ménage pas les efforts pour séduire les acheteurs avec la Maxima: puissant moteur, équipement complet, intérieur confortable et luxueux, silhouette agréable. En revanche, les ventes ne donnent pas raison au constructeur japonais en ce qui a trait à la stratégie adoptée. La Maxima est une bonne voiture, mais on doit mieux définir son identité sans empiéter sur le territoire d'autres produits. Le bloc que Nissan propose pour ce modèle possède les défauts de ses qualités : il convient moins bien pour une application à traction.

2e OPINION

« Jadis un modèle phare chez Nissan, la Maxima est tombée entre deux chaises le jour où l'Altima est devenue la grosse berline qu'on connaît et où l'Infiniti G35 s'est imposée comme la berline japonaise de luxe par excellence. Pourtant, Nissan conserve la Maxima au catalogue, elle dont les ventes ont chuté de façon radicale au cours des dernières années. En vérité, autant il est difficile d'adresser des reproches à cette voiture, autant il est difficile de l'encenser. Sa douceur de roulement mène à l'ennui, la puissance de son moteur est drôlement exploitée par la boîte de vitesses CVT, et ses lignes, même si elles sont stylistiquement intéressantes, n'arrivent à séduire personne. La Maxima, c'est une bibliothécaire coincée dans un party rave; elle est là, mais personne n'y porte attention. » — Daniel Rufiange

FICHE TECHNIQUE

MOTEUR

V6 3,5 L DACT, 290 ch à 6400 tr/min
COUPLE 261 lb-pi à 4400 tr/min
BOÎTE DE VITESSES automatique à variation continue avec mode manuel
0-100 KM/H 6,6 s
VITESSE MAXIMALE 230 km/h

AUTRES COMPOSANTS

SÉCURITÉ ACTIVE freins ABS, assistance au freinage, répartition électronique de la force de freinage, contrôle de la stabilité électronique, antipatinage
SUSPENSION AVANT/ARRIÈRE indépendante
FREINS AVANT/ARRIÈRE disques
DIRECTION à crémaillère, assistée
PNEUS P245/45R18, **option** P245/40R19

DIMENSIONS

EMPATTEMENT 2776 mm
LONGUEUR 4841 mm
LARGEUR 1859 mm
HAUTEUR 1468 mm
POIDS SV 1621 kg
Diamètre de braquage 11,4 m
COFFRE 402 L
RÉSERVOIR DE CARBURANT 76 L

MENTIONS

RECOMMANDÉ

VERDICT

Plaisir au volant
Qualité de finition
Consommation
Rapport qualité / prix
Valeur de revente

NISSAN ÉVOLUTION $ 34 498 $ à 44 048 $ (2011) t&p 1650 $

LA COTE VERTE MOTEUR V6 DE 3,5 L source : EnerGuide

CONSOMMATION 100 KM 10,1 L • ÉMISSIONS POLLUANTES CO_2 4692 KG/AN • INDICE D'OCTANE 87
COÛT DU CARBURANT MOYEN PAR ANNÉE 2652 $ • NOMBRE DE LITRES PAR ANNÉE 2040

FICHE D'IDENTITÉ

VERSIONS S, SV, SL, LE
ROUES MOTRICES 4
PORTIÈRES 5 **NOMBRE DE PASSAGERS** 5
PREMIÈRE GÉNÉRATION 2003
GÉNÉRATION ACTUELLE 2009
CONSTRUCTION Kyushu, Japon
COUSSINS GONFLABLES 6 (frontaux, latéraux avant, rideaux latéraux)
CONCURRENCE Chevrolet Traverse, Ford Edge, GMC Acadia, Honda Pilot, Hyundai Veracruz, Kia Sorento, Mazda CX-9, Subaru Tribeca, Toyota Highlander

AU QUOTIDIEN

PRIME D'ASSURANCE
25 ANS : 1900 à 2100 $
40 ANS : 1200 à 1400 $
60 ANS : 900 à 1100 $
COLLISION FRONTALE 4/5
COLLISION LATÉRALE 5/5
VENTES DU MODÈLE DE L'AN DERNIER
AU QUÉBEC 882 **AU CANADA** 3798
DÉPRÉCIATION (2 ans) 31,6 %
RAPPELS (2006 à 2011) 8
COTE DE FIABILITÉ 3,5/5

GARANTIES... ET PLUS

GARANTIE GÉNÉRALE 3 ans/60 000 km
GARANTIE MOTOPROPULSEUR 5 ans/100 000 km
PERFORATION 5 ans/kilométrage illimité
ASSISTANCE ROUTIÈRE 3 ans/kilométrage illimité
NOMBRE DE CONCESSIONNAIRES
AU QUÉBEC 56 **AU CANADA** 171

NOUVEAUTÉS EN 2012

Une nouvelle couleur extérieure et intérieure, nouvel ensemble d'option Platine, écran de 7 pouces monochrome de série

UN UTILITAIRE LOIN D'ÊTRE PROLÉTAIRE

Michel Crépault

Le fabricant Nissan n'a pas les crayons dans sa poche quand vient le temps de nous dessiner des véhicules différents. Le VUS Murano le prouve allègrement avec son allure distincte. Son ergonomie, son confort, son comportement et sa polyvalence ont-ils aussi ce qu'il faut pour se démarquer positivement ?

CARROSSERIE Cette silhouette bulbeuse a au moins le mérite de donner une personnalité au véhicule, ainsi d'ailleurs qu'à d'autres modèles des clans Nissan et Infiniti qui reprennent ce design dynamique. Il en résulte un style particulier qui nous change des boîtes à savon. Que ça vous branche ou pas, c'est une autre histoire. En contrepartie, la découpe des portières arrière doit rivaliser avec l'intrusion des ailes qui oblige les occupants à un brin de contorsion pour gagner la banquette. Les variantes dans les livrées, jusqu'aux énormes roues de 20 pouces, modifient fortement le véhicule au final, de même que notre portefeuille. Les Américains sont allés plus loin en donnant leur aval au Murano décapotable, le CrossCabriolet. Les Canadiens ont démontré leur supériorité en matière de bon goût en refusant que cette très étrange bibitte ne foule nos routes !

HABITACLE Comme à l'extérieur, il n'y a guère de surfaces planes sur le tableau de bord. Il s'est développé comme un organisme vivant et il bourgeonne avec une audace qui, ici aussi, ne laisse pas indifférent. On ne se sent pas pour autant déboussolé puisque les ensembles d'instruments logent aux endroits usuels. Les gros cadrans imbriqués et cerclés de chrome rayonnent derrière le volant. Ce dernier est constellé d'interrupteurs et, malgré tout, le diamètre de son boudin et sa gaine de cuir le rendent très agréable à manier. Un peu plus et on se croirait aux commandes d'une auto sport ! La section centrale est dévolue à un écran multifonction, notamment pour la caméra

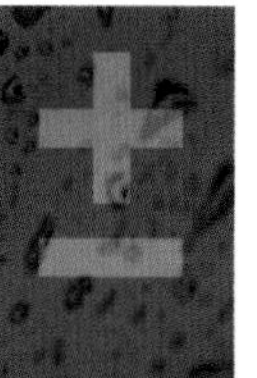

FORCES Silhouette distinctive • Sièges confortables
Aménagement facile et polyvalent de l'espace de chargement

FAIBLESSES Visibilité pauvre des trois quarts arrière
Consommation de carburant perfectible
Tenue de route qui ne charme pas tout le monde

de vision arrière, très appréciée compte tenu de la visibilité arrière limitée. La boîte à gants est caverneuse, de même que l'espace de rangement dissimulé sous l'accoudoir central. Les baquets de mon véhicule d'essai étaient capitonnés d'un velours côtelé qui se mariait bien avec la tendresse du rembourrage, même sur la banquette. Le Murano prend soin de ses occupants. Le lourd hayon se soulève assez haut et donne accès à un beau plancher plat. Pour en doubler le volume, on n'a qu'à rabattre les dossiers 60/40 de la banquette, lesquels se couchent complètement sans qu'on ait à se préoccuper des appuie-tête.

MÉCANIQUE On a jumelé l'increvable V6 de 3,5 litres de 260 chevaux à une boîte de vitesses à variation continue Xtronic qui, dans le cas du Murano, travaille avec ardeur et justesse. Elle améliore la consommation de carburant sans pour autant se montrer timide ou bruyante. Nos voisins au sud ont le luxe de pouvoir choisir entre des versions à traction ou à transmission intégrale, alors que nous obtenons tout de go le modèle intégral, saison hivernale oblige.

COMPORTEMENT La première chose qui plaît, c'est la vivacité du Murano. Effleurez à peine l'accélérateur, et le voilà qui bondit. Même que l'effet de couple n'est pas loin. Sa suspension se tient aux antipodes de celle préconisée par les Allemands. Si elle n'affichait pas une certaine retenue quand ça compte, on la qualifierait même d'américaine tant elle ballote, mais sans tomber dans le mollasson. Sa tendance à épouser chacune des aspérités du revêtement est compensée par une caisse rigide. Bref, testez cette tenue de route avant de l'adopter, elle ne convient pas à tous. Le système de transmission intégrale, lui, travaille efficacement. L'épaisseur des piliers C et la grosseur des appuie-tête latéraux à l'arrière nuisent à la visibilité. Heureusement que la CVT travaille à minimiser l'appétit en carburant car, malgré tout, ce dernier a le don d'épuiser rapidement notre budget de la semaine.

CONCLUSION Le Murano compte plusieurs atouts dans sa manche, comme une personnalité distinctive, un confort indéniable, une motorisation plus que satisfaisante. Il ne conviendra pas à ceux qui préfèrent les silhouettes plus conservatrices, qui recherchent une 3e banquette ou qui comptent leurs sous car son appariement évident avec la gamme Infiniti ne le rend pas tout à fait économique, ni à l'achat, ni au quotidien.

2e OPINION

« Premier multisegment de Nissan, le Murano est construit sur la plateforme de l'Altima. Il a été dessiné au Japon, mais l'Amérique du Nord a été son premier marché. Une partie de son succès réside dans l'orientation précise du véhicule. Le Murano ne cache pas sa nature. Il annonce clairement sa vocation routière. Ainsi, un rapide coup d'œil révèle l'absence de boîtier de transfert et de tout autre raffinement technologique permettant de quitter le bitume, seule la transmission intégrale vous procurera la confiance nécessaire durant l'hiver. Ses lignes, qui demeurent fraîches même si le véhicule date de 2003, est un autre gage de son succès. Enfin, son format bien pensé a conquis plusieurs acheteurs qui sont revenus pour en acheter un 2e et un 3e au fil des ans. » —Benoit Charette

FICHE TECHNIQUE

MOTEUR

V6 3,5 L DACT 260 ch à 6000 tr/min
COUPLE 240 lb-pi à 4000 tr/min
BOÎTE DE VITESSES automatique à variation continue avec mode manuel
0-100 KM/H 8,3 s
VITESSE MAXIMALE 200 km/h

AUTRES COMPOSANTS

SÉCURITÉ ACTIVE freins ABS, assistance au freinage répartition, électronique de force de freinage, contrôle de la stabilité électronique, antipatinage,
SUSPENSION AVANT/ARRIÈRE indépendante
FREINS AVANT/ARRIÈRE disques
DIRECTION à crémaillère, assistée
PNEUS P235/65R18, **LE** P235/55R20

DIMENSIONS

EMPATTEMENT 2825 mm
LONGUEUR 4823 mm
LARGEUR 1883 mm
HAUTEUR 1728 mm
POIDS S 1831 kg, **SL** 1891 kg, **LE** 1905 kg
DIAMÈTRE DE BRAQUAGE S/SL 11,6 m, **LE** 12,0 m
COFFRE 900 L, 1826 l (sièges abaissés)
RÉSERVOIR DE CARBURANT 82 L
CAPACITÉ DE REMORQUAGE 1588 kg

MENTIONS

RECOMMANDÉ

VERDICT

Plaisir au volant
Qualité de finition
Consommation
Rapport qualité / prix
Valeur de revente

NOUVEAUTÉ $ 30 998 $ à 39 668 $ t&p 1630 $

LA COTE VERTE MOTEUR V6 DE 4,0 L source : EnerGuide

CONSOMMATION (100 KM) 12,9 L • **ÉMISSIONS POLLUANTES CO_2** 5888 kg/an • **INDICE D'OCTANE** 87
COÛT DU CARBURANT MOYEN PAR ANNÉE 3328 $ • **NOMBRE DE LITRES PAR ANNÉE** 2560

FICHE D'IDENTITÉ

VERSIONS 1500 S/SV, 2500 S/SV, 3500 S/SV
ROUES MOTRICES arrière
PORTIÈRES 5 **NOMBRE DE PASSAGERS** 2
PREMIÈRE GÉNÉRATION 2012
GÉNÉRATION ACTUELLE 2012
CONSTRUCTION Canton, Mississippi, É.-U.
COUSSINS GONFLABLES 6 (frontaux, latéraux et rideaux latéraux
CONCURRENCE Chevrolet Express, Ford Série E, Mercedes Sprinter, GMC Savana

AU QUOTIDIEN

PRIME D'ASSURANCE
25 ANS : 900 à 1100 $
40 ANS : 700 à 900 $
60 ANS : 600 à 800 $
COLLISION FRONTALE ND
COLLISION LATÉRALE ND
VENTES DU MODÈLE DE L'AN DERNIER
AU QUÉBEC ND **AU CANADA** ND
DÉPRÉCIATION ND
RAPPELS (2006 à 2011) ND
COTE DE FIABILITÉ ND

GARANTIES... ET PLUS

GARANTIE GÉNÉRALE 3 ans/60 000 km
GARANTIE MOTOPROPULSEUR 5 ans/100 000 km
PERFORATION 5 ans/kilométrage illimité
ASSISTANCE ROUTIÈRE 3 ans/kilométrage illimité
NOMBRE DE CONCESSIONNAIRES
AU QUÉBEC 56 **AU CANADA** 171

NOUVEAUTÉS EN 2012

Nouveau modèle

LE **NOUVEAU VÉHICULE** COMMERCIAL

Vincent Aubé

Il aura fallu une récession pour ébranler toute l'industrie de l'automobile ou presque. Même un segment ultraconservateur comme celui des fourgons commerciaux a connu une baisse substantielle des ventes au cours de cette période sombre. Cette diminution des ventes engendrée par tous ces propriétaires d'entreprises qui ont retardé l'acquisition d'un nouveau véhicule a convaincu Nissan qu'il était temps de s'attaquer au marché nord-américain. Et puisque le constructeur possède déjà une usine à Canton, au Mississippi, qui produit notamment la camionnette Titan, l'occasion était trop belle.

Le constructeur a injecté 118 millions de dollars américains dans ses installations du sud des États-Unis afin d'accueillir ce nouveau véhicule entièrement pensé pour l'Amérique. Après tout, Nissan est un joueur important du côté des véhicules commerciaux partout ailleurs sur la planète, mais pas en Amérique. Et si le constructeur remporte un certain succès avec son NV (pour Nissan Van), il se pourrait bien qu'un petit frère, le NV 200, vienne seconder le nouveau fourgon sur notre continent.

CARROSSERIE En matière de style, un fourgon utilitaire a autant de « sex-appeal » qu'une boîte de carton. Pourtant, Nissan y a ajouté sa propre touche en fonction des goûts des consommateurs nord-américains. Le museau intègre une calandre inspirée des autres camionnettes déjà connues du public (Frontier, Titan, etc.) et prend la coloration noire en livrée de base, tandis qu'il est possible d'opter pour une calandre chromée, question de montrer à votre entourage que votre entreprise se porte bien. Notez que la couleur des pare-chocs s'agence à la couleur de la calandre. Les plus fins auront déjà remarqué que le capot du NV est pas mal plus long que celui des modèles américains, par exemple. Il y a une raison

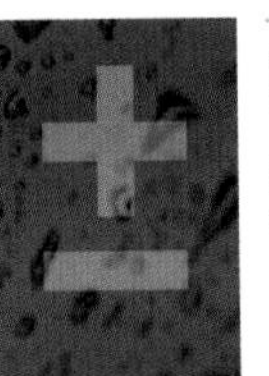

FORCES Espace pour les jambes des occupants
Nombreux espaces de rangement • Boîte de chargement pratique

FAIBLESSES Consommation de carburant • Première incursion de Nissan dans le segment • Pas de moteur Diesel

bien simple derrière cet élément de style: le moteur est logé devant les occupants et non en recul entre les deux passagers comme sur les Ford Série E et GMC Savana de ce monde. Pour l'instant, Nissan offrira une version à toit bas et une autre à toit surélevé pour mieux cibler les acheteurs du Mercedes-Benz Sprinter. Quant à la partie arrière, elle est aussi droite qu'un panneau de contreplaqué, un élément qui s'applique également aux flancs du NV. En terminant, notez qu'il y a seulement une porte coulissante du côté droit.

HABITACLE Lors de la présentation officielle du NV, les gens de Nissan nous ont avoué que ce véhicule était un de ceux qui avaient nécessité le plus de recherche dans l'histoire du constructeur. Non seulement parce que les besoins des consommateurs nord-américains sont différents, mais aussi parce que ce segment n'évolue presque plus depuis trop longtemps. En questionnant des propriétaires de fourgons commerciaux, les ingénieurs ont pu cibler beaucoup de problèmes rattachés aux modèles traditionnels. C'est ce qui explique justement ce choix de placer le moteur devant les occupants. Le résultat est probant au chapitre de l'espace pour les pieds des passagers, bien plus généreux que dans les modèles américains. Une autre problématique des fourgons traditionnels concerne les parois latérales arrondies plus esthétiques, mais moins pratiques dans l'habitacle puisqu'il y a une perte d'espace considérable derrière ces tablettes de rangement boulonnées aux parois. Nissan a aussi prévu une multitude de trous percés en usine afin d'attacher tous ces équipements et autres ancrages. Il est même possible de commander le NV équipé de tablettes installées au préalable. Bien entendu, dans les modèles à toit élevé, il est possible de circuler debout. À l'avant, le tableau de bord présente un design simpliste mais pratique. Comme dans la plupart des véhicules de cette catégorie, le plastique dur est retenu pour recouvrir cette surface. C'est moins sophistiqué, mais c'est tellement plus simple à laver. Les modèles plus cossus peuvent aussi recevoir un système de navigation, une bonne idée pour les entrepreneurs qui ne veulent plus arriver en retard à leur rendez-vous. Les deux sièges sont recouverts d'un tissu robuste et durable. Ces derniers se révèlent confortables puisque ce sont des sièges modifiés provenant de la berline Altima. Côté rangement, la NV propose plusieurs solutions, comme cette tablette dissimulée sous le siège du conducteur (dans les modèles HD seulement) ou les nombreux porte-gobelet. Il y a aussi cette console centrale qui peut être verrouillée pouvant accueillir un ordinateur portable. Dans les modèles à pavillon élevé, une tablette peut être installée au-dessus des occupants pour ranger des objets légers. Enfin, à l'arrière, les portières peuvent s'ouvrir complètement sur un axe de 243 degrés, ce qui signifie qu'elles peuvent être retournées complètement contre les flancs du NV.

MÉCANIQUE Sous ce long capot, Nissan a joué la carte de la prudence en boulonnant des groupes motopropulseurs déjà connus du public. Le V6 de 4 litres qui équipe déjà les camionnettes Frontier reprend du service dans les versions de base 1 500 à toit

HISTORIQUE

C'est au salon de l'auto de Détroit en 2008 que Nissan avait présenté son concept NV. Plus rondouillard à l'image des camions de livraisons européens, il a repris une fois en Amérique les formes plus carrées qui sont d'usage chez nous. Franchement, je le trouvais plus sympathique sous sa forme conceptuelle. Mais le côté pratique a pris le pas sur l'esthétique. C'est le propre des outils de travail

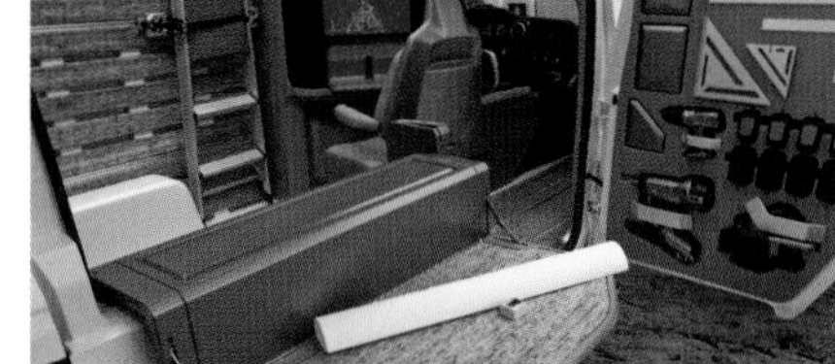

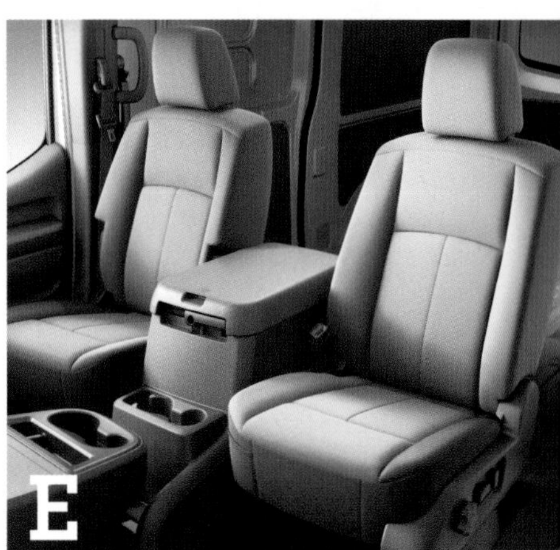

GALERIE

A La version de base est disponible avec toit régulier seulement et n'est livrable qu'avec le V6 de 4,0 litres et ses 261 chevaux. La classe 2 plus imposante est offerte avec ce V6 ou le V8 de 317 chevaux. En plus du pavillon régulier, ce NV2500 est aussi offert avec toit surélevé, permettant de se déplacer debout dans la caisse. Le 3500 est disponible avec toit régulier ou surélevé mais seulement le V8.

B Avec une configuration qui permet le chargement de palettes de marchandise directement dans le camion, vous pouvez choisir différentes capacités de charge. Les 1500 de Classe 1 affichent un poids total avec charge de 2721 kilos, les 2500 de Classe 2 passe à 4 535 kilos et les 3500 de Classe 3 à 6 349 kilos.

C En plus des portières arrière qui ouvrent à plus de 180 degrés, et facilitent le transport de pièces encombrantes, le seuil est relativement bas et n'exige pas d'acrobatie. De plus des portes latérales permettent d'entrer et de sortir rapidement pour ceux qui utilisent le véhicule comme atelier mobile.

D Le NV a réellement été conçu avec le travail en tête. Pour ceux qui désirent transformer le NV en camion de travail, les murs latéraux presque verticaux sont déjà préparés et perforés pour recevoir des tablettes ou armoires. Sa forme très carrée maxime aussi l'espace disponible.

E Comme c'est le cas avec les autres types de camion commerciaux, le NV est conçu pour deux occupants à l'avant. Mais la cabine est confortable et les sièges offrent un bon maintient. On peut voir le NV comme une solution plus moderne que le vieux Ford de Série E.

normal et dans les versions 2 500 SV. L'autre option est le V8 de 5,6 litres utilisé à toutes les sauces chez Nissan et Infiniti. Ce dernier pourra être commandé sur les versions 1 500, 2 500 SV et sera le moteur de série sur la version 3 500 SV. Les deux engins sont accouplés à une seule boîte de vitesses automatique à 5 rapports. Nissan n'a pas voulu révolutionner le segment au chapitre de la configuration du NV. Le fourgon est donc basé sur un châssis à échelle, la puissance est strictement envoyée aux roues arrière, et les suspensions sont indépendantes à l'avant et à lames à l'arrière. Un point sur lequel Nissan n'a pas lésiné, ce sont ces énormes freins à disques ventilés aux 4 coins. Ils sont pensés pour un usage intensif et non pour stopper un bolide dans un virage du Nürburgring.

COMPORTEMENT

Encore ici, le constructeur japonais ne va pas à l'encontre des règles du segment. Le NV a beaucoup de points en commun avec les modèles américains en ce qui a trait à la sensation ressentie au volant. Le nouveau fourgon de Nissan est lourd, imposant sur la route et sa maniabilité en milieu urbain demande de rester vigilant. Le V6 accomplit son boulot en rouspétant quelque peu, tandis que le V8 est clairement plus énergique, surtout lorsque la boîte est vide. Pour ce qui est du freinage, il faut le prévoir d'avance, tandis que la direction n'est pas aussi engourdie qu'on aurait pu le croire.

CONCLUSION

Il est encore trop tôt pour savoir si Nissan va connaître du succès avec son *N*ouveau *V*éhicule commercial. Après tout, depuis plusieurs années déjà, Nissan et Toyota essaient de s'infiltrer dans le segment de la camionnette pleine grandeur. Pourtant, le NV présente de belles innovations et le prix demandé est plus qu'intéressant, surtout dans une catégorie où les consommateurs achètent leur véhicule strictement pour des raisons utilitaires. Au pire, Nissan aura fait bouger les choses en obligeant les autres constructeurs à moderniser leurs véhicules commerciaux.

2e OPINION

«Ça y est, Nissan se lance dans le marché du véhicule fourgon. Derrière l'apparition du NV se cache une stratégie qui verra l'apparition d'autres produits de la division commerciale de Nissan. En attendant, le constructeur japonais doit s'implanter avec son NV. Ce véhicule a tout pour réussir. En prime, l'une des configurations offertes est à toit élevé, question de rivaliser directement avec le Sprinter de Mercedes-Benz. Ensuite, sa conception est telle qu'un compartiment moteur séparé de la cabine permet aux occupants de profiter de beaucoup d'espace à l'avant. Enfin, si l'on compare la modernité et le comportement routier du NV avec ses rivaux américains (Ford de Série E et Chevrolet Express/GMC Savana), le fourgon japonais a quelques longueurs d'avance. En prime, la fourchette de prix est très concurrentielle.» — Daniel Rufiange

FICHE TECHNIQUE

MOTEUR

(S, SV) V6 4,0 L DACT 261 ch à 5600 tr/min
COUPLE 281 lb-pi à 4000 tr/min
BOÎTE DE VITESSES automatique à 5 rapports
0-100 KM/H 10,2 s
VITESSE MAXIMALE 175 km/h

(OPTION) V8 5,6 L DACT, 317 ch à 5200 tr/min
COUPLE 385 lb-pi à 3400 tr/min
BOÎTE DE VITESSES automatique à 5 rapports
0-100 KM/H 9,3 s
VITESSE MAXIMALE 190 km/h
CONSOMMATION (100 KM) 14,9 L
ÉMISSIONS DE CO_2 6 600 kg/an
LITRES PAR ANNÉE 2 940 L
COÛT PAR AN 3822 $

AUTRES COMPOSANTS

SÉCURITÉ ACTIVE freins ABS, assistance au freinage, répartition électronique de force de freinage, contrôle de stabilité électronique, antipatinage
SUSPENSION AVANT/ARRIÈRE indépendante/pont rigide
FREINS AVANT/ARRIÈRE disques
DIRECTION à billes, assistée
PNEUS LT245/70R17 3500 LT245/75R17

DIMENSIONS

EMPATTEMENT 3710 mm
LONGUEUR 6111 mm
LARGEUR 2029 mm
HAUTEUR **Toit standard** 2131 mm, **toit standard** 3500 2156 mm **toit surélevé** 2667 mm, **toit surélevé** 3500 2692 mm
POIDS 2634 kg à 2750 kg
DIAMÈTRE DE BRAQUAGE 13,9 m
COFFRE 6629 L, **toit surélevé** 9149 L
RÉSERVOIR DE CARBURANT 106 L
CAPACITÉ DE REMORQUAGE 3175 kg, **SV** V8 4309 kg

VERDICT

Plaisir au volant
Qualité de finition
Consommation
Rapport qualité / prix
Valeur de revente

ÉVOLUTION

$ 37 948 $ à 47 748 $ t&p 1620 $

LA COTE VERTE MOTEUR V6 DE 4,0 L source : ÉnerGuide

CONSOMMATION (100 KM) 12,6 L • ÉMISSIONS POLLUANTES CO_2 5888 kg/an • INDICE D'OCTANE 91
COÛT DU CARBURANT MOYEN PAR ANNÉE 3379 $ • NOMBRE DE LITRES PAR ANNÉE 2560

FICHE D'IDENTITÉ

VERSIONS S, SV, LE
ROUES MOTRICES 4
PORTIÈRES 5 **NOMBRE DE PASSAGERS** 7
PREMIÈRE GÉNÉRATION 1987
GÉNÉRATION ACTUELLE 2005
CONSTRUCTION Smyrna, Tennessee, É.-U.
COUSSINS GONFLABLES 6 (frontaux, latéraux avant, rideaux latéraux)
CONCURRENCE Ford Explorer, Honda Pilot, Hyundai Santa Fe, Jeep Grand Cherokee, Kia Sorento, Toyota 4Runner

AU QUOTIDIEN

PRIME D'ASSURANCE
25 ANS : 2100 à 2300 $
40 ANS : 1300 à 1500 $
60 ANS : 1100 à 1300 $
COLLISION FRONTALE 4/5
COLLISION LATÉRALE 5/5
VENTES DU MODÈLE DE L'IAN DERNIER
AU QUÉBEC 293 **AU CANADA** 1400
DÉPRÉCIATION 43,1 %
RAPPELS (2006 à 2011) 9
COTE DE FIABILITÉ 3/5

GARANTIES... ET PLUS

GARANTIE GÉNÉRALE 3 ans/60 000 km
GARANTIE MOTOPROPULSEUR 5 ans/100 000 km
PERFORATION 5 ans/kilométrage illimité
ASSISTANCE ROUTIÈRE 3 ans/kilométrage illimité
NOMBRE DE CONCESSIONNAIRES
AU QUÉBEC 56 **AU CANADA** 171

NOUVEAUTÉS EN 2012

Une nouvelle couleur extérieure

UN VRAI CAMION

Antoine Joubert

Le Grand Cherokee s'est embourgeoisé, l'Explorer est quasiment passé de camion à grosse voiture familiale, et les autres joueurs, pour la plupart, ont tout simplement disparu de la carte. Enfin... presque. Car il reste tout de même au Pathfinder un rival de taille, le Toyota 4Runner. D'ailleurs, ces deux rivaux d'origine nipponne (mais de conception nord-américaine) sont aujourd'hui les seuls à faire appel à un châssis indépendant, une formule vétuste certes, mais qui assure une solidité et des capacités supérieures.

Malheureusement pour Nissan, avec un 4Runner récemment renouvelé, Toyota possède une longue avance dans cette lutte à deux. On parvient essentiellement à vendre deux fois plus de 4Runner que de Pathfinder, et ce, même si Nissan propose des promotions passablement alléchantes. Ceci dit, il faut savoir que le Pathfinder est sur le point d'entamer sa huitième année sans refonte. Et huit ans, c'est long !

CARROSSERIE Non, le Pathfinder n'a esthétiquement rien de moderne. Et il n'a rien d'élégant. En réalité, il est presque grossier ! Normal, puisqu'il rappelle son grand frère, l'Armada, lequel est loin d'être un modèle de discrétion et de raffinement. Ceci dit, l'apparence particulière du Pathfinder, avec ses glaces latérales à angles inversés, plaît à une certaine clientèle. Et elle permet aussi au véhicule de se démarquer dans le paysage automobile, un élément certainement appréciable de nos jours.

HABITACLE Offrant sept places assises (dont deux, très inconfortables, mais tout de même...), le Pathfinder possède un petit avantage sur le 4Runner. Il faut également mentionner que les sièges, qui se replient de multiples façons, permettent d'optimiser l'espace intérieur au gré des besoins du conducteur et des passagers. Cet avantage permet en quelque sorte d'excuser en partie la qualité des matériaux retrouvée à bord, qui ne s'est guère améliorée depuis la refonte du véhicule. Oh certes, quelques retouches ont été effectuées en 2008, mais c'est tout de même beaucoup plus bon

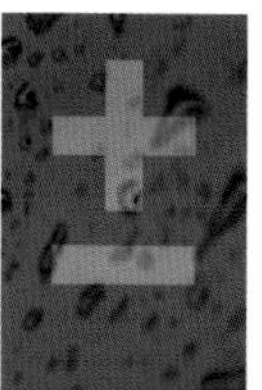

FORCES Camion robuste et fiable • Bonnes capacités hors route
Excellentes capacités de remorquage • Habitacle polyvalent

FAIBLESSES Consommation très importante • Qualité des matériaux à bord désolante
Style vieillissant • Forte dépréciation

marché que ce que nous servent les véhicules rivaux. L'omniprésence du plastique gris bon marché ne cadre d'ailleurs pas avec la qualité des composants mécaniques qui, eux, sont drôlement plus convaincants.

MÉCANIQUE En fait, le V6 de 4 litres qui se trouve sous le capot n'est pas un modèle de raffinement. Il consomme de façon outrageuse et dégage une sonorité disgracieuse dont on se passerait volontiers lors d'accélérations franches. Mais pour rendre de loyaux services, c'est un maître. Très fiable, il propose un couple généreux et instantané qui se fait apprécier en toutes situations. De plus, jumelé à une robuste boîte de vitesses automatique à 5 rapports, il affiche des capacités de remorquage supérieures à la moyenne, un avantage non négligeable dans ce créneau de véhicules. Et pour couronner le tout, le Pathfinder s'équipe d'un système à quatre roues motrices « All Mode », lequel permet de performer efficacement sur tout type de surface.

COMPORTEMENT Non, le Pathfinder n'est pas aussi stable et confortable qu'un Ford Explorer. Loin de là ! Son insonorisation est ordinaire, son train arrière a tendance à valser sur surface dégradée, et sa tenue de route en virage force souvent le conducteur à calmer ses ardeurs. Et j'ajouterais que la position de conduite agace en raison de l'absence d'un volant télescopique et d'un accoudoir véritablement utile. En revanche, si vos besoins vous dirigent inévitablement vers un camion polyvalent, le Pathfinder fait un excellent boulot. Il est maniable, se moque de la charge à remorquer, performe avec brio en conditions hors route et transmet au conducteur des sensations de conduite qui demeurent à mon avis plus intéressantes que la moyenne.

CONCLUSION Pour se procurer le Pathfinder, il faut en avoir besoin. Et si votre quotidien ressemble de près à celui d'un conducteur de fourgonnette ou de Nissan Murano, vous ne frappez pas à la bonne porte. Pour le considérer, il faut remorquer, avoir un certain besoin d'espace, conduire hors des sentiers battus et favoriser la robustesse au raffinement. Et, bien sûr, il faut être conscient qu'il affectionne l'essence plus que tout autre rival. Mais ça, c'est l'histoire des VUS... des vrais !

2e OPINION

« Les plus belles années du Pathfinder sont loin derrière lui. L'ère de l'utilitaire érigé sur un châssis à caissons a fait son temps et le Pathfinder compte parmi l'un des rares survivants. Ce qui est dommage car Nissan avait réussi à le raffiner au point de le transformer en un routier très potable. Sa cabine est confortable et spacieuse, sa mécanique est à la fois souple et musclée, et son comportement, robuste mais civilisé. Toutefois, avec un poids à vide de pratiquement 2 268 kilos, son V6 de 4,0 litres ne peut faire autrement qu'être gourmand et c'est ce point précis qui devient le talon d'Achille du Pathfinder. Cela dit, pour ceux et celles qui ont besoin de tirer de lourdes charges sur une base régulière, le Pathfinder s'avère un bon compromis entre une camionnette et un véhicule mutlisegment. » — Alexandre Crépault

FICHE TECHNIQUE

MOTEUR

V6 4,0 L DACT, 266 ch à 5600 tr/min
COUPLE 288 lb-pi à 4000 tr/min
BOÎTE DE VITESSES automatique à 5 rapports
0-100 KM/H 8,9 s
VITESSE MAXIMALE 190 km/h

AUTRES COMPOSANTES

SÉCURITÉ ACTIVE freins ABS, assistance au freinage, répartition électronique de force de freinage, contrôle de la stabilité électronique, antipatinage
SUSPENSION AVANT/ARRIÈRE indépendante
FREINS AVANT/ARRIÈRE disques
DIRECTION à crémaillère, assistée
PNEUS P245/75R16, SV P265/65R17, LE P265/60R18

DIMENSIONS

EMPATTEMENT 2850 mm
LONGUEUR 4884 mm
LARGEUR 1850 mm
HAUTEUR 1845 mm
POIDS S 2132 kg, **SV** 2198 kg, **LE** 2243 kg
DIAMÈTRE DE BRAQUAGE 11,9 m
COFFRE 467 L, 1393 L (derrière 2e rangée), 2243 L (sièges abaissés)
RÉSERVOIR DE CARBURANT 80 L
CAPACITÉ DE REMORQUAGE 2722 kg

VERDICT

$ 29 998 $ à 48 498 $ t&p 1650 $

LA COTE VERTE MOTEUR V6 DE 3,5 L source : Nissan

CONSOMMATION (100 KM) 9,6 L • ÉMISSIONS POLLUANTES CO_2 nd • EMPREINTE ÉCOLOGIQUE nd • INDICE D'OCTANE 87
COÛT DU CARBURANT MOYEN PAR ANNÉE nd • NOMBRE DE LITRES PAR ANNÉE nd

FICHE D'IDENTITÉ

VERSIONS S, SV, SL, LE
ROUES MOTRICES avant
PORTIÈRES 5 **NOMBRE DE PASSAGERS** 7
PREMIÈRE GÉNÉRATION 1993
GÉNÉRATION ACTUELLE 2011
CONSTRUCTION Kyushu, Japon
COUSSINS GONFLABLES 6 (frontaux, latéraux avant, rideaux latéraux)
CONCURRENCE Chrysler Town & Country, Dodge Grand Caravan, Honda Odyssey, Kia Sedona, Toyota Sienna

AU QUOTIDIEN

PRIME D'ASSURANCE
25 ANS: 1300 $ à 1500 $
40 ANS: 1000 $ à 1100 $
60 ANS: 800 $ à 1000 $
COLLISION FRONTALE nm
COLLISION LATÉRALE nm
VENTES DU MODÈLE DE L'AN DERNIER
AU QUÉBEC nm **AU CANADA** nm
DÉPRÉCIATION nm
RAPPELS (2006 à 2011) 5
COTE DE FIABILITÉ nm

GARANTIES... ET PLUS

GARANTIE GÉNÉRALE 3 ans/60 000 km
GARANTIE MOTOPROPULSEUR 5 ans/100 000 km
PERFORATION 5 ans/kilométrage illimité
ASSISTANCE ROUTIÈRE 3 ans/kilométrage illimité
NOMBRE DE CONCESSIONNAIRES
AU QUÉBEC 56 **AU CANADA** 171

NOUVEAUTÉS EN 2012

Retour du modèle en 2011, redessiné

TOUT ARRIVE À POINT À QUI SAIT ATTENDRE

Benoit Charette

Un long et périlleux parcours pour cette fourgonnette qui présente, cette année, sa 4e génération. C'est en 1993 qu'elle fait ses premiers tours de roues avec une jumelle de Mercury, la Villager. Cette version 2/3 d'une fourgonnette pleine grandeur connaît un certain succès, mais ne trouve pas réellement sa place sur le marché. On présente la 2e génération en 1999; encore là, les ventes demeurent timides. Vient ensuite, en 2004, un modèle qui va à contre-courant du conservatisme qui caractérise ces véhicules. Un intérieur audacieux, une silhouette décalée, bref, on tente de brasser la cage chez Nissan, mais sans succès.

Après un arrêt de production en 2009, bien des gens croyaient que c'était le chant du cygne pour la fourgonnette Nissan. Eh bien non! Voici que le fabricant japonais nous revient cette année avec un modèle plus traditionnel inspiré de ce qui se fait de bien sur le marché pour présenter la nouvelle Quest qui espère bien grignoter, enfin, une part de marché un peu plus substantielle.

CARROSSERIE À regarder les plus récents design, il semble que le dessin en mouvement d'objets inanimés soit devenu le leitmotiv de bien des concepteurs. Baptisé « sculpture fluide », le style de la nouvelle Quest, dessinée et construite au Japon, n'est pas sans rappeler l'El Grand (grande fourgonnette produite par Nissan au Japon). La calandre hexagonale chromée, une arête qui court tout au long du profil, depuis le haut des arches de roues avant jusqu'aux feux arrière en passant par les portes coulissantes.

Les lignes carrées typiques des véhicules japonais avec quelques arêtes stratégiquement placées pour relever le style peu inspiré des fourgonnettes, en général, donnent cette silhouette typiquement asiatique. Si l'avant est plutôt réussi, le profil et, surtout, l'arrière restent assez massifs

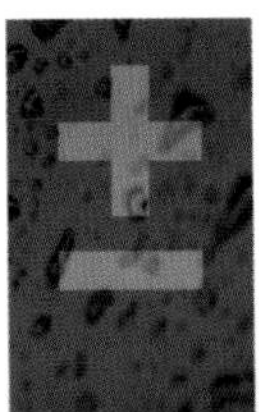

FORCES Habitacle pratique et polyvalent • Finition de qualité
Double toit vitré • Confortable

FAIBLESSES Peu de retour de sensations de la route
Sièges fixes limitant l'espace disponible • Consommation relativement élevée

et anguleux. Au chapitre des proportions, la Quest se compare, au centimètre près, à la Sienna et à l'Odyssey, ses plus proches concurrentes. Longue de 5,10 mètres pour un empattement de 2,99 mètres, elle peut accueillir sept occupants.

HABITACLE L'intérieur est particulièrement lumineux grâce à deux toits ouvrants, uniquement offerts en option. Parmi les nouvelles technologies dont est équipée la Quest, on note le régulateur de l'air ambiant de pointe avec purificateur d'air, le filtre à base de polyphénol de pépins de raisin et le recyclage automatique de l'air, offerts de série sur le modèle LE. Ce système agit en trois temps pour réduire les allergènes et les odeurs indésirables dans l'habitacle de la Quest. Vous trouverez aussi des portes qui coulissent au toucher d'un bouton, un hayon électrique et une clé intelligente de série qui fait tout fonctionner à distance. L'espace intérieur est axé sur le confort et le plaisir de vivre. Nissan a voulu recréer l'atmosphère d'une pièce familiale à la maison. Le faux-bois est crédible, le cuir, de belle facture, et les caractéristiques ésotériques des anciens modèles ont fait place à un habitacle plus traditionnel. Nissan se démarque toutefois dans son approche pour l'aménagement. Contrairement à la concurrence qui offre souvent sept ou huit places avec une 2e banquette plus ou moins confortable, Nissan offre sept places assises bien rembourrées pour permettre aux occupants de se sentir comme dans un fauteuil à la maison. Tous les sièges sont fixes et ne disparaissent pas dans le plancher, pas même la troisième rangée. Cependant Nissan a laissé le trou où se cachait la troisième banquette comme espace de rangement pratique, profond et couvert. Pour le reste, les sièges s'abaissent à plat en un mouvement rapide. Le dossier arrière est recouvert d'un tapis à poil court qui imite assez bien un plancher. Quand vous avez beaucoup de bagages, c'est la hauteur de chargement qui se trouve réduite en raison des sièges fixes. La planche de bord est simple et d'utilisation intuitive avec un tableau de commande central ou, en option, l'écran de navigation.

MÉCANIQUE Nissan doit croire à l'adage qui dit que, quand vous avez une bonne recette, il ne faut pas la changer. Le V6 de 3,5 litres de 260 chevaux, toujours associé à la boîte CVT qu'on retrouve dans presque tous les modèles Nissan et Infiniti, est fidèle au poste. Sans être rapide (nous parlons d'une fourgonnette après tout), le moteur amène cette grosse boîte à 100 km/h en un peu moins de 9 secondes, et vous consommerez environ 13 litres aux 100 kilomètres. Des chiffres dans la bonne moyenne pour ce type de véhicule. Je n'ai jamais aimé les boîtes CVT, mais, jumelées à un V6, cela passe mieux à une exception près. Si vous devez arrêter dans une côte pentue, il faudra tenir le pied sur le frein car le véhicule reculera. Pour le reste la montée en régime est progressive, et il faut éviter d'écraser l'accélérateur au risque d'entendre de longs gémissements mécaniques.

COMPORTEMENT Je suis heureux d'admettre que la Quest ne fait pas son format au volant. Son rayon de braquage très compact pour une fourgonnette lui confère

HISTORIQUE

On serait tenté de croire que l'ancêtre direct de la Quest serait l'Axxess qui fut vendue chez nous de 1990 à 1995, mais ça serait faire trop rapidement sombrer dans l'oubli la Datsun Multi qui, de 1985 à 1988, servit de précurseur à la fourgonnette moderne de Nissan. Par ailleurs, les deux premières générations de la Quest furent construites en collaboration avec Ford qui commercialisa la sienne sous le nom de Mercury Villager (1992). Et ceux qui ont une bonne mémoire se souviendront que la première Quest ne comptait que deux portières et un hayon…

Datsun Multi 1985-88

Nissan Axxess 1990-95

Nissan Quest 1997-2000

Nissan Quest 2001-2002

Nissan Quest Concept (Salon de Detroit de 2002)

Nissan Quest 2004-2006

Nissan Quest 2007-2009

Nissan Amenio Concept (Salon de Tokyo de 2005)

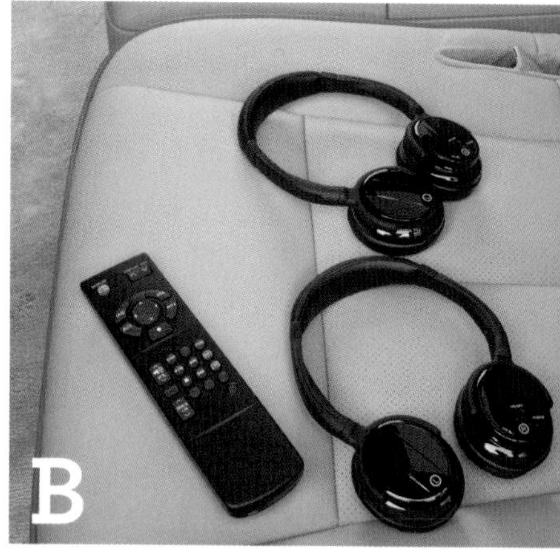

GALERIE

A Le levier de la boîte de vitesses Xtronic à variation continue se dresse sur la portion centrale du tableau de bord. Il canalise de façon régulière la puissance des 260 chevaux du V6 DACT de 3,5L.

B Le système audio-vidéo pour les occupants des places médianes et arrière est bien entendu sophistiqué. Sa télécommande et les écouteurs sans fil font la joie des cinéphiles, de même que l'écran DVD de 11 pouces et les sièges disposés en gradins.

C Les places du centre et du fond sont rapidement accessibles grâce aux portières coulissantes à commande électrique monotouche facultative (pour le hayon aussi). Un doigt sur le bouton et voilà Sésame qui s'ouvre !

D Le coffre devient volumineux quand on se donne la peine de coucher les dossiers des 2e et 3e rangées. On obtient alors 3 392L d'espace de chargement. Dans la version LE, les sièges du fond peuvent être assistés électriquement.

E La nouvelle Quest ne manque pas d'espaces de rangement, certains originaux comme ce coffret à deux couvercles indépendants situé dans la partie arrière du plancher. Contrairement à ses rivaux qui utilisent cet espace pour y ranger les sièges du fond, Nissan a décidé d'en faire un autre usage.

volant. On ne sent pas vraiment la route.

CONCLUSION Aujourd'hui les fourgonnettes représentent environ 5 % du marché de l'automobile. À son apogée, ce segment frôlait les 15 %. Il y a donc très peu de marge de manœuvre pour ceux qui s'aventurent encore dans ce créneau. Nissan a joué la carte de la prudence en proposant un modèle classique avec quelques raffinements. Un choix rationnel qui ne choquera pas une clientèle qui avait fui le style un peu excentrique de la dernière génération. C'est vrai qu'une fourgonnette n'est pas très sexy, mais rien sur le marché n'arrive encore à offrir la même polyvalence. De par son prix, Nissan place la Quest avec l'Odyssey et la Sienna, la première étant plus agréable à conduire, la seconde offrant la transmission intégrale en option. Un pari qui sera encore difficile à gagner pour Nissan. Comme prix de consolation, disons simplement que, cette fois-ci, la Quest offre beaucoup des mêmes arguments que la concurrence et une qualité de finition digne de la division Infiniti; elle trouvera sans doute quelques fidèles, mais le marché cible, à ce prix, demeure restreint.

une certaine légèreté, et la direction mi-électrique mi-hydraulique trouve un juste compromis qui procure une sensation naturelle et coulée au volant. La suspension du type MacPherson à l'avant et multibras à l'arrière met l'accent sur le confort en nivelant très bien les imperfections de la route sans tomber dans la mollesse. Toutefois, il y a un certain manque de sensations au volant. Dans le jeu des comparaisons, disons simplement que la nouvelle Honda Odyssey est celle qui offre la conduite la plus ferme et directe. Sans être sportive, on sent le lien entre le conducteur et le véhicule. Le nouveau moteur Pentastar de Chrysler donne une souplesse encore jamais vue dans la Caravan. La Quest se place derrière cette Caravan et à égalité avec la Toyota Sienna. C'est confortable, mais cela manque de conviction, c'est un peu mou derrière le

2e OPINION

«À notre première rencontre, j'avoue avoir eu un léger mouvement de recul. Ce long et haut rectangle percé de glaces peu orthodoxes et terminé par une crête m'a d'abord choqué. Maintenant, j'en apprécie mieux l'effort de modernisme, son allure finalement très japonaise, et je ne compte plus les bons mots exprimés par de parfaits inconnus. L'intérieur est immense, comme le suggère l'extérieur. À défaut de disparaître dans le plancher, les sièges se rabattent en criant ciseau pour nous offrir une formidable soute à déménagement. Le V6 est puissant mais trop gourmand (incapable de descendre sous les 12 litres aux 100 kilomètres). Le confort est royal, la finition, exemplaire, mais le sélecteur de vitesses obstrue les commandes de la sono. On se console avec la position de conduite dominante.» — Michel Crépault

FICHE TECHNIQUE

MOTEUR

V6 3,5 L DACT, 260 ch à 5800 tr/min
COUPLE 240 lb-pi à 4400 tr/min
BOÎTE DE VITESSES automatique à variation continue
0-100 KM/H 9,8 s
VITESSE MAXIMALE 190 km/h

AUTRES COMPOSANTS

SÉCURITÉ ACTIVE freins ABS, répartition électronique de force de freinage, assistance au freinage, antipatinage, contrôle de stabilité électronique
SUSPENSION AVANT/ARRIÈRE indépendante
FREINS AVANT/ARRIÈRE disques
DIRECTION à crémaillère, assistée
PNEUS P225/65R16, **SL/LE** P235/55R18

DIMENSIONS

EMPATTEMENT 3000 mm
LONGUEUR 5100 mm
LARGEUR 1971 mm
HAUTEUR 1855 mm
POIDS S 1981 kg, **SL** 2032 kg, **LE** 2063 kg
DIAMÈTRE DE BRAQUAGE 16 po. 11 m, **18 po.** 11,2 m
COFFRE 1050 L, 1801 L (3e rangée abaissée), 3070 L (2e et 3e rangées abaissées)
RÉSERVOIR DE CARBURANT 76 L
CAPACITÉ DE REMORQUAGE 1588 kg

MENTIONS

RECOMMANDÉ

VERDICT

Plaisir au volant
Qualité de finition
Consommation
Rapport qualité / prix
Valeur de revente

ÉVOLUTION $ 23 648 $ à 33 848 $ t&p 1650 $

LA COTE VERTE MOTEUR L4 DE 2,5 L source : ÉnerGuide

CONSOMMATION (100 KM) 2RM 8,0 L, 4RM 8,5 L • **ÉMISSIONS POLLUANTES CO_2** 2RM 3726 kg/an, 4RM 3956 kg/an • **INDICE D'OCTANE** 87
COÛT DU CARBURANT MOYEN PAR ANNÉE 2RM 2106 $, 4RM 2236 $ • **NOMBRE DE LITRES PAR ANNÉE** 2RM 1620, 4RM 1720L

FICHE D'IDENTITÉ

VERSIONS S 2RM/4RM, SV 2RM/4RM, SL (4RM)
ROUES MOTRICES avant, 4RM
PORTIÈRES 5 **NOMBRE DE PASSAGERS** 5
PREMIÈRE GÉNÉRATION 2008
GÉNÉRATION ACTUELLE 2008
CONSTRUCTION Kyushu, Japon
COUSSINS GONFLABLES 6 (frontaux, latéraux, rideaux
CONCURRENCE Chevrolet Equinox, Ford Escape, Honda CR-V, Hyundai Tucson, Jeep Compass/Patriot, Kia Sportage, Mitsubishi Outlander, Subaru Forester, Suzuki Grand Vitara, Toyota RAV4

AU QUOTIDIEN

PRIME D'ASSURANCE
25 ANS : 1400 à 1600 $
40 ANS : 1000 à 1200 $
60 ANS : 900 à 1000 $
COLLISION FRONTALE 4/5
COLLISION LATÉRALE 5/5
VENTES DU MODÈLE DE L'AN DERNIER
AU QUÉBEC 3588 **AU CANADA** 13 199
DÉPRÉCIATION 42,9 %
RAPPELS (2006 à 2011) 3
COTE DE FIABILITÉ 4/5

GARANTIES... ET PLUS

GARANTIE GÉNÉRALE 3 ans/60 000 km
GARANTIE MOTOPROPULSEUR 5 ans/100 000 km
PERFORATION 5 ans/kilométrage illimité
ASSISTANCE ROUTIÈRE 3 ans/kilométrage illimité
NOMBRE DE CONCESSIONNAIRES
AU QUÉBEC 56 **AU CANADA** 171

NOUVEAUTÉS EN 2012

Une nouvelle couleur extérieure, bouton «mode Sport» de série, moniteur d'aide au stationnement avec livrée SL

ON S'ENNUIE PRESQUE DU X-TRAIL

Antoine Joubert

En 2005, Nissan Canada ressentait le besoin d'offrir un VUS pour rivaliser avec les Escape et CR-V de ce monde. De ce fait, on a importé le modèle X-Trail commercialisé sur d'autres continents. Non vendu chez nos voisins du sud, il a connu un succès très honnête, et ce, même si son allure angulaire ne faisait pas l'unanimité. On appréciait son côté pratique, son habitacle vaste et bien aménagé et certaines innovations, notamment en matière de rangement.

Hélas, son règne n'a été que de courte durée. Les Américains voulaient eux aussi un VUS compact, et le X-Trail ne correspondait pas à leurs besoins. C'est donc dans les studios californiens de design de Nissan qu'a été conçu le Rogue, premier VUS compact réellement destiné au marché nord-américain.

CARROSSERIE

Le Rogue reprend le thème esthétique de son grand frère, le Murano. Toutefois, on ne peut pas dire que l'exercice soit aussi heureux, car certains éléments comme la calandre, les feux arrière et la ceinture de caisse plutôt discrète font en sorte que le véhicule affiche un style impersonnel. À ce compte, le Nissan Qashqai (un VUS exclusif au marché européen) a plus fière allure. Certes, le Rogue affiche une apparence moderne dans un format génial, mais il vieillit plutôt mal.

HABITACLE

Si j'évoque dans ces lignes le Nissan X-Trail, c'est qu'il avait l'avantage d'offrir un habitacle vaste, modulaire et pratique pour le chargement de gros objets. Et ça, ce n'est pas le cas du Rogue dont l'habitacle subit les conséquences d'un design extérieur « tendance ». On y retrouve donc un volume de charge inférieur à la quasi-totalité de ses rivaux, et même à celui d'une Volkswagen Golf familiale. Derrière le volant, le conducteur fait face à une planche de bord au dessin très générique, qui reflète essentiel-

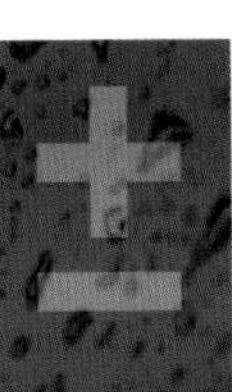

FORCES Moteur efficace et frugal • Confort des sièges
Position de conduite agréable • Boîte CVT efficace

FAIBLESSES VUS pas si pratique • Lignes insipides
Visibilité problématique • Direction trop peu communicative

lement le manque de caractère des lignes extérieures. Et la qualité des matériaux à bord est également décevante, tant par leur fragilité que par leur apparence. En revanche, la position de conduite est intéressante, tout comme le confort des baquets, juste assez enveloppants. Quant à l'équipement, il se compare avantageusement à celui de ses rivaux japonais, toujours aussi conservateurs dans leur approche. Mais, ce serait mentir de dire que le Rogue offre un très bon rapport équipement/prix. À ce jeu, vivement les Coréens !

MÉCANIQUE Le Rogue fait appel à un 4-cylindres éprouvé qui impressionne par sa frugalité. D'ailleurs, je dirais qu'il s'agit du point fort du Rogue. Voilà une mécanique solide, adéquate en matière de performance, peu coûteuse en entretien et qui demeure peu gourmande, même en saison hivernale. Traduisez par cela une moyenne inférieure à 10 litres aux 100 kilomètres, ou à peine plus avec la transmission intégrale. Il faut dire que la présence d'une boîte de vitesses automatique à variation continue, même si certains la détestent, demeure un choix judicieux afin d'optimiser la consommation. Certes, les accélérations sont houleuses avec ces interminables montées en régime, mais le moteur ne force jamais inutilement et est donc en mesure d'optimiser l'utilisation du carburant qui lui est injecté.

COMPORTEMENT Sur la route, ça manque de vigueur. La direction est mollasse, la caisse réagit parfois durement sur chaussée dégradée, et l'insonorisation n'est pas sa plus grande force. En réalité, l'exercice voulant que le Rogue se rapproche d'une voiture dans sa conception n'est pas très bien réussi puisque le véhicule n'est malheureusement pas aussi prévisible dans son comportement qu'on le voudrait. Il a toutefois l'avantage d'être moins sensible aux vents latéraux que certains rivaux, mais on le souhaiterait tout de même plus agile. Et je m'en voudrais de ne pas glisser un mot sur la très mauvaise visibilité, un autre élément attribuable à ce design pourtant loin d'être une réussite.

CONCLUSION Dans le créneau des VUS compacts, il existe une quantité effarante de bons produits, conçus pour être agréables à regarder, spacieux, confortables, pas trop gourmands, tout en étant polyvalents. Je pense au Toyota RAV4, au Honda CR-V, mais aussi au Chevrolet Equinox, au Mitsubishi Outlander et, même, au vieillissant Ford Escape. Alors, quand on m'évoque le nom du Nissan Rogue, je n'ai d'autre choix que de recommander un produit plus efficace.

2e OPINION

« On ne peut pas accuser le Rogue d'exhiber une coque mièvre. Sa croupe ramassée, sa fenestration audacieuse et sa partie avant ouvragée font qu'il se démarque. La filiation avec d'autres silhouettes bulbeuses de Nissan (le Murano) est nette, et le prix à payer est une visibilité arrière moyenne et une capacité de chargement hypothéquée. Son habitacle, très berline, est l'un des mieux finis du segment et se prolonge dans une conduite tout aussi civilisée et rassurante. Je ne suis pas un amateur des transmissions CVT, mais celle du Rogue travaille bien, mis à part ses plaintes quand on accélère. La transmission intégrale facultative convient sur mesure à ce genre de véhicule. La concurrence est toutefois de plus en plus agressive, surtout la coréenne, alors le choix final devient pénible. » — Michel Crépault

FICHE TECHNIQUE

MOTEUR

L4 2,5 L DACT, 170 ch à 6000 tr/min
COUPLE 175 lb-pi à 4400 tr/min
BOÎTE DE VITESSES automatique à variation continue
0-100 KM/H 8,7 s
VITESSE MAXIMALE 190 km/h

AUTRES COMPOSANTS

SÉCURITÉ ACTIVE freins ABS, assistance au freinage, distribution électronique de la force de freinage, contrôle de la stabilité électronique, antipatinage
SUSPENSION AVANT/ARRIÈRE indépendante
FREINS AVANT/ARRIÈRE disques
DIRECTION à crémaillère, assistée
PNEUS S P215/70R16, **SL** P225/60R17, **option SV/SL** P225/55R18

DIMENSIONS

EMPATTEMENT 2690 mm
LONGUEUR 4655 mm
LARGEUR 1800 mm
HAUTEUR 1684 mm
POIDS S 2RM 1495 kg, **S 4RM** 1569kg, **SL 2RM** 1504 kg, **S 4RM** 1574 kg
DIAMÈTRE DE BRAQUAGE 11,4 m
COFFRE 818 L, 1640 L (sièges abaissés)
RÉSERVOIR DE CARBURANT 60 L
CAPACITÉ DE REMORQUAGE 454 kg à 680 kg

MENTIONS

RECOMMANDÉ

VERDICT

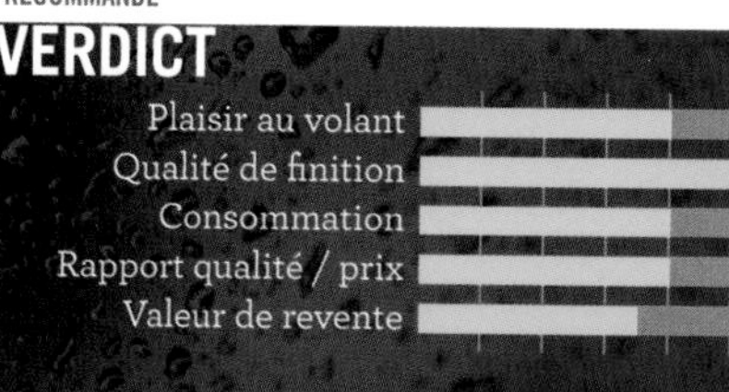

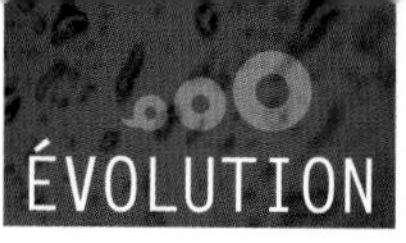

$ 15 398 $ à 23 398 $ t&p 1467 $

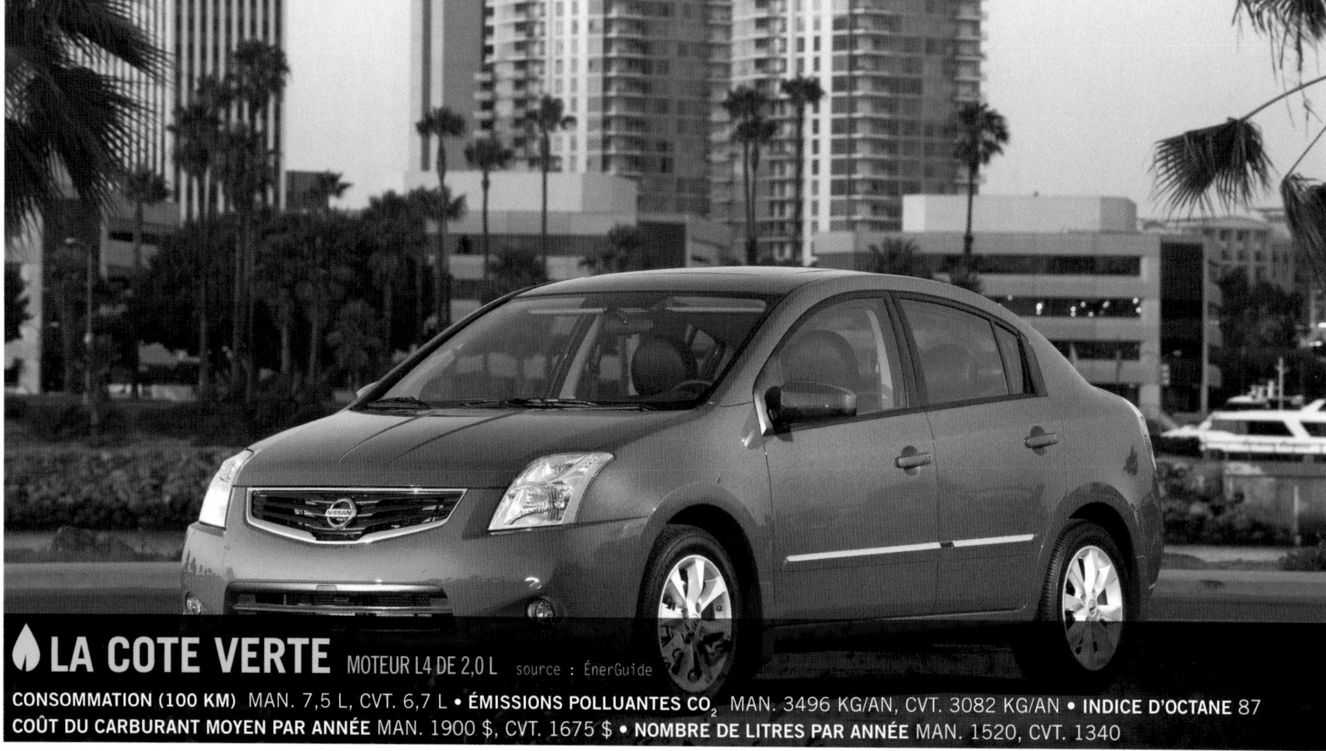

LA COTE VERTE MOTEUR L4 DE 2,0 L source : ÉnerGuide

CONSOMMATION (100 KM) MAN. 7,5 L, CVT. 6,7 L • **ÉMISSIONS POLLUANTES CO_2** MAN. 3496 KG/AN, CVT. 3082 KG/AN • **INDICE D'OCTANE** 87
COÛT DU CARBURANT MOYEN PAR ANNÉE MAN. 1900 $, CVT. 1675 $ • **NOMBRE DE LITRES PAR ANNÉE** MAN. 1520, CVT. 1340

FICHE D'IDENTITÉ

VERSIONS 2.0, 2.0 S, 2.0 SL, SE-R, SE-R Spec V
ROUES MOTRICES avant
PORTIÈRES 4 **NOMBRE DE PASSAGERS** 5
PREMIÈRE GÉNÉRATION 1983
GÉNÉRATION ACTUELLE 2007
CONSTRUCTION Aguascalientes, Mexique
COUSSINS GONFLABLES 6 (frontaux, latéraux avant, rideaux latéraux)
CONCURRENCE Chevrolet Cruze, Ford Focus, Honda Civic, Hyundai Elantra, Kia Forte, Mazda3, Mitsubishi Lancer, Subaru Impreza, Suzuki SX4, Toyota Corolla, Volkswagen Jetta

AU QUOTIDIEN

PRIME D'ASSURANCE
25 ANS : 1700 à 1900$
40 ANS : 1600 à 1800$
60 ANS : 1200 à 1400$
COLLISION FRONTALE 5/5
COLLISION LATÉRALE 4/5
VENTES DU MODÈLE DE L'AN DERNIER
AU QUÉBEC 5805 **AU CANADA** 14 651
DÉPRÉCIATION 40,9 %
RAPPELS (2006 à 2011) 6
COTE DE FIABILITÉ 3,5/5

GARANTIES... ET PLUS

GARANTIE GÉNÉRALE 3 ans/60 000 km
GARANTIE MOTOPROPULSEUR 5 ans/100 000 km
PERFORATION 5 ans/kilométrage illimité
ASSISTANCE ROUTIÈRE 3 ans/kilométrage illimité
NOMBRE DE CONCESSIONNAIRES
AU QUÉBEC 56 **AU CANADA** 171

NOUVEAUTÉS EN 2012

Auncun changement majeur

MANQUE DE **PANACHE**

Vincent Aubé

L'année 2011 aura été celle de plusieurs renouvellements dans ce segment si important au Québec, celui des compactes. On n'a qu'à penser à la nouvelle Civic, à la nouvelle Focus, à la Cruze ou, même, à l'Elantra. De son côté, la vieillissante Sentra continue de tenir le fort sans grand changement. Pourtant, la petite Nissan continue de bien se vendre, surtout depuis que son constructeur a repositionné sa berline compacte vers le bas à un prix d'entrée plus abordable.

CARROSSERIE On ne se le cachera pas, la Sentra a bien besoin d'un coup de pinceau à l'extérieur. Cette carrosserie qui imite à la fois l'ancienne génération de Maxima et celle de l'Altima n'est plus dans le coup. Placez-la à côté de la récente Elantra ou même la nouvelle Focus et vous comprenez qu'il y a du travail à faire. Au moins, la livrée SE-R (ainsi que l'échelon supérieur, la Spec V) apporte une touche plus convaincante à la hauteur des bas de caisse, du becquet arrière, de l'échappement plus musical et, bien sûr, des jantes surdimensionnées de couleur anthracite.

HABITACLE C'est un peu la même histoire à l'intérieur. Pendant que les concurrentes améliorent passablement l'espace intérieur de leurs voitures en utilisant des matériaux plus nobles, Nissan continue de nous offrir un habitacle un peu moins impressionnant à tous les points de vue. Le plastique est roi dans cet habitacle, et l'assemblage, correct sans plus. Le tableau de bord commence lui aussi à dater, mais au moins, il est relativement facile à utiliser, les boutons étant judicieusement placés. Les sièges des places avant offrent un confort tout de même appréciable compte tenu du prix demandé, tandis que les places arrière sont dans la bonne moyenne. Cette banquette peut aussi se replier vers l'avant afin d'augmenter l'espace de chargement dans le coffre, mais il faut tout d'abord replier l'assise vers l'avant, une manœuvre supplémentaire obligatoire pour obtenir un plancher presque plat. Bien entendu, l'atmosphère à bord de la SE-R Spec V est plus pimentée avec ces sièges plus enveloppants à l'avant, une boîte de vitesses manuelle à 6 rapports

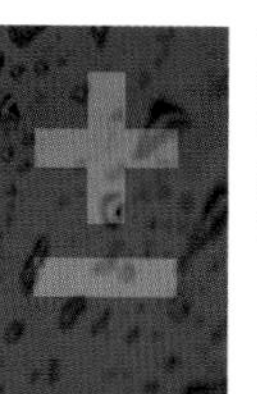

FORCES Consommation de carburant • Confortable pour une voiture économique
Facile à utiliser

FAIBLESSES Agrément de conduire sous la moyenne
Matériaux à revoir dans l'habitacle • Design dépassé

et ces jauges logées sur le dessus du tableau de bord.

MÉCANIQUE Malgré son âge, la Sentra est offerte en trois saveurs : la première, abordable, a droit à un 4-cylindres de 2 litres de 140 chevaux qui accomplit du bon boulot au chapitre de la consommation de carburant, qu'il soit associé à la boîte manuelle à 6 rapports ou à la CVT. Bien sûr, ce moteur est un peu bruyant et n'est pas aussi sophistiqué que celui d'autres véhicules dans la catégorie, mais il répond toujours présent à chaque sollicitation et demeure fiable. L'édition SE-R reçoit un plus gros 4-cylindres de 2,5 litres qui livre 177 chevaux, ce dernier n'étant associé qu'à une boîte CVT. La SE-R est clairement orientée vers ceux qui veulent avoir l'air de conduire une voiture sport sans devoir composer avec un levier de vitesses. Enfin, la SE-R Spec V est exclusivement livrée avec la boîte manuelle à 6 rapports et gagne 23 chevaux par rapport à la SE-R « normale ». Cette combinaison est assurément la plus énergique et la plus appropriée pour ceux qui aiment conduire.

COMPORTEMENT Oui, la Sentra a besoin de rafraîchissement, mais c'est réellement au volant qu'on tombe sous le charme de cette voiture. Dans les versions moins cossues, les ingénieurs ont privilégié le confort à l'expérience de conduite. C'est pourquoi elle est si appréciée. Elle se conduit toute seule cette voiture. La direction est légère comme tout, et la suspension n'a rien de sportif. Au moins, elle n'essaie pas de trop en faire. À l'autre extrême, la SE-R Spec V incite plus à la délinquance avec ce levier de vitesses placé plus haut. Toutefois, les 200 chevaux ne se manifestent pas autant que dans une GTI ou une Civic Si, par exemple, toutes deux cotées à 200 chevaux ou presque. Les suspensions sont plus raides, idem pour la direction, mais dans ce sous-segment des compactes sportives, je suis obligé de dire que la SE-R Spec V est à la remorque de la catégorie. Il reste le prix alléchant qui peut jouer en sa faveur, mais si vous êtes un mordu de la piste la fin de semaine venue, allez voir ailleurs.

CONCLUSION La Sentra a perdu beaucoup de son lustre au fil des années, et avec cette vague de nouveautés l'an dernier, la petite Nissan aurait besoin d'une cure de jouvence, et ça presse. Malgré ce détail, cette petite mérite votre attention si votre budget est serré et si vous êtes porté sur le confort avant tout.

2e OPINION

« Cette voiture-là se frotte à une très costaude concurrence. Effrayante, en fait ! Et, ce qui n'arrange rien, la pression provient aussi de l'interne en raison de l'intéressante Versa. Difficile dans ces conditions de performer sans trébucher. Pour s'en tirer, la Sentra mise sur un habitacle spacieux, une planche de bord conviviale, une tenue de route décente et une consommation de carburant raisonnable. Ce qui lui manque : une silhouette vraiment aguichante, une conduire plaisante qui se manifeste seulement au volant des versions SE-R et une configuration à hayon aussi sympa que celle de sa petite sœur. La Sentra a été reléguée au fond de la classe des sous-compactes en raison de son insuffisance de caractère. Pourtant, s'il y a un constructeur capable de design audacieux (le Cube) et de techno dernier cri (la gamme Infiniti), c'est bien Nissan. » — Michel Crépault

FICHE TECHNIQUE

MOTEURS

L4 2,0 L DACT, 140 ch à 5100 tr/min
COUPLE 147 lb-pi à 4800 tr/min
BOÎTE DE VITESSES manuelle à 6 rapports, automatique à variation continue (option, de série sur 2.0 SL)
0-100 KM/H 9,5 s
VITESSE MAXIMALE 190 km/h

(SE-R) L4 2,5 l DACT, 177 ch à 6000 tr/min
Couple 172 lb-pi à 2800 tr/min
BOÎTE DE VITESSES à variation continue avec mode manuel
0-100 KM/H 7,3 s
VITESSE MAXIMALE 215 km/h
CONSOMMATION (100 KM) 7,6 L (octane 87)
EMISSION DE CO_2 3542 kg/an
LITRES PAR ANNÉE 1540 L
COÛT PAR ANNÉE 1925 $

(SE-R SPEC-V) L4 2,5 L DACT 200 ch à 6600 tr/min
COUPLE 180 lb-pi à 5200 tr/min
BOÎTE DE VITESSES manuelle à 6 rapports
0-100 KM/H 6,8 s
VITESSE MAXIMALE 225 km/h
CONSOMMATION (100 KM) 8,4 L (octane 91)
EMISSION DE CO_2 3910 kg/an
LITRES PAR ANNÉE 1700 L
COÛT PAR ANNÉE 2125 $

AUTRES COMPOSANTS

SÉCURITÉ ACTIVE freins ABS, répartition électronique de la force de freinage, antipatinage (option 2.0, 2.0 S), contrôle électronique de stabilité (option 2.0, 2.0 S)
SUSPENSION AVANT/ARRIÈRE indépendante/essieu rigide
FREINS AVANT/ARRIÈRE disques/tambours SE-R disques
DIRECTION à crémaillère, assistée
PNEUS 2.0 P205/60R15, **option 2.0/2.0 S/2.0 SL** P205/55R16, **SE-R/SE-R Spec V** P225/45R17

DIMENSIONS

EMPATTEMENT 2685 mm
LONGUEUR 4567 mm, **SE-R** 4575 mm
LARGEUR 1791 mm
HAUTEUR 1511 mm, **SE-R** 1501 mm
POIDS 2.0 man. 1279 kg, **2.0 CVT.** 1315 kg **SE-R** 1397 kg, **SE-R V-Spec** 1387 kg
DIAMÈTRE de braquage 10,8 m
COFFRE 371 L, **SE-R Spec V** 340 L
RÉSERVOIR DE CARBURANT 55 L

MENTIONS

RECOMMANDÉ

ÉVOLUTION

$ 33 848 $ à 50 548 $ t&p 1630 $

LA COTE VERTE MOTEUR V8 DE 5,6 L source : ÉnerGuide

CONSOMMATION 100 KM 2RM 13,5 L, 4RM 14,6 L • **ÉMISSIONS POLLUANTES CO_2** 2RM 6348 kg/an, 4RM 6808 kg/an • **INDICE D'OCTANE** 87
COÛT DU CARBURANT MOYEN PAR ANNÉE 2RM 3588 $, 4RM 3848 $ • **NOMBRE DE LITRES PAR ANNÉE** 2RM 2760, 4RM 2960

FICHE D'IDENTITÉ

VERSIONS king cab./cabine double S 2RM/4RM, SV 2RM/4RM, PRO-4X, SL
ROUES MOTRICES arrière, 4RM
PORTIÈRES 4 **NOMBRE DE PASSAGERS** 5, 6
PREMIÈRE GÉNÉRATION 2004
GÉNÉRATION ACTUELLE 2004
CONSTRUCTION Canton, Mississippi, É.-U.
COUSSINS GONFLABLES 6 (frontaux, latéraux avant, rideaux latéraux)
CONCURRENCE Chevrolet Silverado, RAM 1500, Ford F-150, GMC Sierra, Toyota Tundra

AU QUOTIDIEN

PRIME D'ASSURANCE
25 ANS : 3700 à 3900 $
40 ANS : 2300 à 2500 $
60 ANS : 2000 à 2200 $
COLLISION FRONTALE 5/5
COLLISION LATÉRALE 4/5
VENTES DU MODÈLE DE L'AN DERNIER
AU QUÉBEC 230 **AU CANADA** 2272
DÉPRÉCIATION 51,7 %
RAPPELS (2006 à 2011) 10
COTE DE FIABILITÉ 3/5

GARANTIES... ET PLUS

GARANTIE GÉNÉRALE 3 ans/60 000 km
GARANTIE MOTOPROPULSEUR 5 ans/100 000 km
PERFORATION 5 ans/kilométrage illimité
ASSISTANCE ROUTIÈRE 3 ans/kilométrage illimité
NOMBRE DE CONCESSIONNAIRES
AU QUÉBEC 50 **AU CANADA** 156

NOUVEAUTÉS EN 2012

2 nouvelles couleurs

BONNE VOLONTÉ, VIEILLES HABITUDES

Michel Crépault

Je suis surpris comme vous de voir la Titan encore au catalogue de Nissan. Ses ventes annuelles font penser à la production offensive de Scott Gomez. Quand un Nord-Américain pense à se procurer une camionnette pleine grandeur, il n'inclut pas nécessairement la Titan sur sa liste de magasinage. Une erreur ?

CARROSSERIE J'aurais presque envie de vous dire d'aller consulter le texte sur la Frontier dans cet *Annuel* puisque la Titan est sa grande sœur plus forte. En fait, la référence devrait aller en sens inverse puisque c'est la dernière génération de la Frontier qui est dérivée de la Titan. En général, j'aime le travail qu'accomplissent les stylistes de Nissan. Confiez-leur un mandat, et le résultat sera rarement banal. Or, j'examine une Titan, et il me semble que l'équipe a compris à quoi doit ressembler une grosse camionnette. Les lignes qui enrobent le châssis en échelle sont équilibrées, les feuilles de métal lisses au lieu d'être gonflées exagérément pour accentuer un air macho que certains constructeurs se croient obligés d'imposer à leur camionnette. La calandre chromée joue le rôle du bélier moderne. La caisse est moins longue (171 centimètres ou 67,3 pouces) quand on la jumelle avec une cabine double, sauf dans la version SV dont la caisse peut atteindre plus de 221 centimètres (87 pouces). La livrée Pro-4x permet de mieux affronter les dangers hors route avec des éléments distincts (pneus Rugged Trail de BFGoodrich, amortisseurs Rancho, plaques de protection, différentiel arrière à blocage électronique, etc.). Bonne idée : l'espace de rangement à verrou sous la caisse. Votre coffre-fort personnel.

HABITACLE Cabine King Cab, avec des moitiés de portière arrière inversées, ou double avec des portes normales. De la place pour six avec une banquette avant avec accoudoir rabattable au centre et une autre à l'arrière divisible 60/40. Si l'espace

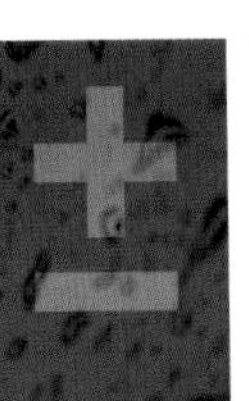

FORCES Allure qui annonce bien les couleurs • Habitacle spacieux
Maniabilité civilisée malgré le format

FAIBLESSES Consommation de carburant atroce
Places arrière peu confortables • Design intérieur en attente d'être modernisé

de chargement dans la caisse ne suffit pas, les assises de la banquette arrière se relèvent contre la cloison pour vous donner un nouveau plancher de chargement. Même le fauteuil (à la place de la banquette) du passager avant se couche pour créer en quelque sorte une surface de travail pour votre bureau mobile. Les espaces de rangement abondent. Et ce n'est pas parce qu'on roule en camionnette qu'on ne peut pas se gâter : sono Rockford Fosgate enrichie de 10 haut-parleurs, connexion iPod, connectivité Bluetooth, écran de navigation avec cartes en 3D, écran DVD de 8 pouces installé au plafond ; bref, tout ce qu'une berline de luxe offre, vous pouvez vous le taper à bord de la Titan, tant que vous cochez les bonnes options.

MOTEUR V8 de 5,6 litres de 317 chevaux et boîte de vitesses automatique à 5 rapports. L'arsenal mécanique usuel auquel rien d'essentiel ne manque : disques, ABS, contrôle dynamique du véhicule, etc. L'occasion d'inclure une motricité intégrale avec boîtier de transfert à 2 rapports pour la majorité des versions (par exemple, toutes celles avec cabine double) remporte avec raison l'assentiment de plusieurs clients.

COMPORTEMENT Jusqu'à 4 309 kilos (9 500 livres) de capacité de remorquage grâce au couple de 385 livres-pieds. Ne partez pas à l'ouvrage sans faire installer dans la caisse l'ensemble de rails Utili-track qui permet d'arrimer les objets ou de les séparer avec des cloisons, des rallonges, des boîtes à outils. La caisse comporte aussi des crochets, de l'éclairage et une prise de courant à 12 volts. La Titan est robuste. Nissan en crédite la structure du châssis qui a délaissé les poutres usuelles profilées en C pour celles en caisson (l'acier forme alors un rectangle complet). La caisse résiste à la rouille grâce à une couche protectrice vaporisée en usine. En ville, je vous défie de faire mieux que 17 litres aux 100 kilomètres.

CONCLUSION On peut se plaindre de la gloutonnerie de la Titan à la pompe. Certains diront : oui mais, branchez-vous ! Vous voulez du muscle ou de la frugalité. Sauf qu'aujourd'hui, les deux ne sont plus contradictoires. Si Nissan pouvait nous faire moins peur au chapitre de la consommation, je suis certain que sa grosse camionnette gagnerait tout à coup des adeptes.

2e OPINION

« Le prix du carburant monte en flèche, ce qui n'empêche pas le marché de la camionnette pleine grandeur de reprendre du poil de la bête. Mais si les choses se passent bien du côté des trois grands, on ne peut en dire autant du côté de Nissan. En effet, les ventes de camionnettes diminuent à chaque année, et ce, en dépit du fait qu'on propose des rabais de plus en plus alléchants. Il faut dire que la Titan n'offre pas la qualité et la robustesse de ses rivales et qu'elle consomme plus de carburant que tous les autres. Mais par-dessus tout, il faut dire que cette camionnette n'a pas vraiment évolué depuis son introduction en 2003, ce qui n'est certainement pas à son avantage. C'est donc sans questionnement que les acheteurs se dirigent ailleurs... et ils ont raison. » — Antoine Joubert

FICHE TECHNIQUE

MOTEUR

V8 5,6 L DACT, 317 ch à 5200 tr/min
COUPLE 385 lb-pi à 3400 tr/min
BOÎTE DE VITESSES automatique à 5 rapports
0-100 KM/H 9,3 s
VITESSE MAXIMALE 190 km/h

AUTRES COMPOSANTS

SÉCURITÉ ACTIVE freins ABS, assistance au freinage, distribution électronique de force de freinage, contrôle de stabilité électronique, antipatinage
SUSPENSION AVANT/ARRIÈRE indépendante/pont rigide
FREINS AVANT/ARRIÈRE disques
DIRECTION à crémaillère, assistée
PNEUS S, SV P265/70R18, **PRO-4X** P275/70R18, **SL** P275/60R20

DIMENSIONS

EMPATTEMENT 3550 mm
cab. double boîte longue 4050 mm
LONGUEUR 5704 mm,
cab. double, boîte longue 6204 mm
LARGEUR 2019 mm
HAUTEUR 1896 à 1953 mm
POIDS 2214 à 2562 kg
DIAMÈTRE DE BRAQUAGE 13,9 m, **4x4 boîte courte** 13,8 m, **4x4 boîte longue** 15,5 m
COFFRE nd
RÉSERVOIR DE CARBURANT 106 L,
cab. double boîte longue 140 L
CAPACITÉ DE REMORQUAGE 2948 à 4309 kg

VERDICT

Plaisir au volant
Qualité de finition
Consommation
Rapport qualité / prix
Valeur de revente

$ 14 458 $ à 17 548 $ (5 portes) t&p 1397 $

LA COTE VERTE MOTEUR L4 DE 1,6 L source : Nissan

CONSOMMATION (100 KM) CVT. 6,1 L • **ÉMISSIONS POLLUANTES CO_2** ND • **INDICE D'OCTANE** 87
COÛT DU CARBURANT MOYEN PAR ANNÉE ND • **NOMBRE DE LITRES PAR ANNÉE** ND

FICHE D'IDENTITÉ

VERSIONS berline 1.6 S, 1.6 SV, 1.6 SL 5 portes 1.8S, 1.8SL
ROUES MOTRICES avant
PORTIÈRES 4,5
NOMBRE DE PASSAGERS 5
PREMIÈRE GÉNÉRATION 2007
GÉNÉRATION ACTUELLE 2012 (berline) 2007 (5 portes)
CONSTRUCTION Aguascalientes, Mexique
COUSSINS GONFLABLES 6 (frontaux, latéraux avant, rideaux latéraux)
CONCURRENCE Chevrolet Sonic, Ford Fiesta, Honda Fit, Hyundai Accent, Kia Rio, Toyota Yaris

AU QUOTIDIEN

PRIME D'ASSURANCE
25 ANS : 1900 à 2100 $
40 ANS : 1000 à 1100 $
60 ANS : 800 à 1000 $
COLLISION FRONTALE 4/5 berline ND
COLLISION LATÉRALE 5/5 berline ND
VENTES DU MODÈLE DE L'AN DERNIER
Au Québec 7713 **Au Canada** 15 743
DÉPRÉCIATION 47,7 %
RAPPELS (2006 à 2011) 4
COTE DE FIABILITÉ 4/5

GARANTIES... ET PLUS

GARANTIE GÉNÉRALE 3 ans/60 000 km
GARANTIE MOTOPROPULSEUR 5 ans/100 000 km
PERFORATION 5 ans/kilométrage illimité
ASSISTANCE ROUTIÈRE 3 ans/kilométrage illimité
NOMBRE DE CONCESSIONNAIRES
Au Québec 56 **Au Canada** 171

NOUVEAUTÉS EN 2012

Berline de nouvelle génération, version 5 portes reste inchangée

EN VOILÀ **DU GROS BON SENS**

Vincent Aubé

Si vous lisez ce livre, c'est que votre intérêt pour l'automobile est déjà développé. Je n'ai donc pas besoin de vous expliquer la popularité des sous-compactes en terre québécoise. Bien que ses proportions soient celles d'une compacte, la Versa vient jouer les trouble-fêtes dans la catégorie la plus accessible de l'industrie. Apparue en 2007 sur nos routes, la petite Nissan a tout de suite connu le succès attendu, mais depuis un peu plus d'un an, l'arrivée de nouvelles rivales plus drôles à conduire, sans oublier les multiples promotions appliquées sur la berline Sentra, n'a pas aidé la plus petite voiture du constructeur au chapitre des ventes. Pour 2012, Nissan révise la moitié de sa gamme, et c'est la berline qui reçoit le premier coup de balai. La version à 5 portes fait tellement bien au pays que Nissan en a retardé la révision à l'an prochain.

CARROSSERIE Comme vous le savez, l'apparence de nos jours est une partie importante du succès, et il faut dire que la robe de la Versa à 5 portes commence à montrer quelques signes de vieillesse. Cette dernière affiche encore son origine Renault avec ce museau à l'européenne, tandis que la fenestration généreuse, surtout près du pilier C, ne manque pas de charme. De son côté, la nouvelle berline a peut-être un museau plus convaincant, mais ce postérieur allongé, cette hauteur et ces minuscules roues de 15 pouces n'aident pas à rehausser l'image de cette version économique.

HABITACLE À ce chapitre, la Versa l'emporte sur toute la ligne ou presque puisque la Honda Fit demeure la référence pratico-pratique. On se croit carrément au volant d'une voiture plus vaste dans la Versa, grâce à ce pavillon surélevé et cette assise plus verticale. Le dessin de la planche de bord est on ne peut plus élémentaire dans la 5-portes, mais au moins, c'est facile à consulter, et la qualité d'assemblage est étonnante pour une voiture dont le prix avoisine les 12 000 $ en livrée de base. La berline offre un dessin plus joyeux même si le plastique dur est toujours au programme. La qualité du tissu des sièges sur l'une ou

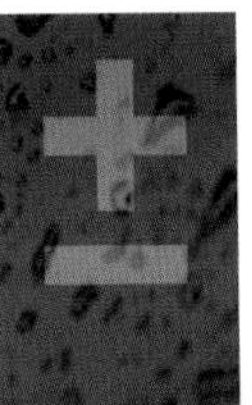

FORCES Pratique pour une sous-compacte • Insonorisation supérieure (5-portes) Confort d'une voiture compacte (5-portes)

FAIBLESSES Design vieillissant • Insonorisation pauvre (berline) Moteur de 1,6 litre un peu juste

l'autre des versions laisse un peu à désirer, mais en revanche, le confort des sièges est supérieur à celui de bien d'autres concurrentes. À l'arrière, l'espace pour les occupants étonne surtout dans la nouvelle berline, et la baie vitrée généreuse contribue à éclairer l'habitacle davantage.

MÉCANIQUE Au menu, deux motorisations à 4 cylindres reçoivent le mandat de propulser cette petite traction. Le premier, réservé à la berline, un 1,6-litre de 109 chevaux, n'est présent au sein de la gamme que pour baisser le prix d'entrée du modèle. Il peut être accouplé à une boîte de vitesses manuelle à 5 rapports ou à une CVT retravaillée pour 2012. Vous aurez déjà deviné que ce petit moteur n'est pas boulonné dans la Versa pour sa performance. Aussitôt sollicité, le 1,6-litre s'exprime haut et fort. L'autre moteur, réservé à la Versa à 5 portes, a une cylindrée de 1,8 litre, et la puissance de 122 chevaux est plus adéquate, croyez-moi. La version bicorps vient d'office avec une boîte manuelle à 6 rapports, tandis qu'une automatique à 4 rapports est proposée sur le modèle 1.8S, une boîte du type CVT étant l'échelon supérieur pour le modèle 1.8SL mieux équipé (!), n'essayez pas de comprendre cette stratégie. Au sujet de la manuelle à 6 rapports, il faut quand même mentionner qu'elle n'a rien de sportif, et si la CVT fait augmenter les décibels dans l'habitacle, elle a au moins l'avantage de réduire la consommation de carburant.

COMPORTEMENT La mission de la Versa n'est pas de procurer à ses occupants des sensations fortes à chaque promenade, mais je dois avouer que j'ai été surpris lors de mon premier essai routier il y a plusieurs années de cela. Les suspensions sont plutôt molles, le roulis est prononcé, et la direction, légère. Dans le cas de la nouvelle berline, il faut mentionner que l'isolation de l'habitacle est carrément médiocre, un point à considérer.

CONCLUSION La Versa demeure une voiture de poche intéressante, mais la concurrence est de plus en plus forte avec les Fiesta, Mazda2, sans oublier les deux nouvelles coréennes (Accent et Rio) qui frappent fort cette année. Si le confort et le volume intérieur figurent parmi vos principaux critères, la Versa est un incontournable, sans oublier le fait qu'elle détient encore le titre de voiture la moins chère sur le marché.

2e OPINION

« La Versa s'est taillé une jolie niche dans le monde des sous-compactes. Elle n'est pas la meilleure dans les aspects particuliers qui composent ce créneau, mais elle a amalgamé suffisamment d'atouts pour impressionner. Par exemple, sa version à hayon en séduit plusieurs grâce à l'aérodynamisme de ses lignes et au côté pratique de sa 5e portière. Les humbles biceps de ses deux moteurs n'offrent pas le tonus d'une Fit ou d'une Fiesta, mais s'acquittent néanmoins de leurs devoirs. L'habitabilité est surprenante, même à l'arrière, grâce au toit élevé. Les coussins bien rembourrés et la suspension douce rendent agréables les longs trajets. Elle peut afficher un équipement primaire (zéro radio dans la berline de base) ou surprenant, si on a les sous; en bout de ligne, sa facture raisonnable sur demande achève de nous convaincre. » — Michel Crépault

FICHE TECHNIQUE

MOTEURS

(BERLINE) L4 1,6 L DACT 109 ch à 6000 tr/min
COUPLE 107 lb-pi à 4600 tr/min
BOÎTES DE VITESSES manuelle à 5 rapports, automatique à variation continue (option SV, de série SL)
0-100 KM/H ND
VITESSE MAXIMALE ND

(5 PORTES) L4 1,8 L DACT, 122 ch à 5200 tr/min
COUPLE 127 lb-pi à 4800 tr/min
BOÎTES DE VITESSES manuelle à 6 rapports, automatique à 4 rapports (option sur 1.8S), automatique à variation continue (option sur 1.8SL)
0-100 KM/H 13 s
VITESSE MAXIMALE 185 km/h

CONSOMMATION (100 KM) man. 7,1 L, auto. 7,4 L, CVT. 6,5 L (octane 87)
ÉMISSIONS DE CO_2 man. 3312 kg/an, auto. 3404 kg/an, CVT. 3036 kg/an
LITRES PAR ANNÉE man. 1440, auto. 1480, CVT. 1320
COÛT PAR AN man. 1872 $, auto. 1924 $, CVT. 1716 $

AUTRES COMPOSANTS

SÉCURITÉ ACTIVE freins ABS assistance au freinage, répartition électronique de force de freinage, contrôle électronique de la stabilité, antipatinage
SUSPENSION AVANT/ARRIÈRE indépendante/ essieu rigide
FREINS AVANT/ARRIÈRE disques/tambours
DIRECTION à crémaillère, assistée
PNEUS P185/65R15

DIMENSIONS

EMPATTEMENT 2600 mm
LONGUEUR BERLINE 4455 mm, **5 portes** 4295 mm
LARGEUR 1695 mm
HAUTEUR BERLINE 1514 mm, 1535 mm
POIDS 1.6 man. nd, **1.6 CVT.** nd, **1.8S /1.8SL MAN.** 1222 kg, **1.8S auto.** 1235 kg, **1.8SL CVT.** 1251 kg
DIAMÈTRE DE BRAQUAGE berline nd, **5 portes** 10,4 m
COFFRE berline 419 L, **5 portes** 504 L, 1427 L (sièges abaissés)
RÉSERVOIR DE CARBURANT berline ND, **5 portes** 50 L

MENTIONS

RECOMMANDÉ

VERDICT

Plaisir au volant
Qualité de finition
Consommation
Rapport qualité / prix
Valeur de revente

$ 33 998 $ à 37 798 $ t&p: 1620 $

LA COTE VERTE MOTEUR V6 DE 4,0 L source : ÉnerGuide

CONSOMMATION (100 KM) CVT. man. 12,1 L, auto. 12,3 L • **ÉMISSIONS POLLUANTES CO_2** man. 5658 kg/an, auto. 5796 kg/an • **INDICE D'OCTANE** 87
COÛT DU CARBURANT MOYEN PAR ANNÉE man. 3075 $, auto. 3150 $ • **NOMBRE DE LITRES PAR ANNÉE** man. 2460, auto. 2520

FICHE D'IDENTITÉ

VVERSIONS S, PRO-4X, SV
ROUES MOTRICES 4 **NOMBRE DE PASSAGERS** 5
PORTIÈRES 5
PREMIÈRE GÉNÉRATION 2000
GÉNÉRATION ACTUELLE 2005
CONSTRUCTION Smyrna et Decherd, Tennessee, É.-U.
COUSSINS GONFLABLES 6 (frontaux, latéraux avant, rideaux latéraux)
CONCURRENCE Jeep Wrangler/Liberty, Toyota FJ Cruiser

AU QUOTIDIEN

PRIME D'ASSURANCE
25 ANS : 1800 à 2000 $
40 ANS : 1200 à 1400 $
60 ANS : 1000 à 1200 $
COLLISION FRONTALE 4/5
COLLISION LATÉRALE 5/5
VENTES DU MODÈLE DE L'AN DERNIER
AU QUÉBEC 190 **AU CANADA** 1040
DÉPRÉCIATION 47,6 %
RAPPELS (2006 à 2011) 11
COTE DE FIABILITÉ 4/5

GARANTIES... ET PLUS

GARANTIE GÉNÉRALE 3 ans/60 000 km
GARANTIE MOTOPROPULSEUR 5 ans/100 000 km
PERFORATION 5 ans/kilométrage illimité
ASSISTANCE ROUTIÈRE 3 ans/kilométrage illimité
NOMBRE DE CONCESSIONNAIRES
AU QUÉBEC 50 **AU CANADA** 156

NOUVEAUTÉS EN 2012

Aucun changement majeur

POUR COMBIEN DE TEMPS ENCORE

Benoit Charette

Dans un monde de véhicules utilitaires en pleine mutation où les voitures essaient de se faire passer pour de petits camions et où les camions se dotent de caractéristiques de voitures pour mieux faire avaler la pilule et se placer à l'ombre des critiques du public, Nissan n'a pas de problèmes de conscience avec son Xterra. Mais avec seulement 193 ventes au Québec l'an dernier et à peine 1 000 au Canada, il faut se poser la question : qui veut encore d'un vrai 4 x 4 en 2012 ?

CARROSSERIE Tout sur ce véhicule respire la robustesse, de la carrure aux angles droits aux ailes bombées et proéminentes. Construit sur un châssis en échelle à caissons, sa plateforme est la même que le Titan et l'Armada, celle des poids lourds de Nissan. Bien qu'il faille bien identifier la Xterra au reste de la famille Nissan, il faut tout de même admettre que la calandre fait un peu timide dans ce décor dominé par l'adrénaline. Disons que c'est son petit côté réservé.

HABITACLE On pourrait résumer l'intérieur en deux mots : simplicité volontaire. C'est bien réalisé, sans excès. Et l'aménagement est pensé en fonction d'une utilisation extrême. L'aire de chargement baptisé Easy Clean est revêtue d'une surface en plastique. Vous pouvez littéralement nettoyer au boyau de jardin, quelques coups de chiffons et plus aucune trace de boue. Et elle s'étend jusqu'au dos de la deuxième rangée de sièges. En plus, il y a une aire de chargement cachée en dessous, au cas où vous souhaiteriez séparer votre équipement propre de celui qui est sale. Vous avez en plus dix crochets pour arrimer à peu près n'importe quoi et un système de rails qui vous permet de fixer votre équipement de sport ou de plein air. Il ne faut pas oublier les quatre prises de courant à 12 volts et l'audio haut de gamme Rockford Fostgate et ses 380 watts en option. L'habitacle est

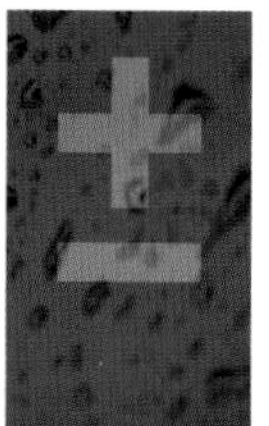

FORCES Un vrai véhicule pour aventuriers • Moteur bien adapté
Confort plus que correct pour ce type de véhicule

FAIBLESSES Boîte manuelle peu inspirante • Accès aux places arrière difficile
Certains matériaux de moins bonne qualité

bien conçu, les sièges, confortables, et les garnitures, ordinaires. Il faut aller dans la version SV pour avoir un peu plus de luxe.

MÉCANIQUE Le V6 de 4 litres ne manque pas de souffle. Pour les puristes, le Xterra propose une boîte de vitesses manuelle à 6 rapports. De loin plus populaire, la boîte automatique à 5 rapports est livrable en option ou de série dans la version SV. Équipée d'un système d'entraînement à 4 roues motrices qui s'engage en marche, le boîtier de transfert à deux régimes vous permet de choisir la gamme haute ou basse, selon les conditions du terrain. Vous pouvez opter pour le différentiel arrière à blocage électronique. Avec, en plus, un différentiel à glissement limité aux quatre roues, un contrôle de l'adhérence en descente et un contrôle dynamique du véhicule pour vous aider à garder le cap et la maîtrise de votre véhicule, le Xterra est prêt à tout ou presque.

COMPORTEMENT La suspension avant fait appel à des doubles triangles et à une barre stabilisatrice, alors que la suspension arrière est à ressorts à lames rigides pour absorber les bosses et les pires chocs. Les modèles tout-terrains sont même dotés d'amortisseurs haute performance BilsteinMD. Et que dire des pneus BFGoodrich prêts à affronter tout ce qu'on leur présente. Donc c'est clair, le Xterra ne fait pas dans la demi-mesure. Ceux qui s'intéressent à ce véhicule vont sans doute avoir un penchant pour le plein air, car le Xterra peut facilement se rendre là où aucune route n'existe. Malgré son essieu arrière rigide, la conduite demeure assez confortable, même sur les longs trajets. Personnellement, je vous recommande la boîte automatique, plus souple et moins récalcitrante que la manuelle et plus populaire auprès des acheteurs de véhicules d'occasion.

CONCLUSION La seule concurrence du Xterra se trouve chez Toyota avec le FJ Cruiser et le Jeep Wrangler en version à 4 portes. Il est clair que les véritables aventuriers demeurent la clientèle de choix pour ce véhicule. Mais après sept ans de services rendus, il faut se demander si le Xterra n'est pas arrivé au bout de son propre sentier. Il faudra attendre 2013 pour en savoir plus.

2e OPINION

« *On pourrait le surnommer le dernier des Mohicans! Alors que les autres utilitaires ont adopté la plateforme monocoque pour émuler la tenue de route d'une berline ou ont carrément déserté dans le camp des ambigus multisegments, le Xterra conserve obstinément son châssis en échelle et son allure de vétéran baroudeur. La version tout-terrain Pro-4x, avec ses amortisseurs Bilstein, ses vitesses basses et son blindage se débrouille presque aussi bien qu'un Jeep Wrangler dans les sentiers inhospitaliers, mais offre un confort de loin supérieur, surtout quand il revient sur l'autoroute. Pour circuler en ville et éviter la forêt, toutefois, on se trompe de véhicule. Il y en a d'autres qui offrent un intérieur moins rustre, une meilleure consommation et une tenue de route moins sensibles au roulis (la faute au centre de gravité élevée du VUS).* » — *Michel Crépault*

FICHE TECHNIQUE

MOTEUR

V6 4,0 L DACT, 261 ch à 5600 tr/min
COUPLE 281 lb-pi à 4000 tr/min
BOÎTE DE VITESSES manuelle à 6 rapports, automatique à 5 rapports (en option,de série sur SV)
0-100 KM/H 9,0 s
VITESSE MAXIMALE 190 km/h

AUTRES COMPOSANTS

SÉCURITÉ ACTIVE freins ABS, répartition électronique de force de freinage, antipatinage, contrôle de stabilité électronique
SUSPENSION AVANT/ARRIÈRE indépendante/essieu rigide
FREINS AVANT/ARRIÈRE disques
DIRECTION à crémaillère, assistée
PNEUS S P265/70R16, **PRO-4X** P265/75R16, **SV** P265/65R17

DIMENSIONS

EMPATTEMENT 2700 mm
LONGUEUR 4540 mm
LARGEUR 1850 mm
HAUTEUR 1903 mm
POIDS S man. 1992 kg, S auto. 1998 kg, SV 2007 kg
DIAMÈTRE de braquage 11,4 m
COFFRE 991 L, 1869 L (sièges abaissés)
RÉSERVOIR DE CARBURANT 80 L
CAPACITÉ DE REMORQUAGE 2268 kg

VERDICT

LA COTE VERTE MOTEUR H6 DE 3,6 L source : ÉnerGuide

CONSOMMATION 100 KM MAN. 9,6 L ROBO. 9,2 L • **ÉMISSIONS POLLUANTES CO_2** MAN. 4508 KG/AN ROBO. 4324 KG/AN • **INDICE D'OCTANE** 91
COÛT DU CARBURANT MOYEN PAR ANNÉE MAN. 2587 $ AUTO. 2482 $ • **NOMBRE DE LITRES PAR ANNÉE** MAN. 1960 AUTO. 1880

FICHE D'IDENTITÉ

VERSIONS Coupé et Cabrio. Carrera, Black Edition, Carrera S, Carrera 4, Carrera 4S, Carrera GTS, Carrera 4 GTS, Turbo, Turbo S Coupé Targa 4, Targa 4S, GT3 RS 4.0, GT2 RS Cabrio. Speedster **ROUES MOTRICES** arrière, 4
NOMBRE DE PASSAGERS 2, 2+2 **PORTIÈRES** 2
PREMIÈRE GÉNÉRATION 1964 **GÉNÉRATION ACTUELLE** 2005
CONSTRUCTION Stuttgart, Allemagne **COUSSINS GONFLABLES** 6 (frontaux, latéraux avant, rideaux latéraux)
CONCURRENCE Aston Martin Vantage/DB9, BMW Série 6, Chevrolet Corvette, Ferrari California/458 Italia, Jaguar XK, Lamborghini Gallardo, Maserati Grand Turismo, Mercedes-Benz Classe SL

AU QUOTIDIEN

PRIME D'ASSURANCE
25 ANS : 5700 à 5900 $
40 ANS : 2800 à 3000 $
60 ANS : 2600 à 2800 $
COLLISION FRONTALE 5/5
COLLISION LATÉRALE 5/5
VENTES DU MODÈLE DE L'AN DERNIER
AU QUÉBEC 128 **AU CANADA** 525
DÉPRÉCIATION 30,5 %
RAPPELS (2006 À 2011) 3
COTE DE FIABILITÉ 4/5

GARANTIES... ET PLUS

GARANTIE GÉNÉRALE 4 ans/80 000 km
GARANTIE MOTOPROPULSEUR 4 ans/80 000 km
PERFORATION 10 ans/kilométrage illimité
ASSISTANCE ROUTIÈRE 4 ans/80 000 km
NOMBRE DE CONCESSIONNAIRES
AU QUÉBEC 3 **AU CANADA** 12

NOUVEAUTÉS EN 2012

Nouvelles versions Black Edition, Carrera GTS et GT3 RS 4.0

UN PUITS SANS FOND

Benoit Charette

Inépuisable source d'inspiration, la 911 est sans doute la voiture qui compte le plus de versions sur le marché. De la simple Carrera à la très exotique GT2 RS en passant par pas moins de 17 versions, il y a véritablement une 911 pour tous les goûts. Question de célébrer dignement les 50 ans du modèle en 2013, Porsche présentera une énième version de sa légendaire voiture au Salon de Francfort à l'automne 2011.

CARROSSERIE Élevé au rang de légende, la 911 est sans doute la voiture la plus facile à reconnaître, même pour un néophyte. Les enfants de trois ans sont capables de nommer une Porsche 911 qui passe devant eux. Ses lignes intemporelles ont traversé cinq décennies sans se démoder. C'est le symbole par excel-lence de la sportive, et son pédigri en course ajoute au mythe. La 911 a tout gagné, du rallye de Monte-Carlo aux 24 Heures du Mans en passant par le Paris-Dakar. Aucune sportive ne peut en dire autant. Les lignes peaufinées sur une si longue période sont maintenant immuables. Porsche ajuste la longueur, la largeur et la hauteur selon les versions pour donner plus ou moins de bestialité à l'ensemble, mais jamais en brisant l'harmonie.

HABITACLE Chaque fois que je prends place à bord, j'ai l'impression d'entrer dans un sanctuaire. Est-ce la façon de prendre place à bord, l'ambiance particulière qui se répète d'un modèle à l'autre, le fait de mettre la clé à gauche pour la mise en marche ou la façon particulière qu'ont les sièges de vous envelopper. Une chose est certaine, la beauté de l'expérience se renouvelle à chaque fois. Le tableau de bord est juste parfait, impeccablement fini et à l'ergonomie sans reproche. Tout tombe bien en main ! Une amélioration récente dans le cas de la 911 qui a longtemps souffert d'anachronismes de style dans l'habitacle. Dans tous les modèles, il y a des sièges d'appoint à l'arrière qui serviront surtout de surplus d'espace pour les bagages en raison de l'espace plutôt retreint du coffre à l'avant. Il faut aussi noter quelques retards technologiques chez Porsche comme l'absence de radio satellite et de connexion USB.

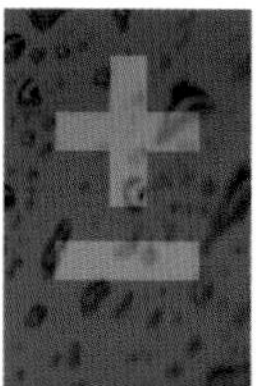

FORCES Mythe • Assez de versions pour plaire à toutes les bourses • Sonorité unique de la mécanique • Direction et boîte manuelle parfaites

FAIBLESSES Pas de radio satellite • Manque de rangements • Petit coffre • Quelques plastiques bon marché • Liste interminable d'options

MÉCANIQUE La prochaine Carrera est annoncée à 350 chevaux pour un 6-cylindres à plat de 3,6 litres. Une augmentation de 5 chevaux face à la carrera actuelle. La Carrera S offrira 400 chevaux, 15 de mieux que les 385 de la version actuelle. Et nous pourrions répéter cette approche pour toutes les versions. Tradition oblige, tous les moteurs sont à plat et varient de 3,6 à 4 litres, et la puissance de 350 à 620 chevaux dans le cas de la GT2 RS biturbo. Toutes les versions, sans exception, sont offertes avec la traditionnelle boîte de vitesses manuelle à 6 rapports qui fait référence dans le genre, ou, pour plusieurs versions, la récente boîte PDK à 7 rapports qui fait aussi de l'excellent boulot. Mais je suis de la vieille école, et une Porsche ne peut être que manuelle. Il ne faut pas oublier la sonorité unique du moteur de la 911 qui, à lui seul, justifie une telle dépense.

COMPORTEMENTConduire une Porsche, c'est facile, étonnamment facile. Il n'y a pas de drame de mise en marche compliquée, et jamais vous n'aurez l'impression de ne pas être en contrôle au volant. C'est probablement l'une des plus grandes qualités de cette exotique qui peut en toute tranquillité être conduite au quotidien. Mais attention, si l'envie vous prend de voir ce qu'elle a dans le ventre, vous serez bien servi. Tout sur la 911 est construit en fonction de la vitesse. Les reprises moteur vous collent au siège, le freinage est capable de vous faire sortir les yeux des orbites et ne se fatigue jamais, la découpe de la trajectoire sur la route se fait au millimètre. Bref, vous pouvez aller au travail en mode relax et conduire la même voiture sur un circuit la fin de semaine sans changer quoi que ce soit. Il faut louer la motricité, le freinage et l'adhérence d'une 911. C'est un plaisir constamment renouvelé de prendre le volant.

CONCLUSION Pas étonnant de retrouver cette voiture dans le haut de tous les palmarès des voitures sportives, elle frise la perfection à tous les chapitres, et son plaisir de conduire est unique. En prime, c'est la plus fiable des voitures exotiques sur le marché, que demandez de plus?

FICHE TECHNIQUE

MOTEURS

(CARRERA, CARRERA 4, TARGA 4, BLACK EDITION)
H6 3, 6 l DACT, 345 ch à 6500 tr/min
COUPLE 288 lb-pi à 4400tr/min
BOÎTES DE VITESSES manuelle à 6 rapports, manuelle robotisée à 7 rapports (en option)
0-100 KM/H Carrera coupé 4,9 s **Carrera 4 coupé** 5,0 s
VITESSE MAXIMALE Carrera coupé 289 km/h
Carrera 4 coupé 284 km/h

(CARRERA S, CARRERA 4S, TARGA 4S) H6 3,8 l DACT, 385 ch à 6500 tr/min
COUPLE 310 lb-pi à 4400 tr/min
BOÎTES DE VITESSES manuelle à 6 rapports, manuelle robotisée à 7 rapports (en option)
0-100 KM/H 4,7 s
VITESSE MAXIMALE Carrera S 302 km/h
Carrera 4S 297 km/h
CONSOMMATION (100 KM) Carrera S man. 9,8 L
Carrera S robo. 9,3 l (octane 91)
ÉMISSIONS DE CO_2 Carrera S man. 4600 kg/an
Carrera S robo. 4370 kg/an
LITRES PAR ANNÉE Carrera S man. 2000 L
Carrera S robo. 1900 L
COÛT PAR AN Carrera S man. 2640 $
Carrera S robo. 2508 $

(CARRERA GTS, CARRERA 4 GTS, SPEEDSTER) H6 3,8 l DACT, 408 ch à 7300 tr/min
COUPLE 310 lb-pi à 4400 tr/min
BOÎTE DE VITESSES manuelle à 6 rapports, manuelle robotisée à 7 rapports (option, de série Speedster)
0-100 KM/H coupé man. 4,6 s **Speedster** 4,4 s
VITESSE MAXIMALE coupé man. 306 km/h
Speedster 305 km/h
CONSOMMATION (100 KM) coupé man. 9,8
L Speedster 9,4 L (octane 91)
ÉMISSIONS DE CO_2 coupé man. 4600 kg/an
Speedster 4370 kg/an
LITRES PAR ANNÉE coupé man. 2000 L **Speedster** 1900 L
COÛT PAR AN coupé man. 2640 $ **Speedster** 2508 $

(TURBO) H6 3,8 l biturbo DACT, 500 ch à 6000 tr/min
COUPLE 481 lb-pi de 1950 à 5000 tr/min
BOÎTES DE VITESSES manuelle à 6 rapports, manuelle robotisée à 7 rapports (en option)
0-100 KM/H man. 3,7 s **robo.** 3,6 s
VITESSE MAXIMALE 312 km/h
CONSOMMATION (100 KM) man. 10,5 L
robo. 10,4 L (octane 91)
ÉMISSIONS DE CO_2 man. 4968 kg/an **robo.** 4876 kg/an
LITRES PAR ANNÉE man. 2160 L **robo.** 2120 L
COÛT PAR AN man. 2851 $ **robo.** 2798 $

(TURBO S) H6 3,8 l biturbo DACT, 530 ch de 6250 à 6750 tr/min
COUPLE 516 lb-pi à 2100 tr/min
BOÎTE DE VITESSES manuelle robotisée à 7 rapports (en option)
0-100 KM/H man. 3,3 s
VITESSE MAXIMALE 315 km/h
CONSOMMATION (100 KM) coupé 10,4 L **cabrio.** 10,7 L (octane 91)
ÉMISSIONS DE CO_2 coupé 4876 kg/an **cabrio.** 5060 kg/an
LITRES PAR ANNÉE coupé 2120 L **cabrio.** 2200 L
COÛT PAR AN coupé 2798 $ **cabrio.** 2904 $

(GT3 RS 4.0) H6 4,0 l DACT, 500 ch à 8250 tr/min
COUPLE 340 lb-pi à 6750 tr/min
BOÎTE DE VITESSES manuelle à 6 rapports
0-100 KM/H 3,9 s
VITESSE MAXIMALE 310 km/h
CONSOMMATION (100 KM) 13,8 L (octane 91)
ÉMISSIONS DE CO_2 nd
LITRES PAR ANNÉE nd **COÛT PAR AN** nd

(GT2 RS) H6 3,6 l biturbo DACT, 620 ch à 6500 tr/min
COUPLE 516 lb-pi de 2250 à 5500 tr/min
BOÎTE DE VITESSES manuelle à 6 rapports
0-100 KM/H 3,5 s
VITESSE MAXIMALE 330 km/h
CONSOMMATION (100 KM) 10,8 L (octane 91)
ÉMISSIONS DE CO_2 5060 kg/an
LITRES PAR ANNÉE 2200 L **COÛT PAR AN** 2904 $

AUTRES COMPOSANTS

SÉCURITÉ ACTIVE freins ABS, assistance au freinage, répartition électronique de force de freinage, contrôle de stabilité électronique, antipatinage
SUSPENSION AVANT/ARRIÈRE indépendante
FREINS AVANT/ARRIÈRE disques
DIRECTION à crémaillère, assistée
PNEUS CARRERA P235/40R18 (av.), P265/40R18 (arr.) **Carrera S/Targa/Black Edition** P235/35R19 (av.) P295/30R19 (arr.) **GTS/Turbo/ Turbo S/ Speedster** P235/35R19 (av.) P305/30R19 (arr.) GT3 RS/GT2 RS P245/35R19 (av.) P325/30R19 (arr.)

DIMENSIONS

EMPATTEMENT 2350 mm GT3 2355 mm
LONGUEUR 4435 mm Speedster 4440 mm
TURBO/TURBO S 4450 m GT3 RS 4460 mm
LARGEUR 1808 mm GTS/Turbo/Turbo S/GT3 RS/Speedster/GT2 1852 mm
HAUTEUR Carrera/Targa 4 1310 mm **GTS/Carrera S/ Targa 4S/Turbo/Turbo S** 1300 mm
GT3 RS 1280 mm **Speedster** 1230 mm (sans capote)
POIDS 1370 kg à 1670 kg
DIAMÈTRE DE BRAQUAGE 10,6 m GT2 RS 10,9 m
COFFRE 105 L **Carrera/Carrera S/ Carrera GTS/Speedster** 135 L
RÉSERVOIR DE CARBURANT 64 L **GTS/Turbo/Turbo S/ GT3 RS** 67 L **GT2 RS 90** l

MENTIONS

COUP DE CŒUR RECOMMANDÉ

VERDICT

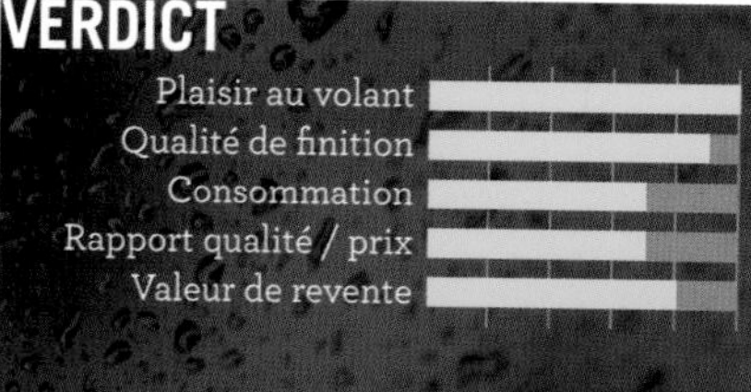

PORSCHE

www.porsche.com/canada

$ 54 900 $ à 74 400 $ t&p 2015 $

LA COTE VERTE MOTEUR H6 DE 2,9 L source : ÉnerGuide

CONSOMMATION (100 KM) man. 9,3 L, robo. 8,5 L • **ÉMISSIONS POLLUANTES CO_2** man. 4370 kg/an, robo. 3956 kg/an • **INDICE D'OCTANE** 91
COÛT DU CARBURANT MOYEN PAR ANNÉE man. 2660 $, robo. 2408 $ • **NOMBRE DE LITRES PAR ANNÉE** man. 1900, robo. 1720

FICHE D'IDENTITÉ

VERSIONS Base, S, S Black Edition, Spyder
ROUES MOTRICES arrière
PORTIÈRES 2 **NOMBRE DE PASSAGERS** 2
PREMIÈRE GÉNÉRATION 1997
GÉNÉRATION ACTUELLE 2005
CONSTRUCTION Stuttgart, Allemagne
COUSSINS GONFLABLES 4 (frontaux, latéraux avant)
Concurrence Audi TT, BMW Z4, Mercedes-Benz SLK, Nissan 370Z Roadster

AU QUOTIDIEN

PRIME D'ASSURANCE
25 ANS: 4100 à 4300 $
40 ANS: 1800 à 2000 $
60 ANS: 1500 à 1700 $
COLLISION FRONTALE 5/5
COLLISION LATÉRALE 5/5
VENTES DU MODÈLE DE L'AN DERNIER
AU QUÉBEC 52 **AU CANADA** 166
DÉPRÉCIATION 33,0 %
RAPPELS (2006 à 2011) 1
COTE DE FIABILITÉ 4/5

GARANTIES... ET PLUS

GARANTIE GÉNÉRALE 4 ans/80 000 km
GARANTIE MOTOPROPULSEUR 4 ans/80 000 km
PERFORATION 10 ans/kilométrage illimité
ASSISTANCE ROUTIÈRE 4 ans/80 000 km
NOMBRE DE CONCESSIONNAIRES
AU QUÉBEC 3 **AU CANADA** 12

NOUVEAUTÉS EN 2012

Livrée S Black Edition limitée à 987 exemplaires

UN EXEMPLE À SUIVRE

Daniel Rufiange

Il y a 20 ans, Porsche écoulait quelque 200 modèles seulement au Canada. Ce chiffre a décuplé depuis. L'entreprise doit en grande partie cette croissance à la Boxster. La voiture qui a démocratisé la marque entreprend sa quinzième année déjà, et, à l'aube de 2012, on peut dire qu'elle a atteint une très belle maturité. On est presque en droit de se demander si la Boxster peut vraiment être améliorée. À cela, il faut répondre certainement, car la voiture parfaite n'existe pas. Mais, à l'instar d'un grand cru, il suffit de la laisser vieillir un peu pour qu'on lui découvre encore une saveur particulière.

CARROSSERIE Pour qu'une Porsche soit une Porsche, les stylistes doivent respecter quelques règles. Si cela peut représenter un frein à leur créativité, ça les assure d'une chose; ils ne risquent pas trop de se planter. La Boxster est belle, peu importe sous quel angle on l'admire. Changer ce design équivaudrait à défigurer un mannequin; un non-sens. Cependant, de petits réglages peuvent être faits ici et là comme le dessin des phares et des feux, l'ajout d'un petit trait dans les flancs, etc. En fait, l'une des façons de les distinguer, c'est au moyen des trois versions que le motoriste propose : de base, S et Spyder.

HABITACLE Les claustrophobes risquent ici de trouver le temps long. L'habitacle d'une Boxster demeure un espace restreint, un cocon où les pilotes se glissent au même titre qu'une main dans un gant. Heureusement, on roule à bord de cette voiture une fois la capote relevée, ce qui permet de respirer. On le devine, tout est à portée de la main, mais l'ergonomie d'un habitacle griffé Porsche demande une période d'adaptation. Il faut aimer le style, car la présentation n'est pas traditionnelle. Les détracteurs de la marque critiqueront son caractère trop sobre. Néanmoins, on peut personnaliser le cockpit de sa Boxster pour lui donner du style; l'agencement des couleurs, à lui seul, pousse vers le daltonisme.

MÉCANIQUE Voilà la section qui fait saliver l'amateur de Porsche. La firme de Stuttgart propose des mécaniques bien

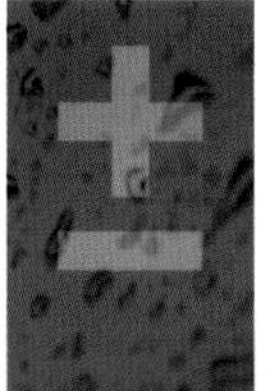

FORCES Agrément de conduite sans pareil • Lignes jolies et intemporelles
Bye bye le célibat • Mécaniques envoûtantes • Qualité de finition

FAIBLESSES Options nombreuses et coûteuses • Frais d'entretien
Souvent réclamée par madame dans le règlement de divorce
Il faut se résigner à la garer l'hiver venu

rodées et merveilleusement bien adaptées à chacun de ses produits. La Boxster n'y échappe pas. La version de base reçoit un moteur à 6 cylindres à plat de 2,9 litres qui livre 255 chevaux. Les deux autres versions reçoivent un autre moteur de 6 cylindres à plat, mais de 3,4 litres. Sans la version S, sa puissance s'établit à 310 chevaux, alors qu'elle en dénombre 10 de plus dans la version Spyder.

COMPORTEMENT Quand on décrit le comportement routier d'une voiture sport, on parle souvent d'équilibre. La Boxster est une référence. La répartition des masses est parfaite, le tout aidé, bien sûr, par le positionnement du moteur tout juste derrière la cabine. On se sent littéralement propulsé par la voiture, une expérience enivrante. La Boxster est agile comme un lièvre, mais rugit comme un tigre. Sur la route, c'est le bonheur total. On enfile les kilomètres et on accueille à bras ouverts les détours de circulation. Sur une piste, c'est le paradis. J'ai eu l'occasion de malmener une Boxster sur le circuit de Mosport, en Ontario. Ce que j'ai constaté, c'est que les limites de la voiture étaient plus reculées que les miennes. En fait, c'est la voiture qui m'a malmené ! Le fil conducteur qui relie le passé de Porsche avec les produits actuels est d'une minceur.

CONCLUSION La Boxster, c'est le rêve accessible pour quiconque ambitionne de rouler un jour en Porsche. Plusieurs préfèrent d'ailleurs son équilibre et son agrément de conduite à la 911, c'est vous dire. Une version d'occasion demeure un pensez-y bien pour tout passionné de la marque. Cependant, il faut composer avec un irritant important. Bien que la voiture soit reconnue pour être fiable, son entretien demeure onéreux, et ça, c'est le prix à payer pour faire l'envie du voisinage.

2e OPINION

« La Porsche Boxster est probablement la meilleure nouvelle pour tous ceux qui ont toujours voulu se procurer une 911 mais dont le budget était trop juste. Et si la Boxster est encore trop chère à l'état neuf, elle sera abordable dans quelques années sur le marché de l'occasion. Toujours est-il que la « Porsche du pauvre » est ce genre de voiture qui peut vous faire paraître comme un excellent pilote sans que vous ne le soyez vraiment. La Boxster est presque trop facile à conduire et, du même coup, trop enivrante. Et l'édition Spyder de l'an dernier est venue ajouter ce qui manquait à la S. Malgré le toit ridicule de la Spyder, je la recommande à quiconque a besoin d'une thérapie quotidienne. » — Vincent Aubé

FICHE TECHNIQUE

MOTEURS

(BASE) H6 2,9 L DACT, 255 ch à 6400 tr/min
COUPLE 214 lb-pi de 4400 à 6000 tr/min
BOÎTE DE VITESSES manuelle à 6 rapports, manuelle robotisée à à 7 rapports (en option)
0-100 KM/H 5,9 s, robo. 5,8 s
VITESSE MAXIMALE 263 km/h robo. 261 km/h

(S) H6 3,4 L DACT, 310 ch à 6400 tr/min
COUPLE 266 lb-pi de 4400 à 5500 tr/min
BOÎTE DE VITESSES manuelle à 6 rapports, manuelle robotisée à 7 rapports (en option)
0-100 KM/H 5,3 s, **robo.** 5,2 s
VITESSE MAXIMALE 274 km/h, **robo.** 272 km/h
CONSOMMATION (100 KM) man. 9,3 L, **robo.** 8,7 L (octane 91)
ÉMISSIONS DE CO_2 man. 4370 kg/an, **robo.** 4094 kg/an
LITRES PAR ANNÉE man. 1900, **robo.** 1780
COÛT PAR AN man. 2660 $, **robo.** 2492 $

(SPYDER, S BLACK EDITION) H6 3,4 L DACT, 320 ch à 7200 tr/min
COUPLE 273 lb-pi à 4750 tr/min
BOÎTE DE VITESSES manuelle à 6 rapports, manuelle robotisée à 7 rapports (en option)
0-100 KM/H SPYDER man. 5,1 s, **Spyder robo.** 5,0 s, **BLACK MAN** 5,2 s, **Black robo.** 5,1 s
VITESSE MAXIMALE SPYDER man. 267 km/h, **ROBO.** 265 km/h, **Black man.** 276 km/h, **Black robo.** 274 km/h
CONSOMMATION (100 KM) man. 9,2 L **robo.** 8,6 L (octane 91)
ÉMISSIONS DE CO_2 man. 4278 kg/an, **robo.** 4002 kg/an
LITRES PAR ANNÉE man. 1860, **ROBO.** 1740
COÛT PAR AN MAN. 2604 $, **robo.** 2496 $

AUTRES COMPOSANTES

SÉCURITÉ ACTIVE freins ABS, assistance au freinage, répartition électronique de force de freinage, contrôle de stabilité électronique, antipatinage
SUSPENSION AVANT/ARRIÈRE indépendante
FREINS AVANT/ARRIÈRE disques
DIRECTION à crémaillère, assistée
PNEUS Base P205/55R17 (av.) P235/50R17 (arr.), **S** P235/40R18 (av.), P265/40R18 (arr.), **Spyder/S Black Edition** P235/35R19 (av.), P265/35R19 (arr.)

DIMENSIONS

EMPATTEMENT 2415 mm
LONGUEUR 4342 mm
LARGEUR 1801 mm
HAUTEUR 1292 mm, **S** 1294 mm, **Spyder** 1231 mm
POIDS Base 1335 kg, **S** 1355 kg, **Spyder** 1275 kg
DIAMÈTRE DE BRAQUAGE nd
COFFRE 150 L (av.), 130 L (arr.)
RÉSERVOIR DE CARBURANT 64 L, **Spyder** 54 L

MENTIONS

CLÉ D'OR

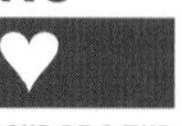
COUP DE CŒUR

VERDICT

Plaisir au volant
Qualité de finition
Consommation
Rapport qualité / prix
Valeur de revente

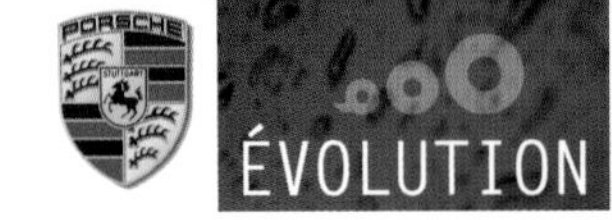

$ 59 200 $ à 77 000 $ t&p 1085 $

LA COTE VERTE MOTEUR H6 DE 2,9 L source : ÉnerGuide

CONSOMMATION (100 KM) man. 9,3 L, robo. 8,5 L • **ÉMISSIONS POLLUANTES CO_2** man. 4370 kg/an, robo. 3956 kg/an • **INDICE D'OCTANE** 91
COÛT DU CARBURANT MOYEN PAR ANNÉE man. 2508 $, robo. 2270 $ • **NOMBRE DE LITRES PAR ANNÉE** man. 1900, robo. 1720

FICHE D'IDENTITÉ

VERSIONS base, S, S Black Edition, R
ROUES MOTRICES arrière
PORTIÈRES 2 **NOMBRE DE PASSAGERS** 2
PREMIÈRE GÉNÉRATION 2006
GÉNÉRATION ACTUELLE 2006
CONSTRUCTION Stuttgart, Allemagne
COUSSINS GONFLABLES 6 (frontaux, latéraux avant, rideaux latéraux)
CONCURRENCE Audi TT, BMW Série 1, Lotus Evora, Nissan 370Z

AU QUOTIDIEN

PRIME D'ASSURANCE
25 ANS : 4100 à 4300$
40 ANS :1800 à 2000$
60 ANS : 1500 à 1700$
COLLISION FRONTALE 5/5
COLLISION LATÉRALE 5/5
VENTES DU MODÈLE L'AN DERNIER
AU QUÉBEC 25 **AU CANADA** 119
DÉPRÉCIATION 31,5 %
RAPPELS (2006 à 2011) aucun à ce jour
COTE DE FIABILITÉ 4/5

GARANTIES... ET PLUS

GARANTIE GÉNÉRALE 4 ans/80 000 km
GARANTIE MOTOPROPULSEUR 4 ans/80 000 km
PERFORATION 10 ans/kilométrage illimité
ASSISTANCE ROUTIÈRE 4 ans/80 000 km
NOMBRE DE CONCESSIONNAIRES
QUÉBEC 3 **AU CANADA** 12

NOUVEAUTÉS EN 2012

Livrée S Black Edition limitée à 500 exemplaires et version R

www.porsche.com/canada

PENELOPE CRUZ, ANGELINA JOLIE ET NATALIE PORTMAN !

Francis Brière

En 2011, Porsche a présenté une livrée « radicale » de la Cayman. En apposant le suffixe « R » à son nom, le constructeur allemand pouvait s'assurer de satisfaire les amateurs de conduite furieuse, ceux pour qui le compromis n'est pas permis. Comment fait-on pour améliorer une voiture qui possède déjà les habiletés d'un athlète de haut calibre ? Les ingénieurs de Porsche ont tenté de répondre à cette question.

CARROSSERIE Peu de changements en ce qui concerne la silhouette de la Cayman, sauf pour la livrée R dont l'aileron a été revu, de même que les bas de caisse et les embouts d'échappement. L'inscription « PORSCHE » a été apposée au bas des portes, comme c'est le cas notamment pour la Boxster Spyder. Notons également que les portes en aluminium ont permis de retrancher quelques kilos à la carcasse de la Cayman R.

HABITACLE Porsche conserve un habitacle étriqué pour la Cayman. La planche de bord et la console contiennent le strict nécessaire, tandis que les sièges sport offrent peu de confort pour un maintien optimal. Pour la Cayman R, les ingénieurs ont rayé certains éléments qu'ils n'ont pas jugés essentiels, notamment la radio (quand même offerte en option), le climatiseur (aussi offert en option pour ceux qui souffrent de la chaleur en été) et les sièges de la Cayman S qu'ils trouvaient trop confortables. Les occupants prennent place dans une coquille aussi moulante que le collant d'une ballerine qui tient l'anatomie en place en absorbant la force gravitationnelle.

MÉCANIQUE
Le moteur est toujours le 6-cylindres à plat de 3,4 litres pour les livrées S et R. Pour le modèle de base, Porsche fait toujours confiance au 6-cylindres à plat de 2,9 litres.

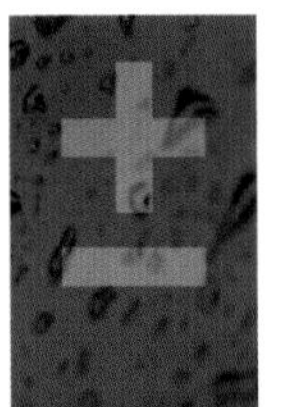

FORCES Comportement rigoureux • Performances athlétiques
Équilibre incomparable

FAIBLESSES Prix • Utilisation limitée

avec la Cayman qu'avec la 911, plus capricieuse. Aussi, le pilote paresseux profitera du PASM, ce fameux dispositif qui assure un contrôle à toute épreuve même en situation de crise. En revanche, les boutons « Sport » et « Sport plus » amenuisent l'emprise du PASM et donnent plus de latitude au conducteur qui désire y mettre plus d'effort. La Porsche Cayman, peu importe la livrée, est sans contredit l'une des voitures les plus intéressantes pour la conduite à l'état pur, pour celui qui recherche des sensations sur la route. Sa grande rigidité ne la réduit pas à une sportive dépourvue de confort. Même à bord d'une version R, on peut se permettre une longue balade sans compromettre la santé de son épine dorsale. Évidemment, il est difficile de considérer la Cayman pour un usage quotidien, encore moins pour les quatre ou cinq mois de mauvais temps que nous devons subir au Québec.

Pour les trois versions, la puissance admise est respectivement de 265, de 320 et de 330 chevaux. Dans les trois cas, le client peut opter pour une boîte de vitesses mécanique à 6 rapports ou, encore, pour la PDK qui en offre 7. Les 10 chevaux supplémentaires de la Cayman R sont obtenus grâce à des réglages électroniques ainsi qu'à une modification de l'échappement. La livrée de base fournit des performances honnêtes, mais on ne se plaindra pas de la puissance supplémentaire et des réglages plus incisifs des modèles S et R.

COMPORTEMENT Même avec 330 chevaux derrière les sièges, la Porsche Cayman n'est pas un bolide conçu pour faire fondre le goudron au coin de la rue. Il faut en prendre soin, la piloter en douceur et avec délicatesse, négocier les virages en considérant son équilibre quasi parfait, ressentir l'allégresse et la volupté. Le néophyte se plaira davantage sur la piste

CONCLUSION Porsche vendra une poignée de Cayman au Canada, une cinquantaine de livrées R si les prévisions sont justes. Si la bête vous intéresse, il faut prévoir un budget bien gras pour un jouet qui servira quelques semaines par année. Pour l'acheteur qui en a les moyens, la Porsche Cayman est un objet de désir qui peut rendre heureux le conducteur le plus exigeant.

2e OPINION

« La réputation de Porsche est tout sauf surfaite et la Cayman le prouve une nouvelle fois. Son châssis est sans faille et, grâce au toit rigide, contrairement à la Boxster, la Cayman arrive à en extirper le plein potentiel. TT-S, Z4, 335is, 370Z... toutes d'excellentes machines, mais nulle n'arrive à enfiler les virages avec l'aisance d'une Cayman. Ses deux plus gros défauts reviennent depuis sa naissance (2005), soit l'absence d'une plus grosse mécanique qui, nous le devinons tous, lui conviendrait parfaitement, ainsi qu'une liste d'options qui n'en finit plus de grimper la facture dans le territoire d'une 911. Bien que cette dernière jouisse d'un statut social plus élevé, la Cayman reste plus facile à pousser dans ses derniers retranchements. Le commun des mortels ne trouvera pas meilleure façon pour passer d'un apex à un autre le plus rapidement possible. » — Alexandre Crépault

FICHE TECHNIQUE

MOTEURS

(BASE) H6 2,9 L DACT, 265 ch à 7200 tr/min
COUPLE 221 lb-pi de 4400 à 6000 tr/min
manuelle à 6 rapports, manuelle robotisée à 7 rapports (en option)
0-100 KM/H man. 5,8 s, **robo.** 5,7 s
VITESSE MAXIMALE man. 265 km/h, **robo.** 263 km/h

(S) H6 3,4 L DACT, 320 ch à 7200 tr/min
COUPLE 273 lb-pi à 4750 tr/min
BOÎTE DE VITESSES manuelle à 6 rapports, manuelle robotisée à 7 rapports
0-100 KM/H man. 5,2 s, **robo.** 5,1 s
VITESSE MAXIMALE 277 km/h, robo. 275 km/h
CONSOMMATION (100 KM) man. 9,3 L, **robo.** 8,7 L (octane 91)
ÉMISSION DE CO_2 man. 4370 kg/an, **robo.** 4094 kg/an
LITRES PAR ANNÉE man. 1900 L, **robo.** 1780 L
COÛT PAR ANNÉE man. 2508 $, **robo.** 2350 $

(R, S BLACK EDITION) H6 3,4 L DACT, 330 ch à 7400 tr/min
COUPLE 273 lb-pi à 4750 tr/min
BOÎTE DE VITESSES manuelle à 6 rapports, manuelle robotisée à 7 rapports
0-100 KM/H S Black Edition man. 5,1 s, **S Black Edition robo.** 5,0 s, **R man.** 5,0 s, **R robo.** 4,9 s
VITESSE MAXIMALE S Black Edition man. 279 km/h **S Black Edition robo.** 277 km/h **R man.** 282 km/h, **R robo.** 280 km/
CONSOMMATION (100 KM) S Black Edition man. 10,8 L, **S Black Edition robo.** 10,4 L, **R man.** 9,4 L, **R robo.** 9,3 L
ÉMISSION DE CO_2 man. 4370 kg/an, **robo.** 4094 kg/an
LITRES PAR ANNÉE man. 1900 L, **robo.** 1780 L
COÛT PAR ANNÉE man. 2508 $, **robo.** 2350 $

AUTRES COMPOSANTS

SÉCURITÉ ACTIVE freins ABS, assistance au freinage, répartition électronique de force de freinage, contrôle de stabilité électronique, antipatinage
SUSPENSION AVANT/ARRIÈRE indépendante
FREINS AVANT/ARRIÈRE disques
DIRECTION à crémaillère, assistée
PNEUS base P205/55R17 (av.) P235/50R17 (arr.), **S** P235/40R18 (av.) P265/40R18 (arr.), **R/S Black Edition** P235/35R19 (av.) P265/35R19 (arr.)

DIMENSIONS

EMPATTEMENT 2415 mm
LONGUEUR 4347 mm
LARGEUR (sans rétro.) 1801 mm
HAUTEUR 1304 mm S 1306 mm
POIDS base man. 1330 kg, **base robo.** 1360 kg, **S man.** 1350 kg, **S robo.** 1375 kg, **R man.** 1295 kg, **R robo.** 1320 kg
DIAMÈTRE DE BRAQUAGE 11,1 m
COFFRE 150 L (av.) 260 L (arr.)
RÉSERVOIR DE CARBURANT 64 L, **R** 54 L

MENTIONS

COUP DE CŒUR RECOMMANDÉ

VERDICT

LA COTE VERTE AVEC MOTEUR V6 DE 3 L HYBRIDE source : ÉnerGuide

CONSOMMATION (100 KM) 9,4 L • **ÉMISSIONS POLLUANTES CO_2** 4370 KG/AN • **INDICE D'OCTANE** 91
COÛT DU CARBURANT MOYEN PAR ANNÉE 2508 $ • **NOMBRE DE LITRES PAR ANNÉE** 1900

FICHE D'IDENTITÉ

VERSIONS Cayenne, Cayenne S, Cayenne S Hybrid, Cayenne Turbo
ROUES MOTRICES 4
PORTIÈRES 5 **NOMBRE DE PASSAGERS** 5
PREMIÈRE GÉNÉRATION 2003
GÉNÉRATION ACTUELLE 2011
CONSTRUCTION Leipzig, Allemagne
COUSSINS GONFLABLES 8 (frontaux, latéraux avant et arrière, rideaux latéraux)
CONCURRENCE Acura MDX, Audi Q7, BMW X5, Cadillac SRX, Infiniti FX, Land Rover LR4/ Range Rover, Lexus RX/GX, Mercedes-Benz Classe ML, Volkswagen Touareg, Volvo XC90

AU QUOTIDIEN

PRIME D'ASSURANCE
25 ANS : 4700 à 4900 $
40 ANS : 2500 à 2700 $
60 ANS : 2000 à 2200 $
COLLISION FRONTALE 5/5
COLLISION LATÉRALE 5/5
VENTES DU MODÈLE DE L'AN DERNIER AU QUÉBEC 186 **AU CANADA** 839
DÉPRÉCIATION 37,7 %
RAPPELS (2006 À 2011) 1
COTE DE FIABILITÉ ND

GARANTIES... ET PLUS

GARANTIE GÉNÉRALE 4 ans/80 000 km
GARANTIE MOTOPROPULSEUR 4 ans/80 000 km
PERFORATION 10 ans/kilométrage illimité
ASSISTANCE ROUTIÈRE 4 ans/80 000 km
NOMBRE DE CONCESSIONNAIRES AU QUÉBEC 3 **AU CANADA** 12

NOUVEAUTÉS EN 2012

Version S Hybrid légèrement révisée, sac gonflables latéraux arrière de série

ON A ÉDUQUÉ LA BRUTE

Antoine Joubert

Souvenez-vous de l'époque ou Porsche a introduit la Cayenne sur le marché, Les puristes ont crié au scandale. Porsche ne peut pas mettre un camion sur la route, c'est un produit contre-nature. En moins de deux ans, ce... camion est devenu le produit le plus populaire de la gamme. Et le succès ne dément pas. Même si Porsche a construit sa légende autour de toutes les différentes versions de 911, et que la Boxster et la Cayman ajoutent aussi au succès de la marque, c'est encore la Cayenne qui vole la vedette. La demande est si forte que Porsche doit revoir son rythme de production. Les ventes de Cayenne ont fait un bond de 37 % en 2011, et la demande ne faiblit pas, bien au contraire. Du coup, les délais de livraison s'allongent pour atteindre aujourd'hui 12 mois d'attente sur certains marchés et, notamment, la Chine. Par conséquent, afin de réduire la pression sur les équipes commerciales et réduire le temps d'attente jugé trop long, Porsche augmentera la production de 10 à 20 % dès la fin d'année. Porsche, qui a vendu 97 000 véhicules en 2010, entend dépasser la barrière symbolique des 100 000 ventes en 2011 et atteindre les 200 000 exemplaires d'ici 2018 avec l'aide de nouveaux modèles comme le 55 et le Cajun, une version de poche du Cayenne.

CARROSSERIE Naturellement, l'exercice de séduction débute toujours par les lignes de la carrosserie qui, contrairement à celles du modèle de première génération, sont drôlement plus réussies. Il est 5 centimètres plus long, et l'empattement a gagné 4 centimètres. Pourtant, en regardant de près, le nouveau Cayenne semble plus compact. Il y a eu beaucoup de travail de fait pour abaisser le toit et ramasser les lignes. Le capot, davantage sculpté que par le passé, est situé nettement plus bas. À l'arrière, le hayon est fortement incliné. Phares, entrées d'air, pare-chocs : tout a été fait pour aplanir et élargir le véhicule. Les

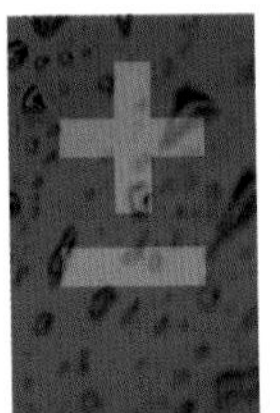

FORCES Sportif des routes et des champs • Assemblage et finition exemplaires
Présentation intérieure très noble • Consommation en forte baisse
Modèle hybride efficace

FAIBLESSES Quantité invraisemblable d'options
Prix et frais d'entretien, bien sûr... • Poids toujours considérable
Version à moteur Diesel non offerte en Amérique

courbes disgracieuses de la première génération font place à des lignes qui se rapprochent davantage de la Panamera. Le museau est plus bas, les prises d'air, plus imposantes, et les formes, habituellement plus arrondies, offrent des lignes plus gracieuses et sportives. Ce Cayenne a changé ses pantoufles pour des espadrilles. Il a aussi bénéficié d'une sérieuse cure minceur qui enlève près de 150 kilos d'excédent d'acier. Moteurs, boîtes de vitesses, et, surtout, le châssis (grâce à l'emploi massif d'aluminium) expliquent cette performance. Le poids est encore imposant, mais cette opération a permis des performances à la hausse et une consommation à la baisse pour toutes les mécaniques. Ce régime profite également au comportement routier qui est plus vif.

HABITACLE À la manière de la berline Panamera, le poste de conduite du Cayenne impressionne par sa présentation soignée et cette imposante console centrale, ingénieusement dessinée. Cette dernière regroupe diverses commandes et fonctions ainsi que deux imposantes poignées de maintien servant à vous rappeler à bord de quel type de véhicule vous êtes. La chaîne audio et le système de navigation joliment ceinturés par ces bouches de ventilation argentées, se veulent, pour leur part, plus efficaces que par le passé, particulièrement au chapitre de l'interface. Et pour ne jamais perdre la route des yeux, l'essentiel des fonctions audio et de navigation peut aussi être consulté dans un écran modulable logé dans l'un des cinq cadrans circulaires formant le bloc d'instruments situé derrière le volant. Génial!

L'habitacle du Cayenne, ce n'est toutefois pas qu'une histoire esthétique. Il s'agit aussi d'un exemple à suivre en matière d'assemblage et de finition. Car en dépit d'une quantité phénoménale d'accessoires et de caractéristiques, tout est soigneusement ficelé afin d'éviter toute possibilité de craquements disgracieux. Quant aux matériaux, ils sont à la hauteur de la facture du véhicule, ce qui dit tout. En fait, le seul bémol que j'ai pu mettre au cours des divers essais effectués concerne ces poignées de portières arrière qui, par temps froid, gèlent systématiquement pour devenir carrément inutilisables. Porsche connaît le problème et travaille à le régler, ce qui n'empêche pas qu'on puisse trouver cette lacune plutôt curieuse de la part d'un véhicule ne craignant pas les pires conditions.

MÉCANIQUE Un V6 de 300 chevaux, aux performances honorables, ouvre le bal sur une famille de moteurs carrément magnifiques. Naturellement, pour des sensations plus typiques de Porsche, l'option du V8 dans le Cayenne S est recommandable, surtout en considérant que les 100 chevaux supplémentaires n'engendrent pas une consommation plus élevée. L'auteur de ces lignes a d'ailleurs été agréablement surpris par la moyenne enregistrée de 12,8 litres aux 100 kilomètres. Voilà qui fait oublier les excès de consommation des précédents modèles. Bien sûr, pour la puissance et l'économie, le modèle Cayenne S Hybrid demeure LE choix. Ce dernier permet de conserver une moyenne d'environ 10 litres aux 100 kilomètres tout en réduisant l'empreinte écologique et en ne perdant rien des performances! Ceci dit, pour les performances pures, rien ne vaut le modèle Turbo qui offre

HISTORIQUE

Porsche assemble ses utilitaires sport Cayenne dans un complexe manufacturier moderne situé à Leipzig, en Allemagne. Il a été construit entre 1999 et 2002, et c'est cette année-là, en août, que la production de cet utilitaire a commencé. À partir de septembre 2003, ces installations ont également produit la Carrera GT. Puis, à la fin de 2009, après avoir inauguré une nouvelle section couvrant 22 000 mètres carrés, qui s'ajoutait à la section initiale de 18 600 mètres carrés, Leipzig a débuté l'assemblage des berlines Panamera. Aujourd'hui, ce complexe manufacturier emploie environ 1 000 personnes et sa capacité de production annuelle atteint environ 50 000 véhicules, une combinaison de Cayenne et de Panamera.

Centre de service à la clientèle de Leipzig

La chaîne de montage

Installation des roues chaussées

Vue extérieure d'une section de l'usine

Test d'étanchéité

Vérification de la précision du montage

Le 100 000e Cayenne est produit en 2005

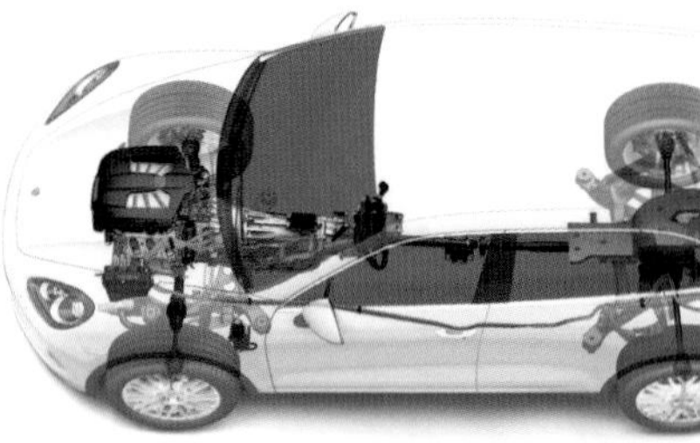

A Les occupants de la banquette arrière bénéficie d'un gain d'espace grâce à l'empattement allongé. De plus, les deux sections de la banquette coulissent de l'avant vers l'arrière sur 16 centimètres et leur dossier peut s'incliner vers l'arrière de 6 degrés. De nouveaux ensembles d'audio-vidéo permettent, en outre, de transformer l'habitacle en salle de concert ou de cinéma mobile!

B Ce diagramme montre les éléments du groupe motopropulseur hybride du Cayenne. Les deux moteurs du système hybride sont reliés par un embrayage de désaccouplement. Un module de commande contrôle leur interaction et l'embrayage procure des transition transparente des divers modes de conduite.

C L'intérieur luxueux comporte une console centrale qui, à l'instar de celles de la Carrera GT et de la Panamera, s'élève de l'arrière à l'avant pour s'intégrer à la section centrale du tableau de bord, où domine l'écran tactile de la centrale multimédia. La console centrale a aussi conservé ses doubles poignées de maintien, une caractéristique propre au Cayenne original.

D En 2008, deux employés du complexe manufacturier Porsche de Leipzig, Simone Erler et Axel Görzig, mettent la touche finale au 200 000e Porsche Cayenne produit depuis le lancement de ce modèle, en 2002.

E Une nouvelle boîte automatique Tiptronic S à 8 rapports procure une grande gamme de rapports, et avec fonction « Start-Stop » automatique (introduite initialement sur la Panamera), contribue à réduire les émissions polluantes du Cayenne.

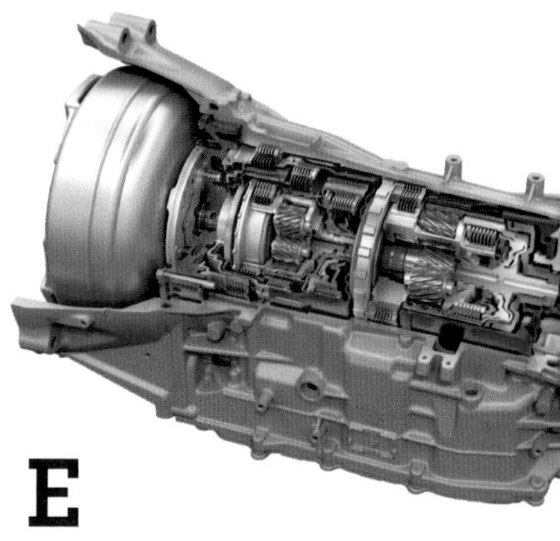

500 chevaux hélas difficilement exploitables à vitesse légale. Et Porsche ne s'arrête pas en si bon chemin. Si Audi a fait la preuve qu'une voiture sport peut aussi comporter un moteur Diesel et remporter à plusieurs reprises les 24 Heures du Mans, cela peut aussi être bon pour Porsche. En Europe, les automobilistes ont donc droit à un Porsche Cayenne... Diesel, et il se vend bien. Plutôt que de développer sa propre mécanique, Porsche a préféré reprendre le célèbre V6 TDI d'origine Audi pour équiper son Cayenne. Un choix de facilité qui s'explique, bien sûr, par des raisons de coût, mais aussi de logique, tant cette mécanique donne satisfaction sous les capots de Volks et d'Audi. On regrettait cependant à l'époque que la firme de Stuttgart n'ait pas apporté sa touche personnelle, comme ç'a été le cas pour le V6 à essence, lui aussi d'origine VW Audi. Il est encore trop tôt pour savoir si nous aurons droit à cette mécanique au Canada. Pour en avoir fait l'essai chez Audi, la puissance est excellente; et vous auriez un Porsche économe en carburant, signe que les temps changent.

COMPORTEMENT Le conducteur, qui profite d'un siège magnifique et d'une position de conduite optimale, sentira ce nouveau Cayenne plus léger (ce qui est vrai) et, surtout, plus agile que son prédécesseur. Avec sa suspension pneumatique réglable, sa direction encore plus précise et son châssis renforcé, il ne fait que mieux se comporter en toutes situations, conservant du coup l'agilité propre d'un véhicule de la marque. Mentionnons également que la nouvelle boîte de vitesses automatique à 8 rapports sert efficacement le Cayenne qui hérite aussi de la technologie d'arrêt-démarrage (permettant de mettre le moteur en veilleuse lors d'un arrêt temporaire). Tout cela, bien sûr, dans l'objectif de réduire les émissions...

CONCLUSION Plus joli, tricoté plus serré, plus agréable à conduire et, surtout, drôlement moins gourmand, le Cayenne fait, à mon avis, un pas de géant par rapport à son prédécesseur. Bien sûr, sa facture est élevée, et la liste des options est ahurissante, mais ça, c'est une philosophie d'entreprise. Il est toutefois dommage de ne pas pouvoir bénéficier du modèle à moteur Diesel qui aurait sans doute connu un certain succès. Qui sait, peut-être le verrons-nous apparaître d'ici quelques années...

2e OPINION

« La conduite du Cayenne est composée d'une multitude de facettes. On le sent robuste, on perçoit bien son châssis qui est aussi tendu que le cuir de ses cinq places. En même temps, il se déplace avec une agilité déconcertante. Son museau de batracien se pointe où l'on veut dans le temps de le dire. Avec la version Turbo, encore plus vite que ça ! Pour un utilitaire, ça déconcerte. Avec la version hybride, il y a en plus moyen d'appuyer la cause écologique. Je ne dis pas, toutefois, que cet achat sera profitable pour votre portefeuille, à court ou à long terme. Et je n'ai même pas encore commencé à comptabiliser les options, tellement nombreuses. Le Cayenne séduit avec son dynamisme explosif, tandis que sa gamme hétéroclite achève de nous convaincre. » — Michel Crépault

FICHE TECHNIQUE

MOTEUR

(Cayenne) V6 3,6 L DACT, 300 ch à 6300 tr/min
COUPLE 295 lb-pi à 3000 tr/min
BOÎTES DE VITESSES manuelle à 6 rapports, automatique à 8 rapports avec mode manuel (option)
0-100 KM/H man. 7,5 s **auto.** 7,8 s
VITESSE MAXIMALE 230 km/h
ÉMISSION DE CO_2 man. 11,7 L **auto.** 10,8 L
LITRES PAR ANNÉE man. 2380 **auto.** 2180
COÛT PAR ANNÉE man. 3142 $ **auto.** 2878 $

(Cayenne S) V8 4,8 l DACT, 400 ch à 6500 tr/min
COUPLE 369 lb-pi à 3500 tr/min
BOÎTES DE VITESSES automatique à 8 rapports avec mode manuel
0-100 KM/H 5,9 s
VITESSE MAXIMALE 258 km/h
CONSOMMATION (100 KM) 11,1 L (octane 91)
ÉMISSION DE CO_2 5198 kg/an
LITRES PAR ANNÉE 2260
COÛT PAR ANNÉE 2983 $

(Cayenne Turbo) V8 4,8 L biturbo DACT, 500 ch à 6000 tr/min
COUPLE 516 lb-pi de 2250 à 4500 tr/min
BOÎTES DE VITESSES automatique à 8 rapports avec mode manuel
0-100 KM/H 4,7 s
VITESSE MAXIMALE 278 km/h
CONSOMMATION (100 KM) 11,8 L (octane 91)
ÉMISSION DE CO_2 5520 kg/an
LITRES PAR ANNÉE 2400
COÛT PAR ANNÉE 3168 $

(Cayenne Hybrid) V6 3 L suralimenté par compresseur volumétrique, DACT + moteur électrique, 380 ch à 5500 tr/min (puissance totale)
COUPLE 427 lb-pi à 1000 tr/min
BOÎTES DE VITESSES à 8 rapports avec mode manuel
0-100 KM/H 6,5 s
VITESSE MAXIMALE 242 km/h

AUTRES COMPOSANTS

SÉCURITÉ ACTIVE freins ABS, assistance au freinage, répartition électronique de force de freinage, contrôle de stabilité électronique, antipatinage
SUSPENSION AVANT/ARRIÈRE indépendante
FREINS AVANT/ARRIÈRE disques
DIRECTION à crémaillère, assistée
PNEUS P255/55R18, **Turbo** P265/50R19

DIMENSIONS

EMPATTEMENT 2895 mm
LONGUEUR 4846 mm
LARGEUR 1939 mm
HAUTEUR 1705 mm **Turbo** 1702 mm
POIDS Cayenne man. 1995 kg **Cayenne auto.** 2030 kg **S** 2065 kg **Hybrid** 2240 kg **Turbo** 2170 kg
DIAMÈTRE DE BRAQUAGE 11,9 m
COFFRE Cayenne/Cayenne S 670 L, 1780 L (sièges abaissés) **Turbo** 670 L, 1705 L (sièges abaissés) **Hybrid** 580 L, 1690 L (sièges abaissés)
RÉSERVOIR DE CARBURANT 85 L **option/Turbo** 100 L
CAPACITÉ DE REMORQUAGE 3500 kg **Cayenne man.** 2700 kg

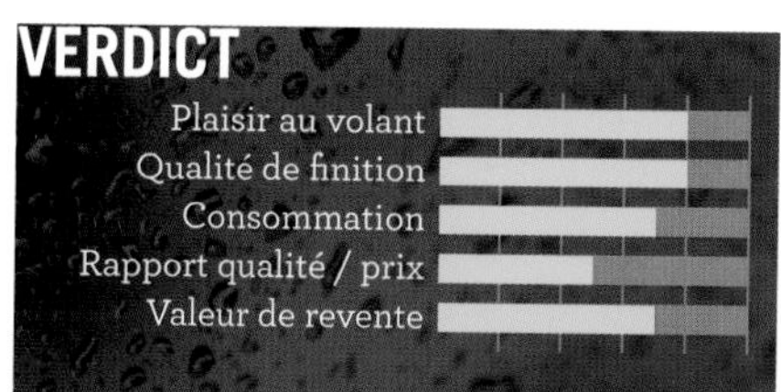

$ 86 600 $ à 198 100 $ t&p 2015 $

LA COTE VERTE MOTEUR V6 DE 3,0 L HYBRIDE source : Porsche

CONSOMMATION (100 KM) 7,1 L • **ÉMISSIONS POLLUANTES CO_2** nd • **INDICE D'OCTANE** 91
COÛT DU CARBURANT MOYEN PAR ANNÉE nd • **NOMBRE DE LITRES PAR ANNÉE** nd

FICHE D'IDENTITÉ

VERSIONS Base, 4, S, 4S, S Hybrid, Turbo (4RM), Turbo S (4RM)
ROUES MOTRICES arrière, 4
PORTIÈRES 4 **NOMBRE DE PASSAGERS** 4
PREMIÈRE GÉNÉRATION 2010
GÉNÉRATION ACTUELLE 2010
CONSTRUCTION Leipzig, Allemagne
COUSSINS GONFLABLES 8 (frontaux, latéraux avant, genoux conducteur et passager, rideaux latéraux)
CONCURRENCE Audi A8, Aston Martin Rapide, Bentley Flying Spur, BMW Série 7, Jaguar XJ, Mercedes-Benz CLS/Classe S

AU QUOTIDIEN

PRIME D'ASSURANCE
25 ANS : 4900 à 5100$
40 ANS : 2700 à 2900$
60 ANS : 2200 à 2500$
COLLISION FRONTALE 5/5
COLLISION LATÉRALE 5/5
VENTES DU MODÈLE L'AN DERNIER
AU QUÉBEC 95 **AU CANADA** 387
DÉPRÉCIATION (1 an) 21,2 %
RAPPELS (2006 à 2011) 1
COTE DE FIABILITÉ nd

GARANTIES... ET PLUS

GARANTIE GÉNÉRALE 4 ans/80 000 km
GARANTIE MOTOPROPULSEUR 4 ans/80 000 km
PERFORATION 10 ans/kilométrage illimité
ASSISTANCE ROUTIÈRE 4 ans/80 000 km
NOMBRE DE CONCESSIONNAIRES
AU QUÉBEC 3 **AU CANADA** 12

NOUVEAUTÉS EN 2012

Nouvelles versions S Hybrid et Turbo S, volants et sièges chauffants de série

PARI GAGNÉ

Antoine Joubert

Les porschistes ont maintenant de quoi se mettre sous la dent, peu importe leurs besoins. Un roadster pour les balades du dimanche, une voiture de haute performance pour la piste, une 4 x 4 pour affronter l'hiver et, depuis peu, une berline qui... tout compte fait, est capable de faire un peu de tout cela !

CARROSSERIE Naturellement, en s'immisçant dans le monde des berlines de luxe, le constructeur ne pouvait lever le voile sur une voiture aux formes traditionnelles. Il fallait que la Panamera se démarque de tout ce qui roule, tout en affichant une signature visuelle marquante l'identifiant à la marque. Le moins qu'on puisse dire, c'est que l'exercice est réussi. Il ne plaît peut-être pas à tous, mais il n'en demeure pas moins que son effet visuel est spectaculaire. Naturellement, sa plus grande particularité consiste en ce hayon qui, de façon discrète, intègre un becquet rétractable. Mais il faut aussi accorder des points aux lignes de profil, très marquées, ainsi qu'au museau purement Porsche qui se marie à merveille avec le reste de la carrosserie.

HABITACLE La Panamera est certainement l'une des berlines de luxe offrant le plus grand confort aux places arrière. On y retrouve deux baquets finement sculptés, réglables d'innombrables façons, lesquels sont divisés par une imposante centrale qui regroupe une panoplie de fonctions visant à dorloter les occupants. Massage, ventilation des sièges, système d'infodivertissement, tout est offert, à condition, bien sûr, d'y mettre le prix. Mais il faut surtout ajouter que les matériaux utilisés pour la confection de cet habitacle sont carrément divins.

Évidemment, cette qualité de finition extraordinaire se reflète également derrière le volant où le conducteur profite d'une position de conduite exceptionnelle. Naturellement très luxueuse, la Panamera propose des commandes habituellement plus conviviales que ce qu'on retrouve chez BMW ou Mercedes-Benz. Et si l'acheteur est déjà propriétaire d'une Porsche, ce qui est souvent probable, ce dernier ne sera nullement dépaysé.

FORCES Confort exceptionnel • Performances routières époustouflantes
Très forte personnalité • Habitacle soigneusement assemblé
Version S Hybrid réellement peu gourmande

FAIBLESSES Version à deux roues motrices moins intéressante
Boîte PDK agaçante sur le mode normal • Voiture très lourde
Prix, options, comme d'habitude...

On peut ainsi modifier les paramètres de la boîte de vitesses PDK à 7 rapports, la fermeté de la suspension ainsi que la sensibilité de l'accélérateur. Sur le mode normal, la voiture se veut donc une berline de grand luxe favorisant le confort comme le ferait, par exemple, une Mercedes-Benz de Classe S. Mais en passant sur le mode Sport ou, même, Sport Plus, la voiture se transforme en une bête de route très nerveuse. Mentionnons aussi la très grande puissance du freinage ainsi que l'incroyable précision de la direction.

Le seul bémol va néanmoins au fait que, sur le mode normal, la boîte devient quelque peu paresseuse, affichant un délai agaçant. On le remarque davantage en milieu urbain où les arrêts et les départs sont fréquents. Il serait donc agréable de pouvoir bénéficier des réglages de la boîte sur le mode sport sans que tous les autres paramètres se voient eux aussi modifiés pour la conduite sportive.

MÉCANIQUE La Panamera n'a pas trois ans que déjà, on propose une gamme de cinq moteurs. Les derniers-nées que sont les modèles S Hybrid et Turbo S se veulent des versions sans doute moins populaires, mais excellent toutes deux dans leur discipline. La première propose des performances surprenantes pour une consommation comparable à celle d'une Volkswagen Golf, alors que la seconde frise l'indécence grâce à une puissance de 550 chevaux ! D'ailleurs, rares sont les bolides pesant plus de 2 000 kilos, qui peuvent franchir le 0 à 100 km/h sous la barre des 4 secondes ! Ceci dit, la version 4S munie de la transmission intégrale et du V8 de 400 chevaux demeure, à mon avis, la plus intéressante pour nos conditions. Elle offre une puissance qu'il est possible d'apprécier à vitesse légale et une transmission intégrale exceptionnelle.

COMPORTEMENT
La Panamera propose quatre modes de conduite pour satisfaire toutes les humeurs.

CONCLUSION La Panamera, née sous la forme d'une berline, se veut peut-être la réincarnation moderne d'un modèle comme la défunte 928. Bien sûr, elle possède deux portières en plus, mais ses aptitudes routières dignes d'une véritable GT font d'elle une voiture carrément bonne à tout faire que la clientèle sélecte semble avoir très bien accueillie.

2e OPINION

« Porsche a pris un pari très risqué en introduisant la Panamera, une berline de luxe joufflue aux lignes étirées qui ne font pas encore l'unanimité. La voiture allait-elle conserver l'essence même de ce qu'est une Porsche ? Allait-elle devenir une grossière caricature ? Porsche allait-elle se planter avec ce modèle ? Bref, les questions étaient nombreuses. Quand on prend le volant de la Panamera, les questions se dissipent une à une. La Panamera est une Porsche dans l'âme, une grosse 911 qui serait aussi agile que le modèle-phare de la marque ne serait-ce que de son embonpoint. Offerte en sept configurations, elle permettra à chaque acheteur de trouver chaussure à son pied. Pour ceux qui sont inquiets de la consommation, la version hybride efface le 0 à 100 km/h en 6 secondes et consomme plus raisonnablement. » — Daniel Rufiange

FICHE TECHNIQUE

MOTEURS

(BASE, 4) V6 3,6 L DACT, 300 ch à 6200 tr/min
COUPLE 295 lb-pi à 3750 tr/min
BOÎTE DE VITESSES manuelle robotisée à 7 rapports
0-100 KM/H 6,3 s, **4RM** 6,1 s
VITESSE MAXIMALE 259 km/h, **4RM** 257 km/
CONSOMMATION (100 KM) 2RM 9,5 L, **4RM** 9,7 L (octane 91)
ÉMISSION DE CO_2 2RM 4462 kg/an, **4RM** 4554 kg/an
LITRES PAR ANNÉE 2RM 1940 L, 4RM 1980 L
COÛT PAR ANNÉE 2RM 2716 $, **4RM** 2772 $

(S HYBRID) V6 3,0 L DACT suralimenté par compresseur volumétrique + moteur électrique, 380 ch à 5500 tr/min (puissance totale)
COUPLE 428 lb-pi à 1000 tr/min (couple total)
BOÎTE DE VITESSES auto. à 8 rapports avec mode manuel
0-100 KM/H 6,0 s **VITESSE MAXIMALE** 270 km/h

(S, 4S) V8 4,8 L DACT, 400 ch à 6500 tr/min
COUPLE 369 lb-pi de 3500 à 5000 tr/min
BOÎTE DE VITESSES manuelle robotisée à 7 rapports
0-100 KM/H 5,4 s, **4S** 5,0 sec
VITESSE MAXIMALE 283 km/h, **4S** 282 km/h
CONSOMMATION (100 KM) 10,6 L (octane 91)
ÉMISSION DE CO_2 5014 kg/an
LITRES PAR ANNÉE 2180 **COÛT PAR ANNÉE** 3052 $

(TURBO) V8 4,8 L biturbo DACT, 500 ch à 6000 tr/min
COUPLE 516 lb-pi de 2250 à 4500 tr/min (568 lb-pi en mode overboost)
BOÎTE DE VITESSES manuelle robotisée à 7 rapports
0-100 KM/H 4,2 s **VITESSE MAXIMALE** 303 km/h
CONSOMMATION (100 KM) 11,4 L (octane 91)
ÉMISSION DE CO_2 5382 kg/an
LITRES PAR ANNÉE 2340 **COÛT PAR ANNÉE** 3276 $

(TURBO S) V8 4,8 L biturbo DACT, 550 ch à 6000 tr/min
COUPLE 553 lb-pi de 2250 à 4500 tr/min (590 lb-pi de 2500 à 4000 tr/min en mode overboost)
BOÎTE DE VITESSES manuelle robotisée à 7 rapports
0-100 KM/H 3,8 s **VITESSE MAXIMALE** 306 km/h
CONSOMMATION (100 KM) 11,5 L (octane 91)
ÉMISSION DE CO_2 nd
LITRES PAR ANNÉE nd **COÛT PAR ANNÉE** nd

AUTRES COMPOSANTS

SÉCURITÉ ACTIVE freins ABS, assistance au freinage, répartition électronique de force de freinage, contrôle de stabilité électronique, antipatinage
SUSPENSION AVANT/ARRIÈRE indépendante
FREINS AVANT/ARRIÈRE disques
DIRECTION à crémaillère, assistée
PNEUS Base/S/Hybrid P245/50R18 (av.) P275/45R18 (arr.), **Turbo** P255/45R19 (av) P285/40R19 (arr.) **Turbo S** P255/40R20 (av.) P295/35R20 (arr.)

DIMENSIONS

EMPATTEMENT 2920 mm **LONGUEUR 4970 MM**
LARGEUR 1931 mm **HAUTEUR** 1418 mm
POIDS Base 1730 kg, **4** 1820 kg, **Hybrid** 1980 kg, **S** 1800 kg, **4S** 1860 kg, **Turbo** 1970 kg, **Turbo S** 1995 kg
DIAMÈTRE DE BRAQUAGE 11,9 m
COFFRE 445 L, 1263 L (sièges abaissés) **Hybrid** 335 L, 1153 L (sièges abaissés) **Turbo/Turbo S** 432 L, 1250 L (sièges abaissés)
RÉSERVOIR DE CARBURANT 80 L **4S/Turbo/Turbo S** 100 L

VERDICT

Plaisir au volant
Qualité de finition
Consommation
Rapport qualité / prix
Valeur de revente

.porsche.com/canada

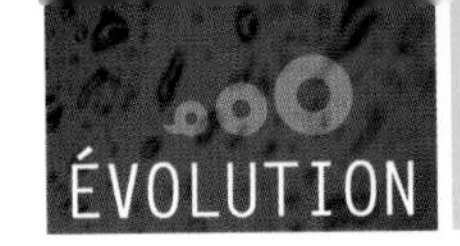

$ 26 495 $ à 46 415 $ t&p 1400 $

LA COTE VERTE MOTEUR V6 DE 3,7 L source : ÉnerGuide

CONSOMMATION (100 KM) 12,4 L • **ÉMISSIONS POLLUANTES CO_2** 5796 kg/an • **INDICE D'OCTANE** 87
COÛT DU CARBURANT MOYEN PAR ANNÉE 3150 $ • **NOMBRE DE LITRES PAR ANNÉE** 2520

FICHE D'IDENTITÉ

VERSIONS ST, Express, Tradesman, SLT, Outdoorsman, Sport, Laramie, Laramie Longhorn
ROUES MOTRICES arrière, 4
PORTIÈRES 2, 4 **NOMBRE DE PASSAGERS** 2 à 6
PREMIÈRE GÉNÉRATION 1981
GÉNÉRATION ACTUELLE 2009
CONSTRUCTION Warren, Michigan. É.-U. Saltillo, Mexique
COUSSINS GONFLABLES 8 (frontaux, latéraux avant, genoux conducteur et passager, rideaux latéraux)
CONCURRENCE Chevrolet Silverado, Ford F-150, GMC Sierra, Nissan Titan, Toyota Tundra

AU QUOTIDIEN

PRIME D'ASSURANCE
25 ANS : 1700 à 1900 $
40 ANS : 1100 à 1300 $
60 ANS : 900 à 1100 $
COLLISION FRONTALE 5/5
COLLISION LATÉRALE nd
VENTES DU MODÈLE DE L'AN DERNIER
AU QUÉBEC 8848 **AU CANADA** 53 386
DÉPRÉCIATION 53,7 %
RAPPELS (2006 à 2011) 4
COTE DE FIABILITÉ 3/5

GARANTIES... ET PLUS

GARANTIE GÉNÉRALE 3 ans/60 000 km
GARANTIE MOTOPROPULSEUR 5 ans/100 000 km
PERFORATION 5 ans/160 000 km
ASSISTANCE ROUTIÈRE 5 ans/100 000 km
NOMBRE DE CONCESSIONNAIRES
AU QUÉBEC 93 **AU CANADA** 440

NOUVEAUTÉS EN 2012

Caissons de rangement Ram Box disponibles avec toutes les longueurs de boîtes

VÉHICULE **MULTIDISCIPLINAIRE**

Antoine Joubert

Que vous soyez contremaître, électricien, plombier, jardinier ou autre, il y a de fortes chances que vous soyez déjà propriétaire d'une camionnette Ram. C'est du moins ce que mon étude (pas du tout scientifique) m'a permis de constater à la suite de la quantité hallucinante de Ram 1500 que j'aperçois constamment sur nos routes, affichant des numéros de RBQ et auxquelles sont accrochées de belles remorques d'aluminium. Il faut dire que la Ram est aujourd'hui si attrayante qu'elle ferait bien paraître n'importe quelle entreprise. Mais est-ce la seule raison qui motive tant de gens à se la procurer ?

CARROSSERIE Il faut le dire, l'acheteur moyen de la Ram en bave pour l'allure de sa camionnette. Et c'en à ce point évident quand on constate que les exemplaires vendus, pour la plupart, sont affublés d'immenses jantes chromées et d'accessoires visant à lui donner une gueule carrément spectaculaire. Vous remarquerez également que les versions purement utilitaires à cabine simple se font rares au point qu'on se demande si Chrysler ne devrait tout simplement pas les abandonner. Principalement, on écoule des modèles à cabine double, à caisse régulière. Étonnamment, peu d'acheteurs optent pour l'option Ram Box qui consiste en des boîtiers de rangement verrouillables situés au-dessus des ailes de caisse. Cette caractéristique très pratique réduit quelque peu l'espace de chargement de la caisse elle-même, mais il faut aussi dire que le coût de l'option elle-même est assez élevé.

HABITACLE Le travailleur moyen attiré par cette camionnette est souvent charmé par son apparence extérieure mais aussi par son habitacle. Il suffit d'ailleurs de grimper à bord de la récente édition Long Horn pour réaliser à quel point ce véhicule peut offrir un degré de luxe pouvant satisfaire les acheteurs les plus exigeants. Par la suite, on réalise que la Ram peut non seulement constituer un outil de travail ultra pratique, mais peut également constituer un très bon véhicule familial. L'habitacle

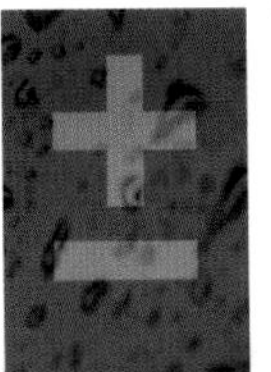

FORCES Le plus beau camion du marché • Moteur HEMI puissant
Très bon comportement routier • Habitacle soigné et confortable

FAIBLESSES Consommation très élevée (HEMI) • Moteur V6 poussif
Boîte automatique peu concurrentielle
Capacité de remorquage et de charge inférieure à la moyenne

se veut d'ailleurs confortable et spacieux au point de ridiculiser celui de plusieurs VUS tendance, pas toujours aussi pratique qu'ils ne le laissent paraître. Ajoutons que la Ram propose un habitacle très bien ficelé et esthétiquement fort réussi.

MÉCANIQUE La Ram se démarque toujours grâce à son V8 HEMI de 5,7 litres, souple et puissant, lequel est d'ailleurs très populaire. Bien sûr, il a bon appétit, mais son rendement est si agréable qu'on accepte souvent de composer avec cet inconvénient. Autrement, le V8 de 4,7 litres fait tout de même du bon boulot. Mais là aussi, la consommation est très forte, surtout en comparaison avec celle des moteurs rivaux offerts par Ford et GM. Quant au V6, il permet d'accéder à la Ram à faible coût et d'effectuer des boulots de moindre envergure. Mais pour la puissance, oubliez cela ! Il faudra néanmoins que Chrysler se renouvelle en matière de motorisation pour faire face aux nouvelles familles mécaniques offertes chez la concurrence. Car disons qu'il n'y a pour l'heure que le moteur HEMI qui soit véritablement concurrentiel.

COMPORTEMENT La Ram ne possède hélas pas d'aussi bonnes capacités de charge que les Silverado et F-150. Tout cela s'explique par l'adoption d'une suspension arrière à ressorts hélicoïdaux plutôt qu'à lames. Encore une fois, c'est dans l'optique d'offrir un véhicule multidisciplinaire et différent de la concurrence que les ingénieurs ont concoctés cette suspension. Ainsi, en décrochant la remorque le vendredi soir, l'acheteur s'assure d'un plus bel agrément de conduite et d'une tenue de route plus intéressante pour le week-end. Il ne resterait, en fait, qu'à développer une boîte de vitesses automatique à 6 rapports un brin plus efficace pour que l'expérience de conduite soit optimale.

CONCLUSION La Ram, c'est donc une camionnette qu'on achète pour le travail mais aussi pour le plaisir. Il ne s'agit pas de la plus robuste des camionnettes (étant tout de même en avance face à Nissan et Toyota), mais à moins que vous n'ayez constamment à trimbaler de très grosses charges, elle saura s'acquitter de sa tâche. Mais surtout, elle vous offrira une expérience de conduite intéressante, un habitacle pratique et confortable, tout en vous mettant en valeur à son volant.

2e OPINION

« Visuellement, le Ram a encore la plus belle gueule. Massif et plus sympathique à la fois depuis sa refonte de 2009. Il faut aussi remarquer les pare-chocs chromés qui ajoutent au caractère extraverti du véhicule et les flancs plus imposants qui donnent plus de dynamisme. La conduite est sans doute la plus confortable grâce à ses ressorts hélicoïdaux qui offrent une tenue de route et un confort qui n'est pas habituel dans une camionnette. Pour ceux qui ne désirent pas un tracteur, mais un véhicule compétent capable aussi de se doubler d'un véhicule familial intéressant, le Ram se veut plus confortable, plus convivial et plus agréable à conduire. Il n'est pas aussi polyvalent que la Ford F-150, mais il fait de l'excellent boulot. » — Benoit Charette

FICHE TECHNIQUE

MOTEURS

V6 3,7 L SACT, 215 ch à 5200 tr/min
COUPLE 235 lb-pi à 4000 tr/min
BOÎTE DE VITESSES automatique à 4 rapports
0-100 KM/H 12,0 s
VITESSE MAXIMALE 170 km/h

V8 4,7 L SACT, 310 ch à 5650 tr/min
COUPLE 330 lb-pi à 3950 tr/min
BOÎTE DE VITESSES automatique à 5 rapports
0-100 KM/H 9,8 s
VITESSE MAXIMALE 180 km/h
CONSOMMATION (100 KM) 2RM 13,2 L
4RM 13,8 L (octane 87)
ÉMISSIONS DE CO_2 2RM 6210 kg/an,
4RM 6440 kg/an (octane 87)
LITRES PAR ANNÉE 2RM 2700
4RM 2800 L (octane 87)
COÛT PAR AN 2RM 3375 $, **4RM** 3500 $ (octane 87)

V8 5,7 l ACC, 390 ch à 5600 tr/min
COUPLE 407 lb-pi à 4000 tr/min
BOÎTE DE VITESSES automatique à 5 rapports
0-100 KM/H 9,9 s
VITESSE MAXIMALE 190 km/h
CONSOMMATION (100 KM) 2RM 12,8 L,
4RM 13,3 L, (octane 87)
ÉMISSIONS DE CO_2 2RM 5980 kg/an,
4RM 6256 kg/an
LITRES PAR ANNÉE 2RM 2600 L, **4RM** 2720 L
COÛT PAR AN 2RM 3250 $, **4RM** 3400 $

AUTRES COMPOSANTS

SÉCURITÉ ACTIVE freins ABS, assistance au freinage, répartition électronique de la force de freinage, contrôle de la stabilité électronique, antipatinage
SUSPENSION AVANT/ARRIÈRE indépendante/pont rigide
FREINS AVANT/ARRIÈRE disques
DIRECTION à crémaillère, assistée
PNEUS ST/Tradesman/SLT P265/70R17, **Outdoorsman** P275/70R17, **option Outdoorsman, Laramie, Laramie Longhorn/de série Sport** P275/60R20, **ensemble R/T** P285/45R22

DIMENSIONS

EMPATTEMENT 3061 à 3569 mm
LONGUEUR 5308 à 5867 mm
LARGEUR 2017 mm
HAUTEUR 1894 à 1922 mm
POIDS 2239 kg à 2568 kg
DIAMÈTRE DE BRAQUAGE 12 à 13,9 m
RÉSERVOIR DE CARBURANT boîte courte 98 L, option/boîte longue 121 L
CAPACITÉ DE REMORQUAGE 1632 à 4740 kg

MENTIONS

RECOMMANDÉ

VERDICT

ÉVOLUTION $ 34 395 $ à 66 990 $ t&p 1400 $

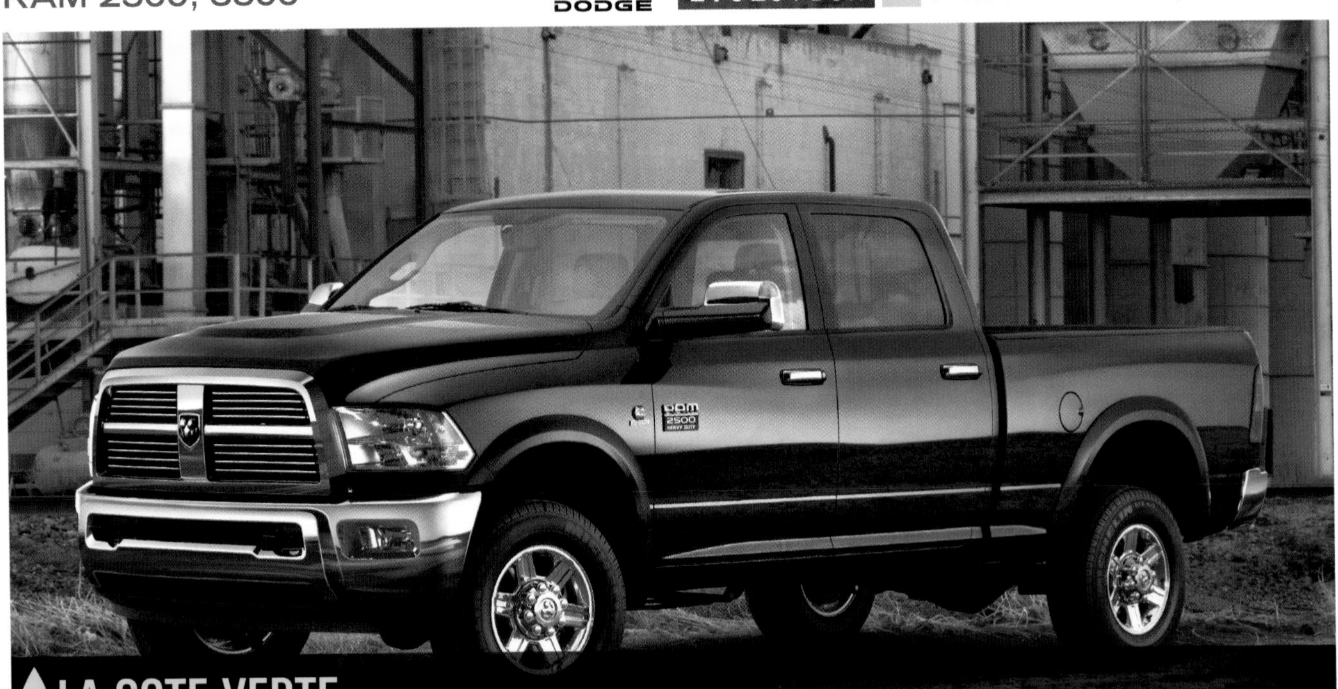

LA COTE VERTE MOTEUR V8 DE 5,7 L source : ÉnerGuide

CONSOMMATION (100 KM) 15,4 L • **ÉMISSIONS POLLUANTES CO_2** 5980 kg/an • **INDICE D'OCTANE** 87
COÛT DU CARBURANT MOYEN PAR ANNÉE 3500 $ • **NOMBRE DE LITRES PAR ANNÉE** 2800

FICHE D'IDENTITÉ

VERSIONS 2500 ST, SXT, SLT, Outdoorsman, Laramie, Power Wagon, Laramie Longhorn 3500 ST, SXT, SLT, Laramie, Laramie Longhorn
ROUES MOTRICES arrière, 4
PORTIÈRES 2, 4 **NOMBRE DE PASSAGERS** 2 à 6
PREMIÈRE GÉNÉRATION 1981
GÉNÉRATION ACTUELLE 2009
CONSTRUCTION Saltillo, Mexique
COUSSINS GONFLABLES 6 (frontaux, latéraux avant, rideaux latéraux)
CONCURRENCE Chevrolet Silverado HD, Ford F-250/F-350, GMC Sierra HD

AU QUOTIDIEN

PRIME D'ASSURANCE
25 ANS : 1700 à 1900 $
40 ANS : 1100 à 1300 $
60 ANS : 900 à 1100 $
COLLISION FRONTALE 5/5
COLLISION LATÉRALE nd
VENTES DU MODÈLE DE L'AN DERNIER (AVEC RAM 1500)
AU QUÉBEC 8848 **AU CANADA** 53 386
DÉPRÉCIATION 59,2 %
RAPPELS (2006 à 2011) 4
COTE DE FIABILITÉ 3/5

GARANTIES... ET PLUS

GARANTIE GÉNÉRALE 3 ans/60 000 km
GARANTIE MOTOPROPULSEUR 5 ans/100 000 km
PERFORATION 5 ans/160 000 km
ASSISTANCE ROUTIÈRE 5 ans/100 000 km
NOMBRE DE CONCESSIONNAIRES
AU QUÉBEC 94 **AU CANADA** 445

NOUVEAUTÉS EN 2012

Moteur Cummins turbodiesel plus coupleux, caissons de rangement Ram Box disponibles avec toutes les longueurs de boîtes (modèles 2500)

LE ROI DE LA MONTAGNE

Benoit Charette

Souvenez-vous de votre enfance quand vous montiez au sommet d'un monticule de neige après avoir livré bataille avec vos amis. Le sentiment ressenti en levant les bras au sommet du monticule est le même que derrière le volant de ces poids lourds qui sont plus plaisants à conduire qu'il n'y paraît.

CARROSSERIE Le modèle 1500, déjà imposant, est timide en regard des 2500 et 3500. Toutes les pièces et attributs du véhicule sont fabriqués en format extra-large. La calandre déjà semble encore plus imposante. Il faut littéralement grimper à bord du véhicule tellement la cabine de pilotage est élevé, d'ailleurs l'absence de marchepied pour accéder à la cabine constitue un problème. Les rétroviseurs sont plus grands et escamotables pour ceux qui traînent bateau ou roulotte. Les lignes générales sont plus musclées, et les versions 3500 à roues doubles reçoivent de nouvelles ailes à l'avant et une aile élargie inédite à l'arrière, construite d'un seul bloc entièrement faites d'acier. La concurrence fait appel à de la fibre de verre qu'on colle à la carrosserie comme élargisseur d'aile. L'effort qu'a demandé la conception de cette aile large et profonde en un seul bloc vaut largement le temps investi. Le résultat final est très réussi.

HABITACLE Autrefois très utilitaires, les camionnettes n'ont maintenant rien à envier aux berlines de luxe. Elles offrent, dans bien des cas, les mêmes attributs. Vous pourrez vous procurer moyennant supplément un volant chauffant, des baquets avant chauffants et ventilés, des sièges arrière chauffants, un pédalier réglable ainsi que de nombreuses options d'infodivertissement comme un disque dur de 30 gigaoctets et une chaîne audio à 10 haut-parleurs et des écrans télé dans les appuie-tête avant pour les passagers derrière. Il y a également 42 espaces de rangement au lieu de 26 dans l'ancienne version. Les modèles 2500 et 3500 sont, pour la plupart, offerts en version à cabine double. Cette version plus spacieuse de la cabine

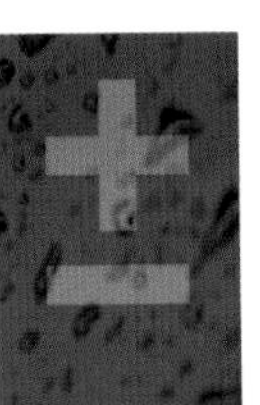

FORCES Conduite très civilisée • Moteur Cummings éprouvé • Lignes qui en imposent • Finition digne d'une berline de luxe

FAIBLESSES Pas de marchepied pour monter à bord • Impossible à stationner • Boîte difficilement accessible

remplace la version « Quad Cab » qui se voulait une version allongée de la cabine régulière. Ram estime que 80 % de ses acheteurs choisiront cette configuration. La version régulière et « Mega Cab » formeront les 20 % des ventes restants.

MÉCANIQUE Les versions 2500 débutent avec le moteur V8 HEMI de 5,7 litres. Les 383 chevaux suffisent à la tâche. Mais la vedette incontestée est le moteur Cummings diesel. Ce 6-cylindres en ligne de 6,7 litres produit 350 chevaux et un couple de 650 livres pieds. Ce moteur est LA raison pour laquelle les gens achètent une Dodge. C'est aussi le seul diesel de sa catégorie offert avec une boîte de vitesses manuelle à 6 rapports ou automatique à 6 rapports en option.

COMPORTEMENT Sur la route, ce diesel s'est beaucoup raffiné aux fils des ans. Autrefois bruyant et mal dégrossi, le Cummings est devenu beaucoup plus discret. Son couple éléphantesque fait en sorte que vous roulez à 120 km/h avec la certitude que vous êtes au ralenti sur la route. Le bruit de moteur, qui tourne à 1 700 tours par minute est à peine perceptible, et cette masse en mouvement semble à peine bouger. Le confort est sans reproche, l'insonorisation, excellente, et la position de conduite vous place presque nez à nez avec un semi-remorque, excellent pour l'ego. Si vous décidez de mettre de la charge, la Ram est prête. Nous avons eu la chance de remorquer un tracteur Case Maxxum 125 de 16 550 livres derrière une version 3500 à roues doubles pour constater à quel point la camionnette est bien conçue. Les Ram HD comptent aussi sur le système de contrôle intégré du freinage de la remorque qui détermine la force de freinage appliquée et nécessaire en vue de synchroniser le freinage de la remorque et un nouveau frein moteur à air sur le même principe que les freins de Jacob sur les semi-remorque. À 100 km/h, simplement en frôlant la pédale de frein, le frein moteur rétrograde et ralentit le véhicule, et les accéléromètres appliquent les freins à la remorque tant et si bien que je n'ai pratiquement pas utilisé les freins de la camionnette, et nous avons ralenti en toute sécurité cette masse de près de 17 000 livres jusqu'à 20 km/h.

CONCLUSION
Au chapitre du style et de la conduite, la Ram possède une longueur d'avance sur la concurrence, le moteur Cummings continue de tenir ses promesses en termes de puissance et de durabilité. Un bel exemple à suivre

2e OPINION

« Jusqu'à tout récemment, on regroupait les camionnettes de la même marque sous la même catégorie. Plus maintenant. Les camionnettes dites « renforcées » sont à des lunes des modèles de base 1500 offerts par chacun des fabricants. Si Ford et GM ont pas mal toujours occupé le haut du pavé dans le segment des camions HD, Chrysler a embarqué dans le jeu avec l'actuelle génération de sa Ram. Les versions 2500 et 3500 sont de véritables bourreaux de travail. De conception nettement plus robuste, leur capacité de charge et leurs aptitudes au travail permettent à leur propriétaire d'accomplir toutes les besognes qu'il souhaite. Cependant, si on se prête au jeu des comparaisons, Ford et GM sont encore en avance sur Chrysler. » — *Daniel Rufiange*

FICHE TECHNIQUE

MOTEURS

(2500) V8 5,7 L ACC, 383 ch à 5600 tr/min
COUPLE 400 lb-pi à 4000 tr/min
BOÎTE DE VITESSES automatique à 5 rapports avec mode manuel
0-100 KM/H nd
VITESSE MAXIMALE nd

(OPTION 2500, DE SÉRIE 3500) L6 turbodiesel 6,7 L ACC, 350 ch à 3000 tr/min
COUPLE 800 lb-pi à 1500 tr/min
BOÎTE DE VITESSES manuelle à 6 rapports, automatique à 6 rapports avec mode manuel
0-100 KM/H 11,4 s
VITESSE MAXIMALE 190 km/h
CONSOMMATION (100 km) nd
ÉMISSIONS DE CO^2 nd
LITRES PAR ANNÉE nd
COÛT PAR AN nd

AUTRES COMPOSANTS

SÉCURITÉ ACTIVE freins ABS, assistance au freinage, répartition électronique de la force de freinage, contrôle de la stabilité électronique, antipatinage
SUSPENSION AVANT/ARRIÈRE indépendante/pont rigide
FREINS AVANT/ARRIÈRE disques
DIRECTION à crémaillère, assistée 4X4 à billes, assistée
PNEUS 2500 ST/SXT P245/70R17, **SLT/Outdoorsman/Laramie** P265/70R17, **Power Wagon** P285/70R17 **3500** P265/70R17, **roues doubles arrière** P235/80R17

DIMENSIONS

EMPATTEMENT 3556 à 4303 mm
LONGUEUR 5867 à 6589 mm
LARGEUR à l'avant 1734 à 1765 mm à l'arrière 1732 à 1925 mm
HAUTEUR 1862 à 2005 mm
POIDS 2663 à 3897 kg
DIAMÈTRE DE BRAQUAGE 12,7 à 16,2 m
RÉSERVOIR DE CARBURANT boîte courte 129 L, boîte longue 132 L
CAPACITÉ DE REMORQUAGE 4173 à 10 319 kg

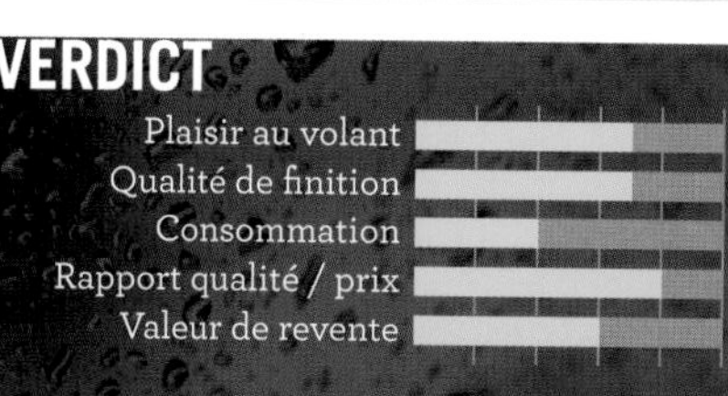

447 000 $ t&p nd

LA COTE VERTE

MOTEUR V12 DE 6,75 L BITURBO source : ÉnerGuide

CONSOMMATION 100 KM 15,1 L • ÉMISSIONS POLLUANTES CO_2 7084 kg/an • INDICE D'OCTANE 91

COÛT DU CARBURANT MOYEN PAR ANNÉE 4066 $ • NOMBRE DE LITRES PAR ANNÉE 3080

FICHE D'IDENTITÉ

VERSION Coupé, Drophead Coupé
ROUES MOTRICES arrière
PORTIÈRES 2 **NOMBRE DE PASSAGERS** 4
PREMIÈRE GÉNÉRATION 2007
GÉNÉRATION ACTUELLE 2007
CONSTRUCTION Goodwood, Angleterre
COUSSINS GONFLABLES 6 (frontaux, latéraux, rideaux latéraux)
CONCURRENCE Bentley Continental GT, Aston Martin DB9, Mercedes-Benz CL

AU QUOTIDIEN

PRIME D'ASSURANCE
25 ANS : 7700 à 8000 $
40 ANS : 5000 à 5400 $
60 ANS : 4000 à 4200 $
COLLISION FRONTALE nd
COLLISION LATÉRALE nd
VENTES DU MODÈLE L'AN DERNIER
AU QUÉBEC nd **AU CANADA** nd
DÉPRÉCIATION nd
RAPPELS (2006 à 2011) 1
COTE DE FIABILITÉ nd

GARANTIES... ET PLUS

GARANTIE GÉNÉRALE 4 ans/kilométrage illimité
GARANTIE MOTOPROPULSEUR 4 ans/kilométrage illimité
PERFORATION 4 ans/kilométrage illimité
Assistance routière 4 ans/kilométrage illimité
NOMBRE DE CONCESSIONNAIRES
AU QUÉBEC 1 **AU CANADA** 3

NOUVEAUTÉS EN 2012

Retour de la marque au Québec après 8 ans d'absence

UNE PAUSE **POUR RÊVER**

Benoit Charette

En dépit des 2 695 kilos de ce yacht d'autoroute, la Drophead offre un bien-être rarement vu dans le monde de l'automobile. Vous me direz que, à ce prix, c'est normal. En fait, vous avez entièrement raison, mais il faut tout de même admettre que je comprends les gens qui ont les poches assez creuses de rouler en Rolls.

CARROSSERIE Les gens qui roulent en Rolls-Royce veulent laisser savoir à tous qu'ils sont riches. Alors, les lignes de ces carrosses anglais transpirent l'opulence. Un long capot avec de larges roues et une partie avant de train. La Drophead, censée représenter la vocation plus sportive de la famille, offre un porte-à-faux plus court qui ajoute un certain dynamisme à ses lignes imposantes. La version décapotable dans la tradition Rolls revêt une capote en tissu qui n'influe pas sur l'espace de chargement, que le toit soit installé ou non. La silhouette générale est fortement inspirée du concept de 100 EX, le géniteur de la Drophead.

HABITACLE La suite privée d'un président de multinationale n'arrive pas encore à la cheville d'un habitacle de Rolls-Royce. On voit ici pourquoi une Rolls se paie un demi-million de dollars. Tout le travail est fait à la main. Il faut pas moins de 17 peaux de vaches (spécialement élevées dans des régions froides de l'Irlande où il y a moins de moustiques et d'imperfections dans la peau) pour couvrir une seule Rolls. Les appliques de bois noble qui encerclent les commandes sont faites d'un seul morceau sans joint par des artisans dans les ateliers de Rolls. Les laques sont parfaites, et l'épais tapis donne envie d'enlever ses souliers tellement il est épais et doux. Et que dire de l'insonorisation, ou plutôt de l'isolation. Le roulement est si doux qu'on se sent coupé du reste de la planète.

MÉCANIQUE Comme toutes les Rolls, la Drophead est mue par un moteur V8 de 6,75 litres de 460 chevaux. Depuis l'an dernier, la boîte de vitesses automatique à 6 rapports profite d'un mode sport qui, soyons honnêtes, ne change pas grand-

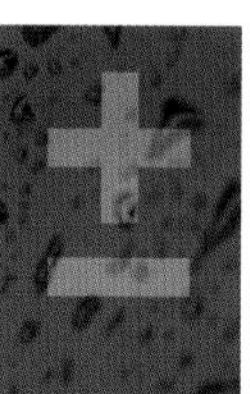

FORCES Confort royal • Tenue de route surprenante
Luxe sans égal dans le monde de l'automobile • Garantie d'exclusivité

FAIBLESSES Prix, bien sûr • Consommation naturellement
Des lignes qui ne font pas l'unanimité

chose, pour ne pas dire rien, aux performances. Ce cétacé est encore capable de faire un 0 à 100 km/h en 5,8 secondes. Force est d'admettre que c'est impressionnant de voir un si gros véhicule se déplacer avec autant de vélocité. Je vous épargne ici la consommation de carburant que se passe de commentaires. Disons simplement que, si vous demandez la consommation du véhicule, c'est que vous n'avez pas les moyens de vivre avec 22 litres aux 100 kilomètres de moyenne.

COMPORTEMENT BMW a mis toute son expertise au service de la tenue de route de la Drophead. Bien que jamais durant les kilomètres parcourus je n'ai eu envie, sauf pour des raisons professionnelles, de mettre le pied au plancher, la Drophead peut soutenir un rythme élevé sans souffrir. L'accent est toutefois placé, vous l'aurez deviné, sur le confort. Cette voiture absorbe les nids-de-poule les plus vicieux avec une grâce et un aplomb qui surprend. La rigidité est impressionnante pour une décapotable, pas de bruits insolites ou de craquements. La version coupé fait encore mieux et offre un petit côté sportif plus évident. Malgré le poids de la voiture, la direction est précise. Je me suis même surpris à attaquer quelques courbes avec des résultats tout à fait honnêtes. Le moteur émet une sonorité profonde et sourde en pleine accélération, mais il ne fait jamais intrusion dans l'habitacle, tout se fait en silence, avec classe. Un mot sur la position de conduite et les sièges d'un si grand confort qu'on voudrait pouvoir transporter le siège du conducteur dans son salon à la fin de la journée.

CONCLUSION La majorité des gens s'étouffent quand ils voient le prix demandé pour une Rolls-Royce. Entre vous et moi, c'est une voiture comme on n'en fait plus. Une tradition qui se perd et pour ceux qui veulent encore la poursuivre, le coût en temps et en main-d'œuvre spécialisée est extrêmement élevé. Mais si vous avez les moyens, vous saurez pourquoi il n'y a pas d'alternative à l'excellence.

FICHE TECHNIQUE

MOTEUR

V12 6,75 L DACT, 453 ch à 5350 tr/min
COUPLE 531 lb-pi à 3500 tr/min
BOÎTE DE VITESSSES automatique à 6 rapports
0-100 KM/H 5,8 s
VITESSE MAXIMALE 240 km/h (bridée)

AUTRES COMPOSANTS

SÉCURITÉ ACTIVE freins ABS, assistance au freinage, répartition électronique de la force de freinage, contrôle de stabilité électronique, antipatinage
SUSPENSION AVANT/ARRIÈRE indépendante
FREINS AVANT/ARRIÈRE disques
DIRECTION à crémaillère, assistée
PNEUS P255/40R21 (av.) P285/45R21 (arr.)

DIMENSIONS

EMPATTEMENT 3320 mm
LONGUEUR 5612 mm, **Drophead Coupé** 5612 mm
LARGEUR 1987 mm
HAUTEUR 1598 mm, **Drophead Coupé** 1581 mm
POIDS 2620 kg, **Drophead Coupé** 2670 kg
DIAMÈTRE DE BRAQUAGE 13,1 m
COFFRE coupé 395 L, **Drophead Coupé** 315 L
RÉSERVOIR DE CARBURANT 100 L, **Drophead Coupé** 80 L

ROLLS-ROYCE

www.rolls-roycemotorcars.com

246 500 $ t&p nd

LA COTE VERTE MOTEUR V12 DE 6,6 L BITURBO source : ÉnerGuide

CONSOMMATION (100 KM) 13,2 L • **ÉMISSIONS POLLUANTES CO_2** 6210 kg/an • **INDICE D'OCTANE** 91

COÛT DU CARBURANT MOYEN PAR ANNÉE 3564 $ • **NOMBRE DE LITRES PAR ANNÉE** 2700 l

FICHE D'IDENTITÉ

VERSION base
ROUES MOTRICES arrière
PORTIÈRES 4 **NOMBRE DE PASSAGERS** 5
PREMIÈRE GÉNÉRATION 2009
GÉNÉRATION ACTUELLE 2009
CONSTRUCTION Goodwood, Angleterre
COUSSINS GONFLABLES 12
CONCURRENCE Aston Martin Rapide, Bentley Mulsanne, Mercedes-Benz Classe S, Porsche Panamera

AU QUOTIDIEN

PRIME D'ASSURANCE
25 ANS : 7700 à 8000 $
40 ANS : 5000 à 5400 $
60 ANS : 4000 à 4200 $
COLLISION FRONTALE 5/5
COLLISION LATÉRALE 5/5
VENTES DU MODÈLE L'AN DERNIER
AU QUÉBEC nm **AU CANADA** nm
DÉPRÉCIATION nm
RAPPELS (2006 à 2011) aucun à ce jour
COTE DE FIABILITÉ nd

GARANTIES... ET PLUS

GARANTIE GÉNÉRALE 4 ans/kilométrage illimité
GARANTIE MOTOPROPULSEUR 4 ans/kilométrage illimité
PERFORATION 4 ans/kilométrage illimité
ASSISTANCE ROUTIÈRE 4 ans/kilométrage illimité
NOMBRE DE CONCESSIONNAIRES
AU QUÉBEC 1 **AU CANADA** 3

NOUVEAUTÉS EN 2012

Retour de la marque au Québec après 8 ans d'absence

UN SOUPÇON DE **MODESTIE**

Michel Crépault

D'une part, je défie n'importe qui de se balader en Rolls-Royce sans ressentir un p'tit quelque chose venu de cet endroit précis du cerveau où siège l'orgueil; d'autre part, à 250 000 $ minimum la bagnole, il y a des chances que je veuille soupeser attentivement ce que me procurera mon quart de million de dollars...

CARROSSERIE Or, en examinant la Ghost, on pousse d'abord un soupir de soulagement. On est vraiment content qu'elle n'affiche pas l'ostentation de sa grande sœur, la Phantom. Nous voici en présence d'une auto dont l'empattement ne diffère pas tant de celui d'une Série 7, ce qui ne devrait étonner personne puisque BMW, le proprio de Rolls-Royce depuis 1998, s'est servie de la plateforme de la 7 pour élaborer la *Baby Rolls*. Les portières arrière inversées, c'est-à-dire à pivot contraire, feront roucouler belle-maman quand vous lui en tiendrez la porte grande ouverte, casquette à la main. Je m'attendais à un coffre caverneux, légère déception. En revanche, le tapis qui le recouvre est si soyeux que je comprends pourquoi les macchabées ne voyagent pas dans une Rolls : il serait dommage de tacher une si belle carpette. Un mot sur une ingénieuse astuce de la calandre archi connue : si jamais un « pas fin » s'en prenait au Spirit of Ecstasy qui orne le sommet des radiateurs des Rolls depuis 1911, la jolie statuette se rétracte à l'intérieur du capot grâce à un mécanisme si rapide qu'il pourrait facilement emporter un ou deux doigts du voyou, ce qui serait ben fait pour lui. Voir si on s'attaque comme ça à une lady, tsss, tsss !

HABITACLE On ne sait plus où donner des yeux tant le tableau de bord est encombré (certains interrupteurs étincelants rappellent les pistons d'une clarinette), et il y a abondance de matériaux soulignant le caractère richissime d'une Ghost. Du beau bois, bien sûr; du chrome, absolument; mais aussi des touches translucides qui évoquent le cristal, ou cette autre surface suggérant l'aluminium poli. Seulement, je ne suis toujours pas convaincu de leur authenticité (Du synthétique? *By Jove!*) Cela dit, les ateliers Rolls-Royce se spécialisent dans les intérieurs taillés sur mesure.

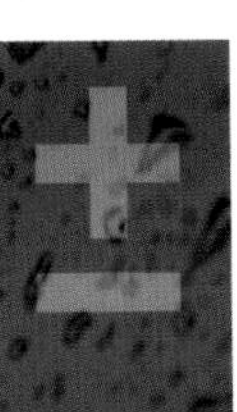

FORCES Format convivial pour une limo de prestige
Tenue de route souple et puissante • Confort à bord unique

FAIBLESSES Tableau de bord trop hétéroclite
Certains matériaux laissent songeur • Une insonorisation perfectible

Donc, avec beaucoup de pesos, il y a moyen d'améliorer l'intérieur. De plus, on peut faire disparaître l'écran multifonction derrière un panneau de bois. La fameuse molette iDrive de BMW trouve ici sa place mais encerclée de boutons traditionnels qui facilitent son utilisation. Enfin, à l'arrière, vous ne saurez plus quoi faire de vos jambes tellement il y a de l'espace. Imaginez maintenant à bord de la version nouvellement allongée (de 17 centimètres) !

MÉCANIQUE Un V12 biturbo de 6,6 litres développant 563 chevaux et dont 80 % du couple est disponible instantanément, comme le prouve l'effarant (compte tenu du poids) 0 à 100 km/h de 4,9 secondes. La boîte de vitesses ZF à 8 rapports est, bien sûr, automatique (une Rolls avec un sélecteur manuel, ça serait comme Lady Gaga chanter *La dame en bleu*).

COMPORTEMENT Étonnant comme cette limousine de 2 435 kilos se déplace avec aisance ! On se coule dans la circulation sans ressentir au préalable le besoin d'aller suivre un cours de camionnage. La direction est d'une souplesse qui répond à la subtilité de la suspension pneumatique, toujours prête à déjouer les chaussées du Québec qui, on le sait, font partie d'un vaste complot ourdi par les chiropraticiens. En revanche, je me serais attendu à un silence davantage ouaté. Le bruit du vent contre la massive silhouette et, même, le chuintement des 19 pouces trouve le moyen de s'insinuer dans l'habitacle, ce qui devrait être déclaré illégal dans le cas d'une Rolls.

CONCLUSION Le concessionnaire Norm Hébert s'est fait octroyer la seule franchise Rolls-Royce du Québec (et, hasard, à deux pas du marchand de Bentley, marque autrefois siamoise et aujourd'hui contrôlée par le groupe rival, Volkswagen). Il espère vendre 25 Rolls par année. Or, au printemps dernier, il avait déjà atteint la moitié de son objectif. Je comprends maintenant pourquoi...

2e OPINION

« La Ghost porte bien son nom. Elle se déplace littéralement comme un fantôme : en douceur et dans un silence qui invite aux conversations à voix basse. Sa conception mise visiblement sur le confort avant tout : la suspension qui masque admirablement les défauts de la route, les sièges qui ignorent la notion de contours moulants, l'audio qui transforme l'habitacle en salle de concert privé. D'ailleurs, j'aimerais de nouveau conduire cette icône de la route en me délectant de la mélodie « Les beautés du diable », de François Dompierre, interprétée par Angèle Dubeau et La Pietà. Il ne manquerait que... les musiciennes. Curieux de constater que, dans une voiture de cette prestance, le conducteur se trouve confronté à un tableau de bord étrangement aménagé : mélange de styles et de matériaux, commutateurs peu pratiques; avec pareille facture, on imaginerait l'ergonomie parfaite. C'est sans doute parce que le conducteur d'une Ghost porte plus d'attention à la plèbe qui l'admire derrière sa légendaire statuette Spirit of Ecstasy, aujourd'hui centenaire... » — Luc Gagné

FICHE TECHNIQUE

MOTEUR

V12 biturbo 6,6 l DACT, 563 ch à 5250 tr/min
COUPLE 575 lb-pi à 1500 tr/min
TRANSMISSION automatique à 8 rapports
0-100 KM/H 5,0 s
VITESSE MAXIMALE 250 km/h (bridée)

AUTRES COMPOSANTS

SÉCURITÉ ACTIVE freins ABS, assistance au freinage, répartition électronique de la force de freinage, contrôle de stabilité électronique, antipatinage
SUSPENSION AVANT/ARRIÈRE indépendante
FREINS AVANT/ARRIÈRE disques
DIRECTION à crémaillère, assistée
PNEUS P255/50R19, option P255/45R20 (av.) P285/40R20 (arr.)

DIMENSIONS

EMPATTEMENT 3295 mm
LONGUEUR 5399 mm
LARGEUR 1948 mm
HAUTEUR 1550 mm
POIDS 2470 kg
DIAMÈTRE DE BRAQUAGE 13,4 m
COFFRE COUPÉ 490 L
RÉSERVOIR DE CARBURANT 83 L

MENTIONS

RECOMMANDÉ

VERDICT

Plaisir au volant
Qualité de finition
Consommation
Rapport qualité / prix
Valeur de revente

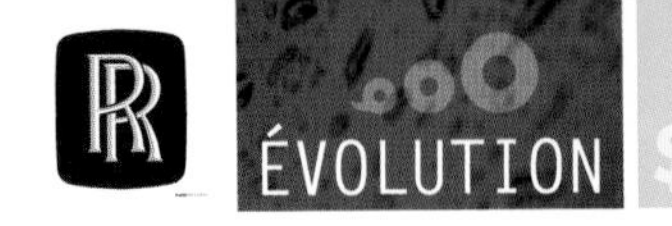

380 000 $ à 450 000 $ t&p nd

LA COTE VERTE MOTEUR V12 DE 6,75 L source : ÉnerGuide

CONSOMMATION (100 KM) 15,1 L • **ÉMISSIONS POLLUANTES CO_2** 7084 kg/an • **INDICE D'OCTANE** 91
COÛT DU CARBURANT MOYEN PAR ANNÉE 4312 $ • **NOMBRE DE LITRES PAR ANNÉE** 3080

FICHE D'IDENTITÉ

VERSION Phantom, Phantom empattement long
ROUES MOTRICES arrière
PORTIÈRES 4 **NOMBRE DE PASSAGERS** 4, 5
PREMIÈRE GÉNÉRATION 1925
GÉNÉRATION ACTUELLE 2003
CONSTRUCTION Goodwood, Angleterre
COUSSINS GONFLABLES nd
CONCURRENCE MAYBACH 57/62

AU QUOTIDIEN

PRIME D'ASSURANCE
25 ANS : 7700 à 8000 $
40 ANS : 5000 à 5400 $
60 ANS : 4000 à 4200 $
COLLISION FRONTALE 5/5
COLLISION LATÉRALE 5/5
VENTES DU MODÈLE L'AN DERNIER
AU QUÉBEC nd **AU CANADA** nd
DÉPRÉCIATION nd
RAPPELS (2006 à 2011) 1
COTE DE FIABILITÉ nm

GARANTIES... ET PLUS

GARANTIE GÉNÉRALE 4 ans/kilométrage illimité
GARANTIE MOTOPROPULSEUR 4 ans/kilométrage illimité
PERFORATION 4 ans/kilométrage illimité
ASSISTANCE ROUTIÈRE 4 ans/kilométrage illimité
NOMBRE DE CONCESSIONNAIRES
AU QUÉBEC 1 **AU CANADA** 3

NOUVEAUTÉS EN 2012

Retour de la marque au Québec après 8 ans d'absence

LE HAUT **DU PAVÉ**

Vincent Aubé

Apercevoir une Rolls-Royce Phantom dans la rue est un événement en soi, à moins d'être à Beverly Hills ou, mieux encore, à Dubaï. L'année 2012 marque le retour de la marque en sol québécois puisque Rolls-Royce a désormais pignon sur rue à Montréal depuis le mois de juin dernier. Assisterons-nous à une épidémie de Rolls-Royce dans les rues du Québec au cours des prochains mois ? Probablement pas, car le prix demandé, lui, n'a pas changé.

CARROSSERIE La division prestigieuse, dans le giron de BMW depuis quelques années, est responsable de ces lignes ô combien controversées. Si la calandre chromée à l'avant rappelle les belles années de la grande dame britannique, le reste de la carrosserie n'a absolument rien à voir avec les courbes poétiques des modèles d'antan. Les phares rectangulaires manquent cruellement de classe, tandis que les feux antibrouillard ont l'air d'avoir été oubliés sur ce bouclier plus grand que nature. À l'arrière, c'est un peu mieux, mais là encore, la belle époque nous manque. Rolls-Royce se rattrape avec des roues de 21 pouces dont l'emblème au centre demeure toujours à la verticale de manière à mettre en évidence le logo de la marque, même à vitesse d'autoroute. Enfin, il y a les portières arrière inversées qui font toujours tourner les têtes à chaque fois qu'elles sont ouvertes.

HABITACLE L'extérieur est peut-être discutable, mais l'habitacle de la plus grande des Rolls est impressionnant à tous les chapitres. En réalité, je n'ai jamais pénétré dans un intérieur aussi bien insonorisé que celui-là. On se sent carrément isolé du monde dans cet univers riche en bois, en cuir et en métaux de qualité supérieure. Vous ne serez sûrement pas étonné que, à ce chapitre, le constructeur n'offre pas seulement deux niveaux de finition. En fait, chez Rolls-Royce, le client a toujours raison, et c'est lui qui décide des textures qui orneront la cabine de sa limousine. Contrairement aux grandes berlines de luxe de ce monde qui présentent souvent une armée de boutons pour mieux contrôler les milliers de fonc-

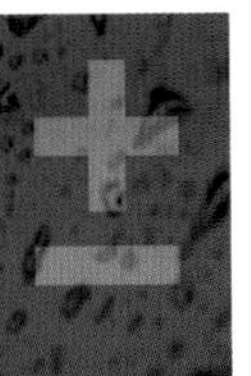

FORCES Confort supérieur • Insonorisation poussée
Accélérations surprenantes

FAIBLESSES Prix demandé ahurissant
Difficile à garer en ville • Carrosserie discutable

tions du véhicule, la Phantom présente une planche de bord plus sobre où de nombreuses commandes sont dissimulées derrière des panneaux de bois. Bref, la Phantom est moderne, mais son caractère traditionnel est conservé dans l'habitacle. Quant aux sièges, ai-je besoin de mentionner qu'ils sont confortables à souhait?

MÉCANIQUE Sous le long capot de la Phantom se cache un V12 dont la cylindrée atteint 6,75 litres, un chiffre en vigueur chez Rolls-Royce depuis des lustres. Toutefois, cette mécanique retravaillée de BMW comporte l'injection directe de carburant et offre un couple phénoménal de 531 livres-pieds dès 1 000 tours par minute. Accouplée à cet engin anglo-germanique, la boîte de vitesses automatique à 6 rapports travaille en souplesse et sans à-coups ou vibrations indésirables. Étant donné le poids de cette limousine grand luxe, il est étonnant de constater que le 0 à 100 km/h soit bouclé en 6 secondes.

COMPORTEMENT Même si les acheteurs de Phantom, pour la plupart, seront conduits par leur propre chauffeur, il est tout de même important de savoir ce qu'on ressent au volant d'une telle voiture. D'abord, il y a cette assise plus verticale que dans une berline plus traditionnelle. En raison du gabarit et de la hauteur de la caisse, les occupants sont clairement assis plus haut que la moyenne, ce qui augmente le caractère prestigieux de ce paquebot sur roues. Puis, tout est feutré au possible. La direction est tout de même lourde, à cause de ces énormes pneus de 21 pouces. La suspension pneumatique est, vous vous en doutiez, calibrée pour le plus grand confort. Quant aux accélérations, elles sont surprenantes pour une telle masse à déplacer et, enfin, le moteur se fait légèrement entendre quand on le sollicite.

CONCLUSION Dans la catégorie des super limousines, il y a la Maybach qui se vend deux fois moins que la Rolls-Royce, mais depuis peu, Bentley a effectué un superbe retour avec sa Mulsanne. Au chapitre du design, cette dernière supplante totalement la Phantom par ses lignes plus modernes et classiques à la fois, tandis que la Maybach n'a jamais été dans le coup. Par contre, une Rolls-Royce demeure une valeur sûre à l'achat, que ce soit pour la qualité du service ou tout simplement pour le confort princier qu'elle procure à ses occupants. Quant à la prestance extérieure, à vous de juger

2e OPINION

« Le nom Rolls-Royce possède une résonnance inégalable dans l'univers des biens de consommation vendus à un prix interdit aux communs des mortels. La longueur et la masse de la Phantom intimident et indisposent, et je ne parle même pas de la version à empattement allongé, les tapis s'apprécient mieux pieds nus tellement le lainage est soyeux, le paquebot se navigue sans traumas malgré sa taille, le V12 livre des accélérations sidérantes, tandis que les patrons des pétrolières se frottent les mains. Un compartiment réfrigéré pour le champagne, un Humidor à cigares, une cloison pour le chauffeur et absolument tout ce dont vous pouvez rêver et payer s'installent dans ce salon/librairie/boudoir/bar mobile pendant que la Spirit of Ecstasy *au sommet du légendaire radiateur ouvre le chemin avec l'assurance d'une déesse. » — Michel Crépault*

FICHE TECHNIQUE

MOTEUR

V12 6,75 L DACT, 453 ch à 5350 tr/min
COUPLE 531 lb-pi à 3500 tr/min
BOÎTE DE VITESSES automatique à 6 rapports
0-100 KM/H 5,9 s empattement long 6,1 s
VITESSE MAXIMALE 240 km/h (bridée)

AUTRES COMPOSANTS

SÉCURITÉ ACTIVE freins ABS, assistance au freinage, répartition électronique de la force de freinage, contrôle de stabilité électronique, antipatinage
SUSPENSION AVANT/ARRIÈRE indépendante
FREINS AVANT/ARRIÈRE disques
DIRECTION à crémaillère, assistée
PNEUS P255/40R21 (av.) P285/45R21 (arr.)

DIMENSIONS

EMPATTEMENT 3570 mm, empattement long 3820 mm
LONGUEUR 5840 mm, empattement long 6090 mm
LARGEUR 1990 mm
HAUTEUR 1638 mm, empattement long 1640 mm
POIDS 2630 kg, empattement long 2690 kg
DIAMÈTRE DE BRAQUAGE 13,8 m, empattement long 14,6 m
COFFRE COUPÉ 460 L
RÉSERVOIR DE CARBURANT 100 L

VERDICT

www.rolls-roycemotorcars.com

$ 34 400 $ à 54 200 $ t&p 1995 $

LA COTE VERTE MOTEUR L4 DE 2,0 L TURBO source : Saab
CONSOMMATION (100 KM) man. 9,1 L • **ÉMISSIONS POLLUANTES CO_2** man. 4320 kg/an • **INDICE D'OCTANE** 91
COÛT DU CARBURANT MOYEN PAR ANNÉE man. 2520 $ **NOMBRE DE LITRES PAR ANNÉE** man. 1800

FICHE D'IDENTITÉ

VERSIONS berl : Turbo4, Turbo4 XWD, Aero, Aero XWD, fam : Turbo4, 9-3X XWD cabrio: Turbo4, Aero
ROUES MOTRICES avant, 4
PORTIÈRES 2/4/5 **NOMBRE DE PASSAGERS** 5
PREMIÈRE GÉNÉRATION 1999
GÉNÉRATION ACTUELLE 2003
CONSTRUCTION Trollhättan, Suède
COUSSINS GONFLABLES 8 (frontaux, latéraux avant et arrière, rideaux latéraux), 6 (cabrio.)
CONCURRENCE Acura TSX, Audi A4, BMW Série 3, Cadillac CTS, Infiniti G37, Lexus IS, Mercedes-Benz Classe C, Volvo S40/V50/C70

AU QUOTIDIEN

PRIME D'ASSURANCE
25 ANS : 2600 à 2800 $
40 ANS : 1500 à 1 700 $
60 ANS : 1200 à 1 400 $
COLLISION FRONTALE 5/5
COLLISION LATÉRALE 5/5
VENTES DU MODÈLE L'AN DERNIER
AU QUÉBEC nm **AU CANADA** nm
DÉPRÉCIATION nm
RAPPELS (2006 à 2011) 1
COTE DE FIABILITÉ 2/5

GARANTIES... ET PLUS

GARANTIE GÉNÉRALE 4 ans/80 000 km
GARANTIE MOTOPROPULSEUR 4 ans/80 000 km
PERFORATION 6 ans/kilométrage illimitée
ASSISTANCE ROUTIÈRE 4 ans/80 000 km
NOMBRE DE CONCESSIONNAIRES
AU QUÉBEC 4 **AU CANADA** 13

NOUVEAUTÉS EN 2012

Retour du manufacturier au Canada en 2011, une seule motorisation offerte (L4 2,0 turbo)

TOUJOURS LÀ, MAIS OUBLIÉE...

Antoine Joubert

Ah ! Vous pensiez qu'elles avaient disparu, ces Saab ? Eh bien oui ! Vous aviez raison ! Sauf que ces produits étaient de retour en 2011 à la suite du rachat de l'entreprise par un groupe néo-zélandais. Il faut toutefois mentionner que ce retour s'est fait de façon plutôt simpliste, pour ne pas dire folklorique. En effet, l'entreprise ne possède plus de siège social canadien ni centre de service à la clientèle, et les quelques concessionnaires qui ont accepté de conserver la bannière tentent de survivre avec des moyens plus que minimalistes.

CARROSSERIE Cela n'empêche toutefois pas le constructeur de continuer à offrir une gamme élargie de véhicules comptant trois modèles. En 2012, le plus âgé d'entre eux demeure la 9-3 qui, sous cette forme, fête sa dixième année de service. Partiellement revue en 2008, la voiture avait subi plusieurs modifications, dont cette refonte esthétique de la partie avant. Mais essentiellement, la 9-3 de génération actuelle est avec nous depuis 2003. C'est donc la berline, l'élégant cabriolet ainsi que la familiale SportCombi qui demeurent au rendez-vous. À noter que, en 2011, la gamme s'enrichissait de la familiale 9-3x, une voiture aux allures un brin utilitaire qui vise directement l'acheteur de Volvo XC70.

HABITACLE Je mentirais si j'affirmais que l'habitacle de la 9-3 est toujours actuel. En effet, si les lignes extérieures passent facilement à travers les années, on ne peut en dire autant de l'habitacle. Très plastique, il conserve néanmoins un style qui lui est propre et qui semble plaire aux adeptes (de moins en moins nombreux) de la marque. Puis, en renouant avec cette gamme au cours de l'été, j'ai pu constater une fois de plus que les sièges de cette voiture figuraient toujours parmi les plus confortables de l'industrie, revêtant de surcroît un cuir de très belle facture.

MÉCANIQUE Si la gamme 9-3 demeure extrêmement complète, on a en revanche simplifié celle des moteurs pour ne conserver que le petit 4-cylindres turbocompressé de 2 litres. Adoptant cette année l'injection directe de carburant, il permet de

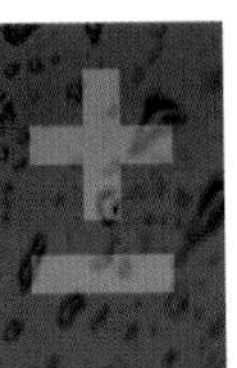

FORCES Lignes toujours actuelles • Moteur de 2 litres agréable Transmission intégrale efficace • Confort des sièges

FAIBLESSES Très forte dépréciation • Habitacle vieillissant Finition très plastique • Modèle qui sera renouvelé pour 2013

porter la puissance à 220 chevaux, pour des performances franchement honorables. Évidemment, en optant pour le modèle 9-3x à transmission intégrale, les accélérations seront moins franches qu'avec une berline de base. Mais il n'en demeure pas moins que ce moteur constitue toujours un bel atout, étant très bien adapté à la voiture. Mentionnons également que la consommation de carburant demeure très raisonnable, se situant selon les versions entre 8,5 et 10 litres aux 100 kilomètres.

COMPORTEMENT Développé par Haldex, le système de transmission intégrale XWD de la 9-3 se veut l'un des plus performants de la planète. Efficace puisqu'il répartit rapidement et en douceur le couple de façon variable, il permet d'obtenir une adhérence exceptionnelle en toute situation. Le couple acheminé aux roues arrière varie entre 8 et 60 %, selon les conditions, permettant un équilibre exceptionnel sur chaussée glissante ainsi qu'en virage sur pavé sec.

Cependant, on remarque que les modèles à transmission intégrale se veulent un peu plus patauds que les autres versions, et que leur direction est un brin imprécise au centre. Ceci a pour effet d'obliger le conducteur à corriger son tir de façon répétée, un élément quelque peu agaçant. Pour ma part, la version la plus agréable à conduire a été la berline à traction et à boîte de vitesses manuelle. Voilà une voiture agile, efficace, peu gourmande et dont on ne se lasse pas.

CONCLUSION Bien sûr, au-delà du produit, il demeure cette question relative au service après-vente, au réseau de concessionnaires et, même, à la survie de l'entreprise. La très forte dépréciation des produits Saab, qui rend la location peu concurrentielle en raison d'une valeur résiduelle très basse, prouve à elle seule la mauvaise posture de la marque. Donc, en dépit du fait qu'on propose un produit intéressant, il faut à mon sens être un véritable mordu de la marque ou bénéficier d'un rabais du tonnerre pour apposer sa signature au bas du contrat.

2e OPINION

« L'année 2011 aura été rocambolesque pour le constructeur suédois. Difficile donc de prévoir ce qui arrivera à ce constructeur rejeté par General Motors lors de la faillite de 2009. De plus, la 9-3 se fait vieillissante face à une concurrence beaucoup plus moderne tant au chapitre des lignes que de la technologie. La 9-3 a même beaucoup de chemin à parcourir pour rejoindre le multisegment 9-4X et la grande berline 9-5. Bref, vivement le changement de la garde ! À moins que vous ne soyez un inconditionnel fini de la marque, il faudrait regarder ailleurs. » — Vincent Aubé

FICHE TECHNIQUE

MOTEUR

L4 2,0 L turbo DACT, 220 ch à 5500 tr/min
COUPLE 221 lb-pi à 2500 tr/min
BOÎTE DE VITESSES manuelle à 6 rapports (version 2RM), automatique à 5 rapports avec mode manuel (option versions 2RM), automatique à 6 rapports avec mode manuel (versions 4RM)
0-100 KM/H man. 7,7 s, **auto.** 8,8 s (berline 2RM)
VITESSE MAXIMALE 235 km/h

AUTRES COMPOSANTS

SÉCURITÉ ACTIVE freins ABS, répartition électronique de force de freinage, assistance au freinage, antipatinage, contrôle de stabilité électronique
SUSPENSION AVANT/ARRIÈRE indépendante
FREINS AVANT/ARRIÈRE disques
DIRECTION à crémaillère, assistée
PNEUS P215/55R16, **XWD** P255/50R17

DIMENSIONS

EMPATTEMENT 2675 mm
LONGUEUR 4646 mm, **fam.** 4671 mm
LARGEUR 1801 mm, **cabrio** 1781 mm
HAUTEUR 1450 mm, **fam.** 9-3X 1529 mm, **cabrio.** 1438 mm
POIDS 1535 à 1695 kg
DIAMÈTRE DE BRAQUAGE nd
COFFRE berl. 425 L, cabrio 351 L, fam. 718 L
RÉSERVOIR DE CARBURANT 61 L

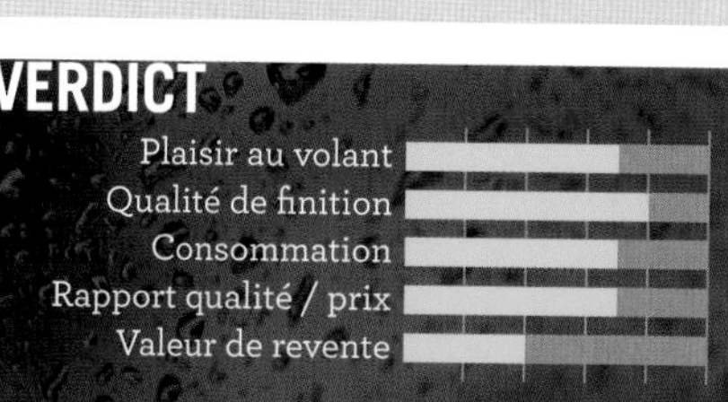

nd t&p 1995 $

LA COTE VERTE MOTEUR V6 DE 3,0 L source : Saab

CONSOMMATION (100 KM) 2RM. 10,5 L, 4RM. 11,8 L • **ÉMISSIONS POLLUANTES CO_2** man. 4554 kg/an, auto. 4922 kg/an • **INDICE D'OCTANE** 91
COÛT DU CARBURANT MOYEN PAR ANNÉE man. 2772 $, auto. 2996 $ • **NOMBRE DE LITRES PAR ANNÉE** man. 1980, auto. 2140

FICHE D'IDENTITÉ

VERSIONS 3.0i 2RM/4RM, 3.0i Premium 2RM/4RM, Aero XWD
ROUES MOTRICES avant, 4
PORTIÈRES 5 **NOMBRE DE PASSAGERS** 5
PREMIÈRE GÉNÉRATION 2011
GÉNÉRATION ACTUELLE 2011
CONSTRUCTION Ramos Arizpe, Mexique
COUSSINS GONFLABLES 6 (frontaux, latéraux avant, rideaux latéraux)
CONCURRENCE Acura RDX, Audi Q5, Cadillac SRX, BMW X3, Infiniti EX35, Land Rover LR2, Mercedes-Benz GLK, Volvo XC60

AU QUOTIDIEN

PRIME D'ASSURANCE
25 ANS : 2400 à 2600 $
40 ANS : 1300 à 1500 $
60 ANS : 1100 à 1300 $
COLLISION FRONTALE 4/5
COLLISION LATÉRALE 5/5
VENTES DU MODÈLE L'AN DERNIER
AU QUÉBEC nm **AU CANADA** nm
DÉPRÉCIATION nm
RAPPELS (2006 à 2011) nm
COTE DE FIABILITÉ nm

GARANTIES... ET PLUS

GARANTIE GÉNÉRALE 4 ans/80 000 km
GARANTIE MOTOPROPULSEUR 4 ans/80 000 km
PERFORATION 6 ans/kilométrage illimitée
ASSISTANCE ROUTIÈRE 4 ans/80 000 km
NOMBRE DE CONCESSIONNAIRES
AU QUÉBEC 4 **AU CANADA** 13

NOUVEAUTÉS EN 2012

Retour du manufacturier au Canada en 2011, nouveau modèle

LES BONS RESTES DE GM

Benoit Charette

Vous dire que Saab a connu une dernière décennie difficile serait un euphémisme. Depuis 10 ans, la petite entreprise suédoise (propriété à 100 % de GM) est pratiquement laissée à son sort et meurt à petit feu jusqu'en 2009, époque où GM frise la faillite. Dès sa sortie des tribunaux, GM vend Saab qui essaie tant bien que mal de s'en sortir depuis, mais au moment d'écrire ses lignes, il n'y a pas encore de lumière au bout du tunnel chez Spyker, le nouveau propriétaire de Saab.

CARROSSERIE Le 9-4X est nouveau sans vraiment l'être. Il a été conçu par GM avant que cette dernière ne décide de vendre Saab. C'est donc une Cadillac SRX arrangée à la sauce Saab. On reconnaît immédiatement les contours de la Cadillac, mais, fidèle à ses habitudes, Saab lui ajoute une touche de dynamisme empreinte de sa philosophie minimaliste. Il exprime son identité distincte par ses lignes plus tendues et ses signatures uniques, comme le pare-brise enveloppant, les optiques de phares taillées façon « blocs de glace ». Un véhicule qui prendra de l'âge avec grâce, si on lui donne la chance de vieillir. Saab a greffé son propre système de transmission intégrale Haldex provenant de la 9-3. Baptisé XWD, le 9-4X répartit son adhérence à 90 % à l'avant et à 10 % à l'avant. Si la situation le demande, il est possible d'inverser le ratio.

HABITACLE Les ingénieurs qui avaient eu très peu de temps pour retravailler certaines versions GM en Saab ont profité de quelques mois supplémentaires pour refaire le 9-4X. On reconnaît la cabine orientée vers le conducteur, marque de commerce de Saab. Il faut également noter l'espace offert très généreux, tant pour la tête avec le toit très élevé que pour les jambes, même à l'arrière. Saab, qui vise ouvertement Audi, BMW et Mercedes-Benz, a fait des efforts pour mettre la qualité de l'avant dans l'habitacle. Les matériaux sont de qualité, et le degré d'équipement, à la hauteur des concurrents allemands. Une des options très intéressante est le toit panoramique

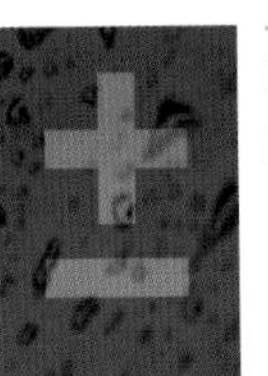

FORCES Confort • Conduite • Lignes

FAIBLESSES Moteur de base anémique • Poids excessif
Revoir l'utilisation de la pédale de frein

qui amène beaucoup de lumière dans l'habitacle, même les jours de pluie.

MÉCANIQUE Alors que Cadillac a changé de moteur cette année pour un offrir un unique V6 de 3,6 litres, le 9-4X tout neuf offre les anciens moteurs du SRX. L'offre de base est un V6 de 3 litres de 265 chevaux couplé à une boîte de vitesses automatique à 6 rapports. En plus de l'injection directe de carburant, le moteur de 3 litres utilise la distribution à calage variable pour optimiser sa puissance et son rendement énergétique ainsi que pour réduire les émissions polluantes. Un V6 turbocompressé de 2,8 litres est offert sur la version Aero. Il génère 300 chevaux et il est jumelé à une boîte automatique à 6 rapports avec mode « écologique » commandé par le conducteur, qui modifie les points de changements de rapports pour réduire au minimum la consommation de carburant. En considérant le poids du véhicule, la puissance du moteur de 3 litres est tout juste acceptable. Dommage qu'on doive prendre une version entièrement équipée pour profiter de la meilleure mécanique.

COMPORTEMENT Difficile de prendre le 9-4X en défaut sur la route. Sa transmission intégrale est combinée à un différentiel à glissement limité qui envoie la puissance aux roues qui ont la meilleure adhérence. De plus, le conducteur a le choix de régler la suspension en fonction de sa conduite. Une position confort pour l'autoroute et plus sportive pour les routes sinueuses. Avec un bouton à la volée au tableau de bord, ce sélecteur modifie la rigidité de la suspension, la réponse de l'accélérateur et les changements de rapports. Contrairement à la majorité des véhicules qui offrent une certaine course de la pédale de frein, il n'y en a pas sur le 9-4X. Vous avez l'impression d'avoir les coussins de freins directement sous votre pied tellement la réaction est instantanée. Après quelques heures au volant, on s'habitue, mais les premiers freinages surprennent.

CONCLUSION L'avenir de Saab est incertain dans le meilleur des cas; et, même si le 9-4X constitue un bon véhicule qui, même s'il provient de GM, est probablement le clone qui représente le mieux la philosophie Saab sur la route. Mais le 9-4X, aussi bon soit-il, ne ramènera pas à lui seul la petite entreprise de Trölhatten sur les rails. Il faudra un ou deux autres miracles.

FICHE TECHNIQUE

MOTEURS

(3.0I) V6 3,0 L DACT, 265 ch à 6950 tr/min
Couple 223 lb-pi à 5100 tr/min
BOÎTE DE VITESSE automatique à 6 rapports avec mode manuel
0-100 KM/H 8,4 s
VITESSE MAXIMALE 200 kmh

(AERO XWD) V6 2,8 L turbo DACT, 300 ch à 5500 tr/min
COUPLE 295 lb-pi à 2000 tr/min
BOÎTE DE VITESSSES automatique à 6rapports avec mode manuel
0-100 KM/H 6,9 s
VITESSE MAXIMALE 230 KM/H
CONSOMMATION (100 KM) 12,7 L
ÉMISSIONS DE CO_2 5336 kg/an
LITRES PAR ANNÉE 2320
COÛT PAR AN MAN 3248 $

AUTRES COMPOSANTS

SÉCURITÉ ACTIVE freins ABS, répartition électronique de force de freinage, assistance au freinage, antipatinage, contrôle de stabilité électronique
SUSPENSION AVANT/ARRIÈRE indépendante
FREINS AVANT/ARRIÈRE disques
DIRECTION à crémaillère, assistée
PNEUS P235/65R18, **Aero** P235/55R20

DIMENSIONS

EMPATTEMENT 2807 mm
LONGUEUR 4828 mm
LARGEUR 1905 mm
HAUTEUR 1679 mm
POIDS 1928 à 1975 kg
DIAMÈTRE DE BRAQUAGE 11,9 m
COFFRE 827 L
RÉSERVOIR DE CARBURANT 80 L

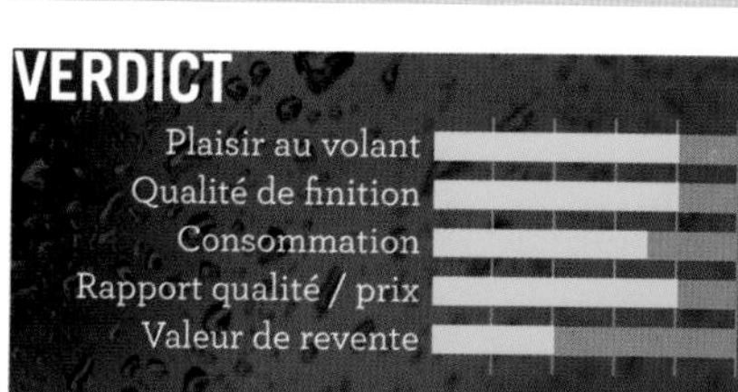

NOUVEAUTÉ $ 45 500 $ à 59 700 $ t&p 1600 $

LA COTE VERTE MOTEUR L4 DE 2,0 L TURBO source : Saab

CONSOMMATION (100 KM) man. 8,9 L, auto. 10,2 L • **ÉMISSIONS POLLUANTES CO_2** 2RM man. 4320 kg/an, 4RM auto. 4848 kg/an • **INDICE D'OCTANE** 91
COÛT DU CARBURANT MOYEN PAR ANNÉE 2RM man. 2520 $, 4RM auto. 2828 $ • **NOMBRE DE LITRES PAR ANNÉE** 2RM man. 1800, 4RM auto. 2020

FICHE D'IDENTITÉ

VERSIONS Turbo4, Turbo4 Premium, Turbo6 XWD, Aero XWD
ROUES MOTRICES avant, 4
PORTIÈRES 4 **NOMBRE DE PASSAGERS** 5
PREMIÈRE GÉNÉRATION 1998
GÉNÉRATION ACTUELLE 2011
CONSTRUCTION Trollhättan, Suède
COUSSINS GONFLABLES 8 (frontaux, latéraux avant et arrière, rideaux latéraux)
CONCURRENCE Acura TL, Audi A6, BMW Série 5, Cadillac STS, Hyundai Genesis berline, Infiniti M, Jaguar XF, Lincoln MKS, Mercedes-Benz Classe E, Volvo S80

AU QUOTIDIEN

PRIME D'ASSURANCE
25 ANS : 2800 à 3000 $
40 ANS : 1500 à 1700 $
60 ANS : 1100 à 1300 $
COLLISION FRONTALE 5/5
COLLISION LATÉRALE 5/5
VENTES DU MODÈLE L'AN DERNIER
AU QUÉBEC nm **AU CANADA** nm
DÉPRÉCIATION nm
RAPPELS (2006 à 2011) nm
COTE DE FIABILITÉ nm

GARANTIES... ET PLUS

GARANTIE GÉNÉRALE 4 ans/80 000 km
GARANTIE MOTOPROPULSEUR 4 ans/80 000 km
PERFORATION 6ans/kilométrage illimitée
ASSISTANCE ROUTIÈRE 4 ans/80 000 km
NOMBRE DE CONCESSIONNAIRES
AU QUÉBEC 4 **AU CANADA** 13

NOUVEAUTÉS EN 2012

Retour du manufacturier au Canada en 2011, nouvelle génération

NEUF **VOITURES,** CINQ **ACHETEURS**

Antoine Joubert

Au moment d'écrire ces lignes, soit quelques jours avant d'aller sous presse, il ne s'était pas vendu dix Saab 9-5 au Québec depuis le début de l'année. Que voulez-vous, quand les rumeurs de fermeture et de faillite d'une entreprise se renforcent à chaque jour, rares sont les gens qui sont prêts à débourser plus de 50 000 $ pour un de ses produits. Le sort de cette nouvelle Saab 9-5 est donc jeté, puisque, à l'heure actuelle, il faudrait presque un miracle pour que Saab redevienne un tant soit peu viable.

CARROSSERIE Ceci dit, en dépit des innombrables problèmes financiers de l'entreprise, les ingénieurs ont su développer une voiture tout à fait charmante. Esthétiquement réussie, la 9-5 ne ressemble à rien d'autre et affiche avec grâce son identité à la marque. Pas de doute, il ne s'agit pas d'une Lexus ! Sa partie arrière arrondie ainsi que son crochet de pare-brise angulaire constituent de belles signatures visuelles, mais il faut aussi admettre que la fluidité générale des lignes pourra lui permettre de bien vieillir (si elle le peut...). Ajoutons également que, pour 2012, la gamme 9-5 s'enrichit d'une familiale, elle aussi d'une rare élégance.

HABITACLEFidèles à leurs habitudes, les stylistes de la marque nous ramènent quelques éléments clés propres aux habitacles des produits Saab. On retrouve donc un dessin de planche de bord très sobre qui vient s'étendre jusqu'à l'accoudoir central ainsi que cette fameuse fonction Black Panel si chère à Saab. Cette dernière permet d'amenuiser l'éclairage de la quasi-totalité des fonctions du tableau de bord, pour plus de sobriété. Même l'interrupteur de clé de contact, traditionnellement positionné dans la console centrale, y est toujours, étant toutefois remplacé par un bouton de démarrage, plus moderne. Cette 9-5 ne peut néanmoins renier qu'elle a été développée

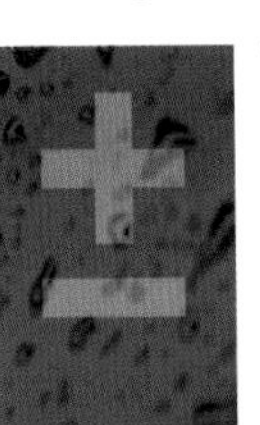

FORCES Esthétique charmante • Sièges très confortables
Confort de roulement • Faible consommation (4-cylindres)

FAIBLESSES Avenir incertain de la marque • Faible diffusion
Très forte dépréciation • Fiabilité inconnue

sous l'ère GM, puisque, à bord, tous les interrupteurs, les leviers, les éléments électroniques et, même, le volant, proviennent de produits du géant américain.

N'ayez crainte, la 9-5 conserve toutefois beaucoup de sa touche personnelle, ce qui signifie qu'elle continue d'offrir des assises considérées parmi les plus confortables au monde. La qualité de finition est également honorable, et ce, même si certains plastiques noirs gagneraient à être moins fragiles.

MÉCANIQUE Un 4-cylindres Ecotec de 2 litres turbocompressé à injection directe de carburant d'une puissance de 220 chevaux fait d'abord office de moteur d'entrée de gamme. Ce dernier propose des performances honorables et permet d'obtenir, du coup, un rendement énergétique stupéfiant. Pour plus de plaisir, un V6 de 2,8 litres turbocompressé, fort de ses 300 chevaux (un moteur Saab qu'on a d'abord connu dans le Cadillac SRX en 2010-2011), fait équipe avec une boîte de vitesses automatique à 6 rapports et avec la transmission intégrale Haldex. Reconnu mondialement, ce système améliore de façon générale le comportement du véhicule, tout en faisant de la 9-5 une redoutable voiture à quatre saisons.

COMPORTEMENT Très confortable, la 9-5 n'est pas une voiture qui offre à son conducteur des sensations de conduite aussi poussées qu'une Audi. Ici, l'équilibre entre le confort et le plaisir de conduire est de mise, si bien que, au quotidien, cette voiture se fait vite apprécier. Bien suspendue et équipée d'un excellent châssis, elle ne pèche que par une direction qui pourrait être un peu moins engourdie. J'ajouterais que l'insonorisation de l'habitacle contribue aussi à la quiétude retrouvée à bord, mais que la sonorité disgracieuse du 4-cylindres vient ternir cette impression de raffinement.

CONCLUSION Quand on aime une voiture, on ne se pose ordinairement pas trop de questions et on l'achète avec une certaine tranquillité d'esprit. Malheureusement, même s'il existe mille raisons pour se lier d'affection avec une 9-5, les risques de complication à moyen terme sont très grands. Soyez d'abord assurés que la dépréciation très forte, mais aussi que les techniciens réellement experts pour ce modèle seront très rares, même chez le concessionnaire. Et ça, c'est si concessionnaire il y a. Car au rythme où vont les choses, il se pourrait très bien que cet article soit le dernier de l'histoire de *l'Annuel de l'automobile* concernant Saab.

2e OPINION

« Qu'ont en commun le projet du CHUM et Saab ? On se fait promettre un aboutissement dans chacun des cas quand, en réalité, les deux piétinent. Le sort de Saab est d'une tristesse. Sauvée in extremis par Spyker, puis par des intérêts chinois, on espère toujours que la sauce prendra, mais des difficultés, entre autres avec les liquidités, font qu'on se demande bien comment la marque pourra passer au travers cet autre obstacle. Tout cela pour vous dire que, dans ce contexte, comment un fabricant peut-il espérer vendre des voitures ? En réalité, les seuls acheteurs potentiels ne peuvent être que des amateurs finis des modèles 900 S turbo de la fin des années 80. Au demeurant, la 9-5 est une berline confortable, mais sans plus. Bonne chance ! » — Daniel Rufiange

FICHE TECHNIQUE

MOTEURS

(TURBO4) L4 2,0 L turbo DACT, 220 ch à 5300 tr/min
COUPLE 258 lb-pi à 2500 tr/min
BOÎTE DE VITESSES manuelle à 6 rapports, automatique à 6 rapports avec mode manuel (en option)
0-100 KM/H 7,2 s
VITESSE MAXIMALE 230 km/h

(TURBO6, AERO) V6 2,8 l turbo DACT, 300 ch à 5500 tr/min
COUPLE 295 lb-pi à 2000 tr/min
BOÎTE DE VITESSES automatique à 6rapports avec mode manuel
0-100 KM/H 6,6 s
VITESSE MAXIMALE 245 km/h
CONSOMMATION (100 KM) 10, 9 L
ÉMISSIONS DE CO_2 5336 kg/an
LITRES PAR ANNÉE 2320
COÛT PAR AN man 3248 $

AUTRES COMPOSANTS

SÉCURITÉ ACTIVE freins ABS, répartition électronique de force de freinage, assistance au freinage, antipatinage, contrôle de stabilité électronique
SUSPENSION AVANT/ARRIÈRE indépendante
FREINS AVANT/ARRIÈRE disques
DIRECTION à crémaillère, assistée
PNEUS Turbo4 P225/55R17, **Turbo4 Premium/Turbo6/ Aero** P245/45R18, **option Aero** P245/40R19

DIMENSIONS

EMPATTEMENT 2837 mm
LONGUEUR 5008 mm
LARGEUR 1862 mm
HAUTEUR 1467 mm
POIDS 1885 à 1975 kg
DIAMÈTRE DE BRAQUAGE nd
COFFRE 513 L
RÉSERVOIR DE CARBURANT 70 L

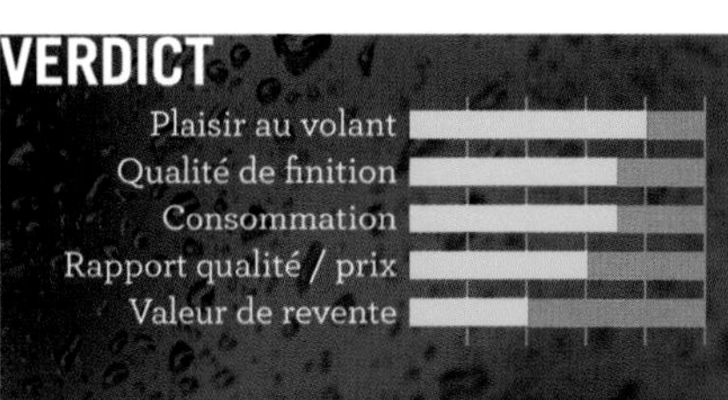

NOUVEAUTÉ $ 16760$ t&p : 1390$

LA COTE VERTE MOTEUR L4 1,3 L source : Scion

CONSOMMATION 100 KM 5,1 L • **ÉMISSIONS POLLUANTES CO_2** 2400 kg/an • **INDICE D'OCTANE** 87
COÛT DU CARBURANT MOYEN PAR ANNÉE 1540$ • **NOMBRE DE LITRES PAR ANNÉE** 1100 L

FICHE D'IDENTITÉ

VERSIONS base
ROUES MOTRICES avant
PORTIÈRES 2 **NOMBRE DE PASSAGERS** 4
PREMIÈRE GÉNÉRATION 2012
GÉNÉRATION ACTUELLE 2012
CONSTRUCTION Takaoka, Japon
COUSSINS GONFLABLES 11 (frontaux, latéraux avant, genoux conducteur et passager, rideaux latéraux, coussins des sièges passager et conducteur avant, au niveau de la fenêtre arrière)
CONCURRENCE Fiat 500, Smart Fortwo

AU QUOTIDIEN

25 ANS: 1300 à 1500 $
40 ANS: 800 à 1000 $
60 ANS: 500 à 700 $
COLLISION FRONTALE nm
COLLISION LATÉRALE nm
VENTES DU MODÈLE DE L'AN DERNIER
AU QUÉBEC nm **AU CANADA** nm
DÉPRÉCIATION nm
RAPPELS (2006 À 2011) nm
COTE DE FIABILITÉ nm

GARANTIES... ET PLUS

GARANTIE GÉNÉRALE 3 ans/60 000 km
GARANTIE MOTOPROPULSEUR 5 ans/100 000 km
PERFORATION 5 ans/ kilométrage illimité
ASSISTANCE ROUTIÈRE 3 ans/60 000 km
NOMBRE DE CONCESSIONNAIRES
AU QUÉBEC 30 **AU CANADA** 84

NOUVEAUTÉS EN 2012

Nouveau modèle

UNE « SMART » PLUS INTELLIGENTE...

Antoine Joubert

Chez Toyota Canada, on n'ose pas encore parler d'échec avec la marque Scion. Mais pour que ces gens avouent qu'ils ne connaissent pas le succès auquel ils s'attendaient, croyez-moi, c'est parce que ça frise la catastrophe ! Il n'y a, en fait, que le coupé tC pour lequel le public semble avoir un peu d'intérêt, ce qui est compréhensible. Toutefois, on compte aussi sur la dernière venue de la gamme, la petite iQ, pour alimenter l'achalandage dans les concessions.

CARROSSERIE Un seul regard porté sur l'iQ nous fait immédiatement penser à la smart. Normal, puisque, après elle, cette Scion constitue la plus petite voiture vendue au pays. Hélas, l'iQ ne possède pas tout à fait le cachet de sa rivale allemande. Cela ne l'empêche pas d'être charmante et jolie comme tout, mais il faut admettre que l'ajout de quelques accessoires comme les jantes d'alliage, le becquet arrière et les phares antibrouillard vient renforcer le résultat esthétique.

HABITACLE Contrairement à la smart, cette Scion affiche un côté pratique plus intéressant. Dans les faits, elle propose non pas deux, mais bien quatre places assises. En réalité, il faut plutôt parler d'un 3+1. Car le passager avant, décentré parce que positionné plus près du pare-brise que le conducteur, permet au passager arrière droit de bénéficier d'un minimum de dégagement pour les jambes. En revanche, la personne installée derrière le conducteur se doit inévitablement d'être très petite, à moins, bien sûr, que le conducteur le soit lui-même.

Heureusement, il est possible de replier de façon indépendante le dossier de chacun des deux sièges arrière. De cette façon, on obtient un minimum d'espace de chargement. Il faut dire que, quand les sièges sont en place, on parvient à peine à y glisser un sac à main.

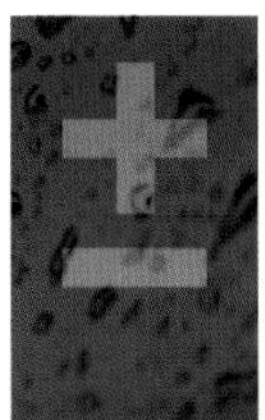

FORCES La plus petite quatre-places du monde ! • Consommation lilliputienne • Équipement complet • Confort honnête • Agrément de conduite surprenant

FAIBLESSES Prix considérable • Absence de coffre avec sièges relevés • Enjoliveurs de roues... qui n'enjolivent pas vraiment !

À bord, l'iQ s'accompagne d'une liste assez impressionnante de caractéristiques de série. D'ailleurs, à ce jeu, la Scion l'emporte haut la main face à la smart. Il faut aussi mentionner que la présentation intérieure est intéressante, très moderne, et que la qualité de finition est supérieure à celle d'une Toyota Yaris.

MÉCANIQUE Positionné à l'avant, le petit 4cylindres de 1,3 litre propose des performances très honnêtes. La boîte de vitesses automatique à variation continue (CVT) qui l'accompagne semble également faire du bon boulot, ce qui permet d'obtenir des accélérations décentes pour une consommation d'environ 5,5 litres aux 100 kilomètres.

COMPORTEMENT Étonnamment, la Scion iQ n'est pas inconfortable. Il ne s'agit pas d'une Lexus, bien sûr, les sièges bien galbés et la position de conduite agréable font en sorte qu'on se sent bien à l'aise au volant. La suspension effectue, pour sa part, un très bon boulot, permettant un juste milieu entre confort et agilité. D'ailleurs, à ce propos, il faut dire que l'iQ se manie comme un gant et se faufile absolument partout. Son court diamètre de braquage permet notamment des manœuvres qui seraient impossibles avec d'autres véhicules, et sa direction vive et précise rend l'exercice franchement amusant.

À ceux qui craignent le manque de sécurité de cette voiture, sachez qu'elle hérite comme tous les produits Toyota du système de sécurité STAR, mais aussi d'un total de neuf coussins gonflables. Elle possède d'ailleurs le seul rideau gonflable arrière de l'industrie, histoire de protéger les passagers situés très près de la lunette.

CONCLUSION En quelque sorte, on peut dire que cette Scion pourrait attirer ceux qui apprécient la smart, mais qui ne veulent pas être privés de places assises supplémentaires, parfois très pratiques. Toutefois, elle ne coûte pas moins chère qu'une sous-compacte aussi bien équipée et plus pratique. Sa faible consommation peut évidemment être une bonne raison pour se la procurer, tout comme son format, carrément génial en ville. Mais il s'agit avant tout, comme la smart ou la Fiat 500, d'un objet de standing.

Maintenant, est-ce suffisant pour donner du souffle à la marque ? Probablement pas. Mais à tout le moins, elle fera entrer des gens en concession, qui découvriront peut-être un autre produit Scion mieux adapté à leurs besoins.

FICHE TECHNIQUE

MOTEUR

L4 1,3 L DACT, 94 ch à 6000 tr/min
COUPLE 89 lb-pi à 4400 tr/min
BOÎTE DE VITESSES automatique à variation continue
0-100 KM/H nd
VITESSE MAXIMALE 170 km/h
CONSOMMATION (100KM): 5,1 L
ÉMISSIONS POLLUANTES CO_2 : 2400 kg/an
INDICE D'OCTANE: 87
COÛT DU CARBURANT MOYEN PAR ANNÉE: 1540 $
NOMBRE DE LITRES PAR ANNÉE: 1100

AUTRES COMPOSANTS

SÉCURITÉ ACTIVE freins ABS, assistance au freinage, répartition électronique de la force de freinage, système de contrôle de stabilité électronique, antipatinage
SUSPENSION AVANT/ARRIÈRE indépendante/essieu rigide
FREINS AVANT/ARRIÈRE disques/tambours
DIRECTION à crémaillère, assistée
PNEUS P175/60R16

DIMENSIONS

EMPATTEMENT 1999 mm
LONGUEUR 3051 MM**LARGEUR (SANS LES RÉTROVISEURS)** 1679 mm
HAUTEUR 1501 mm
POIDS 965 kg
DIAMÈTRE DE BRAQUAGE 7,8 m
COFFRE 99 L, 473 L (sièges abaissés)
RÉSERVOIR DE CARBURANT 32 L
MOTEUR L4 de 1,3 L

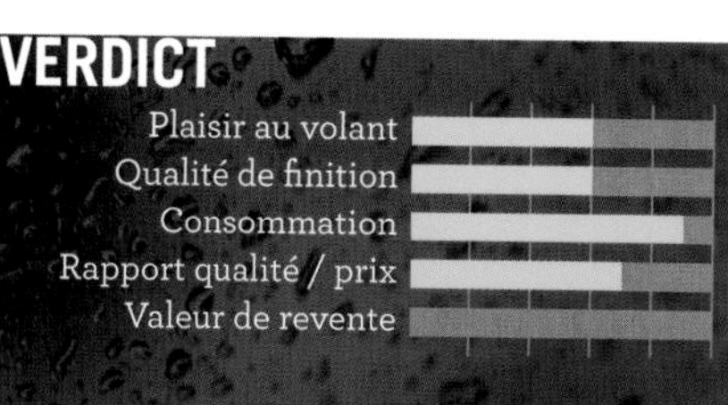

ÉVOLUTION $ 20 850 $ à 21 900 $ t&p 1390 $

LA COTE VERTE MOTEUR L4 DE 2,5 L source : ÉnerGuide

CONSOMMATION 100 KM man. 7,8 L, auto. 7,6 L • **ÉMISSIONS POLLUANTES CO_2** man. 3680 kg, auto. 3542 kg **INDICE D'OCTANE** 87
COÛT DU CARBURANT MOYEN PAR ANNÉE man. 2080 $, auto. 2002 $ • **NOMBRE DE LITRES PAR ANNÉE** man. 1600, auto. 1540

FICHE D'IDENTITÉ

VERSIONS base
ROUES MOTRICES avant
PORTIÈRES 2 **NOMBRE DE PASSAGERS** 5
PREMIÈRE GÉNÉRATION 2011(Canada)
GÉNÉRATION ACTUELLE 2011
CONSTRUCTION Tsutsumi, Japon
COUSSINS GONFLABLES 8 (frontaux, latéraux avant, genoux conducteur et passager, rideaux latéraux)
CONCURRENCE Honda Civic, Hyundai Veloster, Kia Forte Koup, Volkswagen Golf

AU QUOTIDIEN

PRIME D'ASSURANCE
25 ANS: 1600 à 1800 $
40 ANS: 900 à 1100 $
60 ANS: 700 à 900 $
COLLISION FRONTALE 5/5
COLLISION LATÉRALE 4/5
VENTES DU MODÈLE DE L'AN DERNIER
AU QUÉBEC 65 **AU CANADA** 233
DÉPRÉCIATION nm
RAPPELS (2006 à 2011) aucun à ce jour
COTE DE FIABILITÉ 4/5

GARANTIES... ET PLUS

GARANTIE GÉNÉRALE 3 ans/60 000 km
GARANTIE MOTOPROPULSEUR 5 ans/100 000 km
PERFORATION 5 ans/ kilométrage illimité
ASSISTANCE ROUTIÈRE 3 ans/60 000 km
NOMBRE DE CONCESSIONNAIRES
AU QUÉBEC 30 **AU CANADA** 75

NOUVEAUTÉS EN 2012

Aucun changement majeur

TROP DE COMPROMIS

Alexandre Crépault

Le coupé sport à quatre places Scion tC est la plus sportive de la famille Toyota (si la FT-86 ne vient pas lui voler la vedette). Aux États-Unis, la tC de première génération est en vente depuis 2004. Elle a été remplacée en 2010 par le modèle qui se trouve sous vos yeux. Il s'agit d'un modèle d'une grande valeur pour Scion, puisque chez les « Yankees », la moyenne d'âge des acheteurs, 28 ans, est la plus basse au pays. Cet accomplissement est particulièrement important car l'objectif premier est de rajeunir la clientèle de la grande famille Toyota.

CARROSSERIE Le succès de la tC repose avant tout sur son style. Ses lignes sont musclées et particulièrement masculines. Le pilier A a été peint en noir; ainsi quand on regarde les vitres, on a l'impression de voir la visière d'un casque intégral. Quant au toit panoramique en deux morceaux, il est, lui aussi, teint en noir et fait très « à la mode ». Les roues de 18 pouces sont offertes de série. Comme le reste de ses produits, Scion propose une seule version tout équipée de la tC. Il ne reste plus qu'à choisir sa couleur préférée et sa boîte de vitesses, et peut-être piger dans le catalogue complet d'accessoires pour des roues en alliage léger, des déflecteurs ou un aileron arrière.

HABITACLE Vu de loin, l'habitacle a tout pour plaire: le volant à trois branches, les gros cadrans et le tableau de bord orienté vers le conducteur. Tout pour une ambiance très sportive. La déception, énorme, on l'éprouve au toucher. Les matériaux ont l'air médiocre et se salissent vite. Au moins, l'accès aux places arrière est excellent, et l'espace est convenable pour un coupé. Le coffre à hayon propose un espace relativement grand: la banquette arrière se rabat, ce qui permet d'y ranger des objets de bonnes dimensions. Encore une fois, outre la gamme d'accessoires Scion comme les sièges chauffants en cuir, la tC de base arrive tout équipée: climatiseur, ensemble électrique, bonne chaîne audio, connectivité Bluetooth, etc. Notez que la chaîne Alpine

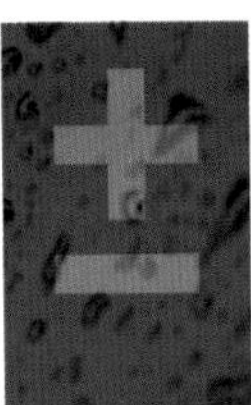

FORCES Allure plaisante • Équipement complet • Format pratique

FAIBLESSES Espace mesuré • Petit coffre • Plastiques durs et bon marché

automatique est aussi offerte, mais sans levier de sélection au volant.

COMPORTEMENT La tC n'est pas une véritable voiture sport. Il s'agit plutôt d'un coupé à l'allure sport. La puissance est correcte, mais sans plus. Il en va de même pour la boîte manuelle, dont l'utilisation serait meilleure avec un levier de vitesses plus court. Même si la suspension et les freins sont capables de prendre les virages avec aplomb, l'avant finit par lâcher. Le roulis n'est pas exagéré, mais on sent bien les 1377 kilos du bolide se trimbaler d'un côté à l'autre. La servodirection électronique n'est pas méchante. Sur un petit circuit d'auto slalom, il faut pousser fort avant que la pompe surchauffe.

comprise dans les accessoires de Scion est probablement l'une des pires que j'ai eu le malheur d'essayer. Si l'envie de modifier votre chaîne audio vous démange, faites-vous une faveur. Gardez vos 500 $ pour aller magasiner chez Future Shop ou chez Best Buy.

MÉCANIQUE Sous le capot se cache un moteur Toyota à 4 cylindres de 2,5 litres. Selon les spécifications de Toyota, la puissance au vilebrequin est de 180 chevaux, et son couple, de 173 livres-pied. La boîte de vitesses manuelle à 6 rapports est celle que vous recevrez de série. Une boîte automatique à 6 rapports avec un mode semi-

CONCLUSION La tC plaira à ceux qui désirent rouler au quotidien au volant d'une voiture à l'allure sport et bon marché. Car à 20 850 $, elle est vraiment très concurrentielle ! À titre de comparaison, l'excellente Kia Koup se vend 21 495 $ et produit 168 chevaux.

2e OPINION

« Il est encore trop tôt pour juger du succès à long terme de la gamme Scion auprès de la génération Y (jeune trentaine), la clientèle cible. S'il y a une catégorie de consommateurs qui n'aiment pas qu'on leur dise quoi acheter, c'est bien elle... Quand on examine bêtement la tC, soit comme un moyen de transport, on aime son design destrier des villes, alors que d'autres reprochent aux lettres « tC » de signifier « trop conservateur »... Beaucoup de plastique dans l'habitacle mais de motifs variés, le tout enjolivé par des interrupteurs branchés, un volant moulé sportivement et une excellente chaîne audio. En mouvement, les 180 chevaux annoncés livrent une performance honnête, mais, comme la carrosserie, une dose d'audace supplémentaire ne nuirait pas. » — Michel Crépault

FICHE TECHNIQUE

MOTEUR

L4 2,5 L DACT 180 ch à 6000 tr/min
COUPLE 173 lb-pi à 4100 tr/min
BOÎTES DE VITESSES manuelle à 6 rapports, automatique à 6 rapports avec mode manuel (en option)
0-100 KM/H 7,4 s
VITESSE MAXIMALE 205 km/h

AUTRES COMPOSANTS

SÉCURITÉ ACTIVE freins ABS, assistance au freinage, répartition électronique de force de freinage, système de contrôle de stabilité électronique, antipatinage
SUSPENSION AVANT/ARRIÈRE indépendante
FREINS AVANT/ARRIÈRE disques
DIRECTION à crémaillère, assistée
PNEUS P225/45R18

DIMENSIONS

EMPATTEMENT 2700 mm
LONGUEUR 4420 mm
LARGEUR 1795 mm
HAUTEUR 1415 mm
POIDS MAN. 1377 kg, auto. 1402 kg
DIAMÈTRE DE BRAQUAGE 11,4 m
COFFRE 417 L
RÉSERVOIR DE CARBURANT 55 L

VERDICT

Plaisir au volant
Qualité de finition
Consommation
Rapport qualité / prix
Valeur de revente

LA COTE VERTE

MOTEUR L4 DE 2,4 L source : ÉnerGuide

CONSOMMATION (100 KM) 8,4 L • **ÉMISSIONS POLLUANTES CO_2** man. 3864 kg/an, auto. 3910 kg/an • **INDICE D'OCTANE** 87
COÛT DU CARBURANT MOYEN PAR ANNÉE man. 2100 $, auto. 2125 $ • **NOMBRE DE LITRES PAR ANNÉE** man. 1680, auto. 1700

FICHE D'IDENTITÉ

VERSIONS base
ROUES MOTRICES avant
PORTIÈRES 5 **NOMBRE DE PASSAGERS** 5
PREMIÈRE GÉNÉRATION 2011(Canada)
GÉNÉRATION ACTUELLE 2011
CONSTRUCTION Takaoka, Japon
COUSSINS GONFLABLES 6, frontaux, latéraux avant et rideaux latéraux
CONCURRENCE Ford Focus, Kia Soul, Mazda 3, Nissan Cube, Suzuki SX4, Toyota Matrix, Volkswagen Golf

AU QUOTIDIEN

PRIME D'ASSURANCE
25 ANS : 1500 à 1700 $
40 ANS : 1000 à 1200 $
60 ANS : 700 à 900 $
COLLISION FRONTALE 4/5
COLLISION LATÉRALE 5/5
VENTES DU MODÈLE DE L'AN DERNIER
AU QUÉBEC 134 **AU CANADA** 367
DÉPRÉCIATION nm
RAPPELS (2006 à 2011) 1
COTE DE FIABILITÉ 4/5

GARANTIES... ET PLUS

GARANTIE GÉNÉRALE 3 ans/60 000 km
GARANTIE MOTOPROPULSEUR 5 ans/100 000 km
PERFORATION 5 ans/ kilométrage illimité
ASSISTANCE ROUTIÈRE 3 ans/60 000 km
NOMBRE DE CONCESSIONNAIRES
AU QUÉBEC 30 **AU CANADA** 75

NOUVEAUTÉS EN 2012

Aucun changement majeur

DU RÉCHAUFFER
BIEN APPRÊTÉ

Alexandre Crépault

Depuis 2004, les Québécois importent leur propre Scion xB. Il y a une bonne raison à cela. C'est l'une des meilleures valeurs sur le marché...

CARROSSERIE Le format de la Scion xB est idéal. Certains préfèrent les dimensions de la première génération; elle était plus mince, plus courte et plus haute, d'ailleurs, et fabriquée sur la plateforme de la Toyota Echo. La version actuelle utilise une plateforme de Toyota Matrix modifiée. Personnellement, j'aime beaucoup l'allure de la xB. Toyota a réussi à lui donner un certain style, à la fois moderne et musclé, tout en conservant des dimensions relativement compactes. Après tout, la xB est à peine plus longue qu'une Corolla. De plus, grâce aux entrées d'air flanquées de chaque côté du bouclier avant, à la hauteur de sa ceinture, aux piliers D massifs et aux piliers A peints en noir, la xB ne ressemble plus à un grille-pain, comme c'était le cas auparavant. Ajoutez-lui un aileron arrière et des roues de 18 pouces TRD, et la xB s'identifie parfaitement à la génération Y, la clientèle que Scion veut tant séduire.

HABITACLE Ses bienfaits sont à eux seuls un argument de taille pour acheter une Scion xB. La voiture n'est ni trop haute ni trop basse. On peut donc y monter facilement, ce qui sera utile pour les parents qui veulent y asseoir de jeunes enfants. La xB offre également assez d'espace pour faire rougir bien des voitures compactes. Grâce à son coffre de 310 litres, elle peut se transformer en véritable véhicule de livraison une fois la banquette 60/40 rabattue à plat. La position de conduite est juste assez élevée pour qu'on voie bien ce qui se passe devant nous. Malheureusement, ça se dégrade sur les côtés et à l'arrière, en raison, entre autres, de la haute ceinture. L'ergonomie mérite aussi une bonne note, particulièrement l'extension du tableau de bord, où les

FORCES Format idéal • Espace à revendre • Bonne position de conduite

FAIBLESSES Gourmand en pétrole pour le segment
Plastique dur à l'intérieur de l'habitacle
Aussi aérodynamique qu'une planche de contreplaqué

ingénieurs de Scion ont logé le sélecteur de vitesses. Parlant de sélecteur, la petite boule en carbone du catalogue de pièces Scion, en option, est particulièrement plaisante à manipuler. Contrairement au coupé tC, l'habitacle de la xB est très bien fini. Les sièges sont confortables, et les instruments tombent aisément dans la main. Même les cadrans en position centrale, position habituellement peu appréciée, semblent être à leur place.

MÉCANIQUE Pour être en mesure d'offrir sa xB à bas prix, Toyota est allée repêcher un ancien 4-cylindres VVT-i de 2,4 litres. La bonne nouvelle, c'est qu'il produit « généreusement » une puissance de 158 chevaux et un couple de 162 livres-pieds. La moins bonne nouvelle, c'est qu'il consomme en moyenne 9 litres aux 100 kilomètres, ce qui n'est pas très impressionnant de nos jours. Pour les boîtes de vitesses, on ira avec les classiques manuelle à 5 rapports ou automatique à 4 rapports. Avec un peu de chance, la prochaine version de la xB profitera du moteur de 2,5 litres et de la boîte automatique à 6 rapports de la Camry...

COMPORTEMENT Une fois derrière le volant, tout va très bien. Pas de quoi sabrer le champagne ni lancer des confettis, mais rien de mauvais non plus. La xB est agile et se conduit comme une petite voiture. C'est la ville qui lui va le mieux : les promenades sur l'autoroute peuvent se gâter si les vents se mettent à souffler fort. Un autre petit bémol : les paresseux comme moi qui, durant les longues balades, aiment appuyer leur coude sur le rebord de la porte, réaliseront rapidement que plastique et os ne font pas bon ménage.

CONCLUSION La cerise sur le sundæ est le prix de la xB, 18 270 $ tout équipée (la seule version offerte). Je vous défie de me trouver une voiture qui en offre autant pour son argent...

2e OPINION

«Lancée en 2002 aux pays de l'Oncle Sam, Scion devait séduire la jeunesse avec des produits différents, qui ont du caractère et, surtout, qui peuvent être personnalisés à souhait. Si la marque connaît un succès relatif aux États-Unis, on ne fait que découvrir les produits au Canada, Toyota n'ayant pas jugé bon d'introduire ces véhicules ici alors que la fièvre du tuning faisait rage il y a 5 ou 6 ans. Erreur ! En conséquence, les produits Scion connaissent une première année difficile au nord du 45e parallèle. Au cœur de la gamme, il y a ce xB qui laisse complètement indifférent partout où il passe. Pourtant, sans offrir le grand luxe, cette boîte à chaussure propose une conduite amusante et est animée par un moteur à 4 cylindres vigoureux.» — Daniel Rufiange

FICHE TECHNIQUE

MOTEUR

L4 2,4 L DACT, 158 ch à 6000 tr/min

COUPLE 162 lb-pi à 4400 tr/min

BOÎTE DE VITESSES manuelle à 5 rapports, automatique à 4 rapports avec mode manuel (option)

0-100 KM/H 9,3 s

VITESSE MAXIMALE 180 km/h

AUTRES COMPOSANTS

SÉCURITÉ ACTIVE freins ABS, assistance au freinage, répartition électronique de force de freinage, système de contrôle de stabilité électronique.

SUSPENSION AVANT/ARRIÈRE indépendante/essieu rigide

FREINS AVANT/ARRIÈRE disques

DIRECTION à crémaillère, assistée

PNEUS P205/55R16

DIMENSIONS

EMPATTEMENT 2600 mm

LONGUEUR 4250 mm

LARGEUR 1760 mm

HAUTEUR 1645 mm

POIDS man. 1373 kg, **auto.** 1399 kg

DIAMÈTRE DE BRAQUAGE 10,6 m

COFFRE 309 L

RÉSERVOIR DE CARBURANT 53 L

www.scionnation.ca

VERDICT

Plaisir au volant

Qualité de finition

Consommation

Rapport qualité / prix

Valeur de revente

$ 17 200 $ à 18 100 $ t&p 1390 $

LA COTE VERTE MOTEUR L4 DE 1,8 L source : EnerGuide

CONSOMMATION 100 KM man.6,7 L, auto. 6,8 L • **ÉMISSIONS POLLUANTES CO_2** man. 3082 kg, auto. 3128 kg • **INDICE D'OCTANE** 87
COÛT DU CARBURANT MOYEN PAR ANNÉE man. 1742 $, auto. 1768 $ • **NOMBRE DE LITRES PAR ANNÉE** man. 1340, auto. 1360

FICHE D'IDENTITÉ

VERSIONS base
ROUES MOTRICES avant
PORTIÈRES 5 **NOMBRE DE PASSAGERS** 5
PREMIÈRE GÉNÉRATION 2011(Canada)
GÉNÉRATION ACTUELLE 2011
CONSTRUCTION Takaoka, Japon
COUSSINS GONFLABLES 6 (frontaux, latéraux avant, rideaux latéraux)
CONCURRENCE Chevrolet Sonic, Ford Fiesta, Honda Fit, Hyundai Accent, Kia Rio, Mazda 2, Nissan Versa, Toyota Yaris

AU QUOTIDIEN

PRIME D'ASSURANCE
25 ANS : 1400 à 1600 $
40 ANS : 1000 à 1200 $
60 ANS : 600 à 800 $
COLLISION FRONTALE 4/5
COLLISION LATÉRALE 5/5
VENTES DU MODÈLE DE L'AN DERNIER
AU QUÉBEC 34 **AU CANADA** 79
DÉPRÉCIATION nm
RAPPELS (2006 à 2011) aucun à ce jour
COTE DE FIABILITÉ nm

GARANTIES... ET PLUS

GARANTIE GÉNÉRALE 3 ans/60 000 km
GARANTIE MOTOPROPULSEUR 5 ans/100 000 km
PERFORATION 5 ans/ kilométrage illimité
ASSISTANCE ROUTIÈRE 3 ans/60 000 km
NOMBRE DE CONCESSIONNAIRES
AU QUÉBEC 30 **AU CANADA** 75

NOUVEAUTÉS EN 2012

Aucun changement majeur

MÊME LES **ADOS** NE SONT **PAS DUPES**

Antoine Joubert

Pour Toyota, il n'y avait pas pire moment que l'année 2010 pour introduire une nouvelle gamme de voitures. En pleine crise médiatique, occasionnée par les défectuosités mécaniques de certains modèles, le constructeur mettait tous ses efforts à préserver son image. Et si aujourd'hui, la tempête s'est calmée, on peut certainement constater que Scion en a grandement souffert. Car le succès de cette gamme, et particulièrement celui de la xD, n'a rien de réjouissant pour Toyota.

CARROSSERIE Plutôt jolie, la xD constitue un heureux mélange entre une sous-compacte et un petit utilitaire. Certains la comparent d'ailleurs à la Toyota Matrix, ce qui se défend bien. Remarquez toutefois que le constructeur nous la présente toujours affublée de jantes surdimensionnées, avec aileron et bas de caisse, de façon à ce qu'elle attire l'œil des jeunes. Mais dans sa livrée « normale », la voiture affiche une bouille plus standard, qui n'a rien de plus *in* que la plupart des sous-compactes rivales. Il faut dire que la xD est déjà âgée de quatre ans, puisque commercialisée sous cette forme depuis 2008 chez nos voisins du sud.

HABITACLE Terne, et loin d'être aussi *cool* que ce que le constructeur l'affirme, le poste de conduite de la xD propose une surenchère de plastiques gris, avec un minimum d'éléments décoratifs. On est même allé jusqu'à simplifier l'instrumentation en n'offrant qu'un seul cadran circulaire, lequel englobe à la fois l'odomètre et le compte-tours. Franchement, c'est plutôt lugubre comme environnement. Mais au moins, c'est bien assemblé...

Il faut également mentionner que la xD est dépourvue d'un siège à hauteur réglable et d'un volant télescopique, ce qui a de grosses répercussions sur le confort et la position de conduite. L'espace disponi-

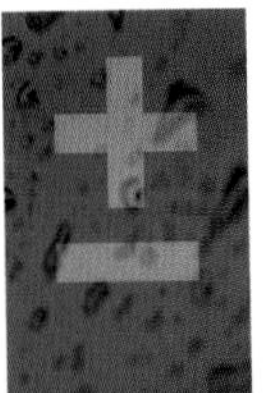

FORCES Allure intéressante • Motorisation éprouvée • Équipement complet
Qualité de fabrication honnête

FAIBLESSES Confort discutable • Position de conduite décevante
Présentation intérieure lugubre • Hélas, déjà vieillotte...

ble n'est heureusement pas trop mal, et ce, devant comme derrière.

Évidemment, en visant une clientèle âgée entre 17 et 25 ans (euh...faites-moi rire!), Scion n'avait d'autre choix que d'équiper sa voiture convenablement et d'offrir des gadgets comme les prises audio auxiliaires et la connectivité Bluetooth. On s'est également attardé à offrir une chaîne audio honorable, qui peut même être remplacée par une radio Panasonic de 200 watts conçue selon les caractéristiques techniques du constructeur.

MÉCANIQUE Sous le capot, on trouve un 4-cylindres de 1,8 litre emprunté à la Corolla. Fiable et frugal, il la sert bien. Mais il faut admettre que la boîte de vitesses automatique à 4 rapports est un peu désuète et notamment responsable d'un régime-moteur relativement élevé sur la route. N'ayez toutefois crainte, la manuelle à 5 rapports est offerte de série.

COMPORTEMENT Au volant, il est difficile de se trouver une position de conduite appropriée. Mais des facteurs comme la piètre insonorisation, le confort disons « ordinaire » et la visibilité précaire à l'arrière viennent aussi assombrir son bilan. Qui plus est, la tenue de cap de la xD est décevante, la sensibilité aux vents latéraux étant considérable.

Sachez cependant que, en ajoutant les accessoires TRD proposés par Scion comme l'échappement et la suspension sport, la voiture devient carrément désagréable. Et là, même la *Génération Y* adepte de *tuning* et de jeux vidéo sera d'accord avec moi. L'agrément de conduite et le confort deviennent inexistants, et le niveau sonore vient éliminer toute possibilité de profiter du seul gadget intéressant de cette voiture; la chaîne audio!

De toute façon, tant qu'à se laisser aller dans un exercice de personnalisation, aussi bien choisir une voiture sous-compacte mieux conçue, plus agile, dynamique et qui a un peu plus de gueule! Je pense ici à la petite Mazda2, à la Fiesta ou, même, à la nouvelle Chevrolet Sonic!

CONCLUSION
Le marché des sous-compactes étant cette année envahi de nouveautés toutes plus convaincantes les unes que les autres, il n'y a, à mon avis, qu'une bonne relation de longue date avec le vendeur qui pourrait justifier l'acquisition d'une xD. Toutefois, comme les vendeurs de cette marque en sont souvent, pour la plupart, à leurs premières armes dans le métier, les relations de longue date se feront disons... plutôt rares.

2e OPINION

« Le créneau des sous-compactes est plus excitant que jamais. La Scion xD est arrivée à s'y démarquer grâce, avant tout, à sa silhouette jeune et dynamique. L'autre carte dans son jeu est sa mécanique de 1,8 litre qui produit plus de puissance de celles de la concurrence. En contrepartie, elle ne peut rivaliser avec l'habitacle, ficelé de façon exemplaire, de la Mazda2, ni avec l'espace intérieur de la Honda Fit, ni avec la conduite, plus inspirante sur la route, de la Ford Fiesta. Enfin, même si la xD consomme raisonnablement, la concurrence fait un petit peu mieux. Mais le plus gros problème de la xD demeure la concurrence inévitable du Scion xB qui, pour quelques dollars de plus, offre tout simplement plus de « voiture ». » — *Alexandre Crépault*

FICHE TECHNIQUE

MOTEUR

L4 1,8 L DACT, 128 ch à 6000 tr/min
COUPLE 125 lb-pi à 4400 tr/min
BOÎTE DE VITESSES manuelle à 5 rapports, automatique à 4 rapports (option)
0-100 KM/H 10,8 s
VITESSE MAXIMALE 180 km/h

AUTRES COMPOSANTS

SÉCURITÉ ACTIVE freins ABS, assistance au freinage, répartition électronique de force de freinage, système de contrôle de stabilité électronique, antipatinage
SUSPENSION AVANT/ARRIÈRE indépendante/essieu rigide
FREINS AVANT/ARRIÈRE disques/tambours
DIRECTION à crémaillère, assistée
PNEUS P195/60R16

DIMENSIONS

EMPATTEMENT 2460 mm
LONGUEUR 3930 mm
LARGEUR 1725 mm
HAUTEUR 1510 mm
POIDS man. 1190 kg auto. 1208 kg
DIAMÈTRE DE BRAQUAGE 11,3 m
COFFRE 297 L
RÉSERVOIR DE CARBURANT 42 L

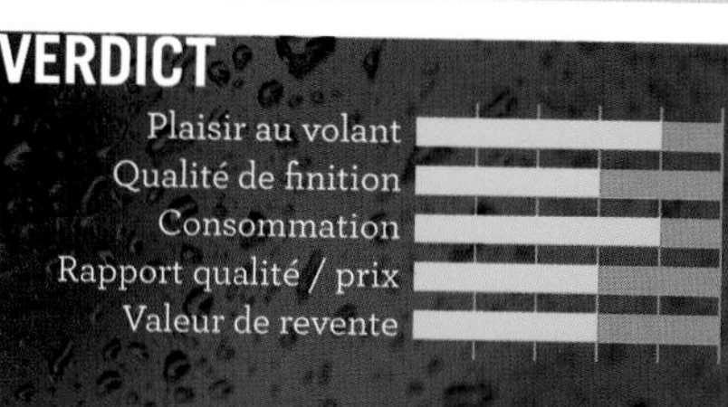

ÉVOLUTION $ 13 990 $ à 23 900 $ t&p 1295 $

LA COTE VERTE MOTEUR L3 DE 1,0 L source : ÉnerGuide

CONSOMMATION (100 KM) 5,4 L • **ÉMISSIONS POLLUANTES CO_2** 2484 kg/an • **INDICE D'OCTANE** 91
COÛT DU CARBURANT MOYEN PAR ANNÉE 1426 $ • **NOMBRE DE LITRES PAR ANNÉE** 1080

FICHE D'IDENTITÉ

VERSIONS Pure coupé, Passion Coupé, Brabus Coupé, Passion Cabriolet, Brabus Cabriolet
ROUES MOTRICES arrière
PORTIÈRES 2 **NOMBRE DE PASSAGERS** 2
PREMIÈRE GÉNÉRATION 2005
GÉNÉRATION ACTUELLE 2007
CONSTRUCTION Hambach, France
COUSSINS GONFLABLES 4 (frontaux, latéraux)
CONCURRENCE Aucune

AU QUOTIDIEN

PRIME D'ASSURANCE
25 ANS : 2000 à 2200 $
40 ANS : 1000 à 1200 $
60 ANS : 800 à 1000 $
COLLISION FRONTALE 3,5/5
COLLISION LATÉRALE 5/5
VENTES DU MODÈLE DE L'AN DERNIER
AU QUÉBEC 502 **AU CANADA** 2019
DÉPRÉCIATION 52,6 %
RAPPELS (2006 à 2011) 1
COTE DE FIABILITÉ 4/5

GARANTIES... ET PLUS

GARANTIE GÉNÉRALE 4 ans/80 000 km
GARANTIE MOTOPROPULSEUR 4 ans/80 000 km
PERFORATION 5 ans/kilométrage illimité
ASSISTANCE ROUTIÈRE 4 ans/kilométrage illimité
NOMBRE DE CONCESSIONNAIRES
AU QUÉBEC 12 **AU CANADA** 53

NOUVEAUTÉS EN 2012

Aucun changement majeur

LA PUCE **CITADINE**

Michel Crépault

La Smart est tellement une proposition iconoclaste au cœur de notre société emmitouflée, permettez que je règle son cas technique en un éclair pour enclencher le mode éditorial...

CARROSSERIE Avec ses 372,3 centimètres de longueur, une MINI fait figure de limousine aux côtés de la smart (269,5), coupé ou cabriolet, c'est tout dire. Pour les couleurs, pensez Smarties.

HABITACLE De minimaliste à mieux équipée depuis que le régulateur de vitesse, par exemple, s'est joint à cet intérieur biplace davantage joyeux que généreux.

MÉCANIQUE 3-cylindres de 1 litre de 70 chevaux couplé à une boîte de vitesses automatique à 5 rapports qui requiert du doigté pour éluder le mal de mer. Plusieurs babioles électroniques pour conforter les braves mais toujours des tambours à l'arrière.

COMPORTEMENT La smart ne convient pas à tout le monde. Dans un premier temps, malgré tous les tests prouvant sa solidité durant une collision simulée, des gens ne lui feront jamais confiance. Déjà qu'ils agrippent le volant comme si leur vie en dépendait, l'idée de rouler dans une boîte à sardines leur est carrément répulsive. Éliminons aussi les habitués des chantiers, les vendeurs itinérants et les *soccer mom*, tous les conducteurs qui se farcissent de longs trajets ou de gros équipages. Mais je n'exclus pas les familles car la smart peut devenir la 2e ou la 3e voiture de la maisonnée. Pensons aussi aux célibataires et aux couples sans progéniture qui roulent peu. Ils peuvent même considérer l'automobile comme un mal nécessaire. La smart est leur façon de passer un message aux autres qui encombrent et polluent avec des véhicules inutilement gros. Aux États-Unis, où la smart a débarqué en 2008, quatre ans après le Canada, la puce a connu un excellent départ avant de voir ses ventes se dégonfler. Mercedes-Benz a repris le contrôle de la distribution des mains du millionnaire Penske afin de ressusciter l'intérêt, mais

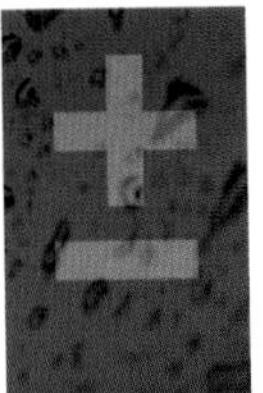

FORCES Format audacieux • Allure pimpante
Matériaux et motifs aguichants • Consommation enthousiasmante

FAIBLESSES Boîte de vitesses étrange • Suspension sautillante
Longs trajets vraiment longs...

www.thesmart.ca

véhicule qui n'aurait rien à voir avec son ego. Comme elle est moins polluante, les arbres soupireraient d'aise. Comme elle est moins gourmande, il nous resterait plus de sous pour se payer un bon spectacle. Elle n'est cependant pas parfaite. Malgré des changements apportés à la boîte de vitesses, celle-ci hoquète encore. Pas plus de deux occupants non plus et, svp, laissez les bagages à la maison. Et Benz ne la donne pas. Est-ce

rien n'est moins sûr quand on lit les forums américains où la moitié des intervenants traitent la smart d'auto de clown ! Et dire que c'est à cause de ce marché aussi ouvert aux petites voitures que le colonel Kadhafi à la démocratie que Benz a remplacé notre smart qui fonctionnait au Diesel par une autre alimentée à l'essence. La version au Diesel faisait tellement plus de sens, mais les Américains n'en voulaient pas. Déjà que les convaincre de voyager dans un kart de golf multicolore est un sacré défi, on n'allait pas en plus leur demander de pomper un carburant sur lequel ils entretiennent des préjugés vieux de 50 ans. Enfin... Quant à moi, la smart mérite considération. Jolie et pimpante, elle sème la gaieté au cœur de la grisaille quotidienne. Toute menue, on diminuerait de moitié les embouteillages si tout le monde se déplaçait dans un

parce que la stratégie du constructeur n'est pas d'en faire une Nano occidentale mais bien un objet tendance ? Pourtant, la smart porte bien son nom. À plus d'un point de vue, elle se veut une solution ou, à tout le moins, son embryon.

CONCLUSION Si les essais qui se déroulent actuellement en Amérique du Nord avec des smart électriques peuvent déboucher sur quelque chose de concret, la solution gagnerait en importance. Même chose si le constructeur pouvait élargir la famille avec une quatre-places mais en respectant le concept de la mobilité rigolote. D'un autre côté, le jour où tout le monde se promènera en smart, le gars le plus jalousé risque d'être celui qui ressuscitera le Hummer. À la condition, bien sûr, qu'il nous reste du carburant, de l'espace, de l'oxygène...

2e OPINION

«Plusieurs ont cru que l'aventure de la smart serait de courte durée. Pourtant, la puce allemande entreprend sa septième année en sol canadien, et tout porte à croire qu'elle est là pour rester. Il est quand même incroyable qu'une voiture aussi peu pratique et beaucoup trop chère ait réussi à survivre à l'intérieur d'un marché si concurrentiel. On pourrait être porté à croire que c'est parce qu'elle s'adresse à une clientèle bien précise, mais non ! Mercedes-Benz nous l'a confirmé, la smart voit ses ventes réparties équitablement entre les hommes et les femmes, est plus vendue en région qu'en milieu urbain, séduit les jeunes comme les plus vieux ainsi que les riches et les moins riches. Personnellement, ça m'amuse d'en conduire une ; mais au quotidien, non merci !» — Daniel Rufiange

FICHE TECHNIQUE

MOTEUR

L3 1,0 L DACT, 70 ch à 5800 tr/min
COUPLE 68 lb-pi à 4500 tr/min
BOÎTE DE VITESSES automatique à 5 rapports avec mode manuel
0-100 KM/H 13,3 s
VITESSE MAXIMALE 145 km/h (limitée)

AUTRES COMPOSANTS

SÉCURITÉ ACTIVE freins ABS, assistance au freinage, répartition électronique de la force de freinage, contrôle de la stabilité électronique, antipatinage
SUSPENSION AVANT/ARRIÈRE indépendante/essieu rigide
FREINS AVANT/ARRIÈRE disques/tambours
DIRECTION assistée, à crémaillère
PNEUS P155/60R15 (av.) P175/55R15 (arr.) **option Passion** P165/60R15 (av.) P195/50R15 (arr.), **Brabus** P175/55R15 (av.) 215/35R17 (arr.)

DIMENSIONS

EMPATTEMENT 1867 mm
LONGUEUR 2695 mm
LARGEUR 1559 mm
HAUTEUR 1542 mm
POIDS 820 kg, **cabrio.** 840 kg
DIAMÈTRE DE BRAQUAGE 8,7 m
COFFRE 220 L à 340 L
RÉSERVOIR DE CARBURANT 33 L

MENTIONS

CHOIX VERT COUP DE CŒUR RECOMMANDÉ

VERDICT

Plaisir au volant
Qualité de finition
Consommation
Rapport qualité / prix
Valeur de revente

$ 25 995 $ à 35 495 $ t&p 1525 $

LA COTE VERTE MOTEUR H4 DE 2,5 L source : Énerguide

CONSOMMATION (100 KM) 8,7 L • **ÉMISSIONS POLLUANTES CO_2** 4048 KG/AN • **INDICE D'OCTANE** 87
COÛT DU CARBURANT MOYEN PAR ANNÉE 2200 $ • **NOMBRE DE LITRES PAR ANNÉE** 1760

FICHE D'IDENTITÉ

VERSIONS 2.5X, 2.5X PZEV, 2.5XT Limited
ROUES MOTRICES 4
PORTIÈRES 5 **NOMBRE DE PASSAGERS** 5
PREMIÈRE GÉNÉRATION 1998
GÉNÉRATION ACTUELLE 2009
CONSTRUCTION Gunma, Japon
COUSSINS GONFLABLES 6 (frontaux, latéraux avant, rideaux latéraux)
CONCURRENCE Chevrolet Equinox,Ford Escape, GMC Terrain, Honda CR-V, Hyundai Tucson, Jeep Compass/ Patriot, Kia Sportage, Mitsubishi Outlander, Nissan Rogue, Suzuki Grand Vitara, Toyota Rav4

AU QUOTIDIEN

PRIME D'ASSURANCE
25 ANS : 2200 à 2400 $
40 ANS : 1300 à 1500 $
60 ANS : 1000 à 1200 $
COLLISION FRONTALE 5/5
COLLISION LATÉRALE 5/5
VENTES DU MODÈLE DE L'AN DERNIER
AU QUÉBEC 2337 **AU CANADA** 8941
DÉPRÉCIATION 43 %
RAPPELS (2006 à 2011) 3
COTE DE FIABILITÉ 4/5

GARANTIES... ET PLUS

GARANTIE GÉNÉRALE 3 ans/60 000 km
GARANTIE MOTOPROPULSEUR 5 ans/100 000 km
PERFORATION 5 ans/kilométrage illimité
ASSISTANCE ROUTIÈRE 3 ans/kilométrage illimité
NOMBRE DE CONCESSIONNAIRES
AU QUÉBEC 25 **AU CANADA** 86

NOUVEAUTÉS EN 2012

AUCUN CHANGEMENT MAJEUR

LE BEST-SELLER

Vincent Aubé

S'il y a un constructeur japonais qui connaît du succès depuis deux ans, c'est bien Subaru. Bien sûr, notre climat hivernal rigoureux aide grandement la marque à écouler ses véhicules au pays, une situation qui s'applique aussi au nord des États-Unis. L'an dernier, le petit constructeur a procédé à quelques changements bienvenus sur son VUS compact, le Forester, question de garder un bon achalandage dans les salles d'exposition de ses concessionnaires. Après tout, ce dernier est tout de même le plus vendu de la gamme au pays.

CARROSSERIE Le Forester est plus traditionnel en matière de style depuis la refonte de 2009. Ne cherchez pas trop les changements cosmétiques de l'an dernier, ils ne sont pas évidents à trouver ! La calandre est à peine plus imposante par rapport au modèle 2010. De plus, Subaru propose désormais de nouvelles jantes de 17 pouces plus agressives et, afin de permettre à la livrée la plus chère du lot, la XT Limited, de se distinguer, l'aileron qui surplombe la lunette est plus long. À ce sujet, la version XT est la plus intéressante en termes visuels à cause de cette trappe d'aération sur le capot.

HABITACLE L'intérieur est à l'image de l'extérieur : sobre et fonctionnel. Le tableau de bord est, à quelques détails près, très similaire à celui de la compacte Impreza sur laquelle le Forester est basé. Bien entendu, le plastique dur est à l'honneur, sauf que certains boutons – je pense surtout à la chaîne stéréo offerte en option – sont franchement difficiles à utiliser. L'agrément de conduite étant toujours au menu chez Subaru, il n'est donc pas étonnant de constater que le volant soit agréable à prendre en main, tandis que le levier de vitesses se trouve au bon endroit. Aussi, la position de conduite se révèle facile à trouver grâce au volant télescopique de série. La vision périphérique est, elle aussi, sans reproche. À l'arrière, l'espace réservé aux passagers est plus qu'adéquat, et la banquette repliable 60/40 peut s'abaisser complètement pour former le fameux plancher plat. En terminant, l'insonorisation a été améliorée quelque peu,

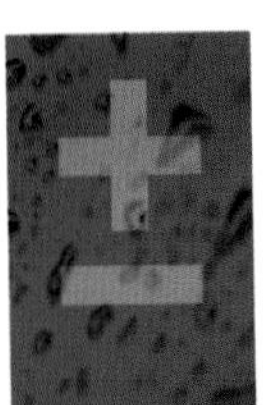

FORCES Tenue de route de voiture • Confort général • Plaisant à «piloter»

FAIBLESSES Planche de bord à retravailler • Design trop anonyme
Pourrait être plus insonorisé

mais Subaru peut encore faire mieux. Au moins, la sonorité de la mécanique boxer n'est pas désagréable à entendre !

MÉCANIQUE Sous le capot, pas de surprise ! C'est toujours une mécanique à 4 cylindres à plat qui propulse le Forester, sauf que les ingénieurs ont tenu à peaufiner le produit l'an dernier et ont imposé certains changements au 2,5-litres, assez pour qu'on parle de la troisième évolution du moteur depuis 1966, la dernière datant de 1989. La tubulure d'admission de l'engin est maintenant composée de résine, ce qui économise quelques kilos, tandis que le moteur est enfin à double arbre à cames en tête et qu'il a droit à un système variable des soupapes. De son côté, la puissance demeure la même, mais elle est disponible à un régime plus bas, idem pour le couple qui gagne 4 livres-pieds au passage. Au chapitre des boîtes de vitesses, le Forester est livré de série avec une manuelle à 5 rapports; le consommateur peut aussi cocher l'option boîte automatique à 4 rapports. Selon Subaru, une CVT plus moderne serait prévue pour la génération suivante. Dommage, car le mariage de la CVT et du moteur à 4 cylindres dans la Legacy est l'un des meilleurs que je connaisse !

COMPORTEMENT Le Forester a toujours été apprécié pour sa conduite qui s'apparentait plus à celle d'une voiture, ce qui est toujours le cas avec cette génération; et ceux qui aiment conduire ne s'en plaindront pas. Bien sûr, il ne faut pas oublier les lois de la physique quand on conduit un petit VUS. Malgré tout, la mécanique à plat offre l'avantage d'abaisser ce fameux centre de gravité, et le Forester est d'une stabilité hyper rassurante, surtout quand la chaussée devient glissante pendant la saison froide. La transmission intégrale est toujours aussi mordante et l'est encore plus avec de bons pneus d'hiver, soyons francs. La direction est précise pour un véhicule familial, et je vous confirme que le Forester est confortable, même si la suspension se révèle un brin sportive.

CONCLUSION Le Forester demeure un VUS à inscrire sur votre courte liste de VUS compacts à considérer. Il est certain que le dessin pourrait être plus avant-gardiste, et que certains détails seraient à revoir à l'intérieur, mais pour son agrément de conduite, sa fiabilité et l'efficacité de sa transmission intégrale, il mérite qu'on s'y attarde. Un essai en pleine tempête de neige devrait vous convaincre.

2e OPINION

« Le Forester est l'un des véhicules les plus populaires, non seulement chez Subaru, mais chez les amateurs de véhicules pratiques, de format raisonnable et passe-partout; bref, de vrais utilitaires. Quoique les qualités du Forester sautent aux yeux, je n'arrive pas à être emballé par ce véhicule. Je trouve sa conduite ennuyeuse, à la limite, plate. En termes d'esthétique, on a l'impression que le styliste se faisait taper sur les doigts à chaque ligne audacieuse qu'il osait dessiner. Le résultat ? Un design soporifique qui cadre très bien avec la conduite de ce véhicule. Mais, au demeurant, le Forester demeure un excellent produit. Il est effectivement pratique, il a peu de défauts, il passe partout, et sa transmission intégrale en fait le véhicule idéal l'hiver venu. Pour ceux qui les aiment discrets. » — Daniel Rufiange

FICHE TECHNIQUE

MOTEURS

(X, PZEV) H4 2,5 L DACT, 170 ch à 5800 tr/min
COUPLE 174 lb-pi à 4100 tr/min
BOÎTE DE VITESSES manuelle à 5 rapports, automatique à 4 rapports avec mode manuel (option)
0-100 KM/H 9,2 s
VITESSE MAXIMALE 185 km/h

(XT) H4 2,5 L turbo DACT, 224 ch à 5600 tr/min
COUPLE 226 lb-pi à 2800 tr/min
BOÎTE DE VITESSES automatique à 4 rapports avec mode manuel
0-100 KM/H 6,8 s
VITESSE MAXIMALE 225 km/h
CONSOMMATION (100 KM) 10,1 L (octane 91)
ÉMISSIONS DE CO_2 4692 kg/an
LITRES PAR ANNÉE 2040
COÛT PAR AN 2693 $

AUTRES COMPOSANTS

SÉCURITÉ ACTIVE ABS, assistance au freinage, répartition électronique de force de freinage, contrôle de stabilité électronique, antipatinage
SUSPENSION AVANT/ARRIÈRE indépendante
FREINS AVANT/ARRIÈRE disques
DIRECTION à crémaillère, assistée
PNEUS X P215/65R16, **option X/ de série XT** P225/55R17

DIMENSIONS

EMPATTEMENT 2615 mm
LONGUEUR 4560 mm
LARGEUR 2006 mm
HAUTEUR 1700 mm
POIDS X man. 1480 kg **X auto./ PZEV** 1500 kg **XT** 1570 kg
DIAMÈTRE DE BRAQUAGE 10,5 m
COFFRE X 949 L, 1934 L (sièges abaissés)
X tourisme/X Limited/XT 872 L, 1784 L (sièges abaissés)
RÉSERVOIR DE CARBURANT 64 L
CAPACITÉ DE REMORQUAGE (avec freins de remorque) 1087 kg

MENTIONS

RECOMMANDÉ

VERDICT

Plaisir au volant
Qualité de finition
Consommation
Rapport qualité / prix
Valeur de revente

www.subaru.ca

LA COTE VERTE MOTEUR H4 DE 2 L source : Subaru

CONSOMMATION (100 KM) MAN. 7,1 L, CVT. 6,5 L • **ÉMISSIONS POLLUANTES CO_2** ND • **INDICE D'OCTANE** 87
COÛT DU CARBURANT MOYEN PAR ANNÉE ND • **NOMBRE DE LITRES PAR ANNÉE** ND

FICHE D'IDENTITÉ

VERSIONS 4 portes/5 portes 2.0i, 2.0i Touring, 2.0i Sport, 2.0i Limited
ROUES MOTRICES 4
PORTIÈRES 4, 5 **NOMBRE DE PASSAGERS** 5
PREMIÈRE GÉNÉRATION 1993
GÉNÉRATION ACTUELLE 2012
CONSTRUCTION Gunma, Japon
COUSSINS GONFLABLES 7 (frontaux, latéraux avec, genoux conducteur, rideaux latéraux)
CONCURRENCE Chevrolet Cruze, Ford Focus, Honda Civic, Hyundai Elantra, Kia Forte, Mazda3, Mitsubishi Lancer, Nissan Sentra, Suzuki SX4, Scion xB, Toyota Corolla/Matrix, Volkswagen Golf/Jetta

AU QUOTIDIEN

PRIME D'ASSURANCE
25 ANS : 1600 à 1800 $
40 ANS : 1100 à 1300 $
60 ANS : 1000 à 1200 $
COLLISION FRONTALE nm
COLLISION LATÉRALE nm
VENTES DU MODÈLE DE LÍAN DERNIER
AU QUÉBEC 2926 **AU CANADA** 6601
DÉPRÉCIATION nm
RAPPELS (2006 à 2011) 2
COTE DE FIABILITÉ 4/5

GARANTIES… ET PLUS

GARANTIE GÉNÉRALE 3 ans/60 000 km
GARANTIE MOTOPROPULSEUR 5 ans/100 000 km
PERFORATION 5 ans/kilométrage illimité
ASSISTANCE ROUTIÈRE 3 ans/kilométrage illimité
NOMBRE DE CONCESSIONNAIRES
AU QUÉBEC 25 **AU CANADA** 86

NOUVEAUTÉS EN 2012

Nouveau modèle

NOUVELLE IDENTITÉ

Benoit Charette

L'Impreza demeure l'un des secrets les mieux gardés de l'industrie. Il s'agit de la voiture idéale pour notre climat qui propose l'efficacité d'un excellent système de transmission intégrale à prix réaliste. Mais voilà, sa diffusion reste limitée, et les gens de Subaru aimeraient bien que le modèle soit mieux connu. C'est pourquoi, au dernier salon de l'auto de New York, la firme nipponne a présenté la quatrième génération qui sera offerte en versions à 4 et à 5 portes. Nouvelles lignes, nouveau moteur, nouveau départ.

CARROSSERIE Pour offrir plus d'espace à l'intérieur, Subaru a conçu la nouvelle Impreza sur un châssis plus long mais avec des porte-à-faux plus courts. Vous obtenez une plus grande habitabilité sans changer le format extérieur de la voiture. L'image générale se veut plus moderne et plus robuste, un clin d'œil à la Legacy. L'espace vitré est très généreux; il offre un habitacle lumineux et assure une excellente visibilité. Un nouvel assortiment de roues de 15 pouces avec enjoliveurs et de jantes en alliage de 16 ou de 17 pouces fait également ses débuts. Enfin, pour rendre la silhouette plus sportive, on a déplacé le pare-brise de 200 millimètres vers l'avant. Cette modification a permis d'allonger l'ouverture de la portière avant de près de 125 millimètres, ce qui facilite l'accès au véhicule, surtout que les seuils de portières ont été abaissés de 20 millimètres. Les dimensions des portières arrière ont aussi été revues à la hausse sur les deux versions de carrosserie. Cela contribue également à conférer des lignes plus élancées à l'Impreza 2012.

HABITACLE L'empattement plus long offre environ 50 millimètres de dégagement pour les jambes des passagers à l'arrière. Subaru a également fait des modifications à la forme des portières, des garnitures de pavillon et des sièges avant pour grappiller quelques centimètres de plus d'espace et offrir des rangements plus généreux. L'espace de chargement est plus volumineux, tant dans la berline que dans la 5-portes; la 4-portes offre maintenant un plancher de chargement parfaitement plat quand on

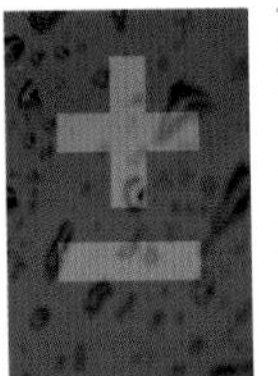

FORCES Lignes plus intéressantes • Conduite plus raffinée
Transmission intégrale toujours aussi intéressante et efficace

FAIBLESSES Je n'ai jamais aimé les boîtes CVT
Réservoir de carburant qui ne fait que 55 litres
Passage un peu long entre les rapports

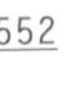

rabat le dossier de la banquette arrière divisée 60/40, livrée de série. La finition s'apparente maintenant à celle de la Legacy. D'allure plus sportive, tous les modèles profitent d'un volant à trois rayons et de l'ajout d'un afficheur de données ou d'un afficheur multifonction à écran couleur de 4,3 pouces (modèles Sport et Limited) avec ordinateur de trajet au centre de la planche de bord. On sent le travail plus haut de gamme de cette nouvelle génération.

MÉCANIQUE Le moteur H4 de 2,5 litres fait place à un autre moteur à plat de 2 litres qui, lui, offre une puissance de 148 chevaux et un couple de 145 livres-pieds. La configuration à double arbre à cames en tête (DACT) remplace le simple arbre à cames en tête (SACT) de l'ancienne génération. Vous avez le choix d'une boîte de vitesses manuelle à 5 rapports ou d'une CVT. Reconnue comme un fabricant qui construit des voitures qui consomment plus que la moyenne, Subaru a voulu s'attaquer à ce problème avec un nouveau moteur plus petit et plus sobre. Subaru annonce des cotes de consommation de 7,5 litres aux 100 kilomètres en ville et de 5,5 litres aux 100 kilomètres sur la route. Tout cela sans laisser de côté la transmission intégrale symétrique qui a fait sa réputation.

COMPORTEMENT Au chapitre de la tenue de route, il est difficile de prendre l'Impreza en défaut. Son système de transmission intégral figure parmi les meilleurs. Là où Subaru pouvait s'améliorer, c'est au chapitre du raffinement. Des suspensions renforcées à l'avant comme à l'arrière, en partie empruntées à la Legacy, rehausse le sentiment de raffinement et offre une meilleure agilité. De nouveaux supports de moteur hydrauliques contribuent à amortir les vibrations. Les ensembles Tourisme, Sport et Limited comportent en plus des ressorts spéciaux dans les amortisseurs avant ainsi qu'une barre stabilisatrice arrière pour une maniabilité plus nette. Tous les modèles s'équipent du contrôle de la dynamique du véhicule (VDC), un système qui agit à la fois sur la stabilité et sur l'adhérence. La gamme Impreza 2012 est également pourvue, de série, de freins ABS à disques aux quatre roues avec distribution électronique de la force de freinage (EBD) et assistance au freinage d'urgence.

CONCLUSION Cette voiture offre une approche et une conduite différentes et demeure encore un secret trop bien gardé. À vous de la découvrir, vous serez conquis une fois que vous aurez passé quelques heures sur la route.

2e OPINION

« Les produits Subaru constituent la meilleure offre sur le marché des véhicules « abordables ». Personnellement, je vante les mérites de la transmission intégrale au Québec et à plus forte raison celle que propose ce constructeur. J'encourage l'achat d'un véhicule à quatre roues motrices, très pertinent pour notre climat. Pour 20 000 $, vous pouvez vous procurer une Impreza (livrée de base, évidemment). Il s'agit d'un excellent véhicule, solide, agréable à conduire, sécuritaire et durable. Si vous aimez plus de puissance, il y a la version WRX. Son moteur est bien assez performant et elle plus confortable que la version STi. En revanche, il manque un rapport à la boîte de vitesses manuelle. Pour le reste, c'est irréprochable. » — Francis Brière

FICHE TECHNIQUE

MOTEURS

(2 L) H4 2 L DACT, 148 ch à 6200 tr/min
COUPLE 145 lb-pi à 4200 tr/min
BOÎTE DE VITESSES manuelle à 5 rapports, automatique à variation continue avec mode manuel (en option)
0-100 KM/H ND
VITESSE MAXIMALE ND

AUTRES COMPOSANTS

SÉCURITÉ ACTIVE freins ABS, assistance au freinage, répartition électronique de force de freinage, contrôle de stabilité électronique, antipatinage
SUSPENSION AVANT/ARRIÈRE indépendante
FREINS AVANT/ARRIÈRE disques
DIRECTION à crémaillère, assistée
PNEUS 2.0i P195/65R15, **2.0i Touring** 205/55R16, **2.0i** 205/50R17

DIMENSIONS

EMPATTEMENT 2645 mm
LONGUEUR 4 portes 4580 mm, **5 portes** 4415 mm
LARGEUR 1740 mm
HAUTEUR 1465 mm
POIDS 2.0i man. 1320 kg
DIAMÈTRE DE BRAQUAGE ND
COFFRE 4 portes 340 L, **5 portes** 569 L, 1407 L, (sièges abaissés)
RÉSERVOIR DE CARBURANT ND

MENTIONS

RECOMMANDÉ

VERDICT

Plaisir au volant
Qualité de finition
Consommation
Rapport qualité / prix
Valeur de revente

$ 32 495 à 42 495 $ t&p 1625 $

LA COTE VERTE MOTEUR H4 DE 2,5 L TURBO source : EnerGuide

CONSOMMATION (100 KM) 9,6 L • **ÉMISSIONS POLLUANTES CO_2** 4508 KG/AN • **INDICE D'OCTANE** 91
COÛT DU CARBURANT MOYEN PAR ANNÉE 2587 $ • **NOMBRE DE LITRES PAR ANNÉE** 1960

FICHE D'IDENTITÉ

VERSIONS 4 portes/5 portes WRX, WRX Limited, WRX STI, WRX STI Sport
ROUES MOTRICES 4
PORTIÈRES 4, 5 **NOMBRE DE PASSAGERS** 5
PREMIÈRE GÉNÉRATION 1993
GÉNÉRATION ACTUELLE 2008
CONSTRUCTION Gunma, Japon
COUSSINS GONFLABLES 6 (frontaux, latéraux, rideaux latéraux)
Concurrence Audi A3, Mitsubishi Lancer Ralliart/Evo, Mini Cooper S/ Cooper S Countryman, Mazda MazdaSpeed3, Volkswagen Golf GTI/Jetta GLI, Volvo C30

AU QUOTIDIEN

PRIME D'ASSURANCE
25 ANS: 1600 à 1800 $
40 ANS: 1100 à 1300 $
60 ANS: 1000 à 1200 $
COLLISION FRONTALE 5/5
COLLISION LATÉRALE 4/5
VENTES DU MODÈLE DE LÍAN DERNIER
AU QUÉBEC 767 **AU CANADA** 2057
DÉPRÉCIATION 28,6 %
RAPPELS (2006 à 2011) aucun à ce jour
COTE DE FIABILITÉ 4/5

GARANTIES... ET PLUS

GARANTIE GÉNÉRALE 3 ans/60 000 km
GARANTIE MOTOPROPULSEUR 5 ans/100 000 km
PERFORATION 5 ans/kilométrage illimité
ASSISTANCE ROUTIÈRE 3 ans/kilométrage illimité
NOMBRE DE CONCESSIONNAIRES
AU QUÉBEC 25 **AU CANADA** 86

NOUVEAUTÉS EN 2012

Une nouvelle couleur, nouvelle appellation (maintenant WRX et non Impreza WRX), système multimédia plus complet avec écran tactile plus grand

SPORTS D'HIVER

Philippe Laguë

C'est l'heure de la refonte pour la Subaru Impreza, mais les versions sportives (WRS et STI) demeurent inchangées pour 2012. Elles seront renouvelées à leur tour l'an prochain.

CARROSSERIE L'année dernière, les WRX et STI ont cependant eu droit à des retouches esthétiques, plus précisément des ailes élargies et plus ciselées ainsi qu'une garde au sol abaissée. Ces modifications leur donnent une allure plus agressive; l'effet visuel est indéniable, surtout avec l'énorme aileron arrière de la STI. Celui-ci est cependant en plein dans le champ de vision du conducteur et constitue une nuisance plus qu'autre chose.

HABITACLE Les sièges sont recouverts de cuir et de suède dans la STI, de tissu dans la WRX. Et quels sièges! De véritables baquets de course, mais plus rembourrés (et moins fermes) que dans la version précédente, tout en offrant un très bon maintien latéral et de même qu'un très bon soutien lombaire. La banquette arrière est aussi confortable, mais ça reste une banquette: moins sculptée, donc moins de maintien. Ceux qui y prennent place disposent cependant d'un bon dégagement pour la tête et les jambes.

Le tableau de bord annonce la couleur, avec son compte-tours en plein centre, comme il se doit dans une vraie sportive. Hélas, la présentation intérieure est une déception, à l'œil comme au toucher. C'est sobre au point d'être fade, et il y a beaucoup de plastique. Dans une Impreza régulière, passe encore; mais dans des versions plus chères, c'est plus difficile à digérer.

MÉCANIQUE Quand on passe de la WRX à la STI, on ne constate pas une énorme différence à l'accélération. Il y en a une, mais ce n'est pas aussi évident qu'auparavant. Les performances sont musclées dans une WRX comme dans une STI, mais, dans cette dernière, si on passe sur le mode Sport, ça devient franchement brutal.

La différence entre les deux versions est plus marquée en ce qui concerne les boîtes de vitesses. La boîte manuelle de la

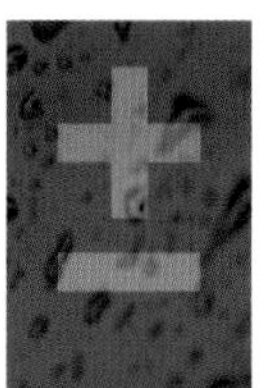

FORCES Excellents sièges • Performances musclées • Direction incisive
Tenue de route et motricité • Confort de roulement (WRX) • Sportive 4 saisons

FAIBLESSES Finition décevante • Boîte manuelle à 5 rapports (WRX)
Roulis (WRX) • Énorme aileron arrière qui nuit à la visibilité (STI)

WRX compte 5 rapports, un de moins que celle de la STI. Mais surtout, cette dernière est plus ferme et plus précise. Par ailleurs, le levier, long et droit, est directement inspiré de celui des voitures de rallye.

Évidemment, une Subaru ne serait pas une Subaru sans transmission intégrale. Faut-il rappeler que le système de Subaru est l'un des meilleurs de l'industrie de l'automobile? C'est d'ailleurs l'un des gros avantages des WRX et STI: ce sont des sportives quatre saisons. Mieux, elles aiment l'hiver! La neige, c'est leur truc. Leur terrain de prédilection.

COMPORTEMENT La STI propose trois modes de conduite, dont deux axés sur la conduite sportive. Tout part d'une direction incisive, ultra-précise et très communicative : on sent chaque imperfection du revêtement. Ces attributs permettent d'exploiter au maximum l'agilité et la maniabilité de cette athlète douée. En conduite sportive, la direction se raffermit, et le pilotage devient alors très physique. Une combinaison de facteurs procure à cette berline sport une tenue de route de haut calibre. Il y a d'abord la transmission intégrale qui optimise l'adhérence en virage; mais aussi le travail remarquable des trains roulants qui éliminent les mouvements de caisse. Et surtout, l'Impreza repose sur un excellent châssis, comme en témoigne son aplomb sur la route, toutes versions confondues. Dans une STI, vous atteindrez vos propres limites avant celles de la voiture, à moins d'être un pilote – un vrai.

Entre une WRX et une STI, la différence en matière de comportement réside principalement dans les réglages de suspension. En raison d'un amortissement plus souple, la WRX est plus confortable, mais le débattement est plus important. Cela se traduit par des mouvements plus prononcés que dans une STI : du roulis en virage ou un effet de ressort au passage d'une bosse. N'empêche, la WRX est une véritable voiture de tous les jours, qui propose une douceur de roulement comparable à celle de n'importe quelle berline compacte. Sauf qu'aucune d'entre elles ne procure autant de plaisir.

CONCLUSION Par ses performances musclées, sa motricité et ses qualités athlétiques, sur un circuit comme sur la route, la STI comblera les conducteurs les plus exigeants. Mais moi, je me contenterais amplement d'une WRX. Sur une note plus cartésienne, les WRX et STI brillent aussi par leur fiabilité, comme l'ensemble des produits Subaru.

2e OPINION

« Plus civilisées, les deux Subaru sont tout aussi impressionnantes les unes que les autres. Certes, la STI repose dans une classe à part grâce à ses performances et à une tenue de route enviables, mais il ne faut pas croire que la WRX n'est pas de la partie. Ces deux voitures demeurent encore des voitures fétiches pour moi. Tout de même relativement confortables à conduire au quotidien malgré leur comportement routier plus racé, elles s'expriment plus clairement quand la température n'est pas clémente. Amenez-en des tempêtes, de la gadoue et de la neige, les deux japonaises prennent alors leur pied tout comme leur conducteur d'ailleurs. Il ne faut pas se leurrer, par contre, en évoluant, les jumelles non identiques ont perdu ce petit côté délinquant au profit d'une expérience plus raffinée. Pour ma part, je dois dire que j'adore ces types de progrès. Pour le prix demandé, polyvalentes et facilement modifiables, les deux japonaises ont toutes deux mon dévolu. » — Frédéric Masse

FICHE TECHNIQUE

MOTEURS

(WRX) H4 2,5 L turbo DACT, 265 ch à 6000 tr/min
COUPLE 244 lb-pi à 4000 tr/min
BOÎTE DE VITESSES manuelle à 5 rapports
0-100 KM/H 5,4 s
VITESSE MAXIMALE 228 km/h

(WRX STI) H4 2,5 L turbo DACT, 305 ch à 6000 tr/min
COUPLE 290 lb-pi à 4000 tr/min
BOÎTE DE VITESSES manuelle à 6 rapports
0-100 KM/H 4,9 s
VITESSE MAXIMALE 255 km/h **5 portes** 250 km/h

CONSOMMATION (100 KM) 10,6 L (octane 91)
ÉMISSIONS DE CO_2 4968 kg/an
LITRES PAR ANNÉE 2160
COÛT PAR AN 2851 $

AUTRES COMPOSANTS

SÉCURITÉ ACTIVE freins ABS, assistance au freinage, répartition électronique de la force de freinage, contrôle de la stabilité électronique, antipatinage
SUSPENSION AVANT/ARRIÈRE indépendante
FREINS AVANT/ARRIÈRE disques
DIRECTION à crémaillère, assistée
PNEUS WRX P235/45R17 **WRX STI** P245/40R18

DIMENSIONS

EMPATTEMENT 2625 mm
LONGUEUR 4 portes 4580 mm **5 portes** 4415 mm
LARGEUR (sans les rétroviseurs) 1795 mm
HAUTEUR WRX 1475 mm **WRX STI** 1470 mm
POIDS WRX 1455 kg **WRX STI 4 portes** 1535 kg **WRX STI 5 portes** 1530 kg
DIAMÈTRE DE BRAQUAGE 11 m
COFFRE 4 portes 320 L, **5 portes** 538 L, 1257 L (sièges abaissés)
RÉSERVOIR DE CARBURANT 64 L

MENTIONS

RECOMMANDÉ

VERDICT

Plaisir au volant
Qualité de finition
Consommation
Rapport qualité / prix
Valeur de revente

ÉVOLUTION

$ 23 995 $ à 38 595 $ t&p 1525 $

LA COTE VERTE MOTEUR H4 DE 2,5 L source : ÉnerGuide

CONSOMMATION (100 KM) MAN. 9 L, CVT. 7.8 L • **ÉMISSIONS POLLUANTES CO_2** MAN. 4232 KG/AN, CVT. 3634 KG/AN
INDICE D'OCTANE 87 • **COÛT DU CARBURANT MOYEN PAR ANNÉE** 2300 $ • **NOMBRE DE LITRES PAR ANNÉE** 1580

FICHE D'IDENTITÉ

VERSIONS 2.5i, 2.5i PZEV, 3.6R, 2.5GT
ROUES MOTRICES 4
PORTIÈRES 4 **NOMBRE DE PASSAGERS** 5
PREMIÈRE GÉNÉRATION 1990
GÉNÉRATION ACTUELLE 2010
CONSTRUCTION Lafayette, Indiana, É.-U.
COUSSINS GONFLABLES 6 (frontaux, latéraux avant, rideaux latéraux)
CONCURRENCE Chevrolet Malibu, Chrysler 200, Dodge Avenger,Ford Fusion, Honda Accord, Hyundai Sonata, Kia Optima, Mazda6, Nissan Altima, Toyota Camry

AU QUOTIDIEN

PRIME D'ASSURANCE
25 ANS : 1800 à 2000 $
40 ANS : 1200 à 1400 $
60 ANS : 900 à 1100 $
COLLISION FRONTALE 5/5
COLLISION LATÉRALE 5/5
VENTES DU MODÈLE DE L'AN DERNIER
AU QUÉBEC 1404 **AU CANADA** 3269
DÉPRÉCIATION 43 %
RAPPELS (2006 à 2011) 4
COTE DE FIABILITÉ 3,5/5

GARANTIES... ET PLUS

GARANTIE GÉNÉRALE 3 ans/60 000 km
GARANTIE MOTOPROPULSEUR 5 ans/100 000 km
PERFORATION 5 ans/kilométrage illimité
ASSISTANCE ROUTIÈRE 3 ans/kilométrage illimité
NOMBRE DE CONCESSIONNAIRES
AU QUÉBEC 25 **AU CANADA** 86

NOUVEAUTÉS EN 2012

AUCUN CHANGEMENT MAJEUR

MA **DEUXIÈME AUTO**

Frédéric Masse

Je ne vous mentirai pas. J'ai moi-même une Legacy depuis plus d'an an comme voiture familiale. Vous vous imaginez donc déjà mon opinion sur la voiture. Alors, pourquoi ne pas choisir ce texte pour l'*Annuel *alors que je réalise en quelque sorte un essai à long terme (c'est notre deuxième auto). Voici donc le résultat de plus de 35 000 kilomètres parcourus derrière son volant. Difficile de dire que l'essai est peu concluant.

CARROSSERIE

Les avis sont mitigés sur la Legacy. Certains la trouvent notamment trop volumineuse depuis sa refonte. Ils n'ont pas tout à fait tort. J'ajouterais que la partie arrière n'est pas des plus attirantes. Elle me fait penser aux jeunes qui portent leur pantalon trop bas. Par contre, je dois souligner les avancements de Subaru en matière de design avec les ailes plus saillantes et les ensembles aérodynamiques qui confèrent un air à la fois luxueux et un peu agressif.

HABITACLE

Ce qui est le plus remarquable dans la Legacy est la position assise très haute. Les personnes de petite taille et les femmes adorent normalement. La position de conduite est bonne avec des piliers A et B petits et une bonne fenestration. Les sièges proposent un bon maintien, mais l'assise est un peu courte pour quelqu'un de 1,83 mètre ou plus. À l'arrière, il y a beaucoup de place tant pour la tête que les jambes, et la berline accueillera trois enfants sans problème. Quant au coffre, il est dans la bonne moyenne, et son ouverture est convenable. La présentation globale est conservatrice mais réussie. L'assemblage est impeccable. On ne peut en dire autant de la chaîne audio des versions de base qui sont tout le contraire.

MOTEUR

Trois mécaniques sont offertes dans la Legacy, soit un 4-cylindres à plat de 2,5 litres, un 4-cylindres turbo de 2,5 litres et un 6-cylindres à plat de 3,6 litres. Le moteur le plus populaire est le petit 4-cylindres ; il suffit à la tâche, mais il est bruyant en forte

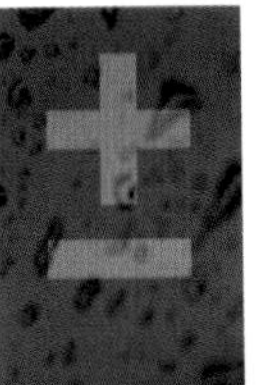

FORCES Transmission intégrale de série • Espace pour tout le monde
Suspension conciliante • Fiabilité et valeur de revente

FAIBLESSES Moteur de base peu puissant • Pas de version familiale
Direction un peu floue

accélération, comme le sont tous ses concurrents. Lors de la dernière refonte, la voiture a pris du volume, et ce n'est pas facile pour 170 chevaux. Ajoutez à cela la transmission intégrale de série qui draine elle aussi du jus et vous obtenez des performances justes, que vous choisissiez la réticente boîte de vitesses manuelle à 6 rapports ou la boîte CVT qui est plus douce et permet une meilleure consommation de carburant. Parlant de ça, pour ceux que ça intéresse, le petit 4-cylindres à ses avantages, alors que sa consommation avoisine les 8,5 litres aux 100 kilomètres. Pour plus de performance ou de douceur, optez respectivement pour le 4-cylindres turbo ou le 6-cylindres.

COMPORTEMENT

Depuis la dernière refonte, la Legacy a perdu, au détriment de l'espace, un peu du caractère rebelle qui la rendait si agréable à conduire, même dans ses versions de base. Sa direction est moins communicative quoique toujours plus intéressante que celle d'une Toyota Camry ou une Ford Fusion. Sa suspension est désormais davantage axée sur le confort que sur le sport, peu importe la version, sauf la 2.5 GT. Le freinage impressionne. En slalom et évitement d'obstacles, la version de base étire et tangue, mais ça demeure raisonnable. La transmission intégrale en période hivernale devient une véritable bénédiction, permettant d'affronter les pires conditions et de faire la grimace à toutes les propulsions et tractions de ce monde.

CONCLUSION

La Legacy s'est civilisée et a pris du volume au grand bonheur de la majorité de sa clientèle cible. Malgré la transmission intégrale, les versions à moteur à 4-cylindres non turbo sont frugales et pratiquement, sinon davantage, performantes que les concurrentes. Son prix de vente de base est fort alléchant compte tenu de son équipement de série et, encore une fois, de sa transmission intégrale. En plus, les rapports sont tout aussi enviables quant à sa fiabilité et à sa valeur de revente. Pour moi, puisque nous vivons dans un pays de neige six mois par année, elle demeure, avec l'Outback, mon choix de prédilection dans la catégorie.

2e OPINION

« Elle m'impressionne, cette Legacy. Subaru propose une voiture qui rivalise avec des berlines intermédiaires intéressantes, comme la Ford Fusion, la Honda Accord et la Hyundai Sonata. À mon avis, la Legacy constitue le meilleur achat. Elle bénéficie d'une qualité de fabrication irréprochable, elle est agréable à conduire, confortable, spacieuse et frugale. Lors d'un voyage à Toronto, nous avons obtenu une consommation de 7,8 litres aux 100 kilomètres. Sur route, bien entendu, mais pour une voiture de ce gabarit, j'ai été surpris. Si la boîte CVT ne vous donne pas trop de boutons, il s'agit de la meilleure option pour l'économie de carburant. Pour moins de 30 000 $, vous profitez de la transmission intégrale et d'un équipement complet avec la Legacy. » — Francis Brière

FICHE TECHNIQUE

MOTEURS

(2.5L, PZEV) H4 2,5 L SACT, 170 ch à 5600 tr/min
COUPLE 170 lb-pi à 4000 tr/min
BOÎTE DE VITESSES manuelle à 6 rapports, transmission à variation continue avec mode manuel (en option)
0-100 KM/H 10,2 s
VITESSE MAXIMALE 200 km/h

(2.5 GT) H4 2,5 L turbo DACT, 265 ch à 5600 tr/min
Couple 258 lb-pi de 2000 à 5200 tr/min
BOÎTE DE VITESSES manuelle à 6 rapports
0-100 KM/H 6,2 s
VITESSE MAXIMALE 210 km/h
CONSOMMATION (100 KM) man. 9,8 L (octane 91)
ÉMISSIONS DE CO_2 4554 kg/an
LITRES PAR ANNÉE 1980
COÛT PAR AN 2614 $

(3.6R) H6 3,6 L DACT, 256 ch à 6000 tr/min
COUPLE 247 lb-pi à 4400 tr/min
TRANSMISSION automatique à 5 rapports avec mode manuel
0-100 KM/H 8 s
VITESSE MAXIMALE 210 km/h
CONSOMMATION (100 KM) 10,1 L (octane 87)
ÉMISSIONS DE CO_2 4692 kg/an
LITRES PAR ANNÉE 2040
COÛT PAR AN 2550 $

AUTRES COMPOSANTES

SÉCURITÉ ACTIVE freins ABS, assistance au freinage, répartition électronique de force de freinage, contrôle de stabilité électronique, antipatinage
SUSPENSION AVANT/ARRIÈRE indépendante
FREINS AVANT/ARRIÈRE disques
DIRECTION à crémaillère, assistée
PNEUS 2.5i PZEV P205/60R16, **option 2.5i** P215/50R17, **3.6R** P225/50R17, **2.5GT** P225/45R18

DIMENSIONS

EMPATTEMENT 2750 mm
LONGUEUR 4735 mm
LARGEUR (sans rétro.) 1820 mm
HAUTEUR 1505 mm
POIDS 2.5i man. 1485 kg, **2.5i auto.** 1534 kg, **2.5 GT** 1580 kg, **3.6R** 1598 kg
DIAMÈTRE DE BRAQUAGE 11,2 m
COFFRE 415 L
RÉSERVOIR DE CARBURANT 70 L

MENTIONS

RECOMMANDÉ

VERDICT

$ 28995$ à 38495$ t&p 1525$

LA COTE VERTE MOTEUR H4 DE 2,5 L source : ÉnerGuide

CONSOMMATION (100 KM) MAN. 9 L, CVT. 8,2 L • **ÉMISSIONS POLLUANTES** CO_2 MAN. 4232 KG/AN, CVT. 3818 KG/AN • **INDICE D'OCTANE** 87
COÛT DU CARBURANT MOYEN PAR ANNÉE MAN. 2392$, CVT. 2158$ • **NOMBRE DE LITRES PAR ANNÉE** MAN. 1840, CVT. 1660

FICHE D'IDENTITÉ

VERSIONS 2.5i, 2.5i PZEV, 2.5i Limited, 3.6R, 3.6R Limited
ROUES MOTRICES 4
PORTIÈRES 5 **NOMBRE DE PASSAGERS** 5
PREMIÈRE GÉNÉRATION 1990
GÉNÉRATION ACTUELLE 2010
CONSTRUCTION Lafayette, Indiana, É.-U.
COUSSINS GONFLABLES 6 (frontaux, latéraux avant, rideaux latéraux)
CONCURRENCE Audi A4, Volvo XC70, Saab 9-3

AU QUOTIDIEN

PRIME D'ASSURANCE
25 ANS : 1800 à 2000 $
40 ANS : 1200 à 1400 $
60 ANS : 900 à 1100 $
COLLISION FRONTALE 5/5
COLLISION LATÉRALE 5/5
VENTES DU MODÈLE DE L'AN DERNIER
AU QUÉBEC 2595 **AU CANADA** 6401
DÉPRÉCIATION 40,0 %
RAPPELS (2006 à 2011) 3
COTE DE FIABILITÉ 3,5/5

GARANTIES… ET PLUS

GARANTIE GÉNÉRALE 3 ans/60 000 km
GARANTIE MOTOPROPULSEUR 5 ans/100 000 km
PERFORATION 5 ans/kilométrage illimité
ASSISTANCE ROUTIÈRE 3 ans/kilométrage illimité
NOMBRE DE CONCESSIONNAIRES
AU QUÉBEC 25 **AU CANADA** 86

NOUVEAUTÉS EN 2012

Nouveau système multimédia,
Modèle Tourisme (auparavant Sport),
Possibilité de coloris intérieurs en version Limited

EN HARMONIE AVEC NOTRE CLIMAT

Daniel Rufiange

Œuvrant dans l'ombre et, à la limite, dans la marginalité, la marque Subaru est à découvrir. Si la réputation du constructeur n'a pas toujours été envieuse, les choses se redressent depuis quelques années. Et les consommateurs en semblent conscients, eux qui sont plus nombreux que jamais à se tourner vers les produits de la marque. Parmi les modèles jouissant de la faveur, on compte cette Outback, certes l'un des véhicules les mieux adaptés au climat québécois.

CARROSSERIE L'Outback s'est endimanchée lors de sa dernière refonte en 2010. Si la voiture a perdu son allure coquette au prix d'une silhouette plus générique, elle n'a pas été dénaturée pour autant. L'Outback actuelle est toutefois plus grosse et plus haute sur roues. Aux yeux de plusieurs, elle est devenue un véhicule multisegment, mais dans le cœur des vrais, elle demeure une bonne vieille familiale. Peu importe la version proposée, on aime son allure pour ce qu'elle trahit ; on a l'impression que cette Outback est prête à s'aventurer dans les sentiers les moins accueillants. À preuve ces protecteurs de bas de caisse qui préviennent les dommages désolants, cette garde au sol élevée et ces longerons de toit nécessaires à l'arrimage du matériel de survie en forêt. L'Outback se décline principalement en deux versions déterminées par le type de moteur qu'elle recèle, mais on compte plus d'une demi-douzaine de variantes, une fois dénombrés les ensembles d'options à greffer à chacun des modèles.

HABITACLE Ce qui caractérise le mieux l'habitacle de l'Outback, c'est sa polyvalence. Les concepteurs ont priorisé l'espace intérieur lors de la dernière refonte, et les résultats sont probants. À l'avant, mais surtout à l'arrière, on ne se sent pas coincé à bord de cette voiture. Et, bien sûr, on profite des joies d'une voiture familiale et du côté pratico-pratique d'un véhicule utili-

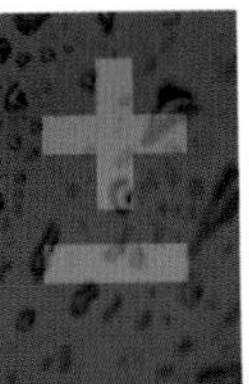

FORCES Revêtement intérieur amovible, pratique pour le chargement
Transmission intégrale ultra compétente • Visibilité intérieure
Véritable véhicule utilitaire

FAIBLESSES Consommation du moteur H6 • Prix une fois équipée
Direction peu communicative • Boîte CVT ennuyeuse

taire quand on rabat les sièges arrière. Ce faisant, on profite de 2 019 litres d'espace de chargement. Ça, mes amis, c'est plus qu'à bord d'une flopée de véhicules soi-disant utilitaires, notamment les Kia Sportage, Chevrolet Equinox et Nissan Murano, pour n'en nommer que quelques-uns. En termes visuels, on n'est pas ébloui par la présentation intérieure, mais cette dernière ne propose pas d'horreurs sur le plan esthétique. Le tout devrait très bien vieillir, surtout que la qualité d'assemblage semble bonne.

MÉCANIQUE On a essentiellement droit à deux mécaniques. Les versions de base reçoivent un moteur à 4 cylindres opposés à plat de 2,5 litres. Ses 170 chevaux n'encouragent pas les écarts de conduite, mais sa faible consommation de carburant, surtout avec la boîte de vitesses CVT, a de quoi faire sourire. Une boîte manuelle à 5 rapports peut aussi joindre son travail à ce moteur. Ceux qui sont avides de plus de *pep* sous la pédale d'accélération choisiront les versions munies du moteur boxer à 6 cylindres de 3,6 litres. En voilà un qui ne se fait pas prier pour obtempérer, mais on s'en doute, sa consommation s'en ressent; entre 11 et 12 litres aux 100 kilomètres.

COMPORTEMENT Il est difficile de caractériser le comportement routier de l'Outback en un seul mot. En fait, c'est une question de compromis. La tenue de route est bonne, les performances, aussi, et le degré de confort est très appréciable. Et, surtout, il y a cette transmission intégrale qui permet à l'Outback de se moquer de la concurrence à l'annonce d'un avertissement de neige intense. En réalité, la transmission intégrale de Subaru, c'est l'une des meilleures de l'industrie. Lors d'une bonne bordée de neige l'hiver dernier, j'ai eu un plaisir fou à enfiler les kilomètres au volant de l'Outback. Plus les conditions routières se dégradaient, plus je me sentais incroyablement en sécurité au volant de ce bolide.

CONCLUSION Les ventes de l'Outback ont explosé au cours des deux dernières années. Serait-ce que les Québécois commencent à comprendre que ce ne sont pas les dimensions qui comptent, mais bien ce qu'on peut faire avec? Je parle bien sûr des dimensions du véhicule.

2e OPINION

«En 1995, Subaru introduisait un nouveau type de voiture familiale, soit la familiale utilitaire. Une meilleure garde au sol, une peinture à deux tons, des pare-chocs et des pneus plus agressifs, et le tour étaient joué. Mais à cette époque, on ne se doutait probablement pas que les jours de la familiale traditionnelle étaient comptés. Et aujourd'hui, chez Subaru, on est tout simplement mort de rire ! Non seulement on parvient à vendre un type de véhicule que personne d'autre ne propose, mais on le fait dans une conjoncture où les gens sont de plus en plus en quête d'un véhicule multifonctionnel et peu gourmand. Et elle est justement là, toute la beauté de cette Subaru Outback. Il ne faut donc pas être surpris de son succès commercial!» — Antoine Joubert

FICHE TECHNIQUE

MOTEURS

(2.5L, PZEV) H4 2,5 L SACT, 170 ch à 5600 tr/min
Couple 170 lb-pi à 4000 tr/min
BOÎTE DE VITESSES manuelle à 6 rapports, automatique à variation continue avec mode manuel (en option, de série PZEV et Limited)
0-100 KM/H 10,8 s
VITESSE MAXIMALE 200 km/h

(3.6R) H6 3,6 L DACT, 256 ch à 6000 tr/min
COUPLE 247 lb-pi à 4400 tr/min
BOÎTE DE VITESSES automatique à 5 rapports avec mode manuel
0-100 KM/H 8 s
VITESSE MAXIMALE 210 km/h
CONSOMMATION (100 KM) 10,1 L (octane 87)
ÉMISSIONS DE CO_2 4692 kg/an
LITRES PAR ANNÉE 2040
COÛT PAR AN 2652 $

AUTRES COMPOSANTS

SÉCURITÉ ACTIVE freins ABS, assistance au freinage, répartition électronique de force de freinage, contrôle de stabilité électronique, antipatinage
SUSPENSION AVANT/ARRIÈRE indépendante
FREINS AVANT/ARRIÈRE disques
DIRECTION à crémaillère, assistée
PNEUS P225/60R17

DIMENSIONS

EMPATTEMENT 2740 mm
LONGUEUR 4780 mm
LARGEUR (sans rétro.)1820 mm
HAUTEUR 1670 mm
POIDS 2.5i man. 1542 kg, **2.5i auto.** 1591 kg, **3.6R** 1648 kg
DIAMÈTRE DE BRAQUAGE 11,2 m
COFFRE 972 L, 2019 L (sièges abaissés)
RÉSERVOIR DE CARBURANT 70 L
CAPACITÉ DE REMORQUAGE (remorque avec freins) H4 1227 kg H6 1363 kg

MENTIONS

RECOMMANDÉ

VERDICT

Plaisir au volant
Qualité de finition
Consommation
Rapport qualité / prix
Valeur de revente

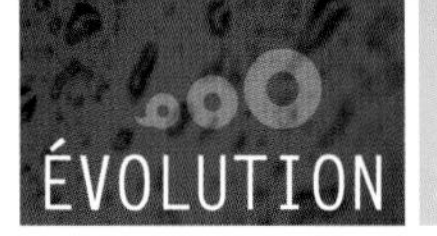

$ 40 995 $ à 49 195 $ t&p 1525 $

LA COTE VERTE MOTEUR H6 DE 3,6 L source : ÉnerGuide

CONSOMMATION (100 KM) 11,3 L • **ÉMISSIONS POLLUANTES CO_2** 5244 KG/AN • **INDICE D'OCTANE** 87

COÛT DU CARBURANT MOYEN PAR ANNÉE 2850 $ • **NOMBRE DE LITRES PAR ANNÉE** 2280

FICHE D'IDENTITÉ

VERSIONS Base, Limited, Optimum
ROUES MOTRICES 4
PORTIÈRES 5 **NOMBRE DE PASSAGERS** 7
PREMIÈRE GÉNÉRATION 2006
GÉNÉRATION ACTUELLE 2006
CONSTRUCTION Lafayette, Indiana, É.-U.
COUSSINS GONFLABLES 6 (frontaux, latéraux avant, rideaux latéraux)
CONCURRENCE Chevrolet Traverse, Ford Flex, GMC Acadia, Honda Pilot, Hyundai Veracruz, Mazda CX-9, Nissan Murano, Toyota Highlander

AU QUOTIDIEN

PRIME D'ASSURANCE
25 ANS : 2800 à 3000 $
40 ANS : 1800 à 2000 $
60 ANS : 1200 à 1400 $
COLLISION FRONTALE 5/5
COLLISION LATÉRALE 5/5
VENTES DU MODÈLE DE L'AN DERNIER
AU QUÉBEC 196 **Au Canada** 536
Dépréciation 54 %
Rappels (2006 à 2011) 2
Cote de fiabilité 4/5

GARANTIES... ET PLUS

GARANTIE GÉNÉRALE 3 ans/60 000 km
GARANTIE MOTOPROPULSEUR 5 ans/100 000 km
PERFORATION 5 ans/kilométrage illimité
ASSISTANCE ROUTIÈRE 3 ans/ kilométrage illimité
NOMBRE DE CONCESSIONNAIRES
AU QUÉBEC 25 **AU CANADA** 86

NOUVEAUTÉS EN 2012

AUCUN CHANGEMENT MAJEUR

PAUVRE PETIT REJET

Daniel Rufiange

Il y a des véhicules qui, malgré la bonne intention de leurs créateurs, semblent incapables d'obtenir la cote. Le Tribeca figure sur cette liste. Il faut dire que les choses avaient très mal commencé pour lui. Rappelez-vous ce faciès ingrat dont on l'avait affublé, une erreur que Subaru avait rapidement corrigée. Ç'a été trop peu trop tard, toutefois. Bon an mal an, le Tribeca n'arrive à séduire qu'une poignée d'amateurs, des inconditionnels de Subaru, sans l'ombre d'un doute. La question est de savoir si le Tribeca est boudé injustement ou si le traitement qu'on lui réserve est tout à fait justifié.

CARROSSERIE Il n'est pas laid, le Tribeca. Cependant, quand on utilise l'expression design générique, c'est exactement à ce type de bouille qu'on fait référence. Ni excitant, ni répugnant. Le problème, c'est que, avec plus de 250 modèles sur le marché, le consommateur risque de trouver un produit plus séduisant. Outre son apparence neutre, le Tribeca n'en est pas moins un véhicule intéressant. Assemblé sur la même plateforme que l'Outback, son comportement routier est plus à l'image de celui d'une grande berline que d'un vulgaire VUS. En matière de variantes, il est toujours proposé en versions de base, Limited et Optimum.

HABITACLE Les stylistes se sont permis quelques excentricités à l'intérieur, folies que notre œil apprécie. Cependant, on se désole de constater l'absence d'une colonne de direction télescopique sur certains modèles et l'utilisation de plastiques bon marché déçoit. En fait, l'équipement de série des modèles se veut décevant en regard du prix qui est exigé. Avec les taxes, il est impossible de mettre la main sur un Tribeca pour moins de 47 000 $. S'il faut en plus noircir la liste d'options...

Heureusement, il y a quelques facettes qui font plaisir. La position de conduite, notamment, est parfaite, et le confort des sièges est l'un des points forts de l'habitacle. Plusieurs apprécieront également la présence d'une troisième banquette, mais comme c'est souvent le cas, elle vise plus à dépanner qu'à offrir un confort réel.

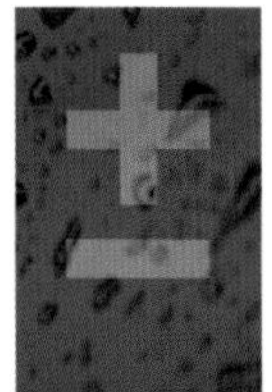

FORCES Douceur de roulement et confort • Espace et aménagement
Mécanique et transmission intégrale • Consommation raisonnable

FAIBLESSES Valeur de revente catastrophique
Troisième rangée de sièges peu invitante
Véhicule qui manque de singularité

Enfin, ceux qui aiment profiter des gâteries qu'offre un système de navigation, sachez que l'emplacement de celui du Tribeca n'aurait pu être plus mal choisi; aussitôt que Galarneau se pointe le bout du nez, ses rayons semblent tous se diriger vers l'écran.

MÉCANIQUE Ici gît l'un des secrets les mieux gardés. D'abord, il faut savoir que le Tribeca est le seul de sa catégorie à n'offrir que la transmission intégrale. Inutile de rappeler que celle de Subaru, à prise constante et à distribution variable du couple, est l'une des plus efficaces sur le marché. Ensuite, on ne peut parler de la mécanique qu'en des termes élogieux. Le moteur Boxer à 6 cylindres à plat de 3,6 litres livre un rendement des plus veloutés, et on demeure agréablement surpris de la consommation de carburant. Lors de mon essai, c'est à peine si la moyenne enregistrée a été supérieure à 10 litres aux 100 kilomètres.

COMPORTEMENT
Une fois lancé, le Tribeca livre une expérience de conduite à son image : neutre. On aime la douceur de roulement et l'insonorité qui nous permettent d'apprécier l'excellente chaîne audio. Sans être un bolide conçu pour la piste, le Tribeca adopte un comportement routier prévisible et rassurant. Surtout quand le revêtement devient plus glissant que le fond d'une baignoire, la transmission intégrale joue le rôle du tapis caoutchouté qui nous permet de prendre une douche sans avoir peur de se retrouver les quatre fers en l'air. Vous ne serez pas éberlué à conduire un Tribeca, mais vous apprécierez la sensation qu'il procure, assurément.

CONCLUSION Boudé, le Tribeca. Pas vraiment. L'expression méconnue serait plus juste. Car, si l'Outback, le Forester et l'Impreza demeurent des véhicules populaires, ce n'est pas un problème relié à la marque. Subaru gagnera à donner du panache à ce véhicule qui possède un excellent code génétique. Suffit d'améliorer l'offre, sans faire monter la facture, et les ventes pourraient grimper.

2e OPINION

« Il est rare que je n'arrive pas à trancher. Mais, le Tribeca n'a rien pour attirer les éloges, ni pour les repousser. Il s'agit d'un type de véhicule qui ne surprend jamais, qui ne fait pas de vagues et qui ne fait rien pour se démarquer de la catégorie. J'appelle ce type de véhicules des beiges. Il me fait penser un peu au Toyota Highlander, pas tant par le comportement routier (car le Tribeca est nettement plus vivant dans sa conduite), mais parce qu'il est moyen partout. Il ne fera pas tourner les têtes sur son passage, mais n'attirera pas les moqueries non plus. Il n'est pas le plus puissant, mais sa mécanique boxer est suffisante. Il n'est pas le plus agile, mais sa conduite est tout de même agréable. Bref, je ne sais trop quoi vous dire sur le Tribeca. S'il fait chavirer votre cœur, allez-y gaiement et sans retenue, mais sachez que, dans cette catégorie extrêmement concurrentielle, il existe chez les concurrentes des avenues tout aussi intéressantes.» — Frédéric Masse

FICHE TECHNIQUE

MOTEUR

H6 3,6 L DACT, 256 ch à 6000 tr/min
COUPLE 247 lb-pi à 4400 tr/min
BOÎTE DE VITESSES automatique à 5 rapports avec mode manuel
0-100 KM/H 9 s
VITESSE MAXIMALE 210 km/h

AUTRES COMPOSANTS

SÉCURITÉ ACTIVE Freins ABS, assistance au freinage, répartition électronique de force de freinage, contrôle de stabilité électronique, antipatinage
SUSPENSION AVANT/ARRIÈRE indépendante
FREINS AVANT/ARRIÈRE disques
DIRECTION à crémaillère, assistée
PNEUS P255/55R18

DIMENSIONS

EMPATTEMENT 2749 mm
LONGUEUR 4865 mm
LARGEUR 1878 mm
HAUTEUR 1720 mm
Poids base 1885 kg, **Limited** 1931 kg, **Optimum** 1935 kg
DIAMÈTRE DE BRAQUAGE 12,2 m
COFFRE 235 L (derrière 3e rangée), 1063 L (derrière 2e rangée), 2106 L (siège abaissés)
RÉSERVOIR DE CARBURANT 64 L
CAPACITÉ DE REMORQUAGE 453 kg, 909 kg avec freins de remorque, 1591 kg avec freins de remorque et refroidisseur de transmission (en option)

MENTIONS

RECOMMANDÉ

VERDICT

Plaisir au volant
Qualité de finition
Consommation
Rapport qualité / prix
Valeur de revente

ÉVOLUTION $ 28 135 $ à 30 635 $ t&p 1595 $

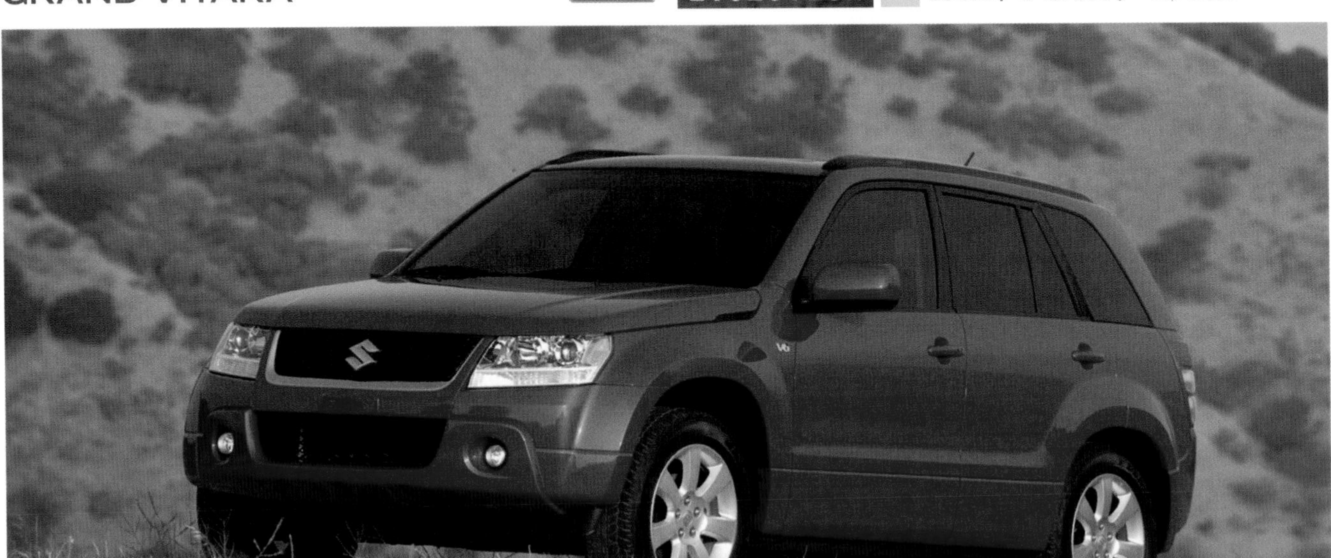

LA COTE VERTE MOTEUR L4 DE 2.4 L source : ÉnerGuide

CONSOMMATION 100 KM 9,9 l • ÉMISSIONS POLLUANTES CO_2 4600 kg/an • INDICE D'OCTANE 87
COÛT DU CARBURANT MOYEN PAR ANNÉE 2500 $ • NOMBRE DE LITRES PAR ANNÉE 2000 l

FICHE D'IDENTITÉ

VERSIONS JX, JLX, JLX-L
ROUES MOTRICES 4
PORTIÈRES 5 **NOMBRE DE PASSAGERS** 5
PREMIÈRE GÉNÉRATION 1999
GÉNÉRATION ACTUELLE 2006
CONSTRUCTION Iwata, Japon
COUSSINS GONFLABLES 6 (frontaux, latéraux avant, rideaux latéraux)
CONCURRENCE Chevrolet Equinox, Ford Escape, GMC Terrain, Honda CR-V, Hyundai Tucson, Jeep Patriot/Liberty, Kia Sportage, Mazda CX-7, Mitsubishi Outlander, Nissan Rogue, Subaru Forester, Toyota RAV4

AU QUOTIDIEN

PRIME D'ASSURANCE
25 ANS : 2000 à 2200 $
40 ANS : 1000 à 1200 $
60 ANS : 900 à 1100 $
COLLISION FRONTALE 4/5
COLLISION LATÉRALE 5/5
VENTES DU MODÈLE DE LÍAN DERNIER
AU QUÉBEC 1182 **AU CANADA** 2842
DÉPRÉCIATION 41,0 %
RAPPELS (2006 À 2011) 2
COTE DE FIABILITÉ 3,5/5

GARANTIES... ET PLUS

GARANTIE GÉNÉRALE 3 ans/60 000 km
GARANTIE MOTOPROPULSEUR 5 ans/100 000 km
PERFORATION 5 ans/kilométrage illimité
ASSISTANCE ROUTIÈRE 3 ans/kilométrage illimité
NOMBRE DE CONCESSIONNAIRES
AU QUÉBEC 40 **AU CANADA** 90

NOUVEAUTÉS EN 2012

Abandon du V6 (2011)

MÂLE ALPHA

Philippe Laguë

Pendant que les petits véhicules utilitaires sport se transforment en « utilitaires urbains » (sic), le Grand Vitara reste fidèle à lui-même et demeure un vrai 4 x 4, capable de s'aventurer là où ses concurrents métropolitains n'oseraient même pas aller. À côté d'eux, le Grand Vitara est un mâle alpha.

CARROSSERIE En plus, il a une belle gueule. Signe d'un design réussi, il n'a pas pris une ride depuis l'introduction de l'actuelle génération, en 2006. Mais rien n'est parfait: la largeur du pilier C, à l'arrière, combinée à la petitesse de la troisième glace latérale, pénalise la visibilité vers l'arrière. Autre irritant: la porte arrière qui s'ouvre de côté et non de bas en haut. En ville, ce n'est guère pratique.

HABITACLE Ces dernières années, la finition s'est nettement améliorée dans les Suzuki. Le plastique n'est plus omniprésent, et la qualité globale des matériaux est nettement supérieure à ce qu'elle était dans les anciens modèles.

L'habitacle est, dans l'ensemble, bien conçu et ne souffre pas de lacunes ergonomiques. Le tableau de bord est facile à consulter et les commandes sont simples, bien placées et d'utilisation intuitive. Rien de compliqué, on aime ça ainsi. Avec, en plus, des espaces de rangement là où il en faut.

La position de conduite est bonne, avec une assise haute, si prisée des amateurs de ce genre de véhicule (les femmes, surtout). À l'avant, les baquets sont bien rembourrés et confortables, mais ils offrent peu de maintien. La banquette arrière, elle, en est complètement dépourvue, avec son dossier bien plat, dans lequel l'accoudoir brille par son absence. On est plus proche d'un meuble de patio que d'un siège d'automobile. Toujours à l'arrière, l'espace pour les jambes est correct, sans plus.

L'insonorisation demeure le point faible du Grand Vitara. Ce n'est pas insupportable, loin s'en faut; mais il y a plus de bruit à l'intérieur que dans la plupart des modèles concurrents.

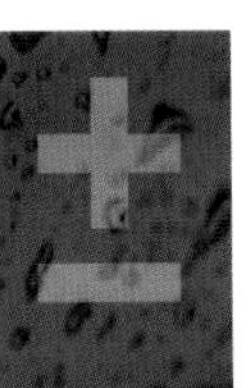

FORCES Design réussi • Finition et qualité d'assemblage • Moteur vaillant Véritable 4 x 4 • Caisse ultra rigide • Maniabilité • Intégrité • Fiabilité

FAIBLESSES Visibilité vers l'arrière • Sièges qui manquent de maintien Insonorisation à améliorer • Moteur bruyant • Boîte automatique à 4 rapports Consommation

encore plus pertinente. Elle existe, mais pas chez nous. Dommage.

COMPORTEMENT Le Grand Vitara est un véritable 4 x 4, avec prise basse et verrouillage du différentiel. Les quatre roues motrices sont toujours en fonction, mais le conducteur a le choix de quatre modes. La consommation en souffre, on l'a dit, mais c'est le prix à payer pour les capacités hors route du Grand Vitara, supérieures à celles de ses rivaux.

Ce petit costaud propose aussi une conduite moins policée, moins aseptisée, que celle de ses concurrents. Certains diront moins raffinée, mais c'est une question de point de vue. Si, comme moi, vous voulez « sentir » un véhicule quand vous le conduisez, vous aimerez. Avec sa caisse ultra rigide, le Grand Vitara donne l'impression d'être tout d'un bloc, et son court empattement, combiné à un faible rayon de braquage, lui confère une grande agilité.

CONCLUSION Franchement, j'adore ce petit rebelle, même s'il « porte plus dur », comme on dit, que les VUS de salon qui lui font concurrence. Lui, au moins, c'est un vrai! C'est la carte que Suzuki a choisi de jouer, celle de l'authenticité, en refusant du même coup de suivre le troupeau. Et il est fiable, en plus.

MÉCANIQUE Avec le retrait du V6, le menu ne comprend désormais que le 4-cylindres de 2,4 litres. Ce moteur à calage variable des soupapes (VVT) génère 166 chevaux et produit un couple équivalent; mais ce qu'il faut surtout retenir, c'est sa capacité de remorquage : 1 360 kilos, la plus élevée de sa catégorie (pour une motorisation à 4 cylindres). Seuls les V6 de certains concurrents font mieux, et de peu. Ce 4-cylindres est vaillant, mais il est aussi bruyant, dès qu'on accélère ou qu'on dépasse la barre des 3 000 tours par minute. À bas régime, toutefois, ce moteur est prompt, vif, volontaire.

La boîte de vitesses manuelle a, elle aussi, été éliminée, de sorte qu'il ne reste plus que la boîte automatique. Celle-ci fait du bon travail, et on ne peut douter de sa robustesse, mais, hélas, elle n'a que 4 rapports, ce qui pénalise notamment la consommation. Une version hybride permettrait de faire mieux; mais pour ce type de véhicule, une motorisation Diesel serait

2e OPINION

« Avec la petite compacte SX4, le Grand Vitara est sans l'ombre d'un doute l'un des produits intéressants du petit constructeur japonais. Solidement construit, véritable petit camion hors route qui n'a pas peur de se salir, le Grand Vitara revient en 2012 avec la seule mécanique à 4 cylindres amplement suffisante pour s'acquitter de la tâche. Le design extérieur ne révolutionne rien, mais risque de très bien vieillir au fil des années. La qualité d'assemblage dans l'habitacle est au rendez-vous-même si l'environnement pourrait bénéficier de plus d'originalité. Ce n'est pas le plus spacieux, ni le plus ingénieux en raison de cette satanée portière arrière, mais en revanche, il est tout de même amusant à conduire. » — Vincent Aubé

FICHE TECHNIQUE

MOTEURS

L4 2.4 L DACT 166 ch à 6000 tr/min
COUPLE 162 lb-pi à 4000 tr/min
BOÎTE DE VITESSES automatique à 4 rapports
0-100 KM/H 10,0 s
VITESSE MAXIMALE 180 km/h

AUTRES COMPOSANTES

SÉCURITÉ ACTIVE freins ABS, assistance au freinage, répartition électronique de force de freinage, contrôle de stabilité électronique, antipatinage
SUSPENSION AVANT/ARRIÈRE indépendante
FREINS AVANT/ARRIÈRE disques
DIRECTION À CRÉMAILLÈRE, assistée
PNEUS JX P225/65R17, **JLX** P225/60R18

DIMENSIONS

EMPATTEMENT 2640 mm
LONGUEUR 4500 mm
LARGEUR 1810 mm
HAUTEUR 1695 mm
POIDS JX 1656 kg, **JLX** 1671 kg, **JLX-L** 1675 kg
DIAMÈTRE DE BRAQUAGE 11,0 m
COFFRE 805 L, 2005 L (sièges abaissés), avec toit ouvrant 753 L, 1877 L (siège abaissés)
RÉSERVOIR DE CARBURANT 66 L
CAPACITÉ DE REMORQUAGE 1360 kg

MENTIONS

RECOMMANDÉ

VERDICT

Plaisir au volant
Qualité de finition
Consommation
Rapport qualité / prix
Valeur de revente

SUZUKI

$ 25 995 $ à 30 495 $ t&p 1495 $

LA COTE VERTE MOTEUR L4 DE 2,4 L source : ÉnerGuide **CONSOMMATION (100 KM)** man. 2RM 8,4 L, CVT 4RM 8,1 L
ÉMISSIONS POLLUANTES CO_2 man. 2RM 3596 kg/an, CVT 4RM 3772 kg/an • **INDICE D'OCTANE** 87
COÛT DU CARBURANT MOYEN PAR ANNÉE man. 2RM 2236 $, CVT 4RM 2132 $ • **NOMBRE DE LITRES PAR ANNÉE** man. 2RM 1720, CVT 4RM 1640

FICHE D'IDENTITÉ

VERSIONS S, Sport, SX
ROUES MOTRICES avant, 4 (SX)
PORTIÈRES 4 **NOMBRE DE PASSAGERS** 5
PREMIÈRE GÉNÉRATION 2011
GÉNÉRATION ACTUELLE 2011
CONSTRUCTION Sagara, Japon
COUSSINS GONFLABLES 8 (frontaux, latéraux avant et arrière, rideaux latéraux)
CONCURRENCE Chevrolet Malibu, Chrysler 200, Dodge Avenger, Ford Fusion, Hyundai Sonata, Honda Accord, Kia Optima, Mazda *6*, Nissan Altima, Subaru Legacy, Toyota Camry, VW Jetta/Passat

AU QUOTIDIEN

PRIME D'ASSURANCE
25 ANS : 1600 à 1800 $
40 ANS : 1000 à 1200 $
60 ANS : 900 à 1100 $
COLLISION FRONTALE 5/5
COLLISION LATÉRALE 5/5
VENTES DU MODÈLE DE L'AN DERNIER
AU QUÉBEC 238 **AU CANADA** 688
DÉPRÉCIATION nm
RAPPELS (2006 à 2011) nm
COTE DE FIABILITÉ nm

GARANTIES... ET PLUS

GARANTIE GÉNÉRALE 3 ans/60 000 km
GARANTIE MOTOPROPULSEUR 5 ans/100 000 km
PERFORATION 5 ans/kilométrage illimité
ASSISTANCE ROUTIÈRE 3 ans/kilométrage illimité
NOMBRE DE CONCESSIONNAIRES
AU QUÉBEC 40 **AU CANADA** 90

NOUVEAUTÉS EN 2012

Aucun changement majeur

ÊTRE **SON PIRE ENNEMI**

Antoine Joubert

En constatant le succès commercial ou, devrais-je plutôt dire, l'insuccès commercial de cette berline, il faut véritablement se demander si on souhaite toujours, chez Suzuki, vendre des voitures ! Au-delà du produit auquel on ne peut adresser que peu de reproches, il y a une équipe responsable de la planification de produits, de la mise en marché ainsi que d'un réseau de concessionnaires. Et tous autant qu'ils sont, on a carrément l'impression qu'ils sont depuis trop longtemps... en vacances !

Peut-être me trouverez-vous un peu sévère, mais si vous réfutez mes propos, posez-vous seulement cette question : quelle est votre impression du constructeur Suzuki en 2012 ? À cette réponse, à moins que vous ne possédiez une Suzuki dont vous êtes satisfait ou que vous soyez lié de près avec le réseau, vous répondrez quelque chose du genre : marque bas de gamme, voitures bon marché ou, même, « ça existe encore ? ». Honnêtement, c'est dommage. Parce que cette impression ne reflète pas la qualité des produits. Et si le constructeur, au-delà des produits, ne fait rien pour redorer son blason, les conséquences risquent d'être fatales.

CARROSSERIE Chose certaine, la Kizashi se veut un produit en mesure d'aider le constructeur, elle qui se présente avec une bouille drôlement plus sympathique que celle de l'ensemble de ses rivales nipponnes. Le fait qu'elle soit un peu moins imposante que la moyenne se veut aussi un élément intéressant, permettant d'obtenir des proportions plus dynamiques.

HABITACLE À bord aussi, le design est agréable. Il faut, bien sûr, composer avec un habitacle traditionnellement vêtu de noir, qui manque un peu d'éclat. Mais le dessin de la planche de bord, les sièges bien sculptés et les nombreuses commodités retrouvées à bord permettent d'y trouver son compte. Il faut également mentionner que la qualité d'assemblage est impeccable, et ce, même si certains plastiques déçoivent au toucher. En matière d'équipement, Suzuki nous sert désormais trois versions, ce

FORCES Comportement routier étonnant • Lignes réussies • Transmission intégrale efficace • Qualité de construction

FAIBLESSES Image de la marque • Boîte manuelle plus transmission intégrale non offertes • Puissance un peu juste

qui permet de joindre une plus large clientèle. Dans toutes les versions, l'équipement de série est fort généreux. Mais sachez que plusieurs éléments de luxe comme la sellerie de cuir, le toit ouvrant et la chaîne audio Rockford Fosgate sont réservés aux versions Sport et SX.

MÉCANIQUE Suzuki ne propose aucun V6 dans cette berline. On a d'ailleurs éliminé la présence des V6 pour l'ensemble des produits Suzuki, question de demande et de souci environnemental. La Kizashi nous sert donc un 4-cylindres de 2,4 litres, lequel peut faire équipe avec une boîte de vitesses manuelle à 6 rapports (version Sport) ou une automatique à variation continue. Franchement, le moteur manque un peu de vigueur. Toutefois, la majorité des clients n'y verront que du feu, puisque ce n'est qu'à haut régime qu'il semble s'essouffler.

Offrant une puissance de 185 chevaux, ce moteur se veut donc bien adapté à la voiture. On le constate d'ailleurs par la consommation, qui demeure dans les normes de la catégorie. Ce n'est en fait que quand on opte pour la boîte manuelle que la consommation moyenne grimpe légèrement au-delà des 10 litres aux 100 kilomètres.

COMPORTEMENT Franchement, si la Kizashi mérite des éloges, c'est ici. Plus dynamique, plus sportive et plus maniable que la grande majorité de ses rivales, la Kizashi étonne aussi par une grande rigidité structurelle. Sa direction est précise à souhait, la rétroaction au conducteur est excellente, et le sentiment de confiance et de contrôle au volant est difficilement égalable. Et tout cela, en offrant un degré de confort franchement impressionnant. Mentionnons également que la transmission intégrale de la version SX constitue sur la route un net avantage, puisque peu de voitures de ce créneau la proposent.

CONCLUSION Pour les non-initiés à la marque, il est clair que le saut vers une Suzuki demande une certaine ouverture d'esprit. Car si vous êtes habitué au service des grands concessionnaires Ford, Honda ou Hyundai, vous risquez fort d'être déçu par les installations simplistes des concessionnaires Suzuki. Toutefois, plusieurs acheteurs las des modèles japonais trop génériques auraient tout intérêt à faire le saut vers cette berline, aux multiples talents. Bref, voilà une berline à découvrir...

2e OPINION

« Suzuki vivote actuellement dans le marché nord-américain, et on se demande combien de temps encore durera l'agonie. Le constructeur japonais propose quelques produits intéressants, mais n'arrive pas à se faire une niche, lui qui s'est longtemps fié à des partenariats pour proposer des produits signés Suzuki. L'an dernier est née la Kizashi, une berline trop générique qui ne risque pas d'ébranler les ténors de la catégorie. Offerte avec une boîte CVT ou une boîte manuelle, la Kizashi peut aussi être servie avec la transmission intégrale. De toutes les versions, la Sport est la plus intéressante, elle qui propose une suspension qui dynamise sa conduite. Cependant, avec un seul moteur à 4 cylindres au catalogue, l'offre semble assurément incomplète. De plus, elle est trop chère. » — Daniel Rufiange

FICHE TECHNIQUE

MOTEUR

L4 2,4 L DACT 180 ch à 6000 tr/min man. 185 ch à 6500 tr/min
COUPLE 170 lb-pi à 4000 tr/min
BOÎTE DE VITESSES automatique à variation continue, manuelle à 6 rapports (Sport)
0-100 KM/H 8,2 s
VITESSE MAXIMALE 200 km/h (bridée)

CONSOMMATION (100 KM) man. 2RM 8,4 L, **CVT 4RM** 8,1 L (octane 87)
ÉMISSIONS DE CO_2 man. 2RM 3596 kg/an, **CVT 4RM** 3772 kg/an
LITRES PAR ANNÉE man. 2RM 1720, **CVT 4RM** 1640
COÛT PAR ANNÉE man. 2RM 2236 $, **CVT 4RM** 2132 $

AUTRES COMPOSANTS

SÉCURITÉ ACTIVE freins ABS, assistance au freinage, répartition électronique de la force de freinage, contrôle de la stabilité électronique, antipatinage
SUSPENSION AVANT/ARRIÈRE indépendante
FREINS AVANT/ARRIÈRE disques
DIRECTION à crémaillère, assistée
PNEUS S P215/55R17, **Sport/SX** P235/45R18

DIMENSIONS

EMPATTEMENT 2700 mm
LONGUEUR 4650 mm
LARGEUR 1820 mm
HAUTEUR 1480 mm, **Sport** 1470 mm
POIDS S 1516 kg **Sport** 1513 kg **SX** 1621 kg
DIAMÈTRE DE BRAQUAGE 11,0 m
COFFRE 378 L
RÉSERVOIR DE CARBURANT 63 L

MENTIONS

RECOMMANDÉ

VERDICT

Plaisir au volant
Qualité de finition
Consommation
Rapport qualité / prix
Valeur de revente

ÉVOLUTION $ 17 835 $ à 24 835 $ t&p 1395 $

LA COTE VERTE MOTEUR L4 DE 2,0 L source : ÉnerGuide **CONSOMMATION (100 KM)** man. 7,7 L, 4RM 8,0 L, **ÉMISSIONS POLLUANTES CO_2** man. 3588 kg, 4RM man. 3726 kg/an • **INDICE D'OCTANE** 87 • **COÛT DU CARBURANT MOYEN PAR ANNÉE** man. 1950 $, 4RM man. 2025 $, 4RM CVT. 2000 $ • **NOMBRE DE LITRES PAR ANNÉE** 1560, man. 4RM 1620

FICHE D'IDENTITÉ

VERSIONS 5 portes JA, JX 2RM/4RM, JLX (4RM) 4 portes JA, Sport
ROUES MOTRICES avant, 4
PORTIÈRES 4,5 **NOMBRE DE PASSAGERS** 5
PREMIÈRE GÉNÉRATION 2007
GÉNÉRATION ACTUELLE 2007
CONSTRUCTION Kosai, Japon
COUSSINS GONFLABLES 6 (frontaux, latéraux avant et rideaux latéraux)
CONCURRENCE Ford Focus, Kia Forte, Hyundai Elantra, Mazda 3 Sport, Scion xB, Subaru Impreza, Toyota Matrix

AU QUOTIDIEN

PRIME D'ASSURANCE
25 ANS : 1200 à 1400 $
40 ANS : 800 à 1000 $
60 ANS : 600 à 800 $
COLLISION FRONTALE 4/5
COLLISION LATÉRALE 3/5
VENTES DU MODÈLE DE L'AN DERNIER
AU QUÉBEC 2638 **AU CANADA** 4970
DÉPRÉCIATION 49,5 %
RAPPELS (2006 à 2011) 3
COTE DE FIABILITÉ 4/5

GARANTIES... ET PLUS

GARANTIE GÉNÉRALE 3 ans/60 000 km
GARANTIE MOTOPROPULSEUR 5 ans/100 000 km
PERFORATION 5 ans/kilométrage illimité
ASSISTANCE ROUTIÈRE 3 ans/illimité
NOMBRE DE CONCESSIONNAIRES
AU QUÉBEC 40 **AU CANADA** 90

NOUVEAUTÉS EN 2012

Aucun changemnet majeur

LA JAPONAISE **MÉCONNUE**

Vincent Aubé

Il est toujours délicat de parler du constructeur Suzuki en Amérique du Nord. Non seulement à cause du réseau de concessionnaires limité pour notre vaste territoire, mais aussi parce que la gamme du constructeur nippon peine à enregistrer de fortes ventes, malgré plusieurs produits intéressants et, surtout, différents. Prenez, par exemple, la compacte SX4, une petite voiture sympathique, fiable et, même, amusante à conduire par moment. Malgré un design italien et la possibilité d'être livrée avec la transmission intégrale, la SX4 ne se retrouve pas aussi souvent sur la courte liste des consommateurs.

CARROSSERIE Déjà présente sur nos routes depuis 2007, la SX4 peut être commandée en version berline – très élégante avec les roues de 17 pouces offertes en option – ou à 5 portes avec une allure plus près des petits VUS de ce monde avec les bas de caisse en plastique noir et les longerons de toit proposés en option. Dessinée par la maison italienne de design Giugiaro, la SX4 est une voiture qui vieillit bien, il faut l'admettre, et cette carrosserie plus verticale qu'horizontale fait en sorte que la voiture se démarque un peu dans la circulation urbaine. L'an dernier, quelques petits changements ont été apportés aux pare-chocs avant et arrière des deux versions, et il faut s'attendre à une refonte d'ici 2013.

HABITACLE À l'intérieur, la « verticalité » de la SX4 est amplifiée par cette fenestration généreuse qui descend jusqu'au pilier A logé pratiquement par-dessus l'aile. À ce sujet, la vision latérale ne représente aucun problème. Les sièges de la première rangée offrent un maintien acceptable, tandis que la qualité des tissus est dans la moyenne de la catégorie. À l'arrière, l'espace reste adéquat, mais ne prévoyez pas trois adultes pour un long voyage. Pour ce qui est de l'instrumentation, le dessin du tableau de bord est peut-être simpliste, mais il a l'avantage d'être ergonomique et, du même coup, bien assemblé. Ajoutons à cela que les plastiques utilisés dans l'habitacle sont durs. Les stylistes de Suzuki ont tout de même implanté deux bandes en

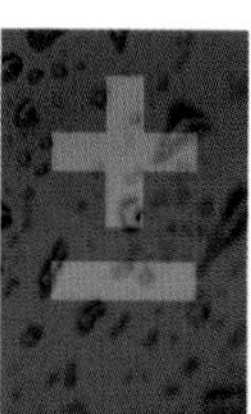

FORCES Transmission intégrale • Design européen • Amusante à conduire

FAIBLESSES Version AWD coûteuse • Consommation de carburant supérieure Moteur rugueux

aluminium brossé de part et d'autre de la console centrale, ce qui améliore l'ambiance dans cet univers gris foncé au possible. Le volant, quant à lui, se prend bien en main, et le levier ou le sélecteur de vitesses est exactement à l'endroit où il devrait être. Enfin, la banquette arrière peut se replier dans des proportions 60/40 dans les deux versions, et il faut admettre que la SX4, malgré sa taille réduite par rapport à la concurrence, offre un coffre assez généreux, surtout dans la berline.

MÉCANIQUE Une seule motorisation est offerte dans la SX4, soit un 4-cylindres de 2 litres de 150 chevaux. Ce dernier fait l'affaire dans la plupart des situations, mais il peut se révéler un peu juste quand toutes les places sont occupées. Le petit moteur peut aussi être criard quand on le sollicite au maximum, et, malheureusement, sa consommation est supérieure à la moyenne du segment, et ce, malgré l'introduction d'une nouvelle boîte de vitesses manuelle à 6 rapports l'an dernier ou d'une CVT offerte en option. Dans le cas de la version bicorps, elle peut être livrée avec une transmission intégrale, un avantage de taille quand Dame Nature se déchaîne, mais qui fait aussi grimper la facture à l'achat. Il ne manquerait plus qu'une version pimentée de la SX4, et l'offre serait complète, mais ne comptez pas là-dessus de sitôt.

COMPORTEMENT

Malgré son statut de voiture haute, la tenue de route de la SX4 impressionne. La direction demeure légère, et la suspension, un brin sportive, procure à la SX4 un comportement sain. Il faut quand même parfois composer avec les vents latéraux sur l'autoroute, ce qui oblige quelques corrections de la part du conducteur. L'empattement court de la SX4 nuit un peu au confort pour les longs trajets, mais en revanche, c'est un atout dans la circulation lourde. Sans être une voiture de performance, la SX4 m'a surpris pour le plaisir de conduire qu'elle procure.

CONCLUSION

La SX4 est presque marginale dans le segment des compactes en raison de sa taille réduite. Opposée aux sous-compactes, la SX4 se révèle trop chère et trop grande. Pourtant, il se dégage une impression de solidité quand on prend le volant de cette petite nipponne. Elle est assurément moins sophistiquée par rapport aux ténors de la catégorie, mais demeure une option à envisager si vous êtes à la recherche d'une petite voiture économique et fiable.

2e OPINION

« La silhouette en forme de fève de la berline me laisse de marbre. Par contre, je craque pour la version bicorps. En prime, elle peut recevoir la transmission intégrale, un plus en ce qui me concerne pour n'importe quel véhicule de ce format appelé à affronter nos hivers. De la SX4 à hayon, j'aime aussi l'espace de chargement, le dégagement pour la tête, la simplicité de l'instrumentation et le nerf de son 2-litres. J'aime moins l'apparence de plus en plus désuète de l'habitacle quand on le compare avec les nouvelles compactes sur le marché. La bonne nouvelle, c'est que Suzuki Canada a fait ce qu'elle devait faire : abaisser les prix. C'est un peu facile comme stratégie, mais c'est celle qui compte dans un créneau où le rapport qualité/prix importe énormément. » — Michel Crépault

FICHE TECHNIQUE

MOTEUR

L4 2,0 L DACT, 150 ch à 6200 tr/min
COUPLE 140 lb-pi à 4000 tr/min
BOÎTE DE VITESSES manuelle à 6 rapports, automatique à variation continue avec mode manuel (option)
0-100 KM/H 11,0 s
VITESSE MAXIMALE 175 km/h

AUTRES COMPOSANTS

SÉCURITÉ ACTIVE freins ABS, assistance au freinage, répartition électronique de la force de freinage, contrôle de stabilité électronique (option), antipatinage (option)
SUSPENSION AVANT/ARRIÈRE indépendante
FREINS AVANT/ARRIÈRE disques/tambours, disques (en option)
DIRECTION à crémaillère, assistée
PNEUS JA 195/65R15, **5 portes JX et JLX** 205/60R16, **berline Sport** 205/50R17

DIMENSIONS

EMPATTEMENT 2500 mm
LONGUEUR 5 portes JA 4115 mm, **JX/JLX** 4135 mm, **4 portes JA** 4490 mm, **Sport** 4510 mm
LARGEUR 5 portes JA 1730 mm, **JX/JLX** 1755 mm, **4 portes JA** 1730 mm
HAUTEUR 5 portes JA 1575 mm, **JX/JLX** 1605 mm, **4 portes JA** 1545 mm
POIDS 5 portes JA man. 1251 kg, **JA CVT** 1296 kg, **4RM man.** 1322 kg, **4 portes JA man.** 1251 kg, **JA CVT.** 1296 kg
DIAMÈTRE DE BRAQUAGE 10,6 m
COFFRE 5 portes 204 L, 1467 L (sièges abaissés) 4 portes 439 L
RÉSERVOIR DE CARBURANT 50 L, **4RM** 45 L

VERDICT

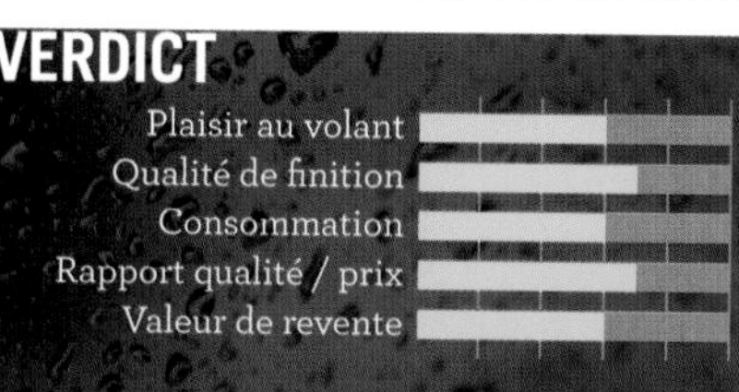

SUZUKI

www.suzuki.ca

$ 36 820 $ t&p 1560 $

LA COTE VERTE MOTEUR V6 DE 4,0 L source : ÉnerGuide

CONSOMMATION (100 KM) 10,9 L • **ÉMISSIONS POLLUANTES CO_2** 5106 kg/an • **INDICE D'OCTANE** 87
COÛT DU CARBURANT MOYEN PAR ANNÉE 2997 $ • **NOMBRE DE LITRES PAR ANNÉE** 2220

FICHE D'IDENTITÉ

VERSIONS SR5, Trail, Limited
ROUES MOTRICES 4
PORTIÈRES 5 **NOMBRES DE PASSAGERS** 5, 7
PREMIÈRE GÉNÉRATION 1985
GÉNÉRATION ACTUELLE 2010
CONSTRUCTION Toyota City, Japon
COUSSINS GONFLABLES 8 (frontaux, latéraux avant, genoux conducteur et passager avant, rideaux latéraux)
CONCURRENCE Ford Explorer, Honda Pilot, Jeep Grand Cherokee, Kia Borrego, Nissan Pathfinder

AU QUOTIDIEN

PRIME D'ASSURANCE
25 ANS : 3000 à 3200 $
40 ANS : 1700 à 1900 $
60 ANS : 1300 à 1500 $
COLLISION FRONTALE 4/5
COLLISION LATÉRALE 5/5
VENTES DU MODÈLE DE L'AN DERNIER
AU QUÉBEC 2820 **AU CANADA** 680
DÉPRÉCIATION 36,5 %
RAPPELS (2006 à 2011) 1
COTE DE FIABILITÉ 5/5

GARANTIES... ET PLUS

GARANTIE GÉNÉRALE 3 ans/60 000 km
GARANTIE MOTOPROPULSEUR 5 ans/100 000 km
PERFORATION 5 ans/kilométrage illimité
ASSISTANCE ROUTIÈRE 3 ans/60 000 km
NOMBRE DE CONCESSIONNAIRES
AU QUÉBEC 68 **AU CANADA** 243

NOUVEAUTÉS EN 2012

Aucun changement majeur

OLD SCHOOL

Frédéric Masse

J'étais presque nostalgique lorsque j'ai récemment essayé la nouvelle mouture du 4Runner. On est loin du camion d'une certaine époque avec son moteur à 4 cylindres et sa partie arrière en simple fibre de verre. Depuis, de génération en génération, le 4Runner s'est embourgeoisé pour devenir, à mon avis, le meilleur VUS de ce type. Fiable, solide, capable d'effectuer la sale besogne tout en nous permettant de nous rendre noblement à un restaurant chic, il avait tout pour lui. Ça, c'était avant... avant cette nouvelle génération qui change tout en grossissant et en s'amollissant...

CARROSSERIE J'avoue ma faiblesse. J'ai toujours trouvé ce VUS ennuyeux et anonyme , c'était pour moi son principal défaut. Désormais, le 4Runner en impose. Il semble plus viril et plus méchant. Il est, en fait, à la catégorie des VUS ce que le Dodge Ram est aux camionnettes, un macho sur quatre roues. Tout y est pour renforcer l'allure : lumières arrières saillantes, roues de 20 pouces sur certaines versions, prise d'air sur le capot pour d'autres, lignes générales plus masculines. On voit très facilement l'influence qu'a eue le petit frère, le FJ, sur le dessin renouvelé. J'adore.

HABITACLE On a apporté un soin particulier au design de l'habitacle. Mais la finition, avec l'utilisation de plastiques durs, est limite pour un véhicule de ce prix Les sièges avant offrent un bon maintien et demeurent confortables sur la route. À l'arrière, les amis ou la famille auront amplement d'espace pour eux et leurs bagages. Une banquette de troisième rangée est également offerte en option. Je note aussi des défauts comme la connexion USB dans la boîte à gants, le plafond bas et la marche très élevée pour monter à bord.

MOTEUR Le V6 de 4 litres de Toyota, le seul offert au catalogue, est suffisant. Par contre, ceux qui cherchent à remorquer des charges de plus de 2 268 kilos (5 000 livres) s'ennuieront du V8. Ses 270 chevaux sont

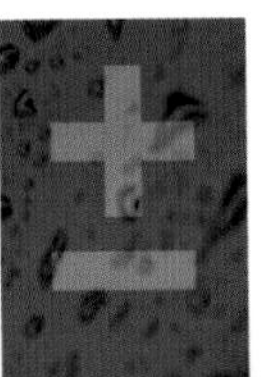

FORCES Lignes réussies • Capacité hors route
Consommation raisonnable (!) • Fiabilité des anciennes versions

FAIBLESSES Comportement routier impotent
Système à 4 roues motrices des versions de base
Capacité de remorquage limite

toutefois amplement suffisants pour la grande majorité des situations. Il procure des accélérations et des reprises tout à fait satisfaisantes. De plus, pendant ma semaine d'essai, ma consommation moyenne s'est chiffrée aux environs des 11 litres aux 100 kilomètres, ce qui est très impressionnant pour un VUS de ce type et de cette taille. Évidemment, j'ai passé le plus clair de mon temps à rouler sur le mode à deux roues motrices, mais il faut que je lève mon chapeau à Toyota... chose qu'on fait peu souvent par les temps qui courent. La boîte de vitesses à 6 rapports réagissait bien également.

COMPORTEMENT C'est ici que le bât blesse. Le 4Runner ne procure aucun, mais aucun plaisir de conduire. Ça, ça pourrait être acceptable, mais attendez la suite. La direction semble tout à fait stupide et ne parvient en rien à nous transmettre ce qui se passe sur la la chaussée. En slalom et, même, en manœuvres normales, le VUS balance comme un pantin, et, au freinage, l'avant pique du nez trop aisément. Le diamètre de braquage est tout aussi abominable. Toyota devra, à mon avis, refaire ses devoirs et améliorer le VUS, car la base y est. La qualité de ce comportement lâche est évidemment de procurer un confort surprenant et de permettre un débattement drôlement pratique en conduite hors route. Mais, pour la conduite quotidienne, c'est trop ! Il y a aussi, sauf sur la version plus cossue *Limited*, ce système à 4 roues motrices temporaire. C'est peu pratique au quotidien (sauf pour les grands aventuriers). Ça fait très *old school*.

CONCLUSION Le 4Runner est maintenant l'un des derniers survivants de l'ère des châssis en échelle. Toutefois, sa capacité de remorquage limitée et son comportement pataud le rendent moins intéressant pour le commun des mortels. Ses capacités hors route, son véritable système à 4 roues motrices et sa capacité de chargement séduiront une clientèle bien ciblée et qui n'a actuellement plus vraiment le choix (c'est probablement ce qui a poussé Toyota à poursuivre dans cette voie), mais les consommateurs, pour la plupart, devraient se tourner vers d'autres VUS - comprendre multisegments - nettement plus maniables et plus pratiques. Toutefois, je dois l'avouer irrationnellement, je craque encore pour lui malgré tous ses défauts...

2e OPINION

« Alors que les constructeurs, pour la plupart, délaissent le segment des bons vieux 4 x 4 purs et durs, Toyota persiste et signe en proposant le 4Runner. Il a toujours son allure presque rétro que les amateurs de conduite hors route adorent. Son habitacle demeure plus fonctionnel que moderne, tandis que l'assemblage est un modèle à suivre. Bien sûr, avec l'aérodynamisme d'un réfrigérateur et ce moteur V6 de 4 litres fort comme un bœuf, il est normal d'obtenir une consommation plus élevée que dans un multisegment compact à traction, par exemple. Le 4Runner n'est clairement pas le meilleur sur la route, trop vague à la hauteur de la direction et plutôt sautillant, mais quand le bitume disparaît, le 4Runner est l'un des plus compétents pour franchir à peu près n'importe quoi. » — Vincent Aubé

FICHE TECHNIQUE

MOTEUR

(V6) V6 4,0 l DACT, 270 ch à 5600 tr/min
COUPLE 278 lb-pi à 4400 tr/min
BOÎTE DE VITESSES automatique à 5 rapports
0-100 KM/H 10,7 s
VITESSE MAXIMALE 185 km/h

AUTRES COMPOSANTS

SÉCURITÉ ACTIVE freins ABS, assistance au freinage, répartition électronique de force de freinage, contrôle de stabilité électronique
SUSPENSION AVANT/ARRIÈRE indépendante
FREINS AVANT/ARRIÈRE disques
DIRECTION à crémaillère, assistée
PNEUS P265/70R17 option (de série version Limited) P245/60R20

DIMENSIONS

EMPATTEMENT 2790 mm
LONGUEUR 4820 mm
LARGEUR 1925 mm
HAUTEUR 1780 mm
POIDS 2095 kg
DIAMÈTRE DE BRAQUAGE 11,4 m
COFFRE 1311 L, 2540 L (sièges abaissés)
RÉSERVOIR DE CARBURANT 80 L
CAPACITÉ DE REMORQUAGE 2268 kg

MENTIONS

RECOMMANDÉ

VERDICT

Plaisir au volant
Qualité de finition
Consommation
Rapport qualité / prix
Valeur de revente

41 000 $ t&p 1490 $

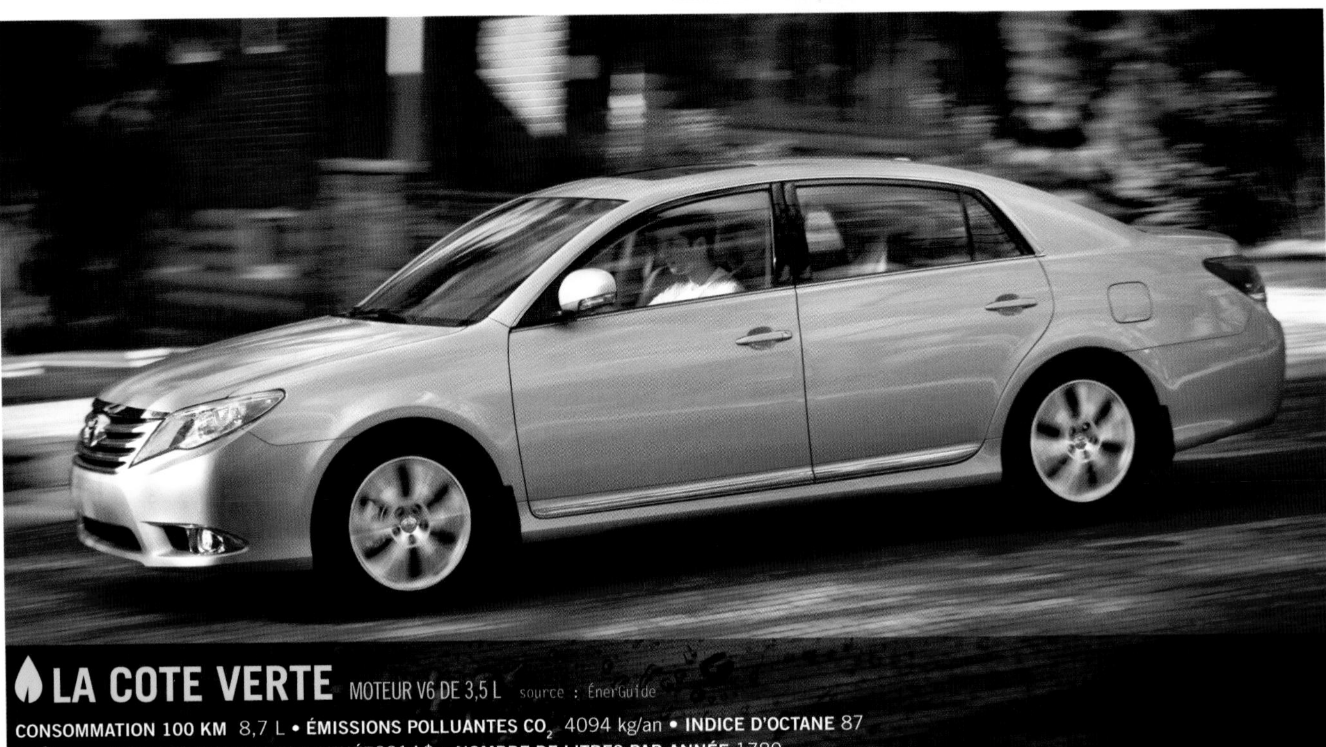

LA COTE VERTE MOTEUR V6 DE 3,5 L source : ÉnerGuide

CONSOMMATION 100 KM 8,7 L • **ÉMISSIONS POLLUANTES CO_2** 4094 kg/an • **INDICE D'OCTANE** 87
COÛT DU CARBURANT MOYEN PAR ANNÉE 2314 $ • **NOMBRE DE LITRES PAR ANNÉE** 1780

FICHE D'IDENTITÉ

VERSIONS XLS
ROUES MOTRICES avant
PORTIÈRES 4 **NOMBRE DE PASSAGERS** 5
PREMIÈRE GÉNÉRATION 1994
GÉNÉRATION ACTUELLE 2005
CONSTRUCTION Georgetown, Kentucky, É.-U.
COUSSINS GONFLABLES 7 (frontaux, latéraux avant, genoux du conducteur, rideaux latéraux)
CONCURRENCE Buick Lucerne, Chevrolet Impala, Chrysler 300, Dodge Charger, Ford Taurus

AU QUOTIDIEN

PRIME D'ASSURANCE
25 ANS : 1600 à 1800 $
40 ANS : 1200 à 1400 $
60 ANS : 1000 à 1200 $
COLLISION FRONTALE 5/5
COLLISION LATÉRALE 5/5
VENTES DU MODÈLE DE L'AN DERNIER
AU QUÉBEC 83 **AU CANADA** 502
DÉPRÉCIATION 47,4 %
RAPPELS (2006 À 2011) 3
COTE DE FIABILITÉ 4/5

GARANTIES... ET PLUS

GARANTIE GÉNÉRALE 3 ans/60 000 km
GARANTIE MOTOPROPULSEUR 5 ans/100 000 km
PERFORATION 5 ans/ kilométrage illimité
ASSISTANCE ROUTIÈRE 3 ans/60 000 km
NOMBRE DE CONCESSIONNAIRES
AU QUÉBEC 68 **AU CANADA** 243

NOUVEAUTÉS EN 2012

Aucun changement majeur

MIEUX QU'UN ANTIDÉPRESSEUR

Michel Crépault

Bien du monde lève le nez sur l'Avalon, n'attendant que l'annonce de son retrait. Ces gens n'ont pas encore 60 ans ou oublient qu'ils l'auront un jour. La clientèle visée, elle, n'a pas à se plaindre. Et vivra peut-être centenaire grâce à cette automobile relaxante.

CARROSSERIE Dans cette belle grosse berline, on détecte des gènes de la Lexus LS 460. En moins imposant, certes, mais la filiation est indiscutable. La calandre chromée pointe vers l'avant avec un air de défi, ce qui crée un élan dans une automobile qui, autrement, a bien plus l'air de servir de limousine à Badaboum. J'exagère. Des traces de chrome ici et des lignes fuselées là parviennent à donner à l'Avalon une allure pas si pantouflarde que ça.

HABITACLE À l'intérieur, par contre, le constructeur ne cache rien de son intention de promener ses occupants dans un confort dodu, si américain que c'en est presque caricatural. Les cadrans droit devant sont d'une simplicité désarmante. Zéro fioriture. La section centrale du tableau de bord met en vedette de gros interrupteurs. D'une grosseur qui rappelle les boutons des calculatrices pour enfants, à la différence que ceux de l'Avalon ne sont pas multicolores. Vous ne verrez jamais à bord de cette Toyota un système iDrive (BMW) ou MMI (Audi). Rien pour confondre le conducteur et ses passagers qui ne demandent qu'à voyager dans un luxe facile à utiliser. Le volant mi-bois mi-cuir laisse presque croire que la berline pourrait se métamorphoser en missile guidé tellement il inspire confiance. Fausse représentation. Les baquets à l'avant sont extrêmement moelleux sans nuire à la bonne posture, tandis que les occupants de la banquette pourront croiser et décroiser les jambes à satiété. Pour profiter de la vraie nature de l'Avalon, mieux vaut sacrifier la place centrale de la banquette en faveur

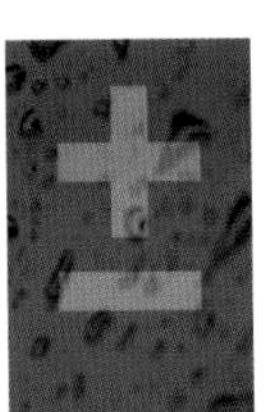

FORCES De l'espace, du luxe et du confort dans un véhicule très bébé-boumeur
Consommation raisonnable • Quiétude au rendez-vous

FAIBLESSES À trop vouloir aligner des interrupteurs semblables, on les confond
Absence totale de dynamisme au centre du volant • Capacité de chargement limitée

du large accoudoir; on aura alors deux places princières. Cet accoudoir abaissé, on a accès au coffre grâce à la trappe prévue à cet effet. Un coffre vaste, oui, mais point caverneux. Comme la clientèle de l'Avalon n'est pas du genre à rabattre les dossiers d'une banquette pour agrandir la capacité de chargement, elles ne se rabattent pas, ces banquettes. Par contre, un levier permet de jouer avec leur inclinaison quand vient le temps de se farcir un petit somme. Ça, la clientèle visée aime bien !

MÉCANIQUE V6 de 3,5 litres développant 268 chevaux et boîte de vitesses automatique à 6 rapports travaillent de manière onctueuse. S'il vous faut dépasser, la sollicitation du pied droit entraîne une réaction quasi immédiate, mais les ingénieurs se sont arrangés pour vous isoler des efforts déployés par les cylindres. Alors que d'autres automobiles cherchent à vous faire apprécier le chant de leur engin, l'Avalon l'étouffe. Le seul bruit qui m'a dérangé a été le chuintement des pneus d'hiver. Puisque Toyota vient d'intégrer son ensemble Star dans toute sa gamme, même dans la Yaris, vous comprendrez que l'Avalon y a droit: pensez à tous les acronymes usuels décrivant des aides électroniques (VSC, TRAC, ABS, etc.), ils sont inclus de série.

COMPORTEMENT La vie vous stresse? Roulez dans une Avalon, ça ira beaucoup mieux. Vous pratiquez le tai-chi et vous cherchez une automobile qui soit le prolongement de cet hommage à la lenteur? L'Avalon vous comblera. Cette Toyota fait ce qu'elle a à faire avec une dextérité consommée. On pourrait discuter de l'emplacement de certaines des grosses commandes. Par exemple, je changeais constamment mon poste de radio à partir des interrupteurs montés au volant alors que je voulais plutôt jouer avec le volume. Si ce n'est ce petit détail, rien à redire. Bien entendu, la concurrence ne reste pas les bras croisés. Je pense à la Buick LaCrosse qui a monté une excellente campagne de séduction pour attirer la clientèle de l'Avalon avec un produit plus audacieux.

CONCLUSION Comme les Russes qui étaient venus jouer au hockey chez nous pour apprendre, les Japonais maîtrisent l'art de la grosse berline américaine aussi bien sinon mieux que les Yankees eux-mêmes. Argument final qui a beaucoup de poids: un prix intéressant pour autant de bonnes choses signées Toyota.

2e OPINION

« L'Avalon est un gros bateau. Confortable, fiable, sans sensations, qui s'occupe simplement de déplacer ses occupants dans le calme le plus serein. On ne peut pas vraiment l'aimer. Mais on ne peut pas non plus la détester. Car dans le fond, outre la platitude absolue de ses lignes et de sa conduite, on ne peut pas lui reprocher grand-chose... si ce n'est peut-être une banquette arrière qui ne se rabat pas. Pour le reste, elle se conduit tout en douceur et consomme relativement peu pour son gabarit. Le confort et l'espace à l'intérieur de l'habitacle sont formidables, et les passagers arrière apprécieront le confort de la banquette réglable électroniquement. Son prix de base complète la somme de ses arguments. » — Alexandre Crépault

FICHE TECHNIQUE

MOTEUR

V6 3,5 L DACT, 268 ch à 6200 tr/min
COUPLE 248 lb-pi à 4700 tr/min
BOITE DE VITESSES automatique à 6 rapports avec mode manuel
0-100 KM/H 6,9 s
VITESSE MAXIMALE 215 km/h

AUTRES COMPOSANTS

SÉCURITÉ ACTIVE freins ABS, assistance au freinage, répartition électronique de force de freinage, antipatinage, contrôle de stabilité électronique
SUSPENSION avant/arrière indépendante
FREINS AVANT/ARRIÈRE disques
DIRECTION à crémaillère, assistée
PNEUS P215/55R17

DIMENSIONS

EMPATTEMENT 2820 mm
LONGUEUR 5020 mm
LARGEUR 1850 mm
HAUTEUR 1470 mm
POIDS 1620 kg
DIAMÈTRE DE BRAQUAGE 11,3 m
COFFRE 408 L
RÉSERVOIR DE CARBURANT 70 L
CAPACTÉ DE REMORQUAGE 455 kg avec moteur v6 de 3,5 L

MENTIONS

RECOMMANDÉ

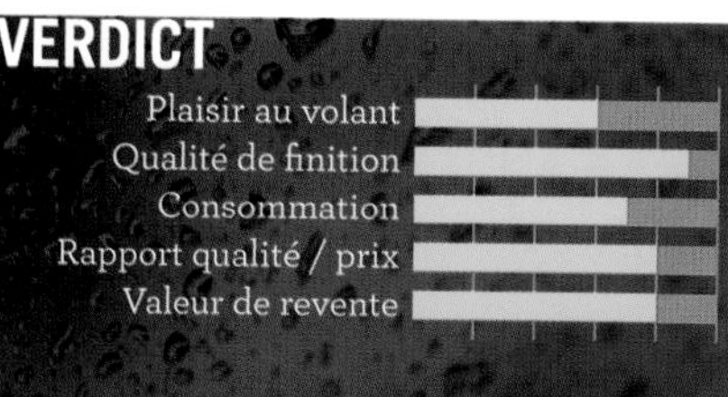

$ 15 540 $ à 23 235 $ t&p 1390 $

LA COTE VERTE MOTEUR L4 DE 1,8 L source : EnerGuide

CONSOMMATION 100 KM man. 6,5 L, auto. 6,8 L • **ÉMISSIONS POLLUANTES CO_2** man. 3036 kg/an, auto. 3128 kg/an • **INDICE D'OCTANE** 87
COÛT DU CARBURANT MOYEN PAR ANNÉE man. 1650 $, auto. 1700 $ • **NOMBRE DE LITRES PAR ANNÉE** man. 1320, auto. 1360

FICHE D'IDENTITÉ

VERSIONS CE, LE, S, XRS
ROUES MOTRICES avant
PORTIÈRES 4 **Nombre de passagers** 5
PREMIÈRE GÉNÉRATION 1966
GÉNÉRATION ACTUELLE 2009
CONSTRUCTION Cambridge, Ontario, Canada
SACS GONFLABLES 6 (frontaux, latéraux avant, rideaux latéraux)
CONCURRENCE Chevrolet Cruze, Ford Focus, Honda Civic, Hyundai Elantra, Kia Forte, Mazda 3, Mitsubishi Lancer, Nissan Sentra, Suzuki SX4, Subaru Impreza, Volkswagen Jetta

AU QUOTIDIEN

PRIME D'ASSURANCE
25 ANS : 1300 à 1500 $
40 ANS : 1000 à 1100 $
60 ANS : 800 à 1000 $
COLLISION FRONTALE 4/5
COLLISION LATÉRALE 4/5
VENTES DU MODÈLE DE L'AN DERNIER
Au Québec 14 650 **Au Canada** 38 680
DÉPRÉCIATION 49,2 %
RAPPELS (2006 à 2011) 5

GARANTIES… ET PLUS

GARANTIE GÉNÉRALE 3 ans/60 000 km
GARANTIE MOTOPROPULSEUR 5 ans/100 000 km
PERFORATION 5 ans/ kilométrage illimité
ASSISTANCE ROUTIÈRE 3 ans/60 000 km
NOMBRE DE CONCESSIONNAIRES

NOUVEAUTÉS EN 2012

Aucun changement majeur

LEÇON **D'HUMILITÉ…**

Antoine Joubert

Il fut un temps où la Corolla se voulait carrément l'exemple à suivre pour tous, plus particulièrement pour les compactes américaines et coréennes, qui ne lui arrivaient tout simplement pas à la cheville. Mais depuis, beaucoup d'eau a coulé sous les ponts. Et tout le monde a changé, sauf peut-être… la Corolla ! En effet, c'est en observant cette voiture en 2012 qu'on est porté à croire qu'elle n'a tout simplement pas évolué. Et le plus triste dans l'histoire, c'est qu'il s'agit d'une demi-vérité… Il ne suffit d'ailleurs que de jeter un œil à ce que la concurrence propose pour rapidement réaliser que la Corolla affiche, malgré son jeune âge, un sérieux retard. Et pas seulement sur le plan esthétique. Sceptique ? Alors rendez-vous aux pages des Chevrolet Cruze, Ford Focus, Honda Civic et Hyundai Elantra. Vous verrez…

CARROSSERIE En fait, la Corolla semble vieillotte d'abord parce que ses lignes sont moches et insipides, mais aussi parce qu'elle affiche des proportions davantage comparables à celles de voitures d'il y a dix ans. Aujourd'hui, les constructeurs nous présentent des voitures au style plus agressif, aux lignes plongeantes, avec une lunette élancée et un museau plus fort en caractère. Mais dans le cas de notre sujet, il n'en est rien. En réalité, pour ajouter un peu d'épice à l'équation, il faut invariablement se tourner du côté des modèles S et XRS, qui proposent une allure plus sportive grâce à l'ajout d'accessoires aérodynamiques. Mais encore là, on est loin d'un chef-d'œuvre…

HABITACLE L'habitacle reflète malheureusement la tristesse des lignes extérieures, affichant une désolante sobriété. Rendons toutefois à César ce qui lui revient ; l'aménagement et la position de conduite sont sans reproche et permettent aux occupants de toutes tailles de s'y sentir à l'aise. Et disons que, par comparaison avec le poste de conduite de la nouvelle Ford Focus, la Corolla permet à tout conducteur de s'y retrouver facilement. Deux cadrans, deux

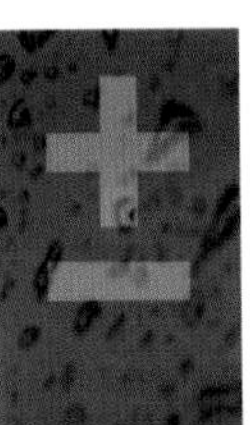

FORCES Excellente réputation de fiabilité • Faible consommation de carburant
Nombreuses caractéristiques de sécurité • Voiture confortable
Faible dépréciation

FAIBLESSES Lignes déprimantes • Habitacle sans saveur • Conduite peu inspirante
Boîte automatique à 4 rapports (CE, LE, S) • Version XRS pas vraiment sportive

jauges, trois roulettes, une radio rectangulaire et quelques compartiments de rangement. Rien de plus simple! Technologie oblige, les prises auxiliaires pour iPod, la radio satellite et les boutons pour la connectivité Bluetooth ont toutefois été ajoutés dans certaines versions.

MÉCANIQUE Le petit 4 cylindres de 1,8 litre effectue du bon boulot. Et même si les technologies comme l'injection directe de carburant y sont absentes, on obtient des performances louables et une une très faible consommation de carburant. Ceci est d'autant plus étonnant quand on sait que la Corolla fait toujours appel à une vétuste boîte de vitesses automatique à 4 rapports (5 rapports dans le cas du modèle XRS). Voilà donc un signe du savoir-faire des motoristes de la marque, qui ne dément pas. Quant à l'autre option mécanique, qui siège sous le capot de la version XRS, elle ne fait qu'offrir un peu plus de *pep* moyennant un peu plus de carburant. Mais n'allez pas croire qu'il s'agit d'une version véritablement sportive, car la XRS est loin de pouvoir se mesurer aux Civic Si, Golf GTI et, même, à la Mazda3 GT.

COMPORTEMENT La majorité des acheteurs de Corolla apprécient son comportement équilibré, sa maniabilité et son confort honnête. Et il est vrai que la Corolla fait tout ça très bien. Mais il ne s'agit hélas plus d'une référence en la matière. Aujourd'hui, une voiture comme la Hyundai Elantra fait drôlement mieux, offrant de surcroît une meilleure stabilité sur la route, une meilleure insonorisation et une conduite plus inspirante. Car il faut le dire, ce n'est pas au volant d'une Corolla qu'on ressent le besoin de jouer les Gilles Villeneuve. Ceci dit, pour bien des gens, l'aspect « plaisir de conduire » n'a pas d'importance, ceux-ci étant davantage interpellés par le confort, la sécurité et la fiabilité. Et en ce sens, la Corolla remplit efficacement son mandat.

CONCLUSION Elle était jadis un modèle à suivre, et maintenant, elle ne fait que s'accrocher à sa réputation. Car il faut l'avouer, si aujourd'hui, la Corolla ne portait pas son nom, elle traînerait sans doute en queue de peloton du côté des compactes, avec les berlines Suzuki SX4 et Mitsubishi Lancer.

2e OPINION

« Longtemps une référence dans son segment, la Toyota Corolla voit son hégémonie menacée depuis que les Américains se sont mis à table. Sans vraiment avoir changé, la bonne affaire qu'elle représentait il y a quelques années n'est plus une évidence. Certes, la voiture demeure la même, c'est-à-dire efficace, faible, durable et tout le tralala. Cependant, quand on achète, on compare; et le consommateur qui se prête à l'exercice réalise que la Corolla n'est plus la seule à offrir ce qu'elle offre. Si Toyota veut demeurer dans le coup, c'est un sérieux coup de barre qui devra être donné afin de rendre le produit plus attrayant. J'entends par là lui donner de la gueule, du caractère, sans compter rendre sa conduite inspirante. Pour l'instant, ce n'est tristement plus le cas. » — Vincent Aubé

FICHE TECHNIQUE

MOTEURS

(CE, LE, S) L4 1,8 L DACT, 132 ch à 6000 tr/min
COUPLE 128 lb-pi à 4400 tr/min
TRANSMISSION manuelle à 5 rapports, automatique à 4 rapports (option, de série LE)
0-100 KM/H 10,4 s
VITESSE MAXIMALE 185 km/h

(XRS) L4 2,4 L DACT, 158 ch à 6000 tr/min
COUPLE 162 lb-pi à 4000 tr/min
TRANSMISSION manuelle à 5 rapports, automatique à 5 rapports avec mode manuel (option)
0-100 KM/H 9,5 s
VITESSE MAXIMALE 190 km/h

AUTRES COMPOSANTS

SÉCURITÉ ACTIVE freins ABS, assistance au freinage, répartition électronique de force de freinage, antipatinage, système de contrôle de stabilité électronique
SUSPENSION AVANT/ARRIÈRE indépendante/semi-indépendante
FREINS AVANT/ARRIÈRE disques/tambours XRS disques
DIRECTION à crémaillère, assistée
PNEUS CE P195/65R15, LE/S P205/55R16, XRS P215/45R17

DIMENSIONS

EMPATTEMENT 2600 mm
LONGUEUR 4540 mm
LARGEUR 1760 mm
HAUTEUR 1465 mm
POIDS CE man. 1240 kg **CE auto.** 1255 kg **XRS man.** 1300 kg **XRS auto.** 1330 kg
DIAMÈTRE DE BRAQUAGE 11,3 m
COFFRE 348 L
RÉSERVOIR DE CARBURANT 50 L

MENTIONS

RECOMMANDÉ

VERDICT

Plaisir au volant
Qualité de finition
Consommation
Rapport qualité / prix
Valeur de revente

$ 25 310 $ à 36 535 $ t&p : 1490 $

LA COTE VERTE L4 DE 2,4 L HYBRIDE source : EnerGuide

CONSOMMATION 100 KM 5,7 L • ÉMISSIONS POLLUANTES CO_2 2622 L • INDICE D'OCTANE 87
COÛT DU CARBURANT MOYEN PAR ANNÉE 1425 $ • NOMBRE DE LITRES PAR ANNÉE 1140 L

FICHE D'IDENTITÉ

VERSION LE, SE, LE V6, XLE, Hybrid, SE V6, XLE V6
ROUES MOTRICES avant
PORTIÈRES 4 **NOMBRE DE PASSAGERS** 5
PREMIÈRE GÉNÉRATION 1983
GÉNÉRATION ACTUELLE 2007
CONSTRUCTION Georgetown, Kentucky, É.-U.
COUSSINS GONFLABLES 7 (frontaux, latéraux avant, rideaux latéraux, au niveau des genoux pour le conducteur)
CONCURRENCE Chevrolet Malibu, Ford Fusion, Honda Accord, Hyundai Sonata, Kia Optima, Mazda 6, Nissan Altima, Subaru Legacy, Suzuki Kizashi, VW Passat

AU QUOTIDIEN

PRIME D'ASSURANCE
25 ANS : 1400 à 1600 $
40 ANS : 1000 à 1200 $
60 ANS : 900 à 1100 $
COLLISION FRONTALE 5/5
COLLISION LATÉRALE 5/5
VENTES DU MODÈLE DE L'AN DERNIER
AU QUÉBEC 3149 **AU CANADA** 12 251
DÉPRÉCIATION 49,8 %
RAPPELS (2006 à 2011) 3
COTE DE FIABILITÉ 4/5

GARANTIES… ET PLUS

GARANTIE GÉNÉRALE 3 ans/60 000 km
GARANTIE MOTOPROPULSEUR 5 ans/100 000 km
PERFORATION 5 ans/ kilométrage illimité
ASSISTANCE ROUTIÈRE 3 ans/60 000 km
NOMBRE DE CONCESSIONNAIRES
AU QUÉBEC 68 **AU CANADA** 243

NOUVEAUTÉS EN 2012

Nouveau modèle

DEMEURER **SUR LE PODIUM**

Michel Crépault

Aux États-Unis, l'intermédiaire Camry est la championne des best-sellers, à l'image de ce que la Civic accomplit au Canada. Toyota a donc été confrontée à l'angoissant dilemme qui attend ceux et celles qui maîtrisent déjà une formule gagnante : comment apporter des améliorations sans agacer, déboussoler et perdre des milliers d'amateurs fidèles ? Grâce à un rendez-vous court mais nécessaire avec la Camry 2012, nous sommes en mesure de vous confirmer que Toyota a su intelligemment relever le défi.

CARROSSERIE Avec cette Camry, toujours construite en Amérique du Nord (au Kentucky), Toyota ne se gêne pas pour décliner sept modèles : LE, SE, XLE, SE V6, XLE V6, de même que les hybrides LE et XLE. La disparition de la LE V6 est donc compensée par l'addition d'une deuxième livrée hybride. Autrement dit, que vous la souhaitiez « pépère », sportive ou écologique, il y a assurément dans le lot une Camry qui vous conviendra ! Toyota a choisi de maintenir les motivations rationnelles qui justifient l'achat d'une Camry (fiabilité de la mécanique, douceur de roulement, commandes d'utilisation intuitive) tout en insufflant des arguments qui relèvent davantage de l'émotivité. Or, je ne croyais jamais voir ce jour, mais il est arrivé : une Camry dont les lignes m'émeuvent ! Les stylistes ont osé ! Ils ont effilé la silhouette tout en concoctant des lignes qui campent mieux l'auto au sol, ils ont multiplié les angles, ils ont gratifié les phares et les feux arrière d'une personnalité, ils ont plissé et bombé et fuselé suffisamment les feuilles de métal de la version SE pour nous faire croire qu'elle pourrait avoir le diable au corps. Un coup d'œil à l'arrière où jaillissent deux pots d'échappement agressifs (une Camry !) renforcent davantage l'illusion.

HABITACLE Plus spacieux. Pas à cause de véritables centimètres ajoutés à la plateforme, mais parce que les stylistes ont rendu l'intérieur des portières et le dossier des fauteuils plus concaves, parce que l'aménagement général veille à nous procurer

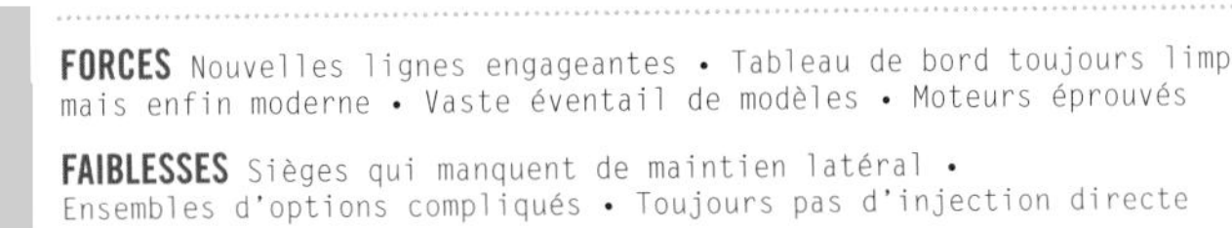

FORCES Nouvelles lignes engageantes • Tableau de bord toujours limpide mais enfin moderne • Vaste éventail de modèles • Moteurs éprouvés

FAIBLESSES Sièges qui manquent de maintien latéral • Ensembles d'options compliqués • Toujours pas d'injection directe

une meilleure luminosité. Ils sont si sérieux par rapport à leur désir d'accroître le plaisir de conduire qu'ils ont épaissi le boudin du volant et l'ont doté de leviers de sélection dans la SE. Le cuir exhibe désormais de grosses coutures. Le tableau de bord est tellement plus moderne. Son cœur est occupé par un écran multifonction digne des plus récentes technologies; on dit bye-bye à l'affichage rétrograde des derniers modèles! Les interrupteurs adoptent une ergonomie moderne, la planche elle-même est striée de fuseaux qui créent un dynamisme dans la cabine. On sent que le beau travail accompli à bord de la Hyundai Sonata a piqué au vif les gens de Toyota. Ils n'entendent pas se laisser faire! La banquette et le coffre ont conservé leur généreux dégagement mais, étrange, toutes les versions ne disposent pas de dossiers rabattables.

MÉCANIQUE C'est sous le capot qu'on retrouve le moins de surprises. Le 4-cylindres de 2,5 litres est de retour, avec sa puissance maximale de 179 chevaux pour la SE, de même que l'onctueux V6 de 3,5 litres (celui aussi de la Sienna) livrant 268 chevaux. Toyota nous explique qu'elle les a mitraillés de petits trucs pour en améliorer la performance et la consommation. Par exemple, on a changé la viscosité de l'huile. Les LE et XLE ont ainsi gagné 9 chevaux mais, surtout, on peut envisager avec le 4-cylindres une consommation sur l'autoroute de 5,6 litres aux 100 kilomètres (8,2 en ville) et de 6,4 litres aux 100 kilomètres (9,7) avec le V6. Les gens de Toyota Canada se sont donné beaucoup de trouble pour fournir à l'équipe de *L'Annuel de l'automobile* des données 2012 avant notre date de tombée, mais, malgré tout, au moment d'écrire ces lignes, des interrogations sont restées sans réponse. Surtout que la version hybride n'a pu se joindre à notre furtif rendez-vous Qu'à cela ne tienne, on se doute bien que, si une consommation encore meilleure que celle de la Camry atmosphérique vous intéresse, vous vous tournerez vers la version hybride. L'an dernier, le système synergétique à moteur électrique appuyait les efforts d'un 4-cylindres de 2,4 litres. Cette année, ce sera un 2,5-litres. La chose aurait fait gagner quelque 13 chevaux à la puissance comptabilisée à 187 chevaux l'an dernier, mais ce n'est pas encore sûr. Ni les cotes de consommation finales. Enfin, on ne se chicanera pas pour des poignées de chevaux ou des fractions de litre de carburant qui, dans le fond, ne modifieront pas vraiment le comportement de l'auto. À vrai dire, ce « flou statistique » met surtout en relief la difficulté d'obtenir des chiffres standardisés pour l'industrie. Ajoutons qu'une boîte de vitesses à variation continue s'occupe des hybrides, alors qu'une boîte automatique à 6 rapports est responsable des autres modèles. Pas d'injection directe de carburant, Toyota estimant que les performances sont satisfaisantes sans avoir à pénaliser le poids et la facture finale. Toyota Canada a toutefois annoncé que tous ses modèles, jusqu'au moins cher, offrirait désormais de série le système Star, lequel englobe six aides électroniques bien connues dont l'ABS, l'antipatinage et l'assistance au freinage. Si une Yaris a droit à Star, imaginez à quel

HISTORIQUE

La Camry est aux Américains ce qu'est la Civic aux Canadiens: la voiture la plus vendue! Autre pays, autres goûts. C'est en 1980 que Toyota introduisit pour son marché domestique une nouvelle version berline de la Celica surnommée Camry (qui signifie «couronne» en japonais). Deux ans plus tard, la Camry devenait une série en soi. Le reste appartient déjà à la légende automobile…

Toyota Camry 1985

Toyota Camry 1986

Toyota Camry 1991

Toyota Camry 1996

Toyota Camry familiale 1996

Toyota Camry 1997

Toyota Camry 2006

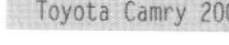

Toyota Camry 2008

GALERIE

A Le moteur V6 de 3,5 L avec bloc en alliage d'aluminium produit une puissance maximale de 268 chevaux et un couple allant jusqu'à 248 lb-pi. Sa consommation ville/route combinée devrait s'établir à 8,9 litres aux 100 km. Comme le 4-cylindres, il bénéficie notamment du système de distribution à calage variable intelligent double (double VVT-i) et de l'injection de carburant multipoint séquentielle.

B À l'image des lignes extérieures, le tableau de bord a été passablement modernisé. Notez le bel écran central qui sert, entre autres, à faire défiler les informations de la chaîne audio et du système de navigation.

C Les sièges baquets de la SE, la sportive de la famille, sont plus seyants que ceux des autres versions, tandis que les grosses coutures bien visibles du cuir rehaussent l'apparence de celui-ci.

D La banquette arrière de la Camry profite de dossiers rabattables 60/40 et ce, pour toutes les versions, incluant les deux livrées hybrides. Quand les dossiers restent en place, les occupants peuvent alors jouir du généreux accoudoir central.

E Les designers de la nouvelle Camry 2012 ont su pousser l'audace sans déstabiliser leur clientèle régulière. Les lignes sont plus affûtées, plus marquées. Le souci du détail s'est glissé jusque dans les feux arrière, plus convaincants.

point la Camry s'en prévaut, elle qui a toujours à cœur de rassurer une clientèle par tradition prudente.

COMPORTEMENT L'ancienne Camry ne produisait déjà pas beaucoup de bruits ou de vibrations parasites. Les ingénieurs ont perfectionné cette vertu. En injectant de la mousse isolante ici, en utilisant du verre spécial et d'autres matériaux acoustiques là, ils ont rendu la berline encore plus silencieuse. On a également revu la suspension afin d'améliorer son agilité, mais sans affecter le confort que la clientèle cible apprécie tellement. Puisque nous n'avons pas pu faire connaissance avec la version hybride, il faut donc croire les gens de Toyota sur parole quand ils nous disent que ce véhicule consommera 39 % moins en ville que la précédente version, ce qui permettrait à cette Camry de dominer sa catégorie. Son espace de chargement a également pris du mieux car la batterie a été déplacée. Si Toyota a fait sauter la boîte manuelle de son catalogue canadien récemment, les leviers de sélection au volant de la SE compensent allègrement. Je ne suis pas encore convaincu que l'acheteur typique de Camry rêve de faire crisser ses pneus ou d'attaquer les virages la rage au ventre, mais je dois admettre que si jamais l'idée lui traverse l'esprit, la SE lui procurera un ersatz de griserie. Elle s'empoigne avec confiance et enfile les courbes avec un bel aplomb. Sa suspension plus ferme et ses roues de 17 pouces y sont pour quelque chose. Cela dit, il faut vraiment écraser le champignon pour entendre le V6 chanter; le bon travail d'insonorisation des ingénieurs fait que même la SE procure au naturel des promenades baignées de tranquillité.

CONCLUSION Toyota a été plus audacieuse là où Honda a joué de prudence, tout au moins au plan de l'apparence, extérieure comme intérieure. La Camry a franchement évolué alors que la « nouvelle » Civic fait plutôt du sur place. La lutte dans le segment des intermédiaires oblige les constructeurs engagés dans la bataille à se surpasser. Toyota l'a compris, mais sans se mettre à dos ses nombreux supporteurs.

2e OPINION

« Je ne pensais jamais dire cela un jour, mais la nouvelle Camry m'a impressionné ! Ce n'est certainement pour son allure, plutôt évolutive, ni pour sa mécanique, à peu près inchangée. Il est vrai que son habitacle est plus attrayant qu'autrefois, et que son degré d'équipement est plus cossu. Mais encore là, ce n'est pas mieux qu'ailleurs. En fait, je pense que la Camry m'a pour la première fois interpellé, parce qu'elle a enfin su trouver un équilibre qui fait qu'on ne peut tout simplement pas la détester. Elle est plus « groundée », plus intéressante à conduite, plus attrayante à bord, encore plus silencieuse et toujours aussi confortable. Bref, la clientèle qui l'appréciait déjà ne sera que comblée, et celle qui la repoussait pourrait finalement succomber. » — Antoine Joubert

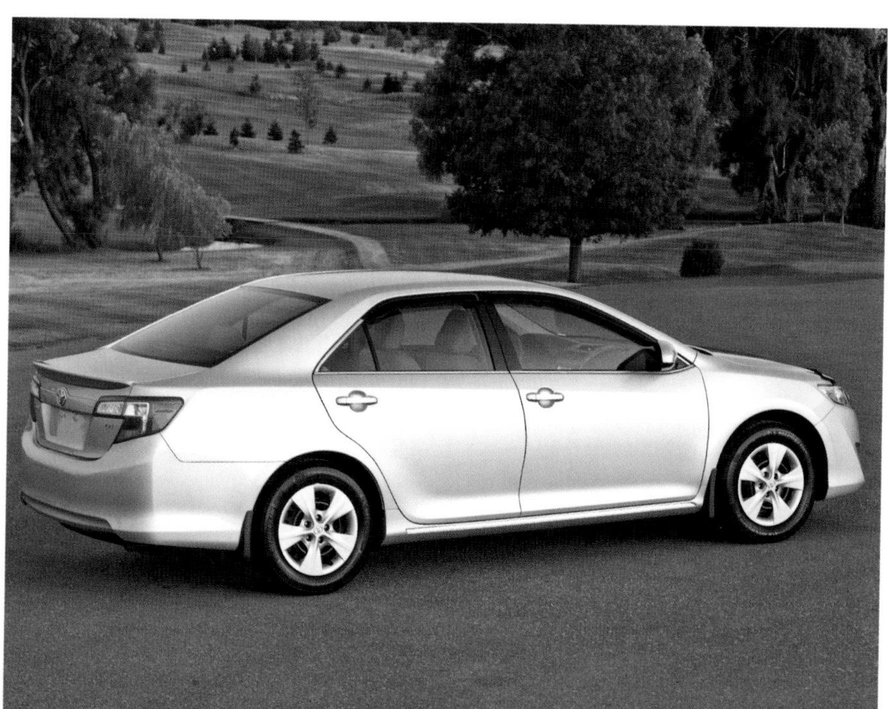

FICHE TECHNIQUE

MOTEURS

(LE, SE, XLE)
L4 2,5 l DACT, 169 ch à 6000 tr/min (SE 179 ch à 6000 tr/min)
COUPLE 167 lb-pi à 4100 tr/min (SE 171 lb-pi à 4100 tr/min)
BOÎTE DE VITESSES automatique à 6 rapports avec mode manuel
0-100 KM/H 9,8 s
VITESSE MAXIMALE 190 km/h (bridée)
CONSOMMATION (100 KM) 7,5 L (octane 87)
ÉMISSIONS DE CO_2 3542 kg/an
LITRES PAR ANNÉE 1540
COÛT PAR AN 1925 $

(LE V6, SE V6, XLE V6)
V6 3,5 l DACT, 268 ch à 6200 tr/min
COUPLE 248 lb-pi à 4700 tr/min
BOÎTE DE VITESSES automatique à 6 rapports avec mode manuel
0-100 KM/H 7,2 s
VITESSE MAXIMALE 220 km/h (bridée)
CONSOMMATION (100 KM) 8,7 L (octane 87)
ÉMISSIONS DE CO_2 4094 kg/an
LITRES PAR ANNÉE 1780
COÛT PAR AN 2225 $

(HYBRID)
L4 2,4 l DACT + moteur électrique, 187 ch à 6000 tr/min
COUPLE 138 lb-pi à 4400 tr/min (moteur électrique seul: 199 lb-pi de 0 à 1500 tr/min)
BOÎTE DE VITESSES automatique à variation continue
0-100 KM/H 8,9 s
VITESSE MAXIMALE 200 km/h (bridée)

AUTRES COMPOSANTS

SÉCURITÉ ACTIVE freins ABS, assistance au freinage, répartition électronique de force de freinage, antipatinage, contrôle de stabilité électronique
SUSPENSION AVANT/ARRIÈRE avant/arrière indépendante
FREINS AVANT/ARRIÈRE disques
DIRECTION à crémaillère, assistée
PNEUS XLE/LE V6/XLE V6/ Hybrid P215/60R16 SE/SE V6 P215/55R17

DIMENSIONS

EMPATTEMENT 2775 mm
LONGUEUR 4805 mm
LARGEUR 1820 mm
HAUTEUR 1470 mm **Hybride** 1460 mm
POIDS LE 1500 kg **SE** 1510 kg **LE V6** 1570 kg **SE V6** 1580 kg **Hybride** 1650 kg
DIAMÈTRE DE BRAQUAGE 11,0 m
COFFRE 425 L **Hybride** 300 L
RÉSERVOIR DE CARBURANT 70 L **Hybride** 65 L

MENTIONS

CHOIX VERT RECOMMANDÉ

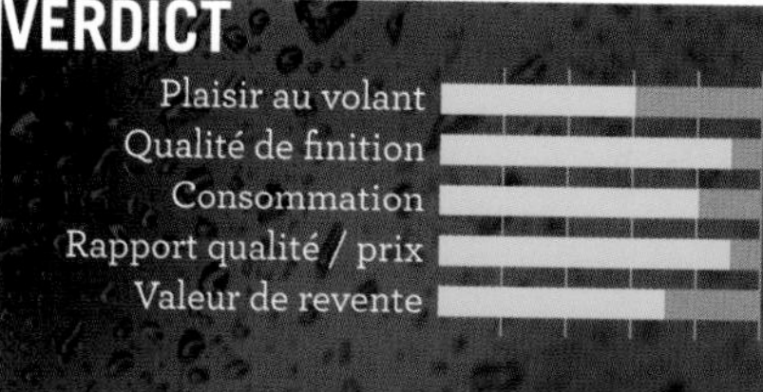

$ 33 725 $ à 39 720 $ t&p 1560 $

LA COTE VERTE MOTEUR V6 DE 4,0 L source : ÉnerGuide

CONSOMMATION 100 KM man. 11,9 L, auto. 11,0 L • **ÉMISSIONS POLLUANTES CO_2** man. 5566 kg/an, auto. 5106 kg/an • **INDICE D'OCTANE** 87
COÛT DU CARBURANT MOYEN PAR ANNÉE man. 3146 $, auto. 2886 $ • **NOMBRE DE LITRES PAR ANNÉE** man. 2420, auto. 2220

FICHE D'IDENTITÉ

VERSION UNIQUE
ROUES MOTRICES 4
PORTIÈRES 5 **Nombre de passagers** 5
PREMIÈRE GÉNÉRATION 2007
GÉNÉRATION ACTUELLE 2007
CONSTRUCTION Hamura, Japon
COUSSINS GONFLABLES 6 (frontaux, latéraux avant, rideaux latéraux)
CONCURRENCE Jeep Wrangler/Liberty, Nissan Xterra

AU QUOTIDIEN

PRIME D'ASSURANCE
25 ANS : 2400 à 2600 $
40 ANS : 1200 à 1400 $
60 ANS : 1000 à 1200 $
Collision frontale 4/5
COLLISION LATÉRALE 5/5
VENTES DU MODÈLE DE L'AN DERNIER
AU QUÉBEC 220 **AU CANADA** 797
DÉPRÉCIATION 46,7 %
RAPPELS (2006 à 2011) 2
COTE DE FIABILITÉ 4/5

GARANTIES… ET PLUS

GARANTIE GÉNÉRALE 3 ans/60 000 km
GARANTIE MOTOPROPULSEUR 5 ans/100 000 km
PERFORATION 5 ans/ kilométrage illimité
ASSISTANCE ROUTIÈRE 3 ans/60 000 km
NOMBRE DE CONCESSIONNAIRES
AU QUÉBEC 68 **AU CANADA** 243

NOUVEAUTÉS EN 2012

Aucun changement majeur

UN DUR AU CŒUR TENDRE

Benoit Charette

Le Tundra est une énième tentative asiatique de percer un univers dominé par les constructeurs américains. La bonne nouvelle pour Toyota, c'est que sa camionnette pleine grandeur s'y emploie depuis plus de 12 ans. Or, dans ce créneau plus qu'un autre, la réputation se bâtit uniquement au fil des décennies.

Les ventes commencent à s'essouffler pour cette création néo-rétro qui entame sa sixième année sur la route sans subir de réels changements. Si le style et la conduite sentent bon le souvenir des véritables 4 x 4 des années 70, le FJ vise une pointe de tarte très mince de la population. Il joue sur la nostalgie des jouets de notre enfance qu'on peut maintenant conduire en grandeur nature.

CARROSSERIE Construit sur une plateforme écourtée du 4Runner, le FJ Cruiser joue la nostalgie des camions Tonka qui ont meublé l'enfance de toute une génération de jeunes devenus grands. Toyota fait aussi une référence au célèbre Land Cruiser des années 70 et 80 avec son toit blanc et son allure très carré. Enfin, le sérieux de l'équipement embarqué et les réelles capacités hors route de ce camion démontrent hors de tout doute le sérieux de l'approche de Toyota qui ne veut surtout pas que les gens prennent le FJ Cruiser pour un simple utilitaire de ville.

HABITACLE L'intérieur est à l'image de l'extérieur : robuste et qui va à l'essentiel. Fidèle à son image de rigueur, on dénote le souci du travail bien fait, même si certains plastiques durs détonnent un peu dans le décor. L'interprétation simpliste des premières années de production a lentement fait place à une finition un peu plus moderne, question de tenir la dragée haute face à la concurrence qui poussait un peu plus loin la sophistication. Ainsi, depuis l'an dernier, un écran multifonction est offert de série dans toutes les versions. La configuration à deux portes, même avec l'aide de deux peti-

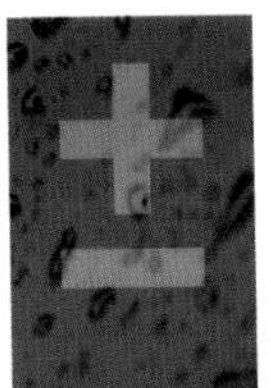

FORCES Lignes et conduite uniques • Véritable tout-terrain
Bonne fiabilité • Confort de roulement surprenant

FAIBLESSES Mauvaise visibilité • Sensible aux vents latéraux
Entrée et sortie des places arrière un peu difficiles
Moteur V6 assez gourmand

tes portes inversées, donn quelques maux de tête quand on veut rejoindre les places arrière, mais une fois installé, vous avez un espace comparable aux autres utilitaires de ce segment.

MÉCANIQUE Pas de changement sous le capot. Toyota offre le même moteur de 4 litres de 259 chevaux qu'à ses débuts sur la route en 2007. Si la puissance est plus que suffisante, c'est le couple à 270 livres-pieds qui impressionne le plus. Dans des situations où le véhicule se trouve embourbé jusqu'aux essieux, on découvre le réel potentiel du moteur et de la transmission 4 x 4 très efficace. Sa garde au sol généreuse, des pneus de 32 pouces de diamètre, des plaques de protection des organes vitaux, des différentiels autobloquants, le FJ a tout ce qu'il faut pour faire l'école buissonnière. Je vous recommande le système ATRAC si vous envisagez de sérieuses escapades. Ce système contrôle chaque roue individuellement, ce qui vous permet de vous sortir d'impasse même si une ou deux roues ne touchent plus au sol. Le couple généreux fait du FJ Cruiser un expert en remorquage, et les 2 268 kilos de charge maximale ne semblent pas peser lourd derrière le FJ. Les puristes opteront sans doute pour la boîte de vitesses manuelle de série, mais sachez que la boîte automatique à 5 rapports fait un excellent travail et sera sans doute plus facile à vivre au quotidien.

COMPORTEMENT Sur la route, le FJ est remarquablement docile et prévisible. Un bruit de vent redevable à la forme peu aérodynamique du véhicule et le ronronnement des pneus sont les seuls bémols dignes de mention. Vous n'êtes pas au volant d'une berline, le roulis est assez important, mais le confort général fait du FJ un véhicule tout à fait convivial pour une conduite au quotidien. La mauvaise visibilité est un autre point faible, surtout vers l'arrière. Le conducteur peut compter sur un sonar de recul qui avertit d'un « bip » quand un objet se trouve dans le champ de vision.

CONCLUSION Le FJ Cruiser est l'un des rares véritables camions capables de vous emmener très loin hors des sentiers battus et de demeurer assez confortables sur le bitume pour une utilisation au quotidien

2e OPINION

« À l'instar du Nissan Xterra, le FJ Cruiser excelle dans la boue et sur le roc. C'est un vrai de vrai ! Cela dit, en tenant mordicus à marier des éléments du mythique ancêtre Land Cruiser à une interprétation contemporaine et, même, plus ludique du 4 x 4, ce véhicule s'est lui-même infligé des handicaps, dont la piètre visibilité arrière (et même vers l'avant en raison du capot surélevé) et un coefficient de traînée déprimant. Ne pas omettre non plus l'accès aux places arrière compliqué par des moignons de portières et la consommation de carburant qui n'est pas une sinécure pour notre carte de crédit. Mais tout n'est pas perdu : le FJ se débrouille vraiment bien hors route (quand on voit l'obstacle...) et mieux que les autres rustres en ville. Son allure, de surcroît, en séduit plusieurs. » — Michel Crépault

FICHE TECHNIQUE

MOTEUR

V6 4,0 L DACT, 260 ch à 5600 tr/min
COUPLE 271 lb-pi à 4400 tr/mi
BOÎTE DE VITESSES manuelle à 6 rapports, automatique à 5 rapports (en option)
0-100 KM/H 8,1 s
VITESSE MAXIMALE 185 km/h

AUTRES COMPOSANTS

SÉCURITÉ ACTIVE freins ABS, assistance au freinage répartition électronique de force de freinage, antipatinage, contrôle de stabilité électronique
SUSPENSION AVANT/ARRIÈRE indépendante/pont rigide
FREINS AVANT/ARRIÈRE disques
DIRECTION à crémaillère, assistée
PNEUS P265/70R17

DIMENSIONS

EMPATTEMENT 2690 mm
LONGUEUR 4690 mm
LARGEUR 1905 mm
HAUTEUR 1830 mm
POIDS 1963 kg, auto. 1967 kg
DIAMÈTRE DE BRAQUAGE 12,4 m
COFFRE 790 L, 1892 L (sièges abaissés)
RÉSERVOIR DE CARBURANT 72 L
CAPACITÉ DE REMORQUAGE 2268 kg

MENTIONS

RECOMMANDÉ

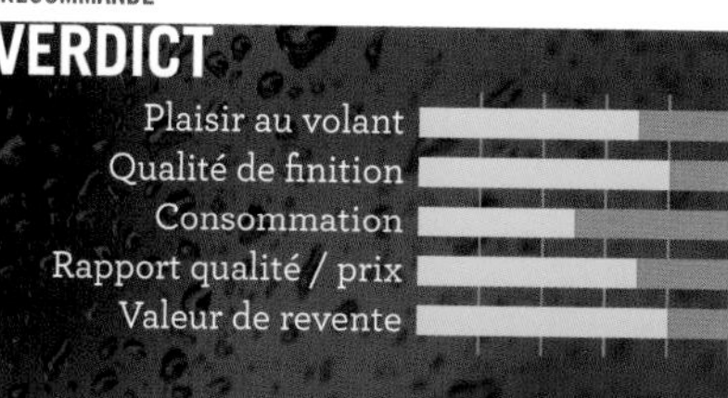

$ 31 500 $ à 51 650 $ t&p 1450 $

LA COTE VERTE MOTEUR HYBRIDE V6 DE 3,5 L source : EnerGuide

CONSOMMATION 100 KM 7,0 L • **ÉMISSIONS POLLUANTES CO_2** 3174 kg/an • **INDICE D'OCTANE** 87
COÛT DU CARBURANT MOYEN PAR ANNÉE 1794 $ • **NOMBRE DE LITRES PAR ANNÉE** 1380 L

FICHE D'IDENTITÉ

VERSIONS L4 2RM, V6 4RM, V6 4RM Limited, Hybrid (4RM), , Hybrid Limited (4RM)
ROUES MOTRICES avant, 4
PORTIÈRES 5 **NOMBRE DE PASSAGERS** 7
PREMIÈRE GÉNÉRATION 2001
GÉNÉRATION ACTUELLE 2008
CONSTRUCTION Georgetown, Kentuky, É.-U.
COUSSINS GONFLABLES 7 (frontaux, latéraux avant, genoux conducteur, rideaux latéraux)
CONCURRENCE Chevrolet Traverse, Ford Flex, GMC Acadia, Honda Pilot, Hyundai Santa Fe, Kia Sorento, Nissan Murano, Subaru Tribeca

AU QUOTIDIEN

PRIME D'ASSURANCE
25 ANS : 1700 à 1900 $
40 ANS : 1200 à 1400 $
60 ANS : 1000 à 1200 $
COLLISION FRONTALE 4/5
COLLISION LATÉRALE 5/5
VENTES DU MODÈLE DE L'AN DERNIER
AU QUÉBEC 662 **AU CANADA** 4203
DÉPRÉCIATION 48,3 %
RAPPELS (2006 à 2011) 8
COTE DE FIABILITÉ 4/5

GARANTIES... ET PLUS

GARANTIE GÉNÉRALE 3 ans/60 000 km
GARANTIE MOTOPROPULSEUR 5 ans/100 000 km
PERFORATION 5 ans/ kilométrage illimité
ASSISTANCE ROUTIÈRE 3 ans/60 000 km
NOMBRE DE CONCESSIONNAIRES
AU QUÉBEC 68 **AU CANADA** 243

NOUVEAUTÉS EN 2012

Auncun changement majeur

L'AVENTURIER RASSURANT

Francis Brière

Les adeptes des produits Toyota recherchent la qualité de fabrication, la fiabilité et la valeur subjective de ces véhicules. Heureusement pour le constructeur japonais, ces qualités sont toujours actuelles, malgré les rappels qu'on connaît et qui ont considérablement nui à sa réputation. En revanche, bien des acheteurs regardent ailleurs pour diverses raisons. Voyons pourquoi avec le Highlander.

CARROSSERIE Difficile de ressentir un trop-plein d'émotions à la vue du Highlander. L'allure de ce véhicule nous laisse complètement indifférent. Il est vrai que les beaux VUS sont rares, mais celui-ci bat des records d'insipidité. Il n'est pas laid, seulement banal. Pour l'année 2011, Toyota a proposé quelques retouches et fioritures pour embellir la carcasse.

HABITACLE Toyota aurait intérêt à revoir ses habitacles, en particulier celui du Highlander. La présentation est désuète, les plastiques, décevants, et l'ergonomie, à revoir. Certaines commandes se retrouvent au mauvais endroit. À moins d'acheter un modèle équipé d'un écran de navigation par satellite, le petit afficheur aux caractères pâles rend la lecture impossible en plein jour, ne serait-ce que pour valider le poste de radio que vous avez choisi. Par contre, ce véhicule procure de l'espace pour les occupants et pour le chargement, de même qu'une troisième rangée de sièges rabattables 50/50. Cette caractéristique revêt un avantage indéniable pour une famille. Pour le reste, les sièges sont confortables, mais offre peu de maintien. Notons que l'habitacle du Highlander a tout ce qu'il faut pour plaire aux acheteurs américains.

MÉCANIQUE Ici, nous aurions bien du mal à formuler des reproches au constructeur qui propose trois choix de motorisations pour le même véhicule. La version de base du Highlander est mue par un gros 4-cylindres. Une cylindrée de 2,7 litres n'est pas légion dans l'industrie de l'automobile,

FORCES Douceur de roulement • Fiabilité • Version hybride
FAIBLESSES Habitacle désuet • Comportement aseptique • Prix (hybride)

quoique 187 chevaux, ce n'est pas le Pérou non plus. Certains blocs de plus petit gabarit font mieux. Quoi qu'il en soit, il se tire bien d'affaire en configuration à deux roues motrices. On le retrouve sous le capot des Venza, Sienna et Tacoma. Évidemment, le V6 rend davantage justice à ce VUS qui affiche un poids de près de 2000 kilos. De fait, la livrée hybride les dépasse, mais profite d'un duo thermique et électrique produisant 295 chevaux. La boîte de vitesses à variation continue fait le boulot, mais la boîte à 5 rapports jumelée au V6 déçoit. Curieusement, une boîte à 6 rapports est offerte sur le modèle de base. Les constructeurs doivent souvent composer avec des contraintes d'ordre mécanique, mais la concurrence fait mieux, et les ingénieurs de Toyota le savent. Mentionnons que le système hybride de Toyota permet de réduire considérablement la consommation de carburant. En effet, il est possible de rouler avec le Highlander hybride en brûlant moins de 10 litres aux 100 kilomètres, ce qui est excellent pour un véhicule de ce gabarit.

COMPORTEMENT La prestation sur route du Highlander est à l'image de toute la gamme Toyota. Si on se laisse tenter par un tel véhicule, c'est pour bénéficier du confort et de l'espace pour se mouvoir du point A au point B. L'acheteur qui recherche autre chose sera déçu. Peu importe la livrée, on ne ressent rien de bien exaltant derrière le volant du Highlander. Pas de plaisir, pas de sensations ! Le comportement est aseptisé au possible, la direction, peu communicative, il ne se passe rien. Le modèle hybride ajoutera un silence de roulement extrême et momentané quand le moteur électrique fonctionnera de façon autonome, de quoi nous endormir encore davantage, ou pire : nous plonger dans un profond coma. En revanche, pas de visite chez les chiro ou chez l'ostéopathe, la suspension guimauve vous évite les courbatures causées par une conduite trop cow-boy !

CONCLUSION Le Toyota Highlander n'est pas un mauvais véhicule, mais il ne soulève guère les passions. Après tout, si son propriétaire souhaite profiter d'un confort adéquat, de sécurité et d'espace, il s'agit d'un choix justifié. Cependant, ne négligeons pas le travail de la concurrence qui offre des produits à la hauteur et mieux conçus à un prix comparable.

2e OPINION

« Toyota a transformé le Highlander en laboratoire sur roues ou, plutôt, en étude de marketing mobile. Quelle version préférez-vous, nous les offrons toutes ! Le VUS le moins cher possible mais toujours spacieux, animé par un humble 4cylindres qui se contente de deux roues motrices à l'avant ? Les versions à transmission intégrale équipées d'un V6 qui rassurent forcément le proprio quand vient le temps de remorquer ? Ou alors le modèle à motorisation hydride pour qui veut promener une grosse caisse mais en assumant le coût extra du passeport vert ? Ce choix réglé, vous héritez d'un pratique véhicule à la silhouette anonyme mais au confort indéniable qui transforme à peu près toutes les tâches en partie de plaisir, tant que vous oubliez les sorties hors route sérieuses. » — Michel Crépault

FICHE TECHNIQUE

MOTEURS

(L4 2RM) L4 2,7 L DACT, 187 ch à 5800 tr/min
Couple 186 lb-pi à 4100 tr/min
BOÎTE DE VITESSES automatique à 6 rapports avec mode manuel
0-100 KM/H 10,0 s
VITESSE MAXIMALE 190 km/h
CONSOMMATION (100 KM) 8,9 L (octane 87)
ÉMISSIONS DE CO_2 4140 kg/an
LITRES PAR ANNÉE 1800 L
COÛT PAR AN 2340 $

(V6) V6 3,5 l DACT, 270 ch à 6200 tr/min
COUPLE 248 lb-pi à 4700 tr/min
BOÎTE DE VITESSES automatique à 5 rapports avec mode manuel
0-100 KM/H 8,0 s
VITESSE MAXIMALE 200 km/h
CONSOMMATION (100 KM) 2RM 9,9 L, **4RM** 10,7 L (octane 87)
ÉMISSIONS DE CO_2 2RM 4646 kg/an, **4RM** 5014 kg/an
LITRES PAR ANNÉE 2RM 2020 L, **4RM** 2180 L
COÛT PAR AN 2RM 2626 $, **4RM** 2384 $

(HYBRIDE) V6 3,5 L DACT + moteur électrique, 280 ch à nd tr/min
COUPLE nd (variable selon la charge de la batterie et la demande)
BOÎTE DE VITESSES automatique à variation continue
0-100 KM/H 7,5 s
VITESSE MAXIMALE 185 km/h

AUTRES COMPOSANTS

SÉCURITÉ ACTIVE freins ABS, assistance au freinage, répartition électronique de force de freinage, antipatinage, contrôle de stabilité électronique
SUSPENSION AVANT/ARRIÈRE indépendante
FREINS AVANT/ARRIÈRE disques
DIRECTION à crémaillère, assistée
PNEUS L4 P245/65R17, **V6** P245/55R19

DIMENSIONS

EMPATTEMENT 2790 mm
LONGUEUR 4785 mm **Hybrid** 4795 mm
LARGEUR 1910 mm
HAUTEUR 1730 mm (sans longeron de toit)
POIDS L4 2RM 1745 kg, **V6 4RM** 1895 kg, **V6 4RM Limited** 1960 kg, **Hybrid** 2105 kg
DIAMÈTRE DE BRAQUAGE 11,8 m
COFFRE 292 L, 2700 L (siège abaissés) **Hybride** 2665 L (sièges abaissés)
RÉSERVOIR DE CARBURANT 72,5 L **Hybride** 65 L
CAPACITÉ DE REMORQUAGE base Hybride 1587 kg, **V6** 2268 kg

MENTIONS

CHOIX VERT

RECOMMANDÉ

VERDICT

Plaisir au volant
Qualité de finition
Consommation
Rapport qualité / prix
Valeur de revente

ÉVOLUTION $ 16 715 $ à 24 070 $ t&p 1390 $

LA COTE VERTE MOTEUR L4 DE 1,8 L source : ÉnerGuide

CONSOMMATION (100 KM) man. 7,0 L, auto. 7,2 L • **ÉMISSIONS POLLUANTES CO_2** man. 3220 kg/an, auto. 3358 kg/an • **INDICE D'OCTANE** 87
COÛT DU CARBURANT MOYEN PAR ANNÉE man. 1820 $, auto. 1898 $ • **NOMBRE DE LITRES PAR ANNÉE** man. 1400, auto. 1460

FICHE D'IDENTITÉ

VERSIONS base, XRS, 4RM
ROUES MOTRICES avant, 4
PORTIÈRES 5 **NOMBRE DE PASSAGERS** 5
PREMIÈRE GÉNÉRATION 2003
GÉNÉRATION ACTUELLE 2009
CONSTRUCTION Cambridge, Ontario, Canada
COUSSINS GONFLABLES 6 (frontaux, latéraux, rideaux latéraux)
CONCURRENCE Dodge Caliber, Ford Focus, Mazda3, Mitsubishi RVR, Scion xB, Subaru Impreza, Suzuki SX4, Volkswagen Golf

AU QUOTIDIEN

PRIME D'ASSURANCE
25 ANS : 1600 à 1800 $
40 ANS : 900 à 1100 $
60 ANS : 700 à 900 $
COLLISION FRONTALE 5/5
COLLISION LATÉRALE 4/5
VENTES DU MODÈLE DE L'AN DERNIER
AU QUÉBEC 7869 **AU CANADA** 19 093
DÉPRÉCIATION 35,4 %
RAPPELS (2006 à 2011) 3
COTE DE FIABILITÉ 4/5

GARANTIES... ET PLUS

GARANTIE GÉNÉRALE 3 ans/60 000 km
GARANTIE MOTOPROPULSEUR 5 ans/100 000 km
PERFORATION 5 ans/ kilométrage illimité
ASSISTANCE ROUTIÈRE 3 ans/60 000 km
NOMBRE DE CONCESSIONNAIRES
AU QUÉBEC 68 **AU CANADA** 243

NOUVEAUTÉS EN 2012

Aucun changement majeur

UNE POPULARITÉ MÉRITÉE

Philippe Laguë

Les familiales, c'est un peu comme les minifourgonnettes : c'est pratique mais personne ne veut être vu en train d'en conduire une. Les divisions marketing des constructeurs ont trouvé une solution : vous en vendre en vous faisant croire que ce n'est pas une familiale mais un modèle différent. Ainsi est née la Matrix, qui n'est rien d'autre, au fond, qu'une Corolla familiale, avec une carrosserie exclusive et un autre nom.

CARROSSERIE Les formes tourmentées et massives de la Matrix de deuxième génération la font ressembler à une Pontiac. On a tout gâché en voulant changer pour changer. De plus, la visibilité arrière est médiocre, la faute à cet énorme pilier C et à l'étroitesse de la lunette. La ceinture de caisse se porte aussi très haut, ces jours-ci, dans le monde de l'automobile, et cela a pour effet de réduire la surface vitrée. Très tendance, certes, mais nuisible.

HABITACLE À l'intérieur, c'est plus agréable à regarder, mais au toucher, ça se gâte : c'est *full* plastique, comme disent les ados. Il y en a partout : sur la planche de bord et la console, à l'intérieur des portières... La baisse de qualité des Toyota n'est pas une légende urbaine, et cet exemple l'illustre bien. C'est d'autant plus dommage qu'il s'agit là de la seule véritable lacune de l'habitacle. L'ergonomie est exemplaire, comme toujours chez Toyota ; tout est à portée de la main, simple et facile à manipuler. Beaucoup de rangement, aussi : ceux de la console et la grande boîte à gants à deux paliers compensent la petitesse des vide-poches des portières.

L'habitabilité est un autre point fort, particulièrement à l'arrière. Pour l'aspect pratique, la Matrix récolte le maximum de points, car elle est munie, en plus, d'un hayon, ce qui est toujours utile. La capacité de chargement peut être accrue en baissant le dossier des sièges. À l'arrière, toujours, la banquette offre un confort acceptable mais aucun maintien, ni latéral, ni lombaire. C'est beaucoup mieux à l'avant : les

FORCES Habitacle spacieux et pratique • Excellents moteurs • Faible consommation
Exécution mécanique rigoureuse • Roulement confortable • Fiabilité

FAIBLESSES Design tourmenté • Piètre visibilité arrière
Trop de plastique à l'intérieur • Boîte automatique à 4 rapports (base)
Pneus quelconques (base)

baquets, enveloppants et bien rembourrés, sont plus confortables et procurent un meilleur maintien.

MÉCANIQUE La version de base dispose d'un 4-cylindres de 1,8 litre, bon pour 132 chevaux. Cette puissance est plus qu'adéquate pour une voiture de ce format et, en plus, vous serez gagnant car il consomme moins. En fait, il consomme vraiment très peu: nous avons obtenu une moyenne (ville et route) de 8,4 litres aux 100 kilomètres.

Ce moteur fait encore une fois la preuve que les 4-cylindres japonais demeurent la référence. Il tourne tout doucement, discrètement, sans faire trop de bruit et il est juste assez nerveux. Il est cependant dommage qu'un engin aussi raffiné soit accouplé à une boîte de vitesses automatique à 4 rapports. Les autres versions ont droit à une boîte automatique à 5 rapports.

La direction est souvent le point faible des Toyota, mais pas dans la Matrix. Elle demeure un peu lente, mais elle est précise, et l'assistance est mieux dosée. Le freinage s'est lui aussi montré irréprochable.

COMPORTEMENT La douceur de roulement fait aussi partie des qualités qui ont forgé la réputation des Toyota. La suspension de la Matrix est calibrée pour le confort d'abord, conformément aux attentes de la clientèle cible pour qui c'est la priorité, bien avant l'agrément de conduite. La tenue de route n'est pas vilaine pour autant, loin s'en faut; mais si l'envie vous prend de vous amuser un peu sur un parcours sinueux, les pneus refroidiront vos ardeurs assez vite. Leur adhérence est nulle ou presque. Heureusement, les autres versions sont mieux chaussées, et si vous désirez éprouver un peu plus de sensations, les XR et XRS feront le travail.

CONCLUSION Toujours populaire, la Matrix plaît autant aux jeunes familles qu'aux couples actifs qui traînent vélos, planches à neige et autres accessoires de sport. Quoiqu'on en dise, la réputation de Toyota continue aussi d'attirer les acheteurs. Dans la gamme de modèles de ce constructeur, elle demeure l'une des plus intéressantes, même en version de base. Les faits sont là, incontestables : la Matrix est une voiture confortable, spacieuse, fonctionnelle et fiable. Avec un faible appétit en carburant, de surcroît.

2e OPINION

« Dans la trilogie The Matrix, *le héros, Neo, tente de percer les mystères d'un univers programmé. S'il réussit à briser l'esclavage imposé par les machines, l'humain enfin pourra s'exprimer. Même chose au volant de la Matrix: elle offre tout un tas de possibilités à qui sait les exploiter. Sa gueule unique est le résultat d'un croisement entre un bicorps et un coupé qui veut aussi intégrer les vertus d'une berline. On hérite donc d'un avant fonceur, d'un arrière pratique et d'un intérieur accueillant jusqu'à 5 passagers. À noter toutefois que l'auto n'est pas si rapide que cela, que sa forme bicorps handicape la visibilité, et que le 5e occupant trouvera le temps long. Autrement dit, la Matrix tentant d'épater dans plusieurs domaines, s'en sort effectivement avec brio mais sans être la championne nulle part. »* — Michel Crépault

FICHE TECHNIQUE

MOTEURS

(BASE) L4 1,8 L DACT, 132 ch à 6000 tr/min
COUPLE 128 lb-pi à 4400 tr/min
BOITE DE VITESSES manuelle à 5 rapports, automatique à 4 rapports (option)
0-100 KM/H 10,5 s
VITESSE MAXIMALE 185 km/h

(XR, 4RM, XRS) L4 2,4 L DACT, 158 ch à 6000 tr/min
COUPLE 162 lb-pi à 4000 tr/min
BOITE DE VITESSES manuelle à 5 rapports, automatique à 5 rapports avec mode manuel (option), automatique à 4 rapports (4RM)
0-100 KM/H 9,8 s
VITESSE MAXIMALE 200 km/h
CONSOMMATION (100 KM) man. 8,3 L, **auto.** 8,4 L **4RM** 9,0 L (octane 87)
ÉMISSIONS DE CO_2 man. 3864 kg/an, **auto.** 3910 kg/an, **4RM** 4186 kg/an
LITRES PAR ANNÉE man. 1680, **auto.** 1700 **4RM** 1820
COÛT PAR AN man. 2184 $, auto. 2210 $, 4RM 2366 $

AUTRES COMPOSANTS

SÉCURITÉ ACTIVE freins ABS, assistance au freinage, répartition électronique de la force de freinage, contrôle de stabilité, antipatinage
SUSPENSION AVANT/ARRIÈRE base indépendante/semi-indépendante, XRS/4RM indépendante
FREINS AVANT/ARRIÈRE disques
DIRECTION à crémaillère, assistée
PNEUS P205/55R16, **option base/option 4RM** P215/45R17, **XRS** P215/45R18

DIMENSIONS

EMPATTEMENT 2600 mm
LONGUEUR 4365 mm, XRS 4395 mm
LARGEUR 1765 mm
HAUTEUR 1550 mm, **4RM/XRS** 1560 m
POIDS base **man.** 1285 kg, **4RM** 1480 kg, XRS **man.** 1395 kg, **XRS auto.** 1430 kg
DIAMÈTRE DE BRAQUAGE base/XR 11,0 m, **4RM** 11,2 m, **XRS** 11,6 m
COFFRE 569 L, 1399 L (sièges abaissés)
RÉSERVOIR DE CARBURANT 50 L
CAPACITÉ DE REMORQUAGE 680 kg

MENTIONS

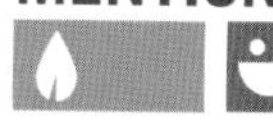

CHOIX VERT RECOMMANDÉ

VERDICT

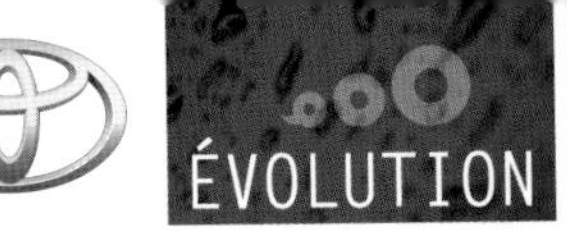

$ 27 800 $ à 37 395 $ t&p 1490 $

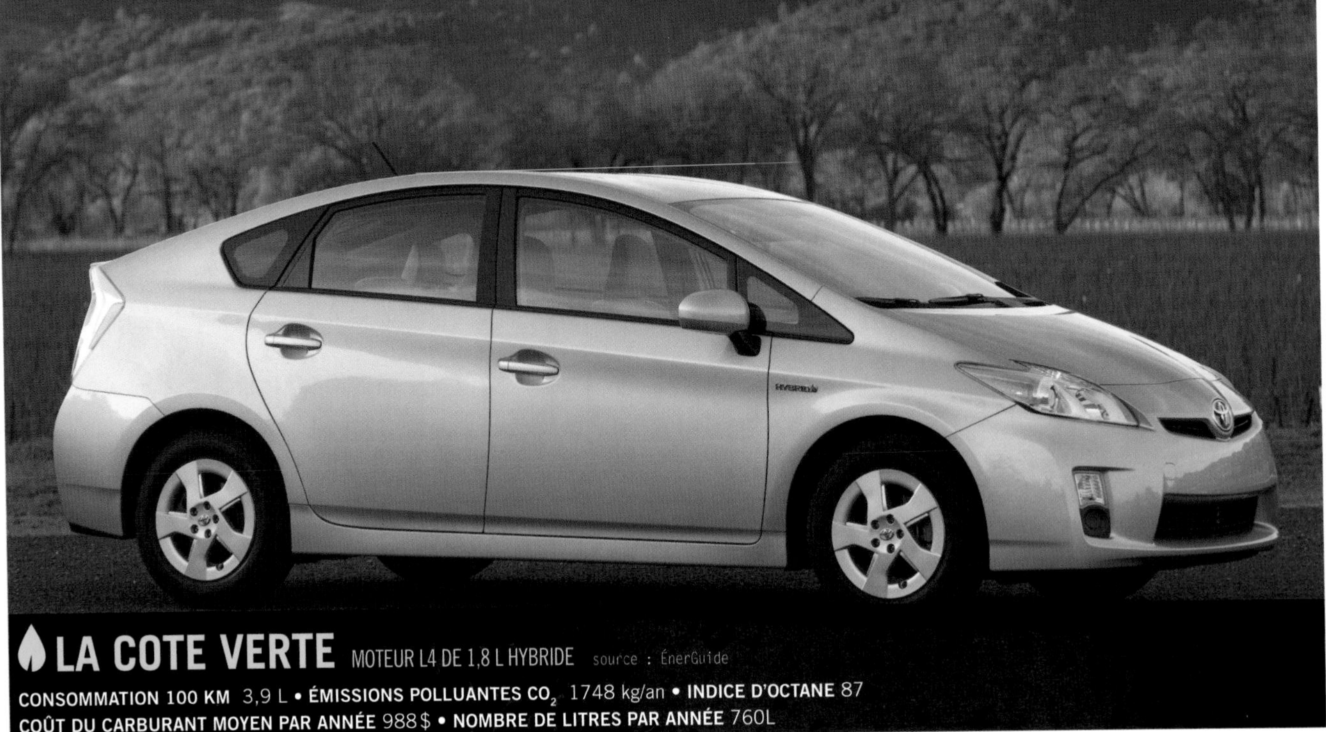

LA COTE VERTE MOTEUR L4 DE 1,8 L HYBRIDE source : ÉnerGuide

CONSOMMATION 100 KM 3,9 L • **ÉMISSIONS POLLUANTES CO_2** 1748 kg/an • **INDICE D'OCTANE** 87
COÛT DU CARBURANT MOYEN PAR ANNÉE 988 $ • **NOMBRE DE LITRES PAR ANNÉE** 760L

FICHE D'IDENTITÉ

VERSIONS base, Haut de gamme, Touring, Technologie
ROUES MOTRICES avant
PORTIÈRES 5 **NOMBRE DE PASSAGERS** 5
PREMIÈRE GÉNÉRATION 2000
GÉNÉRATION ACTUELLE 2010
CONSTRUCTION Toyota City, Japon
COUSSINS GONFLABLES 7 (frontaux, latéraux avant, genoux conducteur, rideaux latéraux)
CONCURRENCE, Ford Fusion Hybride, Honda Civic Hybride, Honda Insight, Hyundai Sonata Hybride, Lexus CT200h

AU QUOTIDIEN

PRIME D'ASSURANCE
25 ANS : 1800 à 2000 $
40 ANS : 1000 à 1200 $
60 ANS : 800 à 1000 $
COLLISION FRONTALE 4/5
COLLISION LATÉRALE 4/5
VENTES DU MODÈLE DE L'AN DERNIER
AU QUÉBEC 593 **AU CANADA** 2967
DÉPRÉCIATION 40,9 %
RAPPELS (2006 À 2011) 3
COTE DE FIABILITÉ 5/5

GARANTIES... ET PLUS

GARANTIE GÉNÉRALE 3 ans/60 000 km
GARANTIE MOTOPROPULSEUR 5 ans/100 000 km
PERFORATION 5 ans/kilométrage illimité
ASSISTANCE ROUTIÈRE 3 ans/60 000 km
NOMBRE DE CONCESSIONNAIRES
AU QUÉBEC 68 **AU CANADA** 243

NOUVEAUTÉS EN 2012

Aucun changement majeur

LE COURANT PASSE !

Benoit Charette

Rien de mieux pour afficher sa conscience écologique que de rouler au volant d'une Toyota Prius. Des stars d'Hollywood aux chefs d'entreprises sans oublier les politiciens comme Barack Obama qui est devenu un propriétaire l'an dernier. Et la famille continue de s'agrandir avec une version familiale et une autre rechargeable.

CARROSSERIE
La Prius d'origine devient un peu comme le Coke classique. On le transforme, mais on ne veut pas changer la recette de base qui a fait sa popularité. On confie cette tâche au nouveau venu. On remarque l'effort évident dans les lignes, lié à un souci d'optimisation de l'aérodynamisme et du coefficient de traînée à 0,25 pour économiser la moindre goutte de carburant. Certains diront qu'elle ressemble trop à la précédente génération, mais c'est le lot d'un véhicule icône qui doit demeurer facilement reconnaissable.

HABITACLE Le souci écologique ne se retrouve pas seulement sous le capot; Toyota affiche sa fibre verte partout où il est possible de le faire. Par exemple, l'habitacle est couvert de plastiques écologiques gage de réduction d'émissions de Co_2. On retrouve également en option un toit transparent coulissant avec des panneaux solaires qui alimentent un système de circulation d'air dans la voiture. Des feux de croisement ainsi que des feux arrière et d'arrêt à diodes électroluminescentes contribuent à réduire la consommation d'énergie (en option à l'avant). Les lignes redessinées ont augmenté la hauteur du plafond à l'arrière, ce qui donne plus de place pour les jambes. La console centrale à écran tactile est mieux conçue que l'ancienne génération et offre une approche plus moderne.

MÉCANIQUE Il peut sembler paradoxal d'offrir un moteur plus puissant et une meilleure consommation de carburant en même temps. La question a été posée, et les ingénieurs de Toyota ont répondu que, grâce au couple supérieur du moteur de 1,8 litre, il tourne à plus bas régime et permet donc d'afficher une meilleure

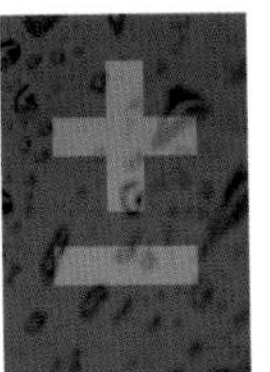

FORCES Silence de roulement • Consommation
Performances en hausse • Un certain plaisir de conduite

FAIBLESSES Freinage médiocre • Suspension un peu ferme
Direction peu communicative

consommation de carburant. Le 4-cylindres 1.8 VVT-i développe 98 chevaux, et le moteur électrique, quant à lui, revendique 80 chevaux. Une puissance supplémentaire globale de près de 20 % qui se traduit par une réduction consommation de carburant annoncée de 7 % grâce au groupe électrique plus puissant et à un moteur qui tourne à plus bas régime.

COMPORTEMENT Soyons honnêtes, depuis ses tout premiers débuts, la Prius était aussi intéressante à conduire qu'une voiturette de golf. Le manque de puissance était évident, et la direction, absente de toutes sensations. L'arrivée du moteur de 1,8 litre amène la puissance utilisable à 134 chevaux, Le moins qu'on puisse dire, c'est que la voiture a fait naître chez moi, pour la première fois, un certain plaisir de conduire. La puissance est maintenant suffisante pour donner l'impression de conduire une vraie voiture, et la direction, sans être un modèle du genre, répond assez bien. Pour permettre de rouler encore vert, Toyota dispose de quelques astuces. Il y a un système de récupération des gaz d'échappement qui permet de réchauffer plus rapidement le pot catalytique et d'émettre moins de CO_2. Toyota dispose également d'un mode de conduite écolo qui restreint la puissance utilisable du moteur et met certains systèmes en mode de veille pour une meilleure consommation de carburant. Il y a même un bouton EV pour « electric vehicle » qui permet de rouler à un maximum de 40 km/h pour environ 2 kilomètres sur le mode électrique seulement, beaucoup plus accessoire que réellement utile. Sur un trajet de plus de 300 kilomètres, en conduisant tout à fait normalement, nous avons réussi à faire un peu moins de 5,5 litres aux 100 kilomètres.

CONCLUSION Si Honda vise à offrir l'hybride la plus abordable sur le marché avec l'Insight, Toyota vise rien de moins que l'hybride la plus évoluée. Il faudra tout de même faire attention au prix. Toyota agrandi encore un peu sa famille de Prius cette année avec la familiale Prius V (voir autre texte) qui promet de consolider la position de Toyota comme leader dans ce segment. La Prius se vend actuellement aux environs des 30 000 $, il faudra faire attention de ne pas aller trop loin, car l'Insight, qui est certes moins sophistiquée que la Prius, offre tout de même une consommation de carburant assez comparable.

2e OPINION

« Le fait que vous rouliez en Prius dénote pour certains une prise de conscience des défis qui nous notre planète. D'autres diront que vous vous êtes fait avoir par un marketing efficace qui vise à nous faire croire qu'une voiture de plus d'une tonne peut être écologiquement acceptable, simplement parce qu'elle consomme un peu moins d'essence. Une chose est certaine la pionnières des voitures hybride évolue et comptera beaucoup d'autres membres dans les années à venir dont certains modèles entièrement électrique. Dans peu de temps, la bonne vieille hybride ne sera plus qui était la voiture branchée depuis quelques années deviendra désuète. IL faudra maintenant être branché pour être branché. Mais sans un monde idéal, il faudrait apprendre à se passer de l'automobile, mais notre métier en souffrirait un peu. » — Michel Crépault

FICHE TECHNIQUE

MOTEURS

L4 1,8 L cycle Atkinson DACT + moteur électrique, 134 ch (puissance totale)
COUPLE 105 lb-pi à 4000 tr/min
BOÎTE DE VITESSES automatique à variation continue
0-100 KM/H 10,3 s
VITESSE MAXIMALE 185 km/h

AUTRES COMPOSANTS

SÉCURITÉ ACTIVE freins ABS, assistance au freinage, distribution électronique de la force de freinage, contrôle de la stabilité électronique, antipatinage
SUSPENSION AVANT/ARRIÈRE indépendante/essieu rigide
FREINS AVANT/ARRIÈRE disques
DIRECTION à crémaillère, assistée
PNEUS P195/65R15 **option** P215/45R17

DIMENSIONS

EMPATTEMENT 2700 mm
LONGUEUR 4460 mm
LARGEUR 1745 mm
HAUTEUR 1480 mm
POIDS 1380 kg
DIAMÈTRE DE BRAQUAGE 10,4 m
COFFRE 445 L
RÉSERVOIR DE CARBURANT 45 L

MENTIONS

CHOIX VERT RECOMMANDÉ

VERDICT

Plaisir au volant
Qualité de finition
Consommation
Rapport qualité / prix
Valeur de revente

www.toyota.ca

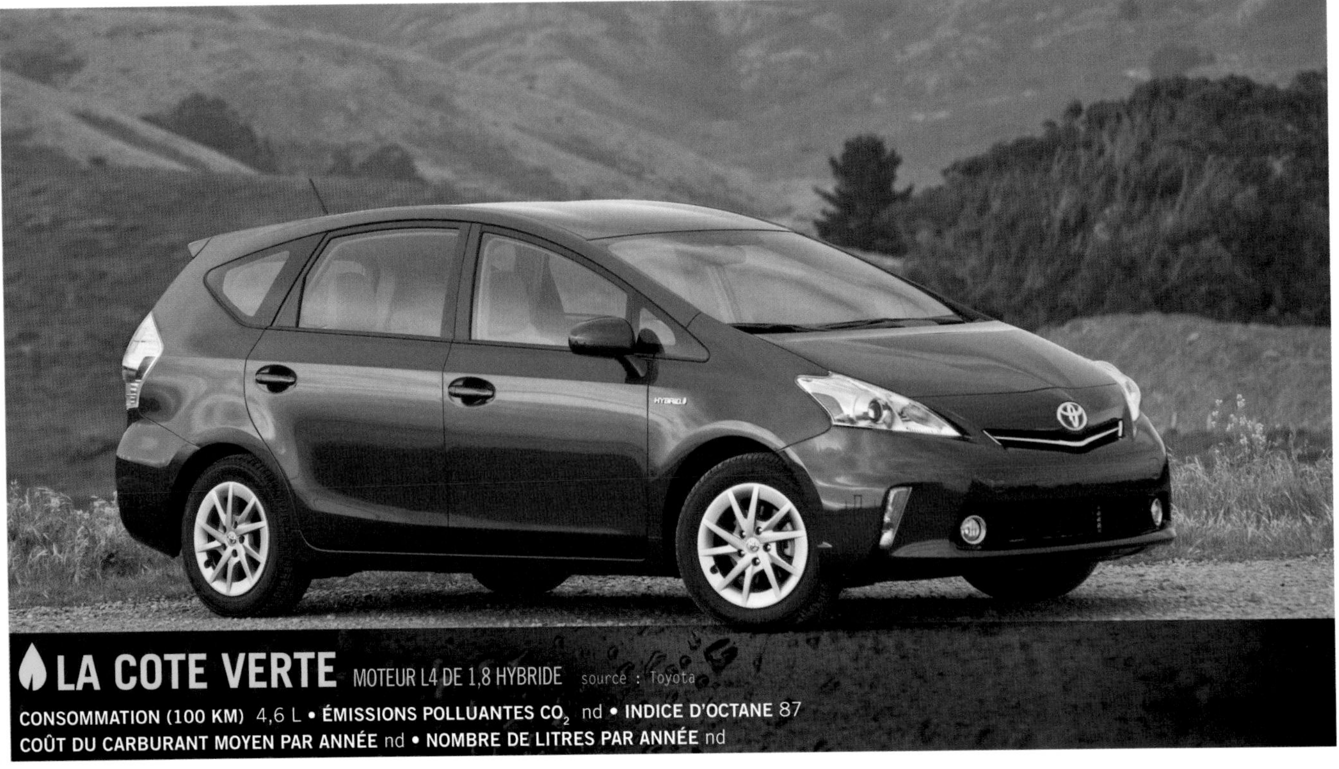

LA COTE VERTE MOTEUR L4 DE 1,8 HYBRIDE source : Toyota

CONSOMMATION (100 KM) 4,6 L • **ÉMISSIONS POLLUANTES CO_2** nd • **INDICE D'OCTANE** 87
COÛT DU CARBURANT MOYEN PAR ANNÉE nd • **NOMBRE DE LITRES PAR ANNÉE** nd

FICHE D'IDENTITÉ

VERSIONS base, Luxe, Touring
ROUES MOTRICES avant
PORTIÈRES 5 **NOMBRE DE PASSAGERS** 5
PREMIÈRE GÉNÉRATION 2012
GÉNÉRATION ACTUELLE 2012
CONSTRUCTION Toyota City, Japon
COUSSINS GONFLABLES 7 (frontaux, latéraux avant, genoux conducteur, rideaux latéraux)
CONCURRENCE Ford Fusion hybride, Honda Civic hybride, Hyundai Sonata hybride, Lexus CT200h

AU QUOTIDIEN

PRIME D'ASSURANCE
25 ANS : 1800 à 2000 $
40 ANS : 1000 à 1200 $
60 ANS : 800 à 1000 $
COLLISION FRONTALE nd
COLLISION LATÉRALE nd
VENTES DU MODÈLE DE L'AN DERNIER
AU QUÉBEC nd **AU CANADA** nd
DÉPRÉCIATION nd
RAPPELS (2006 à 2011) nd
COTE DE FIABILITÉ nd

GARANTIES... ET PLUS

GARANTIE GÉNÉRALE 3 ans/60 000 km
GARANTIE MOTOPROPULSEUR 5 ans/100 000 km
PERFORATION 5 ans/kilométrage illimité
ASSISTANCE ROUTIÈRE 3 ans/60 000 km
NOMBRE DE CONCESSIONNAIRES
AU QUÉBEC 68 **AU CANADA** 243

NOUVEAUTÉS EN 2012

Nouveau modèle

LE DÉMÉNAGEUR **ÉCOLO**

Michel Crépault

Votre **Annuel de l'automobile** *a pris l'habitude de consacrer quatre pleines pages aux nouveautés de l'année. La Prius V en est une. Mais, si ça ne vous dérange pas trop, nous nous en tiendrons à deux pages car, après tout, il s'agit essentiellement d'une Prius à laquelle on a greffé une soute à bagages plus imposante. Toute la vérité et rien que la vérité sur la Prius « ordinaire » est étalée dans les pages qui précède sous la brillante plume de Benoit Charette.*

CARROSSERIE Sortons le ruban à mesurer, car c'est ce qui compte ici. Bien que la V (non pas comme le chiffre romain mais bien comme dans « versatile » ou polyvalent pour bien parler français) ait emprunté la plateforme de la première Prius, on ne s'étonne pas de retrouver des dimensions étirées, par exemple de 15,5 centimètres en longueur et de 9,5 centimètres en hauteur. Je considère la silhouette réussie, la section arrière adoptant une forme suffisamment futuriste sans tomber dans l'excentrique. Un bel aileron coiffe le hayon.

HABITACLE Le moignon bleuté qui sert à sélectionner les directions jaillit toujours de la planche de bord, en dessous du bouton-poussoir de démarrage. Un nouvel écran multifonction occupe le centre du tableau, encadré d'interrupteurs d'utilisation intuitive, dont certains dédoublés sur le volant. Puisque la soute prime ici, disons tout de go que la capacité de chargement s'est accrue de plus de 50 % par rapport à la berline : 971 litres contre 445. La banquette arrière, dotée d'un généreux accoudoir central, coulisse, s'incline et va même jusqu'à rabattre complètement ses dossiers 60/40 pour augmenter l'espace de chargement. Le plancher obtenu n'est pas parfaitement plat mais peu s'en faut. Le dossier du siège du passager avant se couche aussi pour enfourner de longs objets. La soute comporte des boucles d'arrimage de même qu'une sangle et un filet de rétention. Une option à considérer : le toit panoramique en résine (moins lourd que le verre). Il ne s'ouvre pas (sauf son pare-soleil) mais il

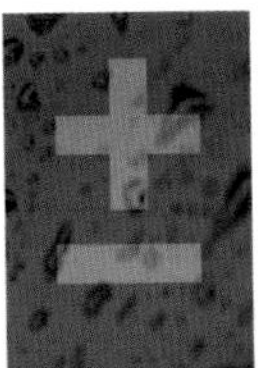

FORCES Silhouette à l'allure harmonieuse • Banquette amovible
Côté pratique d'un espace de chargement accru

FAIBLESSES Beaucoup de plastique • Résonnance dans la soute
Visibilité aux trois quarts arrière

égaye l'intérieur. En fait, les gâteries ont été regroupées dans trois ensembles : Luxe, Touring et Touring + Technologie (tout et plus encore !).

MÉCANIQUE Mêmes composants que l'autre ou presque. Le 4-cylindres de 1,8 litre à cycle Atkinson est jumelé à un moteur électrique pour totaliser 134 chevaux. L'innovation : un correcteur de rebonds ! L'idée est la suivante : quand la V heurte une bosse de la chaussée, l'occupant est secoué. Les ingénieurs ont estimé que, si on réduisait le couple du moteur quand le véhicule frappe la bosse, on réduirait la secousse ressentie à bord. Ça marche ? Mon essai a été trop court, et la piste d'essai trop lisse...

COMPORTEMENT Avec sa consommation de 4,3 litres aux 100 kilomètres en ville, de 4,8 litres sur la route et de 4,6 litres au combiné, on ne se surprend pas d'apprendre que la Prius V affiche le plus faible appétit parmi tous les véhicules qui se targuent de pouvoir trimballer autre chose que la moitié d'un sac de golf ! Pour obtenir ces cotes, il convient de rouler le plus souvent possible sur le mode Eco où même le climatiseur et l'accélérateur sont pris en charge par le système hybride afin d'optimiser la frugalité. Le mode électrique ne change pas grand-chose à la donne puisque le moteur électrique ne peut faire avancer seul la V que sur une courte distance et sur une période encore plus courte. La direction et le freinage, toujours dépendants d'émulateurs, procurent des sensations parfois artificielles, mais beaucoup moins qu'à la naissance de la Prius.

CONCLUSION Ce qui m'étonne, c'est que Toyota ait mis si longtemps à accoucher d'une familiale au sein de la famille Prius. Enfin, maintenant que l'impulsion, au point qu'une troisième Prius nommée C (pour « compacte ») se pointera sous peu, on doit reconnaître que la V est une proposition sensée. Les raisons qui ont hissé la Prius au rang de l'hybride la plus populaire du monde ont été préservées. Qu'un second modèle puisse charrier davantage de bébelles, personne ne s'en plaindra.

FICHE TECHNIQUE

MOTEUR

L4 1,8 L cycle Atkinson DACT + moteur électrique, 134 ch (puissance totale)
COUPLE 105 lb-pi à 4000 tr/min
BOÎTE DE VITESSES automatique à variation continue
0-96 KM/H 10,4 s
VITESSE MAXIMALE 166 km/h

AUTRES COMPOSANTS

SÉCURITÉ ACTIVE freins ABS, assistance au freinage, distribution électronique de la force de freinage, contrôle de la stabilité électronique, antipatinage
SUSPENSION AVANT/ARRIÈRE indépendante/essieu rigide
FREINS AVANT/ARRIÈRE disques
DIRECTION à crémaillère, assistée
PNEUS P205/60R16, **option** P215/50R17

DIMENSIONS

EMPATTEMENT 2779 mm
LONGUEUR 4615 mm
LARGEUR 1775 mm
HAUTEUR 1575 mm
POIDS 1485 kg
DIAMÈTRE DE BRAQUAGE roues 16 po. 11 m, **roues 17 po.** 11,6 m
COFFRE 971 L, 1906 L (sièges abaissés)
RÉSERVOIR DE CARBURANT 45 L

MENTIONS

COUP DE CŒUR

VERDICT

Plaisir au volant
Qualité de finition
Consommation
Rapport qualité / prix
Valeur de revente

$ 24 595 $ à 34 640 $ t&p 1560 $

LA COTE VERTE MOTEUR L4 DE 2,5 L source : EnerGuide

CONSOMMATION (100 KM) 2RM 8,2 L, 4RM 8,5 L • **ÉMISSIONS POLLUANTES CO_2** 2RM 3818 kg/an, 4RM 3956 kg/an • **INDICE D'OCTANE** 87
COÛT DU CARBURANT MOYEN PAR ANNÉE 2RM 2075 $, 4RM 2150 $ • **NOMBRE DE LITRES PAR ANNÉE** 2RM 1660, 4RM 1720

FICHE D'IDENTITÉ

VERSIONS L4 base 2RM/4RM, L4 Sport 2RM/4RM, L4 Limited 2RM/4RM, V6 Base 4RM, Sport 4RM, V6 Limited 4RM
ROUES MOTRICES avant, 4
PORTIÈRES 5 **NOMBRE DE PASSAGERS** 5, 7
PREMIÈRE GÉNÉRATION 1997
GÉNÉRATION ACTUELLE 2006
CONSTRUCTION Woodstock, Ontario, Canada
COUSSINS GONFLABLES 6 (frontaux, latéraux avant, rideaux latéraux)
CONCURRENCE Chevrolet Equinox, Ford Escape, GMC Terrain, Honda CR-V, Hyundai Tucson, JeepPatriot/Liberty, Kia Sportage, Mazda CX-7, Mitsubishi Outlander, Nissan Rogue, Subaru Forester, Suzuki Grand Vitara

AU QUOTIDIEN

PRIME D'ASSURANCE
25 ANS : 1500 à 1700 $
40 ANS : 1100 à 1300 $
60 ANS : 900 à 1100 $
COLLISION FRONTALE 5/5
COLLISION LATÉRALE 5/5
VENTES DU MODÈLE DE L'AN DERNIER
AU QUÉBEC 5268 **AU CANADA** 22 810
DÉPRÉCIATION 34,9 %
RAPPELS (2006 à 2011) 3
COTE DE FIABILITÉ 5/5

GARANTIES... ET PLUS

GARANTIE GÉNÉRALE 3 ans/60 000 km
GARANTIE MOTOPROPULSEUR 5 ans/100 000 km
PERFORATION 5 ans/kilométrage illimité
ASSISTANCE ROUTIÈRE 3 ans/60 000 km
NOMBRE DE CONCESSIONNAIRES
AU QUÉBEC 68 **AU CANADA** 643

NOUVEAUTÉS EN 2012

Aucun changement majeur

SIX ANS, TOUJOURS GAGNANT

Antoine Joubert

En 2012, le RAV4 fête sa quinzième année sur le marché, mais aussi sa sixième année sous cette forme. Voilà qui en fait le VUS compact le plus âgé de tous ceux qui sont actuellement offerts sur le marché (avec le Suzuki Grand Vitara). Cela n'empêche toutefois pas les acheteurs de continuer à s'y intéresser, puisque le RAV4 constitue l'un des rares véhicules Toyota à ne pas subir une importante baisse de popularité.

CARROSSERIE D'entrée de jeu, on peut affirmer que la robe du RAV4 constitue l'un des éléments clé de son succès. Non seulement le RAV4 vieillit-il très bien, mais ses dimensions légèrement plus généreuses que la moyenne en font un véhicule un peu plus pratique que certains de ses rivaux. Côté configuration, le RAV4 continue toutefois à offrir un hayon à ouverture latérale, pas très pratique dans un stationnement public ou quand on est garé en parallèle. Il faut également considérer que, lors d'un impact par l'arrière, les dommages matériaux sont aussi plus importants en raison, notamment, de la présence de la roue de secours. En contrepartie, les personnes de petite taille qui peinent à rejoindre le hayon traditionnel quand il est ouvert, apprécieront la facilité de fermeture de celui du RAV4.

HABITACLE Spacieux, confortable et bien aménagé, l'habitacle du RAV4 a, lui aussi, bien vieilli. Les appliques d'allure métallique au tableau de bord sont de très bon goût, et l'éclairage indirect crée une ambiance à bord plutôt chaleureuse. Évidemment, la qualité d'assemblage et de finition est impeccable, quoique la qualité du tissu des sièges du modèle de base soit plutôt décevante. Très pratique avec la petite famille, vous apprécierez la présence d'une banquette arrière coulissante en section, ce qui permet d'obtenir plus d'espace pour les passagers arrière ou dans le coffre. Et pour ceux qui doivent installer

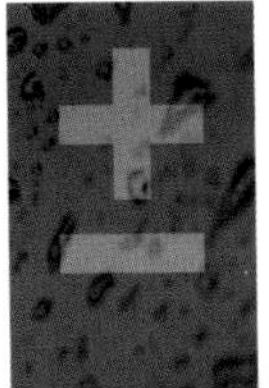

FORCES Lignes agréables qui vieillissent bien • Habitacle spacieux et bien aménagé • Excellentes motorisations • Faible dépréciation Fiabilité

FAIBLESSES Position de conduite trop élevée • Direction un peu engourdie Hayon à battant • Boîte automatique à 4 rapports

des sièges d'appoint à l'arrière, les dossiers réglables et l'assise plane sont fort appréciables. En revanche, le conducteur doit composer avec une position de conduite particulièrement élevée qui agacera sans doute un bon nombre d'acheteurs. D'ailleurs, le baquet a beau être réglable verticalement, les propriétaires, pour la plupart, le règlent à la position la plus basse possible. Côté équipement, le RAV4 est passablement concurrentiel, et ce, malgré l'absence, de série, de la connectivité Bluetooth. La version Limited (la plus cossue) est évidemment très luxueuse, mais le modèle de base avec l'ensemble Touring constitue sans doute le meilleur rapport équipement/prix de la gamme.

MÉCANIQUE Sans aucun doute, Toyota propose le moteur V6 le plus puissant et le moins gourmand de tous les VUS compacts. Fort de ses 269 chevaux, il ne consomme, en moyenne, que 11 litres aux 100 kilomètres, une cote qui peut baisser encore davantage avec une conduite sur route. Évidemment, le 4-cylindres est aussi intéressant, dans la mesure où ce dernier propose un rendement supérieur à la moyenne et une consommation de carburant encore inférieure à celle du V6. Et c'est d'autant plus impressionnant quand on sait que le RAV4 à moteur à 4 cylindres est toujours équipé d'une vétuste boîte de vitesses automatique à 4 rapports.

COMPORTEMENT Le RAV4 n'est pas aussi agréable à conduire qu'un Forester et ne possède pas une direction aussi vive qu'un Mitsubishi Outlander. En revanche, il est confortable, maniable et très équilibré. Et même s'il ne s'équipe pas de la transmission intégrale la plus sophistiquée qui soit, ses aptitudes hivernales sont franchement exceptionnelles. À noter que le RAV4 est aussi offert en modèle de base et Sport à deux roues motrices, ce qui fait baisser la facture d'un peu plus de 2 000 $. Ceci dit, ai-je besoin de vous rappeler à quel point la transmission intégrale est un atout non négligeable ? Et sachez de toute façon que chaque dollar investi dans la transmission intégrale sera récupéré à la revente. Alors, pourquoi s'en priver ?

CONCLUSION Oui, le RAV4 sera renouvelé d'ici peu. Mais cela ne l'empêche pas de demeurer l'un des VUS les plus intéressants du segment, et à la plus forte valeur de revente. Voilà donc un achat sensé et sans souci ; il constitue assurément l'un des meilleurs produits de toute la gamme Toyota.

2e OPINION

« On critique souvent le côté ennuyeux des produits Toyota. Le constructeur commence à en prendre conscience, mais le bœuf est lent... Cependant, quand je prends le volant d'un RAV4, je me dis qu'il y a espoir. Ce véhicule est l'un des plus intéressants de la gamme. Premièrement, il a de la gueule, et sa conduite, ma foi, ressemble à tout sauf à celle d'une Toyota. Même que, avec le V6, le RAV4 est une bête qu'on doit apprendre à dompter. Bien conçu, bien assemblé, doté de motorisations qui lui vont à merveille et pratique comme tout, le RAV4 est la preuve que Toyota peut produire des véhicules intéressants et dynamiques. Ne leur reste qu'à appliquer cette recette au reste de la gamme. Plus facile à dire qu'à faire » — Daniel Rufiange

FICHE TECHNIQUE

MOTEURS

(L4) L4 2,5 l DACT, 179 ch à 6000 tr/min
COUPLE 172 lb-pi à 4000 tr/min
BOÎTE DE VITESSES automatique à 4 rapports
0-100 KM/H 9,9 s
VITESSE MAXIMALE 180 km/h

(V6) V6 3,5 l DACT, 269 ch à 6200 tr/min
COUPLE 246 lb-pi à 4700 tr/min
BOÎTE DE VITESSES automatique à 5 rapports
0-100 KM/H 7,7 s
VITESSE MAXIMALE 210 km/h

CONSOMMATION (100 KM) 2RM 9,1 L, 4RM 9,4 L (octane 87)
ÉMISSIONS DE CO_2 2RM 4278 kg/an, 4RM 4416 kg/an
LITRES PAR ANNÉE 2RM 1860, 4RM 1920
COÛT PAR AN 2RM 2325 $, 4RM 2400 $
EMPREINTE ÉCOLOGIQUE 27 arbres

AUTRES COMPOSANTES

SÉCURITÉ ACTIVE freins ABS, assistance au freinage répartition électronique de force de freinage, antipatinage, contrôle de stabilité électronique
SUSPENSION AVANT/ARRIÈRE indépendante
FREINS AVANT/ARRIÈRE disques
DIRECTION à crémaillère, assistée
Pneus 2RM base P215/70R16, 4RM base/2RM Limited/4RM Limited/V6 4RM base/V6 4RM Limited P225/65R17, Sport P235/55R18

DIMENSIONS

EMPATTEMENT 2660 mm
LONGUEUR 4620 mm
LARGEUR 1815 mm, Sport/Limited 1855 mm
HAUTEUR 1745 mm base 1685 mm
POIDS base 1524 kg, L4 base 4RM 1579 kg, V6 4RM base 1658 kg
DIAMÈTRE DE BRAQUAGE L4 11,4 m, V6 12 m
COFFRE 1017 L, 2073 L (sièges abaissés), 338 L (avec banquette de 3e rangée)
RÉSERVOIR DE CARBURANT 60 L
CAPACITÉ DE REMORQUAGE L4 680 kg, V6 1587 kg

MENTIONS

RECOMMANDÉ

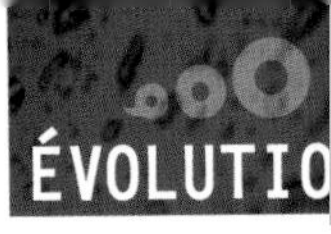

$ 48 820$ à 65 675$ t&p 1560$

LA COTE VERTE MOTEUR V8 DE 4,6 L source : ÉnerGuide

CONSOMMATION 100 KM 13,2 L • **ÉMISSIONS POLLUANTES CO_2** 6164 kg/an • **INDICE D'OCTANE** 87
COÛT DU CARBURANT MOYEN PAR ANNÉE 3350$ • **NOMBRE DE LITRES PAR ANNÉE** 2680

FICHE D'IDENTITÉ

VERSIONS SR5, Limited, Platinum
ROUES MOTRICES 4
PORTIÈRES 5 **NOMBRE DE PASSAGERS** 7 (Platinum), 8
PREMIÈRE GÉNÉRATION 2001
GÉNÉRATION ACTUELLE 2009
CONSTRUCTION Princeton, Indiana, É.-U.
COUSSINS GONFLABLES 8 (frontaux, latéraux avant, genoux conducteur et passager, rideaux latéraux)
CONCURRENCE Chevrolet Tahoe, Ford Expedition, GMC Yukon, Nissan Armada

AU QUOTIDIEN

PRIME D'ASSURANCE
25 ANS : 2600 à 2800 $
40 ANS : 1400 à 1600 $
60 ANS : 1200 à 1400 $
COLLISION FRONTALE 5/5
COLLISION LATÉRALE 5/5
VENTES DU MODÈLE DE L'AN DERNIER
AU QUÉBEC 102 **AU CANADA** 912
DÉPRÉCIATION 44,7 %
RAPPELS (2006 à 2011) 3
COTE DE FIABILITÉ 5/5

GARANTIES... ET PLUS

GARANTIE GÉNÉRALE 3 ans/60 000 km
GARANTIE MOTOPROPULSEUR 5 ans/100 000 km
PERFORATION 5 ans/ kilométrage illimité
ASSISTANCE ROUTIÈRE 3 ans/60 000 km
NOMBRE DE CONCESSIONNAIRES
AU QUÉBEC 68 **AU CANADA** 243

NOUVEAUTÉS EN 2012

Aucun changement majeur

VUS RECHERCHE
FAMILLE NOMBREUSE

Vincent Aubé

Au risque de me répéter, la mode des gros VUS n'est plus ce qu'elle était. Il ne s'écoule même pas 1 000 exemplaires du gros Sequoia au pays en une année. On parle donc ici d'un véhicule de niche. C'est à se demander qui a réellement besoin d'un tel véhicule énergivore au possible et imposant comme un navire ? La bonne nouvelle pour Toyota, c'est que le marché a été délaissé par certains joueurs, ce qui laisse le champ libre à Toyota, à Nissan et, bien entendu, à Ford et à GM. Par contre, le prix du baril de pétrole demeure l'ennemi numéro un de ces gros mastodontes de la route, que ce soit aux États-Unis ou au Canada. L'avenir du Sequoia est donc lié aux variations de cette ressource naturelle.

CARROSSERIE Inchangé depuis 2009, le Sequoia n'a plus à rougir devant les autres représentants de la catégorie. Avec cette calandre inspirée de la camionnette Tundra et ces lignes moins timides que l'ancienne, le plus gros VUS Toyota a de la gueule. Évidemment, la grosseur des jantes vient jouer pour beaucoup dans cette image rehaussée, surtout quand on l'habille de jantes de 20 pouces offertes en option. Certains reprocheront au constructeur nippon de demeurer sobre dans son approche extérieure, mais avec un groupe cible aussi restreint, il est normal que Toyota joue cette carte. Au moins, à l'arrière, les feux s'intègrent beaucoup mieux au Sequoia par rapport à la première génération. Quant aux dimensions de ce VUS pleine grandeur, il faut tout de même s'habituer lors de certaines manœuvres délicates. Je pense entre autres au stationnement en plein centre-ville !

HABITACLE Le volume extérieur du véhicule fait en sorte que l'espace est plus que généreux à bord. Le consommateur a le choix entre la version à 8 places (2+3+3)

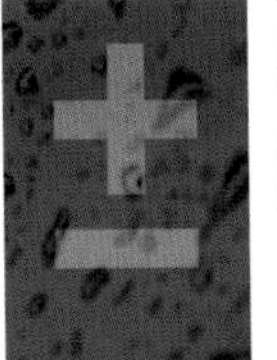

FORCES Qualité d'assemblage • Espace généreux
Vision latérale

FAIBLESSES Consommation de carburant • Manœuvres de stationnement compliquées
Modèle Platinum trop cher

310 chevaux seulement, se révèle un peu juste si le véhicule est assez chargé. L'autre option consiste à opter pour l'autre V8, de 5,7 litres celui-là, qui développe 71 chevaux de plus et qui consomme à peine plus que l'autre. Sans surprise, les deux engins sont accouplés à une boîte de vitesses automatique à 6 rapports, la norme dans ce segment gargantuesque. Pour ceux qui doivent tirer de grosses charges, le plus gros moteur est tout indiqué, surtout avec un couple de 401 livres-pieds.

ou la version à 7 places (2+2+3) dans l'édition Platinum qui dorlote les occupants de la deuxième rangée avec des fauteuils chauffants. Le cuir est de série dans tous les modèles, celui du Platinum étant perforé. Étant donné l'espace, les occupants des deux premières rangées nagent dans le luxe, tandis que les places de la troisième banquette sont plus restreintes. En revanche, cette dernière risque de dépanner à quelques reprises pour trimbaler les amis de vos enfants. Mentionnons aussi que la deuxième rangée de sièges est coulissante, ce qui augmente le côté pratique du Sequoia. Quant au coffre toujours utile dans le cas d'un gros VUS de cette taille, il passe d'une capacité de 800 litres à 3 420 litres quand on rabat les deux dernières rangées de sièges dans le plancher.

MÉCANIQUE Le Sequoia étant basé sur la même plateforme que la camionnette Tundra, il n'est donc pas étonnant que les mêmes mécaniques soient retenues pour accomplir le boulot. L'édition SR5, la moins chère, a droit au V8 de 4,7 litres qui, avec

COMPORTEMENT Encore une fois, piloter une telle caisse demande une période d'apprentissage. Il y a évidemment les dimensions exagérées du Sequoia, mais il faut aussi s'habituer à une direction légère et à une suspension pensée pour le confort. Bref, il faut prévoir les distances de freinage et ne pas aborder une courbe serrée trop rapidement. Si le moteur de base demeure correct, le 5,7-litres est celui qui donne les meilleures accélérations, la boîte automatique effectuant un travail transparent.

CONCLUSION À moins d'avoir une famille nombreuse ou de devoir transporter de lourdes charges, le Sequoia n'est pas un véhicule pour monsieur ou madame Tout-le-monde. Je n'ai pas besoin de vous dire qu'il faut prévoir un budget important pour le carburant, idem pour les pneumatiques de 20 pouces. Au moins, le Sequoia demeure un VUS confortable, bien insonorisé et, surtout, bien assemblé.

FICHE TECHNIQUE

MOTEURS

(SR5) V8 4,6 L DACT, 310 ch à 5600 tr/min
COUPLE 327 lb-pi à 3400 tr/min
BOÎTE DE VITESSES automatique à 6 rapports avec mode manuel
0-100 KM/H 8,6 s
VITESSE MAXIMALE 190 km/h

(LIMITED, PLATINUM) V8 5,7 L DACT, 381 ch à 5600 tr/min
COUPLE 401 lb-pi à 3600 tr/min
BOÎTE DE VITESSES automatique à 6 rapports avec mode manuel
0-100 KM/H 8,0 s
VITESSE MAXIMALE 200 km/h
CONSOMMATION (100 KM) 13,8 L (octane 87)
ÉMISSIONS DE CO2 6440 kg/an
LITRES PAR ANNÉE 2800
COÛT PAR AN 3500 $

AUTRES COMPOSANTS

SÉCURITÉ ACTIVE freins ABS, assistance au freinage, répartition électronique de force de freinage, antipatinage, contrôle de stabilité électronique
SUSPENSION AVANT/ARRIÈRE indépendante
FREINS AVANT/ARRIÈRE disques
DIRECTION à crémaillère, assistée
PNEUS SR5/Limited P275/65R18, ,P275/55R20

DIMENSIONS

EMPATTEMENT 3100 mm
LONGUEUR 5210 mm
LARGEUR 2030 mm
HAUTEUR 1955 mm
POIDS SR5 2707 kg, **Limited** 2714 kg, **Platinum** 2721 kg
DIAMÈTRE DE BRAQUAGE 12,5 m
COFFRE 804 L, 3421 L (sièges abaissés)
RÉSERVOIR DE CARBURANT 100 L
CAPACITÉ DE REMORQUAGE SR5 3175 kg, Platinum 3990 kg, Limited 4125 kg

2e OPINION

« L'an dernier, Toyota a vendu 102 Sequoia au Québec et 912 au Canada. J'aimerais bien avoir un tête-à-tête avec les heureux propriétaires pour comprendre leurs motivations. Oui, le Sequoia offre beaucoup d'espace, mais d'autres véhicules se veulent tout aussi spacieux et offrent des capacités de remorquage tout à fait similaires sans être aussi immenses. Je veux bien comprendre l'engouement qu'ont les consommateurs pour les VUS, mais je n'arrive toujours pas à saisir l'intérêt pour des véhicules aussi gigantesques que le Sequoia. Je me console quand je vois qu'il est moins populaire au Québec que dans le reste du Canada. Pour le reste, le Sequoia offre une expérience de conduite neutre axée sur le confort. Prévoyez un budget illimité pour le carburant, un véhicule qui fait plus de 2 700 kilos, c'est rarement frugal. » — Daniel Rufiange

MENTIONS

RECOMMANDÉ

$ 27 900 $ à 49 100 $ t&p 1560 $

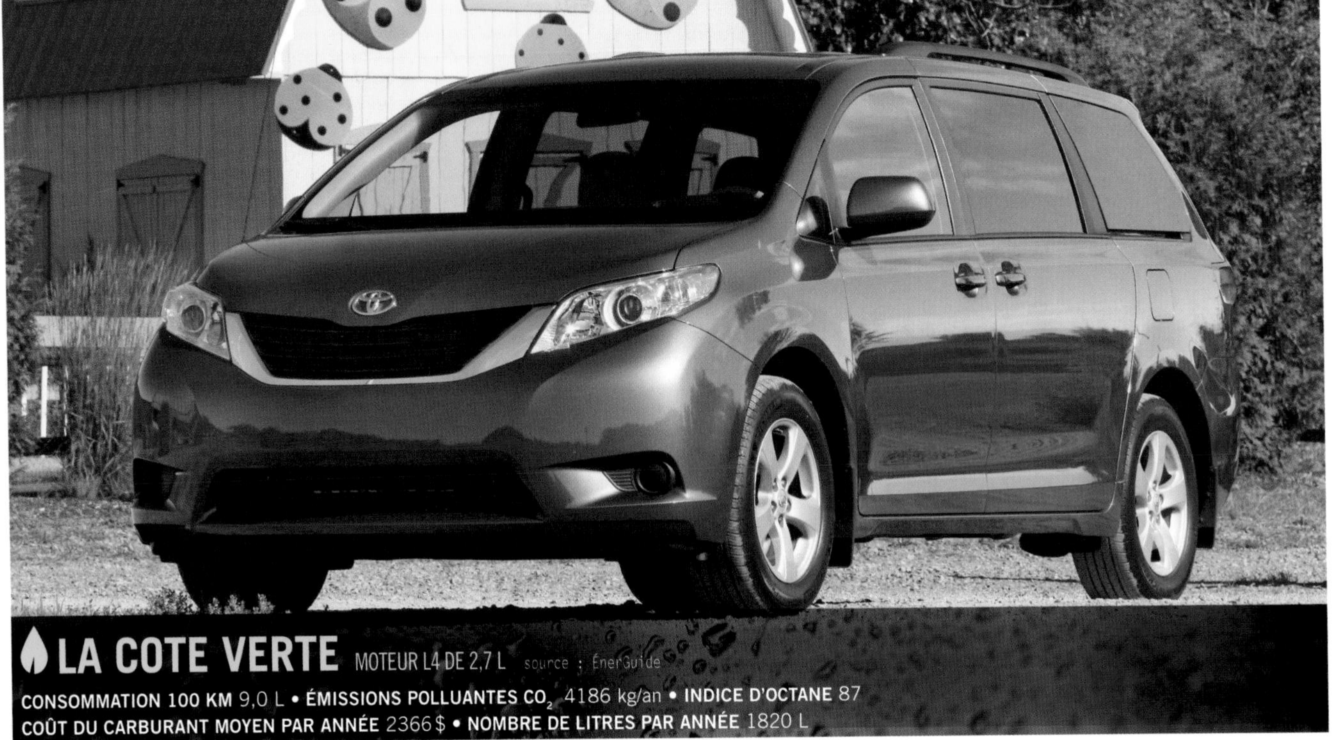

LA COTE VERTE MOTEUR L4 DE 2,7 L source : ÉnerGuide

CONSOMMATION 100 KM 9,0 L • **ÉMISSIONS POLLUANTES CO_2** 4186 kg/an • **INDICE D'OCTANE** 87
COÛT DU CARBURANT MOYEN PAR ANNÉE 2366 $ • **NOMBRE DE LITRES PAR ANNÉE** 1820 L

FICHE D'IDENTITÉ

VERSIONS LE L4, base V6, LE V6 2RM/4RM, SE V6, XLE V6, Limited V6 4RM
ROUES MOTRICES avant, 4
PORTIÈRES 4 **NOMBRE DE PASSAGERS** 7, 8 (LE V6,SE V6)
PREMIÈRE GÉNÉRATION 1998
GÉNÉRATION ACTUELLE 2011
CONSTRUCTION Georgetown, Kentucky, É.-U.
COUSSINS GONFLABLES 7 (frontaux latéraux avant, genoux conducteur, rideaux latéraux)
CONCURRENCE Chrysler Town & Country, Dodge Grand Caravan, Honda Odyssey, Kia Sedona

AU QUOTIDIEN

PRIME D'ASSURANCE
25 ANS : 1300 à 1500 $
40 ANS : 1000 à 1200 $
60 ANS : 800 à 1000 $
COLLISION FRONTALE NM
COLLISION LATÉRALE nm
VENTES DU MODÈLE DE L'AN DERNIER
AU QUÉBEC 1888 **AU CANADA** 9960
DÉPRÉCIATION 36,0 %
RAPPELS (2006 à 2011) 3
COTE DE FIABILITÉ 5/5

GARANTIES... ET PLUS

GARANTIE GÉNÉRALE 3 ans/60 000 km
GARANTIE MOTOPROPULSEUR 5 ans/100 000 km
PERFORATION 5 ans/ kilométrage illimité
ASSISTANCE ROUTIÈRE 3 ans/60 000 km
NOMBRE DE CONCESSIONNAIRES
AU QUÉBEC 68 **AU CANADA** 243

NOUVEAUTÉS EN 2012

Aucun changement majeur

COCHEZ OUI COCHEZ NON !

Michel Crépault

La nouvelle Sienna présentée il y a quelques mois a pris les grands moyens pour séduire un maximum d'acheteurs potentiels en multipliant ses versions et, donc, ses prix. Sortons notre fil d'Ariane pour tâcher de nous y retrouver.

CARROSSERIE Les générations se suivent et se ressemblent, du moins sur le plan des mensurations. Cette troisième mouture reprend à peu près les dimensions de la précédente. Ce qui a changé, c'est l'allure générale. Deux mots : massive et lisse. Les stylistes ont dessiné un véhicule dont la carapace présente autant d'excentricités que la tunique d'un moine. À la rigueur, le bec présente-t-il un petit air plus rapace. Sinon, tous les panneaux sont coulés, polis. Même la rainure qui permet aux portières de coulisser a été intégrée aux glaces pour ne pas défigurer le flanc lustré. Dès que vous avez choisi d'aimer cette silhouette costaude, le véritable embarras du choix commence puisque Toyota propose huit livrées, deux moteurs, deux transmissions ! La moins chère (LE à 7 places) inclut même un 4-cylindres, question d'appâter le client qui serait attiré par l'alléchante facture de la Dodge Grand Caravan. Il y a aussi une édition dite sportive qui fume ses phares, porte des jupes et adopte un comportement plus ferme. Pour le parent un brin rebelle.

HABITACLE Vous aurez compris qu'un tel chapelet de versions fait d'autant varier l'équipement offert. Je me suis laissé imprégner par un intérieur plutôt dénudé, et voici ce que j'en ai retenu : un sentiment de vastitude desservi par un tableau de bord épuré et assez d'espace entre les places pour jouer au mini-putt ; des plastiques répétitifs et décevants ; un côté pratico-pratique qui l'emporte sur des facéties avant-gardistes ; des places médianes qui coulissent facilement mais qui s'enlèvent mal de la fourgonnette ; une banquette arrière rembourrée avec du plomb, dont les dossiers s'inclinent à satiété ou qui peut carrément disparaître dans le plancher. Le modèle

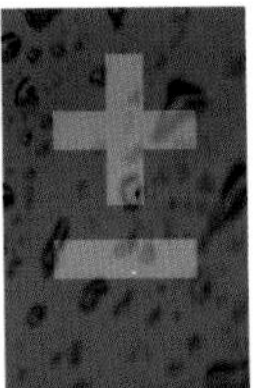

FORCES Habitacle spacieux • Places médianes coulissantes V6 et boîte de vitesses bien dosés • Fourchette de modèles et de prix

FAIBLESSES Aspect bon marché des plastiques • Sièges lourds à déplacer Manque d'originalité

XLE Limited AWD hausse la facture à plus de 48 000 $. Qu'obtient-on pour autant de pesos ? La liste est longue comme une file d'attente dans une salle d'urgence. Outre les éléments du groupe Mobilité (MP3, XM, CD, etc.), on inclut un système de divertissement à DVD à deux affichages (comme l'Odyssey, la sempiternelle rivale), un système de navigation à commande vocale, un démarrage par bouton-poussoir, un volant mi-cuir et mi-similibois, un toit panoramique, une caméra de recul et j'en passe. C'est la totale !

MÉCANIQUE Le 4-cylindres mentionné (commun au Highlander et au Venza), d'une cylindrée de 2,7 litres, fournit 187 chevaux. On s'y intéressera pour sa cote de consommation moyenne d'environ 9 litres. Mais si vous voulez transporter jusqu'à 8 personnes ou remorquer une bébelle, l'extra de 1 000 $ et la consommation de 10 litres aux 100 kilomètres ne devraient pas vous empêcher d'aimer le V6 de 3,5 litres de 266 chevaux. Du tableau de bord jaillit le court sélecteur de la boîte automatique à 6 rapports qui comprend un mode séquentiel manuel pour le parent mentionné plus haut, celui qui n'a pas encore vraiment accepté le rôle des fourgonnettes sur Terre. Exclusivité dans ce créneau : la possibilité d'équiper deux versions d'une transmission intégrale réactive.

COMPORTEMENT À l'image de la brique stylisée qu'elle mime, la Sienna propose une tenue de route solide mais douce. La charpente robuste se prélasse presque sur nos chemins massacrés. Au moins, les plastiques peu inspirés ne jouent pas aux castagnettes. La direction soutient les mouvements rapides et brusques qu'il faut parfois réaliser dans une circulation capricieuse. Le comportement soporifique de l'ancienne Sienna a cédé sa place à une personnalité plus athlétique, enfin juste un peu, car on perçoit toujours la lourdeur du véhicule. Si la ceinture de caisse est haute, l'accès aux places est facile grâce à un seuil large et bas que les personnes à autonomie réduite apprécient grandement.

CONCLUSION Laquelle choisir entre l'Odyssey et la Sienna ? À version égale, je dis que le produit Honda présente une teneur accrue en modernité. Pourtant, mes collègues de l'AJAC ont préféré la Toyota au fil d'arrivée au moment d'élire la fourgonnette de l'année. Vos goûts personnels trancheront. Certitude : les deux constructeurs savent ce qu'ils font !

2e OPINION

« Un 4-cylindres dans une fourgonnette ? Il faut dire que, dans la conjoncture actuelle, un moteur moins gourmand, c'est toujours le bienvenu. Et puis si tant de gens ont acheté la Dodge Grand Caravan avec son vétuste V6 de 175 chevaux, personne ne se plaindra du rendement de ce 4-cylindres de 2,7 litres. Ceci dit, la nouvelle Sienna excelle également en version V6, laquelle peut, dans certains cas, être accompagnée de la transmission intégrale. On va même jusqu'à proposer une version Sport (dans la mesure où une fourgonnette peut être ainsi qualifiée). Serait-ce donc la fourgonnette la plus polyvalente du marché ? Oui, certainement ! Mais pour l'audace, on repassera... » — Antoine Joubert

FICHE TECHNIQUE

MOTEUR

(LE L4) L4 2,7 L DACT, 187 ch à 5800 tr/min
COUPLE 186 lb-pi à 4100 tr/min
BOÎTE DE VITESSES automatique à 6 rapports avec mode manuel
0-100 KM/H 10,0 s
VITESSE MAXIMALE 180 km/h

(V6) V6 3,5 L DACT 266 ch à 6200 tr/min
COUPLE 245 lb-pi à 4700 tr/min
Boîte de vitesses automatique à 6 rapports avec mode manuel
0-100 KM/H 8,3 s
VITESSE MAXIMALE 185 km/h
CONSOMMATION (100 KM) 2RM 9,8 L, 4RM 10,9 l (octane 87)

ÉMISSIONS DE CO_2 2RM 4600 kg/an, 4RM 5106 kg/an

LITRES PAR ANNÉE 2RM 2000 L, 4RM 2220 L

COÛT PAR AN 2RM 2600 $, 4RM 2886 $

AUTRES COMPOSANTS

SÉCURITÉ ACTIVE freins ABS, assistance au freinage, distribution électronique de force de freinage, antipatinage, contrôle de stabilité électronique

SUSPENSION AVANT/ARRIÈRE Indépendante, semi-indépendante

FREINS AVANT/ARRIÈRE disques

Direction à crémaillère, assistée

PNEUS LE L4/BASE V6/LE V6 P235/60R17 option **XLE/SE** P235/50R19, **XLE/LE 4RM/LIMITED 4RM** P235/55R18

DIMENSIONS

EMPATTEMENT 3030 mm

LONGUEUR 5085 mm

LARGEUR 1985 mm

HAUTEUR 1811 mm

POIDS LE L4 1900 kg, **BASE V6** 1970 kg, **LE V6** 1990 kg, **SE** 2010 kg, **LE V6 4RM** 2070 kg, **Limited 4RM** 2145 Kg

DIAMÈTRE DE BRAQUAGE 11,2 m

COFFRE 1107 L, 4248 L (sièges abaissés)

RÉSERVOIR DE CARBURANT 79 L

CAPACITÉ DE REMORQUAGE 1585 kg

MENTIONS

RECOMMANDÉ

VERDICT

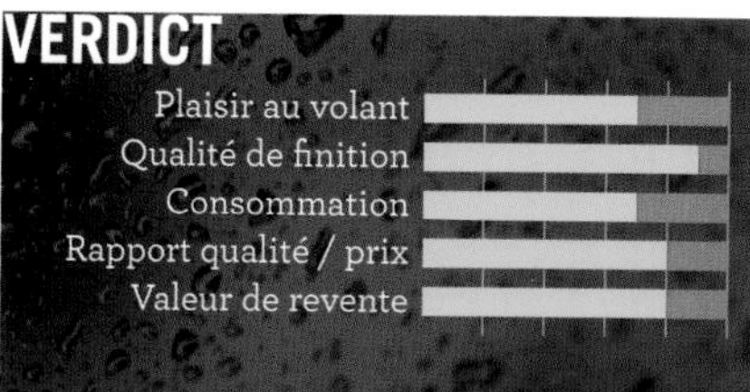

$ 21 895 $ à 32 645 $ t&p 1560 $

LA COTE VERTE MOTEUR L4 DE 2,7 L source : ÉnerGuide

CONSOMMATION (100 KM) 2RM man. 9,2 L, auto. 9,5 L • **ÉMISSIONS POLLUANTES CO_2** 2RM man. 4278 kg/an, auto. 4416 kg/an • **INDICE D'OCTANE** 87
COÛT DU CARBURANT MOYEN PAR ANNÉE 2RM man. 1860 $, auto. 1920 $ • **NOMBRE DE LITRES PAR ANNÉE** 2RM man. 1860, auto. 1920

FICHE D'IDENTITÉ

VERSIONS cabine Accès 4x2, cabine Accès 4x4, cabine Accès 4x4 V6, cabine Double 4 x 4 V6
ROUES MOTRICES arrière, 4
PORTIÈRES 4 **NOMBRE DE PASSAGERS** 4 ou 5
PREMIÈRE GÉNÉRATION 1995
GÉNÉRATION ACTUELLE 2005
CONSTRUCTION San Antonio, Texas, É-U ; Baja California, Mexique
COUSSINS GONFLABLES 4 (frontaux et latéraux)
CONCURRENCE Chevrolet Colorado, Dodge Dakota, Ford Ranger, GMC Canyon, Nissan Frontier

AU QUOTIDIEN

PRIME D'ASSURANCE
25 ANS : 1400 à 1600 $
40 ANS : 1000 à 1200 $
60 ANS : 700 à 900 $
COLLISION FRONTALE 5/5
COLLISION LATÉRALE 5/5
VENTES DU MODÈLE DE L'AN DERNIER
AU QUÉBEC 1733 **AU CANADA** 9082
DÉPRÉCIATION 41,3 %
RAPPELS (2005 à 2010) 4
COTE DE FIABILITÉ 4/5

GARANTIES... ET PLUS

GARANTIE GÉNÉRALE 3 ans/60 000 km
GARANTIE MOTOPROPULSEUR 5 ans/100 000 km
PERFORATION 5 ans/kilométrage illimité
ASSISTANCE ROUTIÈRE 3 ans/60 000 km
NOMBRE DE CONCESSIONNAIRES
AU QUÉBEC 68 **AU CANADA** 243

NOUVEAUTÉS EN 2012

Aucun changement majeur

MAÎTRE CHEZ LUI

Michel Crépault

Puisque la dernière refonte de la Tacoma remonte à 2005, la prochaine ne saurait tarder. Pour le moment, tant qu'à conquérir l'Amérique, le fief des camionnettes, Toyota continue de mettre le paquet. Que ce soit pour des travaux légers ou lourds, pour l'autoroute, la ville, le chantier ou la forêt, pour impressionner les filles ou abattre de la sale besogne, le constructeur propose une Tacoma pour chacun de ces besoins.

CARROSSERIE Même dans son plus simple appareil, la japonaise joue des biceps. Une pléiade d'ensembles et d'accessoires viennent souligner sa virilité, parfois frôlant l'excès. Deux types de cabine au menu : l'*Accès*, comportant deux portières principales secondées par deux plus petites à ouverture arrière, et la *Double Cab* percée de quatre portières généreuses et réservée au modèle haut de gamme (4 x 4 et V6). La caisse de chargement, de son côté, mesure 1,83 mètres (6 pieds), sauf dans le cas de la *Double Cab* à boîte manuelle où elle perd 30 centimètres (un pied). Mais si l'encombrement ne vous effraie pas dans la circulation, vous pouvez garder le 1,83 mètre en vous prévalant de la boîte de vitesses automatique. Cette caisse censée résister à la rouille et aux bosses est équipée de crochets et de taquets (auxquels on enroule les cordages) pour arrimer les cargaisons. Des accessoires comme des bacs de rangement et des séparateurs se fixent grâce à un réseau de rainures sculptées sur les côtés de la boîte. Une option pratique : la prise de courant à 115 volts extérieure.

HABITACLE L'équipement de série n'est pas chiche : climatiseur, chaîne audio moderne, plusieurs espaces de rangement. Comme dans une berline de bon cru, la colonne de direction est inclinable et télescopique. Le tableau de bord est d'une simplicité désarmante. On peut dorloter et personnaliser l'apparence des cabines en optant pour les ensembles SR5 (important en vertu du régulateur de vitesse) et TRD Sport (remarquable pour sa prise d'air sur le capot). L'ensemble

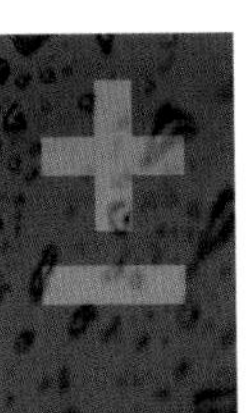

FORCES Allure réussie et transformable grâce aux ensembles et aux accessoires
Économique 4-cylindres, souple V6 • Tenue de route confortable

FAIBLESSES Système d'options complexe et coûteux
Bien estimer ses besoins avant de choisir le moteur...

hors route s'occupe autant de l'extérieur (phares antibrouillard, plaques de protection pour le réservoir de carburant et le boîtier de transfert) que de l'intérieur (boussole et caméra de vision arrière).

MÉCANIQUE Le 4-cylindres de 2,7 litres développant 159 chevaux et produisant un couple de 180 livres-pieds anime les versions 4 x 2 et 4 x 4 nanties de la cabine *Accès*, que ce soit avec la boîte manuelle à 5 rapports ou l'automatique à 4 rapports. Le V6 de 4 litres, dont la puissance est de 236 chevaux, et le couple, de 266 livres-pieds, est proposé dans tous les modèles 4 x 4 avec boîte manuelle à 6 rapports ou automatique à 5 rapports. Équipée de l'un ou de l'autre engin, la Tacoma se débrouille avec une charge utile variant de 499 à 590 kilos et affiche une capacité de remorquage oscillant entre 1 587 et 2 948 kilos (3 500 et 6 500 livres). Le système à quatre roues motrices, du type temporaire, est secondé par un boîtier de transfert à 2 rapports. Il s'enclenche tout bonnement sur simple pression d'un bouton.

COMPORTEMENT L'an dernier, la Tacoma 4 x 2 à cabine *Accès* a raflé le titre de « camionnette la plus éconergétique » de sa catégorie. Dotée du 2,7-litres jumelé à la boîte manuelle, la camionnette a, en effet, affiché une cote combinée de 8,9 litres aux 100 kilomètres. Elle s'associe à merveille aux menus travaux. Sur la route, les double bras à l'avant et les ressorts à lames à l'arrière conjuguent leurs efforts pour nous offrir des trajets agréablement confortables pour une camionnette. Quand il s'agit de rouler sur un chantier, la polyvalence de la Tacoma n'est pas prise en défaut, surtout avec le V6. Pour les travaux extrêmes, il vaut mieux puiser dans les options. Comme n'importe quelle camionnette qui voyage la caisse vide, de mauvaises surprises attendent le conducteur au pied droit trop lourd. Bien que le véhicule soit truffé d'aides électroniques modernes, il n'est pas à l'épreuve de la stupidité.

CONCLUSION Toyota construit des camionnettes depuis quand même 70 ans. Mais on ne s'attaque pas au château-fort américain en espérant une victoire rapide et décisive. C'est un travail de sape, de longue haleine. Pourtant, la Tacoma, à cheval entre les camionnettes compacte et pleine grandeur, est parvenue à distancer les produits américains qui ont tous pris un coup de vieux.

2e OPINION

« *Ford a délaissé la Ranger, Mazda, la Série B, et Chrysler laisse aussi tomber la Dakota. Ah, et n'oublions pas non plus la Suzuki Equator qui tire aussi sa révérence en 2012. Êtes-vous surpris ? Il ne reste donc dans ce créneau que le duo Colorado/Canyon de GM ainsi que la Nissan Frontier. Pour Toyota, il s'agit d'une bonne nouvelle, puisque les Ranger et Dakota constituaient justement la concurrence la plus féroce. Ceci dit, étant jusqu'ici la meilleure camionnette de son créneau, la Tacoma prend encore davantage d'avance en devenant le chef de file, tant en termes de qualité de produit que de popularité. Cet avantage permettra d'ailleurs à Toyota de renforcer sa présence dans le créneau, pour justifier l'arrivée probable d'une nouvelle génération d'ici quelques années. Mais d'ici là, si vous avez une camionnette intermédiaire à vous procurer, pensez à Toyota.* » — *Antoine Joubert*

FICHE TECHNIQUE

MOTEURS

(CABINE ACCÈS 4X2 ET 4X4) L4 2,7 L DACT, 159 ch à 5200 tr/min
COUPLE 180 lb-pi à 3800 tr/min
BOÎTE DE VITESSES manuelle à 5 rapports, automatique à 4 rapports (en option)
0-100 KM/H 11,5 s
VITESSE MAXIMALE 165 km/h

(4X4, V6) V6 4,0 L DACT, 236 ch à 5200 tr/min
COUPLE 266 lb-pi à 4000 tr/min
BOÎTE DE VITESSES manuelle à 6 rapports, automatique à 5 rapports (en option)
0-100 KM/H 9,9 s
VITESSE MAXIMALE 175 km/h

CONSOMMATION (100 KM) man. 13,2 L, **auto.** 11,8 L (octane 87)
ÉMISSIONS DE CO_2 man. 6164 kg/an, **auto.** 5474 kg/an
LITRES PAR ANNÉE man. 2680, **auto.** 2380
COÛT PAR AN man. 2680 $, **auto.** 2380 $
AUTRE MOTORISATION non

AUTRES COMPOSANTS

SÉCURITÉ ACTIVE freins ABS, répartition électronique de force de freinage, assistance au freinage, contrôle de stabilité (4x4), antipatinage (4x4)
SUSPENSION AVANT/ARRIÈRE indépendante/essieu rigide
FREINS AVANT/ARRIÈRE disques/tambours
DIRECTION à crémaillère, assistée
PNEUS Cabine Accès 2RM P215/70R15, 4RM P245/75R16, option 4x4 V6 cabine Accès P265/70R16, option 4x4 V6 cabine Double P265/65R17

DIMENSIONS

EMPATTEMENT 4x2/4x4 cab. Accès 3246 mm, 4x4 cab., Double boîte long. 3570 mm
LONGUEUR 5621 mm, 4x2/4x4 cab. Double boîte courte 5286 mm
LARGEUR 1895 mm 4x2 1835mm
HAUTEUR 4x2 1670 4x4 cab. Accès 1775 mm, 4x4 cab. double 1781 mm
POIDS 1583 à 1880 kg
DIAMÈTRE DE BRAQUAGE 4x4 cab. accès/4x4 cab. double boîte courte 13,2 m 4x2 13,6, 4x4 cab. double boîte long. 14,2 m
RÉSERVOIR DE CARBURANT 80 L
CAPACITÉ DE REMORQUAGE L4 1587 kg, V6 2268 kg

MENTIONS

RECOMMANDÉ

VERDICT

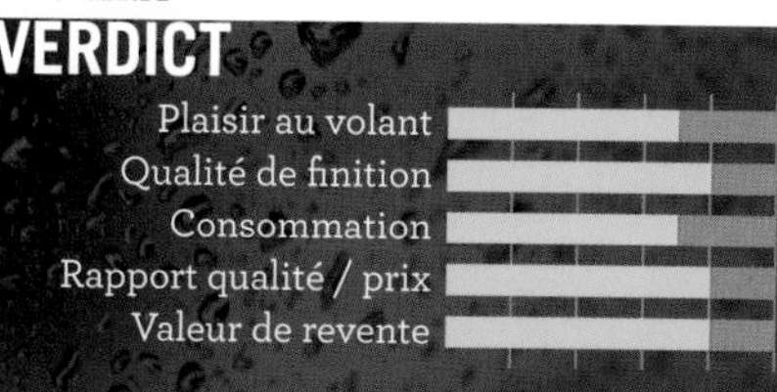

$ 26 195 $ à 51 400 $ t&p 1560 $

LA COTE VERTE MOTEUR V8 DE 4,6 LITRES source : ÉnerGuide

CONSOMMATION 100 KM 2RM 12,0 L, 4RM 12,6 L • **ÉMISSIONS POLLUANTES CO_2** 2RM 5612 kg/an, 4RM 5888 kg/an • **INDICE D'OCTANE** 87
COÛT DU CARBURANT MOYEN PAR ANNÉE 2RM 3050 $, 4RM 3200 $ • **NOMBRE DE LITRES PAR ANNÉE** 2RM 2440, 4RM 2560

FICHE D'IDENTITÉ

VERSIONS 11 modèles, 3 cabines (Régulière, Double, Crewmax)
ROUES MOTRICES arrière, 4
PORTIÈRES 2, 4 **NOMBRE DE PASSAGERS** 2, 3, 5, 6
PREMIÈRE GÉNÉRATION 1999
GÉNÉRATION ACTUELLE 2007
CONSTRUCTION San Antonio, Texas, É.-U.
COUSSINS GONFLABLES 8 (frontaux, latéraux avant, genoux conducteur et passager, rideaux latéraux
CONCURRENCE Chevrolet Silverado, Ram 1500, Ford F-150, GMC Sierra, Honda Ridgeline, Nissan Titan

AU QUOTIDIEN

PRIME D'ASSURANCE
25 ANS : 1900 à 2100 $
40 ANS : 1100 à 1300 $
60 ANS : 900 à 1100 $
COLLISION FRONTALE 4/5
COLLISION LATÉRALE 5/5
VENTES DU MODÈLE DE L'AN DERNIER
AU QUÉBEC 1536 **AU CANADA** 7560
DÉPRÉCIATION 34,2 %
RAPPELS (2005 à 2010) 5
COTE DE FIABILITÉ 4/5

GARANTIES… ET PLUS

GARANTIE GÉNÉRALE 3 ans/60 000 km
GARANTIE MOTOPROPULSEUR 5 ans/100 000 km
PERFORATION 5 ans/kilométrage illimité
ASSISTANCE ROUTIÈRE 3 ans/60 000 km
NOMBRE DE CONCESSIONNAIRES
AU QUÉBEC 68 **AU CANADA** 243

NOUVEAUTÉS EN 2012

Aucun changement majeur

LE MEILLEUR VENU D'AILLEURS

Michel Crépault

Le Tundra est une énième tentative asiatique de percer un univers dominé par les constructeurs américains. La bonne nouvelle pour Toyota, c'est que sa camionnette pleine grandeur s'y emploie depuis plus de 12 ans. Or, dans ce créneau plus qu'un autre, la réputation se bâtit uniquement au fil des décennies.

CARROSSERIE Les stylistes japonais n'ont pas d'autres choix que de s'inspirer de leurs vis-à-vis *yankees* pour espérer capturer la même clientèle. Et installer leur usine d'assemblage au Texas ! La partie avant de la Tundra est carrément massive, une muraille de chrome prête à défoncer tout ce qui se dresse devant. Trois longueurs de caisse (5,5, 6,5 et 8,1 pieds) s'agencent avec trois types de cabines, régulière, double et CrewMax. Une bonne note aux phares dont l'angle d'éclairage s'ajuste automatiquement en fonction de la charge afin d'éviter d'aveugler le conducteur qui vient en sens inverse ; une bonne note également au marchepied escamotable sous le pare-chocs arrière qui facilite l'accès à la caisse. Différents ensemble encouragent le proprio à personnaliser son Tonka géant, soit pour en accentuer l'allure sportive, soit pour en rehausser le genre baroudeur de grand chemin.

HABITACLE Puisque le prix d'une Tundra peut varier du simple au double, vous imaginez aisément toutes les permutations possibles à l'intérieur une fois qu'on a sélectionné son format de cabine. Vous pouvez vous contenter d'une allure spartiate ou, alors, gratifier votre environnement du luxe et des gâteries qu'on retrouve dans une berline de grande classe. Quoi qu'il en soit, les boutons sont gros, à l'épreuve des gants, et certains sont trop éloignés du conducteur ; les cadrans sont enfoncés dans la planche pour fuir l'éblouissement ; les espaces de rangement abondent et étonnent, comme cet accoudoir central capable d'héberger des chemises suspendues ou ce bac de rangement sous le coussin arrière. Parlant des places, celles d'en avant relèvent de fauteuils ou d'une banquette 40/20/40, tandis que la banquette arrière de l'immense cabine CrewMax non seulement se rabat

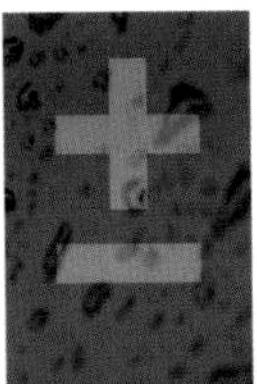

FORCES Gabarit solide pour travaux herculéens • Configuration versatile de cabines, de caisses et de moteurs • Instrumentation facile à décrypter

FAIBLESSES Fiabilité toujours en rodage • Système de rails dans la caisse pas évident • Certains interrupteurs souffrent d'une ergonomie déficiente

(60/40), mais coulisse et s'incline pour le plus grand confort des occupants!

MÉCANIQUE Toyota remplit son mandat canadien avec deux V8, l'un de 4,6 litres, et l'autre, de 5,7 litres, respectivement capables de nous fournir 310 et 380 chevaux, alors que les États-Unis reçoivent aussi un V6, nul doute pour mieux concurrencer la Silverado et la F-150. Étant donné que la Tundra ne s'aventure pas dans les séries *Heavy Duty* (2500 et 3500), votre choix de moteurs dépendra des travaux à exécuter, des charges à tirer (jusqu'à 4 715 kilos) et de la consommation de carburant qui vous indispose le moins. Une boîte de vitesses automatique à 6 rapports avec mode manuel s'occupe d'étager le couple qu'on peut choisir d'acheminer à deux ou à quatre roues.

COMPORTEMENT Malgré son imposant gabarit, la Tundra demeure d'une docilité exemplaire. Secondée par le bon équipement, le 4,6-litres devrait satisfaire la majorité d'ente nous. Avec la plus longue des caisses et le 5,7-litres, la suspension a tendance à rebondir et à nous secouer davantage. J'apprécie le fait que les portières de la double cabine soient normales et non à pentures inversées comme c'est le cas de ses rivales et j'aime que l'abattant de la caisse soit muni d'une assistance hydraulique pour éviter qu'il se rabatte de lui-même dans un vacarme d'enfer. Par contre, le système de rails et de crochets de fixation dans la caisse est inutilement tarabiscoté. Dans l'ensemble, la Tundra démontre que le qualificatif «dure» n'est plus seulement l'apanage des camionnettes de l'Oncle Sam, tout en truffant son offre de petits et de gros détails bien pensés.

CONCLUSION Qu'on le veuille ou pas, les Américains ont la mainmise sur le marché de la camionnette pleine grandeur. Ce sont les experts incontestés. Les Asiatiques œuvrent depuis des années à les émuler, Toyota comme les autres. La Tundra a de plus en plus ce qu'il faut. Il reste à espérer que les rappels des dernières années faisaient partie d'une période d'essais et d'erreurs aujourd'hui terminée. Enfin, puisque les Ram et les F-150 ont été renouvelées avec succès, le produit Toyota aurait besoin avant longtemps d'une refonte. Le modèle hybride annoncé sera-t-il à la hauteur?

2e OPINION

« La Tundra est loin d'être une mauvaise camionnette. Personnellement, son extrême embonpoint me laisse sur mon appétit, mais ça, c'est moi. Ceci dit, Toyota s'attaque à des joueurs tellement bien établis qu'il aurait fallu que GM et Chrysler disparaissent dans leur récente faillite pour que la Tundra puisse enfin se tailler une place. Et encore, elle aurait encore eu dans ses pattes l'ultime adversaire, la Ford F-150. C'est donc dire que, en dépit du fait que la Tundra soit une camionnette respectable, elle fait difficilement le poids face à ses rivales américaines, plus robustes et souvent moins chères. Sachez également que la fiabilité légendaire de Toyota ne s'applique pas à la Tundra, cette dernière ayant jusqu'ici connu son lot de problèmes. » — Antoine Joubert

FICHE TECHNIQUE

MOTEURS

(2RM CABINE DOUBLE, 4RM CABINE DOUBLE)
V8 4,6 L DACT, 310 ch à 5600 tr/min
COUPLE 327 lb-pi à 3400 tr/min
BOÎTE DE VITESSES automatique à 6 rapports avec mode manuel
0-100 KM/H 9,0 s
VITESSE MAXIMALE 185 km/h

(AUTRES MODÈLES) V8 5,7 L DACT, 381 ch à 5600 tr/min
COUPLE 401 lb-pi à 3600 tr/min
BOÎTE DE VITESSES automatique à 6 rapports avec mode manuel
0-100 KM/H 8,0 s
VITESSE MAXIMALE 200 km/h

CONSOMMATION (100 KM) 2RM 13,1 L 4RM 14,4 L (octane 87)
ÉMISSIONS DE CO_2 **2RM** 6118 kg/an, **4RM** 6716 kg/an
LITRES PAR ANNÉE **2RM** 2660 L, **4RM** 2920 L
COÛT PAR AN **2RM** 3325 $, **4RM** 3650 $
EMPREINTE ÉCOLOGIQUE 39 arbres

AUTRES COMPOSANTS

SÉCURITÉ ACTIVE freins ABS, assistance au freinage, distribution électronique de la force de freinage, contrôle électronique de la stabilité, antipatinage.
SUSPENSION AVANT/ARRIÈRE indépendante/ pont rigide
FREINS AVANT/ARRIÈRE disques
DIRECTION à crémaillère, assistée
PNEUS P255/70R18, P275/65R18, **Limited** P275/55R20

DIMENSIONS

EMPATTEMENT 3220 à 4180 mm
LONGUEUR 5329 à 6290 mm
LARGEUR 2030 mm
HAUTEUR 1925 à 1940 mm
POIDS 2226 à 2561 kg
DIAMÈTRE DE BRAQUAGE 12 m à 14,9 m
RÉSERVOIR DE CARBURANT 100 L
CAPACITÉ DE REMORQUAGE 3760 à 4895 kg

MENTIONS

RECOMMANDÉ

VERDICT

Plaisir au volant
Qualité de finition
Consommation
Rapport qualité / prix
Valeur de revente

$ 29 310 $ à 32 250 $ t&p 1560 $

LA COTE VERTE MOTEUR L4 DE 2,7 L source : ÉnerGuide

CONSOMMATION (100 KM) 2RM 8,4 L, 4RM 8,7 L • **ÉMISSIONS POLLUANTES CO_2** 2RM 3910 kg/an, 4RM 4048 kg/an • **INDICE D'OCTANE** 87
COÛT DU CARBURANT MOYEN PAR ANNÉE 2RM 2125 $, 4RM 2200 $ • **NOMBRE DE LITRES PAR ANNÉE** 2RM 1700, 4RM 1760

FICHE D'IDENTITÉ

VERSIONS L4, L4 4RM, V6, V6 4RM
ROUES MOTRICES avant, 4
PORTIÈRES 5 **NOMBRE DE PASSAGERS** 5
PREMIÈRE GÉNÉRATION 2009
GÉNÉRATION ACTUELLE 2009
CONSTRUCTION Georgetown, Kentucky, É.-U.
COUSSINS GONFLABLES 7 (frontaux, latéraux avant, genoux conducteur, rideaux latéraux)
CONCURRENCE Ford Edge, Honda Pilot, Hyundai Santa Fe, Kia Sorento, Mazda CX-7, Nissan Murano, Subaru Tribeca

AU QUOTIDIEN

PRIME D'ASSURANCE
25 ANS : 1400 à 1600 $
40 ANS : 1000 à 1200 $
60 ANS : 900 à 1100 $
COLLISION FRONTALE 5/5
COLLISION LATÉRALE 5/5
VENTES DU MODÈLE DE L'AN DERNIER
AU QUÉBEC 2819 **AU CANADA** 12 468
DÉPRÉCIATION (2 ans) 28,0 %
RAPPELS (2006 à 2011) 2
COTE DE FIABILITÉ 4/5

GARANTIES... ET PLUS

GARANTIE GÉNÉRALE 3 ans/60 000 km
GARANTIE MOTOPROPULSEUR 5 ans/100 000 km
PERFORATION 5 ans/kilométrage illimité
ASSISTANCE ROUTIÈRE 3 ans/60 000 km
NOMBRE DE CONCESSIONNAIRES
AU QUÉBEC 68 **AU CANADA** 243

NOUVEAUTÉS EN 2012

Aucun changement majeur

PAIN BLANC **ENRICHI**

Daniel Rufiange

Dès l'instant où Toyota a introduit son Venza, c'était en octobre 2008, une chose apparaissait claire; les consommateurs avaient désormais une solution de rechange à l'ennuyeuse Camry. De dimensions plus généreuses, sans pour autant être un VUS, le Venza propose quelque chose de différent chez Toyota. Et, en soi, ça représente un pas en avant pour une entreprise qui propose, depuis des années, une majorité de plats réchauffés qui manquent cruellement de saveur. Est-ce à dire que le Venza a une teinte épicée ? Ne soyons pas si fins gourmets. Mais, à tout le moins, c'est comestible.

CARROSSERIE De tous les produits Toyota, le Venza réussit à se démarquer en proposant un design aux lignes plus distinctives. À mi-chemin entre la voiture familiale et le multisegment, le Venza tombe entre deux chaises; on ne sait trop où le classer. Il est proposé en configurations à traction ou à quatre roues motrices, et chacune peut être équipée d'un moteur à 4 cylindres ou V6. Le détail important à connaître en ce qui a trait au Venza, c'est qu'il est livré avec des roues de 19 ou de 20 pouces. Ça, mes amis, ça fait un trou dans n'importe quel budget quand vient le temps de miser sur de nouvelles gommes, spécialement au Québec où, l'hiver venu, nos véhicules doivent être chaussés de pneus d'hiver.

HABITACLE Lorsque Toyota a introduit son Venza, on était fier de nous dire que le prix de base du véhicule serait sous la barre des 30 000 $. C'est encore le cas aujourd'hui. Sauf que tout cela a un prix. L'habitacle ne respire pas la qualité. Certes, la présentation visuelle est de bon goût, mais quand on laisse aller ses doigts pour découvrir les matériaux, on est rapidement déçu. D'ailleurs, Toyota nous a déjà avoué ses torts sur la question, une erreur que le constructeur ne souhaite plus commettre.

Pour le reste, on profite de beaucoup d'espace pour les passagers, et l'accès à bord est facilité par un seuil peu élevé et une voie d'accès large. À l'arrière, l'espace de chargement est bien, mais gêné par les

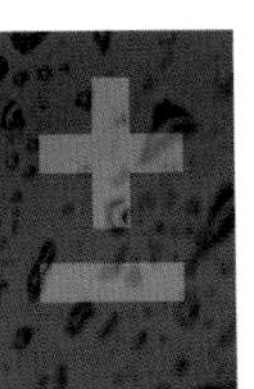

FORCES Confort et douceur de roulement • Gueule sympathique
Plus pratique qu'une Camry • Bonnes motorisations

FAIBLESSES Qualité des matériaux de l'habitacle très discutable
Visibilité arrière atroce • Dimensions des roues (remplacements coûteux)
Espace de chargement mal aménagé

passages de roues qui nuisent au chargement d'objets larges.

MÉCANIQUE Le 4-cylindres ou le V6 ? C'est l'éternelle question quand on regarde un véhicule offrant les deux. Dans le cas du Venza, l'un vaut l'autre. Bien sûr, si vous comptez traîner quelques charges que ce soit, le V6 vous sera plus d'adon. Cependant, le moteur à 4 cylindres de 2,7 litres se tire très bien d'affaire. Par contre, si vous prévoyiez faire des économies de carburant substantielles ce faisant, vous déchanterez. La différence entre les deux moteurs n'est pas énorme. Les essais réalisés nous ont fait constater une différence d'environ 1,5 litre aux 100 kilomètres seulement. Bien sûr, ça peut varier, surtout si l'on compare une version à traction à une intégrale.

COMPORTEMENT Règle générale, la conduite d'un produit Toyota n'est pas le fait saillant d'une journée. Cette affirmation est aussi vraie à propos du Venza. Cependant, les qualités Toyota sont aussi au rendez-vous: belle souplesse de l'appareil mécanique, douceur de roulement et excellent degré de confort. La différence Venza ? Un aplomb plus solide. En raison de sa configuration et, bien sûr, de la présence de roues immenses, le Venza se manie très bien et réagit mieux, il me semble, que les autres produits de la marque.

Cependant, ça n'a rien de sportif, un Venza. À vrai dire, c'est un véhicule idéal pour les longues randonnées en groupe.

CONCLUSION Dans une gamme de produits qui manquent cruellement de saveur, le Venza est le genre de rayon de soleil dont Toyota a besoin. Ce n'est pas un produit excitant qui soulève les passions, mais au moins, c'est un véhicule qui a de la gueule et dont l'agrément de conduite n'est pas inexistant. Pour Toyota, ce simple constat représente un haut fait d'armes.

2e OPINION

« Si la Camry est aussi excitante à regarder qu'un match d'échec, je dois admettre que la Venza elle n'est pas laide du tout! Quoi que ses lignes et ses grosses jantes de 19 pouces laissent supposer un comportement un peu plus sportif qu'il l'est en réalité - en fait il n'y a absolument rien d'athlétique chez la Venza - je ne peux faire autrement qu'apprécier le coup de crayon. La Venza compte encore plus de points une fois bien assis derrière le volant. L'ergonomie et le confort en général sont sans reproches et permet d'y passer beaucoup de temps sans jamais fatiguer. Et puisque son prix est raisonnable, sa fiabilité au-dessus de la moyenne et sa valeur de revente excellente, il devient difficile de ne pas la recommander. Mais malgré sa longue liste d'attributs, Toyota pourrait encore faire mieux, en commençant par offrir des finis intérieurs plus agréables. La Venza pourrait particulièrement faire sans se faux bois en plastique hideux de certains modèles. » — Alexandre Crépault

FICHE TECHNIQUE

MOTEURS

(BASE, BASE 4RM) L4 2,7 L DACT, 182 ch à 5800 tr/min
COUPLE 182 lb-pi à 4200 tr/min
BOÎTE DE VITESSES automatique à 6 rapports avec mode manuel
0-100 KM/H 9,8 s
VITESSE MAXIMALE 190 km/h

(V6, V6 4RM) V6 3,5 L DACT, 268 ch à 6200 tr/min
COUPLE 246 lb-pi à 4700 tr/min
BOÎTE DE VITESSES automatique à 6 rapports avec mode manuel
0-100 KM/H 7,2 s
VITESSE MAXIMALE 220 km/h

CONSOMMATION (100 KM) 2RM 9,3 L, **4RM** 9,7 L (octane 87)
ÉMISSIONS DE CO_2 2RM 4370 kg/an, **4RM** 4554 kg/an
LITRES PAR ANNÉE 2RM 1900 L, **4RM** 1980 L
COÛT PAR AN 2RM 2375 $, **4RM** 2475 $
EMPREINTE ÉCOLOGIQUE 27 arbres

AUTRES COMPOSANTS

SÉCURITÉ ACTIVE freins ABS, assistance au freinage, répartition électronique de force de freinage, antipatinage et contrôle de stabilité électronique
SUSPENSION AVANT/ARRIÈRE indépendante
FREINS AVANT/ARRIÈRE disques
DIRECTION à crémaillère, assistée
PNEUS L4 P245/55R19, **V6** P245/50R20

DIMENSIONS

EMPATTEMENT 2775 mm
LONGUEUR 4800 mm
LARGEUR 1905 mm
HAUTEUR 1610 mm
POIDS L4 1705 kg, **L4 4RM** 1790 kg, **V6** 1755 kg, **V6 4RM** 1835 kg
DIAMÈTRE DE BRAQUAGE 11,9 m
COFFRE 870 l, 1985 l (sièges abaissés)
RÉSERVOIR DE CARBURANT 67 l
CAPACITÉ DE REMORQUAGE L4 1134 kg, **V6** 1587 kg

MENTIONS

RECOMMANDÉ

VERDICT

Plaisir au volant
Qualité de finition
Consommation
Rapport qualité / prix
Valeur de revente

$ 13 995 $ à 19 530 $ t&p 1390 $

LA COTE VERTE MOTEUR L$ DE 1,5 L source : ÉnerGuide

CONSOMMATION (100 KM) man. 6,2 L, auto. 6,4 L • **ÉMISSIONS POLLUANTES CO_2** man. 2852 kg/an, auto. 2944 kg/an • **INDICE D'OCTANE** 87
COÛT DU CARBURANT MOYEN PAR ANNÉE man. 1612 $, auto. 1664 $ • **NOMBRE DE LITRES PAR ANNÉE** man. 1240, auto. 1280

FICHE D'IDENTITÉ

VERSIONS 3 portes CE, berline base 5 portes LE, SE
ROUES MOTRICES avant
PORTIÈRES 3,4,5 **NOMBRE DE PASSAGERS** 5
PREMIÈRE GÉNÉRATION 2000 (Echo)
GÉNÉRATION ACTUELLE 2006
CONSTRUCTION Onnaing, France
COUSSINS GONFLABLES berl. 6 (frontaux, latéraux avant, rideaux latéraux) hatch. 9 (frontaux, latéraux avant, genoux conducteur, coussins sièges conducteur et passager, rideaux latéraux)
CONCURRENCE Honda Fit, Ford Fiesta, Hyundai Accent, Kia Rio, Mazda 2, Nissan Versa, Scion xD

AU QUOTIDIEN

PRIME D'ASSURANCE
25 ANS : 1200 à 1400 $
40 ANS : 800 à 1000 $
60 ANS : 700 à 900 $
COLLISION FRONTALE 4/5
COLLISION LATÉRALE 3/5
VENTES DU MODÈLE DE L'AN DERNIER
AU QUÉBEC 8622 **AU CANADA** 13 817
DÉPRÉCIATION 48,3 %
RAPPELS (2006 à 2011) 2
COTE DE FIABILITÉ 5/5

GARANTIES... ET PLUS

GARANTIE GÉNÉRALE 3 ans/60 000 km
GARANTIE MOTOPROPULSEUR 5 ans/100 000 km
PERFORATION 5 ans/ kilométrage illimité
ASSISTANCE ROUTIÈRE 3 ans/60 000 km
NOMBRE DE CONCESSIONNAIRES
AU QUÉBEC 68 **AU CANADA** 243

NOUVEAUTÉS EN 2012

Versions hatchbacks complètement redessinées et équipement bonifié, berline inchangée

LA PORTE D'ENTRÉE

Michel Crépault

Vérité de La Palice : tous les constructeurs offrent un modèle d'entrée de gamme. Par exemple, la California joue ce rôle même si elle fixe alors le ticket d'admission chez Ferrari à 259 000 $. Chez Toyota, ce rôle est dévolu à la Yaris et, bonne nouvelle suprême, pour 18 fois et demie moins cher que la California...

CARROSSERIE Pour profiter de cette aubaine, il faut toutefois s'en tenir à la version bicorps CE à 3 portes, la moins chère de toutes les Toyota actuellement offertes sur notre continent. Alignez votre convoitise sur les deux bicorps à 5 portes (LE et RS) ou la berline, les autres configurations proposées, et vous aurez besoin d'une plus grosse tirelire. Mais ça reste plus abordable que la Ferrari. Quel modèle choisir entre celui à hayon et la berline ? On dit du premier qu'il est plus joli que le second, davantage même au goût de jeunes acheteurs quand la livrée RS adopte des bas de caisse et des jantes qui pimentent l'allure. La berline, par contre, possède des centimètres supplémentaires bien pratiques à l'arrière.

HABITACLE Parlons-en, tiens, de cet intérieur. Bienvenue au royaume du synthétique sombre ! Il y en a partout, sauf sur la pointe de tarte argent qui accueille les interrupteurs au centre du tableau de bord. À sa décharge, le revêtement affiche une allure caoutchoutée quasiment agréable au toucher, surtout dans le cas du volant moulé le plus simpliste de l'industrie. Il est quand même inclinable, ce qui se révèle pratique pour permettre aux longues jambes de nicher à sa droite. Cette sous-compacte a conservé de sa devancière, l'Echo, une garde au toit élevée, ce qui fera l'affaire des gros gabarits. Dégagement également généreux sur la banquette, mais à la condition de s'en tenir à deux passagers. Un troisième, et c'est la pagaille. Portez attention aux dossiers arrière rabattables qui,

FORCES Atouts d'une sous-compacte (consommation et maniabilité) jumelés à une marque qui évite la camelote

FAIBLESSES Le pep au volant est une denrée rare, surtout avec l'automatique • Espace de chargement limité • Prix

s'ils sont standard dans le cas de la berline, sont offerts en option dans la 3-portes et inexistants dans la RS. Le coffre à bagages présente peut-être un accès plus facile dans le cas de la bicorps, mais celui de la berline contient plus. Le conducteur consulte zéro cadran devant lui puisque Toyota les a tous ramenés au milieu de la planche de bord. L'accent est mis sur la sono, sertie de belles commandes, ce qui donne l'impression que, si les acheteurs de Yaris sont prêts à sacrifier quelques chevaux, il en va tout autrement des décibels.

MÉCANIQUE Petite bagnole, petit moteur: un 4-cylindres de 1,5 litre de 106 chevaux. Il m'est souvent arrivé de chercher en vain le 6e rapport sur la boîte de vitesses manuelle qui équipe d'emblée la Yaris. L'automatique à 4 rapports accomplit son boulot, mais efface une bonne partie du plaisir au volant qu'on peut extirper d'une auto de ce format. Pour garder les prix bas, Toyota installe à l'arrière des tambours et un essieu rigide. Par contre, l'humble berline et la RS comportent des rideaux gonflables, et toutes les versions, sous le programme Star, intègrent des aides électroniques impensables il n'y a pas si longtemps.

COMPORTEMENT Dans une bonne tempête de neige, la berline Yaris s'est bien tirée d'affaire. En mêlant volant, gaz et frein à main, j'ai même eu beaucoup de plaisir. Les choses se compliquent quand la neige devient épaisse, ou le chemin, pentu. La légèreté de l'auto la rend alors moins victorieuse, de même quand des vents latéraux forts s'élèvent. L'une des raisons principales pour lesquelles on achète une Yaris demeure la consommation de carburant et, à moins de 7 litres aux 100 kilomètres avec la manuelle, on a de quoi se réjouir.

CONCLUSION Le simple nom Toyota signifiait fiabilité. Les rappels qu'on connaît ont écorché cette réputation. Simultanément, les concurrents en ont profité pour lancer des Fiesta et des Mazda2. La Yaris évolue donc désormais dans un segment encombré et, une fois ses options additionnées, ne se donne pas pour autant. Que faire? Chercher la bonne affaire chez le meilleur des concessionnaires qui vous attachera à lui pour les 40 prochaines années.

2e OPINION

« Il est grand temps que la relève arrive dans le cas de la petite sous-compacte de Toyota. Après les Fiesta et Mazda2 de l'an dernier, sans oublier la xD, distribuée par Scion, voilà maintenant que Nissan contre-attaque avec la nouvelle Versa, Hyundai avec sa nouvelle Accent, Kia avec sa nouvelle Rio et, même, Chevrolet avec son Aveo. Si l'on se fie aux premières photos du modèle nippon, le design sera plus évolutif que révolutionnaire. Néanmoins, la petite Yaris demeure l'une des meilleures pour la consommation de carburant et la fiabilité. Toutefois, l'habitacle a lui aussi besoin de rafraîchissement. Attention aux options, elles peuvent faire grimper la facture très rapidement! » — Vincent Aubé

FICHE TECHNIQUE

MOTEUR

L4 1,5 L DACT, 106 ch à 6000 tr/min
Couple 103 lb-pi à 4200 tr/min

BOÎTES DE VITESSES manuelle à 5 rapports, automatique à 4 rapports (en option)
0-100 KM/H 11,1 s
VITESSE MAXIMALE 180 km/h

AUTRES COMPOSANTS

SÉCURITÉ ACTIVE freins ABS, assistance au freinage, répartition électronique de la force de freinage, contrôle électronique de la stabilité, antipatinage

SUSPENSION avant/arrière indépendante/ essieu rigide

FREINS AVANT/ARRIÈRE 4 disques sur la SE hatchback 5 portes

DIRECTION à crémaillère, assistée

PNEUS P185/60R15
16 pouces sur la SE hatchback 5 portes

DIMENSIONS

EMPATTEMENT hatch. 2460 mm berl. 2550 mm
LONGUEUR hatch. 3825 mm, **berl.** 4300 mm
LARGEUR hatch. 1695 mm, **berl.** 1690 mm
HAUTEUR hatch. 1525 mm, **berl.** 1460 mm
POIDS berl. man. 1045 kg **3 p. man.** 1040 kg **5p. man.** 1050 kg
DIAMÈTRE DE BRAQUAGE hatch. 9,4 m, **berl.** 10,4 m
COFFRE hatch. 260 L, **berl.** 388 L
RÉSERVOIR DE CARBURANT 42 L

MENTIONS

RECOMMANDÉ

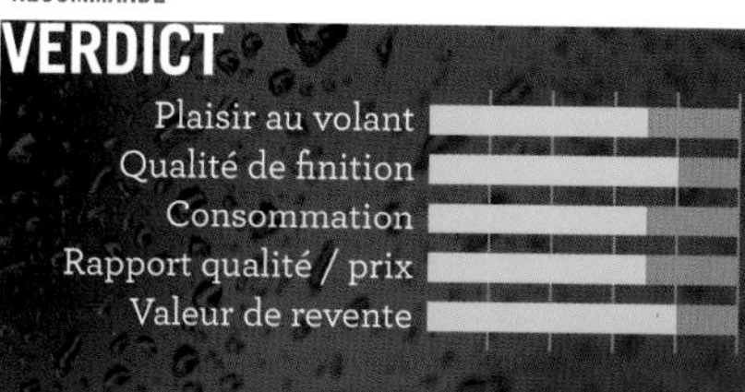

$ 21 975 $ à 29 025 $ t&p 1365 $

LA COTE VERTE MOTEUR L4 DE 2,0 L TURBO source : EnerGuide

CONSOMMATION (100 KM) 8,2 L • **ÉMISSIONS POLLUANTES CO_2** MAN. 3910 kg/an AUTO. 3496 kg/an • **INDICE D'OCTANE** 91
COÛT DU CARBURANT MOYEN PAR ANNÉE MAN. 2380 $ AUTO. 2128 $ • **NOMBRE DE LITRES PAR ANNÉE** MAN. 1700 L AUTO. 1520 L

FICHE D'IDENTITÉ

VERSIONS au lancement Premier, Premier + après lancement Comfortline, Highline, Sportline
ROUES MOTRICES avant
PORTIÈRES 3 **NOMBRE DE PASSAGERS** 5
PREMIÈRE GÉNÉRATION 1998
GÉNÉRATION ACTUELLE 2012
CONSTRUCTION Puebla, Mexique
COUSSINS GONFLABLES 6 (frontaux, latéraux avant, rideaux latéraux)
CONCURRENCE Honda Civic coupé, Kia Forte Koup, Mini Cooper, Scion tC, Volkswagen Golf, Volvo C30

AU QUOTIDIEN

PRIME D'ASSURANCE
25 ANS : 1400 à 1600 $
40 ANS : 1000 à 1200 $
60 ANS : 800 à 1000 $
COLLISION FRONTALE ND
COLLISION LATÉRALE ND
VENTES DU MODÈLE L'AN DERNIER
AU QUÉCEC ND **AU CANADA** ND
DÉPRÉCIATION ND
RAPPELS (2006 à 2011) ND
COTE DE FIABILITÉ ND

GARANTIES... ET PLUS

GARANTIE GÉNÉRALE 4 ans/80 000 km
GARANTIE MOTOPROPULSEUR 5 ans/100 000 km
PERFORATION 12 ans/kilométrage illimité
ASSISTANCE ROUTIÈRE 4 ans/kilométrage illimité
NOMBRE DE CONCESSIONNAIRES
AU QUÉBEC 41 **AU CANADA** 131

NOUVEAUTÉS EN 2012

Nouvelle génération

SCÈNE 1, **PRISE 2**

Benoit Charette

Lorsqu'elle est arrivée sur le marché, en 1998, la Volkswagen New Beetle ne s'attendait sans doute pas à avoir une si longue carrière. Ce retour sur la route se voulait un clin d'œil de quelques années pour les nostalgiques de la marque. L'aventure aura finalement duré 13 ans. La coccinelle a temporairement disparu des écrans radars en 2011 pour voir comment on pouvait redonner une seconde jeunesse à un modèle quasi immuable. C'est donc sur une nouvelle base, celle de la Golf VI et une nouvelle approche que Volkswagen relance son classique avec des visées différentes.

CARROSSERIE Fini le pot de fleur, la nouvelle choupette se virilise. Sans complètement changer les proportions du véhicule, l'esthétique du nouveau coléoptère se veut plus masculin. La voiture est plus basse de un centimètre, plus large de 8 centimètres, et la ligne de toit abandonne ses rondeurs, oserons-nous dire féminines, pour une forme plus allongée qui offre le double avantage d'un profil plus musclé, mais surtout d'augmenter l'espace pour la tête aux passagers arrière qui en avaient bien besoin. On note aussi une ceinture de caisse plus haute et moins horizontale, et, par conséquent, des surfaces vitrées latérales réduites qui augmentent aussi le côté sportif. La version turbo profite en plus d'un becquet et de pneus de 18 pouces de série. Elle est aussi plus grande avec une longueur totale qui dépasse de 15 centimètres sa devancière et qui améliorera l'espace offert aux places arrière. Ajoutez à cela des lumières à diodes électroluminescentes et quelques angles savamment étudiés sur les contours et vous obtenez un véhicule qu'on reconnaît immédiatement, mais qui offre un coup d'œil réussi.

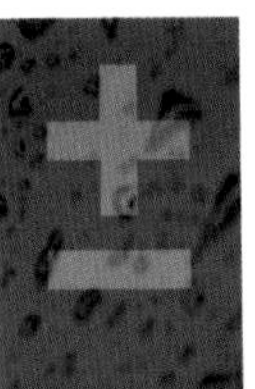

FORCES Style plus dynamique • Position de conduite plus naturelle • Excellente boîte DSG • Toit panoramique qui amène une belle luminosité dans l'habitacle

FAIBLESSES Freins à tambour à l'arrière sur la version de base • Essieu semi-rigide pour les versions Comfortline et Highline • Un modèle à moteur Diesel au lancement aurait été un atout

HABITACLE L'intérieur aussi fait un peu moins fleur bleu. À ce propos, le petit vase pour la fleur a définitivement disparu, et l'on trouve un peu moins d'effluves de Woodstock qui hantait encore la New Beetle. Ceux qui ont eu l'occasion de conduire la dernière génération de Beetle savent qu'on avait l'impression de prendre place au centre de la voiture tellement le tableau de bord était loin devant soi. L'inclinaison moindre du pare-brise offre des sensations plus proches de celles d'un coupé, quand la profondeur démesurée de la planche de bord pouvait autrefois donner l'impression d'être au volant d'une fourgonnette. La position de conduite est maintenant plus naturelle, et la finition, de meilleure qualité. La planche de bord plus sportive reprend la casquette d'instrumentation ronde de la première génération, 3 cadrans ronds au sommet de la console centrale, un combiné navigation-radio-CD de série et un nouveau toit panoramique (une option de 1400$) et ouvrant en verre athermique qui absorbe rayons UV et chaleur, pour une température agréable malgré le soleil de l'été, et, surtout, beaucoup de luminosité, même par une journée pluvieuse. Toujours à l'intérieur, les amants de la première heure auront quelques bons souvenirs avec la boîte à gants d'origine intégrée dans la planche de bord qui s'ouvre vers le haut, et l'autre qui se trouve à l'endroit habituel. Volkswagen offrira trois versions de sa Beetle: Confortline, Highline et Sportline. Mais, lors du lancement le 9 octobre, pour répondre à un maximum de clientèle, la firme allemande offrira deux modèles d'introduction, la Première et la Première+. Les deux modèles seront offerts uniquement avec un moteur à 5 cylindres de 2,5 litres et une boîte de vitesses automatique à 6 rapports. Ils profiteront aussi d'une plus longue liste d'équipements comme les roues en alliage de 17 pouces, le régulateur de vitesse, les sièges chauffants, un volant garni de cuir et des freins à disque aux 4 roues. Le modèle Première+ ajoute une chaîne audio Fender de 400 watts, un toit panoramique et un système de navigation avec connectivité Bluetooth. Mais si vous voulez profiter de ces versions de lancement, il faudra faire vite, seulement 600 modèles seront commercialisés au Canada; ensuite seules les versions Comfortline, Highline et Sportline seront offertes.

MÉCANIQUE Pas de changement sous le capot, le moteur de base est toujours le 5-cylindres en ligne de 2,5 litres de 170 chevaux qui n'a rien de très moderne, mais qui vous conduira à votre destination sans se plaindre. Vous avez toujours le choix d'une boîte manuelle à 5 rapports ou automatique à 6 rapports. Pour la version Sportline, c'est le moteur à 4 cylindres turbocompressé de

HISTORIQUE

La Volkswagen Type I a été produite de 1938 à 2003 à plus de 21,5 millions d'exemplaires. Un cas unique dans l'histoire de l'automobile. En 1998, VW remet la voiture au goût du jour avec la «New Beetle», construite sur un châssis de la Golf de l'époque. Un succès mi-figue mi raisin. Le constructeur de Wolfsburg a néanmoins décidé de poursuivre l'aventure en lançant un tout nouveau modèle.

VW Beetle Cabriolet 1938

VW Beetle 1949

VW Beetle 1956

VW Beetle 1968

VW Beetle 1976

VW Beetle 2009

VW Beetle 2010

VW Beetle 2012

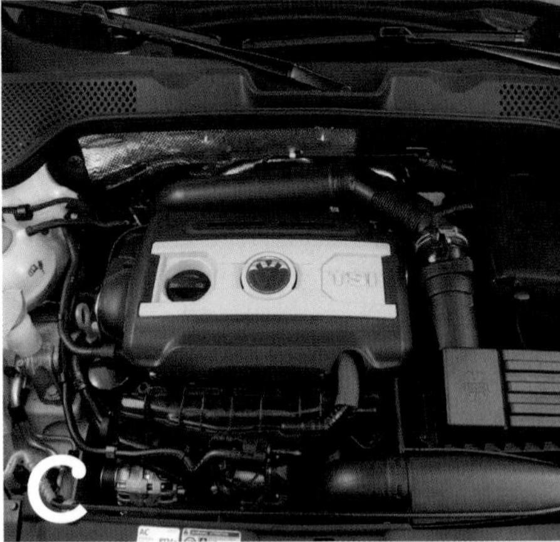

GALERIE

A En plus de la version Turbo, Volkswagen a laissé entendre qu'une Beetle R avec le même moteur de 2 litres turbo porté à 265 chevaux pourrait arriver en concession dès l'an prochain. Voilà un modèle qui risque de plaire à la clientèle plus masculine visée par le constructeur.

B Ceux qui ont eu l'occasion de conduire la New-Beetle connaissent l'étrange impression de prendre place au milieu de la voiture tellement le tableau de bord était loin devant nous. Terminée cette époque, la position de conduite est maintenant plus naturelle, et la finition, toujours de qualité. Volkswagen offrira trois versions de sa Beetle : Confortline, Highline et Sportline avec en option les sièges deux tons.

C Pas de changement sous le capot, le moteur de base est toujours le 5-cylindres en ligne de 2,5 litres de 170 chevaux. Pour la version Sportline, c'est le moteur à 4 cylindres turbo de 2 litres de 200 chevaux qui prend la relève.

D Volkswagen a laissé derrière les gadgets de la précédente génération au profit d'un habitacle nettement plus sérieux. Le tableau de bord est dominé par trois compteurs ronds (tachymètre, compte-tours et jauge de carburant).

E La version turbo est la seule équipés de la boîte séquentielle DSG à six rapports, un ajout fort intéressant au plaisir de conduire que procure la Beetle.

2 litres de 200 chevaux qui prend la relève. Il est jumelé à une boîte manuelle ou DSG à 6 rapports. Aucune version à moteur Diesel prévue au moment du lancement, en octobre prochain. Par contre, Volkswagen a laissé entendre qu'une Beetle R avec le même moteur de 2 litres turbo, porté à 265 chevaux, pourrait arriver en concession dès l'an prochain. Voilà un modèle qui risque de plaire à la clientèle plus masculine visée par le constructeur.

COMPORTEMENT Le seul modèle mis à notre disposition lors du lancement était le Sportline avec le moteur turbo et la boîte DSG. Il est clair que c'est le modèle le plus intéressant et aussi le plus cher de la gamme. Il y a certains points qui sont toutefois communs à tous les modèles. En prenant place au volant, vous réaliserez que la position de conduite est plus naturelle que dans l'ancienne version. La qualité de l'assise est aussi nettement supérieure. La fermeté des sièges et le maintien offert est mieux que dans l'ancienne version. Les réglages des sièges se font toujours à la main, même sur les modèles haut de gamme; et si Volkswagen a réussi à ramener le prix de son modèle de base à 21 975 $ pour concurrencer la MINI, cela lui coûte certains sacrifices. Par exemple, les modèles de base ont des freins à tambour et un essieu semi-rigide à l'arrière qu'on retrouve aussi dans la version Highline. Seule, la version Sportline offre à la fois une suspension à 4 roues indépendantes et des freins à disque aux 4 roues. Les 200 chevaux du moteur turbo font avancer sans effort le châssis allégé de 26 kilos de la Beetle, et la boîte DSG fait toujours excellent ménage avec cette mécanique. Lors de notre balade sur des routes sinueuses de l'arrière-pays allemand, notre version turbo avec boîte DSG s'est montrée très coopérative. La puissance est linéaire, le châssis est sain, et la tenue de route, saine. Après quelques heures de conduite, il me semble évident que, avec une plateforme aussi rigide, Volkswagen n'aura pas de problèmes à ajouter des chevaux au moteur turbo pour une future version R. Même approche pour la version décapotable qui, selon les renseignements non-officiels, arrivera dès le printemps 2012.

CONCLUSION Difficile de changer une légende, et Volkswagen n'a pas l'intention, comme MINI, de multiplier les versions de la Beetle. Cette nouvelle version a repris là où l'ancienne a laissé en apportant quelques améliorations au chapitre de l'esthétique, de l'espace intérieur et un brin d'économie de carburant. C'est encore une bonne voiture, mais il faut se poser la question : combien de temps Volkswagen pourra-t-elle garder l'intérêt des acheteurs avec un seul modèle? Volkswagen amènera, dans un premier temps, quelques variantes comme un modèle R et un cabriolet dès l'an prochain; et, dans un deuxième temps, la Beetle ira rencontrer une nouvelle clientèle dans de nouveaux marchés émergents, question d'augmenter son bassin potentiel de clients.

FICHE TECHNIQUE

MOTEURS

(PREMIER, PREMIER +, COMFORTLINE, HIGHLINE)
L5 2,5 L DACT, 170 ch à 5700 tr/min
COUPLE 177 lb-pi à 4250 tr/min
BOITE DE VITESSES manuelle à 5 rapports, automatique à 6 rapports avec mode manuel (en option)
0-100 KM/H man. 8,3s **auto.** 8,6s.
VITESSE MAXIMALE 209 km/h (bridée)
CONSOMMATION (100 KM) man. 8,1 L **auto.** 7,8 L (octane 87)
ÉMISSION DE CO_2 man. 3772 kg/an **auto.** 3680 kg/an
LITRES PAR ANNÉE man. 1640 **auto.** 1600
COÛT PAR ANNÉE man. 2132 $ **auto.** 2080 $

(SPORTLINE)
L4 2,0 L turbo DACT, 200 ch à 5100 tr/min
COUPLE 207 lb-pi 4000 tr/min
BOITE DE VITESSES manuelle à 6 rapports, manuelle robotisée à 6 rapports (option)
0-100 KM/H 7,6 s
VITESSE MAXIMALE 209 km/h (bridée)

AUTRES COMPOSANTS

SÉCURITÉ ACTIVE freins ABS, assistance au freinage, répartition électronique de la force de freinage, contrôle de la stabilité électronique, antipatinage
SUSPENSION AVANT/ARRIÈRE indépendante/ essieu rigide , indépendante **(Sportline)**
FREINS AVANT/ARRIÈRE disques/tambours, disques **(Sportline)**
DIRECTION à crémaillère, assistée
PNEUS Comfortline P205/55R16 **Highline** P215/55R17 **Sportline** P235/45R18

DIMENSIONS

EMPATTEMENT 2537 mm
LONGUEUR 4278 mm
LARGEUR 1808 mm
HAUTEUR 1486 mm
POIDS 2,5 man. 1333 kg **2,5 auto.** 1353 kg **2,0 auto.** 1380 kg **2,0 man.** 1401 kg
DIAMÈTRE DE BRAQUAGE 10,8 m
COFFRE 440 L, 850 L (sièges abaissés)
RÉSERVOIR DE CARBURANT 55 L

MENTIONS

RECOMMANDÉ

VERDICT

Plaisir au volant
Qualité de finition
Consommation
Rapport qualité / prix
Valeur de revente

$ 39 075 $ à 45 775 $ t&p 1365 $

LA COTE VERTE MOTEUR L4 DE 2,0 L TURBO source : ÉnerGuide

CONSOMMATION 100 KM 8,1 L • **ÉMISSIONS POLLUANTES CO_2** 3772 kg/an • **INDICE D'OCTANE** 91
COÛT DU CARBURANT MOYEN PAR ANNÉE 2296 $ • **NOMBRE DE LITRES PAR ANNÉE** 1640

FICHE D'IDENTITÉ

VERSION Comfortline, Highline
ROUES MOTRICES avant
PORTIÈRES 2 **NOMBRE DE PASSAGERS** 2+2
PREMIÈRE GÉNÉRATION 2007
GÉNÉRATION ACTUELLE 2007
CONSTRUCTION Palmela, Portugal
COUSSINS GONFLABLES 6 (frontaux, latéraux avant, rideaux latéraux)
CONCURRENCE Chevrolet Camaro, Chrysler 200, Ford Mustang, Mazda MX-5 , MINI cabriolet

AU QUOTIDIEN

PRIME D'ASSURANCE
25 ANS : 2200 à 2400 $
40 ANS : 1200 à 1400 $
60 ANS : 1000 à 1200 $
COLLISION FRONTALE 5/5
COLLISION LATÉRALE 5/5
VENTES DU MODÈLE L'AN DERNIER
AU QUÉBEC 385 **AU CANADA** 774
DÉPRÉCIATION 31,3 %
RAPPELS (2006 à 2011) 1
COTE DE FIABILITÉ 3,5/5

GARANTIES… ET PLUS

GARANTIE GÉNÉRALE 4 ans/80 000 km
GARANTIE MOTOPROPULSEUR 5 ans/100 000 km
PERFORATION 12 ans/kilométrage illimité
ASSISTANCE ROUTIÈRE 4 ans/80 000 km
NOMBRE DE CONCESSIONNAIRES
AU QUÉBEC 41 **AU CANADA** 131

NOUVEAUTÉS EN 2012

Redessinée, abandon de la boîte manuelle

À DÉFAUT D'AVOIR LE CABRIO…

Antoine Joubert

Parfois, les constructeurs ne nous offrent pas ce qu'ils veulent, mais plutôt ce qu'ils peuvent. Ainsi, ils savent que, à défaut de faire un tabac avec un modèle parfaitement adapté à leur clientèle, ils pourront à tout le moins être présents dans une catégorie donnée.

Par cette affirmation, vous aurez peut-être compris que l'Eos n'est pas la décapotable que Volkswagen aimerait offrir à sa clientèle, et ce, même si elle déborde de qualités. En réalité, le rêve des dirigeants de Volkswagen Canada serait de pouvoir ramener le légendaire cabriolet Golf, une voiture récemment renouvelée et qui a toujours connu, chez nous, un succès monstre. Hélas, la voiture produite en Europe ne possède pour l'heure que des motorisations non conformes à notre marché et qui, de toute manière, seraient sans doute mal adaptées. Ainsi, pour offrir une décapotable au Canada, on n'a d'autre choix que de conserver une Eos plus coûteuse, certes talentueuse, mais qui n'a certainement pas le charme de sa petite sœur.

CARROSSERIE Même si, chez Volkswagen, on qualifie l'Eos 2012 de « nouvelle voiture », on ne peut certainement pas parler d'une refonte. En fait, comme vous le remarquerez, la voiture n'a subi que de petites modifications esthétiques. La partie avant, qui constitue la modification la plus importante, permet à l'Eos de s'apparenter désormais aux autres modèles de la marque. Elle perd toutefois ce petit air coquin qui faisait le charme du précédent modèle. Cela n'empêche toutefois pas la voiture de conserver un atout précieux, soit son toit rigide rétractable avec toit ouvrant intégré. Il s'agit d'ailleurs de la seule voiture du marché à offrir cette possibilité, vous permettant de rouler à ciel ouvert, de façon partielle ou complète.

HABITACLE À bord, les changements sont plus discrets, pour ne pas dire insignifiants. Volkswagen a toutefois pris soin de revoir l'équipement à bord de façon à

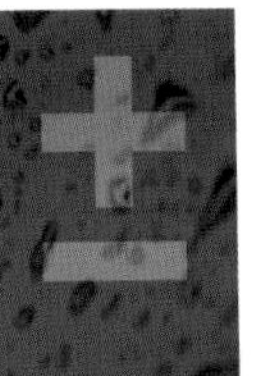

FORCES Motorisation exceptionnelle • Beau mélange de confort et de performances
Très bonne position de conduite • Véritable quatre-places
Toit rigide + toit ouvrant

FAIBLESSES Habitacle esthétiquement terne • Facture « à l'allemande »
Coffre lilliputien avec toit abaissé

ce que même le modèle Comfortline soit plus complet en la matière. Ceci dit, la version Highline demeure la seule à pouvoir bénéficier notamment d'une sellerie de cuir véritable, de commandes multifonctions au volant et d'une chaîne audio de qualité supérieure. Il n'en demeure pas moins que, en dépit d'un habitacle à peu près inchangé et qui manque vigoureusement d'originalité en termes d'esthétique, prendre place à bord de l'Eos est un charme. Les sièges sont confortables et bien enveloppants, la position de conduite est optimale, et l'ergonomie est sans faille. Il faut aussi ajouter que les places arrière sont véritablement utilisables, au point de pouvoir y installer des sièges d'appoint pour enfants. N'est-ce pas charmant? Dans les faits, le seul problème, c'est qu'on devra inévitablement circuler avec le toit en place si on souhaite trimbaler la poussette. Car avec le toit abaissé, tout ce qu'il est possible de glisser dans le coffre, c'est une bourse... et un sac à couches!

MÉCANIQUE Sous le capot, le magnifique 4-cylindres turbocompressé de 2 litres est toujours fidèle au poste. Performant, frugal et jumelé à une boîte de vitesses automatique séquentielle d'une incroyable efficacité, il convient parfaitement à cette voiture. On pourrait peut-être lui reprocher d'engendrer un léger effet de couple à la mise en action du turbocompresseur, mais disons que ce serait se plaindre le ventre plein. Notez toutefois que la boîte manuelle n'est toutefois plus au catalogue, la demande étant tout simplement symbolique.

COMPORTEMENT Sans offrir la fougue d'une GTI, l'Eos impressionne par sa nervosité, sa rigidité structurelle et sa tenue de cap. Bien sûr, le toit très lourd engendre un centre de gravité qui n'est pas optimal pour bénéficier d'une tenue de route exceptionnelle, mais les ingénieurs ont tout de même réussi à faire de cette voiture une routière respectable et très sécuritaire.

CONCLUSION Terminons en mentionnant que l'Eos ne sera bientôt plus l'unique décapotable à être proposée chez Volkswagen. En effet, la Beetle Cabriolet effectuera bientôt un retour, sous une forme qu'on dit moins féminine. Ouais... disons! Ceci dit, cette voiture pourrait très certainement être menaçante pour l'avenir de l'Eos qui trouve de moins en moins preneur, sans doute en raison de sa facture considérable.

2e OPINION

« Volkswagen poursuit son opération refonte de quelques modèles. Le cabriolet de la gamme a lui aussi droit à cet ajustement qui lui fait le plus grand bien. Toutefois, ce renouvellement ne change rien en matière de mécanique, ce qui est tant mieux pour ceux qui apprécient une conduite sportive tout en profitant du beau temps à ciel ouvert. Le toit rigide demeure aussi au programme pour garantir une meilleure protection la saison froide venue. Et il y a de la place pour quatre occupants, une caractéristique qui ne s'applique pas à tous les véhicules à toit amovible. » — Vincent Aubé

FICHE TECHNIQUE

MOTEUR

L4 2,0 L turbo DACT, 200 ch de 5100 à 6000 tr/min
COUPLE 207 lb-pi à 1700 à 5000 tr/min
BOÎTE DE VITESSES manuelle robotisée à 6 rapports
0-100 KM/H 8,1 s
VITESSE MAXIMALE 209 km/h (limitée)

AUTRES COMPOSANTS

SÉCURITÉ ACTIVE freins ABS, assistance au freinage, répartition électronique de force de freinage, contrôle de stabilité électronique, antipatinage,
SUSPENSION AVANT/ARRIÈRE indépendante
FREINS AVANT/ARRIÈRE disques
DIRECTION à crémaillère, assistée
PNEUS P235/45R17
option Comfortline/de série Highline P235/40R18

DIMENSIONS

EMPATTEMENT 2578 mm
LONGUEUR 4410 mm
LARGEUR 1791 mm
HAUTEUR 1443 mm
POIDS 1595 kg
DIAMÈTRE DE BRAQUAGE 10,9 m
COFFRE 297 L, 187 L (toit abaissé)
RÉSERVOIR DE CARBURANT 55 L

MENTIONS

RECOMMANDÉ

VERDICT

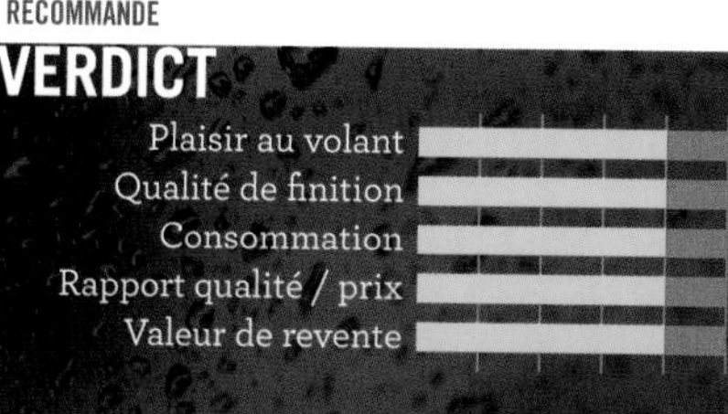

$ 20 475 $ À 26 475 $ t&p 1365 $

LA COTE VERTE MOTEUR L4 DE 2 L TDI source : ÉnerGuide

CONSOMMATION (100 KM) 5,7 L • **ÉMISSIONS POLLUANTES CO_2** 3132 KG/AN • **INDICE D'OCTANE** diesel
COÛT DU CARBURANT MOYEN PAR ANNÉE 1508 $ • **NOMBRE DE LITRES PAR ANNÉE** 1160

FICHE D'IDENTITÉ

VERSIONS 3 portes Trendline, Sportline 5 portes Trendline, Comfortline, Sportline, Highline5 portes familiale Trendline, Comfortline, Highline
ROUES MOTRICES avant
PORTIÈRES 3, 5 **NOMBRE DE PASSAGERS** 5
PREMIÈRE GÉNÉRATION 1976
GÉNÉRATION ACTUELLE 2010
CONSTRUCTION Wolfsburg, Allemagne
COUSSINS GONFLABLES 6 (frontaux, latéraux avant, rideaux latéraux)
CONCURRENCE Chevrolet Cruze, Ford Focus, Honda Civic, Hyundai Elantra, Kia Forte, Mazda3, Mitsubishi Lancer, Nissan Sentra, Subaru Impreza, Scion tC/xB, Suzuki SX4, Toyota Corolla/Matrix

AU QUOTIDIEN

PRIME D'ASSURANCE
25 ANS : 1400 à 1600 $
40 ANS : 1000 à 1200 $
60 ANS : 800 à 1000 $
COLLISION FRONTALE 4/5
COLLISION LATÉRALE 5/5
VENTES DU MODÈLE L'AN DERNIER
AU QUÉBEC 6005 **AU CANADA** 15 951
DÉPRÉCIATION (1 an) 23,8 %
RAPPELS (2006 à 2011) 3
COTE DE FIABILITÉ 4/5

GARANTIES… ET PLUS

GARANTIE GÉNÉRALE 4 ans/80 000 km
GARANTIE MOTOPROPULSEUR 5 ans/100 000 km
PERFORATION 12 ans/kilométrage illimité
ASSISTANCE ROUTIÈRE 4 ans/80 000 km
NOMBRE DE CONCESSIONNAIRES
AU QUÉBEC 41 **AU CANADA** 131

NOUVEAUTÉS EN 2012

Aucun changement majeur

UNE AUTHENTIQUE DE QUALITÉ

Antoine Joubert

On le sait, la récente Jetta est un grand succès commercial. Et Volkswagen croit également à celui de la nouvelle Passat, un produit unique au marché nord-américain qui n'a plus rien à voir avec la Passat vendue sur le vieux continent. Le succès de ces deux modèles repose toutefois sur un prix d'achat très alléchant, ce qui était jusqu'ici peu commun du côté de Volkswagen.

Évidemment, pour offrir des voitures à si bas prix, il a fallu couper quelque part. Et en observant les Jetta et Passat, on remarque tout de suite que la qualité générale du produit, comme celle de la finition, est en déclin par rapport aux modèles de précédente génération. C'est donc dire qu'on paie pour ce qu'on obtient. Et c'est justement là que l'achat de la Golf prend tout son sens. Car cette voiture demeure une authentique Volkswagen, de qualité nettement supérieure à la Jetta, et qui ne perd pas en qualité afin de pouvoir s'afficher à prix plancher.

CARROSSERIE Offerte en modèles à 3 et à 5 portes ainsi qu'en familiale, la Golf conserve des lignes uniques qui lui vont bien. Elle n'a pas la fougue visuelle d'une Mazda3 Sport ou, même, de la dernière Focus, mais elle a l'avantage de bien vieillir. Ajoutons également que la version GTI, qui n'est pas offerte en familiale, ajoute esthétiquement une touche de dynamisme à l'ensemble. Jantes de 17 ou de 18 pouces, pare-chocs exclusifs, jupes de bas de caisse et phares à haute densité viennent effectivement s'ajouter à l'équation, sans compter cette traditionnelle calandre ornée d'une fine ligne rouge.

HABITACLE Avis à ceux qui sont en quête d'espace, la Golf n'en offre pas autant que la Jetta. L'espace aux jambes à l'arrière est peu impressionnant, et le volume du coffre demeure, hélas, celui d'une voiture à hayon.

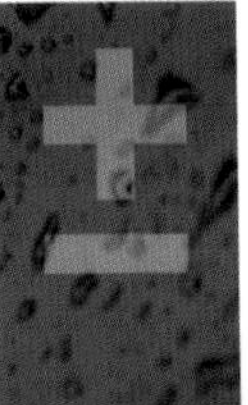

FORCES Familiale toujours offerte (la seule dans ce segment) • Qualité de construction et de finition supérieure • Agrément de conduite supérieur à la moyenne • Moteur TDI exceptionnel • Performances relevées (GTI)

FAIBLESSES Facture qui grimpe vite • Moteur de 2,5 litres glouton
Espace aux places arrière restreint • Délai de réaction de la boîte automatique

coup de couple et une excellente fiabilité. Malheureusement, il est un peu glouton, ce qui vient donc justifier l'option du fabuleux moteur TDI. À mon avis, voilà une option à choisir, et ce, même si l'économie de carburant n'est pas prioritaire. En effet, le TDI est puissant, très agréable à utiliser et, bien sûr, environ 30 % moins gourmand que le moteur de base...

Naturellement, l'avantage du hayon est palpable lors du chargement de gros objets, mais outre cet élément, la Jetta propose plus d'espace dans le coffre, même en comparaison avec la version familiale.

L'habitacle se veut, en revanche, beaucoup plus accueillant et de plus belle facture que celui de la Jetta, dont les matériaux utilisés sont de qualité moindre. Ici, les tissus, plastiques et autres matériaux font honneur à la marque et permettent en partie de justifier la différence de prix par rapport à la Jetta. Quant à la GTI, elle continue de se différencier par ses baquets sport à tissu carotté ainsi que par ce volant à base verticale.

MÉCANIQUE Dieu merci, le moteur d'entrée de gamme ne se veut pas ce pitoyable 4-cylindres de 2 litres, celui-là même qu'on offrait dans la Golf il y a 20 ans et qui poursuit sa carrière sous le capot de la Jetta. On propose plutôt de série un 5-cylindres de 2,5 litres, un moteur qui ne brille pas par un grand raffinement, mais qui propose beaucoup de couple et une excellente fiabilité.

Du côté de la GTI, le 2-litres turbocompressé continue sa glorieuse carrière, offrant une très belle puissance et des sensations dans la plus pure tradition de Volkswagen. Consommant environ 10 litres aux 100 kilomètres, ce moteur se veut toutefois plus performant quand on le nourrit au carburant à taux d'octane élevé.

COMPORTEMENT Agile, maniable et plus agréable à conduire que l'ensemble de ses rivales, la Golf s'adresse d'abord à ceux qui aiment conduire. Alors si vous pensez Corolla ou Sentra, oubliez donc la Golf...

CONCLUSION

Elle continue de faire bande à part en offrant aux adeptes de la marque ce que les Jetta et Passat ne sont malheureusement plus en mesure de faire. Oh certes, il en coûte plus cher que la moyenne pour s'installer au volant d'une Golf, mais le tout vient se justifier après seulement quelques tours de roues. Et ça, les Américains ne le comprennent pas !

2e OPINION

« Je crois que des tatoueurs ont déjà gravé le nom Golf sur l'épiderme de Québécois qui, c'est bien vrai, l'ont dans la peau. Bon an, mal an, ils ne jurent que par la petite VW, même les années où elle était criblée de rappels. Maintenant que le constructeur a décidé d'être le numéro un mondial d'ici 2018 et qu'il prend les moyens pour y parvenir, ça se traduit pour la Golf par un resserrement de la qualité de fabrication et un maintien de la gamme élargie : 3 ou 5 portes, bicorps ou familiale, motorisation à essence ou Diesel (qui fait la nique aux hybrides !), le plaisir de conduire se décline pour tous les goûts et les budgets. La dextérité, le confort et l'ergonomie s'unissent de manière convaincante dans une allemande unique. » — Michel Crépault

FICHE TECHNIQUE

MOTEURS

(3 PORTES, 5 PORTES, 5 PORTES FAMILIALE) L5 2,5 L DACT, 170 ch à 5700 tr/min
COUPLE 177 lb-pi à 4250 tr/min
BOÎTES DE VITESSES manuelle à 5 rapports, automatique à 6 rapports avec mode manuel (en option)
0-100 KM/H man. 8,3 s, auto. 8,6 s
VITESSE MAXIMALE 209 km/h (bridée)
CONSOMMATION PAR 100 KM man. 8,1 L, **auto.** 7,8 L (octane 87)
ÉMISSION DE CO2 man. 3772 kg/an, **auto.** 3680 kg/an
LITRES PAR ANNÉE man. 1640, **auto.** 1600
COÛT PAR ANNÉE man. 2132 $, **auto.** 2080 $

(OPTION 5 PORTES ET 5 PORTES FAMILIALE COMFORTLINE ET HIGHLINE) L4 2 L turbodiesel DACT, 140 ch à 4000 tr/min
COUPLE 236 lb-pi de 1750 à 2500 tr/min
BOÎTES DE VITESSES manuelle à 6 rapports, manuelle robotisée à 6 rapports (option)
0-100 KM/H 9,1 s
VITESSE MAXIMALE 209 km/h (bridée)

AUTRES COMPOSANTS

SÉCURITÉ ACTIVE freins ABS, assistance au freinage, répartition électronique de force de freinage, contrôle de stabilité électronique, antipatinage
SUSPENSION AVANT/ARRIÈRE indépendante
FREINS AVANT/ARRIÈRE disques
DIRECTION à crémaillère, assistée
PNEUS Trendline 3 portes et 5portes P195/65R15, **5 portes familiale, Comfortline et Highline 5 portes** P205/55R16, **Sportline 3 portes/5portes** P225/45R17

DIMENSIONS

EMPATTEMENT 2578 mm
LONGUEUR 4201 mm, familiale 4556 mm
LARGEUR 3 portes 1779 mm, 5 portes 1786 mm, familiale 1781 mm
HAUTEUR 1480 mm, familiale 1504 mm
POIDS 1376 à 1511 kg
DIAMÈTRE DE BRAQUAGE 10,9 m
COFFRE 3 portes 420 L, 1310 L (sièges abaissés)
5 portes 420 L, 1310 L (sièges abaissés)
Familiale 930 L, 1890 L (sièges abaissés)
RÉSERVOIR DE CARBURANT 55 L

VOLKSWAGEN

www.vw.ca

MENTIONS

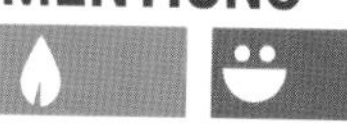

CHOIX VERT RECOMMANDÉ

VERDICT

Plaisir au volant
Qualité de finition
Consommation
Rapport qualité / prix
Valeur de revente

LA COTE VERTE MOTEUR L4 DE 2,0 L TURBO source : ÉnerGuide

CONSOMMATION 100 KM man. 8,4 L, robo. 7,5 L • **ÉMISSIONS POLLUANTES CO_2** man. 3910 kg/an, robo. 3496 kg/an • **INDICE D'OCTANE** 91
COÛT DU CARBURANT MOYEN PAR ANNÉE man. 2244 $, robo. 2006 $ • **NOMBRE DE LITRES PAR ANNÉE** man. 1700, robo. 1520

FICHE D'IDENTITÉ

VERSIONS 3 portes, 5 portes
ROUES MOTRICES avant
PORTIÈRES 3, 5 **NOMBRE DE PASSAGERS** 5
PREMIÈRE GÉNÉRATION 1976
GÉNÉRATION ACTUELLE 2010
CONSTRUCTION Wolfsburg, Allemagne
COUSSINS GONFLABLES 6, frontaux, latéraux avant et rideaux latéraux, (latéraux arrière en option sur 5 portes)
CONCURRENCE MazdaSpeed 3, Mitsubishi Lancer Ralliart, Nissan Sentra SE-R Spec V, Subaru Impreza WRX

AU QUOTIDIEN

PRIME D'ASSURANCE
25 ANS : 1400 à 1600 $
40 ANS : 1000 à 1200 $
60 ANS : 800 à 1000 $
COLLISION FRONTALE 5/5
COLLISION LATÉRALE 4/5
VENTES DU MODÈLE DE L'AN DERNIER
AU QUÉBEC 548 **AU CANADA** 2135
DÉPRÉCIATION (1 an) 22,8 %
RAPPELS (2005 à 2010) aucun rappel
COTE DE FIABILITÉ 3/5

GARANTIES... ET PLUS

GARANTIE GÉNÉRALE 4 ans/80 000 km
GARANTIE MOTOPROPULSEUR 5 ans/100 000 km
PERFORATION 12 ans/kilométrage illimité
ASSISTANCE ROUTIÈRE 4 ans/80 000 km
NOMBRE DE CONCESSIONNAIRES
AU QUÉBEC 41 **AU CANADA** 131

NOUVEAUTÉS EN 2012

Ajout de DEL pour les feux de jour, nouvelle jantes de 18 pouces

SIMPLEMENT **ALLEMANDE**

Frédéric Masse

Parmi les personnes qui aiment conduire et qui ont eu la chance d'essayer une GTI, je n'en connais pas qui en sont ressorties déçues. C'est peu dire. En fait, avant même d'aller plus loin, je dirais que la petite Volkswagen est la meilleure petite sportive à traction offerte sur notre marché. À l'image d'une Porsche ou d'une BMW Série 3, la GTI a évolué au fil des années et en est ressortie gagnante à chaque génération ou presque (certaines sont à oublier). Elle est l'aboutissement du raffinement, du perfectionnement et du dépassement prouvant hors de tout doute qu'on peut (presque) toujours faire mieux que son prédécesseur.

CARROSSERIE Offerte en modèles à hayon à 5 ou à 3 portes, la GTI a ce petit regard singulier qui la rend si attachante. Ses roues de bon format et sa calandre « m'as-tu vu » mélangent le bon goût et le besoin d'affirmation. On aime ses phares à haute densité, ses couleurs franches et ses lignes haut de gamme qui la distinguent de ce que les concurrents ont à offrir. La GTI s'adresse à un public un peu plus mature, et ça se sent dans son design d'ensemble qui dégage à la fois le luxe et l'affront.

HABITACLE Le style allemand, on aime ou on y est indifférent. J'adore ce minimalisme d'ensemble qui dénote encore une fois le bon goût plutôt que le besoin de briller à tout prix. Les cadrans sont clairs, et la console centrale, bien pensée. J'adore les sièges qui épousent à merveille le corps et nous tiennent bien en place sans être intrusifs. Certains baquets de sportives ont tendance à effrayer les claustrophobes, alors que ce n'est pas le cas pour la GTI. La version à 5 portes amène aussi une belle polyvalence en permettant de trimbaler les ami(e)s et, surtout, les enfants sans avoir à sacrifier la voiture.

MÉCANIQUE Munie du très efficace et frugal 4-cylindres de 2 litres turbo de 200 chevaux, la GTI avance et accélère sans peine

FORCES Direction exquise • Belle gueule • Conduite dynamique Performances d'ensemble

FAIBLESSES Roule au super • Suspension parfois sèche

grâce à son bon couple. J'ai essayé la boîte de vitesses à double embrayage DSG (pour Direct Shift Gearbox) et la manuelle à 6 rapports. La première permet des changements de rapports ultra rapides sans effort. C'est le nec plus ultra. La seconde permet peut-être des changements un peu moins rapides, mais le levier de vitesses est parfait, et la course de l'embrayage, bien que trop longue pour certains, permet de manier la voiture à merveille.

COMPORTEMENT La GTI, comme je le disais plus tôt, est la voiture à traction la plus agréable à conduire de l'industrie ou à peu près. Elle est extrêmement maniable, et sa direction est quasi chirurgicale. J'adore pousser la GTI en courbe où elle avale sans broncher tout ce qui passe. Une vraie petite bombe, celle-là. Qui plus est, elle en redemande à chaque fois, encore et encore. Mais, n'ayez crainte, elle sait aussi très bien s'arrêter avec d'efficaces freins. Même si elle n'est pas la plus puissante, la voiture utilise la puissance au maximum et, comble du bonheur, nous offre des accélérations et des reprises sans délai. Ou presque pas du moins, juste assez en fait pour qu'on sache que ce moteur est bel et bien turbocompressé, mais jamais pour penser qu'on puisse manquer de jus dans un moment crucial. La GTI est simplement exquise, tout comme son système d'échappement qui laisse échapper des grondements qui donnent toujours, mais toujours, le goût de pousser un peu plus fort.

CONCLUSION La GTI, à 3 ou à 5 portes, s'adresse à quiconque aime conduire. Il suffit de jeter un œil à ceux qu'on retrouve derrière son volant, comme la jeune femme décontract aux lunettes stylisées, le professionnel dans la trentaine ou, même, le bébé-boumeur adorant sa conduite, pour comprendre qu'elle séduit tout le monde. Son style mi-chic mi-sportif est polyvalent et permet, contrairement à certains concurrents, d'arriver chez les parents de sa nouvelle blonde ou encore chez un client sans problème. Bref, pour moi, la GTI, c'est la voiture passe-partout de tous ceux qui osent célébrer la conduite simple : une direction savamment bien dosée, des performances raisonnablement délivrées et une suspension équilibrée. C'est le génie allemand à son meilleur à un prix relativement accessible. Et, attendez la R32 !

2e OPINION

« J'ai depuis longtemps surnommée la GTi la sportive des gens raisonnables. Elle brille par son homogénéité sur la route. Elle offre ce qu'il faut de sensations sport pour vous donner ce petit frisson au volant en se révélant étonnamment facile à vivre au quotidien. Elle s'accroche toujours solidement à la route sans offrir une suspension trop sèche. Elle offre un petit côté bourgeois avec des capacités dynamiques. Tout cela avec une consommation de carburant qui demeure raisonnable en toutes circonstances. Au final, vous avez un véhicule polyvalent qui offre le côté pratique d'un hayon, une belle modularité et une habitabilité parmi les meilleures de sa catégorie. Une vraie petite sportive qui ne fera naître en vous aucun sentiment de culpabilité. » — Benoit Charette

FICHE TECHNIQUE

MOTEUR

L4 2,0 L turbo DACT, 200 ch de 5100 à 6000 tr/min
COUPLE 207 lb-pi de 1700 à 5000 tr/min
BOÎTES DE VITESSES manuelle à 6 rapports,manuelle robotisée à 6 rapports
0-100 KM/H man. 7,1 s, auto. 6,9 s
VITESSE MAXIMALE 209 km/h (bridée)

AUTRES COMPOSANTS

SÉCURITÉ ACTIVE freins ABS, assistance au freinage, répartition électronique de force de freinage, contrôle de stabilité électronique, antipatinage
SUSPENSION AVANT/ARRIÈRE indépendante
FREINS AVANT/ARRIÈRE disques
DIRECTION à crémaillère, assistée
PNEUS P225/45R17, option P225/40R18

DIMENSIONS

EMPATTEMENT 2578 mm
LONGUEUR 4213 mm
LARGEUR 1779 mm, 5 portes 1786 mm
HAUTEUR 1469 mm
POIDS man. 1389 kg, **robo.** 1410 kg
DIAMÈTRE DE BRAQUAGE 10,9 m
COFFRE 3 portes 420 L, 1310 (sièges abaissés)
5 portes 410 L, 1300 L (sièges abaissés)
RÉSERVOIR DE CARBURANT 55 L

MENTIONS

CLÉ D'OR

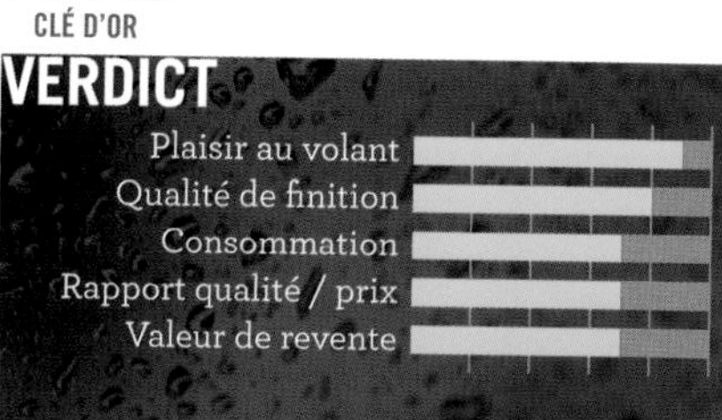

$ 15 875 $ à 27 475 $ t&p 1365 $

LA COTE VERTE MOTEUR L4 DE 2,0 L TURBODIESEL source : ÉnerGuide

CONSOMMATION (100 KM) 5,7 L • **ÉMISSIONS POLLUANTES CO_2** 3132 kg/an **INDICE D'OCTANE** diesel
COÛT DU CARBURANT MOYEN PAR ANNÉE 1369 $ • **NOMBRE DE LITRES PAR ANNÉE** 1160

FICHE D'IDENTITÉ

VERSIONS Trendline, Trendline +,Comfortline, Sportline, Highline, GLI
ROUES MOTRICES avant
PORTIÈRES 4 **NOMBRE DE PASSAGERS** 5
PREMIÈRE GÉNÉRATION 1981
GÉNÉRATION ACTUELLE 2011
CONSTRUCTION Puebla, Mexique
COUSSINS GONFLABLES 6 (frontaux, latéraux, rideaux latéraux)
CONCURRENCE Chevrolet Cruze, Ford Focus, Honda Civic, Hyundai Elantra, Kia Forte, Mazda3, Nissan Sentra, Subaru Impreza, Toyota Corolla

AU QUOTIDIEN

PRIME D'ASSURANCE
25 ANS : de 2000 à 2200 $
40 ANS : de 1000 à 1200 $
60 ANS : de 800 à 1000 $
COLLISION FRONTALE nm
COLLISION LATÉRALE nm
VENTES DU MODÈLE L'AN DERNIER
AU QUÉBEC 4666 **AU CANADA** 14 758
DÉPRÉCIATION 45,4 %
RAPPELS (de 2006 à 2011) 8
COTE DE FIABILITÉ 3/5

GARANTIES... ET PLUS

GARANTIE GÉNÉRALE 4 ans/80 000 km
GARANTIE MOTOPROPULSEUR 5 ans/100 000 km
PERFORATION 12 ans/kilométrage illimité
ASSISTANCE ROUTIÈRE 4 ans/kilométrage illimité
NOMBRE DE CONCESSIONNAIRES
AU QUÉBEC 41 **AU CANADA** 131

NOUVEAUTÉS EN 2012

Version GLI avec moteur quatre-cylindres turbo

L'AUTO DE L'ONCLE SAM

Francis Brière

Les dirigeants de Volkswagen n'ont qu'un seul but en tête : conquérir le monde et devenir le premier constructeur d'automobiles de la planète. Pour y parvenir, il faut gagner le marché nord-américain, et on est loin de la coupe aux lèvres. Le très prisé marché des voitures compactes et intermédiaires échappe encore à la firme allemande. Pourquoi donc ne pas concevoir un modèle qui plaira aux Américains ? La recette est simple : de l'espace et un prix alléchant. Est-ce vraiment si simple ?

CARROSSERIE Si vous avez signifié que la Jetta ressemble à ce qui se fabrique chez Audi, vous avez gagné. Elle emprunte plusieurs éléments de conception à cette filiale de Volkswagen. Du reste, sa silhouette est tendance, avec une ceinture de caisse plus élevée et son profil bien découpé. Vous l'aurez deviné, la refonte à l'américaine a fait grossir la Jetta en 2011.

HABITACLE Depuis la naissance de la nouvelle génération, en 2011, la qualité de la fabrication et de la finition a souffert de coupures évidentes. Certains plastiques bon marché sont apparus, comme de beaux porte-gobelet si importants aux yeux des Nord-Américains. Le modèle de base est dépouillé à souhait, surtout celui qu'on propose chez nos voisins du Sud ; il jouit d'une plaque de polymère pour cacher le trou laissé par l'absence de radio. Les sièges sont confortables, et l'habitacle est spacieux, y compris à l'arrière.

MÉCANIQUE Un collègue a mentionné, après avoir fait l'essai du modèle de base de la Jetta équipé du 4-cylindres de 2 litres, que c'était – et je cite – « une poubelle ». Si cette expression vous choque, sachez que je ne partage pas son opinion. Il est vrai que ce moteur commence à se faire vieux, mais il peut convenir dans certaines situations. Des automobilistes doivent emprunter régulièrement les autoroutes pour se ren-

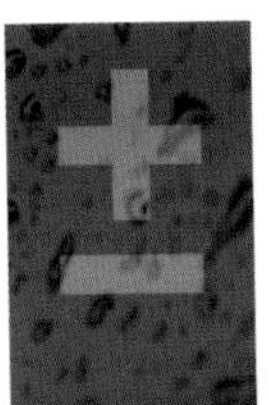

FORCES Gamme et prix intéressants • Espace • Version TDI pertinente
FAIBLESSES Qualité de fabrication en déclin • Suspension sèche • GLI trop chère

dre au travail ou pour aller faire des courses. Si la performance pour vous rendre du point A au point B est aussi importante pour vous que de compter les pointillés sur la chaussée, une Jetta à 16 000 $ peut faire l'affaire. Mentionnons, en revanche, que cette mécanique n'est ni performante, ni frugale. En visant les 9,5 ou 10 litres aux 100 kilomètres, vous ne serez pas déçu. Pour un parcours semblable, la berline allemande convient mieux qu'une sous-compacte. S'il vous est possible de dépenser davantage pour l'achat d'une voiture, il vous reste les livrées TDI, 2.5L et GLI. La première profite d'un moteur Diesel qui a fait ses preuves; il est généreux en couple et très économique en carburant. La deuxième ne représente pas un mauvais choix, mais le 5-cylindres de 2,5 litres me semble bruyant, un peu gourmand et pas si puissant. Quant au modèle GLI, c'est l'excellent 2.0T que vous retrouvez sous le capot, mais il fait doubler le prix du modèle de base.

COMPORTEMENT Quand vous avez goûté à la solidité d'un produit allemand, il est difficile d'opter pour un modèle américain, japonais ou coréen. Cette sensation de rigidité de caisse et la précision de la tenue de route sont des aspects qu'on retrouve surtout avec les voitures allemandes. La Jetta ne fait pas exception à la règle, malgré une évidente régression en ce qui a trait à la qualité de fabrication. La direction demeure précise, et le comportement général de la voiture est sain. En revanche, si vous prenez place à l'arrière, vous constaterez que les routes québécoises sont truffées de cratères. La suspension est tellement sèche que le trajet en devient inconfortable et désagréable. On le ressent moins à l'avant, mais on devine que des économies ont été réalisées aux dépens du confort des occupants.

CONCLUSION La stratégie de Volkswagen semble déjà rapporter des dividendes. Les ventes de Jetta battent des records. À plus long terme, le vent pourrait tourner. La qualité a un prix, et c'est la réputation du constructeur qui est en jeu.

2e OPINION

« Un an après sa mise en marché, la sixième génération de VW Jetta a su frapper de bons... et de moins bons coups. En fait, malgré un lancement très prometteur (nouveau style très réussi et prix de base incroyablement bas), les critiques ont vite pointé du doigt quelques défauts majeurs. Je pense, entre autres, à la finition de l'habitacle, à son design fade et à ses matériaux de basse qualité ainsi qu'à l'absence d'un accoudoir dans certaines versions. Personnellement, je n'hésiterais pas à recommander la nouvelle Jetta. Le moteur de base est très acceptable, et je raffole de sa mécanique Diesel. J'apprécie aussi les généreuses dimensions du coffre et de l'habitacle. C'est vrai que la direction n'est plus aussi vive qu'auparavant, et que l'habitacle ne dégage plus l'effet « haut de gamme » auquel nous ont habitués les Allemands, mais, pour le prix, il s'agit de concessions fort raisonnables et qui placent la Jetta au même niveau que les autres leaders du segment. » — Alexandre Crépault

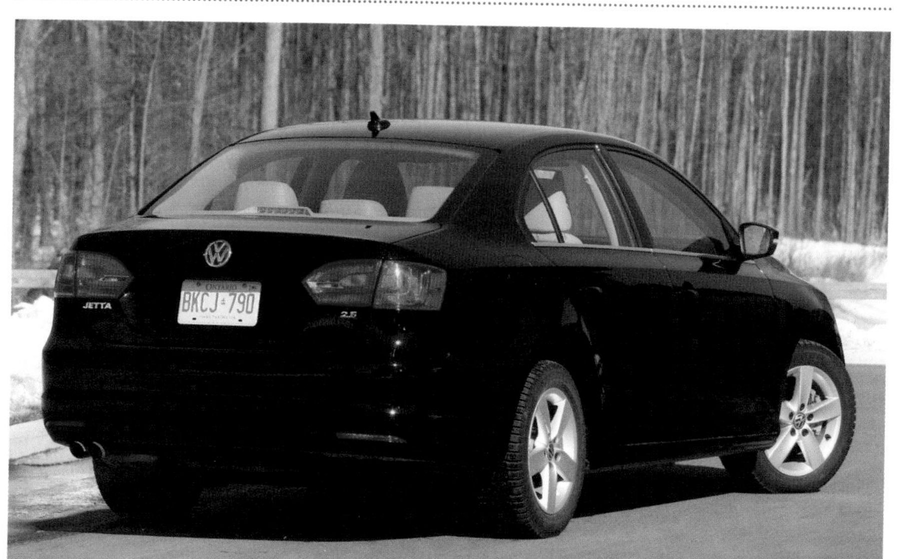

FICHE TECHNIQUE

MOTEURS

(TRENDLINE, TRENDLINE +, COMFORTLINE) L4 2,0 L SACT, 115 ch à 5200 tr/min
COUPLE 125 lb-pi à 4000 tr/min
BOÎTE DE VITESSES manuelle à 5 rapports, automatique à 6 rapports avec mode manuel
0-100 KM/H man. 10,1 s auto. 11,3 s
VITESSE MAXIMALE 195 km/h
CONSOMMATION (100 KM) man. 7,6 L **auto.** 8,0 L (octane 87)
ÉMISSION DE CO_2 man. 3542 kg/an, **auto.** 3726 kg/an
LITRES PAR ANNÉE man. 1540 L, **auto.** 1620 L
COÛT PAR ANNÉE man. 1925 $, **auto.** 2025 $

(COMFORTLINE, SPORTLINE, HIGHLINE) L5 2,5 L DACT, 170 ch à 5700 tr/min
COUPLE 177 lb-pi à 4250 tr/min
BOÎTE DE VITESSES manuelle à 5 rapports, automatique à 6 rapports avec mode manuel
0-100 KM/H man. 8,5 s, **auto.** 8,8 s
VITESSE MAXIMALE 209 km/h (bridée)
CONSOMMATION (100 km) **man.** 8,1 L, **auto.** 7,8 L (octane 87)
ÉMISSION DE CO_2 man. 3772 kg/an, **auto.** 3634 kg/an
LITRES PAR ANNÉE man. 1640 L, **auto** 1580 L
COÛT PAR ANNÉE man. 2050 $, **auto.** 1975 $

(TDI) L4 2,0 L turbodiesel SACT 140 ch à 4000 tr/min
COUPLE 236 lb-pi de 1750 à 2500 tr/min
BOÎTE DE VITESSES manuelle à 6 rapports, manuelle robotisée à 6 rapports (option)
0-100 KM/H 9,0 s
VITESSE MAXIMALE 209 km/h (bridée)

(GLI) L4 2,0 L turbo DACT, 200 ch de 5100 à 6000 tr/min
COUPLE 207 lb-pi de 1700 à 5000 tr/min
BOÎTE DE VITESSES manuelle à 6 rapports, manuelle robotisée à 6 rapports
0-100 KM/H man. 7,1 s, **auto.** 6,9 s
VITESSE MAXIMALE 209 km/h (bridée)
CONSOMMATION (100 KM) man. 8,4 L, **robo.** 7,5 L (octane 91)
ÉMISSION DE CO_2 man.3910 kg/an, **robo.** 3496 kg/an
LITRES PAR ANNÉE man. 1700 L, **robo.** 1520 L
COÛT PAR ANNÉE man. 2244 $, **robo.** 2006 $

AUTRES COMPOSANTS

SÉCURITÉ ACTIVE freins ABS, assistance au freinage, répartition électronique de la force de freinage, contrôle de la stabilité électronique , antipatinage
SUSPENSION AVANT/ARRIÈRE indépendante/essieu rigide
FREINS AVANT/ARRIÈRE disques/tambours 2.5 Sportline/ 2.5 Highline/2,0 TDI/GLI disques
DIRECTION à crémaillère, assistée
PNEUS 2.0 P195/65R15, **Comfortline 2.5/2.0 TDI** P205/55R16, **Sportline/Highline 2.0 TDI/GLI** P225/45R17, **option GLI** P225/40R18

DIMENSIONS

EMPATTEMENT 2651 mm **LONGUEUR** 4628 mm
LARGEUR 1778 mm **HAUTEUR** 1453 mm
POIDS 2.0 man 1289 kg, **2.0 auto.** 1325 kg **2.5 man.** 1381 kg, **2.5 auto.** 1410 kg **2.0 TDI man.** 1434 kg, **2.0 TDI robo.** 1456 kg
DIAMÈTRE DE BRAQUAGE 11,1 m
COFFRE 440 L **RÉSERVOIR DE CARBURANT** 55 L

VERDICT

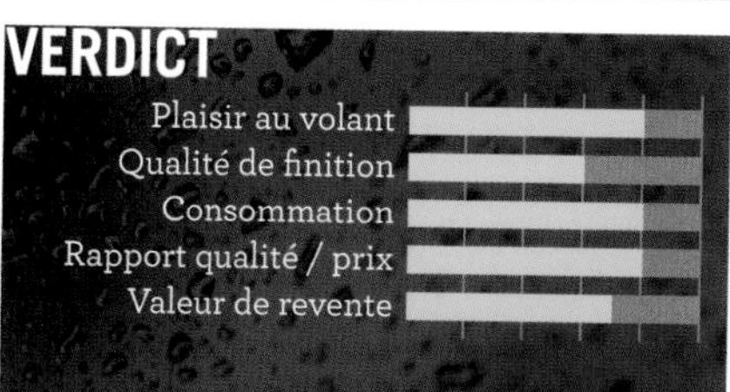

$ 23 975 $ à 37 475 $ t&p 1365 $

LA COTE VERTE MOTEUR L4 DE 2,0 L TURBODIESEL source : ÉnerGuide

CONSOMMATION (100 KM) 5,7 L • ÉMISSIONS POLLUANTES CO_2 3132 kg/an • INDICE D'OCTANE Diesel
COÛT DU CARBURANT MOYEN PAR ANNÉE 1500 $ • NOMBRE DE LITRES PAR ANNÉE 1160 l

FICHE D'IDENTITÉ

VERSIONS Trendline, Confortline, Highline
ROUES MOTRICES avant
PORTIÈRES 4 **NOMBRE DE PASSAGERS** 5
PREMIÈRE GÉNÉRATION 1990 (Canada)
GÉNÉRATION ACTUELLE 2012
CONSTRUCTION Chattanooga, Tennessee, É.-U.
COUSSINS GONFLABLES 6 (frontaux, latéraux avant, rideaux latéraux)
CONCURRENCE Chevrolet Malibu, Chrysler 200, Dodge Avenger, Ford Fusion, Honda Accord, Hyundai Sonata, Kia Optima, Mazda6, Nissan Altima, Subaru Legacy, Suzuki Kizashi, Toyota Camry

AU QUOTIDIEN

PRIME D'ASSURANCE
25 ANS : 2200 à 2400 $
40 ANS : 1200 à 1400 $
60 ANS : 1000 à 1200 $
COLLISION FRONTALE nm
COLLISION LATÉRALE nm
VENTES DU MODÈLE L'AN DERNIER
AU QUÉCEC nm **AU CANADA** nm
DÉPRÉCIATION nm
RAPPELS (2006 à 2011) nm
COTE DE FIABILITÉ nm

GARANTIES... ET PLUS

GARANTIE GÉNÉRALE 4 ans/80 000 km
GARANTIE MOTOPROPULSEUR 5 ans/100 000 km
PERFORATION 12 ans/kilométrage illimité
ASSISTANCE ROUTIÈRE 4 ans/80 000 km
NOMBRE DE CONCESSIONNAIRES
AU QUÉBEC 41 **AU CANADA** 131

NOUVEAUTÉS EN 2012

Nouvelle génération, retour de la Passat après un an d'absence

POUR SÉDUIRE VOS VOISINS

Michel Crépault

Volkswagen avait fait beaucoup de bruit autour de son projet NMS, pour New Midsize Sedan. On savait qu'il s'agissait de la remplaçante de la Passat, mais on ignorait son nom et son allure. C'est au dernier Salon de l'auto de Detroit qu'on a appris que la nouveauté continuerait à s'appeler Passat, et ce, même si la nouvelle, finalement, ne ressemble pas à l'ancienne. Cette intermédiaire se mesure à tout un bataillon de rivales qui comprend, dans l'ordre de leur importance au box-office, la Ford Fusion, la Hyundai Sonata, la Nissan Altima, la Chevrolet Malibu, la Honda Accord, la Toyota Camry et la Mazda6. La Passat à remplacer, combinée à la sportive CC, occupait le dernier échelon... Pour corriger cette situation, VW mise sur sa Passat de 7e génération.

CARROSSERIE Comme c'est le cas de la dernière Jetta, la nouvelle Passat a été conçue sur mesure pour le client nord-américain. En fait, disons-le carrément : pour les Américains. Or, comme nos voisins aiment bien ce qui est gros, la Passat a grossi. De beaucoup pourrait-on croire à la regarder, mais il s'agit d'une illusion d'optique puisqu'elle n'a finalement gagné que 8,8 centimètres par rapport au modèle qu'elle remplace. Elle est même moins longue que l'Accord ou la *6*.

En revanche, on l'a dotée du plus long empattement de sa catégorie. Le design célèbre la nouvelle calandre VW encadrée de phares biseautés. Le collègue Antoine, qui peut réciter les cylindrées de toute l'industrie à l'endroit et à l'envers, est convaincu que la calandre reprend celle de la Ford Fusion, et que les phares ont été empruntés à la Honda Crosstour. Les flancs doivent leur allure robuste à l'épaule large qui parcourt l'auto d'une extrémité à l'autre. La fenestration à trois glaces fait paraître l'auto encore plus longue... et Antoine y reconnaît cette fois une Chevrolet Impala. Des baguettes de chrome identifient les modèles TDI. Dans l'ensemble, une

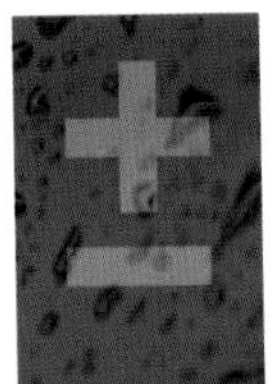

FORCES Un régal de TDI • Habitacle très spacieux
Prix abaissés et, pourtant, équipement intéressant • Giga coffre

FAIBLESSES Banquette ferme et courte • Console centrale massive aux arêtes dures
Tenue de route pour les Américains, moins pour les Québécois...

silhouette à l'aérodynamisme moderne qui ne risque pas de vieillir prématurément. Pas de familiale pour le moment, ni de transmission intégrale; la première parce que nos voisins ne la pifferaient pas, la seconde parce qu'elle ferait grimper la facture que VW veut garder basse.

HABITACLE Le nouveau dégagement généreux définit très bien la nature premium que VW souhaite insuffler à la Passat. L'espace offert aux passagers à l'arrière est effectivement extraordinaire, même quand les occupants avant reculent leur siège au maximum. Mais la banquette souffre d'un rembourrage dur, et son assise pour les jambes, quant à profiter de tous ces centimètres, aurait pu être allongée. Le tableau de bord met en vedette, en plein centre, une jolie horloge analogique. La garniture qui zèbre élégamment la planche arborera une apparence aluminium, titane, bois ou fibre de carbone. La console centrale est massive, ce qui n'est pas bête pour étaler les différents interrupteurs sans que ça devienne un capharnaüm. Toutefois, la jambe droite du conducteur donne contre la paroi qui est dure comme une falaise de granite; ça dérange. Les sièges de base peuvent être remplacés par d'autres, plus sportifs, qui offrent un maintien latéral supérieur. Avec ses 430 litres, le coffre est caverneux. Il le devient encore plus quand on se donne la peine de rabattre les dossiers 60/40 de la banquette. Une trappe à skis est en prime selon les livrées (Trendline, Trendline +, Comfortline et Highline). VW a fait bien attention de ne pas enrober l'habitacle de plastiques durs et inhospitaliers. Partout où l'on dépose la main, on rencontre une surface douce, légèrement matelassée. Outre l'ensemble Sport (roues de 18 pouces, similicarbone, leviers de sélection au volant, aileron et baquets moulants), l'ensemble Techno inclut un système de navigation avec disque dur et sono Fender haut de gamme.

MÉCANIQUE La nouvelle plateforme (enfin, relativisons puisque la Jetta l'utilise et que d'autres modèles l'imiteront) peut être sertie de l'un des trois moteurs proposés. À la base, le 5-cylindres de 2,5 litres de 170 chevaux accepte indifféremment une boîte de vitesses manuelle à 5 rapports ou automatique à 6 rapports. Le 3,6-litres FSI, en fait un VR6 de 280 chevaux, est couplé à la boîte séquentielle DSG à 6 rapports, une première. Enfin et surtout, on ramène le diesel au catalogue, la primeur du créneau, car la course à la voiture qui consomme le moins bat son plein. Or, le 2-litres TDI de 140 chevaux promet 6,5 litres aux 100 kilomètres en ville et 4,5 sur la route.

COMPORTEMENT Des trois modèles, c'est celui à moteur TDI qui m'a le plus emballé. Son couple, plus vigoureux que celui du 2,5-litres, nous garantit des dépassements enflammés sans pour autant pétarader. Ses charmes devraient bien finir par vaincre les préjugés américains. Cela dit, la plus humble Passat se débrouille bien et soigne notre budget. Le modèle V6 propose une tenue de route plus onctueuse, mais, malgré tout, devrait représenter à peine 10 % des ventes. L'utilisation des instruments est simple. Les pneus d'origine Hankook ne paraissent pas sous leur meilleur jour quand on s'amuse à entrer et à sortir rapidement des courbes

HISTORIQUE

Pendant des mois, VW a parlé du projet NMS, pour New Midsize Sedan. On se demandait quel nouveau nom porterait la remplaçante de la Passat. Finalement, les dirigeants ont décidé de ne pas toucher au patronyme, une décision compréhensible quand on sait qu'un nouveau coûte cher à populariser et que l'ancien possède un capital non négligeable: la première Passat remonte quand même à 1973.

VW Passat 1973

VW Passat Variant 1973

VW Passat 1988

VW Passat 1993

VW Passat 1996

VW Passat 2000

VW Passat 2006

VW Passat 2012

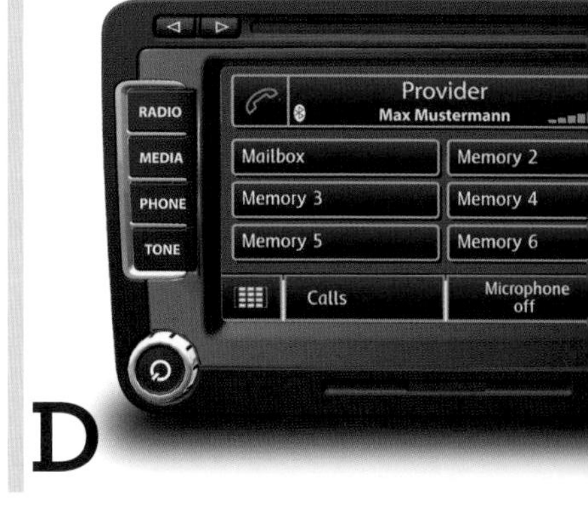

www.vw.ca

A + B *Les premières New Beetle et Jetta à sortir de l'usine mexicaine de Puebla ont causé des maux de tête. Les Allemands n'ont envoyé là-bas qu'une petite délégation pour former et superviser les employés. Une erreur que VW n'a pas répétée avec la nouvelle usine de Chattanooga qui assemble la non moins nouvelle Jetta depuis avril dernier : sur les quelque 1 800 employés actuellement en action au Tennessee, 178 proviennent du Groupe VW (Bentley, Audi, etc.), 171 ont été recrutés chez la compétition et 155 proviennent des fournisseurs.*

C *La Passat s'est allongée de 10,4 cm (4,1 pouces) et, de ces précieux centimètres supplémentaires, la majorité (9,1) sont allés à l'empattement afin que les passagers installés à l'arrière en profitent le plus. Ce dégagement généreux dans l'habitacle définit très bien la nature premium que VW a insufflée à la Passat 2012.*

D *Le tableau de bord de cette 7e génération met en vedette, en plein centre, une jolie horloge analogique, des garnitures qui peuvent arborer le look aluminium, titane, bois ou fibre de carbone, et un système de navigation dernier cri dont l'écran d'affichage est encadré par des interrupteurs faciles à utiliser.*

E *Avec ses 430 litres, le coffre est caverneux et il le devient encore plus quand on se donne la peine de rabattre les dossiers 60/40 de la banquette. Une trappe à skis est en prime sur certains modèles.*

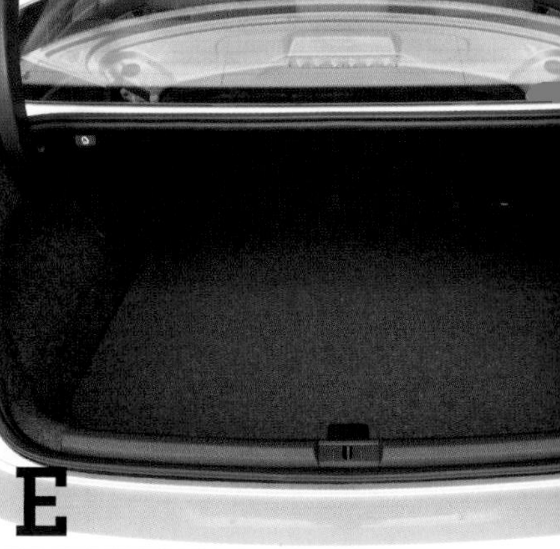

en lacets. Le caoutchouc s'écrase dans le coin, puis la semelle crisse et dérape après le point de corde. Je soupçonne que les Continental et Bridgestone montés en Europe comblent davantage les amateurs de conduite. D'un autre côté, il faut admettre que l'acheteur-type de la Passat ne conduira pas son nouveau joujou de la manière parfois brutale qui est celle des journalistes automobiles, conscience professionnelle oblige...

CONCLUSION La récente Jetta remporte un tel succès qu'elle représente à elle seule 48 % des ventes canadiennes de VW, ce qui est même un peu trop aux yeux d'une entreprise qui ne tient pas à dépendre d'un seul modèle. D'où l'importance de la Passat. Par ailleurs, VW a une réputation à rebâtir en Amérique du Nord. Combien de fois ai-je entendu des histoires d'horreur au sujet de la fiabilité de ses produits? Comment expliquer ces irrégularités dans la qualité? Quand on pose la question à John White, président de VW Canada, qui n'a pas la langue de bois, on se fait répondre: « Over engineering ». Trop d'ingénierie. Explications: les Allemands sont reconnus pour être des gens minutieux férus de bricolage. Quand leurs patrons les priaient de concevoir un nouveau véhicule, ils se donnaient le mal de tout repenser. « Ils réinventaient la roue à chaque fois », résume John White. Non seulement l'opération coûtait cher, mais elle multipliait les risques de problèmes techniques puisque les technologies proposées n'avaient jamais la chance d'être éprouvées assez longtemps. Puisque le Groupe VW répète à qui veut l'entendre qu'il sera le constructeur d'automobiles numéro un au monde d'ici 2018, ses dirigeants passent le mot d'ordre: on ne niaise plus avec la fiabilité. D'autre part, le Groupe, comme tous les constructeurs d'ailleurs qui visent des performances d'ordre planétaire, agit avec des plateformes qui servent plusieurs modèles de différentes marques. La mondialisation passe par une rationalisation des ressources. C'est ensuite à l'emballage, à l'esthétique de faire en sorte qu'on ne se méprenne pas et qu'on ne prenne pas une VW pour une Audi. La plateforme de la Passat est donc modulaire. Les trois moteurs s'animent sous d'autres capots du Groupe. Et ainsi de suite. Voilà une manière efficace de sabrer dans les coûts. Enfin, l'idée d'ouvrir une usine en Amérique du Nord ne sert pas qu'à rapprocher le constructeur de la population à qui il veut vendre des autos. Ce faisant, il n'a pas non plus à payer des taxes d'importation. Il refile dès lors une partie de cette économie au consommateur. Ce qui fait, en bout de ligne, que les nouvelles Passat sont moins chères que les anciennes. VW prend les moyens de ses ambitions!

2e OPINION

« Plus grand constructeur en Allemagne, Volkswagen a pourtant du mal à imposer sa présence au pays de l'Oncle Sam. Avec l'achat et l'implantation d'une usine aux États-Unis, la firme de Wolfsburg espère changer cette situation. La nouvelle Passat est donc fabriquée à Chattanooga, au Tennessee. Pour être concurrentielle et plaire à une clientèle américaine, la Passat 2012 gagne 10 centimètres en longueur (qui vont entièrement aux sièges arrière) et offre un prix plus alléchant pour conquérir un marché qui lui a toujours été difficile. Une baisse de prix oblige une certaine sobriété dans l'approche. Mais Volks a appris de sa leçon avec la Jetta qui fait carrément bon marché à l'intérieur. Les ingénieurs ont réussi à refaire une beauté à la Passat tout en réduisant le prix sans trop rogner sur la qualité. L'équilibre sur les compromis était mince, mais Volks l'a bien joué. Le moteur Diesel reste, à notre avis, le meilleur choix pour sa combinaison puissance-consommation. Cette nouvelle Passat offre les bons ingrédients. Il faut maintenant convaincre les Américains d'acheter allemand. » — *Benoit Charette*

FICHE TECHNIQUE

MOTEURS

(TRENDLINE, TRENDLINE +, CONFORTLINE, HIGHLINE) L5 2,5 L DACT, 170 ch à 5700 tr/min
COUPLE 177 lb-pi à 4250 tr/min
BOITE DE VITESSES manuelle à 5 rapports, automatique à 6 rapports avec mode manuel (en option)
0-100 KM/H 8,0 s auto 8.3 s
VITESSE MAXIMALE 209 km/h
CONSOMMATION (100 KM) 8,9 L (octane 87)
ÉMISSION DE CO_2 4128 kg/an
LITRES PAR ANNÉE 1720
COÛT PAR ANNÉE 2236 $

(TRENDLINE, CONFORTLINE, HIGHLINE) L4 2,0 L turbodiesel DACT, 140 ch à 4000 tr/min
COUPLE 236 lb-pi de 1750 à 2500 tr/min
BOITE DE VITESSES manuelle à 6 rapports, manuelle robotisée à 6 rapports (option)
0-100 KM/H 7,8 s
VITESSE MAXIMALE 209 km/h

(CONFORTLINE, HIGHLINE) V6 3,6 L DACT, 280 ch à 6200 tr/min
COUPLE 258 lb-pi à 2750 à 5000 tr/min
BOITE DE VITESSES manuelle robotisée à 6 rapports
0-100 KM/H 6,6 s
VITESSE MAXIMALE 209 km/h
CONSOMMATION (100 KM) 9,8 L (octane 91)
ÉMISSION DE CO_2 4922 kg/an
LITRES PAR ANNÉE 2140
COÛT PAR ANNÉE 2996 $

AUTRES COMPOSANTS

SÉCURITÉ ACTIVE freins ABS, répartition électronique de force de freinage, assistance au freinage, contrôle de stabilité électronique, antipatinage
SUSPENSION AVANT/ARRIÈRE indépendante
FREINS AVANT/ARRIÈRE disques
DIRECTION à crémaillère, assistée
PNEUS Trendline P215/60R16, **Confortline/ Highline** P215/55 R 17, P235/45/18 (option)

DIMENSIONS

EMPATTEMENT 2803 mm
LONGUEUR 4868 mm
LARGEUR 1835 mm
HAUTEUR 1487 mm
POIDS 2.5 man. 1436 kg, 2.5 auto. 1461 kg, TDI man. 1524 kg, TDI robo. 1541 kg, 3.6 1563 kg
DIAMÈTRE DE BRAQUAGE 11,1 m
COFFRE 430 L
RÉSERVOIR DE CARBURANT 70 L

MENTIONS

RECOMMANDÉ

VERDICT

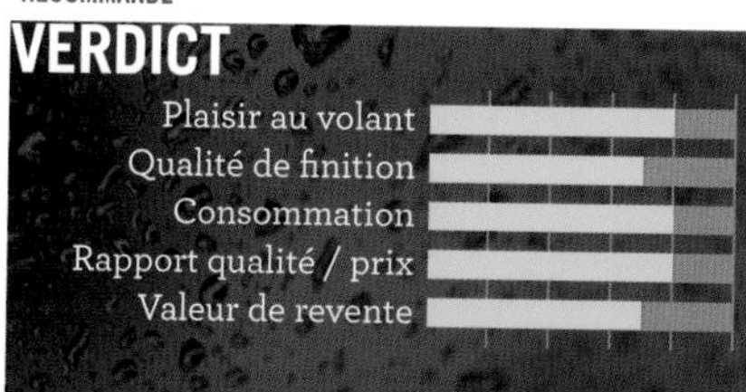

LA COTE VERTE MOTEUR L4 DE 2,0 L TURBO source : ÉnerGuide

CONSOMMATION (100 KM) MAN. 8,4 L, ROBO. 8,1 L • **ÉMISSIONS POLLUANTES CO_2** MAN. 3910 KG/AN, ROBO. 3818 KG/AN • **INDICE D'OCTANE** 91
COÛT DU CARBURANT MOYEN PAR ANNÉE MAN. 2380 $, ROBO. 2324 $ • **NOMBRE DE LITRES PAR ANNÉE** MAN. 1700 l, ROBO. 1660 l

FICHE D'IDENTITÉ

VERSIONS Sportline, Highline, Highline V6 4MOTION
ROUES MOTRICES avant, 4
PORTIÈRES 4 **NOMBRE DE PASSAGERS** 4
PREMIÈRE GÉNÉRATION 1990 (Canada)
GÉNÉRATION ACTUELLE 2009 (Passat CC)
CONSTRUCTION Emden, Allemagne
COUSSINS GONFLABLES 8 (frontaux, latéraux avant et arrière, rideaux latéraux)
CONCURRENCE Acura TSX, Audi A4, Buick Regal, BMW Série 3, Chrysler 300, Dodge Charger, Ford Taurus, Infiniti G, Lincoln MKZ, Mercedes Classe C, Nissan Maxima, Saab 9-3, Subaru Legacy, Volvo S60

AU QUOTIDIEN

PRIME D'ASSURANCE
25 ANS : 2200 à 2400 $
40 ANS : 1200 à 1400 $
60 ANS : 1000 à 1200 $
COLLISION FRONTALE 4/5
COLLISION LATÉRALE 5/5
VENTES DU MODÈLE L'AN DERNIER (PASSAT)
AU QUÉBEC 1131 **AU CANADA** 3644
DÉPRÉCIATION (2 ans) 39,2 %
RAPPELS (2006 à 2011) 1
COTE DE FIABILITÉ 3/5

GARANTIES... ET PLUS

GARANTIE GÉNÉRALE 4 ans/80 000 km
GARANTIE MOTOPROPULSEUR 5 ans/100 000 km
PERFORATION 12 ans/kilométrage illimité
ASSISTANCE ROUTIÈRE 4 ans/ 80 000 km
NOMBRE DE CONCESSIONNAIRES
AU QUÉBEC 41 **AU CANADA** 131

NOUVEAUTÉS EN 2012

Aucun changement majeur

TOUT POUR PLAIRE

Francis Brière

Voici une CC qui se présente comme étant plus luxueuse que les berlines intermédiaires qu'on retrouve parmi les produits japonais, coréens et américains, mais sans rivaliser avec les voitures allemandes de grand luxe. Il s'agit sans doute d'un avantage pour le Groupe Volkswagen qui offre un produit qui se distingue de la masse de modèles du marché. En revanche, son plus gros avantage, semble-t-il, se trouve dans la voiture elle-même : la CC a tout ce qu'il faut pour plaire.

CARROSSERIE La CC est une grande réussite au plan esthétique. L'invention du concept de coupé à quatre portières ne revient pas à Volkswagen, mais pourquoi ne pas se l'approprier pour créer une voiture de style qui procure à la fois plaisir au volant, luxe et confort, et le tout à prix « abordable » ? Il ne s'agit pas d'une sportive, mais la livrée RLine lui donne des airs plus agressifs. La silhouette est moderne et suit cette tendance qui consiste à édifier une ceinture de caisse plus haute ainsi qu'un nez plongeant.

HABITACLE L'intérieur de la CC n'est pas bien différent de celui d'une Passat ordinaire. Par contre, l'accès à bord s'effectue plus laborieusement dans le cas de la CC, et les sièges conviennent moins si vous avez des kilos en trop. Ils sont plus enveloppants. Les matériaux de qualité et la finition impeccable sont de mise chez Volkswagen. La conception du volant respecte la philosophie du constructeur allemand : des commandes simples et efficaces. On y retrouve le contrôle des menus du système d'information, de même que les commandes pour la chaîne audio et pour la connectivité Bluetooth. Rien à craindre en ce qui concerne l'homogénéité et la solidité de l'aménagement : les bruits de caisse ne vous embêteront pas de sitôt. N'oubliez pas un détail : la CC est un coupé à quatre places.

MÉCANIQUE Deux moteurs, deux boîtes de vitesses, deux transmissions et... deux

FORCES Style attrayant • Moteur 2.0T idéal • Comportement
FAIBLESSES Highline V6 trop cher • Suspension sèche • Consommation (V6)

prix. La configuration de base pour une Passat CC prévoit l'excellent 2.0T, un moteur qui a fait ses preuves, qui consomme peu de carburant tout en produisant une puissance très adéquate pour plusieurs applications. Le groupe allemand l'utilise maintenant de façon intensive avec Audi et sous le capot de plusieurs modèles Volkswagen. Ce bloc est jumelé, au choix, à une boîte automatique ou manuelle à 6 rapports. Malheureusement, le système 4MOTION n'est pas offert avec le moteur à 4 cylindres. En revanche, la seconde configuration compte sur le V6 de 280 chevaux, la boîte automatique et la transmission intégrale. Cette livrée peut sembler plus attrayante au premier abord, mais son prix de base a été fixé à 46 375 $! À ce prix, on joue dans la cour des grands, ce qui signifie que l'offre devient moins intéressante. Il est possible de s'offrir une BMW 328 xDrive pour cette somme.

COMPORTEMENT La CC se comporte de belle façon sur la route, comme on s'y attendrait. La rigidité et la solidité de la caisse ne manquent pas, tout comme l'excellente direction qui se révèle très communicative. Le tandem 2.0T et traction constitue l'un des plus réussis parmi les voitures que nous conduisons en Amérique du Nord. Il n'y a ni perte d'adhérence, ni vilain effet de couple dans le volant, comme on peut le remarquer avec les produits Acura, par exemple. Ce bloc est nerveux à souhait et offre une puissance appréciable pour des accélérations vives. Un bon rapport entre confort et tenue de route est maintenu, ce qui en fait une voiture agréable à conduire au quotidien. En considérant son prix de base qui se situe sous la barre des 34 000 $, il s'agit d'une excellente affaire.

CONCLUSION
L'acheteur qui recherche une voiture agréable à conduire, de qualité, dont l'habitacle offre luxe et confort, pourra s'intéresser à la Volkswagen CC. L'offre la plus intéressante est sans contredit celle équipée du moteur 2.0T, mais il faut renoncer au système 4MOTION.

2e OPINION

« Au moins, il nous reste celle-là ! Voilà ce que dirons les adeptes de la marque qui pleurent depuis quelques mois la disparition de l'authentique Passat au profit de cette « chose » à saveur d'Impala banalisée qui nous est servie par Volkswagen. La CC demeure donc la berline intermédiaire des puristes qui apprécient d'abord le dynamisme de conduite, la qualité de fabrication supérieure et les performances à l'européenne. Et, disons-le, même si la garde au toit est réduite en raison du design du pavillon, il n'en demeure pas moins que la CC demeure l'une des plus belles berlines du marché. Des points faibles ? L'absence d'une place centrale à l'arrière, sa facture qui peut monter assez rapidement et disons... l'appétit du V6 en carburant. » — Antoine Joubert

FICHE TECHNIQUE

MOTEURS

(SPORTLINE, HIGHLINE) L4 2,0 L turbo DACT, 200 ch de 5100 à 6000 tr/min
COUPLE 207 lb-pi de 1700 à 5000 tr/min
BOÎTE DE VITESSES manuelle à 6 rapports, manuelle robotisée à 6 rapports (en option)
0-100 KM/H 7,5 s, **robo.** 7,6 s.
VITESSE MAXIMALE 209 km/h (bridée)

(HIGHLINE V6 4MOTION) V6 3,6 L DACT, 280 ch à 6200 tr/min
COUPLE 265 lb-pi à 2750 tr/min
BOÎTE DE VITESSES automatique à 6 rapports avec mode manuel
0-100 KM/H 6,6 s
VITESSE MAXIMALE 209 km/h (bridée)
CONSOMMATION (100 KM) 10,5 L (octane 91)
ÉMISSION DE CO_2 4922 kg/an
LITRES PAR ANNÉE 2140 L
COÛT PAR ANNÉE 2996 $

AUTRES COMPOSANTS

SÉCURITÉ ACTIVE freins ABS, assistance au freinage, répartition électronique de force de freinage, antipatinage, contrôle de stabilité électronique
SUSPENSION AVANT/ARRIÈRE indépendante
FREINS AVANT/ARRIÈRE disques
DIRECTION à crémaillère, assistée
PNEUS P235/45R17, **Highline/Highline V6** P235/40R18

DIMENSIONS

EMPATTEMENT 2710 mm
LONGUEUR 4798 mm
LARGEUR 1856 mm
HAUTEUR 1422 mm
POIDS L4 man. 1510 kg, **L4 robo.** 1532 kg, **V6** 1748 kg
DIAMÈTRE DE BRAQUAGE 10,9 m
COFFRE 400 L
RÉSERVOIR DE CARBURANT 70 L

MENTIONS

COUP DE CŒUR

VERDICT

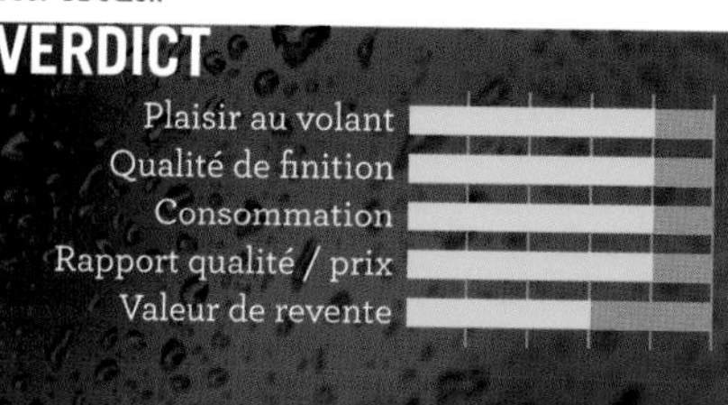

$ 28 575 $ à 42 275 $ t&p 1580 $

LA COTE VERTE MOTEUR V6 DE 3,6 L source : ÉnerGuide

CONSOMMATION (100 KM) 10,1 L • **ÉMISSIONS POLLUANTES CO_2** 4738 KG/AN • **INDICE D'OCTANE** 87
COÛT DU CARBURANT MOYEN PAR ANNÉE 2678 $ • **NOMBRE DE LITRES PAR ANNÉE** 2060

FICHE D'IDENTITÉ

VERSIONS Trendline, Comfortline, Highline
ROUES MOTRICES avant
PORTIÈRES 5 **NOMBRE DE PASSAGERS** 7
PREMIÈRE GÉNÉRATION 2009
GÉNÉRATION ACTUELLE 2009
CONSTRUCTION Windsor, Ontario, Canada
COUSSINS GONFLABLES 7 (frontaux, latéraux, genoux conducteur, rideaux latéraux)
CONCURRENCE Dodge Grand Caravan, Chrysler Town & Country, Honda Odyssey, Kia Sedona,Nissan Quest, Toyota Sienna

AU QUOTIDIEN

PRIME D'ASSURANCE
25 ANS : 1400 à 1600 $
40 ANS : 900 à 1100 $
60 ANS : 700 à 900 $
COLLISION FRONTALE 5/5
COLLISION LATÉRALE 5/5
VENTES DU MODÈLE L'AN DERNIER
AU QUÉBEC 324 **AU CANADA** 1010
DÉPRÉCIATION (2 ans) 30,4 %
RAPPELS (2006 à 2011) 3
COTE DE FIABILITÉ 3/5

GARANTIES... ET PLUS

GARANTIE GÉNÉRALE 4 ans/80 000 km
GARANTIE MOTOPROPULSEUR 5 ans/100 000 km
PERFORATION 12 ans/kilométrage illimité
ASSISTANCE ROUTIÈRE 4 ans/80 000 km
NOMBRE DE CONCESSIONNAIRES
AU QUÉBEC 41 **AU CANADA** 131

NOUVEAUTÉS EN 2012

Aucun changement majeur

LE CAUCHEMAR NE S'ACHÈVE MÊME PAS...

Antoine Joubert

La Routan n'était même pas arrivée sur le marché que déjà les concessionnaires criaient à la catastrophe. En effet, cette fourgonnette, dérivée de la Grand Caravan et fabriquée par Chrysler, arrivait sur le marché au moment où les ventes de ce type de véhicule étaient en chute libre. Mais outre le fait qu'on pouvait déjà prévoir son échec commercial, Volkswagen a dû, contre toute attente, composer avec la quasi-faillite de Chrysler et avec des liquidations monstres de Grand Caravan, qui leur ont évidemment fait très mal. C'est donc dire que, sans le vouloir, le constructeur avec qui Volkswagen avait conclu une entente s'est retourné pour poignarder la dans le dos.

Pour la firme allemande, l'association avec Chrysler aura été cauchemardesque du début à la fin. Depuis la remise sur pied du constructeur américain par le groupe Fiat, Volkswagen doit composer avec un ennemi de toujours. Serez-vous donc étonné d'apprendre que la Routan ne sera pas renouvelée? En fait, l'entente d'une production de cinq ans, négociée au départ et prolongée d'un an, se terminera avec le millésime 2014.

CARROSSERIE La Routan, malgré sa forte ressemblance avec la Grand Caravan, demeure un véhicule esthétiquement équilibré et sans histoire, qui se fond dans le paysage automobile. Et c'est tout ce que souhaitent les acheteurs de fourgonnettes. Les fourgonnettes sont du domaine du conformisme dans le monde de l'automobile. Nissan aura beaucoup de peine à vendre sa nouvelle et étrange Quest.

HABITACLE Si la Grand Caravan a reçu l'an dernier plusieurs modifications à son habitacle, celui de la Routan demeure identique à celui du modèle de lancement, exception

FORCES Habitacle bien aménagé • Nombreuses commodités à bord
Nouveau moteur V6 appréciable • Confort de roulement
Les concessionnaires sont sans doute très négociables...

FAIBLESSES Modèle qui disparaîtra sous peu
Prix de détail plus élevé que la Grand Caravan • Absence du système Stow'N Go
Très forte dépréciation • Faible expertise des concessionnaires Volkswagen

faite de son volant. Naturellement, Chrysler a choisi de se réserver l'exclusivité du système Stow'N Go, lequel permet de glisser sous le plancher les deux séries de sièges arrière. Ici, seule la banquette de troisième rangée est repliable de cette façon, ce qui ne diffère donc pas de l'ensemble des autres fourgonnettes rivales. Ceci dit, l'habitacle demeure bien étudié, ergonomique et facilement exploitable. Pour cela, dites merci à l'expertise de Chrysler, qui domine le segment depuis maintenant près de 30 ans.

MÉCANIQUE Sous le capot, la Routan reçoit depuis l'an dernier un V6 de 3,6 litres offrant une puissance de 283 chevaux, lequel fait équipe avec une boîte de vitesses à 6 rapports. Sachez toutefois que ce moteur n'a rien à voir avec le V6 de même cylindrée qu'on retrouve sous le capot des Passat, CC et Touareg. Il s'agit, en fait, du nouveau fer de lance de Chrysler, qui équipe une majorité de modèles chez le constructeur américain. Ce dernier offre donc un rendement plus intéressant que le précédent 4-litres, sans pour autant impressionner par son couple. Et même si la consommation de carburant est de beaucoup inférieure à celle du moteur qu'il remplace, elle demeure un brin plus élevée que celles des moteurs rivaux proposés par Honda, Nissan et Toyota.

COMPORTEMENT Volkswagen, lors du lancement de la Routan, vantait les mérites d'une suspension moins souple et d'une direction plus ferme que celle de la Grand Caravan. Ouais... disons ! En fait, il faut franchement être concentré pour remarquer la différence. Et c'est encore plus vrai depuis le léger remodelage du véhicule l'an dernier. On obtient donc une conduite confortable, une bonne stabilité et toute la multitude des éléments de sécurité. Mais pour le dynamisme de conduite à l'allemande, oubliez cela.

CONCLUSION Vous le constaterez, il y a donc peu de raisons qui justifient l'achat de ce véhicule par rapport à une Dodge Grand Caravan. D'autant plus que, chez Chrysler, on les connaît et on les répare depuis 1984. Mais comme il s'agit d'un modèle en fin de carrière dont les concessionnaires voudront se défaire le plus rapidement du monde, vous pourriez réaliser au cours des prochains mois de belles économies. Et si vous craignez l'incapacité du concessionnaire Volkswagen à en faire l'entretien, rien ne vous empêche de le faire chez Chrysler...

2e OPINION

« *VW Canada est surtout «poignée» avec la Routan... Le contrat par lequel Chrysler acceptait de laisser VW s'inspirer de sa Grand Caravan pour concocter une fourgonnette à la sauce allemande n'est pas encore arrivé à terme. La Routan est donc encore chez nous. Qu'est-ce qui motivera l'acheteur à dédaigner le produit américain en faveur d'une fourgonnette germanique? La tenue de route, peut-être. Les ingénieurs allemands ont su insuffler autour du nouveau V6 Pentastar un comportement routier qui fait écho à la conduite plus affirmée des véhicules germaniques. À part ça? Le confort des banquettes. Pour le reste, les Américains et les rivaux japonais offrent des intérieurs plus polyvalents. Par exemple, la Routan n'offre pas les systèmes* Stow'N Go *et* Swivel'N Go. *Franchement, faut vraiment en pincer pour le badge VW...* » *— Michel Crépault*

FICHE TECHNIQUE

MOTEUR

V6 3,6 L DACT, 283 ch à 6350 tr/min
COUPLE 260 lb-pi à 4400 tr/min
BOÎTE DE VITESSES automatique à 6 rapports
0-100 KM/H 8,5 s
VITESSE MAXIMALE 200 km/h

AUTRES COMPOSANTS

SÉCURITÉ ACTIVE freins ABS, assistance au freinage, répartition électronique de la force de freinage, contrôle de stabilité électronique, antipatinage
SUSPENSION AVANT/ARRIÈRE indépendante/essieu rigide
FREINS AVANT/ARRIÈRE disques
DIRECTION à crémaillère, assistée
PNEUS P225/65R16, **option Comfortline et Highline** P225/65R17

DIMENSIONS

EMPATTEMENT 3078 mm
LONGUEUR 5143 mm
LARGEUR 1953 mm
HAUTEUR 1750 mm
POIDS 2039 kg
DIAMÈTRE DE BRAQUAGE 11,6 m
COFFRE 2400 L (sièges abaissés)
RÉSERVOIR DE CARBURANT 78 L
CAPACITÉ DE REMORQUAGE 1633 kg

ÉVOLUTION $ 27 875 $ à 31 775 $ t&p 1850 $

LA COTE VERTE MOTEUR L4 DE 2,0 L TURBO source : ÉnerGuide

CONSOMMATION 100 KM man. 9,9 l, auto. 4RM 9,4 l • **ÉMISSIONS POLLUANTES CO_2** man. 4646 kg/an, auto. 4416 kg/an • **INDICE D'OCTANE** 91
COÛT DU CARBURANT MOYEN PAR ANNÉE man. 2666 $, auto. 4RM 2534 $ • **NOMBRE DE LITRES PAR ANNÉE** man. 2020 l, auto. 4RM 1920 l

FICHE D'IDENTITÉ

VERSION Trendline 2RM/4MOTION, Comfortline 4MOTION, Highline 4MOTION
ROUES MOTRICES avant, 4
PORTIÈRES 4 **NOMBRE DE PASSAGERS** 5
PREMIÈRE GÉNÉRATION 2009
GÉNÉRATION ACTUELLE 2009
CONSTRUCTION Wolfsburg, Allemagne
COUSSINS GONFLABLES 6 (frontaux, latéraux avant, rideaux latéraux)
CONCURRENCE Ford Escape, Honda CR-V, Hyundai Tucson, Jeep Compass/Patriot, Kia Sportage, Nissan Rogue, Suzuki Grand Vitara, Toyota RAV4

AU QUOTIDIEN

PRIME D'ASSURANCE
25 ANS : de 2000 à 2200 $
40 ANS : de 1000 à 1200 $
60 ANS : de 800 à 1000 $
COLLISION FRONTALE 4/5
COLLISION LATÉRALE 5/5
VENTES DU MODÈLE L'AN DERNIER
AU QUÉBEC 1666 **AU CANADA** 5611
DÉPRÉCIATION (2 ans) 29,3 %
RAPPELS (de 2006 à 2011) aucun à ce jour
COTE DE FIABILITÉ 4/5

GARANTIES... ET PLUS

GARANTIE GÉNÉRALE 4 ans/80 000 km
GARANTIE MOTOPROPULSEUR 5 ans/100 000 km
PERFORATION 12 ans/kilométrage illimité
ASSISTANCE ROUTIÈRE 4 ans/80 000 km
NOMBRE DE CONCESSIONNAIRES
AU QUÉBEC 41 **AU CANADA** 131

NOUVEAUTÉS EN 2012

Redessiné, pneus de 19 pouces en option avec le groupe Sport

NOMBREUX ATOUTS, GROS PRIX

Michel Crépault

Les Québécois aiment les utilitaires compacts. Les constructeurs le leur rendent bien en offrant chacun un modèle qui corse le choix. Volkswagen a joint la parade sur le tard en Amérique du Nord (2009) mais deux ans plus tôt en Europe. Les résultats n'ayant pas déçu, le modèle de l'an dernier a bénéficié de légères retouches, et la cuvée 2012 compte prolonger le succès.

CARROSSERIE La refonte visuelle d'il y a quelques mois sautera seulement aux yeux de l'observateur averti. Les lamelles centrales s'étirent désormais jusqu'aux phares, et c'est à peu près tout. Dans l'ensemble, les modifications extérieures visent à unifier l'allure avec les autres produits VW plus récents, comme la Jetta et la Passat. À partir de la plateforme d'une Golf, les stylistes ont concocté un utilitaire plus compact que le Touareg, mais qui ne renie pas un air de famille.

HABITACLE Simple, net, efficace. Le design livrable en deux tons enjolive l'intérieur tout en prenant soin de regrouper les instruments selon leur fonction. Nous ne sommes plus très loin de l'effet que projette un tableau bord Audi sur les occupants quand on examine les plastiques doux et la qualité de l'assemblage. Le dégagement pour cinq personnes (de préférence quatre) se révèle très adéquat compte tenu du format du véhicule, mais il se fait au détriment de l'espace de chargement. Ce dernier est supérieur chez les rivaux asiatiques, notamment le Honda CR-V et le Toyota RAV4. Heureusement, la banquette arrière affiche une modularité exemplaire. Non seulement est-elle dotée de dossiers inclinables et rabattables (60/40) ainsi que d'une trappe à skis, mais elle coulisse sur des rails. Même le baquet du passager avant se couche aisément pour accommoder les longs objets. Les livrées Trendline, Comfortline et Highline s'occupent de faire varier la longueur de la liste d'accessoires standard, et la facture s'allonge en conséquence.

MÉCANIQUE Si on détaille la fiche technique du Tiguan à partir de l'Europe, on

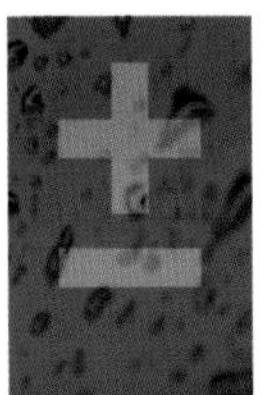

FORCES Format agréable • Châssis robuste
Tenue de route inspirante • Finition exemplaire de l'intérieur

FAIBLESSES Espace limité du coffre à bagages
Consommation élevée et, donc, à quand un TDI? • Options coûteuses
Concurrence plus abordable

se rend compte que le petit utilitaire offre pas moins de sept moteurs, dont quatre à essence et trois TDI. Tous ces engins sont des 4-cylindres suralimentés à injection directe de carburant. Hélas, pour l'Amérique et pour le moment, nous n'avons droit qu'à un seul de ces moteurs, le 4-cylindres de 2 litres turbocompressé qui délivre 200 chevaux et produit un couple de 207 livres-pieds, le plus puissant du lot. La boîte de vitesses manuelle à 6 rapports équipe de série le Tiguan de base, mais il est possible de cocher l'automatique Tiptronic à 6 rapports de même que la transmission intégrale 4MOTION, deux attributs qui équipent d'emblée les deux autres livrées.

COMPORTEMENT La fameuse tenue de route allemande n'échappe pas à cette brave monture. La robustesse du châssis monocoque trouve son égal dans une dégaine assurée et posée. On peut bien se buter à des courbes massacrées, le Tiguan promène les roues dessus sans coup férir. Sa direction assistée électroniquement réagit de manière naturelle. Après tout, quand on y pense, un moteur de GTI et le squelette surélevé d'une Golf fournissent un excellent cocktail pour procurer une personnalité routière intéressante. Si jamais l'impensable se produisait, on serait aussi rassuré par le fait que le compact VUS, de un, est doté des aides électroniques usuelles et, de deux, a récolté les meilleurs scores aux tests de collision simulés. Cela dit, lors de votre magasinage, ayez une bonne pensée pour les sud-coréens Tucson et Sportage qui ont développé un comportement très homogène qui ne va pas sans rappeler celui du Tiguan mais en plus souple. Et la consommation de carburant du costaud allemand n'est certes pas son point fort.

CONCLUSION Vous venez de le lire : beaucoup plus de bonnes choses que de mauvaises. VW le sait et en profite, faut croire, pour saler la note. Ce qui causera un inéluctable « pensez-y bien » au moment de passer d'un concessionnaire à un autre. En fait, il faut vraiment adorer la conduite germanique pour se précipiter sur un Tiguan. L'astuce consiste à se contenter de la livrée Trendline, la moins chère, mais saurez-vous vous priver du toit ouvrant panoramique ou de la connectivité Bluetooth ?

2e OPINION

« Depuis son lancement, en 2007, Volkswagen a déjà vendu plus de 600 000 exemplaires du Tiguan. Au dernier Salon de l'auto de Genève, la firme allemande a présenté une version légèrement restylée. Le Tiguan adopte des éléments de style déjà vus sur d'autres modèles de la marque comme la calandre retouchée qui forme une seule pièce avec les phares. Ce petit utilitaire né d'une plateforme de Golf offre le même dynamique moteur de 2 litres turbo de 200 chevaux et une conduite franchement divertissante. Un seul conseil, soyez chiche quand vient le moment de piger dans les options. Elles sont nombreuses et coûteuses. Le prix de base à 28 000 $ n'est pas réaliste, vous serez plus près de 35 000 $ si vous êtes sage et au-delà des 40 000 $ si vous vous laissez aller un peu. » — Benoit Charette

FICHE TECHNIQUE

MOTEUR

(2.0T) L4 2,0 L turbo DACT, 200 ch de 5100 à 6000 tr/min
COUPLE 207 lb-pi de 1700 à 5000 tr/min
BOÎTES DE VITESSES manuelle à 6 rapports, automatique à 6 rapports avec mode manuel (en option, de série avec 4MOTION)
0-100 KM/H man. 8,1 s, **auto.** 8,2 s
VITESSE MAXIMALE 209 km/h (bridée)

AUTRES COMPOSANTS

SÉCURITÉ ACTIVE freins ABS, répartition électronique de force de freinage, assistance au freinage, contrôle de stabilité électronique, antipatinage
SUSPENSION AVANT/ARRIÈRE indépendante
FREINS AVANT/ARRIÈRE disques
DIRECTION à crémaillère, assistée
PNEUS Trendline P215/65R16,Comforline/Highline P235/55R17, option Comfortline/Highline P255/40R19

DIMENSIONS

EMPATTEMENT 2604 mm
LONGUEUR 4427 mm
LARGEUR 1809 mm
HAUTEUR 1683 mm
Poids man. 1541 kg, **auto. 4Motion** 1557 kg, **4Motion** 1647 kg
DIAMÈTRE DE BRAQUAGE 12,0 m
COFFRE 700 L, 1600 L (sièges abaissés)
RÉSERVOIR DE CARBURANT 64 L
CAPACITÉ DE REMORQUAGE 998 kg

MENTIONS

RECOMMANDÉ

VERDICT

Plaisir au volant
Qualité de finition
Consommation
Rapport qualité / prix
Valeur de revente

$ 48 440 $ à 58 190 $ t&p 1580 $

LA COTE VERTE MOTEUR V6 DE 3,0 L TURBODIESEL source : EnerGuide

CONSOMMATION (100 KM) 9,1 L • ÉMISSIONS POLLUANTES CO_2 4968 KG/AN • INDICE D'OCTANE Diesel
COÛT DU CARBURANT MOYEN PAR ANNÉE 2171 $ • NOMBRE DE LITRES PAR ANNÉE 1840

FICHE D'IDENTITÉ

VERSIONS Comfortline, Highline, Execline
ROUES MOTRICES 4
PORTIÈRES 5 **NOMBRE DE PASSAGERS** 5
PREMIÈRE GÉNÉRATION 2004
GÉNÉRATION ACTUELLE 2011
CONSTRUCTION Bratislava, Slovaquie
COUSSINS GONFLABLES 6 (frontaux, latéraux avant, rideaux latéraux)
CONCURRENCE Acura MDX, Audi Q7, BMW X5, Cadillac SRX, Infiniti FX, Land Rover LR4, Lexus RX, Mercedes-Benz Classe M, Porsche Cayenne, Saab-9-4x, Volvo XC90

AU QUOTIDIEN

PRIME D'ASSURANCE
25 ANS : 2600 à 2800 $
40 ANS : 1400 à 1600 $
60 ANS : 1200 à 1400 $
COLLISION FRONTALE 5/5
COLLISION LATÉRALE 5/5
VENTES DU MODÈLE DE L'AN DERNIER
AU QUÉBEC 174 **AU CANADA** 706
DÉPRÉCIATION 41,5 %
RAPPELS (2006 à 2011) 3
COTE DE FIABILITÉ 3,5/5

GARANTIES... ET PLUS

GARANTIE GÉNÉRALE 4 ans/80 000 km
GARANTIE MOTOPROPULSEUR 5 ans/100 000 km
PERFORATION 12 ans/kilométrage illimité
ASSISTANCE ROUTIÈRE 4 ans/80 000 km
NOMBRE DE CONCESSIONNAIRES
AU QUÉBEC 42 **AU CANADA** 129

NOUVEAUTÉS EN 2012

AUCUN CHANGEMENT MAJEUR

VOUS ALLEZ **AIMER ÇA**

Benoit Charette

Même si, physiquement, le Touareg 2012 est très semblable aux modèles des autres années, Volkswagen doit, elle aussi, faire face à la crise. L'époque où le pétrole bon marché coulait à flots est révolue, et la période d'euphorie des VUS est chose du passé. Le nouveau Touareg est plus sobre, perd 200 kilos et offrira même une version hybride pour être politiquement correct.

CARROSSERIE En termes d'esthétique, nous sommes près du statu quo. Les courbes sont plus douces, les lignes, plus fluides, et le dessin général donne l'impression que le véhicule est plus petit qu'en réalité. On se rapproche des lignes du Tiguan. L'image générale gagne en dynamisme en raison de la hauteur réduite de 2 centimètres et d'une garde au sol plus faible. La longueur totale gagne 4 centimètres qui vont directement à l'empattement pour donner plus d'espace aux passagers arrière. En éliminant le boîtier de transfert et en remplaçant les deux différentiels autobloquants par un différentiel central du type Torsen, VW a coupé 70 kilos au Touareg. Volkswagen a également éliminé plus de 130 autres kilos grâce à l'utilisation plus intensive de l'aluminium et de l'acier léger et en installant des suspensions en aluminium. Mais la balance est toujours au-dessus des 2 tonnes, il y a encore place à l'amélioration.

HABITACLE L'intérieur respire bon le savoir-faire typique des grandes berlines allemandes. Le dessin de la planche de bord est minutieux et abrite un écran GPS de 6,5 pouces. La qualité des matériaux, tout comme les réglages, est sans reproche. Le Touareg offre plusieurs attributs haut de gamme comme le régulateur de vitesse adaptatif, les projecteurs au xénon, dont l'intensité diminue quand la voiture en croise une autre afin de ne pas éblouir son conducteur, et l'attelage escamotable électriquement. L'habitabilité arrière a légèrement progressé grâce à un empattement supérieur de 4 centimètres. Mais plus important encore, la modularité a monté d'un cran. La banquette arrière se déplace sur 16 centimètres et se rabat automatique-

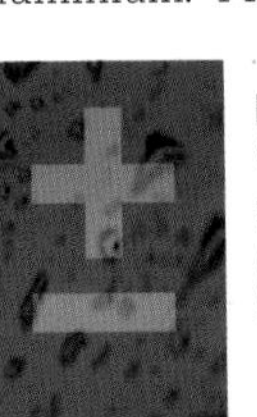

FORCES Confort princier • Boîte à 8 rapports
Capacités sur et hors route • Lignes élégantes

FAIBLESSES Plusieurs gadgets électroniques ne traverseront pas l'Atlantique
Moins coureur des bois que la première génération
Sensation désagréable dans la pédale de frein
Tarif très élevé (hybride)

ment sur simple pression d'un bouton. Il est aussi possible de régler le dossier en trois inclinaisons différentes. Du long de ses 4,80 mètres, le Touareg peut accueillir entre 580 et 1642 litres de bagages dans le coffre.

MÉCANIQUE Pas de changement sous le capot. La version de base vient avec le V6 de 3,6 litres de 280 chevaux. Le V6 de 3 litres TDI de 225 chevaux (qui fait moins de 10 litres aux 100 kilomètres) demeurera le modèle le plus populaire. Il est à noter que les deux modèles viennent avec une excellente boîte de vitesses automatique à 8 rapports. Elle distille toute la puissance sans effort. La suspension est ferme mais confortable, propre aux conduites allemandes. Le modèle diesel est remarquable de silence; même au départ, il est pratiquement impossible d'entendre le moteur. Une version hybride, qui combine le V6 de 3 litres turbocompressé de l'Audi S4 (333 chevaux) à un groupe électrique compact pesant 55 kilos sous le plancher de l'espace de chargement, sera disponible pour l'Europe mais pas au Canada.

COMPORTEMENT Si la suspension de base fait du bon travail, les roues de 20 pouces en option cognent un peu dur quand la route se détériore. La suspension pneumatique en option devient un excellent choix et améliore de beaucoup le confort général et la tenue de route. La position de conduite est excellente, et la puissance du diesel ne vous laissera jamais en plan. Le V6 fait aussi le travail, mais ne donne aucun réel avantage face au diesel, et vous consommerez davantage. La nouvelle vedette de la gamme marie le V6 de 3 litres turbocompressé de l'Audi S4, développant 333 chevaux, et un groupe électrique compact pesant 55 kilos, le tout accouplé à une boîte automatique à 8 rapports. Quand thermique et électrique fonctionnent simultanément, le Touareg hybride dispose donc de 379 chevaux. Il peut aussi fonctionner sur le mode à 100 % électrique jusqu'à 50 km/h. Il dispose d'un système d'arrêt-démarrage et de la récupération d'énergie au freinage. Résultat, une consommation de 8,5 litres aux 100 kilomètres pour un 0 à 100 km/h en 6,5 secondes tout en douceur.

CONCLUSION Plus sobre, plus abordable et moins lourd, des pas dans la bonne direction pour Volkswagen qui vise à doubler les ventes du Touareg.

2e OPINION

« Le Touareg a toujours figuré parmi mes utilitaires plein format favoris. C'est vrai qu'il n'a pas toujours reçu les meilleures cotes de fiabilité. C'est aussi vrai que son prix peut faire peur. Surtout une fois qu'on a choisi le moteur diesel et quelques options indispensables pour un véhicule de cette catégorie. Mais pour ceux qui en ont les moyens, le Touareg a tous les as qu'il lui faut pour vendre sa salade. L'habitacle respire le luxe et demeure confortable, même sur des longues distances. La boîte de vitesses à 8 rapports agit en douceur et jumelée au moteur diesel, propose une économie d'essence sur la grand-route assez incroyable pour un véhicule de ce gabarit. En contrepartie, cette même combinaison reluit peu à l'ombre des gratte-ciels du centre-ville ou sa consommation réelle d'essence équivaut pratiquement à celle d'un moteur V6 à essence. » — Alexandre Crépault

FICHE TECHNIQUE

MOTEURS

(COMFORTLINE, HIGHLINE, EXECLINE) V6 3,6 L DACT, 280 ch à 6200 tr/min
COUPLE 265 lb-pi de 2500 à 5000 tr/min
BOÎTE DE VITESSES automatique à 8 rapports avec mode manuel
0-100 KM/H 7,7 s
VITESSE MAXIMALE 210 km/h
CONSOMMATION (100 KM) 10,6 L (octane 91)
ÉMISSIONS DE CO_2 4922 kg/an
LITRES PAR ANNÉE 2140 l
COÛT PAR AN 2825 $

(OPTION COMFORTLINE, HIGHLINE, EXECLINE) V6 3,0 L turbodiesel, 225 ch de 3500 à 4000 tr/min
COUPLE 406 lb-pi de 1750 à 2250 tr/min
BOÎTE DE VITESSES automatique à 8 rapports avec mode manuel
0-100 KM/H 8,0 s
VITESSE MAXIMALE 218 km/h

AUTRES COMPOSANTES

SÉCURITÉ ACTIVE freins ABS, assistance au freinage, répartition électronique de force de freinage, antipatinage, contrôle de stabilité électronique
SUSPENSION AVANT/ARRIÈRE indépendante
FREINS AVANT/ARRIÈRE disques
DIRECTION à crémaillère, assistée
PNEUS P255/55R18, **Execline** V6 P265/50R19, **option Comfortline, Highline, Execline V6/ de série Execline** TDI P275/40R20

DIMENSIONS

EMPATTEMENT 2893 mm
LONGUEUR 4795 mm
LARGEUR 1940 mm
HAUTEUR 1732 mm
POIDS V6 2137 kg, TDI 2256 kg
DIAMÈTRE DE BRAQUAGE 11,9 m
COFFRE 910 L, 2008 L (sièges abaissés)
RÉSERVOIR DE CARBURANT 85 L
CAPACITÉ DE REMORQUAGE 3500 kg

MENTIONS

CLÉ D'OR

VERDICT

Plaisir au volant
Qualité de finition
Consommation
Rapport qualité / prix
Valeur de revente

$ 30 995 $ à 39 995 $ t&p 1715 $

LA COTE VERTE MOTEUR L5 DE 2,5 L TURBO source : EnerGuide

CONSOMMATION (100 KM) MAN. 8,5 L, AUTO. 8,4 L • **ÉMISSIONS POLLUANTES CO_2** 4002 KG/AN • **INDICE D'OCTANE** 87
COÛT DU CARBURANT MOYEN PAR ANNÉE MAN. 2175 $, AUTO. 2150 $ $ • **NOMBRE DE LITRES PAR ANNÉE** MAN. 1440, AUTO. 1720

FICHE D'IDENTITÉ

VERSIONS T5 (Intro, Level 1, Level 2, R-Design)
ROUES MOTRICES 2
PORTIÈRES 3 **NOMBRE DE PASSAGERS** 5
PREMIÈRE GÉNÉRATION 2007
GÉNÉRATION ACTUELLE 2007
CONSTRUCTION Gand, Belgique
COUSSINS GONFLABLES 6 (frontaux, latéraux avant, rideaux latéraux)
CONCURRENCE Audi A3, Mercedes-Benz classe B, Mini Cooper, VW Golf

AU QUOTIDIEN

PRIME D'ASSURANCE
25 ANS : 1900 à 2100 $
40 ANS : 1200 à 1400 $
60 ANS : 1000 à 1200 $
COLLISION FRONTALE 5/5
COLLISION LATÉRALE 5/5
VENTES DU MODÈLE DE L'AN DERNIER
AU QUÉBEC 193 **AU CANADA** 755
DÉPRÉCIATION 38,9 %
RAPPELS (2006 à 2011) 5
COTE DE FIABILITÉ 3,5/5

GARANTIES... ET PLUS

GARANTIE GÉNÉRALE 4 ans/80 000 km
GARANTIE MOTOPROPULSEUR 4 ans/80 000 km
PERFORATION 12 ans/kilométrage illimité
ASSISTANCE ROUTIÈRE 4 ans/kilométrage illimité
NOMBRE DE CONCESSIONNAIRES
AU QUÉBEC 11 **AU CANADA** 30

NOUVEAUTÉS EN 2012

Une nouvelle couleur, équipement bonifié pour la livrée de base

UNE GTI **NORDIQUE**

Benoit Charette

Introduite en 2006, la C30 doit son style au Québécois Simon Lamarre qui avait comme mandat de présenter un coupé d'un style un peu plus déluré que la moyenne des boîtes grises de l'entreprise, mais en restant conforme à une certaine tradition. Nous avons donc une sportive que ne s'assume pas complètement.

CARROSSERIE La révision de mi-cycle a injecté un peu de sport dans la recette. La partie frontale a été redessinée, y compris les panneaux de carrosserie comme les ailes avant. La C30 est maintenant plus expressive, même à l'arrière. De pair avec les lignes plus tendues et de nouveaux pare-chocs à l'avant, la signature des phares augmente l'impression de vitesse et de la nature sportive de la voiture. La calandre est aussi plus grande, tout comme la prise d'air et le logo Volvo qui prend plus d'espace. Elle n'a pas le « front de bœuf » d'une Ram, mais on sent que cette C30 soigne sa timidité naturelle.

HABITACLE La porte s'ouvre sur un habitacle finement travaillé. Les sièges, comme ceux des autres membres de la famille Volvo, sont très accueillants, et leur confort moelleux est toujours le bienvenue. La console centrale flottante, toujours aussi originale, n'a pas changé au fil des ans. Volvo a jouté la connectivité Bluetooth de série cette année et des accoudoirs rétractables aux places arrière. Le coffre offre toujours un format plus petit que la moyenne. Pour 2012, la C30 offre la connexion USB, l'ordinateur de bord, le volant à trois branches et le pommeau de levier de vitesses recouvert de cuir ainsi que des appliques d'aluminium en équipement de série La version R-Design reçoit en plus un châssis sport et de nouvelles jantes de 18 pouces

MÉCANIQUE Peu importe la version que vous choisirez, une seule mécanique rassemble tous les modèles : un 5-cylindres turbo de 227 chevaux. Vous avez le choix entre une boîte de vitesses manuelle à

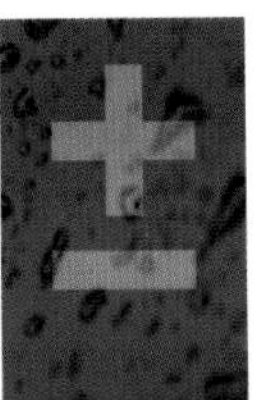

FORCES Style charmeur • Qualité de la finition Confort réel Équipements de sécurité • Présentation intérieure • Commande de boîte douce

FAIBLESSES Motricité • Poids élevé • Train avant lourd • Boîte trop longue Habitabilité arrière un peu juste • Performances un peu timides pour une sportive

6 rapports ou une automatique à 5 rapports. Voulant viser l'économie de carburant, l'étagement des boîtes est long et, par conséquent, influe sur les performances mécaniques. Si la puissance à bas régime est bonne, la C30 perd rapidement du terrain en conduite sportive. On apprécie la sonorité invitante de la mécanique, mais on reste sur son appétit face aux performances qui manque nettement de mordant. Volvo, qui est moins timide sur l'image, devrait faire la même chose sous le capot, un simple réaménagement du ratio et une boîte plus moderne ferait l'affaire.

COMPORTEMENT Au moment de choisir votre C30, vous pouvez opter pour le châssis d'origine qui offre un bel équilibre et une rigidité accrue face aux premières années de la voiture. La tenue de route est neutre, mais les routes dégradées du Québec mettront votre dos et votre patience à l'épreuve. La version R-Design offre un châssis sport. La direction est plus précise avec des coussinets plus fermes et un rapport de direction réduit de 10 %. La raideur des ressorts a été accrue de 30 % afin d'améliorer le comportement de la voiture en conduite enthousiaste. La raideur des amortisseurs a aussi été accrue, et ils sont maintenant du type exclusif monotube qui élève la pression beaucoup plus rapidement. Un conseil toutefois : avant de prendre la décision de rouler en R-Design, prenez le temps de faire un essai prolongé sur route; la raideur de la suspension frôle l'inconfort, et dès que la route est mauvaise, vous en ressentez les moindres imperfections. Il faut aussi noter la sensation de lourdeur du train avant qui n'incite pas à trop pousser le rythme.

CONCLUSION Volvo se présente dans l'arène des sportives de poche, habitée par des voitures assez ludiques, avec des atouts propres à la marque : sécurité, sérieux, présentation originale et flatteuse, et style très réussi. La C30 est un peu trop propre pour ce milieu qui aime se salir les mains au volant. Ella plaira au sportif prudent, pas à celui qui recherche l'émotion pure au volant. Alors, si le chapeau vous fait.

2e OPINION

« Voulez-vous savoir ce qui ne va pas avec Volvo ? Je vais vous confier un secret que vous ne répèterez à personne. Vous souvenez-vous du lancement de la C30 ? On en parlait partout. La voiture, œuvre du Québécois Simon Lamarre, était devenue la coqueluche des médias et des amateurs. Puis, pff, plus rien. La C30 est sur le marché depuis quatre ans déjà. En voyez-vous beaucoup sur la route ? Est-ce que vous la voyez souvent annoncée ? Est-elle sur votre liste d'achat ? Vous avez probablement répondu non à ces questions et, du même coup, compris que le problème de Volvo en est un de mise en marché. Reste que la C30 est la Volvo la plus vendue au pays. Je ne sais trop si cela devrait me réjouir ou m'inquiéter. » — Daniel Rufiange

FICHE TECHNIQUE

MOTEUR

L5 2,5 L turbo DACT, 227 ch à 5000 tr/min
COUPLE 236 lb-pi de 1500 à 5000 tr/min
TRANSMISSION manuelle à 6 rapports, automatique à 5 rapports avec mode manuel (en option, de série sur Intro)
0-100 KM/H man. 6,7 s, auto. 7,1 s
VITESSE MAXIMALE 240 km/h (bridée)

AUTRES COMPOSANTES

SÉCURITÉ ACTIVE freins ABS, assistance au freinage, répartition électronique de force de freinage, contrôle de stabilité électronique, antipatinage
SUSPENSION AVANT/ARRIÈRE indépendante
FREINS AVANT/ARRIÈRE disques
DIRECTION à crémaillère, assistée
PNEUS Level 1 P205/55R16, Intro/Level 2 P205/50R17, R-Design P215/45R18

DIMENSIONS

EMPATTEMENT 2640 mm
LONGUEUR 4252 mm
LARGEUR (avec rétro.) 2039 mm
HAUTEUR 1447 mm
POIDS 1425 kg
DIAMÈTRE DE BRAQUAGE 10,6 m, R-Design 11,6 m
COFFRE 433 L
RÉSERVOIR DE CARBURANT 60 L

MENTIONS

CLÉ D'OR | CHOIX VERT | COUP DE CŒUR | RECOMMANDÉ

VERDICT

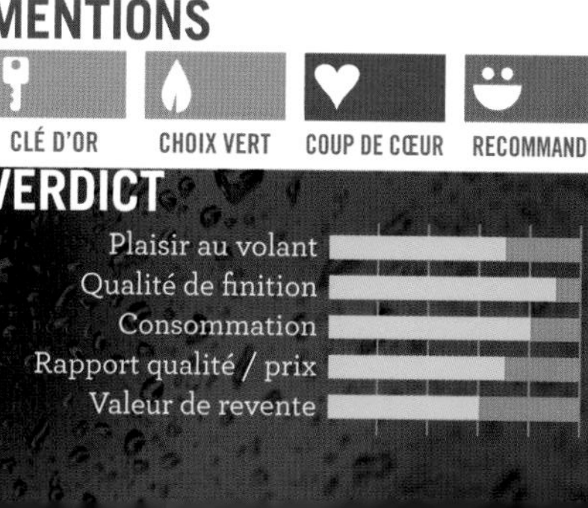

VOLVO

www.volvocanada.ca

ÉVOLUTION $ 54 495 $ t&p 1715 $

LA COTE VERTE MOTEUR L5 DE 2,5 TURBO source : ÉnerGuide

CONSOMMATION (100 KM) 9,2 L • **ÉMISSIONS POLLUANTES CO_2** 4278 KG/AN • **INDICE D'OCTANE** 87
COÛT DU CARBURANT MOYEN PAR ANNÉE 2275 $ • **NOMBRE DE LITRES PAR ANNÉE** 1860

FICHE D'IDENTITÉ

VERSIONS T5
ROUES MOTRICES avant
PORTIÈRES 2 **NOMBRE DE PASSAGERS** 4
PREMIÈRE GÉNÉRATION 1998
GÉNÉRATION ACTUELLE 2006
CONSTRUCTION Uddevalla, Suède
COUSSINS GONFLABLES 6 (frontaux, latéraux avant, rideaux latéraux)
CONCURRENCE Audi A5 Cabriolet, BMW Série 3 Cabriolet

AU QUOTIDIEN

PRIME D'ASSURANCE
25 ANS : 2400 à 2600 $
40 ANS : 1200 à 1400 $
60 ANS : 1000 à 1200 $
COLLISION FRONTALE 5/5
COLLISION LATÉRALE 5/5
VENTES DU MODÈLE DE L'AN DERNIER
AU QUÉBEC 51 **AU CANADA** 194
DÉPRÉCIATION 51,1 %
RAPPELS (2006 à 2011) 5
COTE DE FIABILITÉ 3/5

GARANTIES... ET PLUS

GARANTIE GÉNÉRALE 4 ans/80 000 km
GARANTIE MOTOPROPULSEUR 4 ans/80 000 km
PERFORATION 12 ans/kilométrage illimité
ASSISTANCE ROUTIÈRE 4 ans/kilométrage illimité
NOMBRE DE CONCESSIONNAIRES
AU QUÉBEC 11 **AU CANADA** 30

NOUVEAUTÉS EN 2012

Une nouvelle couleur, cuir de meilleure qualité et essuie-glaces avec détecteur de pluie de série

SUR SES **DERNIERS MILLES**

Benoit Charette

Au moment d'écrire ces lignes, Volvo est à construire une usine en Chine qui aura une capacité de production de 125 000 véhicules par année uniquement pour le marché Chinois. Ailleurs sur la planète, Volvo vise 800 000 ventes par année entre 2016 et la fin de la décennie. Outre l'expansion en Chine, Volvo veut accroître de 50 % ses ventes en Europe à 380 000 par an d'ici la fin de la décennie et plus que doubler aux États-Unis à 120 000 exemplaires. Mais, pour le moment, c'est le statu quo, presque pas de changements pour 2012 et une C70 qui arrive à la fin de sa vie utile.

CARROSSERIE Malgré un léger restylage l'an dernier qui rapprochait la C70 du style plus contemporain de la S60, les ventes ont chuté de près de 20 % au Québec (193 acheteurs). Ce coupé/cabriolet est certes intéressant, mais à 55 000 $ pour une version de base, beaucoup de gens iront chez Audi, BMW et Mercedes-Benz. La C70 en est à sa septième année sur le marché, et les retouches ne suffisent plus. Si Volvo ne fait rien cette année, c'est sans doute que cette version arrive à la fin de son cycle de vie; reste à savoir si le fabricant voudra continuer avec un véhicule du genre ou passer à autre chose.

HABITACLE Une fois installé dans les sièges d'un confort irréprochable, on sent toute l'authenticité des produits suédois. C'est un luxe discret, un bonheur tranquille comme savent si bien le faire les Suédois. L'ensemble des matériaux est agréable au toucher. La console flottante en aluminium n'a pas vieilli, et la consultation est toujours simple. Le confort a fait école chez Volvo, et la C70 ne déroge pas à la règle; on trouve rapidement une excellente position de conduite et tous les réglages sont électriques. Un seul bémol dans l'habitacle, le système GPS qui est inutilement compliqué avec une quantité inutile de sous-menus qui irritent le conducteur qui ne peut constamment quitter la route des yeux et qui n'a pas le temps de se promener d'une commande à une autre. La télécommande, mal placée sous le volant, facilite l'usage,

FORCES Roulement confortable • Ergonomie exemplaire des sièges
Véritable 4 places • Insonorisation soignée

FAIBLESSES Boîte automatique paresseuse • Poids imposant
Prix trop élevé

mais cela demeure pénible dans le meilleur des cas. Un mot en terminant sur les places arrière qui peuvent accueillir deux adultes avec suffisamment d'espace pour les jambes, chose assez rare dans le monde des cabriolets.

MÉCANIQUE Le moteur à 5 cylindres en ligne est à l'image de Volvo : tout en retenue. La puissance est bonne mais pas enivrante. La boîte de vitesses automatique à 5 rapports préfère se prélasser plutôt que faire de l'exercice. Les 227 chevaux vous mèneront de 0 à 100 km/h en 7,4 secondes, et la C70 peut rouler jusqu'à 240 km/h si vous trouvez un endroit pour le faire, mais tout se fait sans à-coups, presque sans émotion.

COMPORTEMENT Volvo visait à offrir une conduite aussi ludique qu'une MINI Cooper S. Nous sommes loin du compte. Le train avant trop lourd rend le véhicule naturellement sous-vireur et la C70 n'apprécie pas d'être brassée, ce qui n'est pas le cas de la MINI. La boîte automatique est paresseuse et handicape les montées d'adrénaline au volant. Le comportement est rassurant mais pas vraiment amusant. Si vous recherchez de l'émotion dans la conduite, vous n'êtes pas à la bonne adresse, la MINI Cooper S va vous coller un sourire au visage à ce chapitre. Ceux qui veulent de la sécurité, vous retrouvez de série un correcteur électronique de trajectoire, six coussins de sécurité gonflables, l'assistance au freinage d'urgence, l'ABS, et le fameux système de protection contre le coup du lapin et plus encore.

CONCLUSION Si vous voulez un coupé cabriolet à quatre places très agréable à utiliser et si vous n'avez pas l'intention d'avoir quelques débordements d'adrénaline à l'occasion, cette C70 vous comblera. Si vous la trouvez trop chère, la Volkswagen EOS remplit le même mandat pour 15 000 $ de moins. Si vous avez des gènes de pilote, il faut aller du côté de la MINI Cooper S.

2e OPINION

« Une décapotable ne devrait jamais avoir l'air bouffie. Or, à ses débuts, la C70 accusait des traits empâtés. Une légère refonte en 2010 a rendu la silhouette plus attirante, particulièrement à l'avant où l'effet pointe de flèche fait son petit effet. La force de cette Volvo est de pouvoir promener quatre adultes à ciel ouvert dans un habitacle spacieux et luxueux. Le toit dur rétractable est toujours beau à examiner quand il exécute son ballet, mais il n'est pas pressé. Et son grand nombre de pièces mobiles, certaines très fines, m'a toujours inquiété. Le 5-cylindres en ligne turbocompressé travaille en douceur. Bien qu'il puisse orchestrer des dépassements rassurants, il confère à la C70 un rôle de boulevardière, une personnalité que ne vient pas contredire la lourde direction et la suspension lénifiante. » — Michel Crépault

FICHE TECHNIQUE

MOTEUR

L5 2,5 L turbo DACT, 227 ch à 5000 tr/min
COUPLE 236 lb-pi de 1500 à 5000 tr/min
BOÎTE DE VITESSES automatique à 5 rapports avec mode manuel
0-100 KM/H 8 s
VITESSE MAXIMALE 240 km/h (bridée)

AUTRES COMPOSANTES

SÉCURITÉ ACTIVE freins ABS, assistance au freinage, répartition électronique de force de freinage, contrôle de stabilité électronique, antipatinage
SUSPENSION AVANT/ARRIÈRE indépendante
FREINS AVANT/ARRIÈRE disques
DIRECTION à crémaillère, assistée
PNEUS P235/45R17, option P235/40R18

DIMENSIONS

EMPATTEMENT 2640 mm
LONGUEUR 4615 mm
LARGEUR 1836 mm
HAUTEUR 1400 mm
POIDS 1750 kg
DIAMÈTRE DE BRAQUAGE 11,8 m
COFFRE 362 L, 170 L (toit abaissé)
RÉSERVOIR DE CARBURANT 60 L

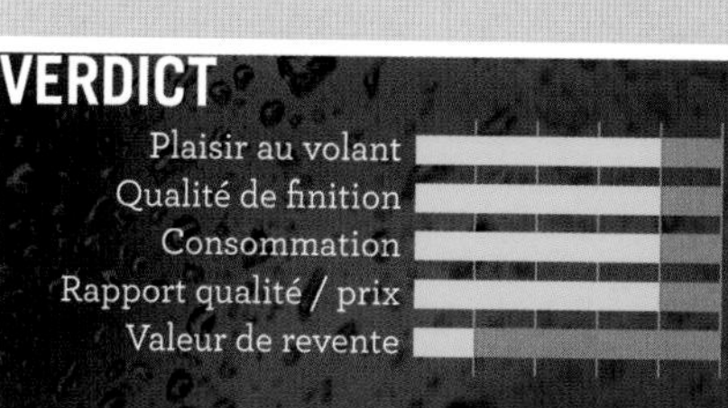

$ 43 995 $ à 49 995 $ t&p 1715 $

LA COTE VERTE MOTEUR L6 DE 3,2 L source : Énerguide

CONSOMMATION (100 KM) 9,9 L • ÉMISSIONS POLLUANTES CO_2 4646 KG/AN • INDICE D'OCTANE 87
COÛT DU CARBURANT MOYEN PAR ANNÉE 2525 $ • NOMBRE DE LITRES PAR ANNÉE 2020

FICHE D'IDENTITÉ

VERSIONS 3.2 (Level 1 et 2), T6
ROUES MOTRICES 4
PORTIÈRES 5 **NOMBRE DE PASSAGERS** 5
PREMIÈRE GÉNÉRATION 1993 (850
GÉNÉRATION ACTUELLE 2008
CONSTRUCTION Göteborg, Suède
COUSSINS GONFLABLES 6 (frontaux, latéraux avant, rideaux latéraux)
CONCURRENCE Audi A4, BMW Série 3, Cadillac CTS, Saab 9-3, Subaru Legacy

AU QUOTIDIEN

PRIME D'ASSURANCE
25 ANS : 2600 à 2800 $
40 ANS : 1400 à 1600 $
60 ANS : 1200 à 1400 $
COLLISION FRONTALE 5/5
COLLISION LATÉRALE 5/5
VENTES DU MODÈLE DE L'AN DERNIER
AU QUÉBEC 385 **AU CANADA** 1145
DÉPRÉCIATION 51,6 %
RAPPELS (2006 à 2011) 1
COTE DE FIABILITÉ 3/5

GARANTIES… ET PLUS

GARANTIE GÉNÉRALE 4 ans/80 000 km
GARANTIE MOTOPROPULSEUR 4 ans/80 000 km
PERFORATION 12 ans/kilométrage illimité
ASSISTANCE ROUTIÈRE 4 ans/kilométrage illimité
NOMBRE DE CONCESSIONNAIRES
AU QUÉBEC 11 **AU CANADA** 30

NOUVEAUTÉS EN 2012

Une nouvelle couleur et nouvelles couleurs intérieur, nouveau système d'infodivertissement, chaîne audio de 160 W avec 8 haut-parleurs de série

UNE FAMILIALE QUI S'ASSUME

Benoit Charette

Dans un monde de l'automobile où les constructeurs utilisent toutes sortes de subterfuges pour baptiser une familiale d'un autre nom, Volvo assume sa position et n'a jamais caché la vocation familiale de sa XC70. Il y a bien quelques ajouts de plastiques sur la custode et une garde au sol plus élevée, mais Volvo n'essaie pas de nous faire passer cela pour un utilitaire.

CARROSSERIE Arrivée en 2008, la XC70 vieillit bien. Les renforts de plastiques à l'extérieur annoncent ses couleurs, et la garde au sol plus élevée rehausse l'aspect robuste du véhicule. Il y a quelque chose de sympathique et de très attachant dans la forme cubique de cette Volvo qui représente, à mon avis, la plus authentique des Volvo.

HABITACLE Si la qualité des sièges est une spécialité suédoise, la XC70 ne fait pas exception. Une particularité sur ce modèle, le confort est plus moelleux que chez Audi, par exemple, qui offre plus de réglages. On pourrait reprocher un léger manque de maintien chez Volvo. L'habitabilité est sans doute son point fort. Quatre adultes logent en tout confort, il y a toujours la 3e banquette renversée, marque de commerce de Volvo, qui est aussi offerte pour deux enfants à l'arrière. Dossiers abaissés, vous aurez 1 600 litres d'espace de rangement; 575 avec les dossiers relevés. En plus d'une excellente insonorisation, vous avez une climatisation automatique très efficace. La qualité de fabrication ne laisse place à aucune critique, c'est du travail bien fait. Même chose pour l'ergonomie, une autre spécialité suédoise. Les commandes sont bien placées, chaque bouton a une fonction, et chaque fonction a son bouton, l'utilisation est intuitive et conviviale. Un espace de conduite où il fait bon vivre. Pour ce qui touche au confort, Volvo offre le régulateur de vitesse, l'ordinateur de bord, la climatisation automatique avec filtre actif, trois prises à 12 volts, une radio CD avec 6 haut-parleurs et prise auxiliaire, le volant avec commandes audio intégrées et bien plus selon les versions.

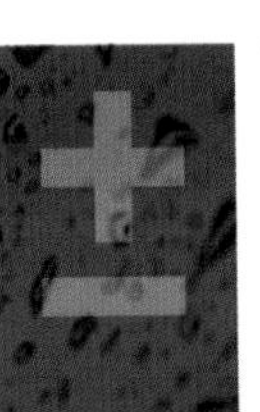

FORCES Sécurité active et passive • Finition • Équipement
Ergonomie • Transmission intégrale efficace

FAIBLESSES Boîte automatique paresseuse (3.2) • Consommation élevée
Comportement un peu pataud (3.2)

www.volvocanada.ca

MÉCANIQUE Ici, deux choix s'offrent à vous. La mécanique de base est un 6-cylindres en ligne de 3,2 litres de 240 chevaux. La puissance est correcte, mais on ne trouve pas entièrement son compte en raison de la lenteur de la boîte de vitesses automatique qui tire long entre les rapports et du poids de plus de 1 800 kilos qui donne un peu de fil à retordre au moteur. Pour éliminer le manque de coffre, il faut aller vers le moteur de 3 litres turbo. Fort de ses 300 chevaux, il élimine tous les problèmes de l'autre moteur. Son plus fort couple à bas régime lui donne de l'allant au départ, la boîte automatique est plus motivée et, malgré un surplus de poids face à la version de 3,2 litres, les 60 chevaux de plus se chargent de déplacer le tout avec une plus grande aisance. C'est, à notre avis, le moteur qui offre la plus belle communion avec la voiture. Pour toutes les versions, Volvo fait honneur à sa grande réputation de sécurité: assistance au freinage d'urgence, répartition de la force de freinage en virage, préparation des freins à un freinage d'urgence quand l'accélérateur est relâché soudainement, coussins gonflables dans tous les sens, fonction d'avertissement lors d'un freinage brusque, fixations Isofix tout y est!

COMPORTEMENT En faisant fit du léger manque de puissance de la version de base, la XC70 est sans doute ma Volvo préferée. Elle est la plus représentative de la philosophie Volvo. J'ai toujours associé Volvo aux voitures familiales, et celle-ci est exactement comme je la voyais. Grande, confortable, silencieuse et douillette. Une voiture aux châssis rigide qui peut avaler des heures d'autoroute en tout confort en vous conservant frais et dispo. Elle n'a rien de sportif, mais la transmission intégrale ne perdra pas pied, même quand Dame Nature vous place devant les pires conditions météo. L'économie de carburant n'est pas son point fort. Vous aurez peine à glisser sous la barre des 13 litres aux 100 kilomètres avec la version de base. Le poids y est pour quelque chose. Ironiquement, le moteur turbo de 300 chevaux donne à quelques gouttes près, la même consommation de carburant.

CONCLUSIONSi on me demandait de choisir une seule familiale pour aller dans mon entrée de maison, ce serait la Volvo XC70. Ce n'est pas la plus fiable, mais c'est celle qui vous offre globalement le plus de qualités routières

2e OPINION

« Voilà l'une de mes voitures préférées sur le marché. Si j'avais à me payer une Volvo, et le mot n'est pas faible en ce qui a trait à la XC70, ce serait elle. C'est simple, outre son prix (je n'en suis pas encore revenu), cette voiture est quasi parfaite. Son degré de confort est celui d'une limousine, sa qualité de construction est une référence, et son format nous fait réaliser que les VUS existaient avant l'arrivée des VUS. Seulement, il faut vivre avec ses à-côtés, notamment devoir composer avec un réseau de concessionnaires limité et porteur d'une piètre réputation en matière de qualité de service. L'autre bobo, c'est que la XC70 est trop chère (vous l'avais-je dit?). Si j'étais à ma place, je zyeuterais le marché de l'occasion. » — *Daniel Rufiange*

FICHE TECHNIQUE

MOTEURS

(3.2) L6 3,2 L DACT, 240 ch à 6400 tr/min
COUPLE 236 lb-pi à 3200 tr/min
BOÎTE DE VITESSES automatique à 6 rapports avec mode manuel
0-100 KM/H 8,8 s
VITESSE MAXIMALE 209 km/h (bridée)

(T6) L6 3,0 L turbo DACT, 300 ch à 5600 tr/min
COUPLE 325 lb-pi de 2100 à 4200 tr/min
BOÎTE DE VITESSES automatique à 6 rapports avec mode manuel
0-100 KM/H 7,6 s
VITESSE MAXIMALE 209 km/h (bridée
CONSOMMATION (100 KM) 10,7 L (octane 87)
ÉMISSIONS DE CO_2 4462 kg/an
LITRES PAR ANNÉE 1940 L
COÛT PAR AN 2561 $

AUTRES COMPOSANTS

SÉCURITÉ ACTIVE freins ABS, assistance au freinage, répartition électronique de force de freinage, antipatinage, contrôle de stabilité électronique
SUSPENSION AVANT/ARRIÈRE indépendante
FREINS AVANT/ARRIÈRE disques
DIRECTION à crémaillère, assistée
PNEUS P215/65R16 3.2, Level 2 P235/55R17, T6 P235/50R18

DIMENSIONS

EMPATTEMENT 2815 mm
LONGUEUR 4838 mm
LARGEUR 1876 mm
HAUTEUR 1604 mm
POIDS 3.2 1808 kg, T6 1941 kg
DIAMÈTRE DE BRAQUAGE 11,5 m
COFFRE 944 L, 2042 L (sièges abaissés)
RÉSERVOIR DE CARBURANT 70 L
CAPACITÉ DE REMORQUAGE 1500 kg

MENTIONS

COUP DE CŒUR RECOMMANDÉ

VERDICT

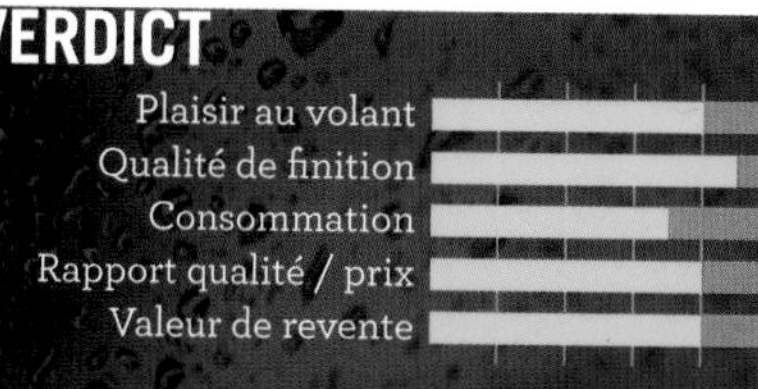

38 300 $ à 50 325 $ t&p 1715 $

LA COTE VERTE MOTEUR L5 DE 2,5 TURBO source : Volvo

CONSOMMATION (100 KM) 8,6 L • ÉMISSIONS POLLUANTES CO_2 nd • INDICE D'OCTANE 87
COÛT DU CARBURANT MOYEN PAR ANNÉE ND • NOMBRE DE LITRES PAR ANNÉE ND

FICHE D'IDENTITÉ

VERSIONS T5 Level 1, T5 Level 2, T6 (4RM), T6 R-Design (4RM)
ROUES MOTRICES avant, 4
PORTIÈRES 4 **NOMBRE DE PASSAGERS** 5
PREMIÈRE GÉNÉRATION 1993 (850)
GÉNÉRATION ACTUELLE 2011
CONSTRUCTION Gand, Belgique
COUSSINS GONFLABLES 8 (frontaux, latéraux avant, genoux conducteur et passager, rideaux latéraux)
CONCURRENCE Acura TL, Audi A4, BMW Série 3, Cadillac CTS, Infiniti G, Mercedes-Benz Classe C, Saab-9-3, Subaru Legacy, Volkswagen CC

AU QUOTIDIEN

PRIME D'ASSURANCE
25 ANS : 2600 à 2800 $
40 ANS : 1500 à 1700 $
60 ANS : 1200 à 1400 $
COLLISION FRONTALE 5/5
COLLISION LATÉRALE 5/5
VENTES DU MODÈLE DE L'AN DERNIER
AU QUÉBEC 61 **AU CANADA** 208
DÉPRÉCIATION nm
RAPPELS (2006 à 2011) 6
COTE DE FIABILITÉ nm

GARANTIES... ET PLUS

GARANTIE GÉNÉRALE 4 ans/80 000 km
GARANTIE MOTOPROPULSEUR 4 ans/80 000 km
PERFORATION 12 ans/kilométrage illimité
ASSISTANCE ROUTIÈRE 4 ans/kilométrage illimité
NOMBRE DE CONCESSIONNAIRES
AU QUÉBEC 11 **AU CANADA** 30

NOUVEAUTÉS EN 2012

Livrées T5 et T6 R-Design

L'INTELLECTUELLE STOÏQUE

Francis Brière

Même si la richesse chinoise a joué les sauveurs avec Volvo, l'avenir du constructeur suédois n'est pas des plus prometteurs. Le marché nord-américain boude les produits qui ont la réputation d'être réservés aux intellectuels ou encore aux bourgeois bohèmes. Beaucoup de luxe, beaucoup de sécurité, beaucoup de confort, peu d'agrément ! Les modèles Volvo ne soulèvent guère les passions. La S60 a été complètement revue en 2011, et la berline est, ma foi, fort réussie. Ces efforts seront-ils suffisants pour convaincre les acheteurs ?

CARROSSERIE Les concepteurs de Volvo se devaient de sortir de leur torpeur. Depuis la révolution de Simon Lamarre et de son dessin audacieux de la C30, seule la venue de la S60 pouvait apporter un vent de fraîcheur à une gamme de voitures qui en avaient drôlement besoin. La tendance est aux coupés à quatre places, une allure qui caractérise cette berline. La tendance est aussi aux nez plongeants et aux ceintures de caisse élevées; on a dessiné ces deux traits sur la S60. Bref, nous pouvons affirmer qu'il s'agit d'un produit tendance. Cela suffira-t-il à attirer les consommateurs? Rien n'est moins certain.

HABITACLE Sans une once d'exagération, j'affirme que Volvo produit des habitacles exemplaires. Les sièges sont sublimes. Ils offrent un confort incomparable et un maintien qui ne gêne aucunement l'anatomie. Résolument plus moderne, la présentation intérieure demeure sobre et ne détonne pas trop par rapport au style de la marque. Évidemment, Volvo tient pour acquis que l'intellectuel audiophile manifestera de l'intérêt pour une chaîne de qualité. La technologie MultEQ a été introduite par Audyssey dans le but d'enrayer la distorsion. De fait, les chaînes audio proposées sont d'excellente qualité. En ce qui a trait à l'espace, il est adéquat pour des passagers de grande taille, même à l'arrière, malgré une ligne de toit profilée.

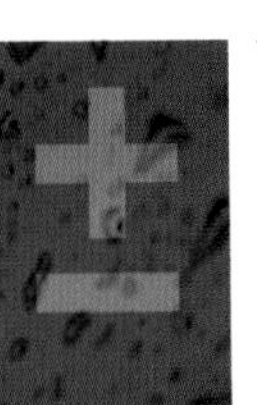

FORCES Conception moderne • Habitacle exemplaire
Moteur souple et puissant • Confort

FAIBLESSES Trop chère • Coûts des options • Timides émotions

un réel agrément de conduite. Évidemment, l'ambition d'aller établir un record de tour de piste au Circuit Gilles-Villeneuve, ce n'est pas pour la S60. Par contre, la voiture se comporte de belle façon sur la route. Son système AWD lui donne du mordant et sera très apprécié durant la saison froide. La suspension ni sèche ni guimauve procure du confort sans nuire à la prestation de cette berline. Vous vous doutez bien que Volvo a intégré une panoplie de dispositifs électroniques pour aider le châssis à combattre les forces gravitationnelles. Un de ceux-là vise à contrer le phénomène de sous-virage, et d'autres sont dédiés à la sécurité, comme le détecteur de piétons qui peut appliquer à fond les freins en cas d'insouciance de la part du conducteur, ou encore un radar qui contrôle la distance avec la voiture qui précède selon la vitesse à laquelle on roule. Oui, la sécurité est encore au cœur des préoccupations chez Volvo.

MÉCANIQUE Le moteur à 6 cylindres suralimenté se montre à la fois doux comme un agneau et fort comme un bœuf. On ne peut s'empêcher de le comparer à celui de BMW qui produit une puissance semblable. Celui de Volvo est silencieux, onctueux et généreux en couple à souhait. Ce bloc convient parfaitement à la voiture qui, nous devons le reconnaître, fait de l'embonpoint. La consommation de carburant n'impressionnera personne : entre 10 et 11 litres aux 100 kilomètres en données combinées. En revanche, la transmission intégrale est offerte de série, mais il s'agit d'abord d'un moteur et d'une transmission conçus pour une application à roues motrices avant. Quoi qu'il en soit, ce système AWD est efficace, nous l'avons mis à l'épreuve en plein hiver.

COMPORTEMENT La direction paramétrable permet de faire varier la sensation de la route entre pépère et un tantinet lourde et sensible. Ne riez pas, cette Volvo procure

CONCLUSION La Volvo S60 doit rivaliser avec des produits qui ont beaucoup de succès, comme l'Audi A4, la Mercedes-Benz Classe C et la BMW de Série 3. Ces voitures allemandes ont un avantage certain parce qu'elles suscitent une expérience émotionnelle plus forte chez leur propriétaire. La berline suédoise fait bien mieux qu'auparavant, mais cela ne suffit pas.

2e OPINION

« En dépit d'une facture élevée et qui grimpe facilement, la S60 possède, à mon avis, toutes les qualités requises pour se mesurer aux A4, Série 3 et Classe C de ce monde. Elle est confortable, dynamique, performante et dotée d'une excellente transmission intégrale. Le problème, c'est que le modèle de précédente génération est demeuré sur les tablettes si longtemps que les gens l'ont tout simplement oublié. Et aujourd'hui, quand vient le temps de choisir une berline sport de luxe, on pense aux allemandes, parfois aux japonaises. La firme suédoise doit donc réussir à reconquérir une clientèle perdue au fil des ans, et ce, avec des moyens de plus en plus réduits. Car chez Volvo, l'herbe a déjà été drôlement plus verte... » — Antoine Joubert

FICHE TECHNIQUE

MOTEURS

(T5) L5 2,5 L turbo DACT, 250 ch à 5500 tr/min
COUPLE 266 lb-pi de 1800 à 4000 tr/min
TRANSMISSION automatique à 6 rapports avec mode manuel
0-100 KM/H 6 s
VITESSE MAXIMALE 210 km/h (bridée)

(T6) L6 3,0 l turbo DACT, 300 ch à 5000 tr/min
COUPLE 325 lb-pi de 2100 à 4200 tr/min
TRANSMISSION automatique à 6 rapports avec mode manuel
0-100 KM/H 6,5 s
VITESSE MAXIMALE 210 km/h (bridée)
CONSOMMATION (100 KM) 9,5 l (octane 87
ÉMISSIONS DE CO_2 4462 kg/an
LITRES PAR ANNÉE 1940 l
COÛT PAR AN 2561 $

(T6 R-DESIGN) L6 3 L turbo DACT, 325 ch de 5400 à 6500 tr/min
COUPLE 354 lb-pi de 3000 à 3600 tr/min
TRANSMISSION automatique à 6 rapports avec mode manuel
0-100 KM/H 6,1 s
VITESSE MAXIMALE 250 km/h
CONSOMMATION (100 km) 9,9 L
ÉMISSIONS DE CO_2 4 620 kg/an
LITRES PAR ANNÉE 2020
COÛT PAR AN 2828 $

AUTRES COMPOSANTES

SÉCURITÉ ACTIVE freins ABS, assistance au freinage, répartition électronique de force de freinage, contrôle de stabilité électronique, antipatinage
SUSPENSION AVANT/ARRIÈRE indépendante
FREINS AVANT/ARRIÈRE disques
DIRECTION à crémaillère, assistée
PNEUS T5 P215/50R17, T6 P235/45R17, option T5 et T6 P235/40R18

DIMENSIONS

EMPATTEMENT 2776 mm
LONGUEUR 4628 mm
LARGEUR (avec rétro.) 2097 mm
HAUTEUR 1484 mm
POIDS T5 1565 kg, T6 1737 kg, T6 R-Design 1 680 kg
DIAMÈTRE DE BRAQUAGE T5 11,3 m T6 11,9 m
COFFRE 340 L
RÉSERVOIR DE CARBURANT 67,5 L
CAPACITÉ DE REMORQUAGE 1800 kg

MENTIONS

RECOMMANDÉ

VERDICT

Plaisir au volant
Qualité de finition
Consommation
Rapport qualité / prix
Valeur de revente

www.volvocanada.ca

$ 49 995 $ à 59 995 $ t&p 1715 $

LA COTE VERTE MOTEUR L6 DE 3,2 L source : ÉnerGuide

CONSOMMATION (100 KM) 9,4 L • **ÉMISSIONS POLLUANTES CO_2** 4416 KG/AN • **INDICE D'OCTANE** 91
COÛT DU CARBURANT MOYEN PAR ANNÉE 2400 $ • **NOMBRE DE LITRES PAR ANNÉE** 1920 l

FICHE D'IDENTITÉ

VERSIONS 3.2, T6 4RM
ROUES MOTRICES avant, 4
PORTIÈRES 4 **NOMBRE DE PASSAGERS** 5
PREMIÈRE GÉNÉRATION 1999
GÉNÉRATION ACTUELLE 2007
CONSTRUCTION Göteborg, Suède
COUSSINS GONFLABLES 6 (frontaux, latéraux avant, rideaux latéraux
CONCURRENCE Acura RL, Audi A6, BMW Série 5, Infiniti M, Jaguar XF, Lincoln MKS, Mercedes-Benz Classe E, Saab 9-5

AU QUOTIDIEN

PRIME D'ASSURANCE
25 ANS : 2800 à 3000 $
40 ANS : 1600 à 1800 $
60 ANS : 1400 à 1600 $
COLLISION FRONTALE 5/5
COLLISION LATÉRALE 5/5
VENTES DU MODÈLE DE L'AN DERNIER
AU QUÉBEC 77 **AU CANADA** 361
DÉPRÉCIATION 47,6 %
RAPPELS (2006 à 2011) 9
COTE DE FIABILITÉ 2/5

GARANTIES... ET PLUS

GARANTIE GÉNÉRALE 4 ans/80 000 km
GARANTIE MOTOPROPULSEUR 4 ans/80 000 km
PERFORATION 12 ans/kilométrage illimité
ASSISTANCE ROUTIÈRE 4 ans/kilométrage illimité
Nombre de concessionnaires
Au Québec 11 Au Canada 30

NOUVEAUTÉS EN 2012

Une nouvelle couleur, nouveau système d'infodivertissement, système audio de 160 W avec 8 haut-parleurs de série

EN QUÊTE DE **RENOUVEAU**

Michel Crépault

Pour 2012, les changements apportés à la souveraine suédoise ne sont que cosmétiques ou du côté des accessoires.

CARROSSERIE Le plus gros problème avec l'image de la S80, c'est que vous lui enlevez le badge archi connu au centre de sa calandre et l'impact de ses belles jantes, et vous vous retrouvez avec une silhouette qui passe de plus en plus inaperçue au sein d'une concurrence qui, elle, exhibe sa modernité. Dit autrement : l'auto est due pour un rafraîchissement.

HABITACLE Volvo a baptisé Sensus son nouveau système d'infodivertissement à bord. On a modifié le haut du tableau de bord afin d'intégrer un écran en couleurs de 7 pouces. La console centrale aussi a été jazzée, de même que le bouton de démarrage. La version de base voit son équipement standard prendre du mieux. Par exemple, la chaîne audio passe à un niveau supérieur, recevant des fonctions pour iPod, le volant attire le cuir, pendant que des incrustations de noyer se multiplient, sans oublier l'intégration de série du fameux *City Safety*, le dispositif qui freine automatiquement l'automobile (en-deçà des 35 km/h) quand il détecte une collision imminente. Un système révolutionnaire qui s'ajoute aussi à l'équipement de série de la T6. Enfin, après l'avoir testé avec succès aux USA, on nous refile l'ensemble Inscription où la sellerie de cuir doux qui enrobe les baquets (désormais ventilés), le volant et le sélecteur de vitesses se pare de coutures bien visibles. L'ensemble comprend aussi des seuils de porte en aluminium et des carpettes spéciales. On n'arrête pas le progrès !

MÉCANIQUE Nous avons perdu le V8 l'an dernier, mais les deux 6-cylindres en ligne, eux, demeurent fidèles au poste. Le premier, d'une cylindrée de 3,2 litres, produit 240 chevaux ; le second, un 3-litres mais turbocompressé, délivre 300 chevaux. Les deux engins s'associent à une boîte de vitesses Geartronic à 6 rapports avec mode manuel. La transmission intégrale et la

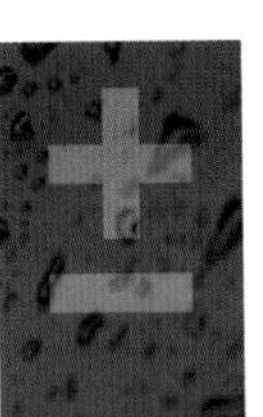

FORCES Confort indiscutable, surtout provenant des sièges avant • Intérieur toujours cossu • Potentiel du turbo • Sécuritaire à souhait

FAIBLESSES Silhouette qui commence à dater • Absence de sensations au bout de la direction • Moteur de base peu discret

suspension adaptive Four-C sont deux options très valables.

COMPORTEMENT Personne ne peut nier qu'une S80 sait y faire pour escamoter les désagréments occasionnés par une mauvaise chaussée. Comme un aspirateur à aspérités, son châssis suspendu avec intelligence transforme les ornières en revêtement de table de billard. Le 3-litres turbo est capable d'une bonne poussée, comme le prouve son chrono sous les 7 secondes au jeu du 0 à 100 km/h. D'ailleurs, je choisis cet engin avant le bruyant 3,2-litres n'importe quand. Je me laisserais même tenter par l'ensemble exclusif Dynamic qui raffermit la suspension. Mais... on se dit que, pour le prix et la réputation de la marque, on est droit de s'attendre à plus de plaisir au volant. Bien sûr, il y a une certaine contradiction à espérer qu'un constructeur, dont une bonne partie de la renommée repose sur la sécurité, puisse offrir aussi des sensations fortes. Mais à vaincre sans péril, on triomphe sans gloire. Quand des exotiques comme Ferrari annoncent qu'ils testent les modes hybrides et électriques, ce n'est sûrement pas pour tuer du même coup la fabrique à adrénaline. Volvo devrait être capable de réussir le même coup double. Son porte-étendard le mérite.

CONCLUSION Je parlais récemment avec Joel Segal, concessionnaire de Jaguar et de Land Rover, notamment. Il m'expliquait à quel point Tata, le nouveau propriétaire indien, investit des sommes colossales dans les deux marques et combien l'ancienne colonie britannique tient à protéger, à rehausser même son étoile. J'attends d'entendre le même genre de témoignage sur le chinois Geely, nouveau proprio de Volvo. Nous savons qu'il ambitionne de bien belles choses pour Volvo en Chine, mais j'ai surtout hâte de voir comment il compte renouveler l'intérêt pour la marque dans le cœur des Nord-Américains. D'ici là, j'avoue que la cabine d'une S80 continue d'impressionner grâce à son savant mélange de culture scandinave et de laboratoire roulant. Mais les rivaux sont là et n'ont pas vraiment de difficulté à distancer la suédoise au plan des performances et, même, du prestige. Pour le moment, la seule façon pour Volvo de prolonger le succès de la S80, c'est d'offrir aux consommateurs la chance de s'en procurer une à un prix qui reléguera au second rang l'agressive Genesis et la méconnue Acura RL. Parce que, de leur côté, à moins d'être un fan fini, les Allemandes mangent la S80 tout rond.

2e OPINION

« La S80 est à Volvo ce que la RL est à Acura. Un échec, voilà tout ! Et pour moi, c'est franchement à n'y rien comprendre, parce que cette voiture possède des talents qui lui permettent justement de se démarquer de ses trois grandes rivales allemandes. En fait, plutôt que de prendre une direction sportive, les ingénieurs ont choisi de consacrer leurs efforts sur le confort. Un exercice très bien réussi, puisque cette Volvo affiche un confort exceptionnel, tant au chapitre des sièges que de la conduite. Et vous ne me ferez pas croire que les acheteurs de berlines de luxe sont tous de fervents adeptes de la conduite sportive ! Alors, il est où, le problème ? Ah, je sais, la fiabilité, qui a fait fuir plusieurs clients ces dernières années ainsi que certains concessionnaires toujours convaincus qu'ils peuvent se permettre d'être arrogants ! Dommage... » — Antoine Joubert

FICHE TECHNIQUE

MOTEURS

(3.2) L6 3,2 L DACT, 240 ch à 6400 tr/min
COUPLE 236 lb-pi à 3200 tr/min
TRANSMISSION automatique à 6 rapports avec mode manuel
0-100 KM/H 7,9 s
VITESSE MAXIMALE 209 km/h (bridée)

(T6 4RM) L6 3,0 l turbo DACT, 300 ch à 5600 tr/min
COUPLE 325 lb-pi de 2100 à 4200 tr/min
Transmission automatique à 6 rapports avec mode manuel
0-100 KM/H 6,9 s
VITESSE MAXIMALE 250 km/h (bridée)
CONSOMMATION (100 KM) 9,5 l (octane 87)
ÉMISSIONS DE CO_2 4462 kg/an
LITRES PAR ANNÉE 1940 L
COÛT PAR AN 2425 $

AUTRES COMPOSANTES

SÉCURITÉ ACTIVE freins ABS, assistance au freinage, répartition électronique de force de freinage, contrôle de stabilité électronique, antipatinage
SUSPENSION AVANT/ARRIÈRE indépendante
FREINS AVANT/ARRIÈRE disques
DIRECTION à crémaillère, assistée
PNEUS P225/50R17, T6 P245/40R18

DIMENSIONS

EMPATTEMENT 2835 mm
LONGUEUR 4851 mm
LARGEUR 1861 mm
HAUTEUR 1493 mm
POIDS 3.2 1696 kg, T6 1835 kg
DIAMÈTRE DE BRAQUAGE 3.2 10,6 m, T6 11,3 m
COFFRE 422 l
RÉSERVOIR DE CARBURANT 70 l
CAPACITÉ DE REMORQUAGE 1500 kg

VERDICT

Plaisir au volant
Qualité de finition
Consommation
Rapport qualité / prix
Valeur de revente

$ 39 995 à 53 695 $ t&p 1715 $

LA COTE VERTE MOTEUR L6 DE 3,2 L source : ÉnerGuide

CONSOMMATION (100 KM) 2RM 9,7 L, 4RM 9,9 L • **ÉMISSIONS POLLUANTES CO_2** 2RM 4554 KG/AN, 4RM 4646 KG/AN • **INDICE D'OCTANE** 87
COÛT DU CARBURANT MOYEN PAR ANNÉE 2RM 2574 $, 4RM 2626 $ • **NOMBRE DE LITRES PAR ANNÉE** 2RM 1980, 4RM 2020

FICHE D'IDENTITÉ

VERSIONS 3.2 2RM/4RM, T6 (4RM), T6 R-Design (4RM)
ROUES MOTRICES avant, 4
PORTIÈRES 5 **NOMBRE DE PASSAGERS** 5
PREMIÈRE GÉNÉRATION 2009
GÉNÉRATION ACTUELLE 2009
CONSTRUCTION Gand, Belgique
COUSSINS GONFLABLES 6 (frontaux, latéraux avant, rideaux latéraux)
CONCURRENCE Acura RDX, Audi Q5, BMW X3, Infiniti EX35, Land Rover LR2, Mercedes-Benz Classe GLK

AU QUOTIDIEN

PRIME D'ASSURANCE
25 ANS : 3200 à 3400 $
40 ANS : 1600 à 1800 $
60 ANS : 1400 à 1600 $
COLLISION FRONTALE 5/5
COLLISION LATÉRALE 5/5
VENTES DU MODÈLE DE L'AN DERNIER
AU QUÉBEC 460 **AU CANADA** 1540
DÉPRÉCIATION (1 an) 17,8 %
RAPPELS (2006 à 2011) 7
COTE DE FIABILITÉ ND

GARANTIES... ET PLUS

GARANTIE GÉNÉRALE 4 ans/80 000 km
GARANTIE MOTOPROPULSEUR 4 ans/80 000 km
PERFORATION 12 ans/kilométrage illimité
ASSISTANCE ROUTIÈRE 4 ans/kilométrage illimité
NOMBRE DE CONCESSIONNAIRES
AU QUÉBEC 11 **AU CANADA** 30

NOUVEAUTÉS EN 2012

Livrée T6 R-Design avec moteur plus puissant, (R-Design dorénavant non disponible avec version 3.2)

TROP CHER, TROP TARD

Francis Brière

Quand un constructeur mise sur un modèle de plus de 50 000 $ (S60) l'exemplaire pour se refaire une santé financière, il se peut que les résultats ne correspondent pas tout à fait aux prévisions. Avec une gamme de produits aussi pauvre, on se demande comment Volvo survivra, même avec l'apport financier d'une firme aussi puissante que Geely. Le modèle qui nous intéresse ici est arrivé un peu tard sur le marché des VUS de luxe et, comme en témoigne les ventes (1200 exemplaires au Canada en 2010, environ le double pour le BMW X3), les acheteurs ne l'ont pas remarqué.

CARROSSERIE En 2009, Volvo a proposé un XC60 montrant une silhouette classique, mais dont les lignes sont plus modernes. Ces idées conceptuelles sont à la mode : dessiner une ligne de caisse en hauteur et trancher la ceinture tout juste au bas de la surface vitrée. À cela, on ajoute une partie avant plongeante et une partie arrière surélevée. Par conséquent, la lunette s'en trouve inclinée, ce qui a pour effet de réduire la visibilité arrière. C'est sans aucun doute le prix à payer pour profiter d'aussi belles lignes ! Pour le reste, le XC60 possède les gènes de la gamme Volvo, notamment en ce qui a trait à la calandre et aux phares.

HABITACLE S'il y a un domaine où Volvo excelle, c'est dans celui de produire des habitacles remarquables. Celui du XC60 ne fait pas exception. Les sièges sont d'une qualité exemplaire, offrant confort et maintien. De plus, il est possible de les régler de mille et une façons pour obtenir la position de conduite idéale. La planche de bord propose ergonomie, finition impeccable et matériaux de qualité. Peu importe la livrée, vous obtenez un équipement complet, notamment les sièges avant chauffants, la climatisation électronique, le rétroviseur automatique avec boussole, une chaîne audio de qualité, les commandes montées au volant et un ordinateur de bord. Notons, en revanche, que l'espace pour les occu-

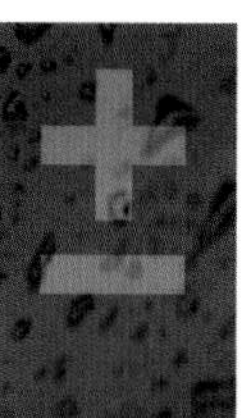

FORCES Lignes plus modernes • Excellents moteurs
Intérieur somptueux • Confort et sécurité

FAIBLESSES Prix élevé • À la recherche d'agréments
Comportement mou • Banquette étriquée

de BMW, quoique possiblement un peu plus gourmand. La troisième livrée propose l'excellent T6, une version suralimentée du même bloc. Il procure des accélérations franches tout en douceur. Évidemment, il faudra prévoir une consommation de carburant à la hausse, surtout pour les trajets urbains. Il faut compter 13 litres aux 100 kilomètres, environ.

pants à l'arrière n'est pas démesuré. Même chose pour la capacité de chargement: la ligne de caisse réduit le volume du coffre. Si vous souhaitez équiper votre XC60 de gadgets électroniques comme le dispositif de détection des angles morts ou encore la navigation par satellite, il faudra prévoir mettre la main dans vos poches. Le coût de ces options fera grimper la facture de façon significative.

MÉCANIQUE Volvo propose trois livrées pour son XC60 : 3.2 FWD, 3.2 AWD et T6 AWD. Dans les deux premiers cas, vous retrouvez sous le capot un 6-cylindres en ligne de 3,2 litres développant 240 chevaux. La première option offre la traction, tandis que l'autre dispose d'une transmission intégrale. Il ne s'agit pas de la meilleure et de la plus perfectionnée sur le marché, mais ce système du type Haldex est tout à fait convenable. Quant au moteur atmosphérique, il se compare aisément aux produits

COMPORTEMENT La principale qualité du Volvo XC60 : sa douceur de roulement. Il s'agit d'un produit européen qui se compare aux rivaux allemands à ce chapitre. Par contre, sa tenue de route, sa rigidité de caisse et sa solidité ne sont pas de calibre comparativement au BMW X3 ou au Mercedes-Benz GLK. Au volant, la mollesse du châssis et le manque de précision de la direction nous rappellent qu'il s'agit d'un produit Volvo. Ce sont sans doute les défauts les plus détestables de ce véhicule qui s'apprécie surtout pour son confort et sa douceur.

CONCLUSION La guerre de l'industrie de l'automobile n'est pas gagnée pour Volvo, encore moins que la bataille des VUS compacts de luxe. La concurrence est féroce dans ce marché, et d'autres constructeurs possèdent une bonne longueur d'avance. Cependant, le XC60 est un véhicule de qualité qui mérite considération.

2e OPINION

« Deux caractéristiques ressortent tout de suite après quelques minutes derrière le volant du XC60 : le confort et l'environnement sereins du véhicule. On se sent comme dans un coffre-fort tellement le véhicule est solide. La boîte de vitesses automatique ne brille pas par l'intelligence de sa gestion, mais est agréable à utiliser. Axée sur le confort, la direction est toujours plaisante, même si nous aurions préféré une meilleure communion entre la route et le volant, c'est un peu mou. Le comportement routier est irréprochable. Au-delà de la sécurité, c'est surtout pour la sensation de bien-être émanant de son habitacle remarquablement fin et la qualité de son châssis combinant à merveille l'efficacité et le confort que vous achèterez un XC60. Un véhicule qui, comme le reste de la famille, cultive très bien un art particulier de vivre typique aux produits Volvo. » — Benoit Charette

FICHE TECHNIQUE

MOTEURS

(3.2) L6 3,2 L DACT, 243 ch à 6200 tr/min
COUPLE 236 lb-pi à 3200 tr/min
BOÎTE DE VITESSES automatique à 6 rapports avec mode manuel
0-100 KM/H 2RM 9,6 s, **4RM** 9,9 s
VITESSE MAXIMALE 210 km/h (bridée)

(T6) L6 3 L turbo DACT, 304 ch à 5600 tr/min
COUPLE 325 lb-pi à 2100 tr/min
BOÎTE DE VITESSES automatique à 6 rapports avec mode manuel
0-100 KM/H 7,3 s
VITESSE MAXIMALE 210 km/h (bridée)
CONSOMMATION (100 KM) 10,6 L (octane 87)
ÉMISSIONS DE CO_2 5014 kg/an
LITRES PAR ANNÉE 2180
COÛT PAR AN 2834 $

(T6 R-DESIGN) L6 3 L turbo DACT, 325 ch de 5400 à 6500 tr/min
COUPLE 354 lb-pi de 3000 à 3600 tr/min
BOÎTE DE VITESSES automatique à 6 rapports avec mode manuel
0-100 KM/H ND
VITESSE MAXIMALE ND
CONSOMMATION (100 KM) ND
ÉMISSIONS DE CO_2 ND
LITRES PAR ANNÉE ND
COÛT PAR AN ND

AUTRES COMPOSANTS

SÉCURITÉ ACTIVE freins ABS, assistance au freinage, répartition électronique de force de freinage contrôle de stabilité électronique, antipatinage
SUSPENSION AVANT/ARRIÈRE indépendante
FREINS AVANT/ARRIÈRE disques
DIRECTION à crémaillère, assistée
PNEUS P235/65R17, **option 3.2/de série T6** P235/60R18, **R-Design** nd

DIMENSIONS

EMPATTEMENT 2774 mm
LONGUEUR 4627 mm
LARGEUR (avec rétro.) 2120 mm
HAUTEUR 1713 mm
POIDS 3.2 1878 kg, **T6** 1928 kg, **T6 R-Design** ND
DIAMÈTRE DE BRAQUAGE 11,7 m
COFFRE 872 L, 1909 L (sièges abaissés
RÉSERVOIR DE CARBURANT 70 L
CAPACITÉ DE REMORQUAGE 1500 kg

VERDICT

Plaisir au volant
Qualité de finition
Consommation
Rapport qualité / prix
Valeur de revente ND

VOLVO ÉVOLUTION $ 51 995 $ à 59 995 $ t&p 1715 $

LA COTE VERTE MOTEUR L6 DE 3,2 L source : EnerGuide

CONSOMMATION (100 KM) 11.3 L • ÉMISSIONS POLLUANTES CO_2 5290 KG/AN • INDICE D'OCTANE 87

COÛT DU CARBURANT MOYEN PAR ANNÉE 2875 $ • NOMBRE DE LITRES PAR ANNÉE 2300

FICHE D'IDENTITÉ

VERSIONS 3.2 (Level 1, Level 2, Level 3 R-Design)
ROUES MOTRICES 4
PORTIÈRES 5 **Nombre de passagers** 7
PREMIÈRE GÉNÉRATION 2003
Génération actuelle 2003
CONSTRUCTION Göteborg, Suède
COUSSINS GONFLABLES 6 (frontaux, latéraux avant, rideaux latéraux
CONCURRENCE Acura MDX, Audi Q7, BMW X5, Cadillac SRX, Infiniti FX, Land Rover LR3, Lexus RX, Mercedes-Benz Classe ML,Volkswagen Touareg

AU QUOTIDIEN

PRIME D'ASSURANCE
25 ANS : 2600 à 2800 $
40 ANS : 1500 à 1700 $
60 ANS : 1200 à 1400 $
COLLISION FRONTALE 5/5
COLLISION LATÉRALE 5/5
VENTES DU MODÈLE DE L'AN DERNIER
AU QUÉBEC 232 **AU CANADA** 1194
DÉPRÉCIATION 51,5 %
RAPPELS (2006 à 2011) 10
COTE DE FIABILITÉ 2/5

GARANTIES... ET PLUS

GARANTIE GÉNÉRALE 4 ans/80 000 km
GARANTIE MOTOPROPULSEUR 4 ans/80 000 km
PERFORATION 12 ans/kilométrage illimité
ASSISTANCE ROUTIÈRE 4 ans/kilométrage illimité
NOMBRE DE CONCESSIONNAIRES
AU QUÉBEC 11 **AU CANADA** 30

NOUVEAUTÉS EN 2012

Équipement de série bonifié, nouvelles jantes de 20 pouces pour groupe R-Design

VIEILLISSANT

Benoit Charette

Le Volvo XC90 est comme certains grands acteurs de cinéma, il vieillit avec grâce, mais il vieillit quand même. Son arrivée sur le marché, en 2003, en fait l'un des pionniers des utilitaires à vocation familiale. Il n'a pas dérogé de cette vocation première. Après quelques changements de moteurs et des retouches esthétiques, cette familiale haute sur roues est mûre pour un changement en profondeur.

CARROSSERIE Contrairement aux constructeurs allemands qui s'ingénient à trouver des styles toujours plus excentriques, Volvo fait dans la simplicité volontaire. Le XC90 n'est rien d'autre qu'une berline rehaussée et allongée pour accueillir 7 personnes. Comme la majorité des véhicules de la marque, ses lignes sont empruntes de sobriété. Pour ceux qui désirent un tant soit peu plus d'audace, la version R-Design offre cette année de nouvelles jantes de 20 pouces et un rail de toit en aluminium brossé.

HABITACLE C'est à l'intérieur que le XC90 montre le plus son âge. Alors que le reste de la gamme a adopté depuis quelques années déjà la très jolie console flottante, le XC90 offre toujours l'ancienne génération de console plus massive et toujours habillée de manière conservatrice. Il y a tout de même la version R-Design qui offre une console à deux tons plus expressive. Volvo a aussi ajouté quelques articles à la liste d'équipement de série comme la connectivité Bluetooth et les crochets pour arrimer les sacs d'épicerie à l'arrière. On a également ajouté une mémoire pour le siège du conducteur et des appliques de bois foncé à l'équipement de série. L'ambiance confortable et haut de gamme se complète toujours par des sièges d'un confort exemplaire. Vous pouvez également ajouter au confort et aux commodités avec des ensembles de luxe, une chaîne audio haut de gamme, deux écran DVD ou, encore, une caméra de vision arrière (très utile) associée à l'écran de navigation.

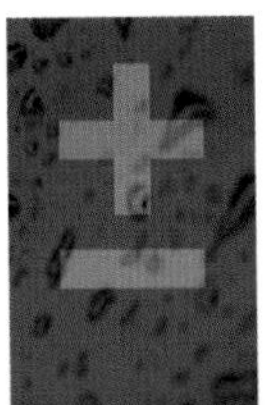

FORCES Confort général • Tenue de route • Indice de sécurité élevé
Excellente alternative à la fourgonnette

FAIBLESSES Fiabilité aléatoire • Moteur gourmand
Prix élevé

MÉCANIQUE Pas de changement pour 2012, le V6 de 3,2 litres de 240 chevaux sert toujours de moteur de série. Même s'il est puissant et rapide, il n'est pas au bon endroit pour exploiter ses fibres sportives. Le XC90 est avant tout un véhicule familial qui sert à déposer les enfants à l'école. La direction manque de mordant. La voiture tient la route, mais ne manifeste aucune envie de jouer les sportives. La boîte de vitesses à 6 rapports est bien échelonnée et étagée pour le confort. Enfin, la transmission intégrale ajoute à cette impression de solidité sur la route. Ce XC90 est très scandinave dans son approche sécuritaire et politiquement correcte.

COMPORTEMENT Grâce aux sièges toujours confortables de la firme qui a maintenant son siège social en Chine, Volvo offre des heures de bonheur derrière le volant. On trouve rapidement la position idéale de conduite, et le poste de pilotage assez haut offre une excellente visibilité. Ceux qui font de longues randonnées profiteront d'un confort de classe affaire. Dans les grandes courbes comme dans les virages, le XC90 fait montre d'un remarquable équilibre, malgré son format et son poids qui frise les deux tonnes. Si les conditions d'adhérence se dégradent, on peut alors apprécier le travail de l'électronique pour obliger le véhicule à rester sur la route. Sous réserve de modérer son allure, les tentatives de dérobades de l'avant et de l'arrière sont très efficacement contenues. Retenez toutefois ceci : le V6 n'est pas économique à l'usage. Même si vous adoptez une conduite conservatrice, il vous sera difficile de rester sous la barre des 15 litres aux 100 kilomètres.

CONCLUSION Beau, cher, confortable et peu fiable seraient sans doute les meilleurs qualificatifs pour le XC90 qui arrive en fin de parcours. Pas de doute, 2012 sera en effet sa dernière année sur la route sous sa forme actuelle. Les nouveaux propriétaires chinois sont peu bavards sur l'avenir du véhicule. Mais les ventes modestes des dernières années incitent au changement.

2e OPINION

« Pourquoi inviter un XC90 dans son garage ? D'abord et avant tout en raison de la réputation de Volvo. Même si, maintenant, la firme doit rendre des comptes à son propriétaire chinois, les ingénieurs suédois, nous assure-t-on, travaillent avec les coudées franches. Et, de toute façon, la naissance du XC90 date de bien avant l'acquisition de la marque par Geely. En fait, c'est maintenant que la preuve de l'indépendance du savoir-faire scandinave devrait se manifester car, après plus de huit ans, le XC90 est mûr pour une refonte totale. Il importe de lui moderniser l'intérieur, de faciliter l'accès à la banquette du fond. Au moins, la disparition du V8 a forcé le véhicule à perdre du poids et nous évite désormais une consammation effarante. »
— Michel Crépault

FICHE TECHNIQUE

MOTEUR

L6 3,2 L DACT, 243 ch à 6200 tr/min
COUPLE 236 lb-pi à 3200 tr/min
BOITE DE VITESES automatique à 6 rapports avec mode manuel
0-100 KM/H 9,5 s
VITESSE MAXIMALE 210 km/h

AUTRES COMPOSANTES

Sécurité active freins ABS, assistance au freinage, répartition électronique de force de freinage, contrôle de stabilité électronique, antipatinage
SUSPENSION AVANT/ARRIÈRE indépendante
FREINS AVANT/ARRIÈRE disques
DIRECTION à crémaillère, assistée
PNEUS P235/65R17, Level 2 P235/60R18, R-Design 20 po.

DIMENSIONS

Empattement 2857 mm
LONGUEUR 4807 mm
LARGEUR 1898 mm
Hauteur 1784 mm
POIDS 2017 kg
DIAMÈTRE DE BRAQUAGE 12,5 m
COFFRE 1178 L, 2403 L (sièges abaissés)
RÉSERVOIR DE CARBURANT 80 L
CAPACITÉ DE REMORQUAGE 2250 kg

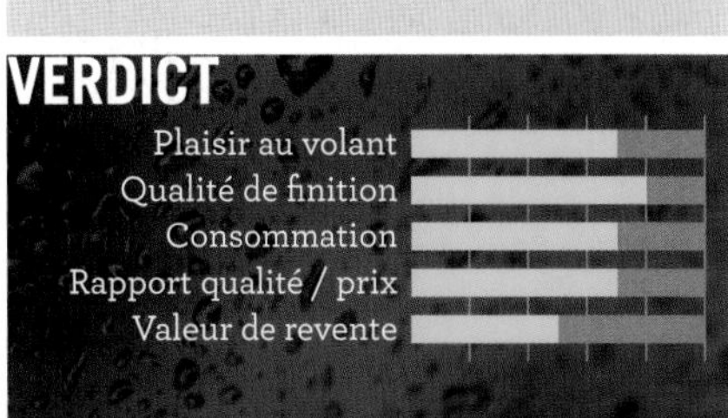